奥赛经典

专题研究系列

湖南省数学会
湖南师范大学数学奥林匹克研究所 | 组编

奥林匹克数学中的真题分析

张垚 沈文选 冷岗松 / 编著

湖南师范大学出版社

◆ 张 垚

男，1938年生，湖南师范大学数学与计算机科学学院教授，中国数学奥林匹克高级教练，湖南省数学奥林匹克主教练，美国《数学评论》评论员。1987～1999年任湖南省数学会副理事长兼普及工作委员会主任，负责全省数学竞赛的组织及培训工作，并主持了1989年全国初中数学联赛和1997年全国高中数学联赛的命题工作。

已出版图书《数学奥林匹克理论、方法、技巧》等17部，发表学术论文80余篇。从1992年起享受国务院颁发的政府特殊津贴。曾荣获湖南省优秀教师，全国优秀教师，曾宪梓教育基金高等师范院校教师奖三等奖，湖南省教委科技进步奖二等奖等多项表彰和奖励。所培训的学生有100余人进入全国中学生数学冬令营，其中有40余人进入国家集训队，14人进入国家队，在国际中学生数学竞赛(IMO)中，共夺得10枚金牌和3枚银牌。

沈文选

男，1948年生，湖南师范大学数学与计算机科学学院教授，硕士生导师，湖南师范大学数学奥林匹克研究所副所长，中国数学奥林匹克高级教练，全国初等数学研究会理事长，全国高等师范院校数学教育研究会常务理事，《数学教育学报》编委，湖南省高师教育研究会理事长，湖南省数学会初等数学委员会副主任，湖南省数学奥林匹克培训的主要组织者与授课者，湖南师大附中、长沙市一中数学奥林匹克培训主要教练。

已出版著作《走进教育数学》、《单形论导引》、《矩阵的初等应用》、《中学数学思想方法》、《竞赛数学教程》等30余部，发表学术论文《奥林匹克数学研究与数学奥林匹克教育》等80余篇，发表初等数学研究、数学思想方法研究和数学奥林匹克研究等文章200余篇。多年来为全国初、高中数学联赛，数学冬令营提供试题20余道，是1997年全国高中数学联赛，2002年全国初中数学联赛，2003年第18届数学冬令营命题组成员。

冷岗松

男，1961年生，湖南师范大学数学与计算机科学学院、上海大学数学系教授，博士生导师，湖南师范大学数学奥林匹克研究所所长，中国数学奥林匹克委员会委员，美国《数学评论》评论员。从2000年起参加中国数学奥林匹克国家集训队的教练工作和上海市数学奥林匹克选手的培训工作。2001～2004年，多次参加国家集训队，中国数学奥林匹克(CMO)，西部数学竞赛，女子数学竞赛的命题工作。1991～2004年担任湖南省数学奥林匹克培训主要教练，为湖南师大附中、长沙市一中前后10位同学在IMO中获取金牌做了大量培训工作。

已出版专著《高中数学竞赛解题方法研究》，在国内外重要数学学术期刊发表论文30余篇。先后承担国家自然科学基金项目，教育部博士点基金项目等多项。曾获湖南省教委科技进步奖二等奖。

奋发图强，力争上游，为提高我国数学水平而共同努力。

王梓坤敬书

▲王梓坤：中国科学院院士

湖南中学生在国际数学奥林匹克中的获奖情况

届　次	获奖情况
第28届（1987）	刘　雄（湖南湘阴一中）金牌
第32届（1991）	郭早阳（湖南师大附中）银牌
第34届（1993）	刘　炀（湖南师大附中）金牌
第35届（1994）	彭建波（湖南师大附中）金牌
第39届（1998）	艾颖华（湖南师大附中） 进国家队，该届国家队未参赛
第40届（1999）	孔文彬（湖南师大附中）银牌
第41届（2000）	刘志鹏（长沙市一中）金牌
第42届（2001）	张志强（长沙市一中）金牌 余　君（湖南师大附中）金牌
第43届（2002）	肖　维（湖南师大附中）金牌
第44届（2003）	王　伟（湖南师大附中）金牌 向　振（长沙市一中）金牌
第45届（2004）	李先颖（湖南师大附中）金牌
第48届（2007）	胡　涵（湖南师大附中）银牌
第52届（2011）	龙子超（湖南师大附中）金牌
第55届（2014）	谌澜天（湖南师大附中）金牌

前 言

　　数学奥林匹克是起步最早、规模最大、类型多种、层次较多的一项学科竞赛活动. 多年来的实践表明：这项活动可以激发青少年学习数学的兴趣, 焕发青少年的学习热情, 吸引他们去读一些数学小册子, 促使他们寻找机会去听一些名师的讲座; 这项活动可以使参与者眼界大开, 跳出一个班、一个学校或一个地区的小圈子, 去与其他"高手"互相琢磨, 激励并培养他们喜爱有挑战性数学问题的素养与精神; 这项活动可以使参与者求知欲望大增, 使得他们的阅读能力、理解能力、交流能力、表达能力等诸能力与日俱进. 这是一种有深刻内涵的文化现象, 因此, 越来越多的国家或地区除组织本国或本地区的各级各类数学奥林匹克外, 还积极地参与到国际数学奥林匹克中.

　　我国自 1986 年参加国际数学奥林匹克以来, 所取得成绩举世公认, 十多年来一直保持世界领先的水平. 其中, 到 2014 年止, 湖南的学生已取得 12 块金牌、3 块银牌的好成绩. 这优异的成绩, 是中华民族精神的体现, 是国人潜质的反映, 是民族强盛的希望. 为使我国数学奥林匹克事业可持续发展, 一方面要继续吸引越来越多的青少年参与, 吸引一部分数学工作者扎实地投入到这项活动中来, 另一方面要深入研究奥林匹克数学的理论体系, 要深入研究数学奥林匹克教育理论与教学方略, 研究数学奥林匹克教育与中学数学教育的内在联系. 为此, 在中国数学奥林匹克委员会领导的大力支持与热情指导下, 2003 年, 湖南师范大学成立了"数学奥林匹克研究所". 研究所组建以来, 我们都积极投身到研究所的工作中, 除深入进行奥林匹克数学与数学奥林匹克教育理论研究外, 还将我们多年积累的辅导讲座资料进行了全面、系统的整理, 以专题讲座的形式编写成了这套专题研究丛书, 分几何、代数、组合、数论、真题分析五卷. 这些丰富、系统的专题知识不仅是创新地解竞赛题所不可或缺的材料, 而且还可激发解竞赛题的直觉或灵感. 从教育心理学角度上说, 只有具备了充分的专题知识与逻辑推理知识, 才能有目的、有方向、有成效地进行探究性活动.

　　由于这套丛书篇幅较大, 本次修订不可能解决存在的所有问题, 不足之处, 敬请专家、同行和读者不吝指正.

编　者

2014 年 5 月

目 录

第一篇　高中数学联赛第一试基本问题解法分析
  第 1 章　函数 …………………………………………………………………………(1)
  第 2 章　方程(组) ……………………………………………………………………(19)
  第 3 章　三角 …………………………………………………………………………(31)
  第 4 章　不等式 ………………………………………………………………………(44)
  第 5 章　数列 …………………………………………………………………………(67)
  第 6 章　解析几何 ……………………………………………………………………(93)
  第 7 章　立体几何 ……………………………………………………………………(118)
  第 8 章　向量 …………………………………………………………………………(132)
  第 9 章　复数 …………………………………………………………………………(145)
  第 10 章　导数 ………………………………………………………………………(155)
  第 11 章　排列与组合 ………………………………………………………………(167)
  第 12 章　概率初步 …………………………………………………………………(190)
  第 13 章　初等数论 …………………………………………………………………(209)

第二篇　湖南省历年高中数学竞赛试题汇编
  1988 年湖南省高中数学夏令营试题 ………………………………………………(231)
  1990 年湖南省高中数学夏令营试题 ………………………………………………(233)
  1990 年湖南省高中数学冬季集训试题 ……………………………………………(234)
  1991 年湖南省高中数学夏令营试题 ………………………………………………(235)
  1991 年湖南省高中数学冬季集训试题 ……………………………………………(236)
  1992 年湖南省高中数学夏令营试题 ………………………………………………(237)
  1992 年湖南省高中数学竞赛试题 …………………………………………………(239)
  1994 年湖南省高中数学夏令营试题 ………………………………………………(242)
  1994 年湖南省高中数学冬季集训试题 ……………………………………………(243)
  1995 年湖南省高中数学夏令营试题 ………………………………………………(244)
  1996 年湖南省高中数学夏令营试题 ………………………………………………(246)
  1997 年全国高中数学竞赛试题(湖南省命题) ……………………………………(248)
  1998 年湖南省高中数学竞赛试题 …………………………………………………(251)

2000年湖南省高中数学夏令营试题 ……………………………………………… (253)
2000年湖南省高中数学竞赛试题 ……………………………………………… (255)
2001年湖南省高中数学夏令营试题 ……………………………………………… (258)
2001年湖南省高中数学竞赛试题 ……………………………………………… (260)
2002年湖南省高中数学夏令营试题 ……………………………………………… (263)
2002年湖南省高中数学竞赛试题 ……………………………………………… (265)
2003年湖南省高中数学夏令营试题 ……………………………………………… (268)
2003年湖南省高中数学竞赛试题 ……………………………………………… (270)
2004年湖南省高中数学夏令营试题 ……………………………………………… (273)
2004年湖南省高中数学竞赛试题 ……………………………………………… (275)
2005年湖南省高中数学夏令营试题 ……………………………………………… (278)
2005年湖南省高中数学竞赛试题 ……………………………………………… (280)
2006年湖南省高中数学夏令营试题 ……………………………………………… (283)
2006年湖南省高中数学竞赛试题(A卷) ………………………………………… (285)
2006年湖南省高中数学竞赛试题(B卷) ………………………………………… (287)
2007年湖南省高中数学夏令营试题 ……………………………………………… (289)
2007年湖南省高中数学竞赛试题 ……………………………………………… (291)
2008年湖南省高中数学夏令营试题 ……………………………………………… (293)
2008年湖南省高中数学竞赛试题 ……………………………………………… (295)
2009年湖南省高中数学夏令营试题 ……………………………………………… (297)
2009年湖南省高中数学竞赛试题 ……………………………………………… (299)
2010年湖南省高中数学夏令营试题 ……………………………………………… (301)
2010年湖南省高中数学竞赛试题 ……………………………………………… (303)
2011年湖南省高中数学夏令营试题 ……………………………………………… (306)
2011年湖南省高中数学竞赛试题 ……………………………………………… (307)
2012年湖南省高中数学夏令营试题 ……………………………………………… (309)
2012年湖南省高中数学竞赛试题 ……………………………………………… (311)
2013年湖南省高中数学夏令营试题 ……………………………………………… (313)
2013年湖南省高中数学竞赛试题 ……………………………………………… (314)
2014年湖南省高中数学夏令营试题 ……………………………………………… (316)
2014年湖南省高中数学竞赛试题 ……………………………………………… (318)

参考答案 ………………………………………………………………………… (320)

第一篇 高中数学联赛第一试基本问题解法分析

第 1 章 函数

【基础知识】

函数既是高中数学学习的主线、重点,也是历年来全国高中数学联赛的基本内容、重点.指数函数、对数函数、幂函数、二次函数、无理函数以及三角函数等常常是主要的联赛试题载体.考查函数的单调性、有界性、极(最)值性、周期性、奇偶性以及图象的对称性等的灵活运用是联赛试题的主要题型.求解这类问题除了需熟练掌握函数的单调性、奇偶性、周期性、有界性等基本性质之外,还需要熟悉由这些基本性质推导出的一些结论,诸如下面的:

结论 1 设函数 $y = f(x)$ 是定义在 **R** 上的奇函数.

(1) 若 $f(x)$ 在 **R** 上为单调函数,则 $|f(x_1)| < |f(x_2)| \Leftrightarrow |x_1| < |x_2|$;

(2) 若 $f(x)$ 在 **R** 上为增函数,则 $|f(x_1)| < f(x_2) \Leftrightarrow |x_1| < x_2$;

(3) 若 $f(x)$ 在 **R** 上为减函数,则 $|f(x_1)| < f(x_2) \Leftrightarrow |x_1| < -x_2$.

结论 2 设函数 $y = f(x)$ 是定义在 **R** 上的偶函数.

(1) 若 $f(x)$ 在 $[0, +\infty)$ 上为增函数,则 $f(x_1) < f(x_2) \Leftrightarrow |x_1| < |x_2|$;

(2) 若 $f(x)$ 在 $[0, +\infty)$ 上为减函数,则 $f(x_1) < f(x_2) \Leftrightarrow |x_1| > |x_2|$.

奇、偶函数的概念可以推广:

定义 1 对于函数 $f(x)(x \in \mathbf{R})$,若存在常数 a,使得其函数定义域内任意一个 x,都有
$$f(a-x) = f(a+x), \text{ 或 } f(2a-x) = f(x), \tag{1-1}$$
则称 $f(x)$ 为广义(Ⅰ)型偶函数.显然,当 $a = 0$ 时,$f(x)$ 为一般(即通常意义下)的偶函数.

对于函数 $f(x)(x \in \mathbf{R})$,若存在常数 a,使得其函数定义域内任意一个 x,都有
$$f(a-x) = -f(a+x), \text{ 或 } f(2a-x) = -f(x), \tag{1-2}$$
则称 $f(x)$ 为广义(Ⅰ)型奇函数.显然,当 $a = 0$ 时,$f(x)$ 为一般(即通常意义下)的奇函数.

定义 2　对于函数 $f(x)(x \in \mathbf{R})$,若存在常数 a、b,使得其函数定义域内任意一个 x,都有
$$f(a-x) = f(b+x), \tag{1-3}$$
则称 $f(x)$ 为广义(Ⅱ)型偶函数. 显然,当 $a=b$ 时,$f(x)$ 为广义(Ⅰ)型偶函数;当 $a=b=0$ 时,$f(x)$ 为一般的偶函数.

对于函数 $f(x)(x \in \mathbf{R})$,若存在常数 a、b,使得其函数定义域内任意一个 x,都有
$$f(a-x) = -f(b+x), \tag{1-4}$$
则称 $f(x)$ 为广义(Ⅱ)型奇函数. 显然,当 $a=b$ 时,$f(x)$ 为广义(Ⅰ)型奇函数;当 $a=b=0$ 时,$f(x)$ 为一般的奇函数.

定义 3　对于函数 $f(x)(x \in \mathbf{R})$,若存在常数 a、b、m、$n(m>0, n>0)$,使得其定义域内任意一个 x,都有
$$f(a-mx) = f(b+nx), \tag{1-5}$$
则称 $f(x)$ 为广义(Ⅲ)型偶函数. 显然,当 $m=n=1$ 时,$f(x)$ 为广义(Ⅱ)型偶函数;当 $a=b=0$,且 $m=n$ 时,$f(x)$ 为一般的偶函数.

对于函数 $f(x)(x \in \mathbf{R})$,若存在常数 a、b、m、$n(m>0, n>0)$,使得其定义域内任意一个 x,都有
$$f(a-mx) = -f(b+nx), \tag{1-6}$$
则称 $f(x)$ 为广义(Ⅲ)型奇函数. 显然,当 $m=n=1$ 时,$f(x)$ 为广义(Ⅱ)型奇函数;当 $a=b=0$,且 $m=n$ 时,$f(x)$ 为一般的奇函数.

结论 3　设 $f(x)$ 为定义在 $\mathbf{R}$ 上的广义(Ⅱ)型偶函数.

(1) 若 $f(x)$ 在 $\left[\dfrac{a+b}{2}, +\infty\right)$ 上为增函数,则
$$f(x_1) < f(x_2) \Leftrightarrow \left| x_1 - \dfrac{a+b}{2} \right| < \left| x_2 - \dfrac{a+b}{2} \right|;$$

(2) 若 $f(x)$ 在 $\left[\dfrac{a+b}{2}, +\infty\right)$ 上为减函数,则
$$f(x_1) < f(x_2) \Leftrightarrow \left| x_1 - \dfrac{a+b}{2} \right| > \left| x_2 - \dfrac{a+b}{2} \right|.$$

结论 4　设 $f(x)$ 为定义在 $\mathbf{R}$ 上的广义(Ⅱ)型奇函数.

(1) 若 $f(x)$ 在 $\mathbf{R}$ 上为单调函数,则
$$|f(x_1)| < |f(x_2)| \Leftrightarrow \left| x_1 - \dfrac{a+b}{2} \right| < \left| x_2 - \dfrac{a+b}{2} \right|;$$

(2) 若 $f(x)$ 在 $\mathbf{R}$ 上为增函数,则
$$|f(x_1)| < f(x_2) \Leftrightarrow \left| x_1 - \dfrac{a+b}{2} \right| < x_2 - \dfrac{a+b}{2};$$

(3) 若 $f(x)$ 在 $\mathbf{R}$ 上为减函数,则
$$|f(x_1)| < f(x_2) \Leftrightarrow \left| x_1 - \dfrac{a+b}{2} \right| < \dfrac{a+b}{2} - x_2.$$

结论 5　设 a、b 是两个相异的常数,则

(1) 当 $f(x)$ 关于 a、b 均为广义（Ⅰ）型偶函数时，$f(x)$ 为周期函数，且 $2|b-a|$ 为其一个正周期；

(2) 当 $f(x)$ 关于 a、b 均为广义（Ⅰ）型奇函数时，$f(x)$ 为周期函数，且 $2|b-a|$ 为其一个正周期；

(3) 当 $f(x)$ 关于 a、b，一个为广义（Ⅰ）型奇函数，另一个为广义（Ⅰ）型偶函数时，$f(x)$ 为周期函数，且 $4|b-a|$ 为其一个正周期.

结论 6 设 $f(x)$ 为定义在 $\mathbf{R}$ 上的函数，对任意 $x \in \mathbf{R}$，恒有

(1) $f(a-x) = f(b-x)$（或 $f(a+x) = f(b+x)$）$(a \neq b)$ 成立，则 $f(x)$ 为周期函数，且 $|b-a|$ 为其一正周期；

(2) $f(a+x) = -f(b+x)$（或 $f(a-x) = -f(b-x)$）$(a \neq b)$ 成立，则 $f(x)$ 为周期函数，且 $2|b-a|$ 为其一正周期；

(3) $f(x-a) + f(x+a) = f(x)$ $(a \neq 0)$ 成立，则 $f(x)$ 为周期函数，且 $6|a|$ 为其一正周期.

结论 7 对于实数 a_i、b_i、m_i、n_i $(n=1,2)$，且 $m_1 \cdot m_2 = n_1 \cdot n_2$，$m_1(a_2-b_1) \neq n_1 \cdot (a_1-b_2)$，若对于定义在 $\mathbf{R}$ 上的函数 $f(x)$，且对于任意 $x \in \mathbf{R}$，有

(1) $f(a_i - m_i x) = f(b_i + n_i x)$ $(i=1,2)$，则 $f(x)$ 为周期函数，且 $|(a_2-b_1) + \dfrac{m_2}{n_2} \cdot (b_2-a_1)|$ 为其一正周期；

(2) $f(a_i - m_i x) = -f(b_i + n_i x)$ $(i=1,2)$，则 $f(x)$ 为周期函数，且 $|(a_2-b_1) + \dfrac{n_1}{m_1} \cdot (b_2-a_1)|$ 为其一正周期；

(3) $f(a_1 - m_1 x) = f(b_1 + n_1 x)$，$f(a_2 - m_2 x) = -f(b_2 + n_2 x)$，则 $f(x)$ 为周期函数，且 $2|(a_2-b_1) + \dfrac{n_1}{m_1}(b_2-a_1)|$ 为其一正周期.

结论 8 设 T 为非零常数，若对于函数定义域内的任意 x，恒有
$$f(x+T) = M[f(x)], \tag{1-7}$$
其中 $M(x)$ 满足 $M[M(x)] = x$，且 $M(x) \neq x$，则 $f(x)$ 为周期函数，且 $2T$ 为其一个周期.

以上结论 3～8 均由周期函数的定义即可推证.

在结论 8 中，若取 $M(x) = -x$，则有 $f(x+T) = -f(x)$；若取 $M(x) = \pm \dfrac{1}{x}$，则有 $f(x+T) = \pm \dfrac{1}{f(x)}$；若取 $M(x) = \dfrac{ax+b}{cx-a}(a^2 + bc \neq 0)$，则有 $f(x+T) = \dfrac{af(x)+b}{cf(x)-a}(a^2 + bc \neq 0)$ 等. 满足这些条件的 $f(x)$ 均为周期函数，且 $2T$ 为其一个周期.

在结论 8 中，若取 $M(x) = \dfrac{1}{2} + \sqrt{x - x^2}$，则有 $f(x+T) = \dfrac{1}{2} + \sqrt{f(x) - [f(x)]^2}$，此即为 IMO 第 10 届中的一道试题.

我们知道，对于奇函数，其图象关于原点 $(0,0)$ 成中心对称；对于偶函数，其图象关于 y 轴 ($x=0$) 成轴对称. 一般地，我们有

结论 9 函数 $f(x)$ 定义在 **R** 上，对于定义域内任一实数 x，都有
$$f(a+x)+f(b-x)=c \qquad (1-8)$$
成立的充要条件是函数 $f(x)$ 的图象关于点 $(\dfrac{a+b}{2},\dfrac{c}{2})$ 成中心对称.

结论 10 函数 $f(x)$ 定义在 **R** 上，对于定义域内任一实数 x，都有
$$f(a+x)-f(b-x)=0 \qquad (1-9)$$
成立的充要条件是函数 $f(x)$ 的图象关于直线 $x=\dfrac{a+b}{2}$ 成轴对称.

【基本问题与求解方法】

例 1 （1999 年全国高中联赛题）若 $(\log_2 3)^x - (\log_5 3)^x \geqslant (\log_2 3)^{-y} - (\log_5 3)^{-y}$，则（　　）.

　　A. $x-y \geqslant 0$ 　　　　B. $x+y \geqslant 0$ 　　　　C. $x-y \leqslant 0$ 　　　　D. $x+y \leqslant 0$

解 因 $0 < \log_5 3 < 1 < \log_2 3$，知 $y_1 = (\log_2 3)^x$ 为 **R** 上的增函数.
又由 $(\log_5 3)^x$ 为 **R** 上的减函数，知 $y_2 = -(\log_5 3)^x$ 为 **R** 上的增函数，从而 $y = y_1 + y_2 = (\log_2 3)^x - (\log_5 3)^x$ 为 **R** 上的增函数.
由已知 $(\log_2 3)^x - (\log_5 3)^x \geqslant (\log_2 3)^{-y} - (\log_5 3)^{-y}$，得 $x \geqslant -y$，即有 $x+y \geqslant 0$. 故选 B.

例 2 （1989 年全国高中联赛题）对任意的函数 $y=f(x)$，在同一个直角坐标系中，函数 $y=f(x-1)$ 与函数 $y=f(-x+1)$ 的图象恒（　　）.

　　A. 关于 x 轴对称 　　　　　　　　　　B. 关于直线 $x=1$ 对称
　　C. 关于直线 $x=-1$ 对称 　　　　　　　D. 关于 y 轴对称

解 由于 $f(t)$ 和 $f(-t)$ 的图象关于直线 $t=0$ 对称，从而 $f(x-1)$ 与 $f(-x+1)=f[-(x-1)]$ 的图象关于直线 $x-1=0$ 即 $x=1$ 对称. 故选 B.

例 3 （1988 年全国高中联赛题）设有三个函数，第一个是 $y=\varphi(x)$，它的反函数就是第二个函数，而第三个函数的图象与第二个函数的图象关于直线 $x+y=0$ 对称，那么第三个函数是（　　）.

　　A. $y=-\varphi(x)$ 　　　　B. $y=-\varphi(-x)$ 　　　　C. $y=-\varphi^{-1}(x)$ 　　　　D. $y=-\varphi^{-1}(-x)$

解 第一个函数的图象与第二个函数的图象关于 $x-y=0$ 对称，第二个函数的图象与第三个函数的图象关于 $x+y=0$ 对称，所以第一个函数的图象与第三个函数的图象关于原点对称. 故选 B.

例 4 （1984 年全国高中联赛题）若 $F(\dfrac{1-x}{1+x})=x$，则下列等式中正确的是（　　）.

　　A. $F(-2-x)=-2-F(x)$ 　　　　　　B. $F(-x)=F(\dfrac{1-x}{1+x})$
　　C. $F(\dfrac{1}{x})=F(x)$ 　　　　　　　　D. $F[F(x)]=-x$

解 由题设 $F(\dfrac{1-x}{1+x})=x$，知 $F(x)=\dfrac{1-x}{1+x}$，其图象关于点 $(-1,-1)$ 成中心对称. 根

据结论 9,有 $F(x)+F(-2-x)=-2$. 故选 A.

或者由 $F(-2-x)=\dfrac{1-(-2-x)}{1+(-2-x)}=-\dfrac{3+x}{1+x}=-2-\dfrac{1-x}{1+x}=-2-F(x)$ 即得. 或者用特殊值验证排除:由 $F\left(\dfrac{1-x}{1+x}\right)=x$,令 $x=1$ 得 $F(0)=1$,令 $x=0$ 得 $F(1)=0$. 而在 B 的等式中,令 $x=0$,有 $F(0)=F(1)$,可排除 B;在 C 的等式中,$x=0$ 无意义,排除 C;在 D 的等式中,左边 $F[F(1)]=F(0)=1\ne -1$,排除 D.

例 5 (2003 年全国高中联赛题) 已知 x,y 都在区间 $(-2,2)$ 内,且 $xy=-1$,则函数 $u=\dfrac{4}{4-x^2}+\dfrac{9}{9-y^2}$ 的最小值是_____.

解 由已知得 $y=-\dfrac{1}{x}$,从而

$$u=\dfrac{4}{4-x^2}+\dfrac{9}{9-y^2}=\dfrac{4}{4-x^2}+\dfrac{9x^2}{9x^2-1}=1+\dfrac{35}{37-\left(9x^2+\dfrac{4}{x^2}\right)}.$$

而 $x\in\left(-2,-\dfrac{1}{2}\right)\cup\left(\dfrac{1}{2},2\right)$,当 $9x^2=\dfrac{4}{x^2}$,即 $x^2=\dfrac{2}{3}$ 时,$9x^2+\dfrac{4}{x^2}$ 的值最小,此时 u 有最小值 $\dfrac{12}{5}$.

例 6 (2004 年全国高中联赛题) 设函数 $f:\mathbf{R}\to\mathbf{R}$,满足 $f(0)=1$,且对任意 $x,y\in\mathbf{R}$,都有 $f(xy+1)=f(x)\cdot f(y)-f(y)-x+2$,则 $f(x)=$_____.

解 对任意的 $x、y\in\mathbf{R}$,

有 $f(xy+1)=f(x)\cdot f(y)-f(y)-x+2$,

$f(xy+1)=f(y)\cdot f(x)-f(x)-y+2$,

故 $f(x)\cdot f(y)-f(y)-x+2=f(y)\cdot f(x)-f(x)-y+2$,

即 $f(x)+y=f(y)+x$.

由题设,当 $y=0$ 时,有 $f(0)=1$,故 $f(x)=x+1$.

例 7 (2009 年全国联赛题) 求函数 $y=\sqrt{x+27}+\sqrt{13-x}+\sqrt{x}$ 的最大值和最小值.

解 函数的定义域为 $[0,13]$.

由 $y=\sqrt{x}+\sqrt{x+27}+\sqrt{13-x}$

$=\sqrt{x+27}+\sqrt{13+2\sqrt{x(13-x)}}$

$\geqslant \sqrt{27}+\sqrt{13}=3\sqrt{3}+\sqrt{13}$,

知当 $x=0$ 时,上式等号成立.

故 y 的最小值为 $3\sqrt{3}+\sqrt{13}$.

由柯西不等式得

$y^2=(\sqrt{x}+\sqrt{x+27}+\sqrt{13-x})^2$

$\leqslant \left(\dfrac{1}{2}+1+\dfrac{1}{3}\right)[2x+(x+27)+3(13-x)]$

$= 121.$

故 $y \leqslant 11.$

再由柯西不等式等号成立的条件得

$4x = 9(13-x) = x + 27 \Rightarrow x = 9.$

故当 $x = 9$ 时，式 ① 等号成立．

因此，y 的最大值为 11．

例 8 （2010 年全国高中联赛题）已知函数 $f(x) = ax^3 + bx^2 + cx + d(a \neq 0)$，当 $0 \leqslant x \leqslant 1$ 时，$|f'(x)| \leqslant 1$．试求 a 的最大值．

解 注意到 $f'(x) = 3ax^2 + 2bx + c$．由

$$\begin{cases} f'(0) = c, \\ f\left(\dfrac{1}{2}\right) = \dfrac{3}{4}a + b + c, \\ f'(1) = 3a + 2b + c, \end{cases}$$

得 $3a = 2f'(0) + 2f'(1) - 4f'\left(\dfrac{1}{2}\right).$

则 $3|a| = \left|2f'(0) + 2f'(1) - 4f'\left(\dfrac{1}{2}\right)\right|$

$\leqslant 2|f'(0)| + 2|f'(1)| + 4\left|f'\left(\dfrac{1}{2}\right)\right| \leqslant 8.$

故 $a \leqslant \dfrac{8}{3}.$

又因为 $f(x) = \dfrac{8}{3}x^3 - 4x^2 + x + m$ (m 为常数) 满足题设条件，所以，a 的最大值为 $\dfrac{8}{3}$．

例 9 （2011 年全国高中联赛题）设函数 $f(x) = |\lg(x+1)|$，实数 a、$b(a < b)$ 满足 $f(a) = f\left(-\dfrac{b+1}{b+2}\right)$，$f(10a + 6b + 21) = 4\lg 2$．求 a、b 的值．

解 由题设得

$|\lg(a+1)| = \left|\lg\left(-\dfrac{b+1}{b+2}+1\right)\right| = \left|\dfrac{1}{b+2}\right| = |\lg(b+2)|.$

则 $a + 1 = b + 2$ 或 $(a+1)(b+2) = 1.$

由 $a < b$，知 $a + 1 \neq b + 2.$

故 $(a+1)(b+2) = 1.$ ①

又由 $f(a) = |\lg(a+1)|$ 有意义，知 $0 < a + 1.$

从而，$0 < a + 1 < b + 1 < b + 2.$

于是，$0 < a + 1 < 1 < b + 2.$

则 $(10a + 6b + 21) + 1 = 10(a+1) + 6(b+2) > 1.$

故 $f(10a + 6b + 21) = \lg\left[6(b+2) + \dfrac{10}{b+2}\right] = 4\lg 2.$

从而，$6(b+2) + \dfrac{10}{b+2} = 16.$

解得 $b = -\dfrac{1}{3}$ 或 $b = -1$(舍去).

把 $b = -\dfrac{1}{3}$,代入式 ① 解得 $a = -\dfrac{2}{5}$.

因此,$a = -\dfrac{2}{5}$,$b = -\dfrac{1}{3}$.

例 10 (2013 年全国高中联赛题) 求所有的正实数对 (a,b),使得函数 $f(x) = ax^2 + b$ 满足:对任意的实数 x、y 有 $f(xy) + f(x+y) \geqslant f(x)f(y)$.

解 由题意得
$$(ax^2y^2 + b) + [a(x+y)^2 + b] \geqslant (ax^2 + b)(ay^2 + b). \qquad ①$$
先求 a、b 所满足的必要条件.

在式 ① 中令 $y = 0$,得
$$b + (ax^2 + b) \geqslant (ax^2 + b)b \Rightarrow (1-b)ax^2 + b(2-b) \geqslant 0.$$
由于 $a > 0$,故 ax^2 可取到任意大的正值,因此,必有 $1 - b \geqslant 0$,即 $0 < b \leqslant 1$.

在式 ① 中再令 $y = -x$,得
$$(ax^4 + b) + b \geqslant (ax^2 + b)^2 \Rightarrow (a - a^2)x^4 - 2abx^2 + (2b - b^2) \geqslant 0. \qquad ②$$
将式 ② 左边记为 $g(x)$. 显然,$a - a^2 \neq 0$. 否则,由 $a > 0$,知 $a = 1$,此时,
$$g(x) = -2bx^2 + (2b - b^2) \quad (b > 0).$$
则 $g(x)$ 可取到负值,矛盾. 故
$$g(x) = (a - a^2)\left(x^2 - \dfrac{ab}{a - a^2}\right) - \dfrac{(ab)^2}{a - a^2} + (2b - b^2)$$
$$= (a - a^2)\left(x^2 - \dfrac{b}{1-a}\right)^2 + \dfrac{b}{1-a}(2 - 2a - b)$$
$$\geqslant 0$$
对一切实数 x 成立.

于是,$a - a^2 > 0$,即 $0 < a < 1$.

进一步,考虑到此时 $\dfrac{b}{1-a} > 0$,再由 $g\left(\sqrt{\dfrac{b}{1-a}}\right) = \dfrac{b}{1-a}(2 - 2a - b) \geqslant 0$,

知 $2a + b \leqslant 2$.

从而,求得 a、b 满足的必要条件为
$$0 < b \leqslant 1, 0 < a < 1, 2a + b \leqslant 2. \qquad ③$$
下面证明,对满足条件 ③ 的任意实数对 (a,b) 及任意非负实数 x、y,式 ① 总成立,即
$$h(x,y) = (a - a^2)x^2y^2 + a(1-b)(x^2 + y^2) + 2axy + (2b + b^2)$$
$$\geqslant 0.$$
事实上,在条件 ③ 成立时,有
$$a(1-b) \geqslant 0, a - a^2 > 0, \dfrac{b}{1-a}(2 - 2a - b) \geqslant 0.$$
再结合 $x^2 + y^2 \geqslant -2xy$,得
$$h(x,y) \geqslant (a - a^2)x^2y^2 + a(1-b)(-2xy) + 2axy + (2b - b^2)$$

$$= (a-a^2)x^2y^2 + 2abxy + (2b-b^2)$$
$$= (a-a^2)\left(xy+\frac{b}{1-a}\right)^2 + \frac{b}{1-a}(2-2a-b)$$
$$\geqslant 0.$$

综上,所求的正实数对 (a,b) 全体为
$$\{(a,b) \mid 0 < b \leqslant 1, 0 < a < 1, 2a+b \leqslant 2\}.$$

【解题思维策略分析】

1. 注意函数基本性质的灵活运用

例 11 (1994 年全国高中联赛题) 已知 $x, y \in \left[-\frac{\pi}{4}, \frac{\pi}{4}\right]$, 且 $\begin{cases} x^3 + \sin x - 2a = 0, \\ 4y^3 + \sin y \cdot \cos y + a = 0, \end{cases}$ 则 $\cos(x+2y) = $ _____.

解 考察函数 $f(t) = t^3 + \sin t$, 它在 $\left[-\frac{\pi}{2}, \frac{\pi}{2}\right]$ 上是单调递增的函数. 令 $f(x) = 2a$, 即 $x^3 + \sin x - 2a = 0$, 及 $f(2y) = -2a$, 即 $4y^3 + \sin y \cdot \cos y + a = 0$.

由 $f(x) = 2a = f(-2y)$, 得 $x = -2y$.

而 $2y \in \left[-\frac{\pi}{2}, \frac{\pi}{2}\right]$, 知 $y \in \left[-\frac{\pi}{4}, \frac{\pi}{4}\right]$, 故 $\cos(x+2y) = 1$.

例 12 (2010 年全国高中联赛题) 函数 $f(x) = \sqrt{x-5} - \sqrt{24-3x}$ 的值域是 _____.

解 易知, $f(x)$ 的定义域是 $[5,8]$, 且 $f(x)$ 在 $[5,8]$ 上是增函数.

从而, $f(x)$ 的值域为 $[-3, \sqrt{3}]$.

例 13 (第 9 届"希望杯"邀请赛培训题) 定义在实数集 $\mathbf{R}$ 上的函数 $y = f(x+1)$ 的反函数是 $y = f^{-1}(x+1)$, 并且 $f(1) = 3997$, 则 $f(1998)$ 的值等于 _____.

解 由题设 $y = f^{-1}(x+1)$, 得
$f(y) = x+1$, 即 $x = f(y) + 1$, 故得反函数 $y = f(x) - 1$.

由题设,有 $f(x) - 1 = f(x+1)$, 即 $f(x+1) - f(x) = -1$.

于是 $f(1998) = [f(1998) - f(1997)] + [f(1997) - f(1996)] + \cdots + [f(2) - f(1)] + f(1) = -1997 + 3997 = 2000$.

例 14 (第 10 届"希望杯"邀请赛培训题) $f(x)$ 和 $g(x)$ 的定义域都是 $\mathbf{R}$, $f(x)$ 是偶函数, $g(x)$ 是奇函数, 且 $f(x) + g(x) = \frac{1}{x^2 - x + 1}$, 那么 $\frac{f(x)}{g(x)}$ 的取值范围为 _____.

解 由 $f(x) + g(x) = \frac{1}{x^2 - x + 1}$ 及 $g(x)$ 为奇函数, 可得 $f(x) - g(x) = \frac{1}{x^2 + x + 1}$.

于是 $f(x) = \frac{1}{2}\left(\frac{1}{x^2 - x + 1} + \frac{1}{x^2 + x + 1}\right) = \frac{x^2 + 1}{(x^2 - x + 1)(x^2 + x + 1)}$,

$g(x) = \frac{x}{(x^2 - x + 1)(x^2 + x + 1)}$,

从而 $\dfrac{f(x)}{g(x)} = \dfrac{x^2+1}{x} = x + \dfrac{1}{x}$.

当 $x > 0$ 时, $\dfrac{f(x)}{g(x)} \geqslant 2$; 当 $x < 0$ 时, $\dfrac{f(x)}{g(x)} \leqslant -2$.

例15 (北京大学理科实验班入学考试题) $f(x)$ 的定义域是 **R**, 若 $c \in \mathbf{R}$, 使 $f(c) = c$, 则称 c 是 $f(x)$ 的一个不动点. 设 $f(x)$ 的不动点数目是有限多个, 下述命题是否正确? 若正确, 请给予证明; 若不正确, 请举出一个例子说明.

(1) $f(x)$ 是奇函数, 则 $f(x)$ 的不动点数目是奇数;

(2) $f(x)$ 是偶函数, 则 $f(x)$ 的不动点数目是偶数.

解 由不动点的定义可知, 函数 $f(x)$ 的不动点个数就是函数 $y = f(x)$ 与 $y = x$ 的图象交点的个数. 先可考虑两个特殊的奇、偶函数试探而得结论.

(1) 正确. 证明如下: 因 $f(x)$ 为奇函数, 且 $x \in \mathbf{R}$, 则 $f(-0) = -f(0)$, 即 $f(0) = 0$. 因此, 0 是 $f(x)$ 的一个不动点.

假设 $c \neq 0$ 是 $f(x)$ 的不动点, 则由定义知 $f(c) = c$. 因为 $f(x)$ 是奇函数, 所以 $f(-c) = -f(c) = -c$, 从而 $-c$ 也是 $f(x)$ 的不动点. 又因为 $c \neq -c$, 所以 $f(x)$ 的非 0 不动点如果存在, 则必以互为相反数的形式成对出现. 又根据题设, $f(x)$ 只有有限个不动点, 因此, $f(x)$ 的不动点数目为奇数.

(2) 不正确. 反例如下: $f(x) = 1$ 是偶函数. 因为 $f(1) = 1$, 所以 1 是 $f(x)$ 的一个不动点. 设 c 是 $f(x) = 1$ 的不动点, 则 $f(c) = c$. 又 $f(c) = 1$, 所以 $c = 1$. 因此, $f(x) = 1$ 有且只有一个不动点, 故命题不正确.

2. 注意二次函数性质的灵活运用

例16 (2012年全国高中联赛题) 设 $f(x)$ 是定义域在 **R** 上的奇函数, 且当 $x \geqslant 0$ 时, $f(x) = x^2$. 若对任意的 $x \in [a, a+2]$, 不等式 $f(x+a) \geqslant 2f(x)$ 恒成立, 则实数 a 的取值范围是_____.

解 由题设知

$$f(x) = \begin{cases} x^2, & x \geqslant 0, \\ -x^2, & x < 0 \end{cases}$$

$\Rightarrow 2f(x) = f(\sqrt{2}x)$.

故原不等式等价于 $f(x+a) \geqslant f(\sqrt{2}x)$.

由 $f(x)$ 在 **R** 上是增函数知

$x + a \geqslant \sqrt{2}x \Rightarrow a \geqslant (\sqrt{2}-1)x \Rightarrow a \geqslant (\sqrt{2}-1)(a+2) \Rightarrow a \geqslant \sqrt{2}$.

例17 (第13届"希望杯"邀请赛培训题) 已知二次函数 $f(x) = ax^2 + bx + c$ ($a, b, c \in \mathbf{R}, a \neq 0$). (1) $f(-1) = 0$, (2) 对任意 $x \in \mathbf{R}, x \leqslant f(x) \leqslant \dfrac{1}{2}(x^2+1)$, 那么 $a = $ _____, $b = $ _____, $c = $ _____.

解 由条件(2)令 $x = 1$ 得 $1 \leqslant f(1) \leqslant 1$, 即 $f(1) = 1$. 又 $f(-1) = 0, f(0) = c$, 于是

可令[注] $f(x) = \frac{1}{2}x(x+1) - c(x-1)(x+1) = \frac{1}{2}(1-2c)x^2 + \frac{1}{2}x + c$.

由条件(2),知下述不等式对一切 $x \in \mathbf{R}$ 恒成立:
$\frac{1}{2}(1-2c)x^2 + \frac{1}{2}x + c \geqslant x$, 即 $\frac{1}{2}(1-2c)x^2 - \frac{1}{2}x + c \geqslant 0$.

于是 $\begin{cases} \frac{1}{2}(1-2c) > 0, \\ \Delta = \frac{1}{4} - 4 \cdot c \cdot \frac{1}{2}(1-2c) \leqslant 0, \end{cases}$ 解得 $c = \frac{1}{4}$.

从而 $f(x) = \frac{1}{4}x^2 + \frac{1}{2}x + \frac{1}{4}$.

注 此处的函数式用到了二次函数的三点式(即拉格朗日多项式表示的函数式):若二次函数 $f(x)$ 经过三点 $(x_1, f(x_1))$、$(x_2, f(x_2))$、$(x_3, f(x_3))$,则 $f(x) = \frac{(x-x_2)(x-x_3)}{(x_1-x_2)(x_1-x_3)} \cdot f(x_1) + \frac{(x-x_1)(x-x_3)}{(x_2-x_1)(x_2-x_3)} \cdot f(x_2) + \frac{(x-x_1)(x-x_2)}{(x_3-x_1)(x_3-x_2)} \cdot f(x_3)$.

例18 (2000年全国高中联赛题) 若函数 $f(x) = -\frac{1}{2}x^2 + \frac{13}{2}$ 在区间 $[a,b]$ 上的最小值为 $2a$, 最大值为 $2b$, 求 $[a,b]$.

解 分三种情况讨论区间 $[a,b]$.

(1) 若 $0 \leqslant a < b$, 则 $f(x)$ 在 $[a,b]$ 上单调递减, 故 $f(a) = 2b, f(b) = 2a$, 于是有
$\begin{cases} 2b = -\frac{1}{2}a^2 + \frac{13}{2}, \\ 2a = -\frac{1}{2}b^2 + \frac{13}{2}, \end{cases}$ 解之得 $[a,b] = [1,3]$.

(2) 若 $a < 0 < b$, $f(x)$ 在 $[a,0]$ 上单调递增, 在 $[0,b]$ 上单调递减, 因此 $f(x)$ 在 $x = 0$ 处取最大值 $2b$, 在 $x = a$ 或 $x = b$ 处取最小值 $2a$. 故 $2b = \frac{13}{2}, b = \frac{13}{4}$.

由于 $a < 0$, 又 $f(b) = -\frac{1}{2}(\frac{13}{4})^2 + \frac{13}{2} = \frac{39}{32} > 0$, 故 $f(x)$ 在 $x = a$ 处取最小值 $2a$, 即 $2a = -\frac{1}{2}a^2 + \frac{13}{2}$, 解得 $a = -2 - \sqrt{17}$. 于是, 得 $[a,b] = [-2-\sqrt{17}, \frac{13}{4}]$.

(3) 当 $a < b \leqslant 0$ 时, $f(x)$ 在 $[a,b]$ 上单调递增, 故 $f(a) = 2a, f(b) = 2b$, 即 $2a = -\frac{1}{2}a^2 + \frac{13}{2}, 2b = -\frac{1}{2}b^2 + \frac{13}{2}$, 由于方程 $\frac{1}{2}x^2 + 2x - \frac{13}{2} = 0$ 的两根异号, 故满足 $a < b \leqslant 0$ 的区间不存在.

综上所述, 所求区间为 $[1,3]$ 或 $[-2-\sqrt{17}, \frac{13}{4}]$.

3. 注意各类函数性质的运用

例19 (2013年全国高中联赛题) 设 a、b 为实数, 函数 $f(x) = ax + b$ 满足: 对任意的 $x \in [0,1]$, 有 $|f(x)| \leqslant 1$. 则 ab 的最大值为_____.

解 易知 $a = f(1) - f(0), b = f(0)$, 则

$ab = f(0)(f(1) - f(0))$
$= -\left(f(0) - \frac{1}{2}f(1)\right)^2 + \frac{1}{4}f^2(1)$
$\leq \frac{1}{4}f^2(1) \leq \frac{1}{4}$.

当 $2f(0) = f(1) = \pm 1$,即 $a = b = \pm \frac{1}{2}$ 时,ab 取最大值 $\frac{1}{4}$.

例 20 (2009 年全中高中联赛题)若函数 $f(x) = \frac{x}{\sqrt{1+x^2}}$,且
$f^{(n)}(x) = \underbrace{f(f(\cdots f(x)\cdots))}_{n\text{个}}$.

则 $f^{(99)}(1) = $ _____.

解 因为 $\left(\frac{1}{f(x)}\right)^2 = \frac{1}{x^2} + 1$,所以,
$\left(\frac{1}{f^{(n)}(x)}\right)^2 = \frac{1}{x^2} + n$.

故 $f^{(99)}(1) = \frac{1}{10}$.

例 21 (2012 年全国高中联赛题)设 $x、y、z \in [0,1]$.则
$M = \sqrt{|x-y|} + \sqrt{|y-z|} + \sqrt{|z-x|}$ 的最大值是_____.

解 不妨设 $0 \leq x \leq y \leq z \leq 1$.则
$M = \sqrt{y-x} + \sqrt{z-y} + \sqrt{z-x}$.
由 $\sqrt{y-x} + \sqrt{z-y} \leq \sqrt{2[(y-x)+(z-y)]} = \sqrt{2(z-x)}$
$\Rightarrow M \leq (\sqrt{2}+1)\sqrt{z-x} \leq \sqrt{2}+1$.

当且仅当 $x = 0, y = \frac{1}{2}, z = 1$ 时,上式等号同时成立.

例 22 (2010 年全国高中联赛题)函数 $f(x) = a^{2x} + 3a^x - 2(a > 0, a \neq 1)$ 在区间 $x \in [-1,1]$ 上的最大值为 8,则它在这个区间上的最小值是_____.

解 令 $a^x = y$.则原函数化为 $g(y) = y^2 + 3y - 2$,且 $g(y)$ 在 $\left(-\frac{3}{2}, +\infty\right)$ 上是递增的.

当 $0 < a < 1$ 时,$y \in [a, a^{-1}]$,
$g(y)_{\max} = a^{-2} + 3a^{-1} - 2 = 8 \Rightarrow a^{-1} = 2 \Rightarrow a = \frac{1}{2}$.

故 $g(y)_{\min} = \left(\frac{1}{2}\right)^2 + 3 \times \frac{1}{2} - 2 = -\frac{1}{4}$.

当 $a > 1$ 时,$y \in [a^{-1}, a]$,
$g(y)_{\min} = a^2 + 3a - 2 = 8 \Rightarrow a = 2$.

故 $g(y)_{\min} = 2^{-2} + 3 \times 2^{-1} - 2 = -\frac{1}{4}$.

综上，$f(x)$ 在 $x\in[-1,1]$ 上的最小值为 $-\dfrac{1}{4}$.

4. 注意由函数基本性质推导出的结论的灵活运用

例23 （美国第2届数学邀请赛题）函数 $f(x)$ 定义在实数域上，且满足下列条件：对任何实数 x，有 $f(2+x)=f(2-x)$，且 $f(7+x)=f(7-x)$. 若 $x=0$ 是方程 $f(x)=0$ 的一个根，问方程 $f(x)=0$ 在区间 $-1000\leqslant x\leqslant 1000$ 中至少应有几个根？

解 由函数 $f(x)$ 对任何实数 x，有 $f(2+x)=f(2-x)$，$f(7+x)=f(7-x)$ 知，$f(x)$ 为广义（Ⅱ）或（Ⅲ）型偶函数，$2|2-7|=10$ 或 $|(2+2)-(7+7)|=10$ 为其一正周期(结论5(1)或结论7(1)).

又由 $0=f(0)=f(2-2)=f(2+2)=f(4)=f(7-3)=f(7+3)=f(10)$，知在区间 $-10(k+1)\leqslant x<-10k$ 及 $10k<x\leqslant 10(k+1)(k=0,1,2,\cdots,99)$ 中，$f(x)=0$ 至少 2 个根，计有 400 个根，又 $f(0)=0$，故 $f(x)=0$ 在区间 $-1000\leqslant x\leqslant 1000$ 中至少有 401 个根.

例24 设函数 $f(x)$ 定义在 **R** 上，对任意 $x\in\mathbf{R}$，有 $f(1+4x)=f(3-2x)$，$f(2+3x)=-f(7-6x)$，求 $\sum\limits_{k=1}^{100}[f(2k-1)+f(4k-2)]$ 的值.

解 由条件知 $f(1)=f(1+4\cdot 0)=f(3-2\cdot 0)=f(3)=f(2+3\cdot\dfrac{1}{3})=-f(7-6\cdot\dfrac{1}{3})=-f(5)$，且 $f(1)=f(3-2\cdot 1)=f(1+4\cdot 1)=f(5)$，从而 $f(1)=f(3)=f(5)=0$.

又 $f(2)=f(1+4\cdot\dfrac{1}{4})=f(3-2\cdot\dfrac{1}{4})=f(\dfrac{5}{2})=f(2+3\cdot\dfrac{1}{6})=-f(7-6\cdot\dfrac{1}{6})=-f(6)$，于是 $f(2)+f(6)=0$.

再由结论7(3)知，$f(x)$ 为周期函数，且 $2|(2-3)+\dfrac{2}{4}(7-1)|=4$ 为其一正周期.

故 $\sum\limits_{k=1}^{100}[f(2k-1)+f(4k-2)]$

$=\sum\limits_{k=1}^{100}f(2k-1)+\sum\limits_{k=1}^{50}[f(8k-2)+f(8k-6)]$

$=\sum\limits_{k=1}^{100}0+\sum\limits_{k=1}^{50}0=0$.

例25 定义在 **R** 上的函数 $f(x)$ 满足：(1) $f(2+x)$ 是偶函数；(2) 在 $(-\infty,+2]$ 上为增函数. 试解不等式 $f(a^2+3a+2)<f(a^2-a+2)$.

解 因 $f(2+x)$ 是偶函数，由结论10有 $f(2+x)=f(2-x)$，从而函数 $f(x)$ 以 $x=2$ 为对称轴且在 $(-\infty,2]$ 单调递增的广义（Ⅰ）型偶函数.

由结论2(1)，知原不等式等价于 $|(a^2-a+2)-2|<|(a^2+3a+2)-2|$，即 $|a^2-a|<|a^2+3a|$，解之得 $a>-1$ 且 $a\neq 0$.

5. 注意一切代数技巧的灵活运用

例26 （2002年全国高中联赛题改编）设二次函数 $f(x)=ax^2+bx+c(a、b、c\in \mathbf{R})$ 满足以下条件：

(1) $x\in \mathbf{R}$ 时，$f(x-4)=f(2-x)$，且 $f(x)\geqslant x$；

(2) $x\in (0,2)$ 时，$f(x)\leqslant (\dfrac{x+1}{2})^2$；

(3) $f(x)$ 在 $\mathbf{R}$ 上的最小值为 0.

求 $f(x)$.

解 由题设条件：$x\in \mathbf{R}$ 时，$f(x-4)=f(2-x)$，即 $f(-4+x)=f(2-x)$，由结论10，知函数 $f(x)$ 图象的对称轴为 $x=-1$，从而 $-\dfrac{b}{2a}=-1$，即 $b=2a$. ①

又 $f(x)$ 的最小值为 0，且图象的对称轴为 $x=-1$，则 $f(-1)=0$，即有
$a-b+c=0$. ②

由已知条件，当 $x\in (0,2)$ 时，$x\leqslant f(x)\leqslant (\dfrac{x+1}{2})^2$.

上式中，取 $x=1$，则 $1\leqslant f(1)\leqslant 1$. （*）

从而 $f(1)=1$，即有 $a+b+c=1$. ③

由 ①，②，③ 式解得 $a=c=\dfrac{1}{4}, b=\dfrac{1}{2}$.

故 $f(x)=\dfrac{1}{4}(x+1)^2$.

注 （*）式为两边夹式. 此题若把条件 $x\leqslant f(x)\leqslant (\dfrac{x+1}{2})^2$ 更换为 $x-4\leqslant f(x)\leqslant x^2-3x$，则同样可以达到两边夹的效果. 由于解 $x-4=x^2-3x$ 得 $x=2$，则 $-2\leqslant f(2)\leqslant -2$，故 $f(2)=-2$.

例27 （2002年北京高考理科试题）已知 $f(x)$ 是定义在 $\mathbf{R}$ 上的不恒为 0 的函数，且对于任意的 $a、b\in \mathbf{R}$，满足 $f(ab)=af(b)+bf(a)$.

(1) 求 $f(0)、f(1)$ 的值；

(2) 判断 $f(x)$ 的奇偶性，并证明你的结论；

(3) $f(2)=2, U_n=\dfrac{f(2^{-n})}{n}(n\in \mathbf{N}^*)$，求数列 $\{U_n\}$ 的前 n 项和 S_n.

解 (1) 令 $a=b=0$，代入条件式得 $f(0)=0\cdot f(0)+0\cdot f(0)=0$.

令 $a=b=1$，代入得 $f(1)=1\cdot f(1)+1\cdot f(1)$，则 $f(1)=0$.

(2) 由 $f(1)=f[(-1)^2]=-f(-1)-f(-1)=0$，得 $f(-1)=0$.

令 $a=-1, b=x$，则 $f(-x)=f(-1\cdot x)=-f(x)+x\cdot f(-1)=-f(x)$，

从而 $f(x)$ 为奇函数.

(3) 当 $ab\neq 0$ 时，$\dfrac{f(ab)}{ab}=\dfrac{f(a)}{a}+\dfrac{f(b)}{b}$.

令 $g(x)=\dfrac{f(x)}{x}$，则 $g(ab)=g(a)+g(b)$.

从而 $g(a^n) = n \cdot g(a), f(a^n) = a^n \cdot g(a^n) = na^n \cdot g(a) = n \cdot a^{n-1} \cdot f(a)$,

于是 $U_n = \dfrac{f(2^{-n})}{n} = (\dfrac{1}{2})^{n-1} \cdot f(\dfrac{1}{2})$.

而 $f(2) = 2, f(1) = f(2 \cdot \dfrac{1}{2}) = 2f(\dfrac{1}{2}) + \dfrac{1}{2}f(2) = 0$,

则 $f(\dfrac{1}{2}) = -\dfrac{1}{4}f(2) = -\dfrac{1}{2}$,即 $U_n = -\dfrac{1}{2} \cdot (\dfrac{1}{2})^{n-1} = -(\dfrac{1}{2})^n$,

故 $S_n = \dfrac{-\dfrac{1}{2}[1-(\dfrac{1}{2})^n]}{1-\dfrac{1}{2}} = (\dfrac{1}{2})^n - 1 (n \in \mathbf{N}^*)$.

注 此例求解中用到了赋值的技巧.

例 28 (2001 年全国高考题)设函数 $y = f(x)$ 是定义在 $\mathbf{R}$ 上的偶函数,其图象关于直线 $x = 1$ 对称,对任意 $x_1, x_2 \in [0, \dfrac{1}{2}]$ 都有 $f(x_1 + x_2) = f(x_1) \cdot f(x_2)$,且 $f(1) = a > 0$.

(1) 求 $f(\dfrac{1}{2})$、$f(\dfrac{1}{4})$;

(2) 证明 $f(x)$ 是周期函数;

(3) 记 $a_n = f(2n + \dfrac{1}{2n})$,求 $\lim\limits_{n \to \infty}(\ln a_n)$.

解 由 $f(x_1 + x_2) = f(x_1) \cdot f(x_2)$,可联想到指数函数 $y = a^x (0 \leqslant x \leqslant \dfrac{1}{2})$ 模型来求解.

(1) $f(x) = f(\dfrac{x}{2} + \dfrac{x}{2}) = f^2(\dfrac{x}{2}) \geqslant 0, x \in [0, 1]$,

而 $a = f(1) = f(\dfrac{1}{2} + \dfrac{1}{2}) = f^2(\dfrac{1}{2}) > 0$,

故 $f(\dfrac{1}{2}) = a^{\frac{1}{2}}, f(\dfrac{1}{4}) = [f(\dfrac{1}{2})]^{\frac{1}{2}} = a^{\frac{1}{4}}$.

(2) 由题设有 $f(x) = f(-x)$ 及 $f(1-x) = f(1+x)$,根据结论 5(1),知 $f(x)$ 是周期函数,且 2 为其一正周期.

(3) 由(1)知 $f(x) \geqslant 0, x \in [0, 1]$.

又 $f(\dfrac{1}{2}) = f(n \cdot \dfrac{1}{2n}) = f[\dfrac{1}{2n} + (n-1) \cdot \dfrac{1}{2n}]$

$= f(\dfrac{1}{2n}) \cdot f[(n-1) \cdot \dfrac{1}{2n}] = \cdots = f(\dfrac{1}{2n}) \cdot f(\dfrac{1}{2n}) \cdots f(\dfrac{1}{2n}) = [f(\dfrac{1}{2n})]^n$,

及 $f(\dfrac{1}{2}) = a^{\frac{1}{2}}, f(\dfrac{1}{2n}) = a^{\frac{1}{2n}}, f(x)$ 的周期为 2,则 $f(2n + \dfrac{1}{2n}) = f(\dfrac{1}{2n})$,即 $a_n = a^{\frac{1}{2n}}$.

故 $\lim\limits_{n \to \infty}(\ln a_n) = \lim\limits_{n \to \infty}(\dfrac{1}{2n} \ln a) = 0$.

注 此例求解中用到了模型的技巧.

例29　(《数学通报》数学问题1486号)求函数 $f(x) = \dfrac{x(1-x)}{(x+1)(x+2)(2x+1)}, x \in (0,1]$ 的最大值.

解　记 $f(x) = y$, 令 $x = \dfrac{1-t}{1+t}(0 \leq t < 1)$, 　　　①

代入 $f(x)$, 可得 $y = \dfrac{t(1-t^2)}{9-t^2}$. 　　　②

引入待定正常数 α, 得

$$y = \dfrac{\alpha t(1-t^2)}{\alpha(9-t^2)} \leq \dfrac{(\alpha^2+t^2)(1-t^2)}{2\alpha(9-t^2)} = \dfrac{\alpha^2+(1-\alpha^2)t^2-t^4}{2\alpha(9-t^2)}$$

$$= -\dfrac{1}{2\alpha}\left[(9-t^2) + \dfrac{8(9+\alpha^2)}{9-t^2}\right] + \dfrac{17+\alpha^2}{2\alpha}$$

$$\leq -\dfrac{1}{2\alpha} \cdot 2\sqrt{8(9+\alpha^2)} + \dfrac{17+\alpha^2}{2\alpha}$$

$$= \dfrac{17+\alpha^2 - 4\sqrt{2(9+\alpha^2)}}{2\alpha}. \quad ③$$

以上 y 取最大值的条件是 $\begin{cases} t = \alpha \\ 9-t^2 = \dfrac{8(9+\alpha^2)}{9-t^2} \end{cases} (\alpha > 0, t \in [0,1))$,

解出 $t = \alpha = 2\sqrt{2} - \sqrt{5}$, 代入③(或②)得知:

当 $x = \dfrac{1}{2}(1+\sqrt{10}-\sqrt{5}-\sqrt{2})$ 时, $y = f(x)$ 取最大值 $\dfrac{1}{3}(8\sqrt{2}-5\sqrt{5})$.

注　此例求解中用到了代换、引入参量、均值不等式等变形技巧.

【模拟实战一】

A 组

1. (2002年全国高中联赛题)函数 $f(x) = \dfrac{x}{1-2^x} - \dfrac{x}{2}$ (　　).

   A. 是偶函数但不是奇函数　　　B. 是奇函数但不是偶函数
   C. 既是偶函数又是奇函数　　　D. 既不是偶函数也不是奇函数

2. (2002年全国高中联赛题)函数 $f(x) = \log_{\frac{1}{2}}(x^2 - 2x - 3)$ 的单调递增区间是_____.

3. (第11届"希望杯"邀请赛题)如果 $f(x+y) = f(x) \cdot f(y)$, 并且 $f(1) = 2$, 则 $\dfrac{f(2)}{f(1)} + \dfrac{f(4)}{f(3)} + \dfrac{f(6)}{f(5)} + \cdots + \dfrac{f(2000)}{f(1999)}$ 的值是_____.

4. (第11届"希望杯"邀请赛题)若定义在 **R** 上的偶函数 $f(x)$ 在 $[0, +\infty)$ 上是增函数, 且

$f(\frac{1}{3}) = 0$,则不等式 $f(\log_{\frac{1}{8}} x) > 0$ 的解是_____.

5. (第 11 届"希望杯"邀请赛题) 函数 $f(x) = \log_{\frac{1}{2}}(2x^2 + 2x\sqrt{x^2+1} + 1)^x$ 是( ).
   A. 偶函数　　　　　　　　　　B. 奇函数
   C. 奇且偶的函数　　　　　　　D. 非奇非偶的函数

6. (第 10 届"希望杯"邀请赛题) 已知 $y = f(x)$ 是定义在 **R** 上的单调函数,则( ).
   A. 函数 $x = f^{-1}(y)$ 与 $y = f(x)$ 的图象关于直线 $y = x$ 对称
   B. 函数 $f(-x)$ 与 $f(x)$ 的图象关于原点对称
   C. $f^{-1}(x)$ 与 $f(x)$ 的单调性相反
   D. 函数 $f(x+1)$ 和 $f^{-1}(x) - 1$ 的图象关于直线 $y = x$ 对称

7. (第 10 届"希望杯"邀请赛题) 若函数 $y = \log_{\frac{1}{2}} |x + a|$ 的图象不经过第二象限,则 a 的取值范围是_____.

8. (《中等数学》2004 年第 6 期数学奥林匹克训练题) 已知对每一对实数 x、y,函数 f 满足 $f(x) + f(y) = f(x+y) - xy - 1$. 若 $f(1) = 1$,则满足 $f(n) = n (n \in \mathbf{Z})$ 的个数是_____ 个.

9. (第 10 届"希望杯"邀请赛题) 设 $f(x) = x^3 - 3x^2 + 6x - 6$,且 $f(a) = 1, f(b) = -5$,则 $a + b =$_____.

10. (1993 年全国高中联赛题) 已知 $f(x) = a \cdot \sin x + b \sqrt[3]{x} + 4$ (a, b 为实数), 且 $f(\lg \log_3 10) = 5$,则 $f(\lg \lg 3)$ 的值是_____.

11. (2002 年全国高中联赛题) 已知 $f(x)$ 是定义在 **R** 上的函数, $f(1) = 1$,且对任意 $x \in \mathbf{R}$ 都有 $f(x+5) \geq f(x) + 5, f(x+1) \leq f(x) + 1$. 若 $g(x) = f(x) + 1 - x$,则 $g(2002) =$_____.

12. (2001 年全国高中联赛题) 函数 $y = x + \sqrt{x^2 - 3x + 2}$ 的值域为_____.

13. (第 10 届"希望杯"邀请赛题) 已知函数 $f(x) = \lg(ax^2 + 2x + 1)$ 的值域是一切实数,则实数 a 的取值范围是_____.

14. (第 9 届"希望杯"邀请赛培训题) 已知函数 $f(x) = ax^2 + bx + c (a \neq 0)$ 定义在区间 $[-\frac{b}{2a}, \frac{2a-b}{2a}]$ 上,并且该函数的最小值不是 $\frac{4ac - b^2}{4a}$,那么该函数的最小值是_____.

15. (第 9 届"希望杯"邀请赛培训题) 设函数 $y = y_1 + y_2$,其中 y_1 与 x^2 成正比, y_2 与 x^2 成反比. 当 $x = 1$ 时, $y = 5$;当 $x = \sqrt{3}$ 时, $y = 7$. 则当 y 最小时, $x =$_____.

16. (第 9 届"希望杯"邀请赛培训题) 若函数 $f(x - \frac{1}{x}) = \frac{x}{x^2 - 1} - x^2 - \frac{1}{x^2} (x \neq 0, x \neq \pm 1)$,则 $f(x) =$_____.

17. (第 11 届"希望杯"邀请赛题) 函数 $f(x)$ 是定义在 **R** 上的周期为 2 的偶函数,当 $x \in [2, 3]$ 时, $f(x) = x$,则当 $x \in [-2, 0]$ 时, $f(x)$ 的解析式写成分段函数的形式是_____,写成统一的形式是_____.

18. 已知函数 $f(x) = \log_{\frac{1}{3}}(3^x+1) + \frac{1}{2}abx$ 为偶函数,$g(x) = 2^x + \frac{a+b}{2^x}$ 为奇函数,其中 a、b 为常数,则 $\sum_{k=1}^{2008}(a^k+b^k)$ 的值是_____.

19. 定义在实数集 R 上的函数 $f(x)$ 满足 $f(x+1) = \frac{1+f(x+3)}{1-f(x+3)}$,则 $f(1) \cdot f(2) \cdot \cdots \cdot f(2008) + 2009$ 的值为_____.

20. (《中学数学教学参考》2004年第10期数学竞赛训练题)设函数 $f(x) = \frac{a^x}{1+a^x}(a>0, a \neq 1)$,$[m]$ 表示不超过实数 m 的最大整数(即高斯函数),则函数 $[f(x) - \frac{1}{2}] + [f(-x) - \frac{1}{2}]$ 的值域是_____.

B 组

1. (第12届"希望杯"邀请赛培训题)二次三项式 ax^2+bx+c 中,$a>100$,那么使二次三项式的值的绝对值不超过50的整数 x 最多有多少个?

2. (第9届"希望杯"邀请赛题)若 $f(x) = ax^2+bx+c(a,b,c \in \mathbf{R})$,在区间 $[0,1]$ 上恒有 $|f(x)| \leq 1$.
   (1) 对所有这样的 $f(x)$,求 $|a|+|b|+|c|$ 的最大值;
   (2) 试给出这样的 $f(x)$,使 $|a|+|b|+|c|$ 确实取到上述最大值.

3. 求函数 $f(a,b) = (a-b)^2 + (\sqrt{2-a^2} - \frac{9}{b})^2$ 的最小值.

4. (1996年全国高考题)已知函数 $f(x) = ax^2+bx+c$,$g(x) = ax+b$,其中 a、b、c 是实数,$a>0$.当 $|x| \leq 1$ 时,$|f(x)| \leq 1$ 且 $g(x)$ 的最大值为2.求 $f(x)$.

5. 已知定义在 R 上的函数 $f(x)$ 满足:$f(x+y) = f(x)+f(y)$,且当 $x>0$ 时,有 $f(x)<0$,又 $f(1) = -2$.设 $a>0$ 为常数,解不等式 $\frac{1}{2}f(ax^2) - f(x) > \frac{1}{2}f(a^2x) - f(a)$.

6. 证明结论 9.

7. 证明结论 10.

8. 函数 $f(x)$ 定义在 R 上,对任意实数 x,有 $f(1+x) = f(3-x)$,且 $f(2+x) = -f(4-x)$,求 $f(1)+f(2)+\cdots+f(100)$ 的值.

9. 已知函数 $y = f(x)$ 是定义在 R 上的单调增函数,对任意的 $x \in \mathbf{R}$,有 $f(5-x) = -f(-1+x)$,解不等式 $|f(x^2-2x+7)| < f(x^2+3a+2)$.

10. 已知非零函数 $f(x)$ 的定义域为 R,对任意 $x_1, x_2 \in \mathbf{R}$,恒有 $f(x_1)+f(x_2) = 2f(\frac{x_1+x_2}{2}) \cdot f(\frac{x_1-x_2}{2})$ 成立,且 $f(\frac{\pi}{2}) = 0$.求证:

(1) $f(x)$ 是周期函数,且 2π 为其一正周期;

(2) $f(x)$ 是偶函数;

(3) $f(2^n x) = 2f^2(2^{n-1}x) - 1, n \in \mathbf{N}.$

11. 求函数 $f(x) = (3x-1)(\sqrt{9x^2-6x+5}+1) + (2x-3)(\sqrt{4x^2-12x+13}+1)$ 的图象与 x 轴的交点坐标.

12. (美国第 15 届数学邀请赛题)已知 $a、b、c、d$ 为非零实数,$f(x) = \dfrac{ax+b}{cx+d}(x \in \mathbf{R})$,且 $f(19) = 19, f(97) = 97.$ 若当 $x \neq -\dfrac{d}{c}$ 时,对于任意实数 x,均有 $f[f(x)] = x$,试求出 $f(x)$ 值域以外的唯一数.

13. 设 N_0 是非负整数集,$f: N_0 \to N_0$ 是一个函数,$f(0) = 0$,且使得对任一 $n \in N_0$,都有 $[f(2n+1)]^2 - [f(2n)]^2 = 6f(n)+1, f(2n) > f(n).$ 问:$f(N_0)$ 中有多少个元素小于 2004?

第 2 章 方程(组)

【基础知识】

方程(组)是初等代数学的主要内容.方程与函数常常是紧密联系在一起的,求函数的零点其实就是解方程,函数的奇偶性、周期性的条件式其实就是函数方程式等等.解方程(组)的总体原则是同解变形与消元降次.为了贯彻这个原则,常常也采用一些特殊的方法,例如换元、分解与组合变形、构造转化等.

在处理方程(组)问题中,常常应用到如下结论:

结论 1 (韦达定理)若复系数一元 n 次方程
$a_n x^n + a_{n-1} x^{n-1} + \cdots + a_1 x + a_0 = 0 (a_n \neq 0)$ 的 n 个复数根是 x_1、x_2、$\cdots$、x_n,则

$$\begin{cases} x_1 + x_2 + \cdots + x_n = -\dfrac{a_{n-1}}{a_n}, \\ x_1 x_2 + \cdots + x_1 x_n + x_2 x_3 + \cdots + x_2 x_n + \cdots + x_{n-1} x_n = (-1)^2 \dfrac{a_{n-2}}{a_n}, \\ \cdots \\ x_1 x_2 \cdots x_n = (-1)^n \dfrac{a_0}{a_n}. \end{cases}$$

结论 2 设实系数一元二次方程为 $ax^2 + bx + c = 0 (a \neq 0)$. 若 $\Delta = b^2 - 4ac < 0$,则方程无实根;若 $\Delta = b^2 - 4ac = 0$,则方程有相同两实根;若 $\Delta = b^2 - 4ac > 0$,则方程有两相异实根.

结论 3 设函数 $f(x)$ 是严格单调的,

(1) 且 $x \in \mathbf{R}$,a、b 为实常数,则方程
$f(x) = f(ax+b)$ 与 $ax + b = x (a \neq 0)$ 同解;

(2) 且 $x \in \mathbf{R}$,a、b、c 为实常数,则方程
$f(x) = f(ax^2 + bx + c)$ 与 $ax^2 + (b-1)x + c = 0 (a \neq 0)$ 同解;

(3) 且 $x \in \mathbf{R}$,$g(x)$ 和 $h(x)$ 是实值函数,则方程
$f[g(x)] = f[h(x)]$ 与 $g(x) = h(x)$ 同解;

(4) 且 $x \in \mathbf{R}$,$g(x)$ 是实值函数,则方程
$f[g(x)] = f(x)$ 与 $g(x) = x$ 同解.

【基本问题与求解方法】

例 1 (第 13 届"希望杯"邀请赛题)方程 $x^5 + x + 1 = 0$ 和 $x + \sqrt[5]{x} + 1 = 0$ 的实根分

别为 α、β，则 $\alpha+\beta$ 等于_____．

解 考察函数 $f(x)=x^5+x+1$，它是 **R** 上的增函数，

当 $x^5+x+1=0$， ①

可得 $x=\sqrt[5]{-x-1}$，以 $-x-1$ 代 x 得 $-x-1=\sqrt[5]{x}$． ②

由 ② 得 $(-x-1)^5=x$，亦即 $(-x-1)^5+(-x-1)+1=0$． ③

设 α 是方程 ① 的根，即 $f(\alpha)=0$．β 是方程 ② 的根，即 $-1-\beta=\sqrt[5]{\beta}$，从而由 ③ 知有 $f(-1-\beta)=0$．

故可得 $f(\alpha)=f(-1-\beta)$，即 $\alpha+\beta=-1$．

例 2 （1991 年全国高中联赛题）设函数 $y=f(x)$ 对一切实数 x 都满足 $f(3+x)=f(3-x)$，且方程 $f(x)=0$ 恰有 6 个不同的实根，则这 6 个实根的和为_____．

解 若 $3+\alpha$ 是 $f(x)=0$ 的一个根，则由已知 $f(3-\alpha)=f(3+\alpha)=0$，即 $3-\alpha$ 也是一个根．因此，可设方程 $f(x)=0$ 的六个根为 $3\pm\alpha_1$、$3\pm\alpha_2$、$3\pm\alpha_3$．于是，它们的和等于 18．

例 3 （1995 年全国高中联赛题）已知方程 $|x-2n|=k\sqrt{x}(n\in \mathbf{N})$ 在区间 $(2n-1,2n+1]$ 上有两个不相等的实根，则 k 的取值范围是_____．

解 显然 $k\geqslant 0$，而 $k=0$ 导出 $x=2n$，在区间 $(2n-1,2n+1]$ 上原方程只有一根，故 $k>0$．

又由 $(x-2n)^2=k^2 x$ 知，抛物线 $y=(x-2n)^2$ 与直线 $y=k^2 x$ 在区间 $(2n-1,2n+1]$ 上有两个不同交点，所以当 $x=2n-1$ 时，有 $(x-2n)^2>k^2 x$，而当 $x=2n+1$ 时，有 $(x-2n)^2\geqslant k^2 x$，从而 $k^2(2n+1)\leqslant 1$，即 $k\leqslant \dfrac{1}{\sqrt{2n+1}}$．

例 4 （2000 年全国高中联赛题）给定正数 p、q、a、b、c，其中 $p\neq q$．若 p、a、q 是等比数列，p、b、c、q 是等差数列，则一元二次方程 $bx^2-2ax+c=0$（　　）．

A．无实根　　　　　　　　　　B．有两个相等实根

C．有两个同号相异实根　　　　D．有两个异号实根

解 由题意知，$pq=a^2$，$2b=p+c$，$2c=q+b$，由后两式得 $b=\dfrac{1}{3}(2p+q)$，$c=\dfrac{1}{3}(p+2q)$．

于是，有 $bc=\dfrac{1}{3}(p+p+q)\cdot\dfrac{1}{3}(p+q+q)\geqslant\sqrt[3]{p^2 q}\cdot\sqrt[3]{pq^2}=pq=a^2$．

因为 $p\neq q$，故 $bc>a^2$，$\Delta=4a^2-4bc<0$，因此，原方程无实根．故选 A．

例 5 （第 6 届"希望杯"邀请赛题）如果关于 x 的方程 $x+\sqrt{x+\dfrac{1}{2}+\sqrt{x+\dfrac{1}{4}}}=a$ 有且仅有一个实根，则实数 a 的取值范围是_____．

解 由于 $\sqrt{x+\dfrac{1}{2}+\sqrt{x+\dfrac{1}{4}}}=\dfrac{\sqrt{4x+2+2\sqrt{4x+1}}}{2}=\dfrac{1}{2}(\sqrt{4x+1}+1)^2$，从而原方程可化为 $2x+\sqrt{4x+1}+1=2a$，即 $\sqrt{4x+1}=-2x+2a-1$．

考察函数 $y_1=\sqrt{4x+1}$ 知 $x\geqslant -\dfrac{1}{4}$，$y_1\geqslant 0$．

考察函数 $y_2 = -2x + 2a - 1$（或作出 y_1、y_2 的图象），可知，原方程有一个实根（即 y_1 与 y_2 的图象只有一个交点）的充要条件是 $2a - 1 \geqslant 2x = -\frac{1}{2}$，解得 $a \geqslant \frac{1}{4}$.

例 6 （第 6 届"希望杯"邀请赛题）已知关于 x 的方程 $x^2 - ax + a^2 - 4 = 0$ 有两个不等实根且有一个正根，则 a 的取值范围是_____.

解 关于 x 的方程 $x^2 - ax + a^2 - 4 = 0$ 有两个不等实根且有一个正根的充要条件是
$$\begin{cases} \Delta = (-a)^2 - 4(a^2 - 4) > 0, \\ a^2 - 4 < 0, \end{cases}$$
解之得 $\begin{cases} -\sqrt{\frac{16}{3}} < a < \sqrt{\frac{16}{3}}, \\ -2 \leqslant a \leqslant 2. \end{cases}$ 故 a 的取值范围为 $-2 \leqslant a \leqslant 2$.

例 7 （第 12 届"希望杯"邀请赛题）方程 $\log_5(3^x + 4^x) = \log_4(5^x - 3^x)$ 的解集为_____.

解 由指数与对数的关系及题设 $y = \log_5(3^x + 4^x) = \log_4(5^x - 3^x)$，有 $3^x + 4^x = 5^y$，①

$5^x - 3^x = 4^y$. ②

由 ① + ② 得 $5^y + 4^y = 5^x + 4^x$. ③

由于 $f(t) = 5^t + 4^t$ 是 **R** 上单调递增的函数，由 ③，有 $f(x) = f(y)$，从而 $x = y$，故 ①、② 均化为 $3^x + 4^x = 5^x$，即 $(\frac{3}{5})^x + (\frac{4}{5})^x = 1$.

再考察函数 $g(x) = (\frac{3}{5})^x + (\frac{4}{5})^x$，它在 **R** 上单调递减，注意到 $g(2) = 1$，故 $x = 2$.

例 8 （1997 年全国高中联赛题原型题）设 x, y 为实数，且满足
$$\begin{cases} x^3 - 3x^2 + 2000x = 1997, \\ y^3 - 3y^2 + 2000y = 1999, \end{cases}$$ 则 $x + y =$ _____.

解 条件式可变形为 $\begin{cases} (x-1)^3 + 1997(x-1) = -1, \\ (y-1)^3 + 1997(y-1) = 1. \end{cases}$

考察函数 $f(t) = t^3 + 1997t$，则 $f(t)$ 在 **R** 上单调递增，从而条件式变为 $f(x-1) = f(1-y)$，于是有 $x - 1 = 1 - y$，即 $x + y = 2$.

例 9 （2009 年全国高中联赛题）若方程 $\lg kx = 2\lg(x+1)$ 仅有一个实根，则 k 的取值范围是_____.

解 注意到
$$\begin{cases} kx > 0, & ① \\ x + 1 > 0, & ② \\ x^2 + (2-k)x + 1 = 0. & ③ \end{cases}$$

由方程 ③ 得 $\Delta = k^2 - 4k \geqslant 0 \Rightarrow k \leqslant 0$ 或 $k \geqslant 4$.

设方程 ③ 两根为 $x_1, x_2 (x_1 \leqslant x_2)$.

(1) 当 $k < 0$ 时，由方程 ③ 得

$$\begin{cases} x_1 + x_2 = k - 2 < 0, \\ x_1 x_2 = 1 > 0. \end{cases}$$

所以,x_1、x_2 同为负根,且 $x_1 < -1 < x_2$.

故原方程有一个解 x_2.

(2) 当 $k = 4$ 时,原方程有一个解 $x = 1$.

(3) 当 $k > 4$ 时,由方程 ③ 得

$$\begin{cases} x_1 + x_2 = k - 2 > 0, \\ x_1 x_2 = 1 > 0. \end{cases}$$

所以,x_1、x_2 同为正根,且 $x_1 \neq x_2$,不合题意,舍去.

综上,$k < 0$ 或 $k = 4$ 即为所求.

例 10 (2013 年全国高中联赛题) 若实数 x, y 满足 $x - 4\sqrt{y} = 2\sqrt{x-y}$,则 x 的取值范围是_____.

解 令 $\sqrt{y} = a, \sqrt{x-y} = b (a、b \geqslant 0)$,此时,

$$x = y + (x - y) = a^2 + b^2,$$

且题设等式化为 $a^2 + b^2 - 4a = 2b$.

于是,a、b 满足方程

$$(a-2)^2 + (b-1)^2 = 5 (a、b \geqslant 0).$$

如图 2-1,在 aOb 平面内,点 (a,b) 的轨迹是以 $D(1,2)$ 为圆心、$\sqrt{5}$ 为半径的圆在 $a,b \geqslant 0$ 的部分,即点 O 与弧 $\overset{\frown}{ACB}$ 的并集.

故 $\sqrt{a^2 + b^2} \in \{0\} \cup [2, 2\sqrt{5}]$.

从而,$x = a^2 + b^2 \in \{0\} \cup [4, 20]$.

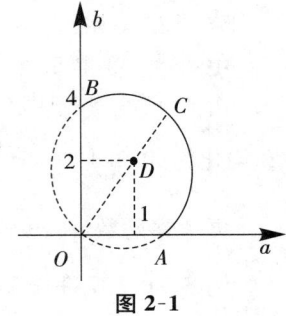

图 2-1

【解题思维策略分析】

1. 注意方程同解结论的运用

例 11 求下述方程的实根:

(1) $\sqrt[3]{x+1} + \sqrt[3]{2x+3} + 3x + 4 = 0$;

(2) $126x^3 + 225x^2 + 141x + 30 = 0$.

解 (1) 原方程可变形为 $\sqrt[3]{x+1} + x + 1 + \sqrt[3]{2x+3} + 2x + 3 = 0$.

令 $x + 1 = t$,则方程可变形为 $\sqrt[3]{t} + t + \sqrt[3]{2t+1} + 2t + 1 = 0$.

考察函数 $f(t) = \sqrt[3]{t} + t$,易知 $f(t)$ 为奇函数,且在 $\mathbf{R}$ 上单调递增,此时,原方程可化为 $f(t) + f(2t+1) = 0$,即 $f(2t+1) = -f(t) = f(-t)$.

于是,由本章结论 3(1),有 $2t + 1 = -t$,

得 $t = -\dfrac{1}{3}$,故 $x = -\dfrac{4}{3}$ 为所求.

(2) 原方程可变形为 $(5x+3)^3 + x^3 + (5x+3) + x = 0$.

考察函数 $f(x) = x^3 + x$,易知 $f(x)$ 为奇函数,且在 $\mathbf{R}$ 上单调递增. 此时,原方程可化为

$f(5x+3)+f(x)=0$,即 $f(5x+3)=-f(x)=f(-x)$.

于是,有 $5x+3=-x$,故 $x=-\dfrac{1}{2}$ 为所求.

2. 巧用一元二次方程根与系数的关系解题

例 12 设实数 s,t 分别满足 $19s^2+99s+1=0, t^2+99t+19=0$,并且 $st \neq 1$. 求 $\dfrac{st+4s+1}{t}$ 的值.

解 由 $19s^2+99s+1=0, t^2+99t+19=0$,有

$$19s^2+99s+1=0, 19\left(\dfrac{1}{t}\right)^2+99\cdot\left(\dfrac{1}{t}\right)+1=0.$$

因 $st \neq 1$,知 $s \neq \dfrac{1}{t}$. 于是,知 $s, \dfrac{1}{t}$ 是方程 $19x^2+99x+1=0$ 的两个不相等的实数根.

由根与系数的关系,有 $s+\dfrac{1}{t}=-\dfrac{99}{19}, s\cdot\dfrac{1}{t}=\dfrac{1}{19}$.

从而 $\dfrac{st+4s+1}{t}=s+4\left(\dfrac{s}{t}\right)+\dfrac{1}{t}=\left(s+\dfrac{1}{t}\right)+4\cdot s\cdot\dfrac{1}{t}=-\dfrac{99}{19}+\dfrac{4}{19}=-5$.

例 13 解方程 $(6x+7)^2(3x+4)(x+1)=6$.

解 原方程可化为 $(6x+7)^2(6x+8)(6x+6)=72$.

记 $a=(6x+7)^2, b=(6x+8)(6x+6)=(6x+7)^2-1$.

显然 $a+(-b)=1, a\cdot(-b)=-72$.

于是,知 $a, -b$ 是方程 $y^2-y-72=0$ 的两个不相同的根,解此一元二次方程得 $y=-8$ 或 $y=9$.

从而 $a=-8$ 或 9,即 $(6x+7)^2=-8$(舍去)或 $(6x+7)^2=9$.

由此求得 $x_1=-\dfrac{2}{3}$ 或 $x_2=-\dfrac{5}{3}$.

3. 注意运用解方程的各种技巧

例 14 (美国第 1 届数学邀请赛题)求方程 $x^2+18x+30=2\sqrt{x^2+18x+45}$ 实根的乘积.

解 设 $\sqrt{x^2+18x+45}=y$,则原方程变形为

$y^2-15=2y$,即 $y^2-2y-15=0$.

求得 $y_1=5, y_2=-3$(舍去),从而 $\sqrt{x^2+18x+45}=5$,

即有 $x^2+18x+20=0$.

由 $\Delta=18^2-4\cdot 20>0$,知上述方程有两实根.

再由韦达定理,知两实根的乘积为 20.

例 15 (1992 年北欧竞赛题)试求大于 1 的实数 $x、y、z$,满足方程

$$x+y+z+\dfrac{3}{x-1}+\dfrac{3}{y-1}+\dfrac{3}{z-1}=2(\sqrt{x+2}+\sqrt{y+2}+\sqrt{z+2}).$$

解 令 $f(t)=t+\dfrac{3}{t-1}-2\sqrt{t+2}$,则

$$f(t) = \frac{1}{t-1}[t^2 - t + 3 - 2(t-1)\sqrt{t+2}]$$
$$= \frac{1}{t-1}[t^2 - 2t + 1 + (\sqrt{t+2})^2 - 2(t-1)\sqrt{t+2}]$$
$$= \frac{1}{t-1}[(t-1) - \sqrt{t+2}]^2.$$

显然,当 $t > 1$ 时,$f(t) \geq 0$,并且仅当 $t - 1 - \sqrt{t+2} = 0$ 时,等号成立,即当 $t = \frac{1}{2}(3 + \sqrt{13})$ 时等号成立.

易知原方程可化为 $f(x) + f(y) + f(z) = 0$,其中 $x > 1, y > 1, z > 1$,它又等价于 $f(x) = 0, f(y) = 0, f(z) = 0$,所以 $x = y = z = \frac{1}{2}(3 + \sqrt{13})$ 为所求.

例 16 解方程 $x^2 + \frac{9x^2}{(x-3)^2} = 16$.

解 设 $\frac{3x}{x-3} = y$,则 $xy = 3x + 3y$.

于是,有 $\begin{cases} x^2 + y^2 = 16, & \text{①} \\ xy = 3(x+y). & \text{②} \end{cases}$

由 ① + ② · 2 得 $(x+y)^2 - 6(x+y) - 16 = 0$,

解得 $x + y = 8$ 或 $x + y = -2$.

从而,有 $\begin{cases} x+y = 8, \\ xy = 24, \end{cases}$ 或 $\begin{cases} x+y = -2, \\ xy = -6. \end{cases}$

解前组无解,解后组得 $x_1 = -1 + \sqrt{7}, x_2 = -1 - \sqrt{7}$.

经检验,x_1、x_2 均为原方程的根.

例 17 解方程 $\sqrt{\frac{3-x}{1+x}} = \frac{3-x^2}{x^2+1}$.

解 设 $\sqrt{\frac{3-x}{1+x}} = \frac{3-x^2}{x^2+1} = k$,则

$k^2 x + x + k^2 - 3 = 0,$ ①

$(1+k)x^2 + k - 3 = 0.$ ②

② · k − ① · x 得 $k^2 - x^2 - k^2 x + kx^2 - 3k + 3x = 0$.

从而 $(k-x) \cdot (k - kx + x - 3) = 0$,求得 $k = x$ 或 $k = \frac{3-x}{1-x}$.

把 $k = x$ 和 $k = \frac{3-x}{1-x}$ 分别代入原方程,解得

$x_1 = 1, x_2 = 0, x_3 = 1 + \sqrt{2}, x_4 = 1 - \sqrt{2}, x_5 = 3$.

经检验,$x = 1$ 和 $x = 1 - \sqrt{2}$ 是原方程的根.

例 18 设函数 $f(x) = x^2 + bx + c$,方程 $f(x) - x = 0$ 的两个实根为 x_1, x_2,且 $x_2 - x_1 > 2$.

(1) 求证:x_1, x_2 为方程 $f[f(x)] = x$ 的两个根;

(2) 若四次方程 $f[f(x)]=x$ 的另两个根为 x_3,x_4, 且 $x_3>x_4$, 试判断 x_1,x_2,x_3,x_4 的大小.

证明 （1）由题设可知 $f(x)=(x-x_1)(x-x_2)+x$, 则
$f(x)-x_1=(x-x_1)(x-x_2+1)$,
$f(x)-x_2=(x-x_2)(x-x_1+1)$,
$f(x)-x=(x-x_1)(x-x_2)=0$.
于是 $f[f(x)]-x=[f(x)-x_1]\cdot[f(x)-x_2]+f(x)-x$
$=(x-x_1)(x-x_2+1)(x-x_2)(x-x_1+1)+(x-x_1)(x-x_2)$
$=(x-x_1)(x-x_2)[(x-x_1+1)(x-x_2+1)+1]$
$=0$.
可知, x_1、x_2 是方程 $f[f(x)]=x$ 的两个根.

（2）由(1)可知 x_3、x_4 是方程 $g(x)=(x-x_1+1)\cdot(x-x_2+1)+1=0$ 的两根, 因为 $x_2-x_1>2$, 所以 $g(x_1)=x_1-x_2+2<0, g(x_2)=x_2-x_1+2>0$.

又二次函数 $g(x)$ 的图象开口向上, 所以方程 $g(x)=0$ 在区间 $(-\infty,x_1)$ 及 (x_1,x_2) 内各有一个根. 又 $x_3>x_4$, 所以 $x_4\in(-\infty,x_1), x_3\in(x_1,x_2)$, 故
$x_4<x_1<x_3<x_2$.

例 19 （美国第 8 届数学邀请赛题）若实数 a,b,x,y 满足 $ax+by=3, ax^2+by^2=7, ax^3+by^3=16, ax^4+by^4=42$, 求 ax^5+by^5 的值.

解 因为 $ax^3+by^3=16$, 则 $(ax^3+by^3)(x+y)=16(x+y)$.
所以 $(ax^4+by^4)+xy(ax^2+by^2)=16(x+y)$,
即有 $42+7xy=16(x+y)$.   ①
又由 $ax^2+by^2=7$, 有 $(ax^2+by^2)(x+y)=7(x+y)$,
即有 $(ax^3+by^3)+xy(ax+by)=7(x+y)$, 亦即 $16+3xy=7(x+y)$.   ②
由①，②得 $\begin{cases}16(x+y)-7xy=42,\\7(x+y)-3xy=16,\end{cases}$
解得 $x+y=-14, xy=-38$.
又由 $ax^4+by^4=42$, 有 $(ax^4+by^4)(x+y)=42(x+y)$,
从而 $(ax^5+by^5)+xy(ax^3+by^3)=42(x+y)$.
于是 $ax^5+by^5=42(x+y)-16xy=42\cdot(-14)-16\cdot(-38)=20$.

4. 关注解方程组的各种技巧

例 20 （2008 年全国高中联赛题）方程组
$\begin{cases}x+y+z=0\\xyz+z=0\\xy+yz+xz+y=0\end{cases}$ 的有理数解 (x,y,z) 的个数为（   ）.

解 若 $z=0$, 则由 $x+y=0$ 且 $xy+y=0$ 解得 $(x,y)=(0,0),(-1,1)$. 若 $z\neq 0$, 由 $xyz+z=0$ 得 $xy=-1$.
由 $x+y+z=0$ 得 $z=-x-y$, 并将其代入 $xy+yz+xz+y=0$, 得 $x^2+y^2+xy-y=0$.
由 $xy=-1$ 得 $x=-\dfrac{1}{y}$, 代入 $x^2+y^2+xy-y=0$ 得 $(y-1)(y^3-y-1)=0$, 易知 y^3-

$y-1=0$ 没有有理数根,故 $y=1$.由此得 $x=-1$(因 $xy=-1$),代入 $z=-x-y$ 得 $z=0$,矛盾.故共有两组解为 $(x,y,z)=(0,0,0),(-1,1,0)$,个数为 2.

例 21 (全苏第 25 届数学奥林匹克题) 求方程组的整数解 $\begin{cases} xz-2yt=3, \\ xt+yz=1. \end{cases}$

解 由方程组可得 $(xz-2yt)^2+2(xt+yz)^2=(x^2+2y^2)(z^2+2t^2)=11$,因而有 $x^2+2y^2=1$ 或 $z^2+2t^2=1$.

若 $x^2+2y^2=1$,则由此可得 $y=0, x=\pm 1$,然后由第二个方程得知 $t=\pm 1$,再由第一个方程得 $z=\pm 3$.

若 $z^2+2t^2=1$,则由此可得 $t=0, z=\pm 1$,再得出 $y=\pm 1, x=\pm 3$.

经直接验证可知,所求得的四组解 (x,y,z,t) 都可满足方程组,它们是 $(1,0,3,1)$,$(-1,0,-3,-1),(3,1,1,0),(-3,-1,-1,0)$.

例 22 (美国第 2 届数学邀请赛题) 已知

$$\begin{cases} \dfrac{x^2}{2^2-1^2}+\dfrac{y^2}{2^2-3^2}+\dfrac{z^2}{2^2-5^2}+\dfrac{w^2}{2^2-7^2}=1, \\ \dfrac{x^2}{4^2-1^2}+\dfrac{y^2}{4^2-3^2}+\dfrac{z^2}{4^2-5^2}+\dfrac{w^2}{4^2-7^2}=1, \\ \dfrac{x^2}{6^2-1^2}+\dfrac{y^2}{6^2-3^2}+\dfrac{z^2}{6^2-5^2}+\dfrac{w^2}{6^2-7^2}=1, \\ \dfrac{x^2}{8^2-1^2}+\dfrac{y^2}{8^2-3^2}+\dfrac{z^2}{8^2-5^2}+\dfrac{w^2}{8^2-7^2}=1, \end{cases}$$

求 $x^2+y^2+z^2+w^2$ 的值.

解 首先注意到:$x、y、z、w$ 满足给定的方程组等价于 $t=4,16,36,64$ 满足方程

$$\dfrac{x^2}{t-1}+\dfrac{y^2}{t-9}+\dfrac{z^2}{t-25}+\dfrac{w^2}{t-49}=1. \qquad ①$$

去分母,并移项整理得

$(t-1)(t-9)(t-25)(t-49)-x^2(t-9)(t-25)(t-49)-y^2(t-1)(t-25)(t-49)$
$-z^2(t-1)(t-9)(t-49)-w^2(t-1)(t-9)(t-25)=0,$ ②

方程 ② 是关于 t 的四次方程,$t=4,16,36,64$ 是这个方程的四个根,因此方程 ② 等价于 $(t-4)(t-16)(t-36)(t-64)=0.$ ③

方程 ②、③ 的首项系数都是 1,因此其他项的系数也应该相等,比较方程 ②、③ 的 t^2 项的系数,得

$-1-9-25-49-x^2-y^2-z^2-w^2=-4-16-36-64.$

故 $x^2+y^2+z^2+w^2=36$ 为所求.

例 23 (全俄第 13 届数学奥林匹克题) 在实数集内解方程组

$$\begin{cases} xyz=x+y+z, & ① \\ yzt=y+z+t, & ② \\ ztx=z+t+x, & ③ \\ txy=t+x+y. & ④ \end{cases}$$

解 由 ①-② 得 $yz(x-t)=x-t$,
从而,有 $yz=1$ 或 $x=t$.

若 $yz=1$,则由 ①,得 $x=x+y+z$,于是 $y+z=0$.但方程组 $y \cdot z=1$ 且 $y+z=0$ 无实数解,所以只能是 $x=t$.

将 $x=t$ 代入 ③,得 $z=\dfrac{2x}{x^2-1}$.　　　　　　　　　　　　⑤

将 $x=t$ 代入 ④,得 $y=\dfrac{2x}{x^2-1}$.　　　　　　　　　　　　⑥

将 ⑤、⑥ 代入 ①,得 $\dfrac{4x^3}{(x^2-1)^2}=x+\dfrac{4x}{x^2-1}$.

$x=0$ 显然适合上述方程.当 $x\neq 0$ 时,上述方程可变为 $x^4-2x^2-3=0$,解得实根 $x=\pm\sqrt{3}$.

于是 $t=0$ 或 $t=\pm\sqrt{3}$.

同理,可得 $y=z=0$ 或 $y=z=\pm\sqrt{3}$.

因此,原方程组的解 (x,y,z,t) 为:

$(0,0,0,0),(\sqrt{3},\sqrt{3},\sqrt{3},\sqrt{3}),(-\sqrt{3},-\sqrt{3},-\sqrt{3},-\sqrt{3})$.

例 24 （加拿大国家集训队训练题）在复数集内解方程组

$\begin{cases} x^2+2yz=x, \\ y^2+2zx=z, \\ z^2+2xy=y. \end{cases}$　　　①　②　③

解 三式相加得 $(x+y+z)^2=x+y+z$,

因此,$x+y+z=0$ 或 $x+y+z=1$.

(1) 若 $x+y+z=0$,则 $x=-(y+z)$.　　　　　　　　　　　　④

将 ④ 代入 ②,得 $y^2-2z(y+z)=z$,　　　　　　　　　　　　⑤

将 ④ 代入 ③,得 $z^2-2y(y+z)=y$,　　　　　　　　　　　　⑥

⑤ - ⑥,得 $3(y^2-z^2)=z-y$.

从而,求得 $y=z$ 或 $y+z=-\dfrac{1}{3}$.

当 $y=z$ 时,由 ⑤ 得 $y^2-4y^2=y$,即 $y=0,-\dfrac{1}{3}$.

从而,求得 $z=0,-\dfrac{1}{3};x=0,\dfrac{2}{3}$.

在 $y+z=-\dfrac{1}{3}$ 时,由 ④ 得 $x=\dfrac{1}{3}$,代入 ① 得 $yz=\dfrac{1}{9}$,所以

$y=\dfrac{1}{6}(-1\pm\sqrt{3}\mathrm{i}),z=\dfrac{1}{6}(-1\mp\sqrt{3}\mathrm{i})$.

(2) 若 $x+y+z=1$,则 $x=1-y-z$,代入 ②,③ 可得

$y^2-2z^2-2yz+z=0$,　　　　　　　　　　　　　　　　　⑦

$z^2-2y^2-2yz+y=0$,　　　　　　　　　　　　　　　　　⑧

由 ⑦ - ⑧,得 $3(y^2-z^2)=y-z$,

从而,$y=z$ 或 $y+z=\dfrac{1}{3}$.

在 $y = z$ 时,由 ⑦ 得 $3y^2 = y$,即有 $y = 0, \frac{1}{3}$.

此时,$z = 0, \frac{1}{3}$;$x = 1, \frac{1}{3}$.

当 $y + z = \frac{1}{3}$ 时,$x = \frac{2}{3}$,由 ① 得 $yz = \frac{1}{9}$.

此时,$y = \frac{1}{6}(1 \pm \sqrt{3}\mathrm{i}), z = \frac{1}{6}(1 \mp \sqrt{3}\mathrm{i})$.

综上所述,本题的解 (x,y,z) 为 $(0,0,0)$,$(\frac{2}{3}, -\frac{1}{3}, -\frac{1}{3})$,$(\frac{1}{3}, \frac{-1 \pm \sqrt{3}\mathrm{i}}{6}, \frac{-1 \mp \sqrt{3}\mathrm{i}}{6})$, $(1,0,0)$,$(\frac{1}{3}, \frac{1}{3}, \frac{1}{3})$,$(\frac{2}{3}, \frac{1 \pm \sqrt{3}\mathrm{i}}{6}, \frac{1 \mp \sqrt{3}\mathrm{i}}{6})$.

例 25 (《数学通报》数学问题 1433 号) 在实数范围内解方程组
$$\begin{cases} y = x^3(3-2x), & \text{①} \\ z = y^3(3-2y), & \text{②} \\ x = z^3(3-2z). & \text{③} \end{cases}$$

解 (1) 当 $x = 0$ 时,由 ① 得 $y = 0$,由 ② 得 $z = 0$.

(2) 当 $x \geqslant \frac{3}{2}$ 时,由 ① 得 $y \leqslant 0$,由 ② 得 $z \leqslant 0$,由 ③ 得 $x \leqslant 0$,矛盾.

(3) 当 $0 < x < \frac{3}{2}$ 时,由 ③ 得 $z^3(3-2z) > 0$,所以 $0 < z < \frac{3}{2}$. 再由 ② 得 $y^3(3-2y) > 0$,所以 $0 < y < \frac{3}{2}$.

由平均值不等式,得 $y = x \cdot x \cdot x(3-2x) \leqslant x \cdot \left[\frac{x+x+(3-2x)}{3}\right]^3 = x$.

同理,可得 $z \leqslant y, x \leqslant z$,所以 $x = y = z$. 这就说明了上述不等式取到了等号,从而 $x = 3 - 2x$,即 $x = 1, y = z = 1$.

(4) 当 $x < 0$ 时,由 ① 得 $y < 0$,再由 ② 得 $z < 0$,令 $u = -x, v = -y, w = -z$,则 $u > 0, v > 0, w > 0$,且
$$\begin{cases} v = u^3(3+2u), & \text{④} \\ w = v^3(3+2v), & \text{⑤} \\ u = w^3(3+2w). & \text{⑥} \end{cases}$$

设 $f(u) = u^3(3+2u)$,它在 $u > 0$ 时是增函数,而 $v = f(u), w = f(v), u = f(w)$. 如果 u, v, w 中有两个不相等,不妨假设为 $u > v$,所以 $f(u) > f(v)$,即 $v > w$,所以 $f(v) > f(w)$,即 $w > u$,从而 $u > v > w > u$,矛盾,故必有 $u = v = w$.

于是,所求问题转为解方程 $u = f(u) = u^3(3+2u)$,即 $1 = u^2(3+2u)$,亦即 $2u^3 + 3u^2 - 1 = 0$,亦即 $(u+1)^2(2u-1) = 0$. 求得 $u = \frac{1}{2}$ ($u = -1$ 舍去).

从而 $v = w = \frac{1}{2}$,即 $x = y = z = -\frac{1}{2}$.

综上所述,原方程组的解 (x,y,z) 为 $(0,0,0)$,$(1,1,1)$,$(-\frac{1}{2}, -\frac{1}{2}, -\frac{1}{2})$.

【模拟实战二】

A 组

1. (1981年全国高中联赛题)对方程 $x|x|+px+q=0$ 进行讨论,下面的结论中,错误的是( ).
   A. 至多有三个实根
   B. 至少有一个实根
   C. 仅当 $p^2-4q \geqslant 0$ 时才有实根
   D. 当 $p<0$ 和 $q<0$ 时,有三个实根

2. (1982年全国高中联赛题)由方程 $|x-1|+|y-1|=1$ 确定的曲线所围成的图形面积是_____.

3. (1984年全国高中联赛题)方程 $\sin x = \lg x$ 的实根是_____.

4. (第4届"希望杯"邀请赛题)实数 x、y 适合方程 $x^2+y^2-6x=0$,则 $\sqrt{2x^2+y^2-4x+5}$ 的值域是_____.

5. (1992年上海市竞赛题) $f(x)$ 是定义在非负整数集上的函数,对于任意正整数 x,都有 $f(x) = f(x-1)+f(x+1)$,且 $f(0)=1992$.则 $f(1992)=$ _____.

6. (第9届"希望杯"邀请赛题)设 α、β 依次是方程 $\log_2 x + x + 2 = 0$ 和 $2^x + x + 2 = 0$ 的根,则 $\alpha+\beta$ 的值等于_____.

7. 设一元四次方程为 $F(x)=f(x)-k=0$,当 $k=10, 20, 30$ 时,方程 $F(x)=0$ 的根分别为 $1, 2, 3$,则 $f(10)+f(-6)$ 的值为_____.

8. (第10届"希望杯"邀请赛题)设 x_1、x_2 是方程 $x^2+x+1=0$ 的根,则和式 $\dfrac{x_1}{x_2}+(\dfrac{x_1}{x_2})^2+(\dfrac{x_1}{x_2})^3+\cdots+(\dfrac{x_1}{x_2})^{1998}$ 的值等于_____.

9. 在实数集内解方程组 $\begin{cases} \sqrt{x+1}+\sqrt{y-1}=5, \\ x+y=13. \end{cases}$

10. 在实数集内解方程组 $\begin{cases} x^2+3xy=18, \\ xy+3y^2=6. \end{cases}$

B 组

1. (第2届"友谊杯"国际数学竞赛题)如果 p, q_1 和 q_2 是实数,而 $p=q_1+q_2+1$,那么两个方程:$x^2+x+q_1=0, x^2+px+q_2=0$ 中至少有一个方程,它有两个不同的实根.

2. (加拿大第24届数学奥林匹克题)在复数集内解方程 $x^2+(\dfrac{x^2}{x+1})^2=3$.

3. (美国第8届数学邀请赛题)解方程
   $$\dfrac{1}{x^2-10x-29}+\dfrac{1}{x^2-10x-45}-\dfrac{1}{x^2-10x-69}=0.$$

4. (《中等数学》2002年第6期数学奥林匹克问题)求所有这样的整数 k,使得关于 x 的一元二次方程 $kx^2-2(3k-1)x+9k-1=0$ 至少有一个整数根.

5. (《中等数学》2001年第6期数学奥林匹克问题）求证：方程 $3ax^2+2bx-(a+b)=0$ 在 $(0,1)$ 内至少有一个实根.

6. (1994年保加利亚数学奥林匹克）寻找所有整数 k，使得存在一个整数 x，满足方程 $\sqrt{39-6\sqrt{12}}+\sqrt{kx(kx+\sqrt{12})+3}=2k$.

7. (第2届"友谊杯"国际数学竞赛题）解方程组
$$\begin{cases} yz=3y+2z-8, \\ zx=4z+3x-8, \\ xy=2x+y-1. \end{cases}$$

8. (加拿大国家集训队训练题）在实数集内解方程组
$$\begin{cases} x+xy+y=2+3\sqrt{2}, \\ x^2+y^2=6. \end{cases}$$

9. (全俄第14届数学奥林匹克题）解方程组
$$\begin{cases} xy^2-2y+3x^2=0, \\ y^2+x^2y+2x=0. \end{cases}$$

10. (2003年德国数学奥林匹克题）求所有实数对 (x,y)，使得 x、y 满足方程组 $\begin{cases} x^3+y^3=7, \\ xy(x+y)=-2. \end{cases}$

11. (2002-2003年德国数学竞赛题）求方程组
$$\begin{cases} x^3-4x^2-16x+60=y \\ y^3-4y^2-16y+60=z \\ z^3-4z^2-16z+60=x \end{cases}$$ 的整数解.

12. (2003年保加利亚数学奥林匹克题）求方程组
$$\begin{cases} x+y+z=3xy \\ x^2+y^2+z^2=3xz \\ x^3+y^3+z^3=3yz \end{cases}$$ 的实数解组的个数.

第 3 章 三角

【基础知识】

三角函数具有一系列优美的性质：有界性、奇偶性、周期性以及在一些区间上的单调性. 因而，三角内容有其特有的作用，它与其他相关知识有着密切的内在联系，它体现数学重要思想方法的重要内容，也是解决相关问题和实际问题的重要工具(三角代换或三角法).

求解三角问题一般是通过三角函数(或反三角函数)恒等变形来完成，这种方法是最基本的，也是很重要的. 有些三角问题，除了常规方法外，还可根据题目所提供的信息，通过观察、联想，采用处理代数问题的各种技巧，如配凑、构造、代换等. 除此之外，若熟悉下列结论，则可提高解题效率与速度.

结论 1 对任意角 α，都有 $|\sin\alpha| \leqslant 1$，$|\cos\alpha| \leqslant 1$，$1 \pm \sin\alpha \geqslant 0$，$a\sin\alpha + b\cos\alpha = \sqrt{a^2+b^2}\sin(\alpha+\varphi)$.

结论 2 当 $k \in \mathbf{Z}$ 时，函数 $y = \sin x$ 在 $\left[2k\pi - \dfrac{\pi}{2}, 2k\pi + \dfrac{\pi}{2}\right]$ 上单调递增，在 $\left[2k\pi + \dfrac{\pi}{2}, 2k\pi + \dfrac{3\pi}{2}\right]$ 上单调递减；$y = \cos x$ 在 $[2k\pi + \pi, 2k\pi + 2\pi]$ 上单调递增，在 $[2k\pi, 2k\pi + \pi]$ 上单调递减；$y = \tan x$ 在 $\left(k\pi - \dfrac{\pi}{2}, k\pi + \dfrac{\pi}{2}\right)$ 单调递增；$y = \cot x$ 在 $(k\pi, k\pi + \pi)$ 上单调递减.

结论 3 函数 $y = A\sin(\omega x + \varphi)$，$y = A\cos(\omega x + \varphi)$ 的最小正周期均为 $\dfrac{2\pi}{|\omega|}$；$y = A\tan(\omega x + \varphi)$，$y = \cot(\omega x + \varphi)$ 的最小正周期均为 $\dfrac{\pi}{|\omega|}$.

结论 4 $\sin 3\theta = 4\sin\theta \cdot \sin(60°-\theta) \cdot \sin(60°+\theta)$，$\cos 3\theta = 4\cos\theta \cdot \cos(60°-\theta) \cdot \cos(60°+\theta)$.

结论 5 $\sin\alpha + \sin\beta = 2\sin\dfrac{\alpha+\beta}{2} \cdot \cos\dfrac{\alpha-\beta}{2}$，$\sin\alpha - \sin\beta = 2\cos\dfrac{\alpha+\beta}{2} \cdot \sin\dfrac{\alpha-\beta}{2}$，$\cos\alpha + \cos\beta = 2\cos\dfrac{\alpha+\beta}{2} \cdot \cos\dfrac{\alpha-\beta}{2}$，$\cos\alpha - \cos\beta = -2\sin\dfrac{\alpha+\beta}{2} \cdot \sin\dfrac{\alpha-\beta}{2}$.

结论 6 $\arcsin x + \arccos x = \dfrac{\pi}{2}$ $(x \in [-1,1])$，$\arctan x + \text{arccot}\, x = \dfrac{\pi}{2}$ $(x \in \mathbf{R})$.

【基本问题与求解方法】

例 1 (2001 年全国高中联赛题) 在四个函数 $y = \sin|x|$，$y = \cos|x|$，$y = |\cot x|$，

$y = \lg|\sin x|$ 中,以 π 为周期,在 $(0, \frac{\pi}{2})$ 上单调递增的偶函数是( ).

A. $y = \sin|x|$ B. $y = \cos|x|$ C. $y = \cot|x|$ D. $y = \lg|\sin x|$

解 由于 $y = \sin|x|$ 不是周期函数,$y = \cos|x| = \cos x$ 的周期为 2π,$y = |\cot x|$ 在 $(0, \frac{\pi}{2})$ 上单调递减,只有 $y = \lg|\sin x|$ 满足全部条件. 故选 D.

例 2 (2002 年全国高中联赛题)若 $x \in [-\frac{5\pi}{12}, -\frac{\pi}{3}]$,则 $y = \tan(x + \frac{2\pi}{3}) - \tan(x + \frac{\pi}{6}) + \cos(x + \frac{\pi}{6})$ 的最大值是_____.

解 $y = \tan(x + \frac{2\pi}{3}) + \cot(x + \frac{2\pi}{3}) + \cos(x + \frac{\pi}{6}) = \frac{2}{\sin(2x + \frac{4\pi}{3})} + \cos(x + \frac{\pi}{6})$. 因为 $-\frac{5\pi}{12} \leqslant x \leqslant -\frac{\pi}{3}$,所以 $2x + \frac{4\pi}{3} \in [\frac{\pi}{2}, \frac{2\pi}{3}]$,$x + \frac{\pi}{6} \in [-\frac{\pi}{4}, -\frac{\pi}{6}]$,可见 $\frac{2}{\sin(2x + \frac{4\pi}{3})}$ 与 $\cos(x + \frac{\pi}{6})$ 在 $[-\frac{5\pi}{12}, -\frac{\pi}{3}]$ 上同为递增函数. 故当 $x = -\frac{\pi}{3}$ 时,y 取最大值 $\frac{11}{6}\sqrt{3}$.

例 3 (2004 年全国高中联赛题)设锐角 θ 使关于 x 的方程 $x^2 + 4x \cdot \cos\theta + \cot\theta = 0$ 有重根,则 θ 的弧度数为_____.

解 由题设方程有重根,故其判别式 $\Delta = 16\cos^2\theta - 4\cot\theta = 0$,因为 $0 < \theta < \frac{\pi}{2}$,所以 $4\cos\theta(2\sin 2\theta - 1) = 0$,得 $\sin 2\theta = \frac{1}{2}$. 因此,$\theta = \frac{\pi}{12}$ 或 $\frac{5\pi}{12}$.

例 4 (2011 年全国高中联赛题)若 $\cos^5\theta - \sin^5\theta < 7(\sin^3\theta - \cos^3\theta)$ ($\theta \in [0, 2\pi]$),则 θ 的取值范围为_____.

解 题设不等式等价于 $7\sin^3\theta + \sin^5\theta > 7\cos^3\theta + \cos^5\theta$.

因为 $f(x) = 7x^3 + x^5$ 是 $(-\infty, +\infty)$ 上的增函数,所以,$\sin\theta > \cos\theta$.

故 $2k\pi + \frac{\pi}{4} < \theta < 2k\pi + \frac{5\pi}{4}(k \in \mathbf{Z})$.

由 $\theta \in [0, 2\pi)$,知 θ 的取值范围是 $(\frac{\pi}{4}, \frac{5\pi}{4})$.

例 5 (2012 年全国高中联赛题)满足 $\frac{1}{4} < \sin\frac{\pi}{n} < \frac{1}{3}$ 的所有正整数 n 的和是_____.

解 由正弦函数的凸性,知当 $x \in (0, \frac{\pi}{6})$ 时,$\frac{3}{\pi}x < \sin x < x$.

故 $\sin\frac{\pi}{13} < \frac{\pi}{13} < \frac{1}{4}$,$\sin\frac{\pi}{12} > \frac{3}{\pi} \times \frac{\pi}{12} = \frac{1}{4}$,

$\sin\frac{\pi}{10} < \frac{\pi}{10} < \frac{1}{3}$,$\sin\frac{\pi}{9} > \frac{3}{\pi} \times \frac{\pi}{9} = \frac{1}{3}$,

因此,满足 $\frac{1}{4} < \sin\frac{\pi}{n} < \frac{1}{3}$ 的正整数 n 的所有值分别为 10、11、12,其和为 33.

例 6 (2010 年全国高中联赛题)已知函数 $y = (a\cos^2 x - 3)\sin x$ 的最小值为 -3,则实数 a 的取值范围是_____.

解 令 $\sin x = t$. 于是,原函数化为 $g(t) = [a(1-t^2) - 3]t$.

由 $g(t)$ 在 $[-1, 1]$ 内的最小值为 -3,得 $at(1-t^2) + 3(1-t) \geq 0$,

即 $(1-t)[at(1+t) + 3] \geq 0$.

故 $a(t^2 + t) \geq -3$. ①

当 $t = 0, -1$ 时,式 ① 总成立;

当 $0 < t \leq 1$ 时,$0 < t^2 + t \leq 2$;

当 $-1 < t < 0$ 时,$-\frac{1}{4} \leq t^2 + t < 0$.

从而,$-\frac{3}{2} \leq a \leq 12$.

例 7 (第 11 届"希望杯"邀请赛题)若函数 $y = \cos^2 x - 3\cos x + a$ 的最小值是 $-\frac{3}{2}$,则 a^y 的值域是_____.

A. $\left[2^{-\frac{9}{2}}, 2^{\frac{3}{2}}\right]$ B. $\left[2^{-\frac{3}{2}}, 2^{\frac{9}{2}}\right]$ C. $\left[2^{-\frac{3}{2}}, 2\right]$ D. $\left[2, 2^{\frac{9}{2}}\right]$

解 因为 $|\cos x| \leq 1$,所以 $y = \cos^2 x - 3\cos x + a = (\cos x - \frac{3}{2})^2 + (a - \frac{9}{4}) \geq (1 - \frac{3}{2})^2 + (a - \frac{9}{4}) = a - 2$. 依题意有 $a - 2 = -\frac{3}{2}$,得 $a = \frac{1}{2}$,则 $a^y = (\frac{1}{2})^{\cos^2 x - 3\cos x + \frac{1}{2}} = (\frac{1}{2})^{(\cos x - \frac{3}{2})^2 - \frac{7}{4}}$,因 $(\cos x - \frac{3}{2})^2 - \frac{7}{4}$ 的最大值是 $(-1 - \frac{3}{2})^2 - \frac{7}{4} = \frac{9}{2}$,最小值是 $(1 - \frac{3}{2})^2 - \frac{7}{4} = -\frac{3}{2}$,又 $(\frac{1}{2})^x$ 单调递减,所以 $2^{-\frac{9}{2}} \leq a^y \leq 2^{\frac{3}{2}}$. 故选 A.

例 8 (第 11 届"希望杯"邀请赛题)使不等式 $2^x - a > \arccos x$ 的解是 $-\frac{1}{2} < x \leq 1$ 的实数 a 的取值范围是_____.

解 由题设知不等式 $2^x - \arccos x > a$ 的解集是 $(-\frac{1}{2}, 1]$,在此区间上函数 $f(x) = 2^x - \arccos x$ 是单调递增的,因此 a 的值应当满足关系 $f(-\frac{1}{2}) = a$. 于是 $a = 2^{-\frac{1}{2}} - \arccos(-\frac{1}{2}) = \frac{\sqrt{2}}{2} - \frac{2}{3}\pi$.

例 9 (第 10 届"希望杯"邀请赛题)将函数 $f(x) = \sin 2x$ 的图象向左移 $\frac{\pi}{3}$ 个单位,再将所得图象上各点的横坐标压缩到原来的 $\frac{1}{2}$,这时所得图象的函数解析式是_____.

解 函数 $f(x) = \sin 2x$ 的图象左移 $\frac{\pi}{3}$ 个单位,所得图象的函数表达式为 $\sin 2(x + \frac{\pi}{3}) = \sin(2x + \frac{2}{3}\pi)$,再将横坐标压缩一半后所得图象的函数表达式为 $\sin(4x + \frac{2\pi}{3})$.

例 10 (第 10 届"希望杯"邀请赛题)适合方程 $\tan 19x° = \frac{\cos 99° + \sin 99°}{\cos 99° - \sin 99°}$ 的最小正整数 $x =$ _____.

解 由于 $\tan 19x° = \frac{-\sin 9° + \sin 99°}{-\sin 9° - \sin 99°} = \frac{\sin 9° - \sin 99°}{\sin 9° + \sin 99°}$

$$= -\frac{2\cos 54° \cdot \sin 45°}{2\sin 54° \cdot \cos 45°} = -\cot 54° = \tan 144°.$$

于是,$19x = 144 + 180 \cdot k, k \in \mathbf{N}$,从而,$x = \frac{180k + 144}{19} = 9k + 7 + \frac{9k + 11}{19}$,

因 $19 \mid (9k + 11)$,则 $k_{\text{最小}} = 3$.

故 $x = 9 \cdot 3 + 7 + \frac{9 \cdot 3 + 11}{19} = 36$.

例 11 (第 11 届"希望杯"邀请赛题)如果任意实数 x 均使 $\arctan\sqrt{x^2 + x + \frac{13}{4}} \geqslant \frac{\pi}{3} - a$ 成立,则 a 的取值范围是 _____.

解 因为 $\sqrt{x^2 + x + \frac{13}{4}} = \sqrt{(x + \frac{1}{2})^2 + 3} \geqslant \sqrt{3}$,

所以 $\arctan\sqrt{x^2 + x + \frac{13}{4}} \geqslant \frac{\pi}{3}$.

欲使原不等式恒成立,须使 $\frac{\pi}{3} \geqslant \frac{\pi}{3} - a$,故 $a \geqslant 0$.

例 12 设 $0 \leqslant \theta \leqslant \pi$,则函数 $f(\theta) = \sqrt{1 - \cos\theta + \sin\theta} + \sqrt{\cos\theta + 2} + \sqrt{3 - \sin\theta}$ 的最大值是 _____.

解 令 $f(\theta) = y$,由于 $\sqrt{1 - \cos\theta + \sin\theta}, \sqrt{\cos\theta + 2}, \sqrt{3 - \sin\theta}$ 的方差是 $s^2 = \frac{1}{3}[(\sqrt{1 - \cos\theta + \sin\theta})^2 + (\sqrt{\cos\theta + 2})^2 + (\sqrt{3 - \sin\theta})^2] - \frac{1}{3}(\sqrt{1 - \cos\theta + \sin\theta} + \sqrt{\cos\theta + 2} + \sqrt{3 - \sin\theta})^2 = \frac{1}{3}(6 - \frac{1}{3}y^2) \geqslant 0$,从而 $0 < y \leqslant 3\sqrt{2}$,其中等号当且仅当 $\sqrt{1 - \cos\theta + \sin\theta} = \sqrt{\cos\theta + 2} = \sqrt{3 - \sin\theta}$,即 $\theta = \frac{\pi}{2}$ 时取得.故当 $\theta = \frac{\pi}{2}$ 时,$y_{\max} = [f(\theta)]_{\max} = 3\sqrt{2}$.

【解题思维策略分析】

1. 重视代换的处理与关注函数的各种性质的灵活运用

例 13 (2012 年全国高中联赛题)已知函数 $f(x) = a\sin x - \frac{1}{2}\cos 2x + a - \frac{3}{a} + \frac{1}{2}$,

其中，$a \in \mathbf{R}$，且 $a \neq 0$．

(1) 若对任意 $x \in \mathbf{R}$，都有 $f(x) \leqslant 0$，求 a 的取值范围．

(2) 若 $a \geqslant 2$，且存在 $x \in \mathbf{R}$，使 $f(x) \leqslant 0$，求 a 的取值范围．

解 (1) $f(x) = \sin^2 x + a\sin x + a - \dfrac{3}{a}$．

令 $t = \sin x (-1 \leqslant t \leqslant 1)$．则

$g(t) = t^2 + at + a - \dfrac{3}{a}$．

由题设知

$$\begin{cases} g(-1) = 1 - \dfrac{3}{a} \leqslant 0, \\ g(1) = 1 + 2a - \dfrac{3}{a} \leqslant 0. \end{cases}$$

解得 a 的取值范围为 $(0,1]$．

(2) 因为 $a \geqslant 2$，所以，$-\dfrac{a}{2} \leqslant -1$．故 $g(t)_{\min} = g(-1) = 1 - \dfrac{3}{a}$．

从而，$f(x)_{\min} = 1 - \dfrac{3}{a}$．由题设知 $1 - \dfrac{3}{a} \leqslant 0$．

解得 $0 < a \leqslant 3$．

故 a 的取值范围是 $[2,3]$．

例 14 （2004 年全国高中联赛题）已知 $\alpha、\beta$ 是方程 $4x^2 - 4tx - 1 = 0 (t \in \mathbf{R})$ 的两个不等实根，函数 $f(x) = \dfrac{2x - t}{x^2 + 1}$ 定义域为 $[\alpha, \beta]$．

(1) 求 $g(t) = \max f(x) - \min f(x)$；

(2) 证明：对于 $u_i \in \left(0, \dfrac{\pi}{2}\right)$ $(i = 1,2,3)$，若 $\sin u_1 + \sin u_2 + \sin u_3 = 1$，则 $\dfrac{1}{g(\tan u_1)} + \dfrac{1}{g(\tan u_2)} + \dfrac{1}{g(\tan u_3)} < \dfrac{3}{4}\sqrt{6}$．

解 (1) 设 $\alpha \leqslant x_1 < x_2 \leqslant \beta$，则 $4x_1^2 - 4tx_1 - 1 \leqslant 0, 4x_2^2 - 4tx_2 - 1 \leqslant 0$，所以，此两式相加得 $4(x_1^2 + x_2^2) - 4t(x_1 + x_2) - 2 \leqslant 0$，

即 $2x_1 x_2 - t(x_1 + x_2) - \dfrac{1}{2} < 0$，亦即 $t(x_1 + x_2) - 2x_1 x_2 + \dfrac{1}{2} > 0$．

从而 $f(x_2) - f(x_1) = \dfrac{2x_2 - t}{x_2^2 + 1} - \dfrac{2x_1 - t}{x_1^2 + 1} = \dfrac{(x_2 - x_1)[t(x_1 + x_2) - 2x_1 x_2 + 2]}{(x_1^2 + 1)(x_2^2 + 1)}$

> 0．

因此，$f(x)$ 在区间 $[\alpha, \beta]$ 上是增函数．

因为 $\alpha + \beta = t, \alpha\beta = -\dfrac{1}{4}$，所以

$g(t) = \max f(x) - \min f(x) = f(\beta) - f(\alpha)$

$$= \frac{(\beta-\alpha)[t(\alpha+\beta)-2\alpha\beta+2]}{\alpha^2\beta^2+\alpha^2+\beta^2+1} = \frac{8\sqrt{t^2+1}(2t^2+5)}{16t^2+25}.$$

$(2) g(\tan u_i) = \dfrac{\dfrac{8}{\cos u_i}(\dfrac{2}{\cos^2 u_i}+3)}{\dfrac{16}{\cos^2 u_i}+9} = \dfrac{\dfrac{16}{\cos u_i}+24\cos u_i}{16+9\cos^2 u_i}$

$\geqslant \dfrac{2\sqrt{16\cdot 24}}{16+9\cos^2 u_i} = \dfrac{16\sqrt{6}}{16+9\cos^2 u_i}(i=1,2,3).$

故 $\sum\limits_{i=1}^{3}\dfrac{1}{g(\tan u_i)} \leqslant \dfrac{1}{16\sqrt{6}}\sum\limits_{i=1}^{3}(16+9\cos^2 u_i) = \dfrac{1}{16\sqrt{6}}(16\cdot 3+9\cdot 3-9\sum\limits_{i=1}^{3}\sin^2 u_i).$

因为 $3\sum\limits_{i=1}^{3}\sin^2 u_i \geqslant (\sum\limits_{i=1}^{3}\sin u_i)^2 = 1$，而柯西不等式与均值不等式中，等号不能同时成立，故 $\dfrac{1}{g(\tan u_1)}+\dfrac{1}{g(\tan u_2)}+\dfrac{1}{g(\tan u_3)} < \dfrac{1}{16\sqrt{6}}(75-9\cdot\dfrac{1}{3}) = \dfrac{3}{4}\sqrt{6}.$

例15 （《中等数学》2003年第2期奥林匹克训练题）求实数 a 的取值范围，使不等式 $\sin 2\theta-(2\sqrt{2}+\sqrt{2}a)\cdot\sin(\theta+\dfrac{\pi}{4})-\dfrac{2\sqrt{2}}{\cos(\theta-\dfrac{\pi}{4})} > -3-2a$ 对 $\theta\in[0,\dfrac{\pi}{2}]$ 恒成立.

解 设 $x=\sin\theta+\cos\theta, \theta\in[0,\dfrac{\pi}{2}]$，则 $x\in[1,\sqrt{2}]$.

由于 $\sin 2\theta = x^2-1, \sin(\theta+\dfrac{\pi}{4}) = \cos(\theta-\dfrac{\pi}{4}) = \dfrac{\sqrt{2}}{2}x$，

则原不等式化为 $x^2-1-(2+a)x-\dfrac{4}{x}+3+2a > 0$，

即 $(x-2)(x+\dfrac{2}{x}-a) > 0.$

因 $x\in[1,\sqrt{2}]$，则 $x+\dfrac{2}{x}-a < 0$，

即 $a > x+\dfrac{2}{x}, x\in[1,\sqrt{2}].$

令 $f(x) = x+\dfrac{2}{x}$，知 $f(x)$ 在 $[1,\sqrt{2}]$ 上单调递减，则 $f(x)_{\max} = f(1) = 3.$

故 $a > f(x)_{\max}$，即 $a > 3.$

例16 （2007年全国高中联赛题）已知函数 $f(x) = \dfrac{\sin(\pi x)-\cos(\pi x)+2}{\sqrt{x}}(\dfrac{1}{4}\leqslant x\leqslant\dfrac{5}{4})$，则 $f(x)$ 的最小值为_____.

解 因 $f(x) = \dfrac{\sqrt{2}\sin(\pi x-\dfrac{\pi}{4})+2}{\sqrt{x}}(\dfrac{1}{4}\leqslant x\leqslant\dfrac{5}{4})$，设 $g(x) = \sqrt{2}\sin(\pi x-\dfrac{\pi}{4})$ $(\dfrac{1}{4}\leqslant$

$x \leqslant \frac{5}{4}$),则 $g(x) \geqslant 0$,且 $g(x)$ 在 $\left[\frac{1}{4}, \frac{3}{4}\right]$ 上是增函数,在 $\left[\frac{3}{4}, \frac{5}{4}\right]$ 上是减函数,又 $y = g(x)$ 的图象关于直线 $x = \frac{3}{4}$ 对称,则对任意 $x_1 \in \left[\frac{1}{4}, \frac{3}{4}\right]$,存在 $x_2 \in \left[\frac{3}{4}, \frac{5}{4}\right]$,使 $g(x_1) = g(x_2)$,于是

$$f(x_1) = \frac{g(x_1) + 2}{\sqrt{x_1}} = \frac{g(x_2) + 2}{\sqrt{x_1}} \geqslant \frac{g(x_2) + 2}{\sqrt{x_2}} = f(x_2).$$

而 $f(x)$ 在 $\left[\frac{3}{4}, \frac{5}{4}\right]$ 上是减函数,所以,$f(x) \geqslant f\left(\frac{5}{4}\right) = \frac{4}{5}\sqrt{5}$. 即 $f(x)$ 在 $\left[\frac{1}{4}, \frac{5}{4}\right]$ 上的最小值为 $\frac{4}{5}\sqrt{5}$.

2. 注意三角变换的恰当运用

例17 已知 $\alpha, \beta \in \left(0, \frac{\pi}{2}\right)$,且 $\sin\beta = 2\cos(\alpha+\beta) \cdot \sin\alpha$ ($\alpha + \beta \neq \frac{\pi}{2}$),求 $\tan\beta$ 的最大值.

解 由 $2\cos(\alpha + \beta) \cdot \sin\alpha = \sin\beta = \sin[(\alpha + \beta) - \alpha] = \sin(\alpha + \beta) \cdot \cos\alpha - \cos(\alpha + \beta) \cdot \sin\alpha$,有 $\sin(\alpha + \beta) \cdot \cos\alpha = 3\cos(\alpha + \beta) \cdot \sin\alpha$,

即 $\tan(\alpha + \beta) = 3\tan\alpha$.

$$\tan\beta = \tan[(\alpha + \beta) - \alpha] = \frac{\tan(\alpha + \beta) - \tan\alpha}{1 + \tan(\alpha + \beta) \cdot \tan\alpha}$$

$$= \frac{2}{\frac{1}{\tan\alpha} + 3\tan\alpha} \leqslant \frac{2}{2\sqrt{\frac{1}{\tan\alpha} \cdot 3\tan\alpha}} = \frac{\sqrt{3}}{3},$$

其中等号当且仅当 $\frac{1}{\tan\alpha} = 3\tan\alpha$,即 $\tan\alpha = \pm\frac{\sqrt{3}}{3}$ 时取得.

故当 $\alpha = \frac{\pi}{6} \in \left(0, \frac{\pi}{2}\right)$ 时,$\tan\alpha = \frac{\sqrt{3}}{3}$,$\tan\beta$ 的最大值为 $\frac{\sqrt{3}}{3}$,此时 $\beta = \frac{\pi}{6} \in \left(0, \frac{\pi}{2}\right)$.

例18 化简 $\sin\left(x + \frac{\pi}{3}\right) + 2\sin\left(x - \frac{\pi}{3}\right) - \sqrt{3}\cos\left(\frac{2\pi}{3} - x\right)$.

解 注意到 $\left(x + \frac{\pi}{3}\right) + \left(\frac{2\pi}{3} - x\right) = \pi$,以及 $a\sin\alpha + b\cos\alpha = \sqrt{a^2 + b^2}\sin(\alpha + \varphi) = \sqrt{a^2 + b^2}\cos(\alpha - \theta)$,其中 $\tan\varphi = \frac{b}{a}$,$\tan\theta = \frac{a}{b}$,

则原式 $= \sin\left(x + \frac{\pi}{3}\right) + \sqrt{3}\cos\left(x + \frac{\pi}{3}\right) + 2\sin\left(x - \frac{\pi}{3}\right)$

$= 2\left[\sin\left(x + \frac{\pi}{3}\right) \cdot \frac{1}{2} + \cos\left(x + \frac{\pi}{3}\right) \cdot \frac{\sqrt{3}}{2}\right] + 2\sin\left(x - \frac{\pi}{3}\right)$

$= 2\sin\left(x + \frac{2\pi}{3}\right) + 2\sin\left(x - \frac{\pi}{3}\right)$

$= 2\sin\left[\pi + \left(x - \frac{\pi}{3}\right)\right] + 2\sin\left(x - \frac{\pi}{3}\right)$

$$=-2\sin(x-\frac{\pi}{3})+2\sin(x-\frac{\pi}{3})$$
$$=0.$$

3. 注意构造技巧的恰当运用

例19 (1996年全国高中联赛题)求实数 a 的取值范围,使得对于任意 $\theta \in [0, \frac{\pi}{2}]$,恒有 $(x+3+2\sin\theta \cdot \cos\theta)^2 + (x+a\sin\theta+a\cos\theta)^2 \geq \frac{1}{8}$.

解 令 $y=x$,则有
$$\begin{cases} x-y=0, \\ [x-(-3-2\sin\theta \cdot \cos\theta)]^2+[y-(-a\sin\theta-a\cos\theta)]^2 \geq \frac{1}{8}. \end{cases}$$

于是原问题转化为考虑点 $(-3-2\sin\theta \cdot \cos\theta, -a\sin\theta-a\cos\theta)$ 到直线 $y=x$ 的距离的平方大于 $\frac{1}{8}$ 时求 a 的取值范围(其中 $\theta \in [0, \frac{\pi}{2}]$).

由距离公式,可求得 $|-3-2\sin\theta \cdot \cos\theta+a\sin\theta+a\cos\theta| \geq \frac{1}{2}$.

令 $\sin\theta+\cos\theta=t$,则 $t=\sqrt{2}\sin(\theta+\frac{\pi}{4}) \in [1, \sqrt{2}]$.

原不等式可化为 $|-3-(t^2-1)+at| \geq \frac{1}{2}$,

解此不等式,求得 $a \geq \frac{7}{2}$ 或 $a \leq \sqrt{6}$.

例20 已知 $\alpha、\beta$ 是锐角,且 $\alpha-\beta=\frac{\pi}{3}$,试求 $\sin^2\alpha+\cos^2\beta-\sqrt{3}\sin\alpha \cdot \cos\beta$ 的值.

解 注意到 $\cos\beta=\sin(\frac{\pi}{2}-\beta)$,又 $\alpha+(\frac{\pi}{2}-\beta)+\frac{\pi}{6}=\pi$,则可用 $\alpha, \frac{\pi}{2}-\beta, \frac{\pi}{6}$ 为内角构造 $\triangle ABC$,即使得 $\angle A=\alpha, \angle B=\frac{\pi}{2}-\beta, \angle C=\frac{\pi}{6}$. 设 $\triangle ABC$ 的外接圆半径为 R,由正弦定理,得
$$BC=2R \cdot \sin\alpha, AC=2R \cdot \sin(\frac{\pi}{2}-\beta)=2R \cdot \cos\beta, AB=2R \cdot \sin\frac{\pi}{6}=R.$$
又由余弦定理,有 $BC^2+AC^2-2BC \cdot AC \cdot \cos\angle C=AB^2$,
由此可得 $4\sin^2\alpha+4\cos^2\beta-4\sqrt{3} \cdot \sin\alpha \cdot \cos\beta=1$,
故 $\sin^2\alpha+\cos^2\beta-\sqrt{3}\sin\alpha \cdot \cos\beta=\frac{1}{4}$.

例21 求证: $2\sin^4x+3\sin^2x \cdot \cos^2x+5\cos^4x \leq 5$.

证明 设 $A=2\sin^4x+3\sin^2x \cdot \cos^2x+5\cos^4x$,
$B=2\cos^4x+3\cos^2x \cdot \sin^2x+5\sin^4x.$
于是 $A+B=7(\sin^4x+\cos^4x)+6\sin^2x \cdot \cos^2x$

$$= 7(\sin^2 x + \cos^2 x)^2 - 8\sin^2 x \cdot \cos^2 x$$
$$= 7 - 2\sin^2 2x = 5 + 2\cos^2 2x, \qquad ①$$
$$A - B = 3(\cos^4 x - \sin^4 x) = 3(\cos^2 x - \sin^2 x) = 3\cos 2x. \qquad ②$$

由 ①+② 得 $2A = 2\cos^2 2x + 3\cos 2x + 5 = 2(\cos 2x + \frac{3}{4})^2 + \frac{31}{8} \leqslant 2(1+\frac{3}{4})^2 + \frac{31}{8} = 10.$

于是，$A \leqslant 5$，即 $2\sin^4 x + 3\sin^2 x \cdot \cos^2 x + 5\cos^4 x \leqslant 5.$

4. 注意三角代换的运用

例22 （1993年全国高中联赛题）实数 x、y 满足 $4x^2 - 5xy + 4y^2 = 5$. 若 $s = x^2 + y^2$，则 $\frac{1}{s_{\max}} + \frac{1}{s_{\min}} = $ _____ .

解 由 $x^2 + y^2 = s$ 联想到 $\sin^2\theta + \cos^2\theta = 1$，不妨设 $x = \sqrt{s}\cos\theta$，$y = \sqrt{s}\sin\theta$，代入已知方程 $4x^2 - 5xy + 4y^2 = 5$，得 $4s\cos^2\theta - 5s\cos\theta \cdot \sin\theta + 4s \cdot \sin^2\theta = 5$，解得 $s = \frac{10}{8 - 5\sin 2\theta}$，从而 $s_{\max} = \frac{10}{3}$，$s_{\min} = \frac{10}{13}$. 故 $\frac{1}{s_{\max}} + \frac{1}{s_{\min}} = \frac{8}{5}$.

例23 （2011年全国高中联赛题）函数 $f(x) = \frac{\sqrt{x^2+1}}{x-1}$ 的值域为 _____ .

解 设 $x = \tan\theta \left(-\frac{\pi}{2} < \theta < \frac{\pi}{2}，且 \theta \neq \frac{\pi}{4} \right)$，则

$$f(x) = \frac{\frac{1}{\cos\theta}}{\tan\theta - 1} = \frac{1}{\sin\theta - \cos\theta} = \frac{1}{\sqrt{2}\sin\left(\theta - \frac{\pi}{4}\right)}.$$

设 $u = \sqrt{2}\sin\left(\theta - \frac{\pi}{4}\right)$，则 $-\sqrt{2} \leqslant u < 1$，且 $u \neq 0$.

故 $f(x) = \frac{1}{u} \in \left(-\infty, -\frac{\sqrt{2}}{2} \right] \cup (1, +\infty).$

例24 （2001年全国高中联赛题）函数 $y = x + \sqrt{x^2 - 3x + 2}$ 的值域为 _____ .

解 由 $x^2 - 3x + 2 \geqslant 0$，得 $x \leqslant 1$ 或 $x \geqslant 2$. 又 $x^2 - 3x + 2 = (x - \frac{3}{2})^2 - \frac{1}{4}$，设 $x - \frac{3}{2} = \frac{1}{2}\sec\theta$，$\theta \in [0, \frac{\pi}{2}) \cup (\frac{\pi}{2}, \pi)$，则 $y = \frac{3}{2} + \frac{1}{2}\sec\theta + \frac{1}{2}|\tan\theta|$.

当 $\theta \in [0, \frac{\pi}{2})$ 时，$y = \frac{3}{2} + \frac{1}{2}\sec\theta + \frac{1}{2}\tan\theta = \frac{3}{2} + \frac{1}{2} \cdot \frac{1 + \sin\theta}{\cos\theta}$

$$= \frac{3}{2} + \frac{1}{2} \cdot \frac{1 - \cos(\frac{\pi}{2} + \theta)}{\sin(\frac{\pi}{2} + \theta)} = \frac{3}{2} + \frac{1}{2}\tan\left(\frac{\theta}{2} + \frac{\pi}{4}\right).$$

又 $\frac{\pi}{4} \leqslant \frac{\theta}{2} + \frac{\pi}{4} < \frac{\pi}{2}$，则 $\tan\left(\frac{\theta}{2} + \frac{\pi}{4}\right) \geqslant 1$，$y \geqslant 2$.

类似地，当 $\theta \in (\frac{\pi}{2}, \pi]$ 时，$1 \leqslant y < \frac{3}{2}$.

故所求函数值域为 $[1, \frac{3}{2}) \cup [2, +\infty)$.

注 形如 $\sqrt{x^2-a^2}$ ($|x| \geqslant a$) 等代数式中的 x 可以运用正(余)割代换.

例 25 (1998 年全国高中联赛题) 若椭圆 $x^2 + 4(y-a)^2 = 4$ 与抛物线 $x^2 = 2y$ 有公共点, 则实数 a 的取值范围是_____.

解 椭圆的参数方程为 $\begin{cases} x = 2\cos\theta \\ y = a + \sin\theta \end{cases}$ (θ 为参数), 代入 $x^2 = 2y$ 中得 $4\cos^2\theta = 2(a + \sin\theta)$.

于是, $a = 2\cos^2\theta - \sin\theta = 2 - 2\sin^2\theta - \sin\theta = -2(\sin\theta + \frac{1}{4})^2 + \frac{17}{8}$.

因 $-1 \leqslant \sin\theta \leqslant 1$, 则 $-1 \leqslant a \leqslant \frac{17}{8}$.

例 26 (1992 年"友谊杯"国际数学邀请赛题) 求三个实数 x、y、z, 使得它们同时满足下列方程组:
$$\begin{cases} 2x + 3y + z = 13, \\ 4x^2 + 9y^2 + z^2 - 2x + 15y + 3z = 82. \end{cases}$$

解 将两方程相加得 $4x^2 + 9y^2 + z^2 + 18y + 4z = 95$,
即 $(2x)^2 + (3y+3)^2 + (z+2)^2 = 108$.

令 $2x = \sqrt{108}\cos\alpha \cdot \cos\beta$, $3y + 3 = \sqrt{108}\cos\alpha \cdot \sin\beta$, $z + 2 = \sqrt{108}\sin\alpha$,
则 $2x + 3y + z = \sqrt{108}(\sin\beta + \cos\beta) \cdot \cos\alpha + \sqrt{108}\sin\alpha - 5$
$\leqslant \sqrt{108} \cdot \sqrt{(\sin\beta + \cos\beta)^2 + 1} - 5$
$= \sqrt{108} \cdot \sqrt{2 + \sin 2\beta} - 5$
$\leqslant \sqrt{108} \cdot \sqrt{3} - 5 = 13$.

上式当且仅当 $\sin 2\beta = 1$ 且 $\sin\alpha = \frac{\sqrt{3}}{3}$、$\cos\alpha = \frac{\sqrt{6}}{3}$ 时取等号, 即 $x = 3, y = 1, z = 4$ 取等号.

故原方程组只有一组解 $x = 3, y = 1, z = 4$.

5. 注意在三角形中求解问题

例 27 (2013 年全国高中联赛题) 在 $\triangle ABC$ 中, 已知 $\sin A = 10\sin B \cdot \sin C$, $\cos A = 10\cos B \cdot \cos C$, 则 $\tan A =$ _____.

解 由 $\sin A - \cos A$
$= 10(\sin B \cdot \sin C - \cos B \cdot \cos C)$
$= -10\cos(B + C) = 10\cos A$
$\Rightarrow \sin A = 11\cos A$
$\Rightarrow \tan A = 11$.

例 28 (2012 年全国高中联赛题) 设 $\triangle ABC$ 的内角 $\angle A$、$\angle B$、$\angle C$ 的对边分别为 a、b、c, 且满足 $a\cos B - b\cos A = \frac{3}{5}c$, 则 $\frac{\tan A}{\tan B} =$ _____.

解法1 由题设及余弦定理得

$$a \cdot \frac{c^2+a^2-b^2}{2ca} - b \cdot \frac{b^2+c^2-a^2}{2bc} = \frac{3}{5}c \Rightarrow a^2-b^2 = \frac{3}{5}c^2.$$

故 $\dfrac{\tan A}{\tan B} = \dfrac{\sin A \cdot \cos B}{\sin B \cdot \cos A} = \dfrac{a \cdot \dfrac{c^2+a^2-b^2}{2ca}}{b \cdot \dfrac{b^2+c^2-a^2}{2bc}} = \dfrac{c^2+a^2-b^2}{c^2+b^2-a^2} = 4.$

解法2 如图 3-1,过点 C 作 $CD \perp AB$,垂足为 D. 则
$a\cos B = DB, b\cos A = AD.$

由题设得 $DB - AD = \dfrac{3}{5}c.$

又 $DB + DA = c,$

联立解得

$AD = \dfrac{1}{5}c, DB = \dfrac{4}{5}c.$

故 $\dfrac{\tan A}{\tan B} = \dfrac{\dfrac{CD}{AD}}{\dfrac{CD}{DB}} = \dfrac{DB}{AD} = 4.$

解法3 由射影定理得
$a\cos B + b\cos A = c.$

又 $a\cos B - b\cos A = \dfrac{3}{5}c,$ 与上式联立解得

$a\cos B = \dfrac{4}{5}c, b\cos A = \dfrac{1}{5}c.$

故 $\dfrac{\tan A}{\tan B} = \dfrac{\sin A \cdot \cos B}{\sin B \cdot \cos A} = \dfrac{a\cos B}{b\cos A} = 4.$

【模拟实战三】

A 组

1. (第10届"希望杯"邀请赛题) 若 $0° < 2\alpha < 90° < \beta < 180°, a = (\sin\alpha)^{\cos\beta}, b = (\cos\alpha)^{\sin\beta},$ $c = (\cos\alpha)^{\cos\beta},$ 则 a, b, c 的大小顺序是_____.

2. (第10届"希望杯"邀请赛培训题) 函数 $y = \sin x(1 + \tan x \cdot \tan\dfrac{x}{2})$ 的最小正周期为_____.

3. 方程 $(a-1)(\sin 2x + \cos x) + (a-1)(\sin x - \cos 2x) = 0 (a < 0)$ 在区间 $(-\pi, \pi)$ 内解 x 的个数为_____.

4. 化简 $\dfrac{\sin 7° + \cos 15° \cdot \sin 8°}{\cos 7° - \sin 15° \cdot \sin 8°}$ 的值等于_____.

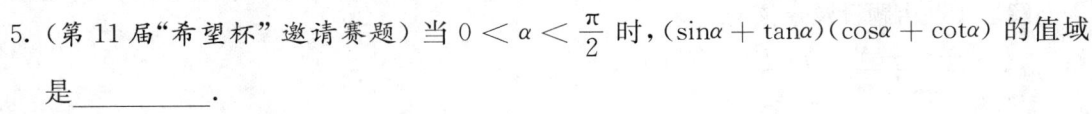

5. (第11届"希望杯"邀请赛题)当 $0 < \alpha < \dfrac{\pi}{2}$ 时, $(\sin\alpha + \tan\alpha)(\cos\alpha + \cot\alpha)$ 的值域是_____.

6. (第10届"希望杯"邀请赛题)已知 $\sin(x + \arccos\dfrac{4}{5}) = \dfrac{\sqrt{3}}{2}, 0 < x < \pi$,则 $\sin x$ =_____.

7. (2002年全国高中联赛题)使不等式 $\sin^2 x + a\cdot\cos x + a^2 \geq 1 + \cos x$ 对一切 $x \in \mathbf{R}$ 恒成立的负数 a 的取值范围是_____.

8. (1999年河南省竞赛题)已知 $\sin\dfrac{\alpha}{2} - 2\cos\dfrac{\alpha}{2} = 1$,则 $\dfrac{1 + \sin\alpha + \cos\alpha}{1 + \sin\alpha - \cos\alpha} =$ _____.

9. 函数 $f(x) = \cos(2\arccos x) + 4\arcsin(\sin\dfrac{x}{2})$ 的定义域是_____,值域是_____.

10. 函数 $y = \arcsin(2 - x^2)$ 的单调递减区间是_____.

B 组

1. 求函数 $y = \dfrac{\sin x}{2 + \cos x}(0 < x < \pi)$ 的最大值.

2. 已知 $a\sin\alpha + b\cos\alpha = m, b\tan\alpha - n\sec\alpha = a$. 求证: $a^2 + b^2 = m^2 + n^2$.

3. 求下列各式的值:
   (1) $\sin 10°\cdot\sin 30°\cdot\sin 50°\cdot\sin 70°$;
   (2) $\sin^2 20° + \cos^2 80° + \sqrt{3}\sin 20°\cdot\cos 80°$;
   (3) $\cos^2 A + \cos^2(60° - A) + \cos^2(60° + A)$;
   (4) $\cos\dfrac{\pi}{15}\cdot\cos\dfrac{2\pi}{15}\cdot\cos\dfrac{3\pi}{15}\cdot\cos\dfrac{4\pi}{15}\cdot\cos\dfrac{5\pi}{15}\cdot\cos\dfrac{6\pi}{15}\cdot\cos\dfrac{7\pi}{15}$.

4. (IMO-5题)证明: $\cos\dfrac{\pi}{7} - \cos\dfrac{2\pi}{7} + \cos\dfrac{3\pi}{7} = \dfrac{1}{2}$.

5. 已知 α、β 为锐角,且 $3\sin^2\alpha + 2\sin^2\beta = 1, 3\sin 2\alpha - 2\sin 2\beta = 0$. 求证: $\alpha + 2\beta = \dfrac{\pi}{2}$.

6. 已知 $\cos\alpha + \cos\beta + \cos\gamma = \sin\alpha + \sin\beta + \sin\gamma = 0$,求证:
   (1) $\sin^2\alpha + \sin^2\beta + \sin^2\gamma$ 为定值;
   (2) $\cos 3\alpha + \cos 3\beta + \cos 3\gamma = 3\cos(\alpha + \beta + \gamma)$;
   (3) $\sin 3\alpha + \sin 3\beta + \sin 3\gamma = 3\sin(\alpha + \beta + \gamma)$.

7. (第31届IMO中国集训队训练题)设 x、y、$z \in \mathbf{R}, 0 < z < y < x < \dfrac{\pi}{2}$,求证: $\dfrac{\pi}{2} + 2\sin x\cdot\cos y + 2\sin y\cdot\cos z > \sin 2x + \sin 2y + \sin 2z$.

8. (第11届"希望杯"邀请赛题)已知 $a > b > c$,求证: $\dfrac{1}{a - b} + \dfrac{1}{b - c} + \dfrac{4}{c - a} \geq 0$.

9. （第 4 届 IMO 题）解不等式 $\sqrt{3-x}-\sqrt{x+1}>\dfrac{1}{2}$.

10. （加拿大第 16 届数学奥林匹克题）任给 7 个实数，证明：其中有 2 个实数 x、y，满足 $0\leqslant \dfrac{x-y}{1+xy}<\dfrac{\sqrt{3}}{3}$.

11. （1999 年越南数学奥林匹克题）设 a、b、c 是正实数，且 $abc+a+c=b$，试确定 $p=\dfrac{2}{a^2+1}-\dfrac{2}{b^2+1}+\dfrac{3}{c^2+1}$ 的最大值.

12. （全苏第 22 届数学奥林匹克题）已知 x、y、$z\in \mathbf{R}^+$，且 $x^2+y^2+z^2=1$，求 $s=\dfrac{yz}{x}+\dfrac{zx}{y}+\dfrac{xy}{z}$ 的最小值.

第4章 不等式

【基础知识】

1. 常见不等式的解法

(1) 高次不等式

设 $f(x)=(x-a_1)(x-a_2)\cdots(x-a_n)$,其中 $a_1<a_2<\cdots<a_n$.

(i) 当 n 为偶数时,$f(x)>0$ 的解为 $(a_n,+\infty)\bigcup(a_{n-2},a_{n-1})\bigcup(a_{n-4},a_{n-3})\bigcup\cdots$ $\bigcup(a_2,a_3)\bigcup(-\infty,a_1)$,而 $f(x)<0$ 的解为 $(a_{n-1},a_n)\bigcup(a_{n-3},a_{n-2})\bigcup\cdots\bigcup(a_1,a_2)$.

(ii) 当 n 为奇数时,$f(x)>0$ 的解为 $(a_n,+\infty)\bigcup(a_{n-2},a_{n-1})\bigcup(a_{n-4},a_{n-3})\bigcup\cdots$ $\bigcup(a_2,a_1)$,而 $f(x)<0$ 的解为 $(a_{n-1},a_n)\bigcup(a_{n-3},a_{n-2})\bigcup\cdots\bigcup(-\infty,a_1)$.

(2) 分式不等式

(i) $\dfrac{f(x)}{g(x)}>0 \Leftrightarrow f(x)\cdot g(x)>0$.

(ii) $\dfrac{f(x)}{g(x)}\leqslant 0 \Leftrightarrow \begin{cases}f(x)g(x)\leqslant 0\\ g(x)\neq 0.\end{cases}$

(3) 无理不等式

(i) $\sqrt{f(x)}\geqslant g(x)=\begin{cases}f(x)\geqslant 0\\ g(x)\geqslant 0\\ f(x)\geqslant g^2(x)\end{cases}$ 或 $\begin{cases}f(x)\geqslant 0,\\ g(x)\leqslant 0.\end{cases}$

(ii) $\sqrt{f(x)}<g(x)\Leftrightarrow\begin{cases}f(x)\geqslant 0,\\ g(x)>0,\\ f(x)<g^2(x).\end{cases}$

(4) 绝对值不等式

(i) $|f(x)|\leqslant g(x)\Leftrightarrow -g(x)\leqslant f(x)\leqslant g(x)$.

(ii) $|f(x)|>g(x)\Leftrightarrow f(x)<-g(x)$ 或 $f(x)>g(x)$.

(5) 指数、对数不等式

(i) $a>1$ 时,$a^{f(x)}>a^{g(x)}\Leftrightarrow f(x)>g(x)$,

$0<a<1$ 时,$a^{f(x)}>a^{g(x)}\Leftrightarrow f(x)<g(x)$.

(ii) $a>1$ 时,$\log_a f(x)>\log_a g(x)\Leftrightarrow f(x)>g(x)>0$,

$0<a<1$ 时,$\log_a f(x)>\log_a g(x)\Leftrightarrow 0<f(x)<g(x)$.

例1 (1996年全国高中联赛题)集合 $\{x\mid -1\leqslant \log_{\frac{1}{x}}10<-\dfrac{1}{2},x\in\mathbf{N}_+\}$ 的真子集个

数是_____.

解 由换底公式知 $-1 \leqslant \log_{\frac{1}{x}}10 < -\frac{1}{2} \Leftrightarrow -1 \leqslant \frac{1}{\lg\frac{1}{x}} < -\frac{1}{2} \Leftrightarrow 1 \leqslant \lg x < 2 \Leftrightarrow 10 \leqslant x < 100$. 因为 $x \in \mathbf{N}_+$，所以 $x = 10, 11, 12, \cdots, 99$，共有 90 个不同的值，故所求真子集的个数为 $2^{90} - 1$.

例 2 （2000 年全国高考题）设函数 $f(x) = \sqrt{x^2+1} - ax$，其中 $a \in \mathbf{R}$.

(1) 当 $a > 0$ 时，解不等式 $f(x) \leqslant 1$.

(2) 求 a 的取值范围，使函数 $f(x)$ 在区间 $[0, +\infty)$ 上是单调函数.

解 (1) 不等式 $f(x) \leqslant 1 \Leftrightarrow \sqrt{x^2+1} \leqslant 1 + ax$. 因 $1 + ax \geqslant \sqrt{x^2+1} \geqslant 1$，所以 $ax \geqslant 0$，又 $a > 0$，故 $x \geqslant 0$，于是原不等式等价于

$$\begin{cases} x \geqslant 0 \\ x^2+1 \leqslant (1+ax)^2 \end{cases} \Leftrightarrow \begin{cases} x \geqslant 0, \\ (a^2-1)x + 2a \geqslant 0. \end{cases}$$

所以，当 $0 < a < 1$ 时，原不等式的解集为 $\{x \mid 0 \leqslant x \leqslant \frac{2a}{1-a^2}\}$；当 $a \geqslant 1$ 时，原不等式的解集为 $\{x \mid x \geqslant 0\}$.

(2) 对任意 $x_1, x_2 \in [0, +\infty), x_1 < x_2$，有

$$f(x_1) - f(x_2) = \sqrt{x_1^2+1} - \sqrt{x_2^2+1} - a(x_1 - x_2)$$
$$= (x_1 - x_2)\left(\frac{x_1+x_2}{\sqrt{x_1^2+1}+\sqrt{x_2^2+1}} - a\right). \qquad ①$$

(i) 当 $f(x)$ 在 $[0, +\infty)$ 递增时，则①式右端恒负，即 $a < \frac{x_1+x_2}{\sqrt{x_1^2+1}+\sqrt{x_2^2+1}}$ 对 $x_1, x_2 \in [0, +\infty)$ 恒成立，即 $a \leqslant 0$.

(ii) 当 $f(x)$ 在 $[0, +\infty)$ 递减时，则①式右端恒正，即 $a > \frac{x_1+x_2}{\sqrt{x_1^2+1}+\sqrt{x_2^2+1}}$ 对 $x_1, x_2 \in [0, +\infty)$ 恒成立，故 $a \geqslant 1$.

综上所述，当 $a \geqslant 1$ 时，$f(x)$ 在 $[0, +\infty)$ 上单调递减；当 $a \leqslant 0$ 时，$f(x)$ 在 $[0, +\infty)$ 上单调递增.

例 3 （2009 年全国高中联赛题）使不等式

$$\frac{1}{n+1} + \frac{1}{n+2} + \cdots + \frac{1}{2n+1} < a - 2007\frac{1}{3}$$

对一切正整数 n 都成立的最小正整数 a 的值为_____.

解 设 $f(n) = \frac{1}{n+1} + \frac{1}{n+2} + \cdots + \frac{1}{2n+1}$.

显然，$f(n)$ 单调递减. 由 $f(n)$ 的最大值 $f(1) < a - 2007\frac{1}{3}$，可得 $a = 2009$.

例 4 （2009 年全国高中联赛题）在坐标平面上有两个区域 M、N，M 为 $\begin{cases} y \geqslant 0, \\ y \leqslant x, \\ y \leqslant 2-x, \end{cases}$ N

是随 t 变化的区域,它由不等式 $t \leqslant x \leqslant t+1$ 所确定,t 的取值范围是 $0 \leqslant t \leqslant 1$.则 M 和 N 的公共部分的面积是函数 $f(x) =$ _____.

解 如图 4-1,由题意知
$$f(t) = S_{阴影部分} = S_{\triangle AOB} - S_{\triangle OCD} - S_{\triangle BEF}$$
$$= 1 - \frac{1}{2}t^2 - \frac{1}{2}(1-t)^2$$
$$= -t^2 + t + \frac{1}{2}.$$

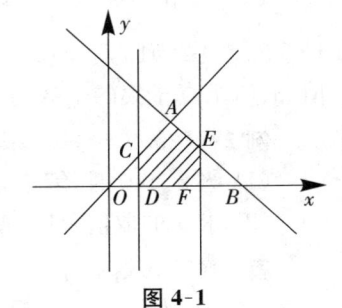

图 4-1

2. 几个重要的著名不等式

(1) 平均值不等式

设 $a_1, a_2, \cdots, a_n$ 是 n 个正实数,记
$$A = \frac{1}{n}(a_1 + a_2 + \cdots + a_n), G = \sqrt[n]{a_1 a_2 \cdots a_n}, H = \frac{n}{\frac{1}{a_1} + \frac{1}{a_2} + \cdots + \frac{1}{a_n}},$$

$$D_r = \begin{cases} \left(\dfrac{a_1^r + a_2^r + \cdots + a_n^r}{n}\right)^{\frac{1}{r}} & (r \neq 0), \\ \sqrt[n]{a_1 a_2 \cdots a_n} & (r = 0), \end{cases}$$

它们分别称为这 n 个正数的算术平均、几何平均、调和平均和 r 次幂平均.则有下列平均值不等式成立:

(i) $H \leqslant G \leqslant A$,等号成立当且仅当 $a_1 = a_2 = \cdots = a_n$.

(ii) 当 $s < r$ 时,$D_s \leqslant D_r$,等号成立当且仅当 $a_1 = a_2 = \cdots = a_n$.

注意不等式(i)仅是(ii)的特殊情形:$D_{-1} \leqslant D_0 \leqslant D_1$.

(2) 柯西(cauchy)不等式

设 $a_1, a_2, \cdots, a_n$ 及 $b_1, b_2, \cdots, b_n$ 为实数,则
$$\left(\sum_{i=1}^n a_i b_i\right)^2 \leqslant \sum_{i=1}^n a_i^2 \sum_{i=1}^n b_i^2,$$

等号成立当且仅当存在常数 λ, μ(不全为零)使 $\lambda a_i = \mu b_i (i = 1, 2, \cdots, n)$.当 a_i, b_i 都不为零时,等号成立的充要条件可写为 $\dfrac{a_1}{b_1} = \dfrac{a_2}{b_2} = \cdots = \dfrac{a_n}{b_n}$.

(3) 郝尔德(Holder)不等式

设 $a_1, a_2, \cdots, a_n, b_1, b_2, \cdots, b_n$ 为正实数,p, q 为正实数且 $\dfrac{1}{p} + \dfrac{1}{q} = 1$,则
$$\sum_{i=1}^n a_i b_i \leqslant \left(\sum_{i=1}^n a_i^p\right)^{\frac{1}{p}} \left(\sum_{i=1}^n b_i^q\right)^{\frac{1}{q}}, \qquad ①$$

等号成立当且仅当 $\dfrac{a_1^p}{b_1^q} = \dfrac{a_2^p}{b_2^q} = \cdots = \dfrac{a_n^p}{b_n^q}$.

在 ① 中令 $x_i = a b_i, y_i = b_i^q (i = 1, 2, \cdots, n), p = \alpha + 1 (\alpha \geqslant 0)$,即 $\alpha = p - 1 = \dfrac{p}{q}$,则

① 可等价地写为:当 $\alpha \geqslant 0$ 时有

$$\sum_{i=1}^{n} \frac{x_i^{\alpha+1}}{y_i^{\alpha}} \geqslant \frac{(\sum_{i=1}^{n} x_i)^{\alpha+1}}{(\sum_{i=1}^{n} y_i)^{\alpha}}, \quad ②$$

并且 ② 中等号成立当且仅当 $\frac{x_1}{y_1} = \frac{x_2}{y_2} = \cdots = \frac{x_n}{y_n}$.

不等式 ① 叫做赫尔德不等式,它的等价形式 ② 我们称为权方和不等式.

(4) 排序不等式

给定实数 $a_1 \leqslant a_2 \leqslant \cdots \leqslant a_n$ 和 $b_1 \leqslant b_2 \leqslant \cdots \leqslant b_n$,设 $i_1, i_2, \cdots, i_n$ 是 $1, 2, \cdots, n$ 的任意排列,则 $a_1 b_n + a_2 b_{n-1} + \cdots + a_n b_1 \leqslant a_1 b_{i_1} + a_2 b_{i_2} + \cdots + a_n b_{i_n} \leqslant a_1 b_1 + a_2 b_2 + \cdots + a_n b_n$,等号成立当且仅当 $a_1 = a_2 = \cdots = a_n$ 或 $b_1 = b_2 = \cdots = b_n$.

(5) 切贝雪夫不等式

若 $a_1 \leqslant a_2 \leqslant \cdots \leqslant a_n, b_1 \leqslant b_2 \leqslant \cdots \leqslant b_n$,则 $\sum_{i=1}^{n} a_i b_i \geqslant \frac{1}{n} (\sum_{i=1}^{n} a_i)(\sum_{i=1}^{n} b_i)$;若 $a_1 \leqslant a_2 \leqslant \cdots \leqslant a_n, b_1 \geqslant b_2 \geqslant \cdots \geqslant b_n$,则 $\sum_{i=1}^{n} a_i b_i \leqslant \frac{1}{n} (\sum_{i=1}^{n} a_i)(\sum_{i=1}^{n} b_i)$,等号成立当且仅当 $a_1 = a_2 = \cdots = a_n$ 或 $b_1 = b_2 = \cdots = b_n$.

(6) 伯努利(Bernoulli)不等式

设 $x > -1$,则当 $0 < \alpha < 1$ 时,有 $(1+x)^{\alpha} \leqslant 1 + \alpha x$;当 $\alpha < 0$ 或 $\alpha > 1$ 时,有 $(1+x)^{\alpha} \geqslant 1 + \alpha x$,等号成立当且仅当 $x = 0$.

(7) 凸函数不等式

(i) 定义:设 $f(x)$ 是定义在区间 I 上的函数,故对任意 $x_1, x_2 \in I (x_1 \neq x_2)$ 及任意实数 $\alpha(0 < \alpha < 1)$,有 $f(\alpha x_1 + (1-\alpha) x_2) < (>) \alpha_1 f(x_1) + \alpha_2 f(x_2)$,则称 $f(x)$ 为区间 I 上的严格下(上)凸函数.

(ii) 凸函数的判定:如果对任意的 $x \in I$,有 $f''(x) > 0 (< 0)$,则 $f(x)$ 是区间 I 上的严格下(上)凸函数.

(iii) 琴生(Jensen)不等式:设 $f(x)$ 为区间 I 上的严格下(上)凸函数,则对任意 $x_1, x_2, \cdots, x_n \in I$ 以及任意正实数 $\alpha_1, \alpha_2, \cdots, \alpha_n (\alpha_1 + \alpha_2 + \cdots + \alpha_n = 1)$ 有

$$f(\sum_{i=1}^{n} \alpha_i x_i) \leqslant (\geqslant) \sum_{i=1}^{n} \alpha_i f(x_i),$$

等号成立当且仅当 $x_1 = x_2 = \cdots = x_n$.

例 5 (第 40 届 IMO 备选题) 已知 $a_1, a_2, \cdots, a_n$ 是任意正实数,且满足 $a_1 + a_2 + \cdots + a_n < 1$. 证明: $\frac{a_1 a_2 \cdots a_n (1 - a_1 - a_2 - \cdots - a_n)}{(a_1 + a_2 + \cdots + a_n)(1 - a_1)(1 - a_2) \cdots (1 - a_n)} \leqslant \frac{1}{n^{n+1}}$.

证明 设 $a_{n+1} = 1 - a_1 - a_2 - \cdots - a_n$,显然 $a_{n+1} > 0$,原不等式化为

$$n^{n+1} a_1 a_2 \cdots a_n a_{n+1} \leqslant (1-a_1)(1-a_2) \cdots (1-a_{n+1}).$$

对每一个 $i (1 \leqslant i \leqslant n+1)$,由平均值不等式有

$$1-a_i = a_1+\cdots+a_{i-1}+a_{i+1}+\cdots+a_{n+1} \geq n\sqrt[n]{a_1\cdots a_{i-1}a_{i+1}\cdots a_{n+1}} = n\sqrt[n]{\frac{a_1a_2\cdots a_{n+1}}{a_i}},$$

将这 $n+1$ 个不等式相乘得

$$(1-a_1)(1-a_2)\cdots(1-a_{n+1}) \geq n^{n+1}\sqrt{\frac{(a_1a_2\cdots a_{n+1})^{n+1}}{a_1a_2\cdots a_{n+1}}} = n^{n+1}a_1a_2\cdots a_{n+1}.$$

这就证明了原题中不等式成立.

例6 设 $x,y,z \in \mathbf{R}^+$,且 $x^2+y^2+z^2=1$,求证 $\dfrac{x}{1-x^2}+\dfrac{y}{1-y^2}+\dfrac{z}{1-z^2} \geq \dfrac{3\sqrt{3}}{2}$.

证明一 注意到条件 $x^2+y^2+z^2=1$,由柯西不等式,有

$$\left(\frac{x}{1-x^2}+\frac{y}{1-y^2}+\frac{z}{1-z^2}\right)[x^3(1-x^2)+y^3(1-y^2)+z^3(1-z^2)] \geq (x^2+y^2+z^2)^2 = 1.$$

故只需证明 $x^3(1-x^2)+y^3(1-y^2)+z^3(1-z^2) \leq \dfrac{2}{3\sqrt{3}} = \dfrac{2}{3\sqrt{3}}(x^2+y^2+z^2)$. ①

而由平均值不等式,$\dfrac{2}{3\sqrt{3}}x^2+x^5 \geq 3\sqrt[3]{\left(\dfrac{x^2}{3\sqrt{3}}\right)\left(\dfrac{x^2}{3\sqrt{3}}\right)x^5} = x^3$,即 $x^3(1-x^2) \leq \dfrac{2}{3\sqrt{3}}x^2$.

同理,$y^3(1-y^2) \leq \dfrac{2}{3\sqrt{3}}y^2, z^3(1-z^2) \leq \dfrac{2}{3\sqrt{3}}z^2$,三式相加知①成立,从而原不等式成立.

证明二 原不等式等价于 $\dfrac{x^2}{x(1-x^2)}+\dfrac{y^2}{y(1-y^2)}+\dfrac{z^2}{z(1-z^2)} \geq \dfrac{3\sqrt{3}}{2}$. ②

由条件 $x^2+y^2+z^2=1$ 知只要能证明

$$x(1-x^2) \leq \frac{2}{3\sqrt{3}}, y(1-y^2) \leq \frac{2}{3\sqrt{3}}, z(1-z^2) \leq \frac{2}{3\sqrt{3}},$$

则②成立,而由平均值不等式有

$$x(1-x^2) = \sqrt{\frac{1}{2}[2x^2(1-x^2)(1-x^2)]} \leq \sqrt{\frac{1}{2} \cdot \left[\frac{2x^2+(1-x^2)+(1-x^2)}{3}\right]^3}$$

$$= \frac{2}{3\sqrt{3}}.$$

同理 $y(1-y^2) \leq \dfrac{2}{3\sqrt{3}}, z(1-z^2) \leq \dfrac{2}{3\sqrt{3}}$,故②成立,从而原不等式得证.

例7 设 a,b,c 为正实数,且满足 $abc=1$,试证:

$$\frac{1}{a^3(b+c)}+\frac{1}{b^3(c+a)}+\frac{1}{c^3(a+b)} \geq \frac{3}{2}.$$

证明一 由权方和不等式及平均值不等式得

$$\frac{1}{a^3(b+c)}+\frac{1}{b^3(c+a)}+\frac{1}{c^3(a+b)} = \frac{\left(\frac{1}{a}\right)^2}{\frac{1}{b}+\frac{1}{c}}+\frac{\left(\frac{1}{b}\right)^2}{\frac{1}{c}+\frac{1}{a}}+\frac{\left(\frac{1}{c}\right)^2}{\frac{1}{a}+\frac{1}{b}}$$

$$\geq \frac{\left(\frac{1}{a}+\frac{1}{b}+\frac{1}{c}\right)^2}{\left(\frac{1}{b}+\frac{1}{c}\right)+\left(\frac{1}{c}+\frac{1}{a}\right)+\left(\frac{1}{a}+\frac{1}{b}\right)} = \frac{1}{2}\left(\frac{1}{a}+\frac{1}{b}+\frac{1}{c}\right)$$

$$\geqslant \frac{3}{2}\sqrt[3]{\left(\frac{1}{a}\right)\left(\frac{1}{b}\right)\left(\frac{1}{c}\right)} = \frac{3}{2}.$$

证明二 令要证不等式左端为 A,则由 $\frac{1}{a} = bc$,得

$$A = \frac{b^2c^2}{a(b+c)} + \frac{c^2a^2}{b(c+a)} + \frac{a^2b^2}{c(a+b)}.$$

于是由柯西不等式及平均值不等式得

$$[a(b+c) + b(c+a) + c(b+a)] \cdot A$$
$$\geqslant \left[\sqrt{a(b+c)} \cdot \frac{bc}{\sqrt{a(b+c)}} + \sqrt{b(c+a)} \cdot \frac{ca}{\sqrt{b(c+a)}} + \sqrt{c(b+a)} \cdot \frac{bc}{\sqrt{c(b+a)}}\right]^2$$
$$= (bc + ca + ab)^2 \geqslant (bc + ca + ab) 3\sqrt[3]{bc \cdot ca \cdot ab} = 3(bc + ca + ab),$$

即 $2(bc + ca + ab) \cdot A \geqslant 3(bc + ca + ab)$,所以 $A \geqslant \frac{3}{2}$.

例8 (2011年全国高中联赛题)设 a、b 为正实数,且 $\frac{1}{a} + \frac{1}{b} \leqslant 2\sqrt{2}$,$(a-b)^2 = 4(ab)^3$.则 $\log_a b = $ _____.

解 由 $\frac{1}{a} + \frac{1}{b} \leqslant 2\sqrt{2}$,

得 $a + b \leqslant 2\sqrt{2}ab$.
又 $(a+b)^2 = 4ab + (a-b)^2$
$= 4ab + 4(ab)^3$
$\geqslant 4 \times 2\sqrt{ab(ab)^3} = 8(ab)^2,$

即 $a + b \geqslant 2\sqrt{2}ab.$ ①

于是,$a + b = 2\sqrt{2}ab.$ ②

再由式 ① 中等号成立的条件,得 $ab = 1$.
与式 ② 联立解得

$$\begin{cases} a = \sqrt{2} - 1, \\ b = \sqrt{2} + 1 \end{cases} \text{或} \begin{cases} a = \sqrt{2} + 1, \\ b = \sqrt{2} - 1. \end{cases}$$

故 $\log_a b = -1$.

【基本问题与求解方法】

1. 解不等式与不等式解集性质

解这类问题的基本方法是利用各类不等式(分式不等式、无理不等式、指数和对数不等式等)的同解变形将原不等式(组)化简,以达到求解问题的目的.

例9 (2002年全国高中联赛题)使不等式 $\sin^2 x + a\cos x + a^2 \geqslant 1 + \cos x$ 对一切 $x \in \mathbf{R}$ 恒成立的负数 a 的取值范围是_____.

解 原不等式可化为 $(\cos x - \frac{a-1}{2})^2 \leqslant a^2 + \frac{(a-1)^2}{4}.$

因为$-1\leqslant \cos x\leqslant 1,a<0,\dfrac{a-1}{2}<0$,所以当$\cos x=1$时,函数$y=(\cos x-\dfrac{a-1}{2})^2$有最大值$\left(1-\dfrac{a-1}{2}\right)^2$,从而应有$(1-\dfrac{a-1}{2})^2\leqslant a^2+\dfrac{(a-1)^2}{4}$,整理得$a^2+a-2\geqslant 0$,解得$a\geqslant 1$或$a\leqslant -2$.又$a<0$,所以$a\leqslant -2$.

例10 (2001年全国高中联赛题)不等式$\left|\dfrac{1}{\log_{\frac{1}{2}}x}+2\right|>\dfrac{3}{2}$的解集是_____.

解 原不等式等价于
$\dfrac{1}{\log_{\frac{1}{2}}x}+2<-\dfrac{3}{2}$或$\dfrac{1}{\log_{\frac{1}{2}}x}+2>\dfrac{3}{2}$,即$\dfrac{1}{\log_{\frac{1}{2}}x}<-\dfrac{7}{2}$或$\dfrac{1}{\log_{\frac{1}{2}}x}>-\dfrac{1}{2}$.
而$\dfrac{1}{\log_{\frac{1}{2}}x}<-\dfrac{7}{2}$等价于$-\dfrac{2}{7}<\log_{\frac{1}{2}}x<0\Leftrightarrow 1<x<2^{\frac{2}{7}}$,以及$\dfrac{1}{\log_{\frac{1}{2}}x}>-\dfrac{1}{2}$等价于$\log_{\frac{1}{2}}x>0$或 $\log_{\frac{1}{2}}x<-2\Leftrightarrow 0<x<1$或$x>4$,故所求解集为$(0,1)\cup(1,2^{\frac{2}{7}})\cup(4,+\infty)$.

2. 不等式的证明

(1) 比较法

要证$A\geqslant B$,只要证$A-B\geqslant 0$.当$B>0$时,要证$A\geqslant B$,只要证$\dfrac{A}{B}\geqslant 1$.

例11 设a,b,c为正实数,t为实数,则$abc(a^t+b^t+c^t)\geqslant a^{t+2}(-a+b+c)+b^{t+2}\cdot(a-b+c)+c^{t+2}(a+b-c)$,等号成立当且仅当$a=b=c$.

证明 不妨设$a\geqslant b\geqslant c$,则
左$-$右$=a^{t+1}(bc+a^2-ab-ac)+b^{t+1}(ca+b^2-bc-ba)+c^{t+1}(ab+c^2-ca-cb)$
$=a^{t+1}(a-b)[(a-b)+(b-c)]-b^{t+1}(a-b)(b-c)+c^{t+1}[(a-b)+(b-c)](b-c)$
$=a^{t+1}(a-b)^2+(a-b)(b-c)(a^{t+1}-b^{t+1}+c^{t+1})+c^{t+1}(b-c)^2$
$\geqslant (a-b)(b-c)(a^{t+1}-b^{t+1}+c^{t+1})$.

若$t+1\geqslant 0$,则$a^{t+1}\geqslant b^{t+1}$;若$t+1<0$,则$c^{t+1}\geqslant b^{t+1}$.又$b-c\geqslant 0,a-b\geqslant 0$,故总有左$-$右$\geqslant 0$,并且从证明过程不难看出等号成立的充要条件是$a=b=c$.

例12 已知$a,b,c>0$,求证:$a^ab^bc^c\geqslant (abc)^{\frac{a+b+c}{3}}$.

证明 不妨设$a\geqslant b\geqslant c$,则$a-b\geqslant 0,b-c\geqslant 0,a-c\geqslant 0,\dfrac{a}{b}\geqslant 1,\dfrac{b}{c}\geqslant 1,\dfrac{a}{c}\geqslant 1$,于是
$\dfrac{a^ab^bc^c}{(abc)^{\frac{a+b+c}{3}}}=a^{\frac{2a-b-c}{3}}b^{\frac{2b-c-a}{3}}c^{\frac{2c-a-b}{3}}=a^{\frac{a-b+a-c}{3}}\cdot b^{\frac{b-c+b-a}{3}}\cdot c^{\frac{c-a+c-b}{3}}$
$=\left(\dfrac{a}{b}\right)^{\frac{a-b}{3}}\left(\dfrac{b}{c}\right)^{\frac{b-c}{3}}\left(\dfrac{a}{c}\right)^{\frac{a-c}{3}}\geqslant 1$,
故原不等式成立.

(2) 综合分析法

"由因导果"称为综合法,"执果索因"称为分析法. 通常用分析法探索证明思路,再用综合法书写证明过程,有时则必须应用分析与综合才能找到证明途径.

例 13 设 n 为正整数,证明:当 $n \geq 2$ 时,有
$$n\left[(1+n)^{\frac{1}{n}} - 1\right] < 1 + \frac{1}{2} + \frac{1}{3} + \cdots + \frac{1}{n} < n - (n-1)\left(\frac{1}{n}\right)^{-\frac{1}{n-1}}.$$

证明 $n\left[(1+n)^{\frac{1}{n}} - 1\right] < 1 + \frac{1}{2} + \frac{1}{3} + \cdots + \frac{1}{n}$

$$\Leftrightarrow (1+n)^{\frac{1}{n}} < \frac{1 + \frac{1}{2} + \frac{1}{3} + \cdots + \frac{1}{n} + n}{n} = \frac{(1+1) + (\frac{1}{2}+1) + \cdots + (\frac{1}{n}+1)}{n}$$

$$= \frac{2 + \frac{3}{2} + \frac{4}{3} + \cdots + \frac{n+1}{n}}{n}.\qquad ①$$

而由平均值不等式有

$$\frac{2 + \frac{3}{2} + \frac{4}{3} + \cdots + \frac{n+1}{n}}{n} > \sqrt[n]{2 \cdot \frac{3}{2} \cdot \frac{4}{3} \cdots \cdot \frac{n+1}{n}} = \sqrt[n]{n+1}.$$

所以 ① 成立,故原不等式左边不等号成立.

又 $1 + \frac{1}{2} + \frac{1}{3} + \cdots + \frac{1}{n} < n - (n-1)\left(\frac{1}{n}\right)^{\frac{1}{n-1}}$

$$\Leftrightarrow \left(\frac{1}{n}\right)^{\frac{1}{n-1}} < \frac{n - (1 + \frac{1}{2} + \cdots + \frac{1}{n})}{n-1} = \frac{(1-\frac{1}{2}) + (1-\frac{1}{3}) + \cdots + (1-\frac{1}{n})}{n-1}$$

$$= \frac{\frac{1}{2} + \frac{2}{3} + \cdots + \frac{n-1}{n}}{n-1}.\qquad ②$$

而由平均值不等式有 $\frac{\frac{1}{2} + \frac{2}{3} + \cdots + \frac{n-1}{n}}{n-1} > \sqrt[n-1]{\frac{1}{2} \cdot \frac{2}{3} \cdots \cdot \frac{n-1}{n}} = \sqrt[n-1]{\frac{1}{n}}.$

所以 ② 成立,故原不等式右边不等号成立.

例 14 (美国第 22 届数学奥林匹克题) 设 $a_0, a_1, \cdots, a_n$ 是正实数列,满足 $a_{i-1} a_{i+1} \leq a_i^2 (i = 1, 2, 3, \cdots, n-1)$. 证明:对一切 $n > 1$,有

$$\frac{a_0 + a_1 + \cdots + a_n}{n+1} \cdot \frac{a_1 + a_2 + \cdots + a_{n-1}}{n-1} \geq \frac{a_0 + a_1 + \cdots + a_{n-1}}{n} \cdot \frac{a_1 + a_2 + \cdots + a_n}{n}.$$

证明 记 $S = a_1 + a_2 + \cdots + a_{n-1}$,则要证不等式化为
$n^2(S + a_0 + a_n)S \geq (n^2-1)(S+a_0)(S+a_n)$,这等价于
$(S+a_0)(S+a_n) \geq n^2 a_0 a_n.$ ①

由题设条件,有 $\frac{a_0}{a_1} \leq \frac{a_1}{a_2} \leq \cdots \leq \frac{a_{n-2}}{a_{n-1}} \leq \frac{a_{n-1}}{a_n}$,从而

$a_0 a_n \leq a_1 a_{n-1} \leq a_2 a_{n-2} \leq \cdots$ ②

于是由平均值不等式及 ② 有 $S = \sum_{k=1}^{n-1} \frac{a_k + a_{n-k}}{2} \geq \sum_{k=1}^{n-1} \sqrt{a_k a_{n-k}} \geq (n-1)\sqrt{a_0 a_n}.$

再由 $a_0 + a_n \geq 2\sqrt{a_0 a_n}$,故有

$$(S+a_0)(S+a_n) = S^2 + (a_0+a_n)S + a_0 a_n \geqslant S^2 + 2\sqrt{a_0 a_n}S + (\sqrt{a_0 a_n})^2$$
$$= (S+\sqrt{a_0 a_n})^2 \geqslant n^2 a_0 a_n,$$

即 ① 成立,从而原不等式立.

(3) 放缩法

在一些不等式证明中,常常要增大(或缩小)一些项的值或增加(或减少)一些项,这种方法称为放缩法.

例 15 设 $0 < x_1 \leqslant x_2 \leqslant \cdots \leqslant x_n < 1$,求证:

$$\frac{x_1^2}{(1-x_1^2)^2} + \frac{x_2^4}{(1-x_2^3)^2} + \cdots + \frac{x_n^{2n}}{(1-x_n^{n+1})^2} < \frac{n}{(n+1)(1-x_n)^2}.$$

证明 要证不等式等价于

$$(1-x_n)^2 \left[\frac{x_1^2}{(1-x_1^2)^2} + \frac{x_2^4}{(1-x_2^3)^2} + \cdots + \frac{x_n^{2n}}{(1-x_n^{n+1})^2} \right] < \frac{n}{n+1}. \qquad ①$$

因为 $0 < x_k \leqslant x_n < 1$,故 $0 < \frac{1-x_n}{1-x_k} \leqslant 1 (k=1,2,\cdots,n)$,并且有

$$(1-x_n)^2 \cdot \frac{x_k^{2k}}{(1-x_k^{k+1})^2} = \left(\frac{1-x_n}{1-x_k}\right)^2 \cdot \frac{x_k^{2k}}{(1+x_k+x_k^2+\cdots+x_k^k)^2}$$

$$\leqslant \frac{x_k^{2k}}{(1+x_k+x_k^2+\cdots+x_k^k)^2}$$

$$= \frac{1}{(x_k^{-k}+x_k^{-(k-1)}+\cdots+x_k^{-1}+1)^2} < \frac{1}{(k+1)^2}$$

$$< \frac{1}{k(k+1)}$$

$$= \frac{1}{k} - \frac{1}{k+1}.$$

所以 $(1-x_n)^2 \left[\frac{x_1^2}{(1-x_1^2)^2} + \frac{x_2^4}{(1-x_2^3)^2} + \cdots + \frac{x_n^{2n}}{(1-x_n^{n+1})^2} \right]$

$$< \left(\frac{1}{1}-\frac{1}{2}\right) + \left(\frac{1}{2}-\frac{1}{3}\right) + \cdots + \left(\frac{1}{n}-\frac{1}{n+1}\right) = 1 - \frac{1}{n+1} = \frac{n}{n+1}.$$

故 ① 成立,从而原不等式成立.

例 16 设 $x_n = \frac{1}{n^2} + \frac{1}{n^2+1} + \cdots + \frac{1}{(n+1)^2-1}$,证明:对一切正整数 n 有 $0 < x_n - x_{n+1} < \frac{4}{n(n+2)}$.

证明 因为 $x_n = \underbrace{\frac{1}{n^2} + \frac{1}{n^2+1} + \cdots + \frac{1}{n^2+(n-1)}}_{n\text{项}} + \underbrace{\frac{1}{n^2+n} + \cdots + \frac{1}{n^2+2n}}_{n+1\text{项}}$,

所以 $x_n < \frac{n}{n^2} + \frac{n+1}{n^2+n} = \frac{2}{n}$.

$x_n > \frac{n}{n^2+(n-1)} + \frac{n+1}{(n+1)^2-1} > \frac{n}{n^2+n} + \frac{n+1}{(n+1)^2} = \frac{2}{n+1}$,

即 $\frac{2}{n+1} < x_n < \frac{2}{n}$,从而 $\frac{2}{n+2} < x_{n+1} < \frac{2}{n+1}$,所以
$$0 < x_n - x_{n+1} < \frac{2}{n} - \frac{2}{n+2} = \frac{4}{n(n+2)}.$$

注 本题证明中采用了分段放缩的方法. 当我们用放缩法证明不等式时,如果发现放得过于大或缩得太小,达不到证明目的时,可考虑采用分段放缩法.

例 17 设 $x_0 = 5, x_{n+1} = x_n + \frac{1}{x_n}(n = 0, 1, 2, \cdots)$,证明: $45 < x_{1000} < 45.1$.

证明 因 $x_{n+1}^2 = x_n^2 + \frac{1}{x_n^2} + 2$,即 $x_{n+1}^2 - x_n^2 = 2 + \frac{1}{x_n^2}$,所以
$$x_n^2 = x_0^2 + \sum_{k=0}^{n-1}(x_{k+1}^2 - x_k^2) = 25 + \sum_{k=0}^{n-1}\left(2 + \frac{1}{x_k^2}\right) = 25 + 2n + \sum_{k=0}^{n-1}\frac{1}{x_k^2} > 2n + 25,$$
由此可得 $x_{1000}^2 > 25 + 2 \times 1000 = 2025$,故 $x_{1000} > \sqrt{2025} = 45$,
并且 $x_{25}^2 > 2 \times 25 + 25 = 75, x_{225}^2 > 2 \times 225 + 25 = 475$,并且 $\{x_n^2\}$ 单调递增,故
$$x_{1000}^2 = 2025 + \left(\frac{1}{x_0^2} + \frac{1}{x_1^2} + \cdots + \frac{1}{x_{24}^2}\right) + \left(\frac{1}{x_{25}^2} + \frac{1}{x_{26}^2} + \cdots + \frac{1}{x_{224}^2}\right) + \left(\frac{1}{x_{225}^2} + \frac{1}{x_{226}^2} + \cdots + \frac{1}{x_{999}^2}\right)$$
$$< 2025 + \frac{25}{x_0^2} + \frac{200}{x_{25}^2} + \frac{775}{x_{225}^2} < 2025 + \frac{25}{25} + \frac{200}{75} + \frac{775}{475} = 2025 + 1 + \frac{8}{3} + \frac{31}{19}$$
$$< 2025 + 1 + 3 + 2 = 2031 < 2034.01.$$
故 $x_{1000} < \sqrt{2034.01} = 45.1$,这就证明了 $45 < x_{1000} < 45.1$.

(4) 判别式法

借助于一元二次方程的判别式证明不等式,主要依据下列两个结论:

(1) 若实系数二次方程 $ax^2 + bx + c = 0(a \neq 0)$ 有实根,则 $\Delta = b^2 - 4ac \geqslant 0$.

(2) 若 $a > 0, b, c$ 为实数,则对一切 $x \in \mathbf{R}$,有 $ax^2 + bx + c \geqslant 0$ 成立的充要条件是 $\Delta = b^2 - 4ac \leqslant 0$.

例 18 证明: 对一切 $x \in \mathbf{R}, 2 \leqslant \frac{3x^2 - 6x + 6}{x^2 - x + 1} \leqslant 6$.

证明 设 $y = \frac{3x^2 - 6x + 6}{x^2 - x + 1}$,则因为 $x^2 - x + 1 = \left(x - \frac{1}{2}\right)^2 + \frac{3}{4} > 0$,上式等价于下列关于 x 的方程有实根 $(y-3)x^2 - (y-6)x + (y-6) = 0$,若 $y \neq 3$,则其判别式 $\Delta = (y-6)^2 - 4(y-3)(y-6) \geqslant 0$,即
$$y^2 - 8y + 12 \leqslant 0,\text{解之得 } 2 \leqslant y \leqslant 6.$$
若 $y = 3$,则 $2 \leqslant y \leqslant 6$ 也成立,故对一切 $x \in \mathbf{R}$,原不等式成立.

例 19 设 $a_1, a_2, \cdots, a_n$ 和 $b_1, b_2, \cdots, b_n$ 都是实数,并且 $a_1^2 - a_2^2 - \cdots - a_n^2 > 0$,则
$$(a_1^2 - a_2^2 - \cdots - a_n^2)(b_1^2 - b_2^2 - \cdots - b_n^2) \leqslant (a_1b_1 - a_2b_2 - \cdots - a_nb_n)^2$$
等号成立当且仅当 $\frac{a_1}{b_1} = \frac{a_2}{b_2} = \cdots = \frac{a_n}{b_n}$(其中若某个 $b_i = 0$,则理解为对应的 $a_i = 0$)

证明 设 $\{a_k\}$ 与 $\{b_k\}$ 不成比例,则二次函数
$$f(x) = (a_1^2 - a_2^2 - \cdots - a_n^2)x^2 - 2(a_1b_1 - a_2b_2 - \cdots - a_nb_n)x + (b_1^2 - b_2^2 - \cdots - b_n^2)$$

$$= (a_1x-b_1)^2 - (a_2x-b_2)^2 - \cdots - (a_nx-b_n)^2$$

的首项系数为正,且 $f(\frac{b_1}{a_1}) < 0$,从而 $f(x) = 0$ 必有两个不等的实根,故其判别式恒为正,即得要证的不等式.

(5) 变量代换法(换元法)

通过变量代换可使要证不等式的结构简化,突出其特点,从而易于找到证明途径. 常用的变量代换有三角代换、均值代换和增量代换等.

例 20 (第 41 届 IMO 题)设 a,b,c 是正实数,且满足 $abc = 1$,证明:
$$(a-1+\frac{1}{b})(b-1+\frac{1}{c})(c-1+\frac{1}{a}) \leqslant 1.$$

证明 注意到 a,b,c 是满足 $abc=1$ 的正实数,故可设 $a = \frac{x}{y}, b = \frac{y}{z}, c = \frac{z}{x}$,其中 x,y,z 为正实数,则原不等式变化为
$$(x-y+z)(y-z+x)(z-x+y) \leqslant xyz, \qquad ①$$
$u = x-y+z, v = y-z+x, w = z-x+y$ 中至多有一个为负数. 如果 $u、v、w$ 中恰有一个为负数,那么 $uvw \leqslant 0 < xyz$,不等式 ① 得证. 如果 $u、v、w$ 都为正,那么 ① 可化为
$$uvw \leqslant (\frac{u+v}{2})(\frac{v+w}{2})(\frac{w+u}{2}). \qquad ②$$

而由平均值不等式有 $(\frac{u+v}{2})(\frac{v+w}{2})(\frac{w+u}{2}) \geqslant \sqrt{uv} \cdot \sqrt{vw} \cdot \sqrt{wu} = uvw$,

不等式 ② 得证,从而原不等式得证.

注 ① 式 $\Leftrightarrow x^3+y^3+z^3+3xyz \geqslant xy(x+y)+yz(y+z)+zx(x+y)$ ③
$\Leftrightarrow x^2(y+z-x)+y^2(z+x-y)+z^2(x+y-z) \leqslant 3xyz$ ④
$\Leftrightarrow x^3+y^3+z^3 \geqslant 3xyz+x(y-z)^2+y(z-x)^2+z(x-y)^2$, ⑤

其中 ① 为 1983 年瑞士竞赛题,④ 为第 6 届 IMO 题,⑤ 为三个变量的平均值不等式的加强形式.

例 21 (1994 年中国香港数学奥林匹克题)设 $x,y,z \geqslant 0$,满足 $yz+zx+xy=1$,求证:$x(1-y^2)(1-z^2)+y(1-z^2)(1-x^2)+z(1-x^2)(1-y^2) \leqslant \frac{4}{9}\sqrt{3}$.

证明 由已知条件知 x,y,z 中至多有一个等于零. 若 $x=0$,则 $yz=1$,原不等式的左边为 $y(1-z^2)+z(1-y^2) = y-yz^2+z-zy^2 = y-z+z-y = 0 < \frac{4}{9}\sqrt{3}$,

原不等式成立,故只须证 x,y,z 都大于 0 的情形. 注意到不等式结构及三角公式 $\tan 2\alpha = \frac{2\tan\alpha}{1-\tan^2\alpha}$,我们设 $x = \tan\frac{A}{2}, y = \tan\frac{B}{2}, z = \tan\frac{C}{2}$,这里 $A,B,C \in (0,\pi)$.

则由 $xy+yz+zx=1$,知 $0 < xy = \tan\frac{A}{2}\tan\frac{B}{2} < 1$ 且
$\tan\frac{A}{2} + \tan\frac{B}{2} = (\tan\frac{A+B}{2})(1 - \tan\frac{A}{2}\tan\frac{B}{2})$,故

$$1 - \tan\frac{A}{2}\tan\frac{B}{2} = (\tan\frac{C}{2})(\tan\frac{A}{2} + \tan\frac{B}{2})$$
$$= (\tan\frac{C}{2} \cdot \tan\frac{A+B}{2})(1 - \tan\frac{A}{2}\tan\frac{B}{2}),$$

因 $\tan\frac{A}{2}\tan\frac{B}{2} \neq 1$，所以 $\tan\frac{C}{2}\tan\frac{A+B}{2} = 1$，即

$$\tan\frac{A+B}{2} = \tan(\frac{\pi}{2} - \frac{C}{2}).$$

又因为 $0 < \frac{A+B}{2} < \frac{\pi}{2}$，$0 < \frac{\pi}{2} - \frac{C}{2} < \frac{\pi}{2}$，所以 $\frac{A+B}{2} = \frac{\pi}{2} - \frac{C}{2}$，即 $A + B + C = \pi$.

注意到 $1 - x^2 = 1 - \tan^2\frac{A}{2} = \frac{2\tan\frac{A}{2}}{\tan A}$，$1 - y^2 = \frac{2\tan\frac{B}{2}}{\tan B}$，$1 - z^2 = \frac{2\tan\frac{C}{2}}{\tan C}$ 及恒等式 $\tan A + \tan B + \tan C = \tan A \tan B \tan C$ 得

$$x(1-y^2)(1-z^2) + y(1-z^2)(1-x^2) + z(1-x^2)(1-y^2)$$
$$= \tan\frac{A}{2} \cdot \frac{2\tan\frac{B}{2}}{\tan B} \cdot \frac{2\tan\frac{C}{2}}{\tan C} + \tan\frac{B}{2} \cdot \frac{2\tan\frac{C}{2}}{\tan C} \cdot \frac{2\tan\frac{A}{2}}{\tan A} + \tan\frac{C}{2} \cdot \frac{2\tan\frac{A}{2}}{\tan A} \cdot \frac{2\tan\frac{B}{2}}{\tan B}$$
$$= 4\tan\frac{A}{2}\tan\frac{B}{2}\tan\frac{C}{2}(\frac{\tan A + \tan B + \tan C}{\tan A \tan B \tan C})$$
$$= 4\tan\frac{A}{2}\tan\frac{B}{2}\tan\frac{C}{2} = 4xyz$$
$$= 4\sqrt{(xy)(yz)(zx)} \leqslant 4\sqrt{(\frac{xy+yz+zx}{3})^3} = 4\sqrt{\frac{1}{3^3}} = \frac{4}{9}\sqrt{3}.$$

(6) 数学归纳法

对与自然数 n 有关的不等式，可考虑用数学归纳法来证明．对某些较弱的不等式命题，可加强命题后再用数学归纳法证明，因为命题加强了，归纳假设也就加强了，进行归纳推理时反而容易了．

例22 设 $a_0, a_1, \cdots, a_k$ 是正实数，证明：

$$\frac{a_1}{(a_0+a_1)^{n+1}} + \frac{a_2}{(a_0+a_1+a_2)^{n+1}} + \cdots + \frac{a_k}{(a_0+a_1+\cdots+a_k)^{n+1}} < \frac{1}{a_0^n} (n \in \mathbf{N}).$$

证明 $k = 1$ 时，$\frac{a_1}{(a_0+a_1)^{n+1}} < \frac{1}{(a_0+a_1)^n} < \frac{1}{a_0^n}$，不等式成立．

设 $\frac{a_2}{(a_1'+a_2)^{n+1}} + \frac{a_3}{(a_1'+a_2+a_3)^{n+1}} + \cdots + \frac{a_k}{(a_1'+a_2+\cdots+a_k)^{n+1}} < \frac{1}{a_1'^n}$. ①

这是 $a_1' = a_0 + a_1$，由

$$\frac{1}{a_0^n} - \frac{1}{a_1'^n} = \frac{(a_0+a_1)^n - a_0^n}{a_0^n(a_0+a_1)^n} > \frac{a_0^{n-1}a_1}{a_0^n(a_0+a_1)^n} > \frac{a_1}{(a_0+a_1)^{n+1}}.$$

结合 ① 便知对正整数 k，原不等式也成立，这就完成了原不等式的归纳证明．

例23（加拿大第9届数学奥林匹克题）设 $0 < a < 1$，$a_1 = 1 + a$，$a_{n+1} = \frac{1}{a_n} + a$，证明：

对一切 $n \in \mathbf{N}_+, a_n > 1$.

分析 由于 a_k 在递推关系 $a_{k+1} = \dfrac{1}{a_k} + a$ 的分母中，由 $a_k > 1$ 只能推出 $a_{k+1} < 1 + a$，故可考虑将原命题加强为证明：对一切 $n \in \mathbf{N}_+$，有 $1 < a_n \leqslant 1 + a$。

证明 我们用数学归纳法证明 $1 < a_n \leqslant 1 + a (n \in \mathbf{N}_+)$。

$n = 1$ 时，显然成立。设 $1 < a_k \leqslant 1 + a$，那么 $a_{k+1} = \dfrac{1}{a_k} + a < 1 + a$。

并且 $a_{k+1} \geqslant \dfrac{1}{1+a} + a = \dfrac{1-a}{1-a^2} + a > 1 - a + a = 1$，

即 $1 < a_{k+1} \leqslant 1 + a$。于是我们证明了 $1 < a_n \leqslant 1 + a (n \in \mathbf{N}_+)$，从而原题结论成立。

(7) 构造法

通过构造函数、数列或几何图形，而借用函数的性质、数列的性质或几何知识来证明原不等式。

例 24 已知 $a, b, c \in \mathbf{R}$，$|a| < 1$，$|b| < 1$，$|c| < 1$。求证：$ab + bc + ca + 1 > 0$。

证明 考虑以 a 为自变量的一次函数 $f(a) = (b+c)a + bc + 1$。因为 $-1 < a < 1$，$-1 < b < 1, -1 < c < 1$，那么当 $b + c \geqslant 0$ 时，$f(a)$ 单调递增，故 $f(a) \geqslant f(-1) = -(b+c) + bc + 1 = (1-b)(1-c) > 0$，当 $b + c < 0$ 时，$f(a)$ 单调递减，故 $f(a) \geqslant f(1) = b + c + bc + 1 = (1+b)(1+c) > 0$，故总有 $f(a) = ab + bc + ca + 1 > 0$。

例 25 设 $a, b \in \mathbf{R}$，证明：$a^2 + b^2 + \dfrac{7}{4} \geqslant ab + 2a + \dfrac{b}{2}$。

证明 考虑以 a 为自变量的二次函数 $f(a) = a^2 - (b+2)a + b^2 - \dfrac{b}{2} + \dfrac{7}{4}$，其判别式

$$\Delta = (b+2)^2 - 4(b^2 - \dfrac{b}{2} + \dfrac{7}{4}) = -3(b-2)^2 \leqslant 0,$$

又 a^2 的系数为 $1 > 0$，故对任意 $a \in \mathbf{R}$，有 $f(a) \geqslant 0$，即

$$a^2 + b^2 + \dfrac{7}{4} \geqslant ab + 2a + \dfrac{b}{2}.$$

例 26 证明：对任意正实数 x, y, z 有

$$\sqrt{x^2 + 3y^2} + \sqrt{x^2 + z^2 + xz} > \sqrt{z^2 + 3y^2 + 3yz}.$$

证明 联想到三角形中两边之和大于第三边，我们构造图形，如图 4-2，其中 $OA = x, OB = \sqrt{3}y, OC = z, \angle AOB = 90°, \angle BOC = 150°, \angle COA = 120°$，由余弦定理有

$AB = \sqrt{x^2 + 3y^2}$，

$BC = \sqrt{z^2 + 3y^2 + 3yz}$，

$CA = \sqrt{x^2 + z^2 + xz}$。

由于 $AB + CA > BC$，即证得原不等式成立。

(8) 调整法

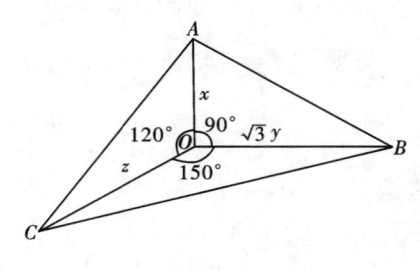

在含有多个变量的不等式 $f(x_1, x_2, \cdots, x_n) \leqslant$ (或 $\geqslant) c(c$ 为常数) 中,我们常常将其中一个或 n 个变量适当调整(增大或减小),使它们都相等或都等于定值或满足一定的条件,从而使 $f(x_1, x_2, \cdots, x_n)$ 的值增大(或减小),直到经过有限步调整可使 $f(x_1, x_2, \cdots, x_n)$ 的值达到 c,从而完成不等式的证明.

例 27 设 A, B, C 是 $\triangle ABC$ 的三个内角,证明 $\cos\dfrac{A}{2} + \cos\dfrac{B}{2} + \cos\dfrac{C}{2} \leqslant \dfrac{3\sqrt{3}}{2}$,等号成立当且仅当 $A = B = C = 60°$.

证明 当 $A = B = C = 60°$ 时,不等式取等号.下设 A, B, C 不全相等且不妨设 $A \geqslant B \geqslant C$,于是 $A > 60°, C < 60°$.令 $A_1 = 60°, B_1 = B, C_1 = A + C - 60°$,则 $A_1 + C_1 = A + C, A_1 < A, C_1 > C$,故 $\left|\dfrac{A_1 - C_1}{4}\right| < \left|\dfrac{A - C}{4}\right|$,$\cos\dfrac{A_1 - C_1}{4} > \cos\dfrac{A - C}{4}$,从而有

$$\cos\dfrac{A_1}{2} + \cos\dfrac{C_1}{2} = 2\cos\dfrac{A_1 + C_1}{4}\cos\dfrac{A_1 - C_1}{4} > 2\cos\dfrac{A + C}{4}\cos\dfrac{A - C}{4} = \cos\dfrac{A}{2} + \cos\dfrac{C}{2},$$

即 $\cos\dfrac{A}{2} + \cos\dfrac{B}{2} + \cos\dfrac{C}{2} < \cos\dfrac{A_1}{2} + \cos\dfrac{B_1}{2} + \cos\dfrac{C_1}{2}$. ①

如果 A_1, B_1, C_1 都不全相等,不妨设 $B_1 > 60° > C_1$,再令 $A_2 = A_1 = 60°, B_2 = 60°, C_2 = B_1 + C_1 - 60° = 60°$,则 $A_2 + B_2 + C_2 = 180°, 0° < A_2, B_2, C_2 < 60°$,$\left|\dfrac{B_2 - C_2}{2}\right| < \left|\dfrac{B_1 - C_1}{2}\right|$,于是

$$\cos\dfrac{B_2}{2} + \cos\dfrac{C_1}{2} = 2\cos\dfrac{B_2 + C_2}{4}\cos\dfrac{B_2 - C_2}{4} > 2\cos\dfrac{B_1 + C_1}{4}\cos\dfrac{B_1 - C_1}{4}$$
$$= \cos\dfrac{B_1}{2} + \cos\dfrac{C_1}{2},$$

所以 $\cos\dfrac{A_1}{2} + \cos\dfrac{B_1}{2} + \cos\dfrac{C_1}{2} < \cos\dfrac{A_2}{2} + \cos\dfrac{B_2}{2} + \cos\dfrac{C_2}{2} = 3\cos 30° = \dfrac{3\sqrt{3}}{2}$. ②

由①及②知当 A, B, C 不全相等时,原不等式中严格不等号成立,这就证明了原不等式成立.

例 28 设 $a_1, a_2, \cdots, a_n$ 为正数,则当 $n \geqslant 2$ 时,

$$(1 + \dfrac{1}{a_1})(1 + \dfrac{1}{a_2})\cdots(1 + \dfrac{1}{a_n}) \geqslant \left(1 + \dfrac{1}{\sqrt[n]{a_1 a_2 \cdots a_n}}\right)^n,$$

等号成立当且仅当 $a_1 = a_2 = \cdots = a_n$.

证明 当 $a_1 = a_2 = \cdots = a_n$ 时,显然原不等式中等号成立.下设 $a_1, a_2, \cdots, a_n$ 不全相等,不妨设其中 a_1 最大,a_2 最小,并记 $G = \sqrt[n]{a_1 a_2 \cdots a_n}$,令 $b_1 = G, b_2 = \dfrac{a_1 a_2}{G}, b_i = a_i$ $(i = 3, \cdots, n)$,则 $a_1 > G, a_2 < G$,并且

$$(1 + \dfrac{1}{a_1})(1 + \dfrac{1}{a_2}) - (1 + \dfrac{1}{b_1})(1 + \dfrac{1}{b_2})$$
$$= (1 + \dfrac{1}{a_1} + \dfrac{1}{a_2} + \dfrac{1}{a_1 a_2}) - (1 + \dfrac{1}{G} + \dfrac{G}{a_1 a_2} + \dfrac{1}{a_1 a_2})$$

$$= \frac{1}{a_1} + \frac{1}{a_2} - \frac{1}{G} - \frac{G}{a_1 a_2} = \frac{(a_1 - G)(G - a_2)}{a_1 a_2 G} > 0,$$

所以 $(1+\frac{1}{a_1})(1+\frac{1}{a_2})(1+\frac{1}{a_3})\cdots(1+\frac{1}{a_n}) > (1+\frac{1}{b_1})(1+\frac{1}{b_2})\cdots(1+\frac{1}{b_n})$.

如果诸 b_i 不全相等,不妨设 $b_2,\cdots,b_n$ 中 b_2 最大,b_3 最小,则如法构造数组 $c_1,c_2,\cdots,c_n$(令 $c_1 = b_1, c_2 = G, c_3 = \frac{b_2 b_3}{G}, c_i = b_i (i=4,5,\cdots,n)$),则同理可证

$$(1+\frac{1}{b_1})(1+\frac{1}{b_2})\cdots(1+\frac{1}{b_n}) > (1+\frac{1}{c_1})(1+\frac{1}{c_2})\cdots(1+\frac{1}{c_n}).$$

再构造一次数组,至少增加一个变量等于 G,于是通过有限次(至多 n 次),可使全部变量都等于 G,于是得到

$$(1+\frac{1}{a_1})\cdots(1+\frac{1}{a_n}) > (\frac{1}{1+b_1})\cdots(\frac{1}{1+b_n}) > \cdots > (1+\frac{1}{G})^n = \left(1+\frac{1}{\sqrt[n]{a_1 \cdots a_n}}\right)^n.$$

从而原不等式得证.

(9) 利用 Abel 变换

对于数组 $\{a_i\},\{b_i\}(i=1,2,\cdots,n)$,令 $B_i = b_1 + b_2 + \cdots + b_i$,则

$$\sum_{i=1}^n a_i b_i = a_n B_n + \sum_{i=1}^{n-1}(a_i - a_{i+1}) B_i.$$

上述恒等式叫做 Abel 变换. 现证明如下:

$$\sum_{i=1}^n a_i b_i = a_1 B_1 + a_2(B_2 - B_1) + a_3(B_3 - B_2) + \cdots + a_n(B_n - B_{n-1})$$
$$= a_n B_n + (a_1 - a_2) B_1 + (a_2 - a_3) B_2 + \cdots + (a_{n-1} - a_n) B_{n-1}$$
$$= a_n B_n + \sum_{i=1}^{n-1}(a_i - a_{i+1}) B_i.$$

利用 Abel 变换,可使一些和式不等式的证明变得非常容易.

例 29 (排序不等式)设 $a_1 \geqslant a_2 \geqslant \cdots \geqslant a_n, b_1 \geqslant b_2 \geqslant \cdots \geqslant b_n$,而 $b_{i_1}, b_{i_2}, \cdots, b_{i_n}$ 是 $b_1, b_2, \cdots, b_n$ 的任意排列,则 $\sum_{k=1}^n a_k b_{n+1-k} \leqslant \sum_{k=1}^n a_k b_{i_k} \leqslant \sum_{k=1}^n a_k b_k$.

证明 设 $B_k = b_1 + b_2 + \cdots + b_k, B'_k = b_{i_1} + b_{i_2} + \cdots + b_{i_k}, B''_k = b_n + b_{n-1} + \cdots + b_{n+1-k}$,则 $B''_k \leqslant B'_k \leqslant B_k (k=1,2,\cdots,n-1)$ 且 $B''_n = B'_n = B_n$. 于是 $\sum_{k=1}^n a_k b_{i_k} = a_n B'_n + \sum_{k=1}^{n-1}(a_k - a_{k+1}) B'_k \leqslant a_n B_n + \sum_{k=1}^{n-1}(a_k - a_{k-1}) B_k = \sum_{k=1}^n a_k b_k$,并且 $\sum_{k=1}^n a_k b_{i_k} = a_k B'_n + \sum_{k=1}^n (a_k - a_{k+1}) B'_k \geqslant a_n B'_n + \sum_{k=1}^{n-1}(a_k - a_{k+1}) B''_k = \sum_{k=1}^n a_k b_{n+1-k}$,

故原不等式成立.

例 30 (美国第 10 届数学奥林匹克题)试证:对任意实数 x,有 $\sum_{k=1}^n \frac{[kx]}{k} \leqslant [nx]$.

证明 令 $A_n = \sum_{i=1}^n \frac{[ix]}{i}$,对 n 用归纳法.

$n=1$ 时,左边 $=[x]=$ 右边.

设对 $1 \leqslant k \leqslant n-1$,均有 $A_k \leqslant [kx]$,则对正整数 n,由 Abel 变换有
$$\sum_{k=1}^n [kx] = \sum_{k=1}^n k \cdot \frac{[kx]}{k} = n \cdot A_n + \sum_{k=1}^{n-1}[k-(k+1)]A_k = n \cdot A_n - \sum_{k=1}^{n-1} A_k.$$
所以,由归纳假设,有
$$nA_n = \sum_{k=1}^n [kx] + \sum_{k=1}^{n-1} A_k \leqslant \sum_{k=1}^n [kx] + \sum_{k=1}^{n-1}[kx]$$
$$= [nx] + \sum_{k=1}^{n-1}([kx]+[(n-k)x]) = [nx] + \sum_{k=1}^{n-1}([[kx]+(n-k)x])$$
$$\leqslant [nx] + \sum_{k=1}^{n-1}[kx+(n-k)x] = [nx] + \sum_{k=1}^{n-1}[nx] = n[nx].$$
故 $A_n \leqslant [nx]$,这就完成了归纳证明.

(10) 微积分方法

利用导数证明不等式,主要是利用导数讨论函数的单调性和极值,从而推出要证的不等式. 而利用积分证明不等式则主要依据积分的下列性质:

(i) 若 $a \leqslant x \leqslant b$ 时,$f(x),g(x)$ 连续,$f(x) \not\equiv g(x)$ 且 $f(x) \leqslant g(x)$,则 $\int_a^b f(x)dx < \int_a^b g(x)dx$.

(ii) 若 $a_n \leqslant \int_{n-1}^n f(x)dx \leqslant b_n$,则 $\sum_{k=1}^n a_k \leqslant \int_0^n f(x)dx \leqslant \sum_{k=1}^n b_k$.

例 31 (Bernoulli 不等式) 设 $x > -1$,则当 $0 < \alpha < 1$ 时,有 $(1+x)^\alpha \leqslant 1+\alpha x$;当 $\alpha < 0$ 或 $\alpha > 1$ 时,有 $(1+x)^\alpha \geqslant 1+\alpha x$.

证明 令 $\varphi(x) = (1+x)^\alpha - (1+\alpha x)$,则 $\varphi'(x) = \alpha(1+x)^{\alpha-1} - \alpha = \alpha[(1+x)^{\alpha-1}-1]$,于是 $x = 0$ 时 $\varphi'(x) = 0$.

若 $0 < \alpha < 1$,则当 $-1 < x < 0$ 时,$\varphi'(x) > 0$,$\varphi(x)$ 单调递增;当 $0 < x < +\infty$ 时,$\varphi'(x) < 0$,$\varphi(x)$ 单调递减,故当 $x = 0$ 时 $\varphi(x)$ 取最大值,所以,对一切 $x > -1$ 有 $\varphi(x) \leqslant \varphi(0) = 0$,即 $(1+x)^\alpha \leqslant 1+\alpha x$.

若 $\alpha < 0$ 或 $\alpha > 1$,则同理可证 $\varphi(x)$ 在 $x = 0$ 取最小值,所以对一切 $x > -1$,有 $\varphi(x) \geqslant \varphi(0) = 0$,即 $(1+x)^\alpha \geqslant 1+\alpha x$,

当且仅当 $x = 0$ 时 $\varphi(x) = \varphi(0) = 0$,不等式中等号成立.

例 32 证明:当 $\alpha > 0$ 时,$\dfrac{n^\alpha}{\alpha+1} < 1^\alpha + 2^\alpha + \cdots + n^\alpha < \dfrac{n^{\alpha+1}}{\alpha+1}$.

证明 因为 $k \leqslant x \leqslant k+1$ 时,$k^\alpha \leqslant x^\alpha$ 且 $k^\alpha \not\equiv x^\alpha$,两边从 k 到 $k+1$ 积分得
$$k^\alpha = \int_k^{k+1} k^\alpha dx < \int_k^{k+1} x^\alpha dx = \frac{1}{\alpha+1}x^{\alpha+1}\Big|_k^{k+1} = \frac{(k+1)^{\alpha+1}-k^{\alpha+1}}{\alpha+1},\text{所以}$$
$$\sum_{k=1}^n k^\alpha < \sum_{k=1}^n \frac{(k+1)^\alpha - k^\alpha}{\alpha+1} = \frac{n^{\alpha+1}-1}{\alpha+1} < \frac{n^{\alpha+1}}{\alpha+1}.$$
又当 $k-1 \leqslant x \leqslant k$ 时,$x^\alpha \leqslant k^\alpha$ 且 $x^\alpha \not\equiv k^\alpha$,两边从 $k-1$ 到 k 积分得
$$k^\alpha = \int_{k-1}^k k^\alpha dx > \int_{k-1}^k x^\alpha dx = \frac{1}{\alpha+1}x^\alpha\Big|_{k-1}^k = \frac{1}{\alpha+1}[k^\alpha - (k-1)^\alpha],\text{所以}$$

$$\sum_{k=1}^{n} k^{\alpha} > \sum_{k=1}^{n} \frac{1}{\alpha+1}[k^{\alpha}-(k-1)^{\alpha}] = \frac{n^{\alpha}}{\alpha+1},$$

即 $\quad \dfrac{n^{\alpha}}{\alpha+1} < \sum\limits_{k=1}^{n} k^{\alpha} < \dfrac{n^{\alpha+1}}{\alpha+1}.$

(11) 利用著名的重要不等式

例33 (普特南第38届数学竞赛题) 设 $a_1, a_2, \cdots, a_n(n>1)$ 均为实数,且 $A + \sum\limits_{i=1}^{n} a_i^2 < \dfrac{1}{n-1}(\sum\limits_{i=1}^{n} a_i)^2$,证明对一切 $1 \leqslant i < j \leqslant n$ 有 $A < 2a_i a_j$.

证明 由对称性只需证明 $A < 2a_1 a_2$. 由柯西不等式有

$$[(a_1+a_2)+a_3+\cdots+a_n]^2 \leqslant (\sum_{i=1}^{n-1} 1^2)[(a_1+a_2)^2+a_3^2+\cdots+a_n^2]$$
$$= (n-1)(\sum_{i=1}^{n} a_i^2 + 2a_1 a_2),$$

即 $\quad \dfrac{1}{n-1}(\sum\limits_{i=1}^{n} a_i)^2 \leqslant \sum\limits_{i=1}^{n} a_i^2 + 2a_1 a_2$,故由假设有 $A < \dfrac{1}{n-1}(\sum\limits_{i=1}^{n} a_i)^2 - \sum\limits_{i=1}^{n} a_i^2 = 2a_1 a_2.$
同理对任意 $1 \leqslant i < j \leqslant n$,有 $A < 2a_i a_j$.

例34 (第31届IMO预选题) 设 a, b, c, d 均是非负实数且满足 $ab+bc+cd+da=1$,求证:$\dfrac{a^3}{b+c+d} + \dfrac{b^3}{a+c+d} + \dfrac{c^3}{a+b+d} + \dfrac{d^3}{a+b+c} \geqslant \dfrac{1}{3}$.

证明 不妨设 $a \geqslant b \geqslant c \geqslant d$,则 $\dfrac{1}{b+c+d} \geqslant \dfrac{1}{a+c+d} \geqslant \dfrac{1}{a+b+d} \geqslant \dfrac{1}{a+b+c}$,于是由切贝雪夫不等式、幂平均不等式、权方和不等式及平均值不等式可得

$$\frac{a^3}{b+c+d} + \frac{b^3}{a+c+d} + \frac{c^3}{a+b+d} + \frac{d^3}{a+b+c}$$
$$\geqslant \frac{1}{4}(a^3+b^3+c^3+d^3)(\frac{1}{b+c+d}+\frac{1}{a+c+d}+\frac{1}{a+b+d}+\frac{1}{a+b+c})$$
$$\geqslant \frac{1}{4} \cdot \frac{1}{4^2}(a+b+c+d)^3 \cdot \frac{(1+1+1+1)^2}{(b+c+d)+(a+c+d)+(a+b+d)+(a+b+c)}$$
$$= \frac{1}{4\cdot 3}(a+b+c+d)^2 \geqslant \frac{1}{4\cdot 3}[2\sqrt{(a+c)(b+d)}]^2$$
$$= \frac{1}{3}(a+c)(b+d) = \frac{1}{3}(ab+bc+cd+da) = \frac{1}{3}.$$

例35 (匈牙利数学奥林匹克题) 设 $0 < p \leqslant a_i \leqslant q (i=1,2,\cdots,n)$,$b_1, b_2, \cdots, b_n$ 是 $a_1, a_2, \cdots, a_n$ 的任意排列,求证:$n \leqslant \dfrac{a_1}{b_1} + \dfrac{a_2}{b_2} + \cdots + \dfrac{a_n}{b_n} \leqslant n + \left[\dfrac{n}{2}\right]\left(\sqrt{\dfrac{p}{q}} - \sqrt{\dfrac{q}{p}}\right)^2$.

证明 由平均值不等式得 $\dfrac{a_1}{b_1} + \dfrac{a_2}{b_2} + \cdots + \dfrac{a_n}{b_n} \geqslant n\sqrt[n]{\dfrac{a_1}{b_1} \cdot \dfrac{a_2}{b_2} \cdots \dfrac{a_n}{b_n}} = n.$

为证右边不等式,不妨设 $a_1 \leqslant a_2 \leqslant \cdots \leqslant a_n$,由排序不等式得

$$\frac{a_1}{b_1} + \frac{a_2}{b_2} + \cdots + \frac{a_n}{b_n} \leqslant \frac{a_1}{a_n} + \frac{a_2}{a_{n-1}} + \cdots + \frac{a_n}{a_1}.$$

注意到当 $x \in \left[\dfrac{p}{q}, \dfrac{q}{p}\right]$ 时, $x + \dfrac{1}{x} = (\sqrt{x} - \dfrac{1}{\sqrt{x}})^2 + 2 \leqslant \left(\sqrt{\dfrac{p}{q}} - \sqrt{\dfrac{q}{p}}\right)^2 + 2$,

故当 $n = 2k$ 时,

$$\dfrac{a_1}{b_1} + \dfrac{a_2}{b_2} + \cdots + \dfrac{a_n}{b_n} \leqslant \left(\dfrac{a_1}{a_n} + \dfrac{a_n}{a_1}\right) + \left(\dfrac{a_2}{a_{n-1}} + \dfrac{a_{n-1}}{a_2}\right) + \cdots + \left(\dfrac{a_k}{a_{k+1}} + \dfrac{a_{k+1}}{a_k}\right)$$

$$\leqslant 2k + k\left(\sqrt{\dfrac{p}{q}} - \sqrt{\dfrac{q}{p}}\right)^2 = n + \left[\dfrac{n}{2}\right]\left(\sqrt{\dfrac{p}{q}} - \sqrt{\dfrac{q}{p}}\right)^2.$$

当 $n = 2k - 1$ 时,

$$\dfrac{a_1}{b_1} + \dfrac{a_2}{b_2} + \cdots + \dfrac{a_n}{b_n} \leqslant \left(\dfrac{a_1}{a_n} + \dfrac{a_n}{a_1}\right) + \cdots + \left(\dfrac{a_{k-1}}{a_{k+1}} + \dfrac{a_{k+1}}{a_{k-1}}\right) + \dfrac{a_k}{a_k}$$

$$\leqslant 2(k-1) + (k-1)\left(\sqrt{\dfrac{p}{q}} - \sqrt{\dfrac{q}{p}}\right)^2 + 1$$

$$= n + \dfrac{n-1}{2}\left(\sqrt{\dfrac{p}{q}} - \sqrt{\dfrac{q}{p}}\right)^2$$

$$= n + \left[\dfrac{n}{2}\right]\left(\sqrt{\dfrac{p}{q}} - \sqrt{\dfrac{q}{p}}\right)^2.$$

综合以上两种情形知要证不等式成立.

例 36 设 $a_1 + a_2 + \cdots + a_n = s$.

若 $a_i > \sqrt{2 + \sqrt{5}}(i = 1, 2, \cdots, n)$, 则

$$\left(a_1 + \dfrac{1}{a_1}\right)\left(a_2 + \dfrac{1}{a_2}\right) \cdots \left(a_n + \dfrac{1}{a_n}\right) \leqslant \left(\dfrac{s}{n} + \dfrac{n}{s}\right)^n, \qquad ①$$

若 $0 < a_i < \sqrt{2 + \sqrt{5}}(i = 1, 2, \cdots, n)$, 则反向不等号成立.

证明 $① \Leftrightarrow \ln\left(a_1 + \dfrac{1}{a_1}\right) + \ln\left(a_2 + \dfrac{1}{a_2}\right) + \cdots + \ln\left(a_n + \dfrac{1}{a_n}\right) \leqslant n\ln\left(\dfrac{s}{n} + \dfrac{n}{s}\right)$.

令 $f(x) = \ln\left(x + \dfrac{1}{x}\right) = \ln(x^2 + 1) - \ln x$, 则

$$f'(x) = \dfrac{2x}{x^2 + 1} - \dfrac{1}{x}, \quad f''(x) = \dfrac{2(x^2 + 1) - 2x \cdot 2x}{(x^2 + 1)^2} + \dfrac{1}{x^2} = -\dfrac{x^4 - 4x^2 - 1}{x^2(x^2 + 1)^2}.$$

解方程 $x^4 - 4x^2 - 1 = 0$, 得 $x_1 = -\sqrt{2 + \sqrt{5}}, x_2 = \sqrt{2 + \sqrt{5}}$, 故当 $x \in (\sqrt{2 + \sqrt{5}}, +\infty)$ 时, $f''(x) < 0, f(x)$ 为上严格凸函数, 由琴生不等式得

$$f\left(\dfrac{s}{n}\right) = f\left(\dfrac{a_1 + a_2 + \cdots + a_n}{n}\right) \geqslant \dfrac{1}{n}[f(a_1) + f(a_2) + \cdots + f(a_n)],$$

即 $\ln\left(\dfrac{s}{n} + \dfrac{n}{s}\right) \geqslant \dfrac{1}{n}\left[\ln\left(a_1 + \dfrac{1}{a_1}\right) + \ln\left(a_2 + \dfrac{1}{a_2}\right) + \cdots + \ln\left(a_n + \dfrac{1}{a_n}\right)\right].$

由此可知不等式 ① 成立. 当 $x \in (0, \sqrt{2 + \sqrt{5}})$ 时, $f''(x) > 0, f(x)$ 为严格下凸函数, 故这时 ① 的反向不等号成立.

3. 求最大值与最小值

求最大值(或最小值)分两步进行. 第一步证明所求表达式的值不大于或(不小于) 一

个正常数 M，第二步证明 M 的值可以取到，于是 M 就是所求的最大值（或最小值）。因此，前面介绍的证明不等式的各种方法都能用来求最大值（或最小值）。

例 37 （2000 年全国高中联赛题）设 $S_n = 1 + 2 + 3 + \cdots + n (n \in \mathbf{N}_+)$，求 $f(n) = \dfrac{S_n}{(n+32)S_{n+1}}$ 的最大值。

解 因为 $S_n = \dfrac{n(n+1)}{2}$，所以 $f(n) = \dfrac{S_n}{(n+32)S_{n+1}} = \dfrac{n(n+1)}{(n+32)(n+1)(n+2)} = \dfrac{1}{n + \dfrac{64}{n} + 33} \leqslant \dfrac{1}{2\sqrt{n \cdot \dfrac{64}{n}} + 34} = \dfrac{1}{50}$，当 $n = 8$ 时等号成立。所以当 $n = 8$ 时，$f(n)$ 有最大值 $\dfrac{1}{50}$。

例 38 （1993 年全国高中联赛题）实数 x, y 满足 $4x^2 - 5xy + 4y^2 = 5$，设 $S = x^2 + y^2$，则 $\dfrac{1}{S_{\max}} + \dfrac{1}{S_{\min}} =$ _____。

解法一 因已知条件是二次齐次等式，可采用判别式法求 S 的最值。事实上，因为 $x^2 y^2 = (\dfrac{4}{5}S - 1)^2$，$x^2 + y^2 = S$，故 x^2, y^2 是方程 $z^2 - Sz + (\dfrac{4}{5}S - 1)^2 = 0$ 的两个实根，所以，有 $\Delta = S^2 - 4(\dfrac{4}{5}S - 1)^2 = -\dfrac{39}{25}S^2 + \dfrac{32}{5}S - 4 \geqslant 0$，解得 $\dfrac{10}{13} \leqslant S \leqslant \dfrac{10}{3}$。当 $x = y = \pm\sqrt{\dfrac{5}{3}}$ 时，$S = \dfrac{10}{3}$，当 $x = \pm\sqrt{\dfrac{5}{13}}, y = \mp\sqrt{\dfrac{5}{13}}$ 时，$S = \dfrac{10}{13}$，所以 $S_{\max} = \dfrac{10}{3}$，$S_{\min} = \dfrac{10}{13}$，$\dfrac{1}{S_{\max}} + \dfrac{1}{S_{\min}} = \dfrac{8}{5}$。

解法二 由已知条件有 $xy = \dfrac{4}{5}S - 1$，所以
$0 \leqslant (2x + 2y)^2 = 4x^2 + 8xy + 4y^2 = 5 + 13xy = 5 + 13(\dfrac{4}{5}S - 1) = \dfrac{4 \times 13}{5}S - 8$，
$0 \leqslant (2x - 2y)^2 = 4x^2 - 8xy + 4y^2 = 5 - 3xy = 5 - 3(\dfrac{4}{5}S - 1) = 8 - \dfrac{4 \times 3}{5}S$，
解得 $\dfrac{10}{13} \leqslant S \leqslant \dfrac{10}{3}$，下同解法一。

【解题思维策略分析】

例 39 （1999 年上海市高中竞赛题）设 a, b, c, d 是四个不同的实数，使得 $\dfrac{a}{b} + \dfrac{b}{c} + \dfrac{c}{d} + \dfrac{d}{a} = 4$，且 $ac = bd$，求 $\dfrac{a}{c} + \dfrac{b}{d} + \dfrac{c}{a} + \dfrac{d}{b}$ 的最大值。

解 设 $x = \dfrac{a}{b}, y = \dfrac{b}{c}$，由条件 $ac = bd$，得 $\dfrac{c}{d} = \dfrac{b}{a} = \dfrac{1}{x}, \dfrac{d}{a} = \dfrac{c}{b} = \dfrac{1}{y}$。问题化为在

条件 $x \neq 1, y \neq 1, x+y+\frac{1}{x}+\frac{1}{y}=4$ 下求 $S=xy+\frac{y}{x}+\frac{1}{xy}+\frac{x}{y}$ 的最大值.

因为 $S=(x+\frac{1}{x})(y+\frac{1}{y})$，并且当 $t>0$ 时 $t+\frac{1}{t} \geqslant 2$，当 $t<0$ 时 $t+\frac{1}{t} \leqslant -2$. 又由 $x+\frac{1}{x}+y+\frac{1}{y}=4$ 知 x 与 y 不同号（否则 $x=y=1$），不妨设 $x>0, y<0$，于是

$$y+\frac{1}{y} \leqslant -2, \quad x+\frac{1}{x}=4-(y+\frac{1}{y}) \geqslant 6,$$

所以 $S=(x+\frac{1}{x})(y+\frac{1}{y}) \leqslant -12$，当 $y=-1, x=3 \pm 2\sqrt{2}$ 时等号成立，特别当 $a=2+2\sqrt{2}, b=1, c=-1, d=-3-2\sqrt{2}$ 时等号成立，所以所求最大值为 -12.

例 40（1992 年上海市高中竞赛题）设 n 为给定的自然数，$n \geqslant 3$，对 n 个给定的实数 $a_1, a_2, \cdots, a_n$，记 $|a_i-a_j|(1 \leqslant i<j \leqslant n)$ 的最小值为 m，求在 $a_1^2+a_2^2+\cdots+a_n^2=1$ 的条件下，m 的最大值.

分析 我们从 $n=3$ 的特殊情形入手，不妨设 $a_1 \leqslant a_2 \leqslant a_3$，则 $a_2-a_1 \geqslant m, a_3-a_2 \geqslant m, a_3-a_1 \geqslant 2m$，于是

$$6m^2 = m^2(1^2+1^2+2^2) \leqslant (a_1-a_2)^2+(a_2-a_3)^2+(a_1-a_3)^2$$
$$= 2(a_1^2+a_2^2+a_3^2)-2(a_1a_2+a_2a_3+a_1a_3)$$
$$= 3(a_1^2+a_2^2+a_3^2)-(a_1+a_2+a_3)^2 \leqslant 3.$$

故 $m \leqslant \frac{1}{\sqrt{2}}$，等号成立当且仅当 $a_3-a_2=a_2-a_1$ 且 $a_1+a_2+a_3=0$，结合已知条件 $a_1^2+a_2^2+a_3^2=1$ 知等号成立，当且仅当 $a_1=-\frac{1}{\sqrt{2}}, a_2=0, a_3=\frac{1}{\sqrt{2}}$，故 m 的最小值为 $\frac{1}{\sqrt{2}}$.

以上推理，我们不难将其推广到 n 个实数的情形.

解 不妨设 $a_1 \leqslant a_2 \leqslant \cdots \leqslant a_n$，于是，对任意 $1 \leqslant i<j \leqslant n$，有 $a_j-a_i=(a_j-a_{j-1})+(a_{j-1}-a_{j-2})+\cdots+(a_{i+1}-a_i) \geqslant m+m+\cdots+m=(j-i)m$，故

$$m^2 \sum_{1 \leqslant i<j \leqslant n}(j-i)^2 \leqslant \sum_{1 \leqslant i<j \leqslant n}|a_i-a_j|^2$$
$$= (n-1)\sum_{i=1}^{n} a_i^2 - 2\sum_{1 \leqslant i<j \leqslant n} a_i a_j$$
$$= n\sum_{i=1}^{n} a_i^2 - (\sum_{i=1}^{n} a_i)^2$$
$$\leqslant n. \qquad ①$$

且由 ① 有 $\sum_{1 \leqslant i<j \leqslant n}(j-i)^2 = n\sum_{i=1}^{n} i^2 - (\sum_{i=1}^{n} i)^2$

$$= n \cdot \frac{1}{6}n(n+1)(2n+1) - [\frac{n(n+1)}{2}]^2$$
$$= \frac{n^2(n+1)(n-1)}{12} = \frac{1}{12}n^2(n^2-1),$$

故 $m \leqslant \sqrt{\dfrac{12}{n(n^2-1)}}$,

等号成立当且仅当 $a_2-a_1=a_3-a_2=\cdots=a_n-a_{n-1}$, $a_1+a_2+\cdots+a_n=0$, 结合 $a_1^2+a_2^2+\cdots+a_n^2=1$ 可唯一确定 $a_1,a_2,\cdots,a_n$. 故所求 m 的最大值为 $\sqrt{\dfrac{12}{n(n^2-1)}}$.

例 41 (第 20 届 IMO 题) 已知 $a_1,a_2,\cdots,a_n$ 是两两不相等的正整数, 求证: 对任何正整数 n, 不等式 $\sum\limits_{k=1}^{n}\dfrac{a_k}{k^2} \geqslant \sum\limits_{k=1}^{n}\dfrac{1}{k}$ 成立.

分析 本题不等式中左边含有 a_k, 右边仅含有 k, a_k 与 k 的关系只有 $\sum\limits_{k=1}^{n}a_k \geqslant \sum\limits_{k=1}^{n}k$ 和 $\sum\limits_{k=1}^{n}\dfrac{1}{a_k} \leqslant \sum\limits_{k=1}^{n}\dfrac{1}{k}$ 两种. 因此问题的关键在于归结为应用上述两个不等式. 这可以采用多种不同的途径.

证明一 (应用排序不等式) 假设 $a_1,a_2,\cdots,a_n$ 按照数值从小到大的排列为 $b_1 \leqslant b_2 \leqslant \cdots \leqslant b_n$, 于是 $b_k \geqslant k(k=1,2,\cdots,n)$, 又 $\dfrac{1}{1^2} \geqslant \dfrac{1}{2^2} \geqslant \cdots \geqslant \dfrac{1}{k^2}$, 由排序不等式得

$$\sum_{k=1}^{n}\dfrac{a_k}{k^2} \geqslant \sum_{k=1}^{n}\dfrac{b_k}{k^2} \geqslant \sum_{k=1}^{n}\dfrac{k}{k^2} = \sum_{k=1}^{n}\dfrac{1}{k}.$$

证明二 (应用权方和不等式) 由权方和不等式得

$$\sum_{k=1}^{n}\dfrac{a_k}{k^2} = \sum_{k=1}^{n}\dfrac{\left(\dfrac{1}{k}\right)^2}{\dfrac{1}{a_k}} \geqslant \dfrac{\left(\sum\limits_{k=1}^{n}\dfrac{1}{k}\right)^2}{\sum\limits_{k=1}^{n}\dfrac{1}{a_k}} \geqslant \dfrac{\left(\sum\limits_{k=1}^{n}\dfrac{1}{k}\right)^2}{\sum\limits_{k=1}^{n}\dfrac{1}{k}} = \sum_{k=1}^{n}\dfrac{1}{k}.$$

证明三 (应用 Abel 变换) 设 $A_k=a_1+\cdots+a_k$, $B_k=1+2+\cdots+k$, 则 $A_k \geqslant B_k$, 由 Abel 变换有

$$\sum_{k=1}^{n}\dfrac{a_k}{k^2} = \dfrac{1}{n^2}A_n + \sum_{k=1}^{n-1}\left[\dfrac{1}{k^2}-\dfrac{1}{(k+1)^2}\right]A_k$$

$$\geqslant \dfrac{1}{n^2}B_n + \sum_{k=1}^{n-1}\left[\dfrac{1}{k^2}-\dfrac{1}{(k+1)^2}\right]B_k = \sum_{k=1}^{n}\dfrac{k}{k^2} = \sum_{k=1}^{n}\dfrac{1}{k}.$$

证明四 (应用 Cauchy 不等式) 由 Cauchy 不等式得

$$\left(\sum_{k=1}^{n}\dfrac{1}{k}\right)^2 = \left[\sum_{k=1}^{n}\dfrac{\sqrt{a_k}}{k} \cdot \dfrac{1}{\sqrt{a_k}}\right]^2 \leqslant \sum_{k=1}^{n}\dfrac{a_k}{k^2} \cdot \sum_{k=1}^{n}\dfrac{1}{a_k} \leqslant \sum_{k=1}^{n}\dfrac{a_k}{k^2} \cdot \sum_{k=1}^{n}\dfrac{1}{k},$$

故 $\sum\limits_{k=1}^{n}\dfrac{a_k}{k^2} \geqslant \sum\limits_{k=1}^{n}\dfrac{1}{k}$.

【模拟实战四】

A 组

1. (2000年全国高中联赛题)设全集是实数集,若 $A = \{x \mid \sqrt{x-2} \leqslant 0\}$,$B = \{x \mid 10^{x^2-2} = 10^x\}$,则 $A \cap \overline{B}$ 是_____.

2. 已知 $A = \{x \mid x^2 - 4x + 3 < 0, x \in \mathbf{R}\}$,$B = \{x \mid 2^{1-x} + a \leqslant 0$ 且 $x^2 - 2(a+7)x + 5 \leqslant 0, x \in \mathbf{R}\}$,若 $A \subseteq B$,则实数 a 的取值范围是_____.

3. (2003年全国高中联赛题)不等式 $|x|^3 - 2x^2 - 4|x| + 3 < 0$ 的解集是_____.

4. (2001年全国高中联赛题)已知6支玫瑰与3支康乃馨的价格之和大于24元,而4支玫瑰与5支康乃馨的价格之和小于22元,则2支玫瑰和3支康乃馨的价格比较结果是_____.

5. (2008年全国高中联赛题)设 $A = [-2, 4)$,$B = \{x \mid x^2 - ax - 4 \leqslant 0\}$,若 $B \subseteq A$,则实数 a 的取值范围为_____.

6. (1992年全国高中联赛题)求证:$16 < \sum_{k=1}^{80} \frac{1}{\sqrt{k}} < 17$.

7. (2003年全国高中联赛题)设 $\frac{3}{2} \leqslant x \leqslant 5$,证明:$2\sqrt{x+1} + \sqrt{2x-3} + \sqrt{15-3x} < 2\sqrt{19}$.

8. (1984年全国高中联赛题)设 $x_1, x_2, \cdots, x_n$ 均为正数,求证:$\frac{x_1^2}{x_2} + \frac{x_2^2}{x_3} + \cdots + \frac{x_n^2}{x_1} \geqslant x_1 + x_2 + \cdots + x_n$.

9. (1988年全国高中联赛题)已知 a, b 为正实数,$\frac{1}{a} + \frac{1}{b} = 1$,试证:对每一个 $n \in \mathbf{N}_+$,$(a+b)^n - a^n - b^n \geqslant 2^{2n} - 2^{n+1}$.

10. (全俄第15届数学奥林匹克题)证明:对任意 $x, y, z \in (0, 1)$,不等式 $x(1-y) + y(1-z) + z(1-x) < 1$ 成立.

11. (2007年全国高中联赛题)实数 a 使得不等式 $|2x-a| + |3x-2a| \geqslant a^2$ 对任意实数 x 恒成立,则满足条件的 a 组成的集合是_____.

12. (2007年全国高中联赛题)设 $a_n = \sum_{k=1}^{n} \frac{1}{k(n+1-k)}$,求证:当 $n \geqslant 2$ 时 $a_{n+1} < a_n$.

B 组

1. (1998年全国高中联赛题)设 $a_i, b_i \in [1, 2]$ $(i = 1, 2, \cdots, n)$ 且 $\sum_{i=1}^{n} a_i^2 = \sum_{i=1}^{n} b_i^2$,求证:

$\sum_{i=1}^{n} \frac{a_i^3}{b_i} \leqslant \frac{17}{10} \sum_{i=1}^{n} a_i^2$,并问:等号成立的充要条件是什么?

2. (1991年国家理科试验班招生题)设 $a_1 \leqslant a_2 \leqslant \cdots \leqslant a_7 \leqslant a_8$ 是8个给定的实数,且 $x = \frac{1}{8} \sum_{i=1}^{8} a_i, y = \frac{1}{8} \sum_{i=1}^{8} a_i^2$. 试证 $a_8 - a_1 \leqslant 4\sqrt{y - x^2}$.

3. (1992年日本数学奥林匹克题)设 $n(\geqslant 2)$ 是正整数,证明 $\sum_{k=1}^{n-1} \frac{n}{n-k} \cdot \frac{1}{2^{k-1}} < 4$.

4. (第12届CMO题)非负数列 $a_1, a_2, \cdots$ 满足 $a_{n+m} \leqslant a_n + a_m, m, n \in \mathbf{N}_+$,求证:对任意 $n \geqslant m$,均有 $a_n \leqslant ma_1 + \left(\frac{n}{m} - 1\right) a_m$.

5. (第42届IMO题)设 a, b, c 为正实数,证明 $\frac{a}{\sqrt{a^2 + 8bc}} + \frac{b}{\sqrt{b^2 + 8ca}} + \frac{c}{\sqrt{c^2 + 8ab}} \geqslant 1$.

6. (1994年中国国家集训队选拔考试题)已知 $5n$ 个实数 $r_i, s_i, t_i, u_i, v_i > 1 (1 \leqslant i \leqslant n)$,记 $R = \frac{1}{n} \sum_{i=1}^{n} r_i, S = \frac{1}{n} \sum_{i=1}^{n} s_i, T = \frac{1}{n} \sum_{i=1}^{n} t_i, U = \frac{1}{n} \sum_{i=1}^{n} u_i, V = \sum_{i=1}^{n} v_i$,求证:
$\sum_{i=1}^{n} \left(\frac{r_i s_i t_i u_i v_i + 1}{r_i s_i t_i u_i v_i - 1}\right) \geqslant \left(\frac{RSTUV + 1}{RSTUV - 1}\right)^n$.

7. (第40届IMO题)设 n 是一个固定的整数,$n \geqslant 2$.
   (1) 确定最小常数 c,使不等式 $\sum_{1 \leqslant i < j \leqslant n} x_i x_j (x_i^2 + x_j^2) \leqslant c \left(\sum_{i=1}^{n} x_i\right)^4$ 对所有非负实数 $x_1, x_2, \cdots, x_n$ 都成立.
   (2) 对于这个常数 c,确定等号成立的充要条件.

8. (2008年全国高中联赛题)解不等式
$\log_2(x^{12} + 3x^{10} + 5x^8 + 3x^6 + 1) < 1 + \log_2(x^4 + 1)$.

9. 设 $a, b \in [0, 1]$,求 $S = \frac{b}{1+a} + \frac{a}{1+b} + (1-a)(1-b)$ 的最大值和最小值.

10. (2005年第5届中国西部数学奥林匹克试题)设正实数 a, b, c 满足 $a + b + c = 1$. 证明:
$10(a^3 + b^3 + c^3) - 9(a^5 + b^5 + c^5) \geqslant 1$.

第 5 章　数列

【基础知识】

1. 等差数列

(1) 定义：$a_{n+1} - a_n = d$(d 为常数).

(2) 通项公式：$a_n = a_1 + (n-1)d$.

(3) 前 n 项的和的公式：$S_n = \dfrac{(a_1+a_n)n}{2} = na_1 + \dfrac{n(n-1)}{2}d$.

(4) 性质：(a) 若 a,b,c 成等差数列，则 $b = \dfrac{a+c}{2}$，反之亦成立.

(b) a_n, a_m 是公差为 d 的等差数列中任意两项，则 $a_n = a_m + (n-m)d$.

(c) 对任意正整数 m,n,k,l，若 $m+n = k+l$，则 $a_m + a_n = a_k + a_l$.

2. 等比数列

(1) 定义：$\dfrac{a_{n+1}}{a_n} = q(q \neq 0$ 为常数$)$.

(2) 通项公式：$a_n = a_1 q^{n-1}$.

(3) 前 n 项的和的公式：$S_n = \begin{cases} na_1 (q=1), \\ \dfrac{a_1(1-q^n)}{1-q} (q \neq 1). \end{cases}$

(4) 性质：(a) 若 a,b,c 成等比数列，则 $b^2 = ac \neq 0$，反之亦成立.

(b) 若 a_n, a_m 是公比为 q 的等比数列中任意两项，则 $a_n = a_m q^{n-m}$.

(c) 设 m,n,k,l 为正整数，且 $m+n = k+l$，则 $a_m a_n = a_k a_l$.

例 1　(1997 年全国高中联赛题) 设等差数列的首项和公差均为非负整数，项数不小于 3 且各项的和为 97^2，则这样的数列共有_____个.

解　设等差数列的首项为 a，公差为 d，由已知有
$$na + \frac{1}{2}n(n-1)d = 97^2,\ \text{即}\ n[2a+(n-1)d] = 2 \times 97^2.$$

又因为 $n \geq 3$，故 n 只可能是 $97, 2 \times 97, 97^2, 2 \times 97^2$. 又因为 $a \geq 0, d \geq 0$，所以 $2 \times 97^2 = 2na + n(n-1)d \geq n(n-1)d$.

若 $d > 0$，则由 d 为整数得 $d \geq 1$，即 $2 \times 97^2 \geq n(n-1)$，这时 n 只可能为 97. 于是只有下列两种可能：

(1) $n = 97, d = 1, a = 49$；

(2) $n = 97, d = 2, a = 1$.

若 $d=0$,则 $na=97^2$,这时也只有下列两种可能:

(3) $n=97, d=0, a=97$;

(4) $n=97^2, d=0, a=1$.

故符合条件的等差数列共有 4 个.

例 2 (1999 年全国高中联赛题) 给定公比 $q(q\neq 1)$ 的等比数列 $\{a_n\}$,设 $b_1=a_1+a_2+a_3$, $b_2=a_4+a_5+a_6,\cdots,b_n=a_{3n-2}+a_{3n-1}+a_{3n},\cdots$ 则数列 $\{b_n\}$ 是( ).

A. 等差数列 　　　　　　　　　　B. 公比为 q 的等比数列

C. 公比为 q^3 的等比数列　　　　　D. 既非等差数列又非等比数列

解 因 $\dfrac{b_{n+1}}{b_n}=\dfrac{a_{3n+1}+a_{3n+2}+a_{3n+3}}{a_{3n-2}+a_{3n-1}+a_{3n}}=\dfrac{q^3(a_{3n-2}+a_{3n-1}+a_{3n})}{a_{3n-2}+a_{3n-1}+a_{3n}}=q^3$. 故选 C.

例 3 (1998 年全国高中联赛题) 各项为实数的等比数列 $\{a_n\}$,前 n 项的和为 S_n,若 $S_{10}=10, S_{30}=70$,则 S_{40} 等于( ).

A. 150　　　　B. -200　　　　C. 150 或 -200　　　　D. 400 或 -50

解 设 $b_1=S_{10}, b_2=S_{20}-S_{10}, b_3=S_{30}-S_{20}, b_4=S_{40}-S_{30}$,并记 $\{a_n\}$ 的公比为 q,则 b_1, b_2, b_3, b_4 是以 $r=q^{10}$ 为公比的等比数列. 于是

$$70=S_{30}=b_1+b_2+b_3=b_1(1+r+r^2)=10(1+r+r^2).$$

所以 $1+r+r^2=7, r^2+r-6=0$,解得 $r=2$(因 $r=q^{10}>0$,所以 $r=-3$ 应舍去),故 $S_{40}=10(1+2+2^2+2^3)=150$. 故选 A.

3. 递推数列

(1) 定义:满足关系 $a_{n+2}=pa_{n+1}+qa_n(p,q$ 为常数,$q\neq 0, n\in \mathbf{N}_+)$ 的数列 $\{a_n\}$ 叫做二阶常系数齐次递推数列,方程 $r^2=pr+q$ 称为这个递推数列的特征方程,特征方程的根称为递推数列的特征根.

(2) 通项公式:

(a) 若特征方程 $r^2=pr+q$ 有两个不相等的根 r_1, r_2,则 $a_n=c_1r_1^n+c_2r_2^n$,其中常数 c_1, c_2 由初始值 $a_1=a, a_2=b$ 通过解下列方程组唯一确定:

$$\begin{cases} c_1r_1+c_2r_2=a, \\ c_1r_1^2+c_2r_2^2=b. \end{cases}$$

(b) 若特征方程 $r^2=pr+q$ 有两个相等的根 $r_1=r_2$,则 $a_n=c_1r_1^n+c_2nr_1^n$,其中常数 c_1, c_2 由初始值 $a_1=a, a_2=b$ 通过解下列方程组唯一确定:

$$\begin{cases} c_1r_1+c_2r_1=a, \\ c_1r_1^2+c_2\cdot 2\cdot r_2^2=b. \end{cases}$$

例 4 (1993 年全国高中联赛题) 设正整数列 $a_0, a_1, a_2, \cdots$ 满足 $a_0=a_1=1$ 且 $\sqrt{a_n\cdot a_{n-2}}-\sqrt{a_{n-1}\cdot a_{n-2}}=2a_{n-1}(n=2,3,\cdots)$,求该数列的通项公式.

解 因为原递推关系两边除以 $\sqrt{a_{n-1}a_{n-2}}$ 可得

$$\sqrt{\dfrac{a_n}{a_{n-1}}}-1=2\sqrt{\dfrac{a_{n-1}}{a_{n-2}}}(n\geq 2).$$

令 $b_n=\sqrt{\dfrac{a_n}{a_{n-1}}}$,则 $b_1=1$,且 $b_n-1=2b_{n-1}(n\geq 2)$,即 $b_n+1=2(b_{n-1}+1)$,故 b_n+1 是以

$b_1+1=2$ 为首项,$q=2$ 为公比的等比数列,所以
$$b_{n+1}+1=2 \cdot 2^{n-1}=2^n, b_n=2^n-1,$$

即 $\dfrac{a_n}{a_{n-1}}=b_n^2=(2^n-1)^2$,所以

$$a_n=\dfrac{a_n}{a_{n-1}} \cdot \dfrac{a_{n-1}}{a_{n-2}} \cdots \dfrac{a_1}{a_0} \cdot a_0=(2^n-1)^2(2^{n-1}-1)^2\cdots(2^1-1)^2.$$

例 5 (《中等数学》2003 年第 3 期数学奥林匹克训练题) 已知 $x_0=1, x_1=3, x_{n+1}=6x_n-x_{n-1}(n \in \mathbf{N}_+)$,求证:数列 $\{x_n\}(n \geqslant 1)$ 中无完全平方数.

证明 特征方程 $r^2=6r-1$ 的根为 $r_{1,2}=3 \pm 2\sqrt{2}$,故 $x_n=c_1(3+2\sqrt{2})^n+c_2(3-2\sqrt{2})^n$. 由 $x_0=1, x_1=3$,得
$$\begin{cases} c_1+c_2=1, \\ c_1(3+2\sqrt{2})+c_2(3-2\sqrt{2})=3, \end{cases}$$

解得 $c_1=c_2=\dfrac{1}{2}$,所以 $x_n=\dfrac{1}{2}[(3+2\sqrt{2})^n+(3-2\sqrt{2})^n]$.

令 $y_n=\dfrac{1}{2\sqrt{2}}[(3+2\sqrt{2})^n-(3-2\sqrt{2})^n]$,则 $y_n \in \mathbf{N}$,且 $x_n^2-2y_n^2=1$.

因此,要证 $x_n(n \geqslant 1)$ 非平方数,只需证明方程 $x^4-2y^2=1$ ①
无正整数解 (x,y),其中 $x \geqslant 3$.

由方程 ① 知 x 为奇数,故 $8 \mid (x^4-1)$,所以 y 为偶数.不妨设 $y=2y_1(y_1 \in \mathbf{N}_+)$,则
$$\dfrac{x^2+1}{2} \cdot \dfrac{x^2-1}{2}=2y_1^2. \qquad ②$$

又 $\left(\dfrac{x^2+1}{2}, \dfrac{x^2-1}{2}\right)=\left(\dfrac{x^2+1}{2}, 1\right)=1$,故由 ② 得

$$\begin{cases} \dfrac{x^2+1}{2}=2s^2 \\ \dfrac{x^2-1}{2}=t^2 \end{cases} \text{或} \begin{cases} \dfrac{x^2+1}{2}=s^2 \\ \dfrac{x^2-1}{2}=2t^2 \end{cases} (s,t \in \mathbf{N}_+ \text{且} s,t \text{互素}).$$

若为前者,$x^2=4s^2-1 \equiv 3 \pmod 4$,矛盾!

若为后者,$x^2-1=4t^2, (x+2t)(x-2t)=1$,于是
$$\begin{cases} x+2t=1, \\ x-2t=1, \end{cases}$$

解得 $x=1$ 且 $t=0$,矛盾. 故 $x_n(n \in \mathbf{N}_+)$ 不是完全平方数.

【基本问题与求解方法】

1. 求数列的通项与各项的和
(1) 换元方法

例 6 (1986 年联邦德国数学奥林匹克题) 已知 $a_1=1, a_{n+1}=\dfrac{1}{16}(1+4a_n+\sqrt{1+24a_n})(n \geqslant 1)$,求 a_n.

解 为了使递推关系不含根号,我们自然令 $b_n = \sqrt{1+24a_n}$,即 $a_n = \frac{1}{24}(b_n^2-1)$,代入原递推关系得 $\frac{1}{24}(b_{n+1}^2-1) = \frac{1}{16}[1+4\times\frac{1}{24}(b_n^2-1)+b_n]$,即 $(2b_{n+1})^2 = (b_n+3)^2$.因 $b_n > 0$,故有 $2b_{n+1} = b_n+3$,即 $b_{n+1} = \frac{1}{2}b_n+\frac{3}{2}$.令 $x = \frac{1}{2}x+\frac{3}{2}$(即 $x=3$),两式相减得 $b_{n+1}-x = \frac{1}{2}(b_n-x)$,即 $b_{n+1}-3 = \frac{1}{2}(b_n-3)$.可见 b_n-3 是首项为 $b_1-3 = \sqrt{1+24a_1}-3 = 5-3 = 2$,公比为 $\frac{1}{2}$ 的等比数列,所以

$$b_n - 3 = 2 \cdot \left(\frac{1}{2}\right)^{n-1}, b_n = 2^{2-n}+3.$$

于是 $a_n = \frac{1}{24}(b_n^2-1)$

$$= \frac{1}{24}[(2^{2-n}+3)^2-1] = (2^{2n-1}+3\cdot 2^{n-1}+1)/(3\cdot 2^{2n-1}) (n\in \mathbf{N}_+).$$

例7 已知 $a_1 = 1, a_n = \frac{2}{3}a_{n-1}+n^2-15 (n\geq 2)$,求 a_n.

解 引入待定常数 a,b,c 使

$$a_n + (an^2+bn+c) = \frac{2}{3}\{a_{n-1}+[a(n-1)^2+b(n-1)+c]\},整理后,有$$

$$a_n = \frac{2}{3}a_{n-1}+\left(-\frac{1}{3}a\right)n^2+\left(-\frac{4}{3}a-\frac{1}{3}b\right)n+\frac{2}{3}a-\frac{2}{3}b-\frac{1}{3}c,与 a_n = \frac{2}{3}a_{n-1}+n^2-15 比较系数得$$

$$\begin{cases} -\frac{1}{3}a = 1, \\ -\frac{4}{3}a-\frac{1}{3}b = 0, \\ \frac{2}{3}a-\frac{2}{3}b-\frac{1}{3}c = -15, \end{cases} \quad 所以 \begin{cases} a = -3, \\ b = 12, \\ c = 15. \end{cases}$$

故 $a_n - 3n^2+12n+15 = \frac{2}{3}[a_{n-1}-3(n-1)^2+12(n-1)+15]$.

可见 $b_n = a_n - 3n^2+12n+15$ 是以 $b_1 = a_1-3+12+15 = 25$ 为首项,公比为 $\frac{2}{3}$ 的等比数列,所以 $b_n = 25\cdot\left(\frac{2}{3}\right)^{n-1}$,由此可得

$$a_n = 25\left(\frac{2}{3}\right)^{n-1}+3n^2-12n-15.$$

例8 (1990年全国高中联赛题) $n^2 (n\geq 4)$ 个正数排成 n 行 n 列

$a_{11} a_{12} a_{13} a_{14} \cdots a_{1n}$

$a_{21} a_{22} a_{23} a_{24} \cdots a_{2n}$

$a_{31} a_{32} a_{33} a_{34} \cdots a_{3n}$

$$a_{41}a_{42}a_{43}a_{44}\cdots a_{4n}$$
$$\cdots$$
$$a_{n1}a_{n2}a_{n3}a_{n4}\cdots a_{nn}$$

其中每一行的数成等差数列,每列的数成等比数列,并且所有公比相等. 已知 $a_{24}=1, a_{42}=\dfrac{1}{8}, a_{43}=\dfrac{3}{16}$,求 $a_{11}+a_{22}+\cdots+a_{nn}$.

解 设第一行等差数列的公差为 d,每列等比数列的公比为 q,则第 k 行等差数列的公差为 $d\cdot q^{k-1}$,故

$$\begin{cases} a_{24}=a_{14}q=(a_{11}+3d)q=1, \\ a_{42}=a_{12}q^3=(a_{11}+d)q^3=\dfrac{1}{8}, \\ a_{43}=a_{13}q^3=(a_{11}+2d)q^3=\dfrac{3}{16}. \end{cases}$$

联立解得 $a_{11}=d=q=\dfrac{1}{2}$,故

$$a_{kk}=a_{1k}q^{k-1}=[a_{11}+(k-1)d]q^{k-1}=\left[\dfrac{1}{2}+(k-1)\dfrac{1}{2}\right]\left(\dfrac{1}{2}\right)^{k-1}=\dfrac{k}{2^k}.$$

记 $S_n=a_{11}+a_{22}+\cdots+a_{nn}=\dfrac{1}{2}+\dfrac{2}{2^2}+\dfrac{3}{2^3}+\cdots+\dfrac{n}{2^n}$,则

$$S_n=2S_n-S_n=\left(1+\dfrac{2}{2}+\dfrac{3}{2^2}+\cdots+\dfrac{n}{2^{n-1}}\right)-\left(\dfrac{1}{2}+\dfrac{3}{2^2}+\cdots+\dfrac{n}{2^n}\right)$$

$$=1+\dfrac{1}{2}+\dfrac{1}{2^2}+\cdots+\dfrac{1}{2^{n-1}}-\dfrac{n}{2^n}=\dfrac{1-\dfrac{1}{2^n}}{1-\dfrac{1}{2}}-\dfrac{n}{2^n}$$

$$=2-\dfrac{1}{2^{n-1}}-\dfrac{n}{2^n}.$$

(2) 特征根法

例 9 已知 $a_1=a_2=1, a_n=\dfrac{a_{n-1}^2+2}{a_{n-2}}(n\geqslant 3)$,求 a_n.

解法 1 我们只要能找出常数 p,q 使 $a_n=pa_{n-1}+qa_{n-2}$,那么就可用特征根法求出 a_n 的表达式. 由 $a_1=a_2=1, a_3=\dfrac{a_2^2+2}{a_1}=3, a_4=\dfrac{a_3^2+2}{a_2}=11$ 得

$$\begin{cases} p+q=3, \\ 3p+q=11, \end{cases} \text{所以} \begin{cases} p=4, \\ q=-1, \end{cases}$$

即 $a_n=4a_{n-1}-a_{n-2}(n\geqslant 3)$. 下面用归纳法证明这一结论.

因为 $a_1=a_2=1, a_3=3$,所以 $a_3=4a_2-a_1$. 设 $a_k=4a_{k-1}-a_{k-2}(k\geqslant 3)$,那么

$$a_{k+1}=\dfrac{a_k^2+2}{a_{k-1}}=\dfrac{a_k(4a_{k-1}-a_{k-2})+2}{a_{k-1}}=4a_k-\dfrac{a_ka_{k-2}-2}{a_{k-1}}$$

$$=4a_k-\dfrac{1}{a_{k-1}}\left[\left(\dfrac{a_{k-1}^2+2}{a_{k-2}}\right)a_{k-2}-2\right]=4a_k-a_{k-1}.$$

这就证明了对一切 $n \geq 3$，有
$$a_n = 4a_{n-1} - a_{n-2}.\quad ①$$

因特征方程 $r^2 = 4r - 1$ 的根为 $r_{1,2} = 2 \pm \sqrt{3}$，故 $a_n = c_1(2+\sqrt{3})^n + c_2(2-\sqrt{3})^n$，补充定义 a_0 满足 $a_2 = 4a_1 - a_0$，即 $a_0 = 4a_1 - a_2 = 3$，由 $a_0 = 3, a_1 = 1$ 得
$$\begin{cases} c_1 + c_2 = 3, \\ c_1(2+\sqrt{3}) + c_2(2-\sqrt{3}) = 1, \end{cases}$$
解出 $c_1 = \dfrac{-5+3\sqrt{3}}{2\sqrt{3}}, c_2 = \dfrac{5+3\sqrt{3}}{2\sqrt{3}}$，从而
$$a_n = \dfrac{1}{2\sqrt{3}}[(-5+3\sqrt{3})(2+\sqrt{3})^n + (5+3\sqrt{3})(2-\sqrt{3})^n].$$

解法2 原递推关系可化为 $a_n a_{n-2} = a_{n-1}^2 + 2$.
上式中 n 用 $n+1$ 代替得 $a_{n+1}a_{n-1} = a_n^2 + 2$.
两式相减得 $a_{n+1}a_{n-1} - a_n a_{n-2} = a_n^2 - a_{n-1}^2$，
即 $\dfrac{a_{n+1} + a_{n-1}}{a_n} = \dfrac{a_n + a_{n-2}}{a_{n-1}}$.

令 $b_n = \dfrac{a_n + a_{n-2}}{a_{n-1}} (n \geq 3)$，则 $b_n = b_{n-1} = \cdots = b_3 = \dfrac{a_3 + a_1}{a_2} = 4$，

所以 $\dfrac{a_n + a_{n-2}}{a_{n-1}} = 4$，即 $a_n = 4a_{n-1} - a_{n-2}$，下同解法一.

注 顺便指出，利用 ① 不难用数学归纳法证明对一切 $n \in \mathbf{N}_+, a_n$ 为正奇数.

例10 已知 $x_1 = 1, x_{n+1} = \dfrac{1}{4}(5x_n + \sqrt{9x_n^2 + 16})$，求 x_n.

解 原递推关系移项后两边平方整理得
$$2x_{n+1}^2 - 5x_{n+1}x_n + 2x_n^2 - 2 = 0. \quad ①$$
上式中 $n+1$ 用 $n-1$ 代替后得
$$2x_{n-1}^2 - 5x_{n-1}x_n + 2x_n^2 - 2 = 0. \quad ②$$
由 ① 及 ② 知 x_{n-1}, x_{n+1}（由已知条件易知 $x_{n+1} > x_n > 0$）是下列一元二次方程 $2z^2 - (5x_n)z + (2x_n^2 - 2) = 0$ 的两个不相等的根，故由韦达定理得
$$x_{n+1} + x_{n-1} = \dfrac{5}{2}x_n (n \geq 2), \quad ③$$
且 $x_1 = 1, x_2 = \dfrac{1}{4}(5x_1 + \sqrt{9x_1^2 + 16}) = \dfrac{5}{2}$. 因 ③ 的特征方程 $r^2 - \dfrac{5}{2}r + 1 = 0$ 的两个根为 $\lambda_1 = 2, \lambda_2 = \dfrac{1}{2}$，所以 $x_n = c_1 \cdot 2^n + c_2 (\dfrac{1}{2})^n$.

由 $x_1 = 1, x_2 = \dfrac{5}{2}$，得 $\begin{cases} 2c_1 + \dfrac{1}{2}c_2 = 1, \\ 4c_1 + \dfrac{1}{4}c_2 = \dfrac{5}{2}, \end{cases}$

解出 $c_1 = \frac{2}{3}, c_2 = -\frac{2}{3}$，所以，$x_n = \frac{2}{3}(2^n - 2^{-n})$.

注 从例 4、例 5 可以看出，有时用待定系数法（结合数学归纳法）、代换方法或利用韦达定理等方法，将一个较复杂的递推关系化为一个二次常系数齐次递推关系，从而可利用特征根法求出其通项公式.

(3) 不动点方法

若 $f(x_0) = x_0$，则称 x_0 为函数 $f(x)$ 的不动点. 对于递推数列 $a_0 = a, a_n = f(a_{n-1})$ $(n \geq 2)$，有时利用 $f(x)$ 的不动点，可将递推关系 $a_n = f(a_{n-1})$ 化简，从而达到求出通项 a_n 的目的.

例 11 求下列递推数列的通项：

(1) $a_1 = \frac{1}{2}, a_{n+1} = \frac{a_n + 3}{2a_n - 4}(n \geq 1)$;

(2) $a_1 = 5, a_{n+1} = \frac{a_n - 4}{a_n - 3}(n \geq 1)$.

解 (1) $a_{n+1} = f(a_n) = \frac{a_n + 3}{2a_n - 4}$，其中 $f(x) = \frac{x+3}{2x-4}$. 解方程 $f(x) = x$，即 $\frac{x+3}{2x-4} = x, 2x^2 - 5x - 3 = 0$ 知 $f(x)$ 有两个不动点 $x_1 = -\frac{1}{2}, x_2 = 3$，于是

$$a_{n+1} - \left(-\frac{1}{2}\right) = \frac{a_n + 3}{2a_n - 4} - \left(-\frac{1}{2}\right) = \frac{2\left(a_n + \frac{1}{2}\right)}{2a_n - 4}, \quad ①$$

$$a_{n+1} - 3 = \frac{a_n + 3}{2a_n - 4} - 3 = \frac{-5(a_n - 3)}{2a_n - 4}. \quad ②$$

因为 $a_n \neq 3$（否则由 ② 可推出 $a_1 = 3 \neq \frac{1}{2}$，矛盾），故由 ①÷② 得

$$\frac{a_{n+1} + \frac{1}{2}}{a_{n+1} - 3} = \left(-\frac{2}{5}\right)\left(\frac{a_n + \frac{1}{2}}{a_{n+1} - 3}\right).$$

令 $y_n = \frac{a_n + \frac{1}{2}}{a_n - 3}$，则 y_n 是以 $y_1 = \frac{a_1 + \frac{1}{2}}{a_1 - 3} = -\frac{2}{5}$ 为首项，$-\frac{2}{5}$ 为公比的等比数列，于是

$y_n = -\frac{2}{5}\left(-\frac{2}{5}\right)^{n-1}$，即 $\frac{a_n + \frac{1}{2}}{a_n - 3} = \left(-\frac{2}{5}\right)^n$，

解得 $a_n = \frac{-5^n + (-1)^{n-1} 3 \cdot 2^{n+1}}{2 \cdot 5^n + (-1)^{n-1} \cdot 2^{n+1}}$.

(2) $a_{n+1} = f(a_n) = \frac{a_n - 4}{a_n - 3}$，其中 $f(x) = \frac{x-4}{x-3}$，解方程 $f(x) = x$，即 $\frac{x-4}{x-3} = x$，$x^2 - 4x + 4 = 0$ 知 $f(x)$ 只有唯一不动点 $x_0 = 2$，于是

$$a_{n+1} - 2 = \frac{a_n - 4}{a_n - 3} - 2 = \frac{-a_n + 2}{a_n - 3}. \quad ③$$

因 $a_n \neq 2$ (否则由 ③ 可推出 $a_1 = 2 \neq 5$ 矛盾),所以
$$\frac{1}{a_{n+1}-2} = \frac{-a_n+3}{a_n-2} = -1 + \frac{1}{a_n-2},$$
故 $\frac{1}{a_n-2}$ 是以 $\frac{1}{a_1-2} = \frac{1}{3}$ 为首项, $d=-1$ 为公差的等差数列,所以
$$\frac{1}{a_n-2} = \frac{1}{3} + (n-1)(-1) = \frac{4}{3} - n = \frac{4-3n}{3},$$
由此解得 $a_n = \frac{3}{4-3n} + 2 = \frac{6n-11}{3n-4}$.

注 一般可证明下列结论(证明留给读者自己完成):

定理 对于分式线性递推数列 $a_1 = a, a_{n+1} = f(a_n) = \frac{ba_n+c}{da_n+e}(d \neq 0, be-dc \neq 0)$, 其中 $f(x) = \frac{bx+c}{dx+e}$, 且 $f(a) \neq a$.

(i) 若 $f(x)$ 有两个不相等的不动点 α, β, 则 $\frac{a_n-\alpha}{a_n-\beta}$ 是以 $\frac{a_1-\alpha}{a_1-\beta}$ 为首项, $\frac{a-c\alpha}{a-c\beta}$ 为公比的等比数列.

(ii) 若 $f(x)$ 只有唯一不动点 α, 则 $\frac{1}{a_n-\alpha}$ 是以 $\frac{1}{a_1-\alpha}$ 为首项, $\frac{2d}{b+e}$ 为公差的等差数列.

例12 已知 $x_1 = 1, x_{n+1} = \sqrt{2x_n^4 + 6x_n^2 + 3}(n \geq 1)$, 求 x_n.

解 $\{x_n\}$ 的递推关系可化为 $x_{n+1}^2 = 2x_n^4 + 6x_n^2 + 3$.

令 $y_n = x_n^2$, 则 $y_1 = 1, y_{n+1} = 2y_n^2 + 6y_n + 3 = f(x_n)$, 其中 $f(x) = 2x^2 + 6x + 3$, 解方程 $f(x) = x$, 即 $2x^2 + 5x + 3 = 0$, 得 $f(x)$ 的两个不动点 $\alpha = -\frac{3}{2}, \beta = -1$.

$$y_{n+1} - \left(-\frac{3}{2}\right) = 2y_n^2 + 6y_n + \frac{9}{2} = 2\left[y_n - \left(-\frac{3}{2}\right)\right]^2.$$

于是 $y_n + \frac{3}{2} = 2\left(y_{n-1} + \frac{3}{2}\right)^2 = 2 \cdot \left[2\left(y_{n-2} + \frac{3}{2}\right)^2\right]^2 = 2^{1+2}\left(y_{n-2} + \frac{3}{2}\right)^{2^2}$
$$= \cdots = 2^{1+2+\cdots+2^{n-2}}\left(y_1 + \frac{3}{2}\right)^{2^{n-1}} = 2^{2^{n-1}-1}\left(\frac{5}{2}\right)^{2^{n-1}} = \frac{1}{2} \cdot 5^{2^{n-1}},$$

且由数学归纳法易证 $x_n > 0$, 所以
$$x_n = \sqrt{y_n} = \sqrt{\frac{1}{2}(5^{2^{n-1}} - 3)}.$$

注 一般可以证明:如果 $\alpha = -\frac{b}{2a}$ 恰是 $f(x) = ax^2 + bx + c(a \neq 0)$ 的一个不动点, 那么递推关系 $x_{n+1} = ax_n^2 + bx_n + c$ 可化为 $x_{n+1} - \alpha = a(x_n - \alpha)^2$.

(4) 数学归纳法

例13 (2013年全国高中联赛题)给定正数数列 $\{x_n\}$ 满足 $S_n \geq 2S_{n-1}(n = 2, 3, \cdots)$, 其中, $S_n = x_1 + x_2 + \cdots + x_n$. 证明:存在常数 $C > 0$, 使得 $x_n \geq 2^n C(n = 1, 2, \cdots)$.

解 当 $n \geq 2$ 时,

$S_n \geq 2S_{n-1} \Leftrightarrow x_n \geq x_1 + x_2 + \cdots + x_{n-1}.$ ①

对常数 $C = \dfrac{1}{4}x_1$, 接下来用数学归纳法证明:

$x_n \geq 2^n C (n = 1, 2, \cdots).$ ②

当 $n = 1$ 时, 结论显然成立.

又 $x_2 \geq x_1 = 2^2 C.$

对 $n \geq 3$, 假设 $x_k \geq 2^k C(k = 1, 2, \cdots, n-1)$. 则由式 ① 知

$$x_n \geq x_1 + (x_2 + x_3 + \cdots + x_{n-1})$$
$$\geq x_1 + (2^2 C + 2^3 C + \cdots 2^{n-1} C)$$
$$= (2^2 + 2^2 + 2^3 + \cdots 2^{n-1})C = 2^n C.$$

于是, 由数学归纳法, 知式 ② 成立.

例 14　(加拿大第 8 届数学奥林匹克题) 设 $a_0 = 1, a_1 = 2$, 且 $n(n+1)a_{n+1} = n(n-1)a_n - (n-2)a_{n-1}, n = 1, 2, \cdots$. 求 $\dfrac{a_0}{a_1} + \dfrac{a_1}{a_2} + \dfrac{a_2}{a_3} + \cdots + \dfrac{a_{50}}{a_{51}}.$

解　依题目条件, 有 $a_0 = 1, a_1 = 2,$

$$a_{n+1} = \dfrac{n-1}{n+1}a_n - \dfrac{n-2}{n(n+1)}a_{n-1}(n = 1, 2, \cdots).$$ ①

依次算出这个数列前面若干项:

$$a_2 = \dfrac{1}{2} = \dfrac{1}{2!}, a_3 = \dfrac{1}{6} = \dfrac{1}{3!}, a_4 = \dfrac{1}{24} = \dfrac{1}{4!}, \cdots$$

于是, 我们猜想 $a_n = \dfrac{1}{n!}(n \geq 2)$. 事实上, $a_2 = \dfrac{1}{2!}$, 设 $n \leq k(k \geq 2)$ 时, $a_n = \dfrac{1}{n!}$, 那么由 ① 有

$$a_{n+1} = \dfrac{n-1}{n+1} \cdot \dfrac{1}{n!} - \dfrac{(n-2)}{n(n+1)} \cdot \dfrac{1}{(n-1)!} = \dfrac{(n-1)-(n-2)}{(n+1)!} = \dfrac{1}{(n+1)!}.$$

这就证明了对一切 $n \geq 2, a_n = \dfrac{1}{n!}$, 于是

$$\dfrac{a_0}{a_1} + \dfrac{a_1}{a_2} + \dfrac{a_2}{a_3} + \cdots + \dfrac{a_{50}}{a_{51}} = \dfrac{1}{2} + 4 + 3 + 4 + 5 + 6 + \cdots + 51 = 1327\dfrac{1}{2}.$$

(5) 利用下列公式

公式 I　$a_n = a_m + \sum\limits_{k=m+1}^{n}(a_k - a_{k-1})(n \geq m).$

公式 II　当 $a_k \neq 0$ 时, $a_n = \dfrac{a_n}{a_{n-1}} \cdot \dfrac{a_{n-1}}{a_{n-2}} \cdot \cdots \cdot \dfrac{a_{m+1}}{a_m} \cdot a_m (n \geq m).$

例 15　(2002—2003 年芬兰高中数学竞赛题) 设数列 $\{x_n\}$ 满足 $x_1 = \dfrac{1}{3}$ 且 $x_{k+1} = x_k + x_k^2, k = 1, 2, \cdots$ 则 $\dfrac{1}{x_1 + 1} + \dfrac{1}{x_2 + 1} + \cdots + \dfrac{1}{x_{2002} + 1}$ 的值在哪两个相邻整数之间?

解　由递推关系用归纳法易证 $0 < x_k < x_{k+1}, k = 1, 2, \cdots$ 且由 $x_{k+1} = x_k + x_k^2$ 可得

75

$$\frac{1}{x_{k+1}} = \frac{1}{x_k} - \frac{1}{x_k+1}.$$

从而 $\sum_{k=1}^{2002} \frac{1}{x_k+1} = \sum_{k=1}^{2002} \left(\frac{1}{x_k} - \frac{1}{x_{k+1}}\right) = \frac{1}{x_1} - \frac{1}{x_{2003}}.$

再由 $x_1 = \frac{1}{3}, x_2 = \frac{2}{3}, x_3 = \frac{2}{3} + \frac{4}{9} = \frac{10}{9} > 1, x_{2003} > x_3 > 1,$ 知 $2 < \frac{1}{x_1} - \frac{1}{x_{2003}} < 3,$

所以 $\frac{1}{x_1+1} + \frac{1}{x_2+1} + \cdots + \frac{1}{x_{2002}+1}$ 的值在 2 与 3 之间.

例 16 （加拿大第 7 届数学奥林匹克题）已知数列 $\{a_n\}$ 满足 $a_1 = \frac{1}{2}, a_1 + a_2 + \cdots + a_n = n^2 a_n, n \geq 1.$ 求 $\{a_n\}$ 的通项公式.

解 当 $n \geq 2$ 时,由 $a_1 + a_2 + \cdots + a_n = n^2 a_n, a_1 + a_2 + \cdots + a_{n-1} = (n-1)^2 a_{n-1},$ 两式相减得 $a_n = n^2 a_n - (n-1)^2 a_{n-1}.$

由此可得 $\frac{a_n}{a_{n-1}} = \frac{n-1}{n+1} (n = 2, 3, \cdots),$ 所以

$$a_n = \frac{a_n}{a_{n-1}} \cdot \frac{a_{n-1}}{a_{n-2}} \cdots \frac{a_2}{a_1} \cdot a_1 = \frac{n-1}{n+1} \cdot \frac{n-2}{n} \cdot \frac{n-3}{n-1} \cdots \frac{1}{3} \cdot \frac{1}{2} = \frac{1}{n(n+1)}.$$

(6) 母函数方法

给定无穷数列 $a_0, a_1, a_2, \cdots, a_n, \cdots$ 形式上构造幂级数

$$f(x) = a_0 + a_1 x + a_2 x^2 + \cdots + a_n x^n + \cdots \xlongequal{\text{记}} \sum_{n=0}^{\infty} a_n x^n,$$

则称 $f(x)$ 为数列 $\{a_n\}$ 的母函数.

母函数为求数列 $\{a_n\}$ 的通项提供了一种方法,即从数列 $\{a_n\}$ 的递推关系出发构造出它的母函数 $f(x)$,然后把 $f(x)$ 展开成幂级数,其中 x^n 的系数便是欲求的 a_n. 在应用母函数方法时,我们要用到下列公式:

公式 I（无穷递缩等比数列求和公式）

$$\frac{1}{1-x} = \sum_{n=0}^{\infty} x^n = 1 + x + x^2 + \cdots + x^n + \cdots (|x| < 1).$$

公式 II $(1-x)^{-k} = \sum_{n=0}^{\infty} C_{n+k-1}^{k-1} x^n$
$$= 1 + C_k^{k-1} x + C_{k+1}^{k-1} x^2 + \cdots + C_{n+k-1}^{k-1} x^n + \cdots (|x| < 1).$$

公式 II 可由公式 I 两边连续求 $k-1$ 阶导数后除以 $(k-1)!$ 而得到.

例 17 求斐波那奇数列 $a_0 = 1, a_1 = 1, a_{n+2} = a_{n+1} + a_n (n \geq 1)$ 的通项公式.

解 设 $f(x) = a_0 + a_1 x + a_2 x^2 + \cdots + a_{n+2} x^{n+2} + \cdots$

则 $-x f(x) = -a_0 x - a_1 x^2 - \cdots - a_{n+1} x^{n+2} - \cdots$

$-x^2 f(x) = -a_0 x^2 - \cdots - a_n x^{n+2} - \cdots$

以上三式相加并利用 $a_{n+2} - a_{n+1} - a_n = 0, a_0 = a_1 = 1$ 得

$(1 - x - x^2) f(x) = 1,$

即 $f(x) = \dfrac{1}{1-x-x^2} = \dfrac{1}{(1-\alpha x)(1-\beta x)}$,

其中 $\alpha = \dfrac{1+\sqrt{5}}{2}, \beta = \dfrac{1-\sqrt{5}}{2}$,于是

$$f(x) = \dfrac{1}{\alpha-\beta}\left(\dfrac{\alpha}{1-\alpha x} - \dfrac{\beta}{1-\beta x}\right) = \dfrac{1}{\alpha-\beta}\left(\alpha\sum_{n=0}^{\infty}\alpha^n x^n - \beta\sum_{n=0}^{\infty}\beta^n x^n\right)$$

$$= \dfrac{1}{\alpha-\beta}\sum_{n=0}^{\infty}(\alpha^{n+1}-\beta^{n+1})x^n,$$

所以 $a_n = \dfrac{1}{\alpha-\beta}(\alpha^{n+1}-\beta^{n+1}) = \dfrac{1}{\sqrt{5}}\left[\left(\dfrac{1+\sqrt{5}}{2}\right)^{n+1} - \left(\dfrac{1-\sqrt{5}}{2}\right)^{n+1}\right].$

例18 已知 $a_0 = -1, a_1 = 1, a_n = 2a_{n-1} + 3a_{n-2} + 3^n (n \geqslant 2)$,求 a_n.

解 设 $f(x) = a_0 + a_1 x + a_2 x^2 + \cdots + a_n x^n + \cdots$

则 $-2xf(x) = -2a_0 x - 2a_1 x^2 - \cdots - 2a_{n-1}x^n - \cdots$

$-3x^2 f(x) = -3a_0 x^2 - \cdots - 3a_{n-2}x^n - \cdots$

$-\dfrac{1}{1-3x} = -1 - 3x - 3^2 x^2 - \cdots - 3^n x^n - \cdots$

以上四式相加,并利用已知条件得

$$(1-2x-3x^2)f(x) - \dfrac{1}{1-3x} = -2,$$

$$f(x) = \dfrac{6x-1}{(1+x)(1-3x)^2} = \dfrac{A}{1+x} + \dfrac{B}{1-3x} + \dfrac{C}{(1-3x)^2}.$$

则 $A = f(x)(1+x)|_{x=-1} = -\dfrac{7}{16}, C = f(x)(1-3x)^2|_{x=\frac{1}{3}} = \dfrac{3}{4}$,

$$0 = \lim_{x\to\infty}xf(x) = \lim_{x\to\infty}\left[\dfrac{Ax}{1+x} + \dfrac{Bx}{1-3x} + \dfrac{Cx}{(1-3x)^2}\right] = A - \dfrac{1}{3}B,$$

所以 $B = 3A = -\dfrac{21}{16}$,于是

$$f(x) = -\dfrac{7}{16(1+x)} - \dfrac{21}{16(1-3x)} + \dfrac{3}{4(1-3x)^2}$$

$$= -\dfrac{7}{16}\sum_{n=0}^{\infty}(-1)^n x^n - \dfrac{21}{16}\sum_{n=0}^{\infty}3^n x^n + \dfrac{3}{4}\sum_{n=0}^{\infty}C_{n+1}^1 3^n x^n$$

$$= \sum_{n=0}^{\infty}\left[\dfrac{(4n-3)\cdot 3^{n+1} - (-1)^n \cdot 7}{16}\right]x^n,$$

故 $a_n = \dfrac{1}{16}[(4n-3)\cdot 3^{n+1} - (-1)^n \cdot 7].$

2. 证明数列通项的性质

(1) 建立整除递推关系或同余递推关系

例19 已知 $a_1 = 1, a_2 = 2, a_{n+2} = \begin{cases} 5a_{n+1} - 3a_n & (a_{n+1}, a_n \text{ 为奇数}), \\ a_{n+1} - a_n & (a_{n+1}, a_n \text{ 为偶数}). \end{cases}$

解 直接计算可得下表,其中 r_n 为 a_n 除以 3 的余数.

n	1	2	3	4	5	6	7	8	9	10	...
a_n	1	2	7	29	22	23	49	26	-17	-163	...
r_n	1	2	1	2	1	2	1	2	1	2	...

从上表中可得出下列结论：

(1) $a_n + a_{n-1} \equiv 0 \pmod 3$；(2) $a_{n+2} \equiv a_n \pmod 3$；(3) $a_{2n-1} \equiv 1 \pmod 3, a_{2n} \equiv 2 \pmod 3$.

我们首先用数学归纳法证明(1)，从而推出(2)和(3).

$n = 1$ 时，$a_1 + a_2 = 1 + 2 = 3 \equiv 0 \pmod 3$，结论成立.

设 $a_k + a_{k+1} \equiv 0 \pmod 3$. 若 $a_k \cdot a_{k+1}$ 为偶数，则

$$a_{k+1} + a_{k+2} = a_{k+1} + (5a_{k+1} - 3a_k) = 3(2a_{k+1} - a_k) \equiv 0 \pmod 3.$$

若 $a_k \cdot a_{k+1}$ 为奇数，则由归纳假设有

$$a_{k+1} + a_{k+2} = a_{k+1} + (a_{k+1} - a_k) = 3a_{k+1} - (a_{k+1} + a_k) \equiv 0 \pmod 3,$$

总有 $a_{k+1} + a_{k+2} \equiv 0 \pmod 3$，这就证明了(1)成立. 从而 $a_{n+2} \equiv -a_{n+1} \equiv a_n \pmod 3$，即 $\{a_n \pmod 3\}$ 是周期为 2 的周期数列，故

$$a_{2n-1} \equiv a_1 \equiv 1, a_{2n} \equiv a_2 \equiv 2 \pmod 3,$$

而 $0 \equiv 0 \pmod 3$，故对一切 $n \in \mathbf{N}$，有 $a_n \neq 0$.

注 如果将数列 $\{a_n\}$ 各项除以 4，我们发现其余数也是周期变化的，即 $1, 2, 3, 1, 2, 3, \cdots$ 并且读者也可用数学归纳法证明这一结论：$a_{3n-2} \equiv 1, a_{3n-1} \equiv 2, a_{3n} \equiv 3 \pmod 4$，从而得到本题的另一个证明.

例20 试证对任何自然数 n，和数 $\sum_{k=0}^{n} 2^{3k} C_{2n+1}^{2k+1}$ 不被 210 整除，并求使和数 $\sum_{k=0}^{n} 2^{3k} C_{2n+1}^{2k+1}$ 被 11 整除的一切正整数.

注 本题根据第 16 届 IMO 题第 3 题改编，原题只要求证明 $\sum_{k=0}^{n} 2^{3k} C_{2n+1}^{2k+1}$ 不被 5 整除.

解 设 $x_n = \sum_{k=0}^{n} 2^{3k} C_{2n+1}^{2k+1} = \frac{1}{\sqrt{8}} \sum_{k=0}^{n} (\sqrt{8})^{2k+1} C_{2n+1}^{2k+1}$，$y_n = \sum_{k=0}^{n} (\sqrt{8})^{2k} C_{2n+1}^{2k}$，则

$$\sqrt{8} x_n + y_n = (\sqrt{8} + 1)^{2n+1},$$
$$\sqrt{8} x_n - y_n = (\sqrt{8} - 1)^{2n-1}.$$

解出 $x_n = \frac{1}{2\sqrt{8}} \left[(\sqrt{8} + 1)^{2n+1} + (\sqrt{8} - 1)^{2n+1} \right]$

$$= \frac{2\sqrt{2} + 1}{4\sqrt{2}} (9 + 4\sqrt{2})^n + \frac{2\sqrt{2} - 1}{4\sqrt{2}} (9 - 4\sqrt{2})^n,$$

其特征根为 $x_{1,2} = 9 \pm 4\sqrt{2}$. 由 $x_1 + x_2 = 18, x_1 x_2 = 49$ 得 $\{x_n\}$ 的特征方程为 $x^2 - 18x + 49 = 0$，可见 $\{x_n\}$ 的递推关系为

$$x_n = 18 x_{n-1} - 49 x_{n-2} \quad (n \geq 2),$$ ①

于是 $6 | x_n \Leftrightarrow 6 | x_{n-2}, 7 | x_n \Leftrightarrow 7 | x_{n-1}$. 又①中 n 用 $n-1$ 代替后得

$$x_{n-1} = 18 x_{n-2} - 49 x_{n-3}.$$ ②

①$+3\times$② 得 $x_n = 15x_{n-1} + 5x_{n-2} - 147x_{n-3}$,

可见 $5\mid x_n \Leftrightarrow 5\mid x_{n-3}$. 而 $x_0 = 1, x_1 = 11, x_2 = 149$, 都不被 5,6,7 中任何一个数整除, 故由数学归纳法知, 对一切自然数 n, x_n 不被 5,6,7 中任何一个数整除, 从而 x_n 不被 $5 \times 6 \times 7 = 210$ 整除.

又 ①$+7\times$② 得 $x_n = 11x_{n-1} + 77x_{n-2} - 343x_{n-3}$,

可见 $11\mid x_n \Leftrightarrow 11\mid x_{n-3}$. 而 $11\nmid x_0, 11\mid x_1, 11\nmid x_2$, 故由数学归纳法知当且仅当 $n \equiv 1 \pmod 3$ 时 x_n 被 11 整除, 即使 x_n 被 11 整除的一切正整数为 $n = 3k+1, k = 0,1,2,\cdots$

例 21 设 a 为方程 $x^3 - 3x^2 + 1 = 0$ 的最大正根, 证明: $[a^{2004}]$ 被 17 整除, 这里 $[\alpha]$ 表示不超过 α 的最大整数.

证明 设 $f(x) = x^3 - 3x^2 + 1 = 0$, 则 $f(-1) = -3 < 0, f(0) = 1 > 0, f(1) = -1 < 0, f(2\sqrt{2}) = 16\sqrt{2} - 23 < 0, f(3) = 1 > 0$, 故 $f(x) = 0$ 有三个实根 a,b,c 满足 $-1 < c < 0, 0 < b < 1, 2\sqrt{2} < a < 3$.

令 $u_n = a^n + b^n + c^n$, 则 $u_0 = 3, u_1 = a+b+c = 3, u_2 = a^2 + b^2 + c^2 = (a+b+c)^2 - 2(ab+bc+ca) = 3^2 - 2\times 0 = 9$, 且 u_n 的特征根为 a,b,c, 故 u_n 的特征方程为 $f(x) = x^3 - 3x^2 + 1 = 0$, 故

$$u_n = 3u_{n-1} - u_{n-3} (n \geq 3). \quad ①$$

由 u_0, u_1, u_2 为整数, 用数学归纳法易证对一切 $n \in \mathbf{N}, u_n$ 为整数.

因为 $a+b+c = 3, 2 < a < 3$, 所以 $0 < b+c < 1$, 从而 $n \geq 2$ 时, $0 < b^n + c^n \leq b^2 + c^2 = 9 - a^2 < 9 - (2\sqrt{2})^2 = 1$, 故 $u_n = [a^n] + 1$.

设 u_n 除以 17 的余数为 r_n, 由 $u_0 = 3, u_1 = 3, u_2 = 9$ 及递推关系 ① 可得下表:

n	0	1	2	3	4	5	6	7	8	9	10	11	12	13	14	15	16	17	18	⋯
r_n	3	3	9	7	1	11	9	9	16	5	6	2	1	14	0	3	3	9	7	⋯

从上表可看出 $u_{16} \equiv u_0, u_{17} \equiv u_1, u_{18} \equiv u_2 \pmod{17}$.

设 $m < n$ 时, $u_{m+16} \equiv u_m \pmod{17}$, 那么由 ① 得

$$u_{n+16} = 3u_{n+15} - u_{n+13} \equiv 3u_{n-1} - u_{n-3} = u_n \pmod{17}.$$

故对一切 $n \in \mathbf{N}, u_{n+16} \equiv u_n \pmod{17}$, 于是

$$[a^{2004}] = u_{2004} - 1 \equiv u_4 - 1 \equiv 1 - 1 = 0 \pmod{17},$$

所以 $[a^{2004}]$ 被 17 整除.

注 若存在正整数 k 和 p 使 $a_{n+k} \equiv a_n \pmod{p}$, 则称 $\{a_n \pmod{p}\}$ 为模周期数列, k 称为这个模周期数列的周期. 例 14 和例 16 表明, 为了研究数列的整除性质, 找出其模周期数列往往是解决问题的关键, 但究竟以哪个整数为模, 则应根据题目中的条件, 作一些试探后才能确定. 例 16 还表明当模确定后, 要找出其周期, 有时还要通过一系列具体计算才能发现. 例 15 还表明, 有时建立整除性的递推关系也能使问题容易得到解决.

(2) 反证法

例 22 (1989 年加拿大国家集训队训练题) 设 $\{a_n\}$ 是无穷正数列, 其中 a_1 可任意取且对于 $n \geq 1$ 有 $a_{n+1}^2 = a_n + 1$, 求证: 存在 n, 使得 a_n 为无理数.

证明 若 $a_2 = a_1$，即 $a_2^2 = a_1 + 1 = a_1^2$，则 $a_1 = \dfrac{1+\sqrt{5}}{2}$ 为无理数，结论成立．

若 $a_1 > \dfrac{1+\sqrt{5}}{2}$，即 $a_1^2 - a_1 - 1 > 0$，则 $a_2^2 = a_1 + 1 < a_1^2$，即 $0 < a_2 < a_1$．设 $0 < a_{k+1} < a_k$，则 $a_{k+2}^2 - a_{k+1}^2 = (a_{k+1}+1) - (a_k+1) = a_{k+1} - a_k < 0$，故 $0 < a_{k+1} < a_k$，所以 $\{a_n\}$ 为严格单调减少有下界的数列．

如果 $\{a_n\}$ 的每一项为有理数，设 $a_1 = \dfrac{b_1}{a}$ (a, b_1 为正整数)，那么

$$a_2 = \sqrt{\dfrac{b_1}{a}+1} = \dfrac{\sqrt{a(b_1+a)}}{a},$$

于是 $a(b_1+a) = b_2^2$ 为完全平方数，且由 $a_2 = \dfrac{b_2}{a} < \dfrac{b_1}{a} = a_1$，$b_2 < b_1$，一般地，若 $a_k = \dfrac{b_k}{a} < a_{k-1} = \dfrac{b_{k-1}}{a}$ (b_{k-1}, b_k 为正整数)，则 $a_{k+1} = \sqrt{\dfrac{b_k}{a}+1} = \dfrac{\sqrt{a(b_k+a)}}{a}$．从而 $a(b_k+1) = b_{k+1}^2$ 为完全平方数，且 $0 < b_{k+1} < b_k$．于是由数学归纳法我们得到一个严格单调有下界的正整数列 $\{b_k\}$，这是不可能的，矛盾．从而 $\{a_n\}$ 必有某些项为无理数．

若 $a_1 < \dfrac{1+\sqrt{5}}{2}$，则 $a_1^2 + a_1 + 1 > a_1^2$，即 $a_2 > a_1$ 且 $a_2 = \sqrt{a_1+1} < \sqrt{\dfrac{1+\sqrt{5}}{2}+1} = \dfrac{1+\sqrt{5}}{2}$，同理可证 $\{a_n\}$ 是严格单调递增有上界 $\dfrac{1+\sqrt{5}}{2}$ 的数，且同理可用反证法证明 $\{a_n\}$ 中必有某些项为无理数．

例23 (1988年联邦德国数学奥林匹克题) 从给定的四个整数 a_1, b_1, c_1, d_1 出发，对一切 $n \in \mathbf{N}_+$，定义 $a_{n+1} = |a_n - b_n|, b_{n+1} = |b_n - c_n|, c_{n+1} = |c_n - d_n|, d_{n+1} = |d_n - a_n|$，求证：存在 $k \in \mathbf{N}_+$，使 $a_k = b_k = c_k = d_k = 0$．

证明 令 $M_n = \max\{|a_n|, |b_n|, |c_n|, |d_n|\}$，则 M_n 是非负整数，且由已知递推关系易知 $M_{n+1} \leqslant M_n, n = 1, 2, \cdots$ 由此可知，存在正整数 k，使得

$$M_k = M_{k+1} = M_{k+2} = \cdots \qquad \text{①}$$

记 $M = M_k$．以下证明 $M = 0$．用反证法．若 $M > 0$，则由于当 $n = k+1$ 时，a_n, b_n, c_n, d_n 均为非负整数，于是由递推关系①可推出 a_n, b_n, c_n, d_n 中至少有一个为 M，且与此数相邻的两个数中 (假设 a_n 与 d_n 也相邻) 至少有一个为 0．由于每次都出现 0，从而 a_n, b_n, c_n, d_n 中至少有两个相邻的数相等 (其差才可能等于0)．对于 $n = k+1$，由循环对称性，可设 $a_{k+1} = M$，由以上证明 $(a_{k+1}, b_{k+1}, c_{k+1}, d_{k+1})$ 只可能有下列六种形式：

$$(M, 0, 0, d), (M, 0, c, c), (M, 0, c, M)(M, M, c, 0)(M, b, b, 0), (M, b, 0, 0),$$

其中 $0 \leqslant b, c, d \leqslant M$．若 $(a_{k+1}, b_{k+1}, c_{k+1}, d_{k+1}) = (M, 0, 0, d)$，

则 $(a_{k+2}, b_{k+2}, c_{k+2}, d_{k+2}) = (M, 0, d, M-d)$．又由于 $(M, 0, d, M-d)$ 中有相邻两数取值相同，则 $d = 0$ 或 $M = 2d$．如果 $d = 0$，那么

$$(a_{k+3}, b_{k+3}, c_{k+3}, d_{k+3}) = (M, 0, M, 0).$$

如果 $M = 2d$，那么 $d > 0$ 且 $(a_{k+3}, b_{k+3}, c_{k+3}, d_{k+3}) = (M, d, 0, d)$．

无论何种情形，$(a_{k+3}, b_{k+3}, c_{k+3}, d_{k+3})$ 中没有相邻的两项的值相同，矛盾.

当 $(a_{k+1}, b_{k+1}, c_{k+1}, d_{k+1})$ 取其他五种形式时，同样也导致矛盾，所以 $M = M_k = 0$，即 $a_k = b_k = c_k = d_k = 0$.

(3) 待定系数法和数学归纳法

例 24 设 $a_1 = 1, a_2 = -1, a_n = -a_{n-1} - 2a_{n-2}(n \geq 3)$. 证明：当 $n \geq 2$ 时 $2^{n+1} - 7a_{n-1}^2$ 是一个完全平方数.

分析 我们只需证明 $n \geq 2$ 时存在整数 $p \geq 0$ 和 q 使 $2^{n+1} - 7a_{n-1}^2 = (pa_n + qa_{n-1})^2$.

证明 设 $2^{n+1} - 7a_{n-1}^2 = (pa_n + qa_{n-1})^2$，$p \geq 0, q$ 为整数. 由 $a_1 = 1, a_2 = -1$，$a_3 = -1, a_4 = 3$ 代入可得 $p = 2, q = 1$. 故我们只需证明 $2^{n+1} - 7a_{n-1}^2 = (2a_n + a_{n-1})^2$ $(n \geq 2)$，即 $a_n^2 + a_n a_{n-1} + 2a_{n-1}^2 = 2^{n-1}(n \geq 2)$.

当 $n = 2$ 时，$a_2^2 + a_2 a_1 + 2a_1^2 = (-1)^2 + 1 \times (-1) + 2 \times 1^2 = 2 = 2^{2-1}$.

设 $n = k$ 时，$a_k^2 + a_k a_{k-1} + 2a_{k-1}^2 = 2^{k-1}$，那么，$n = k+1$ 时，
$$a_{k+1}^2 + a_{k+1} a_k + 2a_k^2 = (-a_k - 2a_{k-1})^2 + (-a_k - 2a_{k-1})a_k + 2a_k^2$$
$$= 2(a_k^2 + a_k a_{k-1} + 2a_{k-1}^2) = 2 \cdot 2^{k-1} = 2^{(k+1)-1}.$$

故对一切正整数 $n \geq 2$，有 $a_n^2 + a_n a_{n-1} + 2a_{n-1}^2 = 2^{n-1}$.

这就证明了当 $n \geq 2$ 时 $2^{n+1} - 7a_{n-1}^2 = (2a_n + a_{n-1})^2$. 而由 $a_1 = 1, a_2 = -1$ 是整数及 $a_n = -a_{n-1} - 2a_{n-2}$ 及数学归纳法知对一切 $n \geq 1$，a_n 为整数. 故当 $n \geq 2$ 时，$2^{n+1} - 7a_{n-1}^2$ 是一个完全平方数.

例 25 (2001 年保加利亚第 50 届数学奥林匹克题) 已知数列 $\{a_n\}$ 适合 $a_0 = 4, a_1 = 22$，且 $a_n - 6a_{n-1} + a_{n-2} = 0 (n \geq 2)$. 证明：存在两个正整数列 $\{x_n\}$ 和 $\{y_n\}$ 满足 $a_n = \dfrac{y_n^2 + 7}{x_n - y_n}(n \geq 0)$.

证明 设 $y_n = pa_n + qa_{n-1}(p \geq 0), x_n = y_n + a_{n-1}$，于是 $a_n = \dfrac{y_n^2 + 7}{x_n - y_n}$ 化为 $a_n a_{n-1} = (pa_n + qa_{n-1})^2 + 7$. 补充定义 a_{-1} 满足 $a_1 - 6a_0 + a_{-1} = 0$，即 $a_{-1} = 2$. 用 $a_{-1} = 2, a_0 = 4$，$a_1 = 22$ 代入上式可得 $p = \dfrac{1}{2}, q = \dfrac{1}{2}$，于是要证等式化为 $a_n a_{n-1} = \left(\dfrac{1}{2}a_n - \dfrac{1}{2}a_{n-1}\right)^2 + 7$，即 $a_n^2 - 6a_n a_{n-1} + a_{n-1}^2 + 28 = 0$.

当 $n = 1$ 时，$a_1^2 - 6a_1 a_0 + a_0^2 + 28 = 22^2 - 6 \times 22 \times 4 + 4^2 + 28 = 0$.

设 $n = k$ 时，$a_k^2 - 6a_k a_{k-1} + a_{k-1}^2 + 28 = 0$，那么 $n = k+1$ 时
$$a_{k+1}^2 - 6a_{k+1}a_k + a_k^2 + 28 = (6a_k - a_{k-1})^2 - 6(6a_k - a_{k-1})a_k + a_k^2 + 28$$
$$= a_{k-1}^2 - 6a_{k-1}a_k + a_k^2 + 28 = 0.$$

故对一切 $n \geq 1$，有 $a_n^2 - 6a_n a_{n-1} + a_{n-1}^2 + 28 = 0$，即
$$a_n = \dfrac{\left(\dfrac{1}{2}a_n - \dfrac{1}{2}a_{n-1}\right)^2 + 7}{a_{n-1}} = \dfrac{y_n^2 + 7}{x_n - y_n}.$$

又 $a_0 = 4, a_1 = 22$ 均为偶数，由 $a_n = 6a_{n-1} - a_{n-2}$ 应用数学归纳法知对一切 $n \geq 0$，a_n 为偶

数,从而 $y_n = \frac{1}{2}(a_n - a_{n-1})$ 及 $x_n = y_n + a_{n-1} = \frac{1}{2}(a_n + a_{n-1})$ 均为整数,这就完成了题目的证明.

注 本题也可以这样来证明:由已知条件得 $a_n(a_n + a_{n-2}) = 6a_n a_{n-1} = a_{n-1}(a_{n+1} + a_{n-1})$,即 $a_n a_{n-2} - a_{n-1}^2 = a_{n-1}a_{n+1} - a_n^2$,所以

$$a_n a_{n-2} - a_{n-1}^2 = a_{n-1}a_{n-3} - a_{n-2}^2 = \cdots = a_2 a_0 - a_1^2 = (6a_1 - a_0)a_0 - a_1^2 = 28,$$

因为 $a_n a_{n-2} = a_{n-1}^2 + 28, a_n + a_{n-2} = 6a_{n-1}$,故由韦达定理逆定理知 a_n, a_{n-2} 是方程 $z^2 - 6a_{n-1}z + a_{n-1}^2 + 28 = 0$ 的两个根,所以 $a_n^2 - 6a_{n-1}a_n + a_{n-1}^2 + 28 = 0$,下面与前述解法相同.

由上述注及例 5 中的证明方法,一般我们可以证明下列结论成立:

定理 如果数列 $\{x_n\}, x_n \neq 0 (n = 0, 1, 2, \cdots)$ 满足下列三个递推关系中的一个,那么它也满足其余两个递推关系(其中 $p, q \neq 0$ 为常数).

$$x_{n+2} + px_{n+1} + qx_n = 0, \qquad ①$$
$$x_{n+2}x_n - x_{n+1}^2 = q^n(x_0 x_2 - x_1^2), \qquad ②$$
$$x_{n+1}^2 + px_{n+1}x_n + qx_n^2 = (x_1^2 - x_0 x_2)q^n. \qquad ③$$

利用上述定理,立即可得例 19 的另一个简洁的证明:由 $a_n = -a_{n-1} - 2a_{n-2}$,得 $p = 1, q = 2$,并且可补充定义 $a_0 = -\frac{1}{2}(a_2 + a_1) = 0$,于是由 ③ 得

$$a_{n+1}^2 + a_{n+1}a_n + 2a_n^2 = 2^n(a_1^2 - a_0 a_2) = 2^n.$$

所以 $2^{n+1} - 7a_{n-1}^2 = 4a_n^2 + 4a_n a_{n-1} + a_{n-1}^2 = (2a_n + a_{n-1})^2$ 是一个完全平方数.

(4) 建立递推关系 $b_n = a_n - a_{n-1}$,利用求和公式 $a_n = a_{n_0} + \sum\limits_{k=n_0+1}^{n}(a_k - a_{k-1})(n \geqslant n_0)$

例 26 (匈牙利数学奥林匹克题) 证明:对任何 $n \in \mathbf{N}_+, A_n = 5^n + 2 \times 3^{n-1} + 1$ 能被 8 整除.

证明 因 $A_1 = 5^1 + 2 \times 3^0 + 1 = 8$ 能被 8 整除,又

$$A_k - A_{k-1} = (5^k + 2 \times 3^{k-1} + 1) - (5^{k-1} + 2 \times 3^{k-2} + 1)$$
$$= 4(5^{k-1} + 3^{k-2})(k \geqslant 2),$$

而 $5^{k-1} + 3^{k-2}$ 是两个奇数之和,应为偶数,故 $A_k - A_{k-1}(k \geqslant 2)$ 能被 8 整除,所以 $A_n = A_1 + \sum\limits_{k=2}^{n}(A_k - A_{k-1})$ 能被 8 整除.

例 27 证明:对一切 $n \in \mathbf{N}_+$ 及一切 $x \in \mathbf{R}(x \neq \frac{m\pi}{2^k}, k = 0, 1, 2, \cdots, n, m$ 为整数) 有

$$\frac{1}{\sin 2x} + \frac{1}{\sin 2^2 x} + \cdots + \frac{1}{\sin 2^n x} = \cot x - \cot 2^n x.$$

证明 设 $a_n = \cot x - \cot 2^n x, b_n = \frac{1}{\sin 2^n x}$,则

$$a_1 = \cot x - \cot 2x = \frac{\cos x \sin 2x - \cos 2x \sin x}{\sin x \sin 2x} = \frac{\sin(2x - x)}{\sin x \sin 2x} = \frac{1}{\sin 2x} = b_1,$$

又 $a_k - a_{k-1} = (\cot x - \cot 2^k x) - (\cot x - \cot 2^{k-1}x) = \cot 2^{k-1}x - \cot 2^k x$

$$= \frac{\sin(2^k x - 2^{k-1} x)}{\sin 2^{k-1} x \sin 2^k x} = \frac{1}{\sin 2^k x} = b_k, 所以$$

$$b_1 + \sum_{k=2}^{n}(b_k - b_{k-1}) = a_1 + \sum_{k=2}^{n}(a_k - a_{k-1}) = a_n,$$

即 $\quad \dfrac{1}{\sin 2x} + \dfrac{1}{\sin 2^2 x} + \cdots + \dfrac{1}{\sin 2^n x} = \cot x - \cot 2^n x.$

(5) 适当放缩建立递推不等关系式

例28 (1980年芬兰、英国、匈牙利和瑞典四国数学奥林匹克题)数列 $a_0, a_1, \cdots, a_n$ 满足 $a_0 = \dfrac{1}{2}, a_{k+1} = a_k + \dfrac{1}{n} a_k^2 (k = 0, 1, \cdots, n-1)$,证明:$1 - \dfrac{1}{n} < a_n < 1.$

证明 由已知条件知 $a_n > a_{n-1} > \cdots > a_1 > a_0 > 0$,于是

$$a_{k+1} = a_k + \frac{1}{n} a_k^2 < a_k + \frac{1}{n} a_k \cdot a_{k+1}, 即$$

$$\frac{1}{a_k} - \frac{1}{a_{k+1}} < \frac{1}{n}.$$

所以 $\quad \left(\dfrac{1}{a_0} - \dfrac{1}{a_n}\right) = \sum_{k=0}^{n-1}\left(\dfrac{1}{a_k} - \dfrac{1}{a_{k+1}}\right) < \sum_{k=0}^{n-1} \dfrac{1}{n} = 1,$

即 $\dfrac{1}{a_n} > \dfrac{1}{a_0} - 1 = 1,$ 故 $\quad a_n < 1.$

另一方面,由 $a_k < 1$ 有 $a_{k+1} = a_k + \dfrac{1}{n} a_k^2 < a_k + \dfrac{1}{n} a_k = \dfrac{n+1}{n} a_k$,即 $a_k > \dfrac{n}{n+1} a_{k+1}$,

故 $\quad a_{k+1} = a_k + \dfrac{1}{n} a_k^2 > a_k + \dfrac{1}{n} a_k \cdot \dfrac{n}{n+1} a_{k+1} = a_k + \dfrac{1}{n+1} a_k a_{k+1},$

即 $\quad \dfrac{1}{a_k} - \dfrac{1}{a_{k+1}} > \dfrac{1}{n+1},$ 所以 $\dfrac{1}{a_0} - \dfrac{1}{a_n} = \sum_{k=0}^{n-1}\left(\dfrac{1}{a_k} - \dfrac{1}{a_{k+1}}\right) > \sum_{k=0}^{n-1} \dfrac{1}{n+1} = \dfrac{n}{n+1}.$

因此 $\dfrac{1}{a_n} < \dfrac{1}{a_0} - \dfrac{n}{n+1} = 2 - \dfrac{n}{n+1} = \dfrac{n+2}{n+1},$

故 $\quad a_n > \dfrac{n+1}{n+2} = 1 - \dfrac{1}{n+2} > 1 - \dfrac{1}{n}.$ 这就证明了 $1 - \dfrac{1}{n} < a_n < 1.$

注 本题是这次竞赛中得分最低的一道试题,竞赛委员会公布的标准解答很烦琐,翻译成中文后有4000多字,长达7页.

【解题思维策略分析】

例29 (2002年全国高中联赛题)如图5-1,有一列曲线 $P_0, P_1, P_2, \cdots$ 已知 P_0 所围成的图形是面积为1的等边三角形,P_{k+1} 是对 P_k 进行如下操作得到:将 P_k 的每条边三等分,以每边中间部分的线段为边,向外作等边三角形,再将中间部分的线段去掉 $(k = 0, 1, 2, \cdots)$. 记 S_n 为曲线 P_n 所围成图形的面积.

(1) 求数列 $\{S_n\}$ 的通项公式.

(2) 求 $\lim\limits_{n \to +\infty} S_n.$

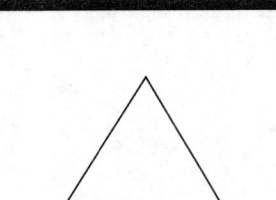

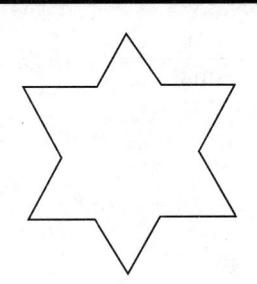

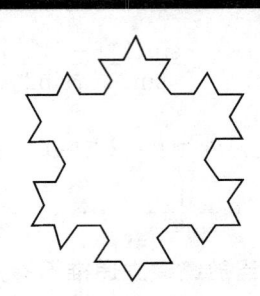

图 5-1

分析 已知 $S_0 = 1$，只要建立 S_n 与 S_{n-1} 的递推关系，就不难求出 S_n 及 $\lim\limits_{n \to +\infty} S_n$.

解 (1) 因 P_0 有 3 条边，并且 P_0 的每条边变成 P_1 的 4 条边. 一般 P_{n-1} 的一条边变成 P_n 的 4 条边，故 P_n 的边数为 $a_n = 3 \cdot 4^{n-1}$.

又 P_n 是在 P_{n-1} 基础上增加 a_{n-1} 小正三角形而生成的，增加的小正三角形的边长应是原正三角形边长的 $\dfrac{1}{3^n}$，故增加的每一个小正三角形的面积都为 $(\dfrac{1}{3^n})^2$，所以

$$S_n = S_{n-1} + a_{n-1} \cdot (\dfrac{1}{3^n})^2 = S_{n-1} + 3 \cdot 4^{n-1} \cdot (\dfrac{1}{3^{2n}}) = S_{n-1} + \dfrac{3}{4}(\dfrac{4}{9})^n.$$

于是 $S_n = S_0 + \sum\limits_{k=1}^{n}(S_k - S_{k-1}) = 1 + \sum\limits_{k=1}^{n} \dfrac{3}{4}(\dfrac{4}{9})^n =$

$$1 + \dfrac{3}{4} \cdot \dfrac{\dfrac{4}{9}[1 - (\dfrac{4}{9})^n]}{1 - \dfrac{4}{9}} = 1 + \dfrac{3}{5}[1 - (\dfrac{4}{9})^n] = \dfrac{8}{5} - \dfrac{3}{5}(\dfrac{4}{9})^n.$$

(2) $\lim\limits_{n \to +\infty} S_n = \lim\limits_{n \to +\infty} [\dfrac{8}{5} - \dfrac{3}{5}(\dfrac{4}{9})^n] = \dfrac{8}{5}.$

例 30 （2004 年全国高中联赛题）设平面直角坐标系 XOY 中，y 轴正半轴上的点列 $\{A_n\}$ 与曲线 $y = \sqrt{2x}(x \geq 0)$ 上的点列 $\{B_n\}$ 满足 $|OA_n| = |OB_n| = \dfrac{1}{n}$，直线 A_nB_n 在 x 轴上的截距为 a_n，点 B_n 的横坐标为 b_n，$n \in \mathbf{N}_+$.

（Ⅰ）证明 $a_n > a_{n+1} > 4$，$n \in \mathbf{N}_+$.

（Ⅱ）证明有 $n_0 \in \mathbf{N}_+$，使得对任意 $n > n_0$，都有 $\dfrac{b_2}{b_1} + \dfrac{b_3}{b_2} + \cdots + \dfrac{b_n}{b_{n-1}} + \dfrac{b_{n+1}}{b_n} < n - 2004$.

分析 利用解析几何知识可先求出 b_n，a_n 的表达式，再根据 a_n，b_n 的公式去证明题目中的结论.

证明 (Ⅰ) 依题目条件有 $A_n(0, \dfrac{1}{n})$，$B_n(b_n, \sqrt{2b_n})(b_n > 0)$，由 $|OB_n| = \dfrac{1}{n}$，得

$$b_n^2 + 2b_n = (\dfrac{1}{n})^2, \text{ 所以 } b_n = \sqrt{(\dfrac{1}{n})^2 + 1} - 1 (n \in \mathbf{N}_+).$$

其次，直线 A_nB_n 的方程为 $y - \dfrac{1}{n} = \dfrac{\sqrt{2b_n} - \dfrac{1}{n}}{b_n - 0} x.$

又 A_nB_n 在 x 轴上的截距为 a_n,故 $0 - \frac{1}{n} = \frac{\sqrt{2b_n} - \frac{1}{n}}{b_n - 0} a_n$,

所以 $a_n = \frac{b_n}{1 - n\sqrt{2b_n}} = \frac{b_n(1 + n\sqrt{2b_n})}{1 - 2n^2 b_n} = \frac{b_n(1 + n\sqrt{2b_n})}{1 - (1 - n^2 b_n^2)} = \frac{1}{n^2 b_n} + \frac{\sqrt{2}}{\sqrt{n^2 b_n}} = b_n + 2 + \sqrt{2(b_n + 2)} = \sqrt{\left(\frac{1}{n}\right)^2 + 1} + 1 + \sqrt{2\sqrt{\left(\frac{1}{n}\right)^2 + 1} + 2}.$

显然 a_n 随着 n 增大而严格减小(因 $\frac{1}{n} > \frac{1}{n+1} > 0$),故对一切 $n \in \mathbf{N}_+$,有

$$a_n > a_{n+1} > \sqrt{0^2 + 1} + 1 + \sqrt{2\sqrt{0^2 + 1} + 2} = 4.$$

(Ⅱ) 令 $C_n = 1 - \frac{b_{n+1}}{b_n} (n \in \mathbf{N}_+)$,于是 $\sum_{k=1}^{n} \frac{b_{k+1}}{b_k} = n - \sum_{k=1}^{n} C_k.$

故只要证明存在 $n_0 \in \mathbf{N}_+$,使当 $n > n_0$ 时,$\sum_{k=1}^{n} C_k > 2004.$

事实上,因为

$$C_n = \frac{b_n - b_{n+1}}{b_n} = \frac{\sqrt{(\frac{1}{n})^2 + 1} - \sqrt{(\frac{1}{n+1})^2 + 1}}{\sqrt{(\frac{1}{n})^2 + 1} - 1}$$

$$= \frac{\left[(\frac{1}{n})^2 - (\frac{1}{n+1})^2\right]\left(\sqrt{(\frac{1}{n})^2 + 1} + 1\right)}{(\frac{1}{n})^2\left[\sqrt{(\frac{1}{n})^2 + 1} + \sqrt{(\frac{1}{n+1})^2 + 1}\right]}$$

$$= \frac{(\frac{1}{n})^2 - (\frac{1}{n+1})^2}{(\frac{1}{n})^2} \cdot \frac{1}{2} = \frac{2n+1}{2(n+1)^2}$$

$$= \frac{2n+1}{(2n+1)(n+2) - n} > \frac{2n+1}{(2n+1)(n+2)} = \frac{1}{n+2}.$$

所以当 $n \geqslant 2^k - 2$ 时,

$$\sum_{k=1}^{n} C_k \geqslant \left(\frac{1}{3} + \frac{1}{4}\right) + \left(\frac{1}{2^2 + 1} + \cdots + \frac{1}{2^3}\right) + \cdots + \left(\frac{1}{2^{k-1} + 1} + \cdots + \frac{1}{2^k}\right)$$

$$> 2 \cdot \frac{1}{2^2} + 2^2 \cdot \frac{1}{2^3} + \cdots + 2^{k-1} \cdot \frac{1}{2^k} = \frac{k-1}{2},$$

取 $n_0 = 2^{4009} - 2$,则对任意 $n > n_0$ 都有 $\sum_{k=1}^{n} C_k > \frac{4009 - 1}{2} = 2004$,

即得 $\frac{b_2}{b_1} + \frac{b_3}{b_2} + \cdots + \frac{b_{n+1}}{b_n} = n - \sum_{k=1}^{n} C_k < n - 2004 (n > n_0).$

例31 (2009年全国高中联赛题)一个由若干行数字组成的数表,从第二行起每一行中的数字均等于其肩上的两个数之和,最后一行仅有一个数,第一行是前100个正整数按

从小到大排成的行.则最后一行的数是_____(可以用指数表示).

解 易知:

(1) 该数表共有 100 行;

(2) 每一行构成一个等差数列,且公差依次为

$$d_1=1,d_2=2,d_3=2^2,\cdots,d_{99}=2^{98};$$

(3) 设第 $n(n\geqslant 2)$ 行的第一个数为 a_n,则 a_{100} 为所求.

$$\begin{aligned}a_n&=a_{n-1}+(a_{n-1}+2^{n-2})=2a_{n-1}+2^{n-2}\\&=2(2a_{n-2}+2^{n-3})+2^{n-2}\\&=2^2(2a_{n-3}+2^{n-4})+2\times 2^{n-2}+2^{n-2}\\&=2^3a_{n-3}+3\times 2^{n-2}=\cdots\\&=2^{n-1}a_1+(n-1)\times 2^{n-2}\\&=(n+1)2^{n-2}.\end{aligned}$$

故 $a_{100}=101\times 2^{98}$.

例32 (2013年全国高中联赛题)已知数列 $\{a_n\}$ 共有九项,其中,$a_1=a_9=1$,且对每个 $i\in\{1,2,\cdots,8\}$,均有 $\dfrac{a_{i+1}}{a_i}\in\left\{2,1,-\dfrac{1}{2}\right\}$.则这样的数列的个数为_____.

解 令 $b_i=\dfrac{a_{i+1}}{a_i}(1\leqslant i\leqslant 8)$.则对每个符合条件的数列 $\{a_n\}$,满足条件

$$\prod_{i=1}^8 b_i=\prod_{i=1}^8\dfrac{a_{i+1}}{a_i}=\dfrac{a_9}{a_1}=1,且 b_i\in\left\{2,1,-\dfrac{1}{2}\right\}(1\leqslant i\leqslant 8).$$

反之,由符合上述条件的八项数列 $\{b_n\}$ 可唯一确定一个符合题设条件的九项数列 $\{a_n\}$.

记符合条件的数列 $\{b_n\}$ 的个数为 N.显然,$b_i(1\leqslant i\leqslant 8)$ 中有 $2k$ 个 $-\dfrac{1}{2}$;从而,有 $2k$ 个 2,$8-4k$ 个 1.当给定 k 时,$\{b_n\}$ 的取法有 $C_8^{2k}C_{8-2k}^{2k}$ 种,易见 k 的可能值只有 $0,1,2$,故

$$N=1+C_8^2C_6^2+C_8^4C_4^4=1+28\times 15+70\times 1=491.$$

因此,由对应原理,知符合条件的数列 $\{a_n\}$ 的个数为 491.

例33 (2011年全国高中联赛题)已知数列 $\{a_n\}$ 满足:

$a_1=2t-3(t\in\mathbf{R},且 t\neq\pm 1)$,

$a_{n+1}=\dfrac{(2t^{n+1}-3)a_n+2(t-1)t^n-1}{a_n+2t^n-1}(n\in\mathbf{N}_+).$

(1) 求数列 $\{a_n\}$ 的通项公式;

(2) 若 $t>0$,试比较 a_{n+1} 与 a_n 的大小.

解 (1) 由原式变形得

$$a_{n+1}=-\dfrac{2(t^{n+1}-1)(a_n+1)}{a_n+2t^n-1}-1.$$

则 $\dfrac{a_{n+1}+1}{t^{n+1}-1}=\dfrac{2(a_n+1)}{a_n+2t^n-1}=\dfrac{\dfrac{2(a_n+1)}{t^n-1}}{\dfrac{a_n+1}{t^n-1}+2}.$

记 $\dfrac{a_n+1}{t^n-1}=b_n$. 则 $b_{n+1}=\dfrac{2b_n}{b_n+2}$, $b_1=\dfrac{a_1+1}{t-1}=\dfrac{2t-2}{t-1}=2$.

又 $\dfrac{1}{b_{n+1}}=\dfrac{1}{b_n}+\dfrac{1}{2}$, $\dfrac{1}{b_1}=\dfrac{1}{2}$, 于是, $\dfrac{1}{b_n}=\dfrac{1}{2}+\dfrac{1}{2}(n-1)=\dfrac{n}{2}$.

故 $\dfrac{a_n+1}{t^n-1}=\dfrac{2}{n}\Rightarrow a_n=\dfrac{2(t^n-1)}{n}-1$.

(2) 注意到

$$a_{n+1}-a_n=\dfrac{2(t^{n+1}-1)}{n+1}-\dfrac{2(t^n-1)}{n}$$
$$=\dfrac{2[nt^n(t-1)-(t^n-1)]}{n(n+1)}$$
$$=\dfrac{2(t-1)}{n(n+1)}[nt^n-(1+t+\cdots+t^{n-1})].$$

显然, 当 $t>0(t\neq 1)$ 时, $t-1$ 与 $nt^n-(1+t+\cdots+t^{n-1})$ 同号.

故 $a_{n+1}>a_n$.

例 34 (2012 年全国高中联赛题) 已知数列 $\{a_n\}$ 的各项均为非零实数, 且对于任意的正整数 n 都有 $(a_1+a_2+\cdots+a_n)^2=a_1^3+a_2^3+\cdots+a_n^3$.

(1) 当 $n=3$ 时, 求所有满足条件的三项组成的数列 a_1, a_2, a_3.

(2) 是否存在满足条件的无穷数列 $\{a_n\}$, 使得 $a_{2013}=-2012$? 若存在, 求出这样的无穷数列的一个通项公式; 若不存在, 说明理由.

解 (1) 当 $n=1$ 时, $a_1^2=a_1^3$. 由 $a_1\neq 0$, 得 $a_1=1$.

当 $n=2$ 时, $(1+a_2)^2=1+a_2^3$. 由 $a_2\neq 0$, 得 $a_2=2$ 或 -1.

当 $n=3$ 时, $(1+a_2+a_3)^2=1+a_2^3+a_3^3$.

若 $a_2=2$, 得 $a_3=3$ 或 -2; 若 $a_2=-1$, 得 $a_3=1$.

综上, 满足条件的三项数列有三个:

$1,2,3$ 或 $1,2,-2$ 或 $1,-1,1$.

(2) 令 $S_n=a_1+a_2+\cdots+a_n$. 则 $S_n^2=a_1^3+a_2^3+\cdots+a_n^3 (n\in\mathbf{N}_+)$.

故 $(S_n+a_{n+1})^2=a_1^3+a_2^3+\cdots a_{n+1}^3$.

两式相减并结合 $a_{n+1}\neq 0$, 得 $2S_n=a_{n+1}^2-a_{n+1}$.

当 $n=1$ 时, 由(1) 知 $a_1=1$;

当 $n\geq 2$ 时, $2a_n=2(S_n-S_{n-1})=(a_{n+1}^2-a_{n+1})-(a_n^2-a_n)$,

即 $(a_{n+1}+a_n)(a_{n+1}-a_n-1)=0$. 所以, $a_{n+1}=-a_n$ 或 a_n+1.

又 $a_1=1, a_{2013}=-2012$, 则

$$a_n=\begin{cases} n, & 1\leq n\leq 2012; \\ (-1)^n 2012, & n\geq 2013. \end{cases}$$

例 35 (2010 年全国高中联赛题) 证明: 方程 $2x^3+5x-2=0$ 恰有一个实数根 r, 且存在唯一的严格递增正整数数列 $\{a_n\}$, 使得 $\dfrac{2}{5}=r^{a_1}+r^{a_2}+\cdots$.

解 令 $f(x)=2x^3+5x-2$. 则 $f'(x)=6x^2+5>0$.

所以，$f(x)$ 是严格递增的.

又 $f(0)=-2<0, f\left(\dfrac{1}{2}\right)=\dfrac{3}{4}>0$，故 $f(x)$ 有唯一实数根 $r\in\left(0,\dfrac{1}{2}\right)$. 于是，
$$2r^3+5r-2=0,$$
$$\dfrac{2}{5}=\dfrac{r}{1-r^3}=r+r^4+r^7+r^{10}+\cdots.$$

因此，数列 $a_n=3n-2(n=1,2,\cdots)$ 是满足题设要求的数列.

若存在两个不同的正整数数列
$$a_1<a_2<\cdots<a_n<\cdots \text{ 和 } b_1<b_2<\cdots<b_n<\cdots$$

满足 $r^{a_1}+r^{a_2}+\cdots=r^{b_1}+r^{b_2}+\cdots=\dfrac{2}{5}$，

去掉上面等式两边相同的项有 $r^{s_1}+r^{s_2}+\cdots=r^{t_1}+r^{t_2}+\cdots$

其中，$s_1<s_2<\cdots, t_1<t_2<\cdots$，且所有的 s_i 与 t_j 都是不同的.

不妨设 $s_1<t_1$. 则
$$r^{s_1}<r^{s_1}+r^{s_2}+\cdots=r^{t_1}+r^{t_2}+\cdots$$
$$1<r^{t_1-s_1}+r^{t_2-s_1}+\cdots\leqslant r+r^2+\cdots$$
$$=\dfrac{1}{1-r}-1<\dfrac{1}{1-\dfrac{1}{2}}-1=1,$$

矛盾.

因此，满足题设的数列是唯一的.

例 36 （2009 年全国高中联赛题）已知 $p、q(q\neq 0)$ 是实数，方程 $x^2-px+q=0$ 有两个实根 $\alpha、\beta$，数列 $\{a_n\}$ 满足 $a_1=p, a_2=p^2-q, a_n=pa_{n-1}-qa_{n-2}(n=3,4,\cdots)$.

（1）求数列 $\{a_n\}$ 的通项公式（用 $\alpha、\beta$ 表示）；

（2）若 $p=1, q=\dfrac{1}{4}$，求 $\{a_n\}$ 的前 n 项和.

解法 1 （1）由韦达定理知 $\alpha\beta=q\neq 0$.

又因为 $\alpha+\beta=p$，所以，
$$a_n=pa_{n-1}-qa_{n-2}=(\alpha+\beta)a_{n-1}-\alpha\beta a_{n-2}(n=3,4,\cdots).$$

整理得 $a_n-\beta a_{n-1}=\alpha(a_{n-1}-\beta a_{n-2})$.

令 $b_n=a_{n+1}-\beta a_n$. 则 $b_{n+1}=\alpha b_n(n=1,2,\cdots)$.

所以，$\{b_n\}$ 是公比为 α 的等比数列.

数列 $\{b_n\}$ 的首项为
$$b_1=a_2-\beta a_1=p^2-q-\beta p=(\alpha+\beta)^2-\alpha\beta-\beta(\alpha+\beta)=\alpha^2.$$

于是，$b_n=\alpha^2\cdot\alpha^{n-1}=\alpha^{n+1}$，即
$$a_{n+1}-\beta a_n=\alpha^{n+1}(n=1,2,\cdots). \quad ①$$

因此，$a_{n+1}=\beta a_n+\alpha^{n+1}(n=1,2,\cdots)$.

(i) 当 $\Delta=p^2-4q=0$ 时，$\alpha=\beta\neq 0$.

$a_1 = p = \alpha + \alpha = 2\alpha$,
$a_{n+1} = \beta a_n + \alpha^{n-1}$
$\Rightarrow a_{n+1} = \alpha a_n + \alpha^{n+1} \Rightarrow \dfrac{a_{n+1}}{\alpha^{n+1}} - \dfrac{a_n}{\alpha^n} = 1(n = 1, 2, \cdots)$.

所以,数列$\left\{\dfrac{a_n}{\alpha^n}\right\}$是公差为 1 的等差数列,其首项为$\dfrac{a_1}{\alpha} = \dfrac{2\alpha}{\alpha} = 2$. 于是,

$\dfrac{a_n}{\alpha^n} = 2 + 1 \times (n - 1) = n + 1$.

因此,数列$\{a_n\}$的通项公式为$a_n = (n+1)\alpha^n$.

(ii) 当$\Delta = p^2 - 4q > 0$ 时,$\alpha \neq \beta$.

类似可得$a_{n+1} - \alpha a_n = \beta^{n+1} (n = 1, 2, \cdots)$. ②

联立式①、② 知,数列$\{a_n\}$的通项公式为$a_n = \dfrac{\beta^{n+1} - \alpha^{n+1}}{\beta - \alpha}$.

(2) 若$p = 1, q = \dfrac{1}{4}$,则$\Delta = p^2 - 4q = 0$. 此时,$\alpha = \beta = \dfrac{1}{2}$.

由(1)的结果得数列$\{a_n\}$的通项公式为

$a_n = (n+1)\left(\dfrac{1}{2}\right)^n = \dfrac{n+1}{2^n}$.

所以,$\{a_n\}$的前 n 项和为

$S_n = \dfrac{2}{2} + \dfrac{3}{2^2} + \dfrac{4}{2^3} + \cdots + \dfrac{n}{2^{n-1}} + \dfrac{n+1}{2^n}$,

$\dfrac{1}{2}S_n = \dfrac{2}{2^2} + \dfrac{3}{2^3} + \dfrac{4}{2^4} + \cdots + \dfrac{n}{2^n} + \dfrac{n+1}{2^{n+1}}$.

以上两式相减并整理得$\dfrac{1}{2}S_n = \dfrac{3}{2} - \dfrac{n+3}{2^{n+1}}$.

所以,$S_n = 3 - \dfrac{n+3}{2^n}$.

解法 2 (1) 由韦达定理知$\alpha\beta = q \neq 0$.

又因为$\alpha + \beta = p$,所以,$a_1 = \alpha + \beta, a_2 = \alpha^2 + \beta^2 + \alpha\beta$.

特征方程$\lambda^2 - p\lambda + q = 0$ 的两根为$\alpha、\beta$.

(i) 当$\alpha = \beta \neq 0$ 时,通项$a_n = (A_1 + A_2 n)\alpha^n (n = 1, 2, \cdots)$.

由$a_1 = 2\alpha, a_2 = 3\alpha^2$,得

$\begin{cases} (A_1 + A_2)\alpha = 2\alpha, \\ (A_1 + 2A_2)\alpha^2 = 3\alpha^2. \end{cases}$

解得$A_1 = A_2 = 1$. 故$a_n = (1+n)\alpha^n$.

(ii) 当$\alpha \neq \beta$ 时,通项$a_n = A_1\alpha^n + A_2\beta^n (n = 1, 2, \cdots)$.

由$a_1 = \alpha + \beta, a_2 = \alpha^2 + \beta^2 + \alpha\beta$,得

$\begin{cases} A_1\alpha + A_2\beta = \alpha + \beta, \\ A_1\alpha^2 + A_2\beta^2 = \alpha^2 + \beta^2 + \alpha\beta. \end{cases}$

解得 $A_1 = \dfrac{-\alpha}{\beta-\alpha}, A_2 = \dfrac{\beta}{\beta-\alpha}$.

故 $a_n = \dfrac{-\alpha^{n+1}}{\beta-\alpha} + \dfrac{\beta^{n+1}}{\beta-\alpha} = \dfrac{\beta^{n+1}-\alpha^{n+1}}{\beta-\alpha}$.

(2) 同解法 1.

【模拟实战五】

A 组

1. (1995 年全国高中联赛题) 设等差数列 $\{a_n\}$ 满足 $3a_8 = 5a_{13}$ 且 $a_1 > 0$, S_n 为其前 n 项的和,则 $S_n(n \in \mathbf{N}_+)$ 中最大的是_____.

2. (1996 年全国高中联赛题) 等比数列 $\{a_n\}$ 中, $a_1 = 1536$, 公比 $q = -\dfrac{1}{2}$, 用 π_n 表示它的前 n 项之积,则 $\pi_n(n \in \mathbf{N}_+)$ 中最大的是_____.

3. (1994 年全国高中联赛题) 已知数列 $\{a_n\}$ 满足 $3a_{n+1} + a_n = 4(n \geq 1)$ 且 $a_1 = 9$, 前 n 项的和为 S_n, 则满足不等式 $|S_n - n - 6| < \dfrac{1}{125}$ 的最小整数 n 是_____.

4. (1992 年全国高中联赛题) 设数列 $a_1, a_2, a_3, \cdots, a_n \cdots$ 满足 $a_1 = a_2 = 1, a_3 = 2$ 且对任意正整数 n, 都有 $a_n \cdot a_{n+1} \cdot a_{n+2} \neq 1$, 又 $a_n \cdot a_{n+1} \cdot a_{n+2} \cdot a_{n+3} = a_n + a_{n+1} + a_{n+2} + a_{n+3}$, 则 $a_1 + a_2 + \cdots + a_{100}$ 的值是_____.

5. (1998 年全国高中联赛题) 各项为实数的等差数列的公差为 4, 其首项的平方与其余各项的和不超过 100, 这样的数列最多有_____项.

6. (2001 年全国高中联赛题) 设 $\{a_n\}$ 为等差数列, $\{b_n\}$ 为等比数列, 且 $b_1 = a_1^2, b_2 = a_2^2, b_3 = a_3^2 (a_1 < a_2)$, 又 $\lim\limits_{n \to +\infty}(b_1 + b_2 + \cdots + b_n) = \sqrt{2} - 1$, 试求 $\{a_n\}$ 的首项和公差.

7. (1999 年全国高中联赛题) 给定正整数 n 和正数 M, 对满足条件 $a_1^2 + a_{n+1}^2 \leq M$ 的所有等差数列 $a_1, a_2, a_3, \cdots$, 试求 $S = a_{n+1} + a_{n+2} + \cdots + a_{2n+1}$ 的最大值.

8. (2004 年全国高中联赛题) 已知数列 $a_0, a_1, \cdots, a_n, \cdots$ 满足 $(3 - a_{n+1})(6 + a_n) = 18$ 且 $a_0 = 3$, 则 $\sum\limits_{i=0}^{n} \dfrac{1}{a_i}$ 的值等于_____.

9. (2004 年上海市高中竞赛题) 数列 $\{a_n\}$ 满足 $(n-1)a_{n+1} = (n+1)a_n - 2(n-1), n = 1, 2, \cdots$, 且 $a_{100} = 10098$. 求数列 $\{a_n\}$ 的通项公式.

10. (2004 年全国高中联赛福建省预赛题) 无穷数列 $\{x_n\}(n \geq 1)$ 中, 对每个奇数 n, x_n、x_{n+1}、x_{n+2} 成等比数列, 而对每个偶数 n, x_n、x_{n+1}、x_{n+2} 成等差数列, 已知 $x_1 = a, x_2 = b$.
    (1) 求数列的通项公式, 实数 a、b 满足怎样的充要条件时, 存在这样的无穷数列?
    (2) 求 $x_2, x_4, \cdots, x_{2n}$ 的调和平均值, 即 $\dfrac{n}{\sum\limits_{k=1}^{n} \dfrac{1}{x_{2k}}}$.

11. （2003年女子数学奥林匹克题）数列$\{a_n\}$定义如下：$a_1=2,a_{n+1}=a_n^2-a_n+1,n=1,2,3,\cdots$. 证明：$1-\dfrac{1}{2^{2003}}<\dfrac{1}{a_1}+\dfrac{1}{a_2}+\cdots+\dfrac{1}{a_{2003}}<1.$

12. （2002年西部数学奥林匹克题）设α、β是方程$x^2-x-1=0$的两个根，令$a_n=\dfrac{\alpha^n-\beta^n}{\alpha-\beta}$，$n=1,2,3$.

  (1) 证明：对任意正整数n有$a_{n+2}=a_{n+1}+a_n$.

  (2) 求所有正整数$a,b,a<b$，满足对任意正整数n，有b整除a_n-2na^n.

13. （2005年全国高中联赛试题）数列$\{x_n\}$满足$a_0=1,a_{n+1}=\dfrac{7a_n+\sqrt{45a_n^2-36}}{2}(n\in\mathbf{N})$，证明：

  (1) 对一切$n\in\mathbf{N},a_n$为正整数；

  (2) 对一切$n\in\mathbf{N},a_na_{n+1}-1$为完全平方数．

14. （2008年全国高中联赛试题）设数列$\{a_n\}$的前n项的和s_n满足$s_n+a_n=\dfrac{n-1}{n(n+1)},n=1,2,\cdots$，则通项$a_n=$ _____ ．

B 组

1. （2000年全国高中联赛题）设数列$\begin{cases}a_{n+1}=7a_n+6b_n-3\\b_{n+1}=8a_n+7b_n-4\end{cases},n=0,1,2,\cdots$. 证明：$a_n(n=0,1,2,\cdots)$是完全平方数.

2. （1994年保加利亚数学奥林匹克题）实数列$a_1,a_2,\cdots,a_n,\cdots$由下述等式定义：$a_{n+1}=2^n-3a_n,n=0,1,2,\cdots$.

  (1) 求依赖于a_0和n的a_n的表达式．

  (2) 求a_0，使对任何正整数$n,a_{n+1}>a_n$.

3. （第29届IMO候选题）设整数列$\{a_n\}$满足：$a_0=0,a_1=1,a_n=2a_{n-1}+a_{n-2},n=2,3,4,\cdots$. 求证：$2^k\mid a_n\Leftrightarrow 2^k\mid n,k=0,1,2,\cdots$.

4. （第29届IMO候选题）是否存在实数$\alpha\in(0,1)$和无穷正数列$\{a_n\}$使得$1+a_{n+1}\leqslant a_n+\dfrac{\alpha}{n}a_n,n=1,2,3,\cdots$.

5. （1996年世界城市数学竞赛题）(1) 证明：

  $3-\dfrac{2}{(n-1)!}<\dfrac{2}{2!}+\dfrac{7}{3!}+\dfrac{14}{4!}+\cdots+\dfrac{n^2-2}{n!}<3(n>2).$

  (2) 求一组正整数a,b,c，使对任意$n\in\mathbf{N}_+,n>2$有

  $b-\dfrac{c}{(n-2)!}<\dfrac{2^3-a}{2!}+\dfrac{3^3-a}{3!}+\cdots+\dfrac{n^3-a}{n!}<b.$

6. （第11届CMO题）设$n\in\mathbf{N}_+,x_0=0,x_i>0,i=1,2,\cdots,n$，且$\sum\limits_{i=1}^n x_i=1$，求证：

$$1 \leqslant \sum_{i=1}^{n} \frac{x_i}{\sqrt{1+x_0+x_1+\cdots+x_{i-1}} \cdot \sqrt{x_i+\cdots+x_n}} < \frac{\pi}{2}.$$

7. (俄罗斯第 21 届数学奥林匹克题)证明:对任何自然数 $a_1 > 1$,都存在严格递增的自然数序列 $a_1, a_2, a_3, \cdots$,使对任何 $k \geqslant 1$,$\sum_{i=1}^{k} a_i^2$ 都可以被 $\sum_{i=1}^{k} a_i$ 整除.

8. (2004 年国家集训队第 3 次测试题)已知数列 $\{c_n\}$ 满足 $c_0 = 1, c_1 = 0, c_2 = 2005, c_{n+2} = -3c_n - 4c_{n-1} + 2008, n = 1, 2, 3, \cdots$ 记 $a_n = 5(c_{n+2} - c_n) \cdot (502 - c_{n-1} - c_{n-2}) + 4^n \times 2004 \times 501$ $(n = 2, 3, \cdots)$. 问对 $n > 2, a_n$ 是否是完全平方数?说明理由.

9. (2008 年全中高中联赛试题)设 $a_k > 0, k = 1, 2, \cdots, 2008$,证明:当且仅当 $\sum_{k=1}^{2008} a_k > 1$ 时,存在数列 $\{x_n\}$ 满足下列条件:

(1) $0 = x_0 < x_n < x_{n+1}, n = 1, 2, 3, \cdots$;

(2) $\lim_{n \to +\infty} x_n$ 存在;

(3) $x_n - x_{n-1} = \sum_{k=1}^{2008} x_k x_{n+k} - \sum_{k=0}^{2007} a_{k+1} x_{n+k}, n = 1, 2, 3 \cdots$.

第6章　解析几何

【基础知识】

1. 直线和圆

(1) 两点间的距离公式

设 $P_1(x_1,y_1), P_2(x_2,y_2)$，则 $|P_1P_2| = \sqrt{(x_1-x_2)^2+(y_1-y_2)^2}$.

(2) 线段的定比分点坐标公式

设 $P_1(x_1,y_1), P_2(x_2,y_2)$，点 $P(x,y)$ 分 P_1P_2 的比为 $\dfrac{\overline{P_1P}}{\overline{PP_2}} = \lambda$，则

$$x = \frac{x_1+\lambda x_2}{1+\lambda}, y = \frac{y_1+\lambda y_2}{1+\lambda}(\lambda \neq 1).$$

(3) 直线方程的各种形式

(a) 点斜式：$y-y_0 = k(x-x_0)$.

(b) 斜截式：$y = kx+b$.

(c) 两点式：$\dfrac{y-y_1}{y_2-y_1} = \dfrac{x-x_1}{x_2-x_1}$.

(d) 截距式：$\dfrac{x}{a}+\dfrac{y}{b} = 1(a \neq 0, b \neq 0)$.

(e) 参数方程：$\begin{cases} x = x_0+t\cos\alpha \\ y = y_0+t\sin\alpha \end{cases}$（$t$ 为参数，α 为倾斜角，$|t|$ 表示点 (x,y) 与 (x_0,y_0) 之间的距离）.

(f) 一般式：$Ax+By+C = 0$（A, B 不同时为零）.

(4) 两直线的位置关系

设直线 $l_1: A_1x+B_1y+C_1 = 0, l_2: A_2x+B_2y+C_2 = 0$（或 $l_1: y = k_1x+b, l_2: y = k_2x+b$），则

(a) $l_1 \parallel l_2 \Leftrightarrow A_1B_2-A_2B_1 = 0$ 且 $A_1C_2-A_2C_1 \neq 0, B_1C_2-B_2C_1 \neq 0$（$k_1 = k_2$ 且 $b_1 \neq b_2$）.

(b) $l_1 \perp l_2 \Leftrightarrow A_1B_2+A_2B_1 = 0$（$k_1k_2 = -1$）.

(5) 两直线的夹角

设两直线的斜率为 k_1, k_2，夹角为 θ，则 $\tan\theta = \dfrac{k_2-k_1}{1+k_1k_2}$.

(6) 点 $P(x_0, y_0)$ 到直线 $l: Ax+By+C = 0$ 的距离公式 $d = \dfrac{|Ax_0+By_0+C|}{\sqrt{A^2+B^2}}$.

(7) 过两直线交点的直线系方程

设直线 $l_1:A_1x+B_1y+C_1=0$ 与直线 $l_2:A_2x+B_2y+C_2=0$ 相交,那么过 l_1 与 l_2 的交点的直线系方程为 $A_1x+B_1y+C_1+\lambda(A_2x+B_2y+C_2)=0$(其中不包括直线 l_2).

(8) 圆的方程

(a) 标准方程:$(x-a)^2+(y-b)^2=R^2$,其中 (a,b) 为圆心坐标,R 为圆半径.

(b) 一般方程:$x^2+y^2+Dx+Ey+F=0$,其中 $D^2+E^2-4F>0$,圆心为 $\left(-\dfrac{D}{2},-\dfrac{E}{2}\right)$,半径为 $\dfrac{1}{2}\sqrt{D^2+E^2-4F}$.

(9) 圆的切线方程

过圆 $x^2+y^2=R^2(x^2+y^2+Dx+Ey+F=0)$ 上一点 $P_0(x_0,y_0)$ 的切线方程是 $x_0x+y_0y=R^2\left(x_0x+y_0y+D\left(\dfrac{x+x_0}{2}\right)+E\left(\dfrac{y+y_0}{2}\right)+F=0\right)$.

(10) 圆系方程

(a) 两圆的根轴

设圆 $C_1:x^2+y^2+D_1x+E_1y+F_1=0(D_1^2+E_1^2-4F_1>0)$,圆 $C_2:x^2+y^2+D_2x+E_2y+F_2=0(D_2^2+E_2^2-4F_2>0)$,则直线 $(D_1-D_2)x+(E_1-E_2)y+(F_1-F_2)=0$ 称为圆 C_1 与 C_2 的根轴.根轴与两圆的连心线垂直,且根轴上任意一点向两圆所引切线长相等.当两圆相交(切)时,根轴必过两圆的交点(切点).

(b) 与圆 C_1 和 C_2 同根轴的圆系方程:$x^2+y^2+D_1x+E_1y+F_1+\lambda(x^2+y^2+D_2x+E_2y+F_2)=0$,记为 $C_1+\lambda C_2=0$,λ 为待定系数(不包括圆 C_2).

(11) 圆的参数方程

圆心为 (a,b),半径为 R 的圆的参数方程为 $\begin{cases}x=a+R\cos\theta\\y=b+R\sin\theta\end{cases}$($\theta$ 为参数).

(12) 切点弦方程

从圆 $C:(x-a)^2+(y-b)^2=R^2$ 外一点 $P(m,n)$ 向圆 C 引两条切线 PM_1,PM_2(M_1,M_2 为切点),则过切点的弦 M_1M_2 的直线方程为

$(m-a)(x-a)+(n-b)(y-b)=R^2$.

事实上设 $M_i(x_i,y_i)(i=1,2)$,则过 $M_i(x_i,y_i)$ 的切线方程为

$(x_i-a)(x-a)+(y_i-b)(y-b)=R^2(i=1,2)$.而 $P(m,n)$ 在切线上,故

$(x_i-a)(m-a)+(y_i-b)(n-b)=R^2(i=1,2)$,即点 $M_1(x_1,y)$,$M_2(x_2,y_2)$ 的坐标满足方程

$(m-a)(x-a)+(n-b)(y-b)=R^2$. ①

故 ① 就是过 M_1,M_2 的切点弦方程.

2. 圆锥曲线

(1) 椭圆的标准方程及基本性质

焦点为 $F_1(-c,0)$,$F_2(c,0)$(或 $F_1(0,-c)$,$F_2(0,c)$),长轴为 $2a$,短轴为 $2b$ 的椭圆的标准方程为 $\dfrac{x^2}{a^2}+\dfrac{y^2}{b^2}=1$(或 $\dfrac{x^2}{b^2}+\dfrac{y^2}{a^2}=1$)$(a>0,b>0,c>0,a^2=b^2+c^2)$,其参数方程为

$\begin{cases} x = a\cos\theta \\ y = a\cos\theta \end{cases}$ (或 $\begin{cases} x = b\sin\theta \\ y = a\cos\theta \end{cases}$)($\theta$ 为参数),准线方程为 $x = \pm \dfrac{a^2}{c}$(或 $y = \pm \dfrac{a^2}{c}$),离心率 $e = \dfrac{c}{a} < 1$,且对椭圆 $\dfrac{x^2}{a^2} + \dfrac{y^2}{b^2} = 1$(或 $\dfrac{x^2}{b^2} + \dfrac{y^2}{a^2} = 1$)上任意一点 $P(x_0, y_0)$,有 $|PF_1| = a + ex_0$, $|PF_2| = a - ex_0$(或 $|PF_1| = a + ey_0$, $|PF_2| = a - ey_0$),$|PF_1| + |PF_2| = 2a$.

(2) 双曲线的标准方程及基本性质

焦点为 $F_1(-c, 0)$, $F_2(c, 0)$(或 $F_1(0, -c)$, $F_2(0, c)$),实轴长为 $2a$,虚轴长为 $2b$ 的双曲线的标准方程为 $\dfrac{x^2}{a^2} - \dfrac{y^2}{b^2} = 1$(或 $-\dfrac{x^2}{b^2} + \dfrac{y^2}{a^2} = 1$)($a > 0, b > 0, c > 0, c^2 = a^2 + b^2$),其参数方程为 $\begin{cases} x = a\sec\theta \\ y = b\tan\theta \end{cases}$(或 $\begin{cases} x = b\tan\theta \\ y = a\sec\theta \end{cases}$)($\theta$ 为参数),准线方程为 $x = \pm \dfrac{a^2}{c}$(或 $y = \pm \dfrac{a^2}{c}$),离心率 $e = \dfrac{c}{a} > 1$,渐近线方程为 $y = \pm \dfrac{b}{a}x$(或 $x = \pm \dfrac{b}{a}y$). 对于双曲线 $\dfrac{x^2}{a^2} - \dfrac{y^2}{b^2} = 1$(或 $-\dfrac{x^2}{b^2} + \dfrac{y^2}{a^2} = 1$)左支(或下支)上的点 $P(x_1, y_1)$ 有 $|PF_1| = -ex_1 - a$, $|PF_2| = -ex_1 + a$(或 $|PF_1| = -ey_1 - a$, $|PF_2| = -ey_1 + a$),右支(或上支)上的点 $Q(x_2, y_2)$ 有 $|QF_1| = ex_2 - a$, $|QF_2| = ex_2 + a$(或 $|QF_1| = ey_2 - a$, $|QF_2| = ey_2 + a$),$||PF_1| - |PF_2|| = 2a$, $||QF_1| - |QF_2|| = 2a$.

(3) 抛物线的标准方程及基本性质

焦点为 $F\left(0, \dfrac{p}{2}\right)$(或 $F\left(\dfrac{p}{2}, 0\right)$),准线为 $x = -\dfrac{p}{2}$(或 $y = -\dfrac{p}{2}$)的抛物线的标准方程为 $y^2 = 2px$(或 $x^2 = 2py$),其参数方程为 $\begin{cases} x = 2pt^2 \\ y = 2pt \end{cases}$(或 $\begin{cases} x = 2pt \\ y = 2pt^2 \end{cases}$)($t$ 为参数),离心率为 $e = 1$. 对于抛物线 $y^2 = 2px$(或 $x^2 = 2py$)上一点 $P(x_0, y_0)$ 有 $|PF| = x_0 + \dfrac{p}{2}$(或 $|PF| = y_0 + \dfrac{p}{2}$).

(4) 椭圆、双曲线、抛物线的统一定义及极坐标方程

平面内到定点的距离与到定直线距离之比为常数 e 的动点轨迹叫做圆锥曲线. 当 $e > 1$ 时轨迹表示双曲线,当 $e = 1$ 时轨迹表示抛物线,当 $e < 1$ 时,轨迹表示椭圆. 定点是焦点,定直线是一条准线,圆锥曲线的统一极坐标方程为 $\rho = \dfrac{ep}{1 - e\cos\theta}$,$e$ 为离心率,p 为焦点到相应准线的距离,极点是焦点,以焦点向准线作垂线的反向延长线为极轴建立极坐标系.

(5) 共交点的二次曲线系

过两条已知二次曲线 $C_i : A_i x^2 + B_i y^2 + D_i x + E_i y + F_i = 0 (i = 1, 2)$ 的交点的二次曲线系方程是 $C_1 + \lambda C_2 = 0$(不包括曲线 C_2).

【基本问题与求解方法】

1. 求曲线的方程

(1) 直译法

直译法就是将动点满足的几何条件和几何量的等量关系,直接用坐标(x,y)(或ρ,θ)的等式表示出来,经过化简整理便得所求的曲线方程.如果几何条件符合标准曲线的定义,则可直接写出其曲线的标准方程.

例1 已知直角坐标平面上点$Q(2,0)$和圆$C:x^2+y^2=1$,动点M到圆C的切线长与$|MQ|$的比等于常数$\lambda(\lambda>0)$,求动点M的轨迹方程.

解 设$M(x,y)$,M向圆所引切线为MN,则$|MN|=\sqrt{|MO|^2-|ON|^2}=\sqrt{x^2+y^2-1}$.又$|MQ|=\sqrt{(x-2)^2+y^2}$,依题目条件有$\frac{|MN|}{|MQ|}=\lambda$,即

$$\frac{\sqrt{x^2+y^2-1}}{\sqrt{(x-2)^2+y^2}}=\lambda,$$

化简得$(\lambda^2-1)x^2+(\lambda^2-1)y^2-4\lambda^2 x+4\lambda^2+1=0$.

当$\lambda=1$时,方程为$x=\frac{5}{4}$,表示一条直线;当$\lambda\neq 1$时,方程表示圆心为$\left(\frac{2\lambda^2}{\lambda^2-1},0\right)$,半径为$\frac{\sqrt{3\lambda^2+1}}{|\lambda^2-1|}$的圆.

(2) 动点坐标转移法

如果动点$P(x,y)$或(ρ,θ)随动点$Q(x_1,y_1)$或(ρ_1,θ_1)的动点移动而移动,且动点Q在已知曲线C上或Q点所满足的条件是明显的,那么只要建立x,y与x_1,y_1的关系式或ρ,θ与ρ_1,θ_1的关系式,再代入x_1,y_1或ρ_1,θ_1所满足的方程就可得到动点P的轨迹方程.这种求动点轨迹方程的方法称为动点坐标转移法.

例2 已知椭圆$C:\frac{x^2}{24}+\frac{y^2}{16}=1$,直线$l:\frac{x}{12}+\frac{y}{8}=1$,$P$是$l$上一点,射线$OP$交椭圆$C$于$R$.又点$Q$在$OP$上满足$|OQ|\cdot|OP|=|OR|^2$,当$P$在$l$上移动时,求点$Q$的轨迹,并说明轨迹是什么曲线?

解 设$Q(x,y)$,$P(x_P,y_P)$,$R(x_R,y_R)$,因为$|OQ|\cdot|OP|=|OR|^2$,故$\frac{|OP|}{|OQ|}=\frac{|OR|^2}{|OQ|^2}$设为$t$,则$x_R^2=tx^2$,$y_R^2=ty^2$,$x_P=tx$,$y_P=ty$,代入$C$及$l$的方程得

$$\frac{tx^2}{24}+\frac{ty^2}{16}=1=\frac{tx}{12}+\frac{ty}{8},$$

约去t整理得$\frac{(x-1)^2}{\frac{5}{2}}+\frac{(y-1)^2}{\frac{5}{3}}=1$.

故所求轨迹是一个椭圆,其中心在$(1,1)$,对称轴分别与x轴,y轴平行,长半轴$a=\frac{\sqrt{10}}{2}$,短

半轴 $b = \frac{\sqrt{15}}{3}$.

(3) 参数法

当动点坐标 x 与 y 之间缺少直接联系时,可适当选择参数 t,建立 x,y 与 t 的关系可获得动点的参数方程,消去参数即得动点的轨迹方程.

如果动点是两条动曲线(其方程中含有参数)的交点,则可联立两动曲线的方程,消去其有关的参数,就可得到所求的轨迹方程.

例 3 设椭圆方程为 $\frac{x^2}{16} + \frac{y^2}{9} = 1$,长轴为 AA',P 为椭圆上任意一点,引 $AQ \perp AP$,$A'Q \perp AP$,AQ 与 $A'Q$ 的交点为 Q,求 Q 的轨迹.

解 设 $P(4\cos\theta, 3\sin\theta)$,$Q(x,y)$,则 PA,PA' 的方程分别为

$$y = \frac{3\sin\theta}{4\cos\theta - 4}(x - 4) \text{ 和 } y = \frac{3\sin\theta}{4\cos\theta + 4}(x + 4).$$

由 $QA \perp PA$,$QA' \perp PA$ 得 QA,QA' 的方程分别为

$$y = \frac{4 - 4\cos\theta}{3\sin\theta}(x - 4) \text{ 和 } y = \frac{4\cos\theta + 4}{3\sin\theta}(x + 4).$$

两式相乘,并利用 $\sin^2\theta = 1 - \cos^2\theta$ 得 $y^2 = -\frac{16}{9}(x^2 - 16)$,

整理得 $\frac{x^2}{16} + \frac{y^2}{\frac{256}{9}} = 1$,即为动点 Q 的轨迹方程.

2. 有关几何量的计算与证明问题

解析几何中有关几何量的计算与证明,主要通过解方程或方程组来完成,其解题思路常常具有程序性.但是,操作不当时,往往会使讨论烦琐、计算复杂以致无法进行到底.下面我们介绍解这类问题的一些常用方法和技巧.

(1) 灵活运用方程知识,设而不求

解析几何的复杂计算集中在解方程组、求交点坐标上,如果能充分运用方程的知识(方程的对称性、韦达定理、判别式、实根分布等等),那么常常可以回避一些复杂的、不必要的计算,而使问题得到简便解决.

例 4 (1998年全国高中联赛题) 已知抛物线 $y^2 = 2px$ 及定点 $A(a,b)$,$B(-a,0)(ab \neq 0, b^2 \neq 2pa)$,$M$ 是抛物线上的点.设直线 AM、BM 与抛物线的另一交点分别为 M_1、M_2.求证:当 M 在抛物线上变动时(只要 M_1、M_2 存在且 $M_1 \neq M_2$),直线 M_1M_2 恒过一个定点,并求这个定点的坐标.

解 设 $M\left(\frac{y_0^2}{2p}, y_0\right)$,$M_i = \left(\frac{y_i^2}{2p}, y_i\right)(i = 1, 2)$,则易得 MM_i 的直线方程为

$$y_0 y_i = y(y_0 + y_i) - 2px \ (i = 1, 2).$$

$M_1 M_2$ 的直线方程为 $y_1 y_2 = y(y_1 + y_2) - 2px$. ①

将 $A(a,b)$,$B(-a,0)$ 分别代入 MM_1,MM_2 的方程得

$$(y_1 - b)y_0 = by_1 - 2pa, \quad y_2 y_0 = 2pa,$$

消去 y_0 得 $(y_1-b)2pa=(by_1-2pa)y_2$,

整理成 M_1M_2 的方程形式,得 $y_1y_2=\dfrac{2pa}{b}(y_1+y_2)-2pa$.   ②

将 ② 与 ① 比较知直线 M_1M_2 过定点 $\left(a,\dfrac{2pa}{b}\right)$.

注 (1)本题利用了轮换对称简化了方程 MM_i 与 M_1M_2 的计算,并且 y_1,y_2 只设不求,使运算大大简化.

(2)按照上述证明方法可将本题推广为:已知抛物线 $y^2=2px$ 及两定点 $A(a_1,b_1)$,$B(a_2,b_2)(A,B$ 不在抛物线上,且 $b_1\neq b_2$,但 $b_1\cdot b_2=p(a_1+a_2))$,M 是抛物线上的点,设 AM,BM 与抛物线的另一交点分别为 M_1,M_2,则点 M 在抛物线上变动时,M_1M_2 恒过定点,并且按上述证法可证明 M_1M_2 经过的定点为 $Q\left(\dfrac{a_1b_2-a_2b_1}{b_1-b_2},\dfrac{p(a_1-a_2)}{b_1-b_2}\right)$.

例 5 (福建省竞赛题)求被曲线族 $4x^2+5y^2-8mx-20my+24m^2-20=0$($m$ 为实参数)的每一条曲线截得的线段都等于 $\dfrac{5}{3}\sqrt{5}$ 的直线.

解 曲线方程可配方为 $\dfrac{(x-m)^2}{5}+\dfrac{(y-2m)^2}{4}=1$.

由此看出曲线族是一族椭圆,其中心 $(m,2m)$ 在直线 $y=2x$ 上,且椭圆的长轴 $2a=2\sqrt{5}$,短轴 $2b=4$ 是固定不变的,故要使椭圆在直线上所截得的线段都等于 $\dfrac{5}{3}\sqrt{5}$,直线必须与直线 $y=2x$ 平行,故可设所求直线方程为 $y=2x+b$,代入 $\dfrac{x^2}{5}+\dfrac{y^2}{4}=1$,得

$$24x^2+20bx+5b^2-20=0.\quad①$$

设 l 与椭圆 $\dfrac{x^2}{5}+\dfrac{y^2}{4}=1$ 的交点为 $M_1(x_1,y_1)$,$M_2(x_2,y_2)$,则 x_1,x_2 为 ① 的两个根.由韦达定理得 $x_1+x_2=-\dfrac{5}{6}b$,$x_1x_2=\dfrac{5b^2-20}{24}$.

于是,由 $y_1-y_2=2(x_1-x_2)$ 及已知条件得

$$\left(\dfrac{5}{3}\sqrt{5}\right)^2=|M_1M_2|^2=(x_1-x_2)^2+(y_1-y_2)^2=5(x_1-x_2)^2$$
$$=5[(x_1+x_2)^2-4x_1x_2]=5\left[\left(-\dfrac{5}{6}b\right)^2-4\times\dfrac{5b^2-20}{24}\right],$$

解得 $b=\pm 2$.所以,所求直线方程为 $y=2x\pm 2$.

注 在求直线被曲线所截得的线段长时,常常要利用韦达定理来简化计算而不必将交点坐标计算出来.

(2)灵活运用平面几何和曲线本身的知识(定义、性质、曲线系等),简化计算过程

例 6 (1997年上海市竞赛题)在双曲线 $xy=1$ 上,横坐标为 $\dfrac{n}{n+1}$ 的点为 A_n,横坐标为 $\dfrac{n+1}{n}$ 的点为 B_n($n\in\mathbf{N}_+$),记坐标为 $(1,1)$ 的点为 M.又 $P_n(x_n,y_n)$ 是 $\triangle A_nB_nM$ 的外心,当 $n\to+\infty$ 时,求 P_n 的极限点的坐标 (a,b),这里 $a=\lim\limits_{n\to+\infty}x_n$,$b=\lim\limits_{n\to+\infty}y_n$.

解 易得 A_n, B_n 的坐标为 $A_n(\frac{n}{n+1}, \frac{n+1}{n}), B_n(\frac{n+1}{n}, \frac{n}{n+1})$. 又 $M(1,1)$, 故 $|MA_n|=|MB_n|=\sqrt{(\frac{1}{n+1})^2+(\frac{1}{n})^2}$, 所以 $\triangle MA_nB_n$ 为等腰三角形且底边的斜率 $K_{A_nB_n}=-1$.

因为 M 在直线 $y=x$ 上, 所以底边的中垂线方程为 $y=x$, 由此知 $x_n=y_n$, A_nM 的中点为 $E(\frac{2n+1}{2(n+1)}, \frac{2n+1}{2n})$, $K_{A_nM} = \frac{\frac{n+1}{n}-1}{\frac{n}{n+1}-1} = -\frac{n+1}{n}$, 外心在过 E 且垂直于 A_nM 的下列直线上:
$$y - \frac{2n+1}{2n} = \frac{n}{n+1}(x - \frac{2n+1}{2(n+1)}).$$

与 $y=x$ 联立可求得 $x_n = \frac{(2n+1)^2}{2n(n+1)}$, 所以 $\lim_{n\to\infty} y_n = \lim_{n\to\infty} x_n = 2$, 故极限点的坐标为 $(a,b)=(2,2)$.

例7 (1988 年加拿大数学奥林匹克训练题) AB 为椭圆的长轴, O 为中心, F 为焦点, P 为椭圆上一点, CD 为通过 O 的弦且平行于过 P 的切线, 直线 PF 与 CD (或其延长线) 交于 Q 点. 证明或否定 $PQ = OA = OB$.

解 如图 6-1, 设椭圆的另一个焦点为 F', 连 PF' 交 CD 于 Q', 且设 PF 交 CD 于 Q, 过 F' 作 CD 的平行线交 PF 于 R, $T'T$ 为过 P 点的切线.

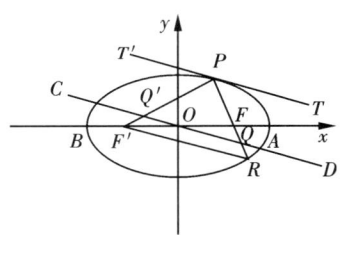

由椭圆的光学性质及 $CD // T'T$ 知 $\angle PF'R = \angle PQ'Q = \angle T'PQ' = \angle TPQ = \angle PQQ' = \angle PRF'$. 所以 $PQ'=PQ, PF'=PR$. 又 O 是 FF' 的中点, $OQ // F'R$, 故 $FQ=QR=Q'F'$, 从而有
$$2PQ = PQ + PQ' = PF + FQ + PQ'$$
$$= PF + Q'F' + PQ'$$
$$= PF + PF' = 2a.$$

于是 $PQ = a = OA = OB$.

图 6-1

注 在例 6 中我们利用了等腰三角形的性质, 在例 7 中则利用了平行线的性质及椭圆的光学性质和椭圆的定义, 从而减少了计算.

(3) 选择曲线方程的形式和恰当地设置坐标系

坐标系的建立和选择(直角坐标系、极坐标系、复平面)都将直接影响到计算的繁杂程度. 此外, 曲线方程的形式(直角坐标方程、极坐标方程、参数方程等)的确定也应根据题目条件和结论的特点来确定, 这也是减少解析几何运算量的一个有效途径.

例8 (1991 年全国高中联赛题) 设 O 为抛物线顶点, F 为焦点且 PQ 为过 F 的弦. 已知 $|OF|=a$, $|PQ|=b$, 求 $\triangle OPQ$ 的面积.

解法1 以 F 为极点, 射线 FO 的反向延长线为极轴建立极坐标系, 则抛物线方程为

$$\rho = \frac{2a}{1-\cos\theta}.$$

设 P 点极角为 $\theta(\theta \in (0,\pi))$,则点 Q 的极角为 $\pi+\theta$,所以

$$b = |PQ| = \rho_P + \rho_Q = \frac{2a}{1-\cos\theta} + \frac{2a}{1-\cos(\pi+\theta)} = \frac{4a}{1-\cos^2\theta} = \frac{4a}{\sin^2\theta},$$

故 $\sin\theta = 2\sqrt{\dfrac{a}{b}}$. 于是

$$S_{\triangle OPQ} = S_{\triangle OFP} + S_{\triangle OFQ} = \frac{1}{2}\cdot|OF|\cdot|PF|\cdot\sin\theta + \frac{1}{2}\cdot|OF|\cdot|FQ|\sin(\pi-\theta)$$

$$= \frac{1}{2}|OF|\cdot(|PF|+|PQ|)\sin\theta = \frac{1}{2}\cdot|OF|\cdot|PQ|\cdot\sin\theta$$

$$= \frac{1}{2}\cdot a\cdot b\cdot 2\sqrt{\frac{a}{b}} = a\sqrt{ab}.$$

解法 2 以 O 为原点,OF 为 x 轴建立直角坐标系. 因为 $|OF|=a$,F 为焦点,故抛物线的方程为 $y^2 = 4ax$,设直线 PQ 的参数方程为

$$\begin{cases} x = a + t\cos\theta, \\ y = t\sin\theta, \end{cases}$$

θ 为 PQ 的倾斜角,$\theta\in(0,\pi)$,代入抛物线方程,整理后得

$$t^2\sin^2\theta - 4at\cos\theta - 4a^2 = 0.$$

设其两根为 t_1,t_2,则

$$b = |PQ| = |PF| + |FQ| = |t_1 - t_2| = \sqrt{(t_1+t_2)^2 - 4t_1 t_2}$$

$$= \sqrt{\left(\frac{4a\cos\theta}{\sin^2\theta}\right)^2 - 4\left(-\frac{4a^2}{\sin^2\theta}\right)} = \frac{4a}{\sin^2\theta}.$$

下同解法一.

注 (1)当已知条件或结论涉及从某点出发的几条线段的长度时,可考虑以该点为极点建立极坐标方程来解,常常可使问题易于求解.

(2)当已知条件或结论涉及过一定点的弦的长度时,可考虑该弦的方程用直线的参数方程表示,利用参数的几何意义和韦达定理便很易求出弦的长度.

例 9 (1996 年全国高中联赛题)如图 6-2,圆 O_1、圆 O_2 与 $\triangle ABC$ 的三边所在的三条直线都相切,E、F、G、H 为切点,并且 EG,FH 的延长线交于 P 点. 求证 $PA \perp BC$.

解 设 $|BC|=a$,$|CA|=b$,$|AB|=c$,$p=\dfrac{1}{2}(a+b+c)$,圆 O_1,圆 O_2 的半径分别为 R_1,R_2,则 $|CE|=p$,$|BF|=|EB|=p-a$,$|EF|=|EB|+|BF|=p-a+p=b+c$. 以 E 为坐标原点,EF 为 x 轴正向建立平面直角坐标系,则各点的坐标为 $E(0,0)$,$B(p-a,0)$,$C(p,0)$,$F(b+c,0)$,$O_1(b+c,R_1)$,$O_2(0,$

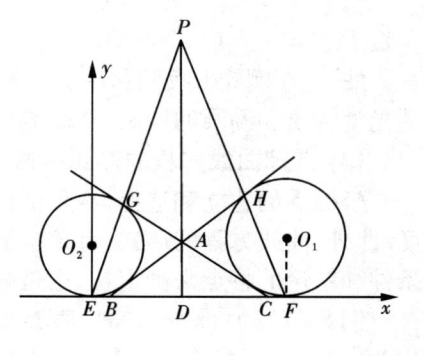

图 6-2

R_2). 又 O_1, A, O_2 共线且 $\dfrac{O_2A}{AO_1} = \dfrac{R_2}{R_1}$, 故由分点坐标公式得 A 点的横坐标 $x_A = \dfrac{R_2(b+c)}{R_1+R_2}$.

又圆 O_1, 圆 O_2 的方程分别为

圆 O_1: $[x-(b+c)]^2 + (y-R_1)^2 = R_1^2$,

圆 O_2: $x^2 + (y-R_2)^2 = R_2^2$,

切点弦 EG, FH 的方程分别为

EG: $px + (0-R_2)(y-R_2) = R_2^2$, 即 $y = \dfrac{p}{R_2}x$,

HF: $(p-a-b-c)(x-b-c) + (0-R_1)(y-R_1) = R_1^2$, 即
$$y = -\dfrac{p}{R_1}(x-b-c).$$

上述两个方程联立求解可得交点 P 的横坐标为 $x_P = \dfrac{R_2(b+c)}{R_1+R_2}$.

可见 $x_A = x_P$, 所以 $PA \perp BC$.

注 本题若取 D 为原点, 则由于 $|BD|$, $|CD|$, $|ED|$, $|DF|$ 的表达式较复杂, 将使计算变得复杂; 若取 B 或 C 为原点, 则计算也要稍微复杂些.

3. 解析几何中的最值问题和不等式证明

(1) 转化为求代数或三角函数的最值和值域

例 10 (1998 年全国高中联赛题) 若椭圆 $x^2 + 4(y-a)^2 = 4$ 与抛物线 $x^2 = 2y$ 有公共点, 则实数 a 的取值范围是_____.

解 由 $x^2 + 4(y-a)^2 = 4$, 可设 $x = 2\cos\theta$, $y = a + \sin\theta$, 代入 $x^2 = 2y$ 得
$4\cos^2\theta = 2(a+\sin)\theta$,

故 $a = 2\cos^2\theta - \sin\theta = 2 - 2\sin^2\theta - \sin\theta = -2\left(\sin\theta + \dfrac{1}{4}\right)^2 + \dfrac{17}{8}$,

因为 $-1 \leqslant \sin\theta \leqslant 1$, 所以 $0 \leqslant \left(\sin\theta + \dfrac{1}{4}\right)^2 \leqslant \dfrac{25}{16}$, 故 $-1 \leqslant a \leqslant \dfrac{17}{8}$.

例 11 (1994 年四川省高中竞赛题) 已知点 P 在圆 $x^2 + (y-4)^2 = 1$ 上移动, 点 Q 在椭圆 $\dfrac{x^2}{9} + y^2 = 1$ 上移动, 求 $|PQ|$ 的最大值.

解 因为圆心为 $O(0,4)$, $Q(3\cos\theta, \sin\theta)$, 于是
$$|OQ|^2 = (3\cos\theta)^2 + (\sin\theta - 4)^2 = 9\cos^2\theta + \sin^2\theta - 8\sin\theta + 16$$
$$= 9 - 9\sin^2\theta + \sin^2\theta - 8\sin\theta + 16 = 27 - 8\left(\sin^2\theta + \sin\theta + \dfrac{1}{4}\right)$$
$$= 27 - 8\left(\sin\theta + \dfrac{1}{2}\right)^2 \leqslant 27.$$

当 $\theta = -\dfrac{\pi}{6}$ 时取等号, 故 $|OQ| \leqslant \sqrt{27}$. $|PQ| \leqslant |PO| + |OQ| = 1 + \sqrt{27} = 1 + 3\sqrt{3}$, 当 $\theta = -\dfrac{\pi}{6}$ 时等号成立, 故 $|PQ|$ 的最大值为 $3\sqrt{3} + 1$.

(2) 转化为讨论一元二次方程的根的性质

例 12 (1995 年全国高中联赛题) 给定曲线族 $2(2\sin\theta - \cos\theta + 3)x^2 - (8\sin\theta + \cos\theta + $

1)$y = 0$(θ 为参数). 求该曲线族在直线 $y = 2x$ 上所截得的弦长的最大值.

解 该曲线过原点,而直线 $y = 2x$ 也过原点,故曲线族在 $y = 2x$ 上所截得的弦长取决于曲线与 $y = 2x$ 的另一个交点的坐标.

把 $y = 2x$ 代入曲线方程,得 $(2\sin\theta - \cos\theta + 3)x^2 - (8\sin\theta + \cos\theta + 1)x = 0$.

因 $2\sin\theta - \cos\theta = \sqrt{5}\sin(\theta - \arctan\frac{1}{2}) + 3 \neq 0$,故当 $x \neq 0$ 时,

$$x = \frac{8\sin\theta + \cos\theta + 1}{2\sin\theta - \cos\theta + 3}.\qquad ①$$

令 $\sin\theta = \dfrac{2u}{1+u^2}, \cos\theta = \dfrac{1-u^2}{1+u^2}$,则 $x = \dfrac{8u+1}{2u^2+2u+1}$,

$2xu^2 + 2(x-4)u + (x-1) = 0$.

因 $u \in \mathbf{R}$,知当 $x \neq 0$ 时,有

$\Delta = [2(x-4)]^2 - 8x(x-1) = 4(-x^2 - 6x + 16)$

$= -4(x+8)(x-2) \geqslant 0$,

解得 $-8 \leqslant x \leqslant 2$ 且 $x \neq 0$,所以 $|x|_{\max} = 8$. 由 $y = 2x$ 得 $|y|_{\max} = 16$. 故所求弦长的最大值为 $\sqrt{8^2 + 16^2} = 8\sqrt{5}$.

注 (i) 利用二次方程的判别式求值的范围时,应注意其二次项系数不等于零,否则就不是一元二次方程,不能用判别式求解.

(ii) 得出 ① 后也可用下列方法求 x 的范围:

由 ① 得 $(x+1)\cos\theta + (8-2x)\sin\theta + 1 - 3x = 0$,于是点 $(\cos\theta, \sin\theta)$ 既在直线 $l: (x+1)X + (8-2x)Y + 1 - 3x = 0$ 上,又在单位圆 $X^2 + Y^2 = 1$ 上,故圆心 $(0,0)$ 到直线 l 的距离 $d = \left|\dfrac{1-3x}{\sqrt{(x+1)^2 + (8-2x)^2}}\right| \leqslant 1 \Leftrightarrow (1-3x)^2 \leqslant (x+1)^2 + (8-2x)^2 \Leftrightarrow x^2 + 6x - 16 \leqslant 0 \Leftrightarrow -8 \leqslant x \leqslant 2$.

(3) 利用常用基本不等式(如平均值不等式、柯西不等式等)

例 13 给定椭圆 $\dfrac{x^2}{a^2} + \dfrac{y^2}{b^2} = 1 (a > b > 0)$,求与这个椭圆有公共交点的双曲线,使以它们的交点为顶点的四边形的面积最大,并求出相应的四边形的顶点坐标.

解 设双曲线方程为 $\dfrac{x^2}{m^2} - \dfrac{y^2}{n^2} = 1 (m > 0, n > 0)$. 由已知条件 $c^2 = a^2 - b^2 = m^2 + n^2$,

解方程组 $\begin{cases} \dfrac{x^2}{a^2} + \dfrac{y^2}{b^2} = 1, \\ \dfrac{x^2}{m^2} - \dfrac{y^2}{c^2-m^2} = 1, \end{cases}$

得椭圆与双曲线的交点坐标满足 $|x| = \dfrac{am}{c}, |y| = \dfrac{bn}{c}$.

因椭圆与双曲线关于 x 轴和 y 轴对称,所以以它们的交点为顶点的平行四边形是矩形,从而其面积

$$S = 4 \mid xy \mid = \frac{4abmn}{c^2} \leqslant \frac{2ab(m^2+n^2)}{c^2} = 2ab,$$

等号成立当且仅当 $m = n = \frac{c}{\sqrt{2}} = \sqrt{\frac{a^2-b^2}{2}}$,故所求的双曲线方程为

$$\frac{x^2}{\frac{a^2-b^2}{2}} - \frac{y^2}{\frac{a^2-b^2}{2}} = 1,$$

从而相应的四边形的四个顶点坐标为 $(\frac{a}{\sqrt{2}}, \frac{b}{\sqrt{2}}), (-\frac{a}{\sqrt{2}}, \frac{b}{\sqrt{2}}), (-\frac{a}{\sqrt{2}}, -\frac{b}{\sqrt{2}}), (\frac{a}{\sqrt{2}}, -\frac{b}{\sqrt{2}})$.

例 14 （1998年上海市竞赛题）已知抛物线 $y = x^2$ 上有一个正方形的三个顶点 A, B, C,求这种正方形面积的最小值.

解 不妨设 $A、B$ 在 y 轴右侧（包括 y 轴），且设 A, B, C 的坐标为 (x_1, x_1^2),(x_2, x_2^2),(x_3, x_3^2) $(x_3 < 0 \leqslant x_2 < x_1)$,$\angle ABC = 90°$.设 AB 的斜率为 $k > 0$,则

$$\begin{cases} x_1^2 - x_2^2 = k(x_1 - x_2), \\ x_3^2 - x_2^2 = -\frac{1}{k}(x_3 - x_2), \end{cases}$$

解出 $x_1 = k - x_2$,$x_3 = -\frac{1}{k} - x_2$.由 $\mid AB \mid^2 = \mid BC \mid^2$ 得

$$(x_1 - x_2)^2 + (x_1^2 - x_2^2)^2 = (x_3 - x_2)^2 + (x_3^2 - x_2^2)^2,$$

即 $(1+k^2)(x_1-x_2)^2 = (1+\frac{1}{k^2})(x_2-x_3)^2$,

故 $x_2 - x_3 = k(x_1 - x_2)$.将 $x_1 = k - x_2$,$x_3 = -\frac{1}{k} - x_2$ 代入

得 $2x_2 + \frac{1}{k} = k(k - 2x_2)$,故 $k^2 - \frac{1}{k} = (2k+2)x_2 \geqslant 0$,

解得 $k \geqslant 1$,且 $x_2 = \frac{k^3-1}{2k(k+1)}$,所以

$$\mid AB \mid = \sqrt{1+k^2}(x_1-x_2) = \sqrt{1+k^2}(k-2x_2) = \sqrt{1+k^2}[k - \frac{k^3-1}{k(k+1)}]$$

$$= \sqrt{1+k^2} \frac{k^2+1}{k(k+1)}$$

$$= \frac{k^2+1}{k} \cdot \frac{\sqrt{k^2+1}}{k+1} \geqslant \frac{2k}{k} \cdot \frac{\sqrt{\frac{1}{2}(k+1)^2}}{k+1} = \sqrt{2},$$

等号成立当且仅当 $k = 1$,这时 $x_2 = 0$,B 与原点重合.

因此,正方形的面积的最小值为 2.

(4) 利用曲线的定义、性质及平面几何的知识

例 15 （1997年全国高中联赛题）在平面直角坐标系中,若方程 $m(x^2+y^2+2y+1) = (x-2y+3)^2$ 表示的曲线是椭圆,则 m 的取值范围是_____.

解 由已知得 $\dfrac{\sqrt{x^2+(y+1)^2}}{\left|\dfrac{x-2y+3}{\sqrt{1^2+(-2)^2}}\right|}=\sqrt{\dfrac{5}{m}}$,这说明动点 (x,y) 到定点 $(0,-1)$ 与到直线 $x-2y+3=0$ 的距离之比等于常数 $\sqrt{\dfrac{5}{m}}$,由椭圆定义得 $\sqrt{\dfrac{5}{m}}<1$,即 $m>5$,即 m 的取值范围是区间 $(5,+\infty)$.

例16 （1992年全国高中联赛题）函数 $f(x)=\sqrt{x^4-3x^2-6x+13}-\sqrt{x^4-x^2+1}$ 的最大值是 _____.

解 由 $f(x)=\sqrt{(x-3)^2+(x^2-2)^2}-\sqrt{x^2+(x^2-1)^2}$,可知 $f(x)$ 表示抛物线 $y=x^2$ 上的点到两点 $A(3,2)$ 和 $B(0,1)$ 的距离的差.

如图6-3,因 A 在抛物线的下方,B 在抛物线上方,故直线 AB 与抛物线相交,交点由方程组
$$\begin{cases} y=x^2 \\ y-1=\dfrac{2-1}{3-0}x \end{cases}$$
确定. 消去 y 得 $3x^2-x-3=0$,因常系数小于零,故方程必有负实根,设负实根对应的点为 C,则
$$f(x)=|PA|-|PB|\leqslant |AB|=\sqrt{3^2+(2-1)^2}=\sqrt{10},$$
当且仅当 P 与 C 重合时等号成立,故 $f(x)$ 的最大值为 $\sqrt{10}$.

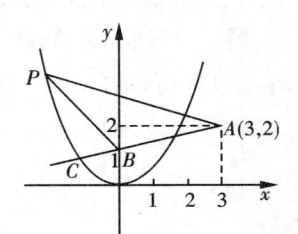

图6-3

【解题思维策略分析】

例17 （2009年全国高中联赛题）已知直线 $l:x+y-9=0$ 和 $\odot M:2x^2+2y^2-8x-8y-1=0$,点 A 在 l 上,B、C 为 $\odot M$ 上的两点. 在 $\triangle ABC$ 中,$\angle BAC=45°$,AB 过圆心 M. 则点 A 的横坐标范围为 _____.

解 设 $A(a,9-a)$. 则圆心 M 到直线 AC 的距离 $d=|AM|\sin 45°$.

由直线 AC 与 $\odot M$ 有交点,得 $d\leqslant \dfrac{\sqrt{34}}{2}$.

解得 $3\leqslant a\leqslant 6$.

例18 （2009年全国高中联赛题）椭圆 $\dfrac{x^2}{a^2}+\dfrac{y^2}{b^2}=1(a>b>0)$ 上任意两点 P、Q,若 $OP\perp OQ$,则 $|OP|\cdot |OQ|$ 的最小值为 _____.

解 设 $P(|OP|\cos\theta,|OP|\sin\theta)$、$Q\left(|OQ|\cos\left(\theta\pm\dfrac{\pi}{2}\right),|OQ|\sin\left(\theta\pm\dfrac{\pi}{2}\right)\right)$.

由点 P、Q 在椭圆上有

$$\dfrac{1}{|OP|^2}=\dfrac{\cos^2\theta}{a^2}+\dfrac{\sin^2\theta}{b^2},\qquad ①$$

$$\dfrac{1}{|OQ|^2}=\dfrac{\sin^2\theta}{a^2}+\dfrac{\cos^2\theta}{b^2},\qquad ②$$

①+② 得 $\dfrac{1}{|OP|^2}+\dfrac{1}{|OQ|^2}=\dfrac{1}{a^2}+\dfrac{1}{b^2}$.

于是,当 $|OP|=|OQ|=\sqrt{\dfrac{2a^2b^2}{a^2+b^2}}$ 时,$|OP|\cdot|OQ|$ 达到最小值 $\dfrac{2a^2b^2}{a^2+b^2}$.

例 19 (2011年全国高中联赛题) 直线 $x-2y-1=0$ 与抛物线 $y^2=4x$ 交于 A、B 两点,C 为抛物线上的一点,$\angle ACB=90°$. 则点 C 的坐标为 _____.

解 设 $A(x_1,y_1)$、$B(x_2,y_2)$、$C(t^2,2t)$.

由 $\begin{cases} x-2y-1=0, \\ y^2=4x, \end{cases}$ 得 $y^2-8y-4=0$.

则 $\begin{cases} y_1+y_2=8, \\ y_1 y_2=-4. \end{cases}$ ①

又 $x_1=2y_1+1$,$x_2=2y_2+1$,则

$\begin{cases} x_1+x_2=18, \\ x_1 x_2=1. \end{cases}$ ②

因为 $\angle ACB=90°$,所以,$\overrightarrow{CA}\cdot\overrightarrow{CB}=0$.

故 $(t^2-x_1)(t^2-x_2)+(2t-y_1)(2t-y_2)=0$.

将方程组 ①、② 代入上式并整理得

$t^4-14t^2-16t-3=0 \Rightarrow (t+1)(t+3)(t^2-4t-1)=0$.

显然,$t^2-4t-1\neq 0$. 否则,$t^2-2\times 2t-1=0$. 于是,点 C 在直线 $x-2y-1=0$ 上,即点 C 与 A 或 B 重合.

所以,$t_1=-1$,$t_2=-3$.

故所求点 $C(1,-2)$ 或 $C(9,-6)$.

例 20 (2012年全国高中联赛题) 抛物线 $y^2=2px(p>0)$ 的焦点为 F,准线为 l,A、B 是抛物线上的两个动点,且满足 $\angle AFB=\dfrac{\pi}{3}$. 设线段 AB 的中点 M 在 l 上的投影为 N,则 $\dfrac{|MN|}{|AB|}$ 的最大值是 _____.

解法 1 设 $\angle ABF=\theta\left(0<\theta<\dfrac{2\pi}{3}\right)$. 则由正弦定理得

$\dfrac{|AF|}{\sin\theta}=\dfrac{|BF|}{\sin\left(\dfrac{2\pi}{3}-\theta\right)}=\dfrac{|AB|}{\sin\dfrac{\pi}{3}}$.

故 $\dfrac{|AF|+|BF|}{\sin\theta+\sin\left(\dfrac{2\pi}{3}-\theta\right)}=\dfrac{|AB|}{\sin\dfrac{\pi}{3}}$,即

$\dfrac{|AF|+|BF|}{|AB|}=\dfrac{\sin\theta+\sin\left(\dfrac{2\pi}{3}-\theta\right)}{\sin\dfrac{\pi}{3}}=2\cos\left(\theta-\dfrac{\pi}{3}\right)$.

如图 6-4,由抛物线的定义及梯形的中位线定理得

$$|MN| = \frac{|AF|+|BF|}{2}.$$

则 $\frac{|MN|}{|AB|} = \cos\left(\theta - \frac{\pi}{3}\right)$.

故当 $\theta = \frac{\pi}{3}$ 时, $\frac{|MN|}{|AB|}$ 取得最大值 1.

解法 2 同解法 1 得式 ①.

在 $\triangle AFB$ 中, 由余弦定理得

$$|AB|^2 = |AF|^2 + |BF|^2 - 2|AF||BF|\cos\frac{\pi}{3}$$
$$= (|AF|+|BF|)^2 - 3|AF||BF|$$
$$\geq (|AF|+|BF|)^2 - 3\left(\frac{|AF|+|BF|}{2}\right)^2$$
$$= \left(\frac{|AF|+|BF|}{2}\right)^2 = |MN|^2.$$

当且仅当 $|AF| = |BF|$ 时, 上式等号成立.

故 $\frac{|MN|}{|AB|}$ 的最大值为 1.

图 6-4

例 21 已知 $\triangle ABC$ 中各顶点的坐标分别为 $A(x_1, y_1)$, $B(x_2, y_2)$, $C(x_3, y_3)$, 点 E、F 分别在直线 AC、AB 上, 且 $\frac{\overline{AF}}{\overline{FB}} = \frac{m}{l}$, $\frac{\overline{AE}}{\overline{EC}} = \frac{n}{l}$ $(m \neq -l, n \neq -l, l+m+n \neq 0)$, 求直线 BE 与 CF 的交点坐标.

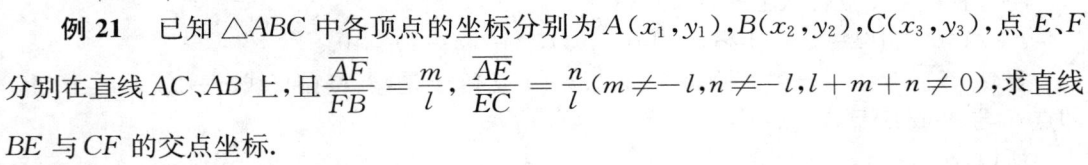

解 由定比分点坐标公式得 E 点的横坐标为

$$x_E = \frac{x_1 + \frac{n}{l}x_3}{1 + \frac{n}{l}} = \frac{lx_1 + nx_3}{l+n}.$$

另一方面, 由梅涅劳斯定理有 $\frac{\overline{AF}}{\overline{FB}} \cdot \frac{\overline{BP}}{\overline{PE}} \cdot \frac{\overline{EC}}{\overline{CA}} = -1$,

于是 $\frac{\overline{BP}}{\overline{PE}} = \frac{l}{m} \cdot \frac{n+l}{l} = \frac{n+l}{m}$.

从而再次利用定比分点坐标公式, 得 P 点的横坐标为

$$x_P = \frac{x_2 + \frac{n+l}{m}x_E}{1 + \frac{n+l}{m}} = \frac{lx_1 + mx_2 + nx_3}{l+m+n}.$$

同理可得, P 的纵坐标为 $y_P = \frac{ly_1 + my_2 + ny_3}{l+m+n}$.

所以, 所求交点坐标为 $\left(\frac{lx_1 + mx_2 + nx_3}{l+m+n}, \frac{ly_1 + my_2 + ny_3}{l+m+n}\right)$.

注 由例 21 中公式可得 $\triangle ABC$ 中重心 G, 内心 I, 重心 H, 外心 O 的坐标分别为

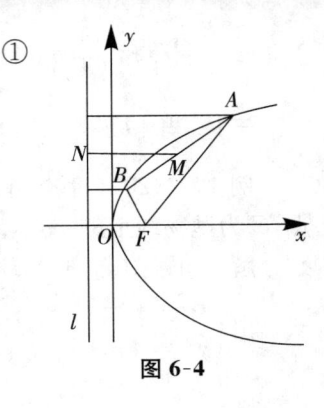

$$G(\frac{x_1+x_2+x_3}{3}, \frac{y_1+y_2+y_3}{3}),$$

$$I(\frac{ax_1+bx_2+cx_3}{a+b+c}, \frac{ay_1+by_2+cy_3}{a+b+c}),$$

$$H(\frac{\frac{a}{\cos A}x_1+\frac{b}{\cos B}x_2+\frac{c}{\cos C}x_3}{\frac{a}{\cos A}+\frac{b}{\cos B}+\frac{c}{\cos C}}, \frac{\frac{a}{\cos A}y_1+\frac{b}{\cos B}y_2+\frac{c}{\cos C}y_3}{\frac{a}{\cos A}+\frac{b}{\cos B}+\frac{c}{\cos C}}),$$

$$O(\frac{x_1\sin 2A+x_2\sin 2B+x_3\sin 2C}{\sin 2A+\sin 2A+\sin 2C}, \frac{y_1\sin 2A+y_2\sin 2B+y_3\sin 2C}{\sin 2A+\sin 2B+\sin 2C}).$$

例 22 已知 $\angle AOB = \theta$(θ 为常数且 $0 < \theta < \frac{\pi}{2}$),动点 P、Q 分别在射线 OA,OB 上使 $\triangle OPQ$ 的面积恒为 36. 设 $\triangle OPQ$ 的重心为 G,点 M 在射线 OG 上且满足 $|OM| = \frac{3}{2}|OG|$.

(1) 求 $|OG|$ 的最小值.

(2) 求动点 M 的轨迹.

分析 因为 OA,OB 关于 $\angle AOB$ 的平分线对称,为了计算简单和保持轨迹方程的对称性,我们以 O 为原点,$\angle AOB$ 的平分线为 x 轴建立坐标系.

解 以 O 为原点,$\angle AOB$ 的平分线为 x 轴建立直角坐标系. 则可设 $P(a\cos\frac{\theta}{2}, a\sin\frac{\theta}{2})$,$Q(b\cos\frac{\theta}{2}, -b\sin\frac{\theta}{2})$,其中 $|OP|=a$,$|OQ|=b$. 于是 $\triangle AOB$ 的重心 G 的坐标为

$$x_G = \frac{1}{3}(a\cos\frac{\theta}{2} + b\cos\frac{\theta}{2} + 0) = \frac{1}{3}(a+b)\cos\frac{\theta}{2},$$

$$y_G = \frac{1}{3}(a\sin\frac{\theta}{2} - b\sin\frac{\theta}{2} + 0) = \frac{1}{3}(a-b)\sin\frac{\theta}{2},$$

$$|OG|^2 = x_G^2 + y_G^2 = \frac{1}{9}(a^2+b^2) + \frac{2}{9}ab(\cos^2\frac{\theta}{2} - \sin^2\frac{\theta}{2})$$

$$= \frac{1}{9}(a^2+b^2) + \frac{2}{9}ab\cos\theta \geq \frac{1}{9} \cdot 2ab + \frac{2}{9}ab\cos\theta$$

$$= \frac{4}{9}ab\cos^2\frac{\theta}{2}.$$

又已知 $S_{\triangle OPQ} = \frac{1}{2}ab\sin\theta = 36$,即 $ab = \frac{72}{\sin\theta}$,于是

$$|OG| \geq \sqrt{\frac{4}{9} \cdot \frac{72}{\sin\theta} \cdot \cos^2\frac{2\theta}{2}} = 4\sqrt{\cot\frac{\theta}{2}},$$

当且仅当 $a = b = \sqrt{\frac{72}{\sin\theta}}$ 时等号成立,故 $|OG|$ 的最小值为 $4\sqrt{\cot\frac{\theta}{2}}$.

(2) 设 M 的坐标为 $M(x,y)$,则由 $|OM| = \frac{3}{2}|OG|$ 得

$$x = \frac{3}{2}x_G = \frac{1}{2}(a+b)\cos\frac{\theta}{2} > 0,$$
$$y = \frac{3}{2}y_G = \frac{1}{2}(a-b)\sin\frac{\theta}{2}.$$

于是 $a = \dfrac{x}{\cos\dfrac{\theta}{2}} + \dfrac{y}{\sin\dfrac{\theta}{2}}, b = \dfrac{x}{\cos\dfrac{\theta}{2}} - \dfrac{y}{\sin\dfrac{\theta}{2}}$,

代入 $ab = \dfrac{72}{\sin\theta}$,得 $\dfrac{x^2}{\cos^2\dfrac{\theta}{2}} - \dfrac{y^2}{\sin^2\dfrac{\theta}{2}} = \dfrac{72}{2\sin\dfrac{\theta}{2}\cos\dfrac{\theta}{2}}$,

即 $\dfrac{x^2}{36\cot\dfrac{\theta}{2}} - \dfrac{y^2}{36\tan\dfrac{\theta}{2}} = 1 (x>0)$.

故 M 点的轨迹为双曲线 $\dfrac{x^2}{36\cot\dfrac{\theta}{2}} - \dfrac{y^2}{36\tan\dfrac{\theta}{2}} = 1$ 的右侧一支.

注 本题如不考虑对称性,不以 $\angle AOB$ 的平分线为 x 轴,计算量要增大,而且得出点 M 的轨迹方程较复杂,难于判定曲线的形状.

例 23 设 $P、Q$ 是椭圆 $\dfrac{x^2}{a^2} + \dfrac{y^2}{b^2} = 1(a>b>0)$ 上任意两点,满足 $\angle POQ = \dfrac{\pi}{2}$(这里 O 为椭圆中心),试求 $\dfrac{1}{|OP|} + \dfrac{1}{|OQ|}$ 的最大值和最小值.

分析 为了便于计算 $|OP|、|OQ|$,将点 $P、Q$ 的坐标化为极坐标.

解 设 $P(x_1, y_1), Q(x_2, y_2)$,化为极坐标,可令 $x_1 = \rho_1\cos\theta, y_1 = \rho_1\sin\theta, x_2 = \rho_2\cos(\theta + \dfrac{\pi}{2}) = -\rho_2\sin\theta, y_2 = \rho_2\sin(\dfrac{\pi}{2} + \theta) = \rho_2\cos\theta$,代入椭圆方程,可求出

$$\rho_1 = \sqrt{\dfrac{a^2b^2}{b^2\cos^2\theta + a\sin^2\theta}}, \rho_2 = \sqrt{\dfrac{a^2b^2}{b^2\sin^2\theta + a^2\cos^2\theta}}.$$

于是 $\dfrac{1}{|OP|} + \dfrac{1}{|OQ|} = \dfrac{1}{\rho_1} + \dfrac{1}{\rho_2} = \dfrac{\sqrt{b^2\cos^2\theta + a^2\sin^2\theta} + \sqrt{b^2\sin^2\theta + a^2\cos^2\theta}}{ab}.$

取直角坐标为 $M(a\cos\theta, b\sin\theta), N(a\sin\theta, b\cos\theta)$ 的两点 $M、N$,则有

$$\dfrac{1}{|OP|} + \dfrac{1}{|OQ|} = \dfrac{|ON| + |OM|}{ab} \leqslant \dfrac{|MN|}{ab}$$
$$= \dfrac{\sqrt{a^2(\cos\theta - \sin\theta)^2 + b^2(\sin\theta - \cos\theta)^2}}{ab}$$
$$= \dfrac{\sqrt{2(a^2+b^2)\cos^2(\dfrac{\pi}{4} + \theta)}}{ab} \leqslant \dfrac{\sqrt{2(a^2+b^2)}}{ab}.$$

当 $\theta = k\pi - \dfrac{\pi}{4}(k \in \mathbf{Z})$ 时等号成立,故 $\dfrac{1}{|OP|} + \dfrac{1}{|OQ|}$ 的最大值为 $\dfrac{\sqrt{2(a^2+b^2)}}{ab}$.

为了求最小值,我们要用到下列不等式:

若 $a \geq d \geq 0, c \geq b \geq 0$，则 $\sqrt{a+b}+\sqrt{c+d} \geq \sqrt{a+c}+\sqrt{b+d}$，等号成立当且仅当 $a=d$ 或 $b=c$. 事实上，

$$(\sqrt{a+b}+\sqrt{c+d})-(\sqrt{a+c}+\sqrt{b+d})$$
$$=(\sqrt{a+b}-\sqrt{a+c})+(\sqrt{c+d}-\sqrt{b+d})$$
$$=(b-c)\left[\frac{1}{\sqrt{a+b}+\sqrt{a+c}}+\frac{1}{\sqrt{c+d}+\sqrt{b+d}}\right] \geq 0,$$

等号成立当且仅当 $b=c$ 或 $a=d$.

下面观察 $\frac{1}{|OP|}+\frac{1}{|OQ|}$ 的表达式，注意到 $a^2\sin^2\theta \geq b^2\sin^2\theta \geq 0$, $a^2\cos^2\theta \geq b^2\cos^2\theta \geq 0$，由上述不等式得

$$\frac{1}{|OP|}+\frac{1}{|OQ|} \geq \frac{\sqrt{a^2\sin^2\theta+a^2\cos^2\theta}+\sqrt{b^2\cos^2\theta+b^2\sin^2\theta}}{ab}=\frac{a+b}{ab}.$$

当 $\theta=k\pi$ 或 $k\pi+\frac{\pi}{2}$（k 为整数）时等号成立，所以 $\frac{1}{|OP|}+\frac{1}{|OQ|}$ 的最小值是 $\frac{a+b}{ab}$.

注 （1）本题求最大值时，可先求出 $\frac{1}{|OP|^2}+\frac{1}{|OQ|^2}=\frac{a^2+b^2}{a^2b^2}$，再利用柯西不等式得 $\frac{1}{|OP|}+\frac{1}{|OQ|} \leq (\sqrt{1^2+1^2})\sqrt{\frac{1}{|OP|^2}+\frac{1}{|OQ|^2}}=\frac{\sqrt{2(a^2+b^2)}}{ab}$，等号成立当且仅当 $|OP|=|OQ| \Leftrightarrow |\cos\theta|=|\sin\theta| \Leftrightarrow k\pi+\frac{\pi}{4}$（$k$ 为整数），所以 $\frac{1}{|OP|}+\frac{1}{|OQ|}$ 的最大值为 $\frac{\sqrt{2(a^2+b^2)}}{ab}$.

（2）当已知条件或结论涉及以原点为端点的线段长度时，可考虑化为极坐标计算，常常可使问题易于求解.

例 24 已知抛物线 $y^2=2px(p>0)$ 的一条长 l 的弦 AB，求 AB 中点 M 到 y 轴的最短距离，并求此时点 M 的坐标.

解 因 A、B 在抛物线 $y^2=2px$ 上，故可设 $A(\frac{a^2}{2p},a)$，$B(\frac{b^2}{2p},b)$，则 AB 的中点 M 的坐标为 $x_M=\frac{a^2+b^2}{4p}$，$y_M=\frac{a+b}{2}$，

于是 $(a+b)^2=4y_M^2$，$(a-b)^2=2(a^2+b^2)-(a+b)^2=8px_M-4y_M^2$.

又由已知条件 $|AB|=l$，得

$$l^2=(\frac{a^2-b^2}{2p})^2+(a-b)^2=(a-b)^2 \cdot \frac{(a+b)^2+4p^2}{4p^2}$$
$$=(8px_M-4y_M^2) \cdot \frac{4y_M^2+4p^2}{4p^2},$$

即 $4(2px_M-y_M^2)(y_M^2+p^2)-p^2l^2=0.$ ①

（1）当 $l \geq 2p$ 时，由①有

$$x_M = \frac{1}{2p}\left[(y_M^2 + p^2) + \frac{p^2 l^2}{4(y_M^2 + p^2)}\right] - \frac{p}{2}$$

$$\geq \frac{1}{2p} \cdot 2\sqrt{\frac{p^2 l^2}{4}} - \frac{l}{2} = \frac{l-p}{2}, \qquad ②$$

等号成立当且仅当 $y_M^2 + p^2 = \frac{p^2 l^2}{4(y_M^2 + p^2)} \Leftrightarrow \sqrt{\frac{p(l-2p)}{2}}$. ③

故 M 点到 y 轴距离的最小值为 $\min x_M = \frac{l-p}{2}$，这时 M 点的坐标为 $(\frac{l-p}{2}, \sqrt{\frac{p(l-2p)}{2}})$.

(2) 当 $0 < l < 2p$ 时，②中等号不可能成立，由①有 $x_M = \frac{1}{8p}(\frac{p^2 l^2}{y^2 + p^2} + 4y^2)$，对 $0 \leq y_1^2 < y_2^2$，有

$$x_2 - x_1 = \frac{(y_2^2 - y_1^2)[4(y_1^2 + p^2)(y_2^2 + p^2) - p^2 l^2]}{8p(y_1^2 + p^2)(y_2^2 + p^2)} > 0 \text{（因 } 4p^4 \geq p^2 l^2\text{）}.$$

可见 x_M 是 y_M^2 的单调递增函数. 当 $y_M = 0$ 时，x_M 取最小值 $\min x_M = \frac{l^2}{8p}$，这时 M 点的坐标为 $(\frac{l^2}{8p}, 0)$.

综上得，M 到 y 轴的最短距离为

$$\min x_M = \begin{cases} \frac{l^2}{8p}, & 0 < l < 2p \text{ 时,} \\ \frac{1}{2}(l-p), & l \geq 2p \text{ 时.} \end{cases}$$

当 $0 < l < 2p$ 时，M 点的坐标为 $(\frac{l^2}{8p}, 0)$；当 $l \geq 2p$ 时，M 点的坐标为 $(\frac{l-p}{2}, \sqrt{\frac{p(l-2p)}{2}})$.

注 利用不等式求最值时，一定要注意等号能否成立，本题之所以要分两种情形讨论，正是因为不等式②中等号成立的充要条件③中只有当 $l \geq 2p$ 才有意义.

例 25 已知椭圆 $\frac{x^2}{a^2} + \frac{y^2}{b^2} = 1 (a > b > 0)$ 的内接平行四边形的一组对边经过它的两个焦点，求这个平行四边形的面积的最大值.

分析 如图 6-5 作 $F_2 H \perp AB$，则 $S_{\square ABCD} = |AB| \cdot |F_2 H|$，而求 $|AB|$，$|F_2 H|$ 的长，可通过以 F_1 为极点建立极坐标系而求出.

解 如图，以左焦点 F_1 为极点，x 轴正方向为极轴建立极坐标系. 过 F_2 作 $F_2 H \perp AB$，垂足为 H，则椭圆方程为 $\rho = \frac{ep}{1 - e\cos\theta}$，其中 $e = \frac{c}{a}$ 为离心率，$p = \frac{a^2}{c} - c = \frac{b^2}{c}$ 为左焦点到左准线的距离. 设过 F_1 的弦 AB 的倾斜角为 $\theta (0 < \theta < \pi)$，则 $A(\rho_1, \theta)$，$B(\rho_2, \theta + \pi)$，于是

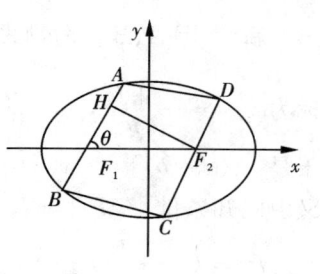

图 6-5

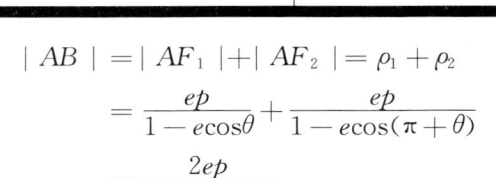

$$|AB| = |AF_1| + |AF_2| = \rho_1 + \rho_2$$
$$= \frac{ep}{1-e\cos\theta} + \frac{ep}{1-e\cos(\pi+\theta)}$$
$$= \frac{2ep}{1-e^2\cos^2\theta},$$
$$|F_2H| = |F_1F_2|\sin\theta = 2c\sin\theta.$$

所以 $S_{\square ABCD} = |AB| \cdot F_2H = \frac{4epc\sin\theta}{1-e^2\cos^2\theta} = \frac{4ab^2c\sin\theta}{b^2+c^2\sin^2\theta} = \frac{4ab^2c}{\frac{b^2}{\sin\theta}+c^2\sin\theta} = \frac{4ab^2c}{f(t)}$,

其中 $f(t) = \frac{b^2}{t} + c^2t, t = \sin\theta(0 < t \leqslant 1)$.

(1) 若 $0 < \frac{b}{c} \leqslant 1$ 时,则 $f(t) \geqslant 2\sqrt{\frac{b^2}{t} \cdot c^2t} = 2bc$(当且仅当 $t = \frac{b}{c}$ 时取等号),此时 $S_{\square ABCD} \leqslant \frac{4ab^2c}{2bc} = 2ab$,即 $S_{\square ABCD}$ 的最大值为 $2bc$.

(2) 若 $\frac{b}{c} > 1$ 时,设 $0 < t_1 < t_2 \leqslant 1$,则

$$f(t_1) - f(t_2) = \frac{b^2}{t_1} + c^2t_1 - \frac{b^2}{t_2} - c^2t_2 = \frac{c^2}{t_1t_2}(t_1-t_2)(t_1t_2 - \frac{b^2}{c^2}) > 0,$$ 即 $f(t_1) > f(t_2)$,

所以 $f(t)$ 在 $(0,1]$ 上严格单调递减,故 $f(t) \geqslant f(1) = b^2 + c^2 = a^2$,有 $S_{\square ABCD} \leqslant \frac{4ab^2c}{a^2} = \frac{4b^2c}{a}$(当且仅当 $t = 1$ 时取等号),即 $S_{\square ABCD}$ 的最大值为 $\frac{4b^2c}{a}$.

综上可得,当 $0 < \frac{b}{c} \leqslant 1$ 时,$S_{\square ABCD}$ 的最大值为 $2ab$;当 $\frac{b}{c} > 1$ 时,$S_{\square ABCD}$ 的最大值为 $\frac{4b^2c}{a}$.

例26 (2007年全国高中联赛试题)已知过点 $(0,1)$ 的直线 l 与曲线 $c: y = x + \frac{1}{x}(x > 0)$ 交于两个不同的点 M 和 N,求曲线 c 在点 M、N 处的切线的交点轨迹.

解 设点 M、N 的坐标分别为 (x_1, y_1),(x_2, y_2),曲线 c 在点 M、N 处的切线分别为 l_1、l_2,其交点 p 的坐标为 (x_p, y_p). 若直线 l 的斜率为 k,则 l 的方程为 $y = kx + 1$.

由方程组 $\begin{cases} y = x + \frac{1}{x} \\ y = kx + 1 \end{cases}$ 消去 y,得 $x + \frac{1}{x} = kx + 1$,即 $(k-1)x^2 + x - 1 = 0$. 依题意该方程在 $(0, +\infty)$ 上有两个相异实根 x_1, x_2,故 $k \neq 1$,且 $\Delta = 1 + 4(k-1) > 0$,$x_1 + x_2 = \frac{1}{1-k} > 0$,$x_1x_2 = \frac{1}{1-k} > 0$,故 $\frac{3}{4} < k < 1$.

对 $y = x + \frac{1}{x}$ 求导得 $y' = 1 - \frac{1}{x^2}$,则 $y'|_{x=x_1} = 1 - \frac{1}{x_1^2}$,$y'|_{x=x_2} = 1 - \frac{1}{x_2^2}$. 于是直线 l_1 的方程为 $y - y_1 = (1 - \frac{1}{x_1^2})(x - x_1)$,即 $y = (1 - \frac{1}{x_1^2})x + \frac{2}{x_1}$. ①

同理可得 l_2 的方程为 $y = (1 - \frac{1}{x_2^2})x + \frac{2}{x_2}$ ②

①$-$② 得 $(\frac{1}{x_2^2} - \frac{1}{x_1^2})x_p + \frac{2}{x_1} - \frac{2}{x_2} = 0$，约去 $\frac{1}{x_1} - \frac{1}{x_2} \neq 0$，化简得 $x_p = \frac{2x_1 x_2}{x_1 + x_2} = \frac{\frac{2}{1-k}}{\frac{1}{1-k}} = 2$.

①$+$② 得 $2y_p = [2 - (\frac{1}{x_1^2} + \frac{1}{x_2^2})]x_p + 2(\frac{1}{x_1} + \frac{1}{x_2})$，其中 $\frac{1}{x_1} + \frac{1}{x_2} = \frac{x_1+x_2}{x_1 x_2} = 1$, $\frac{1}{x_1^2} + \frac{1}{x_2^2} = (\frac{1}{x_1} + \frac{1}{x_2})^2 - \frac{2}{x_1 x_2} = 1^2 - 2(1-k) = 2k - 1$.

故 $2y_p = (3 - 2k)x_p + 2 = (3 - 2k) \times 2 + 2 = 8 - 4k$，$y_p = 4 - 2k$，又因为 $\frac{3}{4} < k < 1$，所以 $2 < y_p < \frac{5}{2}$，即点 p 的轨迹是 $(2,2)$，$(2, \frac{5}{2})$ 两点间的线段（不含端点）.

例 27 （2013 年全国高中联赛题）已知椭圆的方程为 $\frac{x^2}{a^2} + \frac{y^2}{b^2} = 1 (a > b > 0)$，$A_1$、$A_2$ 分别为椭圆的左、右顶点，F_1、F_2 分别为椭圆的左、右焦点，P 为椭圆上不同于 A_1、A_2 的任意一点. 若平面中两个点 Q，R 满足 $QA_1 \perp PA_1$，$QA_2 \perp PA_2$，$RF_1 \perp PF_1$，$RF_2 \perp PF_2$，试确定线段 QR 的长度与 b 的大小关系，并给出证明.

解 令 $c = \sqrt{a^2 - b^2}$. 则 $A_1(-a, 0)$，$A_2(a, 0)$，$F_1(-c, 0)$，$F_2(c, 0)$.

设 $P(x_0, y_0)$，$Q(x_1, y_1)$，$R(x_2, y_2)$，其中，$\frac{x_0^2}{a^2} + \frac{y_0^2}{b^2} = 1$，$y_0 \neq 0$.

由 $QA_1 \perp PA_1$，$QA_2 \perp PA_2$，知

$\overrightarrow{A_1 Q} \cdot \overrightarrow{A_1 P} = (x_1 + a)(x_0 + a) + y_1 y_0 = 0$, ①

$\overrightarrow{A_2 Q} \cdot \overrightarrow{A_2 P} = (x_1 - a)(x_0 - a) + y_1 y_0 = 0$. ②

式 ①、② 相减得 $2a(x_1 + x_0) = 0 \Rightarrow x_1 = -x_0$.

将其代入式 ① 得

$-x_0^2 + a^2 + y_1 y_0 = 0 \Rightarrow y_1 = \frac{x_0^2 - a^2}{y_0}$.

于是，$Q\left(-x_0, \frac{x_0^2 - a^2}{y_0}\right)$.

同理，$R\left(-x_0, \frac{x_0^2 - c^2}{y_0}\right)$.

因此，$|QR| = \left|\frac{x_0^2 - a^2}{y_0} - \frac{x_0^2 - c^2}{y_0}\right| = \frac{b^2}{|y_0|}$.

由于 $|y_0| \in (0, b]$，故 $|QR| \geq b$，当且仅当 $|y_0| = b$ 时，等号成立，此时，$P(0, \pm b)$.

例 28 （2012 年全国高中联赛题）如图 6-6，在平面直角坐标系 xOy 中，菱形 $ABCD$ 的边长为 4，且 $|OB| = |OD| = 6$.

(1) 证明：$|OA|\cdot|OC|$ 为定值；

(2) 当点 A 在半圆 $M:(x-2)^2+y^2=4(2\leqslant x\leqslant 4)$ 上运动时，求点 C 的轨迹.

解 (1) 由 $|AB|=|AD|$，$|CB|=|CD|$，$|OB|=|OD|$，知 O、A、C 三点共线.

如图 6-6，联结 BD. 则 BD 垂直平分线段 AC. 设垂足为 K.

故 $|OA|\cdot|OC|$

$=(|OK|-|AK|)(|OK|+|AK|)$

$=|OK|^2-|AK|^2$

$=(|OB|^2-|BK|^2)-(|AB|^2-|BK|^2)$

$=|OB|^2-|AB|^2=20$（定值）.

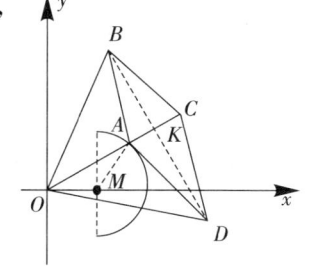

图 6-6

(2) 设 $C(x,y)$，$A(2+2\cos\alpha,2\sin\alpha)$，其中，$\alpha=\angle xMA\left(-\dfrac{\pi}{2}\leqslant\alpha\leqslant\dfrac{\pi}{2}\right)$.

则 $\angle xOC=\dfrac{\alpha}{2}$.

又 $|OA|^2=(2+2\cos\alpha)^2+(2\sin\alpha)^2=8(1+\cos\alpha)=16\cos^2\dfrac{\alpha}{2}$,

所以，$|OA|=4\cos\dfrac{\alpha}{2}$.

由(1)的结论得 $|OC|\cos\dfrac{\alpha}{2}=5$.

则 $x=|OC|\cos\dfrac{\alpha}{2}=5$.

故 $y=|OC|\sin\dfrac{\alpha}{2}=5\tan\dfrac{\alpha}{2}\in[-5,5]$.

因此，点 C 的轨迹是一条线段，其两个端点的坐标分别为 $(5,5),(5,-5)$.

例29 （2009 年全国高中联赛题）设直线 $l:y=kx+m(k,m\in\mathbf{Z})$ 与椭圆 $\dfrac{x^2}{16}+\dfrac{y^2}{12}=1$ 交于不同的两点 A、B，与双曲线 $\dfrac{x^2}{4}-\dfrac{y^2}{12}=1$ 交于不同的两点 C、D. 问：是否存在直线 l，使得向量 $\overrightarrow{AC}+\overrightarrow{BD}=\mathbf{0}$？若存在，指出这样的直线有多少条；若不存在，请说明理由.

解 由 $\begin{cases}y=kx+m,\\ \dfrac{x^2}{16}+\dfrac{y^2}{12}=1,\end{cases}$ 消去 y 化简整理得

$(3+4k^2)x^2+8kmx+4m^2-48=0$.

设 $A(x_1,y_1)$、$B(x_2,y_2)$，则 $x_1+x_2=-\dfrac{8km}{3+4k^2}$.

$\Delta_1=(8km)^2-4(3+4k^2)(4m^2-48)>0$.

①

由 $\begin{cases}y=kx+m,\\ \dfrac{x^2}{4}-\dfrac{y^2}{12}=1,\end{cases}$ 消去 y 化简整理得

$(3-k^2)x^2-2kmx-m^2-12=0.$

设 $C(x_3,y_3)$、$D(x_4,y_4)$，则 $x_3+x_4=\dfrac{2km}{3-k^2}.$

$\Delta_2=(-2km)^2+4(3-k^2)(m^2+12)>0.$ ②

因为 $\overrightarrow{AC}+\overrightarrow{BD}=0$，所以，

$(x_4-x_2)+(x_3-x_1)=0.$

此时，$(y_4-y_2)+(y_3-y_1)=0.$

由 $x_1+x_2=x_3+x_4$，得 $-\dfrac{8km}{3+4k^2}=\dfrac{2km}{3-k^2}.$

故 $2km=0$ 或 $-\dfrac{4}{3+4k^2}=\dfrac{1}{3-k^2}.$

由上式解得 $k=0$ 或 $m=0.$

当 $k=0$ 时，由式①、②得 $-2\sqrt{3}<m<2\sqrt{3}.$

因 m 是整数，所以，m 的值为 $-3,-2,-1,0,1,2,3.$

当 $m=0$ 时，由式①、②得 $-\sqrt{3}<k<\sqrt{3}.$

因 k 是整数，所以，$k=-1,0,1.$

于是，满足条件的直线共有 9 条.

例 30（2010 年全国高中联赛题）已知抛物线 $y^2=6x$ 上的两个动点 $A(x_1,y_1)$、$B(x_2,y_2)$，其中，$x_1\ne x_2$ 且 $x_1+x_2=4$，线段 AB 的垂直平分线与 x 轴交于点 $C.$ 求 $\triangle ABC$ 面积的最大值.

解 如图 6-7，设线段 AB 的中点为 $M(x_0,y_0)$，则

$x_0=\dfrac{x_1+x_2}{2}=2, y_0=\dfrac{y_1+y_2}{2},$

$k_{AB}=\dfrac{y_2-y_1}{x_2-x_1}=\dfrac{y_2-y_1}{\dfrac{y_2^2}{6}-\dfrac{y_1^2}{6}}=\dfrac{6}{y_2+y_1}=\dfrac{3}{y_0}.$

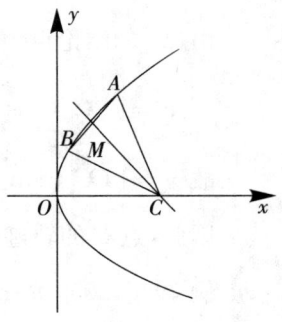

图 6-7

线段 AB 的垂直平分线的方程是

$y-y_0=-\dfrac{y_0}{3}(x-2).$ ①

易知 $C(5,0).$

由式①知直线 AB 的方程为 $y-y_0=\dfrac{3}{y_0}(x-2),$

即 $x=\dfrac{y_0}{3}(y-y_0)+2.$ ②

将式②代入 $y^2=6x$ 得 $y^2=2y_0(y-y_0)+12,$

即 $y^2-2y_0y+2y_0^2-12=0.$ ③

依题意知，y_1、y_2 是方程③的两个实根，且 $y_1\ne y_2.$ 于是，

$\Delta=4y_0^2-4(2y_0^2-12)=-4y_0^2+48>0.$

解得 $-2\sqrt{3} < y_0 < 2\sqrt{3}$.

则 $|AB| = \sqrt{(x_1-x_2)^2+(y_1-y_2)^2} = \sqrt{\left[1+\left(\dfrac{y_0}{3}\right)^2\right](y_1-y_2)^2}$

$= \sqrt{1+\left(\dfrac{y_0^2}{9}\right)[(y_1+y_2)^2-4y_1y_2]}$

$= \dfrac{2}{3}\sqrt{(9+y_0^2)(12-y_0^2)}$.

又定点 $C(5,0)$ 到线段 AB 的距离为

$h = |CM| = \sqrt{(5-2)^2+(0-y_0)^2} = \sqrt{9+y_0^2}$.

故 $S_{\triangle ABC} = \dfrac{1}{2}|AB| \cdot h$

$= \dfrac{1}{3}\sqrt{\dfrac{1}{2}(9+y_0^2)(24-2y_0^2)(9+y_0^2)}$

$\leqslant \dfrac{1}{3}\sqrt{\dfrac{1}{2}\left(\dfrac{9+y_0^2+24-2y_0^2+9+y_0^2}{3}\right)^3}$

$= \dfrac{14\sqrt{7}}{3}$.

当且仅当 $9+y_0^2 = 24-2y_0^2$，即 $y_0 = \pm\sqrt{5}$ 时，上式等号成立.

因此，$\triangle ABC$ 面积的最大值为 $\dfrac{14\sqrt{7}}{3}$.

【模拟实战六】

A 组

1. (2006 年全国高中联赛试题) 已知椭圆 $\dfrac{x^2}{16}+\dfrac{y^2}{4}=1$ 的左、右焦点分别为 F_1 与 F_2，点 p 在直线 $l: x-\sqrt{3}y+8+2\sqrt{3}=0$ 上，当 $\angle F_1PF_2$ 取最大值时，$\left|\dfrac{PF_1}{PF_2}\right|$ 的值为 _____.

2. (2002 年全国高中联赛试题) 已知点 $A(0,2)$ 和抛物线 $y^2=x+4$ 上两点 B、C 使得 $AB \perp BC$，求 C 点纵坐标的取值范围.

3. (2000 年全国高中联赛题) 已知 A 为双曲线 $x^2-y^2=1$ 的左顶点，点 B 和点 C 在双曲线右分支上，$\triangle ABC$ 是等边三角形，则 $\triangle ABC$ 的面积是 _____.

4. 给定抛物线 $C: y^2=4x$，F 是 C 的焦点，过 F 的直线 l 与抛物线 C 交于 A、B 两点，斜率为 1，则向量 $\overrightarrow{OA}$ 与 $\overrightarrow{OB}$ 的夹角等于 _____.

5. (1994 年四川省高中竞赛题) 已知 P 在圆 $x^2+(y-4)^2=1$ 上移动，Q 在椭圆 $\dfrac{x^2}{9}+y^2=$

1上移动,试求$|PQ|$的最大值.

6. (2001年全国高中联赛题)椭圆$\rho = \dfrac{1}{2-\cos\theta}$的短轴长等于_____.

7. (1984年全国高中联赛题)对所有满足$1 \leqslant n \leqslant m \leqslant 5$的$m,n$,极坐标方程$\rho = \dfrac{1}{1-C_m^n\cos\theta}$表示不同的双曲线的条数是_____.

8. (美国第3届数学邀请赛题)xy平面上的一个椭圆,焦点在$(9,20)$和$(49,55)$,并且和x轴相切,求长轴的长度.

9. (俄罗斯第16届数学奥林匹克题)给定一个圆和它内部一点M,考虑所有可能的矩形$MKTP$,它的顶点K,P位于圆上,求点T的轨迹.

10. 证明$W = (u-v)^2 + (\sqrt{2-u^2} - \dfrac{v}{9})^2$在$0 < u < \sqrt{2}, v > 0$上的最小值为8.

B 组

1. (2000年全国高中联赛题)已知$C_0: x^2+y^2=1$和$C_1: \dfrac{x^2}{a^2} + \dfrac{y^2}{b^2} = 1 (a>b>0)$,试问:当且仅当$a,b$满足什么条件时,对$C_1$上任意一点$P$,均存在以$P$为顶点、与$C_0$外切、与$C_1$内接的平行四边形?证明你的结论.

2. (2001年全国高中联赛试题)设曲线$C_1: \dfrac{x^2}{a^2} + y^2 = 1 (a$为正常数$)$与$C_2: y^2 = 2(x+m)$在$x$轴上方仅有一个公共点$P$.
(1) 求实数m的取值范围(用a表示).
(2) O为原点,若C_1与x轴负半轴交于A,当$0 < a < \dfrac{1}{2}$时,试求$\triangle OAP$的最大值.

3. (1997年全国高中联赛题)设双曲线$xy=1$的两支为C_1,C_2,正$\triangle PQR$的三个顶点位于此双曲线上.
(1) 求证:$P、Q、R$不能都在双曲线的同一支上;
(2) 设$P(-1,-1)$在C_2上,Q,R在C_1上,求Q,R的坐标.

4. (1984年山西省高中竞赛题)已知点$A(4,1),B(0,4)$和直线$l: 3x-y-1=0$,试在l上找一点P使$||PA|-|PB||$最大,试求P点的坐标.

5. (美国第18届数学邀请赛题)设整数u,v满足$0 < v < u$,且A为(u,v),令B与A关于直线$y=x$对称,C与B关于y轴对称,D与C关于x轴对称,E与D关于y轴对称,五边形$ABCDE$的面积为451,求$u+v$.

6. 求证:以抛物线$y^2=2px$过焦点的弦为直径的圆必与此抛物线的准线相切.

7. 已知实数a满足:有且只有一个正方形,其4个顶点均在曲线$y=x^3+ax$上.试求该正方形的边长.

8. (蝴蝶定理的推广)已知MN是圆O的一条弦,R是弦MN的中点,过R任作两条相交的

弦 AB 和 CD，过 $A、B、C、D$ 四点的二次曲线 Γ 交 MN 于 $P、Q$ 两点，求证 $|PR|=|RQ|$.

9. 过不在椭圆上的任意一点 P 作两条直线 l_1 和 l_2，分别交椭圆于 $A、B$ 和 $C、D$ 四点．若 l_1，l_2 的倾斜角为 α,β 且 $\alpha+\beta=\pi$，则 $A、B、C、D$ 四点共圆．

10. 已知双曲线 $-\dfrac{x^2}{13}+\dfrac{y^2}{12}=1$ 上存在三点 $A(x_1,y_1),B(\sqrt{26},6),C(x_2,y_2)$ 到一个焦点 F 的距离成等差数列．证明：线段 AC 的中垂线必经过一定点，并求该定点的坐标．

11. （2008 年全国高中联赛试题）设 P 是抛物线 $y^2=2x$ 上的动点，点 $B、C$ 在 y 轴上，圆 $(x-1)^2+y^2=1$ 内切于 $\triangle PBC$，求 $\triangle PBC$ 面积的最小值．

第7章　立体几何

【基础知识】

数学竞赛中的立体几何问题,主要涉及求角(线线角包括异面直线所成的角、线面角、面面角即二面角)、求距离(点点距、点线距、点面距、异面直线之间的距离、平行的线线距、平行的线面距、平行的面面距)、求面积(侧面、截面、全面积)与体积,以及位置关系的判定等.高中联赛中主要以选择题、填空题以及求解角、距、积的形式出现.求解这些问题常常需要熟悉一些特殊几何体(如正方体、四面体、平行六面体、球体、锥体、柱体,以及从正方体或四面体截割下的某特殊几何体或补形成特殊几何体)的性质以及下述的一些结论:

结论 1　(1) 两条异面直线分别与它们的公垂线所确定的两个平面所成的二面角等于这两条异面直线所成的角.

(2) 线段 AB 的两端在直二面角 M-CD-N 内,并且与两个面所成的角为 α 和 β,异面直线 AB 与 CD 所成角为 θ,则 $\sin^2\theta = \sin^2\alpha + \sin^2\beta$.

结论 2　(1) 若 A、B 是异面直线 a、b 上的两点,EF 是公垂线段,点 E 在 a 上,点 F 在 b 上,且 $AE = m, BF = n$,则异面直线 a 和 b 所成的角 θ 满足 $\cos\theta = \left|\dfrac{EF^2 + m^2 + n^2 - AB^2}{2mn}\right|$.

(2) 若 A、B 是异面直线 a、b 上的两点,EF 是公垂线段,则异面直线 AB 和 EF 所成的角 φ 满足 $\cos\varphi = \dfrac{EF}{AB}$.

结论 3　(1) 长度为 l 的线段与其射影线段的长 l_0 有如下关系:$l_0 = l \cdot \cos\theta$,其中 θ 为线段与其射影所成的夹角;(2) 长度为 l 的线段在其共面的两相互垂直的直线上的射影长分别为 l_1, l_2,则 $l^2 = l_1^2 + l_2^2$;(3) 长度为 l 的线段,与它在三条两两互相垂直的直线上的射影长分别为 l_1, l_2, l_3,则 $l^2 = l_1^2 + l_2^2 + l_3^2$.

结论 4　(1) 面积为 S 的多边形与其射影面的面积 S_0 有如下关系:$S_0 = S \cdot \cos\theta$,其中 θ 为多边形所在平面与其射影面所成二面角的大小.(2) 面积为 S 的多边形在三个两两互相垂直的平面上的射影面积分别为 S_1、S_2、S_3,则 $S^2 = S_1^2 + S_2^2 + S_3^2$.(3) 若台体各侧面与底面所成的二面角均为 θ,则 $S_下 - S_上 = S_侧 \cdot \cos\theta$.特别地,当 $S_上 = 0$ 时为锥体情形.

结论 5　如图 7-1,在三棱锥 V-ABC 中,$VC \perp$ 底面 ABC,设二面角 V-AB-C 的大小为 φ,记 $\angle VAC = \theta_1$(此三棱锥可视为长方体中截得的几何体).

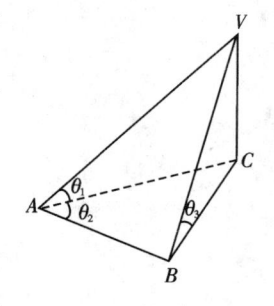

图 7-1

(1) 若 $\angle ACB = 90°$，记 $\angle VBC = \theta_3$，则 $\tan^2\varphi = \tan^2\theta_1 + \tan^2\theta_3$；

(2) 若 $\angle AVB = 90°$，记 $\angle VBC = \theta_3$，则 $\sin^2\varphi = \sin^2\theta_1 + \sin^2\theta_3$；

(3) 记 $\angle VAB = \theta$，则 $\sin\varphi = \dfrac{\sin\theta_1}{\sin\theta}$；

(4) 记 $\angle VAB = \theta$，$\angle BAC = \theta_2$，则 $\cos\varphi = \dfrac{\tan\theta_2}{\tan\theta}$，且有 $\cos\theta = \cos\theta_1 \cdot \cos\theta_2$，$\tan\varphi = \dfrac{\tan\theta_1}{\sin\theta_2}$，还有 $\cos\varphi = \dfrac{\cos\theta_1 - \cos\theta \cdot \cos\theta_2}{\sin\theta \cdot \sin\theta_2}$。

结论 6 在三棱锥 V-ABC 中，二面角 V-AB-C 的大小为 φ，$\angle VAC = \theta_1$，$\angle BAC = \theta_2$，$\angle VAB = \theta$，则 $\cos\varphi = \dfrac{\cos\theta_1 - \cos\theta \cdot \cos\theta_2}{\sin\theta \cdot \sin\theta_2}$。

【基本问题与求解方法】

例 1 （2003 年全国高中联赛题）在四面体 $ABCD$ 中，设 $AB = 1$，$CD = \sqrt{3}$，直线 AB 与 CD 的距离为 2，夹角为 $\dfrac{\pi}{3}$，则四面体 $ABCD$ 的体积等于 _____。

解 如图 7-2，过 C 作 $CE \underline{\parallel} AB$，以 $\triangle CDE$ 为底面，BC 为侧棱作棱柱 ABF-ECD，则所求四面体的体积 V_1 等于上述棱柱体积 V_2 的 $\dfrac{1}{3}$，而 $S_{\triangle CDE} = \dfrac{1}{2} CE \cdot CD \cdot \sin\angle ECD$，$AB$ 与 CD 的公垂线 MN 就是棱柱 ABF-ECD 的高，故 $V_2 = \dfrac{1}{2} MN \cdot CE \cdot CD \cdot \sin\angle ECD = \dfrac{3}{2}$，因此 $V_1 = \dfrac{1}{3} V_2 = \dfrac{1}{2}$。

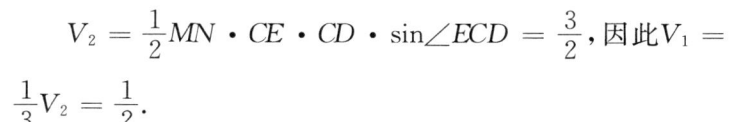

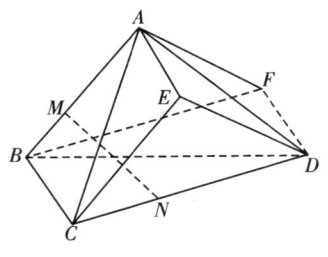

图 7-2

例 2 （2004 年全国高中联赛题）如图 7-3，顶点为 P 的圆锥的轴截面是等腰直角三角形，A 是底面圆周上的点，B 是底面圆内的点，O 为底面圆的圆心，$AB \perp OB$，垂足为 B，$OH \perp PB$，垂足为 H，且 $PA = 4$，C 为 PA 的中点。当三棱锥 O-HPC 的体积最大时，OB 的长为 _____。

解 因为 $AB \perp OB$，$AB \perp OP$，则 $AB \perp PB$。又 $OH \perp PB$，则面 $PAB \perp$ 面 POB，所以，$OH \perp HC$，$OH \perp PA$。因为 C 是 PA 中点，则 $OC \perp PA$，所以，PC 是三棱锥 P-HOC 的高，且 $PC = 2$。

在 Rt$\triangle OHC$ 中，$OC = 2$，所以，当 $HO = HC$ 时，$S_{\triangle HOC}$ 最大，也即 $V_{O\text{-}HPC} = V_{P\text{-}HCO}$ 最大。此时，$HO = \sqrt{2}$，则 $HO = \dfrac{1}{2} OP$。故 $\angle HPO = 30°$，所以，$OB = OP \cdot \tan 30° = \dfrac{2\sqrt{6}}{3}$。

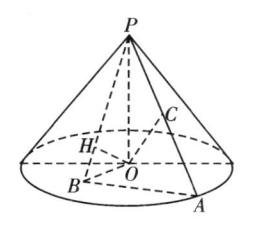

图 7-3

例 3 （第 11 届"希望杯"邀请赛题）从一个半径为 1 分米的圆形铁片中剪去圆心角为 x 弧度的一个扇形，将余下部分卷成一个圆锥（不考虑连接处用料），当圆锥的容积达到最大时，x 的值是 _____。

解 设圆锥的容积是 V，底面半径是 r，高为 h，依题意，得

$$V = \frac{1}{3}\pi r^2 h = \frac{\pi}{3}\left(\frac{2\pi-x}{2\pi}\right)^2 \cdot \sqrt{1-\left(\frac{2\pi-x}{2\pi}\right)^2}$$

$$= \frac{1}{24\pi^2}(2\pi-x)^2\sqrt{4\pi x-x^2} = \frac{1}{24\pi^2}\sqrt{(2\pi-x)^4(4\pi x-x^2)}$$

$$= \frac{1}{24\pi^2}\sqrt{(4\pi^2-4\pi x+x^2)^2(8\pi x-2x^2)\cdot\frac{1}{2}}.$$

其中 $(4\pi^2-4\pi x+x^2)+(4\pi^2-4\pi x+x^2)+(8\pi x-2x^2) = 8\pi^2$（常量）.

所以，当 $4\pi^2-4\pi x+x^2 = 8\pi x-2x^2$，即 $3x^2-12\pi x+4\pi^2 = 0$，

即 $x = \frac{6-2\sqrt{6}}{3}\pi$ 时，V 达到最大值 $\frac{1}{24\pi^2}\sqrt{\frac{1}{2}\left(\frac{8\pi^2}{3}\right)^3} = \frac{2\sqrt{3}}{27}\pi$.

例 4（第 7 届"希望杯"邀请赛题）由平面 M 外一点向 M 引出的两条射线所夹的角是 $\alpha(0<\alpha<\pi)$，两条射线在 M 内的射影所夹的角是 $\beta(0<\beta<\pi)$，那么 α 与 β 之间的大小关系是（　　）.

A. $\alpha < \beta$　　　　B. $\alpha = \beta$

C. $\alpha > \beta$　　　　D. 不能确定

解 如图 7-4，点 P 在平面 M 外，PB、PD 是两条射线，$PA \perp$ 平面 M 于 A，AB 和 AD 是 PB 和 PD 在平面 M 内的射影，$\angle BPD = \alpha$，$\angle BAD = \beta$，$\angle APD = \gamma$，使 $\gamma = 2\beta$（这是可以做到的）. 然后固定 P、A、B 三点的位置及 AD 的方向，当 D 点靠近 A 点时，α 的大小可以无限逼近 β，这个过程中，α 可以等于 β，也可以大于 β. 同样，如开始的图形中，让 $\gamma = \frac{1}{2}\beta$，则当 D 点趋近 A 点时，会有 $\alpha < \beta$. 故选 D.

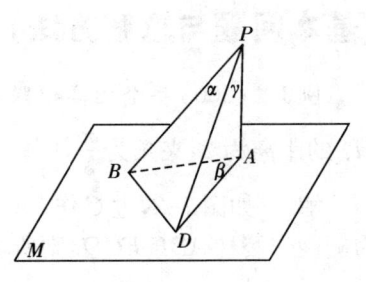

图 7-4

例 5（1998 年全国高中联赛题）设 E、F、G 分别是正四面体 $ABCD$ 的棱 AB、BC、CD 的中点，则二面角 C-FG-E 的大小是_____.

解 如图 7-5，作 $EE_1 \perp$ 平面 BCD，则 $EE_1 \perp BG$. 因 $ABCD$ 是正四面体，则 $AC \perp BD$. 又 $EF \parallel AC$，$FG \parallel BD$，则 $EF \perp FG$，故 $E_1F \perp FG$，所以 $\angle EFE_1$ 是二面角 E-FG-B 的平面角，记为 α.

设正四面体 $ABCD$ 的棱长为 1，则它的高 $AH = \sqrt{AB^2-BH^2} = \sqrt{1^2-\left(\frac{\sqrt{3}}{3}\right)^2} = \frac{\sqrt{6}}{3}$，$EE_1 = \frac{1}{2}AH = \frac{\sqrt{6}}{6}$.

又 $EF = \frac{1}{2}AC = \frac{1}{2}$，则 $\alpha = \arcsin\left(\frac{\sqrt{6}}{6}/\frac{1}{2}\right) = \arcsin\frac{\sqrt{6}}{3}$，从而二面角 C-FG-E 的大小为 $\pi - \arcsin\frac{\sqrt{6}}{3} = \pi - \text{arccot}\frac{\sqrt{2}}{2}$.

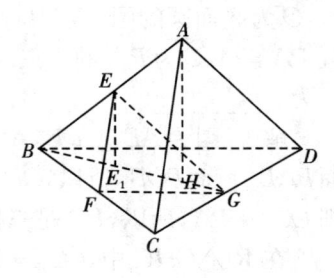

图 7-5

例6 (2008年全国高中联赛题)若三个棱长均为整数(单位:cm)的正方体的表面积之和为$564cm^2$,则这三个正方体的体积之和为_____.

解 设三个正方体的棱长分别为a,b,c则$6(a^2+b^2+c^2)=564 \Rightarrow a^2+b^2+c^2=94$.

不妨设$1 \leq a \leq b \leq c < 10$,从而$3c^2 \geq a^2+b^2+c^2=94 \Rightarrow c^2 > 31$.

故$6 \leq c < 10$,c只能取$9,8,7,6$.

若$c=9$,则$a^2+b^2=94-9^2=13$,易知$a=2,b=3$,有$(a,b,c)=(2,3,9)$.

若$c=8$,则$a^2+b^2=94-64=30$,$b \leq 5$,但$2b^2 \geq 0$,$b \geq 4$. 从而$b=4$或5. 若$b=5$,则$a^2=5$无解;若$b=4$,则$b^2=14$无解. 此时无解.

若$c=7$,同理,可求得唯一解$(a,b,c)=(3,6,7)$.

若$c=6$,则$a^2+b^2=94-36=58$,此时,$2b^2 \geq a^2+b^2=58$,$b^2 \geq 29$. 故$b \geq 6$,但$b \leq c=6$,故$b=6$,此时$a^2=58-36=22$无解.

故共有两组解$(a,b,c)=(2,3,9),(3,6,7)$.

故体积之和为$764cm^3$或$586cm^3$.

例7 (第4届"希望杯"邀请赛题)已知正方体、等边圆柱、球的表面积都是S,体积依次是V_1、V_2、V_3,则体积从小到大的顺序是_____.

解 正方体:$S=6a^2$,$a=\sqrt{\dfrac{S}{6}}$,$V_1=a^3=\sqrt{\dfrac{S^3}{216}}$;等边圆柱:$S=2\pi R^2+2\pi R \cdot 2R=6\pi R^2$,$R=\sqrt{\dfrac{S}{6\pi}}$,$V_2=\pi R^2 \cdot 2R=2\pi\sqrt{\dfrac{S^3}{216\pi^3}}=\sqrt{\dfrac{S^3}{54\pi}}>\sqrt{\dfrac{S^3}{216}}=V_1$;球:$S=4\pi R^2$,$R=\sqrt{\dfrac{S}{4\pi}}$,$V_3=\dfrac{4}{3}\pi R^3=\sqrt{\dfrac{S^3}{36\pi}}>\sqrt{\dfrac{S^3}{54\pi}}=V_2$,故$V_1<V_2<V_3$.

例8 (1996年全国高中联赛题)高为8的圆台内有一个半径为2的球O_1,球心O_1在圆台的轴上,球O_1与圆台上底面、侧面都相切,圆台内可再放入一个半径为3的球O_2,使得球O_2与球O_1、圆台的下底面及侧面都只有一个公共点. 除球O_2,圆台内最多还能放入半径为3的球的个数是_____.

解 作过O_2的圆台的轴截面,如图7-6(1),再作过O_2与圆台的轴垂直的截面,过截面与圆台的轴交于圆O,易求得$OO_2=4$.

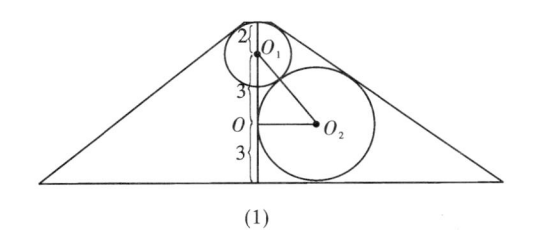

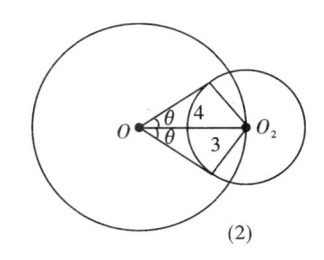

图 7-6

这个问题等价于:在以O为圆心,4为半径的圆上,除O_2外最多还可以放几个点,使以这些点及O_2为圆心,3为半径的圆彼此至多有一个公共点.

由图 7-6(2),$\sin 45° < \sin\theta = \dfrac{3}{4} < \sin 60°$,则 $45° < \theta < 60°$,所以最多还可以放入 $\left[\dfrac{360°}{2\theta}\right] - 1 = 3 - 1 = 2$ 个点,满足上述要求,即圆台内最多还可以放入半径为 3 的球 2 个.

例 9 (1995 年全国高中联赛题)设 O 是正三棱锥 P-ABC 底面 $\triangle ABC$ 的中心,过 O 的动平面与 P-ABC 的三条侧棱或其延长线的交点分别记为 Q、R、S,则和式 $\dfrac{1}{PQ} + \dfrac{1}{PR} + \dfrac{1}{PS}$ ( ).

A. 有最大值而无最小值
B. 有最小值而无最大值
C. 既有最大值又有最小值,且最大值与最小值不等
D. 是一个与平面 QRS 位置无关的常量

解 如图 7-7,四面体 $PQRS$ 可以划分成以 O 点为公共顶点,分别以 $\triangle PQR$、$\triangle PRS$、$\triangle PQS$ 为底面的三个三棱锥. 由已知 $\angle QPR = \angle RPS = \angle QPS = \alpha$.

又 O 是 P-ABC 底面 $\triangle ABC$ 的中心,O 点到三个侧面的距离相等,可设为 d,则三棱锥 O-PQR、O-PQS 的高都是 d,于是有 $V_{PQRS} = V_{O\text{-}PQR} + V_{O\text{-}PRS} + V_{O\text{-}PQS} = \dfrac{1}{6} PQ \cdot PR \cdot \sin\alpha \cdot d + \dfrac{1}{6} PR \cdot PS \cdot \sin\alpha \cdot d + \dfrac{1}{6} PQ \cdot PS \cdot \sin\alpha \cdot d$.

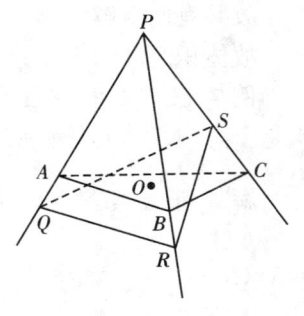

图 7-7

另一方面,四面体 $PQRS$ 又可以看作是以 Q 为顶点,以 $\triangle PRS$ 为底面的三棱锥 Q-PRS,设 PA 与面 PBC 的交角为 θ,则该三棱锥的高是 $PQ \cdot \sin\theta$. 于是,又有 $V_{PQRS} = V_{Q\text{-}PRS} = \dfrac{1}{6} PR \cdot PS \cdot \sin\alpha \cdot PQ \cdot \sin\theta$,从而 $PQ \cdot PR \cdot d + PR \cdot PS \cdot d + PS \cdot PQ \cdot d = PR \cdot PS \cdot PQ \cdot \sin\theta$,即 $\dfrac{1}{PS} + \dfrac{1}{PQ} + \dfrac{1}{PR} = \dfrac{\sin\theta}{d}$,为常量. 故选 D.

例 10 (2004 年全国高中联赛题)如图 7-8,正方体 $ABCD$-$A_1B_1C_1D_1$ 中,二面角 A-BD_1-A_1 的度数是_____.

解 如图 7-8,连结 D_1C,作 $CE \perp BD_1$ 于 E,延长 CE 交 A_1B 于 F,则 $FE \perp BD_1$. 连结 AE,由对称性知 $AE \perp BD_1$,则 $\angle FEA$ 是二面角 A-BD_1-A_1 的平面角. 连结 AC,设 $AB = 1$,则 $AC = AD_1 = \sqrt{2}, BD_1 = \sqrt{3}$.

在 Rt$\triangle ABD_1$ 中,$AE = \dfrac{AB \cdot AD_1}{BD_1} = \dfrac{\sqrt{2}}{\sqrt{3}}$. 在 $\triangle AEC$ 中,

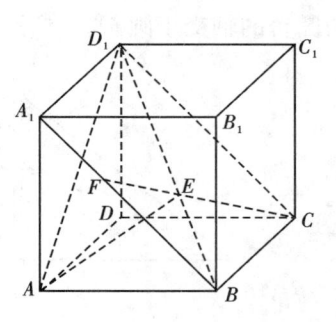

图 7-8

$\cos\angle AEC = \dfrac{AE^2 + CE^2 - AC^2}{2AE \cdot CE} = \dfrac{2AE^2 - AC^2}{2AE^2} = \dfrac{\frac{3}{4}-2}{\frac{4}{3}} = -\dfrac{1}{2}$，所以 $\angle AEC = 120°$. 而 $\angle FEA$ 是 $\angle AEC$ 的补角，故 $\angle FEA = 60°$.

例 11 （第 11 届"希望杯"邀请赛题）如图 7-9，三棱台 $ABC\text{-}DEF$ 的上、下底面边长的比是 $1:2$，G 是 CF 的中点，则棱台被截面 AGE 分成的上、下两部分体积的比是_____.（棱台体积 $V = \dfrac{h}{3}(f + \sqrt{fF} + F)$，其中 h 是台高，f，F 是上、下底的面积）

解 设 H，I 分别是 AD、BE 的中点，设 HI 交 AE 于 J. 因为棱台上、下底面边长是 $1:2$，故可设上、下底面的面积为 $4S$ 和 $16S$，于是其中截面 HIG 的面积为 $9S$.

又 $HJ:JI = 2:1$，则 $S_{\triangle HJG} = 6S$，$S_{\triangle JIG} = 3S$.

设棱台的高为 $2h$，则 $V_{台ABC\text{-}DEF} = \dfrac{1}{3} \cdot 2h(4S + 16S + \sqrt{4 \cdot 16S^2}) = \dfrac{56}{3}hS$.

$V_{台下部分} = V_{锥A\text{-}HJG} + (V_{台HIG\text{-}DEF} - V_{锥E\text{-}JIG})$

$= \dfrac{1}{3}h \cdot 6S + [\dfrac{1}{3}h(9S + 16S + \sqrt{9 \cdot 16S^2}) - \dfrac{1}{3}h \cdot 3S]$

$= 2hS + \dfrac{34}{3}hS = \dfrac{40}{3}hS$.

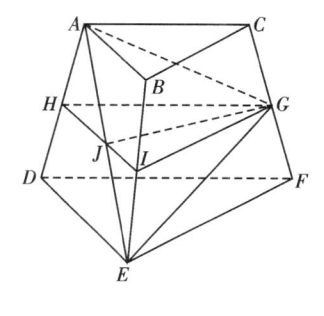

从而 $\dfrac{V_{台下部分}}{V_{台}} = \dfrac{40}{3} \cdot \dfrac{3}{56} = \dfrac{5}{7}$，故 $\dfrac{V_{台上部分}}{V_{台下部分}} = \dfrac{2}{5}$.

图 7-9

例 12 （2008 年全国高中联赛题）一个半径为 1 的小球在一个内壁棱长为 $4\sqrt{6}$ 的正四面体容器内可向各个方向自由运动，则该小球永远不可能接触到的容器内壁的面积是_____.

解 先考虑小球在一个角时的情形，如图 7-10.

记小球的半径为 r，作 $A_1B_1C_1 \parallel$ 面 ABC，与小球切于点 D，则小球球心 O 为正四面体 $P - A_1B_1C_1$ 的中心，$PO \perp$ 面 $A_1B_1C_1$ 于 D，且 D 为 $\triangle A_1B_1C_1$ 的中心.

由 $V_{P-A_1B_1C_1} = \dfrac{1}{3}S_{\triangle A_1B_1C_1} \cdot PD = 4V_{O-A_1B_1C_1} = 4 \cdot \dfrac{1}{3}S_{\triangle A_1B_1C_1} \cdot OD$，得 $PD = 4OD = 4r$，从而 $PO = 3r$.

记此时小球与面 PAB 的切点为 P_1，连接 OP_1，则 $PP_1 = \sqrt{PO^2 - OP_1^2} = \sqrt{(3r)^2 - r^2} = 2\sqrt{2}r = 2\sqrt{2}$.

再考虑小球与正四面体的一个面（不妨取为 $\triangle PAB$）相切的情形，如图 7-11. 易知小球

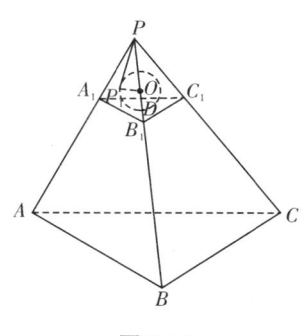

图 7-10

在面 PAB 上最靠近边的切点的轨迹为 $\triangle P_1EF$. 记正四面体的棱长为 a, 作 $P_1M \perp PA$ 于 M. 由 $\angle MPP_1 = 30°$, 知 $PM = PP_1 \cdot \cos 30° = \sqrt{6}r, P_1E = PA - 2PM = a - 2\sqrt{6}r = 4\sqrt{6} - 2\sqrt{6} \cdot 1 = 2\sqrt{6}$.

于是小球与面不能接触到的部分的面积(图中阴影部分) 为

$$S_{\triangle PAB} - S_{\triangle P_1EF} = \frac{\sqrt{3}}{4}[a^2 - (a-2\sqrt{6}r)^2] = 24\sqrt{3} - 6\sqrt{3} = 18\sqrt{3}.$$

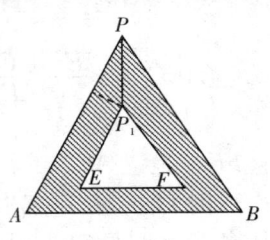

由对称性, 且正面体共 4 个面, 故小球不能接到的容器内壁的面积为 $72\sqrt{3}$.

图 7-11

例 13 (2013 年全国高中联赛题)已知三棱锥 $P-ABC$ 底面边长为 1, 高为 $\sqrt{2}$. 则其内切球半径为_____.

解 如图 7-12, 设球心 O 在平面 ABC 与平面 ABP 内的射影分别为 H、K, 边 AB 的中点为 M, 内切球半径为 r. 则 P、K、M, P、O、H 分别三点共线, $\angle PHM = \angle PKO = \frac{\pi}{2}$, 且

$$OH = OK = r,$$
$$PO = PH - OH = \sqrt{2} - r,$$
$$MH = \frac{\sqrt{3}}{6}AB = \frac{\sqrt{3}}{6},$$
$$PM = \sqrt{MH^2 + PH^2} = \sqrt{\frac{1}{12} + 2} = \frac{5\sqrt{3}}{6}.$$

故 $\dfrac{r}{\sqrt{2}-r} = \dfrac{OK}{PO} = \dfrac{MH}{PM} = \dfrac{1}{5}.$

解得 $r = \dfrac{\sqrt{2}}{6}$.

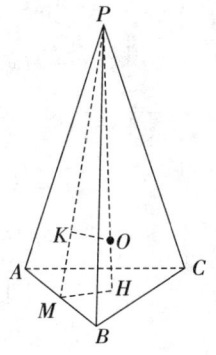

图 7-12

例 14 (2011 年全国高中联赛题)在四面体 $ABCD$ 中, 已知 $\angle ADB = \angle BDC = \angle CDA = 60°, AD = BD = 3, CD = 2$. 则四面体 $ABCD$ 的外接球的半径为_____.

解 如图 7-13, 设四面体 $ABCD$ 的外接球球心为 O, 则点 O 在过 $\triangle ABD$ 的外心 N 且垂直于平面 ABD 的垂线上.

由题设知 N 为正 $\triangle ABD$ 的中心.

设 P、M 分别为 AB、CD 的中点, 则点 N 在 DP 上, 且 $ON \perp DP$, $OM \perp CD$.

设 CD 与平面 ABD 所成角为 θ, 则

$$\cos\theta = \frac{1}{\sqrt{3}}, \sin\theta = \frac{\sqrt{2}}{\sqrt{3}}.$$

在 $\triangle DMN$ 中,

$$DM = \frac{1}{2}CD = 1,$$

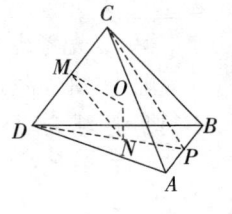

图 7-13

$DN = \frac{2}{3}DP = \frac{2}{3} \times \frac{\sqrt{3}}{2} \times 3 = \sqrt{3}.$

由余弦定理得 $MN^2 = 1^2 + (\sqrt{3})^2 - 2 \times 1 \times \sqrt{3} \times \frac{1}{\sqrt{3}} = 2.$

易知 $MN = \sqrt{2}.$

故球 O 的半径 $R = OD = \frac{MN}{\sin\theta} = \sqrt{3}.$

例 15 (2012 年全国高中联赛题) 设同底的两个正三棱锥 $P-ABC$ 和 $Q-ABC$ 内接于同一个球. 若正三棱锥 $P-ABC$ 的侧面与底面所成的角为 $45°$, 则正三棱锥 $Q-ABC$ 的侧面与底面所成角的正切值是_____.

解 如图 7-14, 联结 PQ. 则 $PQ \perp$ 平面 ABC, 垂足为 H 且为正 $\triangle ABC$ 的中心, 且 PQ 过球心 O.

联结 CH 并延长与 AB 交于点 M. 则 M 为边 AB 的中点, 且 $CM \perp AB$.

易知, $\angle PMH$、$\angle QMH$ 分别为正三棱锥 $P-ABC$、正三棱锥 $Q-ABC$ 的侧面与底面所成二面角的平面角.

则 $\angle PMH = 45° \Rightarrow PH = MH = \frac{1}{2}AH.$

由 $\angle PAQ = 90°, AH \perp PQ$

$\Rightarrow AH^2 = PH \cdot QH \Rightarrow AH^2 = \frac{1}{2}AH \cdot QH$

$\Rightarrow QH = 2AH = 4MH.$

故 $\tan\angle QMH = \frac{QH}{MH} = 4.$

图 7-14

例 16 (2010 年全国高中联赛题) 已知正三棱柱 $ABC-A_1B_1C_1$ 的 9 条棱长都相等, P 是边 CC_1 的中点, 二面角 $B-A_1P-B_1 = \alpha.$ 则 $\sin\alpha =$ _____.

解法 1 如图 7-15, 以 AB 所在直线为 x 轴、线段 AB 的中点 O 为原点、OC 所在直线为 y 轴建立空间直角坐标系.

设正三棱柱的棱长为 2. 则
$B(1,0,0), B_1(1,0,2), A_1(-1,0,2), P(0,\sqrt{3},1).$

故 $\overrightarrow{BA_1} = (-2,0,2), \overrightarrow{BP} = (-1,\sqrt{3},1), \overrightarrow{B_1A_1} = (-2,0,0),$
$\overrightarrow{B_1P} = (-1,\sqrt{3},-1).$

设分别与平面 BA_1P、平面 B_1A_1P 垂直的向量为 $\boldsymbol{m} = (x_1,y_1,z_1), \boldsymbol{n} = (x_2,y_2,z_2).$ 则

$\begin{cases} \boldsymbol{m} \cdot \overrightarrow{BA_1} = -2x_1 + 2z_1 = 0, \\ \boldsymbol{m} \cdot \overrightarrow{BP} = -x_1 + \sqrt{3}y_1 + z_1 = 0; \end{cases}$

$\begin{cases} \boldsymbol{n} \cdot \overrightarrow{B_1A_1} = -2x_2 = 0, \\ \boldsymbol{n} \cdot \overrightarrow{B_1P} = -x_2 + \sqrt{3}y_2 - z_2 = 0. \end{cases}$

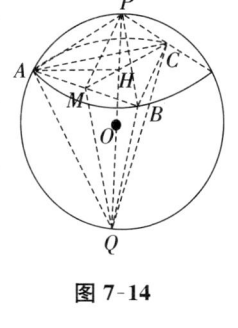

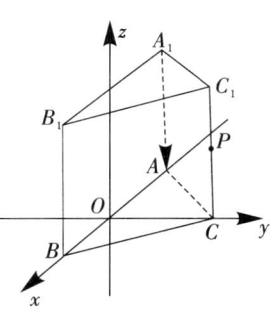

图 7-15

由此可设 $m=(1,0,1), n=(0,1,\sqrt{3})$.

所以，$|m \cdot n|=|m| \cdot |n| |\cos \alpha|$，即

$$\sqrt{3}=\sqrt{2}\times 2|\cos \alpha| \Rightarrow |\cos \alpha|=\frac{\sqrt{6}}{4}.$$

因此，$\sin \alpha=\frac{\sqrt{10}}{4}$.

解法 2　如图 7-16，$PC=PC_1, PA_1=PB$.
设 A_1B 与 AB_1 交于点 O，则 $PO \perp$ 平面 ABB_1A_1.
又 $A_1B \perp AB_1$，则 $OB_1 \perp$ 平面 PA_1B.
过点 O 在平面 PA_1B 上作 $OE \perp A_1P$，垂足为 E，联结 B_1E，则 $\angle B_1E$ 为二面角 $B-A_1P-B_1$ 的平面角.
设 $AA_1=2$. 易求得
$PB=PA_1=\sqrt{5}, A_1O=B_1O=\sqrt{2}, PO=\sqrt{3}$.
在 Rt△PA_1O 中，
$A_1O \cdot PO = A_1P \cdot OE \Rightarrow \sqrt{2}\times\sqrt{3}=\sqrt{5}OE \Rightarrow OE=\frac{\sqrt{6}}{\sqrt{5}}$.

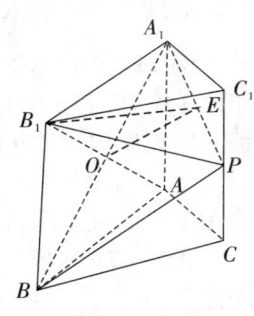

又 $B_1O=\sqrt{2}$，则

$B_1E=\sqrt{B_1O^2+OE^2}=\frac{4\sqrt{5}}{5}$.

故 $\sin \alpha=\sin\angle B_1EO=\frac{B_1O}{B_1E}=\frac{\sqrt{10}}{4}$.

图 7-16

【解题思维策略分析】

1. 充分利用正方体、长方体等特殊多面体的性质

例 17　(2003 年全国高中联赛题) 一个四面体的所有棱长都为 $\sqrt{2}$，四个顶点在同一球面上，则此球的表面积为(　　).

A. 3π　　　　　　　　B. 4π
C. $3\sqrt{3}\pi$　　　　　　D. 6π

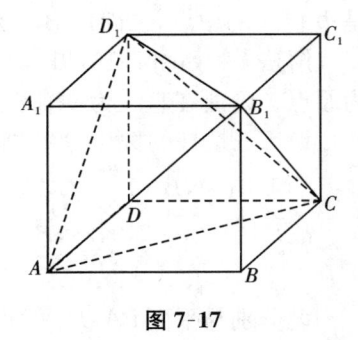

解　作出一个棱长为 1 的正方体，如图 7-17. 连 AB_1、AD_1、AC、CD_1、CB_1、B_1D_1，则四面体 ACB_1D_1 为符合题意的四面体，而它的外接球的直径为正方体的对角线长.
设该外接球的半径为 R，则 $2R=AC_1=\sqrt{3}$，所以此正四面体外接球的表面积 $S=4\pi R^2=3\pi$. 故选 A.

图 7-17

例 18　(第 7 届"希望杯"邀请赛题) 在三棱锥 $P-ABC$ 中，$\angle APC=\angle CPB=\angle BPA=\frac{\pi}{2}$，并且 $PA=PB=3, PC=4$，又 M 是底面 ABC 内一点，则 M 到该三棱锥三个侧面的距离的平方和的最小值是_____.

解 由于题设的三棱锥在顶点处的三个面角都是90°,所以这个棱锥可以看作是长方体的一个角体,从而可以应用长方体的性质:对角线的平方等于三边的平方的和.

如图 7-18,设点 M 到棱锥各侧面的距离是 MD、ME、MF,则 $MD^2 + ME^2 + MF^2 = MP^2$. 当 $MP \perp$ 面 ABC 时,MP 最短,这时三棱锥 P-ABC 和 A-PBC 是等体积的,所以 $MP = \dfrac{PA \cdot PB \cdot PC}{2S_{\triangle ABC}}$,其中 $PA = PB = 3, PC = 4, AC = BC = 5, AB = 3\sqrt{2}, S_{\triangle ABC} = \dfrac{3}{2}\sqrt{41}$. 于是 $MP = \dfrac{12}{\sqrt{41}}$,即 $MP^2 = \dfrac{144}{41}$.

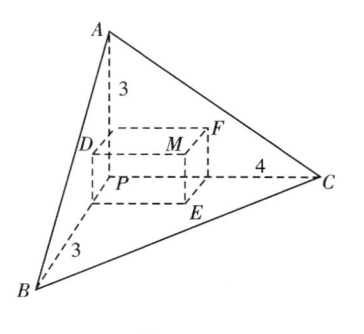

图 7-18

2. 善于运用转化的处理策略

例 19 (2003年全国高考题) 如图 7-19,在直三棱柱 ABC-$A_1B_1C_1$ 中,底面是等腰直角三角形,$\angle ACB = 90°$,侧棱 $AA_1 = 2$,D、E 分别是 C_1C 与 A_1B 的中点,点 E 在平面 ABD 上的射影是 $\triangle ABD$ 的重心 G.

(1) 求 A_1B 与平面 ABD 所成角的大小(结果用反三角函数值表示);

(2) 求点 A_1 到平面 AED 的距离.

解 (1) 连 BG,则 BG 是 BE 在面 ABD 的射影,即 $\angle EBG$ 是 A_1B 与平面 ABD 所成的角. 设 F 为 AB 的中点,连 EF、FC. 由 D、E 分别是 CC_1、A_1B 的中点,又 $DC \perp$ 平面 ABC,则 $CDEF$ 为矩形. 连 DF,G 是 $\triangle ADB$ 的重心,则 G 在 DF 上. 在 $\text{Rt}\triangle EFD$ 中,$EF^2 = FG \cdot FD = \dfrac{1}{3}FD^2$. 因 $EF = 1$,则 $FD = \sqrt{3}$.

于是 $ED = \sqrt{2}$,$EG = \dfrac{1 \cdot \sqrt{2}}{\sqrt{3}} = \dfrac{\sqrt{6}}{3}$.

又 $FC = ED = \sqrt{2}$,则 $AB = 2\sqrt{2}$,$A_1B = 2\sqrt{3}$,$EB = \sqrt{3}$.

从而 $\sin\angle EBG = \dfrac{EG}{EB} = \dfrac{\sqrt{6}}{3} \cdot \dfrac{1}{\sqrt{3}} = \dfrac{\sqrt{2}}{3}$,即 A_1B 与平面 ABD 所成的角是 $\arcsin\dfrac{\sqrt{2}}{3}$.

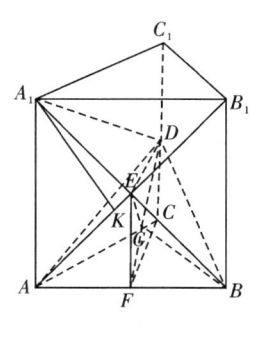

图 7-19

(2) 由 $ED \perp AB$,$ED \perp EF$,又 $EF \cap AB = F$,则 $ED \perp$ 面 A_1AB.

又 $ED \subset$ 面 AED,则平面 $AED \perp$ 平面 A_1AB,且面 $AED \cap$ 面 $A_1AB = AE$. 作 $A_1K \perp AE$ 于 K,则 $A_1K \perp$ 面 AED,即 A_1K 是 A_1 到平面 AED 的距离. 在 $\triangle A_1AB$ 中,$A_1K = \dfrac{A_1A \cdot A_1B_1}{AB_1} = \dfrac{2 \cdot 2\sqrt{2}}{2\sqrt{3}} = \dfrac{2\sqrt{6}}{3}$,故 A_1 到平面 AED 的距离为 $\dfrac{2\sqrt{6}}{3}$.

另解 连 A_1D,有 $V_{A_1\text{-}ADE} = V_{D\text{-}AA_1E}$.

由 $ED \perp AB$,$ED \perp EF$,又 $EF \cap AB = F$,则 $ED \perp$ 面 A_1AB.

设 A_1 到平面 AED 的距离为 h,则 $S_{\triangle AED} \cdot h = S_{\triangle A_1AE} \cdot ED$.

又 $S_{\triangle A_1AE} = \frac{1}{2}S_{\triangle A_1AB} = \frac{1}{4}A_1A \cdot AB = \sqrt{2}$, $S_{\triangle AED} = \frac{1}{2}AE \cdot ED = \frac{\sqrt{6}}{2}$, 从而 $h = \sqrt{2} \cdot \sqrt{2}/\frac{\sqrt{6}}{2} = \frac{2}{3}\sqrt{6}$, 即 A_1 到面 AED 的距离为 $\frac{2\sqrt{6}}{3}$.

3. 恰当进行估算、分类处理问题

例 20 直三棱柱 ABC-$A'B'C'$ 的体积为 V, P、Q 分别为侧棱 AA'、CC' 上的点, 且 $AP = C'Q$, 则四棱锥 B-$APQC$ 的体积为_____.

解 利用特例估算, 若令 A 与 P 重合, Q 与 C' 重合, 此时仍满足条件 $AP = C'Q(=0)$, 则有 $V_{B\text{-}APQC} = V_{C'\text{-}ABC} = \frac{1}{3}Sh = \frac{1}{3}V$.

例 21 (2007 年全国高中联赛题) 已知正方体 $ABCD$-$A_1B_1C_1D_1$ 的棱长为 1, 以顶点 A 为球心, $\frac{2}{3}\sqrt{3}$ 为半径作一个球, 则球面与正方体的表面相交所得到的曲线的长等于_____.

解 如图 7-20, 球面与正方体的六个面都相交, 所得的交线分为两类: 一类在顶点 A 所在的三个面上, 即 AA_1B_1B、面 $ABCD$ 和面 AA_1D_1D 上; 另一类在不过顶点 A 的三个面上, 即面 BB_1C_1C、面 CC_1D_1D 和面 $A_1B_1C_1D_1$ 上.

在面 AA_1B_1B 上, 交线为 $\overset{\frown}{EF}$ 且在过球心 A 的大圆上, 由 $AE = \frac{2}{3}\sqrt{3}$, $AA_1 = 1$, 知 $\angle A_1AE = 30°$, 同理 $\angle BAF = 30°$, 所以 $\angle EAF = 30°$, 故 $\overset{\frown}{EF}$ 的长为 $\frac{2}{3}\sqrt{3} \cdot \frac{\pi}{6} = \frac{\sqrt{3}}{9}\pi$. 而这样的弧共三条.

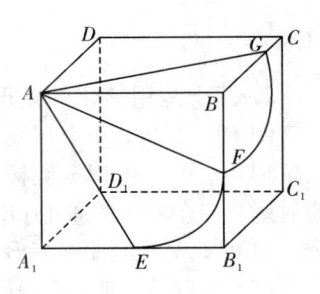

图 7-20

在面 BB_1C_1C 上, 交线为 $\overset{\frown}{FG}$ 且在距球心为 1 的平面与球面相交得到的小圆上. 此时, 小圆的圆心为 B, 半径为 $\frac{\sqrt{3}}{3}$, $\angle FBG = \frac{\pi}{2}$, 所以 $\overset{\frown}{FG}$ 的长为 $\frac{\sqrt{3}}{3} \cdot \frac{\pi}{2} = \frac{\sqrt{3}}{6}\pi$. 这样的弧也有三条.

于是, 所得的曲线长为 $3(\frac{\sqrt{3}}{9}\pi + \frac{\sqrt{3}}{6}\pi) = \frac{5}{6}\sqrt{3}\pi$.

4. 灵活运用有关结论求解问题

例 22 (1988 年北京市竞赛题) 在正方体 AC_1 中, 求二面角 C_1-D_1B-C 的大小.

解 如图 7-21, 连 C_1、D 交 CD_1 于 O, 易知 $OC_1 \perp$ 平面 BCD_1, 连 BO.

在三棱锥 C_1-BOD_1 中, $OC_1 \perp$ 面 BOD_1, $BC_1 \perp C_1D_1$. 设二面角 C_1-BD_1-O 的大小为 φ, 则由本章结论 5(2), 有 $\sin^2\varphi = \sin^2\angle C_1BO + \sin^2\angle C_1D_1O$.

而 $\sin\angle C_1BO = \frac{OC_1}{BC_1} = \frac{1}{2}$,

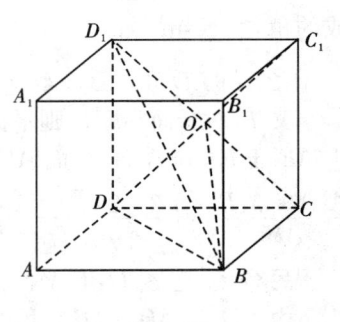

图 7-21

$$\sin\angle C_1D_1O = \sin 45° = \frac{\sqrt{2}}{2}.$$

故求得 $\sin\varphi = \frac{\sqrt{3}}{2}$，即二面角 C_1-D_1B-C 的大小是 $60°$.

例23 （1991年江苏省竞赛题）设 AA_1B_1B 为圆柱的轴截面，C 是底面圆周上的一点. 又设二面角 A-A_1B-$C = \alpha$, $\angle CAB = \beta$, $\angle CA_1B = \gamma$, 求证: $\alpha = \arcsin\left(\frac{\cos\beta}{\cos\gamma}\right)$.

证明 如图 7-22，由 C 是圆柱底面圆周上的点，易知 $A_1C \perp BC$，过 C 作 $CH \perp AB$ 于 H. 由圆柱轴截面性质，$CH \perp$ 轴截面 AA_1B_1B.

连 A_1H，在三棱锥 C-HBA_1 中，$CH \perp$ 底面 HBA_1，由本章结论 5(3)，有 $\sin\alpha = \frac{\sin\angle CBH}{\sin\angle CBA_1}$.

在 Rt$\triangle ABC$ 中，$\angle CAB = \beta$，则 $\sin\angle CBH = \sin(90° - \beta) = \cos\beta$.

在 Rt$\triangle A_1BC$ 中，$\angle CA_1B = \gamma$，则 $\sin\angle CBA_1 = \sin(90° - \gamma) = \cos\gamma$.

从而 $\sin\alpha = \frac{\cos\beta}{\cos\gamma}$, 故 $\alpha = \arcsin\left(\frac{\cos\beta}{\cos\gamma}\right)$.

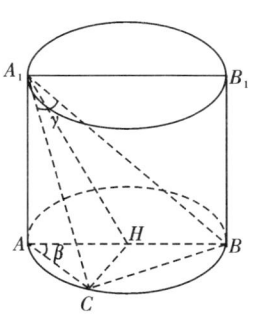

图 7-22

5. 注意运用祖暅原理求解问题

例24 （2002年全国高中联赛题）由曲线 $x^2 = 4y$, $x^2 = -4y$, $x = 4$, $x = -4$ 围成的图形绕 y 轴旋转一周所得旋转体的体积为 V_1, 满足 $x^2 + y^2 \leqslant 16$, $x^2 + (y-2)^2 \geqslant 4$, $x^2 + (y+2)^2 \geqslant 4$ 的点组成的图形绕 y 轴旋转一周所得旋转体的体积为 V_2, 则_____.

解 如图 7-23，两旋转体均夹在两相距为 8 的平行平面之间，用任一个与 y 轴垂直的平面去截这两个旋转体，设截面与原点之间的距离为 $|y|$，则所得截面面积 $S_1 = \pi(4^2 - 4|y|)$, $S_2 = \pi(4^2 - y^2) - \pi[4 - (2-|y|)^2] = \pi(4^2 - 4|y|) = S_1$.

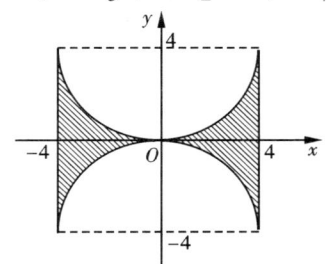

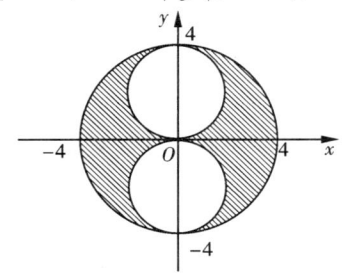

图 7-23

由祖暅原理，知 $V_1 = V_2$.

【模拟实战七】

A 组

1. （1994年全国高中联赛题）在正 n 棱锥中，相邻两侧面所成的二面角的取值范围

是_____.

2. (1992年全国高中联赛题)设四面体四个面的面积分别为S_1、S_2、S_3、S_4,它们的最大值为S,记$\lambda = \dfrac{\sum_{i=1}^{4} S_i}{S}$,则$\lambda$一定满足_____.

3. (第11届"希望杯"邀请赛题)正方体$ABCD-A_1B_1C_1D_1$中,E、F分别是AB、BB_1的中点,则A_1E和C_1F所成的角是_____.

4. (第11届"希望杯"邀请赛题)圆锥的侧面展开图是半径为1,圆心角为$\dfrac{3}{2}\pi$的扇形,则过圆锥顶点的截面面积的最大值是_____.

5. (第10届"希望杯"邀请赛题)棱长为1的正方体和它的外接球与一个平面相交得到的截面是一个圆及它的内接正三角形,那么球心到该截面的距离等于_____.

6. (第8届"希望杯"邀请赛题)在二面角$\alpha\text{-}l\text{-}\beta$的两个面$\alpha$、$\beta$内,分别有直线$a$、$b$,它们与棱$l$都不垂直,则( ).

   A. 当该二面角是直二面角时,可能$a \parallel b$,也可能$a \perp b$
   B. 当该二面角是直二面角时,可能$a \parallel b$,但不可能$a \perp b$
   C. 当该二面角不是直二面角时,可能$a \parallel b$,但不可能$a \perp b$
   D. 当该二面角不是直二面角时,不可能有$a \parallel b$,也不可能有$a \perp b$

7. (第8届"希望杯"邀请赛题)在正方体AC_1中,M、N分别是棱C_1D_1、AB的中点,A_1、M、C、N四点在同一个平面内,则CD和平面A_1MCN所成的角的正弦值是_____.

8. (第6届"希望杯"邀请赛题)将棱长为a的正四面体和棱长为a的正八面体的一个面重合,得到的新多面体的面数是_____.

9. (第5届"希望杯"邀请赛题)半球形的碗内盛满了水,若将碗口平面倾斜$30°$,则碗内溢出的水的容积是原来容积的_____.

10. (第5届"希望杯"邀请赛题)圆台的上底半径为5厘米,下底半径为10厘米,母线AB长20厘米(其中B在下底圆周上),从母线AB的中点M拉一条绳子,围绕圆台的侧面转到B点,当所用绳子最短的时候,绳子上的点和圆台上底圆周上的点之间的最短距离是_____.

11. (2003年全国高中联赛题)将八个半径都为1的球分两层放置在一个圆柱内,并使得每个球和其相邻的四个球相切,且与圆柱的一个底面及侧面都相切,则此圆柱的高等于_____.

12. (2001年全国高中联赛题)正方体$ABCD-A_1B_1C_1D_1$的棱长为1,则直线A_1C_1与BD_1的距离是_____.

13. (2000年全国高中联赛题)一个球与正四面体的六条棱都相切,若正四面体的棱长为a,则这个球的体积是_____.

14. (1999年全国高中联赛题)已知三棱锥$S\text{-}ABC$的底面是正三角形,A点在侧面SBC上的射影H是$\triangle SBC$的垂心,二面角$H\text{-}AB\text{-}C$的平面角等于$30°$,$SA = 2\sqrt{3}$. 那么,三棱

锥 S-ABC 的体积为_____.

15. (1998年全国高中联赛题)$\triangle ABC$ 中,$\angle C=90°,\angle B=30°,AC=2,M$ 是 AB 的中点.将 $\triangle ACM$ 沿 CM 折起,使 A、B 两点间的距离为 $2\sqrt{2}$,此时三棱锥 A-BCM 的体积等于_____.

16. (1997年全国高中联赛题)已知三棱锥 S-ABC 的底面是以 AB 为斜边的等腰直角三角形,$SA=SB=SC=2,AB=2$.设 S,A,B,C 四点均在以 O 为球心的某个球面上,则点 O 到平面 ABC 的距离为_____.

17. (第11届"希望杯"邀请赛题)正三棱柱 ABC-$A_1B_1C_1$ 的所有棱长都相等,D 是 AA_1 的中点,则 BC_1 和 CD 所成的角是_____,面 BCD 与面 CDB_1 所成二面角等于_____.

18. (第9届"希望杯"邀请赛题)已知四面体 $ABCD$ 中,$AD=BC=1$,E、F 分别是 AB、CD 上的点,且 $BE:EA=CF:FD=1:2,EF=a(a>0)$,则 AD 和 BC 所成角 θ 等于_____.

B 组

1. 已知长方体的全面积为11,其12条棱长之和为24,求长方体的对角线之长.
2. 已知直平行六面体的底面为菱形,两对角面面积为 Q_1、Q_2,求此直平行六面体的侧面积.
3. 在三棱锥 A-BCD 中,各棱长均为1,E、F 分别为 AC、AD 的中点,O 为 $\triangle BCD$ 的中心,求异面直线 BE 与 FO 所成的角.
4. (第4届"希望杯"邀请赛题)矩形 $ABCD$ 与矩形 $ABEF$ 全等,D-AB-E 是直二面角,M 为 AB 的中点,FM 与 BD 成角 θ,$\sin\theta=\dfrac{\sqrt{78}}{9}$,求 $\left|\dfrac{AB}{BC}\right|$ 的值.
5. (1994年全国高考题)已知 $A_1B_1C_1$-ABC 是正三棱柱,D 是 AC 中点.(1)证明:AB_1∥平面 DBC_1;(2)假设 $AB_1 \perp BC_1$,求以 BC_1 为棱,DBC_1 与 CBC_1 为面的二面角 α 的度数.
6. (1996年全国高考题)在正三棱柱 ABC-$A_1B_1C_1$ 中,$E\in BB_1$,截面 $A_1EC\perp$ 侧面 AC_1.(1)求证:$BE=EB_1$;(2)若 $AA_1=A_1B_1$,求平面 A_1EC 与平面 $A_1B_1C_1$ 所成二面角(锐角)的度数.
7. (1989年全国高中联赛题)已知正三棱锥 S-ABC 的高 $SO=3$,底面边长为6,过 A 点向它所对的侧面 SBC 作垂线,垂足为 O',在 AO' 上取一点 P,使 $\dfrac{AP}{PQ'}=8$.求经过 P 点平行于底面的截面的面积.
8. (1994年河北省竞赛题)将一个四面体的每个顶点与它所对底面三角形的重心相连接,得到四条线段.证明:这四条线段相交于一点.

第8章 向量

【基础知识】

向量的基础知识和有关性质,可以用来处理函数、不等式、三角、平面几何、立体几何、解析几何等各学科的问题,因而向量是中学数学中的一个重要工具. 利用向量知识及性质处理问题的特点是形数结合,运算有法可循,因此,向量法既有综合法的灵巧,又有坐标法的方便,能把综合法与坐标法有机地结合在一起.

为了便于应用向量方法,掌握下述结论是必要的.

结论1 (平面向量的基本定理) 如果 $\vec{e_1}$、$\vec{e_2}$ 是同一平面内两个不共线向量,那么对于这一平面内的任一向量 $\vec{a}$,有且只有一组实数 λ_1, λ_2,使得 $\vec{a} = \lambda_1 \vec{e_1} + \lambda_2 \vec{e_2}$.

特别地,若记 $\vec{OA} = \vec{e_1}, \vec{OB} = \vec{e_2}, \vec{OC} = \vec{a}$,则有 $\vec{OC} = \lambda_1 \vec{OA} + \lambda_2 \vec{OB}$.

结论2 若 $\vec{OC} = \lambda_1 \vec{OA} + \lambda_2 \vec{OB}(\lambda_1, \lambda_2 \in \mathbf{R})$,则 $A、B、C$ 三点共线的充要条件是 $\lambda_1 + \lambda_2 = 1$.

特别地,若记 $\vec{OA} = \vec{a}, \vec{OB} = \vec{b}, \vec{OC} = \vec{c}$,则 $A、B、C$ 三点共线的充要条件是:有不全为 0 的实数 $l、m、n$,使得 $l\vec{a} + m\vec{b} + n\vec{c} = 0$,且 $l + m + n = 0$.

若 $A、B、C$ 三点共线,且 $\vec{AC} = \lambda \vec{CB}$,$O$ 为任意一点,则有 $\vec{OC} = \dfrac{\vec{OA} + \lambda \vec{OB}}{1 + \lambda}$.

结论3 对于向量 $\vec{a} = (x_1, y_1), \vec{b} = (x_2, y_2)$,则

(1) $\vec{a} // \vec{b} \Leftrightarrow \vec{a} = \lambda \vec{b}$ 或 $\vec{a} \times \vec{b} = 0$ 或 $x_1 y_2 - x_2 y_1 = 0$;

(2) $\vec{a} \perp \vec{b} \Leftrightarrow \vec{a} \cdot \vec{b} = 0$ 或 $|\vec{a} \times \vec{b}| = |\vec{a}| \cdot |\vec{b}|$ 或 $x_1 x_2 + y_1 y_2 = 0$.

(3) $\vec{a} \cdot \vec{b} = |\vec{a}| \cdot |\vec{b}| \cdot \cos(\vec{a}, \vec{b})$,$|\vec{a} \times \vec{b}| = |\vec{a}| \cdot |\vec{b}| \cdot \sin(\vec{a}, \vec{b})$,其中 $(\vec{a}, \vec{b})$ 表示向量 $\vec{a}$ 和 $\vec{b}$ 之间正方向的夹角.

结论4 设 $\vec{a}, \vec{b}$ 为两向量,则 $\vec{a} \cdot \vec{b} \leqslant |\vec{a}| \cdot |\vec{b}|$,$|\vec{a} \cdot \vec{b}| \leqslant |\vec{a}| \cdot |\vec{b}|$.

结论5 (空间向量的基本定理) 如果 $\vec{e_1}、\vec{e_2}、\vec{e_3}$ 是空间中三个不共面的向量,那么对于空间中任一向量 $\vec{a}$,有且只有一组实数 $\lambda_1, \lambda_2, \lambda_3$ 使得 $\vec{a} = \lambda_1 \vec{e_1} + \lambda_2 \vec{e_2} + \lambda_3 \vec{e_3}$.

平面向量的结论 2、3、4 等均可以推广到空间向量中去.

结论6 平面上点 P 到直线 l 的距离

$$d(P,l) = \begin{cases} \dfrac{|(\vec{P}-\vec{A})\cdot\vec{n}|}{|\vec{n}|}, & \text{当 } A\in l, \vec{n}\perp l \text{ 时;} \\ \dfrac{|(\vec{P}-\vec{A})\times\vec{v}|}{|\vec{v}|}, & \text{当 } A\in l, \vec{v}\parallel l \text{ 时;} \\ \dfrac{|\vec{PA}\times\vec{PB}|}{|\vec{AB}|} = \dfrac{|\vec{P}\times\vec{A}+\vec{A}\times\vec{B}+\vec{B}\times\vec{P}|}{|\vec{A}-\vec{B}|}, & \text{当 } A、B\in l \text{ 时.} \end{cases}$$

【基本问题与求解方法】

例 1 (2004 年全国高中联赛题) 如图 8-1，设点 O 在 $\triangle ABC$ 内部，且有 $\vec{OA}+2\vec{OB}+3\vec{OC}=0$，则 $\triangle ABC$ 的面积与 $\triangle AOC$ 的面积的比为 _____．

解 设 $M、N$ 分别是 $AC、BC$ 的中点，则 $\vec{OA}+\vec{OC}=2\vec{OM}, 2(\vec{OB}+\vec{OC})=4\vec{ON}$.

从而 $\vec{OA}+2\vec{OB}+3\vec{OC}=2(\vec{OM}+2\vec{ON})=0$，

即 $\vec{OM}$ 与 $\vec{ON}$ 共线，且 $|\vec{OM}|=2|\vec{ON}|$．

所以，$\dfrac{S_{\triangle ANC}}{S_{\triangle AOC}}=\dfrac{3}{2}$，于是 $\dfrac{S_{\triangle ABC}}{S_{\triangle AOC}}=\dfrac{3\cdot 2}{2}=3$.

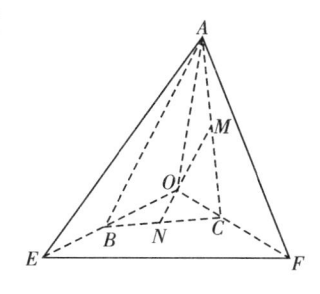

图 8-1

另解 如图 8-1，延长 OB 至 E，使 $OE=2OB$，延长 OC 至 F，使 $OF=3OC$，则

$$\vec{OA}+\vec{OE}+\vec{OF}=0. \qquad (*)$$

从而知点 O 为 $\triangle AEF$ 的重心. 显然，

$S_{\triangle AOC}=\dfrac{1}{3}S_{\triangle AOF}=\dfrac{1}{9}S_{\triangle AEF}$，

$S_{\triangle AOB}=\dfrac{1}{2}S_{\triangle AOE}=\dfrac{1}{6}S_{\triangle AEF}$，

$S_{\triangle BOC}=\dfrac{1}{6}S_{\triangle EOF}=\dfrac{1}{18}S_{\triangle AEF}$.

所以，$S_{\triangle ABC}=\dfrac{1}{3}S_{\triangle AEF}$，故 $S_{\triangle ABC}=3S_{\triangle AOC}$.

注 上述另解运用了三角形的重心性质(*). 运用重心性质(*)，可将例 1 推广为：设 O 点在 $\triangle ABC$ 内部，且有 $p\cdot\vec{OA}+q\cdot\vec{OB}+r\cdot\vec{OC}=0(p,q,r\in\mathbf{R}^+)$，则 $\triangle ABC$ 的面积与 $\triangle AOB、\triangle BOC、\triangle AOC$ 的面积的比分别为 $\dfrac{p+q+r}{r}, \dfrac{p+q+r}{p}, \dfrac{p+q+r}{q}$.

事实上，如图 8-2，延长 OA 至 D，使 $OD=p\cdot OA$，延长 OB 至 E，使 $OE=q\cdot OB$，延长 OC 至 F，使 $OF=r\cdot OC$，则 $\vec{OD}+\vec{OE}+\vec{OF}=0$，从而 O 为 $\triangle DEF$ 的重心. 显然，$S_{\triangle AOB}=\dfrac{1}{pq}S_{\triangle DOE}=\dfrac{1}{3pq}S_{\triangle DEF}$，

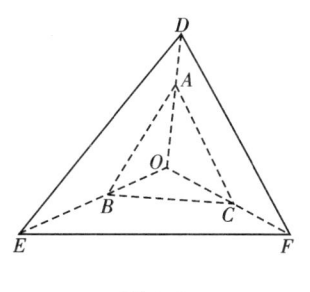

图 8-2

$$S_{\triangle BOC} = \frac{1}{qr}S_{\triangle EOF} = \frac{1}{3qr}S_{\triangle DEF},$$

$$S_{\triangle AOC} = \frac{1}{rp}S_{\triangle DOF} = \frac{1}{3rp}S_{\triangle DEF}.$$

所以,$S_{\triangle ABC} = \frac{p+q+r}{3pqr}S_{\triangle DEF}.$

故 $S_{\triangle ABC} = \frac{p+q+r}{r}S_{\triangle AOB}, S_{\triangle ABC} = \frac{p+q+r}{p}S_{\triangle BOC}, S_{\triangle ABC} = \frac{p+q+r}{q}S_{\triangle AOC}.$

例2 (2002年安徽省竞赛题) 已知$\overrightarrow{OP}=(2,1),\overrightarrow{OA}=(1,7),\overrightarrow{OB}=(5,1)$.设$X$是直线$OP$上的一点($O$为坐标原点),那么,使$\overrightarrow{XA}\cdot\overrightarrow{XB}$取最小值时,$\angle AXB$的值为_____.

解 设$\overrightarrow{OX}=(x_0,y_0)$,由$\overrightarrow{OP}=(2,1)$,则$\frac{x_0}{2}=\frac{y_0}{1}$,从而$x_0=2y_0$,则$\overrightarrow{XA}=(1-2y_0,7-y_0)$,$\overrightarrow{XB}=(5-2y_0,1-y_0)$.于是$\overrightarrow{XA}\cdot\overrightarrow{XB}=(5-2y_0)(1-2y_0)+(1-y_0)(7-y_0)=5y_0^2-20y_0+12$.因此,当$y_0=2$时,$\overrightarrow{XA}\cdot\overrightarrow{XB}$有最小值.此时,$\overrightarrow{OX}=(4,2),\overrightarrow{XA}=(-3,5),$ $\overrightarrow{XB}=(1,-1),|\overrightarrow{XA}|=\sqrt{34},|\overrightarrow{XB}|=\sqrt{2}$,故$\cos\angle AXB=\frac{\overrightarrow{XA}\cdot\overrightarrow{XB}}{|\overrightarrow{XA}|\cdot|\overrightarrow{XB}|}=-\frac{4\sqrt{17}}{17}.$

例3 (2000年河北省竞赛题) 已知$a、b\in\mathbf{R}^+,m、n\in\mathbf{R},m^2n^2>a^2m^2+b^2n^2$,令$M=\sqrt{m^2+n^2},N=a+b$,则$M$与$N$的大小关系是_____.

解 作向量$\vec{\alpha}=\left(\frac{a}{n},\frac{b}{m}\right),\vec{\beta}=(n,m)$.由$M^2>\frac{a^2m^2+b^2n^2}{m^2n^2}\cdot M^2=\left(\frac{a^2}{n^2}+\frac{b^2}{m^2}\right)(n^2+m^2)=|\vec{\alpha}|^2\cdot|\vec{\beta}|^2\geqslant(\vec{a}\cdot\vec{b})^2=(a+b)^2=N^2$,得到$M>N$.

例4 (2007年全国高中联赛题) 在$\triangle ABC$和$\triangle AEF$中,B是EF的中点,$AB=EF=1$,,$BC=6,CA=\sqrt{33}$,若$\overrightarrow{AB}\cdot\overrightarrow{AE}+\overrightarrow{AC}\cdot\overrightarrow{AF}=2$,则$\overrightarrow{EF}$与$\overrightarrow{BC}$的夹角的余弦值等于_____.

解 因$\overrightarrow{AB}\cdot\overrightarrow{AE}+\overrightarrow{AC}\cdot\overrightarrow{AF}=2$,则$\overrightarrow{AB}(\overrightarrow{AB}+\overrightarrow{BE})+\overrightarrow{AC}(\overrightarrow{AB}+\overrightarrow{BF})=2$,即$\overrightarrow{AB}^2+\overrightarrow{AB}\cdot\overrightarrow{BE}+\overrightarrow{AC}\cdot\overrightarrow{AB}+\overrightarrow{AC}\cdot\overrightarrow{BF}=2.$

因$\overrightarrow{AB}^2=1,\overrightarrow{AC}\cdot\overrightarrow{AB}=\sqrt{33}\cdot 1\cdot\frac{33+1-36}{2\cdot\sqrt{33}\cdot 1}=-1,\overrightarrow{BE}=-\overrightarrow{BF}$,则$1+\overrightarrow{BF}\cdot(\overrightarrow{AC}-\overrightarrow{AB})-1=2$,即$\overrightarrow{BF}\cdot\overrightarrow{BC}=2$.设$\overrightarrow{EF}$与$\overrightarrow{BC}$的夹角为$\theta$,则有$|\overrightarrow{BF}|\cdot|\overrightarrow{BC}|\cdot\cos\theta=2$,即有$\cos\theta=\frac{2}{3}.$

例5 (2006年全国高中联赛题) 已知$\triangle ABC$,若对任意$t\in\mathbf{R},|\overrightarrow{BA}-t\overrightarrow{BC}|\geqslant|\overrightarrow{AC}|$,则$\triangle ABC$一定为_____三角形.

解 令$\angle ABC=\alpha$,过A作$AD\perp BC$于D,由$|\overrightarrow{BA}-t\overrightarrow{BC}|\geqslant|\overrightarrow{AC}|$,得$|\overrightarrow{BA}|^2-2t\overrightarrow{BA}\cdot\overrightarrow{BC}+t^2|\overrightarrow{BC}|^2\geqslant|\overrightarrow{AC}|^2.$

令$t=\frac{\overrightarrow{BA}\cdot\overrightarrow{BC}}{|\overrightarrow{BC}|^2}$,代入上式得$|\overrightarrow{BA}|^2-2|\overrightarrow{BA}|^2\cdot\cos\alpha+\cos^2\alpha\cdot|\overrightarrow{BA}|^2\geqslant|\overrightarrow{AC}|^2,$

即 $|\overrightarrow{BA}|^2 \cdot \sin^2\alpha \geqslant |\overrightarrow{AC}|^2$,也即 $|\overrightarrow{BA}| \cdot \sin\alpha \geqslant |\overrightarrow{AC}|$.

从而 $|\overrightarrow{AD}| \geqslant |\overrightarrow{AC}|$. 由此可得 $\angle ACB = 90°$.

例6 (2000年全国高中联赛题)在椭圆 $\dfrac{x^2}{a^2} + \dfrac{y^2}{b^2} = 1 (a > b > 0)$ 中,记左焦点为 F,右顶点为 A,短轴上方的端点为 B. 若该椭圆的离心率是 $\dfrac{\sqrt{5}-1}{2}$,则 $\angle ABF = $ _____.

解 设 c 为椭圆的半焦距,则 A、B、F 三点坐标分别为 $A(a,0), B(0,b), F(-c,0)$.

由 $\dfrac{c}{a} = \dfrac{\sqrt{5}-1}{2}$,得 $c^2 + ac = a^2$.

因 $\overrightarrow{BF} \cdot \overrightarrow{BA} = (-c,-b) \cdot (a,-b) = -ac + b^2 = -ac + a^2 - c^2 = 0$,

知 $\overrightarrow{BF} \perp \overrightarrow{BA}$. 故 $\angle ABF = 90°$.

例7 (2005年全国高中联赛题)空间四点 A、B、C、D 满足 $|\overrightarrow{AB}| = 3$, $|\overrightarrow{AC}| = 7$, $|\overrightarrow{CD}| = 11$, $|\overrightarrow{DA}| = 9$,则 $\overrightarrow{AC} \cdot \overrightarrow{BD}$ 的取值为 _____.

解 因 $\overrightarrow{AB}^2 + \overrightarrow{CD}^2 = 3^2 + 11^2 = 130 = 7^2 + 9^2 = \overrightarrow{BC}^2 + \overrightarrow{DA}^2$,由 $\overrightarrow{AB} + \overrightarrow{BC} + \overrightarrow{CD} + \overrightarrow{DA} = 0$,得 $\overrightarrow{AB} + \overrightarrow{CD} = -(\overrightarrow{BC} + \overrightarrow{DA})$,两边平方得 $\overrightarrow{AB} \cdot \overrightarrow{CD} = \overrightarrow{BC} \cdot \overrightarrow{DA}$,故 $\overrightarrow{AB} \cdot \overrightarrow{CD} = -\overrightarrow{AD} \cdot \overrightarrow{BC}$. 于是

$\overrightarrow{AC} \cdot \overrightarrow{BD} = (\overrightarrow{AB} + \overrightarrow{BC})(\overrightarrow{BC} + \overrightarrow{CD}) = (\overrightarrow{AB} + \overrightarrow{BC} + \overrightarrow{CD})\overrightarrow{BC} + \overrightarrow{AB} \cdot \overrightarrow{CD} = \overrightarrow{AD} \cdot \overrightarrow{BC} + \overrightarrow{AB} \cdot \overrightarrow{CD} = 0$.

例8 (2006年全国高中联赛题)在直三棱柱 $A_1B_1C_1$-ABC 中,$\angle BAC = \dfrac{\pi}{2}, AB = AC = AA_1 = 1$. 已知 G 与 E 分别为 A_1B_1 和 CC_1 的中点,D 与 F 分别为线段 AC 和 AB 上的动点(不包括端点). 若 $GD \perp EF$,则线段 DF 的长度的取值范围为 _____.

解 建立空间直角坐标系,以 A 为坐标原点,AB 为 x 轴正向,AC 为 y 轴正向,AA_1 为 z 轴正向,则 $F(t_1,0,0)(0 < t_1 < 1), E(0,1,\dfrac{1}{2}), G(\dfrac{1}{2},0,1), D(0,t_2,0)(0 < t_2 < 1)$,所以

$\overrightarrow{EF} = (t_1,-1,-\dfrac{1}{2}), \overrightarrow{GD} = (-\dfrac{1}{2},t_2,-1)$.

又 $\overrightarrow{DF} = (t_1,-t_2,0), |\overrightarrow{DF}| = \sqrt{t_1^2 + t_2^2} = \sqrt{5t_2^2 - 4t_2 + 1} = \sqrt{5(t_2 - \dfrac{2}{5})^2 + \dfrac{1}{5}}$,从而有 $\dfrac{\sqrt{5}}{5} \leqslant |\overrightarrow{DF}| < 1$.

例9 (2001年全国高中联赛题)正方体 $ABCD$-$A_1B_1C_1D_1$ 的棱长为 1,则直线 A_1C_1 与 BD_1 的距离 d 是 _____.

解 如图 8-3,建立空间直角坐标系 B-xyz,易知 $A_1(1,0,1), C_1(0,1,1), D_1(1,1,1)$,故 $\overrightarrow{A_1C_1} = (-1,1,0), \overrightarrow{A_1D_1} = (0,1,0), \overrightarrow{BD_1} = (1,1,1)$. 设 $\vec{n} = (x,y,z)$,且 $\vec{n} \perp \overrightarrow{A_1C_1}, \vec{n} \perp \overrightarrow{BD_1}$. 由

$\begin{cases} \vec{n} \cdot \overrightarrow{A_1C_1} = 0, \\ \vec{n} \cdot \overrightarrow{BD_1} = 0, \end{cases}$ 解得 $\begin{cases} -x + y = 0, \\ x + y + z = 0. \end{cases}$

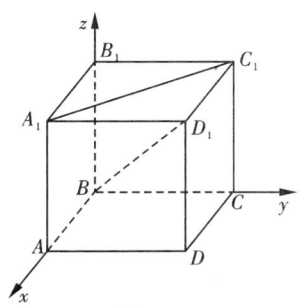

图 8-3

令 $x=1$，得 $\vec{n}=(1,1,-2)$，由本章结论6，

故 $d = \dfrac{|\overrightarrow{A_1D_1} \cdot \vec{n}|}{|\vec{n}|} = \dfrac{\sqrt{6}}{6}$.

例10 求实数 x,y 的值，使得 $(y-1)^2+(x+y-3)^2+(2x+y-6)^2$ 达到最小值.

解 设 $\vec{a}=(y-1,x+y-3,2x+y-6)$，$\vec{b}=(-1,2,-1)$.

由于 $|\vec{a}|^2 = (y-1)^2+(x+y-3)^2+(2x+y-6)^2$

$$\geqslant \dfrac{(\vec{a}\cdot\vec{b})^2}{|\vec{b}|^2} = \dfrac{(-y+1+2x+2y-6-2x-y+6)^2}{(-1)^2+2^2+(-1)^2}$$

$$= \dfrac{1}{6},$$

其中等号当且仅当 $\dfrac{y-1}{-1} = \dfrac{x+y-3}{2} = \dfrac{2x+y-6}{-1}$，即 $x=\dfrac{5}{2}$，$y=\dfrac{5}{6}$ 时取得，故 $(y-1)^2+(x+y-3)^2+(2x+y-6)^2$ 取最小值 $\dfrac{1}{6}$.

例11 如图8-4，正三棱柱 ABC-$A_1B_1C_1$ 的侧棱长为2，底面边长为1，M 是 BC 的中点，在直线 CC_1 上求一点 N，使 $MN \perp AB_1$.

解 由向量的数量积概念，必须由条件 $\overrightarrow{MN} \cdot \overrightarrow{AB_1} = 0$ 来求出 $\overrightarrow{CN}$ 的长度，而 $\overrightarrow{MN}$ 与 $\overrightarrow{AB_1}$ 都不是已知向量，且和 $\overrightarrow{CN}$ 没有直接联系，因此，须选择一组基本向量来表示 $\overrightarrow{MN}$ 与 $\overrightarrow{AB_1}$.

沿 AB、AC、AA_1 射线方向分别取单位向量 $\vec{i}$、$\vec{j}$、$\vec{k}$. 设 $\overrightarrow{CN} = x\vec{k}$，则 $\overrightarrow{AB_1} = \vec{i}+2\vec{k}$，$\overrightarrow{MN} = \dfrac{1}{2}(\vec{j}-\vec{i})+x\vec{k}$.

由 $\overrightarrow{AB_1} \cdot \overrightarrow{MN} = (\vec{i}+2\vec{k})(-\dfrac{1}{2}\vec{i}+\dfrac{1}{2}\vec{j}+x\vec{k}) = 0$，

解得 $x = \dfrac{1}{8}$.

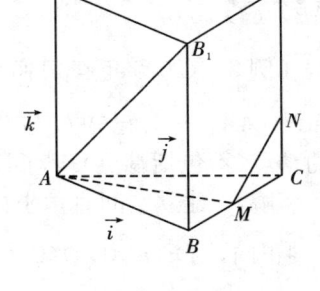

图 8-4

故 $|\overrightarrow{CN}| = \dfrac{1}{8}$ 时，$MN \perp AB_1$.

例12（2013年全国高中联赛题）在平面直角坐标系 xOy 中，已知点 A、B 在抛物线 $y^2=4x$ 上，满足 $\overrightarrow{OA} \cdot \overrightarrow{OB} = -4$，$F$ 为抛物线的焦点. 则 $S_{\triangle OFA} \cdot S_{\triangle OFB} = $ _____.

解 由题意知点 $F(1,0)$.

设 $A(x_1,y_1)$，$B(x_2,y_2)$.

于是，$x_1 = \dfrac{y_1^2}{4}$，$x_2 = \dfrac{y_2^2}{4}$.

则 $-4 = \overrightarrow{OA} \cdot \overrightarrow{OB} = x_1x_2 + y_1y_2$

$$= \dfrac{1}{16}(y_1y_2)^2 + y_1y_2 \Rightarrow \dfrac{1}{16}(y_1y_2+8)^2 = 0 \Rightarrow y_1y_2 = -8.$$

故 $S_{\triangle OFA} \cdot S_{\triangle OFB} = \left(\dfrac{1}{2}|OF||y_1|\right)\left(\dfrac{1}{2}|OF||y_2|\right) = \dfrac{1}{4}|OF|^2|y_1y_2| = 2$.

【解题思维策略分析】

1. 注意向量基本定理的运用

例 13 (2012年全国高中联赛题) 设 P 是函数 $y = x + \dfrac{2}{x}(x>0)$ 图象上的任意一点，过 P 分别向直线 $y = x$ 和 y 轴作垂线，垂足分别为 A、B. 则 $\overrightarrow{PA} \cdot \overrightarrow{PB} = $ _____.

解法 1 设 $P\left(x_0, x_0 + \dfrac{2}{x_0}\right)$.

则 $l_{PA}: y - \left(x_0 + \dfrac{2}{x_0}\right) = -(x - x_0)$，即 $y = -x + 2x_0 + \dfrac{2}{x_0}$.

上式与 $y = x$ 联立解得点 $A\left(x_0 + \dfrac{1}{x_0}, x_0 + \dfrac{1}{x_0}\right)$，又点 $B\left(0, x_0 + \dfrac{2}{x_0}\right)$，则

$\overrightarrow{PA} = \left(\dfrac{1}{x_0}, -\dfrac{1}{x_0}\right), \overrightarrow{PB} = (-x_0, 0)$.

故 $\overrightarrow{PA} \cdot \overrightarrow{PB} = \dfrac{1}{x_0}(-x_0) = -1$.

解法 2 如图 8-5，设 $P\left(x_0, x_0 + \dfrac{2}{x_0}\right)(x_0 > 0)$.

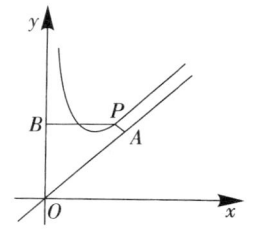

则点 P 到直线 $x - y = 0$ 和 y 轴的距离分别为

$|PA| = \dfrac{\left|x_0 - \left(x_0 + \dfrac{2}{x_0}\right)\right|}{\sqrt{2}} = \dfrac{\sqrt{2}}{x_0}, |PB| = x_0$.

因为 O、A、P、B 四点共圆，所以，

$\angle APB = \pi - \angle AOB = \dfrac{3\pi}{4}$.

故 $\overrightarrow{PA} \cdot \overrightarrow{PB} = |\overrightarrow{PA}||\overrightarrow{PB}|\cos\dfrac{3\pi}{4} = -1$.

图 8-5

例 14 如图 8-6，在 $\triangle ABC$ 中，$BM:BC = 1:3, BN:BA = 3:5$，AM 与 CN 交于点 P. 若 $\overrightarrow{BC} = \vec{a}, \overrightarrow{BA} = \vec{b}$，试用 $\vec{a}, \vec{b}$ 表示 $\overrightarrow{BP}$.

解 因为 $BM:BC = 1:3, BN:BA = 3:5, \overrightarrow{BC} = \vec{a}, \overrightarrow{BA} = \vec{b}$，所以 $\overrightarrow{BM} = \dfrac{1}{3}\vec{a}, \overrightarrow{BN} = \dfrac{3}{5}\vec{b}$. 设 $\overrightarrow{MP} = \alpha \overrightarrow{MA}$，则

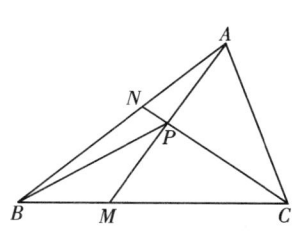

$\overrightarrow{BP} = \overrightarrow{BM} + \overrightarrow{MP} = \dfrac{1}{3}\vec{a} + \alpha \overrightarrow{MA} = \dfrac{1}{3}\vec{a} + \alpha\left(\vec{b} - \dfrac{1}{3}\vec{a}\right) = \dfrac{1-\alpha}{3}\vec{a} + \alpha\vec{b}$.

设 $\overrightarrow{NP} = \beta \overrightarrow{NC}$，则 $\overrightarrow{BP} = \overrightarrow{BN} + \overrightarrow{NP} = \dfrac{3}{5}\vec{b} + \beta(\overrightarrow{BC} - \overrightarrow{BN}) = \dfrac{3-3\beta}{5}\vec{b} + \beta\vec{a}$,

由平面向量基本定理知

图 8-6

$$\begin{cases} \dfrac{1-\alpha}{3}=\beta \\ \alpha=\dfrac{3-3\beta}{5} \end{cases} \Leftrightarrow \begin{cases} \alpha=\dfrac{1}{2}, \\ \beta=\dfrac{1}{6}. \end{cases}$$

所以 $\overrightarrow{BP}=\dfrac{1}{6}\vec{a}+\dfrac{1}{2}\vec{b}$.

例 15 （2001 年全国高考题）如图 8-7，设抛物线 $y^2=2px(p>0)$ 的焦点为 F，经过点 F 的直线交抛物线于 A、B 两点，点 C 在抛物线的准线上，且 BC // x 轴，证明：直线 AC 经过原点.

解 抛物线 $y^2=2px(p>0)$，焦点是 $F\left(\dfrac{p}{2},0\right)$，$\overrightarrow{OF}=\left(\dfrac{p}{2},0\right)$，准线：$x=-\dfrac{p}{2}$.

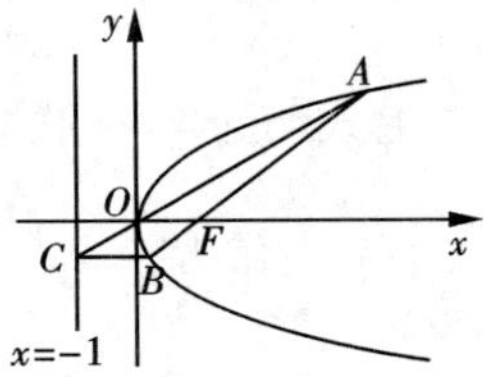

设 $\overrightarrow{OB}=(x_0,y_0)$，$A$、$F$、$B$ 共线，则设
$\overrightarrow{OA}=\lambda\overrightarrow{OF}+(1-\lambda)\overrightarrow{OB}$，
$\overrightarrow{OA}=\left(\dfrac{\lambda}{2}p+(1-\lambda)x_0,(1-\lambda)y_0\right)$，

由 BC // x 轴，得 $\overrightarrow{OC}=\left(-\dfrac{p}{2},y_0\right)$.

又因点 A 在抛物线上，得 $(1-\lambda)^2y_0^2=2p\left[\dfrac{\lambda}{2}p+(1-\lambda)x_0\right]$，

因为 A、B、F 共线，故 $(1-\lambda)y_0\cdot y_0=-p^2$，得到 $\lambda=1+\dfrac{p}{2x_0}$，

从而 $\overrightarrow{OA}=\left(\dfrac{p^2}{4x_0},-\dfrac{py_0}{2x_0}\right)$，即 $\overrightarrow{OA}=\left(\dfrac{p^3}{2y_0^2},-\dfrac{p^2}{y_0}\right)$.

而 $\overrightarrow{OC}=\left(-\dfrac{p}{2},y_0\right)$，所以 $\overrightarrow{OA}=-\dfrac{p^2}{y_0^2}\overrightarrow{OC}$，

即 $\overrightarrow{OA}$、$\overrightarrow{OC}$ 共线，也就是直线 AC 过原点.

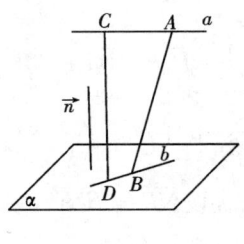

图 8-7

例 16 设 A、B 分别为异面直线 a、b 上的任意两点，令向量 $\vec{n}\perp a$，$\vec{n}\perp b$，则两异面直线 a、b 间的距离为 $d=\dfrac{|\overrightarrow{AB}\cdot\vec{n}|}{|\vec{n}|}$. （*）

证明 如图 8-8，设 CD 是异面直线 a、b 的公垂线段，则 $\vec{n}$ // $\overrightarrow{CD}$.
由 $\overrightarrow{AB}=\overrightarrow{AC}+\overrightarrow{CD}+\overrightarrow{DB}$，
有 $\overrightarrow{AB}\cdot\vec{n}=\overrightarrow{AC}\cdot\vec{n}+\overrightarrow{CD}\cdot\vec{n}+\overrightarrow{DB}\cdot\vec{n}$，
注意到 $\overrightarrow{AC}\cdot\vec{n}=0$，$\overrightarrow{DB}\cdot\vec{n}=0$，
从而 $\overrightarrow{AB}\cdot\vec{n}=\overrightarrow{CD}\cdot\vec{n}$，
于是 $|\overrightarrow{AB}\cdot\vec{n}|=|\overrightarrow{CD}|\cdot|\vec{n}|$，
即 $|\overrightarrow{CD}|=\dfrac{|\overrightarrow{AB}\cdot\vec{n}|}{|\vec{n}|}$.

图 8-8

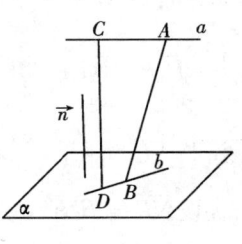

故两异面直线 a、b 间的距离为 $d = \dfrac{|\vec{AB} \cdot \vec{n}|}{|\vec{n}|}$.

注 公式(*)有多种含义如下:

(1) 若 $B \in \alpha, A \notin \alpha, \vec{n} \perp \alpha$,则为点 A 到平面 α 的距离 d 的表达式;

(2) 若 $B \in \alpha, A \in l$,且 $l // \alpha, \vec{n} \perp \alpha$,则为直线 l 到平面 α 的距离 d 的表达式;

(3) 若 $B \in \alpha, A \in \beta$,且 $\alpha // \beta, \vec{n} \perp \alpha$,则为两平行平面 α 与 β 间的距离 d 的表达式.

2. 注意不等式 $|\vec{a} \cdot \vec{b}| \leqslant |\vec{a}||\vec{b}|$ 及其推广式的多种应用

例 17 (第 3 届"希望杯"邀请赛题) 已知 $a, b \in \mathbf{R}$,且 $a\sqrt{1-b^2} + b\sqrt{1-a^2} = 1$,求证: $a^2 + b^2 = 1$.

证明 构造向量 $\vec{a} = (a, \sqrt{1-a^2}), \vec{b} = (\sqrt{1-b^2}, b)$.

由 $\vec{a} \cdot \vec{b} \leqslant |\vec{a}||\vec{b}|$,得 $1 = a\sqrt{1-b^2} + b\sqrt{1-a^2} \leqslant \sqrt{a^2+1-a^2} \cdot \sqrt{1-b^2+b^2} = 1$.

因此上述不等式等号成立,从而 $\vec{a}$ 与 $\vec{b}$ 共线同向,注意到 $|\vec{a}| = |\vec{b}| = 1$,所以 $\vec{a} = \vec{b}$.

于是 $a = \sqrt{1-b^2}$,故 $a^2 + b^2 = 1$.

例 18 (1998 年加拿大数学奥林匹克题) 求所有的实数 x,使得

$$x = \sqrt{x - \dfrac{1}{x}} + \sqrt{1 - \dfrac{1}{x}}.$$

解 显然 $x > 0$,原方程可变形为 $\dfrac{1}{\sqrt{x}} \cdot \sqrt{1 - \dfrac{1}{x^2}} + \sqrt{1 - \dfrac{1}{x}} \cdot \dfrac{1}{x} = 1$.

构造向量 $\vec{a} = \left(\dfrac{1}{\sqrt{x}}, \sqrt{1 - \dfrac{1}{x}}\right), \vec{b} = \left(\sqrt{1 - \dfrac{1}{x^2}}, \dfrac{1}{x}\right)$.

由 $\vec{a} \cdot \vec{b} \leqslant |\vec{a}||\vec{b}|$,得

$$1 = \dfrac{1}{\sqrt{x}} \cdot \sqrt{1 - \dfrac{1}{x^2}} + \sqrt{1 - \dfrac{1}{x}} \cdot \dfrac{1}{x} \leqslant \sqrt{\dfrac{1}{x} + 1 - \dfrac{1}{x}} \cdot \sqrt{1 - \dfrac{1}{x^2} + \dfrac{1}{x^2}} = 1.$$

因此上述不等式取等号,从而 $\vec{a}$ 与 $\vec{b}$ 共线同向,注意到 $|\vec{a}| = |\vec{b}| = 1$,故 $\vec{a} = \vec{b}$. 于是 $\dfrac{1}{\sqrt{x}} = \sqrt{1 - \dfrac{1}{x^2}}$ 且 $\sqrt{1 - \dfrac{1}{x}} = \dfrac{1}{x}$,解得 $x = \dfrac{1+\sqrt{5}}{2}$.

经检验,原方程的解为 $x = \dfrac{1+\sqrt{5}}{2}$.

例 19 (1993 年上海市竞赛题) 已知实数 x_1、x_2、x_3 满足方程 $x_1 + \dfrac{1}{2}x_2 + \dfrac{1}{3}x_3 = 1$ 及 $x_1^2 + \dfrac{1}{2}x_2^2 + \dfrac{1}{3}x_3^2 = 3$,则 x_3 的最小值是多少?

解 方程可以化为 $x_1 + \dfrac{1}{2}x_2 = 1 - \dfrac{1}{3}x_3, x_1^2 + \dfrac{1}{2}x_2^2 = 3 - \dfrac{1}{3}x_3^2$,

巧设向量 $\vec{a} = \left(x_1, \dfrac{1}{\sqrt{2}}x_2\right), \vec{b} = \left(1, \dfrac{1}{\sqrt{2}}\right)$,则

$$3-\frac{1}{3}x_3^2 = x_1^2 + \frac{1}{2}x_2^2 = |\vec{a}|^2 \geq \frac{(\vec{a}\cdot\vec{b})^2}{|\vec{b}|^2} = \frac{\left(x_1+\frac{1}{2}x_2\right)^2}{1+\frac{1}{2}} = \frac{2}{3}\left(1-\frac{1}{3}x_3\right)^2,$$

解 $3-\frac{1}{3}x_3^2 \geq \frac{2}{3}\left(1-\frac{1}{3}x_3\right)^2$,得 $-\frac{21}{11} \leq x_3 \leq 3$,则 x_3 的最小值是 $-\frac{21}{11}$.

例20 (《中等数学》2002年第1期数学奥林匹克问题)设 $a、b、c \in \mathbf{R}^+$,试证:
$$\frac{a}{b^2}+\frac{b}{c^2}+\frac{c}{a^2} \geq \frac{1}{a}+\frac{1}{b}+\frac{1}{c}.$$

证明 构造向量 $\vec{\alpha}=\left(\frac{\sqrt{a}}{b},\frac{\sqrt{b}}{c},\frac{\sqrt{c}}{a}\right),\vec{\beta}=\left(\frac{1}{\sqrt{a}},\frac{1}{\sqrt{b}},\frac{1}{\sqrt{c}}\right).$

由 $|\vec{\alpha}|^2|\vec{\beta}|^2 \geq (\vec{\alpha}\cdot\vec{\beta})^2$,得
$$\left(\frac{a}{b^2}+\frac{b}{c^2}+\frac{c}{a^2}\right)\cdot\left(\frac{1}{a}+\frac{1}{b}+\frac{1}{c}\right) \geq \left(\frac{1}{a}+\frac{1}{b}+\frac{1}{c}\right)^2,$$

即 $\frac{a}{b^2}+\frac{b}{c^2}+\frac{c}{a^2} \geq \frac{1}{a}+\frac{1}{b}+\frac{1}{c},$

当且仅当 $a=b=c$ 时,不等式取等号.

例21 设 $x、y \in \mathbf{R}$,求函数 $f(x,y) = \sqrt{x^2+y^2} + \sqrt{(x-1)^2+(y-1)^2} + \sqrt{(x+2)^2+(y+2)^2}$ 的最小值.

解 原函数可变形为:
$$f(x,y) = \sqrt{\left(\frac{1}{2}x\right)^2+\left(\frac{1}{2}y\right)^2} + \sqrt{\left(-\frac{1}{2}x\right)^2+\left(-\frac{1}{2}y\right)^2} + \sqrt{(1-x)^2+(1-y)^2} + \sqrt{(x+2)^2+(y+2)^2}.$$

令 $\vec{a_1}=\left(\frac{1}{2}x,\frac{1}{2}y\right),\vec{a_2}=\left(-\frac{1}{2}x,-\frac{1}{2}y\right),$

$\vec{a_3}=(1-x,1-y),\vec{a_4}=(x+2,y+2),$

则 $f(x,y) = |\vec{a_1}|+|\vec{a_2}|+|\vec{a_3}|+|\vec{a_4}| \geq |\vec{a_1}+\vec{a_2}+\vec{a_3}+\vec{a_4}| = |(3,3)| = 3\sqrt{2},$

当且仅当 $\dfrac{\frac{1}{2}x}{\frac{1}{2}y} = \dfrac{-\frac{1}{2}x}{-\frac{1}{2}y} = \dfrac{1-x}{1-y} = \dfrac{x+2}{y+2}$,且 $\frac{1}{2}x、-\frac{1}{2}x、1-x、x+2$ 不异号.

故当 $x=y=0$ 时,$f(x,y)_{\min} = 3\sqrt{2}.$

3. 注意法向量在立体几何解题中的妙用

例22 (1991年全国高考题)已知正方形 $ABCD$ 的边长为4,$CG\perp$ 平面 $ABCD,CG=2,E,F$ 分别是 $AB、AD$ 的中点,求点 B 到平面 GEF 的距离.

解 如图8-9建立空间直角坐标系,则 $B(0,4,0)、E(2,4,0)、F(4,2,0)、G(0,0,2)$,向量 $\overrightarrow{EF}=(2,-2,0)、\overrightarrow{GE}=(2,4,-2),$

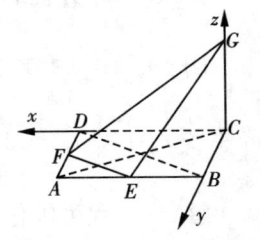

图8-9

$\vec{BE} = (2,0,0)$,平面 EFG 的一个法向量是 $\vec{n} = (y_1z_2 - y_2z_1, z_1x_2 - z_2x_1, x_1y_2 - x_2y_1) = (4,4,12)$. 为了运算简单,取 $\vec{n} = (1,1,3)$, $\vec{BE}\cos\theta = \dfrac{\vec{n} \cdot \vec{BE}}{|\vec{n}|} = \dfrac{2\sqrt{11}}{11}$,所以点 B 到平面 EFG 的距离为 $\dfrac{2\sqrt{11}}{11}$.

例 23 (2002 年全国高考题) 在三棱锥 $S\text{-}ABC$ 中,$\angle SAB = \angle SAC = \angle ACB = 90°$,$AC = 2$,$BC = \sqrt{13}$,$SB = \sqrt{29}$.

(Ⅰ) 证明:$SC \perp BC$;(Ⅱ) 求异面直线 SC 与 AB 所成角 α 的余弦值.

解 (Ⅰ) 如图 8-10,由题意得 $\vec{SC} \cdot \vec{CB} = (\vec{SA} + \vec{AC}) \cdot \vec{CB} = \vec{SA} \cdot \vec{CB} + \vec{AC} \cdot \vec{CB} = 0$,

所以 $SC \perp BC$.

(Ⅱ) 因为 $\vec{SC} \cdot \vec{AB} = (\vec{SA} + \vec{AC}) \cdot (\vec{AC} + \vec{CB}) = |\vec{AC}|^2 = 4$,

$|\vec{AB}| = \sqrt{17}$,$|\vec{SA}| = 2\sqrt{3}$,$|\vec{SC}| = 4$,

所以 $\cos\alpha = \dfrac{\vec{SC} \cdot \vec{AB}}{|\vec{SC}||\vec{AB}|} = \dfrac{\sqrt{17}}{17}$.

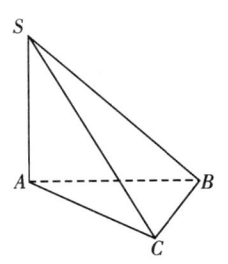

图 8-10

例 24 已知在长方体 $ABCD\text{-}A_1B_1C_1D_1$ 中,$AB = 4$,$AD = 3$,$AA_1 = 2$,若 M、N 分别是 DC、BB_1 的中点,求异面直线 MN 与 A_1B 间的距离.

解 建立如图 8-11 所示空间直角坐标系 $A\text{-}xyz$,则有 $A(0,0,0)$,$A_1(0,0,2)$,$B(0,4,0)$,$B_1(0,4,2)$,$C(3,4,0)$,$D(3,0,0)$,$M(3,2,0)$,$N(0,4,1)$,所以

$\vec{MN} = (-3,2,1)$,$\vec{A_1B} = (0,4,-2)$,

$\vec{MA_1} = (-3,-2,2)$.

设 $\vec{n} = (x,y,z)$,且 $\vec{n} \perp \vec{MN}$,$\vec{n} \perp \vec{A_1B}$,

则 $\begin{cases} \vec{n} \cdot \vec{MN} = -3x + 2y + z = 0, \\ \vec{n} \cdot \vec{A_1B} = 4y - 2z = 0, \end{cases}$

解得 $\begin{cases} x = \dfrac{4}{3}y, \\ z = 2y. \end{cases}$

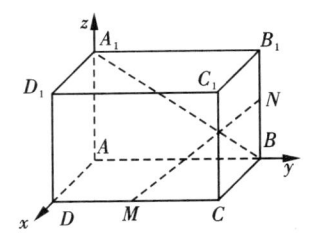

图 8-11

取 $y = 3$,则 $\vec{n} = (4,3,6)$.

设向量 $\vec{MA_1}$ 在向量 $\vec{n}$ 上的射影长为 d,即为异面直线 MN 与 A_1B 间的距离,则

$d = |\vec{MA_1}| \cdot |\cos\langle \vec{MA_1}, \vec{n}\rangle| = \dfrac{|\vec{MA_1} \cdot \vec{n}|}{|\vec{n}|} = \dfrac{|-6|}{\sqrt{61}} = \dfrac{6\sqrt{61}}{61}$.

例 25 (2003 年全国高考题) 如图 8-12,在直三棱柱 $ABC\text{-}A_1B_1C_1$ 中,底面是等腰直角三角形,$\angle ACB = 90°$,侧棱 $AA_1 = 2$,D、E 分别为 CC_1 与 A_1B 的中点,点 E 在平面 ABD 上的射影 G 为 $\triangle ABD$ 的重心.求 A_1B 与平面 ABD 所成角的大小.

解 如图 8-12 建立坐标系,因 $EG \perp$ 面 ABD,则 $\angle EBG$ 为所求角,且 $\overrightarrow{GE}$ 为面 ABD 的法向量.

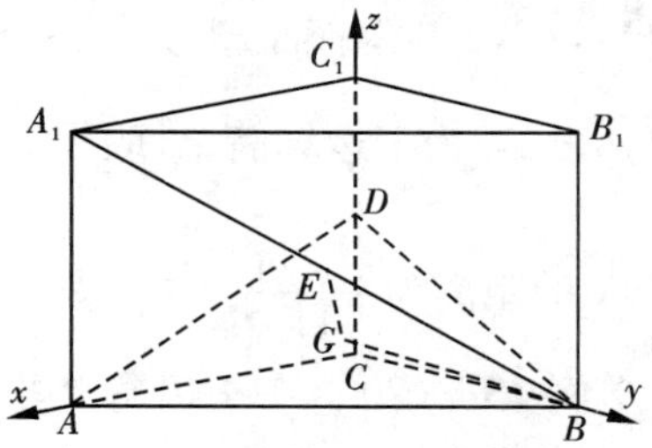

设 $AC = a$,则 $A(a,0,0)$、$B(0,a,0)$、$D(0,0,1)$、$E(\frac{a}{2}, \frac{a}{2}, 1)$、$G(\frac{a}{3}, \frac{a}{3}, \frac{1}{3})$,故 $\overrightarrow{GE} = (\frac{a}{6}, \frac{a}{6}, \frac{2}{3})$,$\overrightarrow{AD} = (-a, 0, 1)$,由 $\overrightarrow{GE} \cdot \overrightarrow{AD} = 0$ 得 $a = 2$,则面 ABD 的法向量为 $\overrightarrow{GE} = (\frac{1}{3}, \frac{1}{3}, \frac{2}{3})$. 而 $\overrightarrow{BE} = (1, -1, 1)$,所以 $\sin\angle EBG = \frac{|\overrightarrow{GE} \cdot \overrightarrow{BE}|}{|\overrightarrow{GE}||\overrightarrow{BE}|} = \frac{\sqrt{2}}{3}$,即所求角为 $\arcsin\frac{\sqrt{2}}{3}$.

图 8-12

例 26 (2001 年广东高考题)在底面为直角梯形的四棱锥 S-$ABCD$ 中,$\angle ABC = 90°$,$SA \perp$ 面 $ABCD$,$SA = AB = BC = 1$,$AD = \frac{1}{2}$,求面 SCD 与面 SBA 所成角的正切.

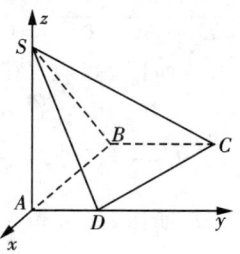

解 如图 8-13 建立坐标系,$D(0, \frac{1}{2}, 0)$、$C(-1, 1, 0)$、$S(0, 0, 1)$,$\overrightarrow{CD} = (1, -\frac{1}{2}, 0)$,$\overrightarrow{DS} = (0, -\frac{1}{2}, 1)$,因平面 $SAB \perp y$ 轴,则平面 SAB 的法向量为 $\vec{m} = (0, 1, 0)$. 设平面 SDC 的法向量为 $\vec{n} = (x, y, z)$,由 $\vec{n} \cdot \overrightarrow{DS} = 0$,且 $\vec{n} \cdot \overrightarrow{CD} = 0$,得 $\vec{n} = (1, 2, 1)$,$\cos\langle \vec{m}, \vec{n} \rangle = \frac{\vec{m} \cdot \vec{n}}{|\vec{m}| \cdot |\vec{n}|} = \frac{\sqrt{6}}{3}$.

图 8-13

显然,所求二面角的平面角为锐角 θ,则 $\theta = \langle \vec{m}, \vec{n} \rangle$,故 $\tan\theta = \frac{\sqrt{2}}{2}$.

【模拟实战八】

A 组

1. 已知 O、A、B、C 是不共线的四点,若存在一组实数 $\lambda_1, \lambda_2, \lambda_3$,使 $\lambda_1 \overrightarrow{OA} + \lambda_2 \overrightarrow{OB} + \lambda_3 \overrightarrow{OC} = 0$,则三个角 $\angle AOB$、$\angle BOC$、$\angle COA$ 中至少有_____个钝角.

2. 求 $y = \sin^2 x + 2\sin x \cdot \cos x + 3\cos^2 x$ 的最值.

3. 解方程组 $\begin{cases} x^2 + y^2 + z^2 = \frac{9}{4}, \\ -8x + 6y - 24z = 39. \end{cases}$

4. 已知点 $P(x, y)$ 在椭圆 $\frac{x^2}{4} + \frac{y^2}{9} = 1$ 上,求 $2x - y$ 的最大值.

5. 已知实数 x、y 满足方程 $x^2 + y^2 - 2x + 4y = 0$,求 $x - 2y$ 的最值.

6. (2000年"希望杯"邀请赛题)设$a>b>c$,且$\dfrac{1}{a-b}+\dfrac{1}{b-c}\geqslant\dfrac{n}{a-c}$恒成立,则$n$的最大值是多少?

7. 求函数$f(x)=\sqrt{5x}+\sqrt{6-x}$的最大值.

8. (2001年全国初中联赛题)求实数x、y的值,使函数$f(x,y)=(1-y)^2+(x+y-3)^2+(2x+y-6)^2$取得最小值.

9. (第8届"希望杯"邀请赛题)如果$a+b+c=1$,那么$\sqrt{3a+1}+\sqrt{3b+1}+\sqrt{3c+1}$的最大值是多少?

10. (第11届"希望杯"邀请赛题)设函数$\sqrt{\tan x-1}+\sqrt{3-\tan x}$的最大值是$M$,最小值是$N$,则$\dfrac{M}{N}$是多少?

11. (2004年全国高考题)已知四棱锥$P\text{-}ABCD$,$PB\perp AD$,侧面PAD为边长等于2的正三角形,底面$ABCD$为菱形,侧面PAD与底面$ABCD$所成的二面角为$120°$.

(Ⅰ)求点P到平面$ABCD$的距离;

(Ⅱ)求面APB与面CPB所成二面角的大小.

B 组

1. (1998年湖南省竞赛题)已知x、$y\in(0,+\infty)$,且$\dfrac{19}{x}+\dfrac{98}{y}=1$,则$x+y$的最小值是多少?

2. (1990年首届"希望杯"邀请赛备选题)已知x、y、$z\in(0,+\infty)$,且$\dfrac{x^2}{1+x^2}+\dfrac{y^2}{1+y^2}+\dfrac{z^2}{1+z^2}=2$,求$\dfrac{x}{1+x^2}+\dfrac{y}{1+y^2}+\dfrac{z}{1+z^2}$的最大值.

3. (第7届"希望杯"邀请赛培训题)设$a^2+b^2+c^2=4$,$x^2+y^2+z^2=9$,则$ax+by+cz$的取值范围是多少?

4. (1990年全国高中联赛题)求函数$f(x)=\sqrt{x^4-3x^2-6x+13}-\sqrt{x^4-x^2+1}$的最大值.

5. (1994年上海市竞赛题)已知函数$y=\sqrt{1994-x}+\sqrt{x-1993}$,求$y$的值域.

6. 求$f(x)=\sqrt{10x^2+28x+26}+\sqrt{10x^2-18x+13}$的最小值.

7. 求函数$f(x)=\sqrt{1+\sin x}+\sqrt{1-\sin x}+\sqrt{2+\sin x}+\sqrt{2-\sin x}+\sqrt{3+\sin x}+\sqrt{3-\sin x}$的最大值.

8. (1999年全国高中联赛题)给定正整数n和正数M,对于满足条件$a_1^2+a_{n+1}^2\leqslant M$的所有等差数列$a_1,a_2,a_3,\cdots$试求$S=a_{n+1}+a_{n+2}+\cdots+a_{2n+1}$的最大值.

9. (1999年全国高中联赛题)已知点$A(1,2)$,过点$D(5,-2)$的直线与抛物线$y^2=4x$交于另外两点B、C,试判断$\triangle ABC$的形状.

10. (1999年全国高考题)如图8-14,给出定点$A(a,0)(a>0)$和直线$l:x=1$,B是直线l上的动点,$\angle BOA$的角平分线交AB于点C.求点C的轨迹方程,并讨论方程表示的曲

线类型与 a 值的关系.

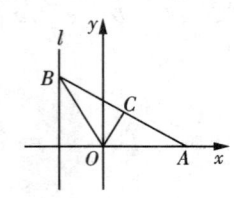

图 8-14

图 8-15

11. (2002年北京春季高考题) 如图 8-15, 设点 A 和 B 为抛物线 $y^2 = 4px(p > 0)$ 上除原点以外的两个动点, 已知 $OA \perp OB$, $OM \perp AB$, 求点 M 的轨迹方程, 并说明它表示什么曲线.

12. 在正方体 $ABCD$-$A_1B_1C_1D_1$ 中, E 为 BC 中点, 在棱 CC_1 上求一点 P, 使平面 $A_1B_1P \perp$ 平面 C_1DE.

13. 在四棱锥 S-$ABCD$ 中, 底面是边长为 $4a$ 的正方形, 侧棱 $SA = SB = SC = SD = 8a$, M, N 分别为棱 SA, SC 的中点, 求异面直线 DM 与 BN 之间的距离 d.

14. (1994年日本第4届数学奥林匹克题) 已知正方体 $ABCD$-$A_1B_1C_1D_1$ 中平面 AB_1D_1 与 A_1BD 所成的角为 $\theta(0° \leqslant \theta \leqslant 90°)$, 求 $\cos\theta$ 的值.

15. (2002年上海高考题) 在直三棱柱 ABO-$A_1B_1O_1$ 中, $OO_1 = 4$, $OA = 4$, $OB = 3$, $\angle AOB = 90°$, D 是线段 A_1B_1 的中点, P 是侧棱 BB_1 上的一点, 若 $OP \perp BD$, 求 OP 与底面 AOB 所成角的大小 (结果用反三角函数值表示).

16. 在直三棱柱 ABC-$A_1B_1C_1$ 中, $\angle ACB = 90°$, $AC = 2BC$, $A_1B \perp B_1C$, 求 B_1C 与侧面 A_1ABB_1 所成角的正弦.

17. 如图 8-16, $\triangle ABC$ 是以 $\angle C$ 为直角的直角三角形, $SA \perp$ 平面 ABC, $SA = BC = 2$, $AB = 4$, N, D 分别是 AB、BC 的中点.
    (1) 求二面角 S-ND-A 的余弦值;
    (2) 求点 A 到平面 SND 的距离.

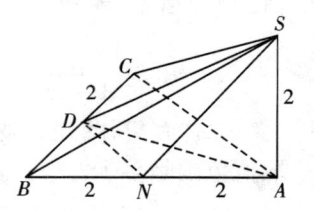

图 8-16

18. 正三棱柱 ABC-$A_1B_1C_1$ 的底面边长为 a, 侧棱长为 $\sqrt{2}a$, 求 AC_1 与侧面 ABB_1A_1 所成的角.

19. 已知正方体 $ABCD$-$A_1B_1C_1D_1$ 的棱长为 a, 点 E、F 分别在 A_1B、B_1D_1 上, 且 $A_1E = \frac{1}{3}A_1B$, $B_1F = \frac{1}{3}B_1D_1$.
    (1) 求证: $EF \parallel$ 平面 ABC_1D_1;
    (2) 求 EF 与平面 ABC_1D_1 的距离 d.

20. (2002年上海春季高考题) 三棱柱 OAB-$O_1A_1B_1$, 平面 $OBB_1O_1 \perp OAB$, $\angle O_1OB = 60°$, $\angle AOB = 90°$, 且 $OB = OO_1 = 2$, $OA = \sqrt{3}$. 求:
    (1) 二面角 O_1-AB-O 的大小;
    (2) 异面直线 A_1B 与 OA 的距离 d (此问为原题改编).

第 9 章 复数

【基础知识】

复数具有一系列优美的性质,由于其表达形式的多样性,可以根据需要把一些数与形之间的关系进行相互转化,也可以在代数式、三角式、指数式、向量之间建立联系,使得复数与三角、复数与平面解析几何、复数与向量建立密切的关系.如复数的三角式,使得复数的乘方中的指数奇妙地转化成了辐角的倍数.不仅如此,复数还有一系列美妙的结论,如:

(1) $z \in \mathbf{R} \Leftrightarrow z = \bar{z}$;

z 是纯虚数$(z \neq 0) \Leftrightarrow z + \bar{z} = 0$ 或 $z^2 = -|z|^2$;$|z|^2 = z \cdot \bar{z}$,$|z| = |\bar{z}|$.

(2) 复平面上两点间距离公式 $d = |z_1 - z_2|$.

(3) 复平面上圆的方程

$|z - z_0| = r(r > 0)$ 表示以 Z_0 为圆心,r 为半径的圆;

$|z - z_0| < r(r > 0)$,表示以 Z_0 为圆心,r 为半径的圆面(不包括圆周);

$|z - z_0| > r(r > 0)$,表示以 Z_0 为圆心,r 为半径的圆的外部平面(不包括圆周).

(4) 复平面上椭圆的方程

$|z - z_1| + |z - z_2| = 2a(a > 0)$.   ①

若 $2a > |\overrightarrow{Z_1 Z_2}|$,方程 ① 表示以 Z_1、Z_2 为焦点,以 $2a$ 为长轴长的椭圆;

若 $2a = |\overrightarrow{Z_1 Z_2}|$,方程 ① 表示以 Z_1、Z_2 为端点的线段 $\overline{Z_1 Z_2}$.

(5) 复平面上双曲线的方程

$||z - z_1| - |z - z_2|| = 2a(a > 0)$.   ②

若 $2a < |\overrightarrow{Z_1 Z_2}|$ 时,方程 ② 表示以 Z_1、Z_2 为焦点,以 $2a$ 为实轴长的双曲线;

若 $2a = |\overrightarrow{Z_1 Z_2}|$ 时,方程 ② 表示以 Z_1、Z_2 为端点的两条射线(不包括线段 $\overline{Z_1 Z_2}$).

注 若方程 ② 左边不加绝对值时,方程 ② 仅表示同类曲线的左支(或右支).

(6) 复平面上直线及有关方程

$|z - z_1| = |z - z_2|$ 表示线段 $\overline{Z_1 Z_2}$ 的垂直平分线方程.

$z = a + yi(a$ 为常数,$y \in \mathbf{R})$,表示垂直于实轴的一条直线,方程为 $x = a$.

$z = x + bi(x \in \mathbf{R}, b$ 为常数$)$,表示垂直于虚轴的一条直线,方程为 $y = b$.

(7) 射线方程

$\arg(z - z_0) = \theta(0 \leqslant \theta < 2\pi)$.   ③

表示以 Z_0 为起点,辐角主值为 θ 的向量所在的射线.

(8) 二项方程根的几何意义

方程 $x^n = b(b \in \mathbf{C})$ 的 n 个根均匀分布在以原点为圆心,以 $\sqrt[n]{|b|}$ 为半径的圆上.

特别地，当 $b=1$ 时，1 的 n 次单位根有 n 个，它们分别是 $\varepsilon_k = \cos\dfrac{2k\pi}{n} + i\sin\dfrac{2k\pi}{n}$ ($k=0$, $1,\cdots,n-1$)，且 $(\varepsilon_k)^n = 1, \varepsilon_k = (\varepsilon_1)^k$, $|\varepsilon_k| = 1 (k=0,1,\cdots,n-1)$, $\varepsilon_0 = 1, \varepsilon_k \cdot \varepsilon_{n-k} = 1$,
$$1 + \varepsilon_k^p + \varepsilon_k^{2p} + \cdots + \varepsilon_k^{(n-1)p} = \begin{cases} n, & \text{当 } p \text{ 是 } n \text{ 的整数倍或 } k = 0; \\ 0, & \text{当 } p \text{ 不是 } n \text{ 的整数倍且 } k \neq 0. \end{cases}$$

【基本问题与求解方法】

例 1 （第 9 届"希望杯"邀请赛题）已知复数 z 满足 $|z|=1$，则函数 $|z^2 + iz^2 + 1|$ 的值域是 _____。

解 易知 $|iz^2 + z^2 + 1| = |(1+i)z^2 + 1| = |1+i| \cdot |z^2 + \dfrac{1}{1+i}|$
$$= \sqrt{2}\,|z^2 + \dfrac{1-i}{2}|.$$

令 $w = z^2$，则由 $|z| = 1$，知 $|w| = 1$。

函数 $f(w) = |w - (\dfrac{-1+i}{2})|$ 的几何意义是复平面 w 的单位圆上的点到圆内固定点 $-\dfrac{1}{2} + \dfrac{1}{2}i$ 的距离，如图 9-1 所示。P 为单位圆 $|w| = 1$ 上的点，$A(-\dfrac{1}{2}, \dfrac{1}{2}) = -\dfrac{1}{2} + \dfrac{1}{2}i$, P_1P_2 为过原点 O 和 A 的直径。从而
$$\min_{|w|=1} f(w) = f(P_1) = |P_1A| = 1 - \dfrac{\sqrt{2}}{2},$$
$$\min_{|w|=1} f(w) = f(P_2) = |P_2A| = 1 + \dfrac{\sqrt{2}}{2}.$$

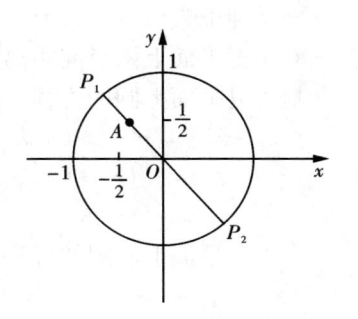

图 9-1

于是函数 $|iz^2 + z^2 + 1|$ 的值域是
$$[\sqrt{2}(1 - \dfrac{\sqrt{2}}{2}), \sqrt{2}(1 + \dfrac{\sqrt{2}}{2})] = [\sqrt{2} - 1, \sqrt{2} + 1].$$

另解 令 $z = \cos\theta + i\sin\theta$ ($0 \leq \theta \leq 2\pi$)，从而 $z^2 = \cos2\theta + i\sin2\theta$，则
$$|iz^2 + z^2 + 1| = |i\cos2\theta - \sin2\theta + \cos2\theta + i\sin2\theta + 1|$$
$$= |(\cos2\theta - \sin2\theta + 1) + i(\cos2\theta + \sin2\theta)|$$
$$= \sqrt{(\cos2\theta - \sin2\theta + 1)^2 + (\cos2\theta + \sin2\theta)^2}$$
$$= \sqrt{3 + 2(\cos2\theta - \sin2\theta)},$$
$$= \sqrt{3 + 2\sqrt{2}\sin(45° - 2\theta)}\,(0 \leq \theta \leq 2\pi).$$

于是 $|iz^2 + z^2 + 1|_{\max} = \sqrt{3 + 2\sqrt{2}} = 1 + \sqrt{2}$,
$|iz^2 + z^2 + 1|_{\min} = \sqrt{3 - 2\sqrt{2}} = \sqrt{2} - 1$.

故所求值域为 $[\sqrt{2} - 1, \sqrt{2} + 1]$.

例2 (第10届"希望杯"邀请赛题) 在复平面内由复数 $\dfrac{1}{i}, \overline{i-1}, (i-1)^3$ 对应的点构成的三角形的最大内角等于_____.

解 因 $\dfrac{1}{i}=-i, \overline{i-1}=-1-i, (i-1)^3=2+2i$,从而它们在复平面中对应的点 A、B、C 如图 9-2.

$\triangle ABC$ 的最大内角是 $\angle A$,它的大小是

$$\arccos A = \arccos\dfrac{BA^2+AC^2-BC^2}{2|AB\cdot AC|}$$
$$=\arccos\dfrac{1+13-18}{2\sqrt{13}}$$
$$=\arccos(-\dfrac{2}{\sqrt{13}})=\pi-\arccos\dfrac{2}{13}.$$

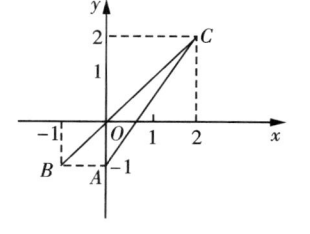

图 9-2

例3 (2000年全国高中联赛题) 设 $\omega=\cos\dfrac{\pi}{5}+i\sin\dfrac{\pi}{5}$,则以 $\omega, \omega^3, \omega^7, \omega^9$ 为根的方程是_____.

解 由 $\omega=\cos\dfrac{2\pi}{10}+i\sin\dfrac{2\pi}{10}$ 知,$\omega, \omega^2, \omega^3, \cdots, \omega^{10}(=1)$ 是 1 的 10 个 10 次单位根. 而

$$(x-\omega)(x-\omega^2)(x-\omega^3)\cdots(x-\omega^{10})=x^{10}-1. \quad ①$$

又 $\omega^2, \omega^4, \omega^6, \omega^8, \omega^{10}$ 是 1 的 5 个 5 次单位根,有

$$(x-\omega^2)(x-\omega^4)(x-\omega^6)(x-\omega^8)(x-\omega^{10})=x^5-1. \quad ②$$

由 ①÷② 得 $(x-\omega)(x-\omega^3)(x-\omega^5)(x-\omega^7)(x-\omega^9)=x^5+1. \quad ③$

③ 两边同除以 $x-\omega^5=x+1$ 得

$$(x-\omega)(x-\omega^3)(x-\omega^7)(x-\omega^9)=x^4-x^3+x^2-x+1.$$

例4 (1995年全国高中联赛题) 设复平面上单位圆内接正 20 边形的 20 个顶点所对应的复数依次为 $z_1, z_2, \cdots, z_{20}$,则复数 $z_1^{1995}, z_2^{1995}, \cdots, z_{20}^{1995}$ 所对应的不同的点的个数是_____.

解 设 $z_1=\cos\theta+i\sin\theta$,则 $z_k=(\cos\theta+i\sin\theta)[\cos\dfrac{2(k-1)\pi}{20}+i\cdot\sin\dfrac{2(k-1)\pi}{20}], 1\leqslant k\leqslant 20$. 由 $1995=20\times 99+15$,得

$$z_k^{1995}=(\cos1995\theta+i\sin1995\theta)(\cos\dfrac{3\pi}{2}+i\sin\dfrac{3\pi}{2})^{k-1}$$
$$=(\cos1995\theta+i\sin1995\theta)(-i)^{k-1} \quad (k=1,2,\cdots,20).$$

因 $(-i)^{k-1}$ 的取值有 4 个不同的值,故 z_k^{1995} 共有 4 个不同的值.

例5 (2002年全国高中联赛题) 已知复数 z_1, z_2 满足 $|z_1|=2, |z_2|=3$. 若它们所对应向量的夹角为 $60°$,则 $\left|\dfrac{z_1+z_2}{z_1-z_2}\right|=$ _____.

解 如图 9-3,由余弦定理,可得

$$|z_1+z_2|=\sqrt{19}, |z_1-z_2|=\sqrt{7},$$

故 $\left|\dfrac{z_1+z_2}{z_1-z_2}\right|=\dfrac{\sqrt{133}}{7}$.

例 6 (《中等数学》2002 年第 6 期奥林匹克训练题) 已知复数 z_1,z_2 满足 $|z_1|=1,|z_2|=2,3z_1-z_2=2+\sqrt{3}\mathrm{i}$,则 $2z_1+z_2=$ _____.

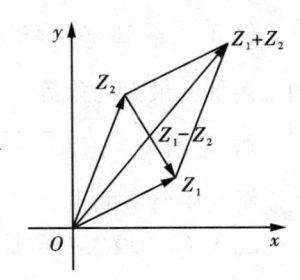

解 由 $3z_1-z_2=2+\sqrt{3}\mathrm{i}$,得 $\left|3-\dfrac{z_2}{z_1}\right|=\dfrac{|2+\sqrt{3}\mathrm{i}|}{|z_1|}=\sqrt{7}$.

又 $\left|\dfrac{z_2}{z_1}\right|=\dfrac{|z_2|}{|z_1|}=2$,得 $\dfrac{z_2}{z_1}=1\pm\sqrt{3}\mathrm{i}$,

从而,$z_1=\dfrac{2+\sqrt{3}\mathrm{i}}{3-\dfrac{z_2}{z_1}}=1$ 或 $\dfrac{1+4\sqrt{3}\mathrm{i}}{7}$.

图 9-3

故 $2z_1+z_2=5z_1-(3z_1-z_2)=3-\sqrt{3}\mathrm{i}$ 或 $-\dfrac{9}{7}+\dfrac{13\sqrt{3}}{7}\mathrm{i}$.

例 7 (《中等数学》2003 年第 6 期奥林匹克训练题) 设复数 z 满足条件 $|z-\mathrm{i}|=1$,且 $z\neq 0, z\neq 2\mathrm{i}$,又复数 ω 使得 $\dfrac{\omega-2\mathrm{i}}{\omega}\cdot\dfrac{z}{z-2\mathrm{i}}$ 为实数,则复数 $\omega-2$ 的辐角主值的取值范围是 _____.

解 因 $|z|=1$,则点 z 的轨迹是以 $(0,1)$ 为圆心、以 1 为半径的圆(除去点 $(0,0)$ 和 $(0,2)$),故 $\dfrac{z}{z-2\mathrm{i}}$ 为纯虚数,从而 $\dfrac{\omega-2\mathrm{i}}{\omega}$ 也为纯虚数. 点 ω 的轨迹也是以 $(0,1)$ 为圆心、以 1 为半径的圆(除去点 $(0,0)$ 和 $(0,2)$). 因此,$\arg(\omega-2)\in\left[\pi-\arctan\dfrac{4}{3},\pi\right]$.

例 8 (《中等数学》2004 年第 1 期奥林匹克训练题) 关于 x 的方程 $x^3+px+q=0$ ($p、q\in\mathbf{C}$) 有三个复数根,且它们在复平面上对应的点是边长为 $\sqrt{3}$ 的正三角形的三个顶点,若复数 q 的辐角主值为 $\dfrac{2\pi}{3}$,则 $p+q=$ _____.

解 边长为 $\sqrt{3}$ 的正三角形的外接圆半径为 1,故 3 个顶点对应的复数满足方程 $(x+a)^3=b(a,b\in\mathbf{C},|b|=1)$,即 $x^3+3ax^2+3a^2x+a^3-b=0$,与已知方程比较,有 $3a=0, 3a^2=9, a^3-b=q$,故 $p=0, q=-b$.

由于 $|b|=1$,则 $|q|=1$,又 $\arg q=\dfrac{2\pi}{3}$,$q=-\dfrac{1}{2}+\dfrac{\sqrt{3}}{2}\mathrm{i}$,故 $p+q=-\dfrac{1}{2}+\dfrac{\sqrt{3}}{2}\mathrm{i}$.

例 9 (1999 年全国高中联赛题) 已知 $\theta=\arctan\dfrac{5}{12}$,那么,复数 $z=\dfrac{\cos 2\theta+\mathrm{i}\sin 2\theta}{239+\mathrm{i}}$ 的辐角主值是 _____.

解 z 的辐角主值 $\arg z=\arg[(12+5\mathrm{i})^2(239-\mathrm{i})]=\arg[(119+120\mathrm{i})(239-\mathrm{i})]$
$=\arg(28561+28561\mathrm{i})=\dfrac{\pi}{4}$.

例 10 (1996 年全国高中联赛题) 复平面上,非零复数 $z_1、z_2$ 在以 i(对应的点)为圆心,

1 为半径的圆上,$\bar{z_1} \cdot z$ 的实部为零,z_1 的辐角主值为 $\frac{\pi}{6}$,则 $z_2 = $ _____.

解 因 $\arg z_1 = \frac{\pi}{6}$,则 z_1 对应的向量 $\overrightarrow{OZ}$ 与 y 轴的夹角为 $\frac{\pi}{3}$,所以 $|z_1|=1, z_1 = \frac{\sqrt{3}}{2} + \frac{1}{2}i$.

又 $\bar{z_1} \cdot z_2$ 的实部为零,则 $\arg z_2 - \frac{\pi}{6} = \frac{\pi}{2}$ 或 $\frac{3}{2}\pi$. 因 z_2 在圆 $|z-i|=1$ 上,$\frac{3}{2}\pi$ 应舍去,即 $\arg z_2 = \frac{2}{3}\pi$. z_2 在通过 z_1 与圆心的直径上,$|z_2| = \sqrt{3}$,

故 $z_2 = \sqrt{3}(\cos\frac{2\pi}{3} + i\sin\frac{2\pi}{3}) = -\frac{\sqrt{3}}{2} + \frac{3}{2}i$.

【解题思维策略分析】

1. 注意运用复数的代数形式处理解析几何问题

例 11 (2003 年全国高中联赛题)设 A、B、C 分别是复数 $z_0 = ai, z_1 = \frac{1}{2} + bi, z_2 = 1 + ci$ 对应的不共线的三点(a、b、c 都是实数). 证明:曲线 $z = z_0 \cdot \cos^4 t + 2z_1 \cdot \cos^2 t \cdot \sin^2 t + z_2 \cdot \sin^4 t (t \in \mathbf{R})$ 与 $\triangle ABC$ 中平行于 AC 的中位线只有一个公共点,并求出此点.

证明 设 $z = x + yi(x, y \in \mathbf{R})$,则 $x + yi = a\cos^4 t \cdot i + 2(\frac{1}{2} + bi) \cdot \cos^2 t \cdot \sin^2 t + (1+ci) \cdot \sin^4 t$,实、虚部分离可得

$x = \cos^2 t \cdot \sin^2 t + \sin^4 t = \sin^2 t, y = a(1-x)^2 + 2b(1-x)x + cx^2 (c \leqslant x \leqslant 1)$,即

$y = (a + c - 2b)x^2 + 2(b-a)x + a$.   ①

因为 A, B, C 三点不共线,故 $a + c - 2b \neq 0$,可见所给曲线是抛物线段如图 9-4. AB 和 BC 的中点坐标分别是 $D(\frac{1}{4}, \frac{a+b}{2})$ 和 $E(\frac{3}{4}, \frac{b+c}{2})$.

所以,直线 DE 的方程为

$y = (c-a)x + \frac{1}{4}(3a + 2b - c)$.   ②

由 ①,② 联立得 $(a + c - 2b)(x - \frac{1}{2})^2 = 0$.

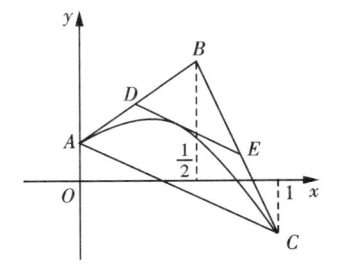

图 9-4

由于 $a + c - 2b \neq 0$,故 $(x - \frac{1}{2})^2 = 0$,于是,$x = \frac{1}{2}$. 注意到 $\frac{1}{4} < \frac{1}{2} < \frac{3}{4}$,所以抛物线与 $\triangle ABC$ 中平行于 AC 的中位线 DE 有且只有一个公共点,此点的坐标为 $(\frac{1}{2}, \frac{a+c+2b}{4})$,其对应的复数为 $z = \frac{1}{2} + \frac{a+c+2b}{4}i$.

例 12 已知正 $\triangle ABC$ 的顶点 A 在抛物线 $y = 2x^2$ 的顶点处,点 B 在抛物线上运动. 求顶点 C 的轨迹方程.

解 如图 9-5,把直角坐标平面视为复平面,设 B 点对应复数 $Z_B = x_1 + y_1\mathrm{i}$,$C$ 点对应复数 $Z_C = x + y\mathrm{i}$.

因为 $\triangle OBC$ 为等边三角形,$\overrightarrow{OC}$ 可由 $\overrightarrow{OB}$ 按逆时针或顺时针方向旋转 $\dfrac{\pi}{3}$ 得到,

所以 $x + y\mathrm{i} = (x_1 + \mathrm{i}y_1)[\cos(\pm\dfrac{\pi}{3}) + \mathrm{i}\sin(\pm\dfrac{\pi}{3})] = (x_1 + \mathrm{i}y_1)(\dfrac{1}{2} \pm \dfrac{\sqrt{3}}{2}\mathrm{i}) = (\dfrac{1}{2}x_1 \mp \dfrac{\sqrt{3}}{2}y_1) + (\dfrac{1}{2}y_1 \pm \dfrac{\sqrt{3}}{2}x_1)\mathrm{i}$,

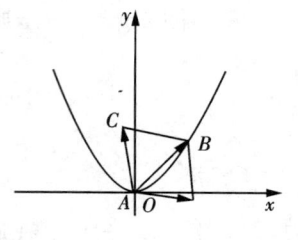

图 9-5

由两复数相等的条件得

$$\begin{cases} x = \dfrac{1}{2}x_1 \mp \dfrac{\sqrt{3}}{2}y_1, \\ y = \dfrac{1}{2}y_1 \pm \dfrac{\sqrt{3}}{2}x_1. \end{cases} \quad 所以 \quad \begin{cases} x_1 = \dfrac{1}{2}x \pm \dfrac{\sqrt{3}}{2}y, \\ y_1 = \dfrac{1}{2}y \mp \dfrac{\sqrt{3}}{2}x. \end{cases}$$

又点 B 在抛物线上,有 $y_1 = 2x_1^2$,所以 $\dfrac{1}{2}y \mp \dfrac{\sqrt{3}}{2}x = 2(\dfrac{1}{2}x \pm \dfrac{\sqrt{3}}{2}y)^2$,化简得

$x^2 \pm 2\sqrt{3}xy + 3y^2 \pm \sqrt{3}x - y = 0$,即为顶点 C 的轨迹方程.

注 此例中把复数乘法的几何意义用于解析几何,使线段按某定点旋转这种图形语言能用代数式进行表达,数形之间达到了和谐统一.

2. 注意运用复数的三角式(包括单位根)处理代数问题

例 13 (《中等数学》2004 年第 4 期奥林匹克训练题)试确定所有实数 θ,使得复数列 $\{\cos n\theta + \mathrm{i}\sin n\theta\}$ 成等差数列.

解 记 $a_n = \cos n\theta + \mathrm{i}\sin n\theta$,则 $\{a_n\}$ 为等差数列,$a_n - a_{n-1}$ 是与 n 无关的定值.

又 $a_n - a_{n-1} = [\cos n\theta - \cos(n-1)\theta] + \mathrm{i}[\sin n\theta - \sin(n-1)\theta]$
$= 2\sin\dfrac{\theta}{2}(-\sin\dfrac{2n-1}{2}\theta + \mathrm{i}\cos\dfrac{2n-1}{2}\theta)$,

显然,要求 $f(\theta) = -\sin\dfrac{2n-1}{2}\theta + \mathrm{i}\sin\dfrac{2n-1}{2}\theta$ 与 n 无关,取 $n = 1$ 和 $n = 2$,得到

$\sin\dfrac{\theta}{2} = \sin\dfrac{3\theta}{2}, \cos\dfrac{\theta}{2} = \cos\dfrac{3\theta}{2}$.

故 $\dfrac{3\theta}{2} - \dfrac{\theta}{2} = 2k\pi$,即 $\theta = 2k\pi$.

容易验证,$\theta = 2k\pi$ 时,$a_n = 1$.

因此,使 a_n 成等差数列的 θ 是 $\theta = 2k\pi, k \in \mathbb{Z}$.

例 14 求证:$C_n^2 + C_n^5 + C_n^8 + \cdots = \dfrac{1}{3}(2^n - 2\cos\dfrac{n-1}{3}\pi)$.

分析 此式左端为组合数的和,往往想到用二项式定理,但它又不是从 n 个数中顺次

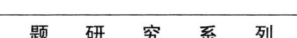

取 n 个数的组合数之和,而是每隔两项的和,所以也不能利用 $(1+x)^n$ 系数来求和,因此,考虑借助 1 的三次单位虚根的性质 $1+\omega+\omega^2=0$ 来证明.

证明 设 1 的三个三次单位根是 $1、\omega、\omega^2$,由组合数的性质得
$$C_n^0+C_n^1+C_n^2+C_n^3+C_n^4+C_n^5+C_n^6+\cdots+C_n^n=2^n, \qquad ①$$
$$(1+\omega)^n = C_n^0+C_n^1\omega+C_n^2\omega^2+C_n^3\omega^3+C_n^4\omega^4+C_n^5\omega^5+C_n^6\omega^6+\cdots+C_n^n\omega^n$$
$$= \cos\frac{n\pi}{3}+\mathrm{i}\sin\frac{n\pi}{3}, \qquad ②$$
$$(1+\omega^2)^n = C_n^0+C_n^1\omega^2+C_n^2\omega^4+C_n^3\omega^6+C_n^4\omega^8+C_n^5\omega^{10}+C_n^6\omega^{12}+\cdots+C_n^n\omega^{2n}$$
$$= \cos\frac{n\pi}{3}-\mathrm{i}\sin\frac{n\pi}{3}, \qquad ③$$

① $+\omega$② $+\omega^2$③ 得

左边 $= C_n^0(1+\omega+\omega^2)+C_n^1(1+\omega^2+\omega^4)+C_n^2(1+\omega^3+\omega^6)+C_n^3(1+\omega^4+\omega^8)+C_n^4 \cdot (1+\omega^5+\omega^{10})+C_n^5(1+\omega^6+\omega^{12})+C_n^6(1+\omega^7+\omega^{14})+\cdots+C_n^n[1+\omega^{n+1}+\omega^{2(n+1)}]=3(C_n^2+C_n^5+C_n^8+\cdots)$,

右边 $= 2^n+\omega(\cos\frac{n\pi}{3}+\sin\frac{n\pi}{3})+\omega^2(\cos\frac{n\pi}{3}+\sin\frac{n\pi}{3})$
$= 2^n+(\cos\frac{2\pi}{3}+\mathrm{i}\sin\frac{2\pi}{3})(\cos\frac{n\pi}{3}+\mathrm{i}\sin\frac{n\pi}{3})+(\cos\frac{4\pi}{3}+\mathrm{i}\sin\frac{4\pi}{3})+$
$(\cos\frac{n\pi}{3}-\mathrm{i}\sin\frac{n\pi}{3})$
$= 2^n+(\cos\frac{2\pi+n\pi}{3}+\mathrm{i}\sin\frac{2\pi+n\pi}{3})+(\cos\frac{4\pi-n\pi}{3}+\mathrm{i}\sin\frac{4\pi-n\pi}{3})$
$= 2^n-2\cos\frac{(n-1)\pi}{3}$.

从而 $C_n^2+C_n^5+C_n^8+\cdots=\frac{1}{3}(2^n-2\cos\frac{n-1}{3}\pi)$.

3. 注意运用复数的几何意义处理问题

例 15 (1987 年全国高中联赛题) $\triangle ABC$ 和 $\triangle ADE$ 是两个不全等的等腰直角三角形,现固定 $\triangle ABC$,而将 $\triangle ADE$ 绕 A 点在平面上旋转.试证:不论 $\triangle ADE$ 旋转到什么位置,线段 EC 上必存在点 M,使得 $\triangle BMD$ 为等腰直角三角形.

证明 如图 9-6,将 $\triangle ABC$、$\triangle ADE$ 置于同一复平面内,直接在向量与对应的复数间连等号,设 $\overrightarrow{BA}=z_1$,$\overrightarrow{DE}=z_2$,则 $\overrightarrow{BC}=z_1\cdot\mathrm{i}$,$\overrightarrow{DA}=z_2\cdot\mathrm{i}$,$\overrightarrow{AC}=z_1\mathrm{i}-z_2$,$\overrightarrow{AE}=z_1-z_2\mathrm{i}$.

从而,$\overrightarrow{CE}=(z_1+z_2)-(z_1+z_2)\mathrm{i}$.

EC 上的点 M 为所求的点,且记 $\overrightarrow{CM}=\lambda\overrightarrow{CE}(0\leqslant\lambda\leqslant1)$,得
$$\overrightarrow{MB}=-(\overrightarrow{BC}+\overrightarrow{CM})=-z_1\mathrm{i}-\lambda(z_1+z_2)+\lambda(z_1+z_2)\mathrm{i}$$
$$=-\lambda(z_1+z_2)-(1-\lambda)z_1\mathrm{i}+\lambda z_2\mathrm{i}.$$

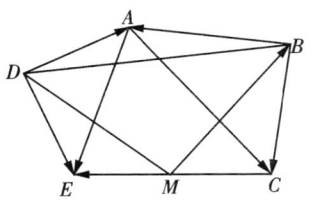

图 9-6

则 $\overrightarrow{MB} \cdot i = (1-\lambda)z_1 - \lambda z_2 - \lambda(z_1+z_2)i$.   ①

而 $\overrightarrow{MD} = \overrightarrow{ME} - \overrightarrow{DE} = (1-\lambda)[(z_1+z_2)-(z_1+z_2)i]-z_2$
$= (1-\lambda)z_1 - \lambda z_2 - (1-\lambda)(z_1+z_2)i$.   ②

若 △BMD 为等腰直角三角形，只须 $\overrightarrow{MB} \cdot i = \overrightarrow{MD}$.

比较①、②两式，即知 $\lambda = 1-\lambda$，即 $\lambda = \dfrac{1}{2}$.

这说明 M 是 EC 的中点.

另证 可设 $|AB| > |AD|$，则 B、D 两点不重合. 把两三角形置于复平面上，如图 9-7，使各顶点对应的复数分别是 z_A, z_B, z_C, z_D, z_E，且 $z_B = -1, z_D = 1$. 于是，

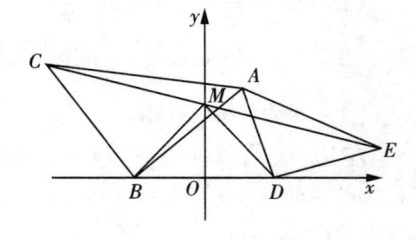

$z_E - z_D = (z_A - z_D) \cdot (-i) = -(z_A - 1)i$.

则 $z_E = z_D - (z_A - 1)i = 1 - (z_A - 1)i$.

同理，$z_C = z_B + (z_A - z_B)i = -1 + (z_A + 1)i$.

设 EC 中点为 M，则 $z_M = \dfrac{1}{2}(z_E + z_C) = i$.

这说明 △BMD 为等腰直角三角形.

4. 注意复数美妙结论的适当运用

例 16 设 $a \geqslant 0$，在复数集 **C** 内，解方程
$z^2 + 2|z| = a$.   ①

解 将原方程两边同时取共轭得
$(\bar{z})^2 + 2|\bar{z}| = a$.   ②

因 $|z| = |\bar{z}|$，由①－②得，$z^2 - (\bar{z})^2 = 0$，

从而 $(z+\bar{z})(z-\bar{z}) = 0$.

当 $z - \bar{z} = 0$，即 z 是实数时，$z^2 = |z|^2$，原方程可化为 $|z|^2 + 2|z| - a = 0$.

又 $a \geqslant 0$，则 $\Delta = 4 + 4a > 0$，

故 $|z| = -1 \pm \sqrt{1+a}$.

又 $|z| > 0$，

则 $z = \pm(-1+\sqrt{1+a})$.

当 $z + \bar{z} = 0$，即 z 为纯虚数时，$z^2 = -|z|^2$.

原方程可化为 $|z|^2 - 2|z| + a = 0$.   ③

(1) 当 $0 \leqslant a \leqslant 1$ 时，$\Delta = 4 - 4a \geqslant 0$，$|z| = 1 \pm \sqrt{1-a}$，

则 $z = \pm(1+\sqrt{1-a})i$，或 $z = \pm(1-\sqrt{1-a})i$.

(2) 当 $a > 1$ 时，$\Delta = 4 - 4a < 0$，方程③无解.

所以，原方程的解为：

当 $0 \leqslant a \leqslant 1$ 时，$z = \pm(1+\sqrt{1-a})i$，或 $z = \pm(1-\sqrt{1-a})i$，或 $z = \pm(-1+$

$\sqrt{1+a}$);当 $a>1$ 时,$z=\pm(-1+\sqrt{1+a})$.

注 此例是先运用共轭复数的概念将原方程变形,得到符合题意的 z 的特征,然后再进行分类讨论,达到了简化运算的目的.

【模拟实战九】

A 组

1. (1990 年全国高考题)把复数 $1+i$ 对应的向量按顺时针方向旋转 $\dfrac{2\pi}{3}$,所得到的向量对应的复数是_____.

2. (1992 年全国高中联赛题)设复数 z_1、z_2 在复平面上的对应点分别为 A、B,且 $|z_1|=4$,$4z_1^2-2z_1z_2+z_2^2=0$,O 为坐标原点,则 $\triangle OAB$ 的面积为_____.

3. (《中等数学》2004 年第 4 期奥林匹克训练题)设 $z=m+ni$ 是方程 $az^4+ibz^3+cz^2+idz+e=0$ 的一个复数根,这里 $a、b、c、d、e、m、n \in \mathbf{R}$,则一定是方程的根的是_____.

4. (《中等数学》2004 年第 2 期奥林匹克训练题)已知两个复数集合 $M=\{z \mid z=\cos\alpha+(4-\cos^2\alpha)i, \alpha \in \mathbf{R}\}$,$N=\{z \mid z=\cos\beta+(\lambda+\sin\beta)i, \beta \in \mathbf{R}\}$,当 $M \cap N \neq \varnothing$ 时,实数 λ 的取值范围是_____.

5. (1996 年全国高考题)复数 $\dfrac{(2+2i)^4}{(1-\sqrt{3}i)^5}$ 等于_____.

6. (2000 年全国高考题)在复平面内,把复数 $3-\sqrt{3}i$ 对应的向量按顺时针方向旋转 $\dfrac{\pi}{3}$,所得向量对应的复数是_____.

7. (1995 年全国高中联赛题)设 $\alpha、\beta$ 为一对共轭复数,若 $|\alpha-\beta|=2\sqrt{3}$ 且 $\dfrac{\alpha}{\beta^2}$ 为实数,则 $|\alpha|=$_____.

8. (1997 年全国高中联赛题)已知复数 z 满足 $\left|2z+\dfrac{1}{z}\right|=1$,则 z 的辐角主值范围是_____.

B 组

1. 在复数集中解下列方程:
   (1) $2z-i\bar{z}=1$;
   (2) $\bar{z}-\lambda z=\omega$(常数 $\lambda、\omega \in \mathbf{C}$,且 $|\lambda| \neq 1$).

2. 设 $a \geqslant 0$,在复数集中解方程 $2|z|+az+i=0$.

3. 求函数 $y=\sqrt{4a^2+x^2}+\sqrt{(x-a)^2+a^2}$ $(a>0)$ 的最值.

4. 证明正弦定理：在 $\triangle ABC$ 中，角 A、B、C 与所对应的边 a、b、c 间有关系 $\dfrac{a}{\sin A} = \dfrac{b}{\sin B} = \dfrac{c}{\sin C}$.

5. 求 $\cos\dfrac{\pi}{11} + \cos\dfrac{3\pi}{11} + \cos\dfrac{5\pi}{11} + \cos\dfrac{7\pi}{11} + \cos\dfrac{9\pi}{11}$ 的值.

6. 对复数 z_1、z_2 给出下面的三个条件：

(1) $\dfrac{z_1 - \bar{z}_1}{z_2 - \bar{z}_2} = 0$；(2) $\bar{z}_2 + 6 = \dfrac{2}{z_2 + 6}$；(3) $z_1 \cdot z_2^2 + z_2 + 2 = 0$.

试问是否存在同时满足这三个条件的复数 z_1、z_2？若存在，求出 z_1、z_2；若不存在，说明理由.

第 10 章 导数

【基础知识】

对于某些数学问题,若能运用导数处理,往往能揭示题目之内核,且使得解题更容易操作,从而获得淡化复杂技巧的功效. 运用导数不仅可以讨论函数的单调问题、函数的极(最)值问题,还可以讨论解析几何中的切线斜率问题、代数恒等式问题,以及与此有关的问题.

在运用导数处理问题时常用如下公式和定理:

1. **求导公式**(设 c、a 为常数,u,v 为变量)

$(c)' = 0; (cu)' = cu'; (u \pm v)' = u' \pm v'; (u \cdot v)' = u'v + uv';$

$(\frac{u}{v})' = \frac{u'v - uv'}{v^2}; (v^n)' = n \cdot v^{n-1} \cdot v'; (\sqrt{v})' = \frac{v'}{2\sqrt{v}};$

$(\ln v)' = \frac{v'}{v}; (\log_a v)' = \frac{v'}{v \cdot \ln a}; (e^v)' = e^v \cdot v'; (a^v)' = a^v \cdot \ln a \cdot v';$

$(\sin v)' = \cos v \cdot v'; (\cos v)' = -\sin v \cdot v';$

$(\tan v)' = \sec v \cdot v'; (\cot v)' = -\csc v \cdot v'.$

2. **定理**

定理 1 设 $f(x)$ 在 $[a,b]$ 上连续,在 (a,b) 内可导,且 $f'(x)$ 是 $[a,b]$ 内的增(或减)函数,则 $f(x)$ 是 $[a,b]$ 上的严格下凸(或上凸)函数. 或 $f(x)$ 在 (a,b) 内有二阶导数,且 $f''(x) > 0$(或 $f''(x) < 0$) 成立,则 $f(x)$ 在 (a,b) 上为严格下凸(或上凸) 函数.

定理 2(琴生不等式) 设 $f(x)$ 在 (a,b) 内为下凸函数,对于 $x_i \in (a,b)$,$\lambda_i > 0$ $(i = 1,2,\cdots,n)$,且 $\sum_{i=1}^{n} \lambda_i = 1$,则有

$$\sum_{i=1}^{n} \lambda_i f(x_i) \geqslant f(\sum_{i=1}^{n} \lambda_i x_i),$$

其中,等号当且仅当 $x_1 = x_2 = \cdots = x_n$ 时成立.

若 $f(x)$ 在 (a,b) 内为上凸函数,则上述不等号反向.

【基本问题与求解方法】

例 1 (2004 年全国高考湖南卷题)设 $f(x)$、$g(x)$ 分别是定义在 **R** 上的奇函数和偶函数. 当 $x < 0$ 时,$f'(x) \cdot g(x) + f(x) \cdot g'(x) > 0$,且 $g(-3) = 0$,则不等式 $f(x) \cdot g(x) < 0$ 的解集是_____.

解 因为 $f(x)$、$g(x)$ 分别是定义在 **R** 上的奇函数和偶函数,所以 $f(x) \cdot g(x)$ 是 **R** 上

的奇函数. 又 $x<0$ 时,$f'(x)\cdot g(x)+f(x)\cdot g'(x)>0$,即$[f(x)\cdot g(x)]'>0$,所以 $f(x)\cdot g(x)$ 在$(-\infty,0)$上是增函数,从而 $f(x)\cdot g(x)$ 在$(0,+\infty)$上也是增函数.

由$g(-3)=0$,得 $f(-3)\cdot g(-3)=0$.因此,$f(x)\cdot g(x)<0$ 的解集是$(-\infty,-3)\cup(0,3)$.

例2 (2001年全国高考天津卷题)函数 $y=1+3x-x^3$ 有(   ).

A. 极小值-1,极大值1　　　　　　B. 极小值-2,极大值3

C. 极小值-2,极大值2　　　　　　D. 极小值-1,极大值3

解 求出 $f(x)$ 的导数,找出驻点,求方程 $f'(x)=0$ 的解,根据 $f'(x)$ 在驻点附近的符号来判断函数的极值.

令 $y'=3-3x^2=0$,则 $x=\pm 1$.

当 $x<-1$ 时,$y'<0$;当 $-1<x<1$ 时,$y'>0$;当 $x>1$ 时,$y'<0$.

故当 $x=-1$ 时函数有极小值:$f(-1)=1-3-(-1)^3=-1$;

当 $x=1$ 时,函数有极大值:$f(1)=1+3-1^3=3$.故选D.

例3 (2004年全国高考湖南卷题)过点 $P(-1,2)$ 且与曲线 $y=3x^2-4x+2$ 在点 M 处的切线平行的直线方程是_____.

解 依题意,$y'=6x-4$.故过点 $M(1,1)$ 处切线的斜率为 $k=y'|_{x=1}=2$.

由所求直线与曲线 $y=3x^2-4x+2$ 在点 $M(1,1)$ 处的切线平行,得所求直线的斜率为 $k=2$.因为直线过点 $P(-1,2)$,故所求直线方程为 $y-2=2(x+1)$,即 $2x-y+4=0$.

例4 已知函数 $f(x)=ax^3+3x^2-x+1$ 在 **R** 上是减函数,求 a 的取值范围.

解 求函数 $f(x)$ 的导数:$f'(x)=3ax^2+6x-1$.

(1)当 $f'(x)<0(x\in\mathbf{R})$ 时,$f(x)$ 是减函数.

$3ax^2+6x-1<0(x\in\mathbf{R})\Leftrightarrow a<0$ 且 $\Delta=36+12a<0\Leftrightarrow a<-3$.

所以,当 $a<-3$ 时,由 $f'(x)<0$,知 $f(x)(x\in\mathbf{R})$ 是减函数;

(2)当 $a=-3$ 时,$f(x)=-3x^3+3x^2-x+1=-3(x-\frac{1}{3})^3+\frac{8}{9}$.

由函数 $y=x^3$ 在 **R** 上的单调性,可知当 $a=-3$ 时,$f(x)(x\in\mathbf{R})$ 是减函数;

(3)当 $a>-3$ 时,在 **R** 上存在一个区间,其上有 $f'(x)>0$.

所以,当 $a>-3$ 时,函数 $f(x)(x\in\mathbf{R})$ 不是减函数.

综上,所求 a 的取值范围是$(-\infty,-3]$.

例5 (2004年全国高考理科题)已知 $a\in\mathbf{R}$,求函数 $f(x)=x^2\mathrm{e}^{ax}$ 的单调区间.

解 求函数 $f(x)$ 的导数:$f'(x)=2x\mathrm{e}^{ax}+ax^2\mathrm{e}^{ax}=(2x+ax^2)\mathrm{e}^{ax}$.

(1)当 $a=0$ 时,若 $x<0$ 时,则 $f'(x)<0$;若 $x>0$,则 $f'(x)>0$.

所以当 $a=0$ 时,函数 $f(x)$ 在区间$(-\infty,0)$内为减函数,在区间$(0,+\infty)$内为增函数.

(2)当 $a>0$ 时,由 $2x+ax^2>0$,解得 $x<-\frac{2}{a}$ 或 $x>0$.

由 $2x+ax^2<0$,解得 $-\frac{2}{a}<x<0$.

所以,当 $a>0$ 时,函数 $f(x)$ 在区间 $(-\infty,-\frac{2}{a})$ 内为增函数,在区间 $(-\frac{2}{a},0)$ 内为减函数,在区间 $(0,+\infty)$ 内为增函数.

(3) 当 $a<0$ 时,由 $2x+ax^2>0$,解得 $0<x<-\frac{2}{a}$.

由 $2x+ax^2<0$,解得 $x<0$ 或 $x>-\frac{2}{a}$.

所以,当 $a<0$ 时,函数 $f(x)$ 在区间 $(-\infty,0)$ 内为减函数,在区间 $(0,-\frac{2}{a})$ 内为增函数,在区间 $(-\frac{2}{a},+\infty)$ 内为减函数.

【解题思维策略分析】

1. 单调性问题的求解

例6 (2003年全国高考天津卷题) 设 $a>0$,求函数 $f(x)=\sqrt{x}-\ln(x+a)$ ($x\in(0,+\infty)$) 的单调区间.

解 $f'(x)=\frac{1}{2}x^{\frac{1}{2}-1}-\frac{1}{x+a}=\frac{1}{2\sqrt{x}}-\frac{1}{x+a}=\frac{x-2\sqrt{x}+a}{2\sqrt{x}(x+a)}$ ($x>0$).

(1) 若 $f'(x)>0$,则 $x-2\sqrt{x}+a>0$,即 $(\sqrt{x})^2-2\sqrt{x}+a>0$.

该二次三项式的判别式为 $\Delta=4-4a$.

① 当 $a>1$ 时,$\Delta=4-4a<0$,故 $x-2\sqrt{x}+a>0$ 在 $(0,+\infty)$ 上恒成立,此时,$f(x)$ 在 $(0,+\infty)$ 上是增函数.

② 当 $a=1$ 时,$\Delta=0$,不等式 $x-2\sqrt{x}+a>0$ 的解集为 $(0,1)\cup(1,+\infty)$,故 $f(x)$ 在 $(0,1)$ 和 $(1,+\infty)$ 上都是增函数,又由于 $f(x)$ 在 $x=1$ 处连续,则 $f(x)$ 在 $(0,+\infty)$ 上是增函数.

③ 当 $0<a<1$ 时,$\Delta=4(1-a)>0$,则 $x-2\sqrt{x}+a>0$ 的解为 $\sqrt{x}>1+\sqrt{1-a}$ 或 $0<\sqrt{x}<1-\sqrt{1-a}$,此时 $f(x)$ 在 $(0,2-a-2\sqrt{1-a})$ 和 $(2-a+2\sqrt{1-a},+\infty)$ 上都是增函数.

(2) 若 $f'(x)<0$,则 $x-2\sqrt{x}+a<0$,判别式为 $\Delta=4(1-a)$.

① 当 $a\geqslant 1$ 时,$\Delta\leqslant 0$,不等式 $x-2\sqrt{x}+a<0$ 无解,即 $f'(x)<0$ 不成立.

② 当 $0<a<1$ 时,$\Delta>0$,$x-2\sqrt{x}+a<0$ 的解集是 $(2-a-2\sqrt{1-a},2-a+2\sqrt{1-a})$,此时 $f(x)$ 在解集上是减函数.

综上所述,(1) 当 $a\geqslant 1$ 时,$f(x)$ 在 $(0,+\infty)$ 上是单调递增函数;

(2) 当 $0<a<1$ 时,$f(x)$ 在 $(0,2-a-2\sqrt{1-a})$ 和 $(2-a+2\sqrt{1-a},+\infty)$ 上都是单调递增数,在 $(2-a-2\sqrt{1-a},2-a+2\sqrt{1-a})$ 上是单调递减函数.

例7 (2000年全国高考两省一市卷题) 设函数 $f(x)=\sqrt{x^2+1}-ax$,其中 $a>0$,求

实数 a 的取值范围,使 $f(x)$ 在 $(0,+\infty)$ 上是单调函数.

解 $f'(x)=(\sqrt{x^2+1})'-(ax)'=\dfrac{1}{2}\dfrac{2x}{\sqrt{x^2+1}}-a=\dfrac{x}{\sqrt{x^2+1}}-a$.

因 $x>0$,

则 $0<\dfrac{x}{\sqrt{x^2+1}}=\dfrac{1}{\sqrt{1+\dfrac{1}{x^2}}}<1$.

(1) 当 $a\geqslant 1$ 时,$f'(x)<0$ 恒成立,即 $f(x)$ 在 $(0,+\infty)$ 上是单调递减函数.

(2) 当 $0<a<1$ 时,令 $f'(x)=0$,

得 $\dfrac{x}{\sqrt{x^2+1}}-a=0$,即 $(1-a^2)x^2=a^2$,

解得 $x=\pm\dfrac{\sqrt{a^2}}{\sqrt{1-a^2}}=\pm\dfrac{a}{\sqrt{1-a^2}}$.

由 $x>0$,即 $x=-\dfrac{a}{\sqrt{1-a^2}}$(舍去),得驻点 $x=\dfrac{a}{\sqrt{1-a^2}}$. 从而

当 $x\in(0,\dfrac{a}{\sqrt{1-a^2}})$ 时,$f'(x)<0$;

当 $x\in(\dfrac{a}{\sqrt{1-a^2}},+\infty)$ 时,$f'(x)>0$.

故 $f(x)$ 在 $(0,\dfrac{a}{\sqrt{1-a^2}})$ 上是减函数,在 $(\dfrac{a}{\sqrt{1-a^2}},+\infty)$ 上是增函数,

即当 $0<a<1$ 时,$f(x)$ 在 $(0,+\infty)$ 上不是单调函数.

综合(1)(2) 知,当 $a\geqslant 1$ 时,$f(x)$ 在 $(0,+\infty)$ 上是减函数;当 $0<a<1$ 时,$f(x)$ 在 $(0,+\infty)$ 上不是单调函数.

2. 处理解析几何中的切线问题

例8 已知抛物线 $C_1:y=x^2+2x$ 和 $C_2:y=-x^2+a$,如果直线 l 同时是 C_1 和 C_2 的切线,称 l 是 C_1 和 C_2 的公切线,公切线上两个切点之间的线段,称为公切线段.

(1) a 取什么值时,C_1 和 C_2 有且仅有一条公切线?写出此公切线的方程;

(2) 若 C_1 和 C_2 有两条公切线,证明相应的两条公切线段互相平分.

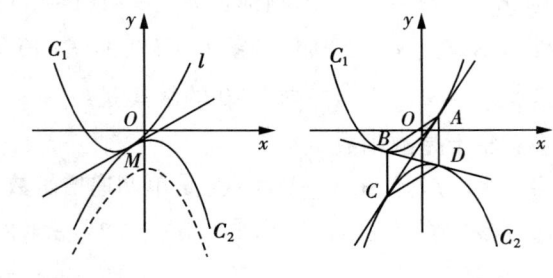

图 10-1

解 如图 10-1,设直线 $l: y = kx + b$ 是抛物线 C_1 和 C_2 的一条公切线,并设点 $A(x_1, y_1)$、$C(x_2, y_2)$ 分别是直线 l 与 C_1、C_2 的两个切点.

$y = x^2 + 2x$ 的导数为 $y' = 2x + 2$;$y = -x^2 + a$ 的导数为 $y' = -2x$.

根据导数的几何意义有 $2x_1 + 2 = k, -2x_2 = k$,

故 $2x_1 + 2 = -2x_2$,即 $x_1 + x_2 = -1$.

(1) 因为 C_1、C_2 有且仅有一条公切线,所以 A、C 两点必重合,即有 $x_1 = x_2$,又 $x_1 + x_2 = -1$,

所以 $A(-\frac{1}{2}, -\frac{3}{4})$,$C(-\frac{1}{2}, -\frac{3}{4})$.

由 C 在 C_2 上可知 $a = -\frac{1}{2}$.

此时 $k = -2 \times (-\frac{1}{2}) = 1$.

所以 $a = -\frac{1}{2}$ 时有且仅有一条公切线,此公切线方程为 $y = x - \frac{1}{4}$.

(2) 由 $x_1 + x_2 = -1$ 得 $x_2 = -1 - x_1$,

从而 $y_1 + y_2 = x_1^2 + 2x_1 + (-x_2^2 + a) = x_1^2 + 2x_1 - (x_1 + 1)^2 + a = a - 1$,

故公切线段 AC 中点为 $(-\frac{1}{2}, \frac{a-1}{2})$.

同理,另一条公切线段 BD 中点也为 $(-\frac{1}{2}, \frac{a-1}{2})$.

所以两条公切线段互相平分.

例9 (《中等数学》1994 年第 1 期奥林匹克训练题)如图 10-2,已知椭圆 $\frac{x^2}{2} + y^2 = 1$,$DA \perp AB$,$CB \perp AB$ 且 $DA = 3\sqrt{2}$,$CB = \sqrt{2}$,动点 P 在 $\overset{\frown}{AB}$ 上移动,则 $\triangle PCD$ 的面积的最小值为_____.

解 易求直线 $CD: x + y - 2\sqrt{2} = 0$. 设切点 $P_0(x_0, y_0)$,易知过 P_0 点与 CD 平行的切线 EF 和 CD 的距离为最小.在 x 轴上方,椭圆方程为

$$y = \sqrt{1 - \frac{x^2}{2}},$$

$$y' = \frac{1}{2\sqrt{1 - \frac{x^2}{2}}} \left(1 - \frac{x^2}{2}\right)' = -\frac{x}{2\sqrt{1 - \frac{x^2}{2}}}.$$

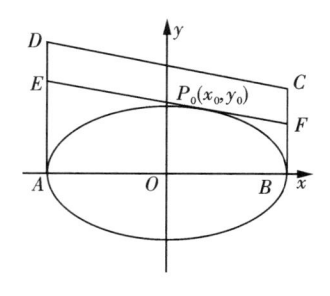

则 $k_{EF} = -\frac{x_0}{2\sqrt{1 - \frac{x_0^2}{2}}} = -1 = k_{CD}$.

图 10-2

故 $x_0 = \dfrac{2}{\sqrt{3}}$, $y_0 = \dfrac{1}{\sqrt{3}}$. 由点到直线距离公式得 P_0 到 CD 距离为 $2-\dfrac{\sqrt{6}}{2}$, 从而 $S_{\triangle PCD}$ 最小值为 $4-\sqrt{6}$.

3. 处理(极)最值问题

例 10 (1994 年上海市竞赛题) 函数 $y = \sqrt{1994-x} + \sqrt{x-1993}$ 的值域是 _____.

解 先求定义域: $1993 \leqslant x \leqslant 1994$.

令 $y' = \dfrac{1}{2\sqrt{1994-x}} \cdot (1994-x)' + \dfrac{1}{2\sqrt{x-1993}} \cdot (x-1993)'$

$= -\dfrac{1}{2\sqrt{1994-x}} + \dfrac{1}{2\sqrt{x-1993}} = 0$,

于是, 得驻点 $x = \dfrac{1994+1993}{2}$.

计算驻点与区间端点处的函数值, 得 $f(\dfrac{1994+1993}{2}) = \sqrt{2}$, $f(1993) = 1$, $f(1994) = 1$, 可知 $y_{\max} = \sqrt{2}$, $y_{\min} = 1$, 故值域是 $1 \leqslant y \leqslant \sqrt{2}$.

例 11 (1996 年全国高中联赛题) 求实数 a 的取值范围, 使得对于任意实数 x 和任意 $\theta \in [0, \dfrac{\pi}{2}]$, 有 $(x+3+2\sin\theta\cos\theta)^2 + (x+a\sin\theta+a\cos\theta)^2 \geqslant \dfrac{1}{8}$.

解 易知原题等价于

$a \geqslant \dfrac{3+2\sin\theta\cos\theta+\dfrac{1}{2}}{\sin\theta+\cos\theta}, \theta \in [0, \dfrac{\pi}{2}]$ 或 $a \leqslant \dfrac{3+2\sin\theta\cos\theta-\dfrac{1}{2}}{\sin\theta+\cos\theta}, \theta \in [0, \dfrac{\pi}{2}]$.

设 $\sin\theta+\cos\theta = t$, 则 $1 \leqslant t \leqslant \sqrt{2}$, $\sin\theta\cos\theta = \dfrac{t^2-1}{2}$, 则上述两式可转化为:

$a \geqslant t+\dfrac{5}{2} \cdot \dfrac{1}{t} = f(t)$ $(1 \leqslant t \leqslant \sqrt{2})$ 与 $a \leqslant t+\dfrac{3}{2} \cdot \dfrac{1}{t} = g(t)$ $(1 \leqslant t \leqslant \sqrt{2})$.

令 $f'(t) = 1-\dfrac{5}{2} \cdot \dfrac{1}{t^2} = 0$, 得驻点 $t = \dfrac{\sqrt{10}}{2} \notin [1,\sqrt{2}]$. 只需计算 $f(1) = \dfrac{7}{2}$, $f(\sqrt{2}) = \dfrac{9\sqrt{2}}{4}$, 故 $f(t)_{\max} = \dfrac{7}{2}$. 于是 $a \geqslant \dfrac{7}{2}$. 令 $g'(t) = 1-\dfrac{3}{2} \cdot \dfrac{1}{t^2} = 0$, 得驻点 $t = \dfrac{\sqrt{6}}{2} \in [1,\sqrt{2}]$. 计算 $g(\dfrac{\sqrt{6}}{2}) = \sqrt{6}$, $g(1) = \dfrac{5}{2}$, $g(\sqrt{2}) = \dfrac{7\sqrt{2}}{4}$, 故 $g(t)_{\min} = \sqrt{6}$, 从而 $a \leqslant \sqrt{6}$.

故 $a \geqslant \dfrac{7}{2}$ 或 $a \leqslant \sqrt{6}$.

例 12 求 $\dfrac{3}{\cos x} + \dfrac{2}{\sin x}$ $(0 < x < \dfrac{\pi}{2})$ 的最小值.

解 令 $f(x) = \dfrac{3}{\cos x} + \dfrac{2}{\sin x}$ $(0 < x < \dfrac{\pi}{2})$,

则 $f'(x) = \dfrac{3\sin x}{\cos^2 x} - \dfrac{2\cos x}{\sin^2 x}.$

令 $f'(x) = 0$,即 $\dfrac{3\sin x}{\cos^2 x} - \dfrac{2\cos x}{\sin^2 x} = 0.$

由 $0 < x < \dfrac{\pi}{2}$,知 $\sin x = \sqrt[2]{\dfrac{2}{3}}\cos x.$

又由 $\sin^2 x + \cos^2 x = 1$,

有 $\sin x = \sqrt{\dfrac{\sqrt[3]{4}}{\sqrt[3]{9}+\sqrt[3]{4}}}, \cos x = \sqrt{\dfrac{\sqrt[3]{9}}{\sqrt[3]{9}+\sqrt[3]{4}}},$

此时, $x = \arctan\sqrt[3]{\dfrac{2}{3}}$ (列表,判定符号).

x	$(0, \arctan\sqrt[3]{\dfrac{2}{3}})$	$\arctan\sqrt[3]{\dfrac{2}{3}}$	$(\arctan\sqrt[3]{\dfrac{2}{3}}, \dfrac{\pi}{2})$
$f'(x)$	$-$	0	$+$
$f(x)$	单调减	极小值	单调增

由于 $f(x)$ 在 $(0, \dfrac{\pi}{2})$ 上仅有一个极值点,故也是它的最小值点.

故当 $x = \arctan\sqrt[3]{\dfrac{2}{3}}$ 时, $f(x)_{\text{最小值}} = \sqrt{(\sqrt[3]{9}+\sqrt[3]{4})^3}.$

4. 证明不等式

例13 (第3届"希望杯"邀请赛) 已知 $0 < x < \dfrac{\pi}{2}$,求证: $\sin x > x - \dfrac{x^3}{6}.$

证明 设 $f(x) = \sin x - x + \dfrac{x^3}{6}$,显然 $f(0) = 0$,

$f'(x) = \cos x - 1 + \dfrac{x^2}{2} = 2[(\dfrac{x}{2})^2 - (\sin\dfrac{x}{2})^2].$

由 $0 < x < \dfrac{\pi}{2}, x > \sin x$,知 $\dfrac{x}{2} > \sin\dfrac{x}{2} > 0.$

故 $0 < x < \dfrac{\pi}{2}$ 时, $f'(x) > 0$,即 $f(x)$ 在 $(0, \dfrac{\pi}{2})$ 上为增函数.

故 $f(x) > f(0) = 0$,故原命题得证.

例14 (2001年全国高考题)已知 k、m、n 是正整数,且 $1 < k \leqslant m < n$. 证明: $(1+m)^n > (1+n)^m.$

证明 由于 k、m、n 是正整数,且 $1 < k \leqslant m < n$,故有 $2 \leqslant m < n.$

令 $f(x) = \dfrac{\ln(1+x)}{x}(x \geqslant 2)$,则 $f'(x) = \dfrac{\dfrac{x}{1+x} - \ln(1+x)}{x^2}.$

由 $x \geqslant 2$,知 $0 < \dfrac{x}{1+x} < 1, \ln(1+x) < \ln 3 > 1,$

于是 $f'(x)<0$. 因此,函数 $f(x)$ 在区间 $[2,+\infty)$ 上单调递减.

又由于 $2\leqslant m<n$, 所以 $\dfrac{\ln(1+m)}{m}>\dfrac{\ln(1+n)}{n}$,

即 $n\cdot\ln(1+m)>m\cdot\ln(1+n)$,

亦即 $\ln(1+m)^n>\ln(1+n)^m$. 故 $(1+m)^n>(1+n)^m$.

例 15 (第 47 届波兰数学奥林匹克题) 设 $a,b,c>0$, 且 $a+b+c=1$.

求证: $\dfrac{1}{a^2+1}+\dfrac{b}{b^2+1}+\dfrac{c}{c^2+1}\leqslant\dfrac{9}{10}$.

证法 1 设 $f(x)=\dfrac{x}{x^2+1}(0<x<1)$, 则 $f'(x)=\dfrac{1-x^2}{(x^2+1)^2}, f''(x)=\dfrac{2x(x^2-3)}{(x^2+1)^3}$.

因 $0<x<1$ 时, $f''(x)<0$, 知 $f(x)$ 在 $(0,1)$ 上为上凸函数, 从而由琴生不等式, 有

$\dfrac{1}{3}[f(a)+f(b)+f(c)]\leqslant f(\dfrac{a+b+c}{3})$, 即 $\dfrac{1}{3}(\dfrac{a}{a^2+1}+\dfrac{b}{b^2+1}+\dfrac{c}{c^2+1})\leqslant f(\dfrac{1}{3})=\dfrac{3}{10}$.

故 $\dfrac{a}{a^2+1}+\dfrac{b}{b^2+1}+\dfrac{c}{c^2+1}\leqslant\dfrac{9}{10}$.

证法 2 考试函数 $g(x)=\dfrac{1}{x^2+1}(0<x<1)$, 则 $g'(x)=\dfrac{-2x}{(x^2+1)^2}$.

考虑 $x=\dfrac{1}{3}$ 处的切线函数 $y=g'(\dfrac{1}{3})(x-\dfrac{1}{3})+g(\dfrac{1}{3})=\dfrac{27}{50}(2-x)$, 而 $\dfrac{1}{x^2+1}-\dfrac{27}{50}(2-x)=\dfrac{27x^3-54x^2+27x-4}{50(x^2+1)}$.

再令 $h(x)=27x^3-54x^2+27x-4$, 则当 $0<x<1$ 时, $h(x)\leqslant 0$, 且 $x=\dfrac{1}{3}$ 时, $h(\dfrac{1}{3})=0$. 故当 $0<x<1$ 时, 有 $\dfrac{1}{x^2+1}\leqslant\dfrac{27}{50}(2-x)$. 即有 $\dfrac{x}{x^2+1}\leqslant\dfrac{27}{50}(2-x)x$. 于是

$\dfrac{a}{a^2+1}+\dfrac{b}{b^2+1}+\dfrac{c}{c^2+1}\leqslant\dfrac{27}{50}[2(a+b+c)-(a^2+b^2+c^2)]$.

注意到 $(a+b+c)^2=a^2+b^2+c^2+2ab+2bc+2ca\leqslant 3(a^2+b^2+c^2)$,

所以 $a^2+b^2+c^2\geqslant\dfrac{1}{3}$.

故 $\dfrac{a}{a^2+1}+\dfrac{b}{b^2+1}+\dfrac{c}{c^2+1}\leqslant\dfrac{27}{50}(2-\dfrac{1}{3})=\dfrac{9}{10}$.

注 证法 2 是找界限函数, 先求函数在某点 x_0 处的切线函数 $g(x)=g'(x_0)(x-x_0)+g(x_0)$ (根据切线的几何意义), 再作差比较是否为界函数来处理.

5. 处理等式型问题

例 16 (1999 年越南数学奥林匹克题) 解方程组

$\begin{cases}(1+4^{2x-y})\cdot 5^{1-2x+y}=1+2^{2x-y+1}, & ① \\ y^3+4x+1+\ln(y^2+2x)=0. & ②\end{cases}$

解 在①中, 令 $u=2x-y$, 则

$f(u)=5\cdot(\dfrac{1}{5})^u+5\cdot(\dfrac{4}{5})^u-2\cdot 2^u-1=0$.

由于 $f(u)$ 在 **R** 上单调递减，且 $f(1)=0$，所以，$u=1$，即 $2x=y+1$.

将上式代入 ② 得，$g(y)=y^3+2y+3+\ln(y^2+y+1)=0$.

而 $g'(y)=\dfrac{(2y+1)^2+3y^2(y+\frac{1}{2})^2+\frac{1}{4}y^2+2}{(y+\frac{1}{2})^2+\frac{3}{4}}>0$,

故 $g(y)$ 为 **R** 上的单调增函数，且 $g(-1)=0$.

所以，$y=-1$. 因此，$x=\dfrac{1}{2}(y+1)=0$.

经检验知，$x=0$, $y=-1$ 为原方程组的解.

例 17 证明下列恒等式：

(1) $1+2+\cdots+n=\dfrac{1}{2}n(n+1)$;

(2) $1\cdot 2+2\cdot 3+\cdots+n(n+1)=\dfrac{1}{3}n(n+1)(n+2)$;

(3) $1^2+2^2+\cdots+n^2=\dfrac{1}{6}n(n+1)(2n+1)$;

(4) $1^3+2^3+\cdots+n^3=\dfrac{1}{4}n^2(n+1)^2$.

证明 先证明一个等式：
$1+x+x^2+\cdots+x^n=C_{n+1}^1+C_{n+1}^2(x-1)+C_{n+1}^3(x-1)^2+\cdots+C_{n+1}^{n+1}(x-1)^n$.

事实上，利用二项式定理有：
$x^{n+1}=[1+(x-1)]^{n+1}=1+C_{n+1}^1(x-1)+C_{n+1}^2(x-1)^2+\cdots+C_{n+1}^{n+1}(x-1)^{n+1}$.

而 $(x-1)(1+x+x^2+\cdots+x^n)=x^{n+1}-1$，因而
$(x-1)(1+x+x^2+\cdots+x^n)=C_{n+1}^1(x-1)+C_{n+2}^2(x-1)^2+\cdots+C_{n+1}^{n+1}(x-1)^{n+1}$.

当 $x\neq 1$ 时，两边同除以 $x-1$ 得
$1+x+x^2+\cdots+x^n=C_{n+1}^1+C_{n+1}^2(x-1)+\cdots+C_{n+1}^{n+1}(x-1)^n$.

而当 $x=1$ 时，左边 $=n+1=C_{n+1}^1=$ 右边.

则恒有
$1+x+x^2+\cdots+x^n=C_{n+1}^1+C_{n+1}^2(x-1)+C_{n+1}^3(x-1)^2+\cdots+C_{n+1}^{n+1}(x-1)^n$. ①

(1) 对 ① 式两边求导则有：
$1+2x+3x^2+\cdots+nx^{n-1}=C_{n+1}^2+2C_{n+1}^3(x-1)+\cdots+nC_{n+1}^{n+1}(x-1)^{n-1}$. ②

令 $x=1$ 则得，$1+2+\cdots+n=\dfrac{1}{2}n(n+1)$.

(2) 由 ① 式可知
$1+x+x^2+x^3+\cdots+x^{n+1}=C_{n+2}^1+C_{n+2}^2(x-1)+C_{n+2}^3(x-1)^2+\cdots+C_{n+2}^{n+2}(x-1)^{n+1}$.

两边求二阶导数，则
$2+2\cdot 3x+\cdots+(n+1)\cdot nx^{n-1}$
$=2C_{n+2}^3+2\cdot 3C_{n+2}^4(x-1)+\cdots+(n+1)\cdot nC_{n+2}^{n+2}(x-1)^{n-1}$.

令 $x=1$,则得

$$1\cdot 2+2\cdot 3+3\cdot 4+\cdots+n(n+1)=2C_{n+2}^3=\frac{1}{3}n(n+1)(n+2).$$

(3) 由 ② 式,可知

$$x+2x^2+3x^3+\cdots+nx^n$$
$$=[C_{n+1}^2+2C_{n+1}^3(x-1)+\cdots+nC_{n+1}^{n+1}(x-1)^{n-1}][(x-1)+1]$$
$$=C_{n+1}^2+(C_{n+1}^2+2C_{n+1}^3)(x-1)+(2C_{n+1}^3+3C_{n+1}^4)(x-1)^2+\cdots+nC_{n+1}^{n+1}(x-1)^n,$$

两边求导得

$$1+2^2x+3^2x^2+\cdots+n^2x^{n-1}$$
$$=(C_{n+1}^2+2C_{n+1}^3)+2(2C_{n+1}^3+3C_{n+1}^4)(x-1)+\cdots+n^2C_{n+1}^{n+1}(x-1)^{n-1}. \quad ③$$

令 $x=1$,则得

$$1^2+2^2+3^2+\cdots+n^2=\frac{1}{6}n(n+1)(2n+1).$$

(4) 仿此,若 ③ 式两边同时乘以 x 求导后再令 $x=1$,便会有

$$1^3+2^3+3^3+\cdots+n^3=\frac{1}{4}n^2(n+1)^2.$$

【模拟实战十】

A 组

1. (2004 年全国高考湖北卷题) 函数 $f(x)=ax^2+x+1$ 有极值的充要条件是_____.

2. (2004 年全国高考浙江卷题) 设 $f'(x)$ 是函数 $f(x)$ 的导数, $y=f'(x)$ 的图象如图 10-3 所示,则 $y=f(x)$ 的图象最有可能的是( ).

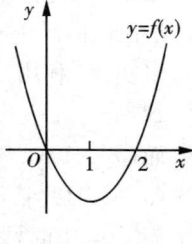

图 10-3

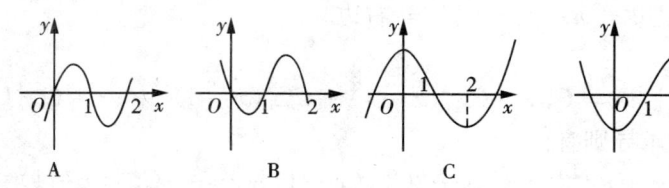

A B C D

3. (2001 年全国高考两省一市题) 已知函数 $f(x)=x^3-3ax^2+2bx$ 在点 $x=1$ 处有极小值 -1,试确定 a、b 的值,并求出 $f(x)$ 的单调区间.

4. 证明下列组合恒等式:
   (1) $C_n^1+2C_n^2+3C_n^3+\cdots+nC_n^n=n\cdot 2^{n-1}$;
   (2) $C_n^1+2^2C_n^2+3^2C_n^3+\cdots+n^2C_n^n=n(n+1)\cdot 2^{n-2}$;
   (3) $C_n^1+2^3C_n^2+3^3C_n^3+\cdots+n^3C_n^n=n^2(n+3)\cdot 2^{n-3}$.

B 组

1. (2004年全国高考天津卷题)已知函数 $f(x) = ax^3 + bx^2 - 3x$ 在 $x = \pm 1$ 处取得极值.
   (Ⅰ)讨论 $f(1)$ 和 $f(-1)$ 是函数 $f(x)$ 的极大值还是极小值；
   (Ⅱ)过点 $A(0, 16)$ 作曲线 $y = f(x)$ 的切线,求此切线方程.

2. (2004年全国高考福建卷题)已知 $f(x) = \dfrac{2x-a}{x^2+2}$ ($x \in \mathbf{R}$) 在区间 $[-1, 1]$ 上是增函数.
   (Ⅰ)求实数 a 的值所组成的集合 A；
   (Ⅱ)设关于 x 的方程 $f(x) = \dfrac{1}{x}$ 的两根为 x_1, x_2,试问:是否存在实数 m,使得不等式 $m^2 + tm + 1 \geqslant |x_1 - x_2|$ 对任意 $a \in A$ 及 $t \in [-1, 1]$ 恒成立?若存在,求出 m 的取值范围；若不存在,请说明理由.

3. (2004年全国高考浙江卷题)设曲线 $y = \mathrm{e}^{-x}$ ($x \geqslant 0$) 在点 $M(t, \mathrm{e}^{-t})$ 处的切线 l 与 x 轴、y 轴所围成的三角形面积为 $S(t)$.
   (Ⅰ)求直线 l 的方程；
   (Ⅱ)求 $S(t)$ 的最大值.

4. (2004年全国高考湖南卷题)已知函数 $f(x) = x^2 \mathrm{e}^{ax}$,其中 $a \leqslant 0$, e 为自然对数的底数.
   (Ⅰ)讨论函数 $f(x)$ 的单调性；
   (Ⅱ)求函数 $f(x)$ 在区间 $[0, 1]$ 上的最大值.

5. (2004年全国高考广东卷题)设函数 $f(x) = \left|1 - \dfrac{1}{x}\right|$ ($x > 0$).
   (Ⅰ)证明:当 $0 < a < b$,且 $f(a) = f(b)$ 时, $ab > 1$.
   (Ⅱ)点 $P(x_0, y_0)$ ($0 < x_0 < 1$) 在曲线 $y = f(x)$ 上,求曲线在点 P 处的切线与 x 轴和 y 轴的正向所围成的三角形面积表达式(用 x_0 表示).

6. (2004年全国高考广东卷题)设函数 $f(x) = x - \ln(x + m)$,其中常数 m 为整数.
   (Ⅰ)当 m 为何值时, $f(x) \geqslant 0$?
   (Ⅱ)定理:若函数 $g(x)$ 在 $[a, b]$ 上连续,且 $g(a)$ 与 $g(b)$ 异号,则至少存在一点 $x_0 \in (a, b)$,使 $g(x_0) = 0$.
   试用上述定理证明:当整数 $m > 1$ 时,方程 $f(x) = 0$ 在 $[\mathrm{e}^{-m} - m, \mathrm{e}^{2m} - m]$ 内有两个实根.

7. (2004年全国高考重庆卷题)设函数 $f(x) = x(x-1)(x-a)$ ($a > 1$).
   (Ⅰ)求导数 $f'(x)$,并证明 $f(x)$ 有两个不同的极值点 x_1、x_2；
   (Ⅱ)若不等式 $f(x_1) + f(x_2) \leqslant 0$ 成立,求 a 的取值范围.

8. (2004年全国高考辽宁卷题)已知函数 $f(x) = \ln(\mathrm{e}^x + a)$ ($a > 0$).
   (Ⅰ)求函数 $y = f(x)$ 的反函数 $y = f^{-1}(x)$ 及 $f(x)$ 的导数 $f'(x)$；
   (Ⅱ)假设对任意 $x \in [\ln(3a), \ln(4a)]$,不等式 $|m - f^{-1}(x)| + \ln[f'(x)] < 0$ 成立,求实数 m 的取值范围.

9. (2000年全国高考两省一市题)用总长 14.8 米的钢条制作一个长方体容器的框架,如果

所制作的容器的底面的一边比另一边长 0.5 米,那么高为多少时,容器的容积最大?并求出它的最大容积.

10. (1994 年上海市高考题改编) 已知

$$S(t) = \begin{cases} 2(1-t+t^2-t^3)(0<t<\frac{1}{2}), \\ \frac{1}{2}(t+\frac{1}{t})(t\geq \frac{1}{2}). \end{cases}$$

试确定 $S(t)$ 的单调区间,并加以证明.

11. (《中等数学》1994 年第 4 期奥林匹克训练题) 求满足以下条件的实系数多项式 $f(x)$:
(1) 对于任意实数 a,有 $f(a+1)=f(a)+f(1)$;(2) 存在某一实数 $k_1\neq 0$,使 $f(k_1)=k_2, f(k_2)=k_3,\cdots,f(k_{n-1})=k_n, f(k_n)=k_1$,其中 n 为 $f(x)$ 的次数.

12. 设 $a_1,a_2,\cdots,a_n>0, n\geq 2$,且 $a_1+a_2+\cdots+a_n=1$. 求证

$$\frac{a_1}{2-a_1}+\frac{a_2}{2-a_2}+\cdots+\frac{a_n}{2-a_n}\geq \frac{n}{2n-1}.$$

第 11 章 排列与组合

【基础知识】

1. 加法原理和乘法原理

如果完成一件事情的方法可分成 n 个互不相交的类,且第 1 类中有 m_1 种方法,第 2 类中有 m_2 种方法,$\cdots$,第 n 类有 m_n 种方法,那么完成这件事一共有 $m_1+m_2+\cdots+m_n$ 种方法. 这就是加法原理,简称分类相加.

如果完成一件事情要分 n 步,且第 1 步有 m_1 种方法,第 2 步有 m_2 种方法,$\cdots$,第 n 步有 m_n 步方法,那么完成这件事一共有 $m_1 m_2 \cdot \cdots \cdot m_n$ 种方法. 这就是乘法原理,简称分步相乘.

2. 无重复的排列与组合

从 n 个不同元素中任取 $m(\leqslant n)$ 个不同元素排成一列,其排列数为

$$A_n^m = n(n-1)(n-2)\cdot\cdots\cdot(n-m+1) = \frac{n!}{(n-m)!}\ (约定\ 0!=1).$$

特别 $m=n$,就得到 n 个不同元素的全排列数公式

$$A_n^n = n\cdot(n-1)(n-2)\cdot\cdots\cdot 1 = n!.$$

从 n 个不同元素中任取 $m(\leqslant n)$ 个不同元素并成一组,其组合数为

$$C_n^m = \frac{A_n^m}{A_m^m} = \frac{n(n-1)\cdot\cdots\cdot(n-m+1)}{m!} = \frac{n!}{m!(n-m)!}.$$

3. 可重复的排列和组合

从 n 个不同元素中任取 $m(\geqslant 1)$ 个元素(可重复取相同元素)排成一列,其排列数为 n^m(选第 1 位元素有 n 种方法,选定第 1 位元素后,选第 2 位元素仍有 n 种方法,$\cdots$,最后选第 m 位元素也有 n 种方法,由乘法原理知一共有 n^m 种方法).

设 n 个元素由 k 个不同元素 $a_1, a_2, \cdots, a_k$ 组成,其中 a_1 有 n_1 个,a_2 有 n_2 个,$\cdots$,a_k 有 n_k 个,那么这 n 个元素排成一列的方法数为 $\dfrac{n!}{n_1! n_2! \cdot \cdots \cdot n_k!}$.

事实上,若 n 个元素互不相同,则全排列数为 $n!$ 种,但其中 n_i 个 a_i 任意交换顺序(有 $n_i!$ 种交换顺序的方法)得到的是同一排列($i=1,2,\cdots,k$),故不同的排列个数为 $\dfrac{n!}{n_1! n_2! \cdot \cdots \cdot n_k!}$.

从 n 个不同元素中任取 $m(\geqslant 1)$ 个元素(可以取相同元素)并成一组,其不同组合数为 C_{n+m-1}^m.

事实上,不妨设 n 个不同元素为 $1, 2, \cdots, n$,取出的 m 个元素为 $(1\leqslant) a_1 \leqslant a_2 \leqslant \cdots \leqslant a_m (\leqslant n)$(因允许重复,符号可以成立),于是 $(1\leqslant) \leqslant a_1 + 0 < a_2 + 1 < \cdots < a_m +$

$m-1(\leqslant n)$，将 $(a_1,a_2,\cdots,a_m)$ 与 $(a_1+0,a_2+1,\cdots,a_m+m-1)$ 对应，这个对应是一一对应，故所求组合数等于从 $1,2,\cdots,n+m-1$ 这 $n+m-1$ 个不同元素中取 m 个不同元素 $(a_1+0,a_2+1,\cdots,a_m+m-1)$ 的组合数，即 C_{n+m-1}^m.

4. 圆排列和项链数

从 n 个不同元素取 m 个不同元素排在一个圆周上，其圆排列数为

$$\frac{A_n^m}{m}=\frac{n!}{m\cdot(n-m)!}.$$

特别地，将 n 个不同元素排列在一个圆周上的圆排列数为 $\dfrac{A_n^n}{n}=(n-1)!$.

若将 n 粒不同的珍珠，用线串成一根项链的不同方法数记为 D_n，则

$$D_n=\begin{cases}1 & (n=1 \text{ 或 } 2),\\ \dfrac{1}{2}\cdot(n-1)! & (n\geqslant 3).\end{cases}$$

因为 $n\geqslant 3$ 时项链没有顺时针与逆时针的区别，而圆排列则有此区别，故 $n\geqslant 3$ 时项链数只有圆排列数的 $\dfrac{1}{2}$. 而 $n=1$ 或 2 时，两者都没有顺时针和逆时针的区别.

5. 容斥原理

对于有限集合 S，我们用 $|S|$ 表示 S 中元素个数，若 S_1 是 S 的子集，则 $\overline{S_1}=S\setminus S_1$ 表示 S_1 在 S 中的补集. S_1 在 S 中的补集也可记为 $\complement_S S_1$.

定理 1 设 $S_1,S_2,\cdots,S_n$ 是有限集合，则

$$|S_1\cup S_2\cup\cdots\cup S_n|=\sum_{i=1}^n|S_i|-\sum_{1\leqslant i<j\leqslant n}|S_i\cap S_j|+\sum_{1\leqslant i<j<k\leqslant n}|S_i\cap S_j\cap S_k|+\cdots+(-1)^{n-1}|S_1\cap S_2\cap\cdots\cap S_n|. \qquad ①$$

定理 2 设 $S_1,S_2,\cdots,S_n$ 都是有限集合 S 的子集，则

$$|\overline{S_1}\cap\overline{S_2}\cap\cdots\cap\overline{S_n}|=|S|-|S_1\cup S_2\cup\cdots\cup S_n|$$

$$=|S|-\sum_{i=1}^n|S_i|+\sum_{1\leqslant i<j\leqslant n}|S_i\cap S_j|-\sum_{1\leqslant i<j<k\leqslant n}|S_i\cap S_j\cap S_k|+\cdots+(-1)^n|S_1\cap S_2\cap\cdots\cap S_n|. \qquad ②$$

有的书上称定理 1 为容斥原理，定理 2 为包含排除原理（又叫筛法公式）. 本书中将定理 1 和定理 2 都称为容斥原理.

定理 1 的证明 若 $a\notin S_1\cup S_2\cup\cdots\cup S_n$，则 a 不属于 $S_1,S_2,\cdots,S_n$ 中任何一个，a 在①式两端计算的次数都等于 0.

若 $a\in S_1\cup S_2\cup\cdots\cup S_n$，不妨设 a 只属于 $S_1,S_2,\cdots,S_k$，而不属于其余集合（$1\leqslant k\leqslant n$），则 a 在①式左端计算了一次，而 a 在右端第一项 $\sum_{i=1}^n|A_i|$ 中计算的次数为 C_k^1，在第二项中计算的次数为 C_k^2，在 $\sum_{1\leqslant i_1<i_2<\cdots<i_r\leqslant n}|A_{i_1}\cap A_{i_2}\cap\cdots\cap A_{i_r}|$ 中计算的次数当 $r\leqslant k$ 时为 C_k^r，当 $r>k$ 时为 0，故 a 在①式右端计算的次数为

$$C_k^1-C_k^2+C_k^3-\cdots+(-1)^{k-1}C_k^k+0+\cdots+0$$

$$= 1 - [C_k^0 - C_k^1 + C_k^2 - \cdots + (-1)^k C_k^k] = 1 - (1-1)^k = 1.$$

可见任意一个元在 ① 式两端计算的次数都相等. 故 ① 成立.

定理 2 的证明 由 $\overline{S}_1 \cap \overline{S}_2 \cap \cdots \cap \overline{S}_n = S - (S_1 \cup S_2 \cup \cdots \cup S_n)$ 及定理 1，即知 ② 成立.

6. 映射定理

定理 3 设 f 是从有限集合 M 到有限集合 N 的一个映射.

(1) 若 f 是单射(即对任意 $x_1, x_2 \in M$，当 $x_1 \neq x_2$ 时有 $f(x_1) \neq f(x_2)$)，则 $|M| \leqslant |N|$.

(2) 若 f 是满射(即对任意 $y \in N$，都存在 $x \in M$，使 $f(x) = y$)，则 $|M| \geqslant |N|$.

(3) 若 f 为双射，又称 f 为 M 与 N 之间的一一对应(即 f 既为单射又为满射)，则 $|M| = |N|$.

7. 一类不定方程的非负整数解

定理 4 不定方程 $x_1 + x_2 + \cdots + x_k = n (k, n \in \mathbf{N}_+)$ 的非负整数解组 $(x_1, x_2, \cdots, x_k)$ 的组数为 C_{n+k-1}^{k-1}.

证明 我们将不定方程的任意一组非负整数解 $(x_1, x_2, \cdots, x_k)$ 对应于一个由 n 个圆圈 "○"，$k-1$ 竖直线 "|" 组成的如下排列：

$$\underbrace{○\cdots○}_{x_1 \uparrow} | \underbrace{○\cdots○}_{x_2 \uparrow} | \cdots \underbrace{○\cdots○}_{x_k \uparrow}$$

易证这个对应是一个双射，又因为 n 个圆圈 "○"，$k-1$ 条竖线 "|" 组成的直线排列数为 $C_{n+k-1}^{k-1} = C_{n+k-1}^{k-1}$，所以，不定方程 $x_1 + x_2 + \cdots + x_k = n$ 的非负整数解组的组数为 C_{n+k-1}^{k-1}.

推论 不定方程 $x_1 + x_2 + \cdots + x_k = n (k, n \in \mathbf{N}_+, k \leqslant n)$ 的正整数解组 $(x_1, x_2, \cdots, x_k)$ 的组数为 C_{n-1}^{k-1}.

证明 令 $y_i = x_i - 1 (i = 1, 2, \cdots, k)$，则不定方程 $x_1 + x_2 + \cdots + x_k = n$ 的正整数解组 $(x_1, x_2, \cdots, x_k)$ 的组数等于不定方程 $y_1 + y_2 + \cdots + y_k = n - k$ 的非负整数解组 $(y_1, y_2, \cdots, y_k)$ 的组数 $C_{n-k+k-1}^{k-1} = C_{n-1}^{k-1}$.

8. 抽屉原理

第一抽屉原理 若将 m 个物件放入 n 个抽屉内，则其中必有一个抽屉内至少有 $\left[\dfrac{m-1}{n}\right] + 1$ 个物件.

证明 如果结论不成立，那么每个抽屉内至多有 $\left[\dfrac{m-1}{n}\right]$ 个物件，n 个抽屉内一共有的物件数至多为 $n\left[\dfrac{m-1}{n}\right] \leqslant n\left(\dfrac{m-1}{n}\right) = m - 1$，此与已知一共有 m 个物件矛盾，故结论成立.

第二抽屉原理 若将 m 个物件放入 n 个抽屉内，则其中必有一个抽屉内至多有 $\left[\dfrac{m}{n}\right]$ 个物件.

证明 如果结论不成立，那么每个抽屉内至少有 $\left[\dfrac{m}{n}\right] + 1 > \dfrac{m}{n}$ 个物件，从而 n 个抽屉

内一共有的物件数至少为 $n([\frac{m}{n}]+1) > n \cdot \frac{m}{n} = m$,这与已知一共有 m 个物件矛盾,故结论成立.

平均值原理 (1) 设 $a_1, a_2, \cdots, a_n$ 为实数,$A = \frac{1}{n}(a_1 + a_2 + \cdots + a_n)$,则 $a_1, a_2, \cdots, a_n$ 中必有一个不小于 A,也有一个不大于 A.

(2) 设 $a_1, a_2, \cdots, a_n$ 为正实数,$G = \sqrt[n]{a_1 a_2 \cdots a_n}$,则 $a_1, a_2, \cdots, a_n$ 中必有一个不小于 G,也有一个不大于 G.

证明 令 $a_{i_0} = \min\{a_1, a_2, \cdots, a_n\}, a_{j_0} = \max\{a_1, a_2, \cdots, a_n\}$,则 (1) $a_{i_0} \leqslant A \leqslant a_{j_0}$,(2) $a_{i_0} \leqslant G \leqslant a_{j_0}$.

例 1 (2000 年全国高中联赛题) 如果:(1) a, b, c, d 都属于 $\{1, 2, 3, 4\}$;(2) $a \neq b, b \neq c$,$c \neq d, d \neq a$;(3) a 是 a, b, c, d 中的最小值. 那么可以组成的不同四位数 $\overline{abcd}$ 的个数是_____.

解 (1) 当 $\overline{abcd}$ 含有 4 个不同数字时,显然 $a = 1$. 这一类四位数共有 $3! = 6$ 个.

(2) 当 $\overline{abcd}$ 只含 3 个不同数字时,从 1,2,3,4 中取 3 个不同数字有 C_4^3 种方法,这时 a 的值唯一确定(a 是取出的 3 个数中最小的). 当 $a = c$ 时,b, d 有 $2!$ 种取法;当 $a \neq c$ 时,$b = d$,c 有 2 种取法,$b = d$ 为余下的那个数字. 故这时四位数的个数为 $C_4^3(2+2) = 16$.

(3) 当 $\overline{abcd}$ 只含 2 个数字时,从 1,2,3,4 中取 2 个数字有 C_4^2 种方法,这时 $a = c$ 是取出的数中较小的那一个,只有一种取法,$b = d$ 为余下的那个数字,故这时四位数的个数为 $C_4^2 \cdot 1 \cdot 1 = 6$.

综上,由加法原理,符合条件的不同的四位数的个数为 $6 + 16 + 6 = 28$.

例 2 (1993 年福建省福州市高中竞赛题) 从 $\{1, 2, 3, 4, \cdots, 20\}$ 中选取四个不同的数 a, b, c, d,满足 $a + c = b + d$,若不考虑 a, b, c, d 的顺序,则选取方法的总数为_____.

解 不妨设 $a > b > d$,由 $a + c = b + d$ 得 $d > c$.

从 $1, 2, \cdots, 20$ 中选取 3 个数 $a > b > c$ 的选法有 C_{20}^3 种,但其中有 $a + c = b + b$ 的不符合要求,这相当于从 $1, 2, \cdots, 20$ 中选出 2 个数 a, c 同为奇数或同为偶数的选法.

从 $1, 2, \cdots, 20$ 中取两个奇数的方法有 C_{10}^2 种,取两个偶数的方法也有 C_{10}^2 种,于是,从 $1, 2, \cdots, 20$ 中取 3 个数 $a > b > c$ 满足 $a + c \neq b + b$ 的选法有 $C_{20}^3 - 2C_{10}^2 = 1050$ 种,这时 $d = a + c - b$ 唯一确定. 故这样的每一个三元数组确定一个符合要求的四元数组,但每个四元数组 (a, b, c, d) 出现两次 $((a, b, c)$ 和 (a, d, c)(因为 $d > c$)产生的四元组都为 (a, b, c, d),故不同的四元组共有 $\frac{1}{2} \cdot 1050 = 525$ 种.

例 3 5 对夫妻坐成一排,求没有一对夫妻相邻的排列种数.

解 设 S 是 5 对夫妻任意排成一列的排法集合,则 A_i 是其中第 i 对夫妻相邻的排法集合. 于是,由容斥原理得没有一对夫妻相邻的排法种数为

$$|\overline{A_1} \cap \overline{A_2} \cap \overline{A_3} \cap \overline{A_4} \cap \overline{A_5}| = |S| - \sum_{i=1}^{5} |A_i| + \sum_{1 \leqslant i < j \leqslant 5} |A_i \cap A_j| -$$

$$\sum_{1\leqslant i<j<k\leqslant 5}|A_i\cap A_j\cap A_k|+\sum_{1\leqslant i<j<k<t\leqslant 5}|A_i\cap A_j\cap A_k\cap A_t|,$$
$$|A_1\cap A_2\cap A_3\cap A_4\cap A_5|$$
$$=10!-C_5^1\times 2\times 9!+C_5^2\times 2^2\times 8!-C_5^3\times 2^3\times 7!+C_5^4\times 2^4\times 6!-C_5^5\times 2^5\times 5!$$
$$=3628800-10\times 362880+40\times 40320-80\times 5040+80\times 720-32\times 120$$
$$=1363360.$$

例 4 (2002 年全国高中联赛题)已知两个实数集合 $A=\{a_1,a_2,\cdots,a_{100}\}$ 与 $B=\{b_1,b_2,\cdots,b_{50}\}$,若从 A 到 B 的映射 f 使 B 中每个元素都有原象且 $f(a_1)\leqslant f(a_2)\leqslant\cdots\leqslant f(a_{100})$,则这样的映射共有_____个.

解 不妨设 $b_1<b_2<\cdots<b_{50}$,把 $a_1,a_2,\cdots,a_{50}$ 依次分成非零 50 组 $c_1,c_2,\cdots,c_{50}$.设 c_i 中有 x_i 个数 $(x_i\geqslant 1,i=1,2,\cdots,50)$,我们就令 c_i 中的数与 b_i 对应 $(i=1,2,\cdots,50)$,于是符合条件的映射只能是这种映射,其个数等于不定方程 $x_1+x_2+\cdots+x_{50}=100$ 的正整数解组的个数 C_{99}^{49}.

【基本问题与求解方法】

1. 计数问题

组合计数问题是数学竞赛中常见的一类问题,在本节中我们介绍解组合竞赛问题的一些基本方法.

(1) 枚举法和利用基本计数原理和基本公式

所谓枚举法,就是把要计数的集合中的元素逐一列举出来,不重复不遗漏,从而计算出 M 中元素的个数. 在枚举的过程中,有时候要适当地分类和分步枚举,这就还要用到加法原理和乘法原理以及计数的基本公式.

例 1 将正方体的任意两个顶点连一条直线,在这些直线中互相垂直的异面直线有_____对.

解 因为与一条棱垂直且异面的直线有 6 条(4 条棱和 2 条侧面对角线),12 条棱一共可生成 $12\times 6=72$ 对异面直线.

其次,与一条侧面对角线垂直且异面的直线有 5 条(2 条棱,1 条侧面对角线和 2 条体对角线),12 条侧面对角线一共可生成 $12\times 5=60$ 对异面直线.

最后,与一条体对角线垂直且异面的直线有 6 条(6 条侧面对角线),4 条体对角线一共可生成 $4\times 6=24$ 对异面直线.

因为上述计数中每对异面直线计算了 2 次,故互相垂直的异面直线共有 $\frac{1}{2}(72+60+24)=78$ 对.

例 2 (2004 年全国高中联赛题)设三位数为 $n=\overline{abc}$,若以 a,b,c 为三条边的长可以构成一个等腰(含等边)三角形,则这样的三位数 n 有_____个.

解 a,b,c 要构成三角形边长,显然不为零,即 $a,b,c\in\{1,2,3,\cdots,9\}$.

(1) 若构成等边三角形,则 $a=b=c$ 可取 $\{1,2,\cdots,9\}$ 中任何一个值,所以这样的三位数的个数为 $n_1=C_9^1=9$.

(2) 若构成等腰(非等边)三角形,设这样的三角形个数为 n_2,且等腰三角形的三边长为 $a_1, b_1 = c_1$. 当 $a_1 < b_1 = c_1$ 时,即腰大于底边时,等腰(非等边)三角形由数组 (a_1, b_1) 唯一确定,有 C_9^2 个;当 $a_1 > b_1 = c_1$ 时,即腰小于底边时,这时数组 (a_1, b_1) 有 C_9^2 个,但必须 $b_1 < a_1 < 2b_1$ 才能构成三角形. 而不能构成三角形的数组 (a_1, b_1) 是

a_1	9	8	7	6	5	4	3	2	1
b_1	1,2,3,4	1,2,3,4	1,2,3	1,2,3	1,2	1,2	1	1	

共 20 种情况,故这时等腰(非等边)三角形只有 $C_9^2 - 20$ 个.

同时,每个数组 (a_1, b_1) 可形成 C_3^2 个三位数 $\overline{abc}$,故 $n_2 = C_3^2(C_9^2 + C_9^2 - 20) = 156$.

综上,所求三位数 n 的个数等于 $n_1 + n_2 = 165$.

例 3 (1996 年全国高中联赛题)从给定的 6 种不同颜色中选用若干种颜色,将一个正方形的 6 个面染色,每个面恰染一色,且具有公共棱的两个面不同色,则不同的染色方案有 _____ 种(约定经过翻滚和旋转可以重合的染色方案认为是相同的染色方案).

解 因有公共顶点的三个面互不同色,故至少要用 3 色. 下面分四种情形.

(1) 6 种颜色都用时,现将染某种固定颜色的面朝上,从剩下 5 色中取 1 色染下底面有 C_5^1 种方法,余下 4 色染余下的 4 个侧面(应是 4 种颜色的圆排列)有 $(4-1)!$ 种方法. 所以 6 种颜色都用时,染色方案有 $C_5^1 \cdot (4-1)! = 30$ 种.

(2) 只用 5 种颜色时,从 6 色中取 5 色有 C_6^5 种方法,这时必有一组对面同色. 从 5 色中取 1 色染一组对面,并将它们朝上和朝下,有 C_5^1 种方法,其余 4 色染余下的 4 个侧面(应是 4 种不同颜色珠子的项链)有 $\frac{1}{2} \cdot (4-1)!$ 种染法. 所以只用 5 色时,不同的染色方案有 $C_6^5 \cdot C_5^1 \cdot \frac{1}{2}(4-1)! = 90$ 种.

(3) 只用 4 种颜色时,从 6 色中取 4 色有 C_6^4 种方法,这时必有 2 组对面同色,另一组对面不同色,将不同色的一组对面朝上和朝下,并从 4 色中取 2 色染上、下底面(注意,这时上、下底面没有区别)有 C_4^2 种方法,余下 2 色染 4 个侧面且使 2 组对面同色(应是 2 种颜色珠子的项链)只有 1 种方法. 所以只用 4 种颜色时,不同的染色方案有 $C_6^4 \cdot C_4^2 \cdot 1 = 90$ 种.

(4) 只用 3 种颜色时,从 6 种颜色中取 3 色有 C_6^3 种方法,这时 3 组对面都同色,用 3 种颜色去染它们只有 1 种方法. 所以只用 3 色时,不同的染色方案有 $C_6^3 = 20$ 种.

综上,知不同的染色方案共有 $30 + 90 + 90 + 20 = 230$ 种.

例 4 (美国第 14 届数学邀请赛题)一个 7×7 的棋盘的 2 个方格着黄色,其余的方格着绿色. 如果一种着色法可以从另一种着色法经过在棋盘的平面中的旋转而得到,那么这两种着色法看成同一种,那么可能有多少种不同的着色法?

解 选一对方格着黄色,其余着绿色有 C_{49}^2 种选法.

如果这一对方格关于棋盘中心对称,那么旋转 $90°, 270°$ 后与另一对方格重合,旋转 $180°$ 后与自己重合,这种方格共 $\frac{48}{2} = 24$ 对. 如果这对方格不关于棋盘中心对称,那么旋转

$90°,180°,270°$后,分别与另外三对方格重合,因此不同的着色法为
$$\frac{24}{2}+\frac{C_{49}^2-24}{4}=300.$$

(2) 映射方法和一般的对应方法

当直接计算集合M中的元素个数$|M|$较困难时,设法建立一个从集合M到另一个集合N的双射f,并且如果集合N中的元素个数$|N|$容易算出,那么所求M中的元素个数为$|M|=|N|$,这种计数方法就称为映射方法. 如果建立的映射只是单射或满射,那么我们就得到不等式$|M|\leqslant|N|$或$|M|\geqslant|N|$,从而得到$|M|$的上界或下界.

例 5 设凸n边形的任意三条对角线不相交于凸n边形内一点,求它的所有对角线在形内的交点总数.

解 依题意,每一个交点P由两条对角线l与m相交而得,反之,两条相交的对角线l与m确定一个交点,从而P与(l,m)可建立一一对应.

又两条对角线(l,m)又可与凸n边形的4顶点(A,B,C,D)组成一一对应(如图11-1),即有
$$P\leftrightarrow(l,m)\leftrightarrow(A,B,C,D),$$
因此,形内对角线交点总数 = 凸n边形的4顶点组的组数 = C_n^4.

图 11-1

注 本题结论是组合几何中的一个重要结论,今后可用它去解决组合几何中较为复杂的计数问题.

例 6 以凸n边形的顶点为顶点、对角线为边的凸k边形共有多少个?

解 设凸n边形的n个顶点依次记为$1,2,3,\cdots,n$. 符合条件的凸k边形的顶点依次为$i_1,i_2,\cdots,i_k(i_1<i_2<\cdots<i_k)$,则只有下列两种可能:

(1)$i_1=1,3\leqslant i_2<i_3<\cdots<i_k\leqslant n-1,i_{j+1}-i_j\geqslant 2(j=2,3,\cdots,k-1)$.

(2)$2\leqslant i_1<i_2<\cdots<i_k\leqslant n,i_{j+1}-i_j\geqslant 2(j=1,2,\cdots,k-1)$.

在情形(1)下,作对应$(i_2,\cdots,i_k)\to(i_2-2,i_3-3,\cdots,i_k-k)$,则$1\leqslant i_2-2<i_3-3<\cdots\leqslant i_k-k\leqslant n-k-1$是$\{1,2,\cdots,n-k-1\}$中取出的$k-1$个数,有$C_{n-k-1}^{k-1}$种. 显然上述对应是一一对应,故这时满足条件的凸$k$边形有$C_{n-k-1}^{k-1}$个.

在情形(2)下,作对应$(i_1,i_2,\cdots,i_k)\to(i_1-1,i_2-2,\cdots,i_k-k)$,则$1\leqslant i_1-1<i_2-2<\cdots<i_k-k\leqslant n-k$是$\{1,2,3,\cdots,n-k\}$中取出的$k$个数,有$C_{n-k}^k$种. 显然这个对应也是一一对应,故这时满足条件的凸k边形有C_{n-k}^k个.

综上,知符合条件的凸k边形共有$C_{n-k-1}^{k-1}+C_{n-k}^k=\frac{n}{k}C_{n-k-1}^{k-1}$个(当$n<2k$时,$C_{n-k-1}^{k-1}=C_{n-k}^k=0$).

例 7 设p,q为给定的正整数,$n=2^p\cdot 3^q$,求n^2的正约数中小于n且不是n的约数的正整数的个数(当$p=31,q=19$时,本题为美国第13届邀请赛题).

解 因为n^2的正约数都具有形式:$d=2^\alpha\cdot 3^\beta(1\leqslant\alpha\leqslant 2p,0\leqslant\beta\leqslant 2q)$,要求从中找出使得$0\leqslant\alpha\leqslant p,0\leqslant\beta\leqslant q$不同时成立,并且小于$n$的所有$d$的个数.

令$X=\{2^\alpha\cdot 3^\beta\mid p<\alpha\leqslant 2p,0\leqslant\beta<q\}$,

$Y = \{2^\alpha \cdot 3^\beta \mid 0 \leqslant \alpha < p, q < \beta \leqslant 2q\}$.

于是所求的 $d \in X \cup Y$. 因为 $X \cap Y = \varnothing$,我们建立如下的映射 $f: X \to Y$,使对任意 $x = 2^\alpha \cdot 3^\beta \in X$,有 $y = f(x) = 2^{2p-\alpha} \cdot 3^{2q-\beta} \in Y$,易证此映射是双射,并且对此 f 当 $x \in X$ 时, $xy = nf(x) = 2^{2p} \cdot 3^{2q}$ 且 x, y 都不等于 n,从而 x, y 中恰有一个属于 n.

从上述讨论得所求正整数 d 的个数为

$$\frac{1}{2} \mid X \cup Y \mid = \frac{1}{2}(\mid X \mid + \mid Y \mid) = \frac{1}{2}(p \times q + q \times p) = pq.$$

例 8 (1988 年全国高中联赛题)甲、乙两队各出 7 名队员按事先排好的顺序出场参加围棋对抗赛,双方先由 1 号队员比赛,负者被淘汰,胜者再与负方的第 2 号队员比赛 $\cdots$ 一直到一方的全部队员被淘汰为止,另一方获得胜利形成一个比赛过程,那么所有可能的比赛过程的种数为 _____.

解法 1 先考虑甲获胜的比赛过程.这时乙队的 7 名队员全部被打败,设乙队的第 i 名队员在第 k_i 场被打败 $(i = 1, 2, \cdots, 7)$,因为一共至多比赛 13 场,所以 $1 \leqslant i_1 < i_2 < \cdots < i_7 \leqslant 13$,于是甲获胜的比赛过程与 7 数组 $(i_1, i_2, \cdots, i_7)$ 成一一对应.而 $(i_1, i_2, \cdots, i_7)$ 是从 $\{1, 2, \cdots, 13\}$ 中选出 7 个数,有 C_{13}^7 种选法.所以甲获胜的比赛过程有 C_{13}^7 种,同理乙获胜的比赛过程也有 C_{13}^7 种,故不同的比赛过程共有 $2C_{13}^7 = 2C_{13}^6 = 3432$ 种.

解法 2 先考虑甲获胜的比赛过程.设甲队第 i 号队员胜了 x_i 场 $(i = 1, 2, \cdots, 7)$,则 $x_1 + x_2 + \cdots + x_7 = 7$.于是甲获胜的比赛过程与不定方程 $x_1 + x_2 + \cdots + x_7 = 7$ 的非负整数解组 $(x_1, x_2, \cdots, x_7)$ 成一一对应.因为不定方程 $x_1 + x_2 + \cdots + x_7 = 7$ 有 $C_{7+6}^6 = C_{13}^6$ 组非负整数解,故甲获胜的比赛过程有 C_{13}^6 种.下同解法一.

例 9 圆周上有 n 个点 $(n \geqslant 6)$,每两点连一线段,假设其中任意 3 条线段在圆内不共点,于是任三条相交线段构成一个三角形,试求所连线段所确定的三角形的个数.

解 所谓定的三角形可分为 4 类 S_0, S_1, S_2, S_3,其中 S_i 中三角形恰有 i 个顶点为圆周上的点,其余 $3-i$ 个顶点为圆内的点 $(i = 0, 1, 2, 3)$.

S_3 中三角形与圆周上 3 点组集合成一一对应,所以 $\mid S_3 \mid = C_n^3$.

如图 11-2(1),圆周上 4 点组 A_1, A_2, A_3, A_4 确定了 S_2 中 4 个三角形:$\triangle OA_1A_2$, $\triangle OA_2A_3$, $\triangle OA_3A_4$, $\triangle OA_4A_1$,反之这样 4 个有公共顶点 O 的 S_2 的三角形对应了圆周上一个 4 点组,所以,$\mid S_2 \mid = 4C_n^4$.

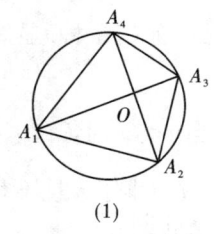

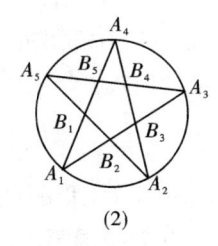

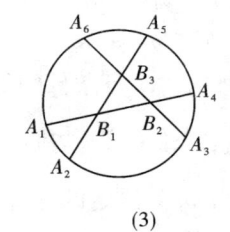

图 11-2

类似地,由图 11-2(2) 和图 11-2(3) 可得 $\mid S_1 \mid = 5C_n^5$,$\mid S_0 \mid = C_n^6$,故所确定的三角形个数为 $\mid S_3 \mid + \mid S_2 \mid + \mid S_1 \mid + \mid S_0 \mid = C_n^3 + 4C_n^4 + 5C_n^5 + C_n^6$.

注 本题是典型的应用一个对多个的对应方法解题的例子.

(3) 算两次方法

所谓算两次原理(又称富比尼原理),就是对同一个量,如果用两种不同的方法去计算,所得的结果应相等. 当然,如果一次进行的是精确计算,而另一次则作了估计(仅计算了上界或下界),那么将得到一个不等关系.

这种通过建立方程式不等式来解题的方法就称为算两次方法.

例 10 在一张正方形纸的内部给出了 2005 个点,这些点和正方形的 4 个顶点组成的集合为 M,其中任意 3 点不共线,然后按下述规则将正方形纸全部剪成一些三角形:(1) 每个三角形的顶点都是 M 中的点;(2) 除顶点外,每个三角形不再含有 M 中的点. 问一共可剪出多少个三角形?共需剪多少刀?(每剪出三角形的一条边,需要剪一刀.)

解 设一共剪出了 x 个三角形,共需剪 y 刀,则这 x 个三角形的内角总和为 $180°x$. 另一方面,在正方形内 2005 个点中每一个点处的三角形内角之和为 $360°$,在正方形每个顶点处的三角形内角之和为 $90°$,故所有三角形的内角总和又为 $2005 \times 360° + 4 \times 90°$,于是 $180°x = 2005 \times 360° + 4 \times 90°$,解之,得 $x = 4012$(个).

又这些三角形共有 4012×3 条边. 另一方面,每剪一次产生两条三角形的边(两个三角形的公共边),再加上正方形的 4 条边,故这些三角形的边数之和又为 $2y + 4$,于是 $2y + 4 = 4012 \times 3$,解之,得 $y = 6016$(刀).

例 11 (2000 年全国高中联赛题) 有 n 个人,已知他们任意 2 人至多通一次电话,他们任意 $n-2$ 个人之间通话的总次数相等,都等于 3^k(k 为正整数),求 n 的所有可能的值.

解 设 n 个人之间通话的总次数为 m. 因 n 个人可形成 C_n^{n-2} 个 $n-2$ 人组,而每 $n-2$ 个人之间通话的总次数都为 3^k,故所有 $n-2$ 人组中通话次数的总和为 $C_n^{n-2} \cdot 3^k$. 另一方面,上述计数中,每一对通话的人属于 C_{n-2}^{n-4} 个 $n-2$ 人组,故每两人之间的一次通话重复计算了 C_{n-2}^{n-4} 次,所以

$$m = \frac{C_n^{n-2} \cdot 3^k}{C_{n-2}^{n-4}} = \frac{n(n-1) \cdot 3^k}{(n-2)(n-3)}.$$

并且由 $C_{n-2}^2 \geq 3^k \geq 3$,得 $n \geq 5$.

(1) 若 3 不整除 n,即 $(n, 3) = 1$ 时,有 $(n-3, n) = 1$,$(n-3, 3^k) = 1$,所以 $n-3 \mid n-1$,即 $\frac{n-1}{n-3} = 1 + \frac{2}{n-3}$ 为正整数. 所以 $n - 3 \leq 2$,$n \leq 5$,又 $n \geq 5$,故 $n = 5$.

(2) 若 3 整除 n,则 $3 \mid n-3$,$3 \nmid n-2$,即 $(n-2, 3) = 1$. 又 $(n-2, n-1) = 1$,所以 $(n-2) \mid n$,即 $\frac{n}{n-2} = 1 + \frac{2}{n-2}$ 为正整数.

所以 $n - 2 \leq 2$,$n \leq 4$,这与 $n \geq 5$ 矛盾.

由 (1)、(2) 知 n 只可能为 5. 另一方面,若 $n = 5$ 个人,其中每两人通电话一次,则任意 $n - 2 = 3$ 人之间通话的总次数为 $C_3^2 = 3^1$(这里 $k = 1$,为正整数)满足题目要求,故所求正整数只有一个:$n = 5$.

(4) 递推方法

例 12 将圆分成 $n(\geq 2)$ 个扇形 $S_1, S_2, \cdots, S_n$. 现用 $m(\geq 2)$ 种颜色给这些扇形染色,

每个扇形染一种颜色且要求相邻的扇形的颜色互不相同,问有多少种不同的染色方法?

解 设染色方法数为 a_n.

(1) 求初始值. $n=2$ 时,给 S_1 染色有 m 种方法,继而给 S_2 染色只有 $m-1$ 种方法(因 S_1 与 S_2 不同色),所以 $a_2 = m(m-1)$.

(2) 求递推关系. 因 S_1 有 m 种染色方法,S_2 有 $m-1$ 种染色方法,S_3 有 $m-1$ 种染色方法,$\cdots$,S_n 有 $m-1$ 种染色方法(只保证 S_{i+1} 与 S_i 不同色,$i=1,2,\cdots,n-1$,不保证 S_n 与 S_1 不同色),这样共有 $m(m-1)^n$ 种染色方法,这些染色方法可分为两类:

一类是 S_n 与 S_1 不同色,这类方法有 a_n 种;另一类是 S_n 与 S_1 同色,则将 S_n 与 S_1 合并为一个扇形,并注意到此时 S_{n-1} 与 S_1 不同色,故这时的染色方法有 a_{n-1} 种,由加法原理,得 $a_n + a_{n-1} = m(m-1)^{n-1}$.

(3) 求 a_n. 令 $b_n = \dfrac{a_n}{(m-1)^n}$,则 $b_n + \dfrac{1}{m-1}b_{n-1} = \dfrac{m}{m-1}$,即 $b_n - 1 = -\dfrac{1}{m-1} \cdot (b_{n-1}-1)$,可见 $b_n - 1$ 是首项为 $b_2 - 1 = \dfrac{a_2}{(m-1)^2} - 1 = \dfrac{1}{m-1}$,公比为 $-\dfrac{1}{m-1}$ 的等比数列的第 $n-1$ 项,所以 $b_n - 1 = \dfrac{1}{m-1}\left(-\dfrac{1}{m-1}\right)^{n-2} = (-1)^n \dfrac{1}{(m-1)^{n-1}}$.

由此可得 $a_n = (m-1)^n b_n = (m-1)^n + (-1)^n (m-1)$.

例 13 (1991 年全国高中联赛题) 设 a_n 为下述正整数 N 的个数:N 的各位数字之和为 n,且每位数字只能是 $1,3$ 或 4. 求证:a_{2n} 是完全平方数.

解 (1) 求初始值. 用枚举法易知 $a_1 = 1, a_2 = 1, a_3 = 2, a_4 = 4$.

(2) 求递推关系,设 $N = \overline{x_1 x_2 \cdots x_k}$,其中 $x_1, x_2, \cdots, x_k \in \{1,3,4\}$ 且 $x_1 + x_2 + \cdots + x_n = n$. 当 $n \geq 5$ 时,x_1 依次取 $1,3,4$ 时,$x_2 + x_3 + \cdots + x_k$ 依次取 $n-1, n-3, n-4$,故有
$$a_n = a_{n-1} + a_{n-3} + a_{n-4} \; (n \geq 5). \qquad ①$$

(3) 寻求新的递推关系.

n	1	2	3	4	5	6	7	8	9	10	11	12	13	14	$\cdots$
a_n	1	1	2	4	6	9	15	25	40	64	104	169	273	441	
规律		1^2	1×2	2^2	2×3	3^2	3×15	5^2	5×8	8^2	8×13	13^2	13×2	21^2	$\cdots$

于是通过上表我们得到下列结论:

Ⅰ. 设 $f_1 = 1, f_2 = 2, f_{n+2} = f_{n+1} + f_n \; (n \geq 1)$,则
$$\begin{cases} a_{2n} = f_n^2 \\ a_{2n+1} = f_n f_{n+1} \end{cases} (n = 1,2,3,\cdots). \qquad \begin{array}{c} ② \\ ③ \end{array}$$

下面用数学归纳法证明 ②, ③ 成立.

$n=1$ 时,$a_2 = 1 = f_1^2, a_3 = 2 = f_1 f_2$,

$n=2$ 时,$a_4 = 4 = f_2^2, a_5 = 6 = 2\times 3 = f_2 f_3$,

即 $n=1$ 和 2 时,②, ③ 成立.

设 $n = k-1$ 和 $n = k$ 时,②, ③ 成立,则由 ① 及归纳假设有

$$a_{2(k+1)} = a_{2k+1} + a_{2k-1} + a_{2k-2} = f_k f_{k+1} + f_{k-1} f_k + f_{k-1}^2$$
$$= f_k f_{k+1} + f_{k-1}(f_k + f_{k-1}) = f_k f_{k+1} + f_{k-1} f_{k+1}$$
$$= f_{k+1}(f_k + f_{k+1}) = f_{k+1}^2,$$
$$a_{2(k+1)+1} = f_{2(k+1)} + f_{2k} + f_{2k-1} = f_{k+1}^2 + f_k^2 + f_{k-1} f_k$$
$$= f_{k+1}^2 + f_k(f_k + f_{k-1}) = f_{k+1}^2 + f_k f_{k+1}$$
$$= f_{k+1}(f_{k+1} + f_k) = f_{k+1} f_{k+2},$$

即 $n = k+1$ 时，②、③ 成立. 故对一切正整数 n，有 ②、③ 成立. 所以 $a_{2n} = f_n^2 (n = 1, 2, 3, \cdots)$ 为完全平方数.

注 通过观察上述数表，我们还可得到下列一些结论：

II. $a_{2n+1} = a_{2n} + a_{2n-1}, a_{2n} a_{2n+2} = a_{2n+1}^2 (n = 1, 2, 3, \cdots).$

III. $\begin{cases} a_{2n} = (a_n + a_{n-2})^2 \\ a_{2n+1} = (a_n + a_{n-2})(a_{n+1} + a_{n-1}) \end{cases} (n = 3, 4, 5, \cdots).$

IV. $a_{2n} = (\sqrt{a_{2n-2}} + \sqrt{a_{2n-4}})^2 (n \geq 5).$

上述结论都不难用数学归纳法证明（具体证明留给读者作为练习），于是由这些结论中任何一个可推出原题中结论成立.

下面给出另一证法.

证明 首先同样可得出 ① 式，于是
$$a_{2n+4} = a_{2n+3} + a_{2n+1} + a_{2n} = (a_{2n+2} + a_{2n} + a_{2n-1}) + a_{2n+1} + a_{2n}$$
$$= a_{2n+2} + 2a_{2n} + (a_{2n+2} - a_{2n-2}) = 2a_{2n+2} + 2a_{2n} - a_{2n-2}. \qquad ④$$

下面我们用数学归纳法证明 $a_{2n+4} = (\sqrt{a_{2n+2}} + \sqrt{a_{2n}})^2$ 成立.

$n = 1$ 时，$a_6 = 9 = (2+1)^2 = (\sqrt{a_4} + \sqrt{a_2})^2,$

$n = k-1$ 时，$a_{2k+2} = (\sqrt{a_{2k}} + \sqrt{a_{2k-2}})^2$，即 $a_{2k-2} = (\sqrt{a_{2k+2}} - \sqrt{a_{2k}})^2.$

于是，$n = k$ 时，
$$a_{2k+4} = 2a_{2k+2} + 2a_{2k} - a_{2k-2} = 2a_{2k+2} + 2a_{2k} - (\sqrt{a_{2k+2}} - \sqrt{a_{2k}})^2$$
$$= (\sqrt{a_{2k+2}} + \sqrt{a_{2k}})^2.$$

故对一切正整数 n，$a_{2n+4} = (\sqrt{a_{2n+2}} + \sqrt{a_{2n}})^2$ 成立.

因为 $a_2 = 1^2, a_4 = 2^2$ 为完全平方数，假设 $a_{2n} = a^2, a_{2n+2} = b^2$ 为完全平方数，那么 $a_{2n+4} = (\sqrt{b^2} + \sqrt{a^2})^2 = (a+b)^2$ 为完全平方数，故对一切正整数 n，a_{2n} 为完全平方数.

例 14 设由 $1, 2, 3, 4, 5$ 组成的至少有 3 个数位上的数字不同的 n 位数中 1 与 2 不相邻的有 a_n 个，求 a_n 及 a_5.

解 设由 $1, 2, 3, 4, 5$ 组成的 n 位数中 1 与 2 不相邻的有 x_n 个，其中末位数字为 1 或 2 的有 b_n 个，末位数字不为 1 和 2 的有 c_n 个，至多有两个数位上数字不同的有 y_n 个. 于是
$$a_n = x_n - y_n, x_n = b_n + c_n. \qquad ①$$

末位数字为 1 或 2 且 1 与 2 不相邻的 b_n 个 n 位数可分为两类：末位为 1 或 2，倒数第 2 位不为 1 和 2 的有 $2c_{n-1}$ 个，末两位为 11 或 66 的有 b_{n-1} 个，于是有

$$b_n = b_{n-1} + 2c_{n-1}. \qquad ②$$

末位数字为 $3,4$ 或 5 且 1 与 2 不相邻 c_n 个 n 位数的前 $n-1$ 位数字恰是一个 1 与 2 不相邻的 $n-1$ 位数,故又有

$$c_n = 3x_{n-1}. \qquad ③$$

由 ①,②,③ 消去 b_n 及 c_n,得 $x_n - 4x_{n-1} - 3x_{n-2} = 0$.

其特征方程为 $r^2 - 4r - 3 = 0$,特征根为 $r_{1,2} = 2 \pm \sqrt{7}$,故有

$$x_n = k_1(2+\sqrt{7})^n + k_2(2-\sqrt{7})^n.$$

定义 x_0 满足 $x_2 - 4x_1 - 3x_0 = 0$,由 $x_1 = 5, x_2 = 2^5 - 2 = 23$,得 $x_0 = 1$,于是

$$\begin{cases} k_1 + k_2 = 1, \\ k_1(2+\sqrt{7}) + k_2(2-\sqrt{7}) = 5, \end{cases}$$

解得 $k_1 = \dfrac{3+\sqrt{7}}{2\sqrt{7}}, k_2 = -\dfrac{3-\sqrt{7}}{2\sqrt{7}}$,故有 $x_n = \dfrac{3+\sqrt{7}}{2\sqrt{7}}(2+\sqrt{7})^n - \dfrac{3-\sqrt{7}}{2\sqrt{7}}(2-\sqrt{7})^n$.

又各位数字全相同的 n 位数有 $C_5^1 = 5$ 个,各位数字恰有两个不同数字且 1 与 2 相邻的有 $(C_5^2 - 1)(2^n - 2) = 9 \cdot 2^n - 18$ 个,故 $y_n = 5 + 9 \cdot 2^n - 18 = 9 \cdot 2^n - 13$,所以

$$a_n = x_n - y_n = \dfrac{3+\sqrt{7}}{2\sqrt{7}}(2+\sqrt{7})^n - \dfrac{3-\sqrt{7}}{2\sqrt{7}}(2-\sqrt{7})^n - 9 \cdot 2^n - 13.$$

而 $x_1 = 5, x_2 = 23, x_3 = 4x_2 + 3x_1 = 107, x_4 = 4x_3 + 3x_2 = 497, x_5 = 4x_4 + 3x_3 = 2309$, $y_5 = 9 \cdot 2^5 - 13 = 275$,所以 $a_5 = x_5 - y_5 = 2309 - 275 = 2034$.

(5) 利用容斥原理

例 15 某人给 n 个人写了 n 份信笺,每人一份,并准备了 n 个写有收信人姓名和地址的信封.问有多少种不同的装信笺的方法(每个信封内放一份信笺),使得每个信封内放入的一份信笺都与信封上的收信人不相符合?

解 设放信笺的所有不同方法集合为 S,其中 A_i 表示第 i 份信笺恰好放入了第 i 个人姓名和地址的信封内的方法集合 $(i = 1, 2, 3, \cdots, n)$. 于是

$$|S| = n!, |A_i| = (n-1)!(1 \leqslant i \leqslant n), |A_i \cap A_j| = (n-2)!(1 \leqslant i < j \leqslant n),$$
$$\cdots, |A_{i_1} \cap A_{i_2} \cap \cdots \cap A_{i_k}| = (n-k)!(1 \leqslant i_1 < i_2 < \cdots < i_k \leqslant n),$$
$$|A_1 \cap A_2 \cap \cdots \cap A_n| = 1.$$

由容斥原理知所求方法数为

$$D_n = |\overline{A}_1 \cap \overline{A}_2 \cap \cdots \cap \overline{A}_n| = |S| - \sum_{i=1}^n |A_i| + \sum_{1 \leqslant i < j \leqslant n} |A_i \cap A_j| -$$
$$\sum_{1 \leqslant i < j < k \leqslant n} |A_i \cap A_j \cap A_k| + \cdots + (-1)^n |A_1 \cap A_2 \cap \cdots \cap A_n|$$
$$= n! - C_n^1 \cdot (n-1)! + C_n^2 (n-2)! - C_n^3 (n-3)! + \cdots + (-1)^n C_n^n \cdot 1$$
$$= n! \left[1 - \dfrac{1}{1!} + \dfrac{1}{2!} - \dfrac{1}{3!} + \cdots + \dfrac{(-1)^n}{n!} \right].$$

注 本题为著名的伯努利放错信笺问题.特别地,$n = 6$ 时为波兰第 18 届数学竞赛题.

例 16 (加拿大第 15 届数学奥林匹克题)设 φ 为集合 $X = \{1, 2, \cdots, n\}$ 上的置换(即

$\varphi(1), \varphi(2), \varphi(n)$ 是 $1, 2, \cdots, n$ 的一个排列). 如果 $\varphi(i) = i(i \in \mathbf{Z})$, 那么称 i 为 φ 的不动点. 假设 X 上没有不动点的置换有 f_n 个, 恰有一个不动点的置换个数为 g_n. 证明: $|f_n - g_n| = 1$.

证明 同上题可得 $f_n = n! [1 - \dfrac{1}{1!} + \dfrac{1}{2!} - \dfrac{1}{3!} + \cdots + \dfrac{(-1)^n}{n!}]$.

设只有一个不动点 i 的置换有 g_{ni} 个 $(i = 1, 2, \cdots, n)$, 则 $g_{ni} = f_{n-1}$, 且

$$g_n = g_{n1} + g_{n2} + \cdots + g_{nn} = n \cdot f_{n-1} = n! [1 - \dfrac{1}{1!} + \dfrac{1}{2!} - \cdots + \dfrac{(-1)^{n-1}}{(n-1)!}].$$

于是, $|f_n - g_n| = |n! \dfrac{(-1)^n}{n!}| = 1$.

2. 存在性问题和组合问题中的不等式

在数学竞赛题中常常要证明具有某种性质的组合对象(结构、图形等)是存在的, 有时, 不仅要证明这类组合对象是存在的, 而且要求出这类对象个数的上(下)界, 也就是要证明一个组合不等式. 在本节中我们介绍一些证明存在性和组合不等式的基本方法.

(1) 反证法

当我们直接证明一个命题的结论成立感到困难时, 可考虑用反证法, 即从结论的否定出发, 经过推理导致矛盾, 从而推出结论成立.

例 17 (美国第 8 届数学奥林匹克题) 某个团体有 n 个成员 $(n \geqslant 5)$, 并且有 $n+1$ 个三人委员会, 其中没有两个委员会有完全相同的成员. 证明: 存在两个委员会恰好有一个成员相同.

证明 用反证法. 假设任意两个三人委员会或者有两个成员相同, 或者没有成员相同.

如果委员会 A 和 B 有成员相同, 那么它们有两个公共成员 $a、b$. 如果委员会 B 与 C 又有(两个)公共成员, 那么 $a、b$ 中至少有一个属于 C, 从而 C 与 A 也有(两个)公共成员. 因此, 可将有公共成员的委员会归为一组, 这样同一组中每个委员会有两个公共成员, 不同组的委员会没有公共成员.

每一组委员会的个数 k 必不超过这组中成员的人数 h. 事实上, 显然 $h \geqslant 3$. 当 $h = 3$ 时, $k = 1 \leqslant h$; 当 $h \geqslant 4$ 时, $k \geqslant 2$.

设 $\{x, y, a\}, \{x, y, b\}$ 是同一组中两个委员会, 则这组中其他委员会只能为 $\{x, a, b\}$, $\{y, a, b\}$ 或 $\{x, y, d\}$ 的形式, 这里 d 至多有 $h - 4$ 种选择, 所以 $k \leqslant 4 + (h - 4) = h$.

于是, 委员会的总数 $n + 1 \leqslant$ 人数 n, 矛盾.

例 18 (1993 年亚太地区数学奥林匹克题) 设 $p_1, p_2, \cdots, p_{1993} = p_0$ 为 xOy 平面上不同的点, 具有以下性质:

(1) p_i 的坐标均为整数, $i = 1, 2, \cdots, 1993$;

(2) 在线段 $p_i p_{i+1}$ 上没有其他的点, 坐标均为整数, $i = 0, 1, 2, \cdots, 1992$.

求证: 对某个 $i, 0 \leqslant i \leqslant 1992$, 在线段 $p_i p_{i+1}$ 上有一点 $Q(q_x, q_y)$, 使 $2q_x, 2q_y$ 均为奇整数.

证明 假设这样的 Q 不存在. 设 p_i 的坐标为 (x_i, y_i). 若 x_{i+1} 与 x_i 的奇偶性相同, 且 y_i 与 y_{i+1} 的奇偶性相同, 则 $p_i p_{i+1}$ 的中点为整点, 这与已知条件(2)矛盾. 若 x_{i+1} 与 x_i 的奇偶

性不同,且 y_i 与 y_{i+1} 的奇偶性不同,则 p_ip_{i+1} 的中点 Q 符合要求,这与反证法假设矛盾. 因此,当 x_i 与 x_{i+1} 的奇偶性相同时,y_i 与 y_{i+1} 的奇偶性不同;当 x_i 与 x_{i+1} 的奇偶性不同时,y_i 与 y_{i+1} 的奇偶性相同,即 $x_i + x_{i+1}$ 与 $y_i + y_{i+1}$ 的奇偶性不同. 所以 $x_0 + y_0, x_1 + y_1, \cdots, x_{1993} + x_{1993}$ 中奇偶交错,从而 $x_0 + y_0 = x_{1993} + y_{1993}$ 与 $x_{1993} + y_{1993}$ 的奇偶性不同,矛盾. 这就证明了本题结论成立.

(2) 利用极端原理

利用极端原理解题就是从极端元素(最大数或最小数,最大距离或最小距离,最大面积或最小面积,获胜场次最多的队(员)或获胜场次最少的队(员),等等)出发,经过推理得出要证结论,或从结论的否定出发,利用极端元素导致矛盾,从而推出结论成立.

例 19 任何 $n(\geq 5)$ 个不同的集合,证明:其中至少存在 $r = [\sqrt{2n}]$ 个不同集合 A_1, $A_2, \cdots, A_r$ 使得这 r 个集合中任何一个集合不是另外两个集合的并集.

证明 设 A_1, A_2 是给定的 n 个集合中元素个数最少的两个集合,A_3 是除 A_1 和 A_2 外且不是 $A_1 \cup A_2$ 的其余集合中元素个数最少的集合(因 $n \geq 5$,故 A_3 是存在的). 当 $A_1, A_2, \cdots, A_k$ 选好后,在 $A_1, A_2, \cdots, A_k$ 以外且不是 $A_1, A_2, \cdots, A_k$ 中任何两个集合之并的其余集合中选元素个数最少的一个作为 A_{k+1}. 因为 $A_1, A_2, \cdots, A_k$ 中任意两个集合之并集至多有 C_k^2 个,故当 $n > k + C_k^2 = \frac{1}{2}k(k+1)$ 时,A_{k+1} 必可选出,即 $k < \sqrt{2n + \frac{1}{4}} - \frac{1}{2}$ 时,A_{k+1} 必可选出.

取 t 为不小于 $\sqrt{2n + \frac{1}{4}} - \frac{1}{2}$ 的最小正整数,即 $t - 1 < \sqrt{2n + \frac{1}{4}} - \frac{1}{2} \leq t$,则由上面分析知道可选出 t 个集合 $A_1, A_2, \cdots, A_t$,使得其中任何一个不是其他两个集合的并集,故只要证明 $t \geq [\sqrt{2n}] = r$. 事实上,由 $t \geq \sqrt{2n + \frac{1}{4}} - \frac{1}{2}$ 可得 $t(t+1) \geq 2n$,故 $t = [\sqrt{t(t+1)}] \geq [\sqrt{2n}] = r$.

例 20 把 $n(\geq 5)$ 根细棒用铰链结成一个多边形,求证:必可把这个多边形拉成一个三角形.

证明 如图 11-3,设多边形为 $A_1A_2\cdots A_n$,并设 $A_1A_2 = a$. 考虑其余 $n-1$ 条边组成的折线 $A_2A_3\cdots A_nA_1$,记这条折线的长度中点(即把折线拉成直线段的中点)为 M.

若 M 恰为某个顶点 $A_i(i \neq 1, 2)$,这时可把多边形拉成等腰 $\triangle A_1A_2A_i$.

若 M 不为任何顶点 A_i,则 M 位于某条边 $A_kA_{k+1} = b$ 的内部,记折线 $A_2A_3\cdots A_k$ 的边长为 x,折线 $A_{k+1}A_{k+2}\cdots A_nA_1$ 的长为 y. 考虑长度分别为 $a, x+b, y; a, x, b+y$ 的两个三线段组,若其中某一组(例如第一组)的三条线段可组成三角形,则问题已解决(拉成 $\triangle A_1A_{k+1}A_2$). 若上述两个三线段组都不能组成三角形,则由于 $(x+b) + y > a$(折线大于直线段),$x+b > y$,故由第一组的三线段不能组成三角形,必有

$$x + b \geq a + y.$$

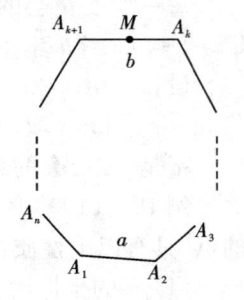

图 11-3

①

同理 $y+b \geqslant a+x$. ②

将这两个不等式相加得 $b \geqslant a$. 如果我们开始时,选取 $A_1A_2=a$ 是多边形的最长边(考虑极端),便有 $b \leqslant a$. 由此推出 $a=b$,再由①及②得 $x=y$.

因为 $n \geqslant 5$,故前述长度为 x 及 y 的两条折线总共含有 $n-2 \geqslant 3$ 条线段,故其中必有一条折线是至少由两条线段组成的. 令 $x=u+v$,这里 $u=A_2A_3$,$v=$折线 $A_3A_4 \cdots A_k$ 的长,则 3 条长为 $a+u,b+v,y$ 的线段组成三角形. 这是由于

$$(a+u)+y=(b+u)+x=b+2u+v>b+v.$$

同理

$$(b+v)+y=(a+u)+x=a+2v+u>a+u,$$
$$(a+u)+(b+v)=a+x+b>y.$$

利用这三条线段可拉成 $\triangle A_1A_3A_{k+1}$.

综合上述讨论,命题得证.

注 若 $n=4$,则命题不真. 例如,用硬细棒结成的平行四边形,不可能拉成三角形.

(3) 利用抽屉原理和平均值原理

例 21 将 $\{1,2,3,4,\cdots,100\}$ 任意划分为 7 个子集,则至少有一个子集,或者含有 4 个不同的数 a,b,c,d 满足 $a+b=c+d$,或者含有 3 个不同的数 a,b,c 满足 $a+b=2c$.

证明 由抽屉原理知 7 个子集中至少有一个子集,比如 A,它至少含有 $\{1,2,3,\cdots,100\}$ 中 $\left[\dfrac{100-1}{7}\right]+1=15$ 个数. 子集 A 中每一对数 $a>b$,对应一个差数 $1 \leqslant a-b \leqslant 99$,$A$ 中 15 个数可生成 $C_{15}^2=105$ 个"差数"$a-b(1 \leqslant a-b \leqslant 99)$. 由抽屉原理,其中必有 $\left[\dfrac{105-1}{99}\right]+1=2$ 个差数相等. 设 $a-c=d-b(a>c,d>b$ 且 $a \neq b,c \neq b)$,若 $a \neq b$,则 $d \neq c$,则 A 中有 4 个不同的数 a,b,c,d 使得 $a+b=c+d$;如果 $a=b$(或 $c=d$),则 A 中有 3 个不同的数 a,b,c(或 a,b,d) 使 $a+b=2c$(或 $a+d=2b$).

例 22 设 100 个非负实数的和为 1,证明:可将它们适当排列在圆周上,使得将每两个相邻数相乘后,所得 n 个乘积之和不超过 0.01.

证明 记这 100 个数为 $x_1,x_2,\cdots,x_{100}$,将它们排在圆周上的不同排列个数为 $99!$,这对应了 $99!$ 个问题所有的和,记作 $S_1,S_2,\cdots,S_n$,这里 $n=99!$. 考虑这些和的总和 $M=S_1+S_2+\cdots+S_n$.

因为每个乘积 $x_ix_j(1 \leqslant i<j \leqslant n)$ 在上式右端恰出现 $2 \cdot 98!$ 次(因为在圆周上 x_i 与 x_j 相邻有两种排法,对每一种排法,相应的圆排列的个数等于其余 98 个数在直线上的全排列个数,这有 $98!$ 种),因此,利用柯西不等式得

$$M=S_1+S_2+\cdots+S_n=2 \cdot 98! \sum_{1 \leqslant i<j \leqslant 100} x_ix_j$$
$$=98![(x_1+\cdots+x_{100})^2-(x_1^2+\cdots+x_{100}^2)]$$
$$\leqslant 98!\left[(x_1+\cdots+x_{100})^2-\dfrac{1}{100}(x_1+\cdots+x_{100})^2\right]=\dfrac{99!}{100}.$$

由平均值原理知存在一个 $i(1 \leqslant i \leqslant 99!)$ 使
$$S_i \leqslant \frac{M}{99!} = \frac{1}{100} = 0.01.$$
这就证明了题目中的结论.

(4) 计数方法

例23 在平面内任给 n 个不同的点,证明:其中距离为单位长的点对数少于 $\frac{n}{4} + \frac{1}{\sqrt{2}} n^{3/2}$.

证法一 设 n 个点为 $p_1, p_2, \cdots, p_n$,以 p_i 为中心、1为半径作 $\odot p_i$,并设 $\odot p_i$ 上有 $p_1, p_2, \cdots, p_n$ 中 e_i 个点 $(i=1,2,\cdots,n)$,于是,距离为单位长的点对数为 $E = \frac{1}{2}(e_1 + e_2 + \cdots + e_n)$.

如果点 p_k 是 $\odot p_i$ 与 $\odot p_j$ 的交点 $(i \neq j)$,那么将 $\{p_k; \odot p_i, \odot p_j\}$ 组成三元组,并设这种三元组共有 S 个.

一方面,任意两个圆:$\odot p_i, \odot p_j (i \neq j)$ 至多有两个交点,至多形成两个三元组,故 $|S| \leqslant 2C_n^2$. 另一方面,在 $\odot p_k$ 上任取两点 $p_i, p_j (i \neq j)$,则 $\{p_k; \odot p_i, \odot p_j\}$ 个组成三元组,故共有 $C_{e_k}^2$ 含 p_k 的三元组,所以 $S = \sum_{i=1}^{n} C_{e_i}^2 = \frac{1}{2}(\sum_{k=1}^{n} e_k^2 - \sum_{k=1}^{n} e_k)$,于是,由柯西不等式得
$$2C_n^2 = \frac{1}{2}(\sum_{k=1}^{n} e_k^2 - \sum_{k=1}^{n} e_k) \geqslant \frac{1}{2}[\frac{1}{n}(\sum_{k=1}^{n} e_k)^2 - \sum_{k=1}^{n} e_k]$$
$$= \frac{1}{2}[\frac{1}{n}(2E)^2 - 2E],$$
即 $2E^2 - nE - n^2(n-1) \leqslant 0$,
解不等式得
$$E \leqslant \frac{n + \sqrt{n^2 + 8n^2(n-1)}}{4} = \frac{n + n\sqrt{8n-7}}{4} < \frac{n + n\sqrt{8n}}{4} = \frac{n}{4} + \frac{1}{\sqrt{2n}} n^{3/2}.$$

证法二 记号同证法一,我们称以 $p_1, p_2, \cdots, p_n$ 为端点的线段为好线段,则好线段数为 $S = C_n^2$. 另一方面在 $\odot p_k$ 上有 $C_{e_k}^2$ 条弦是好线段,n 个圆上共有 $\sum_{k=1}^{n} C_{e_k}^2$ 条弦是好线段,但其中有些公共弦被重复计数了,然而 n 个圆至多有 C_n^2 条公共弦. 故作为好线段的不同的弦至少有 $\sum_{k=1}^{n} C_{e_k}^2 - C_n^2$ 条,由此可得 $C_n^2 \geqslant \sum_{k=1}^{n} C_{e_k}^2 - C_n^2$.

下同证法一.

注 (1)在用算两次方法证明题目时,由于选择的计算量不同,常常得到的证明方法不全相同.

(2)证法一中用到了计算"三元组"的个数,这是一种有效的计算方法,因为许多组合问题都涉及"三元组"的计算. 例如,两个人和他们的公共朋友,两个球队和被他们打败的第3个球队,两条线段和它们的公共端点,两个圆和它们的公共交点,等等,都可组成三元组.

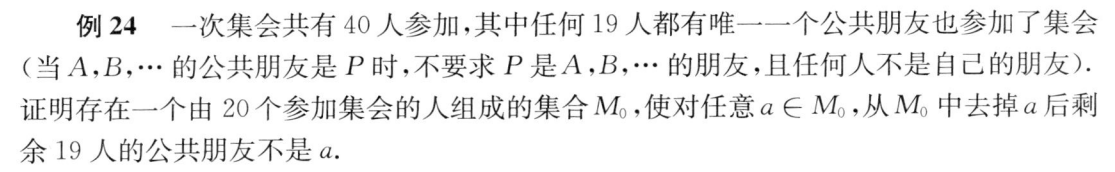

例24 一次集会共有40人参加,其中任何19人都有唯一一个公共朋友也参加了集会(当 $A,B,\cdots$ 的公共朋友是 P 时,不要求 P 是 $A,B,\cdots$ 的朋友,且任何人不是自己的朋友).证明存在一个由20个参加集会的人组成的集合 M_0,使对任意 $a\in M_0$,从 M_0 中去掉 a 后剩余19人的公共朋友不是 a.

证明 设集会的40人组成的集合为 I,且设 I 的19元子集组成的集族为 $\mathscr{A}$,I 的所有20元子集组成的集族为 $\mathscr{B}$.对任意 $A\in\mathscr{A}$,A 中19人的唯一公共朋友记为 $a=f(A)$;如果 $\mathscr{B}$ 中的一个元素 B 具有下列性质:存在 $a\in B$,从 B 中除掉 a 后,剩下的19人的公共朋友是 a,即 $f(B\backslash\{a\})=a$,我们称 B 为好子集,全体好子集构成的集族记为 $\mathscr{B}_0$.于是,对任意 $B\in\mathscr{B}_0$,存在 $a\in B$ 使 $f(B\backslash\{a\})=a$,我们就令 B 与 $B\backslash\{a\}$ 对应,构成一个从 $\mathscr{B}_0$ 到 $\mathscr{A}$ 的映射 g.下面证明 g 为单射.

事实上,对 $B_1,B_2\in\mathscr{B}_0$,$B_1\neq B_2$,存在 $a_1\in B_1,a_2\in B_2$ 使 $f(B_1\backslash\{a_1\})=a_1$,$f(B_2\backslash\{a_2\})=a_2$.若 $g(B_1)=g(B_2)$,即 $B_1\backslash\{a_1\}=B_2\backslash\{a_2\}$,则 $a_1=f(B_1\backslash\{a_1\})=f(B_2\backslash\{a_2\})=a_2$.又 $B_1\backslash\{a_1\}=B_2\backslash\{a_2\}$,从而有 $B_1=B_2$,矛盾,故 g 为单射.

由此可得 $|\mathscr{B}_0|\leqslant|\mathscr{A}|=C_{40}^{19}<C_{40}^{20}=|\mathscr{B}|$.

这说明 $\mathscr{B}$ 中必有一个元 M_0(I 的20元子集)不是好子集,即对任意 $a\in M_0$,从 M_0 中去掉 a 后,剩余19人的公共朋友不是 a.

例25 (美国第24届数学奥林匹克题)一个社团内,每一对人不是好友的就是敌对的,设这个社团中共有 n 个人,q 个友好对子,并且任何3人中至少有一对人是敌对的.证明:这个社团中至少存在一个成员,他的敌人组成的集合中友好对子的个数不多于 $q(1-4q/n^2)$.

证明 用平面内 n 个点 $A_1,A_2,\cdots,A_n$ 表示 n 个人(其中任意3点不共线).若两人是友好的,则对应点的连线染红色;若两人是敌对的,则对应点的连线染蓝色.设从 A_i 出发有 d_i 条红线,$n-1-d_i$ 条蓝线($i=1,2,\cdots,n$),于是

$$\sum_{i=1}^n d_i = 2q. \quad\quad ①$$

设两边红一边蓝的三角形有 α 个,两边蓝一边红的三角形有 β 个.依题意,不存在三边全为红色的三角形,故

$$\alpha = \sum_{i=1}^n C_{d_i}^2. \quad\quad ②$$

我们称从一点出发的两条不同色的线段组成一个异色角.一方面显然异色角有 $2(\alpha+\beta)$ 个,另一方面以 A_i 为顶点的异色角有 $d_i(n-1-d_i)$ 个,故

$$2(\alpha+\beta) = \sum_{i=1}^n d_i(n-1-d_i). \quad\quad ③$$

由①,②,③并利用柯西不等式得

$$\beta = \frac{1}{2}\sum_{i=1}^n d_i(n-1-d_i) - \alpha = \frac{1}{2}\sum_{i=1}^n d_i(n-1-d_i) - \frac{1}{2}\sum_{i=1}^n d_i(d_i-1)$$

$$= \frac{n}{2}\sum_{i=1}^n d_i - \sum_{i=1}^n d_i^2 \leqslant \frac{n}{2}\sum_{i=1}^n d_i - \frac{1}{n}(\sum_{i=1}^n d_i)^2$$

$$= nq - \frac{4q^2}{n} = nq\left(1 - \frac{4q}{n^2}\right).$$

设 A_i 的敌人集合中一个友好对子为 (B_k, B_j)，则 $\triangle A_i B_k B_j$ 是两边蓝一边红的三角形，将所有红边所对顶点为 A_i 的两边蓝一边红的三角形个数记为 $x_i (i=1,2,\cdots,n)$，则

$$\sum_{i=1}^{n} x_i = \beta \leqslant nq\left(1 - \frac{4q}{n^2}\right),$$

由平均值原理知存在 $i_0 (1 \leqslant i_0 \leqslant n)$，使 $x_{i_0} \leqslant \frac{1}{n}\sum_{i=1}^{n} x_i \leqslant q\left(1 - \frac{4q}{n^2}\right)$，

即存在一人 A_{i_0}，他的敌人集合中友好对子的个数不超过 $q\left(1 - \frac{4q}{n^2}\right)$.

(5) 数学归纳法

例 26 （1999 年上海市竞赛题）平面内给定 $n \geqslant 4$ 个点，其中任意三点不共线，若每两点间的距离是确定的，则称这 n 点是稳定的. 证明：如果这 $n \geqslant 4$ 个点之间有 $\frac{1}{2}n(n-3)+4$ 对点之间的距离是确定的，那么这 n 个点是稳定的.

证明 $n=4$ 时，4 个点一共可形成 $C_4^2 = 6$ 对点，其中有 $\frac{1}{2} \times 4 \times (4-1) + 4 = 6$ 对点之间的距离是确定的，故这 4 个点是稳定的.

设 $n=k \geqslant 4$ 时结论成立，即当 k 个点之间有 $\frac{1}{2}k(k-3)+4$ 对点之间的距离是确定的，这 k 个点是稳定的. 那么，当 $n=k+1$ 时，这 $k+1$ 个点之间有 $\frac{1}{2}(k+1)(k-2)+4$ 对点之间的距离是确定的. 我们将这些有确定距离的点对连一线段，于是从每点出发的线段数之和为 $(k+1)(k-2)+8$，从而其中必有一点 A，从它出发的线段数为

$$l \leqslant \frac{(k+1)(k-2)+8}{k+1} = k-2+\frac{8}{k+1} = k-1+\frac{7-k}{k+1}.$$

因为 $k \geqslant 4$ 时 $\frac{7-k}{k+1} < 1$，所以 $l \leqslant k-1$. 去掉点 A 以及从 A 出发的线段，还剩 k 个点，它们之间所连线段数不少于

$$\frac{1}{2}(k+1)(k-2)+4-(k-1) = \frac{1}{2}k(k-3)+4.$$

故由归纳假设知这 k 个点是稳定的，于是从 A 出发向这 k 个点有

$$\frac{1}{2}(k+1)(k-2)-C_k^2 = 3$$

个距离是确定的. 不妨设 $AB=x, AC=y, AD=z$ 是确定的，这时点 A 必唯一确定，否则同一平面内存在点 $A' \neq A$，使 $A'B=x, A'C=y, A'D=z$，于是 B、C、D 都在线段 AA' 的中垂线上，这与已知条件无三点共线矛盾，故这 $k+1$ 个点也是稳定的. 这就完成了归纳证明.

【解题思维策略分析】

例 27 是否存在如图 11-4 的四角星,使图中四个三角形及一个五边形的 13 条边长是互不相等的正整数?

分析和解 因为边长为正整数 3,4,5 的直角三角形是边长为整数的最简单的三角形,我们以它为部件(其他部件是与它相似的直角三角形)来构造满足题目条件的四角星(如图 11-5),其中 a,b,c 是互不相等且大于 1 的正整数. 由 $\triangle ABC, \triangle AGD$, $\triangle FED$ 都相似于 $\triangle HBD$ 得

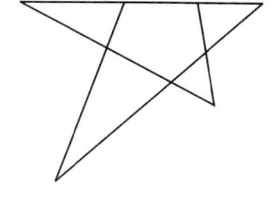

$(4+5b):(4a+m):(5a+3c+3b) = 3:4:5$, ①

$(5+4b):(5a+3c):(3+m+4a) = 3:4:5$, ②

$(3+m):(3a+5c):(5+4b+4c) = 3:4:5$, ③

由①及②知 $4+5b$ 及 $5+4b$ 均为 3 的倍数,故可取 $b=3k+1(k\in \mathbf{N}_+)$,由①得

$4a+m = 20k+12, 5a+3c = 25k+15-3b = 16k+12$.

由此可得 $a=2k, c=2k+4, m=12k+12$ 为其一组解,经检验知它们也满足②,③. 为了使图中的 13 条线段互不相等,我们取 $k=2$,便得到满足题目条件的四角星(如图11-6).

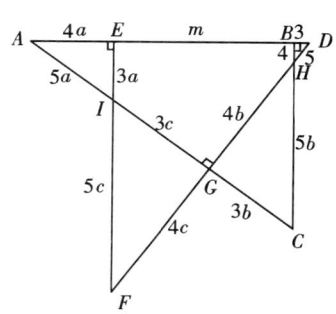

例 28 设 $S_n = \{1,2,3,\cdots,\frac{1}{2}(3^n+1)\}$,证明:存在 S_n 的一个含 2^n 个元素的子集 M_n,使其中任何三个数不成等差数列.

分析与解 $n=1$ 时, $S_1 = \{1,2\}$,取 $M_1 = \{1,2\}$ 即满足题目要求;$n=2$ 时, $S_2 = \{1,2,3,4,5\}$,取 $M_2 = \{1,2,4,5\}$ 即满足题目要求;$n=3$ 时, $S_3 = \{1,2,\cdots,14\}$,取 $M_3 = \{1,2,4,5,10,11,13,14\}$ 即满足题目要求,并且注意到若 x,y,z 不成等差数列,则对任意 $a,a+x,a+y,a+z$ 也不成等差数列,以及 M_3 中元素有下列关系 $10=1+3^2, 11=2+3^2, 13=4+3^2, 14=5+3^2$.

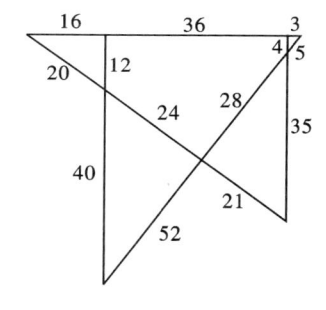

下面我们用归纳构造方法证明满足条件的子集 M_n 是存在的.

$n=1$ 时,如前所述 M_1 满足条件.

设对正整数 n,存在 S_n 的一个含 2^n 个元的子集 M_n,使 M_n 中任何三个数不成等差数列,令 $M_{n+1} = M_n \cup \{3^n+a \mid a \in M_n\}$.

于是 M_{n+1} 中有 $2|M_n| = 2 \cdot 2^n = 2^{n+1}$ 个元素,且 M_{n+1} 中的最大元素不超过 $\frac{1}{2}(3^n+1)+3^n = \frac{1}{2}(3^{n+1}+1)$,故 M_{n+1} 是 S_{n+1} 的一个含 3^{n+1} 个元素的子集. 如果 M_{n+1} 中存在三个数 x,

$y,z\ (x<y<z)$ 成等差数列,则 x,y,z 不能都属于 M_n,也不能都属于 $\{3^n+a \mid a\in M_n\}$,故只有 $x\in M_n, z\in\{3^n+a \mid a\in M_n\}$.

若 $y\in M_n$,则由 $y\leqslant \frac{1}{2}(3^n+1), x\geqslant 1$,得

$$2=2y-x\leqslant 2\times\frac{1}{2}(3^n+1)-1=3^n,$$

这与 $z\in\{3^n+a \mid a\in M_n\}, z\geqslant 3^n+1$ 矛盾.

若 $y\in\{3^n+a \mid a\in M_n\}$,则由 $y\geqslant 3^n+1, z\leqslant \frac{1}{2}(3^{n+1}+1)$ 得

$$x=2y-z\geqslant 2(3^n+1)-\frac{1}{2}(3^{n+1}+1)=\frac{1}{2}(3^n+3),$$

这与 $x\in M_n, x\leqslant \frac{1}{2}(3^n+1)$ 矛盾.

这就证明了 M_{n+1} 中任何三个数不成等差数列. 于是,我们用归纳构造的方法证明了满足题目条件的子集 M_n 是存在的.

例 29 (1995 年全国高中联赛题) 设 $M=\{1,2,\cdots,1995\}, A$ 是 M 的子集且满足条件:当 $x\in A$ 时, $15x\notin A$,则 A 中元素个数最多是 _____.

分析与解 注意到 $1995=133\times 15$,且 $133<9\times 15$,于是下列 125 个数对 $\{9, 9\times 15\}, \{10, 10\times 15\}, \cdots, \{133, 133\times 15\}$ 中每一个数对内至少有一个数不属于 A,故 A 中至多有 $1995-125=1870$ 个数. 另一方面,取

$$A=\{1,2,\cdots,8\}\cup\{134,135,\cdots,1995\},$$

则 $|A|=1870$,且 A 满足题目条件,故 A 中元素个数最多是 1870.

例 30 求最大正整数 n,使 $I=\{1,2,\cdots,n\}$ 可分拆为两个不相交的子集 A 和 B 满足同一子集内任何三个数不成等差数列.

解 当 $n=8$ 时,令 $A=\{1,4,5,8\}, B=\{2,3,6,7\}$,则 A、B 中同一子集内任意三个数不成等差数列.

当 $n\geqslant 9$ 时,若 I 可分拆成两个不相交的子集 A 和 B 满足同一子集内任何 3 个数不成等差数列,则只有下列三种情形:

(1) 1 与 2 属于同一子集, 3 属于另一子集, 不妨设 $1,2\in A, 3\in B$.

(a) 若 $4\in A$,则 $6,7\in B$,从而 $5,8\in A$,于是 A 中三个数 $2,5,8$ 成等差数列,矛盾.

(b) 若 $4\in B$,则 $5\in A$,从而 $8,9\in B$,推出 $6,7\in A$,于是 A 中三个数 $5,6,7$ 成等差数列,矛盾.

(2) 1 和 3 属于同一个子集, 2 属于另一子集, 不妨设 $1,3\in A, 2\in B$,从而 $5\in B, 8\in A$.

(a) 若 $4\in A$,则 $7\in B$,从而 $9\in A, 6\in B$,于是 B 中三个数 $5,6,7$ 成等差数列,矛盾.

(b) 若 $4\in B$,则 $6\in A$,从而 $7,9\in B$,于是 B 中三个数 $5,7,9$ 成等差数列,矛盾.

(3) 2 和 3 属于同一个子集, 1 属于另一子集, 不妨设 $1\in A, 2,3\in B$,从而 $4\in A, 7\in B$,由此推出 $5\in A, 9\in B$,从而 $6\in A$,于是 A 中三个数 $4,5,6$ 成等差数列,矛盾.

可见,当 $n\geqslant 9$ 时,不存在满足题目要求的分拆法,故所求 n 的最大值为 8.

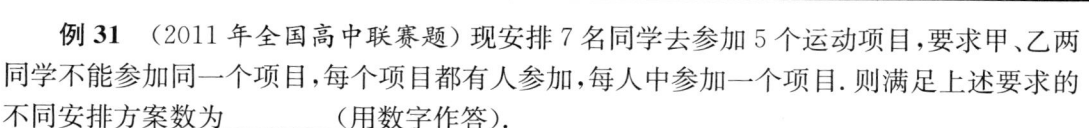

例31 (2011年全国高中联赛题)现安排7名同学去参加5个运动项目,要求甲、乙两同学不能参加同一个项目,每个项目都有人参加,每人只参加一个项目.则满足上述要求的不同安排方案数为_____(用数字作答).

解 由题意知满足条件的方案有两种情形:

(1) 有一个项目有3人参加,共有

$C_7^3 \times 5! - C_5^1 \times 5! = 3600$ 种方案;

(2) 有两个项目各有2人参加,共有

$\frac{1}{2}(C_7^2 C_5^2) \times 5! - C_5^2 \times 5! = 11400$ 种方案.

故所求的方案数为 $3600 + 11400 = 15000$.

例32 (1991年全国高中联赛题)设 $S = \{1, 2, \cdots, n\}$,A 为至少含两项的公差为正的等差数列,其项都在 S 中且添加 S 中的任何元素中 A 均不能构成与 A 有相同公差的等差数列.求这种 A 的个数,这里只有两项的数列也看作等差数列.

解法1 设 A 的首项为 a,公差为 d,依题意 $a - d \leqslant 0, a + d \leqslant n$,即 $a \leqslant d \leqslant n - a$,从而 $a \leqslant \frac{n}{2}$.

于是对每一个 a,公差可取 $n - 2a + 1$ 个值,即以 a 为首项的等差数列有 $n - 2a + 1$ 个,故所求的等差数列个数为

$$\sum_{a=1}^{\left[\frac{n}{2}\right]}(n - 2a + 1) = n\left[\frac{n}{2}\right] - \left[\frac{n}{2}\right]\left(\left[\frac{n}{2}\right] + 1\right) + \left[\frac{n}{2}\right] = \left(n - \left[\frac{n}{2}\right]\right)\left[\frac{n}{2}\right]$$

$$= \begin{cases} \frac{n^2}{4} & (n \text{ 为偶数}), \\ \frac{n^2 - 1}{4} & (n \text{ 为奇数}). \end{cases}$$

解法2 当 $n = 2k$ 时,满足条件的等差数列 A 必有相邻两项使得前一项在 $\{1, 2, \cdots, k\}$ 中,后一项在 $\{k+1, k+2, \cdots, 2k\}$ 中.从 $\{1, 2, \cdots, k\}$ 中任取一个数,从 $\{k+1, k+2, \cdots, 2k\}$ 中任取一个数,以取出的两数作为相邻两项可做出唯一一个符合条件的等差数列 A,这种对应是一一对应,故所求 A 的个数为 $C_k^1 \cdot C_k^1 = k^2 = \frac{n^2}{4}$.

当 $n = 2k + 1$ 时,情形类似,唯一不同的是第2个集合 $\{k+1, k+2, \cdots, 2k+1\}$ 中有 $k+1$ 个元素,这时,所求 A 的个数为 $C_k^1 C_{k+1}^1 = k(k+1) = \frac{n^2 - 1}{4}$.

【模拟实战十一】

A组

1. (1993年全国高中联赛题)三位数 $100, 101, \cdots, 999$ 共900个,在卡片上打印这些三位数,

如198倒过来看为861,有的卡片则不然,如531倒过来看是 I£S. 因此,有些卡片可以一卡两用,于是至多可以少打_____张卡片.

2. (2008年全国高中数学联赛试题)将24个志愿者名额分配给3个学校,则每校至少有一个名额且各校名额互不相同的分配方法共有_____种.

3. 将正六边形等分为6个全等的正三角形区域A、B、C、D、E、F,在这6个区域内栽种观赏植物,要求同一块中种同一种植物,相邻两块中种不同植物. 现有4种不同的植物可供选择,则有_____种栽种方案.

4. 各位数字之和等于12的4位数有_____个.

5. 将一个正四棱锥的每一个顶点染一种颜色,并且使同一条棱的两端不同色. 今有5种颜色可供使用,那么不同的染色方案总数是_____(约定经过绕四棱锥的对称轴旋转后可以变相同的染色方案是同一种染色方案).

6. (第30届IMO试题)设n和k是正整数,S是平面上n个点的集合,满足:(1)S中任何三点不共线;(2)对S中每一点P,S中至少有k个点与P的距离相等. 证明:$k<\frac{1}{2}+\sqrt{2n}$.

7. 4人互相传球,要求每人接球后马上传给别人. 由甲开始传球,并作为第一次传球,求经过10次传球后球一定回到发球人甲手中的不同传球方式的总数.

8. (2000年上海市竞赛题)设$a_1a_2a_3a_4a_5$是1,2,3,4,5的排列,满足对任意$1\leqslant i\leqslant 4$, $a_1a_2a_3\cdots a_i$不是$1,2,\cdots,i$的任何排列. 求这种排列的个数.

9. 120个学校每校派出20人组成20个小分队,每个小分队里每个学校恰有1人,求最小正整数k,使得每个小分队选出k人后,在选出的所有人中必有20人来自同一所学校.

10. (2005年全国高中联赛试题)如果自然数a的各位数字之和等于7,那么称a为"吉祥数". 将所有"吉祥数"从小到大排成一列:$a_1,a_2,a_3,\cdots$,若$a_n=2005$,则$a_{5n}=$_____.

11. (2007年全国高中联赛试题)已知集合A与B是集合$\{1,2,\cdots,100\}$的两个子集,满足:A与B的元素个数相同,$A\cap B=\varnothing$. 若$n\in A$时总有$2n+2\in B$,则集合$A\cup B$的元素个数最多为_____.

B 组

1. (1992年全国高中联赛题)设集合$S_n=\{1,2,\cdots,n\}$,若Z是S_n的子集,把Z中所有元素之和称为Z的"容量"(规定空集的容量为0). 若Z的容量为奇(偶)数,则称Z为S_n的奇(偶)子集.
   (1) 求证:S_n的奇子集与偶子集的个数相等.
   (2) 求证:$n\geqslant 3$时,S_n的所有奇子集的容量之和等于所有偶子集的容量之和.
   (3) 当$n\geqslant 3$时,求S_n的所有奇子集的容量之和.

2. 已知集合$M=\{x_1,x_2,\cdots,x_{4n+3}\}$,它的$4n+3$个子集$A_1,A_2,\cdots,A_{4n+3}$具有下列性质:
   (1)M中每$n+1$个元素恰属于唯一一个子集$A_i(1\leqslant i\leqslant 4n+3)$;

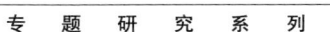

(2) $|A_i| \geq 2n+1 (i=1,2,\cdots,4n+3)$.

证明:任意两个子集 $A_i, A_j (1 \leq i < j \leq 4n+3)$ 恰有 n 个公共元.

3. (2004年全国高中联赛题)对整数 $n \geq 4$,求最小正整数 $f(n)$,使对任何正整数 m,集合 $M = \{m, m+1, m+2, \cdots, m+n-1\}$ 的任一个 $f(n)$ 元子集中均有至少 3 个两两互素的元素.

4. 我们将祖父和外祖父统称为祖父,孙子和外孙统称为外孙. 20 个小孩参加一次聚会,已知其中任何两个小孩均有一个共同的祖父,问这些祖父中有孙子最多的祖父最少有几个孙子?

5. (2002年日本数学奥林匹克题)14人进行一种日本棋循环赛,每个人与另外 13 人对弈,在比赛中无平局,求"三角联"的最大值(这里"三角联"指 3 人之间的比赛每人都是一胜一负).

6. 设 $I = \{1,2,\cdots,n\}$, $\mathscr{A}$ 是 I 的一些三元子集组成的集族,满足 $\mathscr{A}$ 中任何两个元素(I 的三元子集)至多有一个公共元,证明:存在 I 的一个子集 Z,满足:(1)$\mathscr{A}$ 中任何元素(I 的三元子集)不是 X 的子集;(2)$|Z| \geq [\sqrt{2n}]$.

7. (2007年全国高中联赛试题)在 7×8 的长方形棋盘的每个小方格的中心点各放一个棋子,如果两个棋子所在的小方格有公共边或公共顶点,那么称这两个棋子相邻. 设从 56 个棋子中取出一些,使得棋盘上剩下的棋子,没有五个在一条直线(横、竖、斜方向)上依次相连. 问最少取出多少个棋子才可能满足要求?并说明理由.

8. (2006年第6届西部数学奥林匹克试题)给定正整数 $n(\geq 2)$,求 $|X|$ 的最小值,使得集合 X 的任意 n 个二元子集 $B_1, B_2, \cdots, B_n$,都存在 X 的一个子集 Y 满足

(1) $|Y| = n$;

(2) 对 $i = 1, 2, \cdots, n$,都有 $|Y \cap B_i| \leq 1$.

第 12 章 概率初步

【基础知识】

高中数学引入概率的内容,使教学内容增添了更多的变量数学,拓展了学习和研究的领域. 概率的计算既要用到排列、组合的知识来解答,也要用到排列、组合的解题思路.

在求解概率的问题中,我们应善于运用如下结论来处理.

结论 1 若试验只有有限(记为 n)种结果,把结果称为基本事件,并且各种结果出现的可能性相同,而事件 A 由其中 k 个基本事件组成,则事件 A 的概率为 $P(A) = \dfrac{k}{n}$.

结论 2 设 A、B 是两个事件,且 $P(B) > 0$,在事件 B 发生的条件下事件 A 的条件概率为 $P(A \mid B) = \dfrac{P(AB)}{P(B)}$.

特别地,若 A,B 为互相独立的事件,则 $P(A \mid B) = P(A)$.

结论 3 设事件 A 的概率为 $P(A)$,则对应事件 $\bar{A}$ 的概率为 $P(\bar{A}) = 1 - P(A)$.

结论 4 若事件 $A_1, A_2, \cdots, A_n$ 两两互斥,则
$$P(A_1 \cup A_2 \cup \cdots \cup A_n) = P(A_1) + P(A_2) + \cdots + P(A_n).$$

结论 5 对任意两事件 A 与 B,有

(1) $P(A - B) = P(A) - P(AB)$,其中 $A - B$ 表示 A 发生且 B 不发生.

(2) $P(A \cup B) = P(A) + P(B) - P(AB)$.

结论 6 设 $\xi_i (i = 1, 2, \cdots, n)$ 为 n 个随机变量,则
$$E(\xi_1 + \xi_2 + \cdots + \xi_n) = E(\xi_1) + E(\xi_2) + \cdots + E(\xi_n).$$

结论 7 设 X 是一个取有限个值的离散随机变量,其分布列为
$$P(X = x_k) = p_i, k = 1, 2, \cdots, n,$$
则 $E(X^2) \geqslant E^2(X)$,等式成立当且仅当 $x_1 = x_2 = \cdots = x_n = E(X)$.

事实上,由 $E(X^2) - E^2(X) = D(X) = \sum_{i=1}^{n} [x_i - E(X)]^2 \geqslant 0$ 即可推得.

【基本问题与求解方法】

例 1 (2006 年全国高中联赛题) 袋内有 8 个白球和 2 个红球,每次从中随机取出一个球,然后放回一个白球,则第 4 次恰好取完所有红球的概率为_____.

解 第 4 次恰好取完所有红球的概率为
$$\frac{2}{10} \cdot \left(\frac{9}{10}\right)^2 \cdot \frac{1}{10} + \frac{8}{10} \cdot \frac{2}{10} \cdot \frac{9}{10} \cdot \frac{1}{10} + \left(\frac{8}{10}\right)^2 \cdot \frac{2}{10} \cdot \frac{1}{10} = 0.0434.$$

例2 (2007年全国高中联赛题)将号码分别为$1,2,\cdots,9$的九个小球放入一个袋中,这些小球仅号码不同,其余完全相同.甲从袋中摸出一个球,其号码为a,放回后,乙从袋中再摸出一个球,其号码为b,则使等式$a-2b+10>0$成立的事件发生的概率等于_____.

解 甲、乙二人每人摸出一个小球都有9种不同结果,故基本事件总数为$9^2=81$个,由不等式$a-2b+10>0$得$2b<a+10$.

于是,当$b=1,2,3,4,5$时,每种情形a可取$1,2,\cdots,9$中的每一个值,使不等式成立,则共有$9\cdot 5=45$种;

当$b=6$时,a可取$3,4,5,6,7,8,9$中每一个值,有7种;

当$b=7$时,a可取$5,6,7,8,9$中每一个值,有5种;

当$b=8$时,a可取$7,8,9$中每一个值,有3种;

当$b=9$时,a只能取9,有1种.

于是,所求概率为$\dfrac{45+7+5+3+1}{81}=\dfrac{61}{81}$.

例3 (1)(2004年全国高考湖南卷题)同时抛掷两枚相同的均匀硬币,随机变量$\xi=1$表示结果中有正面向上,$\xi=0$表示结果中没有正面向上,则$E\xi=$_____.

(2)(2003年山东省竞赛题)在一场篮球比赛临终场还有0.1秒时,A队获得一个两次罚球的机会,当时A队以100:101落后.关于该队罚球队员两次罚球命中率的统计资料显示:其第一投的命中率为0.6.若第一投命中,则其第二投的命中率为0.8;若第一投不中,则其第二投的命中率为0.7.该队罚球后得分的数学期望值为_____.

解 用A_i表示"第i枚硬币正面向上"的事件,其中$i=1,2$,则共有下面四个不同随机事件:$\overline{A}_1\cdot\overline{A}_2,\overline{A}_1\cdot A_2,A_1\cdot\overline{A}_2,A_1\cdot A_2$.

根据题设条件$P(A_i)=\dfrac{1}{2},P(\overline{A}_i)=\dfrac{1}{2},i=1,2,A_1、A_2$相互独立,则$P(\overline{A}_1\cdot\overline{A}_2)=\dfrac{1}{4}$,$P(\overline{A}_1\cdot A_2)=\dfrac{1}{4},P(A_1\cdot\overline{A}_2)=\dfrac{1}{4},P(A_1\cdot A_2)=\dfrac{1}{4}$.从而$P(\xi=1)=P(A_1\cdot\overline{A}_2)+P(\overline{A}_1\cdot A_2)+P(A_1\cdot A_2)=\dfrac{3}{4},P(\xi=0)=P(\overline{A}_1\cdot\overline{A}_2)=\dfrac{1}{4}$.

故 $E\xi=1\times 0.75+0\times 0.25=0.75$.

(2)以ξ记该队最终的得分数,则$P(\xi=100)=0.4\times 0.3=0.12,P(\xi=101)=0.6\times 0.2+0.4\times 0.7=0.4,P(\xi=102)=0.6\times 0.8=0.48$.

故 $E(\xi)=100\times 0.12+101\times 0.4+102\times 0.48=101.36$.

例4 (2008年全国高中联赛题)甲乙两人进行乒乓球比赛,约定每局胜者得1分,负者得0分,比赛进行到有一人比对方多2分或打满6局时停止.设甲在每局中获胜的概率为$\dfrac{2}{3}$,乙在每局中获胜的概率为$\dfrac{1}{3}$,且各局胜负相互独立.则比赛停止时已打局数ζ的期望$E\zeta$为_____.

解 依题意知,ζ的所有可能值为2,4,6.

设每两局比赛为一轮,则该轮结束时比赛停止的概率为

$(\frac{2}{3})^2 + (\frac{1}{3})^2 = \frac{5}{9}.$

若该轮结束时比赛还将继续,则甲、乙在该轮中必是各得 1 分,此时,该轮比赛结果对下轮比赛是否停止没有影响,从而

$P(\zeta = 2) = \frac{5}{9}, P(\zeta = 4) = \frac{4}{9} \cdot \frac{5}{9} = \frac{20}{81}, P(\zeta = 6) = (\frac{4}{9})^2 = \frac{16}{81}.$

故 $E\zeta = 2 \cdot \frac{5}{9} + 4 \cdot \frac{20}{81} + 6 \cdot \frac{16}{18} = \frac{266}{81}.$

例 5 (1987 年新加坡竞赛题)一张圆桌边有 9 把椅子,4 人随机地就坐,问没有两人相邻的概率是多少?

解 第一个人可坐任意位置,其余三人总共有 $8 \cdot 7 \cdot 6$ 种围坐方法.

另一方面,若要求没有两人相邻,那么第一个人可坐任意位置,其余 3 人按顺时针间隔相坐有 6 种方法,最后多余一把椅子可以有 4 个位置,这样方法总数是 $4 \cdot 6 = 24$.

所以所求概率为 $\frac{24}{8 \cdot 7 \cdot 6} = \frac{1}{14}.$

例 6 (1988 年美国 Mathcounts 竞赛题)在集合 $\{-3, -\frac{5}{4}, -\frac{1}{2}, 0, \frac{1}{3}, 1, \frac{4}{5}, 2\}$ 中不放回地取两个数,求所取两个数为一对正交直线斜率的概率.

解 两个数为一对正交直线的斜率,即两个数的乘积为 -1. 满足这个条件的数对有:-3 和 $\frac{1}{3}$,$-\frac{5}{4}$ 和 $\frac{4}{5}$,$-\frac{1}{2}$ 和 2,共 3 对.

在 8 个数中取两个数,共有 $C_8^2 = \frac{8 \times 7}{2} = 28$ 种取法,故所求概率为 $\frac{3}{28}.$

例 7 (1990 年加拿大数学奥林匹克题)将 $\frac{n(n+1)}{2}$ 个不同的数随机地排成如图 12-1 的三角形阵. 设 M_k 为第 k 行(从上往下)的最大数,试求 $M_1 < M_2 < \cdots < M_n$ 的概率.

```
         *
        * *
       * * *
      ⋯ ⋯ ⋯ ⋯
     * * * ⋯ * * *
```

图 12-1

解 记所求概率为 p_n,则 $p_1 = 1$.

对于 $n+1$ 行的表,最大数 $\frac{(n+1)(n+2)}{2}$ 应在第 $n+1$ 行,其概率为

$$\frac{n+1}{\frac{(n+1)(n+2)}{2}} = \frac{2}{n+2}.$$

然后可任意地填满第 $n+1$ 行,最后,余下的 $\frac{n(n+1)}{2}$ 个数填入前 n 行. 符合要求的概率

为 p_n, 故 $p_{n+1} = \dfrac{2}{n+2} p_n$.

所以 $p_n = \dfrac{2}{n+1} \cdot \dfrac{2}{n} \cdot \cdots \cdot \dfrac{2}{3} p_1 = \dfrac{2^n}{(n+1)!}$.

例8 (1972年美国数学奥林匹克题)假设一个随机数选择器只能从 $1,2,\cdots,9$ 这九个数字中选一个,并且以等概率做这些选择. 试确定在 n 次选择($n>1$)后,选出的 n 个数的乘积能被 10 整除的概率.

解 为使选出的 n 个数的乘积能被 10 整除,其中至少有一次选择 5,并且至少有一次选择偶数 2,4,6,8 之一.

设事件 A 表示没有一次选择 5,事件 B 表示没有一次选择偶数,约定 $P(X)$ 表示事件 X 的概率,则所求的概率是 $1 - P(A \cup B)$,从而有

$$1 - P(A \cup B) = 1 - P(A) - P(B) + P(A \cap B)$$
$$= 1 - \left(\dfrac{8}{9}\right)^n - \left(\dfrac{5}{9}\right)^n + \left(\dfrac{4}{9}\right)^n = 1 - \dfrac{8^n + 5^n - 4^n}{9^n}.$$

于是选出的 n 个数的乘积能被 10 整除的概率为 $1 - \dfrac{8^n + 5^n - 4^n}{9^n}$.

例9 (1983年美国数学奥林匹克题)在给定的圆周上随机地选择 A,B,C,D,E,F 六个点,这些点的选择是独立的,而且相对于弧长而言是等可能的. 求 $\triangle ABC, \triangle DEF$ 不相交(即没有公共点)的概率.

解 注意到分布在圆周上的六个不同的点的循环排列数为
$A_n^5 = 5! = 120$.

并且由于分布的对称性,这些排列有相同的概率,其中 $\triangle ABC$ 和 $\triangle DEF$ 不相交的不同的排列数是 $A_3^3 \cdot A_3^3 = 3! \times 3! = 36$.

这是由 A,B,C 的内部顺序和 D、E、F 的内部顺序决定的.

因此,$\triangle ABC$ 与 $\triangle DEF$ 不相交的概率是:

$P = \dfrac{36}{120} = \dfrac{3}{10}$.

例10 有 5 个指定的席位,坐在这 5 个席位上的 5 个人都不知道自己指定的号码,当这 5 个人随机在这 5 个席位上就坐时,求

(1)5 个人中恰有 3 个人坐在指定的席位上的概率;

(2)若要这 5 个人坐在自己指定的席位上的概率不小于 $\dfrac{1}{6}$,至多有几个人坐在自己指定的席位上?

解 对 5 人分别编 1、2、3、4、5 五个号,对 5 个席位也编上 1、2、3、4、5 五个号,由题设易得 $n = A_5^5$.

(1)3 个人坐在指定席位分两步考虑:第一步从 5 人中选 3 人坐指定席位有 C_5^3 种方法,第二步排余下两人. 例如 1、2、3 号人坐相应号码,则 4、5 号人只能坐 5、4 号位有 1 种方法,即 $m = C_5^3 \cdot 1$,

故　$P = \dfrac{C_5^3 \cdot 1}{A_5^5} = \dfrac{1}{12}$.

(2) 由(1)知,3个人坐在指定的席位上不符合题意,先看2人的情况:第一步从5人中选2人坐指定席位有 C_5^2 种方法,第二步排余下三人. 例如1、2号人坐相应号码,则3、4、5号人只能坐4、5、3与5、3、4号位2种方法,即 $m = C_5^2 \cdot 2$,故 $P = \dfrac{C_5^2 \cdot 2}{A_5^5} = \dfrac{1}{6}$,满足题意,所以至多有2个人坐在自己指定的席位上.

例11　(1975年美国数学奥林匹克题)一副纸牌共有 N 张,其中有三张A. 现随机地洗牌(假定纸牌可能的分布都有相等的机会),然后从顶上开始一张接一张地翻牌,直到翻到第二张A出现为止. 求证翻过的纸牌数的期望(平均)值是 $\dfrac{N+1}{2}$.

解　设 x_1, x_2, x_3 表示三张A在任一分发中由上数起的位置,即三张A依次是第 x_1 张、第 x_2 张和第 x_3 张.

那么这种分发的逆分发,即从最后一张牌发起,那么第二张A在序列中的位置是
$$x_2' = N + 1 - x_2.$$
于是不管 N 是奇数还是偶数,平均位置是
$$\dfrac{x_2 + (N+1-x_2)}{2} = \dfrac{N+1}{2}.$$
显然这就是所求的翻过的纸牌数的期望值.

例12　(2005年全国高中联赛题)将编号为1,2,…9的九个小球随机放在圆周的九个等分点上,每个等分点上各有一个小球. 设圆周上所有相邻两球号码之差的绝对值为 S,求使 S 达到最小值的放法的概率(注:如果某种放法,经旋转或镜面反射后可与另一种放法重合,则认为是相同的放法).

解　把九个编号不同的小球放在圆周的九个等分点上,每个点放一个,相当于九个不同元素在圆周上的一个圆形排列,故共有8!种放法,考虑到旋转因素,则本质不同的放法有 $\dfrac{8!}{2} = 4 \cdot 7!$ 种.

下求使 S 达到最小值的放法数:在圆周上,从1到9有优弧与劣弧两条路径,对其中任一路径,设 $x_1, x_2, \cdots, x_k$ 是依次排列于这段弧上的小球号码,则
$$|1 - x_1| + |x_1 - x_2| + \cdots + |x_k - 9|$$
$$\geq |(1 - x_1) + (x_1 - x_2) + \cdots + (x_k - 9)| = |1 - 9| = 8.$$

上式取等号当且仅当 $1 < x_1 < x_2 < \cdots < x_k < 9$,即每一弧段上的小球编号都是由1到9递增排列,因此,$S_{最小} = 2 \cdot 8 = 16$.

由上可知,当每个弧段上的球号 $\{1, x_1, x_2, \cdots, x_k, 9\}$ 确定之后,达到最小值的排序方案便唯一确定.

在1,2,…,9中,除1与9外,剩下7个球号2,3,…,8,将它们分为两个子集,元素较少的一个子集共有 $C_7^0 + C_7^1 + C_7^2 + C_7^3 = 2^6$ 种情况,每种情况对应着圆周上使 S 值达到最小的唯一排法,即事件总是 2^6 种,故所求概率 $P = \dfrac{2^6}{4 \cdot 7!} = \dfrac{1}{315}$.

例 13 （2003 年新课程高考题）A、B 两个代表队进行乒乓球对抗赛,每队三名队员,A 队队员是 A_1、A_2、A_3,B 队队员是 B_1、B_2、B_3,按以往多次比赛的统计,对阵队员之间胜负概率如下:

对阵队员	A 队队员胜的概率	A 队队员负的概率
A_1 对 B_1	$\frac{2}{3}$	$\frac{1}{3}$
A_2 对 B_2	$\frac{2}{5}$	$\frac{3}{5}$
A_3 对 B_3	$\frac{2}{5}$	$\frac{3}{5}$

现按表中对阵方式出场,每场胜队得 1 分、负队得 0 分,设 A 队、B 队最后所得总分分别为 ξ、η.

(1) 求 ξ、η 的概率分布;

(2) 求 $E(\xi)$,$E(\eta)$.

解 （1）求 ξ、η 的可能取值分别为 3、2、1、0.

$P(\xi = 3) = \frac{2}{3} \times \frac{2}{5} \times \frac{2}{5} = \frac{8}{75}$,

$P(\xi = 2) = \frac{2}{3} \times \frac{2}{5} \times \frac{3}{5} + \frac{1}{3} \times \frac{2}{5} \times \frac{2}{5} + \frac{2}{3} \times \frac{3}{5} \times \frac{2}{5} = \frac{28}{75}$,

$P(\xi = 1) = \frac{2}{3} \times \frac{3}{5} \times \frac{3}{5} + \frac{1}{3} \times \frac{2}{5} \times \frac{3}{5} + \frac{1}{3} \times \frac{3}{5} \times \frac{2}{5} = \frac{2}{5}$,

$P(\xi = 0) = \frac{1}{3} \times \frac{3}{5} \times \frac{3}{5} = \frac{3}{25}$.

根据题意知 $\xi + \eta = 3$,所以

$P(\eta = 0) = P(\xi = 3) = \frac{8}{75}$,

$P(\eta = 1) = P(\xi = 2) = \frac{28}{75}$,

$P(\eta = 2) = P(\xi = 1) = \frac{2}{5}$,

$P(\eta = 3) = P(\xi = 0) = \frac{3}{25}$.

(2) $E(\xi) = 3 \times \frac{8}{72} + 2 \times \frac{28}{75} + 1 \times \frac{2}{5} + 0 \times \frac{3}{25} = \frac{22}{15}$.

因为 $\xi + \eta = 3$,

所以 $E(\eta) = 3 - E(\xi) = \frac{23}{15}$.

注 若题目只要求 ξ、η 的数学期望,则可简单如下:

设 ξ_i 为 A 队队员 $A_i (i = 1,2,3)$ 每场的得分,则 $\xi = \xi_1 + \xi_2 + \xi_3$.

又 ξ_1 的分布列为

ξ_1	1	0
P	$\dfrac{2}{3}$	$\dfrac{1}{3}$

所以，$E(\xi_1) = 1 \times \dfrac{2}{3} + 0 \times \dfrac{1}{3} = \dfrac{2}{3}$.

同理，$E(\xi_2) = 1 \times \dfrac{2}{5} + 0 \times \dfrac{3}{5} = \dfrac{2}{5}$，

$E(\xi_3) = 1 \times \dfrac{2}{5} + 0 \times \dfrac{3}{5} = \dfrac{2}{5}$.

所以，$E(\xi) = E(\xi_1 + \xi_2 + \xi_3) = E(\xi_1) + E(\xi_2) + E(\xi_3) = \dfrac{2}{3} + \dfrac{2}{5} + \dfrac{2}{5} = \dfrac{22}{15}$，

$E(\eta) = E(3 - \xi) = 3 - E(\xi) = \dfrac{23}{15}$.

例 14 对于 $0 \leqslant x \leqslant 1$，求证 $\sum_{r=0}^{n} C_{n+r}^{n} [(1-x)^{n+1} x^r + x^{n+1}(1-x)^r] = 1$.

证明 现在用概率知识证明这个等式. 假设 A 和 B 两队参加一项体育锦标赛，比赛中不存在平局，先赢得 $n+1$ 场胜利的一个队将成为冠军. 设 x 是 A 队在任何比赛中战胜 B 队的概率，于是 $1-x$ 是 B 队战胜 A 队的概率. 在 $n+1+r$ 场比赛中(r 可取 $0,1,2,\cdots,n$)，A 队只有取得最后一场胜利，并在前 $n+r$ 场比赛中取得 n 场胜利后才获得冠军，于是 A 队在 $n+1+r$ 场比赛中获胜的概率

$$P(A) = \sum_{r=0}^{n} C_{n+r}^{n} x^{n+1}(1-x)^r.$$

同理，B 队在这 $n+1+r$ 场比赛中获胜的概率 $P(B) = \sum_{r=0}^{n} C_{n+r}^{n}(1-x)^{n+1} x^r$.

由 $P(A) + P(B) = 1$ 得到恒等式成立.

例 15 （2001年全国高中联赛题）在一个正六边形的六个区域栽种观赏植物（如图 12-2），要求同一块中种同一种植物，相邻的两块种不同的植物. 现有 4 种不同的植物可供选择，则有几种栽种方案？

解 现在用概率知识求解这个问题.

不妨设 AF 边界剪开展成图 12-3.

可供选择的 4 种不同植物设为 $a、b、c、d$，题设限制条件即 A 至 F 相邻的两块种不同的植物，且首尾 $A、F$ 所种植物也不同.

考虑 A 域种植品种有 4 种选择，假设种 a，则 B 域种植只有 3 种选择，设为 b；C 域又可从 $a、c、d$ 三种品种中选择，以下类推. 至 E 域仍为 3 种选择. 但末尾 F 域种植必须视 $A、E$ 域所种品种之异同而定

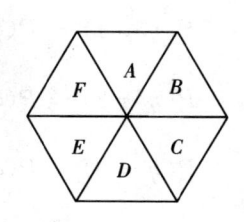

图 12-2

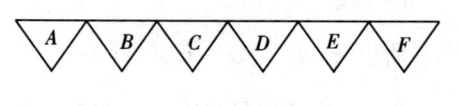

图 12-3

196

选择范围. 如 A、E 域所种为同一品种植物,设为 a,则 F 域仍可由 b、c、d 中选择,有 C_3^1 种方式;如 A、E 域所种相异,设为 a、b,则 F 域只能从 c、d 中选,有 C_2^1 种方法.

下面考察 A、E 域所种植物相同的概率. 根据对立事件的概率的和等于 1,以及两个相互独立事件同时发生的概率等于每个事件发生的概率的积. 对于本题,设 A 域所种品种为 a,则 B 域种 a 的概率为 0. C 域种 a 的概率为 $\frac{1}{3}$. 由题设限制,D 域种 a 的概率为 $(1-\frac{1}{3})\times\frac{1}{3}=\frac{2}{9}$,依次类推,$E$ 域种 a 的概率为 $(1-\frac{2}{9})\times\frac{1}{3}=\frac{7}{27}$. 对应地,$E$、$A$ 种植品种相异的概率为 $1-\frac{7}{27}=\frac{20}{27}$. 于是,由两个原理可得总方法数为

$$4\times 3\times 3\times 3\times 3\times(3\times\frac{7}{27}+2\times\frac{20}{27})=12\times 61=732(\text{种}).$$

例 16 设 a、b、$c\in\mathbf{R}^+$,求证:

(1) $\dfrac{a}{b+c}+\dfrac{b}{c+a}+\dfrac{c}{a+b}\geqslant\dfrac{3}{2}$;

(2) $a^3+b^3+c^3+\dfrac{1}{a}+\dfrac{1}{b}+\dfrac{1}{c}\geqslant 2(a+b+c)$.

证明 现在用概率知识(即结论 7)来证明这两个不等式.

(1) 设随机变量 X 的分布列为 $P(X=\dfrac{s}{b+c})=\dfrac{b+c}{2s}$,$P(X=\dfrac{s}{c+a})=\dfrac{c+a}{2s}$,$P(X=\dfrac{s}{a+b})=\dfrac{a+b}{2s}$,其中 $s=a+b+c$. 由结论 7 即证得不等式成立.

(2) 原不等式等价于 $\dfrac{a^4+1}{a}+\dfrac{b^4+1}{b}+\dfrac{c^4+1}{c}\geqslant 2(a+b+c)$.

设随机变量 X 的分布列为 $P(X=\dfrac{a^2-1}{a})=\dfrac{a}{s}$,$P(X=\dfrac{b^2-1}{b})=\dfrac{b}{s}$,$P(X=\dfrac{c^2-1}{c})=\dfrac{c}{s}$,其中 $s=a+b+c$.

不难算得 $E(X^2)=\dfrac{1}{s}(\dfrac{a^4+1}{a}+\dfrac{b^4+1}{b}+\dfrac{c^4+1}{c}-2s)$,$E(X)=[\dfrac{1}{s}(a^2+b^2+c^2-3)]$.

由结论 7,有 $\dfrac{1}{s}(\dfrac{a^4+1}{a}+\dfrac{b^4+1}{b}+\dfrac{c^4+1}{c}-2s)\geqslant[\dfrac{1}{s}(a^2+b^2+c^2-3)^2]$,此式即为

$$a^3+b^3+c^3+\dfrac{1}{a}+\dfrac{1}{b}+\dfrac{1}{c}\geqslant\dfrac{1}{s}(a^2+b^2+c^2-3)^2=2s.$$

由此即证得原不等式成立.

例 17 (2010 年全国高中联赛题)两人轮流投掷骰子,每人每次投掷两颗,第一个使两颗骰子点数和大于 6 者为胜,否则,由另一人投掷. 则先投掷人的获胜概率是_____.

解 同时投掷两颗骰子点数和大于 6 的概率为 $\dfrac{21}{36}=\dfrac{7}{12}$,从而,先投掷人的获胜概率为

$$\dfrac{7}{12}+\left(\dfrac{5}{12}\right)^2\times\dfrac{7}{12}+\left(\dfrac{5}{12}\right)^4\times\dfrac{7}{12}+\cdots=\dfrac{12}{17}.$$

例18 （2013年全国高中联赛题）从$1,2,\cdots,20$中任取五个不同的数，其中至少有两个是相邻数的概率为_____．

解 设$a_1<a_2<\cdots<a_5$取自$1,2,\cdots,20$．
若$a_1,a_2,\cdots,a_5$互不相邻，则
$$1\leqslant a_1<a_2-1<a_3-2<a_4-3<a_5-4\leqslant 16.$$
由此知从$1,2,\cdots,20$中取五个互不相邻的数的选法与从$1,2,\cdots,16$中取五个不同的数的选法相同，即C_{16}^5种．于是，所求的概率为
$$1-\frac{C_{16}^5}{C_{20}^5}=\frac{232}{323}.$$

例19 （2012年全国高中联赛题）某情报站有A、B、C、D四种互不相同的密码，每周使用其中的一种密码，且每周都是从上周未使用的三种密码中等可能地随机选用一种．设第一周使用A种密码．那么，第七周也使用A种密码的概率是_____（用最简分数表示）．

解 用P_k表示第k周用A种密码本的概率，则第k周未用A种密码的概率为$1-P_k$．
故 $P_{k+1}=\frac{1}{3}(1-P_k)(k\in\mathbf{N}_+)$
$\Rightarrow P_{k+1}-\frac{1}{4}=-\frac{1}{3}\left(P_k-\frac{1}{4}\right)\Rightarrow P_k-\frac{1}{4}=\frac{3}{4}\left(-\frac{1}{3}\right)^{k-1}$
$\Rightarrow P_k=\frac{3}{4}\left(-\frac{1}{3}\right)^{k-1}+\frac{1}{4}\Rightarrow P_7=\frac{61}{243}.$

例20 （2009年全国高中联赛题）某车站每天早上$8:00\sim 9:00$、$9:00\sim 10:00$都恰有一辆客车到站，但到站的时刻是随机的，且两者到站的时间是相互独立的，其规律见下表．一旅客$8:20$到站．则他候车时间的数学期望为_____（精确到分）．

到站时刻	$8:10\sim 9:10$	$8:30\sim 9:30$	$8:50\sim 9:50$
概率	$\frac{1}{6}$	$\frac{1}{2}$	$\frac{1}{3}$

解 旅客候车时间的分布见下表．

候车时间（分）	10	30	50	70	90
概率	$\frac{1}{2}$	$\frac{1}{3}$	$\frac{1}{6}\times\frac{1}{6}$	$\frac{1}{2}\times\frac{1}{6}$	$\frac{1}{3}\times\frac{1}{6}$

候车时间的数学期望为
$$10\times\frac{1}{2}+30\times\frac{1}{3}+50\times\frac{1}{36}+70\times\frac{1}{12}+90\times\frac{1}{18}=27.$$

【解题思维策略分析】

1. 注意概率计算公式或有关结论的灵活运用

概率与统计问题求解中，把所求问题在符合公式或结论前提的情况下对号入座，这是

首选策略.

例 21 (2003年天津市竞赛题)有20张卡片分别写着数字$1,2,\cdots,19,20$. 将它们放入一个盒中,有4个人从中各抽取一张卡片,取到两个较小数字的两人在同一组,取得两个较大数字的两人在同一组. 若其中两人分别抽到 5 和 14,则此两人在同一组的概率等于_____.

解 由于两人分别抽到 5 和 14 两张卡片,另外两人需从剩下的 18 张卡片中抽取,共有 18×17 种情况. 若抽取 5 和 14 的两人在一组,则有两种情况.

(1) 5 和 14 为较小数,另两人需从 $15\sim 20$ 的 6 张卡片当中抽取,有 5×6 种;

(2) 5 和 14 为较大数,另两人需从 $1\sim 4$ 的 4 张卡片当中抽取,有 3×4 种.

于是,抽到 5 和 14 两张卡片的两人在同一组的概率等于 $\dfrac{5\times 6+3\times 4}{18\times 17}=\dfrac{7}{51}$.

例 22 (2004年全国高中联赛题)一项"过关游戏"规则规定:在第 n 关要抛掷一颗骰子 n 次,如果这 n 次抛掷所出现的点数之和大于 2^n,则算过关. 问:

(1) 某人在这项游戏中最多能过几关?

(2) 他连过前三关的概率是多少?

(注:骰子是一个在各面上分别有 $1,2,3,4,5,6$ 点数的均匀正方体,抛掷骰子落地静止后,向上一面的点数为出现点数.)

解 由于骰子是均匀的正方体,所以抛掷后各点数出现的可能性是相同的.

(1) 因骰子出现的点数最大为 6,而 $6\cdot 4>2^4$,$6\cdot 5<2^5$,因此当 $n\geqslant 5$ 时,n 次出现的点数之和大于 2^n 已不可能. 故这是一个不可能事件,最终过关的概率为 0. 所以最多只能连过 4 关.

(2) 设事件 A_n 为"第 n 关过关失败",则对立事件 $\overline{A}$ 为"第 n 关过关成功".

第 n 关游戏中,基本事件总数为 6^n 个.

第 1 关:事件 A_1 所含基本事件数为 2(即出现点数 1 和 2 这两种情况). 所以,过此关的概率为

$$P(\overline{A}_1)=1-P(A_1)=1-\dfrac{2}{6}=\dfrac{2}{3}.$$

第 2 关:事件 A_2 所含事件数为方程 $x+y=a$,当 a 分别取 $2,3,4$ 时的正整数解组数之和,则有 $C_1^1+C_2^1+C_3^1=6$(个). 所以,过此关的概率为

$$P(\overline{A}_2)=1-P(A_2)=1-\dfrac{6}{6^2}=\dfrac{5}{6}.$$

第 3 关:事件 A_3 所含基本事件为方程 $x+y+z=a$,当 a 分别取 $3,4,5,6,7,8$ 时的正整数解组数之和,则有 $C_2^2+C_3^2+C_4^2+C_5^2+C_6^2+C_7^2=56$(个). 所以,过此关的概率为 $P(\overline{A}_3)=1-P(A_3)=1-\dfrac{56}{6^3}=\dfrac{20}{27}$.

故连过前三关的概率为

$$P(\overline{A}_1)\cdot P(\overline{A}_2)\cdot P(\overline{A}_3)=\dfrac{2}{3}\cdot\dfrac{5}{6}\cdot\dfrac{20}{27}=\dfrac{100}{243}.$$

注 第2,3关的基本事件数也可以列举出来.

例23 如图12-4,J_A、J_B、J_C、J_D是同一种自动控制开关,已知在一段时间内,它们正常闭合的概率都是$p(0<p<1)$,且相互之间是独立的.求在这段时间内线路中的指示灯闪亮的概率.

解 由题设,本题的一个基本事件可设计成在(____,____,____,____)的横线上填上"开"或"闭"的可重复排列.如(开,闭,闭,闭)就表示四个开关J_A、J_B、J_C、J_D依次是J_A开起,J_B闭合,J_C闭合,J_D闭合的一种情况.于是,基本事件的总数有$2^4=16$个.

记J_A、J_B、J_C、J_D闭合分别为事件A、B、C、D,则上面的(开,闭,闭,闭)对应着事件$\bar{A}BCD$,由于$\bar{A}$、B、C、D是相互独立的,所以概率$P(\bar{A}BCD)=p^3(1-p)$,而$P(AB\bar{C}\bar{D})=p^2(1-p)^2$,这就说明,当$p\neq\frac{1}{2}$时,16个基本事件的概率不全是相等的.

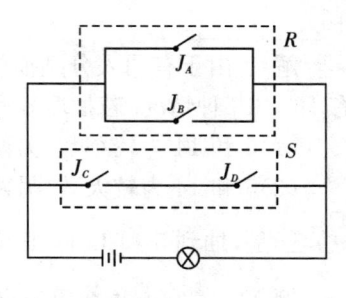

图12-4

记$M=$"指示灯闪亮",则
$$P(M)=P(R+S)=P(A+B+S)$$
$$=1-P(\bar{A}\bar{B}\bar{S})$$
$$=1-P(\bar{A})P(\bar{B})P(\bar{S})$$
$$=1-(1-p)^2(1-p^2)$$
$$=2p-2p^3+p^4.$$

例24 一个工人照看三台机床,在一小时内,甲、乙、丙三台机床需要照看的概率分别是0.9、0.8、0.85.在一小时内,求:

(1)没有一台机床需要照看的概率;

(2)至少有一台机床需要照看的概率.

解 设A、B、C分别表示甲、乙、丙三台机床需要照看,那么$\bar{A}$、$\bar{B}$、$\bar{C}$分别表示甲、乙、丙三台机床不需要照看.则依题意知:$P(A)=0.9$,$P(B)=0.8$,$P(C)=0.85$,且$P(\bar{A})=0.1$,$P(\bar{B})=0.2$,$P(\bar{C})=0.15$.

(1)甲、乙、丙三台机床没有一台机床需要照看,即是指$\bar{A}\cdot\bar{B}\cdot\bar{C}$,由于$\bar{A}$、$\bar{B}$、$\bar{C}$相互独立,所以$P(\bar{A}\cdot\bar{B}\cdot\bar{C})=P(\bar{A})\cdot P(\bar{B})\cdot P(\bar{C})=0.1\times0.2\times0.15=0.003$.

(2)设D表示甲、乙、丙三台机床中至少有一台机床需要照看,则$D=(A\cdot\bar{B}\cdot\bar{C})\cup(\bar{A}\cdot B\cdot\bar{C})\cup(\bar{A}\cdot\bar{B}\cdot C)\cup(A\cdot B\cdot\bar{C})\cup(A\cdot\bar{B}\cdot C)\cup(\bar{A}\cdot B\cdot C)\cup(A\cdot B\cdot C)$,又$(A\cdot\bar{B}\cdot\bar{C})$、$(\bar{A}\cdot B\cdot\bar{C})$、$(\bar{A}\cdot\bar{B}\cdot C)$、$(A\cdot B\cdot\bar{C})$、$(A\cdot\bar{B}\cdot C)$、$(\bar{A}\cdot B\cdot C)$、$(A\cdot B\cdot C)$互斥,且$A$、$B$、$C$,$\bar{A}$、$\bar{B}$、$\bar{C}$相互独立,所以,至少有一台机床需要照看的概率为:
$$P(D)=P(A\cdot\bar{B}\cdot\bar{C})+P(\bar{A}\cdot B\cdot\bar{C})+P(\bar{A}\cdot\bar{B}\cdot C)+P(A\cdot B\cdot\bar{C})+P(A\cdot\bar{B}\cdot C)$$
$$+P(\bar{A}\cdot B\cdot C)+P(A\cdot B\cdot C)$$
$$=P(A)\cdot P(\bar{B})\cdot P(\bar{C})+P(\bar{A})\cdot P(B)\cdot P(\bar{C})+P(\bar{A})\cdot P(\bar{B})\cdot P(C)+P(A)\cdot P(B)\cdot$$

$P(\overline{C}) + P(A) \cdot P(\overline{B}) \cdot P(C) + P(\overline{A}) \cdot P(B) \cdot P(C) + P(A) \cdot P(B) \cdot P(C)$
$= 0.9 \times 0.2 \times 0.15 + 0.1 \times 0.8 \times 0.15 + 0.1 \times 0.2 \times 0.85 + 0.9 \times 0.8 \times 0.15$
$+ 0.9 \times 0.2 \times 0.85 + 0.1 \times 0.8 \times 0.85 + 0.9 \times 0.8 \times 0.85$
$= 0.997.$

2. 注意数学思想方法的运用

例25 (加拿大第12届数学奥林匹克题)掷一枚硬币,每次正面出现得1分,反面出现得2分,试证:恰好得 n 分的概率是 $\frac{1}{3}[2+(-\frac{1}{2})^n]$.

分析一 事件"恰好得 n 分"的对立事件是"先得 $n-1$ 分后(不一定是掷了 $n-1$ 次),再掷得一次反面",于是得一数列递推公式 $P_n = 1 - \frac{1}{2}P_{n-1}$.

解法1 设事件"恰好得 n 分"的概率为 P_n,则事件"恰好得1分"的概率为 $P_1 = \frac{1}{2}$;事件"恰好得2分"是"掷得2次正面或仅掷1次得反面",其对立事件为"得1分后(概率为 P_1)",又掷得1次反面,概率为 $P_2 = 1 - \frac{1}{2}P_1$;事件"恰好得3分"是"掷得3次正面或掷2次得1次反面、1次正面",其对立事件为"得2分后(概率为 P_2),又掷得1次反面",概率为 $P_3 = 1 - \frac{1}{2}P_2 \cdots$ 事件"恰好得 n 分"的对立事件是"先得 $n-1$ 分后(概率为 P_{n-1}),再掷得一次反面,恰好得了 $n+1$ 分",所以有 $P_n = 1 - \frac{1}{2}P_{n-1}$.

由于 $P_1 = \frac{1}{2}, P_2 = 1 - \frac{1}{2}P_1, P_3 = 1 - \frac{1}{2}P_2, \cdots, P_n = 1 - \frac{1}{2}P_{n-1}$,迭代得

$P_n = 1 - \frac{1}{2} + \frac{1}{4} - \cdots + (-1)^n \cdot \frac{1}{2^n} = \frac{1}{3}[2 + (-\frac{1}{2})^n].$

分析二 "恰好得 n 分"的情形可以是先得了 $n-2$ 分,再掷得一次反面,也可以是先得了 $n-1$ 分,再掷得一次正面.于是得另一递推公式 $P_n = \frac{1}{2}P_{n-1} + \frac{1}{2}P_{n-2}$.

解法2 设事件"恰好得 n 分"的概率为 P_n,因为事件"恰好得 n 分"的情形可以是先得了 $n-2$ 分(概率为 P_{n-2}),再掷得一次反面;也可以是先得了 $n-1$ 分(概率为 P_{n-1}),再掷得一次正面,从而得"恰好得 n 分"的概率为 $P_n = \frac{1}{2}P_{n-1} + \frac{1}{2}P_{n-2}$,即

$2P_n = P_{n-1} + P_{n-2}.$

则 $2P_n + P_{n-1} = 2P_{n-1} + P_{n-2}$,反复迭代有

$2P_n + P_{n-1} = 2P_{n-1} + P_{n-2} = 2P_{n-2} + P_{n-3} = \cdots = 2P_2 + P_1$
$= 2 \times (\frac{1}{2} + \frac{1}{2} \times \frac{1}{2}) + \frac{1}{2} = 2,$

故 $P_n = 1 - \frac{1}{2}P_{n-1}$.下面解法同解法一.

例26 甲、乙两人相约在0时至1时之间在某地约会,早到者到达后应等20分钟方可

离去. 如果两人到达的时刻是相互独立的,且在 0 时至 1 时之间的任何时刻是等概率的,问他们相遇的可能性有多大?

解 设两人到达约会地点的时刻分别为 x、y. 依据题意,必须满足 $|x-y| \leqslant \frac{1}{3}$,才能相遇.

我们把他们到达的时刻分别作为横坐标和纵坐标,于是两人到达的时刻均匀地分布在一个边长为 1 的正方形 I 内(如图 12-5 所示),而相遇现象则发生在阴影区域 G 内,即甲、乙两人到达时刻 (x,y) 满足 $|x-y| \leqslant \frac{1}{3}$,所以两人相遇的概率为区域 G 与区域 I 的面积之比:

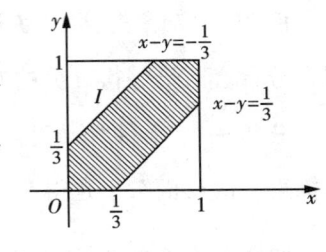

$$P = \frac{S_G}{S_I} = \frac{1-(\frac{2}{3})^2}{1} = \frac{5}{9}.$$

图 12-5

即他们相遇的可能性为 $\frac{5}{9}$.

注 此例利用数形结合的思想来求解可直观形象地反映概率的本质属性.

例 27 (美国第 8 届数学奥林匹克题)给定三只相同的 n 面骰子,它们的对应面标上同样的任意整数. 证明:如果随机投掷它们,那么向上的三面上的数的和被 3 整除的概率大于或等于 $\frac{1}{4}$.

分析 问题只涉及和能否被 3 整除,于是问题可以从被 3 除的余数来分类考虑.

证明 把每个面上的数按除以 3 的余数分类. 设每个骰子上除以 3 余 0 的有 a 个,除以 3 余 1 的有 b 个,除以 3 余 2 的有 c 个. 其中 a、b、c 是适合下列条件的整数:
$$0 \leqslant a,b,c \leqslant n, a+b+c = n. \quad ①$$

随机投掷三只骰子,总有 n^3 种等可能情形,其中朝上三个数的和被 3 整除的情形有以下四种类型(除 3 的余数为 0):
0,0,0;1,1,1;2,2,2;0,1,2.

第一类有 a^3 种,第二类有 b^3 种,第三类有 c^3 种,第四类有 $3!abc = 6abc$ 种.

因此原问题转化为在 ① 下,证明不等式 $\frac{a^3+b^3+c^3+6abc}{n^3} \geqslant \frac{1}{4}$,即
$$4(a^3+b^3+c^3+6abc) \geqslant (a+b+c)^3,$$
上式等价于 $a^3+b^3+c^3+6abc \geqslant a^2b+a^2c+b^2a+b^2c+c^2a+c^2b. \quad ②$

不妨设 $a \geqslant b \geqslant c$,则
$$a^3+b^3+2abc-a^2b-ab^2-a^2c-b^2c = (a-b)^2(a+b-c) \geqslant 0, \quad ③$$
$$c^3+abc-c^2a-c^2b = c(a-c)(b-c) \geqslant 0, \quad ④$$

③ + ④ 可得 $a^3+b^3+c^3+3abc \geqslant a^2b+a^2c+b^2a+b^2c+c^2a+c^2b$.

从而 ② 式成立.

【模拟实战十二】

A 组

1. (1986年美国高中数学考试题)从$\{1,2,3,\cdots,10\}$中随机取出6个不相同的整数.在这些选法中,第二小的数是3的概率是_____.

2. (1984年美国高中数学考试题)一个盒子里有11个小球,它们分别标有$1,2,3,\cdots,11$.如果随机地从盒子中取出6个小球,那么取出的这些小球的数标的和为奇数的概率是_____.

3. 若a,b,c是从集合$\{1,2,3,4,5\}$中任取的三个元素(不一定不同),则$ab+c$为偶数的概率为_____.

4. (1988年美国高中数学考试题)从1到9这九个数字分别写在九张纸上放在帽子里,杰克随机取了一张又放了回去,接着吉尔也随机取了一张,问杰克,吉尔两个人所取数字和的个位数最可能的数字是_____.

5. (1990年美国高中数学考试题)首先从$\{1,2,3,\cdots,99,100\}$中任意选取a,然后从同一集合中任意选取b,则3^a+7^b的末位数字是8的可能性为_____.

6. (1985年美国高中数学考试题)假定按下列方式选取非零数字:使数字d被选到的概率是$\lg(d+1)-\lg d$,问数字2被选到的概率是集合$\{2,3\},\{3,4\},\{4,5,6,7,8\},\{5,6,7,8,9\},\{4,5,6,7,8,9\}$中的数字能被选到的概率的$\frac{1}{2}$的是_____.

7. (1987年美国高中数学考试题)将2.5随机地分解成两个非负数之和,如$2.5=2.143+0.357$或$2.5=\sqrt{3}+(2.5-\sqrt{3})$,再把每一数改为与它最接近的整数,如前第一例的2.143,0.357分别改为2,0,第二例的$\sqrt{3},(2.5-\sqrt{3})$分别改为2,1,那么最后得的两整数和为3的概率是_____.

8. (1991年美国高中数学考试题)在X,Y和Z三匹马参加的比赛中不会出现平局的情况,如果X赢的机会是3比1,Y赢的机会是2比3,那么Z赢的机会是_____.

   (注:"H赢的机会是p比q"意思是H赢得比赛的概率为$\frac{q}{p+q}$)

9. (1983年美国高中数学考试题)记号为1,2,3的三个球放在一个缸子中.将一个球从缸中取出,把它的号码记下来,然后再将它放回到缸子里.这个过程重复三次,每个球在每次过程中被抽出的机会是等可能的.如果记录的数码之和为6,那么其中记号为2的球三次全被抽中的概率为_____.

10. (1994年美国高中数学考试题)掷n次普通骰子得到点数和为1994的概率大于0,且与得到点数和为S的概率相等,则S的最小值是_____.

11. (1993年美国高中数学考试题)一只盒子中装有三枚光亮的新硬币和四枚灰暗的旧硬币,从盒中随机地一个接一个不返回地取出硬币,如果到新硬币全部取出时所取次数

多于 4 次的概率为 $\frac{a}{b}$，且 $\frac{a}{b}$ 是既约分数，那么 $a+b$ 为_____．

12．(1992 年美国高中数学考试题) 一枚不均匀的硬币抛出落下正面朝上的概率是 $\frac{2}{3}$．如果将此硬币抛 50 次，那么，正面朝上的次数是偶数的概率为_____．

13．(1980 年美国高中数学考试题) 盒子里有 2 只一分、4 只五分和 6 只一角的硬钱币，从中依次取出 6 只硬币，每次取出不再放回，每只硬币被选中的概率相等．取出的硬币的值至少是 50 分的概率是_____．

14．(1994 年美国高中数学考试题) 一袋正在爆的玉米，其中 $\frac{2}{3}$ 是白粒的，$\frac{1}{3}$ 是黄粒的，又知白粒的有 $\frac{1}{2}$ 会爆开，黄粒的有 $\frac{2}{3}$ 会爆开．今从袋中任选一粒放锅中发生爆花，试问它是白粒玉米的概率为_____．

15．(1999 年美国高中数学考试题) 圆上给定六点，任意组合形成四根弦，它们能形成凸四边形的概率是_____．

16．(1996 年美国高中数学考试题) 一圆周上均匀分布着 1996 个点，从中均等地选出 A、B、C、D 四个不同的点，则弦 AB 与 CD 相交的概率是_____．

17．(1983 年美国高中数学考试题) 事件 A 出现的概率是 $\frac{3}{4}$，事件 B 出现的概率是 $\frac{2}{3}$，设 p 是 A 和 B 同时出现的概率，那么包含 p 的区间是_____．

18．(1989 年美国高中数学考试题) 在 100 与 200 之间随机选取一个实数 x，如果 $[\sqrt{x}]=12$，那么 $[\sqrt{100x}]=120$ 的概率为_____．

19．(1985 年美国高中数学考试题) 在男生和女生混合的班中，选一个学生作为该班的代表，每一个学生被选中的可能性都是一样的，且一个男生被选中的概率是一个女生被选中的概率的 $\frac{2}{3}$，则男生的人数在全班总人数中的比率是_____．

20．(1996 年美国高中数学考试题) 一普通骰子被掷 3 次，若前两次所掷点数之和等于第三次的点数，则掷得点数至少有一次是 2 的概率是_____．

21．(2004 年全国高考天津卷题) 从 4 名男生和 2 名女生中任选 3 人参加演讲比赛，设随机变量 ξ 表示所选 3 人中女生的人数．
（Ⅰ）求 ξ 的分布列；
（Ⅱ）求 ξ 的数学期望；
（Ⅲ）求"所选 3 人中女生人数 $\xi \leqslant 1$"的概率．

22．(2004 年全国高考浙江卷题) 盒子中有大小相同的球 10 个，其中标号为 1 的球 3 个，标号为 2 的球 4 个，标号为 5 的球 3 个．第一次从盒子中任取 1 个球，放回后第二次再任取 1 个球(假设取到每个球的可能性都相同)．记第一次与第二次取到球的标号之和为 ξ．
（Ⅰ）求随机变量 ξ 的分布列；
（Ⅱ）求随机变量 ξ 的期望 $E\xi$．

23. (2004年全国高考福建卷题)甲、乙两人参加一次英语考试,已知在备选的10道试题中,甲能答对其中的6题,乙能答对其中的8题.规定每次考试都从备选题中随机抽出3题进行测试,至少答对2题才算合格.

（Ⅰ）求甲答对试题数 ξ 的概率分布及数学期望；

（Ⅱ）求甲、乙两人至少有一人考试合格的概率.

24. (2004年全国高考重庆卷题)设一汽车在前进途中要经过4个路口,汽车在每个路口遇到绿灯(允许通行)的概率为 $\frac{3}{4}$,遇到红灯(禁止通行)的概率为 $\frac{1}{4}$.假定汽车只在遇到红灯或到达目的地时才停止前进,ξ 表示停车时已经通过的路口数.求：

（Ⅰ）ξ 的概率分布及期望 $E\xi$；

（Ⅱ）停车时最多已通过3个路口的概率.

25. (2004年全国高考湖北卷题)某突发事件,在不采取预防措施的情况下发生的概率为0.3,一旦发生,将造成400万元的损失.现有甲、乙两种相互独立的预防措施可供选择.单独采用甲、乙预防措施所需的费用分别为45万元和30万元,采用相应预防措施后此突发事件不发生的概率分别为0.9和0.85.若预防方案允许甲、乙两种预防措施单独采用、联合采用或不采用,请确定预防方案使总费用最少.(总费用 = 采取预防措施的费用 + 发生突发事件损失的期望值)

26. (2004年全国高考湖南卷题)甲、乙、丙三台机床各自独立地加工同一种零件,已知甲机床加工的零件是一等品,而乙机床加工的零件不是一等品的概率为 $\frac{1}{4}$,乙机床加工的零件是一等品而丙机床加工的零件不是一等品的概率为 $\frac{1}{12}$,甲、丙两台机床加工的零件是一等品的概率为 $\frac{2}{9}$.

（Ⅰ）分别求甲、乙、丙三台机床各自加工的零件是一等品的概率；

（Ⅱ）从甲、乙、丙加工的零件中各取一个检验,求至少有一个一等品的概率.

27. 有A、B、C、D四封信和1号、2号、3号三个信箱,若四封信可以任意投入信箱,投完为止.求：(1) 三号信箱恰好有1封信的概率；(2) A信恰好投入1号或2号信箱的概率.

28. 从0、1、2、3、4、5这六个数字中,选2个奇数、2个偶数组成无重复数字的4位数,则组成4位偶数的概率是多少?

29. 在5张彩票中有1张奖票,5个人按照排定的顺序从中各抽1张以决定谁得到其中的奖票,那么先抽还是后抽(后抽人不知道先抽人抽出的结果),各人抽到奖票的概率相等吗?

30. 将一枚骰子任意抛掷500次,问1点出现(标有1点的面向上)多少次的概率最大?

31. 从 $1, 2, 3, \cdots, 100$ 这100个数中,任取3个数,求其和能被3整除的概率.

32. (1989年美国数学邀请赛题)把一枚质地均匀的硬币抛掷5次,正面朝上恰为一次的可能性不为0,而且与正面朝上恰好两次的概率相同.

令既约分数 $\frac{i}{j}$ 为硬币在5次抛掷中有3次正面朝上的概率,求 $i+j$ 的值.

33. (1988年美国数学邀请赛题)若任意从 10^{99} 的正约数中选取一个,它正好也是 10^{88} 的倍数的概率为 $\frac{m}{n}$,其中 m 和 n 互质,求 $m+n$.

34. (1984年美国数学邀请赛题)一个园丁要把三棵枫树、四棵橡树、五棵桦树栽成一行,他随机地确定这些树的排列顺序,各种不同的安排都是等概率的.用 $\frac{m}{n}$ 表示任何两棵桦树都不相邻的概率(化成最简分数以后),求 $m+n$.

35. (1985年美国数学邀请赛题)设正四面体的四个顶点是 A,B,C,D,各棱长度为1米.有一个小虫从 A 点开始按以下规则前进:在每一个顶点处用同样的概率选择通过这个顶点的三条棱之一,并一直爬到这个棱的尽头,设它爬了7米以后恰好位于顶点 A 的概率是 $p=\frac{n}{729}$. 求 n 的值.

B 组

1. (1970年美国高中数学考试题)如果从某个五位数的集合中随机地抽出一个数,它的各位数字和均等于43,这个数可以被11除尽的概率是_____.

2. (1974年美国高中数学考试题)一只骰子掷六次,至少达到5点至少是五次的概率是_____.

3. (1979年美国高中数学考试题)任意选择一对有序整数 (b,c),其中每一个整数的绝对值小于或等于5,每一对这样的有序整数被选择的可能性是相等的.方程式 $x^2+bx+c=0$ 没有相异正实根的概率是_____.

4. (1988年美国高中数学考试题)掷一枚"不均匀"的钱币,正面朝上的概率为 p,设 w 为在5次互相独立的投掷中正面朝上正好是3次的概率,如果 $w=\frac{144}{625}$,则_____.

5. (1981年美国高中数学考试题)阿利斯、博勃和卡尔三个孩子轮流掷骰子.阿利斯先掷,博勃总是紧接着阿利斯掷,卡尔总是紧接着博勃再掷.找出卡尔第一个掷中6的概率是_____.(在每一次掷骰子中,得到6的概率为 $\frac{1}{6}$,并且各次掷骰子之间是相互独立的)

6. (1999年美国高中数学考试题)一个正四面体有两球分别内切和外接于它,又在正四面体每个面与外接球之间又有四个球切于该面中心,点 P 为外接球内一点,则 P 落在五个小球内的概率最接近于_____.

7. (1976年波兰数学奥林匹克题)某艘渔船未经外国允许在该国领海上捕鱼,每撒一次网将使该国的捕鱼量蒙受一个价值相同的损失.在每次撒网期间渔船被外国海岸巡逻队拘留的概率等于 $1/k$,这里 k 是某个国家的自然数.假定在每次撒网期间由渔船被拘留或不被拘留所组成的事件是与其前的捕鱼过程无关的.若渔船被外国海岸巡逻队拘留,则原先捕获的鱼全部没收,并且今后不能再来捕鱼.船长打算捕完第 n 网后离开外国领海.

因为绝不能排除渔船被外国海岸巡逻队拘留的可能性,所以捕鱼所得收益是一个随机变量.求数 n,使捕鱼收益的期望值达到最大.

8. (1987 年美国数学邀请赛题) 对一个由互不相同的实数组成的已知序列 $r_1, r_2, r_3, \cdots, r_n$ 进行一次操作,是指将其第二项与第一项比,当且仅当第二项较小时,将它们互换位置;如此继续下去,直到将最后一项与它新的前一项比,当且仅当最后一项较小时,将它们互换位置.例如下图显示了序列 $1,9,8,7$ 是如何通过一次操作转换成序列 $1,8,7,9$ 的.每步所比较的两数用"—"在它们下面标出.

$$
\begin{array}{llll}
\underline{1} & \underline{9} & 8 & 7 \\
1 & \underline{9} & \underline{8} & 7 \\
1 & 8 & \underline{9} & \underline{7} \\
1 & 8 & 7 & 9
\end{array}
$$

显然,任一已知序列均可通过一次或多次这样的操作,使最后排成一列递增序列.

现假设 $n = 40$,且 $r_1, r_2, \cdots, r_{40}$ 互不相同,并随机地排列,设 $\dfrac{p}{q}$(既约分数)表示通过一次操作将原来第 20 项(r_{20})换至第 30 项的概率,求 $p+q$ 的值.

9. (1990 年美国数学邀请赛题) 某生物学家想要计算湖中鱼的数目,在 5 月 1 日他随机地捞出 60 条鱼并给它们做了标记,然后放回湖中,在 9 月 1 日他又随机地捉了 70 条鱼,发现其中有 3 条有标记,他假定在 5 月 1 日时湖中的鱼有 25% 在 9 月 1 日时已经不在湖中了(由于死亡或移居),9 月 1 日湖中的鱼的 40% 在 5 月 1 日时不在湖里(由于新出生或刚刚迁入湖中),并且在 9 月 1 日捞的鱼能代表整个湖中鱼的情况,问 5 月 1 日湖中有多少鱼?

10. (1990 年美国数学邀请赛题) 一个均匀的硬币投掷 10 次,令 $\dfrac{i}{j}$ 为正面不连着出现的概率,其 i, j 无公因数,求 $i+j$.

11. (1973 年美国数学奥林匹克题) 在一个给定的正 $2n+1$ 边形的顶点中随机地选取三个不同的顶点,如果一切这种取法的可能性是相等的,求这个正多边形的中心位于随机所取的三点构成的三角形内部的概率.

12. (1994 年美国数学邀请赛题) 一种单人纸牌游戏,其规则如下:将 6 对不相同的纸牌放入一个书包中,游戏者每次随机地从书包中抽牌并放回,不过当抽到成对的牌时,就将其放到一边.如果游戏者每次总取三张牌,若抽到的三张牌中两两互不成对,游戏就结束,否则抽牌继续进行,直到书包中没有纸牌为止.设书包空的概率为 $\dfrac{p}{q}$,这里 p, q 为互质正整数,求 $p+q$.

13. (1974 年美国数学奥林匹克题) 父亲、母亲、儿子决定举行某种游戏的家庭比赛,每局由两人参加,没有和局. 因为父亲是最弱手,所以让他选定第一局的两个参加者. 每局获胜者与未参加此局比赛的人进行下一局的比赛,在比赛中某人首先获胜两局就算取得锦标. 如果儿子是最强的,那么从直观上看,父亲若决定自己与母亲进行首局比赛将使他获得锦标的概率最大. 试证这种策略确定是最优的(假定任一选手每局战胜其他选手的概率在整个比赛过程中不变).

14. 用概率方法证明：设 $a_1, a_2, \cdots, a_n$ 为两两不等的正整数，试证：
$$\sum_{k=1}^{n} \frac{a_k}{k^2} \geqslant \sum_{k=1}^{n} \frac{1}{k}.$$

15. 用概率方法证明 $\sum_{i=0}^{n} \frac{C_n^i}{C_{n+m-1}^i} = \frac{n+m}{m}$.

16. (1982年美国高中数学考试题) 图12-6是一张某城市地图的一部分. 小长方形表示住宅和房屋, 它们之间的空隙表示街道. 有一个学生, 每天早晨按照图中所示街道从 A 处步行到 B 处, 并且只能朝东或朝南走. 在每一个交叉路口, 他都有一个概率为 $\frac{1}{2}$ 的向东或向南的选择(每一个选择与其他选择间都是相互独立的). 这个学生步行通过 C 处的概率为多少？

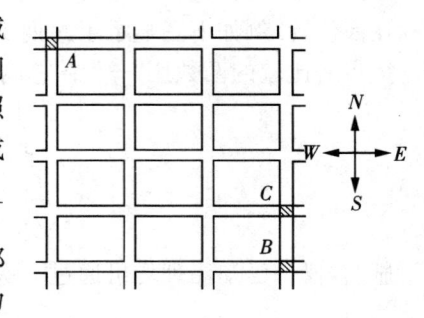

图 12-6

第 13 章 初等数论

【基础知识】

1. 整数的整除性

(1) 设 a,b 是整数, $b \neq 0$, 如果存在整数 c 使 $a = bc$, 则称 b 整除 a, 记为 $b \mid a$, 并称 b 是 a 的一个约数(或因子), 而 b 为 a 的倍数. 如果不存在上述整数 c, 则称 b 不整除 a, 记作 $b \nmid a$.

整除有下列简单性质:

(ⅰ) 若 a,b,c 为整数且 $a \mid b, b \mid c$, 则 $a \mid c$.

(ⅱ) 若 $a_1, a_2, \cdots, a_n$ 皆是 b 的倍数, 则 $a \mid (\pm a_1 \pm a_2 \pm \cdots \pm a_n)$.

(ⅲ) 若 $a \mid b$, 则 $b = 0$ 或者 $|a| \leqslant |b|$.

(2) 最大公约数与最小公倍数

若整数 b 同时整除有限个整数 $a_1, a_2, \cdots, a_n$, 则称 b 是 $a_1, a_2, \cdots, a_n$ 的公约数. 由性质(ⅲ)推出非零整数的约数至多只有限个, 故 $a_1, a_2, \cdots, a_n$ 的公约数只有限个, 其中必有唯一一个是最大的, 我们称它是 $a_1, a_2, \cdots, a_n$ 的最大公约数, 记为 $(a_1, a_2, \cdots, a_n)$.

若 $a_1, a_2, \cdots, a_n$ 都整除整数 $b \neq 0$, 则称 b 为 $a_1, a_2, \cdots, a_n$ 的公倍数, $a_1, a_2, \cdots, a_n$ 的一切正的公倍数中必有唯一一个最小的, 我们称它为 $a_1, a_2, \cdots, a_n$ 的最小公倍数, 记为 $[a_1, a_2, \cdots, a_n]$.

最大公约数与最小公倍数有下列简单性质:

(ⅰ) 若 a,b 为非零整数, 则 $(a,b) = (a-b, b)$.

(ⅱ) 若 a,b 为非零整数, 则 $[a,b] = \dfrac{|ab|}{(a,b)}$.

(3) (带余除法) 设 a,b 为整数, $b > 0$, 则存在整数 q 和 r 使 $a = qb + r$, 其中 $0 \leqslant r < b$, 并且 q 与 r 由上述条件唯一确定.

(4) (辗转相除法) 设 a,b 为整数, $b > 0$, 则存在唯一的整数 $q_0, q_1, \cdots, q_{n+1}$ 及 $r_0, r_1, \cdots, r_n$ 使得:

$a = q_0 b + r_0 (0 < r_0 < b), b = q_1 r_0 + r_1 (0 < r_1 < r_0), r_0 = q_2 r_1 + r_2 (0 < r_2 < r_1), \cdots, r_{n-2} = q_{n-1} r_n + r_n (0 < r_n < r_{n-1}), r_{n-1} = q_{n+1} r_n$, 并且 $(a,b) = r_n$.

(5) 互素

若 $(a,b) = 1$, 则称整数 a 与 b 互素, 利用辗转相除法可以证明下列裴蜀定理: 对任意整数 a,b, 不定方程 $ax + by = (a,b)$ 必有整数解 (x,y). 由此可得:

整数 a 与 b 互素的充要条件是存在整数 x,y, 使 $ax + by = 1$.

(6) (平方数) 若 a 为整数, 则 a^2 称为平方数.

（i）整数的平方的个位数字只可能为 0,1,4,5,6,9,即个位数字为 2,3,7 或 8 的整数不是平方数.

（ii）偶数的平方是 4 的倍数,奇数的平方被 4 除余 1,被 8 除也余 1,即被 4 除余 2 或 3 的整数不是平方数.

(7) 素数与合数

仅有 1 和本身两个正约数且大于 1 的整数叫做素数(或质数). 一个正整数除了 1 和本身外,还有其他正约数的整数称为合数. 1 既不是素数也不是合数.

{正整数} = {1} ∪ {素数} ∪ {合数}.

(8)（算术基本定理）每一个正整数 a 可以表成下列形式:$a = p_1^{\alpha_1} p_2^{\alpha_2} \cdots p_k^{\alpha_k}$ ①,其中 $p_1, p_2, \cdots, p_k$ 是互不相同的素数,$\alpha_1, \alpha_2, \cdots, \alpha_k$ 均为正整数. 如果不计素因数在乘积中的顺序,那么上述分解方式是唯一的,并且称 ① 为 a 的标准分解.

(9) 记 $\tau(a)$ 为正整数 a 的正约数的个数,$\sigma(a)$ 为 a 的所有正约数之和,如果 a 的标准分解如 ①,则

$$\tau(a) = (\alpha_1 + 1)(\alpha_2 + 1) \cdots (\alpha_k + 1),$$

$$\sigma(a) = \frac{p_1^{\alpha_1+1} - 1}{p_1 - 1} \cdot \frac{p_2^{\alpha_2+1} - 1}{p_2 - 1} \cdots \frac{p_k^{\alpha_k+1} - 1}{p_k - 1}.$$

(10) 对任意正整数 a 和 α_k 及任意素数 p,记号 $p^k \| a$ 表示 $p^k | a$ 但 $p^{k+1} \nmid a$,即 p^k 是 a 的标准分解中出现的 p 的最高幂次.

对任意正整数 n 及素数 p,设 $p^\alpha \| n!$,则

$$\alpha = \sum_{i=1}^{\infty} \left[\frac{n}{p^i}\right] = \left[\frac{n}{p}\right] + \left[\frac{n}{p^2}\right] + \left[\frac{n}{p^3}\right] + \cdots$$

因 $p^i > n$ 时 $\left[\frac{n}{p^i}\right] = 0$,故上式中只有有限多个项非零.

(11) 任意 n 个连续正整数之积必是 $n!$ 的倍数.

例1 (1993 年全国高中联赛题) $\left[\frac{10^{93}}{10^{31}+3}\right]$ 的末尾两位数字是_____.（$[x]$ 表示不大于 x 的最大整数）

解 因为 $10^{93} = (10^{31})^3 + 3^3 - 3^3 = (10^{31}+3)[(10^{31})^2 - 10^{31} \cdot 3 + 3^2] - 3^3$,所以原式 $= (10^{31})^2 - 10^{31} \cdot 3 + 3^2 - 1 = 10^{31}[10^{31} - 3] + 8$.

故它的末尾两位数字是 08.

例2 (全俄第 10 届数学奥林匹克题) 如果正整数 n 使得 $2n+1$ 和 $3n+1$ 都是完全平方数,试问 $5n+3$ 能否是一个素数？

解 依题意 $2n+1 = k^2, 3n+1 = m^2 (k, m \in \mathbf{N}_+)$,于是

$$5n+3 = 4(2n+1) - (3n+1) = 4k^2 - m^2 = (2k+m)(2k-m),$$

因为 $5n+3 > (3n+1) + 2 = m^2 + 2 > 2m+1$,所以 $2k-m \neq 1$（否则 $5n+3 = 2k+m = 2m+1$,矛盾）. 从而 $5n+3 = (2k+m)(2k-m)$,是合数.

例3 (美国第 5 届数学邀请赛题) 设 $[r, s]$ 表示正整数 r, s 的最小公倍数,求有序三元组 (a, b, c) 的个数,其中 $[a, b] = 1000, [b, c] = 2000, [c, a] = 2000$.

解 显然 a,b,c 都是形如 $2^m \cdot 5^n$ 的数,设 $a=2^{m_1} \cdot 5^{n_1}, b=2^{m_2} \cdot 5^{n_2}, c=2^{m_3} \cdot 5^{n_3}$. 由 $[a,b]=1000=2^3 \cdot 5^3$ 知 $\max\{m_1,m_2\}=3, \max\{n_1,n_2\}=3$. 同理 $\max\{m_2,m_3\}=4$, $\max\{n_2,n_3\}=3, \max\{m_1,m_3\}=4, \max\{n_1,n_3\}=3$.

因此 m_3 应是 4,且 m_1,m_2 中必有一个是 3,另一个可能是 $0,1,2$ 或 3 中任意一个,因此, m_1,m_2 的取法有 $C_4^1+C_4^1-1=7$ 种. 又 n_1,n_2,n_3 中必有两个是 3,另一个可能是 $0,1,2$ 或 3,因此, n_1,n_2,n_3 的取法有 $C_3^2+4=10$ 种,故 $m_i,n_i(i=1,2,3)$ 的不同取法共有 $7\times 10=70$ 种,即三元组共有 70 个.

2. 同余

(1) 假设 m 是正整数,a,b 是整数,如果 $m\mid(a-b)$,则称 a 和 b(关于)模 m 同余,记为 $a\equiv b(\bmod m)$. 显然 a 和 b 模 m 同余的充要条件是 a 和 b 除以 m 后所得的余数相同.

对固定的模 m,同余式与通常的等式有许多类似的性质:

(ⅰ)(反身性)$a\equiv a(\bmod m)$.

(ⅱ)(对称性)如果 $a\equiv b(\bmod m)$,那么 $b\equiv a(\bmod m)$.

(ⅲ)(传递性)如果 $a\equiv b(\bmod m), b\equiv c(\bmod m)$,那么 $a\equiv c(\bmod m)$.

(ⅳ)如果 $a\equiv b(\bmod m), c\equiv d(\bmod m)$,那么 $a\pm c\equiv b\pm d(\bmod m)$ 且 $ac\equiv bd(\bmod m)$.

(ⅴ)如果 $a\equiv b(\bmod m)$ $f(x)$ 是整系数多项式,那么 $f(a)\equiv f(b)(\bmod m)$.

(ⅵ)如果 $ac\equiv bc$,则 $a\equiv b(\bmod \dfrac{m}{(c,m)})$.

(ⅶ)如果 $a\equiv b, d\neq 0$,则 $a\equiv b(\bmod md)$.

(ⅷ)如果 $a\equiv b(\bmod m_i)(i=1,2,\cdots,n)$,则 $a\equiv b(\bmod [m_1,\cdots,m_n])$.

(2) 剩余类和完全剩余系

全体整数集合可按模 m 来分类:当且仅当 $a\equiv b(\bmod m)$ 时,a 和 b 属于同一类. 于是全体整数按模 m 被分为 m 类,每一个这样的类称为模 m 的剩余类. 在 m 个剩余类中各取一个数作代表,这样的 m 个数称为模 m 的一个完全剩余系. 例如 $0,1,\cdots,m-1$ 是模 m 的一个完全剩余系,称为最小非负完全剩余系.

完全剩余系有下列性质:

(ⅰ)如果 $c_1,c_2,\cdots,c_m$ 是模 m 的一个完全剩余系,b 是整数,那么 $c_1\pm b, c_2\pm b, \cdots, c_m\pm b$ 也是模 m 的完全剩余系.

(ⅱ)如果 $c_1,c_2,\cdots,c_m$ 是模 m 的完全剩余系,a 是整数且 $(a,m)=1$,则 $ac_1,\cdots,ac_m$ 也是完全剩余系.

(3) 费尔马(Fermant)小定理. 若 $(a,p)=1$,且 p 为素数,则 $a^{p-1}\equiv 1(\bmod p)$.

(4) 威尔逊(Wilson)定理. 设 p 为素数,则 $(p-1)!\equiv -1(\bmod p)$.

(5) 欧拉(Euler)定理. 用 $\varphi(m)$ 表示不超过 m 且与 m 互素的正整数的个数. 若 $(a,m)=1$,则 $a^{\varphi(m)}\equiv 1(\bmod m)$,其中 $\varphi(m)$ 称为欧拉函数.

显然费尔马小定理是欧拉定理的特殊情形(因为 p 为素数时,$\varphi(p)=p-1$).

(6) 孙子定理(中国剩余定理). 设 $n\geqslant 2, m_1,m_2,\cdots,m_n$ 是两两互素的正整数,记 $M=m_1 m_2\cdots m_n, M_i=\dfrac{M}{m_i}(i=1,2,\cdots,n)$,同余方程组

$$x \equiv c_1 (\bmod m_1),$$
$$x \equiv c_2 (\bmod m_2),$$
$$\cdots$$
$$x \equiv c_n (\bmod m_3)$$

的一切为 $x \equiv \sum_{i=1}^{n} M_i M'_i c_i (\bmod M)$, 其中 $M_i M'_i \equiv 1(\bmod m_i), i = 1, 2, \cdots, n$.

例如我国古代《孙子算经》有着著名的"物不知数"问题:"今有物不知其数, 三三数之剩二, 五五数之剩三, 七七数之剩二, 问物几何?" 就是解下列同余方程组

$$\begin{cases} x \equiv 2(\bmod 3), \\ x \equiv 3(\bmod 5), \\ x \equiv 2(\bmod 7). \end{cases}$$

此时 $m_1 = 3, m_2 = 5, m_3 = 7, M = 3 \times 5 \times 7 = 105, c_1 = 2, c_2 = 3, c_3 = 2, M_1 = 35, M_2 = 21, M_3 = 15$. 又 $2 \times 35 = 70 \equiv 1(\bmod 3)$ 知 $M'_1 = 2, 1 \times 21 \equiv 1(\bmod 5)$ 知 $M'_2 = 1, 1 \times 15 \equiv 1(\bmod 7)$ 知 $M'_3 = 1$. 故由孙子定理问题的解为 $x \equiv 2 \times 35 \times 2 + 1 \times 21 \times 3 + 1 \times 15 \times 2 = 233 \equiv 23 (\bmod 105)$. 故"物不知数"问题的最小正整数得为 23, 且 23 加上 105 的倍数也是问题的解.

例 4 (1989 年新加坡中学生数学竞赛题) 设 $p_n = 1^n + 2^n + 3^n + 4^n$, 求所有能使 p_n 被 5 整除的正整数 n.

解 因为 $2 \equiv 2(\bmod 5), 2^2 \equiv 4(\bmod 5), 2^3 \equiv 3(\bmod 5), 2^4 \equiv 1(\bmod 5)$, 所以 $2^n \equiv 2^{n+4}(\bmod 5)$. 同理 $3^{n+4} = 81 \cdot 2^n \equiv 2^n(\bmod 5), 4^{n+4} = 256 \cdot 4^n \equiv 4^n(\bmod 5)$, 因此 $p_n \equiv p_{n+4}(\bmod 5)$. 而 $p_1 \equiv 0(\bmod 5), p_2 \equiv 0(\bmod 5), p_3 \equiv 0(\bmod 5), p_4 \equiv 4(\bmod 5)$.

故一切不是 4 的整数倍的正整数 n, p_n 是 5 的倍数.

例 5 (第 17 届 IMO 题) 当 4444^{4444} 写成十进制数时, 它的各位数字之和是 A, B 是 A 的各位数字之和. 求 B 的各位数字之和.

解 首先每一个十进制正整数 $n = a_0 10^k + a_1 10^{k-1} + \cdots + a_{k-1} \cdot 10 + a_k \equiv a_0 + a_1 + \cdots + a_k (\bmod 9)$, 即每一个数与它的数字和关于模 9 同余.

其次, 因为 4444^{4444} 的位数不超过 $4 \times 4444 = 17776$, 所以 $A \leqslant 177760, B \leqslant 1 + 5 \times 9 = 46, B$ 的各位数字之和 $C \leqslant 4 + 9 = 13$. 而

$$C \equiv B \equiv A \equiv 4444^{4444} \equiv 7^{4444} = (7^3)^{1481} \times 7 \equiv 1^{1481} \times 7 \equiv 7(\bmod 9),$$

故 $C = 7$, 即 B 的各位数字之和是 7.

3. 不定方程

(1) 一次不定方程 $ax + by = c (a, b$ 为非零整数, c 为整数, 且 $(a, b) | c$, 有整数解的充要条件是 $(a, b) | c$. 若方程 $ax + by = c (a, b$ 为非零整数, c 为整数且 $(a, b) | c)$ 的一组整数解为 $x = x_0, y = y_0$, 则不定方程 $ax + by = c$ 的一切整数解为 $\begin{cases} x = x_0 + b't \\ y = y_0 - a't \end{cases} (t \in \mathbf{Z})$, 其中 $a' = \dfrac{a}{(a,b)}, b' = \dfrac{b}{(a,b)}$.

(2) 二次不定方程(勾股方程)$x^2+y^2=z^2$满足$(x,y)=1$,y为偶数的全部正整数解为
$$x=a^2-b^2, y=2ab, z=a^2+b^2.$$
其中a,b是满足$a>b>0$,a,b一奇一偶且$(a,b)=1$的任意正整数.

(3) 沛尔(Pell)方程$x^2-dy^2=1$. 其中d为非平方数且$d>0$. 如果(x_1,y_1)是上述方程的正整数解(x,y)中使$x+y\sqrt{d}$最小的解,那么上述方程的一切正整数解由
$$\begin{cases} x_n = \dfrac{1}{2}[(x_1+\sqrt{d}y_1)^n+(x_1-\sqrt{d}y_1)^n], \\ y_n = \dfrac{1}{2\sqrt{d}}[(x_1+\sqrt{d}y_1)^n-(x_1-\sqrt{d}y_1)^n], \end{cases} n=1,2,3,\cdots$$
给出.

例6 (1997年瑞士数学奥林匹克题)n为正整数,$n<200$,且$n^2+(n+1)^2$是完全平方数,求n.

解 依题意$n^2+(n+1)^2=k^2$(k为正整数),则$(n,n+1,k)$为勾股数且$(n,n+1)=1$,故存在$s,t(s>t)$满足

① $\begin{cases} n=s^2-t^2, \\ n+1=2st, \\ k=s^2+t^2 \end{cases}$ 或 ② $\begin{cases} n+1=s^2-t^2, \\ n=2st, \\ k=s^2+t^2. \end{cases}$

若①成立,则$s^2-2st-(t^2-1)=0$,解得
$$s=t+\sqrt{2t^2-1},$$
故$2t^2-1$为完全平方数. 又因$n<200$,$n+1=2st<201$,又$t<s$,故$t^2<100$,$t<10$. 经检验,只有$t=1$或5时$2t^2-1$为完全平方数. 当$t=1$时,$s=2$,$n=3$,$n+1=4$,$k=5$. 当$t=5$时,$s=12$,$n=119$,$n+1=120$,$k=169$.

若②成立,则$s^2-2st-(t^2+1)=0$,解得
$$s=t+\sqrt{2t^2+1},$$
故$2t^2+1$为完全平方数. 又$n=2st<200$,且$t<s$,故$t^2<100$,$t<10$. 经检验只有$t=2$时$2t^2+1$为完全平方数. 当$t=2$时,$s=5$,$n=20$,$n+1=21$,$k=29$.

综上知满足题设的n为$3,20,119$.

例7 (全苏第15届数学奥林匹克题)求方程$x^3-y^3=xy+61$的一切正整数解.

解 显然$x>y$,设$x=y+d$(d为正整数),则
$$(y+d)^3-y^3=(y+d)y+61,$$
$$(3d-1)y^2+d(3d-1)y+d^3=61. \qquad ①$$
由①知$d^3<61$,因此,$d\leqslant 3$.

若$d=1$,则①化为$2y^2+2y-60=0$,$y^2+y-30=0$,解得$y=5$,$y=-6$(舍去),从而$x=6$.

若$d=2$,则①化为$5y^2+10y-53=0$,此方程无正整数解.

若$d=3$,则①化为$8y^2+24y-34=0$,此方程也无正整数解.

综上所述,原方程只有一组正整数解$(x,y)=(6,5)$.

例8 （2007年第7届中国西部数学奥林匹克题）求所有正整数n，使得存在非零整数$x_1, x_2, \cdots, x_n, y$满足：
$$\begin{cases} x_1 + x_2 + \cdots + x_n = 0, \\ x_1^2 + x_2^2 + \cdots + x_n^2 = ny^2. \end{cases}$$

解 显然$n \neq 1$. 当$n = 2k$为偶数时，令$x_{2i-1} = -1, x_{2i} = 1 (i = 1, 2, \cdots, k), y = 1$，则满足条件.

当$n = 2k+3 (k \in \mathbf{N}_+)$时，令$x_1 = 4, x_2 = x_3 = x_4 = x_5 = -1, x_{2i} = 2, x_{2i+1} = -2 (i = 3, 4, \cdots, k+1), y = 2$，则满足条件.

当$n = 3$时，若存在非零整数x_1, x_2, x_3, y满足
$$\begin{cases} x_1 + x_2 + x_3 = 0, \\ x_1^2 + x_2^2 + x_3^2 = 3y^2, \end{cases}$$
则$2(x_1^2 + x_2^2 + x_1 x_2) = 3y^2$，不妨设$(x_1, x_2) = 1$，则$x_1, x_2$都是奇数或一奇一偶，从而$x_1^2 + x_2^2 + x_1 x_2$是奇数. 另一方面$2 \mid y, 3y^2 \equiv 0 \pmod{4}$，而$2(x_1^2 + x_2^2 + x_1 x_2) \equiv 2 \pmod{4}$，矛盾！

综上所述，满足条件的正整数n是除1和3以外的所有正整数.

【基本问题与求解方法】

1. 整除性问题及整数的性质

(1) 利用整除的定义和性质

例1 （第35届IMO题）求出所有的有序正整数对(m, n)使得$\dfrac{n^3+1}{mn-1}$是一个整数.

解 设$n^3 + 1$是$mn - 1$的倍数，则$(n^3 + 1) + mn - 1 = n(n^2 + m)$被$mn - 1$整除，而$n$与$mn - 1$互素，故$n^2 + m$被$mn - 1$整除. 由对称性，不妨设$m \geq n$.

若$n = 1$，则由$\dfrac{n^3+1}{mn-1} = \dfrac{2}{m-1}$是整数得$(m-1) \mid 2$，从而$m = 2$或$3$.

若$n = m$，则由$(n^2 - 1) \mid (n^2 + m)$得$(n-1) \mid 1$，故$n = m = 2$.

若$m > n \geq 2$，如果$n^2 + m \geq 2(mn - 1)$，则$n^2 + n \geq m(2n-1) \geq (n+1)(2n-1)$，即$3 \geq n^2 + n$且$n \geq 2$，这不可能，故只有$n^2 + m = mn - 1$，$(n+1)(n-1) + 2 = m(n-1)$，这表明$(n-1) \mid 2$. 故$n = 2$或$3$，从而$m = 5$或$5$.

综上可得，所有的有序正整数对(m, n)有9组：$(2, 1), (3, 1), (1, 2), (1, 3), (2, 2), (5, 2), (5, 3), (2, 5), (3, 5)$.

例2 设a, b, n为整数，$n > 0, a \neq b$，且$n \mid (a^n - b^n)$. 证明：$n \mid \left(\dfrac{a^n - b^n}{a - b}\right)$.

证明 记$c = a - b$. 任取n的一个素因数p，并设$p^\alpha \parallel n$（p为素数），即p^α是能整除n的素数p的最高次幂.

如果$p \nmid c$，那么$(p^\alpha, c) = 1$，于是从
$$p^\alpha \mid (a^n - b^n) \text{ 且 } a^n - b^n = c \cdot \dfrac{a^n - b^n}{c},$$
便推出$p^\alpha \mid \dfrac{a^n - b^n}{c}$，即$p^\alpha \mid \dfrac{a^n - b^n}{a - b}$.

如果$p \mid c$，那么由二项式定理

$$\frac{a^n-b^n}{a-b} = \frac{a^n-b^n}{c} = \frac{(b+c)^n-b^n}{c} = \sum_{i=1}^{n} C_n^i b^{n-i} c^{i-1}.$$

注意到当 $1 \leqslant i \leqslant n$ 时,

$$C_n^i b^{n-i} c^{i-1} = n(n-1)\cdots(n-i+1) b^{n-i} \cdot \frac{c^{i-1}}{i!},$$ ①

并且 $n!$ 中含 p 的最高次幂是

$$\sum_{t=1}^{\infty} \left[\frac{i}{p^t}\right] < \sum_{t=1}^{\infty} \frac{i}{p^t} = \frac{i}{p-1} \leqslant i.$$

又因为 $p^{i-1} \mid c^{i-1}$,$p^\alpha \parallel n$,故由 ① 知 $p^\alpha \mid C_n^i b^{n-i} c^{i-1}$,从而 $p^\alpha \mid \frac{a^n-b^n}{a-b}$.

综上所述,由 p 的任意性,我们便证明了 $n \mid \frac{a^n-b^n}{a-b}$.

注 从例 2 可以看出,要证 $n \mid m$,只要证 n 中任意一个素因数 p 的最高次幂 $p^\alpha \mid m$. 这里实际上用到了正整数的唯一分解定理.

例 3 (捷克和斯洛伐克第 51 届数学奥林匹克题) 证明:正整数 A 是完全平方数的充分必要条件是对任意整数 n,$(A+1)^2-A$,$(A+2)^2-A$,$\cdots$,$(A+n)^2-A$ 中至少有一项被 n 整除.

证明 必要性. 若 $A = d^2 (d \in \mathbf{N}_+)$,则 $(A+j)^2 - A = (d^2-d+j)(d^2+d+j)$,而 $d^2-d+y(j=1,2,\cdots,n)$ 是 n 个连续正整数,其中必有一个被 n 整除,故一定存在一个 j,使 $(A+j)^2 - A$ 被 n 整除.

充分性. 若 A 不是完全平方数,则 A 中必有素因数 p,其最高次数幂为奇次幂,即存在 $k \in \mathbf{N}_+$,使 $p^{2k-1} \mid A$,而 $p^{2k} \nmid A$,而由已知条件知对 $n = p^{2k}$,一定存在 $j \in \mathbf{N}_+$,使得 $p^{2k} \mid [(A+j)^2 - A]$. 因 $p^{2k} \nmid A$,故 $p^{2k} \nmid (A+j)^2$,但由 $p^{2k} \mid [(A+j)^2 - A]$ 及 $p^{2k-1} \mid A$ 得 $p^{2k-1} \mid A$,所以 $p^{2k-1} \mid (A+j)^2$. 而由于 $(A+j)^2$ 为完全平方数,必有 $p^{2k} \mid (A+j)^2$,矛盾. 这就证明了,如果 $(A+j)^2 - A (j=1,2,\cdots,n)$ 中有一个被 n 整除,那么 A 必是完全平方数.

(2) 利用同余式

例 4 (2001 年爱尔兰第 14 届数学奥林匹克题) 求最小正整数 a,使存在正奇数 n,满足 $2001 \mid (55^n + a \cdot 32^n)$.

解 由于 $2001 = 87 \times 23$,故由题意知,存在正奇数 n,使 $87 \mid (55^n + a \cdot 32^n)$ 且 $23 \mid (55^n + a \cdot 32^n)$,于是

$0 \equiv 55^n + a \cdot 32^n \equiv (-32)^n + a \cdot 32^n = 32^n(a-1) \pmod{87}$,故 $a-1 \equiv 0 \pmod{87}$,

并且 $0 \equiv 55^n + a \cdot 32^n \equiv 32^n + a \cdot 32^n = 32^n(a+1) \pmod{23}$,

故 $a+1 \equiv 0 \pmod{23}$. 于是问题转化为求最小正整数 a,使 $87 \mid (a-1)$ 且 $23 \mid (a+1)$,为此可设 $a = 87k+1$. 于是由 23 整除 $a+1 = 87k+2 = 3 \times 23k - 5k + 2$,故 $23 \mid (5k-2)$,设 $5k = 23 \cdot m + 2 (m \in \mathbf{N}_+)$,问题转化为求最小正整数 m,使 $23 \cdot m + 2$ 被 5 整除,经试算易得最小的正整数 $m = 1$,从而 $k = 5$,所求最小正整数 $a = 87 \times 5 + 1 = 436$.

例 5 (1994 年罗马尼亚国家队选拔考试题) 如果正整数 n 的因数中无一个是完全平方数,求证:没有互质的正整数 x 和 y,使得 $x^n + y^n$ 是 $(x+y)^3$ 的倍数.

证明 因为正面证明不存在互质正整数 x,y 具有题设性质较为困难,故我们采用反证法.

假设存在互质正整数 x,y 使 $(x+y)^3 \mid (x^n+y^n)$,令 $s=x+y$,于是 $s \geq 2$.

当 n 为偶数时,$x^n+y^n = x^n+(s-x)^n \equiv x^n+(-x)^n = 2x^2 \pmod{s}$.

而由反证法假设有 $x^n+y^n \equiv 0 \pmod{s}$,因此,有 $2x^n \equiv 0 \pmod{s}$. 因 $(s,x)=(s-x,x)=(y,x)=1$,故只有 $2 \equiv 0 \pmod{s}$. 又 $s \geq 2$,故 $s=2$,从而 $x=1, y=1$,此时 $x^n+y^n=2$,$(x+y)^3=8$,这与反证法假设矛盾.

当 n 为奇数时,$x^n+y^n = x^n+(s-x)^n \equiv C_n^1 s(-x)^{n-1}+C_n^2 s^2(-x)^{n-2} \pmod{s^3}$,即

$$x^n+y^n \equiv nsx^{n-1} - \frac{n(n-1)}{2}s^2 x^{n-2} \pmod{s^3}.$$

由于 x^n+y^n 是 s^3 的倍数,故存在整数 k,使得

$$nx^{n-1} - \frac{n(n-1)}{2}sx^{n-2} = ks, \qquad ①$$

故 $s \mid nx^{n-1}$,但 $(s,x)=1$,故 $s \mid n$,从而由 ① 可知 $s^2 \mid \frac{n(n-1)}{2}sx^{n-2}$. 那么从 ① 又可得到 $s^2 \mid nx^{n-1}$,从而 $s^2 \mid n$,此与题设条件"n 的因数中无一个是完全平方数"矛盾. 于是原命题得证.

例 6 (全苏第 14 届数学奥林匹克题)接连写出 19 至 80 的两位数. 问:所得到的数 19202122…787980 能被 1980 整除吗?

解 设 $A = 19202122 \cdots 787980$. 显然 $20 \mid A$,由于

$$100^k = (99+1)^k \equiv 1 \pmod{99},$$

于是有

$$A = 19 \cdot 100^{61} + 20 \cdot 100^{60} + 21 \cdot 100^{59} + \cdots + 78 \cdot 100^2 + 79 \cdot 100 + 80$$
$$= 19+20+21+\cdots+78+79+80 = 31 \cdot 99 \equiv 0 \pmod{99}.$$

于是 $99 \mid A$,又因为 $(20,99)=1$,所以 $20 \cdot 99 \mid A$,即 $1980 \mid A$.

(3) 数学归纳法

例 7 (1981 年基辅数学竞赛题)设 p_n 是第 n 个素数(如 $p_1=2, p_2=3, \cdots$). 证明 $p_n \leq 2^{2^{n-1}}$.

证明 首先证明 $p_{k+1} \leq 1+p_1 p_2 \cdots p_k$. 事实上,因为 $p_1, p_2, \cdots, p_k$ 不整除 $q=1+p_1 p_2 \cdots p_k$(否则 $p_i \mid 1$,不可能),于是或者 q 是素数,但它不同于 $p_1, p_2, \cdots, p_k$,于是 $p_{k+1} \leq q$,或者 q 是合数,则 q 必有一个不同于 $p_1, p_2, \cdots, p_k$ 的正因数,于是又有 $p_{k+1} \leq q$.

下面用归纳法证明本题.

(1) 当 $n=1$ 时,$p_1 = 2 \leq 2^{2^{1-1}}$ 是显然的.

(2) 假设对 $n \leq k$ 有不等式成立,则 $n=k+1$ 时,有

$$p_{k+1} \leq 1+p_1 p_2 \cdots p_k \leq 1+\prod_{i=1}^{k} 2^{2^{i-1}}$$
$$= 1+2^{\sum_{i=1}^{k} 2^{i-1}} = 1+2^{2^k-1} < 1^{2^k}.$$

于是 $n=k+1$ 时,不等式成立.

由(1)和(2)知对一切正整数 n,有 $p_n \leqslant 2^{2^{n-1}}$.

注 本题第一段实质上证明了素数有无穷多个.这是因为如果素数只有有限个:p_1,p_2,$\cdots$,p_k,那么或者 $q = 1 + p_1 p_2 \cdots p_k$ 是不同于 p_1,p_2,$\cdots$,p_k 的一个素数,或者 q 有一个素因数是不同于 p_1,p_2,$\cdots$,p_k 的素数,这与素数只有 k 个矛盾.

例 8 (1995 年南斯拉夫数学奥林匹克题)设 n 是正整数,n 的二进制表示中恰有 1995 个 1.求证 2^{n-1995} 整除 $n!$.

证明 我们证明更一般性命题(A):如果 n 的二进制表示中恰有 $m=m(n)$ 个 1,那么 2^{n-m} 整除 $n!$.

首先,我们易求出:对任意 $q \in \mathbf{N}_+$,使 $2^m \| (2^q)!$(即 $2^m | (2^q)!$,而 $2^{m+1} \nmid (2^q)!$)的 m 为

$$m = \left[\frac{2^q}{2}\right] + \left[\frac{2^q}{2^2}\right] + \left[\frac{2^q}{2^3}\right] + \cdots = 2^{q-1} + 2^{q-2} + \cdots + 2 + 1 = 2^q - 1. \qquad ①$$

其次,我们对 m 用归纳法证明加强命题(A).

$m=1$ 时,n 是 2 的方幂 2^q,显然由①知 $2^{n-m} = 2^{2^q-1}$ 整除 $n! = (2^q)!$,即 $m=1$ 时命题(A)的结论成立.

设对 $m \geqslant 1$ 命题(A)的结论成立,那么对于 $m+1$,设 $n = 2^q + k$,$k \in \mathbf{N}_+$,$k < 2^q$ 且 $n(k) = m$,因为

$$n! = (2^q)! \cdot (2^q+1)(2^q+2) \cdots (2^q+k).$$

由①知 $(2^q)! \equiv 0 \pmod{2^{2^q-1}}$ ②,又 $(2^q+1)(2^q+2) \cdots (2^q+k)$ 是连续 k 个正整数的乘积,故这个乘积能被 $k!$ 整除,而由归纳假设知 $k! \equiv 0 \pmod{2^{k-m}}$,所以

$$(2^q+1)(2^q+2) \cdots (2^q+k) \equiv 0 \pmod{2^{k-m}}. \qquad ③$$

由②,③得

$$n! \equiv 0 \pmod{2^{2^q-1} \cdot 2^{k-m}} = 0 \pmod{2^{2^q+k-m-1}}$$
$$\equiv 0 \pmod{2^{n-(m+1)}},$$

即对 $m+1$,命题(A)的结论成立.特别命题(A)中取 $m = 1995$,便知原题结论成立.

注 将一个涉及具体的正整数的问题推广到更一般的一类正整数,甚至全体正整数,得到一个加强命题,再用数学归纳法来证明,这是解数学竞赛题的一种常用方法.因为推广可能有多种选择(例如 1995 可看成奇数、5 的倍数、正整数等等),具体到一个问题,究竟作何种推广常常要进行一定的探索才能确定.当一种推广的证明感到困难时,应想到它的其他各种推广.

(4) 递推方法

例 9 设 m 是一个正的奇数,且 m 不被 3 整除.证明 $4^m - (2+\sqrt{2})^m$ 的整数部分可被 112 整除.

分析 首先,易知 $4^m - (2+\sqrt{2})^m - (2-\sqrt{2})^m$ 为整数,且 $0 < (2-\sqrt{2})^m < 1$,故 $a_m = 4^m - (2+\sqrt{2})^m - (2-\sqrt{2})^m$ 恰是 $4^m - (2+\sqrt{2})^m$ 的整数部分.又 $112 = 16 \times 7$,$(16, 7) = 1$,故只需证明若 m 是不被 3 整除的正奇数,则 $m | a_m$.

证明 记 $a_m = b_m - c_m$,其中 $b_m = 4^m$,$c_m = (2+\sqrt{2})^m + (2-\sqrt{2})^m$ $(m = 0, 1, 2, \cdots)$,

于是 $b_0=1, b_2=4$, 且 $m\geqslant 2$ 时, $16\mid b_m=4^m$.

而 c_m 的特征根为 $r_{1,2}=2\pm\sqrt{2}, r_1+r_2=4, r_1 r_2=2$, 故特征方程为 $r^2-4r+2=0$, 所以 c_m 满足

$$c_{m+2}=4c_{m+1}-2c_m(m=0,1,2,\cdots).\qquad ①$$

直接算出 $c_0=(2+\sqrt{2})^0+(2-\sqrt{2})^0=2, c_1=(2+\sqrt{2})^1+(2-\sqrt{2})^1=4$, 并且由 ① 可逐步算出 $c_2=12, c_3=40, c_4=136, c_5=464=16\times 29, c_6=1584=16\times 99$. 于是 $16\mid c_5$, $16\mid c_6$, 假设 $16\mid c_k, 16\mid c_{k+1}(k\geqslant 5)$, 则由 ① 得 $16\mid c_{k+2}$. 这就证明了当且仅当 $m\geqslant 5$ 时 $16\mid c_m$.

结合前面的推理, 易知 $16\mid a_m=b_m-c_m\Leftrightarrow m=1$ 或 $m\geqslant 5$. ②

其次, $b_{m+3}=64b_m\equiv b_m \pmod 7$,

又 ① 中 m 用 $m+1$ 代替得

$$c_{m+3}=4c_{m+2}-2c_{m+1}.\qquad ③$$

③ $-3\times$ ① 并移项整理得 $c_{m+3}=7c_{m+2}-14c_{m+1}+6c_m\equiv -c_m\pmod 7$,

故 $\quad c_{m+6}\equiv -c_{m+3}\equiv c_m\pmod 7$, 所以

$$a_{m+6}=b_{m+6}-c_{m+6}\equiv b_m-c_m=a_m\pmod 7.$$

由此可得 $7\mid a_m\Leftrightarrow 7\mid a_{m-6}(m\geqslant 6)$, 直接算出 $a_0=b_0-c_0=1-2=-1, a_1=4-4=0$, $a_2=4^2-12=4, a_3=4^3-40=24, a_4=4^4-136=120, a_5=4^5-464=560$, 其中有且只有 a_1 和 a_5 被 7 整除, 于是, 我们得到

$7\mid a_m\Leftrightarrow m=1$ 或 $6k+1$ 或 $6k+5(k=0,1,2,\cdots)$

$\Leftrightarrow m$ 为不被 3 整除的正奇数. ④

由 ② 与 ④ 得(注意到 $112=16\times 7$ 且 $(16,7)=1$)

$112\mid a_m\Leftrightarrow m$ 为不被 3 整除的正奇数.

又 $0<(2-\sqrt{2})^m<1$, 且 $a_m=4^m-(2+\sqrt{2})^m-(2-\sqrt{2})^m$, 故 $3^m-(2+\sqrt{2})^m$ 的整数部分就是 a_m. 因此, 我们证明了当且仅当 m 是不被 3 整除的正奇数时, $4^m-(2+\sqrt{2})^m$ 的整数部分被 112 整除.

注 本题通常是利用二项式定理来证明的, 其计算量较大, 还需要一定的凑配技巧. 而上面介绍的递推方法, 则具有思路清晰自然, 计算量小的优点, 而且我们证明了题目给出的条件不仅对结论是充分的而且也是必要的.

例 10 (第 25 届 IMO 候选题) 求 $[(\sqrt{29}+\sqrt{21})^{1984}]$ 的末两位数.

解 考虑 $a_n=(\sqrt{29}+\sqrt{21})^{2n}+(\sqrt{29}-\sqrt{21})^{2n}=(50+2\sqrt{609})^n+(50-2\sqrt{609})^n$, 则 a_n 的特征根为 $r_{1,2}=50\pm 2\sqrt{609}, r_1+r_2=100, r_1 r_2=64$, 故特征方程 $r^2-100r+64=0$, 所以 a_n 满足下列递推关系

$$a_{n+2}=100a_{n+1}-64a_n(n=0,1,2,\cdots).\qquad ①$$

且 $a_0=1+1=2, a_1=100$, 应用数学归纳法及 ① 知对一切 $n=0,1,2,\cdots a_n$ 皆为整数. 又 $0<(\sqrt{29}-\sqrt{21})^{2n}<1$, 故 $[(\sqrt{29}+\sqrt{21})^{2n}]=a_n-1$, 并且由 ① 有

$$a_n\equiv -64a_{n-2}\equiv 6^2 a_{n-2}\equiv 6^4 a_{n-4}\equiv \cdots \equiv 6^n a_0=2\cdot 6^n\pmod{100}.$$

因为 $6^4 = 1296 \equiv -4 \pmod{100}$，所以
$$a_{992} \equiv 2(-4)^{248} \equiv 2^{497} \equiv (2^{24})^{20} \cdot 2^{17},$$
而由于 $2^{12} = 4096 \equiv -4 \pmod{100}, 2^{24} \equiv 16 = 2^4$，所以
$$a_{999} \equiv (2^4)^{20} \cdot 2^{17} \equiv 2^{97} \equiv (2^{24})^4 \cdot 2 \equiv (2^4)^4 \cdot 2$$
$$\equiv 2^{12} \cdot 2^5 \equiv -4 \times 32 \equiv -128 \equiv 72 \pmod{100}.$$

即 a_{992} 的末两位数是 72，从而 $[(\sqrt{29}+\sqrt{21})^{1984}] = a_{992} - 1$ 的末两位数是 71.

例 11 是否存在无穷多对不同的互素正整数 (a,b)，使得 $ab \mid a^2+b^2+1$.

分析 如果这样的无穷多对正整数存在，那么可设其中一部分（或全部）为 (a_n, b_n) $(n=1,2,\cdots)$. 我们从最简单的情形 $(a_1, b_1)=(1,2)$ 开始，并使 $a_{n+1}=b_n$，逐步试算可得下表：

n	1	2	3	4	5	$\cdots$
a_n	1	2	5	13	34	$\cdots$
b_n	2	5	13	34	$\cdots$	$\cdots$
$\dfrac{a_n^2+b_n^2+1}{a_n b_n}$	3	3	3	3	$\cdots$	$\cdots$

从上表中我们发现了递推关系 $a_n^2 + b_n^2 + 1 = 3a_n b_n$，且取 $a_{n+1} = b_n$，则由 $a_{n+1}^2 + b_{n+1}^2 = 3a_{n+1}b_{n+1}$ 可算出 b_{n+1}. 例如已算出 $a_3 = 5, b_3 = 13$，则取 $a_4 = 13$，由 $13^2 + b_4^2 + 1 = 3 \times 13 b_4$ 可解出 $b_4 = 5$（舍去）或 $b_4 = 34$.

为了寻求 a_n 的构造规律，我们经过观察发现 $a_1 = 1, a_2 = 2, a_{n+2} = 3a_{n+1} - a_n$ $(n=1,2,\cdots)$，此式也可用待定系数法，设 $a_{n+2} = pa_{n+1} + qa_n$，再利用 $a_1 = 1, a_2 = 2, a_3 = 5, a_4 = 13$ 算出 $p = 3, q = -1$.

解 首先，我们证明下列引理：

引理 设 $a_1 = 1, a_2 = 2, a_{n+2} = 3a_{n+1} - a_n$ $(n=1,2,\cdots)$，则
$$3a_n a_{n+1} = a_n^2 + a_{n+1}^2 + 1 \quad (n=1,2,\cdots).$$

证明 $n=1$ 时，$3a_1 a_2 = 3 \times 1 \times 2 = 6 = 1^2 + 2^2 + 1 = a_1^2 + a_2^2 + 1$，结论成立.

设 $n=k$ 时结论成立，即 $3a_k a_{k+1} = a_k^2 + a_{k+1}^2 + 1$，则 $n=k+1$ 时，
$$3a_{k+1}a_{k+2} = 3a_{k+1}(3a_{k+1} - a_k) = 9a_{k+1}^2 - 3a_{k+1}a_k$$
$$= (3a_{k+1} - a_k)^2 + 3a_{k+1}a_k - a_k^2 = a_{k+2}^2 + (a_{k+1}^2 + a_k^2 + 1) - a_k^2$$
$$= a_{k+2}^2 + a_{k+1}^2 + 1.$$

即 $n=k+1$ 时，结论成立，于是引理得证.

取 $(a,b) = (a_n, a_{n+1})$ $(n=1,2,\cdots)$，这样的正整数有无穷多个不同的对，且由 $(a_1, a_2) = (1,2) = 1$ 及 $a_{n+2} = 3a_{n+1} - a_n$，利用数学归纳法易证 $(a_n, a_{n+1}) = 1$，且满足 $ab = a_n a_{n+1}$ 整除 $a^2 + b^2 + 1 = a_n^2 + a_{n+1}^2 + 1 = 3a_n b_n = 3ab$.

注 本题解法的关键是经过试算求出几组符合条件的 (a,b) 时，再从中发现其递推关系，从而找出无穷多个满足条件的 (a,b) 对. 一般当我们对一个一般性问题无从入手时，可

考虑从特殊、简单的情形入手,探索、发现其中的规律,从而找到解决问题的途径.

(5) 分类和分步讨论的方法

对于一个比较复杂的初等数论问题,常常应按照问题的实际情况分成 n 类(或 n 步)进行讨论和解答,将其综合起来就得到了原问题的解答.

例 12 (2002 年澳大利亚数学奥林匹克题)设整数 n 和 q 满足 $n \geqslant 5, 2 \leqslant q \leqslant n$, 证明: $q-1$ 整除 $\left[\dfrac{(n-1)!}{q}\right]$,其中 $[x]$ 为不超过 x 的最大整数.

证明 当 $q < n$ 时,则 $q(q-1) \mid (n-1)!$,所以 $(q-1) \mid \dfrac{(n-1)!}{q} = \left[\dfrac{(n-1)!}{q}\right]$.

当 $q = n$ 时,分两种情形讨论:

(1) 若 q 为素数,则由威尔逊定理有 $(n-1)! \equiv -1 \equiv n-1 \pmod{n}$,

又因为 $(n-1)! \equiv 0 \equiv n-1 \bmod(n-1)$, 且 $(n, n-1) = 1$, 故有

$(n-1)! \equiv n-1 \pmod{n(n-1)}$.

于是存在整数 k, 使得 $(n-1)! = kn(n-1) + (n-1)$,

故 $\left[\dfrac{(n-1)!}{q}\right] = \left[k(n-1) + \dfrac{n-1}{n}\right] = k(n-1)$ 可以被 $q-1 = n-1$ 整除.

(2) 若 q 为合数,设 p 是 n 的最大素因数,且 $n = pm$,则 $1 < m < n$. 因为 $m \mid n$ 且 $(n, n-1) = 1$,所以 $m \leqslant n-2$. 同理 $p \leqslant n-2$.

若 p 与 m 不同,则 p 和 m 都在 $(n-2)! = 1 \times 2 \times 3 \times \cdots \times (n-2)$ 中的 $n-2$ 项因数中出现,所以, $n = pm \mid (n-2)!$, 即 $n(n-1) \mid (n-1)!$, 故 $q-1 = (n-1) \mid \dfrac{(n-1)!}{n} = \left[\dfrac{(n-1)!}{q}\right]$, 结论成立.

若 p 与 m 相同,则 $n = p^2$, 因 $n > 4$, 故 $p < 2$. 于是 $p^2 < 2p$. 又因为 $(2p, n) = p, (n-1, n) = 1$, 所以 $2p \neq n-1$, 于是 $2p \leqslant n-2$, 且 p 与 $2p$ 都在 $(n-2)! = 1 \times 2 \times \cdots \times (n-2)$ 中的 $n-2$ 项因素中出现,从而 $2p^2 \mid (n-2)!$, 即有 $n(n-1) \mid (n-1)!$, 结论仍成立.

注 本题中除了用到分类讨论的方法外,关键性的一步是用到威尔逊定理. 一般与阶乘 $n!$ 有关的整除性问题要联想到威尔逊定理,而与幂 a^n 有关的整除性问题则要联想到费尔马小定理和欧拉定理.

例 13 (莫斯科第 45 届数学奥林匹克题)试求出一切可使 $n \cdot 2^n + 1$ 被 3 整除的正整数 n.

证明 因为 $3 \mid n \cdot 2^n + 1 \Leftrightarrow n \cdot 2^n \equiv 2 \pmod{3}$, 而

当 $n = 6k+1 (k=0,1,2,\cdots)$ 时,

$n \cdot 2^n = (6k+1) \cdot 2^{6k+1} = (12k+2) \cdot 4^{3k} \equiv 2 \cdot (3+1)^{3k} \equiv 2 \pmod{3}$;

当 $n = 6k+2 (k=0,1,2,\cdots)$ 时,

$n \cdot 2^n = (6k+1) \cdot 2^{6k+2} = (24k+8) \cdot 4^{3k} \equiv 8 \cdot 1^{3k} \equiv 2 \pmod{3}$;

当 $n = 6k+3 (k=0,1,2,\cdots)$ 时,

$n \cdot 2^n = (6k+3) \cdot 2^{6k+3} \equiv 0 \pmod{3}$;

当 $n = 6k+4 (k=0,1,2,\cdots)$ 时,

$n \cdot 2^n = (6k+4) \cdot 2^{6k+4} \equiv 1 \cdot 4^{3k+2} \equiv 1^{3k+2} \equiv 1 \pmod{3}$；

当 $n = 6k+5(k=0,1,2,\cdots)$ 时，

$n \cdot 2^n = (6k+5) \cdot 2^{6k+5} \equiv 2 \cdot (3+1)^{3k+2} \cdot 2 \equiv 4 \equiv 1 \pmod{3}$；

当 $n = 6k(k=0,1,2,\cdots)$ 时，

$n \cdot 2^n = 6k \cdot 2^{6k} \equiv 0 \pmod{3}$.

故由以上可知当且仅当 $n = 6k+1$ 和 $6k+2(k=0,1,2,\cdots)$ 时，$n \cdot 2^n$ 可被 3 整除.

2. 不定方程的求解

(1) 代数式的恒等变形(如因式分解、配方、换元等) 方法

例 14 (全苏第 25 届数学奥林匹克题) 求方程组的整数解：

$$\begin{cases} xz - 2yt = 3, \\ xt + yz = 1. \end{cases}$$

解 原方程组两边平方得

$$\begin{cases} x^2z^2 - 4xyzt + 4y^2t^2 = 9, & \text{①} \\ x^2t^2 - 2xyzt + y^2z^2 = 1. & \text{②} \end{cases}$$

① $+ 2 \times$ ②，整理得 $(x^2 + 2y^2)(z^2 + 2t^2) = 11$.

因而 $x^2 + 2y^2 = 1$ 或 $z^2 + 2t^2 = 1$.

(1) 由 $x^2 + 2y^2 = 1$，得 $y = 0, x = \pm 1$，从而由原方程组得 $z = \pm 3, t = \pm 1$.

(2) 由 $z^2 + 2t^2 = 1$，得 $t = 0, z = \pm 1$，从而由原方程组得 $x = \pm 3, y = \pm 1$.

经检验知原方程的解只有 4 组，它们分别是 $(x,y,z,t) = (1,0,3,1), (-1,0,-3,-1), (3,1,1,0), (-3,-1,-1,0)$.

例 15 (全俄第 18 届数学奥林匹克题) 求方程 $2^{x+1} + y^2 = z^2$ 的素数解.

解 由已知方程得 $2^{x+1} = (z+y)(z-y) \ (z > y)$.

故有 $\begin{cases} z - y = 2^k, \\ z + y = 2^{x+1-k}, \end{cases}$

其中 $k \in \mathbf{Z}$ 且 $0 \leqslant k < x+1-k$，即 $0 \leqslant k < \dfrac{x+1}{2}$，由此解出

$z = 2^{k-1} + 2^{x-k}, y = 2^{x-k} - 2^{k-1}$.

若 $k - 1 \geqslant 1$，则 $x - k > k - 1 \geqslant 1$，$yz$ 不可能同为素数. 若 $k = 1$，则

$y = 2^{x-1} - 1, z = 2^{x-1} + 1$.

因 $2^{x-1} - 1, 2^{x-1}, 2^{x-1} + 1$ 是三个连续的正整数，其中必有一个被 3 整除，但 2^{x-1} 不能被 3 整除，则只有 y 被 3 整除或者 z 被 3 整除.

若 y 被 3 整除，则 $y = 3, x = 3, z = 5$.

若 z 被 3 整除，则 $z = 3, x = 2, y = 1$ 不是素数.

因此，方程的素数解为 $x = 3, y = 3, z = 5$.

(2) 同余法(包括奇偶性分析)

同余法就是对等式两边取特殊的模建立同余式(特别地，模为 2 时即为奇偶性分析)，缩小变量的取值范围，从而得出不定方程的整数解或导致矛盾判定其无解.

例16 (1992年加拿大数学奥林匹克训练题)求满足方程 $8^x + 15^y = 17^z$ 的正整数解 (x, y, z).

解 因为 $8^x \equiv 0 \pmod 8$, $17^z \equiv 1^z \equiv 1 \pmod 8$, 于是由已知方程得 $15^y \equiv 1 \pmod 8$, 可见 y 为偶数.

又因为 $8^x \equiv 1 \pmod 7$, $15^y \equiv 1 \pmod 7$, 于是由原方程得 $17^z \equiv 2 \pmod 7$, 即 $3^z \equiv 2 \pmod 7$, 从而 z 必为偶数.

再因为 $17^z \equiv (-1)^z \equiv 1 \pmod 3$, $15^y \equiv 0 \pmod 3$, 从而 $8^x \equiv 1 \pmod 3$, 由此知 x 也为偶数.

设 $x = 2k, y = 2m, z = 2n$, 则有
$$2^{6k} = (17^n - 15^m)(17^n + 15^m),$$
从而有 $\quad 17^n - 15^m = 2^t,$ ①
$$17^n + 15^m = 2^{6k-t}.$$ ②

由 $t < 6k - t$ 得 $1 \leqslant t < 3k$, ①+② 得
$$2 \cdot 17^n = 2^t(2^{6k-2t} + 1).$$ ③

而 $6k - 2t > 0$, 故 $2^{6k-2t} + 1$ 为奇数, 于是由 ③ 得 $t = 1$.

代入 ① 得 $17^n - 15^m = 2$. ④

如果 $m \geqslant 2$, 那么 $15^m \equiv 0 \pmod 9$. 当 n 为偶数时, $17^n \equiv 1 \pmod 9$, 当 n 为奇数时, $17^n \equiv 8 \pmod 9$, 所以当 $m \geqslant 2$ 时 ④ 不成立. 因此当且仅当 $m = 1, n = 1$ 时 ④ 有解. 此时由 ② 知 $k = 1$. 于是, 原方程只有唯一一组解 $(x, y, z) = (2, 2, 2)$.

例17 是否有整数 m 和 n, 使得 $5m^2 - 6mn + 7n^2 = 2005$?

解 已知方程可化为 $25m^2 - 30mn + 35n^2 = 5 \cdot 2005$,
$$(5m - 3n)^2 + 26n^2 = 5 \cdot 2005.$$
从而 $(5m - 3n)^2 = -26n^2 + 5 \cdot 2005 \equiv 2 \pmod{13}$. ①
但对任意 $x \equiv 0, \pm 1, \pm 2, \pm 3, \pm 4, \pm 5, \pm 6 \pmod{13}$,
有 $\quad x^2 \equiv 0, 1, 4, 9, 3, 12, 10 \pmod{13}$,
于是平方数 $(5m - 3n)^2 \not\equiv 2 \pmod{13}$, 这与 ① 矛盾, 故已知方程没有整数解.

(3) 不等式估值法

不等式估值法就是利用不等式确定方程中某些变量的范围. 特别地, 如果变量在该范围内只取有限个值时, 我们可以逐一讨论, 从而求出原方程的解.

例18 (加拿大第15届数学奥林匹克题)求满足方程 $w! = x! + y! + z!$ 的所有正整数解.

解 不妨设 $x \geqslant y \geqslant z > 0$, 依题目条件有 $w > x$, 从而 $w \geqslant x + 1$, 故
$$(x+1)! \leqslant w! = x! + y! + z! \leqslant 3x!,$$
即 $x + 1 \leqslant 3, x \leqslant 2$, 故 $x = 1$ 或 $x = 2$.

(1) 若 $x = 1$, 则 $y = z = 1$, 这时 $w! = 1! + 1! + 1! = 3$, w 无解.

(2) 若 $x = 2, y = 2, z = 2$, 则 $w! = 2! + 2! + 2! = 6 = 3!$, $w = 3$.

(3) 若 $x = 2, y = 2, z = 1$, 则 $w! = 2! + 2! + 1! = 5$, w 无解.

(4) 若 $x=2, y=1$,则 $z=1$,这时 $w!=2!+1!+1!=4, w$ 无解.
所以原方程只有唯一一组解 $x=2, y=2, z=2, w=3$.

例19 (第28届IMO候选题)已知 $x=-2272, y=10^3+10^2c+10b+a, z=1$ 适合方程 $ax+by+cz=1$,这里 a,b,c 是正整数,$a<b<c$,求 y.

解 由已知得 $b(1000+100c+10b+a)+c-2272a-1=0$.
若 $b \geqslant a+2$,则 $c \geqslant a+3$,由上式得

$$0 \geqslant (a+2)[100+100(a+3)+10(a+2)+a]+(a+3)-2272a-1$$
$$=111a^2-729a+2642.$$

记 $u=111a^2-729a+2642$,即 $111a^2-729a+(2642-u)=0$,故由 $\Delta=729^2-4\times 111\times(2642-u)\geqslant 0$ 得

$$u \geqslant \frac{4\times 111\times 2642-729^2}{4\times 111}>0,$$

于是出现了 $0>0$ 的矛盾,所以 $b=a+1$.设 $c=a+2+t$,则由 $c>b=a+1$ 知 $t\geqslant 0$,于是

$$0=(a+1)[1000+100(a+2+t)+10(a+1)+a]+a+2+t-2272a-1$$
$$=111a^2+(100t-950)a+(1211-101t).$$

若 $t\geqslant 2$,则

$$0 \geqslant 111a^2+(200-950)a+(1211+202)$$
$$=111a^2-750a+1413.$$

记 $v=111a^2-750a+1413$,即 $111a^2-750a+(1413-v)=0$,由 $\Delta=750^2-4\times 111\times(1413-v)\geqslant 0$,得

$$v \geqslant \frac{4\times 111\times 1413-750^2}{4\times 111}>0,$$

同样出现 $0>0$ 的矛盾,所以 $t=0$ 或 1.
当 $t=1$ 时,$b=a+1, c=a+3$,则 $111a^2-850a+1312=0$,此方程无整数解.
当 $t=0$ 时,$b=a+1, c=a+2$,则 $111a^2-950a+1211=0$,即 $(a-7)(111a-173)=0$.
又 a 为正整数,所以 $a=7, b=8, c=9$,于是 $y=1987$.

(4) 无穷递降法

无穷递降法从本质上讲是一种用反证法表现的特殊形式的数学归纳法,它首先由Fermat创立并运用它证明了方程 $x^4+y^4=z^4$ 没有非零整数解.其证明的基本思路是假设方程有非零整数解后,构造出一个无穷严格的递减正整数列来,而这是不可能的,得出的矛盾证明了原方程没有非零整数解.

例20 (美国第5届数学奥林匹克题)确定(并证明)方程 $a^2+b^2+c^2=a^2b^2$ 的所有整数解.

解 显然 $(a_0,b_0,c_0)=(0,0,0)$ 是方程的一组整数解.今设方程还存在非零整数解,则 a^2b^2 必被4整除.事实上,若不然,则 a,b 均为奇数,由此得 $a^2\equiv b^2\equiv 1\pmod 4$,而当 c 为奇数时,$a^2+b^2+c^2\equiv 3\pmod 4$,当 c 为偶数时,$a^2+b^2+c^2\equiv 2\pmod 4$,均使 $a^2+b^2+c^2=$

a^2b^2 不成立.

又注意到 $a^2+b^2+c^2$ 被 4 整除当且仅当 a,b,c 皆为偶数,否则 $a^2+b^2+c^2$ 被 4 除的余数恰为 a,b,c 中奇数的个数.

令 $a=2a_1,b=2b_1,c=2c_1$,代入原方程并整理得
$$a_1^2+b_1^2+c_1^2=4a_1^2b_1^2.$$
同理可证 a_1,b_1,c_1 为偶数. 记 $a_1=2a_2,b_1=2b_2,c_1=2c_2$,则
$$a_2^2+b_2^2+c_2^2=16a_2^2b_2^2.$$
重复以上过程,便得无穷序列
$$a_1,a_2,a_3,\cdots;b_1,b_2,b_3,\cdots;c_1,c_2,c_3,\cdots$$
因 (a,b,c) 为零数组,假如设 $a\neq 0$,则有无穷严格递减正整数列 $|a|,|a_1|,|a_2|,\cdots$ 这显然是不可能的.

因此,原方程有唯一整数解 $(a,b,c)=(0,0,0)$.

例 21 （第 29 届 IMO 题）已知正整数 a 和 b 使 $ab+1$ 整除 a^2+b^2,求证: $\dfrac{a^2+b^2}{1+ab}$ 是某个正整数的平方.

证明 我们只需证明:当 k 不是完全平方数时,关于 a,b 的不定方程 $a^2+b^2=k\cdot(1+ab)$ 没有正整数解 (a,b).

用反证法. 设 $a^2+b^2=k(1+ab)$ ① 有正整数解,则可从 ① 的所有正整数解 (a,b) 中选取使 $a+b$ 为最小的解,设为 (a_0,b_0),且不妨设 $a_0\geqslant b_0$. ① 中固定 $k,b=b_0$,考虑关于 a 的一元二次方程
$$a^2-kb_0a+b_0^2-k=0. \qquad\qquad ②$$
已知 a_0 是 ② 的一个根,假设它的另一个根为 a_1,则由韦达定理,有
$$\begin{cases} a_0+a_1=kb_0, & \qquad③\\ aa_1=b_0^2-k. & \qquad④\end{cases}$$
由 ③ 知 a_1 为整数,由 ④ 知 $a_1\neq 0$,否则 $k=b_0^2$ 为完全平方数,与假设不合. 由于 $b_0>0$,故知 $a_1>0$,否则 $a_1b_0\leqslant -1,a_1^2+b_0^2=k(a_1b_0+1)\leqslant 0$,从而 $a_1=b_0=0$,矛盾. 这时有
$$a_1=\frac{b^2-k}{a}\leqslant \frac{b^2-1}{a}\leqslant \frac{a^2-1}{a}<a,$$
并且 (a_1,b_0) 为 ① 的解,但 $a_1+b_0<a_0+b_0$,这与 a_0+b_0 的最小性矛盾. 故 k 必为完全平方数.

(5) 构造法

构造法就是通过构造恒等式或构造无穷递推数列来证明不定方程有解或有无穷多组解.

例 22 （加拿大第 29 届数学奥林匹克题）证明:$x^2+y^5=z^3$ 有无穷多组整数解 x,y,z,其中 $xyz\neq 0$.

证明一 注意到 $(2^{10})^2+(2^4)^5=(2^7)^3$,又 $[2,5,3]=30,\dfrac{30}{2}=15,\dfrac{30}{5}=6,\dfrac{30}{3}=10$,取 $x=2^{10}\cdot k^{15},y=2^4\cdot k^6,z=2^7\cdot k^{10}$（$k$ 为任意整数）,则

$$x^2 + y^5 = (2^{10} \cdot k^{15})^2 + (2^4 \cdot k^6)^5 = (2^7 \cdot k^{10})^3 = z^3.$$
故$(2^{10} \cdot k^{15}, 2^4 \cdot k^6, 2^7 \cdot k^{10})(k \in \mathbf{Z})$是已知方程的解,从而已知方程有无穷多组整数解.

证明二 注意到$3^2 + (-1)^5 = 2^3$,故取$x = 3k^{15}, y = -k^6, z = 2k^{10}$,则
$$x^2 + y^5 = (3k^{15})^2 + (-k^6)^5 = 8k^{30} = (2k^7)^3 = z^3,$$
故$(3 \cdot k^{15}, -k^6, 2k^7)(k \in \mathbf{Z})$是已知方程的解,从而已知方程有无穷多组整数解.

【解题思维策略分析】

例23 (2010年全国高中联赛题)方程$x + y = z = 2010$满足$x \leqslant y \leqslant z$的正整数解$(x, y, z)$的个数是_____.

解 首先,易知方程的正整数解的个数为$C_{2009}^2 = 2009 \times 1004$.

其次,把方程满足$x \leqslant y \leqslant z$的正整数解分为三类:

(1) x、y、z均相等的正整数解的个数显然为1;

(2) x、y、z中有且仅有两个相等的正整数解的个数,易知为1003;

(3) 设x、y、z两两均不相等的正整数解的个数为k.

注意到$1 + 3 \times 1003 + 6k = 2009 \times 1004$.

解得$k = 1003 \times 335 - 334 = 335671$.

故满足$x \leqslant y \leqslant z$的正整数解的个数为
$$1 + 1003 + 335671 = 336675.$$

例24 (2011年全国高中联赛题)已知$a_n = C_{200}^n (\sqrt[3]{6})^{200-n} \left(\dfrac{1}{\sqrt{2}}\right)^n$ ($n = 1, 2, \cdots, 95$).则数列$\{a_n\}$中整数项的个数为_____.

解 注意到$a_n = C_{200}^n \times 3^{\frac{200-n}{3}} \times 2^{\frac{400-5n}{6}}$.

要使$a_n (1 \leqslant n \leqslant 95)$为整数,必有$\dfrac{200-n}{3}$、$\dfrac{400-5n}{6}$均为整数,即$6 \mid (n+4)$.

当$n = 6k + 2 (k = 0, 1, \cdots, 13)$时,$\dfrac{200-n}{3}$、$\dfrac{400-5n}{6}$均为非负整数.所以,$a_n$为整数,共有14个.

当$n = 86$时,$a_{86} = C_{200}^{86} \times 3^{38} \times 2^{-5}$,在$C_{200}^{86} = \dfrac{200!}{86! \times 114!}$中,200!中因数2的个数为
$$\left[\dfrac{200}{2}\right] + \left[\dfrac{200}{2^2}\right] + \cdots + \left[\dfrac{200}{2^7}\right] = 197.$$

同理,可计算得86!中因数2的个数为82,144!中因数2的个数为110.

故C_{200}^{86}中因数2的个数为$197 - 82 - 110 = 5$.

从而,a_{86}是整数.

当$n = 92$时,$a_{92} = C_{200}^{92} \times 3^{36} \times 2^{-10}$.

同理,C_{200}^{92}中因数2的个数小于10.

从而,a_{92}不是整数.

因此,整数项的个数为$14 + 1 = 15$.

例 25 (2002年澳大利亚数学奥林匹克题)已知多项式 $p(n)=n^3-n^2-5n+2$,求所有整数 n,使 $p^2(n)$ 是一个素数的平方.

分析 将 $p(n)$ 分解因式,再讨论 $p^2(n)$ 各因式的各种取值情况,从而求出问题的解.

解 因 $p(n)=(n+2)(n^2-3n+1)$. 设 p 为素数,于是 $p^2(n)=p^2$ 的充要条件是 $p(n)=\pm p$, 即 $(n+2)(n^2-3n+1)=\pm p$.

这只有两种情形:

(1) $n+2=\pm 1$, $n^2-3n+1=\pm p$,

(2) $n+2=\pm p$, $n^2-3n+1=\pm 1$.

在情形(1)下, $n=-1$ 或 -3. 当 $n=-1$ 时, $n^2-3n+1=5$ 为素数;当 $n=-3$ 时, $n^2-3n+1=19$ 为素数.

在情形(2)下,由 $n^2-3n+1=1$ 得 $n=0$ 或 $n=3$, 由 $n^2-3n+1=-1$ 得 $n=1$ 或 $n=2$.

当 $n=0$ 时, $n+2$ 为素数;当 $n=3$ 时, $n+2=5$ 为素数;当 $n=1$ 时, $n+2=3$ 为素数;当 $n=2$ 时, $n+2=4$ 不为素数.

综上知 n 的一切可能值有 5 个: $-1, -3, 0, 1, 3$.

例 26 (意大利第 19 届数学竞赛题)设 n 是一个三位数,满足 $100\leqslant n\leqslant 999$,求所有 n,便得 n^2 的末三位数等于 n.

分析 依题意有 $1000 \mid n^2-n$, 由此出发,分情形进行讨论,求出 n 的值.

解 因 n^2 的末三位数等于 n 的条件等价于
$$1000 \mid (n^2-n)=n(n-1).$$
因为 $1000=2^3 \cdot 5^3$, 又 $(n,n-1)=1$, 故有且只有以下 4 种情形:

(1) n 是 1000 的倍数,则 n 不是三位数.

(2) $n-1$ 是 1000 的倍数,则 n 不是三位数.

(3) n 是 2^3 的倍数,而 $n-1$ 是 5^3 的倍数,设 $n=2^3 a$, $n-1=5^3 b$, 则 $2^3 a - 5^3 b = 1$, 由欧几里得辗转相除法有
$$125=15\cdot 8+5, 8=1\cdot 5+3, 5=1\cdot 3+2, 3=1\cdot 2+1,$$
于是 $1=3-1\cdot 2=3-1\cdot(5-1\cdot 3)=2\cdot 3-1\cdot 5=2(8-1\cdot 5)-1\cdot 5$
$$=2\cdot 8-3\cdot 5=2\cdot 8-3\cdot(125-15\cdot 8)=47\cdot 8-3\cdot 125. \qquad ①$$
故 $(a,b)=(43,3)$, 从而 $n=2^3 \cdot 47 = 376$.

(4) n 是 5^3 的倍数,而 $n-1$ 是 2^3 的倍数. 设 $n=5^3 \cdot c$, $n-1=2^3\cdot d$, 则 $5^3-2^3\cdot d=1$, 则由 ① 有
$$1=(8-3)\cdot 125-(125-47)\cdot 8=5\cdot 125-78\cdot 8.$$
故 $(c,d)=(5,78)$, 所以 $n=5^3 \cdot 5 = 625$.

综上知所求的 n 有两个值: $n=376$ 和 $n=625$.

例 27 (2003年全国高中联赛题)设三角形三边的长分别是整数 l, m, n, 且 $l>m>n$. 已知 $\{\frac{3^l}{10^4}\}=\{\frac{3^m}{10^4}\}=\{\frac{3^n}{10^4}\}$, 其中 $\{x\}=x-[x]$, 而 $[x]$ 表示不超过 x 的最大整数,

求这种三角形周长的最小值.

分析 将已知条件 $\left\{\dfrac{3^l}{10^4}\right\} = \left\{\dfrac{3^m}{10^4}\right\} = \left\{\dfrac{3^n}{10^4}\right\}$ 转化为以 10^4 为模的同余式去讨论.

解 由题设得 $\dfrac{3^l}{10^4} - \left[\dfrac{3^l}{10^4}\right] = \dfrac{3^m}{10^4} - \left[\dfrac{3^m}{10^4}\right] = \dfrac{3^n}{10^4} - \left[\dfrac{3^n}{10^4}\right]$,等式各边乘 10^4 后对 10^4 取模得

$$3^l \equiv 3^m \equiv 3^n (\bmod 10^4) \Leftrightarrow \begin{cases} 3^l \equiv 3^m \equiv 3^n (\bmod 2^4), & \text{①} \\ 3^l \equiv 3^m \equiv 3^n (\bmod 5^4). & \text{②} \end{cases}$$

因为 $(3,2) = 1$,由 ① 可得 $3^{l-n} \equiv 3^{m-n} \equiv 1 (\bmod 2^4)$.

假设 u 是满足 $3^u \equiv 1(\bmod 2^4)$ 的最小正整数,那么对任意满足 $3^v \equiv 1(\bmod 2^4)$ 的正整数 v 有 u 整除 v. 事实上,若 $u \nmid v$,设 $v = ku + r$,其中 k,r 为整数且 $0 < r \le u-1$,则 $3^r \equiv 3^{ku+r} \equiv 3^v \equiv 1(\bmod 2^4)$,这与 u 的最小性定义矛盾,故 $u \mid v$.

注意到,$3 \equiv 3(\bmod 2^4)$,$3^2 \equiv 9(\bmod 2^4)$,$3^3 \equiv 11(\bmod 2^4)$,$3^4 \equiv 1(\bmod 2^4)$,故 $m-n = 4k$,其中 k 为正整数.

同理,因 $(3,5) = 1$,由 ① 推出 $3^{m-n} \equiv 1(\bmod 5^4)$,于是 $3^{4k} \equiv 1(\bmod 5^4)$. 现在我们求满足 $3^{4k} \equiv 1(\bmod 5^4)$ 的正整数 k.

因为 $3^4 = 5 \times 2^4 + 1$,所以 $3^{4k} - 1 = (5 \times 2^4 + 1)^k - 1 = C_k^1 \cdot 5 \times 2^4 + C_k^2 (5 \times 2^4)^2 + \cdots + C_k^k(5 \times 2^4)^k \equiv 5k \times 2^4 + \dfrac{1}{2}k(k-1) \times 5^2 \times 2^8 + \dfrac{1}{6}k(k-1)(k-2) \times 5^3 \times 2^{12} \equiv 5k + 5^2 k \cdot [3 + (k-1) \times 2^7] + \dfrac{1}{3}k(k-1)(k-2) \times 5^3 \times 2^{11} \equiv 0(\bmod 5^4)$,

即 $k + 5k[3 + (k-1) \times 2^7] + \dfrac{1}{3}k(k-1)(k-2) \times 5^2 \times 2^{11} \equiv 0(\bmod 5^3)$.

由此可知 $5 \mid k$. 令 $k = 5t$,代入上式得

$$t + 5t[3 + (5t-1) \times 2^7] + \dfrac{1}{3}t(5t-1)(5t-2) \times 5^2 \times 2^{11} \equiv 0(\bmod 5^2),$$

即 $t + 5t[3 + (5t-1) \times 2^7] \equiv 0(\bmod 5^2)$.

由此得 $5^2 \mid t$,令 $t = 5^2 s$,则 $k = 5t = 5^3 s$,其中 s 为正整数,故 $m - n = 4k = 500s$,s 为正整数. 同理 $l - n = 500r$,r 为正整数,且由 $l > m > n$ 知 $r > s$. 于是三角形的三边的长为 $500r + n, 500s + n$ 和 n. 由于三角形中两边之差小于第三边,所以 $n > 500(r-s)$. 由此知当 $s = 1$,$r = 2$,$n = 501$ 时三角形的周长最小,其值为

$(500 \times 2 + 501) + (500 \times 1 + 501) + 501 = 3003$.

例 28 (北欧第 17 届数学竞赛题)求所有三元整数组 (x,y,z),使得
$x^3 + y^3 + z^3 - 3xyz = 2003$.

解 由恒等式 $a^3 + b^3 + c^3 = (a+b+c)(a^2+b^2+c^2-ab-bc-ca)$
$$= \dfrac{1}{2}(a+b+c)[(a-b)^2 + (b-c)^2 + (c-a)^2],$$ 得

$(x+y+z)[(x-y)^2 + (y-z)^2 + (z-x)^2] = 4006 = 2 \times 2003$,并且 $(x-y)^2 + (y-z)^2 + (z-x)^2$ 必为偶数,故

(1) $\begin{cases} x+y+z=2003, \\ (x-y)^2+(y-z)^2+(z-x)^2=2, \end{cases}$

或(2) $\begin{cases} x+y+z=1, \\ (x-y)^2+(y-z)^2+(z-x)^2=4006. \end{cases}$

对于(1),因 $|x-y|,|y-z|,|z-x|$ 中有2个为1,1个为0,不妨设 $x\leqslant y\leqslant z$,则 $x-1=y=z$ 或 $x=y=z+1$. 当 $x-1=y=2$ 时,$3y+1=2003$ 无解;当 $x=y=z+1$ 时,$3x-1=2003,x=668$. 由对称性,这时有三组解$(668,668,667),(668,667,668),(667,668,668)$.

对于②有 $(x-y)^2+(x+2y-1)^2+(2x+y-1)^2=4006$,

即 $6x^2+6y^2+6xy-6x-6y+2=4006$,由此可得 $2\equiv 4\pmod 6$,矛盾.

因此,满足条件的3数组(x,y,z)为$(668,668,667),(668,667,668),(667,668,668)$.

例29 (2003年韩国数学奥林匹克题)证明:不存在整数 x,y,z 满足:$2x^4+2x^2y^2+y^4=z^2,x\neq 0$.

证明 若 $y=0$,则 $z^2=2x^4\neq 0$,于是 z^2 不可能为完全平方数,无整数解.故不失一般性可设 $x>0,y>0$,且$(x,y)=1$ 为方程的一组整数解,并且还可假定 x 是满足上述条件的最小正整数解.

由于 $z^2\equiv 0,1,4\pmod 8$,可知 x 为偶数,y 为奇数,注意到 $(x^2)^2+(x^2+y^2)^2=z^2,(x^2,x^2+y^2)=(x^2,y^2)=1$,故存在一个奇数 p 和一个偶数 q,使

$x^2=2pq, x^2+y^2=p^2-q^2, z^2=p^2+q^2,(p,q)=1$.

因为 $x^2=2pq$ 且$(p,q)=1$,故存在奇数 a,整数 b,使 $p=a^2,q=2b^2$,从而有

$x=2ab, y^2=a^4-4a^2b^2-4b^4=2a^4-(a^2+2b^2)^2$,

于是$(\dfrac{a^2+2b^2+y}{2})^2+(\dfrac{a^2+2b^2-y}{2})^2=a^4$,

且$(\dfrac{a^2+2b^2+y}{2},\dfrac{a^2+2b^2-y}{2})=1$(因为$(x,y)=1$).

故存在整数 s,t,其中 $s>t,(s,t)=1$,满足

$\dfrac{a^2+2b^2+y}{2}=2st,\dfrac{a^2+2b^2-y}{2}=s^2-t^2$,

或 $\dfrac{a^2+2b^2+y}{2}=s^2-t^2,\dfrac{a^2+2b^2-y}{2}=2st$,及 $a^2=s^2+t^2$.

于是 $a^2+2b^2=s^2-t^2+2st,b^2=\dfrac{1}{2}(s^2-t^2+2st-a^2)=\dfrac{1}{2}[s^2-t^2+2st-(s^2+t^2)]=t(s-t)$.由于$(a,b)=1,(s,t)=1$,故存在正整数 $m,n,(m,n)=1$,使 $s-t=m^2,t=n^2$.因此 $a^2=n^4+(n^2+m^2)^2$,而 $x=2ab=2\sqrt{(s-t)t(s^2+t^2)}>2t>t=n^2$,这与 x 是最小解的假设矛盾.故满足原方程的 x,y,z 不存在.

【模拟实战十三】

A 组

1.(俄罗斯第29届数学奥林匹克题)求所有质数 p,使得 $p^x=y^3+1$ 成立,其中 x,y 是正

整数.

2. (1999年全国高中联赛题)已知正整数n不超过2000,并且能表示成不少于60个连续正整数之和,那么这样的n的个数是_____.

3. (1994年全国高中联赛题)已知95个数$a_1,a_2,\cdots,a_{95}$,每个数都只能取$+1$或-1,那么它们两两之积的和$\sum_{1\leqslant i<j\leqslant 95}a_ia_j$的最小值是_____.

4. (1994年上海市高三竞赛题)两个两位数,它们的差是52,它们的平方的末两位数字相同,则这两个数是_____.

5. (2000年世界城际间数学联赛题)一个n位数的立方有m位,问$n+m=2001$可能吗?

6. (俄罗斯第25届数学奥林匹克题)是否存在19个具有相同数字之和的正整数,使这些正整数之和等于1999?

7. (中国东北三省第2届数学邀请赛题)求出所有正整数m,n,使得$(m+n)^m=n^m+1413$.

8. (第4届中国西部数学奥林匹克题)求所有的整数n,使$A=n^4+6n^3+11n^2+3n+31$是完全平方数.

B 组

1. (1)设$s(n)$是n在p进制表示式中各位数码之和.证明$n!$中含素数因子p的最高指数为$\dfrac{n-s(n)}{p-1}$.

   (2)试确定最小正整数n,使$n!$的结尾恰有2005个零.

2. (美国第17届数学邀请赛题)求最大整数n,使$\dfrac{(n-2)^2(n+1)}{2n-1}$是整数.

3. (1994年中国国家集训队考试题)求所有由四个正整数a,b,c,d组成的数组,使数组中任意三个数的乘积除以剩下一个数的余数都是1.

4. (第25届IMO题)求一对正整数a,b满足

   (1)$ab(a+b)$不能被7整除.

   (2)$(a+b)^7-a^7-b^7$能被7^7整除.

5. (全俄第12届数学奥林匹克题)证明:在形如$2^n+n^2(n\in \mathbf{N}_+)$的数中,有无穷多个可以被100整除.

6. (第31届IMO预选题)设$f(0)=f(1)=0$,且$f(n+2)=4^{n+2}f(n+1)-16^{n+1}f(n)+n\cdot 2^{n^2}$ $(n=0,1,2,\cdots)$.试证$f(1989),f(1990),f(1991)$都被31整除.

7. (第37届IMO预选题)试求出一切正整数a,b,使$\left[\dfrac{a^2}{b}\right]+\left[\dfrac{b^2}{a}\right]=\left[\dfrac{a^2+b^2}{ab}\right]+ab$.

8. (1990年中国国家集训队题)求出所有小于10的正整数M,使5整除1989^M+M^{1989}.

9. (第33届IMO预选题)证明:对任何正整数m,存在无穷多组整数(x,y),满足:(1)x与y互素;(2)$x\mid(y^2+m)$且$y\mid(x^2+m)$.

10. (2002—2003年英国数学奥林匹克题)求所有正整数a,b,c,使其满足$(a!)(b!)=a!+b!+$

$c!$.

11. (2008年全国高中联赛题)设 $f(x)$ 为周期函数，T 和 1 是 $f(x)$ 的周期且 $0<T<1$，证明：

    (1) 若 T 为有理数，则存在素数 p，使 $\frac{1}{p}$ 是 $f(x)$ 的周期．

    (2) 若 T 为无理数，则存在各项均为无理数的数列 $\{a_n\}$ 满足 $1>a_n>a_{n+1}(n=1,2,\cdots)$ 且每个 a_n 都是 $f(x)$ 的周期．

12. (2006年第6届中国西部数学奥林匹克试题)设 $s=\{n\mid n-1,n,n+1$ 都可以表示为两个正整数的平方和$\}$．证明，若 $n\in s$，则 $n^2\in s$．

13. (2007年第4届中国东南地区数学奥林匹克试题)试求满足下列条件的质数三元组 (a,b,c)：

    (1) $a<b<c<100$，a,b,c 是质数；

    (2) $a+1,b+1,c+1$ 组成等比数列．

第二篇 湖南省历年高中数学竞赛试题汇编

1988年湖南省高中数学夏令营试题

第一试

1. 设在平面上有6个点,其中任意3点均不在一条直线上,如果我们用线段连结其中的一些点对,使得下面的条件满足:对任意3个点,其中至少有一对点没有线段连结(即任何3个点不是一个三角形的三个顶点).问按上述条件至多能连几条线段,证明你的结论.

2. l_1, l_3 与 l_2, l_4 为两组互相垂直的直线(其中 $l_1 \parallel l_2, l_3 \parallel l_4$ 且 $l_1 \perp l_3$),$PQRS$ 为内接于两组直线的菱形. 以菱形 $PQRS$ 对角线的交点 M 为中心,将菱形的对角线按正向旋转 α 角,分别交两组直线于 P_1, Q_1, R_1, S_1,连结之,得一新的内接于两组平行直线的菱形 $P_1Q_1R_1S_1$. 试证对任意的旋转角 α,所得到的菱形都彼此相似.

3. 设 $a, b \in \mathbf{R}^+, n \in \mathbf{N}, n \geqslant 2$,求证:
$$\frac{a^n + a^{n-1}b + a^{n-2}b^2 + \cdots + b^n}{n+1} \geqslant (\frac{a+b}{2})^n,$$ 当且仅当 $a = b$ 时等号成立.

第二试

4. $f(x)$ 为定义在实数集 $\mathbf{R}$ 上的实值函数且满足:对任何实数 x_1, x_2,当 $|x_1 - x_2| \leqslant 1$ 时有 $|f(x_2) - f(x_1)| \leqslant 1$,及 $f(0) = 1$,证明:$-|x| \leqslant f(x) \leqslant |x| + 2$. 证明:
   (1) $f[g(n)] = n$;
   (2) $g(n) - f(n) = f[g(n)] + 1$.

5. 设 a 和 d 是两个正整数,类似作"杨辉三角"的办法作下面的"三角":

$$
\begin{array}{ccc}
a & & a \\
a+d & 2a & a+d
\end{array}
$$

$$a+2d \qquad 3a+d \qquad 3a+d \qquad a+2d$$
$$a+3d \quad 4a+3d \quad 6a+2d \quad 4a+3d \quad a+3d$$
$$\cdots\cdots$$
$$a+(n-1)d \qquad\qquad\qquad\qquad a+(n-1)d$$
$$\cdots\cdots$$

"三角"的作法是这样的:第 n 行共有 $n+1$ 个数,其首尾两类都是 $a+(n-1)d$,其余中间的数,由上一行中与此数相邻的两个数相加而得(如箭头所示:$4a+3d=(a+2d)+(3a+d)$,$6a+2d=(3a+d)+(3a+d)$ 等等).

(1) 证明第 n 行各数之和为 $2^n a+(2^n-2)d$;

(2) 若第 n 行的数之和等于 1988,n 的最大可能值是多少?并求相应的 a 与 d,证明你的结论.

6. $f(x)$ 为定义在实数集 **R** 上的实值函数,且满足:对任何实数 x,y 有

$$f(x+y)+f(x-y)+f(2x)=4f(x)f(\frac{x+y}{2})f(\frac{y-x}{2})-1 \qquad (*)$$

且 $f(1)=0$.

(1) 证明 $f(x)$ 是偶函数;

(2) 证明 $f(x)$ 是周期函数且求其周期;

(3) 对任何整数,求 $f(n)$.

1990年湖南省高中数学夏令营试题

1. 正整数 n 能被 1990 整除,且 n 恰好有 12 个正因数(含括 1 和 n),求 n.
2. 设有一张台球桌,其桌面形状是正 1990 边形 $A_1A_2\cdots A_{1990}$,一个球从 A_1A_2 上的某点 P_0 击出,击中 A_2A_3 上的某点 P_1,并且依次碰击 $A_3A_4, A_4A_5, \cdots, A_{1990}A_1, A_1A_2$ 上的 $P_2, P_3, \cdots, P_{1989}, P_{1990}$,设 $P_0A_2 = \lambda A_1A_2 (0 < \lambda < 1)$,$\angle P_1P_0A_2 = \theta$.
   (1) 求 θ 的取值范围;
   (2) 若 $P_{1990} = P_0$,求 θ 的值.
3. 设 $f(x) = x(x-a_1)(x-a_2)\cdots(x-a_{n-1})+1$,其中 $n \geqslant 2, a_1, a_2, \cdots, a_{n-1}$ 为互不相同的正整数. 证明: $f(x)$ 可分解为两个次数小于 n 的整系数多项式之积的充分必要条件是: $n = 2, a_1 = 2$ 或 $n = 4, a_1, a_2, a_3$ 是 1,2,3 的任意排列.

1990年湖南省高中数学冬季集训试题

第一试

1. 试求方程 $x^5 - x^3 - x^2 + 1 = y^2$ 的整数解.

2. 设 $\triangle ABC$ 的外接 $\odot O$ 与内切 $\odot I$ 的半径分别为 R, r, $AB \neq BC$. 试证:

   (1) $IB = 2 \cdot \sqrt{\dfrac{R \cdot r \cdot \cot \dfrac{B}{2}}{\cot \dfrac{A}{2} + \cot \dfrac{C}{2}}}$;

   (2) $\angle BOI \neq \dfrac{\pi}{2}$ 的充要条件是: $\left(\angle BOI - \dfrac{\pi}{2}\right) \cdot \left(\cot \dfrac{A}{2} \cdot \cot \dfrac{C}{2} - \dfrac{R+r}{R-r}\right) < 0$.

3. 设 $k_i \in \mathbf{Z}, \alpha_i \in \mathbf{R}, |\alpha_i| = 1, x_i = x_0 + k_i, i = 1, 2, \cdots, m, x_0$ 为定数. 求证:
$$\sum_{i \neq j} \alpha_i \alpha_j \cos\left[(x_i - x_j)\dfrac{\pi}{2}\right] \leqslant s^2 + (m-s)^2 - m.$$
其中 s 为 $k_1, k_2, \cdots, k_m$ 中偶数的个数.

第二试

4. 定义自然数集 $\mathbf{N} \to \mathbf{N}$ 的函数 $f(n), g(n)$ 为 $f(n) = \left[\dfrac{n(\sqrt{5}-1)}{2}\right], g(n) = \min\{m \mid f(m) \geqslant n\}$, 其中 $[x]$ 表示不超过 x 的最大整数. 证明:

   (1) $f[g(n)] = n$;

   (2) $g(n) - f(n) = f[g(n)] + 1$.

5. 已知 100 个自然数 $a_1 \leqslant a_2 \leqslant \cdots \leqslant a_{100} < 100$. 证明:如果不能从 $a_1, a_2, \cdots, a_{100}$ 中选出若干个数使它们的和等于 100,那么 $a_1 + a_2 + \cdots + a_{100} \neq 200$.

6. 某班在一周(6天)之内安排一些学生参加活动,每天安排若干人,但任三天参加的学生中必至少有一人,三天活动此人全部参加,任四天参加的学生中不存在一人,四天的活动此人全部参加. 问这班至少有多少学生,并按条件具体安排一个参加活动的组织方案.

1991年湖南省高中数学夏令营试题

一、简答题

1. 在四面体 $ABCD$ 中,$AB = AC = AD = BC = 1, BD = \sqrt{3}, CD = \sqrt{2}$. 试求对棱 AD、BC 所成的角.

2. $\triangle ABC$ 的三内角的正切值为三个连续的整数,则最大内角的值是多少?

3. 设集合 $E_k = \{(x,y) \mid y \leqslant |x|^k, |x| \geqslant 1\}, k = 1, 2, \cdots, 1991$. 试求:
$E_1 \cap E_2 \cap \cdots \cap E_{1991}$.

4. 设方程 $x^2 - ax + 9a = 0$ 的根为整数,求实数 a 的取值范围.

5. 设 $\lambda_1, \lambda_2, \cdots, \lambda_n$ 是给定的正数,且 $\sum_{k=1}^{n} \lambda_k = 1$. 试求不等式 $|\sum_{k=1}^{n} \sqrt{\lambda_k} z_k|^2 \geqslant \sum_{k=1}^{n} |z_k|^2$ 成立的所有复数 $z_1, z_2, \cdots, z_n$.

二、解答题

6. 共点于 O 的 $\odot O_1, \odot O_2, \odot O_3$ 又两两相交于 A, B, C. 若 O, O_1, O_2, O_3 四点共圆,则 A, B, C 三点共线.

7. 已知数列 $\{a_n\}, a_1 = a_2 = 1, a_{n+2} = a_{n+1} + a_n (n = 1, 2, \cdots)$,试证:对于任意自然数 n 有 $\text{arccot} a_n \leqslant \text{arccot} a_{n+1} + \text{arccot} a_{n+2}$,并指出等式成立的条件.

8. 在数列 $\{n^2 - n + 1\}(n = 1, 2, \cdots)$ 的前 1991 项的每一项之前任意添加"+"或"−"号,则可能得到的代数和的最小非负值是多少?

1991年湖南省高中数学冬季集训试题

第一试

1. 设数列 $\{F_n\}$ 满足递归关系 $F_1 = F_2 = 4, F_{n+2} = F_{n+1} + F_n, n = 1, 2, \cdots$ 试证:对任意自然数 n,以 $F_n \cdot F_{n+4}, F_{n+1} \cdot F_{n+3}, 2F_{n+2}$ 为边长可构成一个直角三角形.

2. 设复数 $Z_1, Z_2, \cdots, Z_n$ 的模均为 1,其辐角主值均在 $[0, \pi]$ 上取值. 试证:当 n 为奇数时,有 $|\sum_{k=1}^{n} Z_k| \geq 1$.

3. 设正整数对 (x, y) 使得 $\dfrac{x^2 + y^2}{11}$ 为整数,并且满足条件 $\dfrac{x^2 + y^2}{11} \leq 1991$. 求这样的正整数对 (x, y) 的个数(当 $a \neq b$ 时,(a, b) 与 (b, a) 是不同的数对).

第二试

4. 设 M 为 $\triangle ABC$ 所在平面上任意一点,P 为 $\triangle ABC$ 的半周长. 试证:
$$|MA| + |MB| + |MC| \geq P \cdot \min\{\sec^2 \frac{A}{4}, \sec^2 \frac{B}{4}, \sec^2 \frac{C}{4}\}.$$

5. 已知 $f(n)$ 是定义在自然数集 $\mathbf{N}$ 上的函数,且满足
$f(1) = f(2) = 1, f(3n) = 3f(n) - 2, f(3n+1) = 3f(n) + 1, f(3n+2) = 3f(n) + 4 (n \in \mathbf{N})$.
试确定小于或等于 1992 的正整数中使 $f(n) = n$ 成立的最大正整数 n.

6. 给定平面上 $n(n \geq 4)$ 个点. 证明:如果有多于 n 对点,它们之间的距离等于 d,那么至少存在两点,它们之间的距离大于 d.

1992年湖南省高中数学夏令营试题

A卷

一、选择题

1. 已知非常数函数 $y=f(x)$ 有反函数,那么在同一坐标系内,$x=f^{-1}(y)$ 与 $y=f^{-1}(x)$ 的图象( ).
   A. 关于原点对称
   B. 关于直线 $x+y=0$ 对称
   C. 关于直线 $x-y=0$ 对称
   D. 不可能有 A,B,C 中的对称关系

2. 函数 $y=\cos x(x\in[0,\pi])$ 与函数 $y=\arccos x(x\in[-1,1])$ 都不是( ).
   A. 减函数
   B. 周期函数
   C. 非奇非偶函数
   D. 单调函数

3. 设 M,N,H,G 为空间四点,则下列关系式正确的是( ).
   A. $MH^2+NG^2+MG^2+NH^2<MN^2+HG^2$
   B. $MH^2+NG^2+MG^2+NH^2\geqslant MN^2+HG^2$
   C. $MH^2+NG^2+MG^2+NH^2>MN^2+HG^2$
   D. $MH^2+NG^2+MG^2+NH^2=MN^2+HG^2$

4. 已知点集 $A=\{(x,y)\mid x^2+y^2-2y=0\}$,$B=\{(x,y)\mid x+y+k\geqslant 0\}$. 若 $A\subseteq B$ 恒成立,则 k 的取值范围是( ).
   A. $[-1-\sqrt{2},+\infty)$
   B. $[-1+\sqrt{2},+\infty)$
   C. $(-\infty,1+\sqrt{2})$
   D. $(-\infty,1-\sqrt{2}]$

5. 已知复数 z_1、z_2 满足 $|z_1|=|z_2|-1$,$z_1=z_2=\cos 15°+i\sin 15°$,则 $\dfrac{z_1}{z_2}$ 等于( ).
   A. $\dfrac{1}{2}+\dfrac{\sqrt{3}}{2}i$
   B. $\dfrac{1}{2}\pm\dfrac{\sqrt{3}}{2}i$
   C. $-\dfrac{1}{2}+\dfrac{\sqrt{3}}{2}i$
   D. $-\dfrac{1}{2}\pm\dfrac{\sqrt{3}}{2}i$

6. 设 $a+bi$(i 为虚数单位,$a,b\in\mathbf{R}$)是方程 $a_4x^4+i\cdot a_3x^3+a_2x^2+ia_1x+a_0=0$ 的根($a_1,a_2,a_3,a_4\in\mathbf{R}$),则下列数中哪一个也是它的根?( )
   A. $-a-bi$
   B. $a-bi$
   C. $-a+bi$
   D. $b+ai$

二、填空题

7. $x=\sqrt{ab}(ab>0)$ 是 a,x,b 这三实数成等比数列的_____条件.

8. 已知 α,β 为锐角,且

$$\begin{cases} 3\sin^2\alpha + 2\sin^2\beta = 1, \\ 3\sin2\alpha - 2\sin2\beta = 0. \end{cases}$$

则 $\alpha + 2\beta = $ _____.

9. 记 $F(x,y) = \min\{2^{-x}, 2^{x-y}, 2^{y-1}\}$,当 $0 < x < 1, 0 < y < 1$ 时,$F(x,y)$ 的最大值是_____.

10. 设复数列 $\{z_n\}$ 满足 $z_1 = 0, z_{n+1} = z_n^2 + i$(i 为虚数单位),则 $|z_{1992}| = $ _____.

11. 不等式 $a+b+c \geqslant 3\sqrt[3]{abc}$ 在实数范围内成立的充要条件是_____.

三、解答题

12. 正四面体 $ABCD$ 中,MN 是连结 AD 的中点与 $\triangle BCD$ 中心的线段,PQ 是连结 CD 的中点与 $\triangle ABC$ 中心的线段,求直线 MN 与 PQ 所成的角.

13. 设 P 为 $\square ABCD$ 内一点,$\angle ABP = 2\angle ADP, \angle DCP = 2\angle DAP$,求证:$AB = PB = PC$.

14. 设 a 为实常数,解方程 $\sin(x + \frac{\pi}{4}) + \sin2x = a$.

B 卷

一、填空题

1. 设复数列 $\{z_n\}$ 满足 $z_{n+1} = z_n^2 + i$(i 为虚数单位),则 $|z_{1992}| = $ _____.

2. 数列 $\{a_n\}$ 的通项公式为
$$a_n = \begin{cases} 0, n = 2^\alpha + 3^\beta \\ 2n, n \neq 2^\alpha + 3^\beta \end{cases} (\alpha, \beta \text{ 为非负整数}),$$
前 n 项的和记为 S_n,则 $S_{10} = $ _____.

3. 设 $f(x) = x^2 + 3x + 2$,且 $S = \{0,1,2,\cdots,100\}$.若 $a \in S$ 有 $f(a)$ 能被 6 整除,则具有这种性质的 a 的个数是_____.

4. 设 $f(x,y) = a(x^3 + 3x) + b(y^2 + 2y + 1)$ 满足 $1 \leqslant f(1,2) \leqslant 2, 2 \leqslant f(3,4) \leqslant 5$,则 $f(1,3)$ 的取值范围是_____.

5. 某商店有 126 箱苹果,每箱至少 120 个,至多有 144 个,现将苹果个数相同的箱子作为一组,设其中箱子最多一组有 n 个,则 n 的最小值是_____.

二、解答题

6. 已知 O 为 $\triangle ABC$ 的内心,连 AO, BO, CO 并延长分别交 $\triangle ABC$ 的外接圆于 D, E, F. 又 DE 与 AC 交于 G,DF 与 AB 交于 H,求证:H, O, G 三点共线.

7. 已知 $x_1, x_2, \cdots, x_n$ 中每一个的取值都只能是 $0, 1, -1$ 中的一个,又 S 表示从 $x_1, x_2, \cdots, x_n$ 中任取两个之积的和:$S = \sum_{1 \leqslant i < j \leqslant n} x_i x_j$. 求 S 的最小值.

8. 设 $S = \{r_1, r_2, \cdots, r_n\} \subseteq \{1, 2, 3, \cdots, 50\}$,且 S 中任意两数之和不被 7 整除,求 n 的最大值.

1992年湖南省高中数学竞赛试题

一、选择题

1. 一条直线 l 与双曲线 c 相交,则交点的个数最多是( ).
   A. 1　　　　　B. 2　　　　　C. 3　　　　　D. 4

2. 若复数 $z = a + bi(a, b \in \mathbf{R})$,$|z-i| > |z+i|$,则( ).
   A. $a > 0$　　B. $a < 0$　　C. $b > 0$　　D. $b < 0$

3. 如图,F_1, F_2 是椭圆的焦点,过 F_2 的动弦 MN 的倾角为 θ,$\triangle MNF_1$ 的周长为 P,则( ).
   A. P 随 θ 增大而增大　　B. P 随 θ 增大而减小
   C. $P = 4|F_1F_2|\sin\theta$　　D. P 的大小与 θ 无关

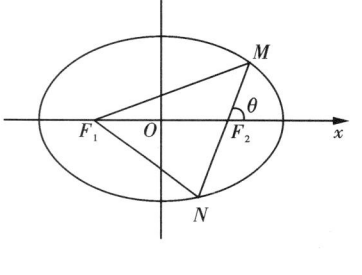

4. 设 $f(x)$ 的定义域为 $\mathbf{R}$,且对任意 $x \in \mathbf{R}$ 有 $f(x-2) = f(x)$.已知在 $[-1,1]$ 上 $f(x)$ 的表达式为 $f(x) = x^2 - 2x + 4$,则 $f(x)$ 在 $[-3,-1]$ 上的表达式是( ).
   A. $x^2 - 2x + 4$　　B. $x^2 - 6x + 12$
   C. $x^2 + 2x + 4$　　D. $x^2 + 6x + 12$

(第3题图)

5. 已知 $a \neq \pm 1$,以双曲线 $xy = a$ 和抛物线 $y = x^2 + ax - 1$ 的三个交点为顶点的三角形是( ).
   A. 直角三角形　　　　B. 正三角形
   C. 钝角三角形　　　　D. 不等边锐角三角形

6. 下面函数图象正确的是( ).

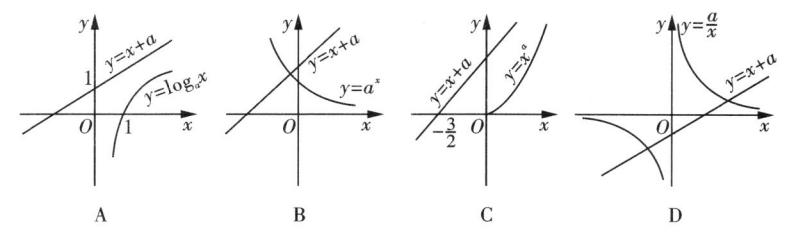

   A　　　　　B　　　　　C　　　　　D

7. 已知 A, B, C, D, E, F 为实数且 $D \neq 0$,设
   命题甲:$A = C$ 且 $B = 0$;
   命题乙:$Ax^2 + Bxy + Cy^2 + Dx + Ey + F = 0$ 是圆的方程.
   则命题甲是命题乙成立的( ).
   A. 充要条件　　　　　　B. 充分而非必要条件
   C. 必要而非充分条件　　D. 非充分亦非必要条件

8. 已知方程 $40x^2+39x-1=0$ 的两根的倒数和是等差数列 $1,3,5,\cdots$ 的第 m 项,而两根的倒数积是等比数列 $2,-6,18,\cdots$ 的前 n 项的和,则 $m+n$ 的值是( ).
   A. 20   B. 22   C. 24   D. 26

9. 已知实数 x,y 满足 $(2x+y)^3+x^3+3x+y=0$,则 $3x+y$ 的值是( ).
   A. -1 B. 0   C. 1   D. 不确定

10. 已知点 $(2,1)$ 和点 $(5,-1)$ 在直线 $3y-2x-m=0$ 的两侧,则 m 的取值范围是( ).
    A. $\frac{4}{3}<m<\frac{17}{3}$ B. $-13<m<-1$ C. $4<m<17$ D. $\frac{3}{2}<m<\frac{39}{2}$

11. 数列 $C_{1992}^1, 2C_{1992}^2, \cdots, 1992C_{1992}^{1992}$ 的最大项是( ).
    A. $997C_{1992}^{997}$ B. $998C_{1992}^{998}$ C. $999C_{1992}^{999}$ D. $1000C_{1992}^{1000}$

12. 设关于 x 的方程 $(3-3^{-|x-3|})^2=3-\cos\theta$ 有实数根,则 θ 的取值为( ).
    A. $\theta=k\pi(k\in \mathbf{Z})$ B. $\theta=(2k+1)\pi(k\in \mathbf{Z})$
    C. $\theta=k\pi+\frac{\pi}{2}(k\in \mathbf{Z})$ D. $\theta=(2k+1)\pi+\frac{\pi}{2}(k\in \mathbf{Z})$

13. 二面角 α-l-β 的平面角为 φ,直线 $m\subset\alpha$,m 与平面 β 所成的角为 θ,则( ).
    A. $\varphi\geqslant\theta$ B. $\varphi\leqslant\theta$
    C. 当且仅当 $\varphi\geqslant\frac{\pi}{2}$ 时,$\varphi\geqslant\theta$ D. 当且仅当 $\varphi<\frac{\pi}{2}$ 时,$\varphi<\theta$

14. 设 $x\in[-1,1]$,$\arcsin x=\theta$,$\theta\in[-\frac{\pi}{2},-\frac{\pi}{4}]$,则 $\arcsin(2x\sqrt{1-x^2})$ 的值是( ).
    A. 2θ B. $\pi-2\theta$ C. $-(\pi+2\theta)$ D. $-(\pi-2\theta)$

15. 整数 x 使 x^2+x+13 是 121 的倍数,这样的整数 x 的个数为( ).
    A. 0   B. 1   C. 2   D. 无限个

二、填空题

16. 函数 $f(x)=\dfrac{2\sin x\cos x}{1+\sin x+\cos x}$ 的最大值为_____.

17. 长方体共顶点的三个表面的面积分别为 6 cm^2,10 cm^2,15 cm^2,则这个长方体的外接球的表面积 $S=$_____.

18. 方程 $\sin(x-\frac{\pi}{4})=\frac{1}{4}x$ 的实数解的个数为_____.

19. 设 $a_k=\dfrac{k+1}{(k-1)!+k!+(k+1)!}$,则 $a_2+a_3+\cdots+a_{1991}+\dfrac{1}{1992!}=$_____.

20. 凸四边形纸片内有 n 个点,连同四边形的 4 个顶点共有 $n+4$ 个点,其中任何三点不共线,以这些点为顶点把四边形剪成一些三角形纸片,最多能剪 1992 个,则 $n=$_____.

21. 在边长为 5 的正方形中,过每边的 5 等份点作边的平行线,则构成非正方形的矩形的总个数为_____.

三、解答题

22. 设 $f(x)=x^2-2ax+2$,当 $x\in[-1,+\infty]$ 时,$f(x)\geqslant a$,求 a 的取值范围.

23. 设 A,B,C 成等差数列,求直线 $Ax+By+C=0$ 与抛物线 $y=-2x^2$ 相交弦的中点的轨迹方程.

24. 当 $0<x<\dfrac{\pi}{2}$ 时,函数 $y=\tan 3x \cdot \cot^3 x$ 的值恰好不能取开区间 (a,b) 内的数,求 $a+b$ 的值.

25. 已知 a,b,x,y 皆为实数,且 $0<x<\dfrac{\pi}{2},0<y<\dfrac{\pi}{2}$,定义

$A=\{(x,y) \mid a(\sin x+\sin y)+(b-1)(\cos x+\cos y)=0\}$,

$B=\{(x,y) \mid (b+1)\sin(x+y)-a\cos(x+y)=a\}$,

$C=\{(a,b) \mid z^2-2(a-b)z+(a+b)^2-2$ 的值恒为正$\}$,

问是否存在 $(a,b)\in C$,使 $A\cap B\neq\varnothing$.

26. 如图,设四面体 $ABCD$ 中,CD 为对棱 AD、BC 的公垂线,已知 $CD=a, AB=b$,AD 与 BC 所成的角为 $30°$. 求四面体 $ABCD$ 的外接球半径.

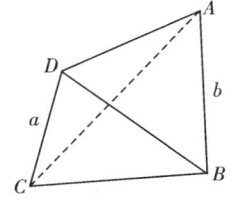

(第 26 题图)

1994年湖南省高中数学夏令营试题

一、填空题

1. 设 $\lambda = \{x \mid x = a+b\sqrt{3}, a, b \in \mathbb{Z}\}$，若 $x = 7+a\sqrt{3} \in \lambda$，且 $\frac{1}{x} \in \lambda$，则 a 的值为____．

2. 设 $A = \{a_1, a_2, a_3\}$，$B = \{b_1, b_2, b_3, b_4\}$，则 A 到 B 的子集的一一映射总数为____个，A 到 B 的子集的映射个数为____个．

3. 过点 $(\sqrt{1994}, 0)$ 的所有直线中，通过两个不同的有理点的直线的条数为____．

4. 直四棱柱的底面是边长为2，夹角为30°的菱形，高为1，过底边作与底面成60°的截面，则该截面的面积是____．

5. 在两底分别为1和3的梯形内可作内切圆，则该梯形两腰所在直线的夹角的最大值为____．

6. N 是一个完全平方数，各位数字均小于7，且每一个数字增加3后仍是一个完全平方数，则 N 的值为____．

二、已知 a, b, c, d 是正数，且 $a+2b = 1, c+2d = 1$，求 $\frac{1}{a} + \frac{1}{bcd}$ 的最小值．

三、一次足球循环赛中，第1名至第4名依次得分为11分，9分，7分，5分，且第5名的得分与第4名得分不同(胜者得2分，负者得0分，平局各得1分)．问一共有多少个队参加比赛？并问各队共得多少分？

四、AB 是 $\odot O$ 的非直径的弦，过 AB 中点 P 作两弦 A_1B_1、A_2B_2，过 A_1、B_1 分别作 $\odot O$ 的切线得交点 C_1，过 A_2、B_2 分别作 $\odot O$ 的切线得交点 C_2，求证：$C_1C_2 \parallel AB$．

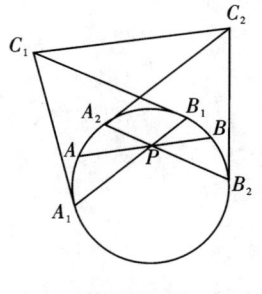

(第四题图)

1994年湖南省高中数学冬季集训试题

第一试

1. 如图:△ABC 中 ∠A 的平分线交 BC 于 D,交 △ABC 的外接圆于 P,以 AD 为弦任作一圆交 AB 于 M,交 AC 的延长线于 N,又 PM 交 BC 于 G,如果 △BMG 的面积等于 S_1,四边形 PNCG 的面积等于 S_2,试比较 S_1 与 S_2 的大小.

2. 设 $n \geqslant 3, \omega = \cos\dfrac{2\pi}{n} + i\sin\dfrac{2\pi}{n}$ 是 1 的 n 次单位根,又 $x_i(i = 0, 1, \cdots, n-1)$ 为实数,且 $x_0 \geqslant x_1 \geqslant \cdots \geqslant x_{n-1}$,求使下列等式成立时,$x_0, x_1, \cdots, x_{n-1}$ 应满足的充要条件:$x_0 + x_1\omega + x_2\omega^2 + \cdots + x_{n-1}\omega^{n-1} = 0$.

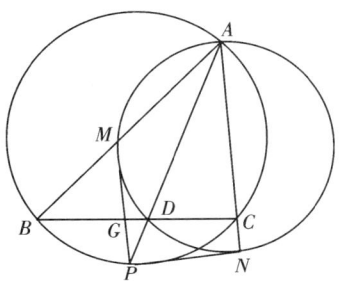

3. 若正整数 n 使得 $2^{1995} + 2^{1994} + 2^n$ 为完全平方数,求所有的 n.

4. 平面上有 18 个点,其中任意三点不共线,两两用线段连接,这些线段被染成红、蓝两色,每条线段只染一种颜色,已知其中某点 A 引出的红色线段为奇数条,且其余 17 点引出的红色线段数互不相等,求此图中三边全为红色的三角形的个数及两边为红色、另一边为蓝色的三角形的个数(三角形的顶点必须是已知 18 点中的点).

(第1题图)

第二试

1. 设 $n \in \mathbf{N}, j \in \{0, 1, 2,\}$.证明: $\sum\limits_{i \geqslant 0}(-1)^i C_n^{3i+j} \geqslant \dfrac{(-2)^n - 1}{3}$.

   其中 $C_n^m = \dfrac{n!}{m!(n-m)!}(0 \leqslant m \leqslant n, m, n$ 为整数$), C_n^m = 0(m > n \geqslant 0, m, n$ 为整数$)$.

2. 已知:b_1, b_2, b_3, b_4 为正整数,多项式 $g(z) = (1-z)^{b_1}(1-z^2)^{b_2}(1-z^3)^{b_3}(1-z^4)^{b_4}$ 展开后略去高于 4 次的项以后为 $1 - 2z$,又 α 是多项式 $f(x) = x^3 - b_4 x^2 + b_2$ 的最大根,试求 $[\alpha^{1995}]$ 被 9 除的余数.这里 $[x]$ 表示不大于 x 的最大整数.

3. 设凸五边形 ABCDE 的面积为 1,F 是 ABCDE 内一点,且 F 不在凸五边形的任何一条对角线上,记 $M = \{A, B, C, D, E, F\}$,若三角形 β 的三个顶点都在 M 内,记为 $[\beta] \subset M$,并用 $S(\beta)$ 表示三角形 β 的面积,定义
$a(M) = \min\{S(\beta_1) + S(\beta_2) \mid [\beta_i] \subset M (i = 1, 2)$ 且 β_1 与 β_2 无公共点$\}$.
求证:$a(M) \leqslant \dfrac{1}{2}$.

1995年湖南省高中数学夏令营试题

一、填空题

1. 立方体有 8 个顶点,过每两个顶点作一直线,在这些直线中,成 90°的角的异面直线有_____对,成 60°的角的异面直线有_____对.

2. 已知 x、y 为正实数,且 $4x+y=5$,则 $\dfrac{1}{x}+\dfrac{1}{y}$ 的最小值是_____,这时 $x=$_____,$y=$_____.

3. 如果关于 x 的二次方程 $9x^2-2mx+n=0$ 有两个实根在区间 $(0,1)$ 内,那么符合条件的整数对 (m,n) 只可能是_____.

4. 设 Z 为复数,A,B,C 为实数,$A<0$,令 $f(Z)=A|Z|^2+2B\cdot\text{Re}Z+C$(其中 $\text{Re}Z$ 表示 Z 的实部),则当 $Z=$_____时,$f(Z)$ 有最_____值_____.

5. 设对任意实数 $x,f(x)$ 有性质 $f(x)+f(x-1)=x^2$,若 $f(19)=95$,那么 $f(95)=$_____.

6. 设 $a_1=3,a_n=3^{a_{n-1}}(n=2,3,4,\cdots),S=a_1+a_2+\cdots+a_{1995}$,则 S 被 4 整除的余数是_____,S 的个位数字是_____.

7. 两体操队的人数相等,各队员得分只有两种情况:8 分或 9 分,已知两队得分总和为 156 分,则两队共有_____人,其中得 9 分的共有_____人.

8. 设 $N=19x+95y$ 为完全平方数,且 N 不超过 1995,则符合条件的正整数共有_____对,其中 $x+y$ 为最大的一对 (x,y) 是_____.

二、 四边形 $ABCD$ 中,$AB\parallel CD$,E 为 AD 上一动点.求证: $\triangle ABE$ 与 $\triangle DEC$ 的外心 O_1 与 O_2 之间的距离为一定值.

三、 A,B 两地相距 999 km,沿路有 1000 个里程碑,其上标明立碑处到 A,B 两点的距离,如 $(0,999),(1,998),(2,997),\cdots,(997,2),(998,1),(999,0)$,问有多少个这样的里程碑,其上恰好只出现两种不同的数字?

四、 已知钝角 $\triangle ABC$ 满足条件:
(1) AB,BC,CA 的长均为正整数;
(2) AB,BC,CA 的长均不超过 50;
(3) AB,BC,CA 的长构成一个公差为正的等差数列.
试求满足上述条件 (1),(2),(3) 的钝角三角形的个数,并问其中周长最大的一个三角形

(第二题图)

的三边长是多少？

五、设$\overline{abcd}$是一个四位数，其中前两个数码和后两个数码分别组成两位数$\overline{ab}$和$\overline{cd}$，若满足条件：$\overline{ab} \neq \overline{cd}$，$\overline{ab}$整除$\overline{cd}$，$\overline{cd}$整除$\overline{abcd}$，则称这样的四位数为"吉数".

（1）试求全部"吉数"的个数；

（2）试求最大的奇"吉数".

1996年湖南省高中数学夏令营试题

一、填空题

1. 在直角坐标平面上,给定三点 $M(0,0), P(0,5), Q(\frac{12}{5}, \frac{9}{5})$,记 $A=\{$过点 M 的圆$\}$, $B=\{$过点 P 的圆$\}$, $C=\{$过点 Q 的圆$\}$,则点集 $A \cap B \cap C$ 所在曲线方程为_____.

2. z_1, z_2 是已知的两个复数,复数 z 满足 $z \neq 0, z+z_2 \neq 0, \bar{z}z_1 + \overline{zz_2} + z_1\bar{z_2} = 0$,则 $\arg\frac{z+z_1}{z+z_2} = $_____.

3. $\triangle ABC$ 的内切圆 O 切 BC 于点 D,内切圆半径为 r. 若 $AD = 2\sqrt{3}, DB = \sqrt{3}, \angle A > 60°$,则 r 的取值范围是_____.

4. 若实系数多项式 $f(x) = x^4 + (a-1)x^2 + 1$ 对一切实数 x 的取值都非负,则 a 的取值范围是_____.

5. 设 $f(x) = \frac{x^2+x+2}{x+2}$,则 $f(x)$ 在 $[-1,1]$ 上的最小值为_____,最大值为_____.

6. 设正整数 a 的各位数字之和为 b, b 的各位数字之和为 c, $\cdots$ 这样继续下去,必然会得到一个一位数,记这个一位数为 $f(a)$(例:$a = 1996, b = 1+9+9+6 = 25, c = 2+5 = 7$,于是 $f(a) = 7$). 今设 $x > 3$ 且 x 与 $x+2$ 均为素数,$A = 1996x(x+2)$,则 $f(A) = $_____.

7. 设常系数多项式 $P(x) = x^4 + ax^3 + bx^2 + cx + d$,满足 $P(1) = 1996, P(2) = 3992, P(3) = 5988$,则 $\frac{1}{4}[P(11) + P(-7)]$ 的值为_____.

8. 平行六面体的一个截面是一个五边形,该五边形的任何两边之比或为 1,或为 2,或为 $\frac{1}{2}$,则这个五边形的各内角的度数为_____.

9. 设 $S = \{1, 2, 3, \cdots, 50\}$,如果从 S 中任取 m 个数,其中必有 3 个数为一个三角形的三边的长,那么 m 的最小值为_____.

二、解答题

10. 若一个四位数满足下列条件:

    (1) 千位数字与百位数字相同,十位数字与个位数字相同;

    (2) 这个四位数与 99 之差是一个完全平方数.

求这个四位数.

11. 设 $S = \{1, 2, 3, \cdots, 500\}$，从 S 中任取 4 个不同的数，按照从小到大的顺序排列成一个公比为正整数的等比数列，求这样的等比数列的个数.

12. 今有长为 $1, 2, \cdots, n-1$ 的线段各一条，从中选出两条不同线段，与长为 n 的线段构成一个三角形的三边，问共有多少种不同的取法？

13. 设圆 O_1 与 $\triangle ABC$ 的外接圆 O 及 AB，AC 分别切于点 D、P、Q，求证：线段 PQ 的中点 M 是 $\triangle ABC$ 的内心.

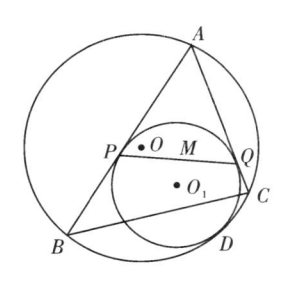

(第 13 题图)

1997年全国高中数学竞赛试题(湖南省命题)

第一试

一、选择题

1. 已知数列 $\{x_n\}$ 满足 $x_{n+1}=x_n-x_{n-1}(n\geqslant 2)$，$x_1=a$，$x_2=b$，记 $S_n=x_1+x_2+\cdots+x_n$，则下列结论正确的是( )．

   A. $x_{100}=-a, S_{100}=2b-a$ B. $x_{100}=-b, S_{100}=2b-a$

   C. $x_{100}=-b, S_{100}=b-a$ D. $x_{100}=-a, S_{100}=b-a$

2. 如图，正四面体 $ABCD$ 中，E 在棱 AB 上，F 在棱 CD 上，使得 $\dfrac{AE}{EB}=\dfrac{CF}{FD}=\lambda(0<\lambda<+\infty)$．

   记 $f(\lambda)=\alpha_\gamma+\beta_\gamma$，其中 α_γ 表示 EF 与 AC 所成的角，β_γ 表示 EF 与 BD 所成的角，则( )．

   A. $f(\lambda)$ 在 $(0,+\infty)$ 单调增加

   B. $f(\lambda)$ 在 $(0,+\infty)$ 单调减少

   C. $f(\lambda)$ 在 $(0,1)$ 单调增加，而在 $(1,+\infty)$ 单调减少

   D. $f(\lambda)$ 在 $(0,+\infty)$ 为常数

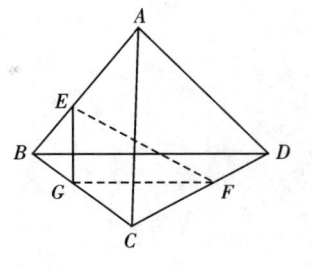

   (第2题图)

3. 设等差数列的首项及公差均为非负整数，项数不少于3，且各项的和为 97^2，则这样的数列共有( )．

   A. 2个 B. 3个 C. 4个 D. 5个

4. 在平面直角坐标系中，若方程 $m(x^2+y^2+2y+1)=(x-2y+3)^2$ 表示的曲线为椭圆，则 m 的取值范围为( )．

   A. $(0,1)$ B. $(1,+\infty)$ C. $(0,5)$ D. $(5,+\infty)$

5. 设 $f(x)=x^2-\pi x$，$\alpha=\arcsin\dfrac{1}{3}$，$\beta=\arctan\dfrac{5}{4}$，$\gamma=\arccos\left(-\dfrac{1}{3}\right)$，$\delta=\operatorname{arccot}\left(-\dfrac{5}{4}\right)$，则( )．

   A. $f(\alpha)>f(\beta)>f(\delta)>f(\gamma)$ B. $f(\alpha)>f(\delta)>f(\beta)>f(\gamma)$

   C. $f(\delta)>f(\alpha)>f(\beta)>f(\gamma)$ D. $f(\delta)>f(\alpha)>f(\gamma)>f(\beta)$

6. 如果空间三条直线 a、b、c 两两成异面直线，那么与 a、b、c 都相交的直线有( )．

   A. 0条 B. 1条

   C. 多于1条的有限条 D. 无穷多条

二、填空题

1. 设 x、y 为实数,且满足
$$\begin{cases}(x-1)^3+1997(x-1)=-1,\\(y-1)^3+1997(y-1)=1.\end{cases}$$
则 $x+y=$ _____.

2. 过双曲线 $x^2-\dfrac{y^2}{2}=1$ 的右焦点作直线 l 交双曲线于 A、B 两点,若实数 λ 使得 $|AB|=\lambda$ 的直线 l 恰有 3 条,则 $\lambda=$ _____.

3. 已知复数 z 满足 $\left|2z+\dfrac{1}{z}\right|=1$,则 z 的辐角主值范围是 _____.

4. 已知三棱锥 $S\text{-}ABC$ 的底面是以 AB 为斜边的等腰直角三角形,$SA=SB=SC=2$,$AB=2$,设 S、A、B、C 四点均在以 O 为球心的某个球面上,则点 O 到平面 ABC 的距离为 _____.

5. 设 $ABCDEF$ 为正六边形,一只青蛙开始在顶点 A 处,它每次可随意地跳到相邻两顶点之一. 若在 5 次之内跳到 D 点,则停止跳动;若 5 次之内不能到达 D 点,则跳完 5 次也停止跳动. 那么这只青蛙从开始到停止,可能出现的不同跳法共 _____ 种.

6. 设 $a=\lg z+\lg [x(yz)^{-1}+1]$,$b=\lg x^{-1}+\lg(xyz+1)$,$c=\lg y+\lg[(xyz)^{-1}+1]$,记 a,b,c 中的最大数为 M,则 M 的最小值为 _____.

三、设 $x\geqslant y\geqslant z\geqslant\dfrac{\pi}{12}$,且 $x+y+z=\dfrac{\pi}{2}$. 求乘积 $\cos x\sin y\cos z$ 的最大值和最小值.

四、设双曲线 $xy=1$ 的两支为 C_1、C_2(如图),正三角形 PQR 的三顶点位于此双曲线上.
(1) 求证:P、Q、R 不能都在双曲线的同一支上;
(2) 设 $P(-1,-1)$ 在 C_2 上,Q、R 在 C_1 上. 求顶点 Q、R 的坐标.

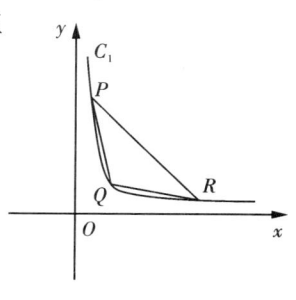

五、设非零复数 a_1、a_2、a_3、a_4、a_5 满足
$$\begin{cases}\dfrac{a_2}{a_1}=\dfrac{a_3}{a_2}=\dfrac{a_4}{a_3}=\dfrac{a_5}{a_4},\\ a_1+a_2+a_3+a_4+a_5=4\left(\dfrac{1}{a_1}+\dfrac{1}{a_2}+\dfrac{1}{a_3}+\dfrac{1}{a_4}+\dfrac{1}{a_5}\right)=S,\end{cases}$$
其中 S 为实数且 $|S|\leqslant 2$. 求证:复数 a_1、a_2、a_3、a_4、a_5 在复平面上所对应的点位于同一圆周上.

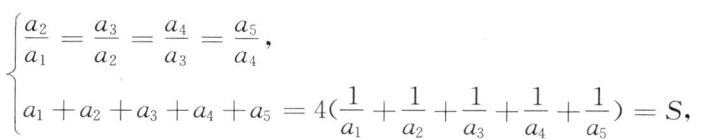

(第四题图)

第二试

一、如图,已知两个半径不相等的 $\odot O_1$ 与 $\odot O_2$ 相交于 M、N 两点,且 $\odot O_1$、$\odot O_2$ 分别与 $\odot O$ 内切于 S、T 两点. 求证:$OM\perp MN$ 的充分必要条件是 S、N、T 三点共线.

二、试问:当且仅当实数 $x_0,x_1,\cdots,x_n(n\geqslant 2)$ 满足什么条件时,存在实数 $y_0,y_1,\cdots,y_n$ 使得 $z_0^2=z_1^2+z_2^2+\cdots+z_n^2$

成立,其中 $z_k = x_k + \mathrm{i}y_k$,i 为虚数单位,$k = 0, 1, \cdots, n$. 证明你的结论.

三、在 100×25 的长方形表格中每一格填入一个非负实数,第 i 行第 j 列中填入的数为 $x_{i,j}$ ($i = 1, 2, \cdots, 100; j = 1, 2, \cdots, 25$)(如表1). 然后将表1每列中的数按由大到小的次序从上到下重新排列为 $x'_{1,j} \geqslant x'_{2,j} \geqslant \cdots \geqslant x'_{100,j}$ ($j = 1, 2, \cdots, 25$)(如表2).

求最小的自然数 k,使得只要表1中填入的数满足 $\sum_{j=1}^{25} x_{i,j} \leqslant 1$ ($i = 1, 2, \cdots, 100$),则当 $i \geqslant k$ 时,在表2中就能保证 $\sum_{j=1}^{25} x'_{i,j} \leqslant 1$ 成立.

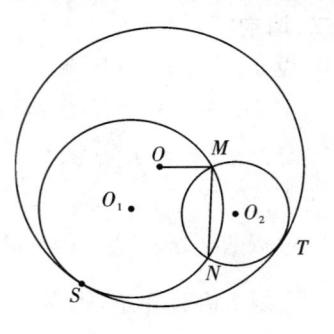

(第一题图)

表1

$x_{1,1}$	$x_{1,2}$	$\cdots$	$x_{1,25}$
$x_{2,1}$	$x_{2,2}$	$\cdots$	$x_{2,25}$
$\cdots$	$\cdots$	$\cdots$	$\cdots$
$x_{100,1}$	$x_{100,2}$	$\cdots$	$x_{100,25}$

表2

$x'_{1,1}$	$x'_{1,2}$	$\cdots$	$x'_{1,25}$
$x'_{2,1}$	$x'_{2,2}$	$\cdots$	$x'_{2,25}$
$\cdots$	$\cdots$	$\cdots$	$\cdots$
$x'_{100,1}$	$x'_{100,2}$	$\cdots$	$x'_{100,25}$

1998年湖南省高中数学竞赛试题

一、选择题

1. 函数 $y = \log_{\frac{1}{5}} |x-2|$ 的单调递减区间是（　　）．
   A. $(-\infty, 2)$
   B. $(-\infty, -2) \cup (2, +\infty)$
   C. $(2, +\infty)$
   D. $(0, 2) \cup (2, +\infty)$

2. 已知非零实数 x, y, z 成等差数列，$x+1, -y, z$ 与 $x, y, z+2$ 分别都成等比数列，则 y 的值等于（　　）．
   A. 8　　　　　B. 16　　　　　C. 12　　　　　D. 20

3. 设 z 是复数，$z+2$ 的辐角为 $\dfrac{\pi}{3}$，$z-2$ 的辐角为 $\dfrac{5\pi}{6}$，则 z 等于（　　）．
   A. $-\sqrt{3} + i$
   B. $-1 + \sqrt{3}i$
   C. $-\dfrac{\sqrt{3}}{2} + \dfrac{1}{2}i$
   D. $-\dfrac{1}{2} + \dfrac{\sqrt{3}}{2}i$

4. 已知直线 $\begin{cases} x = t\cos\alpha \\ y = t\sin\alpha \end{cases}$ （t 为参数）与圆 $\begin{cases} x = 4 + 2\cos\theta \\ y = 2\sin\theta \end{cases}$ （θ 为参数）相切，则直线的倾斜角为（　　）．
   A. $\dfrac{\pi}{6}$ 或 $\dfrac{5\pi}{6}$
   B. $\dfrac{\pi}{4}$ 或 $\dfrac{3\pi}{4}$
   C. $\dfrac{\pi}{3}$ 或 $\dfrac{2\pi}{3}$
   D. $-\dfrac{\pi}{6}$ 或 $-\dfrac{5\pi}{6}$

5. 设 a, b, c 为三条不同的直线，α, β, γ 为三个不同的平面，下列命题中的真命题是（　　）．
   A. 若 $\alpha \perp \gamma, \beta \perp \alpha, \beta \perp \gamma$，则 $\alpha // \beta$
   B. 若 $a \perp b, b \perp c$，则 $a // c$ 或 $a \perp c$
   C. 若 $a \subset \alpha, b, c \subset \beta, a \perp b, a \perp c$，则 $\alpha \perp \beta$
   D. 若 $a \perp \alpha, b \subset \beta, a // b$，则 $\alpha \perp \beta$

6. 8次射击，命中3次，其中恰有2次连续命中的情形共有（　　）．
   A. 15 种　　　　B. 30 种　　　　C. 48 种　　　　D. 60 种

7. 若正棱锥的底面边长与侧棱长相等，则该棱锥一定不是（　　）．
   A. 三棱锥　　　B. 四棱锥　　　C. 五棱锥　　　D. 六棱锥

8. 圆的极坐标方程为 $\rho = \sqrt{2}(\cos\theta + \sin\theta)$，该圆的圆心坐标是（　　）．
   A. $\left(2, \dfrac{\pi}{4}\right)$
   B. $\left(1, \dfrac{\pi}{4}\right)$
   C. $\left(1, \dfrac{3\pi}{4}\right)$
   D. $\left(\sqrt{2}, -\dfrac{\pi}{4}\right)$

二、填空题

1. 若 $\left(x\sqrt{x} - \dfrac{1}{x}\right)^6$ 展开式中第5项的值为 $\dfrac{15}{2}$，则 $\lim\limits_{n \to \infty}(x^{-1} + x^{-2} + \cdots + x^{-n}) = $ _____．

2. 一个底面直径是32 cm 的圆柱形水桶装入适量水后，再将一个铁球放入水中，球被水完全淹没，且水面升高了9 cm（水没有溢出），则球的表面积等于_____ cm^2．

3. 已知椭圆的两个焦点和中心将两准线间的距离四等份,则该椭圆一个焦点与其短轴两端点连线的夹角度数为_____.

4. 若函数 $f(x)$ 和 $g(x)$ 在 $\mathbf{R}$ 上有定义,且 $f(x-y) = f(x)g(y) - g(x)f(y)$,若 $f(-2) = f(1) \neq 0$,则 $g(1) + g(-1) =$ _____(用数字作答).

5. 设 $\sin\theta + \cos\theta = \dfrac{\sqrt{2}}{3}, \dfrac{\pi}{2} < \theta < \pi$,则 $\tan\theta - \cot\theta$ 的值是_____.

6. 设 x、$y \in \mathbf{R}^+$,且 $\dfrac{19}{x} + \dfrac{98}{y} = 1$,则 $x+y$ 的最小值是_____.

三、在 $\triangle ABC$ 中,三边 a,b,c 成等差数列,求 $5\cos A - 4\cos A\cos C + 5\cos C$ 的值.

四、某加油站需要制造一个容积为 $20\pi \text{m}^3$ 的圆柱形储油罐,已知用来制作底面的铁板每平方米价格为 40 元,用作侧面的铁板每平方米价格为 32 元,若不计制作损耗,问储油罐的底面半径和高各为多少时,制作储油罐的材料成本最低?

五、如图,AB 是圆台上底面 $\odot O$ 的直径,C 是 $\odot O$ 上不同于 A、B 的一点,A' 是下底面 $\odot O'$ 上的一点,过 A',A,C 的截面垂直于下底面,M 为 $A'C$ 的中点. $AC = AA' = 2$,$\angle A'AC = 120°$,$\angle BA'C = 30°$.

(1) 求证:$AM \perp$ 平面 $A'BC$;

(2) 求二面角 A-$A'B$-C 的大小.

六、已知双曲线 $C_1: \dfrac{x^2}{a^2} - \dfrac{y^2}{2a^2} = 1 (a > 0)$,抛物线 C_2 的顶点在原点 O,C_2 的焦点是 C_1 的左焦点 F_1.

(1) 求证:C_1 与 C_2 总有两个不同的交点;

(2) 是否存在过 C_2 的焦点 F_1 的弦 AB,使 $\triangle AOB$ 的面积有最大值或最小值?如果存在,求出 AB 所在的直线方程与最值的大小;如果不存在,说明理由.

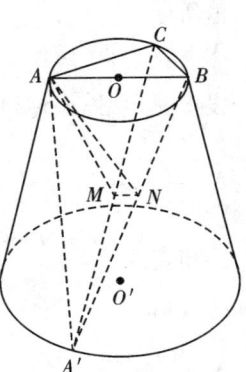

(第五题图)

七、已知一个数列的各项是 1 或 2,首项为 1,且在第 k 个 1 和第 $k+1$ 个 1 之间有 2^{k-1} 个 2,即 1,2,1,2,2,1,2,2,2,2,1,2,2,2,2,2,2,2,2,1,…

(1) 求该数列前 1998 项的和 S_{1998};

(2) 是否存在正整数 n,使得数列的前 n 项和 $S_n = 2001$?若 n 存在,求出 n 的值;若 n 不存在,证明你的结论.

2000年湖南省高中数学夏令营试题

一、填空题

1. 直线 $x \cdot \cos\alpha + y + 1 = 0$ 的倾斜角的取值范围是_____.

2. 设 $x \geq 0, y \geq 0$,且 $x^2 + y^2 = 4$,则 $xy - 4(x+y) - 2$ 的最小值是_____.

3. 双曲线 $\dfrac{x^2}{4} + \dfrac{y^2}{k} = 1$ 的离心率 $e \in (1, 3)$,则 k 的取值范围为_____.

4. 已知 $A = \{x \mid x^2 + (p+2)x + 1 = 0, x \in \mathbf{R}\}$,且 $A \cap \mathbf{R}^+ = \varnothing$,则实数 p 的取值范围是_____.

5. 设复数序列 $\{z_n\}$ 满足 $z_1 = \mathrm{i}, z_{n+1} = -z_n^2 - \mathrm{i}$,则 $|z_{2000}| = $_____.

6. 将正方体的任意两个顶点连一直线,在这些直线中不互相垂直的异面直线共有_____对.

7. 设 $x \in \left(\dfrac{\pi}{2}, \dfrac{2\pi}{3}\right]$,令 $A = \sin(\sin x), B = \cos(\cos x), C = \sin(\cos x), D = \cos(\sin x)$,将 A, B, C, D 按照从小到大排列的顺序为_____.

8. 在空间,从一点 O 出发引四条射线 OA, OB, OC, OD. 如果 $\angle AOB = \angle BOC = \angle COD = \angle DOA = \angle BOD = \angle AOC = \theta$,则 θ 的值为_____(用反余弦表示).

9. 函数 $f(x)$ 对于任意实数 x, y,有 $f(x+y) = f(x \cdot y)$,且 $f\left(-\dfrac{1}{2}\right) = -\dfrac{1}{2}$,则 $f(2000) = $_____.

二、解答题

10. 已知 m, n 为定值,且抛物线 $C: y = (t^2 + t + 1)x^2 - 2(m+t)^2 x + (t^2 + 3mt + n)$,对任何 $t \in \mathbf{R}$ 都过点 $P(1, 0)$.

    (Ⅰ)试求 m, n 的值;

    (Ⅱ)问 t 为何值时,抛物线 C 截 x 轴所得的弦长最大?最大值是多少?

11. 设圆 O_1、圆 O_2 相交于 A, B 两点,且两圆的半径分别为 R 和 r,又两圆的外公切线为 MN(M, N 为切点). 设 $\triangle AMN, \triangle BMN$ 的外接圆的半径分别为 a 和 b. 求证:$R + r \geq a + b$,并确定等号成立的充要条件.

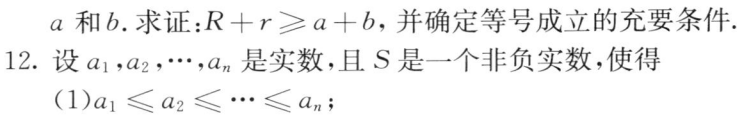

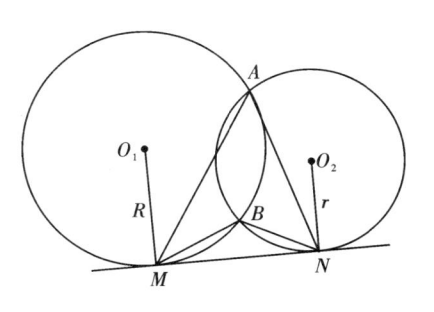

    (第11题图)

12. 设 $a_1, a_2, \cdots, a_n$ 是实数,且 S 是一个非负实数,使得

    (1) $a_1 \leq a_2 \leq \cdots \leq a_n$;

    (2) $a_1 + a_2 + \cdots + a_n = 0$;

(3) $|a_1|+|a_2|+\cdots+|a_n|=S.$

证明：$a_n - a_1 \geqslant \dfrac{2S}{n}.$

13. 设 m 和 r 是给定的正整数. 若将前 m 个自然数集合 $\{1,2,\cdots,m\}$ 任意分成 r 个两两互不相交的子集 $A_1,A_2,\cdots,A_r$ 的并，总存在两个数 a 和 b 属于某个子集 $A_i(1\leqslant i\leqslant r)$，使 $1<\dfrac{a}{b}\leqslant 1+\dfrac{1}{n}.$ 求证：m 的最小值为 $(n+1)r.$

2000年湖南省高中数学竞赛试题

一、选择题

1. 已知全集 $I = \mathbf{R}, A = \{x \mid x+1 \geqslant 0\}, B = \{x \mid x^2 - 2 \geqslant 0\}$，则 $A \cap \overline{B}$ 为（　　）．
   A. $\{x \mid x \geqslant \sqrt{2}$ 或 $x \leqslant -\sqrt{2}\}$　　　　B. $\{x \mid x < -\sqrt{2}$ 或 $x \geqslant -1\}$
   C. $\{x \mid -1 \leqslant x < \sqrt{2}\}$　　　　D. $\{x \mid -\sqrt{2} \leqslant x \leqslant 1\}$

2. 若圆锥的侧面展开图是圆心角为 $120°$，半径为 l 的扇形，则这个圆锥的全面积与侧面积的比是（　　）．
   A. $3:2$　　　　B. $2:1$　　　　C. $4:3$　　　　D. $5:3$

3. 若二项式 $(x\sqrt{x} - \dfrac{1}{x})^6$ 展开式中的第 5 项的值为 5，则 $\lim\limits_{n\to\infty}(x^{-1} + x^{-3} + \cdots + x^{1-2n})$ 等于（　　）．
   A. $\dfrac{3}{8}$　　　　B. $\dfrac{9}{8}$　　　　C. 1　　　　D. $\dfrac{1}{2}$

4. 函数 $y = \dfrac{a-x}{x-a-1}$ 的反函数的图象关于点 $(-1, 4)$ 成中心对称，则实数 a 等于（　　）．
   A. 2　　　　B. 3　　　　C. -2　　　　D. -3

5. 把函数 $y = \sqrt{3}\cos x - \sin x$ 的图象向左平移 m 个单位，所得的图象关于 y 轴对称，则 m 的最小正值是（　　）．
   A. $\dfrac{\pi}{6}$　　　　B. $\dfrac{\pi}{3}$
   C. $\dfrac{2\pi}{3}$　　　　D. $\dfrac{5\pi}{6}$

6. 若等差数列 $\{a_n\}$ 的前 n 项和为 S_n，$S_6 = 36, S_{12} = 144, S_{6n} = 576$，则 n 等于（　　）．
   A. 3　　　　B. 4
   C. 5　　　　D. 6

7. 如图，直三棱柱 $ABC\text{-}A_1B_1C_1$ 的体积为 V，P, Q 分别是侧棱 AA_1, CC_1 上的点，且 $AP = C_1Q$，则四棱锥 $B\text{-}APQC$ 的体积为（　　）．
   A. $\dfrac{V}{2}$　　　　B. $\dfrac{V}{3}$　　　　C. $\dfrac{V}{4}$　　　　D. $\dfrac{V}{6}$

   (第 7 题图)

8. 函数 $f(x)$ 的定义域为 $x \in \mathbf{R}$，且 $x \neq 1$，已知 $f(x+1)$ 为奇函数，当 $x < 1$ 时，$f(x) = 2x^2 - x + 1$，则当 $x > 1$ 时，$f(x)$ 的递减区间为（　　）．

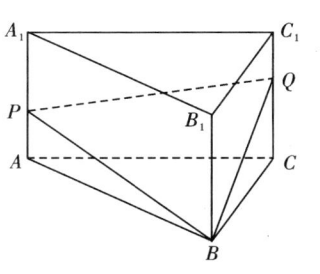

A. $[\frac{5}{4},+\infty)$ B. $(1,\frac{5}{4})$ C. $[\frac{7}{4},+\infty)$ D. $(1,\frac{7}{4}]$

9. 某项体育运动比赛计分规则是:胜一场得3分,平一场得1分,负一场记0分. 若某个运动员比赛15场,则共得22分的情形有( ).

A. 3 种 B. 4 种 C. 5 种 D. 6 种

10. 设平面 α 和 β 互相平行,在平面 α 内取4个点,在平面 β 内取5个点,这些点最多能确定平面的个数是( ).

A. 69 B. 70 C. 71 D. 72

11. 已知 α 为三角形的一个内角,且满足 $\frac{1}{\sin\alpha}+\frac{1}{\cos\alpha}=2$,则 $\alpha = ($).

A. $\pi+\frac{1}{2}\arcsin\frac{1-\sqrt{5}}{2}$ B. $\frac{\pi}{2}-\frac{1}{2}\arcsin\frac{1-\sqrt{5}}{2}$

C. $\frac{1}{2}\arcsin\frac{1-\sqrt{5}}{2}$ D. $\frac{\pi}{2}+\frac{1}{2}\arcsin\frac{1-\sqrt{5}}{2}$

12. 已知四个函数:(1) $f(x)=\ln(x+\sqrt{x^2+1})$,(2) $f(x)=\frac{1+\sin 2x+\cos 2x}{1+\sin 2x-\cos 2x}$,(3) $f(x)=\frac{ax}{x^2-1}(a\in\mathbf{R})$,(4) $f(x)=\begin{cases}1-2^{-x}, & x\geqslant 0,\\ 2^x-1, & x<0.\end{cases}$

其中是奇函数的有( ).

A. 1 个 B. 2 个 C. 3 个 D. 4 个

二、填空题

13. 圆的极坐标方程是 $\rho=\sqrt{2}(\cos\theta+\sin\theta)$,则圆心的极坐标为_____.

14. 已知实数 x,y 满足 $2x^2+4xy+2y^2+x^2y^2=9$,令 $w=2\sqrt{2}(x+y)+xy$,则 w 的取值范围为_____.

15. 已知函数 $f(x)$ 为偶函数,且是周期为4的周期函数,若方程 $f(x)=0$ 在区间 $[0,2]$ 上有且仅有1这个根,那么 $f(x)=0$ 在区间 $[0,17]$ 上所有根的和是_____.

16. 在 $\mathrm{Rt}\triangle ABC$ 中,$\angle C=90°$,$AC=11$,点 D 在边 AC 上且 $AD=10$,$\angle BDC=3\angle BAC$. 若将 $\triangle ABC$ 的周长写成 $\frac{1}{2}(m+\sqrt{n})$ 的形式(m,n 为整数),则 $m+n=$_____.

17. 黑板上写着从1开始的 n 个连续正整数,擦去其中的一个数后,其余各数的平均值是 $36\frac{2}{5}$,则擦去的数是_____.

三、解答题

18. 设变量 x 满足不等式:$x^2+bx\leqslant -x(b<-1)$,且 $f(x)=x^2+bx$ 的最小值是 $-\frac{1}{2}$,求实数 b 的值.

19. 如图,二面角 α-EF-β 中,$AE\subset\alpha$,$BF\subset\beta$,且 $AE\perp EF$,$BF\perp EF$,$EF=1$,$AE=2$,$AB=\sqrt{2}$,求四面体 $ABEF$ 的体积的最大值.

256

20. 某科研所将一项高新技术转让给一家公司投产,双方协议:科研所每年年底从公司利润中提取 400 万元转入其他投资,从而每年又可获利 10%.

    (1) 问三年后该科研所能否得到总收入 1300 万元?

    (2) 如果要求三年后能得到总收入 1600 万元,那么每年至少要从公司利润中提取多少万元?

21. 已知复数 z_1、z_2 满足 $|z_1 \cdot z_2|=3$,$z_1+z_2=2i$,求 $|z_1|$ 的最大值及最小值.

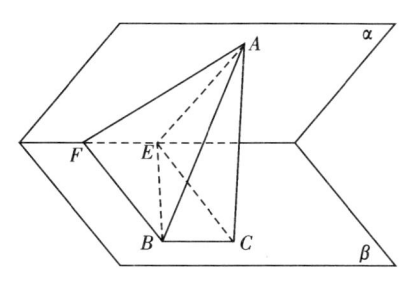

22. 设 F 为抛物线 $y^2=2px(p>0)$ 的焦点,A、B 为抛物线上不同的两点,又设 AB 的中点为 (a,t).

    (1) 当 a 为一非零常数时,证明:AB 的垂直平分线 l 经过一定点 N;

    (2) 当 $|FN|=2a(a>1)$ 时,求 $\triangle ANB$ 的面积的最大值.

(第 19 题图)

2001年湖南省高中数学夏令营试题

一、填空题

1. 三棱柱 ABC-DEF 的所有棱都相等,且 $\angle ADF = \angle ADE$,则此三棱柱的侧面中含有正方形的个数为_____.

2. 若 $f(\dfrac{2}{x+|x|}) = \log\sqrt{x \cdot |x|}$,则 $f(x) = $_____.

3. 已知等差数列 $\{a_n\}$ 的公差为 d,$a_1 \neq d$,$d \neq 0$,若这一数列前 20 项之和 $S_{20} = 10M$,其中 $M = xa_{10} + yd$,则 $x =$_____,$y =$_____.

4. 设 m 为非零实数,所有的圆: $x^2 + y^2 - (4m+2)x - 2my + 4m^2 + 4m + 1 = 0$ 的公切线方程为_____.

5. 如果复数 z 的共轭复数是 $\bar{z}$,且 $|z|=1$,又 A 和 B 点的坐标分别为 $(-1,0)$,$(0,-1)$,函数 $f(z) = |(z+1)(\bar{z}-i)|$ 取大值时 z 在复平面上对应的点为 M,则 $\triangle ABM$ 为_____三角形.

6. 设 P 为椭圆 $\dfrac{x^2}{100} + \dfrac{y^2}{36} = 1$ 上一点,F_1,F_2 是焦点,若 $\triangle PF_1F_2$ 的面积等于 36,则 $\angle F_1PF_2 =$_____.

7. 对任意正整数 n,设 $f_1(n)$ 表示各位数字和的平方加上 $r+1$,此处 r 为满足 $n = 3q+r$(q 为整数),$0 \leqslant r \leqslant 3$ 的整数. 对于 $k \geqslant 2$,令 $f_k(n) = f_1[f_{k-1}(n)]$,则 $f_{2001}(2345) =$_____,$f_{2001}(2001) =$_____.

8. 设 $S = \dfrac{1^2}{1 \cdot 3} + \dfrac{2^2}{3 \cdot 5} + \dfrac{3^2}{5 \cdot 7} + \cdots + \dfrac{1000^2}{1999 \cdot 2001}$,则 $[S] =$_____,这里 $[S]$ 表示不大于 S 的最大整数.

9. 若 p 是质数,且 $x^2 + px - 23988p = 0$ 的两根都是整数,则 $p =$_____.

10. 设 $y = f(x)$ 是定义在实数集上的函数,下列四个命题:
    ① 若 $f(2x) = 2f(x)$,则 $y = f(x)$ 的图象是一条直线;
    ② 若 $f(\dfrac{1}{x}) = \dfrac{1}{f(x)}(x \neq 0)$,则 $y = f(x)$ 的图象是双曲线;
    ③ 若 $f(x+2) = f(x-2)$,则 $y = f(x)$ 的图象具有周期性;
    ④ 若 $f(4-x) = f(x)$,则 $y = f(x)$ 的图象具有对称性.
    其中是真命题的题号为_____.

二、解答题

11. 设 a,b 为非负实数,求证: $\dfrac{1}{2}(a+b)^2 + \dfrac{1}{4}(a+b) \geqslant a\sqrt{b} + b\sqrt{a}$.

12. 自圆外一点 P 引圆 O 的两切线 PE、PF,其中 E、F 为切点,过 P 点任意引圆的一条割线交圆 O 于 A、B,交 EF 于 C. 证明: $\dfrac{1}{PC} = \dfrac{1}{2}\left(\dfrac{1}{PA} + \dfrac{1}{PB}\right)$.

13. 已知 b、c 为正整数,三个有实数根的方程 $x^2 + bx + c = k(k=0,1,2)$ 均无整数根,求 $b+c$ 的最小值.

14. 给定 10 个正整数,它们中任意 9 个数之和仅取下列 9 个不同的数值:86,87,88,89,90,91,93,94,95,那么这 10 个正整数从大到小排列后,求第 3 个数与第 7 个数的和.

2001年湖南省高中数学竞赛试题

一、选择题

1. 设集合 $A=\{x^2,x+1,-3\}$, $B=\{x-5,2x-1,x^2+1\}$, 满足 $A\cap B=\{-3\}$, 则 x 的值是（　　）.
   A. 2　　　　B. 1　　　　C. 0　　　　D. -1

2. 若 $\log_a \frac{3}{5}<1$, 则 a 的取值范围是（　　）.
   A. $0<a<\frac{3}{5}$　　　　　　　　B. $a>\frac{3}{5}$ 且 $a\neq 1$
   C. $\frac{3}{5}<a<1$　　　　　　　　D. $0<a<\frac{3}{5}$ 或 $a>1$

3. 若函数 $y=\sin wx(w>0)$ 在区间 $[0,1]$ 上至少出现 50 次最大值, 则 w 的最小值是（　　）.
   A. 98π　　B. $\frac{197}{2}\pi$　　C. $\frac{199}{2}\pi$　　D. 100π

4. 直线 $ax+by+c=0(a,b,c\neq 0)$ 与直线 $px+qy+m=0(p,q,m\neq 0)$ 关于 y 轴对称的充要条件是（　　）.
   A. $\frac{b}{q}=\frac{c}{m}$　　B. $-\frac{a}{p}=\frac{b}{q}$　　C. $\frac{a}{p}=\frac{b}{q}\neq\frac{c}{m}$　　D. $-\frac{a}{p}=\frac{b}{q}=\frac{c}{m}$

5. 已知 $\{a_n\}$ 是等比数列, 且 $a_n>0$, $a_2a_4+2a_3a_5+a_4a_6=2025$, 那么, a_3+a_5 的值为（　　）.
   A. 15　　　B. 25　　　C. 35　　　D. 45

6. 已知有穷等差数列 $\{a_n\}$ 的首项为 1, 末项 $a_n=1997(n>3)$, 若公差是自然数, 则项数 n 的所有可能取值之和是（　　）.
   A. 3501　　B. 3499　　C. 2001　　D. 1997

7. 用 0,1,2,3,4 这五个数字组成无重复数字的五位数, 其中恰有一个偶数字夹在两个奇数字之间的五位数的个数是（　　）.
   A. 48　　　B. 36　　　C. 28　　　D. 12

8. 圆 $\rho=D\cos\theta+E\sin\theta$ 与极轴所在直线相切的充要条件是（　　）.
   A. $D\cdot E=0$　　　　　　　　B. $D\cdot E\neq 0$
   C. $D=0, E\neq 0$　　　　　　　D. $D\neq 0, E=0$

9. 方程 $\arcsin x+\arccos y=n\pi(n\in\mathbb{Z})$ 所表示的图形是（　　）.

A   B   C   D

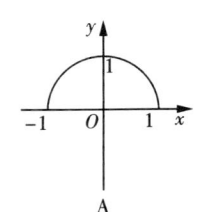

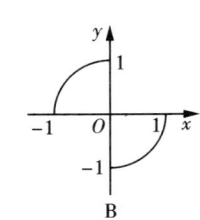

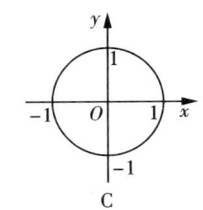

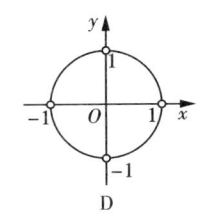

10. 正方体 $ABCD\text{-}A_1B_1C_1D_1$ 中，E 为 A_1A 的三等份点，F 为 C_1C 的三等份点，$AE = 2A_1E$，$CF = 2C_1F$. 过 B、E、F 作正方体的截面. 下列所示的截面在相应面上的投影图中，错误的是(　　).

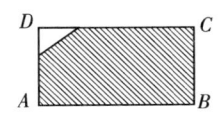

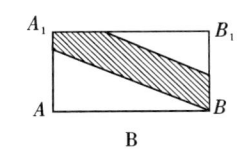

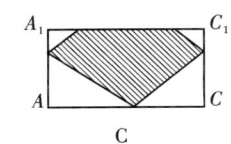

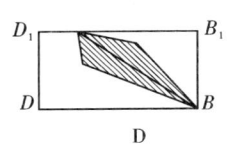

A   B   C   D

11. 方程 $x^2|x|+|x|^2-x^2-|x|=0$ 在复数集内的解集对应复平面内的图形是(　　).

  A. 几个点和直线   B. 单位圆和直线

  C. 几条直线   D. 原点和单位圆

12. 将奇正整数 $1,3,5,7,\cdots$ 排成五列，如图表. 按图表的格式排下去，2001 所在的那列，从左边数起是(　　).

   1　 3　 5　 7
  15　13　11　 9
    17　19　21　23
  31　29　27　25

  A. 第一列   B. 第二列   C. 第三列   D. 第四列

二、填空题

13. 与双曲线 $\dfrac{x^2}{9}-\dfrac{y^2}{16}=1$ 有共同的渐近线，且经过点 $(-3,2\sqrt{3})$ 的双曲线方程是_____.

14. 已知 $ABC\text{-}A_1B_1C_1$ 是正三棱柱，$AB = BC = CA = 2$，$AA_1 = \sqrt{2}$，D 和 E 分别是 AC 和 BC 的中点，则 A_1D 与 C_1E 所成的角的度数为_____.

15. 设 x、$y \in \mathbf{R}$ 且满足 $x^2 + 4y^2 = 4$，则 $x^2 + 2xy + 4y^2$ 的最大值和最小值分别为_____.

16. 已知 $a+b+c=0$，且 a、b、c 均不为 0，则化简 $a\left(\dfrac{1}{b}+\dfrac{1}{c}\right)+b\left(\dfrac{1}{a}+\dfrac{1}{c}\right)+c\left(\dfrac{1}{a}+\dfrac{1}{b}\right)$ 为_____.

17. 计算 $\dfrac{3}{1!+2!+3!}+\dfrac{4}{2!+3!+4!}+\cdots+\dfrac{2001}{1999!+2000!+2001!}$ 的值为_____.

三、解答题

18. 已知二次函数 $f(x)=4x^2-4ax+(a^2-2a+2)$ 在 $0 \leq x \leq 1$ 上的最小值为 2，求 a 的值.

19. 设至少有四项的数列 $\{a_n\}$ 的前 n 项的和 $S_n=npa_n(n\in \mathbf{N}_+,p$ 为常数$)$，且 $a_1\neq a_2$，试问这个数列 $\{a_n\}$ 是一个什么数列？并说明理由.

20. 如图，已知四棱锥 P-$ABCD$ 的底面是边长为 4 的正方形，$PD\perp$ 底面 $ABCD$. 设 $PD=6$，M、N 分别为 PB、AB 的中点.
    (1) 求三棱锥 P-DMN 的体积；
    (2) 求二面角 M-DN-C 的平面角的正切值.

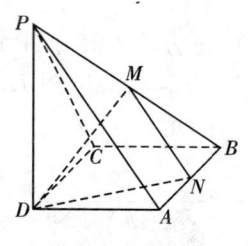

    (第 20 题图)

21. 现分批买汽水给 a 位人喝，喝完的空瓶根据商家规定每 $b(a>b>1,a,b\in \mathbf{N}^+)$ 个空瓶又可换一瓶汽水，所以不必买 a 瓶汽水. 问至少要买多少瓶汽水才能保证 a 人每人都喝上一瓶汽水？

22. 边长为 1 的菱形 A_1B_1CD 的两对角线交于 A_2，过 A_2 作 $A_2B_2 \parallel A_1B_1$ 交 B_1C 于 B_2，连结 B_2D 交 A_1C 于 A_3，过 A_3 作 $A_3B_3 \parallel A_1B_1$ 交 B_1C 于 B_3，$\cdots$ 这样作下去得 A_nB_n. 以 B_1 为原点，B_1C 所在直线为 x 轴，建立平面直角坐标系，设以 $\dfrac{1}{A_nB_n}$ 为半径，圆心在 y 轴上的一列圆 $T_n(n=1,2,\cdots)$ 依次相外切（即 T_k 与 T_{k+1} 外切，$k=1,2,\cdots$），若圆 T_1 与抛物线 $y=x^2$ 相切. 求证：所有的圆 $T_n(n=1,2,\cdots)$ 都与抛物线 $y=x^2$ 相切.

2002年湖南省高中数学夏令营试题

一、填空题

1. 曲线 $x^2+y^2-2x=0$ 的中心到直线 $y=\tan 30°\cdot x$ 的距离是_____.

2. 已知函数 $f(x)=\dfrac{x^2}{1+x^2}$,那么 $f(2)+f(3)+\cdots+f(2002)+f(\dfrac{1}{2})+f(\dfrac{1}{3})+\cdots+f(\dfrac{1}{2002})$ = _____.

3. 给出四个命题:(甲)若 $a,b\in\mathbf{R}$,且 $|a-b|<|a|+|b|$,则 $a\cdot b>0$;(乙)满足 $A\bigcup B=\{0,1\}$ 的非空集合 A 的子集最多有 8 个;(丙)方程 $\log_2(x+4)=2x$ 的根的情况是仅有一个正根;(丁)若 $0<\theta<\dfrac{\pi}{2}$,则 $\tan(\sin\theta)+\cot(\sin\theta)\geqslant 2$. 其中正确命题的序号是_____.

4. 函数 $f(x,y,z)=\dfrac{6xy+8yz}{x^2+y^2+z^2}$ 的最大值为_____.

5. 已知定点 $A(2,\sqrt{3})$,椭圆 $\dfrac{x^2}{16}+\dfrac{y^2}{12}=1$ 的左焦点为 F,且点 M 在椭圆上,则 $2|MF|-|AM|$ 的最大值是_____.

6. 已知 z 为复数,$\arg(z+3)=135°$,则 $\dfrac{1}{|z+6|+|z-3i|}$ 取最大值时,$z=$_____.

7. 设 $x_1=1,n\in\mathbf{N}_+,x_{n+1}=\begin{cases}3x_n-1,\text{当 }x_n+n\text{ 为 4 的倍数时,}\\3x_n+1,\text{当 }x_n+n\text{ 不为 4 的倍数时,}\end{cases}$ 则 $S_{2002}=x_1+x_2+\cdots+x_{2002}$ 被 4 除的余数为_____.

8. 一个圆锥和一个半球有公共底面,如果圆锥的体积恰好与半球的体积相等,则这个圆锥轴截面顶角的余弦值是_____.

9. 各项均为正整数,且首末两项之和等于 21 的等差数列(至少有 3 项)共有_____个.

10. 2×3 的矩形花坛被分成六个 1×1 的小正方形区域:A,B,C,D,E,F,每个区域内栽种一种植物,相邻的两个区域内栽种的植物不同. 今有 6 种植物可供选择,则共有_____种不同栽种方案.

二、解答题

11. 设 $x,y,z\in\mathbf{R}^+$,且满足 $xyz(x+y+z)=1$,求 $(x+y)(x+z)$ 的最小值.

12. 已知 $\triangle ABC$ 的重心为 G,M 是 BC 边的中点,过 G 作 BC 的平行线交 AB 边于 X,交 AC 边于 Y,且 XC 与 GB 交于点 Q,YB 与 GC 交于点 P. 设 $\triangle ABC$ 的面积为 32 平方单位,求 $\triangle MPQ$ 的面积.

13. 设 $a>0, a\neq 1$,且函数 $f(x)=\log_a(6ax^2-2x+3)$ 在 $\left[\dfrac{3}{2},2\right]$ 上单调递增,求 a 的取值范围.

14. 对圆周上的 k 个点 $A_1, A_2, \cdots, A_k$ 两两连线,对于连线 A_iA_j,当 $i<j$ 时称为 A_i 的出线,当 $i>j$ 时称为 A_i 的入线. 现将每一条连线染上 n 种颜色中的一种,若每一点的出线颜色与入线颜色均不相同(每一点上的出线可同色,入线也可以同色),求证: $k\leq 2^n$.

2002年湖南省高中数学竞赛试题

一、选择题

1. 定义在实数集 **R** 上的函数 $y = f(-x)$ 的反函数是 $y = f^{-1}(-x)$，则（　　）．
   A. $y = f(x)$ 是奇函数
   B. $y = f(x)$ 是偶函数
   C. $y = f(x)$ 既是奇函数，也是偶函数
   D. $y = f(x)$ 既不是奇函数，也不是偶函数

2. 二次函数 $f(x) = ax^2 + bx + c$ 的图象如图所示．记
   $N = |a+b+c| + |2a-b|$，$M = |a-b+c| + |2a+b|$，则
   （　　）．
   A. $M > N$
   B. $M = N$
   C. $M < N$
   D. M、N 的大小关系不能确定

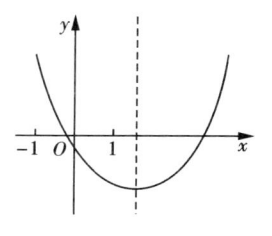

   (第2题图)

3. 在正方体的一个面所在的平面内，任意画一条直线，则与它异面的正方体的棱的条数是（　　）．
   A. 4 或 5 或 6 或 7   B. 4 或 6 或 7 或 8
   C. 6 或 7 或 8   D. 4 或 5 或 6

4. △ABC 中，若 $(\sin A + \sin B)(\cos A + \cos B) = 2\sin C$，则 △ABC（　　）．
   A. 是等腰三角形但不一定是直角三角形
   B. 是直角三角形但不一定是等腰三角形
   C. 既不是等腰三角形也不是直角三角形
   D. 既是等腰三角形也是直角三角形

5. △ABC 中，$\angle C = 90°$，若 $\sin A$、$\sin B$ 是一元二次方程 $x^2 + px + q = 0$ 的两个根，则下列关系中正确的是（　　）．
   A. $p = \pm\sqrt{1+2q}$ 且 $q > -\dfrac{1}{2}$ B. $p = \sqrt{1+2q}$ 且 $q > -\dfrac{1}{2}$
   C. $p = -\sqrt{1+2q}$ 且 $q > -\dfrac{1}{2}$ D. $p = -\sqrt{1+2q}$ 且 $0 < q \leqslant \dfrac{1}{2}$

6. 已知 $A(-7,0)$，$B(7,0)$，$C(2,-12)$ 三点，若椭圆的一个焦点为 C，且过 A、B 两点，此椭圆的另一焦点的轨迹为（　　）．
   A. 双曲线   B. 椭圆   C. 椭圆的一部分   D. 双曲线的一部分

二、填空题

7. 满足条件 $\{1,2,3\} \subseteq X \subseteq \{1,2,3,4,5,6\}$ 的集合 X 的个数为_____.

8. 函数 $f(x) = \dfrac{\sqrt{a^2-x^2}}{|x+a|-a}$ 是奇函数的充要条件是_____.

9. 在如图所示的 6 块地上,种上甲或乙两种蔬菜(可只种其中一种,也可两种都种),要求相邻两块土地上不都种甲种蔬菜,则共有种蔬菜的方案数为_____.

(第 9 题图)

10. 定义在 **R** 上的函数 $y = f(x)$,它具有下述性质:
    (1) 对任何 $x \in \mathbf{R}$,都有 $f(x^3) = f^3(x)$;
    (2) 对任何 $x_1, x_2 \in \mathbf{R}, x_1 \neq x_2$,都有 $f(x_1) \neq f(x_2)$.
    则 $f(0) + f(1) + f(-1)$ 的值为_____.

11. 已知复数 z 满足 $z \cdot \bar{z} - z - \bar{z} = 3$,且 $\arg(z-1) = \dfrac{\pi}{3}$,则 $z =$_____.

12. 已知动点 $P(x,y)$ 满足二次方程 $10x - 2xy - 2y + 1 = 0$,则此二次曲线的离心率为_____.

三、解答题

13. 如图,在棱长为 a 的正方体 $ABCD$-$A_1B_1C_1D_1$ 中,E、F 分别是棱 AB 与 BC 的中点.
    (1) 求二面角 B-FB_1-E 的大小.
    (2) 求点 D 到平面 B_1EF 的距离.
    (3) 在棱 DD_1 上能否找到一点 M,使 $BM \perp$ 平面 EFB_1?若能,试确定点 M 的位置;若不能,请说明理由.

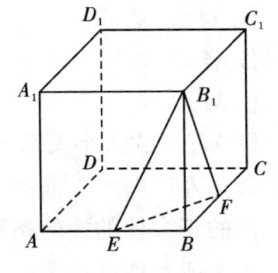

(第 13 题图)

14. 设关于 x 的一元二次方程 $2x^2 - tx - 2 = 0$ 的两个根为 α、β($\alpha < \beta$).
    (1) 若 x_1、x_2 为区间 $[\alpha, \beta]$ 上的两个不同的点,求证:$4x_1x_2 - t(x_1 + x_2) - 4 < 0$;
    (2) 设 $f(x) = \dfrac{4x-t}{x^2+1}$,$f(x)$ 在区间 $[\alpha, \beta]$ 上的最大值和最小值分别为 $f_{\max}$ 和 $f_{\min}$,$g(t) = f_{\max} - f_{\min}$,求 $g(t)$ 的最小值.

15. 已知 $a_1 = 1, a_2 = 3, a_{n+2} = (n+3)a_{n+1} - (n+2)a_n$.若当 $m \geq n$ 时,a_m 的值都能被 9 整除,求 n 的最小值.

16. 一台计算机装置的示意图如图所示,其中 J_1、J_2 表示数据入口,C 是计算结果的出口,计算过程是由 J_1、J_2 分别输入自然数 m 和 n,经过计算后得自然数 k 由 C 输出.若此种装置满足以下三个性质:
    ① 若 J_1、J_2 分别输入 1,则输出结果 1;
    ② 若 J_1 输入任何固定自然数不变,J_2 输入自然数增大 1,则输出结果比原来增大 2;

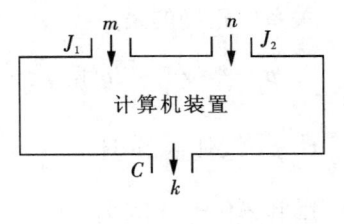

(第 16 题图)

③若 J_2 输入 1,J_1 输入自然数增大 1,则输出结果为原来的 2 倍.

试问:(1) 若 J_1 输入 1,J_2 输入自然数 n,则输出结果为多少?

(2) 若 J_2 输入 1,J_1 输入自然数 m,则输出结果为多少?

(3) 若 J_1 输入自然数 2002,J_2 输入自然数 9,则输出结果为多少?

17. 以 A 为圆心,以 $2\cos\theta(\frac{\pi}{4}<\theta<\frac{\pi}{2})$ 为半径的圆外有一点 B,已知 $|AB|=2\sin\theta$,设过点 B 且与 $\odot A$ 外切于点 T 的圆的圆心为 M.

(1) 当 θ 取某个值时,说明点 M 的轨迹 P 是什么曲线.

(2) 点 M 是轨迹 P 上的动点,点 N 是 $\odot A$ 上的动点,把 $|MN|$ 的最小值记为 $f(\theta)$(不要求证明),求 $f(\theta)$ 的取值范围.

(3) 若将题设条件中的 θ 的范围改为 $(0<\theta<\frac{\pi}{4})$,点 B 的位置改为 $\odot A$ 内,其他条件不变,点 M 的轨迹记为 P.试提出一个和(2)具有相同结构的有意义的问题(不要求解答).

18. 设长方体的长、宽、高分别为 a、b、c,其体对角线长为 l.试证:
$(l^4-a^4)(l^4-b^4)(l^4-c^4) \geqslant 512a^4b^4c^4$.

2003年湖南省高中数学夏令营试题

一、选择题

1. 已知 $\triangle ABC$ 中,$2\sin A + 3\cos B = 4, 3\sin B + 2\cos A = \sqrt{3}$,则 $\angle C$ 的度数为_____.

2. 用 $0,1,2,3,4,5$ 这六个数字组成没有重复数字的四位偶数,并将这些偶数从小到大排列起来,则第 99 个数是_____.

3. 由等式 $x^4 + a_1 x^3 + a_2 x^2 + a_3 x + a_4 = (x+2)^4 + b_1(x+2)^3 + b_2(x+2)^2 + b_3(x+2) + b_4$.定义映射 $f:(a_1,a_2,a_3,a_4) \to (b_1,b_2,b_3,b_4)$,则 $f[(10,30,38,21)] = $ _____.

4. 已知 $\frac{1}{3} \leqslant a \leqslant 1$,若 $f(x) = ax^2 - 2x + 1$ 在区间 $[1,3]$ 上的最大值为 $M(a)$,最小值为 $N(a)$,并令 $g(a) = M(a) - N(a)$,则 $g(a)$ 的最小值为_____.

5. 长方体 $ABCD$-$A_1B_1C_1D_1$ 中,AB_1 与 A_1D 所成的角为 α,AC 与 BC_1 所成的角为 β,A_1C_1 与 CD_1 所成的角为 γ,那么 $\alpha + \beta + \gamma = $ _____.

6. 设椭圆 $\frac{x^2}{9} + \frac{y^2}{4} = 1$ 上的动点 $P(x,y)$ 和定点 $M(a,0)(0<a<3)$ 的距离 $|PM|$ 的最小值为 1,则 a 的值等于_____.

7. 已知实数 a,b 满足 $(a-\frac{b}{2})^2 = 1 - \frac{7}{4}b^2$,记 $t_{\max}$ 和 $t_{\min}$ 分别为 $t = a^2 + 2b^2$ 的最大值和最小值,则 $t_{\max} + t_{\min} = $ _____.

8. 有 2003 个圆分别与 $\angle MON$ 的两边相切,且相邻的两个圆均外切,已知 $\angle MON = 60°$,最小圆的半径为 1,则按半径从小到大排列,第 2003 个圆的半径为_____.

9. 四个学校各派 3 名代表组成 n 个小组参加社会实践活动(每名代表可参加 n 个小组).规定:① 同一学校的代表不在同一小组;② 不同学校的任意两位代表恰好共同参加一个小组活动.则 n 的最小值为_____.

二、解答题

10. 如果奇函数 $f(x)$ 在 $(-\infty,0) \cup (0,+\infty)$ 上有意义,且在 $(0,+\infty)$ 上是增函数,$f(1) = 0$,又有函数 $g(\theta) = \sin^2\theta + m\cos\theta - 2m, \theta \in [0,\frac{\pi}{2}]$.若集合 $M = \{m \mid g(\theta) < 0\}$,集合 $N = \{m \mid f[g(\theta)] < 0\}$,求集合 $M \cap N$.

11. 证明:对于任何实数 x,y,z,下述三个不等式不可能同时成立:$|x| < |y-z|$,$|y| < |z-x|$,$|z| < |x-y|$.

12. 将一块贵重的直角三角形金属板 ABO 置于平面直角坐标系中(如图),已知 $AB = $

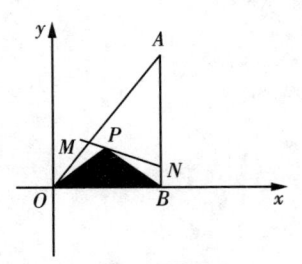

(第12题图)

$BO = 1$(米)$, AB \perp OB$. 现因三角板中阴影部分受到损坏,要经过点 $P(\frac{1}{2}, \frac{1}{4})$ 的一条直线 MN 将损坏部分锯掉,问应如何确定直线 MN 的斜率,才能使锯成的三角板 $\triangle AMN$ 的面积最大?

13. 在 $\triangle ABC$ 中,$AB = AC$,$\angle A = 100°$,I 为内心,D 为 AB 上一点,满足 $BD = BI$,试求 $\angle BCD$ 的度数.

2003年湖南省高中数学竞赛试题

一、选择题

1. 设函数 $f(x) = \log_a x (a > 0, a \neq 1)$. 若 $f(x_1 x_2 \cdots x_{2003}) = 8$, 则 $f(x_1^2) + f(x_2^2) + \cdots + f(x_{2003}^2)$ 的值等于（　　）.

   A. 4　　　　　B. 8　　　　　C. 16　　　　　D. $2\log_a 8$

2. 如图，$S\text{-}ABC$ 是三条棱两两互相垂直的三棱锥，O 为底面 ABC 内一点. 若 $\angle OSA = \alpha$, $\angle OSB = \beta$, $\angle OSC = \gamma$, 那么，$\tan\alpha \cdot \tan\beta \cdot \tan\gamma$ 的取值范围是（　　）.

   A. $[2\sqrt{2}, +\infty)$　　　　　　　B. $(0, 2\sqrt{2})$

   C. $[1, 2\sqrt{2}]$　　　　　　　　　D. $(1, 2\sqrt{2})$

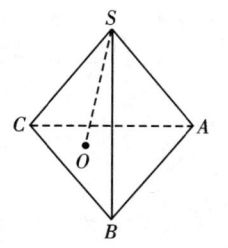

   (第2题图)

3. 某水池装有编号为 $1, 2, \cdots, 9$ 的 9 个进出口水管，有的只进水，有的只出水，已知所开的水管号与水池灌满水所需的时间如下表. 若 9 个水管一齐开，则灌满水池需（　　）小时.

   A. 1　　　　　B. 2　　　　　C. 3　　　　　D. 4

水管号	1,2	2,3	3,4	4,5	5,6	6,7	7,8	8,9	9,1
时间(小时)	2	4	8	16	31	62	124	248	496

4. 若以圆锥曲线的一条经过焦点的弦为直径的圆与对应的准线无公共点，则此圆锥曲线为（　　）.

   A. 双曲线　　　　　　　　　　　B. 椭圆

   C. 抛物线　　　　　　　　　　　D. 椭圆或双曲线

5. 有 10 个不同的球，其中 2 个红球、5 个黄球、3 个白球. 若取到 1 个红球得 5 分，取到 1 个黄球得 1 分，取到 1 个白球得 2 分，则从中取出 5 个球，使得总分大于 10 分且小于 15 分的取法种数为（　　）.

   A. 90　　　　　B. 100　　　　　C. 110　　　　　D. 120

6. 自然数按如下的规律排列：

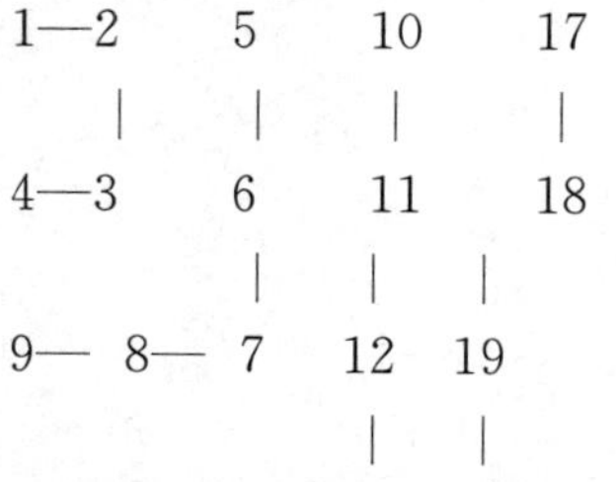

   ```
   1— 2   5  10  17
       |   |   |   |
   4— 3   6  11  18
               |   |
   9— 8— 7  12  19
                   |
   ```

16—15—14—13   20
                |
25—24—23—22—21

则上起第 2002 行，左起第 2003 列的数为( ).

A. 2002^2　　　　B. 2003^2　　　　C. $2002+2003$　　　D. 2002×2003

二、填空题

7. 设 x、$y\in \mathbf{R}$，且满足
$$\begin{cases}(x-1)^{2003}+2002(x-1)=-1,\\ (y-2)^{2003}+2002(y-2)=1,\end{cases}$$
则 $x+y=$ _____．

8. 满足 $2\sin^2 x+\sin x-\sin 2x=3\cos x$ 的锐角 $x=$ _____．

9. 记 $\min\{a,b\}$ 为 a、b 两数的最小值，当正数 x、y 变化时，$t=\min\{x,\dfrac{y}{x^2+y^2}\}$ 也在变化，则 t 的最大值为 _____．

10. 已知 n 为自然数，多项式 $P(x)=\sum\limits_{h=0}^{n}C_n^h x^{n-h}\cdot (x-1)^h$ 可展开成 x 的升幂排列 $a_0+a_1x+a_2x^2+\cdots+a_nx^n$，则 $|a_0|+|a_1|+|a_2|+\cdots+|a_n|=$ _____．

11. 底面边长为 a 的正三棱柱，被不平行于底面的平面所截，其中一块的形状如图所示，剩余的侧棱长分别为 h_1、h_2、h_3，其中 $h_1+h_3=2h_2$，则该剩下的几何体的体积为 _____．

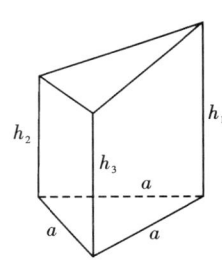

（第 11 题图）

12. 已知 a、b 是互不相等的正数，在 a、b 之间插入两组数：$x_1,x_2,\cdots,x_n$ 和 $y_1,y_2,\cdots,y_n$，使得 $a,x_1,x_2,\cdots,x_n,b$ 成等差数列，$a,y_1,y_2,\cdots,y_n,b$ 成等比数列，则下列不等式：

① $\dfrac{1}{n}\sum\limits_{k=1}^{n}x_k>\sqrt{ab}+(\dfrac{\sqrt{a}-\sqrt{b}}{2})^2$，② $\dfrac{1}{n}\sum\limits_{k=1}^{n}x_k>\dfrac{a+b}{2}$，

③ $\sqrt[n]{y_1y_2\cdots y_n}<\sqrt{ab}$，④ $\sqrt[n]{y_1y_2\cdots y_n}<\dfrac{a+b}{2}-(\dfrac{\sqrt{a}-\sqrt{b}}{2})^2$ 中，

成立的有 _____．

三、解答题

13. 已知曲线 $xy^2=1(y>0)$ 在曲线上点 (x_0,y_0) 处切线的斜率 $k=-\dfrac{1}{2\sqrt{x_0^3}}$．过点 $P_1(1,0)$ 作 y 轴的平行线交曲线于 Q_1，过 Q_1 作曲线的切线与 x 轴交于点 P_2，过 P_2 作与 y 轴平行的直线交曲线于 Q_2．仿此，不断地这样作（如图所示），得到点列 $P_1,P_2,\cdots$ 和 $Q_1,Q_2,\cdots$ 记 $l_n=|P_nQ_n|$，求 l_{2003} 的值.

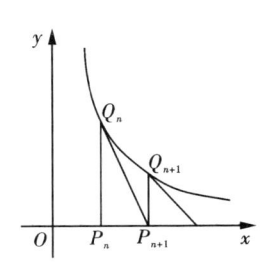

14. 设 x、y、z 均取正实数，且 $x+y+z=1$，求三元函数

（第 13 题图）

$f(x,y,z) = \dfrac{3x^2-x}{1+x^2} + \dfrac{3y^2-y}{1+y^2} + \dfrac{3z^2-z}{1+z^2}$ 的最小值,并给出证明.

15. 如图,已知四面体 $ABCD$ 中,$AB \perp BC, BC \perp CD, CD \perp AB$.
    (1) 指出与面 BCD 垂直的侧面,并加以证明;
    (2) 若 $AB = BC = 1, CD = x$,二面角 C-AD-B 的平面角为 α,$\sin\alpha = f(x)$,求 $f(x)$ 的表达式和 α 的取值范围.

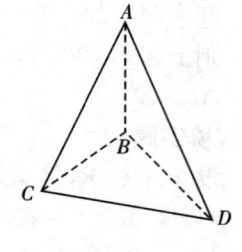

    (第 15 题图)

16. 设函数 $y = f(x)$ 的定义域为 $\mathbf{R}$,当 $x < 0$ 时,$f(x) > 1$,且对任意的实数 $x, y \in \mathbf{R}$,有 $f(x+y) = f(x)f(y)$ 成立,数列 $\{a_n\}$ 满足 $a_1 = f(0)$,且 $f(a_{n+1}) = \dfrac{1}{f(-2-a_n)}(n \in \mathbf{N})$.
    (1) 求 a_{2003} 的值;
    (2) 若不等式 $(1+\dfrac{1}{a_1})(1+\dfrac{1}{a_2})\cdots(1+\dfrac{1}{a_n}) \geqslant k \cdot \sqrt{2n+1}$ 对一切 $n \in \mathbf{N}$ 均成立,求 k 的最大值.

17. 甲、乙两网络公司,1996 年的市场占有率都为 A,根据市场分析和预测,甲公司第 n 年 (1996 年为第 1 年) 的市场占有率 $a_n = \dfrac{A}{40}(n^2-n+40)$,乙公司自 1996 年起逐年的市场占有率都有所增加,其规律如图所示.

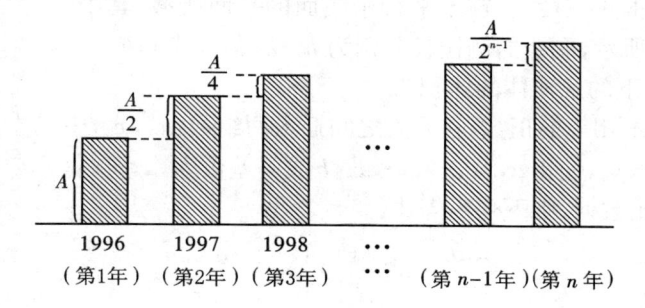

    (第 17 题图)

    (1) 观察图,求出乙公司第 n 年市场占有率的表达式;
    (2) 根据甲、乙两公司所在地的市场规律,如果某公司的市场占有率不足另一公司市场占有率的 20%,则该公司将被另一公司兼并,经计算,2015 年之前,不会出现兼并局面,试问 2015 年是否会出现兼并局面?并说明理由.

18. 求平面上满足下述条件的直角三角形的个数:
    (1) 三角形的三个顶点都是整点,坐标原点为直角顶点;
    (2) 三角形的内心 M 的坐标为 $(96p, 672p)$,其中 p 为素数.

2004年湖南省高中数学夏令营试题

一、选择题

1. 已知 x,y 是两个不等的正数，则 $a=\sqrt{\dfrac{x^2+y^2}{2}}-\dfrac{x+y}{2}$, $b=\dfrac{x+y}{2}-\sqrt{xy}$, $c=\sqrt{xy}-\dfrac{2}{\dfrac{1}{x}+\dfrac{1}{y}}$ 的大小顺序是（　　）.

   A. $a>b>c$ B. $a>c>b$ C. $b>a>c$ D. $b>c>a$

2. 下面给出三个命题：（甲）当 $\theta\in(0,\dfrac{\pi}{2})$ 时,有 $\sin(\cos\theta)<\cos(\sin\theta)$；（乙）当 $\theta\in(0,\dfrac{\pi}{2})$ 时,有 $\cos(\cos\theta)>\sin(\sin\theta)$；（丙）当 $\theta\in[0,\pi]$ 时,有 $\sin(\cos\theta)<\cos(\sin\theta)$. 其中正确命题的个数为（　　）.

   A. 0   B. 1   C. 2   D. 3

3. 边长为 a 的正方形 $ABCD$ 和正方形 $ABEF$ 所在的面成 $120°$ 角，M,N 分别是对角线 AC 和 BF 上的点，且 $AM=FN$，则 MN 的取值范围是（　　）.

   A. $(\dfrac{\sqrt{2}}{2}a,a]$ B. $(\dfrac{\sqrt{3}}{2}a,a]$ C. $[\dfrac{\sqrt{2}}{2}a,a]$ D. $[\dfrac{\sqrt{3}}{2}a,a]$

4. 直角坐标系中纵坐标和横坐标都是整数的点称为格点，则平面内所有格点到直线 $y=\dfrac{3}{4}x+\dfrac{2}{3}$ 的距离的最小值等于（　　）.

   A. 0   B. $\dfrac{2}{15}$ C. $\dfrac{4}{15}$ D. $\dfrac{8}{15}$

5. 关于 x 的一元二次方程 $x^2+(a^2-1)x+a-2=0$ 的一个实根大于1，另一实根小于1，则 a 的取值范围是（　　）.

   A. $-2<a<1$ B. $a<-1$ 或 $a>1$
   C. $-1<a<1$ D. $a<-2$ 或 $a>1$

6. 已知 $m,n\in \mathbf{Z}$，且 $1\leqslant m\leqslant 99,1\leqslant n\leqslant 99$，则使得 $(m+n)^2+3m+n$ 是完全平方数的有序数对 (m,n) 共有（　　）个.

   A. 98   B. 100   C. 96   D. 99

二、填空题

7. 若抛物线 $y=x^2-ax+3(a\in \mathbf{R})$ 位于区间 $[a,a+1]$ 的一段曲线恒在直线 $y=\dfrac{9}{4}$ 的上方，则 a 的取值区间是_____.

8. 已知四面体 $ABCD$ 中，$AB=CD=2a$，$AC=BD=BC=AD=\sqrt{10}$，则 a 的取值范围

是_____.

9. 若函数 $f(x)$ 与 $g(x)$ 的定义域均为非负实数集,对任意的 $x \geq 0$,规定 $f(x) \cdot g(x) = \min\{f(x), g(x)\}$,若 $f(x) = 3-x, g(x) = \sqrt{2x+5}$,则 $f(x) \cdot g(x)$ 的最大值为_____.

10. 设 $P(x) = x^4 + ax^3 + bx^2 + cx + d$,其中 a,b,c,d 为常数,且 $P(1) = 2004, P(2) = 4008, P(3) = 6012$,则 $\frac{1}{4}[P(11) + P(-7)]$ 的值为_____.

11. 设任意实数 $a > b > c > d > 0$,要使 $\log_{\frac{b}{a}} 2004 + \log_{\frac{c}{b}} 2004 + \log_{\frac{d}{c}} 2004 \geq m \log_{\frac{d}{a}} 2004$ 恒成立,则 m 的最小值为_____.

12. 在 1000 到 9999 之间的所有四位数中,个位数与千位数之差的绝对值是 3 的四位数共有_____个.

三、解答题

13. 已知正实数 x, y, z, w 满足 $x^2 + y^2 + z^2 + w^2 = 1$,求证 $x^2yzw + xy^2zw + xyz^2w + xyzw^2 \leq \frac{1}{8}$.

14. 数列 $\{a_n\}$ 中, $a_7 = \frac{16}{3}$,当 $n \geq 2$ 时, $a_n = \frac{3a_{n-1}+4}{7-a_{n-1}}$.

(1) 是否存在自然数 m,当 $n > m$ 时, $a_n < 2$,当 $n \leq m$ 时, $a_n > 2$. 若存在,求出 m 的值;若不存在,说明理由.

(2) 当 $n \geq 10$ 时,证明 $\frac{a_{n-1}+a_{n+1}}{2} < a_n$.

15. 在 Rt$\triangle ABC$ 中, D 为斜边 BC 的中点, I_1、I_2 分别为 $\triangle ABD$、$\triangle ACD$ 的内心,过 I_1I_2 的直线分别交 AB、AC 于 M、N.
求证: $S_{\triangle ABC} = 2S_{\triangle AMN}$.

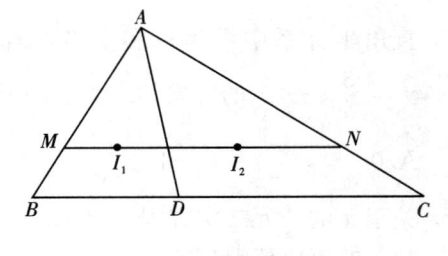

(第15题图)

2004年湖南省高中数学竞赛试题

一、选择题

1. 已知函数 $f(x)$ 是 **R** 上的奇函数，$g(x)$ 是 **R** 上的偶函数，若 $f(x)-g(x)=x^2+9x+12$，则 $f(x)+g(x)=(\quad)$.
   A. $-x^2+9x-12$　　　　　　　B. $x^2+9x-12$
   C. $-x^2-9x+12$　　　　　　　D. $x^2-9x+12$

2. 有四个函数：
   ① $y=\sin x+\cos x$；② $y=\sin x-\cos x$；③ $y=\sin x \cdot \cos x$；④ $y=\dfrac{\sin x}{\cos x}$.

   其中在 $\left(0,\dfrac{\pi}{2}\right)$ 上为单调增函数的是（　　）.
   A. ①　　　　B. ②　　　　C. ① 和 ③　　　　D. ② 和 ④

3. 方程 $x^2+x-1=x\pi^{x^2-1}+(x^2-1)\pi^x$ 的解集为 A（其中 π 为无理数，$\pi=3.141\cdots$，x 为实数），则 A 中所有元素的平方和等于（　　）.
   A. 0　　　　B. 1　　　　C. 2　　　　D. 4

4. 已知点 $P(x,y)$ 满足 $(x-4\cos\theta)^2+(y-4\sin\theta)^2=4(\theta\in\mathbf{R})$，则点 $P(x,y)$ 所在区域的面积为（　　）.
   A. 36π　　　B. 32π　　　C. 20π　　　D. 16π

5. 将 10 个相同的小球装入三个编号为 1、2、3 的盒子（每次要把 10 个球装完），要求每个盒子里球的个数不少于盒子的编号数，这样的装法种数为（　　）.
   A. 9　　　　B. 12　　　　C. 15　　　　D. 18

6. 已知数列 $\{a_n\}$ 为等差数列，且 $S_5=28$，$S_{10}=36$，则 S_{15} 等于（　　）.
   A. 80　　　　B. 40　　　　C. 24　　　　D. -48

7. 已知曲线 $C:y=\sqrt{-x^2-2x}$ 与直线 $l:x+y-m=0$ 有两个交点，则 m 的取值范围是（　　）.
   A. $(-\sqrt{2}-1,\sqrt{2})$　　　　　　　B. $(-2,\sqrt{2}-1)$
   C. $[0,\sqrt{2}-1)$　　　　　　　　　D. $(0,\sqrt{2}-1)$

8. 过正方体 $ABCD-A_1B_1C_1D_1$ 的对角线 BD_1 的截面面积为 S，记 $S_{\max}$ 和 $S_{\min}$ 分别为 S 的最大值和最小值，则 $\dfrac{S_{\max}}{S_{\min}}$ 的值为（　　）.
   A. $\dfrac{\sqrt{3}}{2}$　　　B. $\dfrac{\sqrt{6}}{2}$　　　C. $\dfrac{2\sqrt{3}}{3}$　　　D. $\dfrac{2\sqrt{6}}{3}$

9. 设 $x = 0.82^{0.5}, y = \sin 1, z = \log_3 \sqrt{7}$,则 x、y、z 的大小关系为( ).

   A. $x < y < z$ B. $y < z < x$

   C. $z < x < y$ D. $z < y < x$

10. 如果一元二次方程 $x^2 - 2(a-3)x - b^2 + 9 = 0$ 中,a,b 分别是投掷骰子所得的数字,则该二次方程有两个正根的概率 $P = ($).

    A. $\dfrac{1}{18}$ B. $\dfrac{1}{9}$ C. $\dfrac{1}{6}$ D. $\dfrac{13}{18}$

二、填空题

11. 设 P 是椭圆 $\dfrac{x^2}{16} + \dfrac{y^2}{9} = 1$ 上异于长轴端点的任意一点,F_1,F_2 分别是其左、右焦点,O 为中心,则 $|PF_1| \cdot |PF_2| + |OP|^2 = $ _____.

12. 已知 $\triangle ABC$ 中,$\overrightarrow{AB} = \vec{a}, \overrightarrow{AC} = \vec{b}$,试用 $\vec{a}$、$\vec{b}$ 的向量运算式表示 $\triangle ABC$ 的面积,即 $S_{\triangle ABC} = $ _____.

13. 从 3 名男生和 n 名女生中,任选 3 人参加比赛,已知 3 人中至少有 1 名女生的概率为 $\dfrac{34}{35}$,则 $n = $ _____.

14. 有 10 个乒乓球选手进行单循环赛,比赛结果显示,没有和局,且任意 5 人中既有 1 人胜其余 4 人,又有 1 人负其余 4 人,则恰好胜了两场的人数为 _____ 个.

三、解答题

15. 对于函数 $f(x)$,若 $f(x) = x$,则称 x 为 $f(x)$ 的"不动点". 若 $f(f(x)) = x$,则称 x 为 $f(x)$ 的"稳定点";函数 $f(x)$ 的"不动点"和"稳定点"的集合分别记为 A 和 B,即 $A = \{x \mid f(x) = x\}, B = \{x \mid f[f(x)] = x\}$.

    (1) 求证:$A \subseteq B$;

    (2) 若 $f(x) = ax^2 - 1 (a \in \mathbb{R}, x \in \mathbb{R})$,且 $A = B \neq \varnothing$,求实数 a 的取值范围.

16. 某制衣车间有 A、B、C、D 共四个组,各组每天生产上衣或裤子的能力如下表,现在上衣及裤子要配套生产(一件上衣及一条裤子为一套),问在 7 天内,这四个组最多能生产多少套?

组	A	B	C	D
上衣(件)	8	9	7	6
裤子(条)	10	12	11	7

17. 设数列 $\{a_n\}$ 满足条件:$a_1 = 1, a_2 = 2$,且 $a_{n+2} = a_{n+1} + a_n (n = 1, 2, 3, \cdots)$. 求证:对于任何正整数 n,都有 $\sqrt[n]{a_{n+1}} \geqslant 1 + \dfrac{1}{\sqrt[n]{a_n}}$.

18. 在周长为定值的 $\triangle ABC$ 中,已知 $|AB| = 6$,且当顶点 C 位于定点 P 时,$\cos C$ 有最小值,为 $\dfrac{7}{25}$.

(1) 建立适当的坐标系,求顶点 C 的轨迹方程;

(2) 过点 A 作直线与(1)中的曲线交于 M、N 两点,求 $|\overrightarrow{BM}| \cdot |\overrightarrow{BN}|$ 的最小值的集合.

19. 已知三棱锥 $O\text{-}ABC$ 的三条侧棱 OA、OB、OC 两两互相垂直,P 是底面 $\triangle ABC$ 内的任一点,OP 与三侧面所成的角分别为 α、β、γ.

求证:$\dfrac{\pi}{2} < \alpha + \beta + \gamma \leqslant 3\arcsin\dfrac{\sqrt{3}}{3}$.

2005年湖南省高中数学夏令营试题

一、选择题

1. 不等式 $\sqrt{\log_2 x - 1} + \frac{1}{2}\log_{\frac{1}{2}} x^3 + 2 > 0$ 的解集是( ).

   A. $[2,3]$ B. $(2,3]$ C. $[2,4]$ D. $(2,4]$

2. 如果对 $x \neq -1, 0$ 的一切实数有 $f\left(\dfrac{x}{1+x}\right) = \dfrac{1}{x}$,而 $0 < \theta < \dfrac{\pi}{2}$,那么 $f(\cos^2\theta)$ 等于( ).

   A. $\sin^2\theta$ B. $\tan^2\theta$
   C. $\cot^2\theta$ D. $\csc^2\theta$

3. 已知定义在 R 上的函数 $y = f(x)$ 满足 $f\left(x + \dfrac{3}{2}\right) = -f(x)$,且函数 $y = f\left(x - \dfrac{4}{3}\right)$ 为奇函数,有下面2个命题:甲:函数 $f(x)$ 的图象关于点 $\left(-\dfrac{3}{4}, 0\right)$ 对称;乙:函数 $f(x)$ 的图象关于 y 轴对称.则下列判断正确的是( ).

   A. 甲、乙都正确 B. 甲正确,乙错误
   C. 甲错误,乙正确 D. 甲、乙都错误

4. 在 $100, 101, 102, \cdots, 999$ 这些数中,各位上数字按严格递增或严格递减顺序排列(例如:$123, 124$ 或 $987, 986$ 等)时的个数是( ).

   A. 120 B. 168 C. 204 D. 240

5. 设 $OABC$ 是平面直角坐标系 xOy 中的正方形,其中 $O(0,0), A(1,0), B(1,1), C(0,1)$,设 $u = x^2 - y^2, v = 2xy$ 是一个由直角坐标平面 xOy 到直坐标平面 $uo'v$ 上的变换,则正方形 $OABC$ 变换后的图形是( ).

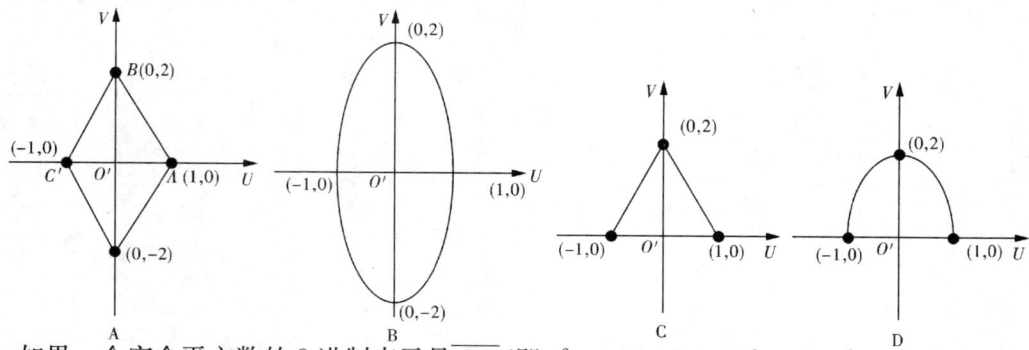

6. 如果一个完全平方数的8进制表示是 $\overline{ab3c}$(即 $n^2 = (ab3c)_8 = 8^3 \cdot a + 8^2 \cdot b + 8 \cdot 3 + c$,且其中 $a \neq 0$),那么 c 的值是( ).

   A. 0 B. 1 C. 3 D. 4

二、填空题

7. 设 p、q 和 r 分别是三次函数 $f(x) = x^3 - 5x^2 + 7x - 12$ 的三个不同的零点,那么 $p^3 + q^3 + r^3 = $ _____.

8. 在 $\triangle ABC$ 中,$\angle A$ 和 $\angle B$ 满足 $3\sin A + 4\cos B = 6$,$4\sin B + 3\cos A = 1$,那么 $\angle C$ 的大小为 _____.

9. 甲、乙两人相约 10 天之内在某地会面,约定先到的人等候另一个人,经过 3 天以后方可离开. 若他们在限期内到达目的地是等可能的,则此两人会面的概率为 _____.

10. 银行计划将某项资金的 40% 给项目 M 投资一年,其余的 60% 资金给项目 N,预计项目 M 可能获得 19% 到 24% 的年利润,N 有可能获得 29% 到 34% 的年利润,年终银行必须回笼资金,同时按一定的回扣率支付给储户. 为使银行的年利润不少于给 M、N 总投资的 10% 而不大于总投资的 15%,则给储户回扣率的最小值是 _____.

三、解答题

11. 如图所示,在 $\triangle ABC$ 中,B_1,C_1 分别是 AB,AC 延长线上的点,D_1 为 B_1C_1 的中点,连 AD_1 交 $\triangle ABC$ 外接圆于 D,求证:
$AB \cdot AB_1 + AC \cdot AC_1 = 2AD \cdot AD_1$.

12. 求证:必存在一个自然数 N,使得对每一个大于 N 的自然数 n 都有唯一的 $a_n \in \mathbf{N}^*$,满足:$\dfrac{10^n}{a_n + 1} < 2005 \leqslant \dfrac{10^n}{a_n}$.

13. 平面上有相异的 11 个点,每两点连成一条直线,共得 48 条不同的直线,求这 11 个点可构成的不同的三角形的个数.

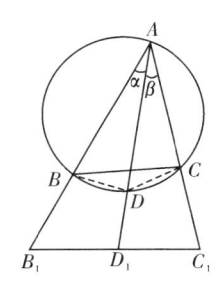

(第 11 题图)

2005年湖南省高中数学竞赛试题

一、选择题

1. 命题甲：$x \neq 1002$ 或 $y \neq 1003$；
   命题乙：$x + y \neq 2005$.
   则命题甲是命题乙的( ).
   A. 充分而不必要条件
   B. 必要而不充分条件
   C. 充要条件
   D. 既不充分又不必要条件

2. 如果圆 $x^2 + y^2 = n^2$ 至少覆盖函数 $f(x) = \sqrt{3}\sin\dfrac{\pi x}{n}$ 的一个最大点和一个最小点,则正整数 n 的最小值为( ).
   A. 1   B. 2   C. 3   D. 4

3. 如果椭圆的焦距、短轴长、长轴长成等差数列,则其离心率为( ).
   A. $\dfrac{3}{4}$ B. $\dfrac{\sqrt{2}}{3}$ C. $\dfrac{3}{5}$ D. $\dfrac{9}{10}$

4. 对于 $x \in \mathbf{R}$,函数 $f(x+2) + f(x-2) = f(x)$,则它是周期函数. 这类函数的最小正周期是( ).
   A. 4   B. 6   C. 8   D. 12

5. 函数 $y = f(x)$ 的图象为 C,而 C 关于直线 $x = 1$ 对称的图象为 C_1,将 C_1 向左平移1个单位后得到的图象为 C_2. 则 C_2 所对应的函数为( ).
   A. $y = f(-x)$ B. $y = f(1-x)$ C. $y = f(2-x)$ D. $y = f(3-x)$

6. 当 a、b 是两个不相等的正数时,下列不等式中,不成立的是( ).
   A. $(a + \dfrac{1}{a})(b + \dfrac{1}{b}) > (\sqrt{ab} + \dfrac{1}{\sqrt{ab}})^2$
   B. $(a + \dfrac{1}{a})(b + \dfrac{1}{b}) > (\dfrac{a+b}{2} + \dfrac{2}{a+b})^2$
   C. $\dfrac{a^3 + b^3}{a^2 + b^2} > \dfrac{a^2 + b^2}{a + b}$
   D. $\dfrac{a^2 - b^2}{a - b} > \dfrac{a^3 - b^3}{a^2 - b^2}$

7. 记 $A_{xy} = \dfrac{(1-x^2)(1-y^2)}{xy}$. 若 $a + b + c = abc$,则 $A = A_{bc} + A_{ac} + A_{ab}$ 的值为( ).

A. 3　　　　　　　B. -3　　　　　　C. 4　　　　　　　D. -4

8. 某个货场有 2005 辆车排队等待装货,要求第一辆车必须装 9 箱货物,每相邻的 4 辆车装的货物总数为 34 箱. 为满足上述要求,至少应该有货物的箱数是(　　).

　　A. 17043　　　　B. 17044　　　　C. 17045　　　　D. 17046

9. 若干个棱长为 2、3、5 的长方体,依相同方向拼成棱长为 90 的正方体,则正方体的一条对角线贯穿的小长方体的个数是(　　).

　　A. 64　　　　　B. 66　　　　　C. 68　　　　　D. 70

10. 一套重要资料锁在一个保险柜中,现有 n 把钥匙依次分给 n 名学生依次开柜,但其中只有一把真的可以打开柜门. 平均来说,打开柜门需要试开的次数为(　　).

　　A. 1　　　　　B. n　　　　　C. $\dfrac{n+1}{2}$　　　　D. $\dfrac{n-1}{2}$

二、填空题

11. 设 $x \in \mathbf{R}$,对于函数 $f(x)$ 满足条件 $f(x^2+1)=x^4+5x^2-3$. 那么,对所有的 $x \in \mathbf{R}$,$f(x^2-1)=$ _____.

12. 一张坐标纸对折一次后,点 $A(0,4)$ 与点 $B(8,0)$ 重叠. 若点 $C(6,8)$ 与点 $D(m,n)$ 重叠,则 $m+n=$ _____.

13. 一个球与正四面体的六条棱都相切. 若正四面体的棱长为 a,则这个球的体积为 _____.

14. 集合 X 中的元素是正整数,且有性质:若 $x \in X$,则 $12-x \in X$. 这样的集合 X 共有 _____ 个.

三、解答题

15. 数列 $\{a_n\}$ 满足
$$a_1=\dfrac{1}{2},\ a_{n+1}=a_n^2+a_n\ (n \in \mathbf{N}),$$
$$b_n=\dfrac{1}{1+a_n},\ S_n=b_1+b_2+\cdots+b_n,$$
$$P_n=b_1 b_2 \cdots b_n.$$
试求 $2P_n+S_n$ 的值.

16. 如图,已知 D 是面积为 1 的 $\triangle ABC$ 的边 AB 上的任意一点,E 是边 AC 上的任意一点,连结 DE,F 是线段 DE 上的任意一点,设 $\dfrac{AD}{AB}=x$,$\dfrac{AE}{AC}=y$,$\dfrac{DF}{DE}=z$,且 $y+z-x=\dfrac{1}{2}$. 试求 $\triangle BDF$ 面积的最大值.

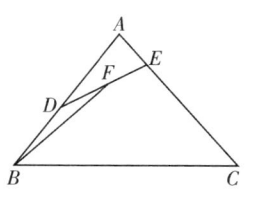

(第 16 题图)

17. 过点 $P(3+2\sqrt{2},4)$ 作一条直线和 x 轴、y 轴分别交于点 M、N. 试求 $OM+ON-MN$ 的最大值(其中 O 为坐标原点).

18. 若正数 a、b、c 满足
$$\dfrac{a}{b+c}=\dfrac{b}{a+c}-\dfrac{c}{a+b},$$

求证：$\dfrac{b}{a+c} \geqslant \dfrac{\sqrt{17}-1}{4}$.

19. 从岳阳到郴州的快速列车包括起始站和终点站共有六站，将这六站分别记为 A、B、C、D、E、F. 有一天，张兵和其他 18 名旅客乘同一车厢离开岳阳，这些旅客中有些是湖北人，其他的是湖南人，认识所有同车厢旅客的张兵观测到：除了终点站，在每一站，当火车到达时，这节车厢上的湖南人的数目与下车旅客的数目相同，且这次行程中没有新的旅客进入这节车厢. 张兵又进一步观测到：当火车离开 B 站时，车厢内有 12 名旅客；当火车离开 D 站时，还有 7 名旅客在这一车厢内；当他准备在 F 站下车时，还有 5 名旅客在这一车厢内. 试问开始时火车的这一节车厢有多少湖北人，有多少湖南人？且在旅途中这些数目如何变化？

2006年湖南省高中数学夏令营试题

一、选择题

1. 已知 $\vec{a},\vec{b}$ 是两个相互垂直的单位向量,而 $|\vec{c}|=13,\vec{c}\cdot\vec{a}=3,\vec{c}\cdot\vec{b}=4$,对于任意实数 t_1,t_2, $|\vec{c}-t_1\vec{a}-t_2\vec{b}|$ 的最小值是( ).
   A. 5 B. 7 C. 12 D. 13

2. 关于方程 $\dfrac{x^2}{\sin\alpha}+\dfrac{y^2}{\cos\alpha}=\tan\alpha$($\alpha$ 是常数且 $\alpha\neq\dfrac{k\pi}{2},k\in\mathbf{Z}$),以下结论中,不正确的是( ).
   A. 可以表示双曲线 B. 可以表示椭圆
   C. 可以表示圆   D. 可以表示直线

3. 在 $\triangle ABC$ 中,$BC=a,AC=b,AC=c$,则使等式 $\sin^2\dfrac{A}{2}+\sin^2\dfrac{B}{2}+\sin^2\dfrac{C}{2}=\cos^2\dfrac{B}{2}$ 成立的充要条件是( ).
   A. $a+b=2c$ B. $b+c=2a$ C. $c+a=2b$ D. $ac=b^2$

4. 凸四边形 $ABDF$ 的两双对边 AB、FD 延长后交于点 C,AF、BD 延长后交于点 E,则下列式子中恒成立的有( ).
   $\dfrac{AC}{CB}\cdot\dfrac{BD}{DE}\cdot\dfrac{EF}{FA}=1$, $\dfrac{CB}{BA}\cdot\dfrac{AE}{EF}\cdot\dfrac{FD}{DC}=1$, $\dfrac{BA}{AC}\cdot\dfrac{CF}{FD}\cdot\dfrac{DE}{EB}=1$, $\dfrac{EB}{BD}\cdot\dfrac{DC}{CF}\cdot\dfrac{FA}{AE}=1$
   A. 1 B. 2 C. 3 D. 4

5. 设函数 $f(x)$ 是定义在 $\mathbf{R}$ 上的奇函数,且满足 $f(x+7)=f(x)+f(17-x)$,则下列结论正确的是( ).
   A. $f(x)$ 不是周期函数   B. $f(x)$ 是周期函数,且 31 为周期
   C. $f(x)$ 是周期函数,且 20 为周期 D. $f(x)$ 是周期函数,且 62 为周期

6. 在已知数列 $1,4,8,10,16,19,21,25,30,43$ 中,相邻若干项之和能被 9 整除的数组有( ).
   A. 2 B. 3 C. 4 D. 5

二、填空题

7. 函数 $y=x^2-x$ 与 $y=\cos 10\pi x(x\geqslant 0)$ 的图象有 _____ 个交点.

8. 正整数 p,q,r 满足 $\log_6 p+\log_6 q+\log_6 r=6$,$p,q,r$ 依次构成递增的等比数列,且 $q-p$ 为完全平方数,则 $p+q+r=$ _____ .

9. 计算 $\sin^6 x+\cos^6 x+3\sin^2 x\cos^2 x=$ _____ .

10. 设函数 $f(x)$ 满足 $f(\dfrac{1}{1-x})=x\cdot f(x)+2$,则 $f(3)=$ _____ .

11. 设 $f(x) = \dfrac{\cos x}{\cos x} + \dfrac{\cos 2x}{\cos^2 x} + \dfrac{\cos 3x}{\cos^3 x} + \dfrac{\cos 4x}{\cos^4 x} + \dfrac{\cos 5x}{\cos^5 x}$, 则 $f(\dfrac{\pi}{4}) = $ _____.

12. 把三边长分别为 $3,4,5$ 的三角形绕它的最大内角的平分线旋转一周所得旋转体的体积等于_____.

三、证明题

13. 在四边形 $ABCD$ 中, $\angle A + \angle C = 120°$, 求证:
$(AC \cdot BD)^2 = (AB \cdot CD)^2 + (BC \cdot DA)^2 + AB \cdot BC \cdot CD \cdot DA$.

14. 试证: 设 a,b,c 为 $\triangle ABC$ 的三边之长, 若 $a+b+c=3$, 则 $\dfrac{9}{4} < ab+bc+ca - \dfrac{2}{3}abc \leqslant \dfrac{7}{3}$.

15. 数列 $\{a_n\}$ 满足 $a_0=0$, $a_{n+1} = ka_n + \sqrt{(k^2-1)a_n^2+1}$, $n=0,1,2,\cdots$, 其中 k 为给定的正整数. 证明: 数列 $\{a_n\}$ 的每一项都是整数, 且 $2k \mid a_{2n}$, $n=0,1,2,\cdots$.

2006年湖南省高中数学竞赛试题(A卷)

一、选择题

1. 记$[x]$表示不大于x的最大整数. 设集合$A=\{x\mid x^2-[x]=2\}$, $B=\{x\mid |x|<2\}$. 则$A\cap B=$（　　）.

   A. $(-2,2)$　　　B. $[-2,2]$　　　C. $\{\sqrt{3},-1\}$　　　D. $\{-\sqrt{3},1\}$

2. 若$f(x)=(2x^5+2x^4-53x^3-57x+54)^{2006}$, 则$f(\dfrac{\sqrt{111}-1}{2})=$（　　）.

   A. -1　　　B. 1　　　C. 2005　　　D. 2007

3. 四边形的各顶点位于一个边长为1的正方形各边上. 若四条边长的平方和为t, 则t的取值区间是（　　）.

   A. $[1,2]$　　　B. $[2,4]$　　　C. $[1,3]$　　　D. $[3,6]$

4. 如图, 在正方体$ABCD-A_1B_1C_1D_1$中, P为棱AB上一点, 过点P在空间作直线l, 使l与平面$ABCD$和ABC_1D_1均成30°角, 则这样的直线条数是（　　）.

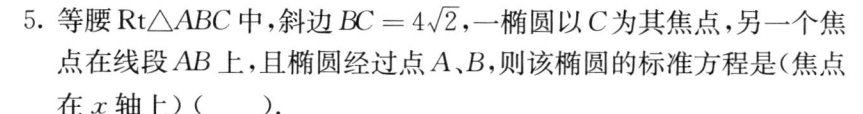

   A. 1　　　　　　　　　　　　B. 2
   C. 3　　　　　　　　　　　　D. 4

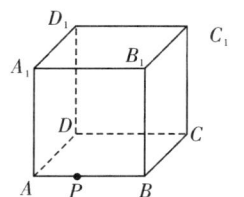

   (第4题图)

5. 等腰$Rt\triangle ABC$中, 斜边$BC=4\sqrt{2}$, 一椭圆以C为其焦点, 另一个焦点在线段AB上, 且椭圆经过点A、B, 则该椭圆的标准方程是(焦点在x轴上)（　　）.

   A. $\dfrac{x^2}{6+4\sqrt{2}}+\dfrac{y^2}{4\sqrt{2}}=1$　　　　B. $\dfrac{x^2}{6+4\sqrt{2}}+\dfrac{y^2}{3+4\sqrt{2}}=1$

   C. $\dfrac{x^2}{4\sqrt{2}}+\dfrac{y^2}{6+4\sqrt{2}}=1$　　　　D. $\dfrac{x^2}{3+4\sqrt{2}}+\dfrac{y^2}{6+4\sqrt{2}}=1$

   注：原卷中选项A、D是一样的, 这里做了改动.

6. 将正方形的每条边8等分, 再取分点为顶点(不包括正方形的顶点), 可以得到不同的三角形（　　）个.

   A. 1372　　　B. 2024　　　C. 3136　　　D. 4495

二、填空题

7. 等差数列$\{a_n\}$的前m项和为90, 前$2m$项和为360. 则前$4m$项和为_____.

8. 已知x、$y\in[-\dfrac{\pi}{4},\dfrac{\pi}{4}]$, $a\in\mathbf{R}$, 且$\begin{cases}x^3+\sin x-2a=0,\\ 4y^3+\dfrac{1}{2}\sin 2y+a=0.\end{cases}$ 则$\cos(x+2y)$的值

为_____.

9. 100 把椅子排成一圈,有 n 个人坐在椅子上,使得再有一个人坐入时,总与原来的 n 个人中的一个坐在相邻的椅子上. 则 n 的最小值为_____.

10. 在 $\triangle ABC$ 中,$AB=\sqrt{30}$,$AC=\sqrt{6}$,$BC=\sqrt{15}$,有一点 D 使得 AD 平分 BC 并且 $\angle ADB$ 是直角,比值 $\dfrac{S_{\triangle ADB}}{S_{\triangle ABC}}$ 能写成 $\dfrac{m}{n}$ 的形式(m、n 是互质的正整数). 则 $m+n=$ _____.

11. 设 $ABCD-A_1B_1C_1D_1$ 是棱长为 1 的正方体. 则上底面 $ABCD$ 的内切圆上的点 P 与过顶点 A、B、C_1、D_1 的圆上的 Q 之间的最小距离是_____.

12. 一项"过关游戏"的规则规定:在第 n 关要抛一枚骰子 n 次,如果这 n 次抛掷所出现的点数之和大于 2^n,则算过关. 那么,连过前 3 关的概率为_____.

三、解答题

13. 是否存在最小的正整数 t,使得不等式 $(n+t)^{n+t}>(1+n)^3 n^n t^t$ ①
对任何正整数 n 恒成立? 证明你的结论.

14. 设 x、y、z 为正实数. 求函数 $f(x,y,z)=\dfrac{(1+2x)(3y+4x)(4y+3z)(2z+1)}{xyz}$ 的最小值.

15. 设 A、B 分别为椭圆 $\dfrac{x^2}{a^2}+\dfrac{y^2}{b^2}=1(a>b>0)$ 和双曲线 $\dfrac{x^2}{a^2}-\dfrac{y^2}{b^2}=1$ 的公共左、右顶点,P、Q 分别为双曲线和椭圆上不同于 A、B 的动点,且满足
$\overrightarrow{AP}+\overrightarrow{BP}=\lambda(\overrightarrow{AQ}+\overrightarrow{BQ})(\lambda\in\mathbf{R},|\lambda|>1)$.
设直线 AP、BP、AQ、BQ 的斜率分别为 k_1、k_2、k_3、k_4.
(1) 求证:$k_1+k_2+k_3+k_4=0$;
(2) 设 F_1、F_2 分别为椭圆和双曲线的右焦点,若 PF_2 // QF_1,求 $k_1^2+k_2^2+k_3^2+k_4^2$ 的值.

16. 将 m 位性别相同的客人,按如下方法安排入住 A_1、A_2、$\cdots$、A_n 这 n 个房间:首先,安排 1 位客人和余下的客人的 $\dfrac{1}{7}$ 入住房间 A_1;然后,从余下的客人中安排 2 位客人和再次余下的客人的 $\dfrac{1}{7}$ 入住房间 A_2;依此类推,第几号房就安排几位客人和余下的客人的 $\dfrac{1}{7}$ 入住. 这样,最后一间房间 A_n 正好安排最后余下的 n 位客人. 试求客人的数和客房的房间数,以及每间客房入住客人的数.

2006年湖南省高中数学竞赛试题(B卷)

一、选择题

1. 已知函数 $y = f^{-1}(x)$ 的图象过点 $(1, 0)$. 则 $f(\frac{1}{3}x - 2)$ 的反函数一定过点( ).
   A. $(1, 6)$
   B. $(6, 1)$
   C. $(0, 6)$
   D. $(6, 0)$

2. 已知在矩形 $ABCD$ 中,$AB = 2, BC = 3$,则 $\overrightarrow{AB} + \overrightarrow{BC} + \overrightarrow{AC}$ 的模等于( ).
   A. 0
   B. 5
   C. $\sqrt{13}$
   D. $2\sqrt{13}$

3. 已知 $\sin\alpha + \cos\alpha = \frac{7}{5}$,且 $\tan\alpha > 1$,则 $\cos\alpha = ($).
   A. $-\frac{3}{5}$
   B. $-\frac{4}{5}$
   C. $\frac{3}{5}$
   D. $\frac{4}{5}$

4. 在等差数列 $\{a_n\}$ 中,若 $a_2 + a_4 + a_6 + a_8 + a_{10} = 80$,则 $a_7 - \frac{1}{2}a_8 = ($).
   A. 4
   B. 6
   C. 8
   D. 10

5. $\tan 70° \cdot \cos 10°(\sqrt{3}\tan 20° - 1) = ($).
   A. 1
   B. 2
   C. -1
   D. -2

6. 设函数 $f(9x) = a^{-|x|}$ ($a > 0$ 且 $a \neq 1$),$f(-2) = 9$. 则( ).
   A. $f(-2) > f(-1)$
   B. $f(1) > f(2)$
   C. $f(-1) > f(-2)$
   D. $f(-2) > f(2)$

7. 已知 $\overrightarrow{AB} = (k, 1), \overrightarrow{AC} = (2, 3)$. 则下列 k 值中能使 $\triangle ABC$ 是直角三角形的一个值是( ).
   A. $\frac{3}{2}$
   B. $1 - \sqrt{2}$
   C. $1 - \sqrt{3}$
   D. $-\sqrt{5}$

8. 已知 $x、y \in (-\sqrt{2}, \sqrt{2})$,且 $xy = 1$. 则 $\frac{2}{2-x^2} + \frac{4}{4-y^2}$ 的最小值是( ).
   A. $\frac{20}{7}$
   B. $\frac{12}{7}$
   C. $\frac{16 + 4\sqrt{2}}{7}$
   D. $\frac{16 - 4\sqrt{2}}{7}$

9. 四边形的各顶点位于一个边长为1的正方形的各边上. 若四条边长的平方和为 t,则 t 的取值区间是( ).
   A. $[1, 2]$
   B. $[2, 4]$
   C. $[1, 3]$
   D. $[3, 6]$

10. 朝阳电器厂和红星电器厂2005年元月份的产值相等,朝阳电器厂的产值逐月增加且每月增加的产值相同,红星电器厂的产值也逐月增加,且每月增加的百分率相同. 已知2006年元月份两厂的产值又相同. 则2005年7月份,产值高的工厂是( ).

A. 朝阳电器厂　　　B. 红星电器厂　　　C. 两厂一样　　　D. 无法确定

二、填空题

11. 若 $\triangle ABC$ 的三条中线 AD、BE、CF 相交于点 M，则 $\overrightarrow{MA}+\overrightarrow{MB}+\overrightarrow{MC}=$ _____．

12. 对于实数 x，当且仅当 $n\leqslant x<n+1(n\in \mathbf{N}_+)$ 时，规定 $[x]=n$．则不等式 $4[x]^2-36[x]+45<0$ 的解集为 _____．

13. 在数列 $\{a_n\}$ 中，$a_1=2,a_n+a_{n+1}=1(n\in \mathbf{N}_+)$，设 S_n 为数列 $\{a_n\}$ 的前 n 项和．则 $S_{2007}-2S_{2006}+S_{2005}=$ _____．

14. 在 $\triangle ABC$ 中，已知 $AB=\sqrt{30},AC=\sqrt{6},BC=\sqrt{15}$，点 D 使得 AD 平分 BC，且 $\angle ADB=90°$，比值 $\dfrac{S_{\triangle ADB}}{S_{\triangle ABC}}$ 能写成 $\dfrac{m}{n}$ 的形式，这里 m,n 是互质的正整数，则 $m+n=$ _____．

三、解答题

15. 在 $\triangle ABC$ 中，已知 $\sin A\cdot\cos^2\dfrac{C}{2}+\sin C\cdot\cos^2\dfrac{A}{2}=\dfrac{3}{2}\sin B$．求 $\cos\dfrac{A-C}{2}-2\sin\dfrac{B}{2}$ 的值．

16. 已知函数 $f(x)=\dfrac{2x^2+4x+a}{x},x\in[1,+\infty)$．

    (1) 当 $a=2$ 时，求函数 $f(x)$ 的最小值；

    (2) 若对任意 $x\in[1,+\infty),f(x)>0$ 恒成立，试求实数 a 的取值范围．

17. 已知向量 $\vec{a}=(\cos\dfrac{3}{2}x,\sin\dfrac{3}{2}x),\vec{b}=(\cos\dfrac{x}{2},-\sin\dfrac{x}{2})$，且 $x\in[\dfrac{\pi}{2},\dfrac{3\pi}{2}]$．

    (1) 求 $|\vec{a}+\vec{b}|$ 的取值范围；

    (2) 求函数 $f(x)=\vec{a}\cdot\vec{b}-|\vec{a}+\vec{b}|$ 的最小值，并求此时 x 的值．

18. 设 $\{a_n\}$ 是正数数列，其前 n 项和 S_n 满足 $S_n=\dfrac{1}{4}(a_n-1)(a_n+3)$．

    (1) 求数列 $\{a_n\}$ 的通项公式；

    (2) 令 $b_n=\dfrac{1}{S_n}$，试求 $\{b_n\}$ 的前 n 项和 T_n．

19. 2006年8月中旬，湖南省资兴市遇到了百年不遇的洪水灾害．在资兴市的东江湖岸边的点 O 处（可视湖岸为直线）停放着一艘救人的小船，由于缆绳突然断开，小船被风刮跑，其方向与湖岸成 $15°$，速度为 2.5 km/h，同时，岸上有一人从同一地点开始追赶小船．已知他在岸上追的速度为 4 km/h，在水中游的速度为 2 km/h．问此人能否追上小船？若小船速度改变，则小船能被此人追上的最大速度是多少？

2007年湖南省高中数学夏令营试题

一、选择题

1. 如图所示,$f_i(x)(i=1,2,3,4)$ 是定义在 $[0,1]$ 上的四个函数,其中满足性质:"对 $[0,1]$ 中的任意 x_1 和 x_2,任意 $\lambda \in [0,1]$,$f[\lambda x_1+(1-\lambda)x_2] \leqslant \lambda f(x_1)+(1-\lambda)f(x_2)$ 恒成立"的有( ).

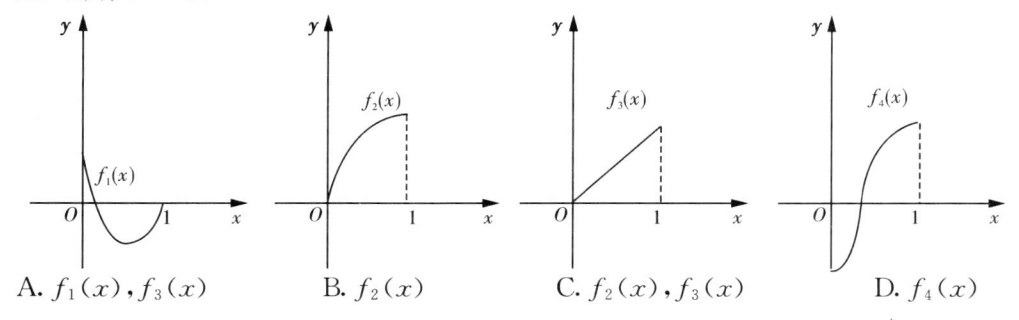

   A. $f_1(x), f_3(x)$ B. $f_2(x)$ C. $f_2(x), f_3(x)$ D. $f_4(x)$

2. 设四面体四个面的面积分别为 S_1、S_2、S_3、S_4,它们的最大值为 S,记 $\lambda = \dfrac{\sum_{s=1}^{4} S_i}{S}$,则 λ 一定满足( ).

   A. $2 < \lambda \leqslant 4$ B. $3 < \lambda < 4$
   C. $2.5 < \lambda < 4.5$ D. $3.5 < \lambda < 5.5$

3. 给定实数 x,定义 $[x]$ 是不大于 x 的最大整数,则下列结论不正确的是( ).

   A. $x-[x] \geqslant 0$ B. $x-[x] < 1$
   C. $x-[x]$ 是偶函数 D. $x-[x]$ 是周期函数

4. 已知 $\vec{a}=(-2,1)$,$\vec{b}=(2,2)$,$\vec{c}=(1,-2)$,并且 $\vec{a}$ 与 $\vec{b}$,$\vec{a}$ 与 $\vec{c}$ 的夹角分别是 α,β,则 $\cos(\alpha+\beta)$ 的值为( ).

   A. $\dfrac{\sqrt{10}}{10}$ B. $\dfrac{3\sqrt{10}}{10}$ C. $-\dfrac{\sqrt{10}}{10}$ D. $-\dfrac{3\sqrt{10}}{10}$

5. 设 $a_1,a_2,\cdots,a_{50}$ 是从 $-1,0,1$ 这三个整数中取值的数列,若 $a_1+a_2+\cdots+a_{50}=9$,且 $(a_1+1)^2+(a_2+1)^2+\cdots+(a_{50}+1)^2=107$,则 $a_1,a_2,\cdots,a_{50}$ 中有 0 的个数为( ).

   A. 10 B. 11 C. 12 D. 13

6. 黑板上写着从1开始的几个连续正整数,擦去其中一个数后,其余各数的平均值是 $36\dfrac{2}{5}$,则擦去的数是( ).

   A. 7 B. 8 C. 9 D. 10

二、填空题

7. 若点 $A(m,n)$ 在直线 $y = -\dfrac{a}{b}x - \dfrac{2c}{b}$ 的图象上(其中 a,b,c 为直角三角形的三边长,c 为斜边),则 $m^2 + n^2$ 的最小值为_____.

8. 已知 A、B 分别是抛物线 $y^2 = 2x$ 上两点,O 为坐标原点,若 $\triangle ABO$ 的垂心恰好是此抛物线的焦点 F,则直线 AB 的方程是_____.

9. 计算 $1 \cdot 2 + 2 \cdot 3 + \cdots + n(n+1) =$ _____.

10. 设 $f(x) = \dfrac{\cos x}{\cos x} + \dfrac{\cos 2x}{\cos^2 x} + \dfrac{\cos 3x}{\cos^3 x} + \cdots + \dfrac{\cos(2 \cdot 2007 x)}{\cos^{2 \cdot 2007} x}$,则 $f\left(\dfrac{\pi}{4}\right) =$ _____.

11. 在正方形 $ABCD$ 的边 BC、CD 上各取一点 E、F,满足 $\angle EAF = 45°$,作 $EH \perp AF$ 于 H. 若 $\angle BAE = 15°$,则 $\angle CHF =$ _____.

12. 设集合 $P = \{1,2,3,4,5,\cdots,2007\}$,$P$ 的子集 $A = \{a_1, a_2, a_3\}$,其中 $a_1 < a_2 < a_3$,当满足 $a_3 \geq a_2 + 3 \geq a_1 + 6$ 时,我们称子集 A 为 P 的"好子集",则这种"好子集"的个数为_____.

三、解答题

13. 已知 a,c 为实数,函数 $f(x) = x^3 + ax^2 + c$ 的图象和 x 轴的交点在 y 轴的右边(含坐标原点),且方程 $f(x) = 0$ 只有实根. 设当 $x \in [0, +\infty)$ 时,$f(x) \geq \lambda(x-a)^3$ 恒成立. 求证: $\lambda \leq -\dfrac{1}{27}$.

14. 已知 A、B 是椭圆 $\dfrac{x^2}{9} + \dfrac{y^2}{4} = 1$ 上的两个动点,O 为坐标原点,且 $OA \perp OB$. 试求 $S_{\triangle AOB}$ 的最小值.

15. 如图,$\triangle ABC$ 的内切圆分别切 BC、CA、AB 边于点 D、E、F,AD 与圆交于点 M,MB、MC 分别交圆于 G、H. 求证: $FG \parallel AD \parallel EH$ 的充要条件 M 为 AD 的中点.

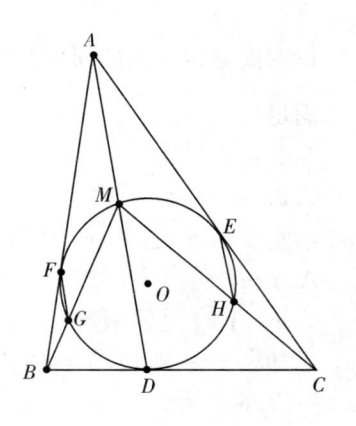

(第15题图)

2007年湖南省高中数学竞赛试题

一、选择题

1. 设集合 $A=\{x\mid x^2-3x+2=0\}$，$B=\{y\mid y=x^2-2x+3, x\in A\}$，定义对于任意两个集合 M、N 的运算：$M\otimes N=\{x\mid x\in M$ 或 $x\in N$ 且 $x\notin M\cap N\}$，则 $A\otimes B=(\quad)$.
   A. $\{1,2\}$ B. $\{2,3\}$ C. $\{1,3\}$ D. $\{1,2,3\}$

2. 函数 $y=f(x)$ 与 $y=g(x)$ 有相同的定义域，且对定义域中的任何 x，有 $f(-x)+f(x)=0$，$g(x)\cdot g(-x)=1$. 若 $g(x)=1$ 的解集是 $\{x\mid x=0\}$，则函数 $F(x)=\dfrac{2f(x)}{g(x)-1}+f(x)$ 是（　）.
   A. 奇函数
   B. 偶函数
   C. 既是奇函数又是偶函数
   D. 既不是奇函数又不是偶函数

3. 已知 x 为锐角，则 $\sin^3 x+\cos^3 x=\dfrac{\sqrt{2}}{2}$ 是 $x=\dfrac{\pi}{4}$ 的（　）.
   A. 充分不必要条件
   B. 必要不充分条件
   C. 充要条件
   D. 既不充分又不必要条件

4. 如果点 (x_0,y_0) 满足 $y_0^2<4x_0$，就叫做点 (x_0,y_0) 在抛物线 $y^2=4x$ 的内部，如果点 (x_0,y_0) 在抛物线 $y^2=4x$ 的内部，则直线 $y_0 y=2(x+x_0)$ 与抛物线 $y^2=4x$（　）.
   A. 有一个公共点
   B. 至少有一个公共点
   C. 恰有两个公共点
   D. 无公共点

5. 每个顶点的棱数恰好为 3 的正多面体共有（　）.
   A. 2 种   B. 3 种   C. 4 种   D. 5 种

6. 如图，在正方体 $ABCD-A_1B_1C_1D_1$ 中，P 是侧面 BB_1C_1C 内一动点，若 P 到直线 BC 与直线 C_1D_1 的距离相等，则动点 P 的轨迹所在的曲线是（　）.
   A. 直线
   B. 圆
   C. 双曲线
   D. 抛物线

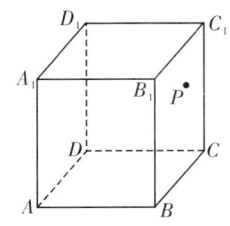

(第6题图)

二、填空题

7. 同住一寝室的四名女生，她们当中有一人在修指甲，一人在看书，一人在梳头发，另一人在听音乐．①A 既不在修指甲，也不在看书；②B 既不在听音乐，也不在修指甲；③ 如果 A 不在听音乐，那么 C 不在修指甲；④D 既不在看书，也不在修指甲；⑤C 既不在看书，也不在听音乐．若上面的命题都是真命题，问她们各在干什么？答：
   A. 在_____；B. 在_____；C. 在_____；D. 在_____．

8. 已知 $f(x)=2007\sin x+2008 x^3$ 且 $x\in(-1,1)$. 若 $f(1-a)+f(1-a^2)<0$，则 a 的

取值范围是_____.

9. 给定 $a_n = \log_{n+1}(n+2)(n \in \mathbf{N}^*)$，定义使 $a_1 \cdot a_2 \cdots a_k$ 为整数的数 $k(k \in \mathbf{N}^*)$ 叫做"幸运数"，则区间 $[1,2007]$ 内的所有"幸运数"的和 $M=$ _____.

10. 已知 $\tan\alpha = \sqrt{3}(1+m)$，且 $\sqrt{3}(\tan\alpha \cdot \tan\beta + m) + \tan\beta = 0$，$\alpha,\beta$ 为锐角，则 $\alpha+\beta$ 的值为 _____.

11. 如图，在正三角形 ABC 中，D、E、F 分别是各边的中点，G、H、I、J 分别为 AF、AD、BE、DE 的中点，则将 △ABC 沿 DE、EF、FD 折成三棱锥后，GH 与 IJ 所在直线所成的二面角的大小为 _____.

12. 已知 $P(x)=x^5+a_1x^4+a_2x^3+a_3x^2+a_4x+a_5$，当 k=1，2，3，4 时，$P(k)=k \cdot 2007$，则 $P(10)-P(-5)=$ _____.

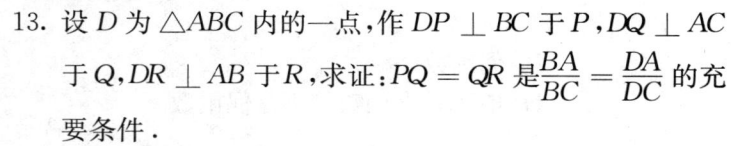

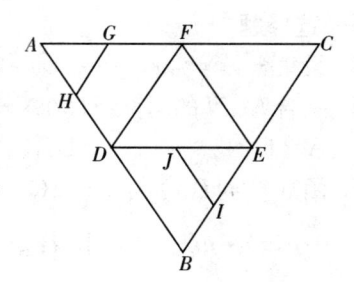

(第 11 题图)

三、解答题

13. 设 D 为 △ABC 内的一点，作 $DP \perp BC$ 于 P，$DQ \perp AC$ 于 Q，$DR \perp AB$ 于 R，求证：$PQ=QR$ 是 $\dfrac{BA}{BC}=\dfrac{DA}{DC}$ 的充要条件.

14. 记 $\dfrac{n}{p_1+p_2+\cdots+p_n}$ 为 n 个正数 $p_1,p_2,\cdots,p_n$ 的"均倒数"，已知数列 $\{a_n\}$ 的前 n 项的"均倒数"为 $\dfrac{1}{2n+1}$.

    (1) 求和式 $\dfrac{1}{a_1a_2}+\dfrac{1}{a_2a_3}+\cdots+\dfrac{1}{a_{2007}a_{2008}}$ 的值；

    (2) 设函数 $f(x)=-x^2+4x-\dfrac{a_n}{2n+1}$，问是否存在最大的实数 λ，使得当 $x \leqslant \lambda$ 时，对于一切正整数 n，都有 $f(x) \leqslant 0$.

15. 已知 P 是椭圆 $C: \dfrac{x^2}{a^2}+\dfrac{y^2}{b^2}=1$ 上任意一点，证明：过点 P 存在一条射线，以该射线为角平分线，可作无数个椭圆的内接三角形，而且 $\angle P$ 的对边都互相平行.

16. 试求方程 $\sqrt{x}\sin(x^2)-2=0$ 在区间 $[0,20]$ 内有多少个实根？

2008年湖南省高中数学夏令营试题

一、选择题

1. 已知函数 $y = \dfrac{1-x}{x-a-1}$ 的反函数的图象关于点 $(-1,3)$ 成中心对称图形,则实数 a 的值为( ).
   A. 2　　　　　　B. 3　　　　　　C. -2　　　　　D. -4

2. 设 $a \in \mathbf{R}$,集合 $A = \{x \in \mathbf{R} \mid |x-a| \leqslant 1\}$,集合 $B = \{x \in \mathbf{R} \mid |x-1| \leqslant a^2\}$. 若 A 不是 B 的真子集,则实数 a 的取值范围是( ).
   A. $-1 \leqslant a \leqslant 1$　　B. $a \leqslant -2$ 或 $a > 1$　　C. $-2 < a \leqslant 1$　　D. $-2 \leqslant a \leqslant 0$

3. 已知向量 $\vec{a} = (x+\sqrt{5}, y)$,$\vec{b} = (x-\sqrt{5}, y)$,且 $|\vec{a}| + |\vec{b}| = 6$,则函数 $f(x,y) = |2x - 3y - 12|$ 的最大值为( ).
   A. $12 - 6\sqrt{2}$　　B. $12 + 6\sqrt{2}$　　C. 12　　　　　D. $12\sqrt{5}$

4. 在 $(2+\sqrt{x})^{2n-1}$ 的展开式中,x 的幂指数是整数的各项系数之和为( ).
   A. $3^{2n+1} + 1$　　B. 3^{2n+1}　　C. $\dfrac{1}{2} \times 3^{2n+1}$　　D. $\dfrac{1}{2}(3^{2n+1} + 1)$

5. 已知 F_1、F_2 分别是双曲线 $\dfrac{x^2}{a^2} - \dfrac{y^2}{b^2} = 1 (a > 0, b > 0)$ 的左、右焦点,P 为双曲线右支上任意一点,若 $\dfrac{|PF_1|^2}{|PF_2|}$ 的最小值是 $8a$,则双曲线的离心率 e 的取值范围是( ).
   A. $(1, +\infty)$　　B. $(0, 3]$　　C. $(1, 3]$　　D. $(1, 2]$

6. 将 $2, 4, 6, 8, 3, 9, 12, 15$ 共 8 个数排成一行使得任意相邻两个数的最大公约数大于 1,则所有可能的排法数为( ).
   A. 720　　　　B. 1014　　　　C. 576　　　　D. 1296

二、填空题

7. 实数 x, y 满足 $|x| + |y| = 1$,设 $S = x^2 + 6x + y^2 - 2y$,则 S 的最小值为 _____.

8. 设函数 $f(x) = \dfrac{1}{2} + \log_2 \dfrac{x}{1-x}$,定义 $S_n = \sum\limits_{i=1}^{n-1} f\left(\dfrac{i}{n}\right)$,其中 $n \in \mathbf{N}^*$,且 $n \geqslant 2$,则 $S_n = $ _____.

9. 已知 $f(x) = \dfrac{4x-2}{x+1}$,定义无穷数列 $\{x_n\}$:$x_n = f(x_{n-1})$,$n = 1, 2, 3, \cdots$. 满足对任意正整数 n,均有 $x_n < x_{n+1}$,则 x_0 的取值范围是 _____.

10. $\triangle ABC$ 是边长为 1 的正三角形,$PA \perp$ 平面 ABC,且 $PA = \dfrac{\sqrt{6}}{4}$. 设 A 关于平面 PBC 的对称点为 A_1,则直线 A_1C 与 AB 所成的角度是 _____.

11. 一般骰子掷 6 次，令第 i 次得到的数为 a_i，若存在正整数 k 使得 $\sum_{i=1}^{k} a_i = 6$ 的概率 $p = \dfrac{n}{m}$，其中 m, n 是互质的正整数，则 $\log_6 m - \log_7 n = $ _____.

12. 如图所示，已知 Rt△ABC 中，$\angle B = 90°$，$AB = 3$，$BC = 4$，D、E、F 分别是三边 AB、BC、CA 上的点，则 $DE + EF + FD$ 的最小值为 _____.

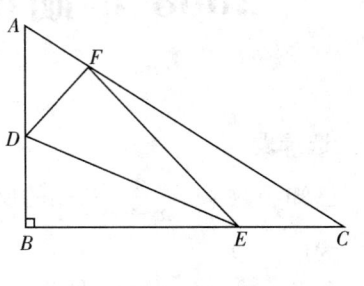

(第 12 题图)

三、解答题

13. 已知椭圆 $C: \dfrac{x^2}{a^2} + \dfrac{y^2}{b^2} = 1 (a > b > 0)$，其离心率为 $\dfrac{4}{5}$，两准线之间的距离为 $\dfrac{25}{2}$. 设点 A 坐标为 $(6, 0)$，B 为椭圆 C 上的动点，以 A 为直角顶点，作等腰直角 △ABP（字母 A, B, P 按顺时针方向排列），求 P 点的轨迹方程.

14. 已知集合 $D = \{(x_1, x_2) \mid x_1 > 0, x_2 > 0, x_1 + x_2 = k\}$，其中 k 为正常数.

(1) 令 $u = x_1 x_2$，求 u 的取值范围；

(2) 试求 k 的取值范围，使得不等式 $\left(\dfrac{1}{x_1} - x_1\right)\left(\dfrac{1}{x_2} - x_2\right) \geqslant \left(\dfrac{k}{2} - \dfrac{2}{k}\right)^2$ 对任意 $(x_1, x_2) \in D$ 恒成立.

15. 在等腰 △ABC 中，$AB = AC$. 设 X、Y 分别在边 BC、CA 上，且 $XY \parallel AB$. 记 △CXY 的外心为 D，BY 的中点为 E. 求证：$\angle AED = 90°$.

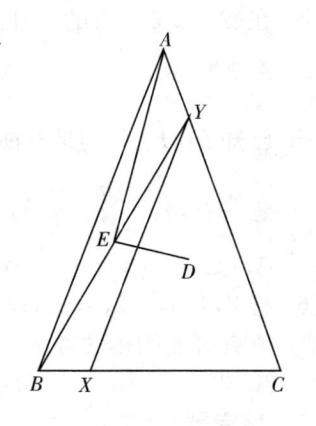

(第 15 题图)

16. 数列 $\{a_n\}_{n \geqslant 1}$ 定义为 $a_1 = 1$，$a_2 = 4$，$a_n = \sqrt{a_{n-1} a_{n+1} + 1}$ ($n \geqslant 2$).

(1) 求证：数列 $\{a_n\}_{n \geqslant 1}$ 为整数列；

(2) 求证：$2 a_n a_{n-1} + 1$ ($n \geqslant 1$) 是完全平方数.

2008年湖南省高中数学竞赛试题

一、选择题

1. 定义集合运算：$A \otimes B = \{z \mid z = xy, x \in A, y \in B\}$，设 $A = \{2, 0\}$，$B = \{0, 8\}$，则集合 $A \otimes B$ 的所有元素之和为（   ）．
   A. 16   B. 18   C. 20   D. 22

2. 已知 $\{a_n\}$ 是等比数列，$a_2 = 2$，$a_5 = \dfrac{1}{4}$，则 $a_1 a_2 + a_2 a_3 + \cdots + a_n a_{n+1}$ $(n \in \mathbf{N}^*)$ 的取值范围是（   ）．
   A. $[12, 16)$ B. $[8, 16)$ C. $[8, \dfrac{32}{3})$ D. $[\dfrac{16}{3}, \dfrac{32}{3})$

3. 5 名志愿者随机进入 3 个不同的奥运场馆参加接待工作，则每个场馆至少有一名志愿者的概率为（   ）．
   A. $\dfrac{3}{5}$ B. $\dfrac{1}{15}$ C. $\dfrac{5}{8}$ D. $\dfrac{50}{81}$

4. 已知 $\vec{a}$、$\vec{b}$ 为非零的不共线的向量，设条件 $M: \vec{b} \perp (\vec{a} - \vec{b})$；条件 N：对一切 $x \in \mathbf{R}$，不等式 $|\vec{a} - x\vec{b}| \geqslant |\vec{a} - \vec{b}|$ 恒成立，则 M 是 N 的（   ）．
   A. 必要而不充分条件   B. 充分而不必要条件
   C. 充分而且必要条件   D. 既不充分又不必要条件

5. 设函数 $f(x)$ 定义在 $\mathbf{R}$ 上，给出下述三个命题：
   ① 满足条件 $f(x+2) + f(2-x) = 4$ 的函数图象关于点 $(2, 2)$ 对称；
   ② 满足条件 $f(x+2) = f(2-x)$ 的函数图象关于直线 $x = 2$ 对称；
   ③ 函数 $f(x-2)$ 与 $f(-x+2)$ 在同一坐标系中，其图象关于直线 $x = 2$ 对称．
   其中，真命题的个数是（   ）．
   A. 0   B. 1   C. 2   D. 3

6. 连结球面上两点的线段称为球的弦．半径为 4 的球的两条弦 AB、CD 的长度分别等于 $2\sqrt{7}$ 和 $4\sqrt{3}$，M、N 分别为 AB、CD 的中点，每两条弦的两端都在球面上运动，有下面四个命题：
   ① 弦 AB、CD 可能相交于点 M；   ② 弦 AB、CD 可能相交于点 N；
   ③ MN 的最大值为 5；   ④ MN 的最小值为 1．
   A. ①③④   B. ①②③   C. ①②④   D. ②③④

7. 设 $a = \sin(\sin 2008°)$，$b = \sin(\cos 2008°)$，$c = \cos(\sin 2008°)$，$d = \cos(\cos 2008°)$，则 a, b, c, d 的大小关系是（   ）．
   A. $a < b < c < d$ B. $b < a < d < c$
   C. $c < d < b < a$ D. $d < c < a < b$

8. 设函数 $f(x) = x^3 + 3x^2 + 6x + 14$，且 $f(a) = 1$，$f(b) = 19$，则 $a + b = $（   ）．

A. 2　　　　　　　B. 1　　　　　　　C. 0　　　　　　　D. -2

二、填空题

9. 在平面直角坐标系中,定义点 $P(x_1,y_1)$、$Q(x_2,y_2)$ 之间的"直角距离"为 $d(P,Q)=|x_1-x_2|+|y_1-y_2|$. 若 $C(x,y)$ 到点 $A(1,3)$、$B(6,9)$ 的"直角距离"相等,其中实数 x,y 满足 $0\leqslant x\leqslant 10, 0\leqslant y\leqslant 10$,则所有满足条件的点 C 的轨迹的长度之和为_____.

10. 已知集合 $\Omega=\{(x,y)\mid x^2+y^2\leqslant 2008\}$,若点 $P(x,y)$、点 $P'(x',y')$ 满足 $x\leqslant x'$ 且 $y\geqslant y'$,则称点 P 优于 P'. 如果集合 Ω 中的点 Q 满足:不存在 Ω 中的其他点优于 Q,则所有这样的点 Q 构成的集合为_____.

11. 多项式 $(1+x+x^2+\cdots+x^{100})^3$ 的展开式在合并同类项后,x^{150} 的系数为_____.(用数字作答)

12. 一个六棱柱的底面是正六方形,其侧棱垂直于底面. 已知该六棱柱的顶点都在同一球面上,且该六棱柱的体积为 $\dfrac{9}{8}$,底面周长为 3,则这个球的体积为_____.

13. 将一个 4×4 棋盘中的 8 个小方格染成黑色,使得每行、每列都恰有两个黑色方格,则有_____不同的染法.(用数字作答)

14. 某学校数学课外活动小组,在坐标纸上某沙漠设计植树方案如下:第 k 棵树种植在点 $P_k(x_k,y_k)$ 处,其中 $x_1=1, y_1=1$,当 $k\geqslant 2$ 时,
$$\begin{cases} x_k=x_{k-1}+1-5\left[\dfrac{k-1}{5}\right]+5\left[\dfrac{k-2}{5}\right]; \\ y_k=y_{k-1}+\left[\dfrac{k-1}{5}\right]-\left[\dfrac{k-2}{5}\right]. \end{cases}$$
其中,$[a]$ 表示实数 a 的整数部分,例如 $[2.6]=2,[0.6]=0$. 按此方案,第 2008 棵树种植点的坐标为_____.

三、解答题

15. 设实数 $a,b\in[\alpha;\beta]$,求证:$\dfrac{b}{a}+\dfrac{a}{b}\leqslant\dfrac{\beta}{\alpha}+\dfrac{\alpha}{\beta}$,
其中等号当且仅当 $a=\alpha,b=\beta$ 或 $a=\beta,b=\alpha$ 成立,α,β 为正实数.

16. 甲、乙两人进行乒乓球单打比赛,采用五局三胜制(即先胜三局者获冠军). 对于每局比赛,甲获胜的概率为 $\dfrac{2}{3}$,乙获胜的概率为 $\dfrac{1}{3}$. 如果将"乙获得冠军"的事件称为"爆出冷门",试求此项赛事爆出冷门的概率.

17. 已知函数 $f(x)=\ln(1+x)-x$ 在区间 $[0,n](n\in\mathbf{N}^*)$ 上的最小值为 b_n,令 $a_n=\ln(1+n)-b_n, p_k=\dfrac{a_1 a_3\cdots a_{2k+1}}{a_2 a_4\cdots a_{2k}}(k\in\mathbf{N}^*)$,求证:$p_1+p_2+\cdots+p_n<\sqrt{2a_n+1}-1$.

18. 过直线 $l:5x-7y-70=0$ 上的点 P 作椭圆 $\dfrac{x^2}{25}+\dfrac{y^2}{9}=1$ 的切线 PM,PN,切点分别为 $M、N$,联结 MN.

(1) 当点 P 在直线 l 上运动时,证明:直线 MN 恒过定点 Q;

(2) 当 $MN\parallel l$ 时,定点 Q 平分线段 MN.

2009年湖南省高中数学夏令营试题

一、填空题

1. 已经二次函数 $f(x)=x^2-3x+2$，则方程 $f(f(x))=0$ 不同实数根的数目为_____个．

2. 等差数列 $\{a_k\}$ 共有 $2n+1(n\in \mathbf{N}^*)$ 项，其中所有奇数项之和为 310，所有偶数项之和为 300，则 n 的值为_____．

3. 在平面上，我们把横、纵坐标均为整数的点称为整点．满足 $x^2+y^2-6x-7<0$ 的整点到直线 $6x+9y+7=0$ 的距离记为 d，则 d 的最小值为_____．

4. 设 $f(x)=\dfrac{1}{2}\cos^2 x+\dfrac{\sqrt{3}}{2}\sin x\cos x+2, x\in\left[-\dfrac{\pi}{6},\dfrac{\pi}{4}\right]$，则 $f(x)$ 的值域为_____．

5. 设有一体积为 54 的正四面体，若以它的四个面的中心为顶点作一个四面体，则所作四面体的体积为_____．

6. 如图所示，在单位正方体 $ABCD-A_1B_1C_1D_1$ 的面对角线 A_1B 上存在一点 P 使得 $AP+D_1P$ 最短，则 $AP+D_1P$ 的最小值为_____．

7. 已知函数 $f(x)=\begin{cases}a^{x-5}(x>6),\\ (4-\dfrac{a}{2})x+4(x\leqslant 6),\end{cases}$ 满足 $f(n+1)>f(n)$ 对一切正整数 n 都成立，实数 a 的取值范围为_____．

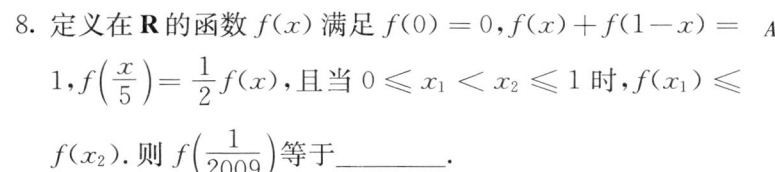

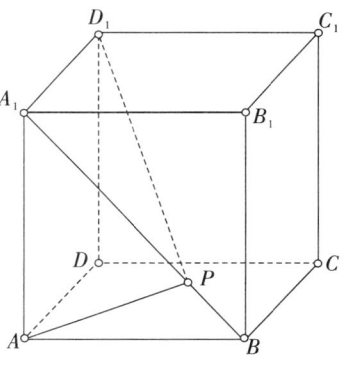

8. 定义在 $\mathbf{R}$ 的函数 $f(x)$ 满足 $f(0)=0, f(x)+f(1-x)=1, f\left(\dfrac{x}{5}\right)=\dfrac{1}{2}f(x)$，且当 $0\leqslant x_1<x_2\leqslant 1$ 时，$f(x_1)\leqslant f(x_2)$．则 $f\left(\dfrac{1}{2009}\right)$ 等于_____．

(第6题图)

9. 记函数 $f(\theta)=\left|\cos\theta+\dfrac{2}{3+\cos\theta}+m\right|(\theta\in\mathbf{R},m\in\mathbf{R})$ 的最大值为 $g(m)$，则 $g(m)$ 的最小值为_____．

10. 若 $x^5+3x^3+1=a_0+a_1(x-1)+a_2(x-1)^2+\cdots+a_5(x-1)^5$ 对任意实数 x 都成立，则 a_3 的值是_____．

二、解答题

11. 已知二次函数 $f(x)=ax^2+x+1(a>0)$ 的图象与 x 轴的交点的横坐标分别为 x_1,x_2．
    (1) 求证：$x_1<-1,x_2<-1$；

(2) 若 x_1, x_2 满足不等式 $\left|\lg \dfrac{x_1}{x_2}\right| \leqslant 1$,试求实数 a 的取值范围.

12. 求不定方程 $x_1 + x_2 + x_3 + 3x_4 + 3x_5 + 5x_6 = 21$ 的正整数解的组数.

13. 设 P 在双曲线 $\dfrac{x^2}{16} - \dfrac{y^2}{9} = 1$ 右支上运动(除去双曲线的两个长轴顶点),点 E 和点 F 分别是左、右焦点,A 是 $\triangle PEF$ 的 $\angle PEF$ 内的旁心($\angle PEF$ 的内角平分线和 $\angle PEF$、$\angle EPF$ 的外角平分线的交点).试求点 A 的轨迹方程.

14. 如图所示,在 $\triangle ABC$ 中,$AB \neq AC$,I 为内心,BC 的中点为 M,MI 交 AC 于 Q,B 所对的旁切圆的圆心为 O_1.求证:$O_1Q \parallel BC$.

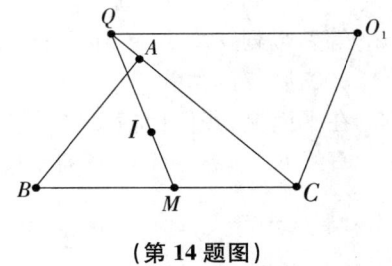

(第 14 题图)

2009年湖南省高中数学竞赛试题

一、选择题

1. 设 z 是复数,$\alpha(z)$ 表示满足 $z^n = 1$ 的最小正整数 n. 则对虚数单位 i, $\alpha(i) = ($ $)$.
   A. 8   B. 6   C. 4   D. 2

2. 已知函数 $f(x)$ 的定义域为 $\mathbf{R}$. 若 $f(x+1)$、$f(x-1)$ 都是奇函数,则(   ).
   A. $f(x)$ 是偶函数   B. $f(x)$ 是奇函数
   C. $f(x+3)$ 是偶函数   D. $f(x+3)$ 是奇函数

3. 在区间 $[-1,1]$ 上随机地取一个数 x. 则 $\cos\dfrac{\pi x}{2}$ 的值介于 0 到 $\dfrac{1}{2}$ 之间的概率为(   ).
   A. $\dfrac{2}{3}$ B. $\dfrac{2}{\pi}$ C. $\dfrac{1}{2}$ D. $\dfrac{1}{3}$

4. 设 $f(x)$ 为 $\mathbf{R}\to\mathbf{R}$ 的函数,且对任意的实数有 $f(x^2+x)+2f(x^2-3x+2)=9x^2-15x$. 则 $f(50)$ 的值为(   ).
   A. 72   B. 73   C. 144   D. 146

5. 已知数列 $\{a_n\}$ 满足 $a_1=0, a_{n+1}=a_n+2+2\sqrt{1+a_n}\,(n=1,2,\cdots)$. 则 $a_{2009}=($ $)$.
   A. 4036080   B. 4036078   C. 4036082   D. 4036099

6. 已知非零向量 $\overrightarrow{AB}$、$\overrightarrow{AC}$ 满足 $\left(\dfrac{\overrightarrow{AB}}{|\overrightarrow{AB}|}+\dfrac{\overrightarrow{AC}}{|\overrightarrow{AC}|}\right)\cdot\overrightarrow{BC}=0$,且 $\dfrac{\overrightarrow{AB}}{|\overrightarrow{AB}|}\cdot\dfrac{\overrightarrow{AC}}{|\overrightarrow{AC}|}$. 则 $\triangle ABC$ 为(   ).
   A. 三边均不相等的三角形   B. 直角三角形
   C. 等腰非等边三角形   D. 等边三角形

二、填空题

7. 对于 $n\in\mathbf{N}_+$,计算 $C_{4n+1}^1+C_{4n+1}^5+\cdots+C_{4n+1}^{4n+1}=$ _____.

8. 在 $\triangle ABC$ 中,D 是边 BC 的中点. 若 $\overrightarrow{AD}\cdot\overrightarrow{AC}=0$,则 $\tan C-\cot A$ 的最小值为 _____.

9. 计算 $\sqrt{\underbrace{44\cdots4}_{2n\text{个}}+\underbrace{11\cdots1}_{n+1\text{个}}-\underbrace{66\cdots6}_{n\text{个}}}=$ _____.

10. 已知函数 $f(x)=\begin{cases}(3-m)x-m,&x<1;\\ \log_m x,&x\geq 1\end{cases}$ 在实数集 $\mathbf{R}$ 上单调递增,则实数 m 的取值范围是 _____.

11. 以双曲线 $\dfrac{x^2}{4}-\dfrac{y^2}{b^2}=1\,(b>0)$ 的离心率半径、右焦点为圆心的圆与双曲线的渐近线相切,则双曲线的离心率为 _____.

12. 方程 $|x^2-3x+2|+|x^2+2x-3|=11$ 的所有实数根之和为 _____.

13. 已知多项式 $(1+x)+(1+x)^2+\cdots+(1+x)^n = b_0+b_1x+\cdots+b_nx^n$，且 $b_1+b_2+\cdots+b_n = 1013$，则正整数 n 的一个可能值是_____．

14. 已知正方体 $ABCD-A'B'C'D'$ 的面 $ABCD$、$ADD'A'$ 的中心分别为 M、N，则异面直线和 BD' 所成角的正弦值为_____．

三、解答题

15. 已知向量 $\boldsymbol{a}=(x^2,x+1)$，$\boldsymbol{b}=(1-x,t)$．若函数 $f(x)=\boldsymbol{a}\cdot\boldsymbol{b}$ 在区间 $[-1,1]$ 上是单调增函数，求 t 的取值范围．

16. 如图，圆内接四边形 $ABCD$ 的一条对角线将一对对角分成四个角 α_1、α_2、α_3、α_4．求证：
$$\sin(\alpha_1+\alpha_2)\cdot\sin(\alpha_2+\alpha_3)\cdot\sin(\alpha_3+\alpha_4)\cdot\sin(\alpha_4+\alpha_1)$$
$$\geqslant 4\sin\alpha_1\cdot\sin\alpha_2\cdot\sin\alpha_3\cdot\sin\alpha_4.$$

(第16题图)

17. 如果一个数列 $\{a_n\}$ 的任意相邻三项 a_{i-1}、a_i、a_{i+1} 满足 $a_{i-1}a_{i+1}\leqslant a_i^2$，则称该数列为"对数性凸数列．"设正项数列 $a_0,a_1,\cdots,a_n$ 是对数性凸数列．求证：
$$\left(\frac{1}{n+1}\sum_{i=0}^{n-1}a_i\right)\left(\frac{1}{n-1}\sum_{j=1}^{n-1}a_j\right)\geqslant\left(\frac{1}{n}\sum_{i=0}^{n-1}a_i\right)\left(\frac{1}{n}\sum_{j=1}^{n}a_j\right).$$

18. 某建筑物内一个水平直角型过道如图所示．两过道的宽度均为 $3\mathrm{~m}$，有一个水平截面为矩形的设备需要水平移进直角型过道．若该设备水平截面矩形的宽为 $1\mathrm{~m}$，长为 $7\mathrm{~m}$，试问：该设备能否水平移进直角型过道？

(第18题图)

19. 设有 2009 个人站成一排，从第一名开始 1 至 3 报数，凡报到 3 的就退出队伍，其余的向前靠拢站成新的一排．再按此规则继续进行，直到第 p 次报数后只剩下 3 人为止．试问：最后剩下的 3 人最初站在什么位置？

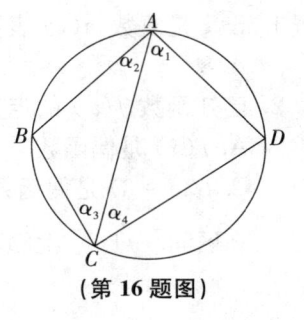

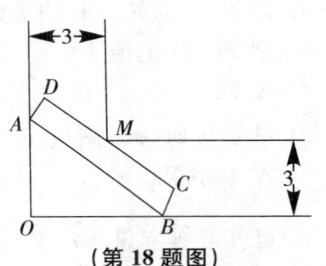

2010年湖南省高中数学夏令营试题

一、填空题

1. 函数 $f(x) = \sin(2x - \frac{\pi}{4}) = 2\sqrt{2}\sin^2 x$ 的最小正周期是_____.

2. 设 P 是圆 $x^2 + y^2 = 36$ 上一动点，A 点坐标为 $(20, 0)$. 当 P 在圆上运动时，线段 PA 的中点 M 的轨迹方程为_____.

3. 已知集合 $A = \{y \mid y = x^2 + 2x - 3\}$，$B = \{y \mid y = x + \frac{1}{x}, x < 0\}$，则 $A \cap B =$ _____.

4. $f(x)$ 是定义在 $\mathbf{R}$ 上的奇函数，且 $f(x) = f(1-x)$，则 $f(2010) =$ _____.

5. 对任意的实数 a, b，$M = \max\{|a+b|, |a-b|, |1-b|\}$ 的最小值是_____.

6. 设 P、Q 是曲线 $y = x^3 - 3x^2 + (3-\sqrt{3})x + \frac{3}{4}$ 上的任意两点，则直线 PQ 的倾斜角 α 的取值范围是_____.

7. 在等腰梯形 $ABCD$ 中，$AB \parallel CD$，且 $AB > CD$. 设以 A、B 为焦点且经过点 C、D 的双曲线的离心率为 e_2，则 $e_1 \cdot e_2 =$ _____.

8. 已知平面向量 $\boldsymbol{\alpha}, \boldsymbol{\beta}$（$\boldsymbol{\alpha} \neq 0, \boldsymbol{\alpha} \neq \boldsymbol{\beta}$）满足 $|\boldsymbol{\beta}| = 1$，且 $\boldsymbol{\alpha}$ 与 $\boldsymbol{\beta} - \boldsymbol{\alpha}$ 的夹角为 $150°$，则 $|\boldsymbol{\alpha}|$ 的取值范围是_____.

9. 将 7 条花色不同的金鱼放到编号为 1、2、3 的 3 个玻璃鱼缸内，若要求鱼缸的鱼数不小于其编号数，则不同的放法有_____种.

10. 已知三棱锥 $S-ABC$ 的底面是正三角形，点 A 在侧面 SBC 上的射影 H 是垂心，$SA = a$. 则此三棱锥的体积的最大值是_____.

二、解答题

11. 直角三角形 ABC 的直角顶点 A 为动点，$B(-\sqrt{3}, 0)$，$C(\sqrt{3}, 0)$ 为两个定点，作 $AD \perp BC$ 于 D，动点 E 满足 $\overrightarrow{AE} = (1 - \frac{\sqrt{3}}{3})\overrightarrow{AD}$，当点 A 运动时，设点 E 的轨迹为曲线 C，曲线 C 与 y 轴正半轴交点为 G.

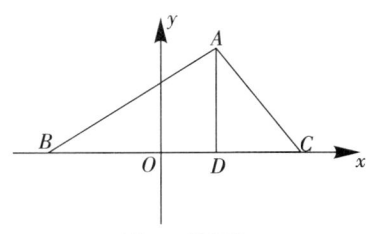

    (1) 求曲线 C 的方程；

    (2) 是否存在方向向量为 $\boldsymbol{m} = (\sqrt{3}, 1)$ 的直线 l，与曲线 C 交于 M, N 两点，且 $\overrightarrow{GM}$ 与 $\overrightarrow{GN}$ 的夹角为 $120°$？若存在，求出所有满足条件的直线方程；若不存在，请说明理由.

    (第 11 题图)

12. a 为给定的正实数，$n(n \geq 2)$ 个数 $x_1, x_2, \cdots, x_n \in [0, a]$ 使得
    $x_1 x_2 \cdots x_n = (a - x_1)^2 (a - x_2)^2 \cdots (a - x_n)^2$.

试确定 $x_1 x_2 \cdots x_n$ 的最大值.

13. 设正整数 a,b 满足 $a>b$,且 $gcd(a-b,ab+1)=1, gcd(a+b,ab-1)=1$,这里 $gcd(x,y)$ 表示 x,y 的最大公约数.

    求证:$(a-b)^2+(ab+1)^2$ 不是一个完全平方数.

14. 如图,$\odot O_1$ 与 $\odot O_2$ 相交于 D,P 两点,AB 为两圆的外公切线,AD 与 $\odot O_2$ 相交于点 C,线段 BC 的中点为 M.

    求证:$\angle DPM = \angle BDC$.

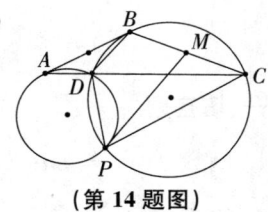

(第 14 题图)

2010年湖南省高中数学竞赛试题

一、选择题

1. 若 $f(x)$ 是 **R** 上周期为5的奇函数,且满足 $f(1)=8$,则 $f(2010)-f(2009)=($ $)$.
   A. 6　　　　　B. 7　　　　　C. 8　　　　　D. 9

2. 对于非零向量 **a**、**b** 有两个命题.
   命题甲:$a \perp b$;
   命题乙:函数 $f(x)=(x\boldsymbol{a}+\boldsymbol{b})\cdot(x\boldsymbol{b}-\boldsymbol{a})$ 为一次函数.
   则甲是乙的(   )条件.
   A. 充分不必要　　　　　　　　B. 必要不充分
   C. 充分必要　　　　　　　　　D. 既不充分也不必要

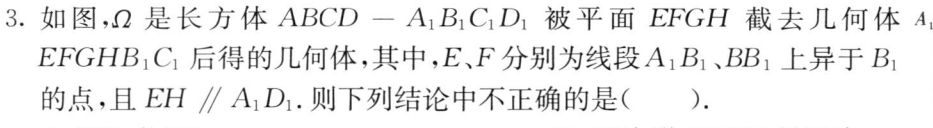

3. 如图,Ω 是长方体 $ABCD-A_1B_1C_1D_1$ 被平面 $EFGH$ 截去几何体 $EFGHB_1C_1$ 后得的几何体,其中,E、F 分别为线段 A_1B_1、BB_1 上异于 B_1 的点,且 $EH // A_1D_1$. 则下列结论中不正确的是(   ).
   A. $EH // FG$　　　　　　　　B. 四边形 $EFGH$ 是矩阵
   C. Ω 是棱柱　　　　　　　D. Ω 是棱台

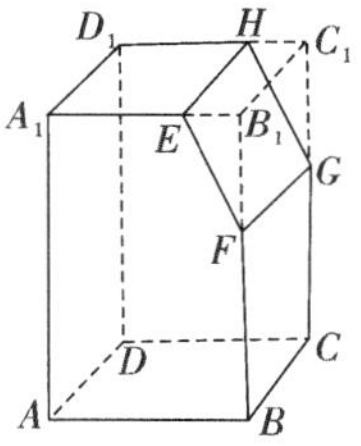

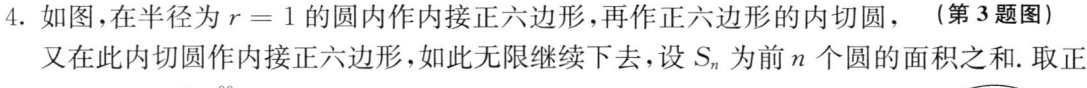

   (第3题图)

4. 如图,在半径为 $r=1$ 的圆内作内接正六边形,再作正六边形的内切圆,又在此内切圆作内接正六边形,如此无限继续下去,设 S_n 为前 n 个圆的面积之和. 取正数 $\xi=3\pi\left(\dfrac{3}{4}\right)^{99}$. 若 $|S_n-4\pi|<\xi$,则 n 的取值为(   ).
   A. 大于100的所有自然数
   B. 大于100的有限个自然数
   C. 不大于100的所有自然数
   D. 不大于100的有限个自然数

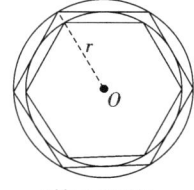

   (第4题图)

5. 设直线 $x=2$ 与双曲线 $\Gamma:\dfrac{x^2}{4}-y^2=1$ 的渐近线交于点 E_1、E_2,记作 $\overrightarrow{OE_1}=\boldsymbol{e}_1$,$\overrightarrow{OE_2}=\boldsymbol{e}_2$,任取双曲线 Γ 上的点 P. 若 $\overrightarrow{OP}=a\boldsymbol{e}_1+b\boldsymbol{e}_2(a、b\in \boldsymbol{R})$,则(   ).
   A. $0<a^2+b^2<1$　　　　　　B. $0<a^2+b^2<\dfrac{1}{2}$
   C. $a^2+b^2\geq 1$　　　　　　D. $a^2+b^2\geq \dfrac{1}{2}$

6. 一厂家有一批长40 cm、宽30 cm的矩形红布. 现该厂家要将每块矩形红布剪一次后拼成一面三角形旗子. 则红布可以拼成三角形旗子的种数是(   ).
   A. 1　　　　　B. 2　　　　　C. 3　　　　　D. 4

二、填空题

7. 已知定义在区间 $\left(0, \dfrac{\pi}{2}\right)$ 上的函数 $y=6\cos x$ 的图象与 $y=5\tan x$ 的图象的交点为 P，过 P 作 $PP_1 \perp x$ 轴于点 P_1，直线 PP_1 与 $y=\sin x$ 的图象交于点 P_2. 则线段 P_1P_2 的长为 _____.

8. 在等比数列 $\{a_n\}$ 中，$a_1=1$，$a_{2010}=4$，函数 $f(x)=x(x-a_1)(x-a_2)\cdots(x-a_{2010})$. 则函数 $y=f(x)$ 在点 $(0,0)$ 处的切线方程为 _____.

9. 如果执行如图所示的程序，输入正整数 n、m ($n \geqslant m$)，那么，输出的 p 等于 _____.

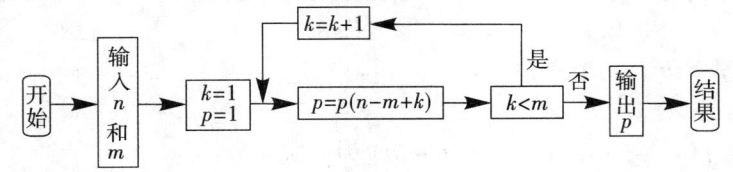

(第9题图)

10. 已知 $y=f(x)$ 为区间 $[0,1]$ 上的连续函数，且恒有 $0 \leqslant f(x) \leqslant 1$，可以用随机模拟方法近似计算积分 $\int_0^1 f(x)dx$. 先产生两组（每组 N 个）区间 $[0,1]$ 上的均匀随机数 $x_1, x_2, \cdots, x_N$ 和 $y_1, y_2, \cdots, y_N$，由此得到 N 个点 (x_i, y_i) ($i=1, 2, \cdots, N$)；再数出其中满足 $y_i \leqslant f(x_i)$ ($i=1,2,\cdots,N$) 的点数 N_1. 那么，由随机模拟方法可得积分 $\int_0^1 f(x)dx$ 的近似值为 _____.

11. 设 a_n 是 $(3-\sqrt{x})^n$ ($n=2,3,\cdots$) 的二项展开式中 x 的系数，则 $\sum\limits_{n=2}^{18} \dfrac{3^n}{a_n} =$ _____.

12. 若三个非零实数 $x(y-z)$、$y(z-x)$、$z(y-x)$ 成等比数列，则其公比 $q=$ _____.

13. 设函数 $f(x)=4\sin x \cdot \sin^2\left(\dfrac{\pi}{4}+\dfrac{x}{2}\right)+\cos 2x$. 如果 $|f(x)-m|<2$ 成立的充分条件是 $\dfrac{\pi}{6} \leqslant x \leqslant \dfrac{2\pi}{3}$，则实数 m 的取值范围是 _____.

14. 空间有五个点，任意四点不共面. 若连了若干条线段而图中不存在四面体，则图中三角形个数的最大值为 _____.

三、解答题

15. 已知当 $x \in [1, e]$ 时，不等式 $a\ln x \leqslant -\dfrac{1}{2}x^2+(a+1)x$ 恒成立. 试求实数 a 的取值范围.

16. 如图，$\odot O_1$、$\odot O_2$ 在 $\odot O$ 内滚动且始终保持与 $\odot O$ 内切，切点分别为 P、Q，MN 是 $\odot O_1$ 和 $\odot O_2$ 的外公切线. 已知 $\odot O_1$、$\odot O_2$、$\odot O$ 的半径分别为 r_1、r_2、R. 求证：$\dfrac{MN^2}{PQ^2}$ 为定值.

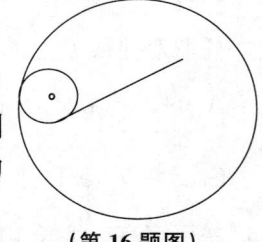

(第16题图)

17. 设椭圆 $C_1: \dfrac{x^2}{a^2}+\dfrac{y^2}{b^2}=1$，$C_2: \dfrac{x^2}{m^2}+\dfrac{y^2}{n^2}=1$，过原点 O 引射线分别与椭圆 C_1、C_2 交于点 A、

B,P 为线段 AB 上一点.

(1) 求证：$|OA|$、$|OP|$、$|OB|$ 成等比数列的充要条件是点 P 的轨迹方程为 C_3：$\left(\dfrac{x^2}{a^2}+\dfrac{y^2}{b^2}\right)\left(\dfrac{x^2}{m^2}+\dfrac{y^2}{n^2}\right)=1$.

(2) 试利用合情推理,将(1)的结论类比到双曲线得出相应的正确结论(不要求证明).

18. 设 $a_1,a_2,\cdots,a_n$ 是整数 $1,2,\cdots,n$ 的一个排列,且满足

(1) $a_1=1$；

(2) $|a_i-a_{i+1}|\leqslant 2(i=1,2,\cdots,n-1)$.

记上述排列的个数为 $f(n)$. 试求 $f(2010)$ 被 3 除的余数.

2011年湖南省高中数学夏令营试题

一、填空题

1. 函数 $f(x)$ 的反函数是 $y = \dfrac{x}{1+x}$,$f_1(x) = f(x)$,且对于 $n > 1 (n \in \mathbf{N}_+)$ 有 $f_n(x) = f_{n-1}[f_1(x)]$,则 $\dfrac{1}{f_n(x)} = $ _____.

2. 设正实数 a,b,c 满足 $a^2 + b^2 + c^2 = 3$,则 $M = a^2bc + ab^2c + abc^2$ 的最大值为 _____.

3. 设 A 是一个六位数(十进制表示). 将 A 的首位数字移至末尾得数 B,再将 B 的首位数字移至末尾得数 C,若 C 是 A 的 $\dfrac{3}{5}$ 倍,则 $A = $ _____.

4. 若集合 $A = \{x \mid \sqrt{x-3} = ax + 1, x \in \mathbf{R}\}$ 为空集,则实数 a 的取值范围是 _____.

5. 在数列 $\{a_n\}$ 中,已知 $a_1 = 2$,$a_{n+1} - 2a_n = 2^{n+1} (n \in \mathbf{N}^*)$,则使 $a_n > 10$ 成立的最小正整数 n 的值为 _____.

6. 已知函数 $f(x) = \begin{cases} (2a-1)x + 3a - 4, & x \leqslant t \\ x^3 - x, & x > 1 \end{cases}$,无论 t 取何值时,函数 $f(x)$ 在 $\mathbf{R}$ 上总是不单调,则实数 a 的取值范围为 _____.

7. 设 G,H 分别是 $\triangle ABC$ 的重心、垂心,其外接圆半径为 1. 若 F 为线段 GH 的中点,则 $|\overrightarrow{AF}|^2 + |\overrightarrow{BF}|^2 + |\overrightarrow{CF}|^2$ 的值为 _____.

8. 椭圆长轴为 6,左顶点在圆 $(x-3)^2 + (y-2)^2 = 4$ 上,左准线为 y 轴,则椭圆离心率 e 的取值范围为 _____.

9. 函数 $y = \sqrt{3x+6} + \sqrt{8-x}$ 的值域为 _____.

10. 正方体 $ABCD - A_1B_1C_1D_1$ 棱长为 1,E 是 DC 中点,F 是 BB_1 中点,则四面体 AD_1EF 的体积是 _____.

二、解答题

11. 设函数 $\{a_n\}$ 满足 $|a_{n+1} - a_n| \leqslant 1, n \in \mathbf{N}^*$,数列 $\{b_n\}$ 定义为 $b_n = \dfrac{a_1 + a_2 + \cdots + a_n}{n}$. 求证:$|b_{n+1} - b_n| \leqslant \dfrac{1}{2}$.

12. 设 $\triangle ABC$ 的内切圆 $\odot I$ 切 BC、CA 边分别于点 D、E,AB、AC 边上的中点分别为 M、N,求证:(1) 设 BI 与 DE 的交点为 G,则 $AG \perp BG$;(2) 直线 MN,BI,DE 交于一点.

(第12题图)

13. 设 A 为平面上的一个有限点集,现将 A 中的点染三色使得任何两个同色点所连成的线段上恰有另外颜色的一个点,求证:A 中最多有 6 个点满足要求.

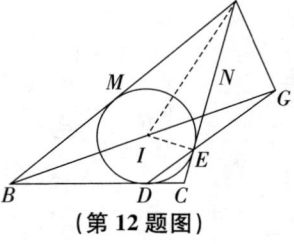

2011年湖南省高中数学竞赛试题

一、填空题

1. 已知函数 $f(x) = x^3 + ax^2 + x + 1(a \in \mathbf{R})$ 在区间 $\left(-\dfrac{2}{3}, -\dfrac{1}{3}\right)$ 内为减函数,在区间 $\left(-\dfrac{1}{3}, +\infty\right)$ 内为增函数,则 $a =$ _____.

2. 设 A、B 是两个集合,称 (A,B) 为一个"对子". 当 $A \neq B$ 时,将 (A,B) 与 (B,A) 视为不同的对子.则满足条件 $A \cup B = \{1,2,3,4\}$ 的不同的对子 (A,B) 的个数为_____.

3. 设函数 $f(x) = x^2 + x + m(m \in \mathbf{R}_+)$.若 $f(t) < 0$,则你对函数 $y = f(x)$ 在区间 $(t, t+1)$ 中零点存在情形的判断是_____.

4. 已知椭圆 $C: \dfrac{x^2}{2} + y^2 = 1$ 的两个焦点分别为 F_1、F_2,点 $P(x_0, y_0)$ 满足 $0 < \dfrac{x_0^2}{2} + y_0^2 \leqslant 1$. 则 $|PF_1| + |PF_2|$ 的取值范围是_____.

5. 已知复数 z_1 满足 $(z_1 - 2)(1+i) = 1-i$(i 为虚数单位),复数 z_2 的虚部为 2. 则 $z_1 z_2$ 为实数的条件是_____.

6. 已知数列 $\{a_n\}$ 满足递推关系式 $a_{n+1} = 2a_n + 2^n - 1(n \in \mathbf{N}_+)$,且 $\left\{\dfrac{a_n + \lambda}{2^n}\right\}$ 为等差数列,则 λ 的取值是_____.

7. 过函数 $f(x) = x + \cos x - \sqrt{3}\sin x$ 的图象上一点的切线斜率为 k,则 k 的取值范围是_____.

8. 已知平面内三点 A、B、C 满足 $|\overrightarrow{AB}| = 3$,$|\overrightarrow{BC}| = 4$,$|\overrightarrow{CA}| = 5$,则 $\overrightarrow{AB} \cdot \overrightarrow{BC} + \overrightarrow{BC} \cdot \overrightarrow{CA} + \overrightarrow{CA} \cdot \overrightarrow{AB} =$ _____.

9. 将边长为 4 的正方形 $ABCD$ 沿 BD 折成 $60°$ 的二面角,则 BC 的中点与 A 的距离为_____.

10. 有黑、白、黄筷子各 8 支,不用眼睛看任意地取出筷子,使得至少有两双筷子不同色,则至少要取出_____支筷子才能做得到.

二、解答题

11. 将抛物线的焦点所在的区域称为抛物线的内部. 试问:在允许将抛物线平移或旋转的条件下,平面内 2011 条抛物线的内部能否盖住整个平面?请作出判断,并证明你的结论.

12. 设 $a_k = \displaystyle\sum_{i=k^2}^{(k+1)^2-1} \dfrac{1}{i}$. 证明:$2011 \in \left(\dfrac{2}{a_{2010}}, \dfrac{2}{a_{2011}}\right)$.

13. (1) 设实数 $t > 0$. 证明:$\left(1 + \dfrac{2}{t}\right)\ln(1+t) > 2$.

(2) 从编号为 1～100 的 100 张卡片中，每次随机地抽取一张，然后放回，用这种方式连续抽取 20 次，设抽得的 20 个号码互不相同的概率为 P．证明：$P < \dfrac{1}{e^2}$．

14. 已知由 $\triangle ABC$ 的顶点 A 引出的两条射线 AX、AY 分别与 BC 交于点 X、Y．证明：$AB^2 \cdot CY \cdot CX = AC^2 \cdot BX \cdot BY$ 成立的充要条件是 $\angle BAX = \angle CAY$．

2012年湖南省高中数学夏令营试题

一、填空题

1. 若集合 $M = \{x \mid x < 2\}, N = P\{x \mid |x| > 1\}$,则 $M \cap N = $ _____.

2. 已知正项等比数列 $\{a_n\}$ 的公比 $q \neq 1$,且 a_2, a_4, a_5 成等差数列,则 $\dfrac{a_1 + a_4 + a_7}{a_3 + a_6 + a_9} = $ _____.

3. 函数 $f(x) = \dfrac{x}{x^2 + 4}(x \geqslant 0)$ 的值域为_____.

4. 已知正四棱锥 $P-ABCD$ 的侧面与底面所成的二面角大小为 α,相邻两个侧面所成的二面角大小为 β,则 $\cos 2\alpha + 2\cos \beta$ 的值为_____.

5. 在 $\triangle ABC$ 中,$AB = BC = 2, AC = 3$.设 O 是 $\triangle ABC$ 的内心,若 $\overrightarrow{AO} = p\overrightarrow{AB} + q\overrightarrow{AC}$,则 $\dfrac{p}{q}$ 的值为_____.

6. 已知 a 是正实数,$k = a^{\lg a}$ 的取值范围是_____.

7. 过原点 O 的直线 l 与椭圆 $C: \dfrac{x^2}{a^2} + \dfrac{y^2}{b^2} = 1 (a > b > 0)$ 交于 M, N 两点,P 是椭圆 C 上异于 M, N 的任一点.若直线 PM, PN 的斜率之积为 $-\dfrac{1}{3}$,则椭圆 C 的离心率为_____.

8. 假设有 5 张牌,每张牌上写着不同的数,且分别为 $2, 3, 4, 5, 6$.当这些牌随意地放在一排,则对于每一个 $i(1 \leqslant i \leqslant 5)$,从左开始第 i 个位置上的数大于或等于 i 的概率为_____.

9. 已知抛物线 $y^2 = 4x$ 及其上一点 P,焦点 $F(1, 0)$ 和 $A(5, 2\sqrt{2})$,则 $|PF|^2 + |PA|^2$ 的最小值为_____.

10. 以 m, n 分别表示方程 $4x + 3y + 2z = 2009, 4x + 3y + 2z = 2000$ 的正整数解的个数,则 $m - n$ 的值为_____.

二、解答题

11. 平面直角坐标系中,以点 $P\left(t, \dfrac{2}{t}\right)(t > 0)$ 为圆心的圆经过坐标原点 O,且分别与 x 轴、y 轴交于 A、B(不同于点 O).
    (1) 求证:$\triangle OAB$ 的面积是定值;
    (2) 若直线 $l: y = -2x + 4$ 与圆 P 相交于不同的两点 M, N,且 $|OM| = |ON|$.试求圆 P 的标准方程.

12. 如图,设 AA_1 和 CC_1 分别为锐角 $\triangle ABC$ 的两条高,记 $\triangle AA_1C$ 和 $\triangle AC_1C$ 的内心分别为 I_1 和 I_2,过 $I_1 I_2$ 的直线分别交 AB, BC 于 X, Y.求证:

(第12题图)

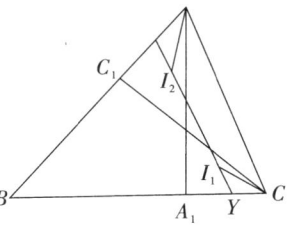

(1) A, C, I_1, I_2 四点共圆；

(2) $BX = BY$.

13. 试求实数 a 的取值范围, 使得 2 是不等式 $\dfrac{x + \log_2(2^x - 3a)}{1 + \log_2 a} > 2$ 的最小整数解.

14. 已知数列 $\{a_n\}_{n \geqslant 1}$ 定义为 $a_1 = 1, a_2 = 2, a_n = \sqrt{a_{n-1} a_{n+1} + (-1)^{n-1}}\ (n \geqslant 2)$.

    (1) 求证: 数列 $\{a_n\}_{n \geqslant 1}$ 为整数列;

    (2) 给定任意不小于 2 的正整数 m, 求证: 对任意 $1 \leqslant j \leqslant m$, 都有 $2a_m$ 整除 $a_{m+j} + (-1)^j a_{m-j}$.

2012年湖南省高中数学竞赛试题

一、选择题

1. 已知实数 x 满足对任意正数 a,均有 $x^2 < 1 + a$.则 x 的最小值是( ).
   A. 0　　　　　B. 1　　　　　C. -1　　　　　D. 不存在

2. 四个函数 $y = \sin|x|$,$y = \cos|x|$,$y = |\tan x|$,$y = -\ln|\sin x|$ 以 π 为周期,在 $\left(0, \dfrac{\pi}{2}\right)$ 上单调递减且为偶函数的是( ).
   A. $y = \sin|x|$　　　　　　　　B. $y = \cos|x|$
   C. $y = |\tan x|$　　　　　　　　D. $y = -\ln|\sin x|$

3. 设数列 $\{a_n\}$ 共有 11 项,$a_1 = 0$,$a_{11} = 4$,且 $|a_{k+1} - a_k| = 1(k = 1, 2, \cdots, 10)$.则满足条件的不同数列的个数为( ).
   A. 100　　　　　B. 120　　　　　C. 140　　　　　D. 160

4. 设实数 $r > 1$.如果复平面上的动点 z 满足 $|z| = r$,则动点 $\omega = z + \dfrac{1}{z}$ 的轨迹是焦距为( )的椭圆.
   A. 4　　　　　B. $\dfrac{4}{r}$　　　　　C. 2　　　　　D. $\dfrac{2}{r}$

5. 若直线 $ax - by + 1 = 0$ 平分圆 $C: x^2 + y^2 + 2x - 4y + 1 = 0$ 的周长,则 ab 的取值范围是( ).
   A. $\left(-\infty, \dfrac{1}{4}\right]$　　B. $\left(-\infty, \dfrac{1}{8}\right]$　　C. $\left(0, \dfrac{1}{4}\right]$　　D. $\left(0, \dfrac{1}{8}\right]$

6. 若半径为 R 的球内部装有半径为 r 的四个相同小球,则小球半径 r 可能的最大值为( ).
   A. $\dfrac{\sqrt{3}}{2+\sqrt{3}}R$　　B. $\dfrac{\sqrt{6}}{3+\sqrt{6}}R$　　C. $\dfrac{1}{1+\sqrt{3}}R$　　D. $\dfrac{\sqrt{5}}{2+\sqrt{5}}R$

二、选择题

7. 已知集合 $A = \left\{(x,y) \mid (x-1)^2 + (y-2)^2 \leqslant \dfrac{4}{5}\right\}$,$B = \{(x,y) \mid |x-1| + 2|y-2| \leqslant a\}$,且 $A \subseteq B$.则实数 a 的取值范围是_____.

8. 方程 $3 \times 16^x + 2 \times 81^x = 5 \times 36^x$ 的解为_____.

9. 若对任意实数 x 都有 $f(x) = \log_a(2 + \mathrm{e}^{x-1}) \leqslant -1$,则实数 a 的取值范围是_____.

10. 已知 $\boldsymbol{a} + 3\boldsymbol{b} \perp 7\boldsymbol{a} - 5\boldsymbol{b}$,且 $\boldsymbol{a} - 4\boldsymbol{b} \perp 7\boldsymbol{a} - 2\boldsymbol{b}$,则 $\boldsymbol{a}$ 与 $\boldsymbol{b}$ 的夹角为_____.

11. 若边长为 4 的正方形 $ABCD$ 沿 BD 折成 $60°$ 的二面角,则边 BC 的中点与点 A 的距离为

12. 若用红、黄、蓝三种颜色给正五边形的顶点染色,则没有相邻两个顶点颜色相同的概率为_____.

三、解答题

13. 已知 $p>0$,过抛物线 $y^2=2px$ 焦点的直线的斜率为 k,且与抛物线交于点 A、B,记 $f(k)=|AB|$.

    (1) 试求 $f(x)$ 的解析式.

    (2) 是否存在抛物线上的点 C,使得 $\triangle ABC$ 为等腰直角三角形且 C 为直角顶点?若存在,求出点 C 的坐标;若不存在,请说明理由.

14. 如图,在某工程项目中为了测量圆弧的半径 R,用三个完全相同的小球放在圆弧上,使圆弧的每个接触点都相切,小球的高度差为 h,小圆的半径为 r. 试将 R 表示为关于 h 和 r 的关系式,并求出当 $r=100,h=40$ 时,R 的取值.

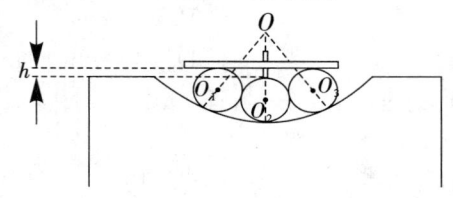

(第14题图)

15. 已知函数 $f(x)=e^x-x$.

    (1) 若函数 $g(x)=f(x)-ax^2-1$ 的导函数 $g'(x)$ 在 $[0,+\infty]$ 上是增函数,求实数 a 的最大值;

    (2) 证明:$f\left(\dfrac{1}{2}\right)+f\left(\dfrac{1}{3}\right)+\cdots+f\left(\dfrac{1}{n}\right)>n\left[1+\dfrac{1}{4(n+2)}\right]$,其中,$n\in \mathbf{N}_+$.

16. 设 $\{a_n\}$ 是正项递增的等差数列.证明:

    (1) 对任意的 $k,l\in \mathbf{N}_+$,当 $l>k\geqslant 2$ 时,不等式 $\dfrac{a_{l+1}}{a_{k+1}}<\dfrac{a_l}{a_k}<\dfrac{a_{l-1}}{a_{k-1}}$ 成立;

    (2) 对任意的 $k\in \mathbf{N}_+$,当 $k\geqslant 2$ 时,不等式 $\sqrt[k]{\dfrac{a_{2013k+1}}{a_{k+1}}}<\prod\limits_{n=1}^{2012}\dfrac{a_{nk+2}}{a_{nk+1}}<\sqrt[k]{\dfrac{a_{2012k+2}}{a_2}}$ 成立.

2013 年湖南省高中数学夏令营试题

一、填空题

1. 设 $a = \left(\dfrac{3}{4}\right)^x, b = \left(\dfrac{4}{3}\right)^{x-1}, c = \log_{\frac{3}{4}} x$,若 $x > 1$,则将 a, b, c 按从小到大的顺序排列为_____.

2. 已知 a, b 为常数,若 $f(x) = x^2 + 2x + a, f(bx) = 4x^2 - 4x + 1$,则 $f(ax + b) > 0$ 的解集为_____.

3. 已知向量 $\vec{a} = (0, 1), \vec{b} = \left(-\dfrac{\sqrt{3}}{2}, -\dfrac{1}{2}\right), \vec{c} = \left(\dfrac{\sqrt{3}}{2}, -\dfrac{1}{2}\right), x\vec{a} + y\vec{b} + z\vec{c} = (1, 1)$,则 $x^2 + y^2 + z^2$ 的最小值为_____.

4. 设 S_n 为数列 $\{a_n\}$ 的前 n 项和,若不等式 $a_n^2 + \dfrac{S_n^2}{n^2} \geq \lambda a_1^2$ 对任何等差数列 $\{a_n\}$ 及任何正整数 n 恒成立,则 λ 的最大值为_____.

5. 平面上三条直线 $x - 2y + 2 = 0, x - 2 = 0, x + ky = 0$,如果这三条直线将平面划分成六个部分,则 k 的可能的取值的个数是_____.

6. 已知异面直线 a, b 成 $60°$ 角,P 为空间中一定点,则过点 P 且与 a, b 均成 $45°$ 角的平面的个数是_____.

7. 有一个 $1, 2, 3, \cdots, 9$ 的排列,现将其重新排列,则 1 和 2 不在原来位置的概率是_____.(答案中可含有排列数表示式)

8. 若 $\sin(x + 20°) = \cos(x + 10°) + \cos(x - 10°)$,则 $\tan x = $_____.

9. 今天(2013 年 7 月 19 日)是星期五,则 3^{2013} 天之后是星期_____.

二、解答题

10. 如图所示,在对边乘积相等的圆内接凸四边形 $ABCD$ 中,M 为对角线 BD 的中点,T 为劣弧 BC 上一点,且 $CT \parallel DB$,求证:A、M、T 三点共线.

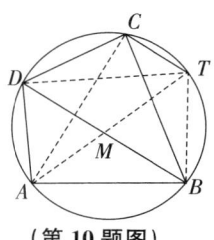

    (第 10 题图)

11. 已知数列 $\{a_n\}$ 满足 $a_1 = 1, a_{n+1} = 2a_n + 1 (n \in \mathbf{N}^*)$.

    (1) 求数列 $\{a_n\}$ 的通项公式;

    (2) 证明:$\dfrac{n}{2} - \dfrac{1}{3} < \dfrac{a_1}{a_2} + \dfrac{a_2}{a_3} + \cdots + \dfrac{a_n}{a_{n+1}} < \dfrac{n}{2}$.

12. 已知 $P(x_0, y_0)$ 为椭圆 $\dfrac{x^2}{a^2} + \dfrac{y^2}{b^2} = 1 (a > b > 0)$ 上一点.

    (1) 设直线 l 为过点 P 的椭圆的切线,试求过椭圆焦点 $F(-c, 0)$ 且垂直于 l 的直线方程;

    (2) 求证:椭圆的焦点在椭圆切线上的射影轨迹是以椭圆的中心为圆心,且长轴顶点的圆.

13. 2013 个白球和 2014 个黑球任意排成一列,求证:无论如何排列,都至少有一个黑球,它左侧(不包括它自己)的黑球和白球的个数相等(可以为 0).

2013年湖南省高中数学竞赛试题

一、选择题

1. 若集合 S 满足对任意的 a、$b \in S$,有 $a \pm b \in S$,则称集合 S 为"闭集".下列集合中不是闭集的为(   ).
   A. 自然数集 $\mathbf{N}$ B. 整数集 $\mathbf{Z}$
   C. 有理数集 $\mathbf{Q}$ D. 实数集 $\mathbf{R}$

2. 设正数 a,b 满足 $a<b$.若有实数 x_1、y_1、x_2、y_2 使得 x_1+y_1、x_2+y_2 分别是 a 与 b 的算术平均数、几何平均数,则 $\dfrac{\sqrt{x_1 y_1}}{(x_2+y^2)^2}$ 的最大值为(   ).
   A. $\dfrac{\sqrt{ab}}{(a+b)^2}$ B. $\dfrac{\sqrt{a+b}}{(ab)^2}$ C. $\dfrac{4\sqrt{ab}}{(a+b)^2}$ D. $\dfrac{a+b}{16\sqrt{ab}}$

3. 已知长为 4 的线段 AB 的两个端点在抛物线 $y=x^2+x$ 上,则线段的中点 P 到 x 的最短距离为(   ).
   A. 2   B. $\dfrac{3}{2}$ C. 1   D. $\dfrac{1}{2}$

4. 如图,已知四棱锥 $P-ABCD$ 的底面为边长为 1 的正方形,$PA=1$,$PA \perp$ 底面 $ABCD$.则 PB 的中点 E 到平面 PCD 的距离为(   ).
   A. $\dfrac{1}{2}$ B. $\dfrac{\sqrt{2}}{2}$
   C. $\dfrac{\sqrt{2}}{4}$ D. $\dfrac{1}{4}$

   (第 4 题图)

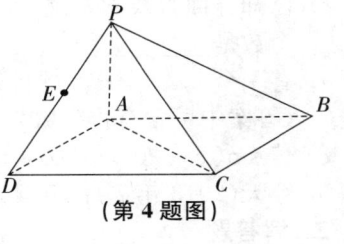

5. 已知向量 a,b 的夹角为 $45°$,且 $|a|=4$,$\left(\dfrac{1}{2}a+b\right) \cdot (2a-3b)=12$.则 b 在 a 方向上的投影等于(   ).
   A. $\sqrt{2}$ B. 4   C. $4\sqrt{2}$ D. 1

6. 已知 x,y 满足 $\begin{cases} x+3y-3 \leqslant 0, \\ x \geqslant 0, \\ y \geqslant 0. \end{cases}$ 则 $z=\dfrac{y+2}{x-1}$ 的取值范围是(   ).
   A. $[-2,1]$ B. $(-\infty,2] \cup [1,+\infty)$
   C. $[-1,2]$ D. $(-\infty,-1] \cup [2,+\infty)$

二、填空题

7. 设集合 A、B、C 满足 $A \cup B \cup C = \{1,2,\cdots,9\}$,则三元有序组 (A,B,C) 的个数为_____.

8. 若复数 x 满足 $x+\dfrac{1}{x}=-1$，则 $x^{2013}+\dfrac{1}{x^{2013}}=$ _____．

9. 已知函数 $f(x)=\dfrac{2x}{ax+b}, f(1)=1, f\left(\dfrac{1}{2}\right)=\dfrac{2}{3}$．令 $x_1=\dfrac{1}{2}, x_{n+1}=f(x_n)$．则数列 $\{x_n\}$ 的通项公式为 $x_n=$ _____．

10. 设函数 $f(x)=\cos 2x+2\sqrt{3}\sin x\cdot\cos x (x\in\mathbf{R})$．若有十个互不相同的正数 x_i 满足 $f(x_i)=2, x_i<10\pi(i=1,2,\cdots,10)$，则 $x_1+x_2+\cdots+x_{10}=$ _____．

11. 六名考生坐在两侧各有一条通道的同一排座位上应考，考生答完试卷的先后次序不定，且每人答完试卷后立即离开座位走出教室．则其中至少有一人交卷时为到达通道而打扰其他尚在考试的同学的概率为 _____．

12. 写出一个由三个素数组成的公差为 8 的等差数列，该数列为 _____．

三、解答题

13. 如图，已知半圆 $C: x^2+y^2=1(y\geqslant 0)$ 及点 $A(2,0), B$ 为半圆周上任意一点，以 AB 为一边作等边 $\triangle ABM$．问：点 B 位于何处时，四边形 $OAMB$ 的面积最大？并求此最大值．

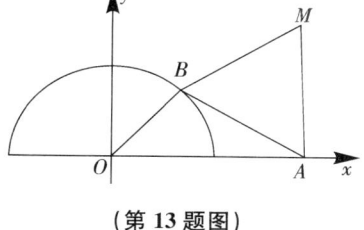

14. 设数列 $\{a_n\}$ 满足 $a_1=2, a_2+a_4=8$，且对任意 $n\in\mathbf{Z}_+$，函数 $f(x)=(a_n-a_{n+1}+a_{n+2})x+a_{n+1}\cos x-a_{n+2}\sin x$ 满足 $f'\left(\dfrac{\pi}{2}\right)=0$．

(第13题图)

(1) 求数列 $\{a_n\}$ 的通项公式；

(2) 若 $b_n=2\left(a_n+\dfrac{1}{2^{a_n}}\right)$，证明：$b_1+b_2+\cdots\cdots+b_{2013}<2013\times 2014$．

15. 已知函数 $f(x)=\ln(1+x), g(x)=\dfrac{x(1+\lambda x)}{1+x}(\lambda>0)$，且对任意的 $x\geqslant 0$ 均有 $f(x)\leqslant g(x)$．

(1) 求 λ 的取值范围；

(2) 若 $a_n=1+\dfrac{1}{2}+\dfrac{1}{3}+\cdots+\dfrac{1}{n}$，证明：$a_{2n}-a_n+\dfrac{1}{4n}<\ln 2$．

16. 通信工程中经常用 n 元数组 $(a_1,a_2,\cdots,a_n)$ 表示信息，其中，$a_i=0$ 或 $1(i、n\in\mathbf{Z}_+)$．设
$w=\underbrace{(0,0,\cdots,0)}_{n\uparrow 0}$，
$u=(a_1,a_2,\cdots,a_n)$，
$v=(b_1,b_2,\cdots,b_n)$，
$d(u,v)$ 表示 $u、v$ 中相对应位置不同"元"的个数．证明：
$d(u,w)+d(v,w)\geqslant d(u,v)$．

2014年湖南省高中数学夏令营试题

一、选择题

1. 若今天是星期一,则 3^{198} 天之后是 （　　）
   A. 星期三　　　　　　　　　　　B. 星期二
   C. 星期一　　　　　　　　　　　D. 星期日

2. 用13个字母 A、A、A、C、E、H、I、I、M、M、N、T、T 做拼字游戏,若字母的各种排列是随机的,恰好组成"MATHEMATICIAN"一词的概率是 （　　）
   A. $\dfrac{48}{13!}$　　　　　　　　　　　B. $\dfrac{216}{13!}$
   C. $\dfrac{1728}{13!}$　　　　　　　　　　D. $\dfrac{8}{13!}$

3. 已知集合 $A=\{x\mid 5x-a\leqslant 0\}$,$B=\{x\mid 6x-b>0\}$,$a,b\in \mathbf{N}$,且 $A\cap B\cap \mathbf{N}=\{2,3,4\}$,则整数对 (a,b) 的个数为 （　　）
   A. 20　　　　　　　　　　　B. 25
   C. 30　　　　　　　　　　　D. 42

4. 若关于 x 的方程 $\dfrac{|x|}{x+4}=kx^2$ 有四个不同的实根,则 k 的取值范围为 （　　）
   A. $(0,1)$　　　　　　　　　　B. $\left(\dfrac{1}{4},1\right)$
   C. $\left(\dfrac{1}{4},+\infty\right)$　　　　　　　　D. $(1,+\infty)$

5. 定义在 $\mathbf{R}$ 上的函数 $f(x)$ 满足 $f(x+2)=f(x)$,当 $x\in[1,3]$,$f(x)=2-|x-2|$,则下列结论中正确的是 （　　）
   A. $f\left(\sin\dfrac{\pi}{6}\right)<f\left(\cos\dfrac{\pi}{6}\right)$　　　　B. $f(\sin 1)>f(\cos 1)$
   C. $f\left(\cos\dfrac{2\pi}{3}\right)<f\left(\sin\dfrac{2\pi}{3}\right)$　　　　D. $f(\cos 2)>f(\sin 2)$

6. 若一项数为偶数 $2m$ 的等比数列中间两项正好是方程 $x^2+px+q=0$ 的两个根,则此数列的各项的积是 （　　）
   A. p^m　　　　　　　　　　　B. p^{2m}
   C. q^m　　　　　　　　　　　D. q^{2m}

二、填空题

7. 命题"若 $x^2+y^2>2$,则 $|x|>1$ 或 $|y|>1$"的否命题是_____.

8. 边长为4的正方形 $ABCD$ 沿 BD 折成 $60°$ 二面角,则 BC 中点与 A 的距离是_____.

9. 已知函数 $f(x)$ 满足: $f(p+q)=f(p)f(q), f(1)=3$, 则

$$\frac{f^2(1)+f(2)}{f(1)}+\frac{f^2(2)+f(4)}{f(3)}+\frac{f^2(3)+f(6)}{f(5)}+\frac{f^2(4)+f(8)}{f(7)}=\underline{\quad\quad}.$$

10. 设 $a,b,c \in \mathbf{R}^*$, 若 $(a+b+c)\left(\dfrac{1}{a}+\dfrac{1}{b+c}\right) \geqslant k$ 恒成立, 则 k 的最大值为 _____.

11. 若 $\sin^3 x - \cos^3 x = -1$, 则 $\sin x - \cos x$ 的值为 _____.

12. z 为模大于 1 的复数, $\bar{z}+\dfrac{1}{z}=\dfrac{5}{2}\cos\theta-\dfrac{5i}{2}\sin\theta$, 则 $z=$ _____.

三、解答题

13. 已知方程 $f(x)=x$ 的根是函数 $f(x)$ 的不动点, 令 $f(x)=\dfrac{bx+c}{x+a}$.

(1) 若 $\dfrac{1}{2}$ 和 3 为不动点, 试求 $(a-b)c$ 的值;

(2) 在(1)条件下, 若 $f(1)=\dfrac{1}{2}$, 求 $f(x)$ 的解析式.

14. 已知 $x>1$, 求证: $\dfrac{\sqrt{2}}{2} < \dfrac{1}{x(\sqrt{x^2+1}-\sqrt{x^2-1})} < 1$.

15. 如图, 在梯形 $ABCD$ 中, 已知 $AD \parallel BC$, 过点 B 的圆分别交 BC, BD 及 BA 的延长线于 E, F, G. 求证: $AD \cdot BE + AB \cdot BG = BF \cdot BD$.

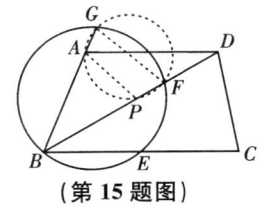

(第 15 题图)

2014年湖南省高中数学竞赛试题

一、选择题

1. 设 $M = \{a \mid a = x^2 - y^2, x, y \in \mathbf{Z}\}$，则 ( )
   A. $9 \in M, 10 \in M$
   B. $9 \notin M, 10 \in M$
   C. $9 \in M, 10 \notin M$
   D. $9 \notin M, 10 \notin M$

2. 设条件 p：实数 m, n 满足 $\begin{cases} 2 < m+n < 4 \\ 0 < mn < 3 \end{cases}$；条件 q：实数 m, n 满足 $\begin{cases} 0 < m < 1 \\ 2 < n < 3 \end{cases}$，则 ( )
   A. p 是 q 的充分不必要条件
   B. p 是 q 的必要不充分条件
   C. p 是 q 的充要条件
   D. p 既不是 q 的充分条件又不是 q 的必要条件

3. 若 $\{a_n\}$ 是等差数列，首项 $a_1 > 0$，$a_{2013} + a_{2014} > 0$，$a_{2013} \cdot a_{2014} < 0$，则使前 n 项和 $S_n > 0$ 成立的最大自然数 n 是 ( )
   A. 4025
   B. 4026
   C. 4027
   D. 4028

4. 给定平面向量 $\boldsymbol{a} = (1, 1)$，那么，平面向量 $\boldsymbol{b} = \left(\dfrac{1-\sqrt{3}}{2}, \dfrac{1+\sqrt{3}}{2}\right)$ 是向量 $\boldsymbol{a}$ 经过 ( )
   A. 顺时针旋转 60° 所得
   B. 顺时针旋转 120° 所得
   C. 逆时针旋转 60° 所得
   D. 逆时针旋转 120° 所得

5. 在如图所示的三棱柱中，点 A、BB_1 的中点 M 以及 B_1C_1 的中点 N 所决定的平面把三棱柱割成体积不同的两部分，则较小部分的体积和原三棱柱的体积之比为 ( )
   A. $\dfrac{23}{36}$
   B. $\dfrac{13}{36}$
   C. $\dfrac{13}{23}$
   D. $\dfrac{12}{23}$

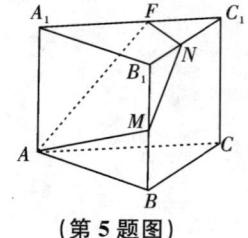

   (第 5 题图)

6. 已知圆 $C: x^2 + y^2 = r^2$，两点 P、P^* 在以 O 为起点的射线上，并且满足 $|OP| \cdot |OP^*| = r^2$，则称 P、P^* 关于圆周 C 对称. 那么双曲线 $x^2 - y^2 = 1$ 上的点 $P(x, y)$ 关于单位圆周 $C: x^2 + y^2 = 1$ 的对称点 P^* 所满足的方程是 ( )
   A. $x^2 - y^2 = x^4 + y^4$
   B. $x^2 - y^2 = (x^2 + y^2)^2$
   C. $x^2 - y^2 = 2(x^4 + y^4)$
   D. $x^2 - y^2 = 2(x^2 + y^2)^2$

二、填空题

7. 已知 $f(x) = x^2 - 53x + 196 + |x^2 - 53x + 196|$，则 $f(20) + f(14) = $ _____.

8. 已知 $0 < x < \dfrac{\pi}{2}$，$\sin x - \cos x = \dfrac{\pi}{4}$，若 $\tan x + \dfrac{1}{\tan x}$ 可以表示成 $\dfrac{a}{b - \pi^c}$ 的形式(a, b, c 是正整数)，则 $a + b + c = $ _____.

9. 不等式 $|x|^3 - 2x^2 - 4|x| + 3 < 0$ 的解集是 _____.

10. 已知一无穷等差数列中有 3 项(顺次排列但不一定相连)：$13, 25, 41$，则可以判断得出 2013 _____ (填"是"、"不是"或"不能确定") 数列中的一项.

11. 随机挑选一个三位数 I，则 I 含有因子 5 的概率为 _____.

12. 已知实数 x, y 满足 $\begin{cases} x - y \leqslant 0 \\ x + y - 5 \geqslant 0 \\ y - 3 \leqslant 0 \end{cases}$，若不等式 $a(x^2 + y^2) \leqslant (x+y)^2$ 恒成立，则实数 a 的最大值是 _____.

三、解答题

13. 已知 O 为 $\triangle ABC$ 的内部一点，$\angle BAO = \angle CAO = \angle CBO = \angle ACO$，试探究 $\triangle ABC$ 的三边满足的关系，并证明你的结论.

(第 13 题图)

14. 某旅游区每年各个月份接待游客的人数近似地满足周期性规律，因而第 n 个月从事旅游服务工作的人数 $f(n)$ 可近似地用函数 $f(n) = 100[A\cos(\omega n + \alpha) + k]$ 来刻画，其中正整数 n 表示月份且 $n \in \mathbf{N}^*$，例如 $n = 1$ 表示 1 月份，A 和 k 是正整数，$\omega > 0$，$\alpha \in (\dfrac{\pi}{2}, \pi)$. 统计发现，该地区每年各个月份从事旅游服务工作的人数有以下规律：

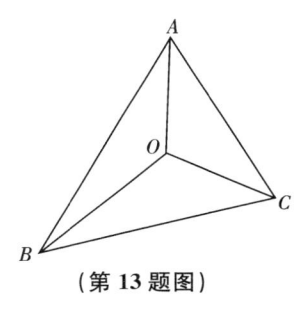

① 每年相同的月份，该地区从事旅游服务工作的人数基本相同；
② 该地区从事旅游服务工作的人数最多的 8 月份和最少的 2 月份相差约 400 人；
③ 2 月份该地区从事旅游服务工作的人数约为 100 人，随后逐月递增直到 8 月份达到最多.

(1) 试根据已知信息，确定一个符合条件的 $f(n)$ 的表达式；
(2) 一般地，当该地区从事旅游服务工作的人数在 400 或 400 以上时，该地区也进入了一年中的旅游"旺季"，那么，一年中的哪几个月是该地区的旅游"旺季"？请说明理由.

15. 若实数 x_0 满足 $f(x_0) = x_0$，则称 $x = x_0$ 为函数 $f(x)$ 的一个不动点. 已知 $f(x) = x^3 + ax^2 + bx + 3$(其中 a, b 为常数) 有互异的两个极值点 x_1 和 x_2. 求证：试判断是否存在实数组 (a, b)，使得 x_1 和 x_2 皆为不动点，并证明你的结论.

16. 已知数列 $\{x_n\}$ 满足：$x_{n+2} = 2x_{n+1} + x_n$，$x_1 = 2, x_2 = 6$；数列 $\{y_n\}$ 满足：$y_{n+2} = y_{n+1} + 2y_n$，$y_1 = 3, y_2 = 9$. 求证：存在正整数 n_0，使得对任意 $n > n_0$ 都有 $x_n > y_n$.

319

参考答案

【模拟实战一】

A 组

1. 函数 $f(x)$ 的定义域是 $(-\infty,0)\cup(0,+\infty)$，当 $x\neq 0$ 时，因为 $f(-x)=\dfrac{-x}{1-2^{-x}}-\dfrac{-x}{2}=\dfrac{-2^x\cdot x}{2^x-1}+\dfrac{x}{2}=\dfrac{x+x(2^x-1)}{1-2^x}+\dfrac{x}{2}=\dfrac{x}{1-2^x}-\dfrac{x}{2}=f(x)$，所以，$f(x)$ 为偶函数. 显然，$f(x)$ 不是奇函数. 故选 A.

2. 由 $x^2-2x-3>0$ 有 $x<-1$ 或 $x>3$，故函数 $\log_{\frac{1}{2}}(x^2-2x-3)$ 的定义域为 $x<-1$ 或 $x>3$. 二次函数 $u=x^2-2x-3$ 在 $(-\infty,-1)$ 内单调递减，在 $(3,+\infty)$ 内单调递增，而 $\log_{\frac{1}{2}}u$ 在 $(0,+\infty)$ 上单调递减，所以 $\log_{\frac{1}{2}}(x^2-2x-3)$ 在 $(-\infty,-1)$ 单调递增.

3. 由 $f(x+y)=f(x)\cdot f(y)$，知 $f(k+1)=f(k)\cdot f(1)=2f(k)$，即有 $\dfrac{f(k+1)}{f(k)}=2$.

    于是，原式 $=1000\cdot 2=2000$.

4. 由 $f(x)$ 是偶函数且 $f\left(\dfrac{1}{3}\right)=0$，可知 $f\left(-\dfrac{1}{3}\right)=0$. 又 $f(x)$ 在 $[0,+\infty)$ 上是增函数，从而 $f(x)$ 在 $(-\infty,0]$ 上是减函数.

    由 $f(\log_{\frac{1}{8}}x)>0$，知 $\log_{\frac{1}{8}}x<-\dfrac{1}{3}$ 或 $\log_{\frac{1}{8}}x>\dfrac{1}{3}$，解得 $x>2$ 或 $0<x<\dfrac{1}{2}$.

5. 易知 $f(x)=\log_{\frac{1}{3}}(x+\sqrt{x^2+1})^{2x}$，从而 $f(-x)=\log_{\frac{1}{3}}(-x+\sqrt{x^2+1})^{-2x}=\log_{\frac{1}{3}}\left(\dfrac{1}{-x+\sqrt{x^2+1}}\right)^{2x}=\log_{\frac{1}{3}}(x+\sqrt{x^2+1})^{2x}$，于是 $f(x)=f(-x)(x\in\mathbf{R})$，故 $f(x)$ 是偶函数. 故选 A.

6. 设 $y=f(x+1)$，其反函数 $f^{-1}(x)=x+1$，即 $x=f^{-1}(y)-1$. 所以，函数 $y=f(x+1)$ 的图象与其反函数 $y=f^{-1}(x)-1$ 的图象关于直线 $y=x$ 对称. 故选 D.

7. 函数 $y=\log_{\frac{1}{2}}|x+a|$ 的图象是关于直线 $x=-a$ 成轴对称的对数函数图形，当直线 $x=-a$ 左侧的图形不经过第二象限，则直线 $x=-a$ 右侧的图形必不经过第二象限，为此，只须 $a\leqslant -1$ 即可.

8. 令 $y=1$ 得 $f(x)+f(1)=f(x+1)-x-1$，即 $f(x+1)=f(x)+x+2$. 令 $x=0$ 得 $f(1)=f(0)+2$.

    由 $f(1)=1$，知 $f(0)=-1$. 当 $n\in\mathbf{N}$ 时，$f(n)=\sum\limits_{k=1}^{n}[f(k)-f(k-1)]+f(0)=\sum\limits_{k=1}^{n}(k+1)+f(0)=\dfrac{1}{2}n(n+3)-1$.

    同理，$f(-n)=-\dfrac{1}{2}n(3-n)-1$，所以，$f(n)=\dfrac{1}{2}n(n+3)-1(n\in\mathbf{Z})$. 令 $f(n)=n$，解得 $n=-2$ 或 $n=$

1. 所以满足 $f(n)=n$ 的个数是 2 个.

9. 考察 **R** 上的单调递增的奇函数 $g(t)=t^3+3t$, 令 $g(a-1)=3$, $g(b-1)=-3$, 即有 $a^3-3a^2+6a-5=0$, $b^3-3b^2+6b+1=0$. 由 $g(a-1)=g(1-b)$, 得 $a-1=1-b$, 故 $a+b=2$.

10. 由于 $f(x)-4=a\cdot\sin x+b\cdot\sqrt[3]{x}=g(x)$ 为奇函数, 则 $g(-x)=-g(x)$, 即 $f(-x)-4=-[f(x)-4]$, 即 $f(-x)=-f(x)+8$. 而 $\lg\lg 3=-\lg\log_3 10$, 从而 $f(\lg\lg 3)=f(-\lg\log_3 10)=-f(\lg\log_3 10)+8=-5+8=3$.

11. 由 $g(x)=f(x)+1-x$ 得 $f(x)=g(x)+x-1$, 则 $g(x+5)+(x+5)-1\geqslant g(x)+(x-1)+5$, $g(x+1)+(x+1)-1\leqslant g(x)+(x-1)+1$. 于是, $g(x+5)\geqslant g(x)$, $g(x+1)\leqslant g(x)$, 从而 $g(x)\leqslant g(x+5)\leqslant g(x+4)\leqslant g(x+3)\leqslant g(x+2)\leqslant g(x+1)\leqslant g(x)$, 故 $g(x+1)=g(x)$, 即 $g(x)$ 是周期函数, 且 1 为其一周期. 又 $g(1)=1$, 故 $g(2002)=1$.

12. 由 $y=x+\sqrt{x^2-3x+2}$ 有 $\sqrt{x^2-3x+2}=y-x\geqslant 0$, 此式两边平方得 $(2y-3)x=y^2-2$. 从而 $y\neq\frac{3}{2}$ 且 $x=\frac{y^2-2}{2y-3}$. 由 $y-x=y-\frac{y^2-2}{2y-3}\geqslant 0$, 有 $\frac{y^2-3y+2}{2y-3}\geqslant 0$, 从而 $1\leqslant y<\frac{3}{2}$ 或 $y\geqslant 2$.

任取 $y\geqslant 2$, 令 $x=\frac{y^2-2}{2y-3}$, 易知 $x\geqslant 2$, 于是, $x^2-3x+2\geqslant 0$ 且 $y=x+\sqrt{x^2-3x+2}$. 任取 $1\leqslant y<\frac{3}{2}$, 同样令 $x=\frac{y^2-2}{2y-3}$, 易知 $x\leqslant 1$. 于是, $x^2-3x+2\geqslant 0$ 且 $y=x+\sqrt{x^2-3x+2}$, 因此, 所求函数的值域为 $[1,\frac{3}{2})\cup[2,+\infty)$.

13. 当 $a=0$ 时, 只需 $x>-\frac{1}{2}$, 函数 $\lg(ax^2+2x+1)$ 即能取到一切实数.

当 $a>0$ 时, 只需 ax^2+2x+1 的判别式 $\Delta_x\geqslant 0$, 即 $a\leqslant 1$, 函数 $\lg(ax^2+2x+1)$ 能取到一切实数.

当 $a<0$ 时, 由于 $ax^2+2x+1\leqslant 1-\frac{4}{4a}=1-\frac{1}{a}$, 因而函数 $\lg(ax^2+2x+1)$ 不能取到一切实数.

所以, 所求 a 的取值范围是 $[0,1]$.

14. 在区间 $\left[-\frac{b}{2a},\frac{2a-b}{2a}\right]$ 上, 函数 $y=ax^2+bx+c$ 单调. 已知 $\frac{4ac-b^2}{4a}$ 不是最小值, 说明 $a<0$, 可见该函数在区间 $\left[-\frac{b}{2a},\frac{2a-b}{2a}\right]$ 上是减函数, 于是, 最小值是 $a\left(\frac{2a-b}{2a}\right)^2+b\left(\frac{2a-b}{2a}\right)+c=\frac{4a^2+4ac-b^2}{4a}$.

15. 由于 $y=k_1x^2+\frac{k_2}{x^2}$, 且 $5=k_1+k_2$, $7=3k_1+\frac{k_2}{3}$. 则 $k_1=2$, $k_2=3$. 于是 $y=2x^2+\frac{3}{x^2}=(\sqrt{2}|x|-\frac{\sqrt{3}}{|x|})^2+2\sqrt{6}\geqslant 2\sqrt{6}$. 故当 $\sqrt{2}|x|=\frac{\sqrt{3}}{|x|}$, 即 $x=\pm\sqrt[4]{\frac{3}{2}}$ 时, y 值最小.

16. 由 $f(x-\frac{1}{x})=\frac{x}{x^2-1}-x^2-\frac{1}{x^2}=\frac{1}{x-\frac{1}{x}}-\left[\left(x-\frac{1}{x}\right)^2+2\right]=-\left(x-\frac{1}{x}\right)^2-\left(x-\frac{1}{x}\right)^{-1}-2$. 故 $f(x)=-x^2+\frac{1}{x}-2$.

17. 由图象的转移及翻折, 不难得到
$f(x)=\begin{cases}x+4,x\in[-2,-1]\\-x+2,x\in[-1,0]\end{cases}$ 由此即得 $f(x)=\begin{cases}3+(x+1),x+1\in[-1,0]\\3-(x+1),x+1\in[0,1]\end{cases}$ 及 $f(x)=3-|x+1|$, $x\in[-2,0]$.

18. 由 $f(-x)=f(x)$ 及 $g(-x)=-g(x)$, 有 $\log_{\frac{1}{3}}(3^{-x}+1)-\frac{1}{2}abx=\log_{\frac{1}{3}}(3^x+1)+\frac{1}{2}abx$ 以及 $2^{-x}+\frac{a+b}{2^{-x}}=-2(2^x+\frac{a+b}{2^x})$, 即有 $ab=1$ 及 $a+b=-1$.

于是 a、b 是函数 $f(t)=t^2+t+1$ 的两个零点，即有 $a^2+a+1=0, b^2+b+1=0$，注意到相邻三项相结合，则得 $\sum_{k=1}^{2008}(a^k+b^k)=a+(a^2+a^3+a^4)+\cdots+(a^{2006}+a^{2007}+a^{2008})+b+(b^2+b^3+b^4)+\cdots+(b^{2006}+b^{2007}+b^{2008})=a+b=-1$.

19. 由题设，可得 $f(x)=\dfrac{1+f(x+2)}{1-f(x+2)}$，亦有 $f(x-1)=\dfrac{1+f(x+1)}{1-f(x+1)}$，由此求得 $f(x+1)=\dfrac{f(x-1)-1}{f(x-1)+1}$.

于是，$\dfrac{1+f(x+3)}{1-f(x+3)}=\dfrac{f(x-1)-1}{f(x-1)+1}$，即为 $f(x-1)\cdot f(x+3)=-1$.

从而可得 $f(x+3)\cdot f(x+7)=-1$，即有 $f(x-1)=f(x+7)$.

再由本章结论 6(1)，知 $f(x)$ 是周期函数，且 8 为其一正周期. 而 $f(1)\cdot f(5)=f(2)\cdot f(6)=f(4)\cdot f(8)=1$，所以 $f(1)\cdot f(2)\cdot f(3)\cdots f(8)=1$. 又 $2008=251\cdot 8$，故 $f(1)\cdot f(2)\cdots f(2008)+2009=1+2009=2010$.

20. 设 $g(x)=f(x)-\dfrac{1}{2}$，则 $g(-x)=\dfrac{a^{-x}}{1+a^{-x}}-\dfrac{1}{2}=\dfrac{1}{a^x+1}-\dfrac{1}{2}=-\left(\dfrac{a^x}{1+a^x}-\dfrac{1}{2}\right)=-g(x)$. 于是 $[f(x)-\dfrac{1}{2}]+[f(-x)-\dfrac{1}{2}]=[g(x)]+[-g(x)]$.

因为 $a^x>0$，则 $0<f(x)=\dfrac{a^x}{1+a^x}<1$，从而 $-\dfrac{1}{2}<g(x)<\dfrac{1}{2}$.

当 $-\dfrac{1}{2}<g(x)<0$ 时，$[g(x)]+[-g(x)]=-1+0=-1$；

当 $g(x)=0$ 时，$[g(x)]+[-g(x)]=0+0=0$；

当 $0<g(x)<\dfrac{1}{2}$ 时，$[g(x)]+[-g(x)]=0+(-1)=-1$.

综上，函数 $[f(x)-\dfrac{1}{2}]+[f(-x)-\dfrac{1}{2}]$ 的值域为 $\{-1,0\}$.

B 组

1. 设 $f(x)=ax^2+bx+c, a>100$，则最多有两个不同的整数 x，使得 $|f(x)|\leqslant 50$ 成立，如 $f(x)=101x^2-52$. 当 $x=\pm 1$ 时，$|f(x)|=49\leqslant 50$.

事实上，若不然，则至少存在 3 个整数 $x_1<x_2<x_3$，使 $|f(x_1)|\leqslant 50, |f(x_2)|\leqslant 50, |f(x_3)|\leqslant 50$，由二次函数的三点式：$f(x)=\dfrac{(x-x_2)(x-x_3)}{(x_1-x_2)(x_1-x_3)}\cdot f(x_1)+\dfrac{(x-x_1)(x-x_3)}{(x_2-x_1)(x_2-x_3)}\cdot f(x_2)+\dfrac{(x-x_1)(x-x_2)}{(x_3-x_1)(x_3-x_2)}\cdot f(x_3)$，知 $a=\dfrac{f(x_1)}{(x_1-x_2)(x_1-x_3)}+\dfrac{f(x_2)}{(x_2-x_1)(x_2-x_3)}+\dfrac{f(x_3)}{(x_3-x_1)(x_3-x_2)}$. 于是

$|a|\leqslant \dfrac{|f(x_1)|}{(x_2-x_1)(x_3-x_1)}+\dfrac{|f(x_2)|}{(x_3-x_2)(x_2-x_1)}+\dfrac{|f(x_3)|}{(x_3-x_1)(x_3-x_2)}$.

又 $x_3-x_1\geqslant 2, x_3-x_2\geqslant 1, x_2-x_1\geqslant 1$，从而

$|a|\leqslant \dfrac{|f(x_1)|}{2}+|f(x_2)|+\dfrac{|f(x_3)|}{2}\leqslant 100$.

这与 $a>100$ 矛盾，故最多存在两个不同的整数 x，使 $|f(x)|\leqslant 50$ 成立.

2. (1) 依题意有 $|f(1)|\leqslant 1, |f(\dfrac{1}{2})|\leqslant 1, |f(0)|\leqslant 1$.

取 $x_1=1, x_2=\dfrac{1}{2}, x_3=0$，由二次函数的三点式有

$$f(x)=2x(x-\frac{1}{2})\cdot f(1)-4x(x-1)\cdot f(\frac{1}{2})+2(x-1)(x-\frac{1}{2})\cdot f(0)$$
$$=[2f(1)-4f(\frac{1}{2})+2f(0)]x^2+[4f(\frac{1}{2})-3f(0)-f(1)]x+f(0).$$

从而,$|a|+|b|+|c|\leqslant|2f(1)-4f(\frac{1}{2})+2f(0)|+|4f(\frac{1}{2})-3f(0)-f(1)|+|f(0)|\leqslant 3|f(1)|+8|f(\frac{1}{2})|+6|f(0)|\leqslant 17.$

故 $|a|+|b|+|c|$ 的最大值为 17.

(2) 取 $a=8, b=-8, c=1$,则 $f(x)=8x^2-8x+1=8(x-\frac{1}{2})^2-1$. 当 $x\in[0,1]$ 时,恒有 $|f(x)|\leqslant 1$,且此时 $|a|+|b|+|c|=17$,故 $f(x)=8x^2-8x+1$ 为所求.

3. 由题设,可知 $f(a,b)$ 为圆 $x^2+y^2=2$ 上的点 $P(a,\sqrt{2-a^2})$ 到反比例函数曲线 $xy=9$ 上的点 $Q(b,\frac{9}{b})$ 的距离的平方. 因 $\sqrt{2-a^2}\geqslant 0$,故点 P 在上半圆 $x^2+y^2=2(y\geqslant 0)$ 上,易知,只需考虑点 Q 在曲线 $xy=9$ 位于第一象限的部分 $(x>0,y>0)$ 上.

设 $Q(x,y)$ 为 $xy=9(x>0)$ 上任一点,易知点 P 应在圆心 O 与 Q 的连线上. 由三角形两边和大于第三边,知对圆上另一点 P',有 $OP'+P'Q>OP+PQ$,$P'Q>PQ$,于是可先求 $|OQ|$ 的最小值. 因为 $|OQ|^2=x^2+y^2\geqslant 2xy=2\cdot 9=18$,故 $|OQ|\geqslant\sqrt{18}$,当且仅当 $x=y=3$ 时 $|OQ|=\sqrt{18}$,所以当 Q 点为 $(3,3)$ 时,$|PQ|$ 有最小值 $\sqrt{18}-\sqrt{2}$,$f(a,b)$ 有最小值 $(\sqrt{18}-\sqrt{2})^2=8$,亦即当 $a=1,b=3$ 时,$f(a,b)$ 有最小值 8.

4. 因 $a>0$,知 $g(x)$ 在 $[-1,1]$ 上为增函数,又 $g(x)$ 在 $[-1,1]$ 上的最大值为 2,则 $g(1)=2$,即 $a+b=2$. ①

又 $f(1)=a+b+c, f(0)=c$,即 $f(1)=2+f(0).$

当 $|x|\leqslant 1$ 时,$|f(x)|\leqslant 1$,则 $-1\leqslant f(0)\leqslant 1$,代入 $f(1)=2+f(0)$ 得 $f(1)\geqslant 1$. 又由已知易得 $f(1)\leqslant 1$,从而 $1\leqslant f(1)\leqslant 1$,故 $f(1)=1$,即 $a+b+c=1$. ②

由①、②得 $c=-1$,因 $|x|\leqslant 1$ 时,$f(x)\geqslant -1$,即 $f(x)\geqslant f(0)$,由二次函数性质知,$f(x)$ 的图象的对称轴为 $x=0$,从而 $b=0$,代入①得 $a=2$,故 $f(x)=2x^2-1.$

5. 原不等式可转化为 $f(ax^2)-f(a^2x)>2[f(x)-f(a)]$. 由已知得 $f(x)-f(y)=f[(x-y)+y]-f(y)=[f(x-y)+f(y)]-f(y)=f(x-y)$,则原不等式又可转化为 $f(ax^2-a^2x)>2f(x-a)=f(2x-2a)$.

设 $x_1>x_2$,则 $x_1-x_2>0$,从而 $f(x_1)-f(x_2)=f(x_1-x_2)<0$,即知 $f(x_1)<f(x_2)$,因此,函数 $f(x)$ 在 $\mathbf{R}$ 上单调递减,原不等式再转化为 $ax^2-a^2x<2x-2a$. 即 $(ax-2)(x-a)<0$. 又 $a>0$,有 $\left(x-\frac{2}{a}\right)(x-a)<0$. 所以,当 $a>\sqrt{2}$ 时,原不等式解集为 $\{x|\frac{2}{a}<x<a\}$;当 $a=\sqrt{2}$ 时,原不等式无解;当 $0<a<\sqrt{2}$ 时,原不等式的解集为 $\{x|a<x<\frac{2}{a}\}$.

6. 必要性. 若函数 $f(x)$,对于定义域任一实数 x,都有 $f(a+x)+f(b-x)=c$. 设 $P(x,y)$ 是函数 $f(x)$ 的图象上任一点,则 $P(x,y)$ 关于点 $\left(\frac{a+b}{2},\frac{c}{2}\right)$ 的对称点为 $Q(a+b-x,c-y)$,从而 $f(a+b-x)=c-f[b-(b-x)]=c-f(x)=c-y$. 所以 $Q(a+b-x,c-y)$ 在函数 $f(x)$ 的图象上. 由点 $P(x,y)$ 的任意性知,函数 $f(x)$ 的图象关于点 $\left(\frac{a+b}{2},\frac{c}{2}\right)$ 成中心对称.

充分性. 若函数 $f(x)$ 的图象关于点 $\left(\frac{a+b}{2},\frac{c}{2}\right)$ 成中心对称,设 $P(x,y)$ 是函数 $f(x)$ 的图象上任一点,

则 $P(x,y)$ 关于点 $\left(\dfrac{a+b}{2},\dfrac{c}{2}\right)$ 的对称点为 $Q(a+b-x,c-y)$. 从而 $f(a+b-x)=c-y$, 即 $f(a+b-x)+f(x)=c$, 以 $b-x$ 代 x, 可得 $f(a+x)+f(b-x)=c$.

7. 必要性. 若函数 $f(x)$ 对于定义域内任一实数 x, 都有 $f(a+x)-f(b-x)=0$ 成立. 设 $P(x,y)$ 是函数 $f(x)$ 的图象上任一点, $P(x,y)$ 关于直线 $x=\dfrac{a+b}{2}$ 的对称点为 $Q(a+b-x,y)$, $f(a+b-x)=f[b-(b-x)]=f(x)=y$, 所以 $Q(a+b-x,y)$ 在函数 $f(x)$ 的图象上. 由点 $P(x,y)$ 的任意性知, 函数 $f(x)$ 的图象关于直线 $x=\dfrac{a+b}{2}$ 成轴对称.

充分性. 函数 $f(x)$ 的图象关于直线 $x=\dfrac{a+b}{2}$ 对称. 设 $P(x,y)$ 是函数 $f(x)$ 的图象上任一点, 则 $P(x,y)$ 关于直线 $x=\dfrac{a+b}{2}$ 的对称点为 $Q(a+b-x,y)$. 因为函数 $f(x)$ 的图象关于直线 $x=\dfrac{a+b}{2}$ 对称, 所以点 $Q(a+b-x,y)$ 也在函数 $f(x)$ 的图象上, 即 $f(a+b-x)-f(x)=0$. 以 $b-x$ 代 x 可得 $f(a+x)-f(b-x)=0$.

8. 由函数 $f(x)$ 对任何实数 x 有 $f(1+x)=f(3-x)$, $f(2+x)=-f(4-x)$, 知 $f(x)$ 关于实数 $1,3$ 为广义(Ⅱ)型偶函数, 关于实数 $2,4$ 为广义(Ⅱ)型奇函数, 从而 $2|(1+3)-(2+4)|=4$ 为其一正周期.
$f(1)=f(3-2)=f(1+2)=f(3)$, $f(2+1)=-f(4-1)=-f(3)$, $f(2)=-f(4)$, 即有 $f(1)+f(3)=0$, $f(2)+f(4)=0$. 所以 $f(1)+f(2)+\cdots+f(100)=25[f(1)+f(2)+f(3)+f(4)]=0$.

9. 由题设, $y=f(x)$ 是关于点 $(2,0)$ 成中心对称的广义(Ⅱ)型奇函数, 且在 **R** 上单调递增. 由本章结论 4(2), 原不等式等价于 $|(x^2-2x+7)-2|<(x^2+3x+2)-2$, 即 $|x^2-2x+5|<x^2+3x$, 亦即有 $-x^2-3x<x^2-2x+5<x^2+3x$, 解得 $x>1$.

10. (1) 令 $x_1=x+\pi$, $x_2=x$, 代入已知条件式, 有 $f(x+\pi)+f(x)=2f\left(x+\dfrac{\pi}{x}\right)\cdot f\left(\dfrac{\pi}{2}\right)=0$. 由本章结论 6(2), 知 $f(x)$ 是周期函数, 且 2π 为其一正周期.

(2) 由(1)有 $f(x+\pi)=-f(x)$, 从而 $f(x+\pi)+f(-x)$, 从而 $f(x+\pi)+f(-x)=-f(x)+f(-x)$, 但 $f(x+\pi)+f(-x)=2f\left(\dfrac{\pi}{2}\right)\cdot f\left(x+\dfrac{\pi}{2}\right)=0$, 所以 $f(-x)=f(x)$, 即 $f(x)$ 为偶函数.

(3) 因为 $f(x)+f(-x)=2f(0)\cdot f(x)$, 即 $2f(x)=2f(0)\cdot f(x)$, 而 $f(x)\not\equiv 0$, 所以 $f(0)=1$. 由于 $f(2x)+f(0)=2f(x)\cdot f(x)$, 即得 $f(2x)=2f^2(x)-1$.

同理, $f(4x)+f(0)=2f(2x)\cdot f(2x)$, 故 $f(4x)=2f^2(2x)-1$, $\cdots$, 因而 $f(2^n x)=2f^2(2^{n-1}x)-1$(可用数学归纳法证明之, 此处从略).

11. 因为 $f(x)=(3x-1)(\sqrt{(3x-1)^2+4}+1)+(2x-3)(\sqrt{(2x-3)^2+4}+1)$, 令 $g(t)=t(\sqrt{t^2+4}+1)$, 易知 $g(t)$ 是奇函数, 且 $f(t)$ 是严格递增函数. 所以 $f(x)=g(3x-1)+g(2x-3)$.

当 $f(x)=0$ 时, $g(3x-1)=-g(2x-3)=g(3-2x)$, 所以 $3x-1=3-2x$, 解得 $x=\dfrac{4}{5}$, 故图象与 x 轴的交点坐标为 $\left(\dfrac{4}{5},0\right)$.

12. 由题设, 对任意实数 $x\neq -\dfrac{d}{c}$, 有 $f[f(x)]=x$, 所以 $\dfrac{a\cdot\dfrac{ax+b}{cx+d}+b}{c\cdot\dfrac{ax+b}{cx+d}+d}=x$, 化简得 $(a+d)cx^2+(d^2-a^2)x-b(a+d)=0$. 由于此方程对 $x\neq -\dfrac{d}{c}$ 恒成立, 故 $a+d=0$, 且 $d^2-a^2=0$, 所以 $d=-a$.

又 $f(19)=19$, $f(97)=97$, 即 $19,97$ 是方程 $\dfrac{ax+b}{cx+d}=x$, 即 $cx^2+(d-a)x-b=0$ 的两个根, 故由韦达定

理,得 $\frac{a-d}{c}=116, -\frac{b}{c}=-1843$,结合 $d=-a$,得 $a=58c, b=-1843c, d=-58c$,从而 $f(x)=\frac{58x-1843}{x-58}=58+\frac{1521}{x-58}$.于是,$f(x)$ 取不到 58 这个数,即 58 是 $f(x)$ 值域外的唯一数.

13. 由题设可得 $f(2n+1)=f(2n)+1, f(2n)=3f(n)$.

由上式,用数学归纳法易证 $f(n)$ 是严格递增.由于 $f(128)=f(2^7)=3f(2^6)=\cdots=3^7 f(1)=2187>2004$,而 $f(127)=f(126)+1=3 \cdot f(63)+1=3 \cdot f(62)+4=9 \cdot f(31)+4=9 \cdot f(30)+13=27 \cdot f(15)+13=27 \cdot f(14)+40=81 \cdot f(7)+40=81 \cdot f(6)+121=243 \cdot f(3)+121=243 \cdot f(2)+364=729 \cdot f(1)+364=1093<2004$.

所以,共有 $f(0), f(1), f(2), \cdots, f(127)$ 这 128 个元素不超过 2004.

【模拟实战二】

A 组

1. (1) 对于方程 $x|x|+px+q=0$, ①

当 $x \geqslant 0$ 时,①为 $x^2+px+q=0$. ②

当 $x<0$ 时,①为 $x^2-px-q=0$. ③

若 $q>0, -q<0$,③有一正一负两个实根,但 $x<0$,所以正根必为增根,此时②、③至多有三个实根;若 $q<0$,②中有一正一负两个实根,但 $x>0$,所以负根为②的增根,此时②、③至多有三个实根;若 $q=0$,②、③恰有三个实根 $x_1=0, x_2=p, x_3=-p$,因此,①至多有三个实根,A 是正确的.

(2) 从②与③对 $q>0, q<0, q=0$ 的分类讨论知①至少有一个实根,知 B 是正确的.

(3) 如果方程 $x|x|+x+1=0$,即 $p=q, q=1$,有 $p^2-4q<0$,当 $x<0$ 时,方程 $x^2-x-1=0$ 有实根,所以 C 是错误的.

(4) 当 $p<0, q>0$,考察方程 $x|x|-x+1=0$,当 $x>0$ 时,$x^2-x+1=0$ 无实根;当 $x<0$ 时,$x^2-x-1=0$ 有两实根,因此,$x|x|-x+1=0$ 有三个实根的结论不成立.D 也是错误的.

所以选 C、D.

2. 对含绝对值的式子,分情况讨论,去掉绝对值符号,得到四条直线段
$$\begin{cases} x-1 \geqslant 0, \\ y-1 \geqslant 0, \\ x+y \geqslant 3. \end{cases} \begin{cases} x-1 \leqslant 0, \\ y-1 \leqslant 0, \\ x+y=1. \end{cases} \begin{cases} x-1 \leqslant 0, \\ y-1 \geqslant 0, \\ y=x+1. \end{cases} \begin{cases} x-1 \geqslant 0, \\ y-1 \leqslant 0, \\ y=x-1. \end{cases}$$

它们所确定的曲线是以点 $(1,0), (2,1), (1,2), (0,1)$ 为顶点的正方形,其边长为 $\sqrt{2}$,面积为 2.

3. 方程 $\sin x=\lg x$ 解的个数,就是正弦曲线 $\sin x$ 和对数曲线 $\lg x$ 的交点个数.首先确定 x 的范围,由 $\lg x$ 的定义知:$x>0$,又 $\sin x \leqslant 1$,从而 $\lg x \leqslant 1$,即 $0<x \leqslant 10$.在直角坐标系中作出 $0<x \leqslant 10$ 范围内 $y=\sin x$ 和 $y=\lg x$ 的图象(略).因 $0=\lg 1 < \sin 1, \lg \pi > \sin \pi=0$,则知当 $x \in (1, \pi)$ 时,$\sin x=\lg x$ 必有一解.同理可知,当 $x \in (2\pi, 2\pi+\frac{\pi}{2})$ 和 $x \in (2\pi+\frac{\pi}{2}, 3\pi)$ 时,方程各有一解,故方程 $\sin x=\lg x$ 有 3 个实根.

4. 由 $x^2+y^2-6x=0$,即 $(x-3)^2+y^2=9$,可知 $0 \leqslant x \leqslant 6$,从而 $u=\sqrt{2x^2+y^2-4x+5}=\sqrt{x^2+2x+5}=\sqrt{(x+1)^2+4}$ 在 $0 \leqslant x \leqslant 6$ 时是增函数.当 $x=0$ 时,$u_{\min}=\sqrt{5}$;当 $x=6$ 时,$u_{\max}=\sqrt{53}$.

故所求值域是 $[\sqrt{5}, \sqrt{53}]$.

5. 由 $f(x)=f(x-1)+f(x+1)$ ①
有 $f(x+1)=f(x)+f(x+2)$, ②
$f(x-2)=f(x+1)+f(x+3)$, ③
由①、②、③联立,解得 $f(x)=-f(x+3)$,于是 $f(x+6)=f[(x+3)+3]=-f(x+3)=-[-f(x)]=f(x)$,即 $f(x)$ 为周期函数,且 6 为其周期(也可以直接运用第 1 章结论 6(3)即得),故 $f(1992)=f(332\cdot 6+0)=f(0)=1992$.

6. 易知函数 $f(x)=\log_2 x+x+2$ 在区间 $(0,+\infty)$ 上单调递增,当 $\log_2 x+x+2=0$ 时,得 $x=2^{-x-2}$,以 $-x-2$ 代 x 得 $-x+2=2^x$,此式等价于 $x=\log_2(-x-2)$,从而 $\log_2(-x-2)+2=0$. (*)

设 α 是方程 $x=2^{-x-2}$ 的根,即 $f(\alpha)=0$,设 β 是 $-x-2=2^x$ 的根,即 $2^x+x+2=0$ 的根,由(*)式知 $f(-\beta-2)=0$,故有 $f(\alpha)=f(-\beta-2)$,即 $\alpha+\beta=-2$.

7. 由题设,可考察函数 $f(x)=(x-1)(x-2)(x-3)(x-m)+10\cdot x$,于是,$f(10)+f(-6)=[9\cdot 8\cdot 7\cdot (10-m)+10\cdot 10]+[(-7)\cdot(-8)\cdot(-9)\cdot(-6-m)-6\cdot 10]=9\cdot 8\cdot 7\cdot(10-m+6-m)+100-60=8104$.

8. 因为 $1998=3\cdot 666$,所以和式可化为 666 组三项式的和. 这些三项式依次是
$\frac{x_1}{x_2}+(\frac{x_1}{x_2})^2+(\frac{x_1}{x_2})^3,(\frac{x_1}{x_2})^4+(\frac{x_1}{x_2})^5+(\frac{x_1}{x_2})^6$,
$(\frac{x_1}{x_2})^{1993}+(\frac{x_1}{x_2})^{1994}+(\frac{x_1}{x_2})^{1995},(\frac{x_1}{x_2})^{1996}+(\frac{x_1}{x_2})^{1997}+(\frac{x_1}{x_2})^{1998}$.

对其中的每一个三项式,各提出 $\frac{x_1}{x_2}$ 的最低次幂,则和式变为
$[\frac{x_1}{x_2}+(\frac{x_1}{x_2})^4+\cdots+(\frac{x_1}{x_2})^{1996}]\cdot[1+\frac{x_1}{x_2}+(\frac{x_1}{x_2})^2]$.

由于 x_1、x_2 是方程 $x^2+x+1=0$,则 $x_1+x_2=-1,x_1\cdot x_2=1$,即知 $(x_1+x_2)^2-x_1x_2=0$,此时 $1+\frac{x_1}{x_2}+(\frac{x_1}{x_2})^2=\frac{x_1^2+x_1x_2+x_2^2}{x_2^2}=\frac{(x_1+x_2)^2-x_1x_2}{x_2^2}=0$,因而该和式的值为 0.

或者由方程 $x^2+x+1=0$ 解出 $x_1=-\frac{1}{2}+\frac{\sqrt{3}}{2}\text{i},x_2=-\frac{1}{2}-\frac{\sqrt{3}}{2}\text{i}$,从而 $\frac{x_1}{x_2}=-\frac{1}{2}-\frac{\sqrt{3}}{2}\text{i},(\frac{x_1}{x_2})^2=-\frac{1}{2}+\frac{\sqrt{3}}{2}\text{i},(\frac{x_1}{x_2})^3=1$. 于是 $\frac{x_1}{x_2}+(\frac{x_1}{x_2})^2+(\frac{x_1}{x_2})^3=0$,故原式值为 0.

9. 设 $\sqrt{x+1}=\frac{5}{2}+t$, ①
$\sqrt{y-1}=\frac{5}{2}-t$. ②
由①²+②² 得 $x+y=2t^2+\frac{25}{2}$. ③
将③代入方程 $x+y=13$ 得 $2t^2+\frac{25}{2}=13$,求得 $t=\pm\frac{1}{2}$.

当 $t=\frac{1}{2}$ 时,由 $\begin{cases}\sqrt{x+1}=\frac{5}{2}+\frac{1}{2}\\ \sqrt{y-1}=\frac{5}{2}-\frac{1}{2}\end{cases}$ 解得 $\begin{cases}x=8,\\ y=5.\end{cases}$

当 $t=-\frac{1}{2}$ 时,由 $\begin{cases}\sqrt{x+1}=\frac{5}{2}-\frac{1}{2}\\ \sqrt{y-1}=\frac{5}{2}+\frac{1}{2}\end{cases}$ 解得 $\begin{cases}x=3,\\ y=10.\end{cases}$

经检验,原方程组的解 (x,y) 为 $(8,5),(3,10)$.

10. 原方程组可变为 $\begin{cases} x^2+3yx=18, & ① \\ yx+3y^2=6. & ② \end{cases}$

由②知 $y\neq 0$ 且 $x=\dfrac{6-3y^2}{y}$. ③

把③代入①得 $x^2=9y^2$,从而 $(\dfrac{6-3y^2}{y})^2=9y^2$,整理得 $y^2=1$,求得 $y=\pm 1$. 将 $y=1$ 代入③得 $x_1=3$;将 $y=-1$ 代入③得 $x_2=-3$. 故原方程组的解 (x,y) 为 $(3,1),(-3,-1)$.

B 组

1. 若 $x^2+x+q_1=0$ 没有两个不同的实根,则 $\Delta_1=1-4q_1\leqslant 0$,即 $q_1\geqslant\dfrac{1}{4}$. 在这种情况下,方程 $x^2+px+q_2=0$ 的判别式为 $\Delta_2=p^2-4q_2=(q_1+q_2+1)^2-4q_2=q_2^2+2(q_1+1)q_2+(q_1+1)^2-4q_2=q_2^2+2(q_1-1)q_2+(1-q_1)^2$.

而上述关于 q_2 的二次三项式的判别式 $\Delta_3=4(q_1-1)^2-4(1+q_1)^2=4(-4q_1)=-16q_1$,因为 $q_1\geqslant\dfrac{1}{4}$,则 $\Delta_3<0$,从而 $\Delta_2>0$,即方程 $x^2+px+q_2=0$ 有两个不同的实根.

2. 因为 $x^2-2\cdot\dfrac{x^2}{x+1}+(\dfrac{x}{x+1})^2=(x-\dfrac{x}{x+1})^2=(\dfrac{x^2}{x+1})^2$,则原方程可化为 $x^2+(\dfrac{x}{x+1})^2-2\cdot\dfrac{x^2}{x+1}+2\cdot\dfrac{x^2}{x+1}=3$.

即 $(\dfrac{x^2}{x+1})^2+2\cdot\dfrac{x^2}{x+1}-3=0$,即 $(\dfrac{x^2}{x+1}+3)(\dfrac{x^2}{x+1}-1)=0$. 于是 $\dfrac{x^2}{x+1}=-3$ 或 $\dfrac{x^2}{x+1}=1$,解这两个方程得:

$x_1=\dfrac{1}{2}(-3+\sqrt{3}i),x_2=\dfrac{1}{2}(-3-\sqrt{3}i),x_3=\dfrac{1}{2}(1+\sqrt{5}),x_4=\dfrac{1}{2}(1-\sqrt{5})$.

3. 设 $x^2-10x-49=t$,则原方程可化为 $\dfrac{1}{t+20}+\dfrac{1}{t+4}-\dfrac{2}{t-20}=0$. 去分母,得

$(t+4)(t-20)+(t+20)(t-20)-2(t+20)(t+4)=0$.

展开并化简得 $-64t=640$,即 $t=-10$,将 $t=-10$ 代入得 $x^2-10x-49=-10$. 解得 $x_1=13,x_2=-3$.

经检验,$x_1=13,x_2=-3$ 都是原方程的根.

4. 由原方程得 $k(x-3)^2=1-2x$. 由于 x 为整数根,显然 $x\neq 3,k\neq 0$. 于是,$k=\dfrac{1-2x}{(x-3)^2}$. 再由 k 为整数,可得 $|1-2x|\geqslant(x-3)^2$.

若 $x\leqslant 0$,则 $1-2x\geqslant x^2-6x+9$,即 $(x-2)^2+4\leqslant 0$ 这不可能.

若 $x>0$,则 $2x-1\geqslant x^2-6x+9$,即 $(x-4)^2\leqslant 6$,亦即 $|x-4|\leqslant\sqrt{6}$. 进而 $|x-4|\leqslant 2$,于是 x 只可能取 $2,4,5,6$.

经逐一检验知:只有 $x=2$ (相应地 $k=-3$) 及 $x=4$ (相应地 $k=-7$) 才适合题意,故 $k=-3$ 或 -7.

5. 当 $a=0$ 时,方程变为 $2bx=b$,则无论 b 为何值,总有根 $x=\dfrac{1}{2}\in(0,1)$.

当 $a\neq 0$ 时,记 $f(x)=3ax^2+2bx-(a+b)$. 下面找出 $x_1<x_2$,使得 $f(x_1)\cdot f(x_2)\leqslant 0$. 而 $f(x_1)=3ax_1^2$

$+2bx_1-(a+b), f(x_2)=2ax_2^2+2bx_2-(a+b)$，令 $f(x_1)=-f(x_2)$，则 $3ax_1^2+2bx_1-(a+b)=-3ax_2^2-2bx_2+(a+b)$. 即 $(3x_1^2+3x_2^2-2)a+(2x_1+2x_2-2)b=0$.

上式对 a、b 的不同取值均成立，$\begin{cases}3x_1^2+3x_2^2-2=0,\\2x_1+2x_2-2=0.\end{cases}$ 解得 $x_1=\dfrac{1}{6}(3-\sqrt{3}), x_2=\dfrac{1}{6}(3+\sqrt{3})$. 故找到 $3x_1<x_2$，使得 $f(x_1)\cdot f(x_2)=f(x_1)\cdot[-f(x_1)]=-f^2(x_1)\leqslant 0$ 成立.

同时，由 $0<\dfrac{1}{6}(3-\sqrt{3})<\dfrac{1}{6}(3+\sqrt{3})<1$ 知，若 $f(x_1)\cdot f(x_2)=0$，则此时 x_1、x_2 均为原方程的根，命题成立.

若 $f(x_1)\cdot f(x_2)<0$，由一元二次方程的图象即知 $f(x)=3ax^2+2bx-(a+b)$ 在 (x_1,x_2) 上与 x 轴有一交点，而这即表明原方程在 (x_1,x_2) 上有一实根，故原方程在 $(0,1)$ 上有一实根，命题成立.

6. 易知 $39-6\sqrt{12}=(6-\sqrt{3})^2, kx(kx+\sqrt{12})+3=(kx+\sqrt{3})^2$，因此，原方程可化为 $6-\sqrt{3}+|kx+\sqrt{3}|=2k$，即 $|kx+\sqrt{3}|=2k+\sqrt{3}-6$. （*）

由（*）可知 $2k+\sqrt{3}-6\geqslant 0, k\geqslant 3-\dfrac{\sqrt{3}}{2}$. 因为 k 是整数，所以 $k\geqslant 3$. 又由于 k、x 都是整数，因此 $kx+\sqrt{3}\neq 0$. 如果 $kx+\sqrt{3}>0$，那么由（*）得 $kx+\sqrt{3}=2k+\sqrt{3}-6$，即 $k(2-x)=6$. 注意到 $k\geqslant 3$，且 k,x 都是整数，由上式即得 $\begin{cases}k=3\\x=0\end{cases}$ 或 $\begin{cases}k=6\\x=1\end{cases}$. 如果 $kx+\sqrt{3}<0$，那么由（*）得 $-(kx+\sqrt{3})=2k+\sqrt{3}-6$，即 $(2+x)k+2\sqrt{3}-6=0$. 此式中只有 $\sqrt{3}$ 是无理数，其余都是整数，显然此式不可能成立，故所求整数 $k=3$ 或 6.

7. 将方程组的三个方程依次改写为

$\begin{cases}(y-2)(z-3)=-2, & ① \\ (z-3)(x-4)=4, & ② \\ (x-1)(y-2)=1. & ③\end{cases}$ 由①、③得 $z-3=-2(x-1)$.

代入②得 $(x-3)(x-2)=0$，即 $x=2$ 或 $x=3$. 再代入②、③得解 (x,y,z) 为 $(2,3,1), (3,\dfrac{5}{2},-1)$.

8. 原方程组可变形为 $\begin{cases}(x+y)+xy=2+3\sqrt{2},\\(x+y)^2-2xy=6.\end{cases}$

于是 $(x+y)^2+2(x+y)-10-6\sqrt{2}=0$. 有 $x+y=2+\sqrt{2}$ 或 $x+y=-4-\sqrt{2}$.

当 $x+y=2+\sqrt{2}$ 时，$xy=2\sqrt{2}$，此时，求得 (x,y) 为 $(2,\sqrt{2})$ 或 $(\sqrt{2},2)$；当 $x+y=-4-\sqrt{2}$ 时，$xy=6+4\sqrt{2}$，无实数解.

9. 当 $x=0$ 时，方程组有唯一解为 $(0,0)$.

当 $x\neq 0$ 时，由原方程组的第一式减去第二式与 x 的乘积得 $-2y-x^3y+x^2=0$，即 $(2+x^3)y=x^2$. 由此知 $2+x^3\neq 0$，于是 $y=\dfrac{x^2}{2+x^3}$. 将其代入原方程组的第二式，得 $3x^6+11x^3+8=0$. 令 $y^3=z$，解方程 $3z^2+11z+8=0$. 得 $z_1=-1, z_2=-\dfrac{8}{3}$. 亦即 $x_1=-1, x_2=-\dfrac{2}{\sqrt[3]{3}}$，因此 $y_1=1, y_2=-2\sqrt[3]{x}$. 故原方程组的解 (x,y) 为 $(-1,1), \left(-\dfrac{2}{\sqrt[3]{3}},-2\sqrt[3]{3}\right), (0,0)$.

10. 令 $x^3+y^3=7$ 为①式，$xy(x+y)=-2$ 为②式，由①+②·3 得 $x^3+y^3+3xy(x+y)=1$，所以 $(x+y)^3=1$，即 $x+y=1$. 把 $x+y=1$ 代入②，得 $xy=-2$，于是 x,y 是一元二次方程 $t^2-t-2=0$ 的两个实根. 求得 $t_1=2, t_2=-1$，所以原方程组的解是 $(x,y)=(2,-1)$ 或 $(-1,2)$.

11. 由已知方程组三个方程可变形为 $(x-4)^2(x+4)=y+4$，① $(y-4)^2(y+4)=z+4$，② $(z-$

$4)^2(z+4)=x+4$, ③   故 $(x,y,z)=(-4,-4,-4)$ 是方程组的一组解.

若 $x\neq -4$，由③知 $z\neq -4$，从而 $y\neq -4$.

由①·②·③并化简得 $(x-4)^2(y-4)^2(z-4)^2=1$，其整数解只能是 $x=3$ 或 $5,y=3$ 或 $5,z=3$ 或 5，再联系已知等式可得方程组的三组解 $(x,y,z)=(3,3,3),(5,5,5),(-4,-4,-4)$.

12. 当 $y=0$ 时，由第一个方程得 $x=-z$，再由第二个方程得 $x=z=0$. 故 $(0,0,0)$ 为其一解.

设 $y\neq 0$，令 $a=\dfrac{x}{y},b=\dfrac{z}{y}$. 于是，有方程组的三式为 $1+a+b=3ay,1+a^2+b^2=3ab,y(1+a^3+b^3)=3b$. 用 $\dfrac{1+a+b}{3a}$ 替换 y，可得 $\begin{cases}(1+a+b)(1+a^3+b^3)=9ab,\\ 1+a^2+b^2=3ab.\end{cases}$ 取 $u=a+b,v=ab$，可得 $\begin{cases}(1+u)(1+u^2-3uv)=9v,\\ 1+u^2-2v=3v.\end{cases}$

因此，$v=\dfrac{1}{5}(u^2+1)$，于是，$0=u^4+u^3-6u^2+u-2=(u-2)(u^3+3u^2+1)$，当 $u=2$ 时，可推出 $v=1,a=b=1$. 于是，得到一组解 $(x,y,z)=(1,1,1)$.

函数 $f(u)=u^3+3u^2+1$，当 $u=-2$ 时，取得局部最大值；当 $u=0$ 时，取得局部最小值.

由于 $f(0)=1>0$，方程 $f(u)=0$ 有唯一的实根 u_0，其中 $u_0<-2$，于是，$u_0^2-4\cdot\dfrac{u_0^2+1}{5}=\dfrac{u_0^2-4}{5}>0$，从而方程组 $\begin{cases}a+b=u_0\\ ab=\dfrac{1}{5}(u_0^2+1)\end{cases}$ 有两组解.

因此，得到了给定方程组的另外两组解. 故原方程组共有 4 组实数解.

【模拟实战三】

A 组

1. 由 $0°<\alpha<45°$，知 $\cos\alpha>\sin\alpha>0$，由 $90°<\alpha<180°$，知 $\sin\beta>\cos\beta,\cos\beta<0$，由于指数函数 $(\cos\alpha)^x$ 为减函数，则 $(\cos\alpha)^{\cos\beta}>(\cos\alpha)^{\sin\beta}$. ①

又因幂函数 $x^{\cos\beta}$ 为减函数，则 $(\sin\alpha)^{\cos\beta}>(\cos\alpha)^{\cos\beta}$. ②

由①、②知 $(\sin\alpha)^{\cos\beta}>(\cos\alpha)^{\cos\beta}>(\cos\alpha)^{\sin\beta}$. 即 $a>c>b$.

2. 由于 $y=\sin x\cdot(1+\tan x\cdot\tan\dfrac{x}{2})=\sin x\cdot\dfrac{\cos x\cdot\cos\dfrac{x}{2}+\sin x\cdot\sin\dfrac{x}{2}}{\cos x\cdot\cos\dfrac{x}{2}}=\sin x\cdot\dfrac{\cos\left(x-\dfrac{x}{2}\right)}{\cos x\cdot\cos\dfrac{x}{2}}=\tan x$.

而原函数的定义域是 $x\in\mathbf{R}$ 且 $x\neq k\pi+\dfrac{\pi}{2},\dfrac{x}{2}\neq k\pi+\dfrac{\pi}{2}$，即 $x\in\mathbf{R}$ 且 $x\neq k\pi+\dfrac{\pi}{2},x\neq 2k\pi+\pi(k\in\mathbf{Z})$.

故函数 y 的最小正周期为 2π.

3. 原方程可变形为
$$\sin\left(\dfrac{x}{2}+\dfrac{\pi}{4}\right)\left[\cos\left(\dfrac{3x}{2}-\dfrac{\pi}{4}\right)+\dfrac{a+1}{a-1}\sin\left(\dfrac{3x}{2}-\dfrac{\pi}{4}\right)\right]=0.$$

(1)方程 $\sin\left(\dfrac{x}{2}+\dfrac{\pi}{4}\right)=0$ 在 $(-\pi,\pi)$ 中的解为 $x=-\dfrac{\pi}{2}$.

(2)对于方程 $\cos\left(\dfrac{3x}{2}-\dfrac{\pi}{4}\right)+\dfrac{a+1}{a-1}\sin\left(\dfrac{3x}{2}-\dfrac{\pi}{4}\right)=0$:

当 $a=-1$ 时,变为 $\cos\left(\dfrac{3x}{2}-\dfrac{\pi}{4}\right)=0$,得 $x=-\dfrac{5\pi}{6},-\dfrac{\pi}{6},\dfrac{\pi}{2}$;

当 $a\ne-1$ 时,可变为 $\tan\left(\dfrac{3x}{2}-\dfrac{\pi}{4}\right)=\dfrac{1-a}{a+1}$. * 又当 $a<0$ 且 $a\ne 1$ 时, $\dfrac{a-1}{a+1}\in(-\infty,-1)\cup(1,+\infty)$.

而 $y=\tan\left(\dfrac{3x}{2}-\dfrac{\pi}{4}\right)$ 在 $(-\pi,\pi)$ 上有 3 个周期,此时方程 * 恒有 3 个解,且任一个不为 $-\dfrac{\pi}{2}$,故当 $a<0$ 时,原方程有 4 个解.

4. 将 $7°$ 用 $15°-8°$ 代换,有

原式 $=\dfrac{\sin(15°-8°)+\cos 15°\cdot\sin 8°}{\cos(15°-8°)-\sin 15°\cdot\sin 8°}=\dfrac{\sin 15°\cdot\cos 8°-\cos 15°\cdot\sin 8°+\cos 15°\cdot\sin 8°}{\cos 15°\cdot\cos 8°+\sin 15°\cdot\sin 8°-\sin 15°\cdot\sin 8°}$

$=\tan 15°=\tan(45°-30°)=\dfrac{\tan 45°-\tan 30°}{1-\tan 45°\cdot\tan 30°}=2-\sqrt{3}.$

5. 易知 $(\sin\alpha+\tan\alpha)(\cos\alpha+\cot\alpha)=\sin\alpha\cdot\cos\alpha+\sin\alpha+\cos\alpha+1$

$=\dfrac{1}{2}(\sin\alpha+\cos\alpha)^2+(\sin\alpha+\cos\alpha)+\dfrac{1}{2}.$

设 $\sin\alpha+\cos\alpha=t$,则上式变为 $\dfrac{1}{2}t^2+t+\dfrac{1}{2}=\dfrac{1}{2}(t+1)^2$. 因 $0<\alpha<\dfrac{\pi}{2}$,则 $t=\sqrt{2}\sin\left(\dfrac{\pi}{4}+\alpha\right)\in(1,\sqrt{2}]$,故 $2<\dfrac{1}{2}(t+1)^2\le\dfrac{3}{2}+\sqrt{2}$. 故所求值域是 $\left(2,\dfrac{3}{2}+\sqrt{2}\right]$.

6. 由 $0<x<\pi$ 及 $\sin\left(x+\arccos\dfrac{4}{5}\right)=\dfrac{\sqrt{3}}{2}$ 知道, $x+\arccos\dfrac{4}{5}=\dfrac{\pi}{3}$ 或 $x+\arccos\dfrac{4}{5}=\dfrac{2}{3}\pi$. 所以 $\sin x=$

$\sin\left(\dfrac{\pi}{3}-\arccos\dfrac{4}{5}\right)=\dfrac{\sqrt{3}}{2}\cdot\dfrac{4}{5}-\dfrac{1}{2}\cdot\dfrac{3}{5}=\dfrac{1}{10}(4\sqrt{3}-3)$,或 $\sin x=\sin\left(\dfrac{2}{3}\pi-\arccos\dfrac{4}{5}\right)=\dfrac{1}{10}\cdot(4\sqrt{3}+3)$.

7. 原不等式可化为 $\left(\cos x-\dfrac{a-1}{2}\right)^2\le a^2+\dfrac{(a-1)^2}{4}$. 因 $-1\le\cos x\le 1$, $a<0$, $\dfrac{a-1}{2}<0$,从而,当 $\cos x=1$ 时,函数 $y=\left(\cos x-\dfrac{a-1}{2}\right)^2$ 有最大值 $\left(1-\dfrac{a-1}{2}\right)^2$. 从而,有 $\left(1-\dfrac{a-1}{2}\right)^2\le a^2+\dfrac{(a-1)^2}{4}$,解得 $a\ge 1$ 或 $a\le-2$,但 $a<0$,故 $a\le-2$ 为所求.

8. 由 $\sin\dfrac{\alpha}{2}-2\cos\dfrac{\alpha}{2}=1$,有 $\tan\dfrac{\alpha}{2}-2=\dfrac{1}{\cos\dfrac{\alpha}{2}}=\sec\dfrac{\alpha}{2}=\sqrt{1+\tan^2\dfrac{\alpha}{2}}$,于是 $\tan\dfrac{\alpha}{2}=\dfrac{3}{4}$. 又 $\tan\dfrac{\alpha}{2}=$

$\dfrac{1+\cos\alpha}{\sin\alpha}=\dfrac{\sin\alpha}{1-\cos\alpha}=\dfrac{1+\cos\alpha+\sin\alpha}{\sin\alpha+1-\cos\alpha}$,故原式 $=\dfrac{3}{4}$.

又当 $\alpha=(4k+1)\pi(k\in\mathbf{Z})$ 时,满足 $\sin\dfrac{\alpha}{2}-2\cos\dfrac{\alpha}{2}=1$,从而,当 $\alpha=(4k+1)\pi$ 时, $\dfrac{1+\cos\alpha+\sin\alpha}{1+\sin\alpha-\cos\alpha}=$

$\dfrac{1+\sin\pi+\cos\pi}{1+\sin\pi-\cos\pi}=0.$

9. 由 $|x|\le 1$ 及 $\dfrac{x}{2}\in\mathbf{R}$ 得 $|x|\le 1$,即为定义域.

又 $f(x)=2x^2+2x-1=2\left(x+\dfrac{1}{2}\right)^2-\dfrac{3}{2}$,其中 $|x|\le 1$,易知当 $x=-\dfrac{1}{2}$ 时,得 $f(x)_{\min}=-\dfrac{3}{2}$;当 $x=1$ 时, $f(x)_{\max}=3$. 故值域是 $\left[-\dfrac{3}{2},3\right]$.

10. 先求题设函数 $y=\arcsin(2-x^2)$ 的定义域：$-1\leqslant 2-x^2\leqslant 1$，即 $1\leqslant x^2\leqslant 3$，亦即 $-\sqrt{3}\leqslant x\leqslant -1$ 或 $1\leqslant x\leqslant\sqrt{3}$. 又因为 $\arcsin x$ 是增函数，所以当 $2-x^2$ 递减时，$\arcsin(2-x^2)$ 就递减. 而 $2-x^2$ 在区间 $[0,+\infty)$ 上递减，且 $[1,\sqrt{3}]\subset[0,+\infty)$，故所求递减区间为 $[1,\sqrt{3}]$.

B 组

1. 将原式变形为 $y(2+\cos x)=\sin x$，即 $\sqrt{y^2+1}\sin(x-\varphi)=2y$（其中 φ 由 $\tan\varphi=-y$ 确定），从而 $\sin(x-\varphi)=\dfrac{2y}{\sqrt{y^2+1}}$. 由正弦函数的有界性，知 $\left|\dfrac{2y}{\sqrt{y^2+1}}\right|\leqslant 1$，解得 $-\dfrac{\sqrt{3}}{3}\leqslant y\leqslant\dfrac{\sqrt{3}}{3}$. 而 $0<x<\pi$，则 $0<y\leqslant\dfrac{\sqrt{3}}{3}$. 故所求最大值为 $\dfrac{\sqrt{3}}{3}$.

或者视为求过定点 $(-2,0)$ 与动点 $(\cos x,\sin x)$ 连线斜率的最大值而得 $\dfrac{\sqrt{3}}{3}$.

2. 由已知 $\alpha\neq\dfrac{\pi}{2}+k\pi(k\in\mathbf{Z})$，于是得方程组 $\begin{cases}a\cdot\sin\alpha+b\cdot\cos\alpha=m,\\ b\cdot\sin\alpha-a\cdot\cos\alpha=n.\end{cases}$ 解得 $\sin\alpha=\dfrac{am+bn}{a^2+b^2}$，$\cos\alpha=\dfrac{mb-an}{a^2+b^2}$，且 $\sin^2\alpha+\cos^2\alpha=1$. 故可得 $a^2+b^2=m^2+n^2$.

3. (1) 设 $A=\sin 10°\cdot\sin 30°\cdot\sin 50°\cdot\sin 70°$，$B=\cos 10°\cdot\cos 30°\cdot\cos 50°\cdot\cos 70°$，则 $A\cdot B=\dfrac{1}{16}\sin 20°\cdot\sin 60°\cdot\sin 100°\cdot\sin 140°=\dfrac{1}{16}\cos 10°\cdot\cos 30°\cdot\cos 50°\cdot\cos 70°=\dfrac{1}{16}B$，而 $B\neq 0$，故 $A=\dfrac{1}{16}$，即 $\sin 10°\cdot\sin 30°\cdot\sin 50°\cdot\sin 70°=\dfrac{1}{16}$.

或由 $\sin 3\theta=4\sin\theta\cdot\sin(60°-\theta)\cdot\sin(60°+\theta)$ 来求，亦得 $\dfrac{1}{16}$.

(2) 设 $A=\sin^2 20°+\cos^2 80°+\sqrt{3}\sin 20°\cdot\cos 80°$，$B=\cos^2 20°+\sin^2 80°-\sqrt{3}\cos 20°\cdot\sin 80°$，则 $A+B=2-\sqrt{3}(\cos 20°\cdot\sin 80°-\sin 20°\cdot\cos 80°)=2-\sqrt{3}\sin 60°=\dfrac{1}{2}$，$B-A=\cos 40°-\cos 160°-\sqrt{3}(\cos 20°\cdot\sin 80°+\sin 20°\cdot\cos 80°)=2\cos 30°\cdot\cos 10°-\sqrt{3}\sin 100°=0$. 从而 $2A=\dfrac{1}{2}$，$A=\dfrac{1}{4}$，即 $\sin^2 20°+\cos^2 80°+\sqrt{3}\cdot\sin 20°\cdot\cos 80°=\dfrac{1}{4}$.

(3) 设 $m=\cos^2 A+\cos^2(60°-A)+\cos^2(60°+A)$，$n=\sin^2 A+\sin^2(60°-A)+\sin^2(60°+A)$，则 $x+y=3$，$y-x=\cos 2A+\cos 2(60°-A)+\cos 2(60°+A)=\cos 2A+2\cos 120°\cdot\cos 2A=0$. 从而 $y=x=\dfrac{3}{2}$，即 $\cos^2 A+\cos^2(60°-A)+\cos^2(60°+A)=\dfrac{3}{2}$.

(4) 设 $M=\cos\dfrac{\pi}{15}\cdot\cos\dfrac{2\pi}{15}\cdot\cos\dfrac{3\pi}{15}\cdot\cos\dfrac{4\pi}{15}\cdot\cos\dfrac{5\pi}{15}\cdot\cos\dfrac{6\pi}{15}\cdot\cos\dfrac{7\pi}{15}$，$N=\sin\dfrac{\pi}{15}\cdot\sin\dfrac{2\pi}{15}\cdot\sin\dfrac{3\pi}{15}\cdot\sin\dfrac{4\pi}{15}\cdot\sin\dfrac{5\pi}{15}\cdot\sin\dfrac{6\pi}{15}\cdot\sin\dfrac{7\pi}{15}$，则 $2^7M\cdot N=\sin\dfrac{2\pi}{15}\cdot\sin\dfrac{4\pi}{15}\cdot\sin\dfrac{6\pi}{15}\cdot\sin\dfrac{8\pi}{15}\cdot\sin\dfrac{10\pi}{15}\cdot\sin\dfrac{12\pi}{15}\cdot\sin\dfrac{14\pi}{15}=N$，而 $N\neq 0$，故 $M=\dfrac{1}{2^7}$，即原式 $=\dfrac{1}{128}$.

4. 作 $\angle MON=\dfrac{\pi}{7}$（图略），依次地，在 OM 上取 $OA=1$，在 ON 上取异于 O 的 B，使 $AB=1$；在 OM 上

取异于 A 的 C,使 $BC=1$;在 ON 上取异于 B 的 D,使 $CD=1$,易得 $\angle CAB=\angle ACB=\dfrac{2\pi}{7}$, $\angle CBD=\angle CDB=$ $\angle ACD=\dfrac{3\pi}{7}$,从而 $OC=OD$.但 $OC=OA+AC=1+2AB\cdot\cos\dfrac{2\pi}{7}=1+2\cos\dfrac{2\pi}{7}$,所以 $OD=OB+BD=$ $2\cos\dfrac{\pi}{7}+2\cos\dfrac{3\pi}{7}$,从而 $\cos\dfrac{\pi}{7}-\cos\dfrac{2\pi}{7}+\cos\dfrac{3\pi}{7}=\dfrac{1}{2}$.

5. 由 $3\sin^2\alpha+2\sin^2\beta=1$,知 $\sin^2\alpha\leqslant\dfrac{1}{3}<\dfrac{1}{2}$,得 $0<\alpha<\dfrac{\pi}{4}$,同理,可知 $0<\beta<\dfrac{\pi}{4}$,故 $2\alpha<\dfrac{\pi}{2}$, $2\beta<\dfrac{\pi}{2}$.

由 $3\sin 2\alpha=2\sin 2\beta$,有 $\dfrac{3}{\sin 2\beta}=\dfrac{2}{\sin 2\alpha}$,可构造 $\triangle ABC$,使 $\angle A=2\alpha$,$\angle B=2\beta$,$AC=3$,$BC=2$.作 $CD\perp AB$,则 D 在 AB 上,作 AE 平分 $\angle A$,由 $3\sin^2\alpha+2\sin^2\beta=1$,得 $3\cdot\dfrac{1}{2}(1-\cos 2\alpha)+2\cdot\dfrac{1}{2}(1-\cos 2\beta)=1$,即 $3\cos 2\alpha+2\cos 2\beta=3$.

因 $AD=3\cos 2\alpha$,$BD=2\cos 2\beta$,$AB=AD+BD=3\cos 2\alpha+2\cos 2\beta=3$,又 $AC=3$,则 $AB=AC$,$AE\perp BC$. 故 $\alpha+2\beta=\dfrac{\pi}{2}$.

6. 由单位圆上三点 $P_1(\cos\alpha,\sin\alpha)$,$P_2(\cos\beta,\sin\beta)$,$P_3(\cos\gamma,\sin\gamma)$ 知,$\triangle P_1P_2P_3$ 的重心 (x,y) 满足 $x=\dfrac{1}{3}(\cos\alpha+\cos\beta+\cos\gamma)=0$,$y=\dfrac{1}{3}(\sin\alpha+\sin\beta+\sin\gamma)=0$,从而 $\triangle P_1P_2P_3$ 的重心、外心均在原点,因此 $\triangle P_1P_2P_3$ 为正三角形,因而 $\beta=2k\pi+\alpha+\dfrac{2\pi}{3}$,$\gamma=2k\pi+\alpha+\dfrac{4\pi}{3}$,分别代入所要证明的三式(1),(2),(3),即可证得结论正确.

7. 由二倍角公式得 $\dfrac{\pi}{2}+2\sin x\cdot\cos y+2\sin y\cdot\cos z\geqslant\sin 2x+\sin 2y+\sin 2z\Leftrightarrow\dfrac{\pi}{4}+\sin x\cdot\cos y+\sin y\cdot\cos z\geqslant\sin x\cdot\cos x+\sin y\cdot\cos y+\sin z\cdot\cos z$,即证 $\dfrac{\pi}{4}>\sin x(\cos x-\cos y)+\sin y(\cos y-\cos z)+\sin z\cdot\cos z$.由右端可构造一原点为圆心的单位圆,设 $(\cos x,\sin x)$,$(\cos y,\sin y)$,$(\cos z,\sin z)$ 为单位圆上三点,分别过此三点作 x 轴、y 轴的垂线得三个矩形,而右端为其三个矩形面积之和,它显然小于 $\dfrac{\pi}{4}$.

8. 因 $a>b>c$,则 $a-b$,$b-c$,$a-c$ 均为正数,又因 $(a-b)+(b-c)=a-c$,故可设 $a-b=(a-c)\cdot\cos^2\alpha$,$b-c=(a-c)\cdot\sin^2\alpha(0<\alpha<\dfrac{\pi}{2})$.由 $\dfrac{1}{a-b}+\dfrac{1}{b-c}+\dfrac{4}{c-a}=\dfrac{1}{a-c}(\sec^2\alpha+\csc^2\alpha-4)=\dfrac{1}{a-c}\cdot(\tan^2\alpha+\cot^2\alpha-2)$,而 $a-c>0$,$\tan^2\alpha+\cot^2\alpha-2\geqslant 0$,故 $\dfrac{1}{a-b}+\dfrac{1}{b-c}+\dfrac{4}{c-a}\geqslant 0$.

9. 因 $(\sqrt{3-x})^2+(\sqrt{x+1})^2=4$,则可设 $\sqrt{3-x}=2\sin\theta$,$\sqrt{x+1}=2\cos\theta$,$\theta\in[0,\dfrac{\pi}{2}]$,原不等式可化为:$2\sin\theta-2\cos\theta>\dfrac{1}{2}$,即 $2\sin\theta>2\cos\theta+\dfrac{1}{2}$.($*$)而 $\theta\in[0,\dfrac{\pi}{2}]$,则 $2\cos\theta+\dfrac{1}{2}>0$.将($*$)式两边平方整理,得 $32\cos^2\theta+8\cos\theta-15<0$,解得 $0\leqslant\cos\theta<\dfrac{1}{8}(\sqrt{31}-1)$,于是 $x=4\cos^2\theta-1<1-\dfrac{\sqrt{31}}{8}$ 且 $x\geqslant-1$,故原不等式的解集是 $\{x\mid-1\leqslant x<1-\dfrac{\sqrt{31}}{8}\}$.

10. 由 $\dfrac{x-y}{1+xy}$ 的结构特点,设这 7 个实数为 $\tan\theta_i$,$\theta_i\in(-\dfrac{\pi}{2},\dfrac{\pi}{2})$,$i=1,2,\cdots,7$.将 $(-\dfrac{\pi}{2},\dfrac{\pi}{2})$ 平均分成 6 个区间,由抽屉原理知,θ_i 中至少有 2 个角在同一区间内.设此 2 个角为 θ_1,θ_2,则 $0\leqslant\theta_1-\theta_2<\dfrac{\pi}{6}$.于

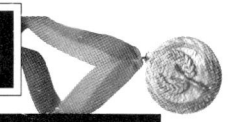

是 $0 \leqslant \frac{\tan\theta_1 - \tan\theta_2}{1 + \tan\theta_1 \cdot \tan\theta_2} < \frac{\sqrt{3}}{3}$,故存在实数 x、y 满足 $0 \leqslant \frac{x-y}{1+xy} < \frac{\sqrt{3}}{3}$.

11. 由已知条件有 $a+c=(1-ac)b$,显然,$1-ac \neq 0$,故 $b=\frac{a+c}{1-ac}$,令 $a=\tan\alpha,b=\tan\beta,c=\tan\gamma,\alpha,\beta,\gamma \in (0,\frac{\pi}{2})$,则 $\tan\beta=\frac{\tan\alpha+\tan\gamma}{1-\tan\alpha \cdot \tan\gamma}=\tan(\alpha+\gamma)$.

又 $\beta,\alpha+\gamma \in (0,\pi)$,故 $\beta=\alpha+\gamma$,从而 $p=\frac{2}{1+\tan^2\alpha}-\frac{2}{1+\tan^2\beta}+\frac{3}{1+\tan^2\gamma}=2\cos^2\alpha-2\cos^2(\alpha+\gamma)+3\cos^2\alpha=(1+\cos2\alpha)-[1+\cos(2\alpha+2\gamma)]+3\cos^2\gamma=2\sin\gamma \cdot \sin(2\alpha+\gamma)+3\cos^2\gamma \leqslant 2\sin\gamma+3(1-\sin^2\gamma)=-3(\sin\gamma-\frac{1}{3})^2+\frac{10}{3} \leqslant \frac{10}{3}$,当且仅当 $2\alpha+\gamma=\frac{\pi}{2}$ 且 $\sin\gamma=\frac{1}{3}$ 时等号成立. 故当 $a=\frac{\sqrt{2}}{2},b=\sqrt{2},c=\frac{\sqrt{2}}{4}$ 时,$p_{\max}=\frac{10}{3}$.

12. 由 $x^2+y^2+z^2=1$,且 $x,y,z \in \mathbf{R}^+$,则可设 $x=\cos\alpha \cdot \cos\beta,y=\cos\alpha \cdot \sin\beta,z=\sin\alpha$,其中 $\alpha,\beta \in (0,\frac{\pi}{2})$,则有 $s=\frac{\sin\alpha \cdot \sin\beta}{\cos\beta}+\frac{\sin\alpha \cdot \cos\beta}{\sin\beta}+\frac{\cos^2\alpha \cdot \sin\beta \cdot \cos\beta}{\sin\alpha}=\frac{2}{\sin2\beta} \cdot \sin\alpha+\frac{1-\sin^2\alpha}{2\sin\alpha} \cdot \sin2\beta=(\frac{2}{\sin2\beta}-\frac{\sin2\beta}{2})\sin\alpha+\frac{\sin2\beta}{2\sin\alpha}=\frac{4-\sin^22\beta}{2\sin2\beta} \cdot \sin\alpha+\frac{\sin2\beta}{2\sin\alpha} \geqslant 2 \cdot \sqrt{\frac{4-\sin^22\beta}{2\sin2\beta} \cdot \sin\alpha \cdot \frac{\sin2\beta}{2\sin\alpha}}=\sqrt{4-\sin^22\beta} \geqslant \sqrt{3}$. 当且仅当 $\sin2\beta=1$ 且 $\sin\alpha=\frac{\sqrt{3}}{3},\cos\alpha=\frac{\sqrt{6}}{3}$ 时,s 取得最小值 $\sqrt{3}$,此时易得 $x=y=z=\frac{\sqrt{3}}{3}$.

【模拟实战四】

A 组

1. 因 $\sqrt{x-2} \leqslant 0$,又 $\sqrt{x-2} \geqslant 0$,故只可能 $\sqrt{x-2}=0$,即 $x=2$. 由此得 $A=\{2\}$,由 $10^{x^2-2}=10^x$,得 $x^2-2=x$,解之,得 $x=-1,x=2$. $\overline{B}=\{x|x \in \mathbf{R},x \neq -1,x \neq 2\}$,所以 $A \cap \overline{B}=\varnothing$.

2. 易得 $A=\{x|1<x<3\}$. 设 $f(x)=2^{1-x}+a,g(x)=x^2-2(a+7)x+5$,要使 $A \subseteq B$,只需 $f(x),g(x)$ 在 $(1,3)$ 内的图象在 x 轴下方,其充要条件是 $f(1) \leqslant 0,f(3) \leqslant 0,g(1) \leqslant 0,g(3) \leqslant 0$,由此推出 $-4 \leqslant a \leqslant -1$.

3. 原不等式等价于 $(|x|-3)(|x|^2+|x|-1)<0$,由此可得不等式的解集为 $(-3,\frac{-\sqrt{5}+1}{2}) \cup (\frac{\sqrt{5}-1}{2},3)$.

4. 设玫瑰和康乃馨每支的价格分别是 x 元和 y 元,于是 $6x+3y>24,4x+5y<22$. 记 $6x+3y=a,4x+5y=b$,则 $x=\frac{5a-3b}{18},y=\frac{3b-2a}{9},2x-3y=\frac{11a-12b}{9}$,而 $a>24,b<22$,故 $2x-3y>\frac{11 \times 24 - 12 \times 22}{9}=0$. 故 2 支玫瑰的价格较高.

5. 因 $x^2-ax-4=0$ 的两个实根为 $x_1=\frac{a+\sqrt{a^2+16}}{2},x_2=\frac{a-\sqrt{a^2+16}}{2}$,故 $B \subseteq A \Leftrightarrow x_2 \geqslant -2,x_1<4 \Leftrightarrow \frac{a-\sqrt{a^2+16}}{2} \geqslant -2$ 且 $\frac{a+\sqrt{a^2+16}}{2}<4 \Leftrightarrow 0 \leqslant a<3$.

6. $\sum_{k=1}^{80}\frac{1}{\sqrt{k}}<1+\sum_{k=2}^{80}\frac{2}{\sqrt{k}+\sqrt{k-1}}=1+\sum_{k=2}^{80}2(\sqrt{k}-\sqrt{k-1})=1+2(\sqrt{80}-1)=\sqrt{320}-1<18-1=17$，又 $\sum_{k=1}^{80}\frac{1}{\sqrt{k}}>\sum_{k=1}^{80}\frac{2}{\sqrt{k+1}+\sqrt{k}}>\sum_{k=1}^{80}2(\sqrt{k+1}-\sqrt{k})=2(\sqrt{81}-1)=16$。

7. 由 Cauchy 不等式得 $2\sqrt{x+1}+\sqrt{2x-3}+\sqrt{15-3x}=2\sqrt{x+1}+\sqrt{2}\sqrt{x-\frac{3}{2}}+\sqrt{\frac{3}{2}}\cdot\sqrt{10-2x}\leqslant[2^2+(\sqrt{2})^2+(\sqrt{\frac{3}{2}})^2]^{\frac{1}{2}}[(x+1)+(x-\frac{3}{2})+(10-2x)]^{\frac{1}{2}}=\sqrt{\frac{18}{2}}\times\sqrt{\frac{19}{2}}<\sqrt{\frac{16}{2}\times\frac{19}{2}}=2\sqrt{19}$。

8. 由权方和不等式得 $\frac{x_1^2}{x_2}+\frac{x_2^2}{x_3}+\cdots+\frac{x_{n-1}^2}{x_n}+\frac{x_n^2}{x_1}\geqslant\frac{(x_1+x_2+\cdots+x_n)^2}{x_2+x_3+\cdots+x_n+x_1}=x_1+x_2+\cdots+x_n$。

9. 当 $n=1$ 时左边 $=0=$ 右边，结论成立，设 $n=k$ 时 $(a+b)^k-a^k-b^k\geqslant 2^{2k}-2^{k+1}$，那么当 $n=k+1$ 时，左边 $=(a+b)^{k+1}-a^{k+1}-b^{k+1}=(a+b)[(a+b)^k-a^k-b^k]+a^k b+ab^k$，因为 $\frac{1}{a}+\frac{1}{b}=1$，故 $ab=a+b=(a+b)(\frac{1}{a}+\frac{1}{b})\geqslant 2\sqrt{ab}\cdot 2\sqrt{\frac{1}{ab}}=4$。从而有 $a^k b+ab^k\geqslant 2\sqrt{a^k b\cdot ab^k}=2(ab)^{\frac{k+1}{2}}\geqslant 2\cdot 2^{k+1}=2^{k+2}$，故左边 $\geqslant 4(2^{2k}-2^{k+1})+2^{k+2}=2^{2(k+1)}-2^{k+2}=$ 右边。故对一切 $n\in\mathbf{N}_+$，不等式成立。

10. 设 $f(x)=x(1-y)+y(1-z)+z(1-x)=(1-y-z)x+y(1-z)+z$，它是 x 的单调函数。因为 $f(0)=y(1-z)+z=(y-1)(1-z)+1<1, f(1)=1-y-z+y(1-z)+z=1-yz<1$。故当 $x\in(0,1)$ 时，$f(x)\leqslant\max\{f(0),f(1)\}<1$，即 $x(1-y)+y(1-z)+z(1-x)<1$。

11. 令 $x=\frac{1}{2}ka(k\in\mathbf{R})$，则原不等式为 $|a|\cdot|k-1|+\frac{3}{2}|a|\cdot|k-\frac{4}{3}|\geqslant|a|^2$，此不等式等价于 $|a|\leqslant|k-1|+\frac{3}{2}|k-\frac{4}{3}|$。对任意 $k\in\mathbf{R}$ 成立，而当 $k\geqslant\frac{4}{3}$ 时，$|k-1|+\frac{3}{2}|k-\frac{4}{3}|=\frac{5}{2}k-3\geqslant\frac{5}{2}\times\frac{4}{3}-3=\frac{1}{3}$；当 $1<k<\frac{4}{3}$ 时，$|k-1|+\frac{3}{2}|k-\frac{4}{3}|=1-\frac{1}{2}k>1-\frac{1}{2}\times\frac{4}{3}=\frac{1}{3}$；当 $k\leqslant 1$ 时，$|k-1|+\frac{3}{2}|k-\frac{4}{3}|=3-\frac{5}{2}k\geqslant 3-\frac{5}{2}=\frac{1}{2}$，且 $\min\{\frac{1}{3},\frac{1}{3},\frac{1}{2}\}=\frac{1}{3}$，从而上述不等式等价于 $|a|\geqslant\frac{1}{3}$，即 a 的取值集合为区间 $[-\frac{1}{3},\frac{1}{3}]$。

12. $a_n-a_{n+1}=\sum_{k=1}^{n}\frac{1}{k(n+1-k)}-\sum_{k=1}^{n+1}\frac{1}{k(n+2-k)}=\sum_{k=1}^{n}\frac{1}{k}[\frac{1}{n+1-k}-\frac{1}{n+2-k}]-\frac{1}{n+1}>\frac{1}{n}\cdot\sum_{k=1}^{n}(\frac{1}{n+1-k}-\frac{1}{n+2-k})-\frac{1}{n+1}=\frac{1}{n}(1-\frac{1}{n+1})-\frac{1}{n+1}=\frac{1}{n}\cdot\frac{n}{n+1}-\frac{1}{n+1}=0$，所以 $a_n>a_{n+1}$。

B 组

1. 因为 $\frac{1}{2}\leqslant\frac{a_i}{b_i}\leqslant 2$，所以 $(\frac{1}{2}-\frac{a_i}{b_i})(2-\frac{a_i}{b_i})\leqslant 0$，即 $1-\frac{5}{2}(\frac{a_i}{b_i})+(\frac{a_i}{b_i})^2\leqslant 0$，① 两边同乘 $a_i b_i$ 得 $a_i b_i-\frac{5}{2}a_i^2+\frac{a_i^3}{b_i}\leqslant 0$，所以 $\sum_{i=1}^{n}\frac{a_i^3}{b_i}\leqslant\frac{5}{2}\sum_{i=1}^{n}a_i^2-\sum_{i=1}^{n}a_i b_i$，② 且由①有 $2b_i^2-5a_i b_i+2a_i^2\leqslant 0$，所以 $\sum_{i=1}^{n}a_i b_i\geqslant\frac{2}{5}\sum_{i=1}^{n}(a_i^2+b_i^2)=\frac{4}{5}\sum_{i=1}^{n}a_i^2$，③。③代入②得 $\sum_{i=1}^{n}\frac{a_i^3}{b_i}\leqslant\frac{5}{2}\sum_{i=1}^{n}a_i^2-\frac{4}{5}\sum_{i=1}^{n}a_i^2=\frac{17}{10}\sum_{i=1}^{n}a_i^2$。等号成立当且仅当 $\frac{a_i}{b_i}=\frac{1}{2}$ 或 2 且 $\sum_{i=1}^{n}a_i^2=\sum_{i=1}^{n}b_i^2\Leftrightarrow n$ 为偶数，$a_1,a_2,\cdots,a_n$ 中有一半等于 1，另一半等于 2 且 $b_i=\frac{2}{a_i}(i=1,2,\cdots,n)$。

2. 由 Cauchy 不等式 $x^2 = \frac{1}{64}(\sum_{i=1}^{8} a_i)^2 \leq \frac{1}{64}(\sum_{i=1}^{8} 1^2)(\sum_{i=1}^{8} a_i^2) = y$. 又 $16(y-x^2) - (a_8-a_1)^2 = 2\sum_{i=1}^{8} a_i^2 - \frac{1}{4}(\sum_{i=1}^{8} a_i)^2 - (a_8-a_1)^2 = 2\sum_{i=2}^{7} a_i^2 - \frac{1}{4}(\sum_{i=1}^{8} a_i)^2 + (a_8+a_1)^2 = 2\sum_{i=1}^{7} a_i^2 - \frac{1}{4}[(a_8+a_1)^2 + 2(a_8+a_1)\sum_{i=2}^{7} a_i + (\sum_{i=2}^{7} a_i)^2] + (a_8+a_1)^2 = \frac{1}{4}[8(\sum_{i=2}^{7} a_i^2) + 3(a_8+a_1)^2 - 2(a_8+a_1)\sum_{i=2}^{7} a_i - (\sum_{i=2}^{7} a_i)^2] \geq \frac{1}{4}[8 \cdot \frac{(\sum_{i=2}^{7} a_i)^2}{6} + 3(a_8+a_1)^2 - 2(a_8+a_7)\sum_{i=2}^{7} a_i - (\sum_{i=2}^{7} a_i)^2] = \frac{1}{4}[3(a_8+a_1)^2 - 2(a_8+a_1) \cdot \sum_{i=2}^{7} a_i + \frac{1}{3}(\sum_{i=2}^{7} a_i)^2] = \frac{1}{4}[\sqrt{3}(a_8+a_1) - \frac{1}{\sqrt{3}}\sum_{i=2}^{7} a_i]^2 \geq 0$, 所以 $4\sqrt{y-x^2} \geq a_8 - a_1$.

3. 设 $a_n = \sum_{k=1}^{n-1} \frac{n}{n-k} \cdot \frac{1}{2^{k-1}}$, 则 $a_{n+1} = \sum_{k=1}^{n+1} \frac{n+1}{n+1-k} \cdot \frac{1}{2^{k-1}} = \frac{n+1}{n} + \frac{n+1}{n-1} \cdot \frac{1}{2} + \frac{n+1}{n-2} \cdot \frac{1}{2^2} + \cdots + \frac{n+1}{1} \cdot \frac{1}{2^{n-1}} = \frac{n+1}{n} + \frac{1}{2}(\frac{n}{n-1} + \frac{n}{n-2} \cdot \frac{1}{2} + \cdots + \frac{n}{1} \cdot \frac{1}{2^{n-2}}) + \frac{1}{2n}[\frac{n}{n-1} + \frac{n}{n-2} \cdot \frac{1}{2} + \cdots + \frac{n}{1} \cdot \frac{1}{2^{n-2}}] = \frac{n+1}{n} + \frac{1}{2}a_n + \frac{1}{2n}a_n$, 即 $a_{n+1} = \frac{n+1}{2n}a_n + \frac{n+1}{n}$. 下面用归纳法证明 $a_n \leq \frac{10}{3}$. 易算出 $a_2 = 2, a_3 = 3, a_4 = \frac{10}{3}, a_5 = \frac{10}{3}$, 假设 $a_n \leq \frac{10}{3}(n \geq 5)$, 则 $a_{n+1} = \frac{n+1}{2n}a_n + \frac{n+1}{n} \leq \frac{n+1}{2n} \times \frac{10}{3} + \frac{n+1}{n} = \frac{8(n+1)}{3n} = \frac{8}{3}(1+\frac{1}{n}) \leq \frac{8}{3}(1+\frac{1}{5}) < \frac{10}{3}$. 故对任意正整数 $n(\geq 2)$, 有 $a_n \leq \frac{10}{3} < 4$.

4. 对任意 $n \geq m$, 设 $n = qm + r (0 \leq r < m)$, 并约定 $a_0 = 0$, 则 $ma_n = ma_{qm+r} \leq m(a_{qm} + a_r) \leq m(qa_m + a_r) = (n-r)a_m + ma_r = (n-m)a_m + (m-r)a_r + ma_r \leq (n-m)a_m + (m-r)a_1 + mra_1 = (n-m)a_m + m^2 a_1$, 从而 $a_n \leq ma_1 + (\frac{n}{m} - 1)a_m$.

5. 我们设法找 $\alpha > 0$ 使下述更强的局部的不等式成立: $\frac{a}{\sqrt{a^2+8bc}} \geq \frac{a^{\alpha}}{a^{\alpha}+b^{\alpha}+c^{\alpha}} (a,b,c > 0)$ ①, 此式 $\Leftrightarrow (a^{\alpha} + b^{\alpha} + c^{\alpha}) \geq a^{\alpha-1}\sqrt{a^2+8bc} \Leftrightarrow (a^{\alpha} + b^{\alpha} + c^{\alpha})^2 \geq a^{2\alpha} + 8a^{2\alpha-2}bc \Leftrightarrow b^{2\alpha} + c^{2\alpha} + 2(ab)^{\alpha} + 2(ac)^{\alpha} + 2(bc)^{\alpha} \geq 8a^{2\alpha-2}bc$, 而由平均值不等式有 $b^{2\alpha} + c^{2\alpha} + 2(ab)^{\alpha} + (ac)^{\alpha} + 2(bc)^{\alpha} \geq 8\sqrt[8]{b^{2\alpha} \cdot c^{2\alpha} \cdot (ab)^{2\alpha} \cdot (ac)^{2\alpha} \cdot (bc)^{2\alpha}} = 8a^{\frac{\alpha}{2}}b^{\frac{3\alpha}{4}}c^{\frac{3\alpha}{4}}$, 故要使①成立只需 $\frac{\alpha}{2} = 2\alpha - 2$ 且 $\frac{3}{4}\alpha = 1$, 即 $\alpha = \frac{3}{4}$, 这就证明了 $\frac{a}{\sqrt{a^2+8bc}} \geq \frac{a^{\frac{4}{3}}}{a^{\frac{4}{3}}+b^{\frac{4}{3}}+c^{\frac{4}{3}}}$. 同理, $\frac{b}{\sqrt{b^2+8ca}} \geq \frac{b^{\frac{4}{3}}}{a^{\frac{4}{3}}+b^{\frac{4}{3}}+c^{\frac{4}{3}}}, \frac{c}{\sqrt{c^2+8ab}} \geq \frac{c^{\frac{4}{3}}}{a^{\frac{4}{3}}+b^{\frac{4}{3}}+c^{\frac{4}{3}}}$, 三式相加即知要证不等式成立.

6. 首先用导数易证 $f(x) = \ln(\frac{e^x+1}{e^x-1}) = \ln(e^x+1) - \ln(e^x-1)$ 为 $(0,+\infty)$ 上的下凸函数(即 $x > 0$ 时 $f''(x) > 0$). 令 $x_i = \ln(r_i s_i t_i u_i v_i)(1 \leq i \leq n), r = \sqrt[n]{r_1 \cdots r_n} \leq R, s = \sqrt[n]{s_1 \cdots s_n} \leq S, t = \sqrt[n]{t_1 \cdots t_n} \leq T, u = \sqrt[n]{u_1 \cdots u_n} \leq U, v = \sqrt[n]{v_1 \cdots v_n} \leq V$, 于是由 Jensen 不等式得 $\frac{1}{n}\ln\prod_{i=1}^{n}(\frac{r_i s_i t_i u_i v_i + 1}{r_i s_i t_i u_i v_i - 1}) = \frac{1}{n}\sum_{i=1}^{n} f(x_i) \geq f(\frac{x_1+x_2+\cdots+x_n}{n}) = \ln(\frac{rstuv+1}{rstuv-1})$, 即 $\prod_{i=1}^{n}(\frac{r_i s_i t_i u_i v_i + 1}{r_i s_i t_i u_i v_i - 1}) \geq (\frac{rstuv+1}{rstuv-1})^n \geq (\frac{RSTUV+1}{RSTUV-1})^n$, 其中最后一步推理用到了函数 $\varphi(x) = \frac{x+1}{x-1} = 2 + \frac{1}{x-1}$ 在 $(1,+\infty)$ 是单调减少的性质.

7. 由于不等式是齐次对称的, 故不妨设 $x_1 \geq x_2 \geq \cdots \geq x_n \geq 0$, 且 $\sum_{i=1}^{n} x_i = 1$, 于是只需求 $F(x_1, x_2, \cdots, x_n) = \sum_{1 \leq i < j \leq n} x_i x_j (x_i^2 + x_j^2)$ 的最大值. 设 $x_1, x_2, \cdots, x_n$ 中最后一个非零数为 $x_{k+1}(k \geq 2)$, 将 $x = (x_1, x_2, \cdots,$

$x_k, x_{k+1}, 0, \cdots, 0)$ 调整为 $x' = (x_1, x_2, \cdots, x_{k-1}, x_k + x_{k+1}, 0, 0, \cdots, 0)$，则 $F(x') - F(x) = \sum_{i=1}^{k-1} x_i (x_k + x_{k+1}) \cdot [x_i^2 + (x_k + x_{k+1})^2] - \sum_{i=1}^{k-1} x_i x_k (x_i^2 + x_k^2) - \sum_{i=1}^{k-1} x_i x_{k+1} (x_i^2 + x_{k+1}^2) = x_k x_{k+1} \cdot [3(x_k + x_{k+1})(1 - x_k - x_{k+1}) - x_k^2 - x_{k+1}^2] = x_k x_{k+1} \{(x_k + x_{k+1})[3 - 4(x_k + x_{k+1})] + 2x_k x_{k+1}\}$. 因为 $1 \geqslant x_1 + x_k + x_{k+1} \geqslant \frac{1}{2}(x_k + x_{k+1}) + x_k + x_{k+1} = \frac{3}{2}(x_k + x_{k+1})$，所以 $x_k + x_{k+1} \leqslant \frac{2}{3} < \frac{3}{4}$，从而有 $F(x') - F(x) \geqslant 0$. 因此，将 x 调整为 x' 时，函数严格增加，故经过有限次调整，最终可得 $F(x) \leqslant F(a, b, 0, \cdots, 0) = ab(a^2 + b^2) = \frac{1}{2}(2ab)(1 - 2ab) \leqslant \frac{1}{2}\left[\frac{2ab + (1 - 2ab)}{2}\right]^2 \leqslant \frac{1}{8}$. 另一方面我们有 $F(\frac{1}{2}, \frac{1}{2}, 0, \cdots, 0) = \frac{1}{8}$，所以 $F(x_1, \cdots, x_n)$ 的最大值为 $\frac{1}{8}$，从而所求的常数 $c = \frac{1}{8}$. 等号成立的条件是 $x_1, x_2, \cdots, x_n$ 中有 $n - 2$ 个等于零，另外两个相等（这两个也可以等于零）.

8. 易知原不等式 $\Leftrightarrow x^{12} + 3x^{10} + 5x^8 + 3x^6 + 1 < 2x^4 + 2 \Leftrightarrow (x^8 + 2x^6 + 4x^4 + x^2 + 1)(x^4 + x^2 - 1) < 0 \Leftrightarrow x^4 + x^2 - 1 < 0 \Leftrightarrow (x^2 - \frac{-1 - \sqrt{5}}{2}) \cdot (x^2 - \frac{-1 + \sqrt{5}}{2}) < 0 \Leftrightarrow x^2 < \frac{-1 + \sqrt{5}}{2} \Leftrightarrow |x| < \sqrt{\frac{-1 + \sqrt{5}}{2}}$，故原不等式的解集为开区间 $(-\sqrt{\frac{-1 + \sqrt{5}}{2}}, \sqrt{\frac{-1 + \sqrt{5}}{2}})$.

9. 不妨设 $0 \leqslant a \leqslant b \leqslant 1$，则 $S \leqslant \frac{b + a}{1 + a} + (1 - a)(1 - b) = 1 - \frac{1 - b}{1 + a} + (1 - a)(1 - b) = 1 - \frac{1 - b}{1 + a}[1 - (1 - a) \cdot (1 + a)] = 1 - \frac{(1 - b)a^2}{1 + a} \leqslant 1$，当 $a = 0$ 或 $a = b = 1$ 时等号成立，所以 S 的最大值为 1. 又 $S = \frac{b}{1 + a} + \frac{a}{1 + b} + 1 - a - b + ab = 1 + ab - a(1 - \frac{1}{1 + b}) - b(1 - \frac{1}{1 + a}) = 1 + ab - \frac{ab}{1 + b} - \frac{ab}{1 + a} = 1 + ab[1 - \frac{1}{1 + b} - \frac{1}{1 + a}] = 1 + ab[\frac{(1 + a)(1 + b) - (1 + a) - (1 + b)}{(1 + b)(1 + a)}] = 1 - \frac{ab(1 - ab)}{1 + a + b + ab} \geqslant 1 - \frac{ab(1 - ab)}{1 + 2\sqrt{ab} + ab} = 1 - \frac{ab(1 - \sqrt{ab})}{1 + \sqrt{ab}}$. 等号成立当且仅当 $a = b$. 令 $x = \sqrt{ab} \in [0, 1]$，$f(x) = \frac{x^2(1 - x)}{1 + x}$ ($0 \leqslant x \leqslant 1$)，则 $f'(x) = \frac{(2x - 3x^2)(1 + x) - (x^2 - x^3)}{(1 + x)^2} = \frac{-2x(x^2 + x - 1)}{(1 + x)^2}$. 由 $f'(x) = 0$，得 $x_1 = 0$，$x_2 = \frac{-1 + \sqrt{5}}{2}$，$x_3 = \frac{-1 - \sqrt{5}}{2} < 0$（舍去）. 当 $0 \leqslant x \leqslant \frac{-1 + \sqrt{5}}{2}$ 时，$f'(x) \geqslant 0$，函数 $f(x)$ 递增；当 $\frac{-1 + \sqrt{5}}{2} \leqslant x \leqslant 1$ 时，$f'(x) \leqslant 0$，函数递减，故当 $x = \frac{-1 + \sqrt{5}}{2}$ 时 $f(x)$ 取最大值 $f(\frac{-1 + \sqrt{5}}{2}) = \frac{5\sqrt{5} - 11}{2}$，故 $S = 1 - f(x) \geqslant 1 - f(\frac{-1 + \sqrt{5}}{2}) = \frac{13 - 5\sqrt{5}}{2}$，当且仅当 $\begin{cases} a = b \\ x = \sqrt{ab} = \frac{\sqrt{5} - 1}{2} \end{cases}$，即 $a = b = \frac{\sqrt{5} - 1}{2}$ 时等号成立，所以 S 的最小值为 $\frac{13 - 5\sqrt{5}}{2}$.

10. 用 Σ 与 Π 分别表示循环求和与循环求积，因 $\Sigma a^3 = (\Sigma a)^3 - 3\Pi(a + b) = 1 - 3\Pi(a + b)$，$\Sigma a^5 = (\Sigma a)^5 - 5(\Sigma a)^2 \cdot [\Pi(a + b) \cdot \Sigma a^2 + \Sigma ab] = 1 - 5[\Pi(a + b)](\Sigma a^2 + \Sigma ab)$，所以原不等式 $\Leftrightarrow 10[1 - 3\Pi(a + b)] - 9\{1 - [\Pi(a + b)] \cdot (\Sigma a^2 + \Sigma ab)\} \geqslant 1 \Leftrightarrow 45[\Pi(a + b)](\Sigma a^2 + \Sigma ab) \geqslant 30\Pi(a + b) \Leftrightarrow 3(\Sigma a^2 + \Sigma ab) \geqslant 2 = 2(\Sigma a)^2 = 2(\Sigma a^2 + 2\Sigma ab) \Leftrightarrow \Sigma a^2 \geqslant \Sigma ab \Leftrightarrow \frac{1}{2}\Sigma(a - b)^2 \geqslant 0$，而后一不等式显然成立，故原不等式成立.

【模拟实战五】

A 组

1. 设公差为 d，则 $3(a_1+7d)=5(a_1+12d)$，故 $a_1=-\frac{39}{2}d>0$，所以 $d<0$，于是 $a_{20}=a_1+19d=-\frac{1}{2}d>0$，$a_{21}=a_1+20d=\frac{1}{2}d<0$，故 S_{20} 最大.

2. 由已知 $a_n=1536\times(-\frac{1}{2})^{n-1}=-3\times(-\frac{1}{2})^{n-10}$，所以 $\pi_n=(-3)^n\cdot(-\frac{1}{2})^{(-9)+(-8)+\cdots+(n-10)}=(-3)^n(-\frac{1}{2})^{\frac{1}{2}n(n-19)}$. 易见 π_9,π_{12},π_{13} 为正数，π_{11} 为负数，并且 $\pi_{12}=a_{12}\cdot a_{11}\cdot a_{10}\cdot \pi_9=(-\frac{3}{4})(\frac{3}{2})\cdot(-3)\pi_9>\pi_9$，$\pi_{13}=a_{13}\cdot\pi_{12}=\frac{3}{8}\pi_{12}<\pi_{12}$，所以 π_{12} 最大.

3. 原递推关系化为 $3(a_{n+1}-1)=-(a_n-1)$（其中 $x=1$ 是方程 $3x+x=4$ 的根）. 令 $b_n=a_n-1$，则 $b_{n+1}=-\frac{1}{3}b_n$，$b_1=a_1-1=8$，故 b_n 是首项为 8 公比为 $-\frac{1}{3}$ 的等比数列，所以 $S_n-n=(a_1-1)+(a_2-2)+\cdots+(a_n-n)=b_1+b_2+\cdots+b_n=\frac{8[1-(-\frac{1}{3})^n]}{1-(-\frac{1}{3})}=6-6(-\frac{1}{3})^n$，于是由 $|S_n-n-6|=6(\frac{1}{3})^n<\frac{1}{125}$ 得 $3^{n-1}>250$. 而满足这个不等式的最小整数 $n=7$.

4. 因为 $a_n\cdot a_{n+1}\cdot a_{n+2}\cdot a_{n+3}=a_n+a_{n+1}+a_{n+2}+a_{n+3}$，$a_{n+1}\cdot a_{n+2}\cdot a_{n+3}\cdot a_{n+4}=a_{n+1}+a_{n+2}+a_{n+3}+a_{n+4}$，两式相减得 $a_{n+1}\cdot a_{n+2}\cdot a_{n+3}\cdot(a_{n+4}-a_n)=a_{n+4}-a_n$. 又 $a_{n+1}\cdot a_{n+2}\cdot a_{n+3}\neq 1$，所以 $a_{n+4}=a_n$，故 $a_1+a_2+\cdots+a_{100}=25(a_1+a_2+a_3+a_4)=25(1+1+2+4)=200$. 其中 $a_4=4$ 由 $a_1a_2a_3a_4=a_1+a_2+a_3+a_4$ 及 $a_1=a_2=1,a_3=2$ 得出.

5. 设 $a_1,a_2,\cdots,a_n$ 是公差为 4 的等差数列，则 $a_n=a_1+(k-1)\cdot 4$. 依题目条件有 $a_1^2+a_2+\cdots+a_n=a_1^2+\frac{(a_1+4+a_n)(n-1)}{2}=a_1^2+[a_1+2+2(n-1)](n-1)\leqslant 100$，即 $a_1^2+(n-1)a_1+(2n^2-2n-100)\leqslant 0$，故其判别式 $\Delta=(n-1)^2-4(2n^2-2n-100)\leqslant 0$ 才保证 a_1 有解，即 $7n^2-6n-401\leqslant 0\Leftrightarrow\frac{3-\sqrt{2186}}{7}\leqslant n\leqslant\frac{3+\sqrt{2186}}{7}$. 又 $\left[\frac{3+\sqrt{2186}}{7}\right]=8$，所以 n 的最大值是 8，即满足题设的数列最多有 8 项.

6. 设公式为 d，则 $d=a_2-a_1>0$，由 $b_1b_3=b_2^2$，得 $a_1^2(a_1+2d)^2=(a_1+d)^4$，化简得 $2a_1^2+4a_1d+d^2=0$，解得 $d=(-2\pm\sqrt{2})a_1$，故 $a_1<0$. 若 $d=(-2-\sqrt{2})a_1$，则 $q=\frac{a_2^2}{a_1^2}=(1+\sqrt{2})^2$；若 $d=(-2+\sqrt{2})\cdot a_1$，则 $q=(\sqrt{2}-1)^2$，但 $\lim_{n\to+\infty}(b_1+b_2+\cdots+b_n)=\sqrt{2}+1=\frac{b_1}{1-q}$ 存在，故 $|q|<1$. 于是 $q=(\sqrt{2}-1)^2$，从而 $\frac{a_1^2}{1-(\sqrt{2}-1)^2}=\sqrt{2}+1$，推出 $a_1^2=(2\sqrt{2}-2)(\sqrt{2}+1)=2$，所以 $a_1=-\sqrt{2}$，$d=(-2+\sqrt{2})a_1=2\sqrt{2}-2$.

7. 设公差为 d，则 $a_{2n+1}=a_1+2nd=2(a_1+nd)-a_1=2a_{n+1}-d$，且 $S=a_{n+1}+a_{n+2}+\cdots+a_{2n+1}=\frac{(a_{n+1}+a_{2n+1})(n+1)}{2}=\frac{(3a_{n+1}-a_1)(n+1)}{2}$. 而由柯西不等式有 $(3a_{n+1}-a_1)^2\leqslant(3^2+1^2)[a_{n+1}^2+(-a_1)^2]\leqslant$

$10M$，所以 $S \leqslant \frac{1}{2}(n+1)\sqrt{10M}$，当且仅当 $\frac{a_{n+1}}{3} = \frac{-a_1}{1} > 0$ 且 $a_1^2 + a_{n+1}^2 = M$ 时等号成立，即 $a_1 = -\frac{\sqrt{10M}}{10}$，$a_{n+1} = \frac{3\sqrt{10M}}{10}$ 时，S 取最大值 $\frac{1}{2}(n+1)\sqrt{10M}$。

8. 设 $b_n = \frac{1}{a_n}$，则 $\left(3 - \frac{1}{b_{n+1}}\right)\left(6 + \frac{1}{b_n}\right) = 18$，即 $3b_{n+1} - 6b_n - 1 = 0$，$b_{n+1} + \frac{1}{3} = 2\left(b_n + \frac{1}{3}\right)$（这里 $-\frac{1}{3}$ 是 $3x - 6x - 1 = 0$ 的根）。可见 $b_n + \frac{1}{3}$ 是首项为 $b_0 + \frac{1}{3} = \frac{1}{a_0} + \frac{1}{3} = \frac{2}{3}$，公比为 2 的等比数列，故 $b_n + \frac{1}{3} = \frac{2}{3} \cdot 2^n$，$b_n = \frac{2^{n+1}}{3} - \frac{1}{3}$，所以 $\sum_{i=0}^{n} \frac{1}{a_i} = \sum_{i=0}^{n} b_i = \sum_{i=0}^{n} \frac{2^{i+1} - 1}{3} = \frac{1}{3}\left[\frac{2(2^{n+1} - 1)}{2 - 1} - (n+1)\right] = \frac{1}{3}(2^{n+2} - n - 3)$。

9. 已知递推关系可化为 $\frac{a_{n+1}}{(n+1)n} = \frac{a_n}{n(n-1)} - \frac{2}{(n+1)n}$，即 $\frac{a_{n+1}}{(n+1)n} - \frac{a_n}{n(n-1)} = \frac{2}{n+1} - \frac{2}{n}$。所以 $\frac{a_n}{n(n-1)} - \frac{a_2}{2 \cdot 1} = \sum_{k=2}^{n-1}\left(\frac{a_{k+1}}{(k+1)k} - \frac{a_k}{k(k-1)}\right) = \sum_{k=2}^{n-1}\left(\frac{2}{k+1} - \frac{2}{k}\right) = \frac{2}{n} - \frac{2}{2}$，即 $a_n = 2(n-1) + \frac{n(n-1)}{2} \cdot (a_2 - 2) = (n-1)\left(\frac{n}{2}a_2 - n + 2\right)$。又 $a_{100} = 10098$，故 $10098 = 99(50a_2 - 100 + 2)$，解得 $a_2 = 4$，故 $a_n = (n-1)(n+2)(n \geqslant 3)$。在已知等式中令 $n = 1$ 可得 $a_1 = 0$。又 $a_2 = 4$，所以 $a_n = (n-1)(n+2)$ 对一切 $n \in \mathbf{N}_+$ 成立。

10.（1）计算前面几项：$x_1 = a$，$x_2 = b$，$x_3 = \frac{b^2}{a}$，$x_4 = \frac{b(2b-a)}{a}$，$x_5 = \frac{(2b-a)^2}{a}$，$x_6 = \frac{(2b-a)(3b-2a)}{a}$，$x_7 = \frac{(3b-2a)^2}{a}$，$\cdots$，我们猜测 $x_{2k-1} = \frac{[(k-1)b - (k-2)a]^2}{a}$，$x_{2k} = \frac{[(k-1)b - (k-2)a][kb - (k-1)a]}{a}$ $(k \in \mathbf{N}_+)$。事实上，$k = 1$ 时显然成立，设 x_{2k-1}，x_{2k} 如上，则 $x_{2k+1} = \frac{(x_{2k})^2}{x_{2k-1}} = \frac{[kb - (k-1)a]^2}{a}$，$x_{2k+2} = 2x_{2k+1} - x_{2k} = \frac{[kb - (k-1)a][(k+1)b - ka]}{a}$，因此通项公式成立，$\{x_n\}$ 存在的充要条件是 $x_n \neq 0 \Leftrightarrow \frac{b}{a} \neq \frac{n-1}{n}$ $(n \in \mathbf{N}_+)$。

（2）$b \neq a$ 时，$\frac{1}{x_{2k}} = \frac{a}{b-a}\left[\frac{1}{(k-1)b - (k-2)a} - \frac{1}{kb - (k-1)a}\right]$，故 $\sum_{k=1}^{n} \frac{1}{x_{2k}} = \frac{n}{b-a}\left[\frac{1}{a} - \frac{1}{nb - (n-1)a}\right] = \frac{n}{nb - (n-1)a}$，当 $b = a$ 时，所有 $x_n = a$，结果也正确。

11. 由题设 $a_{n+1} - 1 = a_n(a_n - 1)$，故 $\frac{1}{a_n} = \frac{1}{a_n - 1} - \frac{1}{a_{n+1} - 1}$，$\sum_{i=1}^{2003} \frac{1}{a_i} = \frac{1}{a_1 - 1} - \frac{1}{a_{2004} - 1} = 1 - \frac{1}{a_{2004} - 1}$。用归纳法易证 $a_{n+1} > a_n \geqslant 2$，故 $\sum_{i=1}^{2003} \frac{1}{a_i} < 1$。为了证明左边不等式成立，只须证明 $a_{2004} - 1 > 2003^{2003}$，由归纳法易证 $a_{n+1} = a_n a_{n-1} \cdots a_1 + 1$，以及 $a_n a_{n-1} \cdots a_1 > n^n (n \geqslant 1)$，从而结论成立。

12.（1）因 a_n 的两个特征根 α，β 满足方程 $x^2 - x - 1 = 0$，所以 a_n 满足递推关系 $a_{n+2} - a_{n+1} - a_n = 0$，即 $a_{n+2} = a_{n+1} + a_n$。

（2）由条件知 $b \mid (a_1 - 2a)$，又 $a_1 = \frac{\alpha - \beta}{\alpha - \beta} = 1$，$a_2 = \frac{\alpha^2 - \beta^2}{\alpha - \beta} = \alpha + \beta = 1$，于是 $b \mid (1 - 2a)$，注意到 $1 \leqslant 2a - 1 < 2b - 1 < 2b$，且 $2a - 1$ 是 b 的倍数，故 $b = 2a - 1$。又 $b \mid (a_3 - 6a^3)$，即有 $(2a-1) \mid (6a^3 - 2)$，但 $6a^3 - 2 = 3a^2(2a - 1) + 3a^2 - 2$，故 $(2a-1) \mid (3a^2 - 2)$，从而 $(2a-1) \mid (6a^2 - 4)$，但 $6a^2 - 4 = 3a(2a-1) + (2a-1) + a - 3$，所以 $(2a-1) \mid (a-3)$，从而 $(2a-1) \mid (2a-6)$，于是 $(2a-1) \mid 5$，所以 $2a - 1 = 1$ 或 $2a - 1 = 5$，但 $2a - 1 = 1$ 推出 $a = b = 1$，这与已知 $a < b$ 矛盾，故 $2a - 1 = 5$，从而 $a = 3$，$b = 5$，$a_n - 2na^n = a_n - 2n \cdot 3^n$，而应用数学归纳法不难证明 $5 \mid (a_n - 2n \cdot 3^n)$，故所求的一切 a，b 为 $a = 3$，$b = 5$。

13.（1）$a_0 = 1$，设 $a_k \geqslant 1$，则 $a_{k+1} = \frac{7a_k + \sqrt{45a_k^2 - 36}}{2} \geqslant \frac{7 + \sqrt{45 - 36}}{2} = 5 > 1$，故对一切 $n \in \mathbf{N}$，$a_n \geqslant 1$，从

而 $a_{n+1}=\dfrac{7a_n+\sqrt{45a_n^2-36}}{2}>\dfrac{7}{2}a_n>a_n\geqslant 1$,故 $\{a_n\}$ 为单调递增的正数列,且 $(2a_{n+1}-7a_n)^2=45a_n^2-36$,即 $a_{n+1}^2-7a_{n+1}a_n+a_n^2+9=0$①,将 n 用 $n-1$ 代替得 $a_{n-1}^2-7a_{n-1}a_n+a_n^2+9=0$②,由①和②知 a_{n+1},a_{n-1} 是二次方程 $z^2-7a_nz+a_n^2+9=0$ 的两个不相等的根,由韦达定理得 $a_{n+1}+a_{n-1}=7a_n$,即 $a_{n+1}=7a_n-a_{n-1}$. 又 $a_0=1,a_1=\dfrac{7+\sqrt{45-36}}{2}=5$ 为正整数且 $a_1>a_0$,设 $a_k>a_{k-1}$ 为正整数,则 $a_{k+1}=7a_k-a_{k-1}$ 为整数且 $a_{k+1}>a_k$,故对一切 $n\in\mathbf{N},a_n$ 为正整数. (2)由①得 $3^2(a_na_{n+1}-1)=(a_{n+1}+a_n)^2$ 为完全平方数,且 3^2 为完全平方数,且 $a_na_{n+1}-1$ 为正整数,故对一切 $n\in\mathbf{N},a_na_{n+1}-1$ 为完全平方数.

14. $a_{n+1}=S_{n+1}-S_n=\dfrac{n}{(n+1)(n+2)}-a_{n+1}-\dfrac{n-1}{n(n+1)}+a_n$,即 $2a_{n+1}=\dfrac{(n+2)-2}{(n+1)(n+2)}-\dfrac{1}{n+1}+\dfrac{1}{n(n+1)}+a_n=\dfrac{-2}{(n+1)(n+2)}+a_n+\dfrac{1}{n(n+1)}$,由此得 $a_{n+1}+\dfrac{1}{(n+1)(n+2)}=\dfrac{1}{2}\left[a_n+\dfrac{1}{n(n+1)}\right]$,令 $b_n=a_n+\dfrac{1}{n(n+1)}$,$b_1=a_1+\dfrac{1}{2}=\dfrac{1}{2}$ ($a_1=0$),则 $b_n=\dfrac{1}{2}b_{n-1}$,故 $b_n=\dfrac{1}{2}(\dfrac{1}{2})^{n-1}=\dfrac{1}{2^n}$,$a_n=\dfrac{1}{2^n}-\dfrac{1}{n(n+1)}$.

B 组

1. 由已知条件 $b_n=\dfrac{1}{6}(a_{n+1}-7a_n+3)$,代入 $b_{n+1}=8a_n+7b_n-4$ 后整理得 $a_{n+2}=14a_{n+1}-a_n-6$,即 $a_{n+2}-\dfrac{1}{2}=14(a_{n+1}-\dfrac{1}{2})-(a_n-\dfrac{1}{2})$(这里 $\dfrac{1}{2}$ 是方程 $x=14x-x-6$ 的根).令 $d_n=a_{n+1}-\dfrac{1}{2}$,则 $d_{n+2}=14d_{n+1}-d_n$,利用特征根法可求出 b_n 的通项为 $d_n=\dfrac{1}{4}(7+4\sqrt{3})^n+\dfrac{1}{4}(7-4\sqrt{3})^n$,所以 $a_n=\dfrac{1}{4}(7+4\sqrt{3})^n+\dfrac{1}{4}(7-4\sqrt{3})^n+\dfrac{1}{2}=\left[\dfrac{1}{2}(2+\sqrt{3})^n+\dfrac{1}{2}(2-\sqrt{3})^n\right]^2$. 设 $(2+\sqrt{3})^n=A_n+B_n\sqrt{3}$,这里 A_n,B_n 为正整数,则 $(2-\sqrt{3})^n=A_n-B_n\sqrt{3}$,于是 $a_n=A_n^2$ 为完全平方数.

2. 由已知条件得 $\dfrac{a_{n+1}}{2^{n+1}}=\dfrac{1}{2}-\dfrac{3}{2}\cdot\dfrac{a_n}{2^n}$. 令 $b_n=\dfrac{a_n}{2^n}$,则 $b_{n+1}=\dfrac{1}{2}-\dfrac{3}{2}b_n$,即 $b_{n+1}-\dfrac{1}{5}=-\dfrac{3}{2}(b_n-\dfrac{1}{5})$(这里 $\dfrac{1}{5}$ 是方程 $x=\dfrac{1}{2}-\dfrac{3}{2}x$ 的根).于是 $b_n-\dfrac{1}{5}=(b_0-\dfrac{1}{5})\left(-\dfrac{3}{2}\right)^n=\left(a_0-\dfrac{1}{5}\right)\left(-\dfrac{3}{2}\right)^n$,所以 $a_n=2^nb_n=(a_0-\dfrac{1}{5})(-3)^n+\dfrac{1}{5}\cdot 2^n$,即 $\dfrac{1}{3^n}a_n=(a_0-\dfrac{1}{5})(-1)^n+\dfrac{1}{5}\left(\dfrac{2}{3}\right)^n$. 若 $a_0-\dfrac{1}{5}\neq 0$,则 n 充分大时 a_n 与 $(-1)^n\left(a_0-\dfrac{1}{5}\right)$ 同号,不可能对一切 $n\in\mathbf{N}_+$ 有 $a_{n+1}>a_n$;当 $a_0=\dfrac{1}{5}$ 时,$a_n=\dfrac{1}{5}\cdot 2^n$,显然对一切 $n\in\mathbf{N}_+$ 有 $a_{n+1}>a_n$,故所求的 $a_0=\dfrac{1}{5}$.

3. 特征方程为 $x^2=2x+1$,特征根为 $x_{1,2}=1\pm\sqrt{2}$,所以 $a_n=c_1(1+\sqrt{2})^n+c_2(1-\sqrt{2})^n$. 由 $a_0=0,a_1=1$,得 $c_1=\dfrac{1}{2\sqrt{2}},c_2=-\dfrac{1}{2\sqrt{2}}$,故 $a_n=\dfrac{1}{2\sqrt{2}}[(1+\sqrt{2})^n-(1-\sqrt{2})^n]$. 令 $(1+\sqrt{2})^n=A_n+B_n\sqrt{2}$($A_n,B_n$ 为正整数),则 $(1-\sqrt{2})^n=A_n-B_n\sqrt{2}$,且 $a_n=B_n$,$A_n^2-2B_n^2=(-1)^n$($n\geqslant 0$),从而 A_n 为奇数.设 $n=2^k(2t+1)$(k,t 为非负整数),要证题中结论成立,只须证 $2^k|B_n$ 且 $2^{k+1}\nmid B_n$. 当 $k=0$ 时,$n=2t+1$ 为奇数,因 $2B_n^2=A_n^2+1\equiv 2\pmod 4$,故 B_n 为奇数,因此有 $2^0|B_n$ 且 $2^1\nmid B_n$. 设 $k=m$ 时 $2^m|B_m$ 且 $2^{m+1}\nmid B_m$,这时 $n=2^m(2t+1)$,从而 $2n=2^{m+1}(2t+1)$,故 $k=m+1$ 时要证 $2^{m+1}|B_{2n}$ 且 $2^{m+2}\nmid B_{2n}$,由 $A_{2m}+B_{2m}\sqrt{2}=(1+\sqrt{2})^{2n}=(A_n+B_n\sqrt{2})^2$

$=A_n+2B_n^2+2A_nB_n\sqrt{2}$，得 $B_{2n}=2A_nB_n$．又 A_n 为奇数，故 $2^{m+1}\mid B_{2n}$ 且 $2^{m+2}\nmid B_{2n}$，这就完成了 $2^k\mid n\Leftrightarrow 2^k\mid a_n$ 的归纳证明．

4．如果存在 $\alpha\in(0,1)$ 及无穷正数列 $\{a_n\}$ 满足条件，则 $a_n\geqslant\dfrac{n}{n+\alpha}(1+a_{n+1})>\dfrac{n}{n+1}(1+a_{n+1})$，$\dfrac{a_n}{n}-\dfrac{a_{n+1}}{n+1}>\dfrac{1}{n+1}$，于是 $\dfrac{a_1}{1}-\dfrac{a_{n+1}}{n+1}=\sum_{k=1}^{n}\left(\dfrac{a_k}{k}-\dfrac{a_{k+1}}{k+1}\right)>\sum_{k=1}^{n}\dfrac{1}{k+1}$，即 $a_1>\sum_{k=1}^{n}\dfrac{1}{k+1}+\dfrac{a_{n+1}}{n+1}\to+\infty(n\to+\infty)$，矛盾！故不存在满足条件的 α 及数列 $\{a_n\}$．

5．(1)令 $a_n=3-\left(\dfrac{2}{2!}+\dfrac{7}{3!}+\cdots+\dfrac{n^2-2}{n!}\right)$，则 $a_{n+1}=a_n-\dfrac{(n+1)^2-2}{(n+1)!}$，即 $a_{n+1}-\dfrac{n+3}{(n+1)!}=a_n-\dfrac{n+2}{n!}$，故 $a_n-\dfrac{n+2}{n!}$ 为常数列．又 $a_2=3-\dfrac{2}{2!}=2=\dfrac{2+2}{2!}$，即 $a_2-\dfrac{2+2}{2!}=0$，所以 $a_n-\dfrac{n+2}{n!}=0$，即 $a_n=\dfrac{n+2}{n!}$．由 $0<\dfrac{n+2}{n!}<\dfrac{2}{(n-1)!}(n\geqslant 2)$ 知(1)中不等式成立．

(2)令 $b_n=b-\left(\dfrac{2^3-a}{2!}+\dfrac{3^3-a}{3!}+\cdots+\dfrac{n^3-a}{n!}\right)$，则 $b_{n+1}=b_n-\dfrac{(n+1)^3-a}{(n+1)!}$，即 $b_{n+1}-\dfrac{(n+1)^2+3(n+1)+a}{(n+1)!}=b_n-\dfrac{n^2+3n+5}{n!}$（此式可用待定系数法推出）．可见 $a=5$ 时，$b_n-\dfrac{n^2+3n+5}{n!}$ 为常数列．由 $b-\dfrac{2^3-5}{2!}=\dfrac{2^2+3\times 2+5}{2!}$ 得 $b=9$，这时 $b_2-\dfrac{2^2+3\times 2+5}{2!}=0$，所以 $b_n-\dfrac{n^2+3n+5}{n!}=0$，即 $b_n=\dfrac{n^2+3n+5}{n!}$，再寻求使 $\dfrac{n^2+3n+5}{n!}<\dfrac{c}{(n-2)!}(c\in\mathbf{N}_+,n\geqslant 2)$ 的 c，因 $\dfrac{n^2+3n+5}{n!}<\dfrac{c}{(n-2)!}\Leftrightarrow n^2+3n+5<cn(n+1)$．当 $n=3$ 时，$c>\dfrac{23}{6}\Rightarrow c\geqslant 4$．取 $c=4$，则 $b_n<\dfrac{c}{(n-2)!}\Leftrightarrow n^2+3n+5<4n(n+1)\Leftrightarrow 3n^2-7n-5>0\Leftrightarrow 3n(n-3)+2(n-3)+1>0$，这对 $n\geqslant 3$ 显然成立，故 $a=5,b=9,c=4$ 满足题目要求．

6．因为 $\sum_{i=1}^{n}x_i=1,x_0=0$，由均值不等式有 $\sqrt{1+x_0+\cdots+x_{i-1}}\cdot\sqrt{x_i+\cdots+x_n}\leqslant\dfrac{1+x_0+\cdots+x_n}{2}=1$，即知左边不等式成立．注意到 $0\leqslant x_0+x_1+\cdots+x_i\leqslant 1,(1+x_0+\cdots+x_{i-1})(x_i+\cdots+x_n)=1-(x_0+\cdots+x_{i-1})^2$，令 $x_0+x_1+\cdots+x_i=\sin\theta_i,\theta_i\in\left[0,\dfrac{\pi}{2}\right],i=0,1,2,\cdots,n$，于是右端不等式等价于 $\sum_{i=1}^{n}\dfrac{\sin\theta_i-\sin\theta_{i-1}}{\cos\theta_{i-1}}<\dfrac{\pi}{2}$，且 $0=\theta_0<\theta_1<\cdots<\theta_n=\dfrac{\pi}{2}$，因为 $\sin\theta_i-\sin\theta_{i-1}=2\cos\dfrac{\theta_i+\theta_{i-1}}{2}\sin\dfrac{\theta_i-\theta_{i-1}}{2}<(2\cos\theta_{i-1})\left(\dfrac{\theta_i-\theta_{i-1}}{2}\right)=\cos\theta_{i-1}(\theta_i-\theta_{i-1})$，于是 $\sum_{i=1}^{n}\dfrac{x_i}{\sqrt{1+x_0+\cdots+x_{i-1}}\sqrt{x_i+\cdots+x_n}}=\sum_{i=1}^{n}\dfrac{\sin\theta_i-\sin\theta_{i-1}}{\cos\theta_{i-1}}<\sum_{i=1}^{n}(\theta_i-\theta_{i-1})=\theta_n-\theta_0=\dfrac{\pi}{2}$．

7．我们用归纳构造方法来证明．因为 $a_1^2+a_2^2=(a_2-a_1)(a_2+a_1)+2a_1^2$，故可取 a_2 使 $a_1+a_2=2a_1^2$，就有 a_1+a_2 整除 $a_1^2+a_2^2$ 且 $a_2=a_1(2a_1-1)>a_1$．设已取得 $a_1,a_2,\cdots,a_n$ 满足题意，记 $A_n=a_1^2+a_2^2+\cdots+a_n^2$，$B_n=a_1+a_2+\cdots+a_n$，于是 $A_{n+1}=A_n+a_{n+1}^2=A_n+(a_{n+1}-B_n)(a_{n+1}+B_n)+B_n^2=(a_{n+1}-B_n)B_{n+1}+A_n+B_n^2$，这时我们可取 a_{n+1} 满足 $B_{n+1}=B_n+a_{n+1}=A_n+B_n^2$，则 B_{n+1} 整除 A_{n+1} 且 $a_{n+1}=A_n+B_n^2-B_n>A_n>a_n^2>a_n$，由数学归纳法原理知原命题得证．

8．$\{c_n\}$ 的递推关系可化为 $c_{n+2}-251=-3(c_n-251)-4(c_{n-1}-251)$（这里 251 是方程 $x=-3x-4x+2008$ 的根）．令 $d_n=c_n-251$，则 $d_{n+2}=-3d_n-4d_{n-1}$，即 $d_{n+2}=-4(d_n+d_{n-1})$①，于是 $c_{n+2}-c_n=d_{n+2}-d_n=-4(d_n+d_{n-1}),502-c_{n-1}-c_{n-2}=-(d_{n-1}+d_{n-2})$，所以 $a_n=20(d_n+d_{n-1})\cdot(d_{n-1}+d_{n-2})+4^{n+1}\times 501^2$．令 $d_n+d_{n-1}=501T_n$，则由①有 $T_{n+2}=T_{n+1}-4T_n$②，$a_n=(2\times 501)^2\cdot$

$(5T_nT_{n-1}+4^n)$,可得 $T_n^2-T_nT_{n-1}+4T_{n-1}^2=4^n$(建议读者依照书中定理的证明过程推出此式). 于是 $a_n=(2\times501)^2(5T_nT_{n-1}+4^n)=(2\times501)^2(T_n^2+4T_nT_{n-1}+4T_{n-1}^2)=(2\times501)^2\cdot(T_n+2T_{n-1})^2$. 又 $T_1=\frac{1}{501}\cdot(d_1+d_0)=\frac{1}{501}(c_1-251+c_0-251)=-1$, $T_2=\frac{1}{501}(d_2+d_1)=\frac{1}{501}(c_2-251+c_1-251)=3$ 为整数,故由②并应用数学归纳法易知对一切 $n\in\mathbf{N}_+$,T_n 为整数,所以 a_n 为完全平方数.

9. (必要性)假设存在 $\{x_n\}$ 满足(1)、(2)、(3),注意(3)式可化为 $x_n-x_{n-1}=\sum_{k=1}^{2008}a_k(x_{n+k}-x_{n-k-1})$①,于是 $x_n=x_n-x_0=\sum_{j=1}^{n}(x_j-x_{j-1})=\sum_{j=1}^{n}\sum_{k=1}^{2008}a_k(x_{n+k}-x_{n-k-1})=\sum_{k=1}^{2008}a_k[\sum_{j=1}^{n}(x_{j+k}-x_{j+k-1})]=\sum_{k=1}^{2008}a_k\cdot(x_{n+k}-x_k)$. 由(2)可设 $b=\lim_{n\to\infty}x_n\geq0$. 在上式两边取极限得 $b=\sum_{k=1}^{2008}a_k(b-x_k)<b\cdot(\sum_{k=1}^{2008}a_k)$,因此 $\sum_{k=1}^{2008}>1$.

(充分性)假设 $\sum_{k=1}^{2008}a_k>1$,为了证明存在 $\{x_n\}$ 满足①,只要证明存在 $y_n=x_n-x_{n-1}$ 满足 $y_n=\sum_{k=1}^{2008}a_ky_{n+k}$②. 假设②有形如 $y_n=s^n(s\neq0)$ 的解,代入②约去 s^n 得 s 必须是多项式 $f(s)=\sum_{k=1}^{2008}a_kx^k-1$ 的零点,而由 $f(s)$ 在 $[0,1]$ 上连续递增,$f(0)=-1<0$,$f(1)=\sum_{k=1}^{2008}a_k-1>0$,知存在唯一 $s_0\in(0,1)$ 使 $f(s_0)=0$,即 $\sum_{k=1}^{2008}a_ks_0^k=1$③. 令 $x_0=0$,$x_j-x_{j-1}=y_j=s_0^j$,则 $x_n=\sum_{j=1}^{n}(x_j-x_{j-1})=\sum_{j=1}^{n}s_0^j=\frac{s_0(1-s_0^n)}{1-s_0}$,由 $0<s_0<1$ 知,(1) $0<x_0<x_{n-1}<x_n(n=1,2,\cdots)$;(2) $\lim_{n\to\infty}x_n=\frac{s_0}{1-s_0}$ 存在;(3) 由③得 $x_n-x_{n-1}=s_0^n=\sum_{k=0}^{2008}a_ks_0^{n+k}=\sum_{k=0}^{2008}a_k(x_{n+k}-x_{n+k-1})=\sum_{k=0}^{2008}a_kx_{n+k}-\sum_{k=0}^{2007}a_{k+1}x_{n+k}$. 即存在数列 $\{x_n\}$ 满足(1)、(2)、(3).

【模拟实战六】

A 组

1. 由平面几何知识,要使 $\angle F_1PF_2$ 最大,则过 F_1,F_2,P 三点的圆必定和直线 l 相切于 P 点. 设 l 与 x 轴交于 $A(-8-2\sqrt{3},0)$,则 $\angle APF_1=\angle AF_2P$,故 $\triangle APF_1\sim\triangle AF_2P$,所以 $\frac{|PF_1|}{|PF_2|}=\frac{|AP|}{|AF_2|}$①,又由圆幂定理:$|AP|^2=|AF_1|\cdot|AF_2|$②,而 $F_1(-2\sqrt{3},0)$,$F_2(2\sqrt{3},0)$,$A(-8-2\sqrt{3},0)$,从而有 $|AF_1|=8$,$|AF_2|=8+4\sqrt{3}$,代入①、②得 $\frac{|PF_1|}{|PF_2|}=\sqrt{\frac{|AF_1|}{|AF_2|}}=\sqrt{\frac{8}{8+4\sqrt{3}}}=\sqrt{4-2\sqrt{3}}=\sqrt{3}-1$.

2. 设 B 的坐标为 (y_1^2-4,y_1),C 点坐标为 (y^2-4,y),显然 $y_1^2-4\neq0$,故 $K_{AB}=\frac{y_1-2}{y_1^2-4}=\frac{1}{y_1+2}$. 由于 $AB\perp BC$,所以 $K_{BC}=-(y_1+2)$,从而 $\begin{cases}y-y_1=-(y_1+2)[x-(y_1^2-4)]\\y^2=x+4\end{cases}$,消去 x 得 $y-y_1=-(y_1+2)(y-y_1)(y+y_1)$,而 $y\neq y_1$,故 $(2+y_1)(y+y_1)+1=0$,即 $y_1^2+(2+y)y_1+(2y+1)=0$. 由判别式 $\Delta\geq0$,得 $(2+y)^2-4(2y+1)\geq0\Rightarrow y(y-4)\geq0$,所以 $y\leq0$ 或 $y\geq4$. 当 $y=0$ 时,$y_1=-1$,B 点的坐标为 $(-3,-1)$;当 $y=4$ 时,$y_1=-3$,B 点的坐标为 $(5,-3)$ 均满足题意,故点 C 的纵坐标取值范围是 $y\leq0$ 或 $y\geq4$.

3. 设 B 在 x 轴上方,则 $k_{AB}=\tan30°=\frac{\sqrt{3}}{3}$,$AB$ 的方程为 $y=\frac{\sqrt{3}}{3}(x+1)$,代入双曲线方程 $x^2-y^2=1$,

得 B 点坐标为 $(2,\sqrt{3})$. 同理可得 $C(2,-\sqrt{3})$, 故 $S_{\triangle ABC}=[(2-(-1)]\sqrt{3}=3\sqrt{3}$.

4. l 的方程为 $y=x-1$, 即 $1=x-y$, 故 $y^2=4x\cdot 1=4x(x-y)$, 两边除以 x^2 得 $\left(\dfrac{y}{x}\right)^2+4\left(\dfrac{y}{x}\right)-4=0$, 由韦达定理得 $k_{OA}+k_{OB}=-4$, $k_{OA}\cdot k_{OB}=4$, 于是 $\tan\angle AOB=\dfrac{k_{OA}-k_{OB}}{1+k_{OA}\cdot k_{OB}}=\dfrac{\sqrt{(k_{OA}+k_{OB})^2-4k_{OA}k_{OB}}}{1+k_{OA}\cdot k_{OB}}=-\dfrac{4\sqrt{2}}{3}$, 所以 $\angle AOB=\pi-\arctan\dfrac{4\sqrt{2}}{3}$.

5. 先证 Q 在椭圆上固定. 而 $|PQ|\leqslant |PO_1|+|O_1Q|$, 且 $|O_1Q|^2=x^2+(y-4)^2$, 这里 $Q(x,y)$ 在椭圆 $\dfrac{x^2}{9}+y^2=1$ 上, 所以 $|O_1Q|^2=9(1-y^2)+(y-4)^2=-8y^2-8y+25=-8(y+\dfrac{1}{2})^2+27$, 而 $Q(x,y)$ 在椭圆上移动时 $-1\leqslant y\leqslant 1$, 故当 $y=-\dfrac{1}{2}$ 时, $|OQ|_{\max}=3\sqrt{3}$, 从而 $|PQ|\leqslant 1+3\sqrt{3}$, 且当 P、O_1、Q 共线且 O_1 位于 P、Q 之间时等号成立. 故 $|PQ|_{\max}=1+3\sqrt{3}$.

6. $a+c=\rho(0)=1$, $a-c=\rho(\pi)=\dfrac{1}{3}$, 故 $a=\dfrac{2}{3}$, $c=\dfrac{1}{3}$, $b=\sqrt{a^2-c^2}=\dfrac{\sqrt{3}}{3}$, 从而 $2b=\dfrac{2\sqrt{3}}{3}$.

7. 因方程表示双曲线的充要条件是 $e=C_m^n>1$, 又 $1\leqslant m\leqslant 5$, 满足 $C_m^n>1$ 的有 6 个不同的值 C_2^1, C_3^1, C_3^2, C_4^2, C_5^2, C_5^3, 它们对应着 6 条不同的双曲线.

8. 作 $F_2(49,55)$ 关于 x 轴的对称点 $F_2'(49,-55)$. 设椭圆与 x 轴切于点 P, 则由 $\angle F_1PO=\angle F_2Px$, 知 F_1、P、F_2' 共线, 故长轴 $2a=|F_1P|+|F_2P|=|F_1P|+|F_2'P|=|F_1F_2'|=\sqrt{(49-9)^2+(-55-20)^2}=85$.

9. 设圆的方程为 $x^2+y^2=r^2$, 点 $M(a,b)$, $K(x_1,y_1)$, $P(x_2,y_2)$, $T(x,y)$, 则 $a^2+b^2<r^2$, $\dfrac{x+a}{2}=\dfrac{x_1+y_2}{2}$①, $\dfrac{y+b}{2}=\dfrac{y_1+y_2}{2}$②, $(x-a)^2+(y-b)^2=(x_1-x_2)^2+(y_1-y_2)^2$, ①^2+②^2 并利用 $x_i^2+y_i^2=r^2$ $(i=1,2)$ 得 $(x+a)^2+(y+b)^2=2r^2+2x_1x_2+2y_1y_2$④, ③+④ 得 $x^2+y^2=2r^2-(a^2+b^2)$, 故所求轨迹是以 $(0,0)$ 为中心、$\sqrt{2r^2-(a^2+b^2)}$ 为半径的圆.

10. 设 $P(u,\sqrt{2-u^2})$, $Q=(v,\dfrac{9}{v})$, 则 P 在圆 $x^2+y^2=2$ 上, Q 在双曲线 $y=\dfrac{1}{x}$ 上, 且 $W=(u-v)^2+(\sqrt{2-u^2}-\dfrac{9}{v})^2=|PQ|^2$, 而 $|PQ|\geqslant |OQ|-|OP|=\sqrt{v^2+\left(\dfrac{9}{v}\right)^2}-\sqrt{2}\geqslant \sqrt{2\cdot v\cdot\dfrac{9}{v}}-\sqrt{2}=2\sqrt{2}$. 故 $W=|PQ|^2\geqslant (2\sqrt{2})^2=8$, 等号成立当且仅当 O、P、Q 共线, P 在 O 与 Q 之间且 Q 的坐标为 $(3,3)$, 这时 P 的坐标为 $(1,1)$, 所以 W 的最小值等于 8.

B 组

1. 先求必要条件. 易知圆外切平行四边形一定是菱形, 圆心即菱形的中心. 对点 $A(a,0)$, 有以 A 为顶点的菱形内接于 C_1, 而外切于 C_0, 与 A 相对的菱形顶点为 $C(-a,0)$, 菱形的另外两个顶点必在对称轴 y 轴上, 只可能为椭圆 C_1 上的顶点 $B(0,b)$ 和 $D(0,-b)$, 于是 AB 的方程为 $\dfrac{x}{a}+\dfrac{y}{b}=1$, 即 $bx+ay=ab$. 因菱形与 C_0 相切, 故圆心 $O(0,0)$ 到 AB 的距离 $d=\left|\dfrac{-ab}{\sqrt{a^2+b^2}}\right|=1$, 即 $\dfrac{1}{a^2}+\dfrac{1}{b^2}=1$. 下面证明条件 $\dfrac{1}{a^2}+\dfrac{1}{b^2}=1$ 也是充分条件. 设 $\dfrac{1}{a^2}+\dfrac{1}{b^2}=1$. P_1 与 C_1 上任意一点, 过 P、O 作 C_1 的弦 PR, 再过 O 作与 PR 垂直的弦

QS，则 $PQRS$ 为内接于 C_1 的菱形. 设 $|OP|=r_1$, $|OQ|=r_2$，并设 P 的坐标为 $(r_1\cos\theta + r_2\cos\theta)$，则 Q 的坐标为 $\left(r_2\cos\left(\frac{\pi}{2}+\theta\right), r_2\sin\left(\frac{\pi}{2}+\theta\right)\right)$，代入椭圆 C_1 方程得 $\frac{r_1^2\cos^2\theta}{a^2}+\frac{r_1^2\sin^2\theta}{b^2}=1$，$\frac{r_2^2\cos^2\left(\frac{\pi}{2}+\theta\right)}{a^2}+\frac{r_2^2\sin^2\left(\frac{\pi}{2}+\theta\right)}{b^2}=1$. 于是 $\frac{1}{|OP|^2}+\frac{1}{|OQ|^2}=\frac{1}{r_1^2}+\frac{1}{r_2^2}=\left(\frac{\cos^2\theta}{a^2}+\frac{\sin^2\theta}{b^2}\right)+\left(\frac{\cos^2\left(\frac{\pi}{2}+\theta\right)}{a^2}+\frac{\sin^2\left(\frac{\pi}{2}+\theta\right)}{b^2}\right)=\frac{1}{a^2}+\frac{1}{b^2}$. 又在 $\triangle POQ$ 中，设 O 到 PQ 的距离为 h，则 $S_{\triangle OPQ}=\frac{1}{2}|PQ|\cdot h=\frac{1}{2}|OP|\cdot|OQ|$，故 $\frac{1}{h^2}=\frac{|PQ|^2}{|OP|^2\cdot|OQ|^2}=\frac{|OP|^2+|OQ|^2}{|OP|^2\cdot|OQ|^2}=\frac{1}{|OP|^2}+\frac{1}{|OQ|^2}=1$，所以 $h=1$. 同理 O 到 QR,RS,SP 的距离都等于 1，故菱形 $PQRS$ 与圆 C_0 相切，充分性得证. 综上知所求的充要条件是 $\frac{1}{a^2}+\frac{1}{b^2}=1$.

2. (1) 联立 C_1, C_2 的方程消去 y 得 $x^2+2a^2x+2a^2m-a^2=0$①，设 $f(x)=x^2+2a^2x+2a^2m-a^2$，则(1)转化为方程 $f(x)=0$ 在 $(-a,a)$ 上有唯一解或等根. 下分三种情形：1°. $\Delta=0$ 得 $m=\frac{a^2+1}{2}$，此时 $x_p=-a^2$，当且仅当 $-a<-a^2<a$，即 $0<a<1$ 时适合；2°. $f(a)f(-a)=4a^4(a^2-m^2)<0$，当且仅当 $-a<m<a$ 时适合；3°. $f(-a)=0$ 得 $m=a$，此时 $x_p=a-2a^2$，当且仅当 $-a<a-2a^2<a$，即 $0<a<1$ 时合适，$f(a)=0$，得 $m=-a$，此时 $x_p=-a-2a^2$，由于 $-a-2a^2<-a$，故 $m\neq-a$. 综上可知，当 $0<a<1$ 时，$m=\frac{a^2+1}{2}$ 或 $-a<m\leq a$，当 $a\geq 1$ 时，$-a<m<a$.

(2) $S_{\triangle OAP}=\frac{1}{2}ay_p$. 因 $0<a<\frac{1}{2}$，故当 $-a<m\leq a$ 时，$0<-a^2+a\sqrt{a^2+1-2m}<a$，由唯一性得 $x_p=-a^2+a\sqrt{a^2+1-2m}$. 显然当 $m=a$ 时，x_p 取最小值. 由于 $x_p>0$，从而 $y_p=\sqrt{1-\frac{x_p^2}{a^2}}$ 取值最大，此时 $y_p=2\sqrt{a-a^2}$, $S_{\triangle OAP}=a\sqrt{a-a^2}$. 当 $m=\frac{a^2+1}{2}$ 时，$x_p=-a^2$, $y_p=\sqrt{1-a^2}$, $S_{\triangle OAP}=\frac{1}{2}a\cdot\sqrt{1-a^2}$. 下面比较 $a\sqrt{a-a^2}$ 与 $\frac{1}{2}a\sqrt{1-a^2}$ 的大小：令 $a\sqrt{a-a^2}=\frac{1}{2}a\sqrt{1-a^2}$ 得 $a=\frac{1}{3}$，故当 $0<a<\frac{1}{3}$ 时 $a\sqrt{a(1-a)}<\frac{1}{2}a\sqrt{1-a^2}$，此时 $\max S_{\triangle OAP}=\frac{1}{2}a\sqrt{1-a^2}$；当 $\frac{1}{3}<a<\frac{1}{2}$ 时，$a\sqrt{a(1-a)}>\frac{1}{2}a\sqrt{1-a^2}$，此时 $\max S_{\triangle OAP}=a\sqrt{a(1-a)}$.

3. (1) 用反证法. 假设正 $\triangle PQR$ 的三个顶点 P,Q,R 都在同一支(如 C_1)上，其坐标分别为 $P(x_1,y_1), Q(x_2,y_2), R(x_3,y_3)(0<x_1<x_2<x_3)$，则 $y_1>y_2>y_3$，于是 $PQ^2+QR^2-PR^2=[(x_1-x_2)^2+(x_2-x_3)^2-(x_1-x_3)^2]+[(y_1-y_2)^2+(y_2-y_3)^2-(y_1-y_3)^2]=2(x_2-x_1)(x_2-x_3)+2(y_2-y_1)(y_2-y_3)<0$，因此，$PQ^2+QR^2<PR^2$，即 $\triangle PQR$ 是钝角三角形，矛盾. 所以，P,Q,R 不在同一支上.

(2) 设 $Q\left(x_1,\frac{1}{x_1}\right), R\left(x_2,\frac{1}{x_2}\right)(x_2>x_1>0)$，$QR$ 上的高线方程为 $y+1=x_1x_2(x+1)$，它必过 QR 的中点 $\left(\frac{x_1+x_2}{2},\frac{1}{2}\left(\frac{1}{x_1}+\frac{1}{x_2}\right)\right)$，故 $\frac{1}{2}\left(\frac{1}{x_1}+\frac{1}{x_2}\right)+1=x_1x_2\left(\frac{x_1+x_2}{2}+1\right)$，即 $(1-x_1x_2)[(x_1+x_2)\cdot(1+x_1x_2)+2x_1x_2]=0$，故 $x_1x_2=1$，于是 Q 的坐标为 $Q\left(\frac{1}{x_2},x_2\right)$，故 $Q\left(\frac{1}{x_2},x_2\right)$ 与 $R\left(x_2,\frac{1}{x_2}\right)$ 关于直线 $y=x$ 对称，从而 PQ,PR 与直线 $y=x$ 的夹角均为 $30°$，所以 PQ,PR 的倾斜角分别为 $75°$ 和 $30°$，这时 PQ 的方程为 $y+1$

$=\tan 75°(x+1)$ 即 $y+1=(2+\sqrt{3})(x+1)$，与 $y=\dfrac{1}{x}$ 联立可得 Q 的坐标为 $(2-\sqrt{3},2+\sqrt{3})$，由对称性知 R 的坐标为 $(2+\sqrt{3},2-\sqrt{3})$.

4. 作 B 关于 l 的对称点 $B_1(x_1,y_1)$，则线段 BB_1 的中点 $M\left(\dfrac{x_1}{2},\dfrac{4+y_1}{2}\right)$ 在 l 上，故 $3\cdot\dfrac{x_1}{2}-\dfrac{y_1+4}{2}-1=0$，即 $3x_1-y_1-6=0$ ①. 又 $BB_1\perp l$ 可得 $\dfrac{y_1-4}{x_1}=-\dfrac{1}{3}$ ②，由①及②可得 $B_1(3,3)$，从而 AB_1 的方程为 $2x+y-9=0$. 设 AB' 与 l 相交于 P_1，则易求出 $P_1(2,5)$，于是 $|PA|-|PB|=|PA|-|PB_1|\leqslant|AB_1|=\sqrt{(4-3)^2+(1-3)^2}=\sqrt{5}$，当且仅当 P 与 P_1 重合时 $|PA|-|PB|$ 取最大值 $\sqrt{5}$，故所求 P 点坐标为 $(2,5)$.

5. 由已知条件易得 $B(v,u),C(-v,u),D(-v,-u),E(v,-u)$，且 $BCDE$ 为矩形，从而 $451=S_{ABCDE}=S_{\square BCDE}+S_{\triangle ABE}=2u\cdot 2v+\dfrac{1}{2}\cdot 2u(u-v)=u^2+3uv$，即 $u(u+3v)=11\times 41$，又 $u,v\in \mathbf{N}_+$ 且 $v<u$，故 $u=11,v=30$，从而 $u+v=21$.

6. 设焦点为 F，准线为 l，过焦点的弦为 AB，AB 的中点为 M，过 A,B,M 分别作准线 l 的垂线，垂足依次为 C,D,H，则 $|MH|=\dfrac{1}{2}(|AC|+|BD|)=\dfrac{1}{2}(|AF|+|BF|)=\dfrac{1}{2}|AB|$，故以 $|AB|$ 为直径的圆必与准线相切.

7. 设正方形的 4 个顶点为 A,B,C,D，那么正方形的中心必为坐标原点 O，否则因为 $y=x^3+ax$ 是奇函数，故 A,B,C,D 关于 O 的对称点 A',B',C',D' 也在曲线上，且 $A'B'C'D'$ 也是正方形，与题设矛盾. 设 4 点为 $A(x_0,y_0),B(-y_0,x_0),C(-x_0,-y_0),D(y_0,-x_0)$，其中 $x_0>0,y_0>0$，则 $y_0=x_0^3+ax_0$ ①，$-x_0=y_0^3+ay_0$ ②，由①$\times x_0+$②$\times y_0$ 得 $x_0^4+y_0^4+a(x_0^2+y_0^2)=0$ ③，由①$\times y_0-$②$\times x_0$ 得 $x_0^2+y_0^2=x_0y_0\cdot(x_0^2-y_0^2)$ ④. 令 $x_0=r\cos\theta,y_0=r\sin\theta,r>0,\theta\in\left(0,\dfrac{\pi}{2}\right)$，代入③，④ 得 $a=-r^2(\cos^4\theta+\sin^4\theta)=-r^2(1-2\cos^2\theta\sin^2\theta)$，$r^2=\dfrac{2}{\sin 2\theta+\cos 2\theta}$ ⑤，消去 r^2 得 $(1+a^2)(\sin^2 2\theta)^2-(4+a^2)\sin^2 2\theta+4=0$，因为 $\sin^2 2\theta$ 在 $(0,1)$ 内只有唯一实根，所以 $\Delta=(a^2+4)^2-16(1+a^2)=a^4-8a^2=0$，所以 $a=-2\sqrt{2}$（由③知 $a<0$），$\sin 2\theta=\dfrac{\sqrt{6}}{3},\cos 2\theta=\dfrac{\sqrt{3}}{3}$. 代入⑤得 $r=\sqrt[4]{18}$，故所求正方形的边长为 $\sqrt{2}r=\sqrt[4]{72}$.

8. 以 R 为原点 RN 为 x 轴建立直角坐标系，设圆 O 的方程为 $x^2+(y-b)^2=r^2(|b|<r)$. 设 AB、CD 的方程为 $y=k_1x$ 和 $y=k_2x$，它们可合并为 $(y-k_1x)(y-k_2x)=0$，于是过 A,B,C,D 的二次曲线系的方程（不包括圆 O）为 $(y-k_1x)(y-k_2x)+\lambda[x^2+(y-b)^2-r^2]=0$，上式令 $y=0$ 得 $(\lambda+k_1k_2)x^2+\lambda(b^2-r^2)=0$ ①，①的两根恰是 P、Q 两点的横坐标 x_P,x_Q，由韦达定理得 $x_P+x_Q=0$，即 R 是 PQ 的中点，所以 $|PR|=|RQ|$.

9. 设 $P(x_0,y_0),l_1$ 的方程为 $\begin{cases}x=x_0+t\cos\alpha\\ y=y_0+t\sin\alpha\end{cases}$，$l_2$ 的方程为 $\begin{cases}x=x_0+p\cos\beta\\ y=y_0+p\sin\beta\end{cases}$，代入椭圆方程 $\dfrac{x^2}{a^2}+\dfrac{y^2}{b^2}=1$ 得 $(b^2\cos^2\alpha+a^2\sin^2\alpha)t^2+2(b^2x_0\cos\alpha+a^2y_0\sin\alpha)t+b_0^2x_0^2+a_0^2y_0^2-a^2b^2=0$ 及 $(b^2\cos^2\beta+a^2\sin^2\beta)\cdot p^2+2(b^2x_0\cos\beta+a^2y_0\sin\beta)p+b^2x_0^2+a^2y_0^2-a_0^2b_0^2=0$. 由韦达定理得 $|PA|\cdot|PB|=|t_1|\cdot|t_2|=\left|\dfrac{b^2x_0^2+a^2y_0^2-a^2b^2}{b^2\cos^2\alpha+a^2\sin^2\alpha}\right|$，$|PC|\cdot|PD|=|p_1|\cdot|p_2|=\left|\dfrac{b^2x_0^2+a^2y_0^2-a^2b^2}{b^2\cos^2\beta+a^2\sin^2\beta}\right|$. 由 $\alpha+\beta=\pi$，知 $\cos^2\alpha=\cos^2\beta$，$\sin^2\alpha=\sin^2\beta$，故 $|PA|\cdot|PB|=|PC|\cdot|PD|$，所以 A,B,C,D 四点共圆.

10. 依题意得 $a=2\sqrt{3},b=\sqrt{3},c=\sqrt{a^2+b^2}=5,e=\dfrac{c}{a}=\dfrac{5}{2\sqrt{3}}$，焦点为 $F(0,\pm 5)$，则 $A、B、C$ 三点的焦

点半径分别为 $|AF|=\dfrac{5}{2\sqrt{3}}y_1\pm 2\sqrt{3}$, $|BF|=\dfrac{5}{2\sqrt{3}}\times 6\pm 2\sqrt{3}$, $|CF|=\dfrac{5}{2\sqrt{3}}y_2\pm 2\sqrt{3}$, 而 $|AF|+|CF|=2|BF|$, 故 $y_1+y_2=12$. 又 $-\dfrac{x_1^2}{13}+\dfrac{y_1^2}{12}=1$, $-\dfrac{x_2^2}{13}+\dfrac{y_2^2}{12}=1$, 两式相减后整理得 $k_{AC}=\dfrac{y_2-y_1}{x_2-x_1}=\dfrac{12(x_1+x_2)}{13(y_1+y_2)}=\dfrac{x_1+x_2}{13}$, AC 的中点坐标为 $(\dfrac{x_1+x_2}{2},6)$, AC 中垂线方程为 $y-6=-\dfrac{13}{x_1+x_2}\cdot(x-\dfrac{x_1+x_2}{2})$, 即 $13x+(x_1+x_2)(y-\dfrac{25}{2})=0$, 可见 AC 的中垂线必过定点 $(0,\dfrac{25}{2})$.

11. 设 $P(x_0,y_0)$, $B(0,b)$, $C(0,c)$, 不妨设 $b>c$, 直线 PB 的方程: $y-b=\dfrac{y_0-b}{x_0}x$, 化简得 $(y_0-b)x-x_0y+x_0b=0$. 又圆心 $(1,0)$ 到 PB 的距离为 1: $\dfrac{|y_0-b+x_0b|}{\sqrt{(y_0-b)^2+x_0^2}}=1$, 故 $(y_0-b)^2+x_0^2=(y_0-b)^2+2x_0b\cdot(y_0-b)+x_0^2b^2$, 易知 $x_0>2$, 上式化简得 $(x_0-2)b^2+2y_0b-x_0=0$; 同理 $(x_0-2)c^2+2y_0c-x_0=0$. 由韦达定理得 $b+c=\dfrac{-2y_0}{x_0-2}$, $bc=\dfrac{-x_0}{x_0-2}$, 则 $(b-c)^2=\dfrac{4x_0^2+4y_0^2-8x_0}{(x_0-2)^2}$. 因 $P(x_0,y_0)$ 在抛物线上, 有 $y_0^2=2x_0$, 故 $(b-c)^2=\dfrac{4x_0^2}{(x_0-2)^2}$, $b-c=\dfrac{2x_0}{x_0-2}$, 所以 $S_{\triangle PBC}=\dfrac{1}{2}(b-c)\cdot x_0=\dfrac{x_0}{x_0-2}\cdot x_0=(x_0-2)+\dfrac{4}{x_0-2}+4\geqslant 2\sqrt{4}+4=8$. 当 $(x_0-2)^2=4$ 时等号成立, 此时 $x_0=4$, $y_0=\pm 2\sqrt{2}$, 因此 $S_{\triangle PBC}$ 的最小值为 8.

【模拟实战七】

A 组

1. 设正 n 棱锥 $S\text{-}A_1A_2\cdots A_n$ 的底面正 n 边形固定, 顶点 S 运动, 相邻两侧面所成二面角的平面角为 $\angle A_2HA_n$. 当 S 向下运动逼近极端位置(即到底面 n 正边形的中心)时, $\angle A_2HA_n$ 趋于平角; 当 S 向上运动, 趋向无穷远处, 则正 n 棱锥趋近于正 n 棱柱, $\angle A_2HA_n$ 趋于 $\angle A_2A_1A_n=\dfrac{(n-2)\pi}{n}$, 故 $\dfrac{n-2}{n}\pi<\angle A_2HA_n<\pi$.

2. 因 $S_i\leqslant S(i=1,2,3,4)$, 所以 $\sum\limits_{i=1}^{4}S_i\leqslant 4S$, 进而 $\lambda=\dfrac{\sum\limits_{i=1}^{4}S_i}{S}\leqslant 4$.

考察侧面与底面所成的二面角的平面角均等于 $45°$ 的任一个正三棱锥, 以 S_4 表示该正三棱锥的底面面积, 则 $S=S_4=(S_1+S_2+S_3)\cdot\cos 45°=\dfrac{\sqrt{2}}{2}(S_1+S_2+S_3)$, 于是 $S_1+S_2+S_3=\sqrt{2}S$, $S_1+S_2+S_3+S_4=(1+\sqrt{2})S$. 此时 $\lambda=\dfrac{\sum\limits_{i=1}^{n}S_i}{S}=1+\sqrt{2}<2.5$.

3. 在 A_1B_1 上取点 G, 使 $B_1G=\dfrac{1}{4}A_1B_1$, 则 $GF\parallel A_1E$, $\angle GFC_1$ 是 A_1E 与 C_1F 所成的角, $\cos\angle GFC_1=\dfrac{2}{5}$, 则 $\angle GFC_1=\arccos\dfrac{2}{5}=\arcsin\dfrac{\sqrt{21}}{5}$.

4. 母线长 $l=1$, 底面半径 $r=\dfrac{3}{4}$, 轴截面顶角是 $2\arcsin\dfrac{3}{4}>\dfrac{\pi}{2}$, 故截面面积最大值为 $\dfrac{1}{2}$.

5. 由题设条件知截面圆的内接正三角形的三个顶点即为正方体中共同一个顶点的三条棱的另一端点,容易算出球心到截面的距离是正方体对角线长度的 $\frac{1}{6}$.

6. 显然 C、D 是错的. 设 α-l-β 是直二面角,在 l 上取点 O,在 α 内作 $OA \parallel a$,在 β 内作 $OB \parallel b$. 若 $a \perp b$,则 $OA \perp OB$. 在 β 内作 $OB' \perp l$,依题意 OB、OB' 不重合,这样,由 $OB' \perp \alpha$,有 $OB' \perp OA$,于是 $OA \perp \beta$,推得 $OA \perp l$ 即 $a \perp l$,与题设矛盾,从而 A 错. 故选 B.

7. 由题设条件知,四边形 A_1MCN 是菱形,所以 A_1C 平分 $\angle MA_1N$ 和 $\angle MCN$. 又因为 $\angle DCN = \angle MCD$,即 CD 与 $\angle MCN$ 的两边成等角,所以 CD 在平面 MCN 内的射影就是 A_1C,于是 $\angle DCA_1$ 就是 CD 和面 A_1MCN 所成的角. 易知 $\tan\angle DCA_1 = \sqrt{2}$,$\sin\angle DCA_1 = \sqrt{\frac{2}{3}} = \frac{\sqrt{6}}{3}$.

8. 正八面体相邻两侧面所成二面角为 $\arccos\left(-\frac{1}{3}\right)$,正四面体相邻两侧面所成二面角为 $\arccos\frac{1}{3}$,为互补关系. 当正四面体与正八面体(棱长均为 a)的一个面重合时,其余三个面与正八面体的三个面互为反向延长面,故新多面体总共 7 个面.

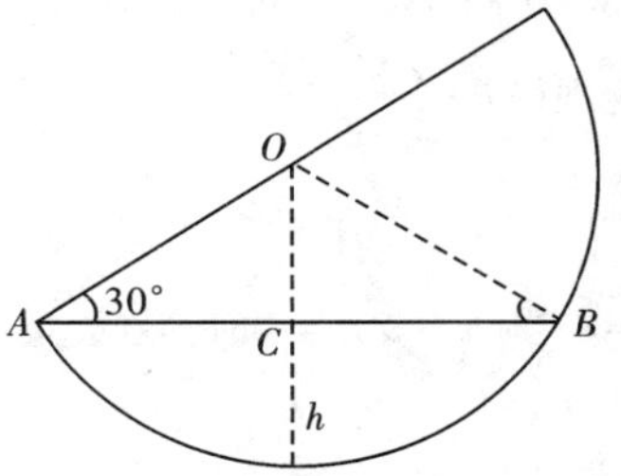

9. 如图,由 $\angle OAB = \angle OBA = 30°$,知 $OC = \frac{1}{2}OA = \frac{1}{2}R$.

留下的水的容积为球缺的体积,球缺的高 $h = \frac{1}{2}R$,$V_{球缺} = \frac{1}{3}\pi\left(\frac{R}{2}\right)^2(3R-h) = \frac{5}{24}R^3$,半球的体积 $V_{半球} = \frac{2}{3}\pi R^3$,溢出水的容积 $V = \frac{11}{24}\pi R^3$,所求的比值为 $\frac{11}{16}$.

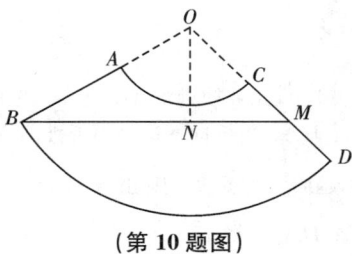

(第 9 题图)

10. 圆台的侧面展开图如图所示. $AB = 20$ 厘米,$\overset{\frown}{AC} = 10\pi$ 厘米,$\overset{\frown}{BD} = 20\pi$ 厘米. 设扇形中心为 O,令 $OA = x$ 厘米,$\angle AOC = \theta$,则 $\overset{\frown}{AC} = x\theta$,$\overset{\frown}{BD} = (x+20)\theta$,解方程组 $\begin{cases} x\theta = 10\pi \\ (x+20)\theta = 20\pi \end{cases}$ 解得 $x = 20$,$\theta = \frac{\pi}{2}$. 这时,O 点到 BM 的最短距离为 Rt△BOM 中斜边 BM 上的高 ON,$ON = \frac{OB \cdot OM}{BM} = 24$ 厘米,$\overset{\frown}{AC}$ 上各点到 BM 的最短距离为 $24 - 20 = 4$ 厘米.

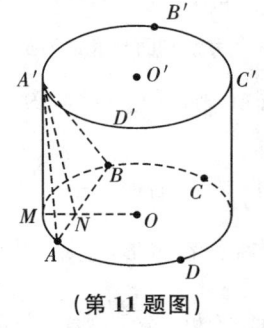

(第 10 题图)

11. 如图,由已知,上下层四个球的球心 A'、B'、C'、D' 和 A、B、C、D 分别是上下两个边长为 2 的正方形的顶点,且以它们的外接圆 $\odot O'$ 和 $\odot O$ 为上下底面构成圆柱.

同时,A' 在下底面的射影必是 $\overset{\frown}{AB}$ 的中点 M.

在 △$A'AB$ 中,$A'A = A'B = AB = 2$. 设 AB 的中点为 N,则 $A'N = \sqrt{3}$. 又 $OM = OA = \sqrt{2}$,$ON = 1$,所以 $MN = \sqrt{2} - 1$,$A'M = \sqrt{A'N^2 - MN^2} = \sqrt[4]{8}$. 因此,所求原来圆柱的高为 $\sqrt[4]{8} + 2$.

(第 11 题图)

12. 作正方体的截面 BB_1D_1D,则 $A_1C_1 \perp$ 面 BB_1D_1D. 设 A_1C_1 与 B_1D_1 交于点 O,在面 BB_1D_1D 内作 $OH \perp BD_1$ 于 H,则 OH 为 A_1C_1 与 BD_1 的公垂线. 显然,OH 等于 Rt△BB_1D_1 斜边上高的一半,即 $OH = \frac{\sqrt{6}}{6}$.

346

13. 设正四面体为 $ABCD$,球心为 O,半径为 r,体积为 V,面 BCD 的中心为 O_1,棱 BC 的中点为 E,则 $AO_1 = \sqrt{a^2 - O_1B^2} = \sqrt{a^2 - \frac{1}{3}a^2} = \frac{\sqrt{6}}{3}a$. 由 $OB^2 = O_1O^2 + O_1B^2 = (O_1A - OB)^2 + O_1B^2$ 得 $\frac{2}{3}a^2 - \frac{2\sqrt{6}}{3}a \cdot OB + \frac{1}{3}a^2 = 0$,故 $OB = \frac{3a}{2\sqrt{6}} = \frac{\sqrt{6}}{4}a$,于是 $r = OE = \sqrt{OB^2 - BE^2} = \sqrt{\frac{3}{8}a^2 - \frac{1}{4}a^2} = \frac{1}{2\sqrt{2}}a$. 即 $V = \frac{4}{3}\pi r^3 = \frac{4}{3}\pi \cdot \frac{1}{16\sqrt{2}}a^3 = \frac{\sqrt{2}}{24}\pi a^3$.

14. 由题设,$AH \perp$ 面 SBC. 作 $BH \perp SC$ 交 SC 于 E. 由三垂线定理可知 $SC \perp AE, SC \perp AB$,故 $SC \perp$ 面 ABE. 设 S 在面 ABC 内的射影为 O,则 $SO \perp$ 面 ABC. 由三垂线定理之逆定理,可知 $CO \perp AB$ 于 F,同理 $BO \perp AC$,故 O 为 $\triangle ABC$ 的垂心. 又因为 $\triangle ABC$ 是等边三角形,故 O 为 $\triangle ABC$ 的中心,从而 $SA = SB = SC = 2\sqrt{3}$. 因为 $CF \perp AB$, CF 是 EF 在面 ABC 上的射影,由三垂线定理,$EF \perp AB$,所以 $\angle EFC$ 是二面角 H-AB-C 的平面角,故 $\angle EFC = 30°$, $OC = SC \cdot \cos 60° = 2\sqrt{3} \cdot \frac{1}{2} = \sqrt{3}$, $SO = \sqrt{3} \cdot \tan 60° = \sqrt{3} \cdot \sqrt{3} = 3$. 又 $OC = \frac{\sqrt{3}}{3}AB$,故 $AB = \sqrt{3}OC = \sqrt{3} \cdot \sqrt{3} = 3$,所以 $V_{S\text{-}ABC} = \frac{1}{3} \cdot \frac{\sqrt{3}}{4} \cdot 3^2 \cdot 3 = \frac{9}{4}\sqrt{3}$.

15. 折起后的三棱锥 A-BCM 如图所示,取 CM 的中点 D,连 AD. 在 $\triangle BCM$ 中作 $DE \perp CM$ 交 BC 于 E,连 AE,则 $AD = 2 \cdot \frac{\sqrt{3}}{2} = \sqrt{3}$, $DE = CD \cdot \tan 30° = 1 \cdot \frac{\sqrt{3}}{3} = \frac{\sqrt{3}}{3}$, $CE = 2DE = \frac{2}{3}\sqrt{3}$. 在 $\triangle ABC$ 中,$AC = 2$, $AB = 2\sqrt{2}$, $BC = 2\sqrt{3}$,所以 $AC^2 + AB^2 = BC^2$,因此 $\angle BAC = 90°$. 在 $\triangle ACE$ 中, $AE^2 = AC^2 + CE^2 - 2AC \cdot CE \cdot \cos\angle ACE = 4 + \frac{4}{3} - 2 \cdot 2 \cdot \frac{2}{3}\sqrt{3} \cdot \frac{2}{2\sqrt{3}} = \frac{8}{3}$,所以 $AE^2 + CE^2 = \frac{8}{3} + \frac{4}{3} = 4 = AC^2$. 又 $AE^2 + DE^2 = \frac{8}{3} + \frac{1}{3} = 3 = AD^2$,因此 $AE \perp BC, AE \perp DE$,从而 $AE \perp$ 平面 BCM,所以 $V_{A\text{-}BCM} = \frac{1}{3}AE \cdot S_{\triangle BCM} = \frac{2}{3}\sqrt{2}$.

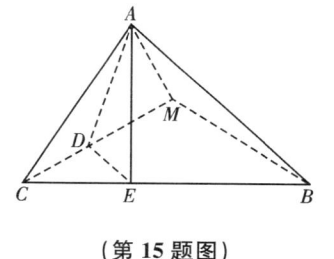

(第 15 题图)

16. 设等腰直角 $\triangle ABC$ 的斜边 AB 的中点为 D,则 D 为 $\triangle ABC$ 的外心,由 $SA = SB = SC = 2$,知 S 在底面 ABC 上的射影为 D. 从而球心 O 在 SD 上,且 $OA = OB = OS$,所以 O 是 $\triangle SAB$ 的中心. 而 $\triangle SAB$ 是正三角形, $SD = \sqrt{2^2 - 1^2} = \sqrt{3}$,所以 O 到平面 ABC 的距离 $OD = \frac{1}{3}SD = \frac{\sqrt{3}}{3}$.

17. 如图,设 BC_1 与 B_1C 交于 E,则 E 为正方形 BCC_1B_1 的中心,且 E 为点 D 在面 BCC_1B_1 内的射影,则 DB_1 在面 BCC_1B_1 内射影为 B_1E,而 $B_1E \perp BC_1$,则由三垂线定理,知 $BC_1 \perp DB_1$. 于是 $BC_1 \perp$ 面 DB_1C,即有 $BC_1 \perp DC$,亦即 BC_1 和 CD 成 $90°$ 角.

过 E 作 $EF \perp CD$ 于 F,连 FB,则 $FB \perp DC$,从而 $\angle EFB$ 是二面角 B_1-DC-B 的平面角. 设棱长为 2,则 $BE = \sqrt{2}$, $DB = DC = \sqrt{5}$, $BF \cdot \sqrt{5} = 2 \cdot 2$,则 $BF = \frac{4}{\sqrt{5}}$, $\sin\angle EFB = \frac{BE}{BF} = \sqrt{2} \cdot \frac{\sqrt{5}}{4} = \frac{\sqrt{10}}{4}$,故 $\angle EFB = \arcsin\frac{\sqrt{10}}{4}$.

(第 17 题图)

18. 过 E 作 $EG // BC$ 交 AC 于 G,连 GF,易知 $GF // AD$,且 $EG = \frac{2}{3}$, $GF = \frac{1}{3}$,于是 $\angle EGF$ 为 AD 和

BC 所成的角. 有 $\cos\angle EGF=\dfrac{\left(\dfrac{2}{3}\right)^2+\left(\dfrac{1}{3}\right)^2-a^2}{2\cdot\dfrac{2}{3}\cdot\dfrac{1}{3}}=\dfrac{5-9a^2}{4}$, 显然, 必须 $\left|\dfrac{5-9a^2}{4}\right|<1$, 得 $\dfrac{1}{3}<a<1$. 故当

$\dfrac{1}{3}<a\leqslant\dfrac{\sqrt{5}}{3}$ 时, $\theta=\arccos\dfrac{5-9a^2}{4}$; 当 $\dfrac{\sqrt{5}}{3}<a<1$ 时, $\theta=\pi-\arccos\dfrac{5-9a^2}{4}$.

B 组

1. 设长方体的一个顶点上的三条棱长为 a、b、c, 由已知条件和长方体对角线的性质, 可得

$\begin{cases}2ab+2bc+2ca=11,\\4(a+b+c)=24.\end{cases}$ ①②

由②, 得 $a+b+c=6$. ③

③² − ①, 得 $a^2+b^2+c^2=25$, 故 $\sqrt{a^2+b^2+c^2}=5$. 故长方体的对角线长为 5.

2. 设直平行六面体 A_1C 的底面菱形的边长为 a, 侧棱长为 l, 则有 $S_{侧}=4al$.

依题意, 可得方程组

$\begin{cases}Q_1=l\cdot AC,\\Q_2=l\cdot BD,\\4a^2=AC^2+BD^2.\end{cases}$ ①②③

①² + ②², 可得 $Q_1^2+Q_2^2=l^2(AC^2+BD^2)$. ④

由③、④消去 AC、BD, 得 $Q_1^2+Q_2^2=4l^2a^2$,

从而 $2al=\sqrt{Q_1^2+Q_2^2}$, 故 $S_{侧}=4al=2\sqrt{Q_1^2+Q_2^2}$.

3. 连 DO 交 BC 于 G, 连结 AG, 交 BE 于 H. 由 $BG\perp AG$, $BG\perp DG$, 知 BH 在面 AGD 内的射影为 GH. 故 $\cos\theta_1=\cos\angle BHG=\cos 60°=\dfrac{1}{2}$. 取 DG 之中点 M, 连结 FM, 则 $FM\parallel HG$, 故 $\theta_2=\angle OFM$. 连结 AO, 则 $AO\perp OD$, 故 $OF=\dfrac{1}{2}AD=\dfrac{1}{2}$, $FM=\dfrac{1}{2}AG=\dfrac{\sqrt{3}}{4}$, $OM=OD-\dfrac{1}{2}DG=\dfrac{\sqrt{3}}{12}$, 所以 $\cos\theta_2=\dfrac{OF^2+FM^2-OM^2}{2OF\cdot FM}=\dfrac{5}{3\sqrt{3}}$, 从而 $\cos\theta=\dfrac{1}{2}\cdot\dfrac{5}{3\sqrt{3}}=\dfrac{5\sqrt{3}}{18}$, $\theta=\arccos\dfrac{5\sqrt{3}}{18}$.

4. 设 $BC=l$, $\dfrac{|AB|}{|BC|}=\lambda$, 则 $AB=\lambda l$. 由 $\sin\theta=\dfrac{\sqrt{78}}{9}$, 知 $\cos\theta=\dfrac{\sqrt{3}}{9}$. 由 $D-AB-E$ 是直二面角, 可知: BD 与面 AE 所成的角 $\theta_1=\angle DBA$, 故 $\cos\theta_1=\dfrac{AB}{DB}=\dfrac{\lambda}{\sqrt{1+\lambda^2}}$, $\theta_2=\angle AMF$, 故 $\cos\theta_2=\dfrac{AM}{FM}=\dfrac{\lambda}{\sqrt{4+\lambda^2}}$, $\dfrac{\sqrt{3}}{9}=\dfrac{\lambda}{\sqrt{1+\lambda^2}}\cdot\dfrac{\lambda}{\sqrt{4+\lambda^2}}$, 即 $26\lambda^4-5\lambda^2-4=0$, $\lambda^2=\dfrac{1}{2}$. 所以 $\lambda=\dfrac{\sqrt{2}}{2}$ 为所求.

5. (1) 如图, 因 $A_1B_1C_1$-ABC 是正三棱柱, 则四边形 B_1BCC_1 是矩形. 连 B_1C 交 BC_1 于 E, 则 $B_1E=EC$, 连 DE. 在 $\triangle AB_1C$ 中, 由 $AD=DC$, 知 $DE\parallel AB_1$. 又 $AB_1\not\subset$ 平面 DBC_1, $DE\subset$ 平面 DBC_1, 故 $AB_1\parallel$ 平面 DBC_1.

(2) 由(1)证得 $DE\parallel AB_1$, 且 $DE=\dfrac{1}{2}AB_1=\dfrac{1}{2}BC_1=BE$. 由 $AB_1\perp BC_1$, 知 $DE\perp BC_1$. 因此 $\triangle BDC_1$ 是等腰直角三角形. 过 D 作 $DF\perp BC$, 垂足为 F, 则 $DF\perp$ 平面 B_1BCC_1. 连结 C_1F. 在三棱锥 D-BFC_1 中, $DF\perp$ 底面 BFC_1, $BD\perp C_1D$, 则根据本章结论 5(2), 得

$\sin^2\alpha = \sin^2\angle DBF + \sin^2\angle DC_1F$.

已知 D 是 AC 中点,故 $\angle DC_1F = \angle DBF = 30°$,代入上式,解得 $\sin\alpha = \dfrac{\sqrt{2}}{2}$,故 $\alpha = 45°$.

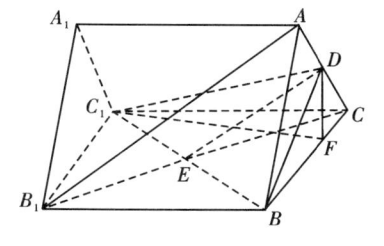

6.(1)如图,在截面 A_1EC 内过 E 作 $EG \perp A_1C$ 于 G. 因 $A_1EC \perp$ 面 AC_1,则 $BG \perp$ 面 AC_1. 取 AC 的中点 F,连 BF、FG,由 $AB = BC$ 得 $BF \perp AC$. 又面 $ABC \perp$ 面 AC_1,则 $BF \perp$ 面 AC_1,得 $BF // EG$,则 BF、EG 确定的平面交侧面 AC_1 于 FG. 由 $BE //$ 侧面 AC_1,有 $BE // FG$,则四边形 $BEGF$ 是平行四边形,$BE = FG$. 又 $BE // AA_1$,则 $FG // AA_1$,$\triangle AA_1C \sim \triangle FGC$,而 $AF = FC$,则 $FG = \dfrac{1}{2}AA_1 = \dfrac{1}{2}BB_1$,即 $BE = \dfrac{1}{2}BB_1$,故 $BE = EB_1$.

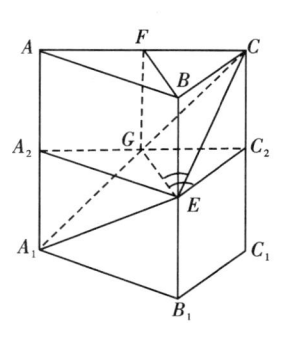

(2)由(1)可证 $EG //$ 面 $A_1B_1C_1$,G 为 A_1C 的中点,$BE = EB_1$,过 EG 作面 $A_2EC_2 //$ 面 $A_1B_1C_1$,则二面角 C-EG-C_2 的度数等于所求二面角的度数.

在三棱锥 C-EC_2G 中,$CC_2 \perp$ 底面 EC_2G. 设二面角 C-EG-$C_2 = \varphi$,根据本章结论 5(4) 得

$$\cos\varphi = \dfrac{\tan\angle GEC_2}{\tan\angle GEC}. \qquad (*)$$

易知 $GC = \dfrac{\sqrt{2}}{2}AA_1$,

$EG = \sqrt{BE^2 + BC^2 - GC^2} = \dfrac{\sqrt{3}}{2}AA_1$,$\angle GEC_2 = 30°$.

于是 $\tan\angle GEC = \dfrac{GC}{EG} = \dfrac{\sqrt{2}}{\sqrt{3}}$,$\tan\angle GEC_2 = \tan 30° = \dfrac{\sqrt{3}}{3}$.

将以上正切值代入 $(*)$,解得 $\cos\varphi = \dfrac{\sqrt{2}}{2}$.

所以所求二面角为 $45°$.

另解 由题意知,$\triangle A_1B_1C_1$ 是 $\triangle A_1EC$ 的正射影,设 $AA_1 = a$,易得 $S_{\triangle A_1B_1C_1} = \dfrac{\sqrt{3}}{4}a^2$,$S_{\triangle A_1EC} = \dfrac{\sqrt{6}}{4}a^2$. 设所求二面角为 α,由本章结论 4(1),得 $\cos\alpha = \dfrac{S_{\triangle A_1B_1C_1}}{S_{\triangle A_1EC}} = \dfrac{\sqrt{2}}{2}$,故 $\alpha = 45°$.

7. 因 S-ABC 是正三棱锥,所以 O 是 $\triangle ABC$ 的重心,连 AO 并延长交 BC 于 D. 因为 D 是 BC 的中点,$BC \perp$ 面 SAD,而 $AO' \perp BC$,所以 AO' 在平面 SAD 上,从而 O' 必在 DS 上. 于是 $AD = 6 \cdot \dfrac{\sqrt{3}}{2} = 3\sqrt{3}$,$OD = \dfrac{1}{3}AD = \sqrt{3}$,$SD = \sqrt{3^2 + (\sqrt{3})^2} = \sqrt{12}$. 又 $\dfrac{O'D}{AD} = \dfrac{OD}{SD}$,故 $O'D = \dfrac{OD}{SD} \cdot AD = \dfrac{\sqrt{3}}{\sqrt{12}} \cdot 3\sqrt{3} = \dfrac{3}{2}\sqrt{3}$. 设过 P 点平行于底面的截面与 SD 的交点为 O'',则 $\dfrac{O''D}{O'D} = \dfrac{AP}{O'A} = \dfrac{8}{9}$.

从而 $O''D = \dfrac{8}{9}O'D = \dfrac{8}{9} \cdot \dfrac{3}{2}\sqrt{3} = \dfrac{4}{3}\sqrt{3}$,则 $\dfrac{SO''^2}{SD^2} = \dfrac{\left(\dfrac{2}{3}\sqrt{3}\right)^2}{(\sqrt{12})^2} = \dfrac{1}{9}$. 因此,所求截面的面积为 $\dfrac{1}{9}S_{\triangle ABC} = \dfrac{1}{9} \cdot \dfrac{1}{2} \cdot 6 \cdot 3\sqrt{3} = \sqrt{3}$.

8. 设四面体 $ABCD$ 中,M 为 CD 的中点,连 AM、BM,设 P、Q 为依次分 BM 与 AM 成 $2:1$ 的点,从而 P 及 Q 分别为 $\triangle BCD$ 及 $\triangle ACD$ 的重心.

显然,AP 与 BQ 相交于一点 G,因 $S_{\triangle APM}=S_{\triangle BQM}=\dfrac{1}{3}S_{\triangle ABM}$,则 $S_{\triangle BDG}=S_{\triangle AQG}$. 又 $S_{\triangle PGM}=\dfrac{1}{2}S_{\triangle BPG}$,$S_{\triangle QGM}=\dfrac{1}{2}S_{\triangle AQG}$,则 $S_{\triangle PGM}=\dfrac{1}{3}S_{\triangle AGM}$. 从而 $\dfrac{AG}{GP}=\dfrac{S_{\triangle AGM}}{S_{\triangle PGM}}=\dfrac{3}{1}$. 于是 G 分 AP 为 $3:1$. 同理可证,其他两条由顶点向该点所对三角形重心相连线段均过 G 点. 于是这四条连线相交于一点.

【模拟实战八】

A 组

1. 由已知可得,$(\lambda_1\overrightarrow{OA}+\lambda_2\overrightarrow{OB}+\lambda_3\overrightarrow{OC})\cdot\overrightarrow{OA}=0$,即 $\lambda_1\overrightarrow{OA}^2+\lambda_2\overrightarrow{OB}\cdot\overrightarrow{OA}+\lambda_3\overrightarrow{OC}\cdot\overrightarrow{OA}=0$,因 λ_1、λ_2、$\lambda_3\in\mathbf{R}$,$\overrightarrow{OA}^2>0$,则 $\overrightarrow{OA}\cdot\overrightarrow{OB}$ 与 $\overrightarrow{OA}\cdot\overrightarrow{OC}$ 至少有一个为负. 不妨设 $\overrightarrow{OA}\cdot\overrightarrow{OB}<0$ 且 $\overrightarrow{OA}\cdot\overrightarrow{OC}>0$,则由 $(\lambda_1\overrightarrow{OA}+\lambda_2\overrightarrow{OB}+\lambda_3\overrightarrow{OC})\cdot\overrightarrow{OC}=0$,得 $\lambda_1\overrightarrow{OA}\cdot\overrightarrow{OC}+\lambda_2\overrightarrow{OB}\cdot\overrightarrow{OC}+\lambda_3\overrightarrow{OC}^2=0$,则 $\overrightarrow{OB}\cdot\overrightarrow{OC}<0$.

故 $\angle AOB$、$\angle BOC$、$\angle COA$ 中至少有两个钝角.

2. 原函数式可变为 $y=2+\sin 2x+\cos 2x$,所以只需求 $y'=\sin 2x+\cos 2x$ 的最值即可.

作向量 $\vec{a}=(\sin 2x,\cos 2x)$,$\vec{b}=(1,1)$,则 $|\sin 2x+\cos 2x|=|\vec{a}\cdot\vec{b}|\leqslant|\vec{a}|\cdot|\vec{b}|=\sqrt{2}$,故 $y_{\max}=2+\sqrt{2}$,$y_{\min}=2-\sqrt{2}$.

3. 作向量 $\vec{a}=(x,y,z)$,$\vec{b}=(-8,6,-24)$,那么 $\vec{a}\cdot\vec{b}=-8x+6y-24=39$,而 $\vec{a}\cdot\vec{b}=|\vec{a}|\cdot|\vec{b}|=|\vec{a}|\cdot|\vec{b}|\cos\theta=26\sqrt{x^2+y^2+z^2}\cos\theta=39\cos\theta$,所以,$\cos\theta=1$. 因此,有 $x=-8t$,$y=6t$,$z=-24t$,从而求得 $x=-\dfrac{6}{13}$,$y=\dfrac{9}{26}$,$z=-\dfrac{18}{13}$.

4. 设 $\vec{a}=\left(\dfrac{x}{2},\dfrac{y}{3}\right)$,$\vec{b}=(4,-3)$,得

$$1=\dfrac{x^2}{4}+\dfrac{y^2}{9}=|\vec{a}|^2\geqslant\dfrac{(\vec{a}\cdot\vec{b})^2}{|\vec{b}|^2}=\dfrac{(2x-y)^2}{4^2+(-3)^2}=\dfrac{(2x-y)^2}{25}.$$

$(2x-y)^2\leqslant 25$,$2x-y$ 的最大值是 5.

5. 设 $\vec{a}=(x-1,y+2)$,$\vec{b}=(1,-2)$,由 $x^2+y^2-2x+4y=0$ 得

$$5=x^2+y^2-2x+4y+5=(x-1)^2+(y+2)^2$$

$$=|\vec{a}|^2\geqslant\dfrac{(\vec{a}\cdot\vec{b})^2}{|\vec{b}|^2}=\dfrac{(x-1-2y-4)^2}{1^2+(-2)^2}=\dfrac{(x-2y-5)^2}{5},$$

则 $(x-2y-5)^2\leqslant 25$,$|x-2y-5|\leqslant 5$,

$-5\leqslant x-2y-5\leqslant 5$,$0\leqslant x-2y\leqslant 10$,

所以 $x-2y$ 的最小值是 0,最大值是 10.

6. 设 $\vec{a}=\left(\dfrac{1}{\sqrt{a-b}},\dfrac{1}{\sqrt{b-c}}\right)$,$\vec{b}=(\sqrt{a-b},\sqrt{b-c})$,

$$\dfrac{1}{a-b}+\dfrac{1}{b-c}=|\vec{a}|^2\geqslant\dfrac{(\vec{a}\cdot\vec{b})^2}{|\vec{b}|^2}=\dfrac{(1+1)^2}{(a-b)+(b-c)}=\dfrac{4}{a-c}.$$

则 n 的最大值是 4.

7. 令 $a=(\sqrt{5},1), b=(\sqrt{x},\sqrt{6-x})$，则 $f(x)=a\cdot b, |a|\cdot |b|=6$，而 $a\cdot b\leq |a|\cdot |b|$，

则 $f(x)\leq 6$，当且仅当 $b=\lambda a(\lambda>0)$ 时取等号，故由 $\dfrac{\sqrt{x}}{\sqrt{5}}=\dfrac{\sqrt{6-x}}{1}=\lambda>0$，

得 $x=5, \lambda=1$. 即 $x=5$ 时, $f(x)_{\max}=6$.

8. 令 $a=(1-y, x+y-3, -2x-y+6), b=(1,2,1)$，则 $a\cdot b=(1-y)\cdot 1+2\cdot (x+y-3)+(-2x-y+6)\cdot 1=1$，

$|a|\cdot |b|=\sqrt{(1-y)^2+(x+y-3)^2+(-2x-y+6)^2}\cdot \sqrt{1^2+2^2+1^2}=\sqrt{f(x,y)}\cdot \sqrt{6}$.

而 $a\cdot b\leq |a|\cdot |b|$,

则 $1\leq \sqrt{f(x\cdot y)}\cdot \sqrt{6}$,

即 $f(x\cdot y)\geq \dfrac{1}{6}$. 当且仅当 $a=\lambda b(\lambda>0)$ 时取"=".

故由 $\dfrac{1-y}{1}=\dfrac{x+y-3}{2}=\dfrac{-2x-y+6}{1}=\lambda>0$，

得 $x=\dfrac{5}{2}, y=\dfrac{5}{6}, \lambda=\dfrac{1}{6}$，即 $x=\dfrac{5}{2}, y=\dfrac{5}{6}$ 时, $f(x,y)_{\min}=\dfrac{1}{6}$.

9. 设 $\vec{a}=(\sqrt{3a+1},\sqrt{3b+1},\sqrt{3c+1}), \vec{b}=(1,1,1)$，已知 $a+b+c=1$，由定理得

$6=(3a+1)+(3b+1)+(3c+1)$

$=|\vec{a}|^2\geq \dfrac{(\vec{a}\cdot \vec{b})^2}{|\vec{b}|^2}=\dfrac{(1\cdot \sqrt{3a+1}+1\cdot \sqrt{3b+1}+1\cdot \sqrt{3c+1})^2}{1^2+1^2+1^2}$

$=\dfrac{(\sqrt{3a+1}+\sqrt{3b+1}+\sqrt{3c+1})^2}{3}$.

$(\sqrt{3a+1}+\sqrt{3b+1}+\sqrt{3c+1})^2\leq 18$，

$\sqrt{3a+1}+\sqrt{3b+1}+\sqrt{3c+1}\leq 3\sqrt{2}$.

$\sqrt{3a+1}+\sqrt{3b+1}+\sqrt{3c+1}$ 的最大值是 $3\sqrt{2}$. 当且仅当 $a=b=c=\dfrac{1}{3}$ 时达到最大值.

10. 由 $1\leq \tan x\leq 3$，容易知道

$\sqrt{\tan x-1}+\sqrt{3-\tan x}\geq \sqrt{2}, N=\sqrt{2}$. 设 $\vec{a}=(\sqrt{\tan x-1},\sqrt{3-\tan x}), \vec{b}=(1,1)$，得

$2=(\tan x-1)+(3-\tan x)$

$=|\vec{a}|^2\geq \dfrac{(\vec{a}\cdot \vec{b})^2}{|\vec{b}|^2}=\dfrac{(\sqrt{\tan x-1}+\sqrt{3-\tan x})^2}{1^2+1^2}=\dfrac{(\sqrt{\tan x-1}+\sqrt{3-\tan x})^2}{2}$，

可以知道 $\sqrt{\tan x-1}+\sqrt{3-\tan x}\leq 2$.

$M=2$，又 $N=\sqrt{2}$，故 $\dfrac{M}{N}=\dfrac{2}{\sqrt{2}}=\sqrt{2}$.

11. (Ⅰ) 如图作 $PO\perp$ 平面 $ABCD$，垂足为点 O，连结 $OB、OA、OD, OB$ 与 AD 交于点 E，连结 PE.
由 $AD\perp PB$，知 $AD\perp OB$. 又 $PA=PD$，则 $OA=OD$.
于是 OB 平分 AD，点 E 为 AD 的中点，所以 $PE\perp AD$. 由此知 $\angle PEB$ 为面 PAD 与面 $ABCD$ 所成二面角的平面角.
于是 $\angle PEB=120°$，从而 $\angle PEO=60°$.
由已知可求得 $PE=\sqrt{3}$.

故 $PO = PE \cdot \sin 60° = \sqrt{3} \times \dfrac{\sqrt{3}}{2} = \dfrac{3}{2}$,

即点 P 到平面 $ABCD$ 的距离为 $\dfrac{3}{2}$.

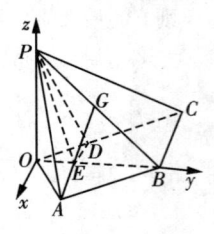

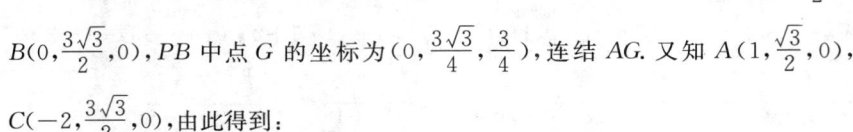

(Ⅱ) 如图, 建立直角坐标系, 其中 O 为坐标原点, x 轴平行于 DA. $P(0, 0, \dfrac{3}{2})$, $B(0, \dfrac{3\sqrt{3}}{2}, 0)$, PB 中点 G 的坐标为 $(0, \dfrac{3\sqrt{3}}{4}, \dfrac{3}{4})$, 连结 AG. 又知 $A(1, \dfrac{\sqrt{3}}{2}, 0)$, $C(-2, \dfrac{3\sqrt{3}}{2}, 0)$, 由此得到:

(第 11 题图)

$\overrightarrow{GA} = (1, -\dfrac{\sqrt{3}}{4}, -\dfrac{3}{4})$, $\overrightarrow{PB} = (0, \dfrac{3\sqrt{3}}{2}, -\dfrac{3}{2})$, $\overrightarrow{BC} = (-2, 0, 0)$.

于是有 $\overrightarrow{GA} \cdot \overrightarrow{PB} = 0$, $\overrightarrow{BC} \cdot \overrightarrow{PB} = 0$.

所以 $\overrightarrow{GA} \perp \overrightarrow{PB}$, $\overrightarrow{BC} \perp \overrightarrow{PB}$, $\overrightarrow{GA}$, $\overrightarrow{BC}$ 的夹角 θ 等于所求二面角的平面角.

于是 $\cos\theta = \dfrac{\overrightarrow{GA} \cdot \overrightarrow{BC}}{|\overrightarrow{GA}||\overrightarrow{BC}|} = -\dfrac{2\sqrt{7}}{7}$,

所以所求二面角的大小为 $\pi - \arccos\dfrac{2\sqrt{7}}{7}$.

B 组

1. 设 $\vec{a} = \left(\sqrt{\dfrac{19}{x}}, \sqrt{\dfrac{98}{y}}\right)$, $\vec{b} = (\sqrt{x}, \sqrt{y})$,

$1 = \dfrac{19}{x} + \dfrac{98}{y} = |\vec{a}|^2 \geqslant \dfrac{(\vec{a} \cdot \vec{b})^2}{|\vec{b}|^2} = \dfrac{(\sqrt{19} + \sqrt{98})^2}{x+y} = \dfrac{117 + 4\sqrt{38}}{x+y}$,

$x + y \geqslant 117 + 14\sqrt{38}$,

所以 $x + y$ 的最小值是 $117 + 14\sqrt{38}$.

2. 由 $\dfrac{x^2}{1+x^2} + \dfrac{y^2}{1+y^2} + \dfrac{z^2}{1+z^2} = 2$, 得

$\dfrac{1+x^2-1}{1+x^2} + \dfrac{1+y^2-1}{1+y^2} + \dfrac{1+z^2-1}{1+z^2} = 2$, $\dfrac{1}{1+x^2} + \dfrac{1}{1+y^2} + \dfrac{1}{1+z^2} = 1$,

$\vec{a} = \left(\dfrac{x}{\sqrt{1+x^2}}, \dfrac{y}{\sqrt{1+y^2}}, \dfrac{z}{\sqrt{1+z^2}}\right)$,

$\vec{b} = \left(\dfrac{1}{\sqrt{1+x^2}}, \dfrac{1}{\sqrt{1+y^2}}, \dfrac{1}{\sqrt{1+z^2}}\right)$,

$2 = \dfrac{x^2}{1+x^2} + \dfrac{y^2}{1+y^2} + \dfrac{z^2}{1+z^2} = |\vec{a}|^2 \geqslant \dfrac{(\vec{a} \cdot \vec{b})^2}{|\vec{b}|^2}$

$= \dfrac{\left(\dfrac{x}{1+x^2} + \dfrac{y}{1+y^2} + \dfrac{z}{1+z^2}\right)^2}{\dfrac{1}{1+x^2} + \dfrac{1}{1+y^2} + \dfrac{1}{1+z^2}} = \left(\dfrac{x}{1+x^2} + \dfrac{y}{1+y^2} + \dfrac{z}{1+z^2}\right)^2$,

$\left(\dfrac{x}{1+x^2} + \dfrac{y}{1+y^2} + \dfrac{z}{1+z^2}\right)^2 \leqslant 2$, $\dfrac{x}{1+x^2} + \dfrac{y}{1+y^2} + \dfrac{z}{1+z^2} \leqslant \sqrt{2}$,

$\dfrac{x}{1+x^2}+\dfrac{y}{1+y^2}+\dfrac{z}{1+z^2}$ 的最大值是 $\sqrt{2}$,当且仅当 $x=y=z=\sqrt{2}$ 时达到最大值.

3. 设 $\vec{a}=(a,b,c),\vec{b}=(x,y,z)$,得

$$4=a^2+b^2+c^2=|\vec{a}|^2\geqslant\dfrac{(\vec{a}\cdot\vec{b})^2}{|\vec{b}|^2}=\dfrac{(ax+by+cz)^2}{x^2+y^2+z^2}=\dfrac{(ax+by+cz)^2}{9},$$

$(ax+by+cx)^2\leqslant 36$,

$ax+by+cz$ 的取值范围是 $[-6,6]$.

4. 原函数可变形为

$$f(x)=\sqrt{(x^2-2)^2+(x-3)^2}-\sqrt{(x^2-1)^2+x^2}.$$

令 $a=(x^2-2,x-3); b=(x^2-1,x)$,则

$$f(x)=|a|-|b|,\text{而 } a-b=(-1,-3).$$

由于 $||a|-|b||\leqslant|a-b|=\sqrt{10}$,

从而,$f(x)\leqslant\sqrt{10}$,当且仅当 a 与 b 同向,即 $a=\lambda b(\lambda>0)$ 时取等号.

由 $\dfrac{x^2-2}{x^2-1}=\dfrac{x-3}{x}=\lambda$,得 $x=\dfrac{1-\sqrt{37}}{6},\lambda=\dfrac{\sqrt{37}+18}{\sqrt{37}-1}$.

故当 $x=\dfrac{1-\sqrt{37}}{6}$ 时,$f(x)_{\max}=\sqrt{10}$.

5. 因 $1994-x\geqslant 0$ 且 $x-1993\geqslant 0$,则 $1993\leqslant x\leqslant 1994$,可以知道 $y\geqslant 1$.

设 $\vec{a}=(\sqrt{1994-x},\sqrt{x-1993}),\vec{b}=(1,1)$,

$$1=1994-x+x-1993=|\vec{a}|^2\geqslant\dfrac{(\vec{a}\cdot\vec{b})^2}{|\vec{b}|^2}$$

$$=\dfrac{(\sqrt{1994-x}+\sqrt{x-1993})^2}{1^2+1^2}=\dfrac{(\sqrt{1994-x}+\sqrt{x-1993})^2}{2},$$

故 $(\sqrt{1994-x}+\sqrt{x-1993})^2\leqslant 2$,$\sqrt{1994-x}+\sqrt{x-1993}\leqslant\sqrt{2}$.

又由于 $y\geqslant 1$,

函数 $y=\sqrt{1994-x}+\sqrt{x-1993}$ 的值域是 $1\leqslant y\leqslant\sqrt{2}$.

6. 原函数可化为

$$f(x)=\sqrt{10}\left[\sqrt{\left(x+\dfrac{7}{5}\right)^2+\dfrac{16}{25}}+\sqrt{\left(x-\dfrac{9}{10}\right)^2+\dfrac{49}{100}}\right].$$

令 $\vec{a}=(x+\dfrac{7}{5},\dfrac{4}{5}),\vec{b}=(x-\dfrac{9}{10},-\dfrac{7}{10})$,

则 $f(x)=(|\vec{a}|+|\vec{b}|)\cdot\sqrt{10}$,

$\vec{a}-\vec{b}=(\dfrac{23}{10},\dfrac{15}{10}),|\vec{a}-\vec{b}|=\dfrac{\sqrt{754}}{10}$.

又因 $|\vec{a}-\vec{b}|\leqslant|\vec{a}|+|\vec{b}|$,

则 $f(x)\geqslant|\vec{a}-\vec{b}|\cdot\sqrt{10}=\dfrac{\sqrt{1885}}{5}$,

当且仅当 $\vec{a}$ 与 $\vec{b}$ 反向,即 $\vec{a}=\lambda\vec{b}(\lambda<0)$ 时取等号.

由 $\dfrac{x+\dfrac{7}{5}}{x-\dfrac{9}{10}}=\dfrac{\dfrac{4}{5}}{-\dfrac{7}{10}}=\lambda$,

353

得 $x=-\dfrac{13}{75}, \lambda=-\dfrac{8}{7}$.

故当 $x=-\dfrac{13}{75}$ 时，$f(x)_{\min}=\dfrac{\sqrt{1885}}{5}$.

7. 令 $a_1=(\sqrt{1+\sin x},\sqrt{1-\sin x}), a_2=(\sqrt{1-\sin x},\sqrt{1+\sin x})$,

$a_3=(\sqrt{2+\sin x},\sqrt{2-\sin x}), a_4=(\sqrt{2-\sin x},\sqrt{2+\sin x})$,

$a_5=(\sqrt{3+\sin x},\sqrt{3-\sin x}), a_6=(\sqrt{3-\sin x},\sqrt{3+\sin x})$,

则 $a_1+a_2+a_3+a_4+a_5+a_6=(f(x),f(x))$.

从而，$|a_1+a_2+\cdots+a_6|=f(x)\cdot\sqrt{2}$.

而 $|a_1|+|a_2|+\cdots+|a_6|=2(\sqrt{2}+2+\sqrt{6})\geqslant f(x)\cdot\sqrt{2}$,

故 $f(x)\leqslant 2+2\sqrt{2}+2\sqrt{3}$.

当且仅当 $\dfrac{\sqrt{1+\sin x}}{\sqrt{1-\sin x}}=\dfrac{\sqrt{1-\sin x}}{\sqrt{1+\sin x}}=\dfrac{\sqrt{2+\sin x}}{\sqrt{2-\sin x}}=\dfrac{\sqrt{2-\sin x}}{\sqrt{2+\sin x}}=\dfrac{\sqrt{3+\sin x}}{\sqrt{3-\sin x}}=\dfrac{\sqrt{3-\sin x}}{\sqrt{3+\sin x}}$，且分子同号时取等号.

故 $\sin x=0$，即 $x=k\pi, k\in\mathbf{Z}$ 时，

$f(x)_{\max}=2+2\sqrt{2}+2\sqrt{3}$.

8. 设公差为 d，则由题设得 $(a_{n+1}-nd)^2+a_{n+1}^2\leqslant M$，即 $2a_{n+1}^2-2nda_{n+1}+n^2d^2\leqslant M$，于是

$\left(a_{n+1}-\dfrac{n}{2}d\right)^2+\left(\dfrac{n}{2}d\right)^2\leqslant\dfrac{M}{2}$.

令 $\vec{a}=(1,2), \vec{b}=\left(a_{n+1}-\dfrac{n}{2}d, \dfrac{n}{2}d\right)$.

由 $|\vec{a}\cdot\vec{b}|\leqslant|\vec{a}||\vec{b}|$，得

$\left|a_{n+1}+\dfrac{n}{2}d\right|=\left|\left(a_{n+1}-\dfrac{n}{2}d\right)+2\cdot\dfrac{n}{2}d\right|$

$\leqslant\sqrt{1^2+2^2}\cdot\sqrt{\left(a_{n+1}-\dfrac{n}{2}d\right)^2+\left(\dfrac{n}{2}d\right)^2}\leqslant\sqrt{5}\cdot\sqrt{\dfrac{M}{2}}=\dfrac{\sqrt{10M}}{2}$.

因此 $S=a_{n+1}+a_{n+2}+\cdots+a_{2n+1}=(n+1)a_{n+1}+\dfrac{n(n+1)}{2}d=(n+1)\left(a_{n+1}+\dfrac{n}{2}d\right)$

$\leqslant(n+1)\left|a_{n+1}+\dfrac{n}{2}d\right|\leqslant\dfrac{n+1}{2}\sqrt{10M}$.

当且仅当 $\dfrac{n}{2}d=2\left(a_{n+1}-\dfrac{n}{2}d\right)$，且 $a_{n+1}+\dfrac{n}{2}d>0$，$\left(a_{n+1}-\dfrac{n}{2}d\right)^2+\left(\dfrac{n}{2}d\right)^2=\dfrac{M}{2}$ 时，上述不等式取等号. 由此解得 $a_{n+1}=\dfrac{3}{10}\sqrt{10M}, d=\dfrac{2}{5n}\sqrt{10M}$.

所以 S 的最大值为 $\dfrac{n+1}{2}\sqrt{10M}$.

9. 设 B、C 的坐标分别为 $(t^2,2t)$、$(s^2,2s), s\neq t, s\neq 1, t\neq 1$.

由 B、C、D 共线，得 $\overrightarrow{DB}/\!/\overrightarrow{DC}$.

则 $(t^2-5)(2s+2)-(s^2-5)\cdot(2t+2)=0$,

化简得 $ts+t+s+5=0$,

即 $(s+1)(t+1)=-4$.

又 $\overrightarrow{AB}\cdot\overrightarrow{AC}$

$= (t^2-1, 2t-2) \cdot (s^2-1, 2s-2) = (t^2-1)(s^2-1) + (2t-2)(2s-2)$
$= (t-1)(s-1)[(s+1)(t+1)+4] = 0.$
所以 $\overrightarrow{AB} \perp \overrightarrow{AC}.$
从而 $\triangle ABC$ 是直角三角形.

10. 依题意,记 $B(-1,t)(t \in \mathbf{R})$,设点 $C(x,y)$,则有 $0 \leqslant x < a.$
由 OC 平分 $\angle AOB$,得 $\dfrac{\overrightarrow{OA} \cdot \overrightarrow{OC}}{|\overrightarrow{OA}||\overrightarrow{OC}|} = \dfrac{\overrightarrow{OB} \cdot \overrightarrow{OC}}{|\overrightarrow{OB}||\overrightarrow{OC}|} (t \neq 0),$
即 $\dfrac{ax}{a|\overrightarrow{OC}|} = \dfrac{-x+ty}{\sqrt{1+t^2}|\overrightarrow{OC}|},$
化简得 $(x^2-y^2)t = -2xy.$ ①
又 $A、B、C$ 共线,得 $\overrightarrow{AC}//\overrightarrow{AB}$,则 $(x-a)t - (-1-a)y = 0,$
即 $(x-a)t = -(a+1)y.$ ②
由①、②两式消去 t,得 $(a+1)(x^2-y^2) = 2x(x-a),$
即 $(1-a)x^2 + (1+a)y^2 - 2ax = 0(t \neq 0).$
若 $t=0$,则 $\angle AOB = \pi$,点 C 的坐标为 $(0,0)$,满足上式.
因此点 C 的轨迹方程为 $(1-a)x^2 - 2ax + (1+a)y^2 = 0 (0 \leqslant x < a).$
(1) 当 $a=1$ 时,轨迹方程化为 $y^2 = x(0 \leqslant x < 1)$,此时,方程表示抛物线弧段;
(2) 当 $0 < a < 1$ 时,方程表示椭圆弧段;
(3) 当 $a > 1$ 时,方程表示双曲线一支的弧段.

11. 设 $A、B、M$ 的坐标分别为 $(\dfrac{y_1^2}{4p}, y_1)、(\dfrac{y_2^2}{4p}, y_2)、(x,y).$
由 $\overrightarrow{OA} \perp \overrightarrow{OB}$ 得 $\overrightarrow{OA} \cdot \overrightarrow{OB} = 0$,则 $\dfrac{y_1^2}{4p} \cdot \dfrac{y_2^2}{4p} + y_1 y_2 = 0,$
化简得 $y_1 y_2 = -16p^2.$ ①
又由 $\overrightarrow{OM} \perp \overrightarrow{AB}$,有 $\dfrac{y_2^2 - y_1^2}{4p}x + (y_2 - y_1)y = 0,$
化简得 $\dfrac{y_1 + y_2}{4p}x + y = 0.$ ②
因 $A、B、M$ 三点共线,则 $\overrightarrow{AM}//\overrightarrow{AB},$
故 $(x - \dfrac{y_1^2}{4p})(y_2 - y_1) - (\dfrac{y_2^2}{4p} - \dfrac{y_1^2}{4p})(y - y_1) = 0,$
化简得 $x - \dfrac{y_1 + y_2}{4p}y + \dfrac{y_1 y_2}{4p} = 0.$ ③
把①、②两式代入③式,整理得 $x^2 + y^2 - 4px = 0.$
因为 $A、B$ 是原点以外的两点,所以 $x \neq 0.$
所以点 M 的轨迹方程为 $x^2 + y^2 - 4px = 0 (x \neq 0),$
它表示是以 $(2p, 0)$ 为圆心、$2p$ 为半径的圆,且去掉坐标原点.

12. 如图建立直角坐标系,则 $A_1(1,0,1)、B_1(1,1,1)、C_1(0,1,1)、E(\dfrac{1}{2},1,0).$ 设点 $P(0,1,z)$,则
$\overrightarrow{A_1 B_1} = (0,1,0), \overrightarrow{C_1 E} = (\dfrac{1}{2}, 0, -1), \overrightarrow{B_1 P} = (-1, 0, z-1).$
故 $\overrightarrow{C_1 E} \cdot \overrightarrow{A_1 B_1} = 0.$
由 $\overrightarrow{C_1 E} \cdot \overrightarrow{B_1 P} = -\dfrac{1}{2} + 0 - (z-1) = 0$,得 $z = \dfrac{1}{2}.$

故 P 为 CC_1 的中点时，平面 $A_1B_1P \perp$ 平面 C_1DE.

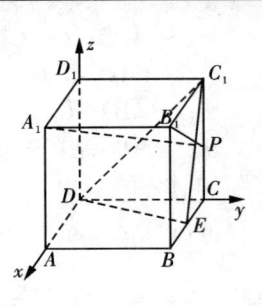

13. 如图，以底面正方形的中点 O 为原点，以平行于底边的直线及 OS 为 x, y, z 轴建立直角坐标系，则 $B(2a, -2a, 0), D(-2a, 2a, 0), M(-a, -a, \sqrt{14}a), N(a, a, \sqrt{14}a)$.

因为 $\overrightarrow{BN} = (-a, 3a, \sqrt{14}a)$,
$\overrightarrow{DM} = (a, -3a, \sqrt{14}a)$,

设 $\vec{n} = (x, y, z)$ 为 DM 与 BN 公垂线的一个方向向量，则由 $\overrightarrow{BN} \cdot \vec{n} = x - 3y - \sqrt{14}z = 0$,
$\overrightarrow{DM} \cdot \vec{n} = x - 3y + \sqrt{14}z = 0$，得 $\vec{n} = (3, 1, 0)$.

因为 $\overrightarrow{MN} = (2a, 2a, 0)$，所以异面直线 DM 与 BN 之间的距离 $d = |\overrightarrow{MN} \cdot \vec{n}|/|\vec{n}| = 4\sqrt{10}a/5$.

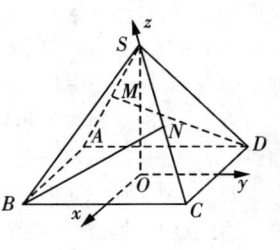

（第12题图）

14. 如图建立空间直角坐标系 A-xyz，设正方体棱长为 1，易得 $\overrightarrow{A_1B} = (1, 0, -1), \overrightarrow{A_1D} = (0, 1, -1), \overrightarrow{AB_1} = (1, 0, 1), \overrightarrow{AD_1} = (0, 1, 1)$，设 $\vec{m} = (x_1, y_1, z_1), \vec{n} = (x_2, y_2, z_2)$ 分别是平面 AB_1D_1 与 A_1BD 的法向量，由

$\begin{cases} \vec{m} \cdot \overrightarrow{A_1B} = 0 \\ \vec{m} \cdot \overrightarrow{A_1D} = 0 \end{cases} \Rightarrow \begin{cases} x_1 - z_1 = 0, \\ y_1 - z_1 = 0. \end{cases}$

令 $z_1 = 1$，得 $\vec{m} = (1, 1, 1)$，

由 $\begin{cases} \vec{n} \cdot \overrightarrow{AB_1} = 0 \\ \vec{n} \cdot \overrightarrow{AD_1} = 0 \end{cases} \Rightarrow \begin{cases} x_2 + z_2 = 0, \\ y_2 + z_2 = 0. \end{cases}$

令 $z_2 = -1$，得 $\vec{n} = (1, 1, -1)$,

所以 $\cos\langle\vec{m}, \vec{n}\rangle = |\vec{m} \cdot \vec{n}|/|\vec{m}||\vec{n}| = \dfrac{1}{3}$,

所以 $\cos\theta = \dfrac{1}{3}$.

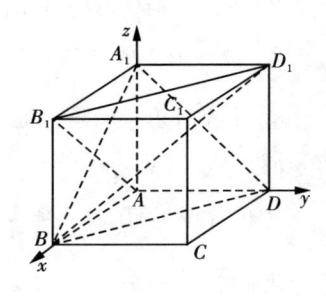

（第13题图）

（第14题图）

15. 由题意，建立如图空间直角坐标系 O-xyz，则 $B(3, 0, 0), D\left(\dfrac{3}{2}, 2, 4\right), \overrightarrow{BD} = \left(-\dfrac{3}{2}, 2, 4\right)$，设 $P = (3, 0, z)$，因为 $BD \perp OP$，故 $\overrightarrow{BD} \cdot \overrightarrow{OP} = \left(-\dfrac{9}{2}\right) + 4z = 0$，所以 $z = \dfrac{9}{8}, \overrightarrow{OP} = \left(3, 0, \dfrac{9}{8}\right)$，易知 $\vec{k} = (0, 0, 1)$ 是平面 AOB 的法向量，设所求的角为 θ，则 $\sin\theta = |\vec{k} \cdot \overrightarrow{OP}|/|\vec{k}||\overrightarrow{OP}| = 3\sqrt{73}/73$，所以 $\theta = \arcsin\dfrac{3\sqrt{73}}{73}$.

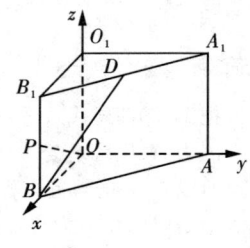

16. 以 C 为原点，CA, CB, CC_1 为 x, y, z 轴建立直角坐标系，取 $|BC| = 2, |CC_1| = a$，则 $A(4, 0, 0), A_1(4, 0, a), B(0, 2, 0), B_1(0, 2, a)$. 因为 $A_1B \perp B_1C$，所以 $\overrightarrow{BA_1} \cdot \overrightarrow{CB_1} = (4, -2, a) \cdot (0, 2, a) = a^2 - 4 = 0, a = 2$.

（第15题图）

设 $\vec{n} = (x, y, z)$ 是面 A_1ABB_1 的一个法向量，则 $\vec{n} \cdot \overrightarrow{A_1B_1} = -4x + 2y = 0$,
$\vec{n} \cdot \overrightarrow{BB_1} = 2z = 0$，得 $\vec{n} = (1, 2, 0)$.

因为 $\overrightarrow{B_1C} = (0, -2, -2)$,

所以 B_1C 与面 A_1ABB_1 所成角 α 的正弦为

$\sin\alpha = |\vec{n} \cdot \overrightarrow{B_1C}|/(|\vec{n}||\overrightarrow{BC_1}|) = \frac{\sqrt{10}}{5}$.

17.(1) 设平面 SND 的法向量为 $\vec{n} = \lambda\overrightarrow{BA} + \mu\overrightarrow{BC} + \overrightarrow{AS}$, 因为 $\vec{n} \perp \overrightarrow{ND}, \vec{n} \perp \overrightarrow{NS}$,

则 $\vec{n} \cdot \overrightarrow{ND} = 0, \vec{n} \cdot \overrightarrow{NS} = 0$.

又 $\vec{n} \cdot \overrightarrow{ND} = (\lambda\overrightarrow{BA} + \mu\overrightarrow{BC} + \overrightarrow{AS}) \cdot (\overrightarrow{NB} + \overrightarrow{BD}) = \lambda\overrightarrow{BA} \cdot \overrightarrow{NB} + \mu\overrightarrow{BC} \cdot \overrightarrow{BD} = -8\lambda + 2\mu = 0$,

$\vec{n} \cdot \overrightarrow{NS} = (\lambda\overrightarrow{BA} + \mu\overrightarrow{BC} + \overrightarrow{AS}) \cdot (\overrightarrow{NA} + \overrightarrow{AS}) = 8\lambda + 4 = 0$, 故 $\lambda = -\frac{1}{2}, \mu = -2$.

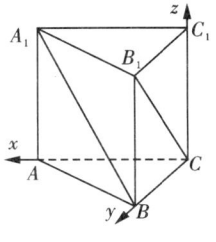

(第16题图)

从而 $\vec{n} = -\frac{1}{2}\overrightarrow{BA} - 2\overrightarrow{BC} + \overrightarrow{AS}$, $|\vec{n}|^2 = (-\frac{1}{2}\overrightarrow{BA} - 2\overrightarrow{BC} + \overrightarrow{AS})^2 = 4 + 16 + 4 = 24$, $|\vec{n}| = 2\sqrt{6}, |\overrightarrow{AS}| = 2$,

$\overrightarrow{AS} \cdot \vec{n} = \overrightarrow{AS} \cdot (-\frac{1}{2}\overrightarrow{BA} - 2\overrightarrow{BC} + \overrightarrow{AS}) = 4$.

设所求二面角 S-ND-A 为 θ, 则

$\cos\theta = \frac{\overrightarrow{SA} \cdot \vec{n}}{|\overrightarrow{SA}| \cdot |\vec{n}|} = \frac{4}{2 \cdot 2\sqrt{6}} = \frac{\sqrt{6}}{6}$.

(2) A 到平面 SND 的距离为

$d = \frac{|\overrightarrow{SA} \cdot \vec{n}|}{|\vec{n}|} = \frac{4}{2\sqrt{6}} = \frac{\sqrt{6}}{3}$.

18. 如图, 以 A 为原点, AC 所在直线为 x 轴, AA_1 所在直线为 z 轴, 建立空间直角坐标系. 据题意, 有关点的坐标为: $A(0,0,0), B(\frac{a}{2}, -\frac{\sqrt{3}}{2}a, 0), A_1(0,0,\sqrt{2}a), C_1(a,0,\sqrt{2}a)$.

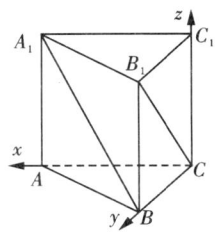

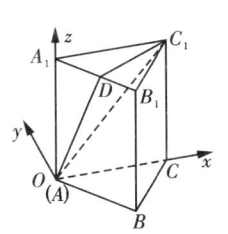

取 A_1B_1 的中点 D, 连结 AD, C_1D.

因为 $C_1D \perp A_1B_1$,

所以 $C_1D \perp$ 面 ABB_1A_1, AC_1 与 AD 所成的角,

即为 AC_1 与侧面 ABB_1A_1 所成的角.

(第18题图)

由 $\overrightarrow{AD} = (\frac{a}{4}, -\frac{\sqrt{3}}{4}a, \sqrt{2}a)$,

$\overrightarrow{AC_1} = (a, 0, \sqrt{2}a)$,

得 $\cos\langle\overrightarrow{AC_1}, \overrightarrow{AD}\rangle = \frac{\overrightarrow{AC_1} \cdot \overrightarrow{AD}}{|\overrightarrow{AC_1}||\overrightarrow{AD}|} = \frac{\sqrt{3}}{2}$.

故 $\overrightarrow{AC_1}$ 与 $\overrightarrow{AD}$ 所成的角, 即 AC_1 与侧面 ABB_1A_1 所成的角为 $30°$.

19.(1) 如图建立空间直角坐标系 B-xyz, 易得

$E(\frac{2}{3}a, 0, \frac{2}{3}a), F(\frac{1}{3}a, \frac{1}{3}a, a)$, 故 $\overrightarrow{EF} = (-\frac{1}{3}a, \frac{1}{3}a, \frac{1}{3}a), \overrightarrow{BA} = (a, 0, 0), \overrightarrow{BC_1} = (0, a, a)$.

设 $\vec{n} = (x, y, z)$ 是平面 ABC_1D_1 的法向量,

由 $\begin{cases} \vec{n} \cdot \overrightarrow{BA} = 0 \\ \vec{n} \cdot \overrightarrow{BC} = 0 \end{cases} \Rightarrow \begin{cases} ax = 0, \\ ay + az = 0. \end{cases}$

357

令 $z=1$，得 $n=(0,-1,1)$.

由 $\overrightarrow{EF} \cdot \vec{n}=(-\frac{1}{3}a,\frac{1}{3}a,\frac{1}{3}a) \cdot (0,-1,1)=0$，

有 $\overrightarrow{EF} \perp \vec{n}$，故 EF // 平面 ABC_1D_1.

(2)由(1)得 $\overrightarrow{BE}=(\frac{2}{3}a,0,\frac{2}{3}a)$，

则 $\overrightarrow{BE} \cdot \vec{n}=(\frac{2}{3}a,0,\frac{2}{3}a) \cdot (0,-1,1)=\frac{2}{3}a$.

故 $d=|\overrightarrow{BE} \cdot \vec{n}|/|\vec{n}|=\frac{\sqrt{2}}{3}a$.

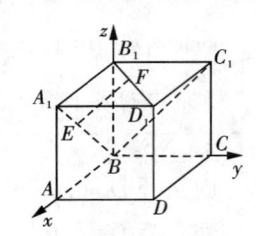

(第19题图)

20.(1)由题意，建立如图空间直角坐标系 O-xyz，则 $O_1(0,1,\sqrt{3})$，$A(\sqrt{3},0,0)$，$A_1(\sqrt{3},1,\sqrt{3})$，$B(0,2,0)$，故 $\overrightarrow{AB}=(-\sqrt{3},2,0)$，$\overrightarrow{AA_1}=(0,1,\sqrt{3})$，显然 $\vec{k}=(0,0,1)$ 为平面 OAB 的法向量，设 $\vec{n}=(x_1,y_1,z_1)$ 为平面 O_1AB 的法向量.

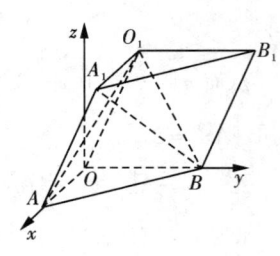

由 $\begin{cases} \vec{n} \cdot \overrightarrow{AB}=0 \\ \vec{n} \cdot \overrightarrow{AA_1}=0 \end{cases} \Rightarrow \begin{cases} -\sqrt{3}x_1+2y_1=0, \\ y_1+\sqrt{3}z_1=0. \end{cases}$

令 $x_1=2$，得 $\vec{n}=(2,\sqrt{3},-1)$，

则 $\cos\langle \vec{n},\vec{k} \rangle=|\vec{n} \cdot \vec{k}|/|\vec{n}||\vec{k}|=\frac{\sqrt{2}}{4}$.

故所求二面角 O-AB-O_1 的大小为 $\arccos\frac{\sqrt{2}}{4}$.

(2)由(1)得 $\overrightarrow{BA_1}=(\sqrt{3},-1,\sqrt{3})$.

设 $\vec{m}(x_2,y_2,z_2)$，且 $\vec{m} \perp \overrightarrow{OA}$，$\vec{m} \perp A_1B$，

由 $\begin{cases} \vec{m} \cdot \overrightarrow{OA}=0 \\ \vec{m} \cdot \overrightarrow{BA_1}=0 \end{cases} \Rightarrow \begin{cases} \sqrt{3}x_2=0, \\ \sqrt{3}x_2-y_2+\sqrt{3}z_2=0. \end{cases}$

令 $z_2=1$，得 $\vec{m}=(0,\sqrt{3},1)$.

故 $d=|\overrightarrow{AA_1} \cdot \vec{m}|/|\vec{m}|=\sqrt{3}$.

(第20题图)

【模拟实战九】

A 组

1. 由 $\arg(1+i)=\frac{\pi}{4}$，可设 $z_1=1+i$.

将向量 $\overrightarrow{OZ_1}$ 按顺时针方向旋转 $\frac{2\pi}{3}$ 后所得到的向量为 $\overrightarrow{OZ_2}$，如图所示，$\overrightarrow{OZ_2}$ 在第四象限，且 $\tan(\arg z_2)<-1$，故得 $\frac{1}{2}(-1+\sqrt{3})-\frac{1}{2}(1+\sqrt{3})i$.

2. 由已知得 $(z_2-z_1)^2+3z_1^2=0$，得 $z_2-z_1=\pm\sqrt{3}z_1 i$，故在复平面上等边两边的复数所对应的向量互

相垂直,即 $OA \perp AB$,故 $S_{\triangle OAB} = \frac{1}{2}|OA| \cdot |AB| = \frac{1}{2}|OA| \cdot |\sqrt{3}OA| = 8\sqrt{3}$.

3. 由于 $z = m + ni$ 是已知方程的一个根,于是,$a(iz)^4 - b(iz)^3 - c(iz)^2 + d(iz) + e = 0$,

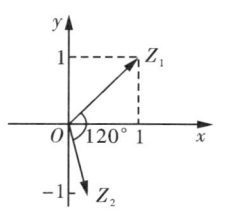

即 $z' = (m+ni) \cdot i = -n + mi$ 是方程 $ax^4 - bx^3 - cx^2 + dx + e = 0$. （*）的根.

由于实系数方程的复根成对出现,故 $\overline{z'} = -n - mi$ 也是(*)的根.

相应地,$\frac{1}{i}(-n - mi) = -m + ni$ 是原方程的根.

4. 由 $M \cap N \neq \varnothing$ 知,两集合必有相同的元素.设 $\cos\alpha + (4 - \cos^2\alpha)i = \cos\beta + (\lambda + \sin\beta)i$,有 $\cos\alpha = \cos\beta$ 且 $4 - \cos^2\alpha = \lambda + \sin\beta$.

消去 α 得,$\lambda = 4 - \cos^2\beta - \sin\beta = 3 + \sin^2\beta - \sin\beta = \frac{11}{4} + (\sin\beta - \frac{1}{2})^2$.

当 $\sin\beta = \frac{1}{2}$、$\sin\beta = -1$ 时,λ 分别取得最小值 $\frac{11}{4}$,最大值 5.故 λ 的取值范围是 $[\frac{11}{4}, 5]$.

5. 由 $\arg(2+2i) = \frac{\pi}{4}$,有 $\arg(2+2i)^4 = \pi$,$\arg(1-\sqrt{3}i) = \frac{5\pi}{3}$,

从而 $\arg(1-\sqrt{3}i)^5 = \frac{\pi}{3}$,于是 $\arg[\frac{(2+2i)^4}{(1-\sqrt{3}i)^5}] = \frac{2\pi}{3}$,

故复数 $\frac{(2+2i)^4}{(1-\sqrt{3}i)^5}$ 对应的点在第二象限,故为 $-1 + \sqrt{3}i$.

6. 因 $\arg(3-\sqrt{3}i) = \frac{11}{6}\pi$,设 $z = 3 - \sqrt{3}i$,则 $\angle XOZ = \frac{\pi}{6}$.

将向量 $\overrightarrow{OZ}$ 按顺时针方向旋转 $\frac{\pi}{3}$ 后对应的向量与虚轴负方向相同,故为 $-2\sqrt{3}i$.

7. 设 $\alpha = a + bi$,$\beta = a - bi$,$a, b \in \mathbf{R}$,则由 $|\alpha - \beta| = 2\sqrt{3}$,得 $|b| = \sqrt{3}$.又由 $\frac{\alpha}{\beta^2} = \frac{\alpha^3}{(\alpha\beta)^2}$ 为实数且 $\alpha\beta$ 为实数,可知 α^3 为实数.即 $(a+bi)^3 = (a^3 - 3ab^2) + (3a^2b - b^3)i$ 为实数,从而 $3a^2b - b^3 = 0$,于是得 $|a| = 1$.故 $|\alpha| = \sqrt{a^2 + b^2} = 2$.

8. 设 $z = r(\cos\theta + i\sin\theta)$,则 $|2z + \frac{1}{z}|^2 = (4r^2 + \frac{1}{r^2}) + 4\cos 2\theta = 1$,$4r^4 + (4\cos 2\theta - 1)r^2 + 1 = 0$.

这个等式成立等价于二次方程 $4x^2 + (4\cos 2\theta - 1)x + 1 = 0$ 的两根 x_1、x_2 均为正数 $\Leftrightarrow$ 判别式 $\Delta = (4\cos 2\theta - 1)^2 - 4^2 \geq 0$ 且 $x_1 + x_2 = -\frac{1}{4}(4\cos 2\theta - 1) > 0$,$x_1 x_2 = \frac{1}{4} > 0 \Leftrightarrow \cos 2\theta \leq -\frac{3}{4} \Leftrightarrow 2k\pi + \pi - \arccos\frac{3}{4} \leq 2\theta \leq 2k\pi + \pi + \arccos\frac{3}{4} \Leftrightarrow k\pi + \frac{\pi}{2} - \frac{1}{2}\arccos\frac{3}{4} \leq \theta \leq k\pi + \frac{\pi}{2} - \frac{1}{2}\arccos\frac{3}{4}$ ($k = 0, 1$).

B 组

1.(1)将原方程两边同时取共轭得 $2\bar{z} + i\bar{z} = 1$,

联立两个方程 $\begin{cases} 2z - i\bar{z} = 1, \\ 2\bar{z} + iz = 1. \end{cases}$

解此方程组得 $z = \frac{2}{3} + \frac{1}{3}i$.

(2)将原方程两边同时取共轭得 $\bar{z}-\bar{\lambda}\cdot\bar{z}=\bar{\omega}$, ①

联立两个方程 $\begin{cases}\bar{z}-\lambda z=\omega,\\ z-\bar{\lambda}\cdot\bar{z}=\bar{\omega}.\end{cases}$ 得 $(1-\lambda\cdot\bar{\lambda})\cdot z=\bar{\lambda}\cdot\omega+\bar{\omega}$. ②

因 $|\lambda|\neq 1$,则 $1-\lambda\cdot\bar{\lambda}\neq 0$,故 $z=\dfrac{\bar{\lambda}\cdot\omega+\bar{\omega}}{1-\lambda\cdot\bar{\lambda}}$.

2. 记 $z|z|+az+\mathrm{i}=0$,

将原方程两边同时取共轭得

$\bar{z}|\bar{z}|+a\bar{z}-\mathrm{i}=0$.

①+②得 $(z+\bar{z})(|z|+a)=0$,

由原方程得 $z\neq 0$,又 $a\geq 0$,则 $|z|+a>0$,

从而 $z+\bar{z}=0$,即 z 为纯虚数.

设 $z=y\mathrm{i}(y\in\mathbf{R})$,则原方程可化为 $y\mathrm{i}|y|+ay\mathrm{i}+\mathrm{i}=0$,即 $y(|y|+a)=-1$.

又 $|y|+a>0$,则 $y<0$.

于是 $y^2-ay-1=0$.

解之得 $y=\dfrac{a-\sqrt{a^2+4}}{2}$. 所以,原方程的解为 $z=\dfrac{a-\sqrt{a^2+4}}{2}\mathrm{i}$.

3. 此题已知函数式中带有两个根式,容易联想到考虑构造相应的复数,通过复数模来研究.

设 $z_1=x+2a\mathrm{i},z_2=a-x+a\mathrm{i}$,则

$y=|z_1|+|z_2|\geq|z_1+z_2|=|a+3a\mathrm{i}|=\sqrt{10}a$.

当且仅当 z_1,z_2 的辐角主值相等时,即 $\dfrac{2a}{x}=\dfrac{a}{a-x}$ 时取到等号,此时 $x=\dfrac{2a}{3}$.

即 $y=\sqrt{4a^2+x^2}+\sqrt{(x-a)^2+a^2}$ 在 $x=\dfrac{2a}{3}$ 时取到最小值 $\sqrt{10}a$.

4. 如图建立复平面,使 $\triangle ABC$ 外接圆圆心位于原点,设外接圆半径为 R,则

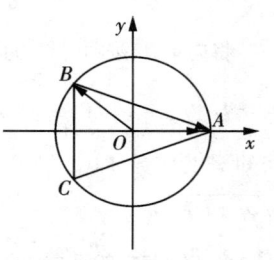

$Z_{\overrightarrow{OA}}=R,Z_{\overrightarrow{OB}}=R(\cos 2C+\mathrm{i}\sin 2C)$.

因 $\overrightarrow{BA}=\overrightarrow{OA}-\overrightarrow{OB}$,则

$Z_{\overrightarrow{BA}}=R-R(\cos 2C+\mathrm{i}\sin 2C)=R[(1-\cos 2C)-\mathrm{i}\sin 2C]$

$=2R\sin C(\sin C-\mathrm{i}\cos C)$.

$|\overrightarrow{BA}|=|2R\sin C(\sin C-\mathrm{i}\cos C)|=2R\sin C\sqrt{\sin^2 C+(-\cos C)^2}$

$=2R\sin C$,

即 $c=2R\sin 2C$. 同理 $a=2R\sin A,b=2R\sin B$,故得结论成立.

(第4题图)

5. 设 $z=\cos\dfrac{\pi}{11}+\mathrm{i}\sin\dfrac{\pi}{11}$,则 $z^{11}=-1,z^{22}=1$.

由于 $\cos\dfrac{n\pi}{11}=\dfrac{z^{2n}+1}{2z^n}$,

所以原式 $=\dfrac{z^2+1}{2z}+\dfrac{z^6+1}{2z^3}+\dfrac{z^{10}+1}{2z^5}+\dfrac{z^{14}+1}{2z^7}+\dfrac{z^{18}+1}{2z^9}=\dfrac{1+z^2+z^4+\cdots+z^{18}}{2z^9}$

$=\dfrac{1-z^{20}}{2z^9(1-z^2)}=\dfrac{z^2-z^{22}}{2z^{11}(1-z^2)}=\dfrac{z^2-1}{2(z^2-1)}=\dfrac{1}{2}$.

6. 假设存在 z_1,z_2 同时满足题设的三个条件. 由(1)得 $z_1\in\mathbf{R},z_2$ 是虚数.

由(2)得 $|z_2+6|^2=2$. (∗) 设 $z_1=a\in\mathbf{R}$.

由(3)得 $az_2^2+z_2+2=0$. 因为 z_2 是虚数,则有 $\Delta=1-8a<0, a>\frac{1}{8}$.

由求根公式有 $z_2=\frac{-1\pm\sqrt{8a-1}\mathrm{i}}{2a}$,代入(*)得 $a=\frac{2}{17}<\frac{1}{8}$. 这与 $a>\frac{1}{8}$ 相矛盾. 因此,同时满足题设三个条件的复数 z_1、z_2 不存在.

【模拟实战十】

A 组

1. $a<0$.

2. C.

3. 由已知,可得
$$f(1)=1-3a+2b=-1 \quad \text{①}$$
又 $f'(x)=3x^2-6ax+2b$,
从而 $f'(1)=3-6a+2b=0$. ②

由①②联立可得 $\begin{cases} 3a-2b=2, \\ 6a-2b=3. \end{cases}$ 则 $\begin{cases} a=\frac{1}{3}, \\ b=-\frac{1}{2}. \end{cases}$

故函数的解析式为 $f(x)=x^3-x^2-x$.
由此得 $f'(x)=3x^2-2x-1$.

根据二次函数的性质,当 $x<-\frac{1}{3}$ 或 $x>1$ 时,$f'(x)>0$;当 $-\frac{1}{3}<x<1$ 时,$f'(x)<0$.

因此,在区间 $(-\infty,-\frac{1}{3})$ 和 $(1,+\infty)$ 上,函数 $f(x)$ 为增函数;在区间 $(-\frac{1}{3},1)$ 内,函数 $f(x)$ 为减函数.

4. (1) 由二项式定理,有
$$C_n^0+C_n^1 x+C_n^2 x^2+\cdots+C_n^n x^n=(1+x)^n. \quad \text{①}$$
上式两边对 x 求导数,得
$$C_n^1+2C_n^2 x+3C_n^3 x^2+\cdots+nC_n^n x^{n-1}=n(1+x)^{n-1}. \quad \text{②}$$
令 $x=1$ 得 $C_n^1+2C_n^2+3C_n^3+\cdots+nC_n^n=n\cdot 2^{n-1}$.

(2) 对②式两边同乘以 x,得
$$C_n^1 x+2C_n^2 x^2+3C_n^3 x^3+\cdots+nC_n^n x^n=nx(1+x)^{n-1}.$$
上式两边对 x 求导数,得
$$C_n^1+2^2 C_n^2 x+3^2 C_n^3 x^2+\cdots+n^2 C_n^n x^{n-1}=n(1+x)^{n-1}+n(n-1)x(1+x)^{n-2}. \quad \text{③}$$
令 $x=1$ 得 $C_n^1+2^2 C_n^2+3^2 C_n^3+\cdots+n^2 C_n^n=n(n+1)2^{n-2}$.

(3) 对③式两边同乘以 x,然后两边对 x 求导数,再令 $x=1$ 即可得结果.

B 组

1. (Ⅰ) $f'(x)=3ax^2+2bx-3$. 由 $f'(1)=f'(-1)=0$,得

$\begin{cases} 3a+2b-3=0, \\ 3a-2b-3=0. \end{cases}$ 解得 $a=1, b=0$.

则 $f(x)=x^3-3x, f'(x)=3x^2-3=3(x+1)(x-1)$.

令 $f'(x)=0$, 得 $x=-1$ 或 $x=1$.

若 $x\in(-\infty,-1)\cup(1,+\infty)$, 则 $f'(x)>0$, 故 $f(x)$ 在 $(-\infty,-1)$ 上是增函数, $f(x)$ 在 $(1,+\infty)$ 上是增函数.

若 $x\in(-1,1)$, 则 $f'(x)<0$, 故 $f(x)$ 在 $(-1,1)$ 上是减函数.

故 $f(-1)=2$ 是极大值, $f(1)=-2$ 是极小值.

(Ⅱ) 曲线方程为 $y=x^3-3x$, 点 $A(0,16)$ 不在曲线上.

设切点为 $M(x_0,y_0)$, 则有 $y_0=x_0^3-3x_0$.

因 $f'(x_0)=3(x_0^2-1)$, 则切线方程为 $y-y_0=3(x_0^2-1)(x-x_0)$.

注意到点 $A(0,16)$ 在切线上, 有 $16-(x_0^3-3x_0)=3(x_0^2-1)(0-x_0)$.

解得 $x_0=-2$.

故切点为 $M(-2,-2)$, 切线方程为 $9x-y+16=0$.

2. (Ⅰ) $f'(x)=\dfrac{4+2ax-2x^2}{(x^2+2)^2}=\dfrac{-2(x^2-ax-2)}{(x^2+2)^2}$.

因 $f(x)$ 在 $[-1,1]$ 上是增函数, 则 $f'(x)\geqslant 0$ 对 $x\in[-1,1]$ 恒成立.

设 $g(x)=x^2-ax-2$, 则

$\begin{cases} g(1)=1-a-2\leqslant 0, \\ g(-1)=1+a-2\leqslant 0. \end{cases}$ 得 $-1\leqslant a\leqslant 1$.

又对 $x\in[-1,1]$, $f(x)$ 是连续函数, 且只有当 $a=1$ 时, $f'(-1)=0$, 以及当 $a=-1$ 时, $f'(1)=0$.

则 $A=\{a\mid -1\leqslant a\leqslant 1\}$.

(Ⅱ) 由 $\dfrac{2x-a}{x^2+2}=\dfrac{1}{x}$, 得 $x^2-ax-2=0$.

因 $\Delta=a^2+8>0$, 则 x_1、x_2 是 $x^2-ax-2=0$ 的两个实根.

则 $x_1+x_2=a, x_1x_2=-2$.

从而 $|x_1-x_2|=\sqrt{(x_1+x_2)^2-4x_1x_2}=\sqrt{a^2+8}$.

又 $-1\leqslant a\leqslant 1$, 则 $|x_1-x_2|=\sqrt{a^2+8}\leqslant 3$.

要使不等式 $m^2+tm+1\geqslant|x_1-x_2|$ 对任意 $t\in[-1,1]$ 及 $a\in A$ 恒成立, 当且仅当 $m^2+tm+1\geqslant 3$ 对任意 $t\in[-1,1]$ 恒成立, 即 $m^2+tm-2\geqslant 0$ 对任意 $t\in[-1,1]$ 恒成立.

设 $g(t)=m^2+tm-2=mt+(m^2-2)$, 则

$\begin{cases} g(-1)=m^2-m-2\geqslant 0, \\ g(1)=m^2+m-2\geqslant 0. \end{cases}$

解得 $m\leqslant -2$ 或 $m\geqslant 2$.

故存在实数 m, 使不等式 $m^2+mt+1\geqslant|x_1-x_2|$ 对任意 $a\in A$ 及 $t\in[-1,1]$ 恒成立, 其取值范围是 $\{m\mid m\leqslant -2 \text{ 或 } m\geqslant 2\}$.

3. (Ⅰ) 因 $f'(x)=-e^{-x}$, 则切线 l 的斜率为 $-e^{-t}$.

故 $l: y-e^{-t}=-e^{-t}(x-t)$, 即 $e^{-t}x+y-e^{-t}(t+1)=0$.

(Ⅱ) 令 $y=0$, 得 $x=t+1$; 令 $x=0$, 得 $y=e^{-t}(t+1)$.

从而 $S(t)=\dfrac{1}{3}(t+1)\cdot e^{-t}(t+1)=\dfrac{1}{2}(t+1)^2 e^{-t}$.

从而 $S'(t)=\dfrac{1}{2}e^{-t}(1-t)(1+t)$.

又当 $t\in(0,1)$ 时,$S'(t)>0$;当 $t\in(1,+\infty)$ 时,$S'(t)<0$,
故 $S(t)$ 的最大值为 $S(1)=\dfrac{2}{e}$.

4.（Ⅰ）$f'(x)=x(ax+2)e^{ax}$.
（ⅰ）当 $a=0$ 时,令 $f'(x)=0$,得 $x=0$.
若 $x>0$,则 $f'(x)>0$,故 $f(x)$ 在 $(0,+\infty)$ 上是增函数;
若 $x<0$,则 $f'(x)<0$,故 $f(x)$ 在 $(-\infty,0)$ 上是增减数.
（ⅱ）当 $a<0$ 时,令 $f'(x)=0$,得 $x=0$ 或 $x=-\dfrac{2}{a}$.
若 $x<0$,则 $f'(x)<0$,故 $f(x)$ 在 $(-\infty,0)$ 上是减函数;
若 $0<x<-\dfrac{2}{a}$,则 $f'(x)>0$,故 $f(x)$ 在 $(0,-\dfrac{2}{a})$ 上是增函数;
若 $x>-\dfrac{2}{a}$,则 $f'(x)<0$,故 $f(x)$ 在 $(-\dfrac{2}{a},+\infty)$ 上是增函数.
（Ⅱ）（ⅰ）当 $a=0$ 时,$f(x)$ 在 $[0,1]$ 上的最大值为 $f(1)=1$;
（ⅱ）当 $-2<a<0$ 时,$f(x)$ 在 $[0,1]$ 上的最大值为 $f(1)=e^a$;
（ⅲ）当 $a\leq-2$ 时,$f(x)$ 在 $[0,1]$ 上的最大值为 $f(-\dfrac{2}{a})=\dfrac{4}{a^2 e^2}$.

5.（Ⅰ）因 $f(x)=\left|1-\dfrac{1}{x}\right|=\begin{cases}\dfrac{1}{x}-1\ (0<x\leq 1),\\ 1-\dfrac{1}{x}\ (x>1).\end{cases}$

则 $f(x)$ 在 $(0,1]$ 上是减函数,在 $(1,+\infty)$ 上是增函数.
由 $0<a<b$ 且 $f(a)=f(b)$,得 $0<a<1<b$,$\dfrac{1}{a}-1=1-\dfrac{1}{b}$,即 $\dfrac{1}{a}+\dfrac{1}{b}=2\Rightarrow 2ab=a+b>2\sqrt{ab}$.
故 $\sqrt{ab}>1$,即 $ab>1$.
（Ⅱ）$0<x<1$ 时,$y=f(x)=\left|1-\dfrac{1}{x}\right|=\dfrac{1}{x}-1$.
有 $f'(x_0)=-\dfrac{1}{x_0^2}\ (0<x_0<1)$.
则曲线 $y=f(x)$ 在点 $P(x_0,y_0)$ 处的切线方程为 $y-y_0=-\dfrac{1}{x_0^2}(x-x_0)$,即 $y=-\dfrac{x}{x_0^2}+\dfrac{2-x_0}{x_0}$.
从而切线与 x 轴、y 轴正向的交点为 $(x_0(2-x_0),0)$ 和 $(0,\dfrac{1}{x_0}(2-x_0))$.
故所求三角形面积的表达式为 $A(x_0)=\dfrac{1}{2}x_0(2-x_0)\cdot\dfrac{1}{x_0}(2-x_0)=\dfrac{1}{2}(2-x_0)^2$.

6.（Ⅰ）函数 $f(x)=x-\ln(x+m)\ (x\in\mathbf{R})$ 连续,且 $f'(x)=1-\dfrac{1}{x+m}$,令 $f'(x)=0$,得 $x=1-m$.
当 $x\in(-m,1-m)$ 时,$f'(x)<0$,$f(x)$ 为减函数,则 $f(x)>f(1-m)$;
当 $x\in(1-m,+\infty)$ 时,$f'(x)>0$,$f(x)$ 为增函数,则 $f(x)>f(1-m)$.
则 $f(1-m)=1-m$ 为极小值,且对 $x\in(-m,+\infty)$ 都有 $f(x)\geq f(1-m)=1-m$.
故当整数 $m\leq 1$ 时,$f(x)\geq 1-m\geq 0$.
（Ⅱ）由（Ⅰ）知,当整数 $m>1$ 时,$f(1-m)=1-m<0$,函数 $f(x)$ 在 $[e^{-m}-m,1-m]$ 上连续.
$f(e^{-m}-m)=e^{-m}-m-\ln(e^{-m}-m+m)=e^{-m}>0$.
当整数 $m>1$ 时,$f(e^{-m}-m)$ 与 $f(1-m)$ 异号.
由所给定理知,存在唯一的 $x_1\in(e^{-m}-m,1-m)$,使 $f(x_1)=0$.

而当整数 $m>1$ 时,$f(e^{2m}-m)=e^{2m}-3m>(1+1)^{2m}-3m>1+2m+\dfrac{2m(2m-1)}{2}-3m>0.$

类似地,当整数 $m>1$ 时,函数 $f(x)$ 在 $[1-m, e^{-m}-m]$ 上为连续增函数,且 $f(1-m)$ 与 $f(e^{2m}-m)$ 异号,由所给定理知,存在唯一的 $x_2 \in [1-m, e^{2m}-m]$,使 $f(x_2)=0$.

故当 $m>1$ 时,方程 $f(x)=0$ 在 $[e^{-m}-m, e^{2m}-m]$ 内有两个实根.

7. (Ⅰ) $f'(x)=3x^2-2(1+a)x+a.$

令 $f'(x)=0$,得 $3x^2-2(1+a)x+a=0.$ ①

因 $\Delta=4(a^2-a+1)>0$,故方程①有两个不等实根 x_1、x_2.

不妨设 $x_1<x_2$,由 $f'(x)=3(x-x_1)(x-x_2)$ 可判别 $f'(x)$ 的符号如下:

当 $x<x_1$ 时,$f'(x)>0$;当 $x_1<x<x_2$ 时,$f'(x)<0$;当 $x>x_2$ 时,$f'(x)>0$.

故 x_1 是极大值点,x_2 是极小值点.

(Ⅱ) 由 $f(x_1)+f(x_2) \leq 0$,

有 $x_1^3+x_2^3-(1+a)(x_1^2+x_2^2)+a(x_1+x_2) \leq 0$,

即 $(x_1+x_2)[(x_1+x_2)^2-3x_1x_2]-(1+a)[(x_1+x_2)^2-2x_1x_2]+a(x_1+x_2) \leq 0.$

又 $x_1+x_2=\dfrac{2}{3}(1+a), x_1x_2=\dfrac{a}{3},$

代入并两边除以 $1+a$,得 $2a^2-5a+2 \geq 0.$

解得 $a \leq \dfrac{1}{2}$(舍去)或 $a \geq 2$.

故当 $a \geq 2$ 时,不等式 $f(x_1)+f(x_2) \leq 0$ 成立.

8. (Ⅰ) 由 $y=f(x)=\ln(e^x+a)$,得 $x=\ln(e^y-a).$

则 $y=f^{-1}(x)=\ln(e^x-a) (x>\ln a).$

$f'(x)=\dfrac{e^x}{e^x+a}.$

(Ⅱ) 由 $|m-f^{-1}(x)|+|\ln(f'(x))|<0$,得

$-\ln\dfrac{e^x+a}{e^x}+\ln(e^x-a)<m<\ln(e^x-a)+\ln\dfrac{e^x+a}{e^x}.$

即对于 $x \in [\ln(3a), \ln(4a)]$,恒有

$\dfrac{e^x(e^x-a)}{e^x+a}<e^m<\dfrac{e^{2x}-a^2}{e^x}.$ ①

设 $t=e^x, u(t)=\dfrac{t(t-a)}{t+a}, v(t)=\dfrac{t^2-a^2}{t},$ 于是不等式①化为 $u(t)<e^m<v(t) (3a \leq t \leq 4a).$

当 $3a \leq t_1<t_2 \leq 4a$ 时,

$u(t_2)-u(t_1)=\cdots=\dfrac{(t_2-t_1)[t_1t_2+a(t_1+t_2)-a^2]}{(t_1+a)(t_2+a)}>0,$

$v(t_2)-v(t_1)=\cdots=\dfrac{t_1t_2(t_2-t_1)+a^2(t_2-t_1)}{t_1t_2}>0,$

故 $u(t)$、$v(t)$ 在 $[3a, 4a]$ 上都是增函数.

故 $u(t)_{\max}=u(4a)=\dfrac{12}{5}a, v(t)_{\min}=v(3a)=\dfrac{8}{3}a.$

从而 $\dfrac{12}{5}a<e^m<\dfrac{8}{3}a,$ 即 $\ln(\dfrac{12}{5}a)<m<\ln(\dfrac{8}{3}a).$

另解 由 $|m-f^{-1}(x)|+\ln(f'(x))<0$,得

$\ln(e^x-a)-\ln(e^x+a)+x<m<\ln(e^x-a)+\ln(e^x+a)-x.$

设 $\varphi(x)=\ln(e^x-a)-\ln(e^x+a)+x, \psi(x)=\ln(e^x-a)+\ln(e^x+a)-x,$ 于是原不等式对于 $x \in$

$[\ln(3a), \ln(4a)]$ 恒成立等价于 $\varphi(x) < m < \psi(x)$.

由 $\varphi'(x) = \frac{e^x}{e^x - a} - \frac{e^x}{e^x + a} + 1, \psi'(x) = \frac{e^x}{e^x - a} + \frac{e^x}{e^x + a} - 1$, 注意到 $0 < e^x - a < e^x < e^x + a$, 故有 $\varphi'(x) > 0, \psi'(x) > 0$, 从而 $\varphi(x)$ 与 $\psi(x)$ 在 $[\ln(3a), \ln(4a)]$ 上都是增函数.

故 $\varphi(\ln(4a)) < m < \psi(\ln(3a))$,

即 $\ln(\frac{12}{5}a) < m < \ln(\frac{8}{3}a)$.

9. 设容器底面短边的边长为 x m, 则另一边长为 $(x+0.5)$ m, 高为
$$\frac{14.8 - 4x - 4(x + 0.5)}{4} = 3.2 - 2x.$$

由 $3.2 - 2x > 0$ 和 $x > 0$, 得 $0 < x < 1.6$.

设容器的容积为 y m³, 则 $y = x(x+0.5)(3.2 - 2x)$.

令 $y' = (x+0.5)(3.2 - 2x) + x(3.2 - 2x) - 2x(x+0.5) = 0$,

得 $15x^2 - 11x - 4 = 0$,

解得 $x_1 = 1, x_2 = -\frac{4}{15}$ (不合题意, 舍去).

又因为 $0 < x < 1.6$,

则当 $0 < x < 1$ 时, $y' > 0$; 当 $1 < x < 1.6$ 时, $y' < 0$,

所以, $x = 1$ 是函数 y 的极大值点, 极大值为 $1 \times 1.5 \times 1.2 = 1.8$.

又由 $x = 0$ 或 $x = 1.6$ 时, $y = 0$,

从而当 $x = 1$ 时, 函数 y 有最大值 1.8, 这时容器的高为 1.2 m.

10. (1) $S(t) = 2(1 - t + t^2 - t^3)$ $(0 < t < \frac{1}{2})$,

$S'(t) = 2(-1 + 2t - 3t^2)$.

由 $a = -3 < 0, \Delta < 0$, 知 $S'(t) < 0$, 故 $S(t)$ 在 $(0, \frac{1}{2})$ 上为减函数.

(2) $S(t) = \frac{1}{2}(t + \frac{1}{t})$ $(t \geq \frac{1}{2}), S'(t) = \frac{1}{2}(1 - \frac{1}{t^2})$.

递增区间: $\begin{cases} S'(t) > 0 \\ t \geq \frac{1}{2} \end{cases} \Rightarrow \begin{cases} t > 1 \text{ 或 } t < -1 \\ t \geq \frac{1}{2} \end{cases} \Rightarrow t > 1$;

递减区间: $\begin{cases} S'(t) < 0 \\ t \geq \frac{1}{2} \end{cases} \Rightarrow \begin{cases} -1 < t < 1 \text{ 且 } t \neq 0 \\ t \geq \frac{1}{2} \end{cases} \Rightarrow \frac{1}{2} \leq t \leq 1$.

综上可知, $S(t)$ 在 $(0, 1)$ 上为减函数, 在 $[1, +\infty)$ 上为增函数.

11. $f(a+1) = f(a) + f(1)$, 特取 $a = 0 \Rightarrow f(1) = f(0) + f(1) \Rightarrow f(0) = 0$, 故 $f(x) = a_1 x + a_2 x^2 + \cdots + a_n x^n$, 再由条件 $f(x+1) = f(x) + f(1)$, 得

$h(x) = a_1(1+x) + a_2(1+x)^2 + \cdots + a_n(1+x)^n = a_1 x + a_2 x^2 + \cdots + a_n x^n + a_1 + a_2 + \cdots + a_n = g(n)$.

两边同求 n 阶导数,

$h^{(n)}(x) = a_n \cdot n \cdot (n-1) \cdots 2 \cdot 1 = g^{(n)}(x) \Rightarrow a_n = 0$,

于是此式变为

$h(x) = a_1(1+x) + a_2(1+x)^2 + \cdots + a_{n-1}(1+x)^{n-1} = a_1 x + a_2 x^2 + \cdots + a_{n-1} x^{n-1} + a_1 + a_2 + \cdots + a_{n-1} = g(x)$. 两边同求 $n-1$ 阶导数, 类似可得 $a_{n-1} = 0$, 故 $a_2 = a_3 = \cdots = a_n = 0$. 此式又变为 $a_1(1+x) = a_1 x + a_1$, 故 $f(x) = a_1 x$.

由题设条件 (2) 易得 $f(k_1) = k_1 \Rightarrow a_1 k_1 = k$.

因为 $k_1\neq 0$，故 $a_1=1$．所以所求多项式为 $f(x)=x$．

12. 设 $f(x)=\dfrac{x}{2-x}(0<x<1)$，则 $f'(x)=\dfrac{2}{(2-x)^2}$，$f''(x)=\dfrac{4}{(2-x)^3}>0$，知 $f(x)$ 为下凸函数，运用琴生不等式即证．

【模拟实战十一】

A 组

1. 倒过来仍是自然数的数字只有 $0,1,6,8,9$，且百位和个位数字不能为 0．故这样的 3 位数有 $C_4^1\times C_5^1\times C_4^1=80$ 个，但其中有的 3 位数倒过来与原数相同（如 619），这种数的十位数字只能为 $0,1,8$，百位及个位只能为 $1,6,8,9$，且个位数字确定后，百位数字也随之确定，这样的数有 $C_3^1 C_4^1=12$ 个．因此，可少打的卡片至多为 $\dfrac{1}{2}(80-12)=34$ 张．

2. 设分配给 3 个学校的名额分别是 x_1,x_2,x_3，则每校至少一个名额的方法数为不定方程 $x_1+x_2+x_3=24$ 的正整数解的个数：$C_{24-1}^{3-1}=C_{23}^2=253$，但这些分配方法中至少有两个学校名额相同的分配方法有 31 种，故满足条件的分配方法共有 $253-31=222$ 种．

3. 考虑 $A、C、E$ 栽同一种植物时，有 $C_4^1\times C_3^1\times C_3^1\times C_3^1=108$ 种方法，考虑 $A、C、E$ 栽 2 种不同植物时，有 $C_4^2 C_3^1 C_2^1 C_2^1 C_2^1=432$ 种方法，考虑 $A、C、E$ 栽 3 种不同植物时，有 $A_4^3 C_2^1 C_2^1 C_2^1=192$ 种方法，共有 $108+432+192=732$ 种方法．或由递推方法一节中的公式（$m=4,n=6$）得共有 $(4-1)^6+(-1)^6(4-1)=732$ 种方法．

4. 设四位数的千位、百位、十位、个位数字分别为 x_1,x_2,x_3,x_4，则 $x_1+x_2+x_3+x_4=12$，$x_1\geqslant 1$，$x_i\geqslant 0(i=2,3,4)$，令 $y_1=x_1-1$，$y_i=x_i(i=2,3,4)$，则①的整数解个数等于 $y_1+y_2+y_3+y_3=11$ 的非负整数解组的个数 $C_{11+4-1}^{4-1}=C_{14}^3=364$．但其中有数字大于 9 的解不能组成 4 位数，这样的解 (x_1,x_2,x_3,x_4) 有下列 22 个：$(12,0,0,0),(11,1,0,0),(11,0,1,0),(11,0,0,1),(1,11,0,0),(1,0,11,0),(1,0,0,11),(10,2,0,0),(10,0,2,0),(10,0,0,2),(2,10,0,0),(2,0,10,0),(2,0,0,10),(10,1,1,0),(10,1,0,1),(10,0,1,1),(1,10,1,0),(1,10,0,1),(1,0,10,1),(1,1,10,0),(1,1,0,10),(1,0,1,10),(1,0,10,1)$．故所求 4 位数的个数为 $364-22=342$．

5. 若 5 种颜色都用，则从 5 色中取 1 色染上顶点有 C_5^1 种方法，其余 4 色染底面 4 个顶点（应为 4 个元素的圆排列）有 $(4-1)!=6$ 种方法，这时的染色方案有 $C_5^1\times 6=30$ 个．若只用 4 种颜色，则从 5 色中取 4 色，再从取出的 4 色中取 1 色染上顶点有 C_5^4 种方法，其余 3 色染底面 4 个顶点（必有一对顶点同色），从 3 色中取 1 色染一对顶点有 C_3^1 种方法，其余 2 色染余下的 2 个顶点只有 $(2-1)!=1$ 种方法，这时的染色方案有 $C_5^4 C_4^1 C_3^1\cdot 1=60$ 个．若只用 3 种颜色，则从 5 色中取 3 色有 C_5^3 种方法，从取出的 3 色中取 1 色染上顶点有 C_3^1 种方法，其余 2 色染底面 4 个顶点（必有 2 对顶点同色）只有 $(2-1)!=1$ 种方法，这时的染色方案有 $C_5^3\cdot C_3^1=30$ 个，故共有 $30+60+30=120$ 个不同的染色方案．

6. 以 S 中的点为圆心可作 n 个圆，使每个圆周上至多有 S 中 k 个点，并且我们称两端点均属于 S 的线段为好线段，于是好线段共有 C_n^2 条．又每个圆上至少有 C_k^2 条弦是好线段，n 个圆上至少共有 nC_k^2 条弦是好线段，但其中有些弦作为两圆的公共弦被重复计算了．由于两个圆至多有 1 条公共弦，故 n 个圆至多有 C_n^2 条公共弦，故至少有 $nC_k^2-C_n^2$ 条不同的弦是好线段，从而 $C_n^2\geqslant nC_k^2-C_n^2$，即 $k^2-k-2(n-1)\leqslant 0$，所以 $k<\dfrac{1}{2}+\sqrt{2n}$．

注：上述证明表明题目中的条件(1)是多余的．

7. 设经过 n 次传球后球一定回到甲手中的不同传球方式共有 a_n 种（不排除第 n 次前球可能回到甲手中），则 $a_1=0,a_2=3$．因为经过 $n-1$ 次传球共有 3^{n-1} 种不同的传球方式．这些方式分为两类：

(1) 第一类是经过 $n-1$ 次传球后，球回到甲的手中，这类传球方式有 a_{n-1} 种．

(2) 第二是经过 $n-1$ 次传球后球传到其他 3 人之一手中，而第 n 次将球传到甲手中，这类传球方式有 a_n 种．

故 $a_n+a_{n-1}=3^{n-1}, \dfrac{a_n}{3^n}=\dfrac{-1}{3}\cdot\dfrac{a_{n-1}}{3^{n-1}}+\dfrac{1}{3}$，令 $b_n=\dfrac{a_n}{3^n}$，则 $b_n=-\dfrac{1}{3}b_{n-1}+\dfrac{1}{3}$，即 $b_n-\dfrac{1}{4}=-\dfrac{1}{3}(b_{n-1}-\dfrac{1}{4})$（这里 $\dfrac{1}{4}$ 是方程 $x=-\dfrac{1}{3}x+\dfrac{1}{3}$ 的根），于是 $b_n-\dfrac{1}{4}=(b_1-\dfrac{1}{4})(-\dfrac{1}{3})^{n-1}=-\dfrac{1}{4}(-\dfrac{1}{3})^{n-1}$，所以 $a_n=3^n b_n=\dfrac{3}{4}[3^{n-1}+(-1)^n]$，特别 $a_{10}=\dfrac{3}{4}(3^9+1)=14763$．

8. 记 $1,2,3,4,5$ 的所有排列组成的集合 $A_i=\{a_1a_2\cdots a_i\mid a_1a_2\cdots a_i$ 恰是 $1,2,\cdots,i$ 的一个排列$\}$($i=1,2,\cdots,5$)，于是符合条件的排列个数为 $|\overline{A_1}\cap\overline{A_2}\cap\overline{A_3}\cap\overline{A_4}\cap\overline{A_5}|=|S|-\sum\limits_{i=1}^{5}|A_i|+\sum\limits_{1\leqslant i<j\leqslant 5}|A_i\cap A_j|-\sum\limits_{1\leqslant i<j<k\leqslant 5}|A_i\cap A_j\cap A_k|+\sum\limits_{1\leqslant i<j<k<t\leqslant 5}|A_i\cap A_j\cap A_k\cap A_t|-|A_1\cap A_2\cap A_3\cap A_4\cap A_5|=5!-(4!+2!\cdot 3!+3!\cdot 2!+4!)+(3!\cdot 2!\cdot 2!+3!\cdot 2!+2!\cdot 2!\cdot 2!+3!)-(2!\cdot 2!\cdot 2!+2!)+1=120-72+30-8+1=71$．(上列各式计算的理由留给读者．例如 $A_2\cap A_3$ 中的排列只有 $\times\times 3\times\times$ 形式，故 $|A_2\cap A_3|=2!\cdot 2!$．)

9. 设每个小分队选出 k 人后，选出的人中没有 20 人来自同一所学校，故每校至多只有 19 人选出，故 $20k\leqslant 19\times 120$，即 $k\leqslant 114$．因此若 $k\geqslant 115$，则每个小分队选出 k 人后，在选出的人中必有 20 人来自同一所学校．另一方面，将学校依次编号为 $1,2,\cdots,120$．如果第 i 个小分队除编号为 $6(i-1)+1,6(i-1)+2,\cdots,6(i-1)+6$ 的学校的 6 名学生没有选出，其余 114 名学生都选出($i=1,2,\cdots,120$)，这样每队都选出了 114 人且每个学校至少有 1 人没有选出，从而没有 20 人来自同一所学校，故所求最小正整数 $k=115$．

10. 设 k 位"吉祥数"$\overline{x_1x_2\cdots x_k}$ 的个数为 $p(k)$，则 $p(k)$ 等于不定方程 $x_1+x_2+\cdots+x_k=7$($x_1\geqslant 1,x_i\geqslant 0,i=2,3,\cdots,k$)的整数解的个数．令 $y_1=x_1-1,y_i=x_i(2\leqslant i\leqslant k)$，则 $p(k)$ 等于不定方程 $y_1+y_2+\cdots+y_k=6$ 的非负整数解的个数，即 $p(k)=C_{6+k-1}^{6}=C_{k+5}^{6}$，因 2005 是形如 $\overline{2abc}$ 的"吉祥数"中最小的一个，且形如 $\overline{1abc}$ 的"吉祥数"的个数等于不定方程 $a+b+c=6$ 的非负整数解的个数，即 $C_{3+3-1}^{2}=C_{8}^{2}=28$．所以 2005 是第 $1+7+28+28+1=65$ 个"吉祥数"，即 $a_{65}=2005$，从而 $n=65,5n=325$．又 $p(4)=C_{9}^{3}=C_{9}^{6}=84,p(5)=C_{10}^{6}=210,\sum\limits_{k=1}^{5}p(k)=1+7+28+84+210=330$，并且从大到小最后 6 个五位"吉祥数"为 $a_{330}=70000,a_{329}=61000,a_{328}=60100,a_{327}=60010,a_{326}=60001,a_{325}=52000$，即 $a_{5n}=a_{325}=52000$．

11. 因对任意 $n\in A,2n+2\in B\subseteq\{1,2,\cdots,100\}$，故 $2n+2\leqslant 100,n\leqslant 49$．故 $A\subseteq\{1,2,3,\cdots,49\}$．将集合 $\{1,2,3,\cdots,49\}$ 分为如下 33 个集合 $\{1,4\}\{3,8\},\{5,12\},\cdots,\{23,48\}$ 共 12 个；$\{2,6\},\{10,22\},\{14,30\},\{18,38\}$ 共 4 个；$\{25\},\{27\},\{29\},\cdots,\{49\}$ 共 13 个 $\{26\},\{34\},\{42\},\{46\}$ 共 4 个．若 $|A|\geqslant 34$，则存在 A 中两个不同元素属于上述 33 个集合中同一集合，即存在 $n\in A$ 且 $2n+2\in A$，矛盾，故 $|A|\leqslant 33$，从而 $|A\cup B|=|A|+|B|=2|A|\leqslant 66$．另一方面，取 $A=\{1,3,5,\cdots,23,2,10,14,18,25,27,29,\cdots,49,26,34,42,46\}$，$B=\{2n+2\mid n\in A\}$，则 A 与 B 满足题目要求且 $|A\cup B|=2|A|=66$，故所求 $|A\cup B|$ 的最大值为 66．

B 组

1. 设 S_n 的所有奇（偶）子集组成的集合为 $S_A(S_B)$，并记 $|S_A|=a_n(|S_B|=b_n)$．

(1)对任意 $X\in S_A$,若 $1\in X$,就令 X 与 S_B 中 $X\setminus\{1\}$ 对应,若 $1\notin X$,就令 X 与 S_B 中 $X\cup\{1\}$ 对应. 易知这是 S_A 与 S_B 之间的一一对应,故 $a_v=|S_A|=|S_B|=b_n$.

(2)设所有奇(偶)子集的容量之和记为 $A_n(B_n)$,若 n 为奇数,则 S_n 中所有奇子集由两类组成:①S_{n-1} 中的奇子集,②S_{n-1} 的偶子集与 $\{n\}$ 的并集. 于是 $A_n=A_{n-1}+(B_{n-1}+n\cdot b_{n-1})$. 类似地有 $B_n=B_{n-1}+(A_{n-1}+n\cdot a_{n-1})$,而 $a_{n-1}=b_{n-1}$,故 $A_n=B_n$. 若 n 为偶数,则类似有 $A_n=A_{n-1}+(A_{n-1}+n\cdot a_{n-1})=2A_{n-1}+n\cdot a_{n-1}$ 及 $B_n=2B_{n-1}+n\cdot b_{n-1}$,而已证 $A_{n-1}=B_{n-1}$(因 $n-1$ 为奇数)及 $a_n=b_n$,所以 $A_n=B_n$,故对一切 $n\geqslant 3$,总有 $A_n=B_n$.

(3)设 X 在 S_n 中余集为 $\overline{X}$,则 X 的容量与 $\overline{X}$ 的容量之和为 S_n 的容量 $1+2+\cdots+n=\frac{1}{2}n(n+1)$. 因此 S_n 中所有子集的容量之和为 $2^{n-1}\cdot\frac{1}{2}n(n+1)=2^{n-2}\cdot n(n+1)$. 又 $A_n=B_n$,所以 $A_n=\frac{1}{2}\cdot(A_n+B_n)=\frac{1}{2}\cdot 2^{n-2}\cdot n(n+1)=2^{n-3}n(n+1)$.

2. 作 $(4n+3)\times(4n+3)$ 的元素从属关系表,其中第 i 行第 j 列处的数为 $x_{ij}=\begin{cases}1(若\ x_i\in A_j)\\0(若\ x_i\notin A_j)\end{cases}(i,j=1,2,\cdots,4n+3)$. 则表中第 i 行元素之和 $r_i=\sum_{j=1}^{4n+3}x_{ij}$ 表示 x_i 属于 $A_1,A_2,\cdots,A_{4n+3}$ 中 r_i 个集合,表中第 j 列元素之和 $|A_j|=\sum_{i=1}^{4n+3}x_{ij}$ 恰为集合 A_j 中元素的个数. 于是 $\sum_{i=1}^{4n+3}r_i=\sum_{i=1}^{4n+3}\sum_{j=1}^{4n+3}x_{ij}=\sum_{j=1}^{4n+3}\sum_{i=1}^{4n+3}x_{ij}=\sum_{j=1}^{4n+3}|A_j|\geqslant(2n+1)(4n+3)$ ①. 若 $x_k\in A_i\cap A_j(i\neq j)$,则将 $\{x_k;A_i,A_j\}$ 组成三元组,设这种三元组的个数为 S. 一方面,每对集合 $A_i,A_j(i\neq j)$ 可组成 $|A_i\cap A_j|$ 个三元组,故 $S=\sum_{1\leqslant i<j\leqslant 4n+3}|A_i\cap A_j|$ ②. 另一方面 x_k 属于 r_k 个集合,可组成 $C_{r_k}^2$ 个含 x_k 的三元组,所以 $S=\sum_{k=1}^{4n+3}C_{r_k}^2$ ③. 由②,③可得 $\sum_{1\leqslant i<j\leqslant 4n+3}|A_i\cap A_j|=\sum_{k=1}^{4n+3}C_{r_k}^2$. 由已知条件(1)有 $|A_i\cap A_j|\leqslant n$ ④,故利用 Cauchy 不等式及①有 $n(4n+3)(2n+1)=nC_{4n+3}^2\geqslant\sum_{1\leqslant i<j\leqslant 4n+3}|A_i\cap A_j|=\frac{1}{2}\cdot[\sum_{i=1}^{4n+3}r_i^2-\sum_{k=1}^{4n+3}r_k]\geqslant\frac{1}{2}[\frac{1}{4n+3}(\sum_{k=1}^{4n+3}r_k)^2-\sum_{k=1}^{4n+3}r_k]=\frac{1}{2(4n+3)}(\sum_{k=1}^{4n+3}r_k)\cdot[\sum_{k=1}^{4n+3}r_k-(4n+3)]=\frac{1}{2(4n+3)}\times(2n+1)(4n+3)[(2n+1)(4n+3)-(4n+3)]=n(4n+3)(2n+1)$. 可见上述不等式中的等号成立,从而④中等号成立,即对任意 $i,j(1\leqslant i<j\leqslant 4n+3)$,$|A_i\cap A_j|=n$.

3. 记 $S_n(m)=\{m,m+1,\cdots,m+n-1\}$,$A_i=\{t|t\in S_n(2)$ 且 t 被 i 整除$\}(i=2,3)$,由容斥原理得 $|A_2\cup A_3|=|A_2|+|A_3|-|A_2\cap A_3|=[\frac{n+1}{2}]+[\frac{n+1}{3}]-[\frac{n+1}{6}]$,从 $A_2\cup A_3$ 中任取 3 个数,其中必有 2 个数同属于 A_2 或同属于 A_3,它们不互素,故必有 $f(n)\geqslant|A_2\cup A_3|+1=[\frac{n+1}{2}]+[\frac{n+2}{2}]-[\frac{n+1}{6}]+1$. 因此,$f(4)\geqslant 4,f(5)\geqslant 5,f(6)\geqslant 6$. 其次,$S_4(m)=\{m,m+1,m+2,m+3\}$ 中,若 $2|m$,则 $m+1,m+2,m+3$ 两两互素;若 $2\nmid m$,则 $m,m+1,m+2$ 两两互素,故 $f(4)\leqslant 4$,从而 $f(4)=4$.

同理,$S_5(m)=\{m,m+1,m+2,m+3,m+4\}$ 中必有 3 个数两两互素,故 $f(5)\leqslant 5$,从而 $f(5)=5$. 在 $S_6(m)=\{m,m+1,m+2,m+3,m+4,m+5\}$ 中 6 个数被 6 除的余数分别为 $0,1,2,3,4,5$. 不妨记 S_6 中 6 个数为 $x_0,x_1,\cdots,x_5$,其中 x_i 被 6 除的余数为 $i(i=0,1,2,\cdots,5)$,从 $S_6(m)$ 中任取 5 个数组成的集合为 X. 若 x_0 或 x_4,或 $x_5\notin X$,则 X 中 3 个数 x_1,x_2,x_3 两两互素;若 $x_1\notin X$,则 X 中 3 个数 x_2,x_3,x_5 两两互素;若 x_2 或 $x_3\notin X$,则 X 中 x_1,x_4,x_5 两两互素. 可见 $f(6)\leqslant 5$,对 $n\geqslant 7$,记 $g(n)=[\frac{n+1}{2}]+[\frac{n+1}{3}]-[\frac{n+1}{6}]+1$,设 $n=6k+r(0\leqslant r\leqslant 5)$,则 $g(n)=\begin{cases}4k+r+1(r=0,1,2,3)\\4k+r(r=4,5)\end{cases}$,设 X 是 $S_n(m)$ 的任意 $g(n)$ 元子

集,我们要证 X 中必有 3 个数两两互素. 将 $S_n(m)$ 中的数每 6 个连续整数为一组,共分成 k 组,余下 r 个数一组,一共 $k+1$ 组. 对于 $S_n(m)$ 的 $g(n)$ 元子集 X,当 $r=0,1,2,3$,前 k 组中至少含有 X 中 $4k+1$ 个数,故必有一组中至少含 X 中 5 个数,由 $f(6)=5$ 知这 5 个数中必有 3 个数两两互素. 当 $r=4,5$ 时,若前 k 组内至少有一组内含有 X 中 5 个数,则同上知这 5 个数中必有 3 个数两两互素. 否则,前 k 组的每组中至多含 X 中 4 个数,但 $|X|=4k+r$,故前 k 组中每组恰含 X 中 4 个数且第 $k+1$ 组中 r 个数都属于 X. 由 $f(r)=r$ $(r=4,5)$ 知这 r 个数中必有 3 个数两两互素. 这就证明了 $S_n(m)$ 的任意 $g(n)$ 元子集中必有 3 个数两两互素,所以 $f(n) \geqslant g(n) = \left[\frac{n+1}{2}\right] + \left[\frac{n+1}{3}\right] - \left[\frac{n+1}{6}\right] + 1$. 综上得 $f(n) = \left[\frac{n+1}{2}\right] + \left[\frac{n+1}{3}\right] - \left[\frac{n+1}{6}\right] + 1$.

4. 用 $b_1, b_2, \cdots, b_{20}$ 表示小孩,$G_1, G_2, \cdots, G_m$ 表示祖父,作 $20 \times m$ 的表格,其中第 i 行第 j 列处的数为 $x_{ij} = \begin{cases} 1(若 b_i 是 G_j 的孙子) \\ 0(若 b_i 不是 G_j 的孙子) \end{cases}$,则表中第 i 行数之和 $r_i = \sum_{j=1}^{m} x_{ij}$ 表示 b_i 的祖父数,表中第 j 列数之和 $l_j = \sum_{i=1}^{20} x_{ij}$ 表示 G_j 的孙子数,因为每个小孩只有 2 位祖父,所以 $r_i = 2 (1 \leqslant i \leqslant 20)$,于是 $\sum_{j=1}^{m} l_j = \sum_{j=1}^{m} \sum_{i=1}^{20} x_{ij} = \sum_{i=1}^{20} \sum_{j=1}^{m} x_{ij} = \sum_{i=1}^{20} r_i = 40$ ①. 不妨设 $l_1 = \max\{l_1, l_2, \cdots, l_m\}$,若表中第 1 列数全为 1,则 $l_1 = 20$. 下设第 1 列中数不全为 1,不妨设 $x_{21} = 0$. 因 b_2 与 b_1 有共同祖父,但 G_1 不是 b_2 的祖父,不妨设 b_2 与 b_1 的共同祖父为 G_2,b_2 的另一个祖父为 G_3. 如果 G_1 的每个孙子都是 G_2 的孙子,则 G_2 至少比 G_1 多一个孙子 b_2,故 $l_2 \geqslant l_1 + 1$,这与假设 l_1 最大矛盾,故 G_1 必有一个孙子(设为 b_3)不是 G_2 的孙子,即 $x_{31} = 1, x_{32} = 0$,但 b_3 与 b_2 有共同祖父,他不可能为 G_2 (因 $x_{32} = 0$),只可能为 G_3,即 $x_{33} = 1$.

下面我们证明对任意 $b_i (4 \leqslant i \leqslant 20)$,他的祖父只可能是 G_1, G_2, G_3 中的两个,从而 $m=3$. 事实上,$b_i (i \geqslant 4)$ 与 b_1 的共同祖父只可能是 G_1 或 G_2,$b_i (i \geqslant 4)$ 与 b_2 的共同祖父只可能是 G_2 或 G_3. 又 $b_i (i \geqslant 4)$ 与 b_3 的共同祖父只可能是 G_1 或 G_3,可见 $b_i (i \geqslant 4)$ 的祖父只可能为 G_1, G_2, G_3 中的两个. 从而 $m=3$,于是由①得 $l_1 \geqslant \frac{1}{3}(l_1 + l_2 + l_3) = \frac{40}{3}$,故 $l_1 \geqslant 14$.

另一方面,设 G_1 的孙子是 $b_1, b_2, \cdots, b_{14}$,G_2 的孙子是 $b_1, \cdots, b_7$ 及 $b_{15}, \cdots, b_{20}$,G_3 的孙子是 $b_8, b_9, \cdots, b_{20}$,则任意两个孙子都有共同的祖父. 其中 G_1 的孙子最多,有 14 个. 综上知有孙子最多的祖父至少有 14 个孙子.

5. 将 14 人用 $A_1, A_2, \cdots, A_{14}$ 表示,设 A_i 胜了 a_i 局,若任意 3 人中无"三角联",则其中必有 1 人胜了其他 2 人,故不构成"三角联"三人组的数目为 $\sum_{i=1}^{14} C_{a_i}^2$ (这里约定 $C_0^2 = C_1^2 = 0$),从而构成"三角联"的三人组数目为 $S = C_{14}^3 - \sum_{i=1}^{14} C_{a_i}^2$. 要求 S 的最大值,只需求 $\sum_{i=1}^{14} C_{a_i}^2$ 的最小值. 因为没有平局,故 $\sum_{i=1}^{14} a_i = C_{14}^2 = 91$. 首先证明,若 $\sum_{i=1}^{14} C_{a_i}^2$ 取最小值,则 $|a_i - a_j| \leqslant 1 (1 \leqslant i < j \leqslant 14)$. 事实上若存在 $1 \leqslant i, j \leqslant 14$,使 $a_j - a_i \geqslant 2$,令 $a_i' = a_i + 1, a_j' = a_j - 1, a_k' = a_k (k \neq i, j)$,则 $a_k' \geqslant 0 (1 \leqslant k \leqslant 14)$ 且 $\sum_{k=1}^{14} a_k' = \sum_{k=1}^{14} a_k = 91$,且 $\sum_{k=1}^{14} C_{a_k'}^2 - \sum_{k=1}^{14} C_{a_k}^2 = C_{a_i+1}^2 + C_{a_j-1}^2 - C_{a_i}^2 - C_{a_j}^2 = C_{a_i}^1 - C_{a_j-1}^1 = a_i - (a_j - 1) = -(a_j - a_i - 1) < 0$,这与 $\sum_{i=1}^{14} C_{a_i}^2$ 为最小值矛盾,故 $\sum_{i=1}^{14} C_{a_i}^2$ 取最小值时应有 $|a_i - a_j| \leqslant 1 (1 \leqslant i < j \leqslant 14)$. 不妨设 $a_1, a_2, \cdots, a_{14}$ 中有 n 个为 $x+1$,$14-n$ 个为 x,则 $n(x+1) + (14-n)x = 91, n + 14x = 91$,故 x, n 分别为 91 除以 14 所得的商和余数,即 $x=6, n=7$,即 $a_1, \cdots, a_{14}$ 中有 7 个 6 和 7 个 7 时 $\sum_{i=1}^{14} C_{a_i}^2$ 取最小值 $7 \times C_6^2 + 7 \times C_7^2 = 252$. 从而"三角联"的最大值只可能为 $S = C_{14}^3 - 252 = 112$. 另一方面,当 $1 \leqslant i \leqslant 7$ 时,设 A_i 胜 $A_{i+1}, A_{i+2}, \cdots, A_{i+6}$ 这 6 个人(约定 $A_{j+14} = A_j$),而败于其余 7 人;当 $8 \leqslant j \leqslant 14$ 时,设 A_j 胜 $A_{j+1}, A_{j+2}, \cdots, A_{j+7}$ 这 7 个人(约定 $A_{j+14} = A_j$)而败于其余 6 人,则"三角联"的个数恰为 $C_{14}^3 - (7C_6^2 + 6C_7^2) = 112$. 综上所知所求三角联的最大数目为 112.

6. 将 I 的所有具有下列性质的子集 M 称为好子集：$\mathcal{A}$ 中任何元(I 的三元子集)不是 M 的子集，显然 I 的好子集是存在的(例如 I 的任何二元子集均为好子集)，且个数有限. 设 X 是含元素个数最多的一个好子集，并设 $|X|=k$，则 X 满足条件(1)，只需证 X 满足条件(2). 记 $Y=I\backslash X$，由条件(1)知 $X\neq I$，故 $Y\neq\varnothing$. 设 $Y=\{y_1,y_2,\cdots,y_{n-k}\}$. 由 X 所含元素最多的性质知对任意 $y_i\in Y$，存在 $\mathcal{A}$ 中元 A_i(I 的三元子集)，使 $A_i\subset X\cup\{y_i\}$，而 $A_i\not\subset X$，故存在 $x_{i_1},x_{i_2}\in X$，使 $A_i=\{x_{i_1},x_{i_2},y_i\}$. 我们就令 y_i 与 $\{x_{i_1},x_{i_2}\}$ 对应，构成从 Y 到 X 的所有二元子集组成的集族 $\mathcal{B}$ 之间的一个映射 f. 下面证明 f 为单射. 事实上，对任意 $y_i,y_j\in Y(i\neq j)$，存在 X 的二元子集 $\{x_{i_1},x_{i_2}\}$，$\{x_{j_1},x_{j_2}\}$，使 $A_i=\{x_{i_1},x_{i_2},y_i\}$ 及 $A_j=\{x_{j_1},x_{j_2},y_j\}$ 都属于 $\mathcal{A}$. 若 $\{x_{i_1},x_{i_2}\}=\{x_{j_1},x_{j_2}\}$，则 A_i 与 A_j 有两个公共元，这与已知矛盾，故 f 为单射，所以 $|Y|\leqslant|\mathcal{B}|$，即 $n-k\leqslant C_k^2$，由此得 $[\sqrt{k(k+1)}]\geqslant[\sqrt{2n}]$. 但 $k<\sqrt{k(k+1)}<k+1$，故 $|X|=k=[\sqrt{k(k+1)}]\geqslant[\sqrt{2n}]$.

7. 如图 1，用直线段相连的每 5 格内至少要取走 1 个棋子，故至少要取走 10 个棋子. 若只取走 10 枚棋子，则中间 3×2 矩形内的棋子都没有取去，于是第 3、4、5 行中每行至少取去 2 个棋子. 若 A 处的棋子没有取去，则 B 与 C 处的棋子至少要取走一个(否则 D、E、A、B、C 处的棋子成 5 子连，矛盾(图 1)). 若 B(或 C)处的棋子被取走，则它所在的行至少还要取走一个棋子，于是这一行加上第 3、4、5 行中每行至少取走 2 个棋子，其他 3 行每行至少取走一个棋子，从而一共至少要取走 $2\times 4+3=11$ 个棋子，矛盾，故 A 处的棋子必须取走. 同理 F 处的棋子也必须取走. 因此，用直线段相连的 10 个 5 连格中，每个至少要取走 1 个棋子，且含 A、F 的 5 连格中，A、F 处的 2 个棋子都要取去，故一共要取走 $9+2=11$ 个棋子，矛盾. 可见只取走 10 个棋子不满足要求. 另一方面，如图 2，将画有黑点"·"处的 11 个棋子取走满足题目要求. 综上所述，知最少要取走 11 个棋子.

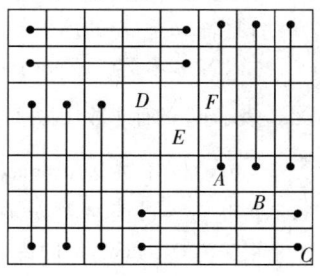

(第 7 题图 1)

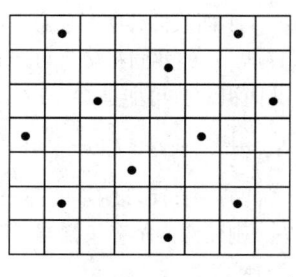

(第 7 题图 2)

8. (1)当 $|X|=2n-2$ 时，不一定存在满足条件的 Y. 事实上，令 $X=\{1,2,\cdots,2n-2\}$，考虑 Z 的一个划分：$B_i=\{2i-1,2i\}(i=1,2,\cdots,n-1)$. 因 $|Y|=n$，故 Y 中至少有两个元素属于同一个 B_j，故此时 $|Y\cap B_j|=2>1$，矛盾. (2)下证 $|X|=2n-1$ 符合题意. 记 $B=\bigcup_{i=1}^{n}B_i$，$|B|=2n-1-z$，则存在 Z 个在所有 B_i 中没有出现的元素，记为 $a_1,a_2,\cdots,a_z$. 如果 $z\geqslant n-1$，则取 $Y=\{a_1,a_2,\cdots,a_{n-1},d\}$，$d\in B$ 即可. 下设 $z<n-1$. 假设在 $B_1,B_2,\cdots,B_n$ 中仅出现过一次的元素有 t 个，因为 $\sum_{i=1}^{n}|B_i|=2n$，则 $t+2(2n-1-z-t)\leqslant 2n$，即 $t\geqslant 2n-2-2z$. 故在 $B_1,B_2,\cdots,B_n$ 中出现次数 $\geqslant 2$ 的元素至多累计出现了 $2n-(2n-2-2z)=2+2z$ 次. 设在 $B_1,B_2,\cdots,B_n$ 中仅出现一次的元素为 $b_1,b_2,\cdots,b_z$，于是 $B_1,B_2,\cdots,B_n$ 中元素不含 $b_1,b_2,\cdots,b_t$ 的 B_j 至多有 $\frac{2+2z}{2}=1+z$ 个. 故至少有 $n-(z+1)=n-z-1$ 个 B_j 含有 $b_1,b_2,\cdots,b_t$. 不妨设 $B_1,B_2,\cdots,B_{n-z-1}$ 分别含有 $b_1,b_2,\cdots,b_t$ 中元素 $\widetilde{b_1},\widetilde{b_2},\cdots,\widetilde{b_{n-z-1}}$，因为 $2(n-1-z)=2n-2-2z<2n-1-z=|B|$，所以必有 B 中某个元素 d 不出现在 $B_1,B_2,\cdots,B_{n-z-1}$ 中且出现在 $B_{n-z},\cdots,B_n$ 中. 记 $Y=\{a_1,a_2,\cdots,a_z,\widetilde{b_1},\widetilde{b_2},\cdots,\widetilde{b_{n-z-1}},d\}$，则 Y 满足要求. 综上得 $|X|$ 的最小值为 $2n-1$.

【模拟实战十二】

A 组

1. 10 个数中取 6 个数的取法有 C_{10}^6,

而取法中第二小的数是 3 的取法,即从 1,2 中取一个,再从 4,5,6,…,10 中取 4 个,即 $C_2^1 C_7^4$.

所以所求概率 $p=\dfrac{C_2^1 C_7^4}{C_{10}^6}=\dfrac{C_2^1 C_7^3}{C_{10}^4}=\dfrac{1}{3}$.

2. 当且仅当被选出的奇标号的小球的个数是奇数个时,被选出的小球的标号和为奇数(如若是偶数个,则它们的标号和必为偶数).而从 11 个小球中选出 6 个小球,选出的总数为 $C_{11}^6=462$ 种.

其中有一个奇标号小球的选法数为 $C_6^1 \cdot C_5^5=6$;

有 3 个奇标号小球的种数为 $C_6^3 \cdot C_5^3=200$;

有 5 个奇标号小球的种数为 $C_6^5 \cdot C_5^1=30$.

所以题中所求的概率是 $\dfrac{6+200+30}{462}=\dfrac{118}{231}$.

3. 首选从集合任取三元素的总事倒数为 $5^3=125$.

下面考虑 c 的情况:从 $\{1,3,5\}$ 中选一个有 $C_3^1=3$ 种情况 c 是奇数;从 $\{2,4\}$ 中选一个有 $C_2^1=2$ 种情况 c 是偶数.

而 ab 为奇数的情形有 $3^2=9$ 种,为偶数的情形有 $5^2-3^2=16$ 种.

由"奇+奇=偶","偶+偶=偶"知,$ab+c$ 为偶数的情形共有 $3\times 9+2\times 16=59$(种),

这样所求概率为 $\dfrac{59}{125}$.

4. 数字 1~9 与 1~9 和的个位数可如下表:

〈m+n〉\ m \ n	1	2	3	4	5	6	7	8	9
1	2	3	4	5	6	7	8	9	0
2	3	4	5	6	7	8	9	0	1
3	4	5	6	7	8	9	0	1	2
4	5	6	7	8	9	0	1	2	3
5	6	7	8	9	0	1	2	3	4
6	7	8	9	0	1	2	3	4	5
7	8	9	0	1	2	3	4	5	6
8	9	0	1	2	3	4	5	6	7
9	0	1	2	3	4	5	6	7	8

这里 〈m+n〉 表示 $m+n$ 的个位数字.从表中可看出:0 在表中出现 9 次,其余数字皆出现 8 次.

两人所取数字和最大可能是 0.

5. 3^n 的末位数字随 n 的增大(从 1 开始)依 3,9,7,1 周期变化,7^m 的末位数字依 7,9,3,1 周期性变化.

因为它们的周期均为 4,又 1~100 这 100 个数中,$4k$,$4k+1$,$4k+2$,$4k+3$ 型数的个数是均等的(各有 25 个),

在上述尾数中,只有 7+1,1+7,9+9 这三种情形中的末位数字是 8. 即

a	$4k+2$	$4k+3$	$4k$
b	$4l+2$	$4l$	$4l+1$
3^a+7^b 末位	8	8	8

这样从四种数型中取 a 和 b 的数对 (a,b) 取法共 $C_4^1 C_4^1 = 16$ 种,而其中仅 3 种符合题设.

则所求概率(可能性)为 $\dfrac{3}{16}$.

6. $\{4,5,6,7,8\}$.

7. 对 2.5 依题设分拆(成两个非负数)取整(将此两数写成与之最接近的整数)后的两数只能为下面几种情形:

0,2;1,1;2,0;2,1;1,2.

其中和为 3 者有 2 种,故其概率为 $\dfrac{2}{5}$.

或者对于 $x+y=2.5$ 的分拆可用下图表示(每条竖直直线与两数轴交点所表示的数为一种分拆),图中圆圈数字为该区间段(各有五段)上的数取整数时的数.

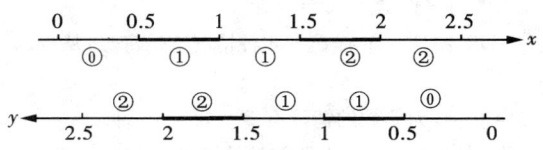

显然适合题意的数分拆,仅有 2 段,其概率为 $\dfrac{2}{5}$.

8. 由题设知 X 赢的概率为 $p_x = \dfrac{1}{4}$,Y 赢的概率为 $p_y = \dfrac{3}{5}$,若 Z 赢的概率为 p_z,则

$$p_z = 1 - p_x - p_y = 1 - \dfrac{1}{4} - \dfrac{3}{5} = \dfrac{3}{20}.$$

因此 $q_z = 3, p_z = 17$. 即为 17 比 3.

9. 因为一共有 7 种抽出情形使小球数码的和为 6,且它们是等可能的.

用下面的三元有序组来表示即

(1,2,3),(1,3,2),(2,1,3),(2,3,1),(3,1,2),(3,2,1) 和 (2,2,2),

所以记号为 2 的球三次全被抽中的概率为 $\dfrac{1}{7}$.

10. 因为 $1994 = 6 \times 332 + 2$,此即说:掷 333 次出现 332 次 6 和一次 2 是所掷次数最少者,显然出现该情况的概率不为 0.

掷 333 次骰子出现 332 次 6 和一次 2 的概率与出现 332 次 1 和一次 2 的概率相等,且此时出现的点数和最小:$1 \times 332 + 2 = 334$.

故 S 的最小值是 334.

11. 记 p_3, p_4 为取出三枚和四枚硬币时,已将全部三枚亮币取出的概率,则 $\dfrac{a}{b} = 1 - (p_3 + p_4)$.

$$p_3 = \dfrac{3}{7} \cdot \dfrac{2}{6} \cdot \dfrac{1}{5} = \dfrac{1}{35},$$

(即第一次取出亮币,第二次也取出亮币,第三次再取出亮币的概率)

$p_4 = \frac{4}{7} \cdot \frac{3}{6} \cdot \frac{2}{5} \cdot \frac{1}{4} \cdot \frac{3}{7} \cdot \frac{4}{6} \cdot \frac{2}{5} \cdot \frac{1}{4} \cdot \frac{3}{7} \cdot \frac{2}{6} \cdot \frac{4}{5} \cdot \frac{1}{4} = \frac{3}{35}.$

(即前三次中分别在第一次或第二次或第三次取得旧币,且第四次取得亮币的概率和)

这样 $\frac{a}{b} = 1 - (\frac{1}{35} + \frac{3}{35}) = \frac{31}{35}$,

则 $a+b=66$.

12. 显然抛 50 次硬币,正面朝上次数为偶数的概率系 $(\frac{1}{3}+\frac{2}{3})^{50}$ 展开式中 $\frac{2}{3}$ 的幂次为偶数的项的和 p.

由 $1=(\frac{1}{3}+\frac{2}{3})^{50}=\frac{1}{3^{50}}(1+2)^{50}$,及 $(1-2)^{50}=(-1)^{50}=1$, (*)

其展开式中 -2 的偶次幂的项与奇次幂的项和(绝对值之差)为 1.

这样,在(*)式中 $(1+2)^{50}$ 展形式中 2 的偶次项和 S_1 与 2 的奇次项 S_2 之差亦为 1.

从而 $p=\frac{1}{2}\{\frac{1}{3^{50}}[(S_1+S_2)+1]\}=\frac{1}{2}(1+\frac{1}{3^{50}})$.

13. 从 12 只硬币中选择 6 只的方法是 $C_{12}^6=924$ 种.下列情况将会出现"至少有 50 分"的事件:
(1)取出 6 只一角硬币;
(2)取出 5 只一角和任何其他硬币;
(3)取出 4 只一角和 2 只五分;

使(1),(2)和(3)能够出现的情况分别有 C_6^6,$C_6^5 \cdot C_6^1$ 和 $C_6^4 \cdot C_4^2$ 种.

所以所求的概率是 $\frac{C_6^6+C_6^5 \cdot C_4^2+C_6^5 \cdot C_6^1}{924}=\frac{127}{924}$.

14. 由题设,会爆的白玉米占 $\frac{2}{3} \cdot \frac{1}{2}=\frac{1}{3}$,而会爆的黄玉米占 $\frac{1}{3} \cdot \frac{2}{3}=\frac{2}{9}$,

则在会爆的玉米中是白色粒的概率为 $\dfrac{\frac{1}{3}}{\frac{1}{3}+\frac{2}{9}}=\frac{3}{5}$.

15. 所给六点共可连接弦数 $C_6^2=15$ 条;从中挑选四根的方式数为 C_{15}^4.

又题设六点所连弦可组成凸四边形的数目为 C_6^4,这样所求概率为

$P=\frac{C_6^4}{C_{15}^4}=\frac{1}{91}$.

16. 考虑点 A、B、C、D 的顺序即可.

因为对任意凸四边形而言,若 AB,CD 恰为两对角线时,它们才相交.

当 A,B 为相邻顶点时,其顺序情况有 8 种;C,D 顺序有 2 种;

当 A,B 为相对顶点时,其顺序情况有 4 种;C,D 顺序有 2 种.

这样,所求概率为 $\frac{4 \times 2}{4 \times 2+8 \times 2}=\frac{1}{3}$.

17. 设 $P(E)$ 表示事件 E 出现的概率.

由公式 $P(A \cup B)=P(A)+P(B)-P(A \cap B)$,

从而 $p=P(A \cap B)=P(A)+P(B)-P(A \cup B)=\frac{3}{4}+\frac{2}{3}-P(A \cup B)$,

其中 $1 \geq P(A \cup B) \geq \max\{P(A),P(B)\}=\frac{3}{4}$.

因而 $\frac{3}{4}+\frac{2}{3}-1 \leqslant p \leqslant \frac{3}{4}+\frac{2}{3}-\frac{3}{4}$, 即 $\frac{5}{12} \leqslant p \leqslant \frac{2}{3}$.

18. 由设 $[\sqrt{x}]=12$, 则知 $12 \leqslant \sqrt{x}<13$, 即 $12^2 \leqslant x<13^2$.

又 $[\sqrt{100x}]=120$, 则 $120 \leqslant \sqrt{100x}<121$, 即 $120 \leqslant 10\sqrt{x}<121$, 或 $12 \leqslant \sqrt{x}<12.1$, 则 $12^2 \leqslant x<12.1^2$.

因而所求概率 $p=\frac{12.1^2-12^2}{13^2-12^2}=\frac{2.41}{25}=\frac{241}{2500}$.

19. 设男、女生被选中的概率分别为 p_1, p_2, 依题意有 $p_1=\frac{2}{3}p_2$, 即 $3p_1=2p_2$,

因而 (男生人数) : (女生人数) = 2 : 3.

从而男生人数占全班总人数的 $\frac{2}{5}$.

20. 设 (a,b,c) 为骰子被掷 3 次的点数, 依题设满足前两次点数和等于第 3 次点数的情形为:
(1,1,2), (1,2,3), (1,3,4), (1,4,5), (1,5,6),
(2,1,3), (2,2,4), (2,3,5), (2,4,6), (3,1,4),
(3,2,5), (3,3,6), (4,1,5), (4,2,6), (5,1,6).

总计 15 种, 其中含点数 2 的有 8 种, 所求概率为 $\frac{8}{15}$.

21. (Ⅰ) ξ 可能取的值为 0, 1, 2, $P(\xi=k)=\frac{C_2^k \cdot C_4^{3-k}}{C_6^3}$, $k=0,1,2$.

所以, ξ 的分布列为:

ξ	0	1	2
P	$\frac{1}{5}$	$\frac{3}{5}$	$\frac{1}{5}$

(Ⅱ) $E\xi=0\times\frac{1}{5}+1\times\frac{3}{5}+2\times\frac{1}{5}=1$.

(Ⅲ) $P(\xi\leqslant1)=P(\xi=0)+P(\xi=1)=\frac{4}{5}$.

22. (Ⅰ) 随机变量 ξ 的取值及分布列如下:

ξ	2	3	4	6	7	10
P	0.09	0.24	0.16	0.18	0.24	0.09

(Ⅱ) $E\xi=2\times0.09+3\times0.24+4\times0.16+6\times0.18+7\times0.24+10\times0.09=5.2$.

23. (Ⅰ) 甲答对试题数 ξ 的概率分布列如下:

ξ	0	1	2	3
P	$\frac{1}{30}$	$\frac{3}{10}$	$\frac{1}{2}$	$\frac{1}{6}$

$E\xi=0\times\frac{1}{30}+1\times\frac{3}{10}+2\times\frac{1}{2}+3\times\frac{1}{6}=\frac{9}{5}$.

(Ⅱ) 设甲、乙两人考试合格的事件分别为 $A、B$, 则 $P(A)=\frac{C_6^2 C_4^1+C_6^3}{C_{10}^3}=\frac{2}{3}$, $P(B)=\frac{C_8^2 C_2^1+C_8^3}{C_{10}^3}=\frac{14}{15}$.

因为事件 $A、B$ 相互独立,

方法1:所以甲、乙两人考试均不合格的概率为

$P(\bar{A}\cdot\bar{B})=P(\bar{A})\cdot P(\bar{B})=(1-\frac{2}{3})(1-\frac{14}{15})=\frac{1}{45}.$

所以 $P=1-P(\bar{A}\cdot\bar{B})=\frac{44}{45}.$

方法2:所以甲、乙两人至少有一人考试合格的概率为

$P=P(A\cdot\bar{B})+P(\bar{A}\cdot B)+P(A\cdot B)=\cdots=\frac{44}{45}.$

24.(Ⅰ)ξ 的所有可能值为 0,1,2,3,4.用 A_k 表示"汽车通过第 k 个路口时不停(遇绿灯)",则 $P(A_k)=\frac{3}{4}(k=1,2,3,4)$,且 A_1,A_2,A_3,A_4 独立,故 $P(\xi=0)=P(\bar{A}_1)=\frac{1}{4}$,$P(\xi=1)=P(A_1\cdot\bar{A}_2)=\frac{3}{4}\times\frac{1}{4}=\frac{3}{16}$,

$P(\xi=2)=P(A_1\cdot A_2\cdot\bar{A}_3)=(\frac{3}{4})^2\cdot\frac{1}{4}=\frac{9}{64}$,$P(\xi=3)=P(A_1\cdot A_2\cdot A_3\cdot\bar{A}_4)=(\frac{3}{4})^3\cdot\frac{1}{4}=\frac{27}{256}$,

$P(\xi=4)=P(A_1\cdot A_2\cdot A_3\cdot A_4)=(\frac{3}{4})^4=\frac{81}{256}.$ 从而 ξ 有序而排:

ξ	0	1	2	3	4
P	$\frac{1}{4}$	$\frac{3}{16}$	$\frac{9}{64}$	$\frac{27}{256}$	$\frac{81}{256}$

$E\xi=0\times\frac{1}{4}+1\times\frac{3}{16}+2\times\frac{9}{64}+3\times\frac{27}{256}+4\times\frac{81}{256}=\frac{525}{256}.$

(Ⅱ)$P(\xi\leqslant 3)=1-P(\xi=4)=1-\frac{81}{256}=\frac{175}{256}.$

25.①不采取预防措施时,总费用即损失期望值为 $400\times 0.3=120$(万元);

②若单独采用甲,则预防费用为 45 万元,发生突发事件的概率为 $1-0.9=0.1$,损失期望值为 $400\times 0.1=40$(万元),所以总费用为 $45+40=85$(万元);

③若单独采取乙,则预防费用为 30 万元,发生突发事件的概率为 $1-0.85=0.15$,损失期望值为 $400\times 0.15=60$(万元),故总费用为 $30+60=90$(万元);

④若联合采用甲和乙,则预防费用为 $45+30=75$(万元),发生突发事件的概率为 $(1-0.9)(1-0.85)=0.015$,损失期望值为 $400\times 0.015=6$(万元),故总费用为 $75+6=81$(万元).

综上所述,联合采用甲和乙为最佳方案.

26.(Ⅰ)设 A,B,C 分别为甲、乙、丙三台机床各自加工的零件是一等品的事件.由题设条件有

$\begin{cases} P(A\cdot\bar{B})=\frac{1}{4}, \\ P(B\cdot\bar{C})=\frac{1}{12}, \\ P(A\cdot C)=\frac{2}{9}. \end{cases}$ 即 $\begin{cases} P(A)\cdot[1-P(B)]=\frac{1}{4}, &① \\ P(B)\cdot[1-P(C)]=\frac{1}{12}, &② \\ P(A)\cdot P(C)=\frac{2}{9}. &③ \end{cases}$

由①、③得 $P(B)=1-\frac{9}{8}P(C)$,代入②得

$27[P(C)]^2-51P(C)+22=0.$

解得 $P(C)=\frac{2}{3}$ 或 $\frac{11}{9}$(舍).将 $P(C)=\frac{2}{3}$ 分别代入③、②可得 $P(A)=\frac{1}{3}$,$P(B)=\frac{1}{4}$.

即所求结果分别为 $\frac{1}{3},\frac{1}{4},\frac{2}{3}$.

(Ⅱ)记 D 为从甲、乙、丙加工的零件中各取一个检验,至少有一个一等品的事件.则

$$P(D)=1-P(\bar{D})=1-[1-P(A)][1-P(B)][1-P(C)]=1-\frac{2}{3}\cdot\frac{3}{4}\cdot\frac{1}{3}=\frac{5}{6},$$

或 $P(D)=P(A\cdot\bar{B}\cdot\bar{C})+P(\bar{A}\cdot B\cdot\bar{C})+P(\bar{A}\cdot\bar{B}\cdot C)+P(A\cdot B\cdot\bar{C})+P(A\cdot\bar{B}\cdot C)+P(\bar{A}\cdot B\cdot C)+P(A\cdot B\cdot C)=\frac{5}{6}.$

27. 本题先求总基本事件数,从每封信去投递分步讨论:第一步投第一封信有 3 种不同的投法,第二、三、四步,投其余 3 封信各有 3 种不同的投法,故 $n=3\times3\times3\times3=3^4$.

(1)本小题分两步进行:第一步从 4 封信中选 1 封信投入 3 号信箱有 C_4^1 种,第二步将余下 3 封信投余下 2 个信箱有 2^3 种,即

$$m=C_4^1\cdot 2^3,\text{故 }P=\frac{C_4^1\cdot 2^3}{3^4}=\frac{32}{81}.$$

(2)第一步从 1、2 号信箱中选 1 只信箱投入 A 信有 C_2^1 种,第二步将余下 3 封信投 3 个信箱(区别于第(1)小题)有 3^3 种,即

$$m=C_2^1\cdot 3^3,\text{故 }P=\frac{C_2^1\cdot 3^3}{3^4}=\frac{2}{3}.$$

28. 本题的解题难点是数字"0",故可采用二分法,将问题分为"取 0"与"不取 0"两类.

第一类:取 0,有 $C_3^2\cdot C_2^1$ 种不同取法,每一种取法对应 $A_3^1\cdot A_3^3$ 个无重复数字的 4 位数,对应 $A_3^3+A_2^1\cdot A_2^2$ 个无重复数字的 4 位偶数,这时共可组成 $n_1=C_3^2\cdot C_2^1\cdot A_3^1\cdot A_3^3=108$ 个无重复数字的 4 位数,$m_1=C_3^2\cdot C_2^1\cdot(A_3^3+A_2^1\cdot A_2^2)=60$ 个无重复数字的 4 位偶数;

第二类:不取 0,有 $C_3^2\cdot C_2^2$ 种不同取法,每一种取法对应 A_4^4 个无重复数字的 4 位数,对应 $A_2^1\cdot A_3^3$ 个无重复数字的 4 位偶数,这时共可组成 $n_2=C_3^2\cdot C_2^2\cdot A_4^4=72$ 个无重复数字的 4 位数,$m_2=C_3^2\cdot C_2^2\cdot A_2^1\cdot A_3^3=36$ 个无重复数字的 4 位偶数;由上可得,

$$P=\frac{m_1+m_2}{n_1+n_2}=\frac{60+36}{108+72}=\frac{8}{15}.$$

29. 显然,对第一个抽票者来说,他从 5 张票中任抽一张,得到奖票的概率 $P_1=\frac{1}{5}$;为了求得第二个抽票者抽到奖票的概率,我们把前 2 个抽票的情况作一整体分析.从 5 张票中先后抽出 2 张,可以看成从 5 个元素中抽出 2 个进行排列,它的种数是 A_5^2,而其中第二人抽到奖票的情况有 A_4^1 种,故第一人未抽到奖票,而第二人抽到奖票的概率 $P_2=\frac{A_4^1}{A_5^2}=\frac{1}{5}$;同理可得,第三个抽票者抽到奖票的概率 $P_3=\frac{A_4^2}{A_5^3}=\frac{1}{5}$;如此下去可得第四、五个抽票者抽到奖票的概率也都是 $\frac{1}{5}$.所以各人抽到奖票的概率相等,都是 $\frac{1}{5}$.

30. 设 P_r 为在 500 次抛掷中 1 点恰出现 r 次的概率,则由独立重复试验概率公式得

$$P_r=C_{500}^r\cdot(\frac{1}{6})^r\cdot(1-\frac{1}{6})^{500-r},$$

令 $\frac{P_{r+1}}{P_r}>1\Leftrightarrow\frac{C_{500}^{r+1}\cdot(\frac{1}{6})^{r+1}\cdot(\frac{5}{6})^{500-r-1}}{C_{500}^r\cdot(\frac{1}{6})^r\cdot(\frac{5}{6})^{500-r}}>1\Leftrightarrow\frac{500-r}{5(r+1)}>1\Leftrightarrow r<82.5,$

即当 $1\leqslant r\leqslant 82$ 时,$P_r<P_{r+1}$,P_r 递增;当 $83\leqslant r\leqslant 500$ 时,$P_r>P_{r+1}$,P_r 递减,且 $\frac{P_{82}}{P_{83}}<1.$

故 P_{83} 最大,即 1 点出现 83 次的概率最大.

31. 先将这 100 个数按被 3 除的余数情况分成三类.

由 $1 \leq 3k \leq 100 \Rightarrow \frac{1}{3} \leq k \leq 33\frac{1}{3}$,

$1 \leq 3k+1 \leq 100 \Rightarrow 0 \leq k \leq 33$.

故 $3k$ 型的数共 33 个,$3k+1$ 型的数共 34 个,$3k+2$ 型的数共 33 个,分别记作 A 型、B 型、C 型. 符合情况的数可分为 4 类:

(1)3 个 A 型;(2)3 个 B 型;(3)3 个 C 型;(4)1 个 A 型,1 个 B 型,1 个 C 型.

故所求概率为

$$P = \frac{C_{33}^3 + C_{34}^3 + C_{33}^3 + C_{33}^1 \cdot C_{34}^1 \cdot C_{33}^1}{C_{100}^3} = \frac{817}{2450}.$$

32. 令 r 为掷硬币一次正面朝上的概率,则在 n 次掷硬币中,有 k 次正面朝上的概率为: $C_n^k r^k (1-r)^{n-k}$.

由题意,可得方程 $C_5^1 r(1-r)^4 = C_5^2 r^2 (1-r)^3$.

解得 $r = 0, \frac{1}{3}$ 或 1.

由题意,概率不为 0 或 1,因此 $r = \frac{1}{3}$.

并且 5 次掷中 3 次正面朝上的概率为

$$\frac{i}{j} = C_5^3 r^3 (1-r)^2 = 10 \cdot (\frac{1}{3})^3 \cdot (\frac{2}{3})^2 = \frac{40}{243}.$$

33. 10^{99} 的约数都具有 $2^a \cdot 5^b$ 的形式,其中 a 和 b 满足 $0 \leq a \leq 99, 0 \leq b \leq 99$.

因此 10^{99} 有 $(99+1)(99+1) = 100 \times 100$ 个正约数.

在这些正约数中,要成为 $10^{88} = 2^{88} \cdot 5^{88}$ 的倍数必须满足

$88 \leq a \leq 99, 88 \leq b \leq 99$.

即 a 和 b 各有 12 种选择.

因此所求的概率为:$\frac{m}{n} = \frac{12 \times 12}{100 \times 100} = \frac{9}{625}$.

所以 $m+n = 625+9 = 634$.

34. 12 棵树的不同排列顺序共有 12! 种.

共有 7 棵非桦树(3 棵枫树和 4 棵橡树),为使任何两棵桦树不相邻,可把 5 棵桦树放在非桦树的空档中,由于 7 棵非桦树共有 8 个空档,所以 5 棵桦树的安排方法有

$p_8^5 = 8 \times 7 \times 6 \times 5 \times 4$ (种).

而 7 棵非桦树的排列方法有 $p_7^7 = 7!$ (种).

因此任两棵桦树不相邻的排法共有 $7! \cdot 8 \times 7 \times 6 \times 5 \times 4$ (种).

于是所求的概率是

$$P = \frac{7! \cdot 8 \times 7 \times 6 \times 5 \times 4}{12!} = \frac{7}{99}.$$

即 $\frac{m}{n} = \frac{7}{99}$. $m+n = 99+7 = 106$.

35. 设 a_n 表示小虫走过 n 米后又达到 A 点的概率($n = 0, 1$),若小虫爬过 $n-1$ 米而不在 A 点,则概率是 $1 - a_{n-1}$,

而从 A 外的一点向 A 爬来的概率是 $\frac{1}{3}$,因此有

$$a_n = \frac{1}{3}(1 - a_{n-1}).$$

①

又知 $a_0=1$,即小虫从 A 出发,我们可以逐步由①算出

$$a_1=0, a_2=\frac{1}{3}, a_3=\frac{2}{9}, a_4=\frac{7}{27}, a_5=\frac{20}{81}, a_6=\frac{61}{243}, a_7=\frac{182}{729}.$$

由 $a_7=\frac{n}{729}=\frac{182}{729}$,得 $n=182$.

另解:也可由①求出 a_n 的通项公式

$$a_n-\frac{1}{4}=-\frac{1}{3}(a_{n-1}-\frac{1}{4}),\text{从而有}$$

$$a_n-\frac{1}{4}=(-\frac{1}{3})^n(a_0-\frac{1}{4}),\text{即}\ a_n-\frac{1}{4}=\frac{3}{4}\cdot(-\frac{1}{3})^n,$$

所以 $a_n=\frac{3}{4}\cdot(-\frac{1}{3})^n+\frac{1}{4}\ (n=0,1,2,\cdots).$

即 $a_n=\frac{1}{4}+\frac{3}{4}(-\frac{1}{3})^n$,算出 $a_7=\frac{182}{729}.$

从而 $n=182.$

B 组

1. 十进制中每位数字最大是 9,因而五位数字和 $d_1+d_2+d_3+d_4+d_5$ 最多是 45.而数字和是 43,则有下面情况:

(1)其中一个数字是 7,其余是 9,有 5 种可能:

79999,97999,99799,99979,99997.

(2)其中两个数字是 8,其余数字是 9,有 10 种可能:

88999,89899,89989,89998,98899,

98989,98998,99889,99898,99988.

而上述诸数中可被 11 整除者仅 97999,99979,98989 三个.

综上,所求概率 $P=\frac{3}{15}=\frac{1}{5}.$

2. 设 A 表示掷后至少达到五这件事,那么 A 的概率是 $\frac{2}{6}=\frac{1}{3}.$

掷骰子六次中,事件 A 发生六次的概率是 $(\frac{1}{3})^6.$

在特定的次序中,事件 A 五次发生,一次不发生的概率是 $(\frac{1}{3})^5\cdot\frac{2}{3}.$

因为做这件事有六种特定次序,所以 A 五次出现和一次不出现的概率是

$$6(\frac{1}{3})^5\cdot\frac{2}{3}=\frac{12}{729}.$$

于是 A 全部出现或五次出现一次不出现的概率是 $\frac{12}{729}+(\frac{1}{3})^6=\frac{13}{729}.$

3. 下述六个命题是等价的:

(1)方程 $x^2+bx+c=0$ 有正根;

(2)方程 $x^2+bx+c=0$ 有实数根,其中较小的是正的;

(3)$\sqrt{b^2-4c}$ 是实数并且 $-b-\sqrt{b^2-4c}>0$;

(4)$0\leqslant b^2-4c$ 并且 $b<0$;

(5) $0 < c \leqslant \dfrac{b^2}{4}$ 且 $b < 0$；

(6) $b=-2$ 而且 $c=1$；或者 $b=-3$ 而且 $c=1$ 或 2；或者 $b=-4$ 而且 $c=1,2,3$ 或 4；或者 $b=-5$ 而且 $c=1,2,3,4$ 或 5.

在(6)中可以看出除非 $b^2=4c$，否则两根不会相等．这样，从(6)中删去 $(b,c)=(-2,1)$ 和 $(-4,4)$，就剩下 10 对有序整数可使方程有相异正实根．

所求的概率就是 $1-\dfrac{10}{11^2}=\dfrac{111}{121}$.

4. 设反面朝上的概率为 q，则 $q=1-p$.

又 5 次独立投掷中正好是 3 次正面朝上的概率应为 $(p+q)^5$ 展开式中含 p^3 的项．

其展开式系数为 $1,5,10,10,5,1$，故所求的项为

$10p^3q^2=10p^3(1-p)^2$.

即 $\dfrac{144}{625}=10p^3(1-p)^2$ 或 $p^3(1-p)^2-\dfrac{2^3 \cdot 3^2}{5^5}=0$.

这是一个关于 p 的五次方程，令式左为 $f(p)$.

因为 $f(0)=f(1)=-\dfrac{3^2 \cdot 2^3}{5^5}<0$，

又 $f\left(\dfrac{1}{2}\right)=\dfrac{1}{32}-\dfrac{3^2 \cdot 2^3}{5^5}>0$，

所以 $f(p)$ 在 $\left(0,\dfrac{1}{2}\right)$，$\left(\dfrac{1}{2},1\right)$ 上均有实根，则 p 的值不唯一．

5. 卡尔在第一次投骰子时，就第一个投中 6 的概率为 $\left(\dfrac{5}{6}\right)^2 \cdot \dfrac{1}{6}$；

他在第二次投骰子时，第一个投中 6 的概率是 $\left(\dfrac{5}{6}\right)^5 \cdot \dfrac{1}{6}$；

一般地，卡尔在第 n 次投骰子时，第一个投中 6 的概率是 $\left(\dfrac{5}{6}\right)^{3n-1} \cdot \dfrac{1}{6}$.

所以卡尔第一个投中 6 的概率为

$\left(\dfrac{5}{6}\right)^2 \cdot \dfrac{1}{6}+\left(\dfrac{5}{6}\right)^5 \cdot \dfrac{1}{6}+\cdots+\left(\dfrac{5}{6}\right)^{3n-1} \cdot \dfrac{1}{6}+\cdots$

这是一个首项 $a=\left(\dfrac{5}{6}\right)^2 \cdot \dfrac{1}{6}$，公比 $r=\left(\dfrac{5}{6}\right)^3$ 的无穷递缩等比数列的和，其值为

$\dfrac{a}{1-r}=\dfrac{25}{91}$.

6. 设正四面体棱长为 a，易知其内切球半径为 $R_1=\dfrac{\sqrt{6}}{12}a$，

其外接球半径为 $R_2=\dfrac{\sqrt{6}}{4}a$.

若设切外接球与四面体面的球半径为 r，则

$r=\dfrac{R_2-R_1}{2}=\dfrac{\sqrt{6}}{12}a$.

故所求概率为

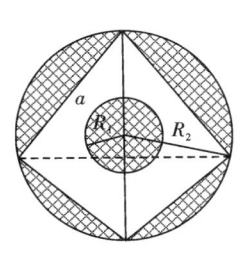

(第 6 题图 1)

$$\frac{\frac{4}{3}\pi R_1^3 + 4 \cdot \frac{4}{3}\pi r^3}{\frac{4}{3}\pi R_2^3} = \frac{5(\frac{1}{12})^3}{(\frac{1}{4})^3} = \frac{5}{27} \approx 0.19.$$

7. 渔船第一次撒网时没被拘留的概率等于 $1-\frac{1}{k}$，因为每次撒网期间被拘留或未被拘留的事件是独立的，所以撒了 n 次网而未被拘留的概率等于 $(1-\frac{1}{k})^n$. 因此，撒 n 次网收益期望值等于

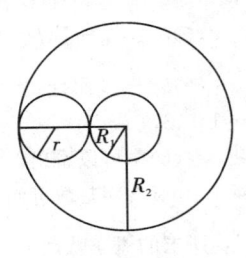

$$f(n) = wn(1-\frac{1}{k})^n, \qquad ①$$

这里 w 是撒一次网的收益.

问题归结为确定使 $f(n)$ 达到最大值的自然数 n.

由 $f(n)$ 的表达式①知

$$f(n+1) = w(n+1)(1-\frac{1}{k})^{n+1} = wn(1-\frac{1}{k})^n \cdot (1-\frac{1}{k})(\frac{n+1}{n})$$

$$= f(n)(1-\frac{1}{k})(1+\frac{1}{n}) = f(n)[1+\frac{(k-1)-n}{kn}].$$

因为 $1+\frac{(k-1)-n}{kn} \geqslant 1$ 等价于 $k-1-n \geqslant 0$ 或 $n \leqslant k-1$，因此

$f(n+1) > f(n)$，当 $n = 1, 2, \cdots, k-2$ 时；

$f(n+1) = f(n)$，当 $n = k-1$ 时；

$f(n+1) < f(n)$，当 $n = k, k+1, \cdots$ 时.

因此，当 $n = k-1$ 时 f 达到最大值.

8. 我们注意这样一个事实：按题中定义的操作对任一序列 $r_1, r_2, \cdots, r_k$ 施行一次后，最后一个数必然是序列中最大的一个数.

因此，在一个初始序列 $r_1, r_2, \cdots, r_{20}, \cdots, r_{30}, r_{31}, \cdots, r_{40}$ 中，r_{20} 要通过一次操作换到第 30 个位置的充要条件是：

在前 31 个数 $r_1, r_2, \cdots, r_{30}, r_{31}$ 中，r_{31} 是最大的一个数，r_{20} 是仅小于 r_{31} 的第二个大的数.

故所求概率为 $\frac{p}{q} = \frac{29!}{31!} = \frac{1}{31 \times 30} = \frac{1}{930}$.

所以 $p + q = 931$.

9. 在 5 月 1 日作标记的 60 条鱼，在 9 月 1 日还在湖中的可能有 $60(1-25\%) = 45$（条）.

这 45 条鱼中，捞出 3 条有标记的鱼，所以捞出的有标记的鱼占整个有标记的鱼的 $\frac{3}{45} = \frac{1}{15}$.

这三条有标记的鱼是在捞出 70 条鱼中发现的，而 70 条鱼中有 60% 的鱼 5 月 1 日在湖里，即在 5 月 1 日在湖里的有 $70(1-40\%) = 42$（条）.

于是 9 月 1 日的湖中有 5 月 1 日的鱼共 $42 \div \frac{1}{15} = 630$（条）.

而 5 月 1 日的鱼中只有 $(1-25\%)$ 的鱼是 9 月 1 日湖中的鱼，设 5 月 1 日湖中有 x 条鱼，则

$x(1-25\%) = 630, x = 840$（条）.

所以 5 月 1 日湖中有 840 条鱼.

10. 投十次硬币，正面不连续出现的可能性有如下各种情况：

10 次都是反面的可能性有 1 种；

9 次是反面,1 次是正面的可能性有 C_{10}^1 种;

8 次是反面,2 次是正面,则正面不连续的可能性只能把出现这两次正面的投掷插入 8 次反面投掷的空当之中,所以有 C_9^2 种可能;

同样,7 次反面,3 次正面有 C_8^3 种可能;

6 次反面,4 次正面有 C_7^4 种可能;

5 次反面,5 次正面有 C_6^5 种可能.

而不大于 4 次反面的投掷中,不会出现正面都不连续的情况.

又因为十次投掷硬币共有 $2^{10}=1024$ 种可能,

所以所求的概率为

$$\frac{i}{j}=\frac{1+C_{10}^1+C_9^2+C_8^3+C_7^4+C_6^5}{1024}=\frac{144}{1024}=\frac{9}{64},$$

于是 $i+j=73$.

11. 先固定三角形的一个顶点,记为 p_0,在 p_0 两侧的顶点依次记为 $p_1,p_2,\cdots,p_n$ 及 $p_{-1},p_{-2},\cdots,p_{-n}$.

要使正多边形的中心在三角形的内部,必须且只需三角形的其余两顶点一为 $p_k(k>0)$,一为 $p_{-m}(m>0)$,且 $k+m>n$.

因此对于每一个固定的 k,这样的三角形共有 k 个:

$\triangle p_0 p_k p_{-(n-k+1)}, \triangle p_0 p_k p_{-(n-k+2)}, \cdots, \triangle p_0 p_k p_{-n}.(k$ 取 $1,2,\cdots,n)$,则

$$\sum_{k=1}^n k=1+2+\cdots+n=\frac{n(n+1)}{2}.$$

因为共 $2n+1$ 个顶点,所以含有正多边形中心的三角形共有

$$\frac{(2n+1)n(n+1)}{2\times 3}=\frac{(2n+1)\cdot n\cdot (n+1)}{6}$$

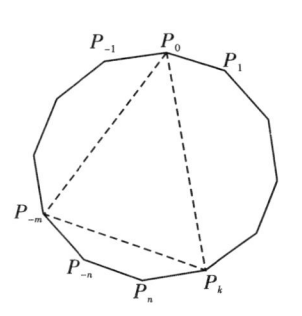

(第 11 题图)

个,而由 $2n+1$ 个顶点组成的所有三角形共有

$$C_{2n+1}^3=\frac{(2n+1)\cdot 2n\cdot (2n-1)}{6},$$

因此所求的概率为

$$\frac{\frac{(2n+1)n(n+1)}{6}}{\frac{(2n+1)\cdot 2n\cdot (2n-1)}{6}}=\frac{n+1}{2(2n-1)}.$$

12. 设书包中有 n 对互不相同的牌,其中 $n\geq 2$,则前三张牌中有 2 张成对的概率为

$$\frac{\text{取 3 张中有 2 张成对的取法种数}}{\text{取 3 张牌的取法种数}}=\frac{C_n^1\cdot C_{2n-2}^1}{C_{2n}^3}=\frac{3}{2n-1}.$$

设 $P(n)$ 是当书包中有 n 对互不相同的牌时,按题中规则开始抽牌,使书包空的概率.

显然

$$\begin{cases}P(2)=1,\\ P(n)=\dfrac{3}{2n-1}\cdot P(n-1), n\geq 3.\end{cases}$$

反复利用这个递归公式可得

$$P(n)=\frac{3}{2n-1}\cdot\frac{3}{2n-3}\cdots\frac{3}{5}\cdot P(2).$$

令 $n=6$,得

即 $P(6)=\frac{3}{11}\cdot\frac{3}{9}\cdot\frac{3}{7}\cdot\frac{3}{5}\cdot P(2)=\frac{9}{385}.$

即 $\frac{p}{q}=\frac{9}{385}.$

故 $p+q=9+385=394.$

13. 设 F、M、S 分别表示父亲、母亲和儿子. 又用记号 $W>L$ 表示某一局 W 战胜 L.

如果 F 与 M 进行首局比赛,那么对于下述三种相互独立的情况的任一种,F 总能获得锦标:

(1) $F>M, F>S$;

(2) $F>M, S>F, M>S, F>M$;

(3) $M>F, S>M, F>S, F>M$.

如果 F 与 S 进行首局比赛,与上面的情况类似,F 在下列三种情况下的任一种可以获得锦标:

(4) $F>S, F>M$;

(5) $F>S, M>F, S>M, F>S$;

(6) $S>F, M>S, F>M, F>S$.

如果 M 与 S 进行首局比赛,那么 F 在以下两种情况的任一种可以获得锦标:

(7) $S>M, F>S, F>M$;

(8) $M>S, F>M, F>S$.

设 $F>M$ 的概率为 $\overline{FM}$,其余类推.

注意到 $\overline{FM}+\overline{MF}=1$.

如果 F 与 M 进行首局比赛,那么 F 获锦标的概率是

$P_{FM}=(\overline{FM}\cdot\overline{FS})+(\overline{FM}\cdot\overline{SF}\cdot\overline{MS}\cdot\overline{FM})+(\overline{MF}\cdot\overline{SM}\cdot\overline{FS}\cdot\overline{FM}).$

如果 F 与 S 进行首局比赛,那么 F 获得锦标的概率是

$P_{FS}=(\overline{FS}\cdot\overline{FM})+(\overline{FS}\cdot\overline{MF}\cdot\overline{SM}\cdot\overline{FS})+(\overline{SF}\cdot\overline{MS}\cdot\overline{FM}\cdot\overline{FS}).$

如果 M 与 S 进行首局比赛,那么 F 获得锦标的概率是

$P_{MS}=(\overline{SM}\cdot\overline{FS}\cdot\overline{FM})+(\overline{MS}\cdot\overline{FM}\cdot\overline{FS})$

$\quad=\overline{FS}\cdot\overline{FM}(\overline{SM}+\overline{MS})$

$\quad=\overline{FS}\cdot\overline{FM}.$

显然 $P_{MS}<\min\{P_{FM}\cdot P_{FS}\}.$

下面比较 P_{FM} 和 P_{FS}.

$P_{FM}-P_{FS}=(\overline{FM}\cdot\overline{SF}\cdot\overline{MS}\cdot\overline{FM})+(\overline{MF}\cdot\overline{SM}\cdot\overline{FS}\cdot\overline{FM})-(\overline{FS}\cdot\overline{MF}\cdot\overline{SM}\cdot\overline{FS})-(\overline{SF}\cdot\overline{MS}\cdot\overline{FM}\cdot\overline{FS})$

$\quad=(\overline{FM}-\overline{FS})(\overline{SF}\cdot\overline{MS}\cdot\overline{FM}+\overline{MF}\cdot\overline{SM}\cdot\overline{FS}).$

由于 S 是最强的,$\overline{FM}>\overline{FS}$,

所以 $P_{FM}>P_{FS}.$

即 F 与 M 进行首局比赛的策略是最优的.

14. 所证不等式等价于

$$\sum_{k=1}^{n}\left[\frac{(\frac{1}{k})^2}{(\frac{1}{a_k})^2}\cdot\frac{\frac{1}{a_k}}{(\sum_{i=1}^{n}\frac{1}{a_i})}\right]\geq\frac{\sum_{k=1}^{n}\frac{1}{k}}{\sum_{k=1}^{n}\frac{1}{a_k}},$$

设随机变量 ξ 的概率分布为

$$P(\xi=\frac{1}{\frac{k}{a_k}})=\frac{\frac{1}{a_k}}{\sum_{i=1}^{n}\frac{1}{a_i}}, k=1,2,\cdots,n.$$

由 $E\xi^2 \geqslant (E\xi)^2$,得

$$\sum_{k=1}^{n}\left[\frac{(\frac{1}{k})^2}{(\frac{1}{a_k})^2} \cdot \frac{(\frac{1}{a_k})}{\sum_{i=1}^{n}\frac{1}{a_i}}\right] \geqslant \left[\sum_{r=1}^{n}\left[\frac{\frac{1}{k}}{\frac{1}{a_k}} \cdot \frac{\frac{1}{a_k}}{\sum_{i=1}^{n}\frac{1}{a_i}}\right]\right]^2 = \left[\frac{\sum_{k=1}^{n}\frac{1}{k}}{\sum_{k=1}^{n}\frac{1}{a_k}}\right]^2.$$

因为 $a_1,a_2,\cdots,a_n$ 为两两不等的正整数,易见

$$\sum_{k=1}^{n}\frac{1}{k} \geqslant \sum_{k=1}^{n}\frac{1}{a_k},$$

即 $\dfrac{\sum_{k=1}^{n}\frac{1}{k}}{\sum_{k=1}^{n}\frac{1}{a_k}} \geqslant 1.$

这样就有 $\left[\dfrac{\sum_{k=1}^{n}\frac{1}{k}}{\sum_{k=1}^{n}\frac{1}{a_k}}\right]^2 \geqslant \dfrac{\sum_{k=1}^{n}\frac{1}{k}}{\sum_{k=1}^{n}\frac{1}{a_k}}.$

15. 构造古典概率模型:从装有 n 个白球和 m 个黑球的箱中,一个接一个地取球,取后不放回.考虑第 i 次取球时,首次取到黑球的事件 $A_i(i=1,2,\cdots,n+1)$ 的概率.由古典概率模型公式可得

$$P(A_i)=\frac{mC_n^{i-1}(i-1)!}{C_{n+m}^i i!}=\frac{m}{n+m} \cdot \frac{C_n^{i-1}}{C_{n+m-1}^{i-1}}.$$

因为取球过程至多在第 $n+1$ 次停止,且第 $n+1$ 次首次取到黑球,于是取到黑球是必然事件,即

$$\bigcup_{i=1}^{n+1}A_i=\Omega, 且 A_i \cap A_j = \varnothing, i \neq j,$$

从而 $\sum_{i=1}^{n+1}P(A_i)=P(\Omega)=1.$

因此 $\dfrac{n}{n+m}\sum_{i=1}^{n+1}\dfrac{C_n^{i-1}}{C_{n+m-1}^{i-1}}=1,$

故 $\sum_{i=1}^{n+1}\dfrac{C_n^{i-1}}{C_{n+m-1}^{i-1}}=\dfrac{n+m}{m},$

即 $\sum_{i=0}^{n}\dfrac{C_n^i}{C_{n+m-1}^i}=\dfrac{n+m}{m}.$

16. 如图,按照题中规定的行走法则.这个学生要想通过 C,必须经 C_i $(i=0,1,2,3)$ 之中的一个,然后向东.也就是说,该学生经过 C 的概率应等于他通过 C_i 诸点然后向东的概率和.

而从 A 出发通过 C_i 的路径中,包含有两条向东的线段与 i 条向南的线段,因此共包含有 $2+i$ 条线段,其中 i 条向南的线段的出现可以是任意次序.

因此从 A 出发,过 C_i 的路径共有 C_{2+i}^i 条(当然也可考虑,其中两条向东的线段的出现可以是任意次序,那么得到的组合数为 C_{2+i}^2,但 $C_{2+i}^i = C_{2+i}^2$).

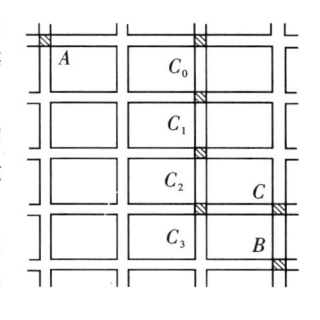

又因为在每一个交叉路口,向东和向南的概率均为 $\dfrac{1}{2}$,而从 A 出发到 C_i 的每一路径所经过的交叉路

口共有 $3+i$ 个(其中包括 A 和 C_i),因此走此路径向东的概率为 $(\frac{1}{2})^{3+i}$. 所以题中所求之概率为

$$\sum_{i=0}^{3} C_{2+i}^{i} (\frac{1}{2})^{3+i}$$
$$= \frac{1}{8} + \frac{3}{16} + \frac{6}{32} + \frac{10}{64}$$
$$= \frac{21}{32}.$$

注:假设一步一步地写出通过每一交叉路口的概率,可得到上右这张树图(其中最后的 1,仅是为了来检验计算用的).

从图中我们可以清楚地看到,20 条从 A 到 B 经过 C 的路径(从 A 到 B 共有 35 条路径)并不是等可能的.

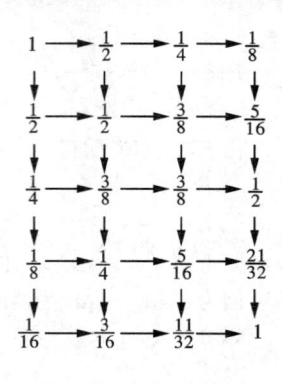

(第16题图)

【模拟实战十三】

A 组

1. 因为 $p^x = (y+1)(y^2-y+1), y>0$,所以 $y+1 \geqslant 2$. 令 $y+1=p^t (t \in \mathbf{N}_+, 1 \leqslant t \leqslant x)$,则 $y=p^t-1$,代入原方程得 $(p^t-1)^2 - (p^t-1) + 1 = p^{x-t}, p^{2t} - 3p^t + 3 = p^{x-t}$,故 $p^{x-t}(p^{3t-x}-1) = 3(p^t-1)$.

(1)当 $p=2$ 时,$p^{3t-x}-1, p^t-1$ 为奇数,则 p^{x-t} 为奇数,故 $x=t, y^2-y+1=1$,因此 $y=1, p=2, x=1$.

(2)当 $p \neq 2$ 时,p 为奇数,$p^{3t-x}-1, p^t-1$ 为偶数,p^{x-t} 为奇数,从而 $3 \mid p^{x-t}$ 或 $3 \mid (p^{3t-x}-1)$. 当 $3 \mid p^{x-t}$ 时,$p=3, x=t+1$,则 $y^2-y+1=3$,解得 $y=2, x=2$;当 $3 \mid (p^{3t-x}-1)$ 时,$p^{x-t} \mid (p^t-1)$,故 $x=t$. 由(1)得 $y=1, p=2$,这与 $p \neq 2$ 矛盾. 综上所述,有两组解: $(p, x, y) = (2, 1, 1), (3, 2, 2)$.

2. 首项为 a 的连续 k 个正整数之和为 $S_k = ka + \frac{1}{2}k(k-1) \geqslant \frac{k(k+1)}{2}$.

由 $S_k \leqslant 2000$ 可得 $60 \leqslant k \leqslant 62$. $k=60$ 时 $S_k = 60a + 30 \cdot 59 \leqslant 2000$,可得 $a \leqslant 3$,故 $S_k = 1830, 1890, 1950$;当 $k=61$ 时,$S_k = 61a + 30 \cdot 61 \leqslant 2000$,可得 $a \leqslant 2$,故 $S_k = 1891, 1952$;当 $k=62$ 时,$S_k = 62a + 31 \cdot 61 \leqslant 2000$,可得 $a \leqslant 1$,故 $S_k = 1953$. 于是题中的 n 有 6 个.

3. 设 $N = \sum_{1 \leqslant i < j \leqslant 95} a_i a_j, a_1, a_2, \cdots, a_{95}$ 中有 m 个为 $+1$,n 个为 -1,则 $a_1^2 + a_2^2 + \cdots + a_{95}^2 = 95, m+n=95$,$a_1 + a_2 + \cdots + a_{95} = m-n$. 于是 $(m-n)^2 = \sum_{i=1}^{95} a_i^2 + 2\sum_{1 \leqslant i < j \leqslant 95} a_i a_j = 95 + 2N$. 而使 $95+2N$ 为完全平方数的最小正整数 $N=13$. 这时 $(m-n)^2 = 11^2, m-n = \pm 11$ 与 $m+n=95$,联立得 $m=53, n=42$ 或 $m=42, n=53$. 故所求最小正值是 13.

4. 设两个数为 x, y,则 $\begin{cases} x-y=52 \\ x^2-y^2=100r \end{cases}$,从而 $52(x+y) = (x-y)(x+y) = 100r, 13(x+y) = 25r$,于是 $13 \mid r$.

而由 $x+y = x-y+2y = 52+2y$ 为偶数得 $2 \mid r$,因此 $26 \mid r$. 设 $r=26t, t$ 为正整数,得 $x+y=50t, x=25t-26, y=25t-26$,由 $10 \leqslant x, y \leqslant 99$,得 $\begin{cases} 10 \leqslant 25t+26 \leqslant 99 \\ 10 \leqslant 25t-26 \leqslant 99 \end{cases}$,得 $\frac{36}{25} \leqslant t \leqslant \frac{73}{25}$,得 $t=2$.

故所求的两个数为 $x = 25 \times 2 + 26 = 76, y = 25 \times 2 - 26 = 24$.

5. 若 $a \geqslant 10^{500}$，则 a 至少有 501 位，即 $n \geqslant 501$，$a^3 \geqslant 10^{1500}$，a^3 至少有 1501 位即 $m \geqslant 1501$，这时 $n+m \geqslant 2002$. 若 $a < 10^{500}$，则 a 至多有 500 位，$a^3 < 10^{1500}$，a^3 至多有 1500 位，这时 $n+m \leqslant 500 + 1500 = 2000$. 故不存在满足题目要求的 n 位数.

6. 设存在 19 个满足条件的正整数 $a_1, a_2, \cdots, a_{19}$，用 $f(a_i)$ 表示 a_i 的各位数字之和. 依题意 $a_1 + a_2 + \cdots + a_{19} = 199$，且 $f(a_1) = f(a_2) = \cdots = f(a_{19}) = 9k + r (0 \leqslant r \leqslant 8)$，因为 $r \equiv f(a_i) \equiv a_i \pmod 9$，故 $19r \equiv \sum_{i=1}^{19} f(a_i) \equiv \sum_{i=1}^{19} a_i \equiv 1999 \equiv 1 \pmod 9$，从而 $r \equiv 1 \pmod 9$，而 $0 \leqslant r \leqslant 8$，故 $r = 1$.

(1) 若 $k = 0$，即 $f(a_i) = 1$，而 5 个数字和等于 1 的最小正整数是 $1, 10, 100, 1000, 10000$，它们之和大于 1999，矛盾.

(2) 若 $k = 1$，即 $f(a_i) = 10$，19 个数字之和等于 10 的最小正整数为 $19, 28, 37, 46, 55, 64, 73, 82, 91, 109, 118, 127, 136, 145, 154, 163, 172, 181, 190$，它们之和为 $1990 < 1999$，数字和为 10 的下一最小正整数为 208，它比前面 19 个数至少大 18，故其他任意 19 个数字和都为 10 的不同的正整数之和不小于 $1990 + 18 = 2008 > 1999$，矛盾.

(3) 若 $k \geqslant 2$，即 $f(a_i) \geqslant 19$，数字和不小于 19 的最小正整数不小于 199，即 $a_i \geqslant 199$，于是 $\sum_{i=1}^{19} a_i \geqslant 19 \times 199 > 1999$，矛盾.

因此，满足条件的 19 个正整数不存在.

7. 因 $1413 + n^m = (m+n)^m \geqslant m^m + n^m$，故 $m^m \leqslant 1413$，由此得 $m \leqslant 4$. 当 m 为偶数时，则 $(m+n)^m$ 与 n 同奇偶而 $1413 + n^m$ 与 n 的奇偶性相反，这不可能，故 m 必为奇数. 当 $m = 1$ 时，$(m+n)^m = 1 + n$ 与 $n^m + 1413 = n + 1413$ 不可能相等. 当 $m = 3$ 时由 $(n+3)^3 = n^3 + 1413$ 得 $n = 11, n = -14$（舍去）. 故所求的 $(m, n) = (3, 11)$.

8. 设 $A = (n^2 + 3n + 1)^2 - 3(n-10)$ 是完全平方数. 当 $n > 10$ 时，因 $A < (n^2 + 3n + 1)^2$，所以 $A \leqslant (n^2 + 3n)^2$，即 $(n^2 + 3n + 1)^2 - 3(n-10) \leqslant (n^2 + 3n)^2$，也就是 $2n^2 + 3n + 31 \leqslant 0$，这不可能；当 $n = 10$ 时，$A = (10^2 + 3 \times 10 + 1)^2 = 131^2$ 是完全平方数，当 $n < 10$ 时，$A > (n^2 + 3n + 1)^2$，若 $n \leqslant -3$ 或 $10 > n \geqslant 0$，则 $n^2 + 3n \geqslant 0$，于是 $A > (n^2 + 3n + 2)^2$，即 $(n^2 + 3n + 1)^2 - 3(n-10) \geqslant (n^2 + 3n + 2)^2$，也就是 $2n^2 + 9n - 27 \leqslant 0$，$-7 < \frac{-3(\sqrt{33}+3)}{4} \leqslant n \leqslant \frac{3(\sqrt{33}-3)}{4} < 3$，所以 $n = -6, -5, -4, -3, 0, 1, 2$，此时对应的 $A = 409, 166, 67, 40, 31, 52, 145$ 都不是完全平方数. 若 $n = -2, -1$，与之对应的 $A = 37, 34$ 也不是完全平方数. 所以只有当 $n = 10$ 时，A 是完全平方数.

B 组

1. (1) 设 n 的 p 进制表示为 $n = (a_k a_{k-1} \cdots a_1 a_0)_p = a_k p^k + a_{k-1} p^{k-1} + \cdots + a_1 p + a_0$，$S(n) = a_k + a_{k-1} + \cdots + a_1 + a_0$，则 $n!$ 中所含素因子 p 的最高次幂指数为 $\alpha_p = \left[\frac{n}{p}\right] + \left[\frac{n}{p^2}\right] + \cdots + \left[\frac{n}{p^k}\right] = (a_k p^{k-1} + a_{k-1} p^{k-2} + \cdots + a_1) + (a_k p^{k-2} + a_{k-1} p^{k-3} + \cdots + a_2) + \cdots + (a_k p + a_{k-1}) + a_k = a_k (\frac{p^k - 1}{p-1}) + a_{k-1} (\frac{p^{k-1} - 1}{p-1}) + \cdots + a_1 (\frac{p-1}{p-1}) = \frac{[a_k p^k + a_{k-1} p^{k-1} + \cdots + a_1 p + a_0] - [a_k + a_{k-1} + \cdots + a_1 + a_0]}{p-1} = \frac{n - S(n)}{p-1}$.

(2) 因为 $n!$ 中所含 5 的最高次幂的指数 α_5 必大于所含 2 的最高次幂的指数 α_2，故只需求 n 使 $\alpha_5 = \frac{n - S(n)}{5 - 1} = 2005$，即 $n - S(n) = 4 \times 2005 = 8020$. 因为 $8020 = (224040)_5$，$S(8020) = 12$，$\alpha_5 = \frac{8020 - S(8020)}{5 - 1} = 2002$，而 $8025 = 5^2 \times 321$，$8030 = 5 \times 1606$，可见 $8030!$ 中所含 5 的最高次幂的幂指数恰为 2005，故所求的

最小正整数 $n=8030$.

2. 设 k 是 $2n-1$ 的任意一个素约数，则 $k|(n-2)$ 或 $k|(n+1)$. 若 $k|n-2|$，则 $k|[(2n-1)-(n-2)]=n+1$；若 $k|(n+1)$，则 $k|[(2n-1)-(n+1)]=n-2$. 所以 $k|(n-2)$ 且 $k|(n+1)$，故 $k|[(n+1)-(n-2)]=3$，故 $k=3$. 由 k 的任意性知 $2n-1$ 是 3 的幂. 设 $2n-1=3^t$，则 $n=\dfrac{3^t+1}{2}$，

$$\dfrac{(n-2)^2(n+1)}{2n-1}=\dfrac{(\frac{3^t-3}{2})^2(\frac{3^t+3}{2})}{3^t}=\dfrac{3^3(3^{t-1}-1)(3^{t-1}+1)}{8\cdot 3^t},$$

所以 $t\leqslant 3$. 当 $t=3$ 时，$2n-1=27$，得 $n=14$，此时 $\dfrac{(n-2)^2(n+1)}{2n-1}=16$ 是整数，故所求最大的正整数 $n=27$.

3. 由题意 $bcd=ka+1$ 可见 $a\geqslant 2$，且 a 与 b,c,d 互素，否则 bcd 除以 a 的余数为 0，与题意矛盾. 同理 b,c,d 都不小于 2，且 a,b,c,d 两两互素，不妨设 $2\leqslant a<b<c<d$. 由 $a|(bcd-1),b|(cda-1),c|(dab-1),d|(abc-1)$ 知 a,b,c,d 都整除 $abc+bcd+cda-1$. 又 a,b,c,d 两两互素，所以 $abcd$ 整除 $abc+bcd+cda-1$，即 $abc+bcd+cda-1=tabcd(t$ 为正整数$)$，$t+\dfrac{1}{abcd}=\dfrac{1}{a}+\dfrac{1}{b}+\dfrac{1}{c}+\dfrac{1}{d}<\dfrac{4}{a}\leqslant\dfrac{4}{2}=2$，故 $t=1,a=2$ 或 $a=3$. 当 $a=3$ 时，$1<t+\dfrac{1}{abcd}=\dfrac{1}{a}+\dfrac{1}{b}+\dfrac{1}{c}+\dfrac{1}{d}\leqslant\dfrac{1}{3}+\dfrac{1}{4}+\dfrac{1}{5}+\dfrac{1}{6}<1$，矛盾，故 $a=2$，于是 $\dfrac{1}{2}+\dfrac{1}{2bcd}=\dfrac{1}{b}+\dfrac{1}{c}+\dfrac{1}{d}<\dfrac{3}{b}$，因而 $\dfrac{1}{2}<\dfrac{3}{b}$，$b<6$. 而 $a=2,(a,b)=1$，所以 $b=3$ 或 $b=5$. 当 $a=2,b=5$ 时，由 $(a,c)=1,(a,d)=1$ 知 $c\geqslant 7,d\geqslant 9$，于是 $\dfrac{1}{2}<\dfrac{1}{2}+\dfrac{1}{2bcd}=\dfrac{1}{b}+\dfrac{1}{c}+\dfrac{1}{d}\leqslant\dfrac{1}{5}+\dfrac{1}{7}+\dfrac{1}{9}<\dfrac{1}{2}$，矛盾，故 $b=3,c>5,d\geqslant 7,\dfrac{1}{6}+\dfrac{1}{6cd}=\dfrac{1}{c}+\dfrac{1}{d}<\dfrac{2}{c}$ ①，从而 $c<12$，因 $(a,c)=1$，故 $c\leqslant 11$. 且从①可求出 $d=6+\dfrac{35}{c-6}$. 由 $(c-6)|35$ 且 $c\leqslant 11$ 得 $c=7$ 或 $c=11$. 当 $c=7$ 时 $d=41$，当 $c=11$ 时 $d=13$. 于是所求的四数组 $(a,b,c,d)=(2,3,7,41)$ 或 $(2,3,11,13)$.

4. 由 $7^7|[(a+b)^7-a^7-b^7]=7ab(a+b)(a^2+ab+b^2)^2$ 及 $7\nmid ab(a+b)$ 知 $7^3|a^2+ab+b^2$，即 $a^2+ab+b^2=7^3t(t$ 为正整数$)$. 当 $t=1$ 时，$a^2+ab+b^2=343$. 因为 $(a+b)^2-ab=a^2+ab+b^2\geqslant 3ab$，故 $3ab\leqslant 343$，$ab\leqslant 114$. 于是 $343<(a+b)^2\leqslant 343+114=457,19\leqslant a+b\leqslant 21$，令 $a+b=19$ 得 $ab=(a+b)^2-343=18,a=18,b=1$. 经验证，$(a,b)=(18,1)$ 满足题目条件.

5. 记 $a_n=2^n+n^2$，则 $a_6=2^6+6^2=100$ 可以被 100 整除，又 $a_{n+100k}=2^{n+100k}+(n+100k)^2\equiv 2^n\cdot(2^{10})^{10k}+n^2\equiv 2^n\cdot(24)^{10k}+n^2\equiv 2^n\cdot(24^2)^{5k}+n^2\equiv 2^n\cdot(76)^{5k}+n^2\equiv 76\cdot 2^n+n^2\pmod{100}$，故 $a_{6+100k}\equiv 76\cdot 64+36=4864+36\equiv 0\pmod{100}(k\in\mathbf{N_+})$，故 a_n 中有无穷多项 $a_{100k+6}(k\in\mathbf{N})$ 被 6 整除(上述证明的关键是 $76^k(k\in\mathbf{N_+})$ 的末 2 位数字仍是 76，而 $64\cdot 76$ 的末 2 位数字是 64).

6. 令 $f(n)=g(n)\cdot 2^{n^2}$ 代入原关系式化简得 $g(n+2)=2g(n+1)-g(n)+n\cdot 16^{-n-1}$，$g(n+2)-g(n+1)=g(n+1)-g(n)+n\cdot 16^{-n-1}$，取 $n=0,1,\cdots,n-1$，然后求和得 $g(n+1)-g(n)=16^{-1}\sum_{k=1}^{n-1}k\cdot 16^{-k}$，记 $F(n)=\sum_{k=1}^{n-1}k\cdot 16^{-k},16F(n)=\sum_{k=1}^{n-1}k\cdot 16^{-k+1}=\sum_{k=0}^{n-2}(k+11)\cdot 16^{-k},15F(n)=16F(n)-F(n)=\sum_{k=0}^{n-2}16^{-k}-(n-1)\cdot 16^{-(n-1)}=\dfrac{1-16^{-(n-1)}}{1-16^{-1}}-(n-1)\cdot 16^{-(n-1)}=\dfrac{16}{15}[1-16^{-(n-1)}]-(n-1)\cdot 16^{-(n-1)},F(n)=\dfrac{16}{15^2}[1-16^{-(n-1)}]-\dfrac{1}{15}(n-1)\cdot 16^{-(n-1)}$，所以 $g(n+1)-g(n)=\dfrac{1}{15^2}[1-16^{-(n-1)}]-\dfrac{1}{15}(n-1)\cdot 16^{-n}=\dfrac{1}{15^2}[1-(15n+1)\cdot 16^{-n}]$，再取 $n=0,1,2,\cdots,n-1$，相加得 $g(n)=\dfrac{n-1}{15^2}-\dfrac{1}{15^2}[16\cdot 16^{-1}+31\cdot 16^{-2}+\cdots+(15n-14)\cdot 16^{-(n-1)}]$，记 $h(n)=16\cdot 16^{-1}+31\cdot 16^{-2}+\cdots+(15n-14)\cdot 16^{-(n-1)},16h(n)=16+31\cdot 16^{-1}+$

$46 \cdot 16^{-2}+\cdots+(15n-14) \cdot 16^{-(n-2)}, 15h(n)=16h(n)-h(n)=16+15 \cdot (16^{-1}+16^{-2}+\cdots+16^{-(n-12)})-(15n-14) \cdot 16^{-(n-1)}=16+15 \cdot \frac{16^{-1}[1-16^{-(n-2)}]}{1-16^{-1}}-(15n-14) \cdot 16^{-(n-1)}=16+1-16^{-(n-2)}-(15n-14) \cdot 16^{-(n-1)}=17-(15n+2)^{-(n-1)}, h(n)=\frac{17}{15}-\frac{1}{15}(15n+2) \cdot 16^{-(n-1)}$,所以 $g(n)=\frac{n-1}{15^2}-\frac{1}{15^2}[\frac{17}{15}-\frac{1}{15}(15n+2) \cdot 16^{-(n-1)}]=\frac{1}{15^3}[15n-32+(15n+2)16^{-(n-1)}]$,于是 $f(n)=g(n) \cdot 2^{n^2}=[15n+2+(15n-32) \cdot 16^{n-1}]2^{n^2-4(n-1)}=\frac{1}{15^3}[15n+2+(15n-32) \cdot 16^{n-1}]2^{(n-2)^2}$,而 $15n+2+(15n-32) \cdot 16^{n-1} \equiv 2[n+1+(n-3) \cdot 3^{n-1}] \pmod{13}$,且 $15^3 f(1990) \equiv 2[1991+1987 \cdot 3^{1989}]2^{1988^2} \equiv 2^{1988^2+1}[2-2(3^3)^{663}] \equiv 2^{1988^2+1}[2-2] \equiv 0 \pmod{13}$,又 $(13,15^3)=1$,所以 $13 \mid f(1990)$.类似可证 $13 \mid f(1989), 13 \mid f(1991)$.

7. 由对称性不妨设 $a \geqslant b$.令 $\alpha=[\frac{a^2}{b}], \beta=[\frac{b^2}{a}]$,则 $\alpha \geqslant 1, \beta \geqslant 0$ 且 $\frac{a^2}{b} \geqslant \alpha, \frac{b^2}{a} \geqslant \beta$,故 $ab \geqslant \alpha\beta$.又 $\frac{a^2+b^2}{ab}=\frac{a}{b}+\frac{b}{a} \geqslant 2$,于是由已知条件得 $\alpha+\beta \geqslant 2+\alpha\beta, (\alpha-1)(\beta-1)+1 \leqslant 0$.又 $\alpha \geqslant 1, \beta \geqslant 0$,故只有当 $\alpha>1, \beta=0$ 时成立,从而 $\frac{b^2}{a}<1$.可设 $a=b^2+c(c \in \mathbf{N}_+)$,代入原方程化简得 $b^3+2bc+[\frac{c^2}{b}]=[\frac{b}{b^2+c}]+\frac{b^2+c}{b}]+b^3+bc=[\frac{b}{b^2+c}+\frac{c}{b}]+b+b^3+bc$,故 $b(c-1)+[\frac{c^2}{b}]=[\frac{b}{b^2+c}+\frac{c}{b}]$.(1)若 $c \geqslant 2$ 且 $b=1$,则 $b(c-1)+[\frac{c^2}{b}]=c-1+c^2 \geqslant 3+c, [\frac{b}{b^2+c}+\frac{c}{b}]=[\frac{1}{1+c}+c]<1+c$,矛盾.(2)若 $c \geqslant 2, b \geqslant 2$,则 $b(c-1)+[\frac{c^2}{b}]>b(c-1)+\frac{c^2}{b}-1 \geqslant b+\frac{c^2}{b}-1$,而 $[\frac{b}{b^2+c}+\frac{c}{b}] \leqslant \frac{b}{b^2+c}+\frac{c}{b}<1+\frac{c}{b}<b-1+\frac{c^2}{b}$,也矛盾.故只有 $c=1$.因此 $a=b^2+1$.反之,当 $a=b^2+1$ 时,$[\frac{a^2}{b}]+[\frac{b^2}{a}]=b^3+2b+[\frac{1}{b}]=\begin{cases}4(b=1), \\ b^3+2b(b \geqslant 2)\end{cases}, [\frac{a^2+b^2}{ab}]+ab=[\frac{b}{a}+\frac{a}{b}]+ab=[\frac{b}{b^2+1}+b+\frac{1}{b}]+b^3+b=b^3+2b+[\frac{2b^2+1}{b(b^2+1)}]=\begin{cases}4(b=1) \\ b^3+2b(b \geqslant 2)\end{cases}$.故 $a=b^2+1$ 满足原方程.由对称性知满足原方程的一切 a, b 为 $\begin{cases}b \in \mathbf{N}_+ \\ a=b^2+1\end{cases}$ 或 $\begin{cases}a \in \mathbf{N}_+, \\ b=a^2+1.\end{cases}$

8. 因为 $1989^M \equiv (-1)^M \pmod 5$.若 $M=5$,则 $M^{1989} \equiv 0 \pmod 5, 1989^M \equiv -1 \pmod 5, 5 \nmid (1989^M+M^{1989})$,所以 $M \neq 5$.下设 $M \neq 5, 1 \leqslant M \leqslant 9$,则 $(M,5)=1$ 且 5 是素数.由费尔马小定理有 $M^4 \equiv 1 \pmod 5, M^5 \equiv M$.于是 $M^{1989}=(M^4)^{497} \cdot M^5 \equiv M \pmod 5$,从而由 $1989^M+M^{1989} \equiv (-1)^M+M \equiv 0 \pmod 5$,且 $1 \leqslant M \leqslant 9$,得 $M=1$ 或 $M=4$.

9. 首先 $x=1, y=1$ 满足题目条件.设 (x,y) 是满足条件的一组解,且 $0<x \leqslant y$,则 $y^2+m=xx_1$ ①,x_1 为整数,设 $d=(x_1,y)$,则 $d \mid yn$,并且由已知条件有 $y \mid x^2+m$,故 $d \mid x$,但 $(x,y)=1$,故 $d=1$,即 $(x_1, y)=1$.由①及已知条件(2)可得 $x^2+(x_1^2+m)=(xx_1)^2+x^2m=(y^2+m)^2+x^2m=y^4+2my^2+m(x^2+m)$.由于 $(x,y)=1$,且 $y \mid x^2+m$,故 $y \mid x_1^2+m$.且由①$x_1 \mid y^2+m$,故 (x_1, y) 也满足已知条件(1)(2),且 $x_1=\frac{y^2+m}{x}>\frac{y^2}{x} \geqslant y \geqslant x$.这样继续下去又可得一组解 (x_1, y_1) 满足 $y_1>y$.重复以上推理可得无穷多组解 $(x_1, y_1), (x_2, y_2), \cdots$,满足 $x<x_1<x_2<\cdots, y<y_1<y_2<\cdots$.

10. 不妨设 $a \geqslant b$,原方程化为 $a!=\frac{a!}{b!}+1+\frac{c!}{b!}$,由 $a!, \frac{a!}{b!}, 1$ 皆为整数,故 $c \geqslant b$,且 $a!=\frac{a!}{b!}+1+\frac{c!}{b!} \geqslant 3$,故 $a \geqslant 3$,从而 $a!$ 为偶数.于是 $\frac{a!}{b!}$ 与 $\frac{c!}{b!}$ 中有且只有一项为奇数.

(1) 假设 $\frac{a!}{b!}$ 为奇数，则要么 $a=b$，要么 $\frac{a!}{b!}=b+1$ 且 $b+1$ 为奇数, $a=b+1$.

(ⅰ) 若 $a=b$，则 $a!=2+\frac{c!}{a!}$. 当 $a=3$ 时，有 $b=3,c=4$. 当 $a\geqslant 4$ 时，由于 $a!-2$ 不被 3 整除，所以 $c=a+1$ 或 $c=a+2$，$\frac{c!}{a!}=a+1$ 或 $(a+1)(a+2)$，从而 $a!=a+3$ 或 $a!=(a+1)(a+2)+2$. 当 $a=4$ 或 5 时上式不成立. 当 $a\geqslant 6$ 时，$a!>(a+1)(a+2)+2>a+3$，原方程无解.

(ⅱ) 若 $a=b+1$，其中 b 为偶数，则原方程化为 $(b+1)!=b+2+\frac{c!}{b!}$. 因为 $\frac{a!}{b!}$ 为奇数时，$\frac{c!}{b!}$ 为偶数，故 $c\geqslant b+1$，$\frac{c!}{b!}$ 可被 $b+1$ 整除，从而 $b+2$ 可被 $b+1$ 整除，矛盾.

(2) 假设 $\frac{a!}{b!}$ 为偶数，$\frac{c!}{b!}$ 为奇数，则 $c=b$ 或 $c=b+1$（b 为偶数）.

(ⅰ) 若 $c=b$，则原方程化为 $(a!)(b!)=a!+2(b!)$，$\frac{a!}{b!}(b!-1)=2$，故 $\frac{a!}{b!}=2,b!-1=1$，于是 $b=2$，$a!=4$ 不可能.

(ⅱ) 若 $c=b+1$，则原方程化为 $(a!)(b!)=a!+(b+2)(b!)$，$a!(b!-1)=(b+2)(b!)$，因 $(b!-1,b!)=1$，所以 $(b!-1)|(b+2)$，因为 b 为偶数，所以 $b=2,a!=8$ 不可能. 综上所述，原方程有惟一解 $a=3,b=3,c=4$.

11. (Ⅰ) 若 T 为有理数，则存在正整数 m,n 使 $T=\frac{n}{m}$ 且 $(m,n)=1$，从而存在整数 a,b 使 $ma+nb=1$. 于是 $\frac{1}{m}=\frac{ma+nb}{m}=a+bT=a\cdot 1+b\cdot T$ 是 $f(x)$ 的周期. 又因 $0<T<2$，从而 $m\geqslant 2$，设 p 是 m 的素因子，则 $m=pm'$，$m'\in \mathbf{N}_+$，从而 $\frac{1}{p}=m'\cdot\frac{1}{m}$ 是 $f(x)$ 的周期. (Ⅱ) 令 $a_1=1-[\frac{1}{T}]T$，则 $0<a_1<1$ 且 a_1 是无理数. 令 $a_2=1-[\frac{1}{a_1}]a_1,\cdots,a_n=1-[\frac{1}{a_{n-1}}]a_{n-1}(n=2,3,\cdots)$，由数学归纳法易知 a_n 均为无理数，且 $0<a_n<1$. 又 $\frac{1}{a_n}-[\frac{1}{a_n}]<1$，故 $1-[\frac{1}{a_n}]a_n<a_n$，即 $a_{n+1}=1-[\frac{1}{a_n}]a_n<a_n$，所以 $\{a_n\}$ 是递减数列. 最后证明：每个 a_n 是 $f(x)$ 的周期. 事实上，因 1 和 T 是 $f(x)$ 的周期，故 $a_1=1-[\frac{1}{T}]T$ 是 $f(x)$ 的周期. 假设 a_k 是 $f(x)$ 的周期，则 $a_{k+1}=1-[\frac{1}{a_k}]a_k$ 也是 $f(x)$ 的周期. 由数学归纳法知对一切 $n\in\mathbf{N}_+$，a_n 均为 $f(x)$ 的周期.

12. 若 x,y 为整数，则由奇偶性分析知 $x^2\equiv 0,1,y^2\equiv 0,1\pmod 4$，从而 $x^2+y^2\equiv 0,1,2\pmod 4$. 若 $n\in S$，则由上知 $n\equiv 1\pmod 4$，于是可设 $n-1=a^2+b^2(a\geqslant b)$，$n=c^2+d^2(c>d)$（$c,d$ 不可能相等），$n+1=e^2+f^2(e\geqslant f)$，其中 a,b,c,d,e,f 均为整数. 则 $n^2+1=n^2+1^2=(c^2+d^2)^2=(c^2-d^2)^2+(2cd)^2$，$n^2-1=(n+1)(n-1)=(a^2+b^2)(e^2+f^2)=(ae-bf)^2+(af+be)^2$. 若 $a=b$ 且 $e=f$，则 $n-1=2a^2$，$n+1=2e^2$，两式相减得 $e^2-a^2=1$，而 $1=e^2-a^2=(e+a)(e-a)>1$，矛盾，故 $b=a,f=e$ 不能同时成立，即 $a\geqslant b,e\geqslant f$ 中最多有一个成立，所以 $ae-bf>0$，于是 $n^2\in S$.

13. 据条件 $(a+1)(c+1)=(b+1)^2$ ①，设 $a+1=n^2x,c+1=m^2y$，其中 x,y 不含大于 1 的平方因子，则必有 $x=y$，这是由①得 $(mn)^2xy=(b+1)^2$，则 $mn|(b+1)$. 设 $b+1=mn\cdot w$，则 $xy=w^2$ ②. 若 $w>1$，则有质因子 $p_1|w$，即 $p_1^2|w^2$，因 x,y 均不含大于 1 的平方因子，因此 $p_1|x$ 且 $p_1|y$，设 $x=p_1x_1,y=p_1y_1$，$w=p_1w_1$，则②化为 $x_1y_1=w_1^2$. 若仍有 $w_1>1$，则又有质因子 $p_2|w_2$，类似地可得出 $p_2|x_1,p_2|y_1$，设 $x_1=p_2x_2,y_1=p_2y_2,w_1=p_2w_2$，则 $x_2y_2=w_2^2,\cdots$，如此下去，因②中 w 的质因子个数有限，故有 r 使 $w_r=1$，从而 $x_ry_r=w_r^2=1$，得 $x_r=y_r=1$，故 $x=p_1p_2\cdots p_r=y$，改记 $x=y=k$，则有 $a=n^2k-1,c=m^2k-1,b=kmn-$

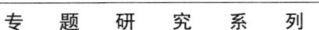

1③,其中 $1 \leqslant n < m, a < b < c < 100$ ④,k 无大于 1 的平方因子,并且 $k \neq 1$,否则若 $k=1$,则 $c=m^2-1$,因 c 不小于第 3 个质数 5,即 $c=m^2-1 \geqslant 5, m \geqslant 3$,故 $c=(m-1)(m+1)$ 为合数,矛盾. 故 k 或为质数,或为若干个互异质数的乘积(即 k 大于 1 且无大于 1 的平方因子),我们将其简称为"k 具有性质 P". (1) 由④ $m \geqslant 2$,当 $m=2$ 时,$n=1$ 有 $a=k-1, b=2k-1, c=4k-1$,因 $c<100$,故 $k<25$. 若 $k \equiv 1(\bmod 3)$,则 $3|c$,且 $c>3$,c 为合数;若 $k \equiv 2(\bmod 3)$,当 k 为偶数时,具有性质 P 的 k 有 2 与 14,分别得出 $a=2-1=1$ 与 $b=2 \cdot 14-1=27$ 不为质数,当 k 为奇数时,具有性质 P 的 k 有 5,11,17,23,分别得出 $a=k-1$ 皆不为质数;若 $k \equiv 0 (\bmod 3)$,具有性质 p 的 k 有 3,6,15,21,当 $k=3$ 时,得出解 $f_1=(a,b,c)=(2,5,11)$,当 $k=6$ 时得出解 $f_2=(a,b,c)=(5,11,23)$,当 $k=15,21$ 时,分别得出的 $a=k-1$ 皆不为质数. 当 $m=3$ 时,$n=2$ 或 1,当 $m=3, n=2$ 时,$a=4k-1, b=6k-1, c=9k-1$. 因质数 $c \leqslant 97$,所以 $k \leqslant 10$,具有性质 P 的 k 有 2,3,5,6,7,10,当 k 为奇数时得出 $c=9k-1$ 皆为合数;当 $k=6$ 时,得出 $b=6k-1=35$ 为合数;当 $k=10$ 时,得出 $a=4k-1=39$ 为合数;当 $k=2$ 时,得出解 $f_3=(a,b,c)=(7,11,17)$;当 $m=3, n=1$ 时,$a=k-1, b=3k-1, c=9k-1, k \leqslant 10$,具有性质 P 的 k 值有 2,3,5,6,7,10. 当 k 为奇数时,得出 $b=3k-1$ 为合数;当 $k=2,10$ 时,得出 $a=k-1$ 不为质数;当 $k=6$ 时,得出解 $f_4=(a,b,c)=(5,17,53)$;(2) $m=4$ 时,由 $c=16k-1 \leqslant 97$,得 $k \leqslant 6$,具有性质 P 的 k 有 2,3,5,6. 当 $k=6$ 时,$c=16 \cdot 6-1=95$ 为合数;当 $k=5$ 时,$\begin{cases} a=5n^2-1 \\ b=20n-1 \end{cases}$,因 $n<m=4$,则 n 可取 1,2,3,分别得出 a,b 中至少有一个不为质数;当 $k=3$ 时,$c=16 \cdot 3-1=47$,$\begin{cases} a=3n^3-1 \\ b=12n-1 \end{cases}$,因 $n<m=4$,当 $n=3$ 时,得出 $a=26$ 为合数;当 $n=2$ 时,得出解 $f_5=(a,b,c)=(11,23,47)$;当 $n=1$ 时,得出解 $f_6=(2,11,47)$;$k=2$ 时,$c=16 \cdot 2-1=31, a=2n^2-1, b=8n-1, n<m=4$. 当 $n=3$ 时,得出解 $f_7=(a,b,c)=(17,23,31)$;当 $n=2$ 时,$b=8 \times 2-1=15$ 是合数;当 $n=1$ 时,$a=2-1=1$ 不是质数;(3) $m=5$ 时,$c=25k-1 \leqslant 97, k \leqslant 3$,具有性质 P 的 k 的值只有 2,3,分列得出 $c=25k-1$ 为合数;(4) $m=6$ 时,$c=36k-1 \leqslant 97, k \leqslant 2$,具有性质 P 的 k 的值只有 2,这时 $c=36 \cdot 2-1=71, a=2n^2-1, b=12n-1, n<m=6$,只有当 $n=2$ 时,得出解 $f_8=(7,23,71)$. 当 $n=4$ 时,得出解 $f_9=(a,b,c)=(31,47,71)$;(5) $m=7$ 时,$c=49k-1 \leqslant 97, k \leqslant 2$,具有性质 P 的 k 的值只有 2,这时 $c=49 \times 2-1=97, n<m=7, a=2n^2-1, b=14n-1$,只有当 $n=3$ 时得出解 $f_{10}=(17,41,97)$,当 $n=6$ 时得出解 $f_{11}=(71,83,97)$;(6) 当 $m \geqslant 8$ 时,$c=64k-1 \leqslant 97$,具有性质 P 的 k 不存在. 综上所述,得满足条件的解共 11 组,即 $f_1, f_2, \cdots, f_{11}$.

1988 年湖南省高中数学夏令营试题

第一试

1. 首先证明满足题设条件的点至多能连 9 条线段:
设此 6 点中度数最大的为 K,设此点为 A_1,设与之相连的点构成的集合为 $M=\{B_1, \cdots, B_K\}$,则 M 内任两点不连线,其余点为 $A_2, A_3, \cdots, A_{6-K}$,因从每个 A_i 出发至多有 K 条线段,从每个 B_j 出发至多有 $6-K$ 条线段.

故图中的线段数至多为 $\frac{1}{2}[K(6-K)+(6-K)K]=K(6-K) \leqslant (\frac{6-K+K}{2})^2=9$.

故,至多能连 9 条线段.

2. 设 l_1, l_2, l_3, l_4 相交组成的一个矩形为 $ABCD$.

如图所示：设 $\angle POP'=\angle QOQ'=\alpha$.

$\because \angle POQ=\angle ABC=90°$，有 $O、P、B、Q$ 四点共圆，

$\therefore \angle OPP'=\angle OQQ'$.

$\therefore \triangle OPP' \backsim \triangle OQQ'$.

从而 $\dfrac{OP}{OQ}=\dfrac{OP'}{OQ'}=\dfrac{BC}{AB}$.

又 $\angle POQ=\angle P'OQ'$,

$\therefore \triangle POQ \backsim \triangle P'OQ'$.

$\therefore \angle OPQ=\angle OP'Q'$.

同理 $\angle OPS=\angle OP'S'$,

从而 $\angle SPQ=\angle S'P'Q'$.

$\therefore$ 有菱形 $PQRS$ 与菱形 $P'Q'R'S'$ 相似.

$\therefore$ 对于任意旋转 α 角所得菱形与 $PQRS$ 相似.

故所有菱形彼此相似.

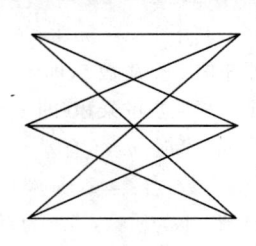

（第1题图）

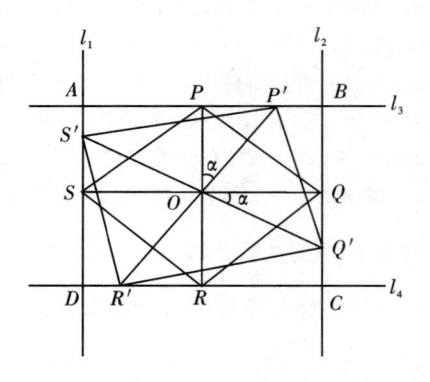

（第2题图）

3. 先证引理：若 $\{x_n\}$ 是凸数列，即 $x_i+x_{i+2} \geqslant 2x_{i+1}$，则

$$\dfrac{\sum\limits_{i=0}^{n} x_i C_n^i}{2^n} \leqslant \dfrac{\sum\limits_{i=0}^{n} x_i}{n+1}.$$

引理的证明 $\Leftrightarrow (n+1)\sum\limits_{i=0}^{n} x_i C_n^i \leqslant 2^n \sum\limits_{i=0}^{n} x_i$.

事实上，当 $n=2k+1$ 为奇数时，有

$x_0+x_n \geqslant x_1+x_{n-1} \geqslant \cdots \geqslant x_k+x_{k+1}$,

$C_n^0 \leqslant C_n^1 \leqslant \cdots \leqslant C_n^k=C_n^{k+1} \geqslant \cdots \geqslant C_n^n$.

由切比雪夫不等式有

$(n+1)\sum\limits_{i=0}^{n} x_i C_n^i = \dfrac{1}{2}(n+1)\sum\limits_{i=0}^{n}(x_i+x_{n-i})C_n^i=(n+1)\sum\limits_{i=0}^{k}(x_i+x_{n-i})C_n^i$

$\leqslant (n+1) \cdot \dfrac{1}{k+1}[\sum\limits_{i=0}^{i}(x_i+x_{n-i})] \cdot [\sum\limits_{i=n}^{k}C_n^i]$

$= \dfrac{1}{2}[\sum\limits_{i=0}^{n}(x_i+x_{n-i})] \cdot (\sum\limits_{i=0}^{n}C_n^i)2^n \cdot \sum\limits_{i=0}^{n} x_i$.

类似地可以证明 n 为偶数的情形.

下证原题：对数列 $\{a^i b^{n-i}\}(i=0,\cdots,n)$,

由 $a^i b^{n-i}+a^{i+2}b^{n-i-2} \geqslant 2a^{i+1}b^{n-i-1} \Rightarrow \{a^i b^{n-i}\}$ 是凸数列.

由引理知 $\dfrac{\sum\limits_{i=0}^{n} a^i b^{n-i} C_n^i}{2^n} \leqslant \dfrac{\sum\limits_{i=0}^{n} a^i b^{n-i}}{n+1}$,

而 $\sum\limits_{i=0}^{n} a^i b^{n-i} C_n^i=(a+b)^n$,

所以 $\dfrac{\sum\limits_{i=0}^{n} a^i b^{n-i}}{n+1} \geqslant \dfrac{(a+b)^n}{2^n}$.

取等条件是：$a^i b^{n-i}=a^{i+2}b^{n-i-2}$,

即 $a=b$，证毕.

另证 显然当 $a=b$ 时，原式取等号，当 $a \neq b$ 时，不妨设 $a>b$，$a+b=2m>0$,

$a=m+r, b=m-r, r>0$,

则 $(a-b)(a^n+a^{n-1}b+\cdots+b^n)=a^{n+1}-b^{n+1}$
$=(m+r)^{n+1}-(m-r)^{n+1}>2m^n r\cdot(n+1).$

又 $a-b=2r,$

∴ $a^n+a^{n-1}b+\cdots+b^n>m^n\cdot(n+1),$

∴ $\dfrac{a^n+a^{n-1}b+\cdots+b^n}{n+1}>m^n=(\dfrac{a+b}{2})^n,$

综上知 $\dfrac{a^n+a^{n-1}b+\cdots+b^n}{n+1}\geqslant(\dfrac{a+b}{2})^n.$

当且仅当 $a=b$ 时取等号.

第二试

4. 当 $x>0$ 时, 令 $x=k+t(k\in\mathbf{N}, 0\leqslant t<1),$

∴ $|f(x)-f(0)|$
$=|f(k+t)-f(k-1+t)+f(k-1+t)-f(k-2-2+t)+\cdots+f(1+t)-f(t)+f(t)-f(0)|$
$\leqslant|f(k+t)-f(k-1+t)|+\cdots+|f(1+t)-f(t)|+|f(t)-f(0)|.$

又∵ $|k-i+t-(k-i-1+t)|\leqslant 1,$

∴有 $|f(x)-f(0)|$
$\leqslant\underbrace{1+1+\cdots+1}_{k\uparrow 1}+|f(t)-f(0)|\leqslant k+1\leqslant|x|+1,$

即 $|f(x)-1|\leqslant|x|+1,$

∴有 $-|x|\leqslant f(x)\leqslant|x|+2.$

同样, 当 $x<0$ 时, 令 $x=-k+t(k\in\mathbf{N}, -1<t\leqslant 0),$

有 $|f(x)-f(0)|$
$=|f(-k+t)-f(-k+1+t)+\cdots+f(-1+t)-f(t)-f(0)|$
$\leqslant|f(-k+t)-f(-k+1)|+\cdots+|f(-1+t)|+|f(t)-f(0)|$
$\leqslant k+1\leqslant|x|+1$

∴有 $|f(x)-1|\leqslant|x|+1,$

即 $-|x|\leqslant f(x)\leqslant|x|+2.$

5. (1) 设第 n 行的和为 S_n, 则易发现 $S_{n+1}=2S_n+2d.$

又 $S_1=2a,$

则 $S_{n+1}+2d=2(S_n+2d)=\cdots=2^n(S_1+2d)=2^n(2a+2d).$

所以有 $S_n=2^n a+(2^n-2)d.$ (递归)

(2) 若 $2^n a+(2^n-2)d=1988,$

则由 $2^n a+(2^n-2)d=2^n(a+d)-2d=1988$ 得

$a+d\geqslant[\dfrac{1988}{2^n}]+1,$

从而 $2^n a+(2^n-2)d=(2^n-2)(a+d)+2a\geqslant(2^n-2)([\dfrac{1988}{2^n}]+1)+2.$

当 $n\geqslant 11$ 时, $2^n a+(2^n-2)d\geqslant 2^{11}-2+2>1988;$

当 $n=10$ 时, $2^n a+(2^n-2)d\geqslant(2^{10}-2)\times 2+2>1988;$

当 $n=9$ 时, $2^n a+(2^n-2)d\geqslant(2^9-2)\times 4+2>1988;$

当 $n=8$ 时,$2^n a+(2^n-2)d \geqslant (2^8-2) \times 8+2 > 1988$;
当 $n=7$ 时,$2^n a+(2^n-2)d \geqslant (2^7-2) \times 16+2 > 1988$.
均导致矛盾.
$n=6$ 时,$64(a+d)=1988+2d$,得 $a+d \geqslant 32$.
当 $a+d=32$ 时,有 $d=30 \Rightarrow a=2$.
当 $a+d \geqslant 33$ 时,$62(a+d)+2a \geqslant 62 \times 33 > 1988$,矛盾!
综上所述,所求 n 最大值为 6,此时 $a=2,d=30$.

6. **解法 1** (1)在(*)中令 $y=-x$,则有
$2f(2x)+f(0)=4f(x)f(-x)f(0)-1$. ①
在(*)中用 $-x$ 代 x,x 代 y,则有
$f(0)+2f(-2x)=4f(-x)f(x)f(0)-1$. ②
比较①、②即有 $f(2x)=f(-2x)$,
∴ $f(x)=f(-x)$. 即 $f(x)$ 为偶函数.

(2)令 $x=1,y=0$,代入得 $f(2)=-1$.
在(*)中用 $2-x$ 代 y,有 $f(2)+f(2x-2)+f(2x)=-1$,
∴ $f(x)=-f(x+2)$.
∴ $f(x)=-f(x+2)=f(x+4)$.
即 $f(x)$ 是以 4 为周期的一个周期函数.

(3)∵ $f(x)+2=-f(x)$,
∴ $f(0)=-f(2)=1, f(3)=-f(1)=0$.
综上及(2),有
$$f(n)=\begin{cases} 1, n \equiv 0 \pmod 4, \\ 0, n \equiv 1,3 \pmod 4, \\ -1, n \equiv 2 \pmod 4. \end{cases}$$

解法 2 (1)令 $x=y$,得 $f(2x)=2f(x)^2-1$. 令 $x=0 \Rightarrow f(0)=-\dfrac{1}{2}$,或 $f(0)=1$.

若 $f(0)=-\dfrac{1}{2}$,令 $x+y=2s,x-y=2t$,代入(*)式,得:
$f(2s)+f(2t)+f(2s+2t)=4f(s+t)f(s)f(-t)-1$, ①
$f(s)^2+f(t)^2+f(s+t)^2=2f(s+t)f(s)f(-t)+1$. ②

在②式中令 $t=0$,得:$3f(s)^2=\dfrac{3}{4}$.

令 $s=1 \Rightarrow f(1)^2=\dfrac{1}{4}$ 与 $f(1)=0$ 矛盾.

∴ $f(0)=1$. ②中令 $s=-t$ 得
$(f(t)-f(-t))(f(t)+f(-t))=0$. ③
在②中,令 $s=0, 2f(t)(f(t)-f(-t))=0$. ④
由③④得:$f(x)=f(-x)$.

(2)由(1)知 $f(1)=f(-1)=0, f(0)=1, f(2)=2f(1)^2-1=-1, f(4)=1$.
由(1)中②式知 $f(x)^2+f(t)^2+f(s+t)^2=2f(s+t)f(s)f(t)+1$.
令 $t=4 \Rightarrow (f(x)-f(s+4))^2=0 \Rightarrow f(x)=f(s+4)$,
∴ $f(x)$ 以 4 为周期.

(3) $f(0)=1, f(2)=-t, f(1)=0.$ ②中令 $s=1, t=2$,则 $f(3)=0.$

$\therefore f(x)=\begin{cases} 1, 4/x, \\ -1, 4/x-2, \\ 0, 2/x-1. \end{cases}$

解法 3 取 $x=y=0$ 得

$3f(0)=4f^2(0)-1 \Rightarrow f(0)=1$ 或 $f(0)=-\dfrac{1}{2}.$

在(*)中,取 $x=y=\dfrac{1}{2} \Rightarrow 2f(1)4f(0)=4f(0)f^2(\dfrac{1}{2})-1,$

即 $\dfrac{f(0)+1}{f(0)}=f^2(\dfrac{1}{2}).$ 若 $f(0)=\dfrac{1}{2}$,则

$4f^2(\dfrac{1}{2})=-1,$ 矛盾.

故 $f(0)=1.$

在(*)中,令 $x=y$,得 $2f(2x)+1=4f^2(x)-1,$
$f(2x)=2f^2(x)-1.$ ①

在(*)中,令 $x=0$ 得: $f(y)+f(-y)+1=4f(0)f^2(\dfrac{y}{2})-1=4f^2(\dfrac{y}{2})-1.$ ②

在①中,令 $x=\dfrac{y}{2}$ 得: $4f^2(\dfrac{y}{2})=2f(y)+2,$ 将它代入②式,得:

$f(-y)=f(y),$ 故为偶函数.

在①中令 $x=1$,知 $f(2)=-1,$
$f(1+y)+f(1-y)f(2)=-1,$

即 $f(1+y)=-f(1-y)=-f(y-1)=f(y-3).$

故 $f(x)$ 是以 4 为周期的函数.

又 $f(3)=f(-3)=f(1)=0, f(4)=f(0)=1,$

故 $f(4k)=1, f(4k+1)=0, f(4k+2)=-1, f(4k+3)=0.$ 证毕.

1990 年湖南省高中数学夏令营试题

1. $\because$ 1990 n,

$\therefore$ 设 $n=1990k=2\times 5\times 199k, k\in \mathbf{N}_+.$

令 $k=2^\alpha \cdot 5^\beta \cdot 199^\gamma \cdot q_1^{\gamma_1} \cdot q_2^{\gamma_2} \cdots q_t^{\gamma_t}, \alpha, \beta, \gamma, \gamma_i \in \mathbf{N}(i=1,2,\cdots,t),$

$\therefore$ 有 $n=2^{\alpha+1} \cdot 5^{\beta+1} \cdot 199^{\gamma+1} \cdot q_1^{\gamma_1} \cdot q_2^{\gamma_2} \cdots q_t^{\gamma_t}.$

又 n 恰有 12 个正因子,

$\therefore 12=(\alpha+1+1)(\beta+1+1)(\gamma+1+1)(\gamma_1+1)\cdots(\gamma_t+1),$

即 $2\times 2\times 3=(\alpha+2)(\beta+2)(\gamma+2)(\gamma_1+1)\cdots(\gamma_t+1),$

$\therefore$ 有 $\gamma_i=0, i=1,2,\cdots,t,$

$\alpha+2, \beta+2, \gamma+2$ 中有一个为 3,其余 2 个为 2.

$\therefore$ 有 $\alpha=1$ 时 $\beta=\gamma=0,$ 有 $n=2^2 \cdot 5 \cdot 199,$

$\beta=1$ 时 $\alpha=\gamma=0,$ 有 $n=2 \cdot 5^2 \cdot 199,$

$\gamma=1$ 时 $\alpha=\beta=0,$ 有 $n=2 \cdot 5 \cdot 199^2.$

综上所述，n 有 3 个值，即 $2^2 \cdot 5 \cdot 199$；$2 \cdot 5^2 \cdot 199$；$2 \cdot 5 \cdot 199^2$.

2.(1)设 $\angle P_0P_1A_2=\alpha$，则 $\alpha=\pi-\dfrac{1990-2}{1990}\pi-\theta=\dfrac{\pi}{995}-\theta$.

由 $\angle P_2P_1A_3=\angle P_0P_1P_2=\alpha$ 及 $\angle P_0A_2P_1=\angle P_2A_3P_1$，得
$\triangle P_0P_1A_1\backsim\triangle P_2P_1A_3$，

类似地有 $\triangle P_0P_1A_2\backsim\triangle P_2P_1A_3\backsim\triangle P_2P_3A_4\backsim\cdots\backsim\triangle P_{1990}P_{1989}A_1$.

设 $P_iA_{i+2}=b_i$，$A_{i+2}P_{i+1}=c_i$（$i=0,1,2,\cdots,1989$，$A_{1991}=A_1$），

则 $b_{i+1}=a-c_i$（$i=0,1,\cdots,1988$），$b_0=\lambda a$，

$\dfrac{\sin\alpha}{\sin\theta}=\dfrac{b_0}{c_0}=\dfrac{c_1}{b_1}=\dfrac{b_2}{c_2}=\cdots=\dfrac{b_{1988}}{c_{1988}}=\dfrac{c_{1989}}{b_{1989}}$.

于是，$\lambda a\sin\theta=b_0\sin\theta=(a-b_1)\sin\alpha$，

$(a-b_2)\sin\theta=b_1\sin\alpha$，

$b_2\sin\alpha=(a-b_3)\sin\alpha$，

$\cdots$

$(a-b_{1988})\sin\theta=b_{1987}\sin\alpha$，

$b_{1988}\sin\theta=(a-b_{1989})\sin\alpha$，

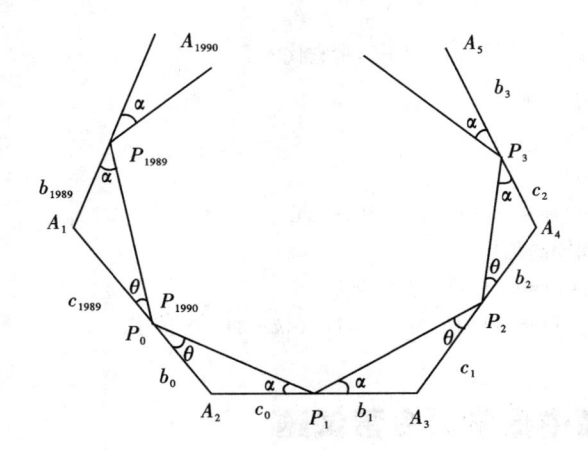

$c_{1989}\sin\theta=b_{1989}\sin\alpha$.

(第 2 题图)

以上各式相加，得

$(994a+\lambda a+c_{1989})\sin\theta=995a\sin\alpha$，

$995a\sin(\dfrac{\pi}{995}-\theta)=(994+\lambda)a\sin\theta=c_{1989}\sin\theta.$ ①

由 $0<c_{1989}<a$ 代入①得

$0<995a\sin(\dfrac{\pi}{995}-\theta)-(994+\lambda)a\sin\theta<\sin\theta$，

即 $0<995\sin\dfrac{\pi}{99}\cos\theta-(994+\lambda+995\cos\dfrac{\pi}{995})\sin\theta<\sin\theta$，

$\dfrac{995\sin\dfrac{\pi}{995}}{995(1+\cos\dfrac{\pi}{995})+\lambda}<\tan\theta<\dfrac{995\sin\dfrac{\pi}{995}}{995(1+\cos\dfrac{\pi}{995})+\lambda-1}$.

所以 θ 的取值范围是

$$\arctan\left(\frac{995\sin\frac{\pi}{995}}{995(1+\cos\frac{\pi}{995})+\lambda}\right)<\theta<\arctan\left(\frac{995\sin\frac{\pi}{995}}{995(1+\cos\frac{\pi}{995})+\lambda-1}\right).$$

(2)当 $P_{1990}=P_0$ 时,$c_{1989}=a-b_0=(1-\lambda)a$,代入①得

$$995a\sin\left(\frac{\pi}{995}-\theta\right)-(994+\lambda)a\sin\theta=a(1-\lambda)\sin\theta,$$

由此可得

$$\tan\theta=\frac{\sin\frac{\pi}{995}}{1+\cos\frac{\pi}{995}}=\tan\frac{\pi}{1990}.$$

又 θ 为锐角,所以 $\theta=\frac{\pi}{1990}$.

3. 必要性:设 $f(x)=g(x)\cdot h(x),g(x),h(x)\in \mathbf{Z}[x]$.

由 $f(0)=f(a_1)=\cdots=f(a_{n-1})=1$
$\Rightarrow g(0)h(0)=g(a_1)h(a_1)=\cdots=g(a_{n-1})h(a_{n-1})=1$
$\Rightarrow g(a_i)=1,h(a_i)=1$ 或 $g(a_i)=-1,h(a_i)=-1$.

考虑多项式 $p(x)=g(x)-h(x)$ 有 n 个不同的值使其等于 0,
而 $g(x)$、$h(x)$ 的最高次数均小于 n,故有 $g(x)\equiv h(x)$,
即有 $f(x)=[g(x)]^2$,且有 n 为偶数. 设 $n=2s$,
于是 $x(x-a_1)(x-a_2)\cdots(x-a_{2s-1})=(g(x)-1)(g(x)+1)$.
不妨设 $g(x)$ 的首项系数为正,由此可得
$g(x)=x(x-a_1)\cdots(x-a_{s-1})\pm 1$,
$g(x)=(x-a_3)(x-a_{s+1})\cdots(x-a_{2s-1})\mp 1$,
(必要时适当变更上式下标的顺序),两式相减得
$(x-a_s)(x-a_{s+1})\cdots(x-a_{2s-1})-x(x-a_1)\cdots(x-a_{s-1})=\pm 2.$ ①
令 $x=0$,得 $(-a_s)(-a_{s+1})\cdots(-a_{2s-1})=\pm 2$, ②
即 ± 2 应分解为 s 个不同整数之乘积,故 $s=1$ 或 $s=2$.
当 $s=1$ 时,$n=2$,由②得 $a_1=2$,
$f(x)=x(x-2)+1=(x-1)^2$.
当 $s=2$ 时,$n=4$,由②得 $a_2a_3=2$,不妨设 $a_2>a_3$,
则 $a_2=2,a_3=1$
这时①化为 $(x-2)(x-1)-x(x-a_1)=2$,
由此可得 $a_1=3$,从而 $f(x)=x(x-1)(x-2)(x-3)+1=(x^2-3x+1)^2$.
于是必要性得证.

充分性:$n=2,a_1=2$ 时,$f(x)=x(x-2)+1=(x-1)^2$.
$n=4,a_1,a_2,a_3$ 是 $1,2,3$ 的任意排列时,
$f(x)=x(x-1)(x-2)(x-3)+1=(x^2-3x+1)^2$.
故充分性得证.

1990年湖南省高中数学冬季集训试题

第一试

1. (1) $x=0$ 时 $y=\pm 1$；$x=1$ 时 $y=0$；$x=-1$ 时 $y=0$.

(2) $x\neq 0$ 且 $x\neq \pm 1$ 时，$y^2=x^5-x^3-x^2+1=x^3(x^2-1)-(x^2-1)$
$$=(x^2-1)(x^3-1)=(x-1)^2(x+1)(x^2+x+1). \quad ①$$

∵ $x-1\neq 0$,

∴ $x-1|y$.

设 $y=(x-1)t$，①式化为 $t^2=(x+1)(x^2+x+1)$.

∵ $x^2+x+1\equiv(-1)^2\equiv 1(\bmod (x+1))$ 且 $x+1\neq 0$,

∴ $(x+1,x^2+x+1)=1$，故存在整数 u 使得 $u|t$ 且 $u^2\equiv x^2+x+1$. ②

但 $x>0$ 时，$x^2<x^2+x+1<(x+1)^2 \Rightarrow x^2+x+1$ 不为平方数.

$x\leqslant -2$ 时，$(x-1)^2<x^2+x+1<x^2 \Rightarrow x^2+x+1$ 不为平方数.

故当 $x\neq 0$，$x\neq \pm 1$ 时，x^2+x+1 不为平方数与②矛盾.

综合①②知：方程 $x^5-x^3-x^2+1=y^2$ 的整数解为 $(\pm 1,0),(0,\pm 1)$.

2. 作 $ID\perp AC$ 于点 D，则 $ID=r$.

(1) $\cot\dfrac{A}{2}+\cot\dfrac{C}{2}=\dfrac{AD}{ID}+\dfrac{CD}{ID}=\dfrac{AC}{r}$,

∴ $2\sqrt{\dfrac{Rr\cot\dfrac{B}{2}}{\cot\dfrac{A}{2}+\cot\dfrac{C}{2}}}=2\sqrt{r^2\times\dfrac{R}{AC}\times\dfrac{1}{\tan\dfrac{B}{2}}}$

$=2r\sqrt{\dfrac{1}{2\sin B}\times\dfrac{1}{\tan\dfrac{B}{2}}}=2r\sqrt{\dfrac{1}{4}\cdot\dfrac{1}{\sin\dfrac{B}{2}\cos\dfrac{B}{2}}\times\dfrac{\cos\dfrac{B}{2}}{\sin\dfrac{B}{2}}}$

$=\dfrac{2r}{\sin\dfrac{B}{2}}\times\dfrac{1}{2}=\dfrac{r}{\sin\dfrac{B}{2}}=IB$. 证毕.

(2) 原命题等价于 $\angle BOI>\dfrac{\pi}{2} \Leftrightarrow \cot\dfrac{A}{2}\cot\dfrac{C}{2}-\dfrac{R+r}{R-r}<0$. ①

且 $\angle BOI<\dfrac{\pi}{2} \Leftrightarrow \cot\dfrac{A}{2}\cot\dfrac{C}{2}-\dfrac{R+r}{R-r}>0$. ②

下面证明①，②同时成立.

（Ⅰ）$\angle BOI>\dfrac{\pi}{2} \Leftrightarrow BO^2+OI^2<BI^2 \Leftrightarrow R^2+R^2-2Rr<BI^2$ (Euler 公式) $\Leftrightarrow 2R(R-r)<BI^2$. （*）

又 $\dfrac{\cot\dfrac{B}{2}}{\cot\dfrac{A}{2}+\cot\dfrac{C}{2}}=\dfrac{1}{\tan\dfrac{B}{2}}\times\dfrac{\tan\dfrac{A}{2}\tan\dfrac{C}{2}}{\tan\dfrac{A}{2}+\tan\dfrac{C}{2}}=\dfrac{1}{\tan\dfrac{B}{2}}\times\dfrac{\tan\dfrac{A}{2}\tan\dfrac{C}{2}}{\tan(\dfrac{A+C}{2})(1-\tan\dfrac{A}{2}\tan\dfrac{C}{2})}$

$=\dfrac{1}{\cot\dfrac{A}{2}\cot\dfrac{C}{2}-1}$,

结合第1问的结论有:$BI^2 = 4Rr \times \dfrac{1}{\cot\dfrac{A}{2}\cot\dfrac{C}{2}-1}$,

故$(*) \Leftrightarrow (R-r)\cot\dfrac{A}{2}\cot\dfrac{C}{2}-(R-r)<2r \Leftrightarrow (R-r)\cot\dfrac{A}{2}\cot\dfrac{C}{2}<R+r \Leftrightarrow \cot\dfrac{A}{2}\cot\dfrac{C}{2}<\dfrac{R+r}{R-r}$,所以①式成立.

(Ⅱ)同理$\angle BOI < \dfrac{\pi}{2} \Leftrightarrow 2R(R-r)>BI^2 \Leftrightarrow (R-r)\cot\dfrac{A}{2}\cot\dfrac{C}{2}-(R-r)>2r \Leftrightarrow \cot\dfrac{A}{2}\cot\dfrac{C}{2}>\dfrac{R+r}{R-r}$,所以②式成立.

综合(Ⅰ)(Ⅱ)有:$\angle BOI \ne \dfrac{\pi}{2} \Leftrightarrow (\angle BOI - \dfrac{\pi}{2})(\cot\dfrac{A}{2}\cot\dfrac{C}{2}-\dfrac{R+r}{R-r})<0$.

3. 因为$k_1, k_2, \cdots, k_m$中有s个偶数,

∴ 有$m-s$个奇数.

∵ $x_i - x_j = k_i - k_j$,

∴ 原不等式$\Leftrightarrow \sum\limits_{i \ne j} \alpha_i \alpha_j \cos[(k_i-k_j)\dfrac{\pi}{2}] \leqslant s^2 + (m-s)^2 - m.$ (*)

不妨设$k_1, k_2, \cdots, k_s$为偶数,$k_{s+1}, \cdots, k_m$为奇数.则

$(*)$左边$= 2\sum\limits_{1\leqslant i<j \leqslant s}\alpha_i\alpha_j\cos[(k_i-k_j)\dfrac{\pi}{2}] + 2\sum\limits_{s+1\leqslant i<j\leqslant m}\alpha_i\alpha_j\cos[(k_i-k_j)\dfrac{\pi}{2}]$

$\leqslant 2\sum\limits_{1\leqslant i<j\leqslant s}1 + 2\sum\limits_{s+1\leqslant i<j\leqslant m}1 = 2\times\dfrac{s(s-1)}{2} + 2\cdot\dfrac{(m-s)(m-s-1)}{2}$

$= s^2 - s + (m-s)^2 - (m-s) = s^2 + (m-s)^2 - m.$ 证毕.

第二试

4. **证法1** (1)首先证明$f(n)$为$\mathbf{N}$上的满射,否则,必存在n, m,使$f(n)+1 \leqslant m \leqslant f(n+1)-1$

$\Rightarrow [\dfrac{n(\sqrt{5}-1)}{2}]+1 \leqslant m \leqslant [\dfrac{(n+1)(\sqrt{5}-1)}{2}]-1.$ ①

由$-\alpha-1 < [\alpha] \leqslant \alpha$及由①知

$\dfrac{n(\sqrt{5}-1)}{2} < m \leqslant \dfrac{n(\sqrt{5}-1)}{2} + \dfrac{\sqrt{5}-1}{2} - 1 < \dfrac{n(\sqrt{5}-1)}{2}$,矛盾.

故对$\forall m$,存在m使$f(m)=n$.由$g(n)=\min\{m | f(m)\geqslant n\}$,

知$f(m-1)<n, f(m)=n$,即$f(g(n))=n$,原题得证.

(2)令$\dfrac{\sqrt{5}-1}{2}=\alpha$,则$f(n)=[\alpha n]$,且$\alpha^2 + \alpha - 1 = 0$.

于是转化为证明:$g(n)-f(n)=f(g(n))+1=n+1$,

即 $g(n)=f(n)+n+1$,

只需证$\begin{cases} f(f(n)+n)<n, \\ f(f(n)+n+1)\geqslant n. \end{cases}$ ② ③

②$\Leftrightarrow [\alpha([\alpha n]+n)] < n$,

而$[\alpha[\alpha n]+n] < [\alpha^2 n + \alpha n] = [n] = n$,②成立.

又$f(f(n)+n+1)=[\alpha([\alpha n]+n+1)] \geqslant [\alpha(\alpha n-1+n+1)]$

$= [n(\alpha^2+\alpha)] = [n] = n$,③成立.

故 $g(n) = f(n)+n+1$.

证毕.

证法 2 (1) $f(m) \geq n \Leftrightarrow m \leq \frac{\sqrt{5}-1}{2}m \Leftrightarrow m \geq \frac{\sqrt{5}+1}{2}n$.

当 $n \neq 0$ 时,知 $\frac{\sqrt{5}+1}{2}n \notin \mathbf{Z}$.

∴ $m \geq [\frac{\sqrt{5}+1}{2}n]+1$,

∴ 满足 $f(m) \geq n$ 的最小 m 是 $[\frac{\sqrt{5}+1}{2}n]+1$,

即 $g(n) = [\frac{\sqrt{5}+1}{2}n]+1$, ①

∴ $f[g(n)] = n \Leftrightarrow [\frac{\sqrt{5}-1}{2}([\frac{\sqrt{5}+1}{2}n]+1)] = n$

$\Leftrightarrow [\frac{\sqrt{5}-1}{2}[\frac{\sqrt{5}-1}{2}n+n]+\frac{\sqrt{5}-1}{2}] = n$

$\Leftrightarrow [\frac{\sqrt{5}-1}{2}[\frac{\sqrt{5}-1}{2}n]+\frac{\sqrt{5}-1}{2}+\frac{\sqrt{5}-1}{2}n-n] = 0$

$\Leftrightarrow 0 \leq \frac{\sqrt{5}-1}{2}[\frac{\sqrt{5}-1}{2}n]-(\frac{3-\sqrt{5}}{2}n-\frac{\sqrt{5}-1}{2}) < 1$

$\Leftrightarrow 0 \leq [\frac{\sqrt{5}-1}{2}n]-(\frac{\sqrt{5}-1}{2}n-1) < \frac{\sqrt{5}+1}{2}$

$\Leftrightarrow \frac{\sqrt{5}-1}{2}n-1 \leq [\frac{\sqrt{5}-1}{2}n] < \frac{\sqrt{5}-1}{2}n+\frac{\sqrt{5}-1}{2}$. 此式显然成立.

(2) 由(1)中结论及①式知只需证

$[\frac{\sqrt{5}+1}{2}n]+1-[\frac{\sqrt{5}-1}{2}n] = n+1 \Leftrightarrow [\frac{\sqrt{5}+1}{2}n]-n = [\frac{\sqrt{5}-1}{2}n]$

$\Leftrightarrow [\frac{\sqrt{5}+1}{2}n-n] = [\frac{\sqrt{5}-1}{2}n] \Leftrightarrow [\frac{\sqrt{5}-1}{2}n] = [\frac{\sqrt{5}-1}{2}n]$,显然成立.

5. **证法 1** 反设 $a_1+a_2+\cdots+a_{100} = 200$. 设 $a_1=a_2=\cdots=a_t=1, a_{t+1} \geq 2$.

(1) 若 $t=0$,则 $a_1=a_2=\cdots=a_{100}=2$(由 $\sum_{i=1}^{100}a_i=200$ 及 $a_1 \geq 2$ 易知).

显然 $a_1+a_2+\cdots+a_{50}=100$ 与题设矛盾.

(2) 若 $t \geq 1$,由 $200 = (a_1+\cdots+a_t)+(a_{t+1}+\cdots+a_{99})+a_{100} \geq t+2(99-t)+a_{100} \Rightarrow t \geq a_{100}-2$, ①

考虑 $A_k = a_{100}+a_{99}+\cdots+a_k (1 \leq k \leq 100)$,

若存在 k,使 $A_k = 100$,则矛盾,否则必存在 k 使

$a_{100}+a_{99}+\cdots+a_k < 100 < a_{100}+a_{99}+\cdots+a_k+a_{k-1} = 100+x$.

(ⅰ) 若 $a_{k-1}-x \leq t$,则令 $t' = a_{k-1}-x \leq t$. 故 $a_1=a_2=\cdots=a_{t'}=1$,

于是 $a_1+a_2+\cdots+a_{t'}+a_k+a_{k+1}+\cdots+a_{100} = t'+100+x-a_{k-1} = 100$. 亦矛盾.

(ⅱ) 若 $a_{k-1}-x \geq t+1 \Rightarrow a_{100}-1 \geq a_{k-1}-1$.

当且仅当 $x=1$ 且 $a_{k-1}=a_{100}$ 即 $a_{k-1}=a_k=\cdots=a_{100}$ 时取等.

此时,有 $101 = 100+x = a_{100}+a_{99}+\cdots+a_{k-1} = (102-k)a_{100}$.

显然只有 $k=1, a_{100}=1$ 时上式成立.

此时 $\sum_{i=1}^{100} a_i = 100 \neq 200$, 矛盾.

综上, 假设不成立, 即 $a_1 + a_2 + a_3 + \cdots + a_{100} \neq 200$.

证法 2 欲证原题, 只要证明若 $a_1 \leqslant a_2 \leqslant \cdots \leqslant a_{100} < 100$ 且 $a_1 + a_2 + \cdots + a_{100} = 200$,
则能从 $a_1, a_2, \cdots, a_{100}$ 中选出若干个数使它们之和等于 100.

下面用反证法进行证明. 假设 $a_1 \leqslant a_2 \leqslant \cdots \leqslant a_{100} < 100$, 且 $a_1 + a_2 + \cdots + a_{100} = 200$.
但不能从 $a_1, a_2, \cdots, a_{100}$ 中选出若干个数使它们之和等于 100.

设 $A_i = a_1 + a_2 + \cdots + a_i (1 \leqslant i \leqslant 100)$,

则有 $A_{i+1} - A_i \geqslant 1$ 且 $0 < A_i < 200 (1 \leqslant i \leqslant 99)$.

若 $100 | A_i, 1 \leqslant i \leqslant 99$, 则由 $0 < A_i < 200$ 知 $A_i = 100$, 矛盾!

若 $A_i \equiv A_j \pmod{100}$, 不妨设 $i > j$, 则 $A_i = A_j = 100$, 矛盾!

故 $A_1, A_2, \cdots, A_{100}$ 构成模 100 的完系.

若 $a_{100} = 2$, 则 $a_1 = a_2 = \cdots = a_{100} = 2 \Rightarrow A_{50} = 100$, 矛盾!

$\Rightarrow a_{100} \geqslant 3 \Rightarrow A_i \leqslant A_{99} \leqslant 197 \quad (i \leqslant 99)$

$\Rightarrow$ 存在 $1 \leqslant i, j \leqslant 99$, 使 $A_i = 98, A_j = 99$.

又 $A_{i+1} - A_i \geqslant 1 \Rightarrow j = i+1$

$\Rightarrow a_{i+1} = 1 \Rightarrow a_1 = a_2 = \cdots = a_{i+1} = 1 \Rightarrow i = 98 \Rightarrow a_1 = a_2 = \cdots = a_{99} = 1$

$\Rightarrow a_{100} = 101 > 100$, 矛盾!

故假设不成立, 原题得证.

证法 3 我们用归纳法证明下面引理:

$1 \leqslant a_1 \leqslant a_2 \leqslant \cdots \leqslant a_{2n} < 2n \quad (a_i \in \mathbf{N}^*)$,

$a_1 + a_2 + \cdots + a_{2n} = 4n$.

则存在若干个 a_i 的和为 $2n$.

$n=2$ 时, 引理即 $1 \leqslant a_1 \leqslant a_2 \leqslant a_3 \leqslant a_4 < 4$,

$a_1 + a_2 + a_3 + a_4 = 8$.

(i) 若 $a_1 = 2 \Rightarrow a_2 = a_3 = a_4 = 2$,

$\therefore \quad a_1 + a_2 = 4$ 命题成立.

(ii) 若 $a_1 = 1$, 则 a_2, a_3, a_4 中存在一个 $a_i = 3$,

$\therefore \quad a_1 + a_i = 4$.

命题也成立.

假设命题对 $n-1$ 时成立. 那么对 n 时,

$1 \leqslant a_1 \leqslant a_2 \leqslant \cdots \leqslant a_{2n} < 2n$.

(i) 若 $a_1 = 2$, 则 $a_2 = a_3 = \cdots = a_{2n} = 2$. 命题显然成立.

(ii) 若 $a_1 = 1, a_2 \neq 1$, 考虑 $a_1, a_2, a_1 + a_2, a_1 + a_2, a_3, \cdots, a_1 + a_2 + a_3 + \cdots + a_n$, 这 $2n+1$ 个两两不相等的数, 这些数在 $A = \{1, 2, \cdots, 4n\}$ 中, 将集合 A 分成 $2n$ 个子集 $\{1, 2n+1\}\{2, 2n+2\}\cdots\{2n, 4n\}$. 以上 $2n+1$ 个数分布在 $2n$ 个子集中, 由抽屉原理可知存在两数在同一子集中. 又 $a_1 \leqslant a_2 < 2n$, 所以 a_1, a_2 不在同一子集中. 从而将在同一子集中的两数作差, 即存在若干个数之和为 $2n$.

命题也成立.

(iii) $a_1 = 1, a_2 = 1$.

若 $a_{2n} = 2n - 1$, 则 $a_1 + a_{2n-1} = 2n$ 成立.

若 $a_{2n}=2n-2$,则 $a_{2n}+a_1+a_2=2n$ 成立.

若 $1\leqslant a_2\leqslant\cdots\leqslant a_{2n}<2(n-1)$,

则 $1\leqslant a_3\leqslant a_4\leqslant\cdots\leqslant a_{2n}<2(n-1)$,

且 $a_3+a_4+\cdots+a_{2n}=\sum_{i=1}^{2n}a_i-(a_1+a_2)=4n-2$.

显然 $a_3,a_4,\cdots,a_{2n}$ 不能全相等(否则 $2n-2|4n-2$,矛盾!).

不妨设 $a_i<a_{i+1}$,那么考虑

$a_3,a_4,\cdots,a_i,a_{i+1}-1,a_{i+2}-1,a_{i+3},\cdots,a_{2n}$ 这 $2n-2$ 个数.

这 $2n-2$ 个数满足归纳假设,即存在若干个数之和为 $2n-2$.

(1)若这些数中有 $a_{i+1}-1$ 和 $a_{i+2}-1$,

那么把 a_{i+1},a_{i+2} 代替 $a_{i+1}-1,a_{i+2}-1$(即把 1 加回去),

就有若干个数加起来等于 $2n$.

(2)若这些数中含 $a_{i+1}-1,a_{i+2}-1$ 中一个,那么,再补上一个 a_1(或 a_2)即可.

(3)若这些数中不含 $a_{i+1}-1,a_{i+2}-2$,那么补上 a_1,a_2 也成立!

综上所述对 n 时,命题成立,引理得证.

回到原题:假设 $a_1+a_2+\cdots+a_{100}=200$,在引理中取 $n=50$,故可得到若干数的和为 100,与已知矛盾!故假设不成立.

即　$a_1+a_2+\cdots+a_{100}=200$.

证法 4　我们只需考虑本题的逆否命题.

$a_1\in\mathbf{N}^*(i=1,2,\cdots,100),a_1\leqslant a_2\leqslant\cdots\leqslant a_{100}<100$ 且

$a_1+a_2+\cdots+a_{100}=200$,则必有 $i_1i_2\cdots i_k\in\{1,2,3,\cdots,100\}$ 且互不相同,有

$a_{i_1}+a_{i_2}+\cdots+a_{i_k}=100$. 　　　　　　　　　　　　　　　　　　　　　(*)

考察 $S_1=a_{100}+a_{99}+\cdots+a_{101-i}(i=1,2,3,\cdots,100)$,则 $S_1S_2\cdots S_{100}\in\{1,2,3,\cdots,200\}$.

将 $\{1,2,\cdots,200\}$ 中的元素两两配对 $(200,100)(199,99)\cdots(101,1)$,共有 100 对.

若 $S_1S_2\cdots S_{100}$ 中有两个数(不妨设为 $S_iS_j(i>j)$)属于同一对中,

由于 $S_j<S_i$,有 $S_i-S_j=a_{100-j}+a_{99-j}+\cdots+a_{101-j}=100$. 此时(*)成立.

若 $S_1S_2\cdots S_{100}$ 中任两个数都不属于同一组,则每组都有一个数为 $S_1S_2\cdots S_{100}$ 之一.

考察 $(101,1)$,易知 $a_i\neq 1(i=1,2,\cdots 100)ik$ 使得 $a_k+a_{k+1}+\cdots+a_{100}=101$,

从而 $a_1+a_2+\cdots+a_{k-1}=99$.

(1)若 $a_1+a_2+\cdots+a_k=100$,则(*)成立.

(2)若 $a_1+a_2+\cdots+a_k>100$,设 $a_1+a_2+\cdots+a_k=100+m,m\geqslant 1$ 且 $m\in\mathbf{N}^*$,

此时设 $a_1=a_2=\cdots=a_i=1,a_{i+1}\geqslant 2$.

若 $i=0$,则 $a_1=a_2=a_3=\cdots=a_{100}=2\Rightarrow a_1+a_2+\cdots+a_{50}=100$.

若 $i\geqslant 1$,此时有以下两种情形:

$1°$　$m\leqslant i$,此时 $a_{m+1}+\cdots+a_k=100$,(*)成立.

$2°$　$m\geqslant i+1\Rightarrow a_k\geqslant 100+m-99=i+2$,此时有

$a_{i+1}+\cdots+a_{k-1}+a_{k+1}+\cdots+a_{100}\leqslant 2x(99-i)$.

又 $\because\ a_t\geqslant 2(t=i+1,\cdots,k-1,k+1,\cdots 100)$,

$\therefore$ 对 $t\in\{i+1,\cdots,k-1,k+1,\cdots 100\}$,

均有 $a_t=2$ 且 $a_1=a_2=\cdots=a_i=1,a_k=i+2$,易知 $i\neq 100$,否则 $\sum_{i=1}^{100}a_i=100<200$.

①$i=99$ 时,有 $a_{100}=101$,矛盾!

②$i=99$ 时，$a_k=i+2=100$，矛盾！

③$49\leqslant i\leqslant 97$ 时，$a_k=a_1+a_2+\cdots+a_{98}-i=i+2+98-i=100(\because 98-i\leqslant i)$，（*）成立.

④$i\leqslant 48$ 时，此时 $a_1,a_2,\cdots,a_{100}$ 中至少有 $100-49=51$ 个为 2，取其中 50 个相加和为 100，（*）成立.

综合上知（*）成立，从而原命题亦成立.

证法 5 事实上我们只需证明如下命题：已知 100 个自然数 $a_1\leqslant a_2\leqslant\cdots\leqslant a_{100}<100$. 若有 $a_1+a_2+\cdots+a_{100}=200$，则一定可以从 $a_1,a_2,\cdots,a_{100}$ 中找出若干个数使它们的和等于 100. 若 $a_1=a_2=\cdots=a_{100}=2$，则显然从中任取 50 个即可. 下设 $a_1,a_2,\cdots,a_{100}$ 不全相等.

我们用归纳法证明如下的加强命题：已知 $n(n\geqslant 4)$ 个自然数 $a_1\leqslant a_2\leqslant\cdots\leqslant a_n<n$. 若有 $a_1+a_2+\cdots+a_{100}=2n$，且 $a_1,a_2,\cdots,a_n$ 不全相等，则一定可以从中找出若干个数使它们的和等于 n.（*）

当 $n=4$ 时，$a_1+a_2+a_3+a_4=8$，则可易知 $a_1=1$.（因为 $a_1\neq 2$，否则 $a_1=a_2=a_3=a_4=2$）

从而知 $a_2+a_3+a_4=7$，那么 $a_4=3$，此时有 $a_1+a_4=4$. 故命题在 $n=4$ 时成立.

假设命题在 $n-1$ 时成立，则当 n 时，我们分两种情况讨论：

（i）若 $a_1,a_2,\cdots,a_n$ 中没有一个为 2，那么 $a_1,a_2,\cdots,a_n$ 中的数要么为 1，要么不小于 3. 又因为它们的和为 $2n$，则易知 $a_1,a_2,\cdots,a_n$ 中 1 的个数不小于 $\frac{n}{2}$. 那么我们考虑 a_n，若 $a_n>\frac{n}{2}$，则加上 $n-a_n$ 个 1 即可.

若 $a_n\leqslant\frac{n}{2}$，则考虑 a_n+a_{n+1}. 同理，若 $a_n+a_{n-1}\in(\frac{n}{2},n]$，则加上 $n-(a_n+a_{n-1})$ 个即可；否则再考虑 $a_n+a_{n-1}+a_{n-2},\cdots$，因为 $a_n(1\leqslant i\leqslant n-1,i\in\mathbf{N}^*)$ 均不超过 a_n，当然也不超过 $\frac{n}{2}$. 从而必会有某个 k，使得 $a_n+a_{n-1}+a_{n-2}+\cdots+a_k\in(\frac{n}{2},n]$. 那么加上 $n-(a_n+a_{n-1}+\cdots+a_k)$ 个 1 即可，从而命题（*）成立.

（ii）若 $a_1,a_2,\cdots,a_n$ 中有一个为 2，设为 $a_j(j\in\{1,2,\cdots,n\})$. 我们考虑 a_n，若 $a_n=n-1$，则知 $a_1+a_2+\cdots+a_{n-1}=n+1$. 那么其中必有数为 1. 这个数加上 a_n 即为 n，满足条件. 若 $a_n<n-1$，那么有 $a_1\leqslant a_2\leqslant\cdots\leqslant a_{j-1}\leqslant a_{j+1}\leqslant\cdots\leqslant a_n<n-1$，由归纳假设知可以从中选出若干个使它们的和为 $n-1$. 且易知其中有数为 1（否则我们选择剩下那一部分数，它们的和也为 $n-1$）. 这时将这些数中的那个 1 换为 a_j，则找到了若干个和为 n 的数了. 从而知此时命题（*）也成立.

综（i）（ii）知命题（*）对一切 $n\in\mathbf{N}^*$，$n\geqslant 4$ 均成立. 特别地，当 $n=100$ 时即证得原命题.

证法 6 反证法反设结论不成立，则 $a_1+a_2+\cdots+a_{100}=200$.

①若 $a_1=a_2=\cdots=a_{100}$，则 $a_j=2,1\leqslant i\leqslant 100$，$a_1+\cdots+a_{50}=50\times 2=100$.

这与不能从 $a_1,a_2,\cdots,a_{100}$ 中选出若干个数使其和为 100 矛盾.

②若 $a_1,a_2,\cdots,a_{100}$ 中有两个数 $a_i,a_j(i\neq j)$ 不同，$a_i\neq a_j$，则知存在 $a_1,a_2,\cdots,a_{100}$ 的一个排列 $b_1,b_2,\cdots,b_{100}$，使 $b_1>b_2,b_i\leqslant 99,1\leqslant i\leqslant 100$，则考虑下面 101 个数 $S_1,S_2,\cdots,S_{101}$.

$S_1=b_1,S_2=b_2,S_k=b_1+\cdots+b_{k-1},101\geqslant k\geqslant 3$，

则 $1\leqslant S_1<S_2<\cdots<S_{101}=200$. 由抽屉原理知这 101 个数中必有两个数除以 100 余数相等.

设 $S_i\equiv S_j(\bmod 100)(i>j)$，则 $200>S_{101}-S_j\geqslant S_i-S_j>0$.

又 $100|S_i-S_j$，

$\therefore\ S_i-S_j=100$.

又 S_i-S_j 是 $a_1,\cdots,a_{100}$ 中某些项的和，所以可以找到 $a_1,\cdots,a_{100}$ 中若干项使其和是 100，与条件矛盾. 故反设不成立. 原命题得证.

6. 由已知，因为不存在某四天的活动有人全部参加，故每人至多参加三天活动，设有 n 个学生.

而不存在某个同学参加了两个三天的活动（不完全重复）（否则此人至少参加了四天的活动，矛盾！）.

再由已知，对于确定的三天，参加活动的同学必与其余某三天参加活动的同学不同

$\Rightarrow n \geqslant C_6^3 = 20.$

下面举例说明：$n=20$ 是可以安排出来的.

这 20 人参加活动的天数为：

(1,2,3)(1,2,4)(1,2,5)(1,2,6)(1,3,4)
(1,3,5)(1,3,6)(1,4,5)(1,4,6)(1,5,6)
(2,3,4)(2,3,5)(2,3,6)(2,4,5)(2,4,6)
(2,5,6)(3,4,5)(3,4,6)(3,5,6)(4,5,6)

1991 年湖南省高中数学夏令营试题

一、

1. $60°$.

2. $\arctan 3$.

3. $\{(x,y) | y \leqslant |x|, |x| \geqslant 1\}$.

4. $\{100, -64, 48, -12, 36, 0\}$.

5. $z_k = \sqrt{\lambda_k} t$ (t 为任意复数，$k=1,2,\cdots,n$).

二、

6. 如图，联 $AO_1, O_1O_2, O_3O, O_2O_3$. 因为 $\odot O_1$ 和 $\odot O_2$ 相交于 A, O, 且 O_1O_2 是圆心的联线，所以 $\angle AO_1O_2 = \angle O_2O_1O$.

从而 $\angle ABO = \dfrac{1}{2} \angle AO_1O = \dfrac{1}{2}(360° - \angle AO_1O_2 - \angle OO_1O_2) = 180° - \angle OO_1O_2$.

同理，$\angle OBC = 180° - \angle OO_3O_2$.

又 O, O_1, O_2, O_3 四点共圆，

$\therefore \angle OO_1O_2 + \angle OO_3O_2 = 180°$,

$\therefore \angle ABO + \angle OBC = 180°$,

即 A, B, C 三点共线.

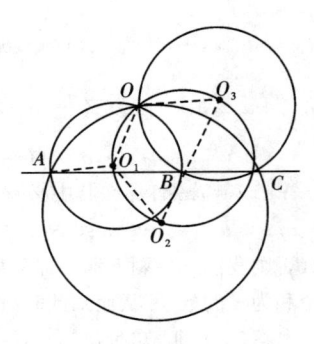

(第 6 题图)

7. 先证数 $\{a_n\}$ 有性质：

$a_n a_{n+2} - a_{n+1}^2 = \cos(n+1)\pi$. （*）

事实上，当 $n=1$ 时，$a_1 a_3 - a_2^2 = a_1(a_1+a_2) - a_2^2 = 1 = \cos 2\pi$.

假设当 $n=k$ 时，有 $a_k a_{k+2} - a_{k+1}^2 = \cos(k+1)\pi$,

则 $a_{k+1} a_{k+3} - a_{k+2}^2 = a_{k+1}(a_{k+2}+a_{k+1}) - (a_k+a_{k+1})^2 = a_{k+1}(a_k+a_{k+1}) - a_k^2 - 2a_k a_{k+1}$
$= a_{k+1}^2 - a_k^2 - a_k a_{k+1} = a_{k+1}^2 - a_k(a_k+a_{k+1})$
$= a_{k+1}^2 - a_k a_{k+2} = -(a_k a_{k+2} - a_{k+1}^2)$
$= -\cos(k+1)\pi = \cos(k+2)\pi.$

故当 $n=k+1$ 时，（*）式也成立. 这就证明了对所有自然数 n, （*）式均成立.

由（*）式知

$a_{n+1} a_{n+3} - a_{n+2}^2 = \cos(n+2)\pi$,

$\therefore a_{n+1}(a_{n+1}+a_{n+2}) - a_{n+2}^2 = \cos(n+2)\pi = \cos n\pi,$

$\therefore a_{n+1} a_{n+2} - \cos n\pi = a_{n+2}^2 - a_{n+1}^2 = (a_{n+2}+a_{n+1})(a_{n+2}-a_{n+1}),$

∴ $a_n = a_{n+2} - a_{n+1} = \dfrac{a_{n+1}a_{n+2} - \cos n\pi}{a_{n+1} + a_{n+2}}$.

因 $a_n > 0 (n \in \mathbf{N})$,故可令 $a_n = \cot A_n, A_n \in (0, \dfrac{\pi}{2}), n \in \mathbf{N}$. 于是

$\cot A_n = \dfrac{\cot A_{n+1} \cot A_{n+2} - \cos n\pi}{\cot A_{n+1} + \cot A_{n+2}} \geqslant \dfrac{\cot A_{n+1} \cot A_{n+2} - 1}{\cot A_{n+1} + \cot A_{n+2}}$

$= \cot(A_{n+1} + A_{n+2})$.

∵ $A_n, A_{n+1} + A_{n+2} \in (0, \pi), n \in \mathbf{N}$,

∴ $A_n \leqslant A_{n+1} + A_{n+2}$,

即 $\text{arccot} a_n \leqslant \text{arccot} a_{n+1} + \text{arccot} a_{n+2}$.

由上述证明知,等号成立的充要条件是 $\cos n\pi = 1$,即 n 为偶数.

8. 设 $f(n) = n^2 - n + 1 (n = 1, 2, \cdots)$,则有

$f(n+1) - f(n) - f(n-1) + f(n-2) = 4$.

由上式知,数列 $\{n^2 - n + 1\}$ 的连续四项之前任意添加"＋"或"－"号,有一种添法使其代数和为 4 或 －4. 于是,存在一种添法使任意连续八项的代数和为 0,或 8,或 －8. 而 $1991 = 248 \times 8 + 7$,故存在一种添号法则,使第八项开始各项的代数和为 －8.

而 $f(1) - f(2) + f(3) + f(4) - f(5) - f(6) + f(7) = 1 - 3 + 7 + 13 - 21 - 31 + 43 = 9$,

由此知,存在一种添号法则,使数列 $\{n^2 - n + 1\}$ 的前 1991 项的代数和为 1. 又知 $f(n) = n(n-1) + 1$ 为奇数,1991 为奇数,故数列 $\{n^2 - n + 1\}$ 的前 1991 项的每一项之前不管添加"＋"还是"－"号,其代数和总是奇数,故所求的最小非负值为 1.

1991 年湖南省高中数学冬季集训试题

第一试

1. 令 $a_n = F_{n+1} F_{n+3} - F_n F_{n+4} (n = 1, 2, \cdots)$,则

$a_{n+1} = F_{n+2} F_{n+4} - F_{n+1} F_{n+5} = F_{n+2} F_{n+4} - F_{n+1} F_{n+4} - F_{n+1} F_{n+3} = F_n F_{n+4} - F_{n+1} F_{n+3} = -a_n$,

所以数列 $\{a_n\}$ 是首项为 $a_1 = F_2 F_4 - F_1 F_5 = -2$,公比为 －1 的等比数列,于是

$a_n = (-1)^n \cdot 2, n = 1, 2, \cdots$.

即 $F_{n+1} F_{n+3} - F_n F_{n+4} = 2 \cdot (-1)^n$.   ①

另一方面,

$2 F_{n+2}^2 = F_{n+2}(F_{n+2} + F_{n+1} + F_n) = F_{n+2}(F_{n+3} + F_n) = F_{n+2} F_{n+3} + F_{n+2} F_n = F_{n+1} F_{n+3} + F_n F_{n+3} + F_{n+2} F_n = F_{n+1} F_{n+3} + F_n F_{n+4}$.   ②

由①、②得

$(-1)^n \cdot (2 F_{n+2})^2 = (F_{n+1} F_{n+3})^2 - (F_n F_{n+4})^2$.

这说明对任意自然数 n,以 $F_n F_{n+4}, F_{n+1} F_{n+3}, 2 F_{n+2}$ 为边长可构成一个直角三角形. 证毕.

2. 对 n 用数学归纳法.

不妨设 $\arg Z_1 \geqslant \arg Z_2 \geqslant \cdots \geqslant \arg Z_n$.

当 $n = 1$ 时,结论显然成立.

假设 $n \geqslant 3$ 时,对一切小于 n 的奇数,结论成立. 于是对于复数 $Z = Z_2 + Z_3 + \cdots + Z_{n-1}$,有 $|Z| \geqslant 1$.

若 $Z_1+Z_n=0$,则 $|Z_1+Z_2+\cdots+Z_{n-1}+Z_n|=|Z|\geqslant 1$.

若 $Z_1+Z_n\neq 0$,则 Z_1+Z_n 的对应点 P 必在 $\angle Z_1OZ_n$ 的平分线上(如图).另一方面,由平行四边形法则可知,向量 $\overrightarrow{OZ}$ 必与半圆的弧 $\overgroup{Z_2Z_{n-1}}$ 相交,这也就是说,向量 $\overrightarrow{OZ}$ 在 $\angle Z_2OZ_{n-1}$ 内,故也在 $\angle Z_1OZ_n$ 内.由于 $\angle Z_1OZ_n<180°$,并且 $\overrightarrow{OP}$ 在 $\angle Z_1OZ_n$ 的平分线上,故 $P+Z$ 的对应点 Q 必在 $\angle POZ_n$ 内或 $\angle POZ_1$ 内.于是向量 $\overrightarrow{OZ}$ 与向量 $\overrightarrow{OP}$ 的交角是锐角,从而 $\angle QZO>90°$,故

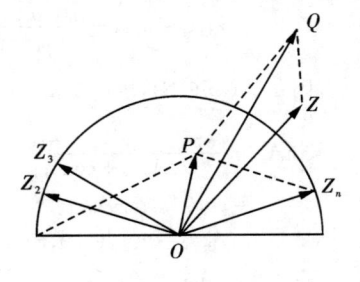

$$\left|\sum_{k=1}^{n}Z_k\right|=|Z+Z_1+Z_n|=|Z+P|\geqslant|Z|\geqslant 1.$$

证毕.

(第2题图)

3. 任取 $x\in \mathbf{N}$,若 $11\nmid x$,则因

$x\equiv \pm 1,\pm 2,\pm 3,\pm 4,\pm 5\pmod{11}$,

$x^2\equiv 1,4,9,5,3\pmod{11}$,

故对任意的 y,都有 $x^2+y^2\not\equiv 0\pmod{11}$,

所以,当 $\dfrac{x^2+y^2}{11}$ 为整数时,必有 $11\nmid x$.同理 $11\nmid y$.

设 $\dfrac{x^2+y^2}{11}=11(m^2+n^2)$,

于是代入题设条件并约去因数 11,得 $m^2+n^2\leqslant 181$. ($*$)

因此,满足题设条件 (x,y) 的正整数对的个数也就是满足条件(1)的正整数对的个数.

因 $n\geqslant 1$,所以 $m^2\leqslant 181-n^2\leqslant 180$.

由于 $13^2=169<180<14^2=196$,

故 $m\in\{1,2,\cdots,13\}$,$n\in\{1,2,\cdots,13\}$.

下面分三种情况讨论:

(1)当 $1\leqslant m,n\leqslant 9$ 时,恒有 $m^2+n^2\leqslant 2\times 9^2=162<181$,所以,这时满足($*$)的 (m,n) 共有 $9\times 9=81$ 对.

(2)当 $10\leqslant m,n\leqslant 13$ 时,因 $m^2+n^2\geqslant 2\times 10^2=200>181$,这时没有满足条件($*$)的数对 (m,n).

(3)当 m,n 中有且仅有一个取 $10,11,12,13$ 之一时,因

$9^2\leqslant 181-10^2=81<10^2$,

$7^2\leqslant 181-11^2=60<8^2$,

$6^2\leqslant 181-12^2=37<7^2$,

$3^2\leqslant 181-13^2=12<4^2$,

所以,这时满足条件($*$)的数对 (m,n) 共有 $2\times(9+7+6+3)=50$(对).

综合上述知,满足题设条件的正整数对 (x,y) 共有 $81+50=131$ 对.

第二试

4. 记点 A、B、C、M 对应的复数仍用 A、B、C、M 表示,$\triangle ABC$ 为正向三角形,则

$|AC|+|AB|=|\overrightarrow{AC}+\overrightarrow{AB}e^{iA}|$

$$= |C-A+(B-A)e^{iA}|$$
$$= |(1+e^{iA})(M-A)+(B-M)e^{iA}+C-M| \leq |(1+e^{iA})| \cdot |MA|+|MB|+|MC|$$
$$= 2\cos\frac{A}{2} \cdot |MA|+|MB|+|MC|.$$

同理,$|BC|+|BA| \leq |MA|+2\cos\frac{B}{2} \cdot |MB|+|MC|$,

$|CA|+|CB| \leq |MA|+|MB|+2\cos\frac{C}{2} \cdot |MC|$.

以上三式相加,得

$$P \leq |MA| \cdot \cos^2\frac{A}{4}+|MB| \cdot \cos^2\frac{B}{4}+|MC| \cdot \cos^2\frac{C}{4}$$
$$\leq (|MA|+|MB|+|MC|)\max\{\cos^2\frac{A}{4},\cos^2\frac{B}{4},\cos^2\frac{C}{4}\},$$

故 $|MA|+|MB|+|MC| \geq P \cdot \min\{\sec^2\frac{A}{4},\sec^2\frac{B}{4},\sec^2\frac{C}{4}\}$.

5. 直接计算观察规律

n	1	2	3	4	5	6	7	8	9	10	11	12	13	14
$f(n)$	1	1	1	4	7	1	4	7	1	4	7	10	13	16
n	15	16	17	18	19	20	21	22	23	24	25	26	27	28
$f(n)$	19	22	25	1	4	7	10	13	16	19	22	25	1	4

故可猜测

$$(*)\ f(n)=\begin{cases} 1, n=1,2; \\ 3k+1, n=a \cdot 3^m+k, a=1,2, m\in \mathbf{N}, 0 \leq k < 3^m. \end{cases}$$

下面我们对 m 用数学归纳法证明:

当 $m=1$ 时,$a=1$ 或 2,$f(a \cdot 3+0)=3f(a)-2=1=3\times 0+1$,

$f(a \cdot 3+1)=3f(a)+1=4=3\times 1+1$,

$f(a \cdot 3+2)=3f(a)+4=7=3\times 2+1$,

即 $m=1$ 时,公式$(*)$成立.

设 $m=r$ 时,公式$(*)$成立. 往证 $m=r+1$ 的情形.

(i)若 $k=3t$,则

$f(a \cdot 3^{r+1}+k)=f(a \cdot 3^{r+1}+3t)=3f(a \cdot 3^r+t)-2=3(3t+1)-2=3(3t)+1=3k+1$.

(ii)若 $k=3t+1$,则

$f(a \cdot 3^{r+1}+k)=f(a \cdot 3^{r+1}+3t+1)=3f(a \cdot 3^r+t)+1=3(3t+1)+1=3k+1$.

(iii)若 $k=3t+2$,则

$f(a \cdot 3^{r+1}+k)=f(a \cdot 3^{r+1}+3t+2)=3f(a \cdot 3^r+t)+4=3(3t+1)+4=3(3t+2)+1=3k+1$,

即 $m=r+1$ 时,公式$(*)$也成立. 这就证明了$(*)$式成立.

由 $f(n)=n$,即 $f(a \cdot 3^m+k)=a \cdot 3^m+k$,

亦即 $3k+1=a \cdot 3^m+k \Rightarrow k=\frac{1}{2}(a \cdot 3^m-1)$.

又 $k=\frac{1}{2}(a \cdot 3^m-1) < 3^m \Rightarrow a=1$.

故当 $n \geqslant 3$ 时，$f(n)=n \Leftrightarrow n=3^m+\frac{1}{2}(3^m-1)=\frac{1}{2}(3^{m+1}-1)$. 又 $f(1)=1, f(2) \neq 2$, 故 $m=0$ 时，$n=\frac{1}{2}(3-1)=1$. 于是

$$f(n)=n \Leftrightarrow n=\frac{1}{2}(3^{m+1}-1), m=0,1,2,\cdots.$$

由 $\frac{1}{2}(3^{m+1}-1) \leqslant 1992 \Rightarrow 3^m \leqslant \frac{1}{3} \times 3985 < 3^7$，

故 $m<7$，从而 $m_{\max}=6, n_{\max}=\frac{1}{2}(3^{6+1}-1)=1093$.

另解 设 n 用 3 进位制数表示为

$$n=(a_k a_{k-1} \cdots a_1 a_0)_3, a_i=0,1,2 (0 \leqslant i \leqslant k-1), a_k=1 \text{ 或 } 2,$$

则 $f((a_k a_{k-1} \cdots a_1 a_0)_3)=(a_{k-1} a_{k-2} \cdots a_1 a_0 1)_3$. （*）

下面用数学归纳法证明（*）式成立.

$f(1)=f((1)_3)=1=(1)_3$，

$f(2)=f((2)_3)=1=(1)_3$，

$f(3)=f((10)_3)=3f(1)-2=1=(01)_3$，

即 $n=1,2,3$ 时成立. 设 $n<l$ 时结论（*）成立，往证 $n=l$ 的情形. 设 $m=(a_k a_{k-1} \cdots a_1 a_0)_3$，则

（ⅰ）$l=3m (m \in \mathbf{N})$，则 $l=(a_k a_{k-1} \cdots a_1 a_0 0)_3$，

$f(l)=f(3m)=3f(m)-2=3 \times (a_{k-1} \cdots a_1 a_0 1)_3 - 2 = (a_{k-1} \cdots a_0 01)_3$.

（ⅱ）$l=3m+1 (m \in \mathbf{N})$，则 $l=(a_k a_{k-1} \cdots a_1 a_0 1)_3$，

$f(l)=3f(m)+1=3 \times (a_{k-1} \cdots a_1 a_0)+1=(a_{k-1} \cdots a_1 a_0 11)_3$.

（ⅲ）$l=3m+2 (m \in \mathbf{N})$，则 $l=(a_k a_{k-1} \cdots a_1 a_0 2)_3$，

$f(l)=3f(m)+4=3 \times (a_{k-1} \cdots a_1 a_0 1)_3+(11)_3=(a_{k-1} \cdots a_1 a_0 21)_3$.

综合（ⅰ）、（ⅱ）、（ⅲ）知，对一切 $n \in \mathbf{N}$，公式（*）成立.

由 $f(n)=n$，设 $n=(a_k a_{k-1} \cdots a_1 a_0)_3$，得 $(a_{k-1} a_{k-2} \cdots a_1 a_0 1)_3=(a_k a_{k-1} \cdots a_1 a_0)_3$，比较各数位上数字得 $a_k=a_{k-1}=\cdots=a_1=a_0=1$，

即 $f(n)=n \Leftrightarrow n=(11 \cdots 1)_3$.

又 $(100000)_3=3^6<1992<3^7=(1000000)_3$，

故使小于或等于 1992 的正整数中使 $f(n)=n$ 成立的最大正整数为

$$n_{\max}=(111111)_3=3^5+3^4+3^3+3^2+3^1+3^0=(3^7-1)/(3-1)=1093.$$

6. 若不存在两点，它们之间的距离大于 d，由题设条件知，d 是所有这些点彼此间的距离的最大值.

为方便起见，把长为 d 的连结一对给定点的线段称为直径，由点 A 引出的所有直径的端点都在以 A 为中心，以 d 为半径的圆周上. 因为任意两点间的距离不超过 d，故由 A 引出的直径的两端点都不超过 $60°$ 的角内. 因而，若由 A 引出了三条直径 AB, AC, AD，则这些直径的端点之一必在另两个直径所构成的角内. 不妨设点 C 在 $\angle BAD$ 内，则由 C 引出的直径不多于一条. 这是因为，若还有直径 CP，而点 P 和 B 在 AC 的异侧（若 P 和 B 在 AC 同侧，则 P 和 D 在 AC 异侧，可类似证明），则 $ABCP$ 为凸四边形（如图）.

于是有 $AB+CP<AC+BP$，

即 $d+d<d+BP$，

于是 $d<BP$. 这与 d 是距离的最大值矛盾.

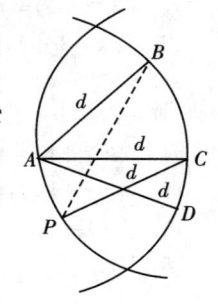

(第 6 题图)

这样一来,我们得到如下结论:

在给定的 n 个点中,或者每一点引出的直径不多于两条,或者存在这样的点,由它的引出的直径不多于一条.

下面我们用数学归纳法证明:"当 d 是这些点间的距离的最大值时,则有不多于 n 对的点,它们之间的距离等于 d."这样就证明了原命题为真.

事实上,当 $n=4$ 时,结论为真.假设对任意自然数 $n\geq 4$,结论为真,则对于 $n+1$ 个点,由已证明了的结论知,或者每一点引出的直径不多于两条,或者存在一点,由它引出的直径不多于 1 条.对于第一种情形,结论显然成立.对于第二种情形,除去此点,由归纳假设,在其余 n 个点组成的点集中,有不多于 n 条的直径,再加上除去的此点,它至多有一条直径,故有不多于 $n+1$ 条直径.证毕.

1992 年湖南省高中数学夏令营试题

A 卷

一、

1. C. 2. B. 3. B. 4. B. 5. D. 6. C.

二、

7. 充分非必要. 8. $\dfrac{\pi}{2}$. 9. $\dfrac{\sqrt[3]{4}}{2}$. 10. 1.

11. $\sqrt[3]{a}+\sqrt[3]{b}+\sqrt[3]{c}\geq 0$ 或 $a=b=c$.

三、

12. 如图,设正四面体 $ABCD$ 的棱长为 a,M,P 分别为 $AD、DC$ 的中点,N,Q 分别是 $\triangle BCD$、$\triangle ABC$ 的中心.取 BC 中点 F,连 AF,DF,知 $AF=DF=\dfrac{\sqrt{3}}{2}a$.$Q,N$ 分别在 AF,DF 上,作 $QE\parallel NM$ 交 AD 于 E,$\angle PQE$ 是 MN 与 PQ 所成的角(或 $\pi-\angle PQE$).又 $FQ=FN=\dfrac{1}{3}DF=\dfrac{\sqrt{3}}{6}a$.连 PE,NQ,∵ $NQ\parallel AD$,∴ $MNQE$ 是平行四边形,∴ $NQ=\dfrac{1}{3}a$,$DE=\dfrac{5}{6}a$.连 AN,则 $AN\perp$ 平面 BCD,∴ $AN\perp DF$,∴ $MN=\dfrac{1}{2}a$.同样,$PQ=\dfrac{1}{2}a$,在 $\triangle DPE$ 中,$PE^2=DE^2+DP^2-2DE\cdot DP\cdot\cos\angle EDP=(\dfrac{5}{6}a)^2+(\dfrac{1}{2}a)^2-2\cdot\dfrac{5}{6}a\cdot\dfrac{1}{2}a\cdot\dfrac{1}{2}=\dfrac{19}{36}a^2$.

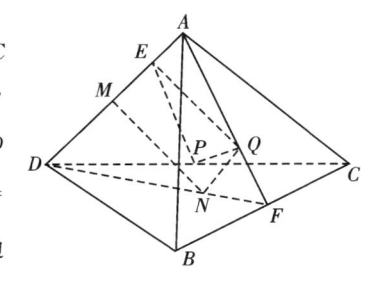

在 $\triangle PQE$ 中,$\cos\angle PQE=\dfrac{EQ^2+PQ^2-EP^2}{2EQ\cdot PQ}=-\dfrac{1}{18}$,∴ MN,PQ 所成的角为 $\arccos\dfrac{1}{18}$.

13. 如图,作 $PO\parallel AB$,延长 PO 至 Q,使 $OQ=OA$,只需证 A,P,D,Q 共圆,且 O 为圆心即可.

∵ $\angle OQA=\dfrac{1}{2}\angle POA=\dfrac{1}{2}\cdot 2\alpha=\angle ADP$,

∴ A,P,D,Q 四点共圆.

又 $\angle OQP=\angle PAD=\dfrac{1}{2}\angle POD$,

∴ ∠OQD=∠ODQ,

∴ OQ=OD=OA,即 O 为圆心,从而 OP=OD=OA,

∴ AB=PB=PC.

14. 由 $\sin 2x = -\cos 2(x+\frac{\pi}{4}) = 2\sin^2(x+\frac{\pi}{4})-1$,得

$2\sin^2(x+\frac{\pi}{4}) + \sin(x+\frac{\pi}{4}) - 1 = a.$

令 $t = \sin(x+\frac{\pi}{4})$,则我们只须在[-1,1]内解关于 t 的方程

$2t^2 + t - 1 = a.$ (*)

令 $f(t) = 2t^2 + t - 1 = 2(t+\frac{1}{4})^2 - \frac{9}{8}$.

作 $f(t)$ 在[-1,1]上的图象. 故方程(*)的解即为 $f(t)$ 图象与 $y=a$ 交点的横坐标.

(1)当 $a < -\frac{9}{8}$ 或 $a > 2$ 时,方程(*)无实数解;

(2)当 $0 < a \leq 2$ 或 $a = -\frac{9}{8}$ 时,方程(*)有一根 $t = \frac{-1+\sqrt{9+8a}}{4}$,求得

$x = -\frac{\pi}{4} + a\pi + (-1)^k \arcsin\left(\frac{-1+\sqrt{9+8a}}{4}\right), k \in \mathbf{Z}.$

(3)当 $-\frac{9}{8} < a \leq 0$ 时,方程(*)有两根 $t = \frac{-1\pm\sqrt{9+8a}}{4}$,求得 $x = -\frac{\pi}{4} + k\pi + (-1)^k \arcsin\frac{-1\pm\sqrt{9+8a}}{4}, k \in \mathbf{Z}.$

(第13题图)

(第14题图)

B 卷

一、

1. 1.　2. 30.　3. 67.　4. $[\frac{3}{2}, 4]$.　5. 6.

二、

6. 设 DF 交 BC 于 M,交 BE 于 N. 连 OM, OH. 因 O 为 $\triangle ABC$ 的内心,
∴ $\stackrel{\frown}{BD} = \stackrel{\frown}{DC}, \stackrel{\frown}{CE} = \stackrel{\frown}{EA}, \stackrel{\frown}{AF} = \stackrel{\frown}{FB}$, ∴ $\stackrel{\frown}{BD} + \stackrel{\frown}{FA} + \stackrel{\frown}{AE} = \pi$, ∴ ∠BND=90°. 又 BE 平分 ∠ABC, ∴ $HN=NM$. 又 $\stackrel{\frown}{BF} = \stackrel{\frown}{FA}$, ∴ DF 平分 ∠BDO.
而 $DN \perp OB$, ∴ $BN=NO$.
故四边形 $OHBM$ 为平行四边形,
∴ $OH \parallel BM$,即 $OH \parallel BC$.
同理可证 $OG \parallel BC$. ∴ H, O, G 三点共线.

7. $S = \frac{1}{2}[(x_1+x_2+\cdots+x_n)^2 - (x_1^2+x_2^2+\cdots+x_n^2)]$

$\geq -\frac{1}{2}(x_1^2+x_2^2+\cdots+x_n^2) \geq -\frac{n}{2}.$

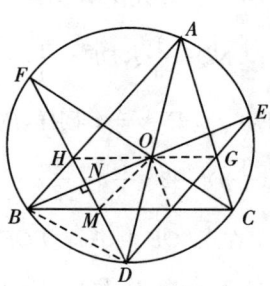

(第6题图)

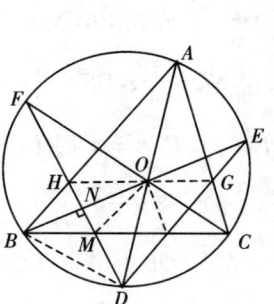

(1)若 $n=2m$ 为偶数,取 $x_1=x_2=\cdots=x_m=1,x_{m+1}=\cdots=x_{2m}=-1$,则 $x_1+x_2+\cdots+x_n=0$,$S=-\frac{1}{2}(x_1^2+\cdots+x_n^2)=-\frac{n}{2}$. 这时 S 取最小值为 $-\frac{n}{2}$.

(2)若 $n=2m+1$ 为奇数,因为 $S\geqslant-\frac{n}{2}$,且 S 为整数,故 $S\geqslant-\frac{n-1}{2}$. 取 $x_1=\cdots=x_{m+1}=1,x_{m+2}=\cdots=x_{2m+1}=-1$,这时,$x_1+x_2+\cdots+x_n=1$,

$S=\frac{1}{2}[(x_1+x_2+\cdots+x_n)^2-(x_1^2+x_2^2+\cdots+x_n^2)]=\frac{1}{2}(1-n)=-\frac{1}{2}(n-1)$.

综上所述:

$S_{\min}=\begin{cases}-\frac{n}{2},n\text{ 为偶数};\\ -\frac{1}{2}(n-1),n\text{ 为奇数}.\end{cases}$

8. 将 $F=\{1,2,\cdots,50\}$ 划分成 7 个子集:

$F_i=\{K|K\equiv i(\bmod 7),K\in F\},i=0,1,2,3,4,5,6$. 则 S 最多包含 F_0 的一个元素,但是,若 S 包含 $F_1,F_2,\cdots,F_6$ 中任何一个集合的一些元素,则 S 能包含这个集合的所有元素,但 S 不能同时包含 F_1 和 F_6,或者 F_2 和 F_5,或者 F_3 和 F_4 的元素. 因 F_1 包含 8 个元素,其他的每个集合 $F_i(i\leqslant 6)$ 均含 7 个元素,于是最大的 S 包含 $1+8+7+7=23$ 个元素.

1992 年湖南省高中数学竞赛试题

一、

1. 所指交点即方程组
$\begin{cases}ax+by+c=0 & (l)\\ \frac{x^2}{a^2}-\frac{y^2}{b^2}=1 & (c)\end{cases}$

的解. 这样的方程组最多有两解. 故选 B.

2. 由 $|a+(b-1)\mathrm{i}|>|a+(b+1)\mathrm{i}|$ 知 $a^2+(b-1)^2>a^2+(b+1)^2$,
∴ $4b<0$,∴ $b<0$,故选 D.

3. 设椭圆长轴为 $2a$,则 $P=4a$,故选 D.

4. ∵ $x\in[-3,-1]$,有 $x+2\in[-1,1]$,∴ $f(x)=f(x+2)=(x+2)^2-2(x+2)+4=x^2+2x+4$,故选 C.

5. 由 $\begin{cases}xy=a\\ y=x^2+ax-1\end{cases}$ 得三交点 $A(1,a),B(-1,-a),C(-a,-1)$. 因 $k_{AC}\cdot k_{BC}=-1$,故 $AC\perp BC$,故选 A.

6. 由图中直线 $y=x+a$ 可知 $a=\frac{3}{2}>1$,故选 C.

7. 若 $Ax^2+Bxy+Cy^2+Dx+Ey+F=0$ 表示圆的方程,则必有 $A=C$ 且 $B=0$. 反之不对,故选 C.

8. 设 x_1,x_2 为方程 $40x^2+39x-1=0$ 的两根,则 $x_1+x_2=-\frac{39}{40},x_1x_2=-\frac{1}{40}$,∴ $\frac{1}{x_1}+\frac{1}{x_2}=39,\frac{1}{x_1x_2}=-40$,由 $39=1+2(m-1)$ 得 $m=20$,由 $-40=\frac{2[1-(-3)^n]}{1-(-3)}$,得 $n=4$,∴ $m+n=24$,故选 C.

9. 已知等式可变形为 $(3x+y)[(2x+y)^2-x(2x+y)+x^2+1]=0$,

∵ $2x+y \in \mathbf{R}$,且 $\Delta_{2x+y} = x^2 - 4(x^2+1) = -3x^2 - 1 < 0$,
∴ $(2x+y)^2 - x(2x+y) + x^2 + 1 > 0$,因此 $3x+y = 0$,故选 B.

10. 将点 $(2,1)$ 和点 $(5,-1)$ 代入平行直线束方程 $3y - 2x - m = 0$ 中,得 $m = -1$ 和 $m = -13$,所以 $-13 < m < -1$,故选 B.

11. 因 $kC_{1992}^k = 1992 \cdot C_{1991}^{k-1}$,所以原数列即为 $1992 \cdot C_{1991}^0, 1992 \cdot C_{1991}^1, \cdots, 1992 \cdot C_{1991}^{1991}$,从而中间两项 $1992 \cdot C_{1991}^{996} = 1992 \cdot C_{1991}^{997}$ 相等且最大,故选 A.

12. ∵ $3 - 3^{-|x-3|} \geq 2$,∴ $(3 - 3^{-|x-3|})^2 \geq 4$,从而 $3 - \cos\theta \geq 4$,∴ $\cos\theta \leq -1$. 于是有 $\cos\theta = -1$,从而 $\theta = (2k+1)\pi (k \in \mathbf{Z})$,故选 B.

13. 当 $\varphi \geq \frac{\pi}{2}$ 时,结论成立. 当 $\varphi < \frac{\pi}{2}$ 时,如图,在直线 m 上任取一点 A,作 $AC \perp$ 平面 β 于 C,作 $AD \perp MN$ 于 D,连 CD, BC,故 $\varphi = \angle CDA, \theta = \angle ABC$,于是 $\sin\varphi = \frac{AC}{AD}$,$\sin\theta = \frac{AC}{AB}$,但 $AD \leq AB$,从而 $\sin\theta \geq \sin\varphi$. 又 $\varphi, \theta \in [0, \frac{\pi}{2}]$,故选 A.

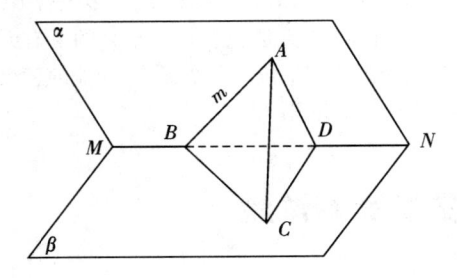

(第13题图)

14. 因 $\theta \in [-\frac{\pi}{2}, -\frac{\pi}{4}]$,$\sin\theta = x$,∴ $\cos\theta = \sqrt{1-x^2}$,
∴ $\arcsin(2x\sqrt{1-x^2}) = \arcsin(\sin 2\theta)$.
∵ $2\theta \in [-\pi, -\frac{\pi}{2}]$,∴ $-\frac{\pi}{2} \leq -(\pi + 2\theta) \leq 0$,∴ $\arcsin(2x\sqrt{1-x^2}) = \arcsin[\sin(-\pi - 2\theta)] = -(\pi + 2\theta)$,故选 C.

15. 设有满足题设的 x,则 $x^2 + x + 3 = 121k (k \in \mathbf{N})$,∴ $x^2 + x + (3 - 121k) = 0$. 由于 x 是整数,故判别式是完全平方数,即 $1 - 4(3 - 121k) = n^2 (n \in \mathbf{N})$,即 $11(44k-1) = n^2$,∴ $11 | (44k-1)$,∴ $11^2 \nmid n^2$. 但因 $11 | n^2$ 且 11 为素数,故 $11 | n$,从而 $11^2 | n^2$,矛盾! 故选 A.

二、

16. 因 $f(x) = \frac{(\sin x + \cos x)^2 - 1}{1 + \sin x + \cos x} = \sin x + \cos x - 1 = \sqrt{2}\sin(x + \frac{\pi}{4}) - 1$,所以,$f(x)$ 有最大值 $\sqrt{2} - 1$.

17. 设长方体的长、宽、高分别为 x, y, z,则 $\begin{cases} xy = 6 \\ yz = 10 \\ zx = 15 \end{cases} \Rightarrow \begin{cases} x = 3 \\ y = 2 \\ z = 5 \end{cases}$.
故对角线长 $l = \sqrt{2^2 + 3^2 + 5^2} = \sqrt{38}$,∴ $S = \pi l^2 = 38\pi$.

18. 由图象法知交点(即方程的解)数为 3 个.

19. 由 $\frac{k+1}{(k-1)! + k! + (k+1)!} = \frac{1}{k!} - \frac{1}{(k+1)!}$,∴ 原式 $= \frac{1}{2}$.

20. 设最多能剪成的三角形数为 a_n,则易知 $a_1 = 4, a_{n+1} = a_n + 2$,

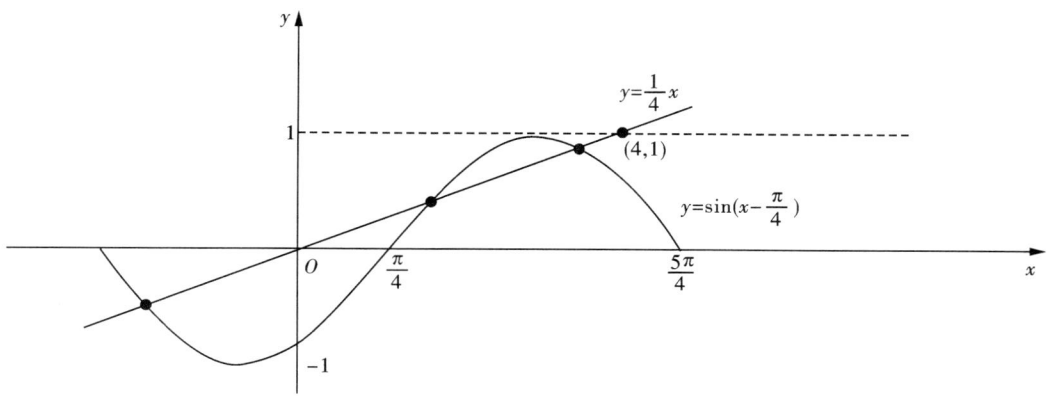

(第18题图)

∴ $a_n = a_1 + 2(n-1) = 2n+2$. 令 $a_n = 1992$, 得 $n = 995$.

21. 在 6 条平行线中每次取 2 条的方法有 C_6^2 种, 故共构成不同的矩形(含正方形) $C_6^2 \cdot C_6^2$ 个. 又边长为 1 的正方形有 5^2 个, 边长为 2 的正方形为 4^2 个, ⋯, 所以, 正方形的总数为 $5^2 + 4^2 + 3^2 + 2^2 + 1^2 = 55$ 个, 所以非正方形的矩形总个数为 $(C_6^2)^2 - 55 = 170$.

三、

22. $f(x) = (x-a)^2 + 2 - a^2$, 顶点为 $(a, 2-a^2)$, 则满足 $x \in [-1, +\infty)$ 时, $f(x) \geq a$ 有下列两种情形:

(1) $\begin{cases} a < -1, \\ f(-1) \geq a; \end{cases}$ (2) $\begin{cases} -1 \leq a, \\ 2 - a^2 \geq a. \end{cases}$

(1) 得 $-3 \leq a < -1$, (2) 得 $-1 \leq a \leq 1$, 故原问题的解为 $a \in [-3, 1]$.

23. ∵ A, B, C 成等差数列, ∴ $A - 2B + C = 0$, 这说明对任何的 A, B, C, 直线 $Ax + By + C = 0$ 过点 $P_0(1, -2)$. 又点 $P_0(1, -2)$ 在抛物线 $y = -2x^2$ 上, 设直线 $Ax + By + C = 0$ 与抛物线 $y = -2x^2$ 相交弦的中点 $P(x, y)$, 并设 P_0P 交抛物线的另一交点为 $P_1(x_1, y_1)$, 则

$\begin{cases} x_1 = 2x - 1, \\ y_1 = 2y + 2. \end{cases}$

∵ $P_1(x_1, y_1)$ 在抛物线上, 于是可得 $2y + 2 = -2(2x-1)^2$, 即 $y + 1 = -(2x-1)^2$, 这就是 P 点的轨迹方程.

24. ∵ $\tan 3x = \dfrac{\tan x + \tan 2x}{1 - \tan x \cdot \tan 2x} = \dfrac{3\tan x - \tan^3 x}{1 - 3\tan^2 x}$, ∴ $y = \dfrac{3 - \tan^2 x}{(1 - 3\tan^2 x)\tan^2 x}$.

令 $\tan^2 x = t$, 则 $y = \dfrac{3-t}{(1-3t)t}$, $y(1-3t)t = 3 - t$,

即 $3yt^2 - (1+y)t + 3 = 0$.

∵ t 为实数, 判别式 $\Delta = (1+y)^2 - 36y = y^2 - 34y + 1 \geq 0$,

即 $y \leq 17 - \sqrt{288}$ 或 $y \geq 17 + \sqrt{288}$,

∴ $a = 17 - \sqrt{288}$, $b = 17 + \sqrt{288}$, ∴ $a + b = 34$.

25. 因 $0 < x, y < \dfrac{\pi}{2}$, 故 $\cos \dfrac{x+y}{2} \neq 0$, $\sin \dfrac{x+y}{2} \neq 0$,

$(x, y) \in A \Leftrightarrow a \sin \dfrac{x+y}{2} + (b-1) \cos \dfrac{x+y}{2} = 0$.

411

$(x,y) \in B \Leftrightarrow (b+1)\sin\frac{x+y}{2} - a\cos\frac{x+y}{2} = 0$.

故 $A \cap B \neq \varnothing \Rightarrow a\sin\frac{x+y}{2} + (b-1)\cos\frac{x+y}{2} = 0$ 与 $(b+1)\sin\frac{x+y}{2} - a\cos\frac{x+y}{2} = 0$ 同时成立.

由此可得 $a^2 \sin\frac{x+y}{2}\cos\frac{x+y}{2} = -(b^2-1)\sin\frac{x+y}{2}\cos\frac{x+y}{2} \Rightarrow a^2 = -(b^2-1) \Rightarrow a^2 + b^2 = 1$.

而 $(a,b) \in C \Rightarrow 4(a-b)^2 - 4[(a+b)^2 - 2] < 0 \Rightarrow ab > \frac{1}{2} \Rightarrow a^2 + b^2 \geq 2ab > 1$，这与 $a^2 + b^2 = 1$ 矛盾. 所以不存在 $(a,b) \in C$ 使 $A \cap B \neq \varnothing$.

26. 如图，过 C 作 $CE \parallel DA$，则 $\angle ECB = 30°$，取 $CE = DA$，连 AE，则 $AE \parallel CD$. 而 CD 为 AD，BC 的公垂线，故 $CD \perp BC$，$CD \perp AD$，∴ $CD \perp$ 平面 BCE，∴ $AE \perp$ 平面 BCE.

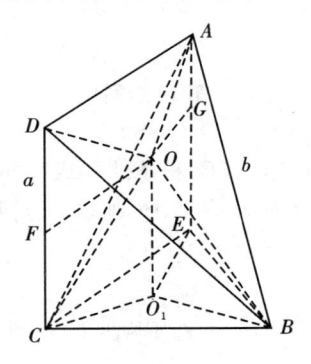

(第26题图)

设 O 为四面体 $ABCD$ 外接球的球心，取 CD、AE 的中点 F、G. ∵ $OD = OC$，∴ $OF \perp CD$，∴ $AE \perp OF$. 又 $FG \perp AE$，若 F,O,G 不共线，$AE \perp$ 平面 FOG，这时 $OG \perp AE$；若 F,O,G 共线，显然有 $OG \perp AE$，∴ $OA = OE$. 又 OB，OC，OE 相等，所以它们在平面 BCE 内的射影相等，故 O 在平面 BCE 内的射影 O_1 为 $\triangle BCE$ 的外心.

在 $\text{Rt}\triangle AEB$ 中，$EB = \sqrt{b^2-a^2}$. 在 $\triangle BCE$ 中，由正弦定理 $O_1C = \frac{1}{2} \cdot \frac{EB}{\sin 30°} = \sqrt{b^2-a^2}$. 又 $OFCO_1$ 为矩形，故 $OO_1 = \frac{a}{2}$. 在 $\text{Rt}\triangle OCO_1$ 中由勾股定理得外接球半径 $R = OC = \sqrt{(\frac{a}{2})^2 + (b^2-a^2)} = \frac{1}{2}\sqrt{4b^2-3a^2}$.

1994年湖南省高中数学夏令营试题

一、

1. $x = 7 + a\sqrt{3} \in A$，∴ a 是整数.

又 $\frac{1}{x} = \frac{1}{7+a\sqrt{3}} = \frac{7}{49-3a^2} - \frac{a}{49-3a^2}\sqrt{3}$，要 $\frac{1}{x} \in A$，必须 $\frac{7}{49-3a^2}$，$\frac{a}{49-a^2}$ 都是整数，只能 $49-3a^2 = 1$，由此得 $a = \pm 4$.

2. 从 A 到 B 的子集的一一映射总数即为从 B 中每次取出 3 个元素的一个排列，即 $P_4^3 = 24$.

若 A 为 m 元素集，B^* 为 n 元素，则从 A 到 B^* 的所有可能的映射个数为 n^m. 又 A 到 B 的子集的映射

不可能是空集,因此映射总数为 $1^3C_4^1+2^3C_4^2+3^3C_4^3+4^3C_4^4=224$ 个.

3. 显然符合条件的直线 l 不与 y 轴平行,则可设其方程为 $y=k(x-\sqrt{1994})$,由于 l 过两有理点,不妨设为 $(x_1,y_1),(x_2,y_2)$. 若 k 为有理数,$y_1=k(x_1-\sqrt{1994})$ 为有理数,而 $x_1-\sqrt{1994}$ 为无理数,故必有 $k=0$. 若 k 为无理数,与 $\dfrac{y_2-y_1}{x_2-x_1}$ 是有理数矛盾. 故只可能 $k=0$,满足条件的直线仅有 1 条.

4. 如图,设截面为 $ABEF$,过 F 作 $FG\perp AD$,则 FG 是面 $ABCD$ 的垂线,作 $FH\perp AB$,连 HG,则 $FG\perp AB$.依题意,$\angle FHG$ 是二面角的平面角. 在 Rt$\triangle FGH$ 中,$FG=1$,$\angle FHG=60°$,$FH=\dfrac{FG}{\sin 60°}=\dfrac{2}{\sqrt{3}}$,从而面积 $S=AB\cdot FH=\dfrac{4}{\sqrt{3}}=\dfrac{4\sqrt{3}}{3}$.

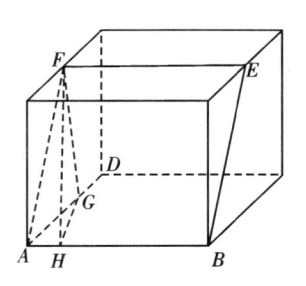

5. 如图,设梯形 $ABCD$,由题设知两腰长度之和 $AB+CD=AD+BC=4$.

又易知 $\dfrac{AB}{AE}=\dfrac{CD}{ED}=2\Rightarrow\dfrac{AB+CD}{AE+EB}=2\Rightarrow AE+ED=2$.

令 $AE=1-x$,则 $ED=1+x$,$0\leqslant x\leqslant 1$,则由余弦定理得
$\cos\alpha=\dfrac{(1-x)^2+(1+x)^2-1}{2(1-x^2)}=\dfrac{1+2x^2}{2(1-x^2)}\geqslant\dfrac{1-x^2}{2(1-x^2)}=\dfrac{1}{2}$,

$\therefore \alpha\leqslant 60°$,当 $x=0$ 时,即梯形为等腰梯形时,可得 $\alpha=60°$.

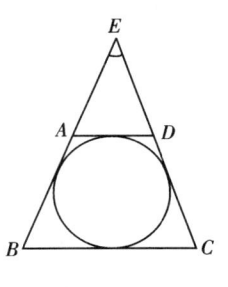

6. 1,或 16,或 1156,或 $11\cdots 1\overbrace{55\cdots 5}6$.

设 $N=a\cdot 10^3+b\cdot 10^2+c\cdot 10+d$,$a,b,c,d$ 是自然数,且 $1\leqslant a\leqslant b$,$0\leqslant b,c,d\leqslant 6$. 由题设 $N=n^2$(n 为某正整数),所以 $n^2=N\leqslant 6666$,故 $n\leqslant 81$. 又 $(a+3)10^3+(b+3)10^2+(c+3)10+(d+3)=m^2$($m$ 是某正整数),$m^2-n^2=3333$,$(m+n)(m-n)=3\cdot 11\cdot 101$.

因 $m+n>m-n$,且 $n\leqslant 81$,故 $m+n=101$ 且 $m-n=33$.

因此 $n=34$,所以 $N=1156$.

二、由平均值不等式和题设条件知 $2cd\leqslant\left(\dfrac{c+2d}{2}\right)^2=\dfrac{1}{4}$,即 $cd\leqslant\dfrac{1}{8}$, ①

当且仅当 $c=\dfrac{1}{2}$,$d=\dfrac{1}{4}$ 时取等号.

这时由①便得 $\dfrac{1}{a}+\dfrac{1}{bcd}\geqslant\dfrac{1}{a}+\dfrac{8}{b}$. ②

又由条件和柯西不等式可得 $\dfrac{1}{a}+\dfrac{8}{b}=(\dfrac{1}{a}+\dfrac{8}{b})(a+2b)\geqslant(1+4)^2=25$. ③

③当且仅当 $b=2a$ 时取等号,结合条件便知此时 $a=\dfrac{1}{5}$,$b=\dfrac{2}{5}$.

由②、③便得 $\dfrac{1}{a}+\dfrac{1}{bcd}\geqslant 25$.

当 $a=\dfrac{1}{5}$,$b=\dfrac{2}{5}$,$c=\dfrac{1}{2}$,$d=\dfrac{1}{4}$ 时,$\dfrac{1}{a}+\dfrac{1}{bcd}$ 取最小值 25.

三、**解法 1** 设共有 k 个队参加比赛,共赛了 $C_k^2=\dfrac{1}{2}k(k-1)$ 场,故一共得分为 $2C_k^2=k(k-1)$.

前 4 名得分为 $11+9+7+5=32$ 分,后 $k-4$ 名至多得 $4(k-4)$ 分,于是有

$$\begin{cases} k(k-1) \geqslant 32 \\ k(k-1) \leqslant 32+4(k-4) \end{cases} \Leftrightarrow \begin{cases} k(k-1) \geqslant 32 \\ k(k-5) \leqslant 16 \end{cases} \xrightarrow{k\text{是正整数}} \begin{cases} k \geqslant 7, \\ k \leqslant 7. \end{cases}$$

故 $k=7$.

余下的 3 个队总分为 $7\times 6-32=10$ 分. 设后三名得分别为 m,n,p,则

$$\begin{cases} 4 \geqslant m \geqslant n \geqslant p \geqslant 0, \\ m+n+p=10. \end{cases} \quad (*)$$

易知($*$)有两组正整数解 $(4,3,3),(4,4,2)$.

这样,一共有 7 个队参加比赛,各队得分为 $11,9,7,5,4,4,2$ 或 $11,9,7,5,4,3,3$.

解法 2 冠军得分为 11 分,至少要赛 6 场,$\therefore$ 至少有 7 队参加比赛. 若有 8 个队参加比赛,则需赛 $C_8^2=28$ 场,共积 56 分,而前四共积分 32 分,则后四名共积 24 分. 又第 4 各积 5 分,故后四名最多积 $4\times 4=16$ 分 < 24 分矛盾,从而只有 7 个队参加比赛. 则共赛 $C_7^2=21$ 场,共积 42 分,后三名共积 10 分,后三名平均分为 $\frac{10}{3}=3.3$ 分,故必有一队积 4 分,也必有一队积 3 分(或少于 3 分).

又后三名没有一队积 5 分,$\because$ 没有一队积 1 分,

从而后三名积分情况有两种:$4,4,2$ 或 $4,3,3$.

各队积分情况共有两种:$11,9,7,5,4,4,2$ 或 $11,9,7,5,4,3,3$.

解法 3 第一名得 11 分,至少有 7 个队参加,共有 8 个队参加,共有分数 $2C_8^2=56$ 分.

后四名共应有 $56-32=24$ 分,所以至少有 1 个以有 6 分或 6 分以上,这不可能,所以只有 7 个队参加.

有 7 个队参加,分数为 $2C_7^2=42$ 分,后三名共得 10 分,且分数小于等于 4 分,有两种可能:$4,3,3;4,4,2$.(下略)

四、如图,连 OA_1,OB_2,OC_1 交 A_1B_1 于 M,OC_2 交 A_2B_2 于 N,再连 MN,OP,显然 $OP \perp AB$. 又 OC_1 交 AB 于 K,易证 $OM \perp A_1B_1$, $ON \perp A_2B_2$,所以 O、N、P、M 共圆. 从而 $\angle ONM = \angle OPM$,但 $\angle OKP = \angle OPM$,故 $\angle OKP = \angle ONM$.

又由 $\triangle OA_1C_1$,$\triangle OB_2C_2$ 是直角三角形,得 $OM \cdot OC_1 = OA_1^2 = OB_2^2 = ON \cdot OC_2$,于是 M、N、C_2、C_1 共圆.

$\therefore \angle OC_1C_2 = \angle ONM$.

但 $\angle OKP = \angle ONM$,

$\therefore \angle OC_1C_2 = \angle OKP$,故 $C_1C_2 \parallel KP$,即 $C_1C_2 \parallel AB$.

注 此题可改述为:如图,以圆心 O 为原点,与 AB 平行的直线为 x 轴建立坐标系,P 为 AB 中点,过 P 点的弦为 MN,即 M、N 在圆上. 求证:过 M、N 的切线交点 Q 的纵坐标为定值.

证明 可设圆半径为 1,$P(0,y_0)$,$M(\cos\alpha_1,\sin\alpha_1)$,$N(\cos\alpha_2,\sin\alpha_2)$,

则直线 MQ 与 NQ 的方程为

$l_{MQ}: x\cos\alpha_1 + y\sin\alpha_1 = 1$,

$l_{NQ}: x\cos\alpha_2 + y\sin\alpha_2 = 1$.

从而 $y = \dfrac{\cos\alpha_2 - \cos\alpha_1}{\sin(\alpha_1-\alpha_2)}$.

又 M、P、N 三点共线,

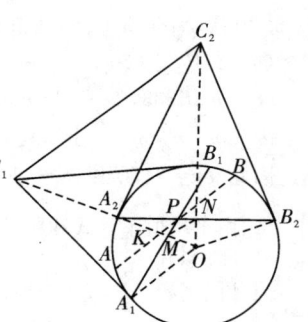

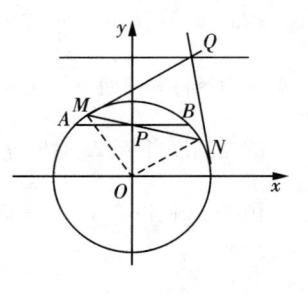

(第四题图)

即 $\dfrac{\sin\alpha_1-y_0}{\cos\alpha_1}=\dfrac{\sin\alpha_2-y_0}{\cos\alpha_2}$,即 $y_0=\dfrac{\sin(\alpha_1-\alpha_2)}{\cos\alpha_2-\cos\alpha_1}$,

故 $y=\dfrac{1}{y_0}$.

于是当 y_0 一定时,Q 点的纵坐标为定值.

1994 年湖南省高中数学冬季集训试题

第一试

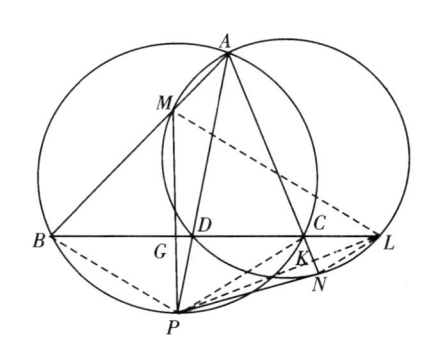

1. 如图,延长 BC 交以 AD 为弦的圆于 L.

连接 LN、LP、LM、BP、CP.

则 $\angle DLN=\angle DAN=\angle PAC=\angle PAB=\angle DCP$.

∴ $PC\parallel LN$.

设 LP 交 CN 于 K,

则 $S_{\triangle PKN}=S_{\triangle CKL}$.

∴ $S_{\text{四边形}PNCG}=S_{\triangle PGL}$.

又 $\angle MLD=\angle MAD=\angle PAC=\angle PBC$,

∴ $BP\parallel ML$.

∴ $S_{\triangle MLD}=S_{\triangle GPL}$.

∴ $S_{\triangle MBG}=S_{\text{四边形}PNCG}$,即 $S_1=S_2$. 证毕.

(第 1 题图)

2. 由题意有 $\sum\limits_{i=1}^{n-1}x_i\sin\dfrac{2i\pi}{n}=0$.

（ⅰ）当 n 为偶数时,即 $n=2k$,$k\in\mathbf{N}_+$ 时,有

$(x_1-x_{2k-1})\sin\dfrac{2\pi}{2k}+(x_2+x_{2k-2})\sin\dfrac{2\cdot 2\pi}{2k}+\cdots+(x_{k-1}-x_{k+1})\sin\dfrac{2\cdot(k-1)\pi}{2k}+x_k\sin\dfrac{2k\pi}{2k}$

$=(x_1-x_{2k-1})\sin\dfrac{2\pi}{2k}+(x_2-x_{2k-2})\sin\dfrac{2\cdot 2\pi}{2k}+\cdots+(x_{k-1}-x_{k+1})\sin\dfrac{2(k-1)\pi}{2k}=0.$

又 $x_1\geqslant x_{2k-1}$,$x_2\geqslant x_{2k-2}$,$\cdots$,$x_{k-1}\geqslant x_{k+1}$,$\sin\dfrac{2\pi}{2k}>0$,$\sin\dfrac{2\cdot 2\pi}{2k}>0$,$\cdots$,$\sin\dfrac{2(k-1)\pi}{2k}>0$,

∴ $x_1=x_{2k-1}$,$x_2=x_{2k-2}$,$\cdots$,$x_{k-1}=x_{k+1}$.

又 $x_{2k-1}\leqslant x_{2k-2}\leqslant\cdots\leqslant x_1\leqslant x_0$,

∴ $x_1=x_2=\cdots=x_{2k-1}$.

进而由 $x_0+x_1\omega+x_2\omega^2+\cdots+x_{n-1}\omega^{n-1}=0\Rightarrow x_0+x_1(\omega+\omega^2+\cdots+\omega^{n-1})=0\Rightarrow x_0=x_1.$

∴ $x_0=x_1=\cdots=x_{n-1}$.

而当 $x_0=x_1=\cdots=x_{n-1}$ 时,显然有 $x_0+x_1\omega+x_2\omega^2+\cdots+x_{n-1}\omega^{n-1}=0.$

（ⅱ）当 n 为奇数时,即 $n=2k+1$,有

$(x_1-x_{2k})\sin\dfrac{2\pi}{2k+1}+(x_2-x_{2k-1})\sin\dfrac{2\cdot 2\pi}{2k+1}+\cdots+(x_k-x_{k+1})\sin\dfrac{2\pi}{2k+1}=0.$

同（ⅰ）有 $x_1=x_2=\cdots=x_{2k+1}$,且 $x_0=x_1$.

∴ $x_0=x_1=\cdots=x_{2k+1}$,而当 $x_0=x_1=\cdots=x_{2k+1}$ 时,显然

$x_0+x_1\omega+\cdots+x_{n-1}\omega^{n-1}=0.$

综上 $x_0,x_1,x_2,\cdots,x_{n-1}$ 应满足的充要条件为 $x_0=x_1=x_2=\cdots=x_{n-1}$.

3. 当 $n=1994$ 时,$2^{1995}+2^{1994}+2^n=2^{1996}$ 为完全平方数.

当 $n=1995$ 时,$2^{1995}+2^{1994}+2^n=2^{1996}+2^{1994}=5 \cdot 2^{1994}$ 不是完全平方数.

当 $n<1994$ 时,(1)若 n 为奇数,则 $2^{1995}+2^{1994}+2^n=2^{n-1}(3 \cdot 2^{1995-n}+2)$,

而 $3 \cdot 2^{1995-n}+2 \equiv 2 \pmod 4 (\because\ n<1994)$,

所以 $S=2^{1995}+2^{1994}+2^n$ 不为完全平方数.

(2)若 n 为偶数,则 $S=2^n(3 \times 2^{1994-n}+1)$.

$\because\ n<1994, \therefore\ 1994-n=2k \geqslant 0 (k \in \mathbf{Z}^+)$

若 S 为完全平方数,则 $3 \times 2^{2k}+1=a^2 (a \in \mathbf{Z}^+$ 且 a 为奇数$)$.

$\therefore\ 3 \times 2^{2k}=(a+1)(a-1)$.

$\therefore\ 3 \times 2^{2k-2}=\dfrac{a+1}{2} \cdot \dfrac{a-1}{2}$.

又 $(\dfrac{a+1}{2},\dfrac{a-1}{2})=1, \therefore\ \dfrac{a+1}{2}=3, \dfrac{a-1}{2}=2^{2k-2},$ ①

或 $\dfrac{a+1}{2}=2^{2k-2}, \dfrac{a-1}{2}=3.$ ②

由①$\Rightarrow 2=2^{2k-2}$,不可能. 由②$\Rightarrow 2^{2k-2}=4 \Rightarrow k=2$.

$\therefore\ 1994-n=4. \therefore\ n=1990.$

当 $n>1995$ 时,$S=2^{1994}(2^{n-1994}+3)$.

又 $n>1995, \therefore\ n-1994 \geqslant 2$.

$\therefore\ 2^{n-1994}+3 \equiv 3 \pmod 4$.

故此时 S 不为完全平方数.

综上知 $n=1990$ 或 1994.

4. 首先,从每点引出红色线段只有可能为 $0,1,2,\cdots,17$ 中的一种可能,因为 $0,17$ 不可能同时出现,从而只有两种可能:$1,2,\cdots,17$ 或 $0,1,2,\cdots,16$. 若为 $0,1,2,\cdots,16$,则红色线段总数为(设 A 引出 $2k+1$ 条红边)$\dfrac{1}{2}(\dfrac{16 \times 17}{2}+2k+1)$,不为整数. 矛盾!

从而另外 17 个点分别连出 $1,2,\cdots,17$ 条红边. 不妨设 A_i 连出 i 条红边,A 连出 $2k+1$ 条红边,则 A_{17} 与 $A,A_1,A_2,\cdots,A_{16}$ 均连了边. A_{16} 除了改与 A_1 连外与其余 16 个点均连了红色边.

依次类推:A_{15} 与除 A_1,A_2 的 15 点连了红边,A_9 与除 $A_1,A_2,\cdots,A_8$ 的其余 9 个点连了红边,从而 $A_{17},A_{16},\cdots,A_9$ 与 A 连有红边.

A_8 只连了八条红边,A_8 已与 $A_{17},\cdots A_{10}$ 连了红边.

$\therefore\ A_8$ 不与 A 连红边,

同理 $A_7,A_6,\cdots A_1$ 不与 A 连红边.

$\therefore\ d(A)=9.$

设三边全为红色的三角形为 x 个,两边红一边蓝的有 y 个,两边蓝一边红的有 z 个,三边蓝的有 w 个.

则 $x+y+z+w=C_{18}^3,$ ①

红色角有 $C_9^2+\sum\limits_{i=0}^{17}C_i^2=3x+y,$ ②

蓝角有 $C_8^2+\sum\limits_{i=0}^{16}C_i^2=z+3w,$ ③

异色角有 $1\times16+2\times15+\cdots+16\times1+9\times8=2y+2z$, ④

红色边数为 $\frac{1}{16}(3x+2y+z)=\frac{1}{2}(1+2+\cdots+17+9)$. ⑤

由①,②,③可以推出④,

从而联立①,②,③,⑤$\Rightarrow \begin{cases} x=204, \\ y=240, \\ z=204, \\ w=168. \end{cases}$

∴ 三边全为红色的三角形有 204 个,两边为红色、另一边为蓝色的三角形有 240 个.

第二试

1. 设 $f(x)=(1+x)^n$.

令 $\omega=\cos\frac{2\pi}{3}+i\sin\frac{2\pi}{3}$,则 $\omega^3=1, 1+\omega+\omega^2=0$.

则 $f(1)+\omega^{-j}f(\omega)+\omega^{-2j}f(\omega^2)=\sum_{i=0}^{n}C_n^i(1+\omega^{i-j}+\omega^{2(i-j)})=3\sum_{i\geq 0}C_n^{3i+j}$,

∴ $3\sum_{i\geq 0}C_n^{3i+j}=2^n+\omega^{-j}(1+\omega)^n+\omega^{-2j}(1+\omega^2)^n=2^n+\omega^{2n-j}\cdot(-1)^n+\omega^{n-2j}\cdot(-1)^n$,

∴ $3\sum_{i\geq 0}(-1)^nC_n^{3i+j}=(-2)^n+\omega^{2n-j}+\omega^{n-2j}$.

因为 $\omega^{2n-j}+\omega^{n-2j}=\omega^{2(n+j)}+\omega^{n+j}=\begin{cases} 2(3|n+j \text{ 时}), \\ -1(3\nmid n+j \text{ 时}) \end{cases}$

故 $\omega^{2n-j}+\omega^{n-2j}\geq -1$.

∴ $3\sum_{i\geq 0}(-1)^nC_n^{3i+j}\geq(-2)^n-1$, ∴ $\sum_{i\geq 0}(-1)^nC_n^{3i+j}\geq\frac{(-2)^n-1}{3}$.

2. $g(z)=(1-z)^{b_1}(1-z^2)^{b_2}(1-z^3)^{b_3}(1-z^4)^{b_4}$,比较 z,z^2,z^3,z^4 项系数有:

$b_1=2, b_2=1, b_3=2, b_4=3$,

∴ $f(x)=x^3-3x^2+1$.

设 $f(x)=0$ 三根分别为 α,β,γ,并设 $\alpha>\beta>\gamma$,

$f(-1)=-3<0, f(0)>0, f(1)<0, f(2)<0, f(3)>0, f(\frac{\sqrt{2}}{2})<0$,

∴ $-1<\gamma<0, 0<\beta<1, 2<\alpha<3, \frac{\sqrt{2}}{2}>\beta>0$.

由韦达定理 $\alpha+\beta+\gamma=3 \Rightarrow \beta+\gamma=3-\alpha>0$,

∴ $|\beta|>|\gamma|$. ∴ $\frac{\sqrt{2}}{2}>\beta>-\gamma>0$.

∴ $\beta^{1995}+\gamma^{1995}=|\beta|^{1995}-|\gamma|^{1995}>0, \beta^{1995}+\gamma^{1995}=|\beta|^{1995}-|\gamma|^{1995}<1$.

∴ $\alpha^{1995}<\alpha^{1995}+\beta^{1995}+\gamma^{1995}<\alpha^{1995}+1$.

∴ 令 $A_n=\alpha^n+\beta^n+\gamma^n$. ①

则 $A_{n+3}=3A_{n+2}-A_n$.

$A_0=3, A_1=3, A_2=9$.

∴ $A_n\in\mathbf{Z}, n\geq 0$,由①及此知

$[\alpha^{1995}]=A_{1995}-1$. 下求 A_{1995} 除以 9 的余数:

记 $a_k \equiv A_k \pmod 9$,
$0 \leq a_k \leq 8$,则 $a_0=3, a_1=3, a_2=0, a_3=6, a_4=6, a_5=0, a_6=3, a_7=3$.

下证明 $a_k = a_{k+6}, k=0,1,2,3$ 时结论显然成立,设当 $\leq k$ 时结论成立,则
$a_{k+1} \equiv 3a_k - a_{k-2} \equiv 3a_{k+6} - a_{k+2} \equiv a_{k+7} \pmod 9$,

∴ 当 $k+1$ 时也成立,∴ $a_k \equiv a_{k+6} \pmod 9$.

∴ $a_{1995} \equiv a_{1995-6} \equiv \cdots \equiv a_3 \equiv 6 \pmod 9$.

∴ $[a^{1995}] \equiv A_{1995} - 1 \equiv 5 \pmod 9$.

∴ $[a^{1995}]$ 除以 9 的余数为 5.

3. 首先易知下列结论成立:

如图 1,直线 AB 同侧的 3 个点 D, E, F 共线,且 E 在 D 与 F 之间,则
$S_{\triangle AEB} \geq \min\{S_{\triangle AEB}, S_{\triangle AFB}\}$.

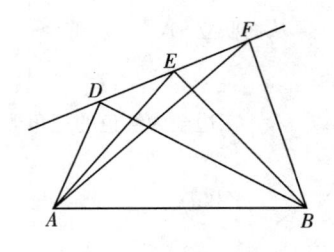

点 F 的分布只有三种情形:

(1) F 位于星角区(图 2 中 5 个有阴影的三角形内部).

不妨设如图 2 中情形,设 CF 与 BE 交于 F' 且不妨设 $S_{\triangle ECD} \geq S_{\triangle BCD}$,于是
$2a(M) < (S_{\triangle FAE} + S_{\triangle BCD}) + (S_{\triangle FDE} + S_{\triangle ABC})$
$\leq (S_{\triangle FAE} + S_{\triangle F'CD}) + (S_{\triangle FDE} + S_{\triangle ABC})$
$< (S_{\triangle FAE} + S_{\triangle FCD}) + (S_{\triangle FDE} + S_{\triangle ABC})$
$< S_{ABCD} = 1$,

故 $a(M) < \frac{1}{2}$.

(第 3 题图 1)

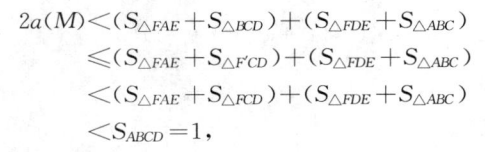

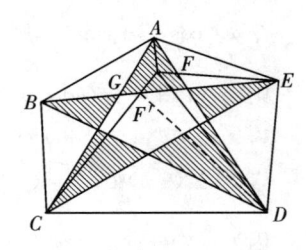

(第 3 题图 2)

(2) F 位于星心区(图 3(1)中阴影的五边形内部),设 AC 与 BE 交于 K,且不妨设
$S_{\triangle DCE} = \max\{S_{\triangle ABC}, S_{\triangle BCD}, S_{\triangle CDE}, S_{\triangle DEA}, S_{\triangle EAB}\}$.

(i) F 与 E 在直线 DK 的同侧或 F 在 DK 上时(图 3(1)),
$2a(M) \leq (S_{\triangle BCD} + S_{\triangle FAE}) + (S_{\triangle FDE} + S_{\triangle ABC})$
$\leq (S_{\triangle KCD} + S_{\triangle FAE}) + (S_{\triangle FDE} + S_{\triangle ABC})$
$< S_{ABCDE} = 1$,

故 $a(M) < \frac{1}{2}$.

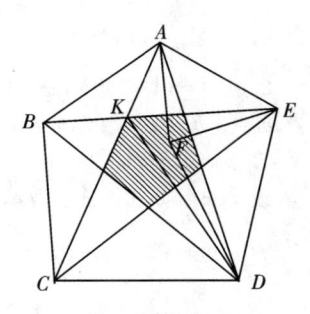

(ii) F 与 E 在直线 DK 的异侧时(图 3(2)),
则 $S_{\triangle KDE} \geq \min\{S_{\triangle ECD}, S_{\triangle AED}\} = S_{\triangle AED}$,
$2a(M) \leq (S_{\triangle AED} + S_{\triangle FBC}) + (S_{\triangle FCD} + S_{\triangle ABE})$
$\leq (S_{\triangle KED} + S_{\triangle FBC}) + (S_{\triangle FCD} + S_{\triangle ABE})$
$< S_{ABCDE} = 1$,

故 $a(M) < \frac{1}{2}$.

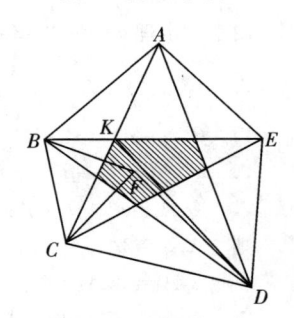

(第 3 题图 3(1))

(3) F 在星外(图 4(1)中五个阴三角形的内部),
(i) 当 $S_{\triangle BCD} \leq S_{\triangle CDE}$ 时,设
CF 交 BE 于 F',则 $S_{\triangle BCD} \leq S_{\triangle F'CD} \leq S_{\triangle FCD}$,
$2a(M) \leq (S_{\triangle BCD} + S_{\triangle FAE}) + (S_{\triangle FDE} + S_{\triangle ABC})$

(第 3 题图 3(2))

418

$\leqslant (S_{\triangle FCD}+S_{\triangle FAE})+(S_{\triangle FDE}+S_{\triangle ABC})$
$<S_{ABCDE}=1$,

故 $a(M)<\dfrac{1}{2}$.

(ⅱ)当 $S_{\triangle BCD}\leqslant S_{\triangle BCD}$ 时,同(ⅰ)可证 $a(M)<\dfrac{1}{2}$.

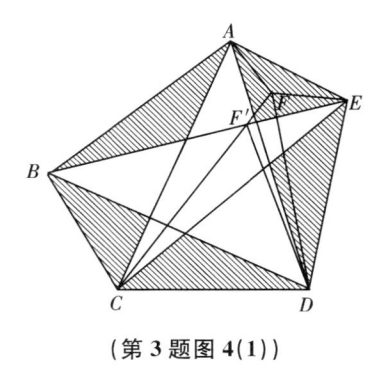

(第3题图4(1))　　　　　　(第3题图4(2))

(ⅲ)当 $S_{\triangle BCD}>S_{\triangle CDE}$ 且 $S_{\triangle BCD}>S_{\triangle ECD}$ 时(图4(2)),则同上易证
$S_{\triangle FCD}\geqslant S_{\triangle ECD}$, $S_{\triangle FBC}\geqslant S_{\triangle ABC}$,
$2a(M)\leqslant(S_{\triangle FAE}+S_{\triangle BCD})+(S_{\triangle FED}+S_{\triangle ABC})$
$\leqslant(S_{\triangle FAE}+S_{\triangle FCD})+(S_{\triangle FED}+S_{\triangle FBC})$
$<S_{ABCDE}=1$,

故 $a(M)<\dfrac{1}{2}$.

综上所述,总有 $a(M)<\dfrac{1}{2}$.

1995年湖南省高中数学夏令营试题

一、
1. 78,12.　2. $\dfrac{9}{5}$, $\dfrac{5}{6}$, $\dfrac{5}{3}$.　3. (3,1),(4,1),(5,2),(6,4).　4. $-\dfrac{B}{A}$,大, $\dfrac{AC-B^2}{A}$.　5. 4465.　6. 1,1.　7. 18,12.　8. 18,(71,1).

二、如图, $\angle O_1EA=\dfrac{\pi}{2}-\angle EBA$, $\angle O_2ED=\dfrac{\pi}{2}-\angle ECD$,

∴ $\angle O_1EO_2=\pi-\angle O_1EA-\angle O_2ED=\angle EBA+\angle ECD$
$=\angle BEC$.

由正弦余理有
$\dfrac{O_1E}{BE}=\dfrac{1}{2\sin\angle A}=\dfrac{1}{2\sin\angle D}=\dfrac{O_2E}{EC}$, 从而 $\triangle O_1EO_2\backsim\triangle BEC$,

∴ $O_1O_2=BC\times\dfrac{O_1E}{BE}=\dfrac{BC}{2\sin\angle A}$ 为定值.

(第二题图)

三、因同一里程碑上两个数之和为999,故两数的个位数字之和为9,但9为奇数,故两数的个位数必

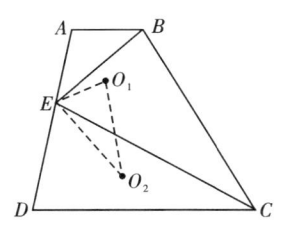

不相同,设为 c 和 $9-c(c=0,1,2,3,4)$.

若一里程碑上只出现两种不同数字,则它们就是 c 和 $9-c$.

由 c 和 $9-c$ 组成三位以内的数有 $2^3=8$ 个.

而 c 有 5 种可能,故只出现两种不同数字的里程碑,共有 $8\times 5=40$ 个.

四、设 $AB=a-d, BC=a, CA=a+d$,则

依题意得 $\begin{cases} 0<d<a, a+d\leqslant 50, \\ (a-d)+a>a+d, \\ (a+d)^2>a^2+(a-d)^2. \end{cases}$

化简 $\begin{cases} 0<d<a, \\ a+d\leqslant 50, \\ 2d<a<4d. \end{cases}$

考察 a-d 图象,满足条件的三角形为 $1+3+5+\cdots+17+2+5+8+11+14+17+19=157$(个),

$2d+1\leqslant a\leqslant \min\{4d-1,50-d\}(d>0)$.   ($*$)

(1)若 $4d-1\leqslant 50-d$. 即 $1\leqslant d\leqslant 10$,则条件($*$)为 $2d+1\leqslant a\leqslant 4d-1(d>0)$,

对固定的 d, a 有 $2d-1$ 种取法.

(2)若 $4d-1>50-d$,即 $d\geqslant 11$,则条件($*$)为 $2d+1\leqslant a\leqslant 50-d$,

对固定的 d, a 有 $50-3d$ 种取法.

故 三角形总个数为

$\sum_{d=1}^{10}(2d-1)+\sum_{d=11}^{50-3d>0}(50-3d)=100+\sum_{d=11}^{16}(50-3d)$

$=100+50\times 6-3\times \dfrac{6(11+16)}{2}=157$ 个.

$d=10$、11 时,三角形的周长 $3a$ 取最大值 $3\times 39=117$.

这时,三角形三边长为 $29,39,49$ 或 $28,39,50$.

五、(1)因 $\overline{ab}|\overline{cd}$ 且 $\overline{ab}\neq \overline{cd}$,故可设 $\overline{cd}=k\overline{ab}(k\in \mathbf{N}, k>1)$,且由 $\overline{cd}$ 为两位数知 $k<10$,所以 $2\leqslant k\leqslant 9(k\in \mathbf{N})$.

因 $\overline{abcd}=\overline{ab}\times 100+\overline{cd}$,且 $\overline{cd}|\overline{abcd}$,

$\therefore$ $\overline{cd}|\overline{ab}\times 100$,

即 $k\overline{ab}|\overline{ab}\times 100 \Rightarrow k|100$,

$\therefore$ $k=2, 4, 5$.

(ⅰ)若 $k=2$,因 $2\times 50=100$,$\overline{ab}$ 可取从 10 到 49 之间的两位数,故这时有 40 个"吉数".

(ⅱ)若 $k=4$,因 $4\times 25=100$,$\overline{ab}$ 可取从 10 到 24 之间的两位数,这时有 15 个"吉数".

(ⅲ)若 $k=5$,因 $5\times 20=100$,$\overline{ab}$ 可取从 10 到 19 之间的两位数,这时有 10"吉数".

所以"吉数"共有 $40+15+10=65$ 个.

(2)若 $\overline{abcd}$ 是奇"吉数",则只能 $k=5$,故 $\overline{ab}$ 最大可能取 19,从而 $\overline{cd}=5\times 19=95$,即最大奇"吉数"为 1995.

1996 年湖南省高中数学夏令营试题

一、

1. $x^2+(y-\dfrac{5}{2})^2=\dfrac{25}{4}$.　2. 0.　3. $(0, \dfrac{-3+\sqrt{33}}{2})$.　4. $a\geqslant -1$.　5. 1,2.　6. 2.　7. 5236.

8. 4个120°,1个60°.   9. 9.

二、

10. 设四位数为 $A=1000x+100x+10y+y(1\leqslant x\leqslant 9,0\leqslant y\leqslant 9,x,y$ 为整数),则
$A-99=11(100x+y)-99=11(100x+y-9)$ 为完全平方数,
又 11 为素数,则 $100x+y-9=11\cdot k^2(k$ 为正整数),
即 $11\cdot k^2=99x+(x+y-9)$.

从而 $11|(x+y-9)$,又 $-8\leqslant x+y-9\leqslant 9$,
则 $x+y-9=0$,即 $k^2\cdot 11=99x$,亦即 $k^2=x\cdot 3^2$.
于是 x 为完全平方数,
即 $x=1,4,9,y=9-x=8,5,0$.
所求四位数为 1188,4455,9900.

11. **解法 1** 设等比数列为 $a_1,a_1q,a_1q^2,a_1q^3(a,q$ 为正整数,$q\geqslant 2)$,
于是 $a_1q^3\leqslant 500,q^3\leqslant 500/a_1\leqslant 500$,则 $q\leqslant \sqrt[3]{500}$.
故 $2\leqslant q\leqslant 7$.
即 $q=2,3,4,5,6,7$.

$q=2$ 时,$1\leqslant a_1\leqslant [\frac{500}{2^3}]=62$,等比数列有 62 个.

$q=3$ 时,$1\leqslant a_1\leqslant [\frac{500}{3^3}]=18$,等比数列有 18 个.

$q=4$ 时,$1\leqslant a_1\leqslant [\frac{500}{4^3}]=7$,等比数列有 7 个.

$q=5$ 时,$1\leqslant a_1\leqslant [\frac{500}{5^3}]=4$,等比数列有 4 个.

$q=6$ 时,$1\leqslant a_1\leqslant [\frac{500}{6^3}]=2$,等比数列有 2 个.

$q=7$ 时,$1\leqslant a_1\leqslant [\frac{500}{7^3}]=1$,等比数列有 1 个.

共有等比数列 $62+18+7+4+2+1=94$ 个.

解法 2 因 $7^3<500<8^3$,则以 1 为首项的等比数列(以 2,3,4,5,6,7 为公比)共 6 个,
$2\cdot 6^3<500<2\cdot 7^3$,则以 2 为首项的等比数列(以 2,3,4,5,6 为公比)共 5 个,
$3\cdot 5^3<500<3\cdot 6^3$,则以 3 为首项的等比数列(以 2,3,4,5 为公比)共 4 个,
$4\cdot 5^3<500<4\cdot 6^3$,则以 4 为首项的等比数列(以 2,3,4,5 为公比)共 4 个,
以 5,6,7 为首项的等比数列(以 2,3,4 为公比)各为 3 个,
以 8,9,…,18 为首项的等比数列(以 2,3 为公比)各为 2 个,
以 19,20,…,62 为首项的等比数列(以 2 为公比)各为 1 个.
故 $6+5+4\times 2+3\times 3+11\times 2+44=94(个)$.

12. **解法 1** 当选出的一边长为 k 时,另一边长必须 $>n-k$,
即为 $n-k+1,n-k+2,\cdots,n-1$,有 $k-1$ 种选法.
故构成三角形的方法数(包括重复计数)为
$$\sum_{k=1}^{n-1}(k-1)=\frac{1}{2}(n-1)(n-2).$$
但其中选出的两条线段相等时,不符合条件应当去掉.
此外,每一个符合条件的三角形计算了两次.

n 为偶数时,选出的两条边长可能同为 $\frac{n}{2}+1,\frac{n}{2}+2,\cdots,n-1$,

有 $(n-1)-\frac{n}{2}=\frac{n}{2}-1=\frac{1}{2}(n-2)$ 种,

故 n 为偶数时,符合条件的选法有

$\frac{1}{2}[\frac{1}{2}(n-1)(n-2)-\frac{1}{2}(n-2)]=\frac{1}{4}(n-2)^2$ 种;

n 为奇数时,选出的两条边长可能同为 $\frac{n+1}{2},\frac{n+1}{2}+1,\cdots,n-1$,

有 $(n-1)-(\frac{n+1}{2}-1)=\frac{n-1}{2}$ 种.

故 n 为奇数时,符合条件的选法有

$\frac{1}{2}[\frac{1}{2}(n-1)(n-2)-\frac{1}{2}(n-1)]=\frac{1}{4}(n-1)(n-3)$ 种.

解法 2　设选出的线段分别为 a,b,不妨设 $1\leqslant a<b\leqslant n-1$,则由题意可知应有 $a+b>n$,若取定 a 线段,则 b 边只能取长度 $l\geqslant n-a+1$ 的线段.

由 $n-a+1\leqslant n-1$,则 $a\geqslant 2,a\leqslant n-2$,

当 $a=2$ 时,$b\geqslant n-2+1=n-1$,有 1 种取法,

当 $a=3$ 时,$b\geqslant n-3+1=n-2$,有 2 种取法,

当 $a=4$ 时,$b\geqslant n-4+1=n-3$,有 3 种取法.

当 $a=[\frac{n-1}{2}]$ 时,$\begin{cases} \text{若}\ n\ \text{为奇数},b\geqslant n-[\frac{n+1}{2}]+1=\frac{n+1}{2},\text{有}\ \frac{n-1}{2}-1\ \text{种取法}.\\ \text{若}\ n\ \text{为偶数},b\geqslant n-[\frac{n-1}{2}]+1=\frac{n}{2},\text{有}\ \frac{n-2}{2}\ \text{种取法}. \end{cases}$

当 $a>[\frac{n-1}{2}]$ 时,只须 $b>a$ 即可.

当 $a=n-3$ 时,$b\geqslant n-2$,有 2 种取法,

当 $n=n-2$ 时,$b\geqslant n-1$,有 1 种取法.

当 n 为奇数时,有 $2[1+2+\cdots+\frac{n-3}{2}]=\frac{(n-1)(n-3)}{4}$ 种取法.

当 n 为偶数时,有 $2[1+2+\cdots+\frac{n-4}{2}]+\frac{n-2}{2}=\frac{(n-2)^2}{4}$ 种取法.

13. **证法 1**　如图所示,$DK=2k$ 是 $\triangle ABC$ 的外接圆直径,

$BE=2k\cdot\sin\frac{A}{2}$,$O_1P\perp AB$,$AM\perp PQ$,

$\angle O_1PM=90°-\angle PO_1A=\frac{A}{2}$.

于是 $OM_1=r\cdot\sin\frac{A}{2}$($r$ 为 $\odot O_1$ 的半径),

从而 $EO_1=\frac{O_1D\cdot O_1K}{O_1A}=\frac{r(2R-r)}{r/\sin\frac{A}{2}}=(2R-r)\sin\frac{A}{2}$

$=BE-O_1M$.

于是 $BE=EO_1+O_1M=EM$.

所以 $\angle 4+\angle 5=\angle EBM=\angle EMB=\angle 2+\angle 3=\angle 3+\angle 1$.

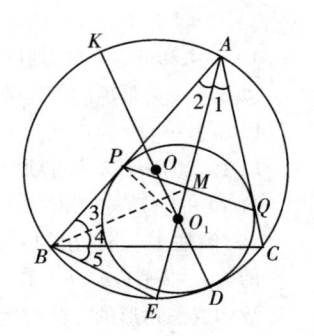

(第 13 题图)

但 $\angle 5=\angle 1$,故 $\angle 3=\angle 4$.

即 BM 平分 $\angle ABC$.又 AM 平分 $\angle PAC$,

故 M 为 $\triangle ABC$ 的内心.

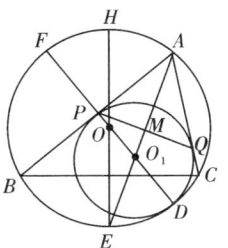

证法 2 因 $\odot O_1$ 切 AB 于 P,切 AC 于 Q,则 $AP=AQ$.又 M 为 PQ 之中点,从而 AM 平分 $\angle PAQ$,且 A、M、O_1 共线.

延长 AM 交 $\odot O$ 于 E,连结 EC,$\odot O$ 与 $\odot O_1$ 相切于 D,故 O、O_1、D 共线,连结并延长 DO 交 $\odot O$ 于 F 点,设 $\odot O$ 与 $\odot O_1$ 的半径分别为 R,r,$O_1A=m$,连结 O_1Q,则 $O_1Q \perp AC$.又 $O_1A \perp PQ$,

由射影定理,$O_1Q^2=O_1M \cdot O_1A$,则 $O_1M=r^2/m$.

设 $EM=p$,$EC=q$,$\odot O$ 的弦 AE 与 FD 相交于 O_1,由相交弦定理,$AO_1 \cdot O_1E=DO_1 \cdot D_1F$,

即 $m(p-\dfrac{r^2}{m})=r(2R-r) \Rightarrow mp=2pr$. ①

(第13题图)

又连结并延长 EC 交 $\odot O$ 于 H 点,连结 HC,则 HE 为 $\odot O$ 之直径,

∴ $\angle ECH=90°$.又 $\angle O_1QA=90°$,

则 $\angle ECH=\angle O_1QA$.

又 $\angle EHC=\angle EAC=\angle O_1AQ$,

从而 $\triangle HEC \sim \triangle AO_1Q$,

于是 $\dfrac{AO_1}{HE}=\dfrac{O_1G}{EC}$,

即 $mq=2pr$. ②

①②两式相比得 $p=q$,即 $ME=EC$.

则 $\angle EMC=\angle ECM$,即 $\angle MAC+\angle MCA=\angle BCE+\angle BCM$.

因 $\angle BCE=\angle BAE=\angle EAC=\angle MAC$,则 $\angle MCA=\angle BCM$.

即 CM 平分 $\angle ABC$.又 AM 平分 $\angle BAC$,故 M 为 $\triangle ABC$ 的内心.

证法 3 (1)先计算 A 到内心的距离 x,$x \cdot \sin\dfrac{A}{2}=r$,$r=\dfrac{AB \cdot AC}{BC+AB+AC} \cdot \sin A$,

则 $x=4R \cdot \sin\dfrac{B}{2} \cdot \sin\dfrac{C}{2}$.

(2)由已知可得 A、M、O_1 三点共线;O、O_1、D 三点共线,$O_1D=O_1D$,不妨设 $\angle C \geq \angle B$.

设 $O_1Q=x$,考察 $\triangle OAO_1$,

$$\begin{cases} \angle OAO_1=\dfrac{1}{2}\angle A-\angle BAO=\dfrac{1}{2}\angle A+\angle C-90°, \\ AO=R, \\ AO_1=x/\sin\dfrac{A}{2}, \\ OO_1=R-x. \end{cases}$$

由余弦定理有

$\cos\angle OAO_1=\dfrac{AO^2+AO_1^2-OO_1^2}{2AO \cdot AO_1}$,

即 $\cos(\dfrac{1}{2}\angle A+\angle C-90°)=\dfrac{R^2+\dfrac{x^2}{\sin^2\dfrac{A}{2}}-(R-x)^2}{2 \cdot R \cdot \dfrac{x}{\sin\dfrac{A}{2}}}$.

$\because$ $x \neq 0$,

$\therefore$ $2R\sin(\dfrac{A}{2}+C)/\sin\dfrac{A}{2}=x\cdot(\dfrac{1}{\sin^2\dfrac{A}{2}}-1)+2R,$

$\therefore$ $x=\dfrac{4R\cdot\sin\dfrac{A}{2}\cdot\sin\dfrac{B}{2}\cdot\sin\dfrac{C}{2}}{\cos^2\dfrac{A}{2}},$

$\therefore$ $AP=AQ=x\cdot\cot\dfrac{A}{2}=4R\cdot\dfrac{\sin\dfrac{B}{2}\cdot\sin\dfrac{C}{2}}{\cos\dfrac{A}{2}},$

$\therefore$ $AM=AP\cdot\cos\dfrac{A}{2}=4R\cdot\sin\dfrac{B}{2}\cdot\sin\dfrac{C}{2}.$

综合(1)(2),有 $AM=x$,又因 AM 在 $\angle A$ 的平分线上,故 M 是 $\triangle ABC$ 的内心.

1997 年全国高中数学竞赛试题(湖南省命题)

第一试

一、

1. 经计算知数列 $\{x_n\}$ 的前几项是
$a, b, b-a, -a, -b, a-b, a, b, b-a, -a, -b, a-b, \cdots$
由此看出 $x_{n+6}=x_n$,即 $\{x_n\}$ 是周期为 6 的数列.
$\therefore$ $x_{100}=x_{6\times 16+4}=x_4=-a.$
又 $x_{6k+1}+x_{6k+2}+x_{6k+3}+x_{6k+4}+x_{6k+5}+x_{6k+6}$
$=x_1+x_2+x_3+x_4+x_5+x_6$
$=a+b+(b-a)+(-a)+(-b)+(a-b)=0,$
$\therefore$ $S_{100}=S_{6\times 16+4}=S_4=a+b+(b-a)+(-a)=2b-a.$ 故选 A.

2. 因 $ABCD$ 是正四面体,故 $AC\perp BD$. 作 $EG\parallel AC$ 交 BC 于 G,连 GF,则 $\alpha_\lambda=\angle GEF$,且 $\dfrac{CG}{GB}=\dfrac{AE}{EB}=\dfrac{CF}{FD}$,有 $GF\parallel BD$. 故 $GF\perp EG$,且 $\beta_\lambda=\angle EFG$. 所以,
$f(\lambda)=\alpha_\lambda+\beta_\lambda=\angle GEF+\angle EFG=180°-\angle EGF=90°.$ 故选 D.

3. 设等差数列的首项为 a,公差为 d,则依题意有
$na+\dfrac{n(n-1)}{2}d=97^2,$

即 $[2a+(n-1)d]n=2\times 97^2.$ (*)

因 n 为不小于 3 的自然数,97 为素数,故 n 的值只可能为 $97, 2\times 97, 97^2, 2\times 97^2$ 四者之一. 若 $d>0$,则由(*)知 $2\times 97^2 \geq n(n-1)d \geq n(n-1)$. 故只可能有 $n=97$. (*)化为 $a+48d=97$,这时(*)有两组解:

$\begin{cases} n=7, \\ d=1, \\ a=49; \end{cases}$ $\begin{cases} n=97, \\ d=2, \\ a=1. \end{cases}$

若 $d=0$,则(*)化为 $an=97^2$. 这时(*)有两组解:
$$\begin{cases} n=97, \\ d=0, \\ a=97; \end{cases} \begin{cases} n=97^2, \\ d=0, \\ a=1. \end{cases}$$
故符合题设条件的等差数列共 4 个. 故选 C.

4. 由已知得 $\dfrac{\sqrt{x^2+(y+1)^2}}{\left|\dfrac{x-2y+3}{\sqrt{1^2+(-2)^2}}\right|}=\sqrt{\dfrac{5}{m}}$. 这说明 (x,y) 到定点 $(0,-1)$ 与到定直线 $x-2y+3=0$ 的距离之比为常数 $\sqrt{\dfrac{5}{m}}$. 由椭圆定义得 $\sqrt{\dfrac{5}{m}}<1$,所以 $m>5$. 故选 D.

5. 由题意,$f(x)$ 的图象关于直线 $x=\dfrac{\pi}{2}$ 对称,且在 $\left(-\infty,\dfrac{\pi}{2}\right)$ 单调减少,在 $\left(\dfrac{\pi}{2},+\infty\right)$ 单调增加. 所以,当 $\left|x_1-\dfrac{\pi}{2}\right|>\left|x_2-\dfrac{\pi}{2}\right|$ 时,有 $f(x_1)>f(x_2)$. 又易知 $0<\alpha<\dfrac{\pi}{6}<\dfrac{\pi}{4}<\beta<\dfrac{\pi}{3}<\dfrac{\pi}{2}<\gamma<\dfrac{2\pi}{3}<\dfrac{3\pi}{4}<\delta<\dfrac{5\pi}{6}$,所以 $0<\left|\gamma-\dfrac{\pi}{2}\right|<\dfrac{\pi}{6}<\left|\beta-\dfrac{\pi}{2}\right|<\dfrac{\pi}{4}<\left|\delta-\dfrac{\pi}{2}\right|<\dfrac{\pi}{3}<\left|\alpha-\dfrac{\pi}{2}\right|<\dfrac{\pi}{2}$. 故有 $f(\alpha)>f(\delta)>f(\beta)>f(\gamma)$. 故选 B.

6. 因为过 a 与 b 平行的平面 M_1 是唯一的,并且过 a 与 c 平行的平面 M_2 也是唯一的,故过 a 作不同于 M_1 和 M_2 的平面 M 必与 b 和 c 都相交. 设 M 与 b 交于 B,M 与 c 交于 C,则使 $BC // a$ 的平面 M 至多只有一个(设为 M_3). 事实上,若过 a 还有平面 M' 与 b 和 c 分别交于 B' 和 C',且使得 $B'C' // a$,则 $B'C' // BC$. 从而 b 和 c 在 $B'C'$ 和 BC 确定的平面内,这与 b 和 c 是异面直线矛盾,故 M_3 也是唯一的. 过 a 作不同于 M_1,M_2,M_3 的平面有无穷多个,它们都与直线 b 和 c 相交,设交点分别为 B 和 C,则 $BC \not\!/ a$,故直线与三条异面直线 a,b,c 都相交,并且这样的直线有无穷多条. 故选 D.

二、

1. 原方程组化为
$$\begin{cases} (x-1)^3+1997(x-1)=-1, \\ (1-y)^3+1997(1-y)=-1. \end{cases}$$
因为 $f(t)=t^3+1997t$,在 $(-\infty,+\infty)$ 单调递增,且 $f(x-1)=f(1-y)$,所以 $x-1=1-y$,即 $x+y=2$.

2. 首先,应注意到下列结论:过双曲线 $x^2-\dfrac{y^2}{2}=1$ 的右焦点且与右支交于两点的弦,当且仅当该弦与 x 轴垂直时,取得最小长度 $\dfrac{2b^2}{a}=4$.（事实上,该双曲线的极坐标方程为 $\rho=\dfrac{2}{1-\sqrt{3}\cos\theta}$. 又设 AB 是过右焦点 F 仅与右支相交的弦,$A(\rho_1,\theta)$,$B(\rho_2,\pi+\theta)$ $(\rho_1>0,\rho_2>0)$,则 $|AB|=\rho_1+\rho_2=\dfrac{2}{1-\sqrt{3}\cos\theta}+\dfrac{2}{1+\sqrt{3}\cos\theta}=\dfrac{4}{1-\sqrt{3}\cos^2\theta}\geqslant 4$,当 $\theta=\dfrac{\pi}{2}$ 时,等号成立.）

其次,满足题设条件的直线恰有三条时,只有两种可能:

(1) 与双曲线左、右两支都相交的只有一条,而仅与右支相交的有两条,此时,与双曲线左、右两支都相交的必是 x 轴,而其两交点的距离为 $2a=2$,但仅与右支相交的两条的弦长 $\lambda>4$,这不满足题设条件;

(2) 与双曲线左、右两支都相交的有两条,而仅与右支相交的只有一条,且这条弦必与 x 轴垂直(否则,由对称性知仅与右支相交的有两条弦),此时 $|AB|=\lambda=4$,且与双曲线左、右两支都相交的弦长也可满足这个条件,所以 $\lambda=4$.

3. 设 $z=r(\cos\theta+\sin\theta)$,则
$$\left|2z+\frac{1}{z}\right|^2=\left(4r^2+\frac{1}{r^2}\right)+4\cos2\theta=1,$$
$$4r^4+(4\cos2\theta-1)r^2+1=0.$$
这个等式成立等价于二次方程 $4x^2+(4\cos2\theta-1)x+1=0$ 的两根 x_1、x_2 均为正数

$\Leftrightarrow$ 判别式 $\Delta=(4\cos2\theta-1)^2-4^2\geqslant 0$ 且 $x_1+x_2=-\frac{1}{4}(4\cos2\theta-1)>0, x_1 x_2=\frac{1}{4}>0$

$\Leftrightarrow \cos2\theta\leqslant -\frac{3}{4}$

$\Leftrightarrow 2k\pi+\pi-\arccos\frac{3}{4}\leqslant 2\theta\leqslant 2k\pi+\pi+\arccos\frac{3}{4}$

$\Leftrightarrow k\pi+\frac{\pi}{2}-\frac{1}{2}\arccos\frac{3}{4}\leqslant\theta\leqslant k\pi+\frac{\pi}{2}+\frac{1}{2}\arccos\frac{3}{4}\ (k=0,1).$

4. 如图,设等腰直角三角形 ABC 中斜边 AB 的中点为 D,则 D 为 $\triangle ABC$ 的外心. 由 $SA=SB=SC=2$,知 S 在底面 ABC 上的射影为 D. 从而,球心 O 在 SD 上且 $OA=OB=OS$. 所以,O 是 $\triangle SAB$ 的中心. 而 $\triangle SAB$ 是等边三角形,$SD=\sqrt{2^2-1^2}=\sqrt{3}$,所以,$O$ 到平面 ABC 的距离 $OD=\frac{1}{3}\cdot SD=\frac{\sqrt{3}}{3}.$

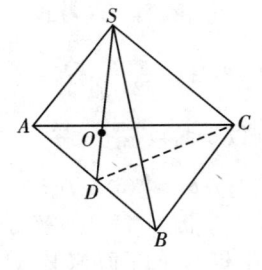

(第 4 题图)

5. 如图,显然青蛙不可能经过跳 1 次、2 次或 4 次到达 D 点. 故青蛙的跳法只有下列两类情形:

(1)青蛙跳 3 次到达 D 点,有 2 种跳法;

(2)青蛙一共跳 5 次后停止,这时,前 3 次的跳法(一定不到达 D 点)有 2^3-2 种,后两次跳法有 2^2 种. 故青蛙一共跳 5 次的跳法有 $(2^3-2)\cdot 2^2=24$ 种.

由(1)、(2)知青蛙共有 $2+24=26$ 种不同跳法.

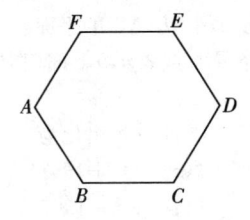

6. 由已知条件得 $a=\lg(xy^{-1}+z), b=\lg(yz+x^{-1}), c=\lg[(xz)^{-1}+y]$. 设 $xy^{-1}+z, yz+x^{-1}, (xz)^{-1}+y$ 中的最大数为 u,则 $M=\lg u$.

由已知条件知 x、y、z 均为正数,于是
$$u^2\geqslant(xy^{-1}+z)[(xz)^{-1}+y]$$
$$=[(yz)^{-1}+yz]+(x+x^{-1})\geqslant 2+2=4.$$

所以,$u\geqslant 2$,且当 $x=y=z=1$ 时 $u=2$,故 u 的最小值为 2,从而 M 的最小值为 $\lg 2$.

(第 5 题图)

三、由已知条件得
$$x=\frac{\pi}{2}-(y+z)\leqslant\frac{\pi}{2}-\left(\frac{\pi}{12}+\frac{\pi}{12}\right)=\frac{\pi}{3},$$
$$\sin(x-y)\geqslant 0, \sin(y-z)\geqslant 0.$$

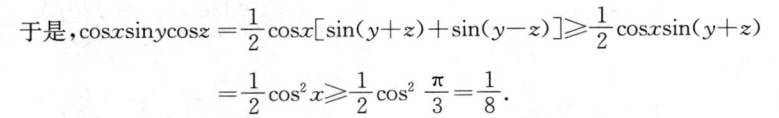

于是,$\cos x\sin y\cos z=\frac{1}{2}\cos x[\sin(y+z)+\sin(y-z)]\geqslant\frac{1}{2}\cos x\sin(y+z)$
$$=\frac{1}{2}\cos^2 x\geqslant\frac{1}{2}\cos^2\frac{\pi}{3}=\frac{1}{8}.$$

且当 $x=\frac{\pi}{3}, y=z=\frac{\pi}{12}$ 时等号成立.

$\therefore \cos x\sin y\cos z$ 的最小值为 $\frac{1}{8}$.

又 $\cos x\sin y\cos z=\frac{1}{2}\cos z[\sin(x+y)-\sin(x-y)]\leqslant\frac{1}{2}\cos z\sin(x+y)=\frac{1}{2}\cos^2 z$

$$\leqslant \frac{1}{2}\cos^2\frac{\pi}{12} = \frac{1}{4}\left(1+\cos\frac{\pi}{6}\right) = \frac{2+\sqrt{3}}{8}.$$

且当 $x=y=\frac{5\pi}{24}, z=\frac{\pi}{12}$ 时等号成立.

∴ $\cos x\sin y\cos z$ 的最大值为 $\frac{2+\sqrt{3}}{8}$.

四、(1) 用反证法.

假设正 $\triangle PQR$ 的三顶点 $P、Q、R$ 位于同一支如 C_1 上,其坐标分别为 $(x_1, y_1)、(x_2, y_2)、(x_3, y_3)$,不妨设 $0<x_1<x_2<x_3$,则一定有 $y_1>y_2>y_3>0$. 于是,

$PQ^2 + QR^2 - PR^2$
$= [(x_1-x_2)^2 + (x_2-x_3)^2 - (x_1-x_3)^2] + [(y_1-y_2)^2 + (y_2-y_3)^2 - (y_1-y_3)^2]$
$= (2x_2^2 - 2x_1x_2 - 2x_2x_3 + 2x_1x_3) + (2y_2^2 - 2y_1y_2 - 2y_2y_3 + 2y_1y_3)$
$= 2(x_2-x_1)(x_2-x_3) + 2(y_2-y_1)(y_2-y_3) < 0.$

因此,$PQ^2 + QR^2 < PR^2$.

这说明 $\triangle PQR$ 是钝角三角形,与 $\triangle PQR$ 为正三角形矛盾. 故 $P、Q、R$ 不能位于同一支上.

(2) 设 $Q、R$ 的坐标为 $(x_1, \frac{1}{x_1})、(x_2, \frac{1}{x_2})$,这时 QR 边上的高线方程为

$$y+1 = x_1x_2(x+1). \qquad (*)$$

它必过线段 QR 的中点,因此 QR 的中点坐标满足方程 $(*)$,于是有

$$\frac{\frac{1}{x_1}+\frac{1}{x_2}}{2}+1 = x_1x_2\left(\frac{x_1+x_2}{2}+1\right),$$

此即 $(1-x_1x_2)[(x_1+x_2)(1+x_1x_2)+2x_1x_2]=0.$

∵ $x_1>0, x_2>0$,上式方括号中的式子明显大于 0,则 $1-x_1x_2=0$. 故 $x_1x_2=1$.

于是,Q 的坐标为 $(\frac{1}{x_2}, x_2)$,而 R 的坐标为 $(x_2, \frac{1}{x_2})$,这说明 $Q、R$ 关于直线 $y=x$ 对称.

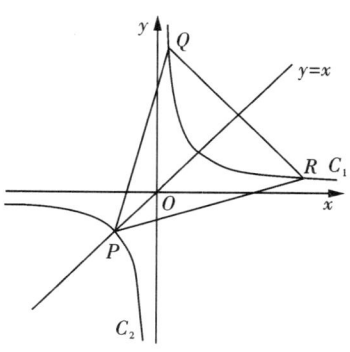

$PQ、PR$ 所在的直线分别为过 P 点与 $y=x$ 交成 $30°$ 角的相互对称的两条直线,易见其倾斜角分别为 $75°$ 和 $15°$. 不妨设 PQ 的倾斜角为 $75°$,这时它的方程为

$$y+1 = \tan 75° \cdot (x+1),$$

即 $y+1 = (2+\sqrt{3})(x+1).$

(第四题图)

将其代入双曲线方程 $xy=1$,解得 Q 的坐标为 $(2-\sqrt{3}, 2+\sqrt{3})$,由对称性知 R 的坐标为 $(2+\sqrt{3}, 2-\sqrt{3})$.

五、令 $\frac{a_2}{a_1} = \frac{a_3}{a_2} = \frac{a_4}{a_3} = \frac{a_5}{a_4} = q.$

则 $a_2 = a_1q, a_3 = a_1q^2, a_4 = a_1q^3, a_5 = a_1q^4.$

于是,由已知条件得

$$a_1(1+q+q^2+q^3+q^4) = \frac{4}{a_1q^4}(1+q+q^2+q^3+q^4).$$

(1) 若 $1+q+q^2+q^3+q^4 = 0$,

则 $q^5-1 = (q-1)(q^4+q^3+q^2+q+1) = 0.$

∴ $q^5 = 1, |q| = 1,$

此时，$|a_1|=|a_2|=|a_3|=|a_4|=|a_5|$.

故复数 a_1、a_2、a_3、a_4、a_5 对应的点都在以原点为圆心，$|a_1|$ 为半径的圆周上.

(2) 若 $1+q+q^2+q^3+q^4 \neq 0$，

则 $a_1^2 q^4 = 4$，即 $a_3^2 = 4$，$a_3 = \pm 2$.

而 q 满足方程

$$1+q+\frac{1}{q}+q^2+\frac{1}{q^2}=\frac{S}{a_3}=\pm\frac{S}{2}. \qquad ①$$

记 $x = q + \dfrac{1}{q}$，上式化为关于 x 的实系数二次方程

$$x^2 + x - 1 \mp \frac{S}{2} = 0. \qquad ②$$

令 $f(x) = x^2 + x - 1 \mp \dfrac{S}{2}$，注意当 $|S| \leqslant 2$ 时，有

$$f\left(-\frac{1}{2}\right) = -\frac{1}{4}(5 \pm 2S) < 0,$$

$$f(2) = 5 \mp \frac{S}{2} > 0,$$

$$f(-2) = 1 \mp \frac{S}{2} \geqslant 0.$$

故方程②的两根都是绝对值不大于 2 的实数.

对于(2)的每个根 x，相应的 q 满足实系数二次方程

$$q^2 - xq + 1 = 0. \qquad ③$$

它的判别式 $\Delta = x^2 - 4 \leqslant 0$，故两根 q_1、q_2 为共轭复数，且

$$|q_1|^2 = |q_2|^2 = q_1 q_2 = 1.$$

因此，方程①的每个根 q 都满足 $|q|=1$，从而，$|a_1| = |a_2| = |a_3| = |a_4| = |a_5| = 2$，即复数 a_1、a_2、a_3、a_4、a_5 对应的点同在以原点为圆心，半径为 2 的圆周上.

第二试

一、**证法 1** 如图，设 $\odot O_1$、$\odot O_2$、$\odot O$ 的半径分别为 r_1、r_2、r. 由条件知 O、O_1、S 三点共线，O、O_2、T 三点共线，且 $OS = OT = r$. 连结 OS，OT，ON，NT，$O_1 M$，$O_1 N$，$O_2 M$，$O_2 N$，$O_1 O_2$.

充分性. 设 S、N、T 三点共线，则 $\angle S = \angle T$. 又 $\triangle O_1 SN$ 与 $\triangle O_2 NT$ 均为等腰三角形. 故 $\angle S = \angle O_1 NS$，$\angle T = \angle O_2 NT$.

于是，$\angle S = \angle O_2 NT$，$\angle T = \angle O_1 NS$.

从而，$O_2 N \parallel OS$，$O_1 N \parallel OT$.

故四边形 $OO_1 NO_2$ 为平行四边形.

因此，$OO_1 = O_2 N = r_2 = MO_2$，

$OO_2 = O_1 N = r_1 = MO_1$.

故 $\triangle O_1 MO_2 \cong \triangle O_2 OM$.

从而 $S_{\triangle O_1 MO_2} = S_{\triangle O_2 OM}$. 由此得 $O_1 O_2 \parallel OM$.

又由于 $O_1 O_2 \perp MN$，故 $OM \perp MN$.

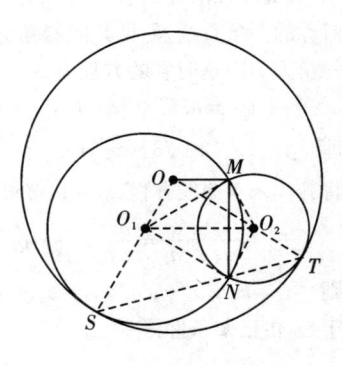

(第一题图)

必要性. 若 $OM \perp MN, O_1O_2 \perp MN$, 有 $O_1O_2 // OM$. 从而, $S_{\triangle O_1MO} = S_{\triangle O_2OM}$.

设 $OM = a$, 由 $O_1M = r_1, O_1O = r - r_1, O_2O = r - r_2, O_2M = r_2$, 知 $\triangle O_1MO$ 与 $\triangle O_2OM$ 的周长都等于 $a + r$, 记 $p = \dfrac{a+r}{2}$.

由三角形面积的海伦公式, 有
$$S_{\triangle O_1MO} = \sqrt{p(p-r_1)(p-r+r_1)(p-a)} = \sqrt{p(p-r_2)(p-r+r_2)(p-a)}$$
$$= S_{\triangle O_2OM}.$$

化简得 $(r_1 - r_2)(r - r_1 - r_2) = 0$.

又已知 $r_1 \neq r_2$, 有 $r = r_1 + r_2$.

故 $O_1O = r - r_1 = r_2 = O_2N$,

$O_2O = r - r_2 = r_1 = O_1N$.

所以, OO_1NO_2 为平行四边形.

从而, $\angle O_1NT + \angle T = 180°, \angle O_2NS + \angle S = 180°$.

又 $\triangle O_1SN$ 与 $\triangle O_2NT$ 均为等腰三角形, $\angle T = \angle O_2NT, \angle S = \angle O_1NS$,

∴ $\angle O_1NO_2 + 2\angle S = \angle O_2NS + \angle S = \angle O_1NT + \angle T = \angle O_1NO_2 + 2\angle T$,

即 $\angle S = \angle T$.

于是, $\angle O_1NS = \angle O_2NT$.

故 $\angle O_1NS + \angle O_1NO_2 + \angle O_2NT = \angle SON_2 + \angle S = 180°$.

所以, S, N, T 三点共线.

证法 2 如图, 由已知条件知 O, O_1, S 三点共线, O, O_2, T 三点共线. 延长 MN 交 $\odot O$ 于 K, P, 过 S 作 $\odot O_1$ 的切线 SQ, 过 T 作 $\odot O_2$ 的切线 TQ, 由蒙日定理三条根轴交于一点 Q, 即 M, N, Q 三点共线.

充分性. 若 S, N, T 三点共线,

∵ QS, QT 为切线,

∴ $\angle TSQ = \angle STQ$.

∵ $OS \perp SQ, OT \perp TQ$,

∴ O, S, Q, T 四点共圆.

∴ $\angle TSQ = \angle TOQ$.

又 ∵ $\angle STQ = \angle TMQ$,

∴ $\angle TOQ = \angle TMQ$.

∴ O, M, T, Q 四点共圆.

∴ $OT \perp TQ$.

∴ $\angle OMN = 90°$.

必要性. 若 $\angle OMN = 90°$,

∵ $OS \perp SQ, OT \perp TQ$,

∴ $\angle OSQ = \angle OTQ = \angle OMQ = 90°$,

∴ O, M, T, Q, S 五点共圆.

延长 TN 交 $\odot O$ 于 S_1, 交 $OMTQS$ 所确定的圆于 S_2, 则

$S_1N \cdot NT = PN \cdot KN$,

$S_2N \cdot NT = MN \cdot QN$.

∵ $\angle OMN = 90°$,

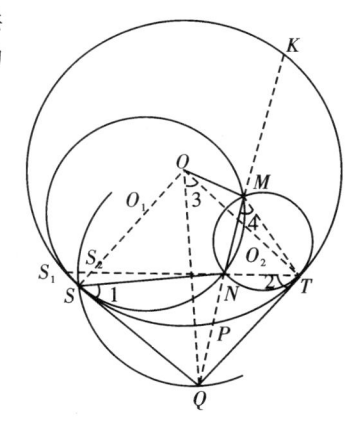

(第一题图)

∴ $OM \perp KP$,从而有 $MK=MP$.

由于 $QP \cdot QK = QS^2 = QN \cdot QM$,

∴ $QP \cdot (QM+MP) = (PQ+PN) \cdot QM$.

∴ $QP \cdot MP = PN \cdot QM$.

∴ $(QN-PN)(MN+PN) = PN(QN+MN)$.

∴ $QN \cdot MN = PN \cdot MN + PN \cdot MN + PN^2 = PN(MN+NP) + PN \cdot MN$
$\qquad = PN(MK+MN) = PN \cdot KN$.

有 $S_1N \cdot NT = S_2N \cdot NT$,

∴ $S_1N = S_2N$,

即 S_1,S_2 重合.

而 S 是五点圆与 $\odot O$ 的交点,

∴ $S_1 = S_2 = S$,即 S、N、T 三点共线.

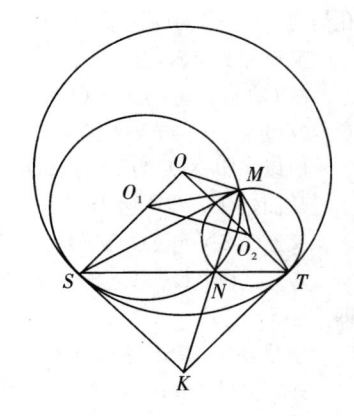

证法3 如图,若 $\angle OMN = 90°$,

∵ $OS \perp SQ$,$OT \perp TQ$,

∴ $\angle OSQ = \angle OTQ = \angle OMQ = 90°$.

故 O、M、T、Q、S 五点共圆.

有 $\angle OSM = \angle OTM$.

又 ∵ $O_1S = O_1M$,$O_2T = O_2M$,

∴ $\angle OSM = \angle O_1MS$,$\angle OTM = \angle O_2MT$.

∴ $\angle O_1MS = \angle O_2MT$.

故 $\angle O_1OO_2 = \angle SMT = \angle SMT + \angle O_1MS - \angle O_2MT$
$\qquad = \angle O_1MO_2$.

∴ O、O_1、O_2、M 四点共圆.

又 ∵ $OM \perp MN$,$O_1O_2 \perp MN$,

∴ $OM // O_1O_2$,$OO_1 = MO_2$.

设 $\odot O$、$\odot O_1$、$\odot O_2$ 的半径分别为 R、r_1、r_2,则 $OO_1 = r_2$.

∴ $R = OS = OO_1 + O_1S = r_1 + r_2$.

如图,过 O_1 作 $O_1N' // OT$ 交 ST 于 N',过 N' 作 $N'O_2' // OS$ 交 OT 于 O_2'. 由于 $\triangle OST$ 为等腰三角形,故 $N'O_2' = OO_1 = r_2$.

于是,$OO_2' = O_1N' = O_1S = r_1$,

$O_2'T = OT - OO_2' = r - r_1 = r_2$,

故 O_2' 与 O_2 重合.

对于 N',N' 到 O_2 的距离为 $O_2'N' = r_2$,N' 到 O_1 的距离为 $O_1N' = r_1$,

∴ N' 为 $\odot O_1$ 与 $\odot O_2$ 的交点.

因此,N' 与 N 重合,

故 N 在 S、T 所在直线上.

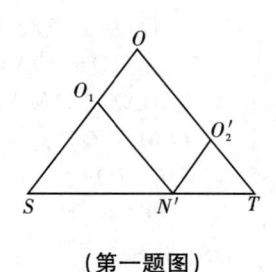

证法4 如图,连结 OS、OT、ST,作公切线 SP、TP 且相交于点 P,则 $PS=PT$. 故点 P 在 $\odot O_1$ 和 $\odot O_2$ 的根轴上,且有 $PS^2 = PN \cdot PM$.

连结 OP 交 ST 于点 Q,则 $OP \perp ST$ 于 Q,且 $PQ \cdot PO = PS^2 = PN \cdot PM$. 故 O、Q、N、M 四点共圆. 于是,有

$OM \perp MN \Leftrightarrow OQ \perp QN$

(第一题图)

(第一题图)

⇔ N 在直线 ST 上

⇔ S、N、T 三点共线.

二、由题意，知 $\begin{cases} \sum_{k=1}^{n} x_k^2 - x_0^2 = \sum_{k=1}^{n} y_k^2 - y_0^2, \\ \sum_{k=1}^{n} x_k y_k = x_0 y_0. \end{cases}$

若存在实数 $y_0, y_1, \cdots, y_n$ 使①成立，则

$$x_0^2 y_0^2 = (\sum_{k=1}^{n} x_k y_k)^2.$$

由柯西不等式可得

$$x_0^2 y_0^2 \leq (\sum_{k=1}^{n} x_k^2)(\sum_{k=1}^{n} y_k^2).$$

如果 $x_0^2 > \sum_{k=1}^{n} x_k^2$，则由①可得 $y_0^2 > \sum_{k=1}^{n} y_k^2$.

从而，$x_0^2 y_0^2 > (\sum_{k=1}^{n} x_k^2)(\sum_{k=1}^{n} y_k^2)$，与②矛盾. 于是得

$$x_0^2 \leq \sum_{k=1}^{n} x_k^2.$$

反之，若③成立，有两种情况：

（i）$x_0^2 = \sum_{k=1}^{n} x_k^2$，则取 $y_k = x_k, k = 0, 1, 2, \cdots, n$，显然①成立.

（ii）$x_0^2 < \sum_{k=1}^{n} x_k^2$，记 $a^2 = \sum_{k=1}^{n} x_k^2 - x_0^2 > 0$，从而 $x_1, \cdots, x_n$ 不全为 0. 不妨设 $x_n \neq 0$，取 $y_k = 0, k = 0, 1, \cdots, n-2$，有

$$y_{n-1} = \frac{a x_n}{\sqrt{x_{n-1}^2 + x_n^2}}, \quad y_n = \frac{-a x_{n-1}}{\sqrt{x_{n-1}^2 + x_n^2}}.$$

易知①也成立.

综上可知，所求的条件为 $x_0^2 \leq \sum_{k=1}^{n} x_k^2$.

三、(1) 取 $x_{i,j} = \begin{cases} 0, 4(j-1)+1 \leq i \leq 4j, \\ \dfrac{1}{24}, \text{其余的 } i. \end{cases} \quad (j = 1, 2, \cdots, 25)$

这时，$\sum_{j=1}^{25} x_{i,j} = 0 + 24 \times \dfrac{1}{24} (i = 1, 2, \cdots, 100)$ 满足题设条件，重排后有

$$x'_{i,j} = \begin{cases} \dfrac{1}{24}, 1 \leq i \leq 96, \\ 0, 97 \leq i \leq 100. \end{cases} \quad (j = 1, 2, \cdots, 25)$$

这时，$\sum_{j=1}^{25} x'_{i,j} = 25 \times \dfrac{1}{24} > 1 (1 \leq i \leq 96)$.

故 k 的最小值 ≥ 97.

(2) 首先证明：表 1 中必有一行(设为第 r 行)的所有数

$$x_{r,1}, x_{r,2}, \cdots, x_{r,25}$$

必在重排后所得表 2 的前 97 行中都出现.

事实上，若上述结论不成立，则表 1 的每一行中至少有一个数不在表 2 的前 97 行中出现，即表 2 的前 97 行中至多共有表 1 中 $100 \times 24 = 2400$ 个数. 这与表 2 的前 97 行共有 $25 \times 97 = 2425$ 个数矛盾.

其次，由重排要求知表 2 中每列的数从上到下的是由大到小排列的，故当 $i \geq 97$ 时，

$$x'_{i,j} \leq x'_{97,j} \leq x_{r,j} (j = 1, 2, \cdots, 25).$$

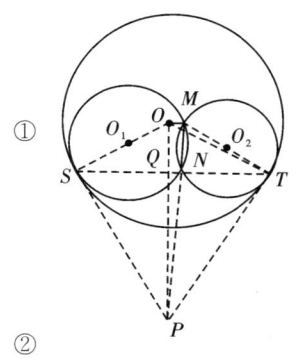

故当 $i \geqslant 97$ 时,
$$\sum_{j=1}^{25} x'_{i,j} \leqslant \sum_{j=1}^{25} x_{r,j} \leqslant 1.$$
综合(1)、(2)知 k 的最小值为 97.

1998 年湖南省高中数学竞赛试题

一、

1. 令 $f(x)=|x-2|$,其函数图象如图,当 $x>2$ 时,$y=\log_{\frac{1}{5}}|x-2|$ 是减函数,故选 C.

2. 方程组 $\begin{cases} 2y=x+z, & ① \\ y^2=z(x+1), & ② \\ y^2=x(z+2). & ③ \end{cases}$

由②－③得 $z=2x$,代入①得,$x=\dfrac{2}{3}y,\therefore z=\dfrac{4}{3}y.$

再代入②得符合条件的 y 值为 $y=12$. 故选 C.

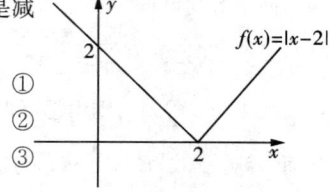

(第1题图)

3. 设 $z=x+yi$,易知 $y>0$,由题意得 $\begin{cases} \dfrac{y}{x+2}=\sqrt{3}, \\ \dfrac{y}{x-2}=-\dfrac{\sqrt{3}}{3}, \end{cases}$ 两式相除,可得 $x=-1.$

$\therefore y=\sqrt{3}$,故 $z=-1+\sqrt{3}i.$ 故选 B.

4. 将直线 $\begin{cases} x=t\cos\alpha \\ y=t\sin\alpha \end{cases}$ 代入方程 $(x-4)^2+y^2=4$ 得 $t^2-8t\cos\alpha+12=0.$ 由题意有
$\Delta=64\cos^2\alpha-48=0,\therefore \cos\alpha=\pm\dfrac{\sqrt{3}}{2}$,而 $0\leqslant\alpha<\pi$,故 $\alpha=\dfrac{\pi}{6}$ 或 $\dfrac{5\pi}{6}$,选 A.

5. A 中 α 与 β 可相交,故 A 不正确. B 中 a 与 c 可异面而不垂直,故 B 不正确. C 中当 $a\perp b, a\perp c$ 时,α 与 β 可平行,C 不正确. 故选 D.

6. 将两次连续命中与一次命中的情形看成两个元素插入五个位子的 6 空,可知符合条件的情形共有 $P_6^2=6\times 5=30$. 故选 B.

7. 若正六棱锥的底面边长与侧棱长相等,因底面边长与其底面半径相等,则由正六棱锥的高、底面半径、侧棱长所构成的直角三角形中,侧棱长与底面半径相等(即斜边与直角边相等),这是不可能的,故选 D.

8. 将圆的方程化为直角坐标方程,得 $x^2+y^2-\sqrt{2}x-\sqrt{2}y=0$,

即 $(x-\dfrac{\sqrt{2}}{2})^2+(y-\dfrac{\sqrt{2}}{2})^2=1$,圆心为 $(\dfrac{\sqrt{2}}{2},\dfrac{\sqrt{2}}{2})$,半径为 1,化为极坐标为 $(1,\dfrac{\pi}{4})$. 故选 B.

或由 $\rho=\sqrt{2}(\cos\theta+\sin\theta)=2\cos(\theta-\dfrac{\pi}{4})$,得圆心为 $(1,\dfrac{\pi}{4})$.

二、

1. $\because T_5=C_6^4(x\sqrt{x})^2\cdot(-\dfrac{1}{x})^4=\dfrac{15}{x}$,由 $\dfrac{15}{x}=\dfrac{15}{2}$,得 $x^{-1}=\dfrac{1}{2}.$

故 $\lim\limits_{n\to\infty}(x^{-1}+x^{-2}+\cdots+x^{-n})=\dfrac{\dfrac{1}{2}}{1-\dfrac{1}{2}}=1.$

2. 设球半径为 R, 依题意有 $\frac{4}{3}\pi R^3 = \pi \cdot 16^2 \cdot 9$,

∴ $R = 12$, $S = 4\pi R^2 = 4\pi \cdot 12^2 = 576\pi (\text{cm}^2)$.

3. 设椭圆标准方程为 $\frac{x^2}{a^2} + \frac{y^2}{b^2} = 1$, 由题意知 $\frac{a^2}{c} = 2c$, 从而有 $2c^2 = a^2 = b^2 + c^2$,

∴ $b = c$, 故夹角为 $90°$.

4. ∵ $f(x-y) = f(x)g(y) - g(x)f(y)$,

∴ $f(y-x) = f(y)g(x) - g(y)f(x) = -[f(x)g(y) - g(x)f(y)]$.

∴ $f(x-y) = -f(y-x) = -f[-(x-y)]$,

∴ $f(-x) = -f(x)$, 即 $f(x)$ 是奇函数.

∴ $f(1) = f(-2) = f(-1-1) = f(-1)g(1) - g(-1)f(1)$
$= -f(1)[g(1) + g(-1)]$,

∴ $g(1) + g(-1) = -1$.

5. 由 $\sin\theta + \cos\theta = \frac{\sqrt{2}}{3}$, 得 $\sin\theta \cdot \cos\theta = -\frac{7}{18}$, 又 $\frac{\pi}{2} < \theta < \pi$, ∴ $\sin\theta > 0$, $\cos\theta < 0$.

∴ $\sin\theta - \cos\theta > 0$, ∴ $\sin\theta - \cos\theta = \sqrt{(\sin\theta + \cos\theta)^2 - 4\sin\theta\cos\theta} = \frac{4}{3}$.

∴ $\tan\theta - \cot\theta = \frac{(\sin\theta + \cos\theta)(\sin\theta - \cos\theta)}{\sin\theta \cdot \cos\theta} = -\frac{8}{7}\sqrt{2}$.

6. 令 $\sin^2\alpha = \frac{19}{x}$, $\cos^2\alpha = \frac{98}{y}$, ∴ $x = \frac{19}{\sin^2\alpha}$, $y = \frac{98}{\cos^2\alpha}$,

∴ $x + y = \frac{19}{\sin^2\alpha} + \frac{98}{\cos^2\alpha} = 19\csc^2\alpha + 98\sec^2\alpha = 19(1 + \cot^2\alpha) + 98(1 + \tan^2\alpha)$
$= 19\cot^2\alpha + 98\tan^2\alpha + 19 + 98 \geq 2\sqrt{19 \times 98} + 117 = 117 + 14\sqrt{38}$.

三、由条件知, $2b = a + c$,

∴ $2\sin B = \sin A + \sin C$.

又 $A + B + C = \pi$, ∴ $2\sin(A+C) = \sin A + \sin C$.

∴ $4\sin\frac{A+C}{2}\cos\frac{A+C}{2} = 2\sin\frac{A+C}{2}\cos\frac{A-C}{2}$.

又 $\sin\frac{A+C}{2} \neq 0$, ∴ $2\cos\frac{A+C}{2} = \cos\frac{A-C}{2}$.

从而, $5\cos A - 4\cos A\cos C + 5\cos C = 5(\cos A + \cos C) - 4\cos A\cos C$
$= 10\cos\frac{A+C}{2}\cos\frac{A-C}{2} - 2[\cos(A+C) + \cos(A-C)]$
$= 10\cos\frac{A+C}{2}\cos\frac{A-C}{2} - 2[2\cos^2\frac{A+C}{2} + 8\cos^2\frac{A+C}{2} - 2]$
$= 20\cos^2\frac{A+C}{2} - 20\cos^2\frac{A+C}{2} + 4 = 4$.

四、设圆柱形储油罐的底面半径为 r m, 高为 h m, 造价为 y 元.

则 $\pi r^2 h = 20\pi$, ∴ $h = \frac{20\pi}{\pi r^2} = \frac{20}{r^2}$.

∴ $y = 2\pi r^2 \cdot 40 + 2\pi rh \cdot 32 = 80\pi r^2 + 64\pi rh$
$= 80\pi r^2 + 64\pi r \cdot \frac{20}{r^2} = 80\pi r^2 + \frac{1280\pi}{r}$

$$=80\pi r^2+\frac{640\pi}{r}+\frac{640\pi}{r}$$

$$\geqslant 3\sqrt[3]{80\pi r^2\cdot\frac{640\pi}{r}\cdot\frac{640\pi}{r}}$$

$$=960\pi(元).$$

当且仅当 $80\pi r^2=\frac{640\pi}{r}$,即 $r=2,h=5$ 时取等号.

故当储油罐底面半径为 2 m,高为 5 m 时,材料成本最低.

五、(1)$AC=AA'=2,\angle A'AC=120°$,知 $A'C=2\sqrt{3}$.

∵M 是 $A'C$ 的中点,则可求得 $AM=1$,且 $AM\perp A'C$.

又∵平面 $A'AC\perp$下底面,

∴平面 $A'AC\perp$平面 ABC.

∵C 是$\odot O$ 上异于 A、B 的一点,则 $BC\perp AC$,

∴$BC\perp$平面 $A'AC$,故 $BC\perp AM$,

故 $AM\perp$平面 $A'BC$.

(2)作 $MN\perp A'B$ 于 N,连 AN.

则由三垂线定理知$\angle MNA$ 为二面角 A-$A'B$-C 的平面角.又由 $BC\perp$平面 $A'AC$,知 $BC\perp A'C$,而 $\angle B'AC=30°$,$Rt\triangle A'CB$ 中,可求得 $BC=2$.

从而 $MN=\frac{\sqrt{3}}{2}$,∴$\tan\angle ANM=\frac{AM}{MN}=\frac{2\sqrt{3}}{3}$.

故二面角 A-$A'B$-C 的大小为 $\arctan\frac{2\sqrt{3}}{3}$.

六、(1)由 $F_1(-\sqrt{3}a,0)$,∴$C_2:y^2=-4\sqrt{3}ax$.

由 $\begin{cases}y^2=-4\sqrt{3}ax,\\ 2x^2-y^2=2a^2.\end{cases}$ 消去 y,得 $x^2+2\sqrt{3}ax-a^2=0$. (*)

∵$\Delta=(2\sqrt{3}a)^2+4a^2>0$,∴方程(*)有两实根 x_1,x_2.

又 $x_1\cdot x_2=-a^2<0$,则两根异号,不妨设 $x_1>0,x_2<0$.

当 $x_1>0$ 时,$y^2=-4\sqrt{3}ax_1$ 无实根;

当 $x_2<0$ 时,$y^2=-4\sqrt{3}ax_2$ 有两个不同实根,从而 C_1 和 C_2 有两个不同的交点.

(2)假设符合条件的弦 AB 存在.

(i)当直线斜率 k 存在时,易知 $k\neq 0$,设直线 AB 的方程为 $y=k(x+\sqrt{3}a)$.

由方程组 $\begin{cases}y=k(x+\sqrt{3}a),\\ y^2=-4\sqrt{3}ax.\end{cases}$ 消去 y,得

$k^2x^2+2\sqrt{3}a(k^2+2)x+3a^2k^2=0$.

∴$\begin{cases}x_1+x_2=\dfrac{-2\sqrt{3}a(k^2+2)}{k^2},\\ x_1x_2=3a^2.\end{cases}$

∴$AB=\sqrt{(1+k^2)\left[\dfrac{12a^2(k^2+2)^2-12a^2k^4}{k^4}\right]}=\dfrac{4\sqrt{3}a(k^2+1)}{k^2}$.

又原点到直线 AB 的距离 $h=\dfrac{\sqrt{3}a|k|}{\sqrt{k^2+1}}$,

$$\therefore S_{\triangle AOB} = \frac{1}{2} \cdot \frac{\sqrt{3}a|k|}{\sqrt{k^2+1}} \cdot \frac{4\sqrt{3}a(k^2+1)}{k^2} = 6a^2\sqrt{1+\frac{1}{k^2}}.$$

(ii)当直线斜率 k 不存在时,即 $AB \perp x$ 轴,有 $S_{\triangle AOB} = \frac{1}{2} \cdot 4\sqrt{3}a \cdot \sqrt{3}a = 6a^2$,

$\because 6a^2\sqrt{1+\frac{1}{k^2}} \geqslant 6a^2$ $(k \neq 0)$,

$\therefore S_{\triangle AOB}$ 的最小值为 $6a^2$,此时直线 AB 的方程为 $x = -\sqrt{3}a$.

当 $k \to 0$ 时,$\frac{1}{k^2} \to \infty$,$\therefore S_{\triangle AOB}$ 无最大值.

七、(1)我们把第 k 个 1 和它后面的 2^{k-1} 个 2,这 $2^{k-1}+1$ 项称为数列的第 k 段.设 1998 项在第 k 段,则 k 是满足 $k+(1+2+2^2+\cdots+2^{k-1}) = 2^k+k-1 \geqslant 1998$ 的最小正整数.

$\because 2^{10}+10-1 = 1033 < 1998$,而 $2^{11}+11-1 = 2058 > 1998$,

$\therefore k = 11$.

故 $S_{1998} = 2 \times 1998 - 11 = 3985$.

(2)若存在 $n \in \mathbf{N}$,使得 $S_n = 2001$,设第 n 项在第 k 段,则有

$2n - k = 2001$,可以推出 k 为奇数.

由(1)知,$k \leqslant 11$,这样 $1000 < n < 1006$.

$\because 2^9+9-1 = 520 < 1000 < n$,$2^{10}+10-1 = 1033 > 1006 > n$.

$\therefore$ 第 n 项应在第 10 段,即 $k = 10$,这与 k 为奇数矛盾,所以 n 不存在.

2000 年湖南省高中数学夏令营试题

一、

1. 由 $y = -\cos\alpha \cdot x - 1$ 及 $|-\cos\alpha| \leqslant 1$ 知 $|\tan\theta| \leqslant 1$,从而 $\theta \in [0, \frac{\pi}{4}] \cup [\frac{3\pi}{4}, \pi)$.

2. 令 $x+y = t$,则 $0 \leqslant t \leqslant 2\sqrt{2}$ 且 $xy = \frac{1}{2}(t^2-4)$,从而 $xy - 4(x+y) - 2 = \frac{1}{2}t^2 - 4t - 4 = \frac{1}{2}(t-4)^2 - 12 \geqslant \frac{1}{2}(2\sqrt{2}-4)^2 - 12 = -8\sqrt{2}$.

3. 令 $k = -b^2$,则 $c = \sqrt{a^2+b^2} = \sqrt{4-k}$,由 $1 < \frac{\sqrt{4-k}}{2} < 3$,知 $-32 < k < 0$.

4. 由 $A \cap \mathbf{R}^+ = \varnothing$,知 $A = \varnothing$ 或方程 $x^2+(p+2)x+1 = 0$ 只有非正根.若 $A = \varnothing$,则 $\Delta = (p+2)^2 - 4 < 0$,有 $-4 < p < 0$.若方程 $x^2+(p+2)x+1 = 0$ 只有非正根,则

$\begin{cases} \Delta \geqslant 0 \\ -(p+2) \leqslant 0 \end{cases} \Rightarrow \begin{cases} p \geqslant 0 \\ p \geqslant -2 \end{cases} \Rightarrow p \geqslant 0$,故 p 的取值范围是 $(-4, 0) \cup [0, +\infty)$.

5. 因复数列为 $i, 1-i, i, 1-i, i, 1-i, \cdots$,即 $z_{n+2} = z_n (n = 2, 3, \cdots)$.故 $|z_{2000}| = |z_2| = |1-i| = \sqrt{2}$.

6. 因与一条棱不垂直且异面的直线有 6 条(4 条面对角线与 2 条体对角线);与一条面对角线不垂直且异面的直线有 8 条(4 条棱,4 条面对角线);与一条体对角线不垂直且异面的直线有 6 条(6 条棱).故不垂直的异面直线对数为 $\frac{1}{2}(6 \times 12 + 8 \times 12 + 6 \times 4) = 96$.

7. $C < D < A < B$.

8. $\pi - \arccos\frac{1}{3}$ 或 $\arccos(-\frac{1}{3})$.

9. $-\dfrac{1}{2}$.

二、

10. (Ⅰ) 因抛物线 C 过点 $P(1,0)$，知 $x=1, y=0$，代入 C 的方程得：

$(1-m)t+1-2m^2+n=0$. ①

由已知，方程①与 t 无关，则 $\begin{cases} 1-m=0 \\ 1-2m^2+n=0 \end{cases} \Rightarrow \begin{cases} m=1, \\ n=1. \end{cases}$

(Ⅱ) 曲线 C 的方程为 $y=(t^2+t+1)x^2-2(1+t)^2 x+(t^2+3t+1)$. 令 $y=0$，得

$(t^2+t+1)x^2-2(1+t)^2 x+(t^2+3t+1)=0$. ②

抛物线 C 截 x 轴所得弦长

$l=|x_1-x_2|=\sqrt{(x_1+x_2)^2-4x_1 x_2}$，其中 x_1, x_2 是方程②的根．

由韦达定理，得 $l=\dfrac{2}{\left|t+\dfrac{1}{t}+1\right|}$.

讨论：当 $t>0$ 时，$t+\dfrac{1}{t} \geq 2, t+\dfrac{1}{t}+1 \geq 3. \therefore l \leq \dfrac{2}{3}$；

当 $t=0$ 时，代入方程②得 $x_1=x_2=1, \therefore l=0$；

当 $t<0$ 时，$-t+\dfrac{1}{-t} \geq 2, t+\dfrac{1}{t} \leq -2, t+\dfrac{1}{t}+1 \leq -1$.

从而 $\left|t+\dfrac{1}{t}+1\right| \geq 1, \therefore l \leq 2$.

因此，当且仅当 $t=-1$ 时，l 有最大值 2.

11. 如图，设 $\angle BMN=\alpha, \angle BNM=\beta$，则

$\angle MAB=\angle BMN=\alpha$,

$\angle NAB=\angle BNM=\beta$.

$\therefore \angle MAN=\angle MAB+\angle NAB=\alpha+\beta$,

$\angle MBN=180°-(\alpha+\beta)$.

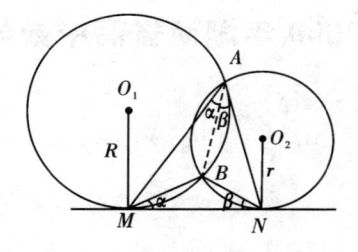

由正弦定理有 $\begin{cases} 2a=\dfrac{MN}{\sin \angle MAN}=\dfrac{MN}{\sin(\alpha+\beta)} \\ 2b=\dfrac{MN}{\sin \angle MBN}=\dfrac{MN}{\sin(\alpha+\beta)} \end{cases} \Rightarrow a=b.$

在 $\odot O_1$ 中，由正弦定理知，$MB=2R\sin\alpha$
在 $\triangle BMN$ 中，由正弦定理知，$MB=2b\sin\beta$ $\Rightarrow 2R\sin\alpha=2b\sin\beta$.

同理，$2r\sin\beta=2a\sin\alpha$.

两式相乘得 $Rr=ab=a^2=b^2$，故 $R+r \geq 2\sqrt{Rr}=2a=2b$.

等号当且仅当 $R=r$，即 $\odot O_1$ 与 $\odot O_2$ 的半径相等时取得.

(第11题图)

12. 当 $s=0$ 时，由(ⅲ)知 $a_1=a_2=\cdots=a_n$，不等式显然成立．

当 $s>0$ 时，由(ⅲ)知 a_i 不全为 0，由(ⅱ)知存在 a_i 有正有负.

不妨设 $a_1 \leq a_2 \leq \cdots \leq a_k<0 \leq a_{k+1} \leq \cdots \leq a_n$.

由(ⅲ)知 $-(a_1+a_2+\cdots+a_k)+(a_{k+1}+\cdots+a_n)=s$,

联立(ⅱ)知 $a_1+a_2+\cdots+a_k=-\dfrac{s}{2}, a_{k+1}+\cdots+a_n=\dfrac{s}{2}$.

$\therefore \dfrac{s}{2}=a_{k+1}+\cdots+a_n \leq a_n+\cdots+a_n=(n-k)a_n, \therefore a_n \geq \dfrac{s}{2}\cdot\dfrac{1}{n-k}$.

同理 $-\frac{s}{2}=a_1+a_2+\cdots+a_k\geqslant a_1+\cdots+a_1=ka_1$,

$\therefore a_1\leqslant-\frac{s}{2}\cdot\frac{1}{k}$, $\therefore a_n-a_1\geqslant\frac{s}{2}\cdot\frac{n}{(n-k)\cdot k}\geqslant\frac{sn}{2\cdot\frac{n^2}{4}}=\frac{2s}{n}$.

13. 若 $m<nr+r$,则对任意 $i\leqslant m$,

当且仅当 $i\equiv j\pmod{r}$ 时, $i\in A_j(j=1,2,\cdots,r)$.

那么对于同一子集中任意两个数 a 和 $b(a>b)$,我们总有

$b\leqslant a-r$,且 $a\leqslant m<(n+1)r$, $\therefore b\leqslant a-r<nr$.

于是 $\quad-\frac{a}{b}=1+\frac{a-b}{b}\geqslant1+\frac{r}{b}>1+\frac{r}{nr}=1+\frac{1}{n}$.

故此时不满足题目条件,从而 m 的最小值 $\geqslant nr+r$.

另一方面,将 $\{1,2,\cdots,nr+r\}$ 任意分成 r 个不相交的子集的并集 $A_1,A_2,\cdots,A_r$ 时,对 $\{1,2,\cdots,nr+r\}$ 中 $r+1$ 个数 $nr,(nr+1),(nr+2),\cdots,(nr+r)$,

由抽屉原则,其中必有 2 个数 a 和 $b(a<b)$ 属于同一子集,且 $1<\frac{a}{b}=1+\frac{a-b}{b}\leqslant1+\frac{r}{b}\leqslant1+\frac{r}{nr}=1+\frac{1}{n}$. 即满足题目的条件.

故所求 m 的最小值为 $(n+1)r$.

2000 年湖南省高中数学竞赛试题

一、

1. 由 $A=\{x|x\geqslant-1\}$, $B=\{x|x\geqslant\sqrt{2}$ 或 $x\leqslant-\sqrt{2}\}$,用数轴可得答案 C.

2. 由 $2\pi\gamma=\frac{2}{3}\pi l$ 得 $l=3\gamma$, $S_{全}=\pi\gamma^2+\pi\gamma l=4\pi\gamma^2$, $S_{侧}=3\pi\gamma^2$ 即得答案 C.

3. 由 $T_{4+1}=C_6^4(x\sqrt{x})^2\cdot(-\frac{1}{x})^4=5$,得 $x^{-1}=\frac{1}{3}$, $x^{-3}=(\frac{1}{3})^{-3}$,从而 $\lim_{n\to\infty}(x^{-1}+\cdots+x^{1-2n})=\frac{x^{-1}}{1-x^{-2}}=\frac{3}{8}$. 故选 A.

4. 由 $y=\frac{a-x}{x-a-1}=-1-\frac{1}{x-(a+1)}$ 的对称中心为 $((a+1),-1)$,其反函数的对称中心为 $(-1,(a+1))\Rightarrow a+1=4\Rightarrow a=3$. 故选 B.

5. 由 $y=2\sin(x+\frac{2}{3}\pi)$ 向左平移 m 个单位得 $y=2\sin(x+m+\frac{2}{3}\pi)$,知 $m+\frac{2}{3}\pi=k\pi+\frac{\pi}{2}$,所以 $m=k\pi-\frac{\pi}{6}$. 令 $k=1$,得 $m=\frac{5}{6}\pi$. 故选 D.

6. 由于等差数列每连续 n 项和组成等差数列,依题意有前 6 项和为 36,次 6 项和为 108,依等差数列性质组成首项为 36,公差为 72 的等差数列,从而可得 $n=4$. 故选 B.

7. 连 A_1B,BC_1,知 $V_{BA_1AC_1}=\frac{2}{3}$,而 $V_{BAPCQ}=\frac{1}{2}V_{BA_1AC_1}=\frac{1}{3}V$. 故选 B.

8. 令 $x+1=t$,则 $-x+1=2-t$, $\therefore f(t)=-f(2-t)$,即 $f(x)=-f(2-x)$. 当 $x>1$ 时, $2-x<1$,从而 $f(x)=-f(2-x)=-[2(x-\frac{7}{4})^2+\frac{7}{8}]$. 故选 C.

9. 由于胜的场数不得少于 4 且不得多于 7,故四种情形为:胜的场数、平的场数、负的场数分别为 4,

10,1;5,7,3;6,4,5;7,1,7. 故选 B.

10. 由 $C_5^1 C_4^2 + C_5^2 C_4^1 + 2 = 72$ 可得答案 D.

11. 原方程可化为 $\sin\alpha + \cos\alpha = \sin 2\alpha$，两边平方有 $\sin^2 2\alpha - \sin 2\alpha - 1 = 0$，解出 $\sin 2\alpha = \frac{1-\sqrt{5}}{2} < 0$. 题设 α 为钝角，通解为 $\alpha = \frac{1}{2}[k\pi + (-1)^k \arcsin\frac{1-\sqrt{5}}{2}]$. 取 $k=0$，$\alpha = \frac{1}{2}\arcsin\frac{1-\sqrt{5}}{2} < 0$，舍去；取 $k=1$ 时也舍去；取 $k=2$ 时满足，故选 A.

12. 是奇函数的有 3 个：(1)、(3) 和 (4). 故选 C.

二、

13. 由 $\rho = 2\cos(\theta - \frac{\pi}{4})$ 得圆心为 $(1, \frac{\pi}{4})$，或化为直角坐标方程求得 $(1, \frac{\pi}{4})$.

14. $2x^2 + 4xy + 2y^2 + x^2 y^2 = 9$ 可化为 $2(x+y)^2 + (xy)^2 = 9$. 令 $x+y = \frac{3}{\sqrt{2}} \cdot \cos\theta$，$xy = 3\sin\theta$，则 x, y 是关于 t 二次方程 $t^2 - \frac{3}{\sqrt{2}}\cos\theta \cdot t + 3\sin\theta = 0$ 的两根. 由 $\Delta = \frac{9}{2}\cos^2\theta - 12\sin\theta = -\frac{9}{2}(\sin\theta + \frac{4}{3})^2 + \frac{25}{2} \geq 0$，从而 $-1 \leq \sin\theta \leq \frac{1}{3}$，于是 $w = 3\cos\theta + 6\sin\theta = 3\sqrt{5}\sin(\theta + \arctan\frac{1}{2})$.

当 $\sin\theta = -1$ 时，$\theta = -\frac{\pi}{2}$，此时 $w = -6$. 当 $\sin\theta = \frac{1}{3}$ 时，$\theta = \arcsin\frac{1}{3}$，此时 $w = 2(1+\sqrt{2})$.

故 w 的取值范围为 $[-6, 2(1+\sqrt{2})]$.

15. 由于 $y = f(x)$ 关于 y 轴对称，其周期为 4，在 $[0,2]$ 上有根 $x=1$，则在 $[2,4]$ 内必有一根 $x=3$，从而在区间 $[4(k-1), 4k]$ 内的根分别为 $4k-3, 4k-1 (k \in \mathbb{Z})$，故 $f(x) = 0$ 在区间 $[0, 17]$ 上的所有根之和为 $S = 1 + 3 + 5 + 7 + \cdots + 17 = 81$.

16. 设 $\angle BAC = \alpha$，则 $\angle BDC = 3\alpha$，$BC = AC \cdot \tan\alpha = CD \cdot \tan 3\alpha$，于是 $11\tan\alpha = \tan 3\alpha = \frac{\tan\alpha + \tan 2\alpha}{1 - \tan\alpha \cdot \tan 2\alpha}$

$= \frac{\tan\alpha + 2\tan\alpha/(1-\tan^2\alpha)}{1 - \tan\alpha \cdot 2\tan\alpha/(1-\tan^2\alpha)} = \frac{3\tan\alpha - \tan^3\alpha}{1 - 3\tan^2\alpha}$，从而 $11 - 33\tan^2\alpha = 3 - \tan^2\alpha$.

即 $\tan^2\alpha = \frac{1}{4}$，而 α 为锐角，则 $\tan\alpha = \frac{1}{2}$，$BC = 11\tan\alpha = \frac{11}{2}$，

$\therefore AB = \sqrt{AC^2 + BC^2} = \frac{1}{2} \cdot \sqrt{605}$，周长 $= \frac{33 + \sqrt{605}}{2}$，

$\therefore m + n = 33 + 605 = 638$.

17. 若擦去的为最小数 1，则其余各数的平均数为 $\frac{2+3+\cdots+n}{n-1} = \frac{n+2}{2}$. 若擦去的为最大数，则其余各数的平均数为 $\frac{1+2+3+\cdots+(n-1)}{n-1} = \frac{n}{2}$，从而 $\frac{n}{2} \leq 36\frac{2}{5} \leq \frac{n+2}{2}$，得 $70\frac{4}{5} \leq n \leq 72\frac{4}{5}$，又 n 为整数，唯有 $70 \leq n \leq 72$. 而 $n-1$ 个整数的平均数是 $36\frac{2}{5}$，故 $n-1$ 应是 5 的倍数，这只能是 $n=71$. 又设擦去的数为 x，则 $\frac{1+2+\cdots+71-x}{71-1} = 36\frac{2}{5}$，解得 $x=8$.

三、

18. 由 $x^2 + (b+1)x \leq 0$ 及 $b < -1$ 可解得 $0 \leq x \leq -(b+1)$. 又 $f(x) = (x + \frac{b}{2})^2 - \frac{b^2}{4}$.

(1) 当 $-(b+1) < -\frac{b}{2}$，即 $-2 < b < -1$ 时，$f(x)$ 在 $[0, -(b+1)]$ 上单调递减，则 $f[-(b+1)]$ 为最小

438

值,即 $f(-b-1)=(\frac{b}{2}+1)^2-\frac{b^2}{4}=b+1=-\frac{1}{2}$.

由此可解得 $b=-\frac{3}{2}\in(-2,-1)$.

(2)当 $-\frac{b}{2}\leqslant -(b+1)$,即 $b\leqslant -2$ 时,$f(-\frac{b}{2})$ 为最小值,即 $f(-\frac{b}{2})=-\frac{b^2}{4}=-\frac{1}{2}$,解得 $b=\pm\sqrt{2}\notin(-\infty,-2]$.

故所求 $b=-\frac{3}{2}$.

19. 在 β 内作 $CE \underline{\underline{\parallel}} BF$,连 AC,BC,由 $BCEF$ 是矩形,则有 $V_{ABEF}=V_{ABEC}=V_{B\text{-}AEC}$.

由 $EF\perp AE, EF\perp EC$,知 $EF\perp$ 平面 AEC.

$\therefore BC\perp$ 平面 AEC.

$\therefore BC=EF=1, AC=\sqrt{AB^2-BC^2}=1$.

由于 BC 是三棱锥 $B\text{-}AEC$ 的高,要使得 $V_{B\text{-}AEC}$ 最大. 只需 $S_{\triangle AEC}$ 最大,显然当 $\angle EAC=90°$ 时,

$(S_{\triangle AEC})_{最大}=\frac{1}{2}\cdot AE\cdot AC=\frac{1}{2}\cdot 2\cdot 1=1$.

$\therefore$ 所求四面体 $ABEF$ 最大体积为 $\frac{1}{3}$.

20.(1)设每年底收益为 A 万元,年利润为 10%,则:

第一年收益 A 万元到第 n 年可得总收入为 $Q_1=A(1+0.1)^{n-1}$;

第二年收益 A 万元到第 n 年可得总收入为 $Q_2=A(1+0.1)^{n-2}$;

…

第 $n-1$ 年收益 A 万元到第 n 年可得总收入为 $Q_{n-1}=A(1+0.1)$;

第 n 年收益为 $Q_n=A(1+0.1)^0=A$.

$Q_1,Q_2\cdots Q_n$ 成等比数列,由等比数列求和公式求得这 n 年的总收入为:

$Q=Q_1+Q_2+\cdots+Q_{n-1}+Q_n=\sum_{i=1}^{n}A(1+0.1)^{i-1}=\frac{A}{0.1}[(1+0.1)^n-1]$.

当 $n=3$ 时,$A=400$,$Q=\frac{400}{0.1}\cdot[(1+0.1)^3-1]=1324$(万元). 即 3 年后收入有 1324 万元,故 3 年后能得到 1300 万元.

(2)要使 3 年内收回全部投资,即 $Q=1600$,则有

$1600=\frac{A}{0.1}[(1+0.1)^3-1]$,求得 $A\approx 483.4$(万元).

即每年至少收益 483.4 万元,才能在三年内收回全部的投资.

21. 设 $z_1=r(\cos\theta+i\sin\theta)$,$z_2=\frac{3}{r}(\cos\varphi+i\sin\varphi)$,由 $z_1+z_2=2i$,得

$\begin{cases} r\cos\theta+\frac{3}{r}\cos\varphi=0, & \text{①} \\ r\sin\theta+\frac{3}{r}\sin\varphi=2. & \text{②} \end{cases}$

①²+②²,得 $r^2+\frac{9}{r^2}+6(\cos\theta\cdot\cos\varphi+\sin\theta\cdot\sin\varphi)=4$.

即 $r^2+\frac{9}{r^2}+6\cos(\theta-\varphi)=4$.

∵ $r^2 + \dfrac{9}{r^2} = 4 - 6\cos(\theta - \varphi) \leqslant 4 + 6 = 10$,

∴ $1 \leqslant r^2 \leqslant 9$, ∴ $1 \leqslant r \leqslant 3$.

故 $|z_1|$ 的最大值为 3, 最小值为 1.

22. (1) 设 A, B 的坐标分别为 $(x_1, y_1), (x_2, y_2)$, 由于 M 是 AB 的中点, 则

$2a = x_1 + x_2, 2t = y_1 + y_2$.　　　　　　　　　　　　　　　　　　　　　①

∵ A, B 在抛物线上, ∴ $y_1^2 = 2px_1, y_2^2 = 2px_2$.　　　　　　　　　　　②

1° 当 $t \neq 0$ 时, 设直线 AB 的斜率为 $k (k \neq 0)$, 则

$k = \dfrac{y_1 - y_2}{x_1 - x_2} = \dfrac{2p(y_1 - y_2)}{y_1^2 - y_2^2} = \dfrac{2p}{y_1 + y_2} = \dfrac{p}{x}$.　　　　　　　　　③

因此, AB 的垂直平分线方程为 $l: y - t = -\dfrac{1}{k}(x - a) = -\dfrac{t}{p}(x - a)$.

即　$p \cdot y = t(p + a - x)$.　　　　　　　　　　　　　　　　　　　　　　④

由④知, 当 $x = p + a$ 时, $y = 0$ (均与 t 无关), 故直线 l 过定点 $N(p+a, 0)$.

2° 当 $t = 0$ 时, 此时 A, B 关于 x 轴对称, l 为 x 轴, 亦过点 $N(p+a, 0)$.

综合 1° 和 2°, 结论成立.

(2) 因 F 为抛物线 $y^2 = 2px$ 的焦点, 则 $F\left(\dfrac{p}{2}, 0\right)$. 而 $|FN| = 2a$, 即 $\left|p + a - \dfrac{p}{2}\right| = 2a$.

∴ $p = 2a$, 从而抛物线方程为　$y^2 = 4a$.　　　　　　　　　　　　　　　　⑤

1° 当 $t \neq 0$ 时, 可求得 AB 的方程为 $2ax - ty + t^2 - 2a^2 = 0$.　　　　　⑥

联立⑤、⑥消去 x 并整理得　$y^2 - 2ty + 2(t^2 - 2a^2) = 0$.　　　　　　　⑦

因 y_1, y_2 是方程⑦的两实根, 则 $y_1 + y_2 = 2t, y_1 \cdot y_2 = 2(t^2 - 2a^2)$,

且 $\Delta = 4t^2 - 4 \cdot 2(t^2 - 2a^2) = 4(4a^2 - t^2) > 0$, 从而 $-2a < t < 2a$.　⑧

故 $|AB|^2 = (x_1 - x_2)^2 + (y_1 - y_2)^2 = \left[\left(\dfrac{t}{2a}\right)^2 + 1\right](y_1 - y_2)^2$

$= \dfrac{1}{4a^2}(t^2 + 4a^2)[(y_1 + y_2)^2 - 4y_1 y_2] = \dfrac{1}{a^2}(t^2 + 4a^2)(4a^2 - t^2)$.

∴ $|AB| = \dfrac{1}{a}\sqrt{(t^2 + 4a^2)(4a^2 - t^2)}$.　　　　　　　　　　　　　⑨

又点 $N(p+a, 0)$ 到直线 AB 的距离为

$d = \dfrac{|2a \cdot (p+a) - t \cdot 0 + t^2 - 2a^2|}{\sqrt{2a^2 + t^2}\ \ \ \ \ } = \sqrt{4a^2 + t^2}$,

于是　$S_{\triangle ABN} = f(t) = \dfrac{1}{2}|AB| \cdot d = \dfrac{1}{2a}(4a^2 + t^2)\sqrt{4a^2 - t^2}$.　⑩

2° 当 $t = 0$ 时, 此时 $A(a, 2a), B(, a-2a)$, 有

$S_{\triangle ABN} = \dfrac{1}{2}|AB| \cdot d = \dfrac{1}{2} \cdot 4a \cdot (p + a - a) = 4a^2 = f(0)$ 满足⑩式.

故由 1°, 2° 知, $S_{\triangle ABN} = f(t) = \dfrac{1}{2a}(4a^2 + t^2) \cdot \sqrt{4a^2 - t^2}, t \in [-2a, 2a]$.

利用三个正数的平均值不等式, 有

$f(t) = \dfrac{1}{2a}\left[\dfrac{1}{2}(4a^2 + t^2) \cdot (4a^2 + t^2) \cdot (8a^2 - 2t^2)\right]^{\frac{1}{2}}$

$\leqslant \dfrac{1}{2\sqrt{2}a}\left[\dfrac{(4a^2 + t^2) + (4a^2 + t^2) + (8a^2 - 2t^2)}{3}\right]^{\frac{3}{2}} = \dfrac{\sqrt{2}}{4a} \cdot \left(\dfrac{16a^2}{3}\right)^{\frac{3}{2}} = \dfrac{16\sqrt{6}}{9}a^2$.

其中等号当且仅当 $4a^2+t^2=8a^2-2t^2$，即 $t=\pm\frac{2}{3}\sqrt{3}a\in[-2a,2a](a>1)$ 时取得，

故 $S_{\triangle ABN}$ 的最大值为 $(2+a)^{\frac{3}{2}}$.

2001 年湖南省高中数学夏令营试题

一、

1. 1 或 3. 2. $-\log_2 x$. 3. $x=2,y=1$. 4. $4x-3y-4=0$ 及 $y=0$. 5. 等腰.
6. 90°. 7. 10,10. 8. 250. 9. 1999. 10. ③④.

二、

11. 原不等式等价于 $[\frac{1}{2}(a+b)]\cdot(a+b+\frac{1}{2})\geqslant\sqrt{ab}(\sqrt{a}+\sqrt{b})$.

∵ $a\geqslant 0,b\geqslant 0,∴ \frac{1}{2}(a+b)\geqslant\sqrt{ab}$,

只须证 $a+b+\frac{1}{2}\geqslant\sqrt{a}+\sqrt{b}$,

事实上，上式移项配方即为 $(\sqrt{a}-\frac{1}{2})^2+(\sqrt{b}-\frac{1}{2})^2\geqslant 0$，由此即证.

12. **证法 1** 如图，$\frac{1}{PC}=\frac{1}{2}(\frac{1}{PA}+\frac{1}{PB})$ ①

$\Leftrightarrow PA\cdot PB=PC\cdot\frac{PA+PB}{2}$. ②

因 $PA\cdot PB=PE^2$.

若作 $OD\perp AB$ 于 D，则 D 为 AB 的中点，且 $PD=\frac{PA+PB}{2}$.

则 ② $\Leftrightarrow PE^2=PC\cdot PD\Leftrightarrow\frac{PE}{PC}=\frac{PD}{PE}$. ③

为证 ③，只需证 $\triangle PCE\sim\triangle PED$.

由 $OD\perp PD,OE\perp PE\Rightarrow O,D,E,P$ 四点共圆 $\Rightarrow\angle EDP=\angle EOP=90°-\angle EPO=\angle CEP$.

又 $\angle EPC=\angle DPE$（公用），从而 $\triangle CEP\sim\triangle EDP$.

故 ③ 式成立，从而 ① 式成立.

(第 12 题图)

证法 2 如图，延长 PB 到 P' 使 $BP'=AP$，则 $PP'=PA+PB$.

延长 PF 到 Q，使 $PQ=2PF$，

易得 $\angle Q=\angle FCP$.

又 $\angle FBC$ 公用，∴ $\triangle PFC\sim\triangle PP'Q$，

∴ $\frac{PC}{PQ}=\frac{PF}{PP'}\Rightarrow\frac{PC}{2PF}=\frac{PF}{PA+PB}$

$\Rightarrow\frac{2}{PC}=\frac{PA+BP}{PF^2}=\frac{PA+PB}{PA\cdot PB}\Rightarrow\frac{1}{PC}=\frac{1}{2}(\frac{1}{PA}+\frac{1}{PB})$.

(第 12 题图)

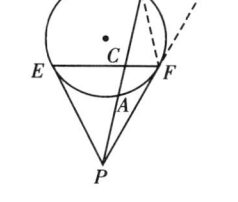

证法 3 要证原等式成立，即要证 $PC(PA+PB)=2PA\cdot PB$.

由斯特瓦尔特定理可得 $EC\cdot PE^2+CF\cdot PF^2=(EC+CF)\cdot PC^2+\frac{EC\cdot CF}{EC+CF}\cdot EF^2$

$\Rightarrow EF\cdot PE^2=EF\cdot PC^2+EC\cdot CF\cdot EF$

$\Rightarrow PE^2=PC^2+EC\cdot CF\Rightarrow PA\cdot PB=PC^2+AC\cdot BC$

$\Rightarrow 2PA \cdot PB = 2PC^2 + 2(PC-PA)(PB-PC)$

$\Rightarrow 2PA \cdot PB = 2PC^2 + 2PC \cdot PB - 2PC^2 - 2PA \cdot PB + 2PA \cdot PC$

$\Rightarrow 2PA \cdot PB = 2PC(PB+PA) - 2PA \cdot PB$

$\Rightarrow 2PA \cdot PB = PC(PA+PB)$

$\Rightarrow \dfrac{1}{PC} = \dfrac{1}{2}\left(\dfrac{1}{PA} + \dfrac{1}{PB}\right).$

证法 4 要证:$\dfrac{1}{PC} = \dfrac{1}{2}\left(\dfrac{1}{PA} + \dfrac{1}{PB}\right)$,即证:$\dfrac{2}{PC} = \dfrac{1}{PA} + \dfrac{1}{PB} \Leftrightarrow 2PA \cdot PB = PC \cdot PB + PC \cdot PA$

$\Leftrightarrow PE^2 + PF^2 = PC \cdot PB + PC \cdot PA$,又 $AE \perp EO, PF \perp FO$,则 $P、E、F、O$ 四点共圆.

∴ $\angle PEF = \angle POF$,∴ $\angle PEC = \angle PBP, \angle P = \angle P$.

又∵ $\angle EBP = \angle EFM, \angle NOF = \angle FEO = \angle EFM = \angle EFM$,

∴ $\triangle PEC \sim \triangle PBE$,即 $\dfrac{PE}{PB} = \dfrac{PC}{PE}, PB \cdot PC = PE^2$.

同理 $PC \cdot PA = PF^2$,即 $PE^2 + PF^2 = PC \cdot PB + PC \cdot PA$,原命题即证.

证法 5 由 $\dfrac{1}{PC} - \dfrac{1}{PB} = \dfrac{1}{PA} - \dfrac{1}{PC}$,即证 $\dfrac{BC}{PC \cdot PB} = \dfrac{AC}{PC \cdot PA}$,即证 $BC \cdot PA = PB \cdot AC$.

延长 PC 交圆于 B,则 $EC \cdot CF = AC \cdot BC$.

对 $\triangle PEF$ 及 EF 边上的点 C 运用斯特瓦尔特定理,有 $PE^2 \cdot EC + PF^2 \cdot CF = PC^2 \cdot EF + EC \cdot CF \cdot EF$.

又由 $PE = PF$,得 $PE^2 = PC^2 + EC \cdot CF$,

即 $PE^2 = PC^2 + AC \cdot BC$

$= PC^2 + (PC-PA)(PB-PC)$

$= PC^2 - PC^2 - PA \cdot PB + PB \cdot PC + PC \cdot PA$,

亦即 $2PA \cdot PB = PA \cdot PC + PB \cdot PC \Rightarrow \dfrac{1}{PC} = \dfrac{PA+PB}{2PA \cdot PB}.$

证法 6 设 OP 交 EF 于 D,作 $OM \perp AB$ 于 M,则 M 为中点.

$PE^2 = PA \cdot PB.$ ① $PD \cdot PO = PE.$ ② $PA+PB = 2PM.$ ③

由 $\triangle PDC \sim \triangle PMO$,∴ $PD \cdot PO = PC \cdot PM.$ ④

由②,④可得 $PE^2 = PC \cdot PM.$ ⑤

由①③⑤,可得 $PC \cdot PM = PA \cdot PB$.

$\dfrac{2PM}{2PA \cdot PB} = \dfrac{1}{PC}, \dfrac{1}{2}\left(\dfrac{1}{PA} + \dfrac{1}{PB}\right) = \dfrac{1}{PC}.$

13. $x^2 + bx + c = k$ 的判别式为 $D_k = b^2 - 4c + 4k(k=0,1,2)$. 依题意 $D_0 \geqslant 0$ 且 $\sqrt{D_0} \cdot \sqrt{D_1} = \sqrt{D_0+4}, \sqrt{D_2} = \sqrt{D_0+8}$ 皆不为整数.

∴ $D_0 \neq 1,4,5,8,9,12$.

(1)若 $D_0 = b^2 - 4c = 2$ 或 6 或 10,则 b 为偶数,设 $b = 2m$,则

$4m^2 - 4c = 2$ 或 6 或 4,∴ $4|2$ 或 6 或 4,矛盾.

(2)若 $D_0 = b^2 - 4c = 3$ 或 7 或 11,则 b 为奇数,设 $b = 2m+1$,则

$4m(m+1) - 4c = 2$ 或 6 或 10,于是 $4|2$ 或 6 或 4,矛盾.

∴ $D_0 \geqslant 13$,即 $b^2 - 4c \geqslant 13$.

又方程 $x^2 + bx + c = k(k=0,1,2)$,当 $c = k$ 时有整数解 $x=0$ 及 $x=-b$.

∴ $c \geqslant 3, b^2 \geqslant 13 + 4c \geqslant 25$,∴ $b \geqslant 5$.

∴ $b+c \geq 8$.

又 $x^2+5x+3=k(k=0,1,2)$ 均无整数根，∴ $b+c$ 的最小值为 8.

14. 设所求 10 个正整数从大到小排列为 $x_1, x_2, \cdots, x_{10}$ 并记 $S=\sum_{i=1}^{10} x_i$，则从 $x_1, x_2, \cdots, x_{10}$ 中任取 9 个数之和，只有下列 $C_{10}^9=10$ 种：$S_i=S-x_i(i=1,2,\cdots,10)$，因 $S_1,\cdots,S_{10}$ 只取 9 种不同数值，故其中必有两个相等，设这两个数取同一值 k，于是

$$\sum_{i=1}^{10} S_i = 10S - \sum_{i=1}^{10} x_i = 9S = 86+87+88+89+90+91+93+94+95+k = 810+3+k.$$

∴ $9 | 3+k$，又 $86 \leq k \leq 95$.

∴ $3+k=90$，即 $k=87$，∴ $S=100$.

$x_1=S-S_1=100-86=14, x_2=x_3=13, x_4=12, x_5=11, x_6=10, x_7=9, x_8=7, x_9=6, x_{10}=5$.

∴ $x_3+x_7=22$.

2001 年湖南省高中数学竞赛试题

一、

1. 把 $x=2,1,0,-1$ 分别代入集合 A,B，考虑到集合元素的唯一性并检验是否有 $A \cap B = \{-3\}$，知 $x=-1$，故选 D.

2. 当 $a>1$ 时，由于真数 $\frac{3}{5}<1$，故 $\log_a \frac{3}{5}$ 恒小于 1，于是 $a>1$，满足题意. 当 $\frac{3}{5} \leq a<1$ 时，$\log_a \frac{3}{5} \geq \log_a a=1$，不符合题意. 当 $0<a<\frac{3}{5}$ 时，对数值小于 1，满足题意，故选 D.

3. 由 $f=\frac{1}{T}=\frac{\omega}{2\pi}$ 并注意到可在端点 1 处取到最大值，即知选 B.

4. 与直线 $ax+by+c=0(a,b,c \neq 0)$ 关于 y 轴对称的直线是用 $-x$ 换 x 得到 $-ax+by+c=0$，注意到直线 $-ax+by+c=0$ 与直线 $px+qy+m=0$ 重合即得充要条件，故选 D.

5. 由 $2025=a_2a_4+2a_3a_5+a_4a_6=a_3^2+2a_3a_5+a_5^2=(a_3+a_5)^2$，即知选 D.

6. 设公差为 d，则 $a_n=a_1+(n-1)d=1+(n-1)d=1997$，解得 $d=\frac{1996}{n-1}$. 由 $d \in \mathbf{N}^+$ 且 $1996=2 \cdot 2 \cdot 499$，得 $n-1=2,4,499,998,1996$，即 $n=3,5,500,999,1997$. 由于 $n>3$，所以 $5+500+999+1997=3051$，故选 A.

7. 由 $C_3^1 P_2^2 P_3^3 - C_2^1 P_2^2 P_2^2 = 28$ 即得，故选 C.

8. 由 $\rho=D\cos\theta+E\sin\theta$ 化为直角坐标方程为 $(x-\frac{D}{2})^2+(y-\frac{E}{2})^2=\frac{1}{4}(D^2+E^2)$，或由 $\rho=E\sin\theta$ $(E \neq 0)$ 表示与极轴所在直线相切的圆，即知选 C.

9. 由 $\arcsin x \in [-\frac{\pi}{2},\frac{\pi}{2}]$，$\arccos y \in [0,\pi]$，知 $\arcsin x + \arccos y \in [-\frac{\pi}{2},\frac{3\pi}{2}] \Rightarrow n=0$ 或 1. 当 $n=0$ 时，$\arcsin x + \arccos y=0$，此式只能在 $x \leq 0, y \geq 0$ 时成立. 又 $\sin(\arcsin x)=-\sin(\arccos y)$，即 $x^2+y^2=1$，其图象是单位圆在第二象限那一部分(包括端点). 当 $n=1$ 时，$\arcsin x=\pi-\arccos y$，此式只在 $x \geq 0, y \leq 0$ 时才成立. 类似前面讨论可知其图形是单位圆在第四象限那部分(包括端点)，故选 B.

10. 投影到 D_1DBB_1 面时应成一条线段，故选 D.

11. 原方程可化为 $(x^2+|x|)(|x|-1)=0$，由此即知 D 正确.

12. 第一列各数被 16 除余 5 或 9，第二列各数被 16 除余 1 或 13，第三列各数被 16 除余 3 或 11，第四

列各数被16除余5或9,第五列各数被16除余7,而2001被16除余1,故选B.

二、

13. 设 $\dfrac{x^2}{9}-\dfrac{y^2}{16}=\lambda$，将 $(-3,2\sqrt{3})$ 代入求得 $\lambda=\dfrac{1}{4}$ 即得 $\dfrac{4x^2}{9}-\dfrac{y^2}{4}=1$..

14. 取 A_1B_1 的中点 F，则 $DE \underline{\underline{\parallel}} \dfrac{1}{2}AB \underline{\underline{\parallel}} A_1F$，$\therefore EF \underline{\underline{\parallel}} DA_1$.

   $EF=A_1D=C_1E=\sqrt{1^2+(\sqrt{2})^2}=\sqrt{3}$，又 $C_1F=\dfrac{\sqrt{3}}{2}A_1B_1=\sqrt{3}$，

   $\therefore \triangle C_1EF$ 为正三角形，又 $\angle FEC_1$ 为 A_1D 与 C_1E 所成角，即得 $\angle FEC_1=60°$.

15. 解法 1 $\because x^2+4y^2=4,\therefore$ 设 $x=2\cos\theta,y=\sin\theta,0\leqslant\theta<2\pi$,

   则有 $x^2+2xy+4y^2=4+4\sin\theta\cdot\cos\theta=4+2\sin2\theta$.

   $\therefore$ 当 $\sin2\theta=1$ 时，$x^2+2xy+4y^2$ 取最大值 6;

   当 $\sin2\theta=-1$ 时，$x^2+2xy+4y^2$ 取最小值 2.

   解法 2 $\because 2|xy|=|x|\cdot|2y|\leqslant\dfrac{x^2+4y^2}{2}=2$，且当 $|x|=|2y|=\sqrt{2}$ 时取等号;

   $\therefore -2\leqslant 2xy\leqslant 2$.

   即 $2xy$ 有最大值 2，最小值 -2.

   故 $x^2+2xy+4y^2$ 的最大值为 6，最小值为 2.

16. 原式 $=\left(\dfrac{a}{a}+\dfrac{b}{a}+\dfrac{c}{a}\right)+\left(\dfrac{a}{b}+\dfrac{b}{b}+\dfrac{c}{b}\right)+\left(\dfrac{a}{c}+\dfrac{b}{c}+\dfrac{c}{c}\right)-\dfrac{a}{a}-\dfrac{b}{b}-\dfrac{c}{c}$

   $=\dfrac{0}{a}+\dfrac{0}{b}+\dfrac{0}{c}-3=-3$.

17. 由 $k!+(k+1)!+(k+2)!=k!(k+2)^2$，有

   $\dfrac{k+2}{k!+(k+1)!+(k+2)!}=\dfrac{1}{k!(k+2)}=\dfrac{1}{(k+1)!}-\dfrac{1}{(k+2)!}$，

   故原式 $=\left(\dfrac{1}{2!}-\dfrac{1}{3!}\right)+\left(\dfrac{1}{3!}-\dfrac{1}{4!}\right)+\cdots+\left(\dfrac{1}{2000!}-\dfrac{1}{2001!}\right)=\dfrac{1}{2}-\dfrac{1}{2001!}$.

三、

18. $f(x)=4\left(x-\dfrac{a}{2}\right)^2-2a+2$.

当 $0\leqslant\dfrac{a}{2}\leqslant 1$ 即 $0\leqslant a\leqslant 2$ 时，$f_{最小}(x)=-2a+2=2$，可得 $a=0$.

当 $\dfrac{a}{2}<0$ 即 $a<0$ 时，$f_{最小}(x)=f(0)=a^2-2a+2=2$，可求得 $a=0$ 或 $a=2$，但这与 $a<0$ 矛盾，故此时所求的 a 不存在.

当 $\dfrac{a}{2}>1$，即 $a>2$ 时，$f_{最小}(x)=f(1)=4-4a+a^2-2a+2=2$. 可求得 $a=3-\sqrt{5}$（舍）或 $a=3+\sqrt{5}$.

19. 当 $n=1$ 时，$a_1=pa_1\Rightarrow a_1=0$ 或 $p=1$.

当 $p=1$ 时，有 $a_1+a_2=2a_2\Rightarrow a_1=a_2$，这与已知 $a_1\neq a_2$ 矛盾，故 $p\neq 1$.

当 $a_1=0$ 时，则 $a_2\neq 0$，由 $a_2=2pa_2$ 有 $p=\dfrac{1}{2}$.

由 $a_1+a_2+a_3=\dfrac{3}{2}a_3\Rightarrow a_3=2a_2$.

由 $a_1+a_2+a_3+a_4=2a_4\Rightarrow a_4=3a_2$.

444

由 $a_1+a_2+a_3+a_4+a_5=\dfrac{2}{5}a_5 \Rightarrow a_5=4a_2$.

猜想：$a_n=(n-1)a_2(n\geqslant 2)$，即 $\{a_n\}$ 从第二项起以后各项构成等差数列.

用数学归纳法证之：

当 $n=2$ 时，已知等式成立，假设 $n=k(k\geqslant 2)$ 时，有 $a_k=(k-1)a_2$ 成立.

当 $n=k+1$ 时，$a_{k+1}=S_{k+1}-S_k=\dfrac{1}{2}(k+1)a_{k+1}-\dfrac{1}{2}ka_k=\dfrac{1}{2}(k+1)a_{k+1}-\dfrac{1}{2}k(k-1)a_2$.

从而 $a_{k+1}=ka_2=[(k+1)-1]a_2$ 成立.

由归纳法原理知当 $n\geqslant 2$ 时，命题成立，即 $\{a_n\}$ 的第一项为 0，从第二项以后各项构成一个等差数列.

20. 设 AO，BD 相交于 O，连 MO，PN.

$\left.\begin{array}{l}\because MO/\!/PD \\ PD\perp \text{底面}ABCD\end{array}\right\} \Rightarrow \left\{\begin{array}{l}MO\perp \text{底面}ABCD, \\ MO=\dfrac{1}{2}PD=3.\end{array}\right.$

（Ⅰ）$\because N$ 为 AB 中点，

$\therefore S_{\triangle DNB}=\dfrac{1}{2}S_{\triangle DAB}=4$.

$\therefore V_{P-DMN}=V_{P-DNB}-V_{M-DNB}=\dfrac{1}{3}S_{\triangle DNB}\cdot PD-\dfrac{1}{3}S_{\triangle DNB}\cdot MO$

$=\dfrac{1}{3}S_{\triangle DNB}(PD-MO)=\dfrac{1}{3}\cdot 4\cdot(6-3)=4$.

（Ⅱ）过 O 作 $OK\perp DN$，连 KM，则由三垂线定理知 $MK\perp DN$.

故 $\angle MKO$ 为二面角 M-DN-C 的平面角.

连 ON，易求得 $S_{\triangle ODN}=\dfrac{1}{2}S_{\triangle DNB}=2$.

又可求得 $DN=\sqrt{AD^2+AN^2}=2\sqrt{5}$，$OK=\dfrac{2S_{\triangle ODN}}{DN}=\dfrac{2}{\sqrt{5}}$.

故 $\tan\angle MOK=\dfrac{MO}{OK}=\dfrac{3\sqrt{5}}{2}$ 为所求.

21. 假设最少要买 x 瓶.

喝完后，第一次空瓶兑换汽水的瓶数不超过 $\dfrac{x}{b}$，

再喝完后，第二次空瓶兑换汽水的瓶数不超过 $\dfrac{x}{b^2}$. 如此继续下去，注意到 k 充分大时，$\dfrac{x}{b^{k-1}}\leqslant b-1$ 不能再对换汽水，故 x 瓶汽水加上兑换后的汽水一共至多有 $x+\dfrac{x}{b}+\cdots+\dfrac{x}{b^{k-1}}$ 瓶.

$\therefore a\leqslant x+\dfrac{x}{b}+\cdots+\dfrac{x}{b^{k-1}}<x+\dfrac{x}{b}+\cdots+\dfrac{x}{b^{k-1}}+\cdots$

$=\dfrac{x}{1-\dfrac{1}{b}}=\dfrac{bx}{b-1}$. $(\because 0<\dfrac{1}{b}<1)$

$\therefore x>a-\dfrac{a}{b}$.

因 x 为满足上述不等式的最小正整数，

$\therefore$ 当 a 为 b 的整数倍时，$x=a-\dfrac{a}{b}+1$，

当 a 不为 b 的整数倍时，$x=[a-\frac{a}{b}]+1=a-[\frac{a}{b}]$，即 a 为 b 的整数倍时，至少要买 $a-\frac{a}{b}+1$ 瓶，a 不为 b 的整数倍时，至少要买 $a-[\frac{a}{b}]$ 瓶.

22. 如图，由题设知 $A_1B_1=1, A_2B_2=\frac{1}{2}$，

猜测 $A_nB_n=\frac{1}{n}$，这可由数学归纳法证明：

当 $n=1$ 时，显然成立.

假设 $n=k$ 时，有 $A_kB_k=\frac{1}{k}$，由三角形相似有

$$\frac{A_{k+1}B_{k+1}}{A_kB_k}=\frac{CB_{k+1}}{CB_k} \text{ 及 } \frac{A_{k+1}B_{k+1}}{DC}=\frac{B_kB_{k+1}}{CB_k},$$

此两式相加即证得 $A_{k+1}B_{k+1}=\frac{1}{k+1}$.

由归纳法原理，知 $n \geq 1$ 时，$A_nB_n=\frac{1}{n}$.

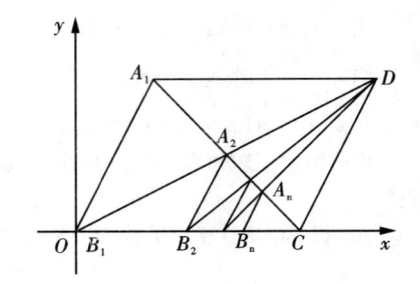

设以 $\frac{1}{A_1B_1}$ 为半径且圆心在 y 轴上的圆与 $y=x^2$ 相切的圆心坐标为 $(0, a_1)$，则由 $\begin{cases} x^2+(y-a_1)^2=1, \\ y=x^2, \end{cases}$ 得

$y^2+(1-2a_1)y+a_1^2-1=0$.

再由其 $\Delta=(2a_1-1)^2-4(a_1^2-1)=0$，求得 $a_1=\frac{5}{4}$. ①

又设以 $\frac{1}{A_nB_n}$ 为半径的圆依次外切且圆心在 y 轴上时的圆心坐标为 $(0, a_n)$，其中 $n \geq 2$.

则 $a_n=a_1+\frac{1}{A_1B_1}+\frac{2}{A_2B_2}+\cdots+\frac{2}{A_{n-1}B_{n-1}}+\frac{1}{A_nB_n}$.

从而 $a_n-a_{n-1}=\frac{1}{A_nB_n}+\frac{1}{A_{n-1}B_{n-1}}$，即 $a_k-a_{k-1}=\frac{1}{A_kB_k}+\frac{1}{A_{k-1}B_{k-1}}$.

又 $\frac{1}{A_kB_k}-\frac{1}{A_{k-1}B_{k-1}}=1$，故 $a_k-a_{k-1}=\frac{1}{A_kB_k^2}-\frac{1}{A_{k-1}B_{k-1}^2}$. ②

在②式中令 $k=2, 3, \cdots, n$，得 $n-1$ 个等式，将这 $n-1$ 个等式及①式两边相加

得 $a_n=\frac{1}{4}(1+\frac{4}{A_nB_n^2})$. ③

再由 $\begin{cases} x^2+(y-a_n)^2=\frac{1}{A_nB_n^2} \\ y=x^2 \end{cases}$ 有 $(y-a_n)^2+y-\frac{1}{A_nB_n^2}=0$.

则由 $\Delta=(1-2a_n)^2-4(a_n^2-\frac{1}{A_nB_n^2})$，再将③代入得 $\Delta=0$，这说明这些圆均与抛物线 $y=x^2$ 相切.

2002 年湖南省高中数学夏令营试题

一、

1. $\frac{1}{2}$.   2. 2001.   3. 甲、丁.   4. 5.   5. 10.   6. $-4+i$.   7. 1.   8. $\frac{3}{5}$.   9. 24.   10. 13230.

二、

11. 由已知有 $x^2+x(y+z)=\dfrac{1}{yz}$，从而

$(x+y)(x+z)=[x^2+x(y+z)]+yz=\dfrac{1}{yz}+yz\geqslant 2\sqrt{\dfrac{1}{yz}\cdot yz}=2.$

其中等号当且仅当 $yz=1$ 时成立.

故 $(x+y)(x+z)$ 的最小值是 2.

12. 如图，延长 BG 交 AC 于 N，则 N 为 AC 的中点. 由 $XY\parallel BC$ 知 $\dfrac{AX}{XB}=\dfrac{AG}{GM}=2$，而 $\dfrac{NC}{CA}=\dfrac{1}{2}$，对 $\triangle ABN$ 及截线 XQC 应用梅勒劳斯定理，

有 $\dfrac{AX}{XB}\cdot\dfrac{BQ}{QN}\cdot\dfrac{NC}{CA}=2\cdot\dfrac{BQ}{QN}\cdot\dfrac{1}{2}=1.$

故 $BQ=QN$. 从而 $MQ\parallel AC$，且

$MQ=\dfrac{1}{2}CN=\dfrac{1}{4}AC.$ 同理，$MP\parallel AB$ 且 $MP=\dfrac{1}{4}AB.$

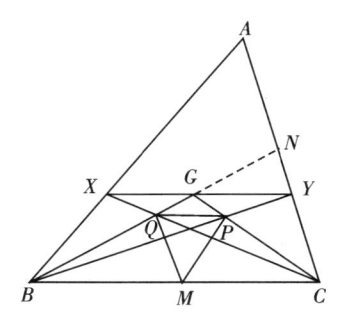

(第12题图)

由此可知，$\angle PMQ$ 与 $\angle BAC$ 的两边分别平行且方向相反，

从而 $\angle PMQ=\angle BAC$，且 $\dfrac{MP}{AB}=\dfrac{MQ}{AC}=\dfrac{1}{4}$，$\triangle MPQ\sim\triangle ABC$，故 $S_{\triangle MPQ}=2.$

13. 由 $f(x)$ 的定义 $\Leftrightarrow 6ax^2-2x+3>0\Leftrightarrow a>-\dfrac{1}{2x^2}+\dfrac{1}{3x}=-\dfrac{1}{2}(\dfrac{1}{x}-\dfrac{1}{3})^2+\dfrac{1}{18}.$

$\because \dfrac{1}{2}\leqslant x\leqslant\dfrac{2}{3}$，$\therefore -\dfrac{1}{2x^2}+\dfrac{1}{3x}=-\dfrac{1}{2}(\dfrac{1}{x}-\dfrac{1}{3})^2+\dfrac{1}{18}$ 的最大值为 $-\dfrac{1}{2}(\dfrac{1}{2}-\dfrac{1}{3})^2+\dfrac{1}{18}=\dfrac{1}{24}.$

$\therefore a>\dfrac{1}{24}$，

(1)当 $\dfrac{1}{24}<a<1$ 时，$f(x)$ 单调递增 $\Leftrightarrow g(x)=6ax^2-2x+3$ 在区间 $[\dfrac{3}{2},2]$ 单调递减，而 $g(x)$ 在 **R** 上的单调递减区间为 $(-\infty,\dfrac{1}{6a}]$，$\therefore 2\leqslant\dfrac{1}{6a}$，即 $a\leqslant\dfrac{1}{12}.$

$\therefore \dfrac{1}{24}<a\leqslant\dfrac{1}{12}.$

(2)当 $a>1$ 时，$f(x)$ 单调递增 $\Leftrightarrow g(x)$ 在 $[\dfrac{3}{2},2]$ 单调递增，而 $g(x)$ 在 **R** 上单调递增区间为 $[\dfrac{1}{6a},+\infty)$，$\therefore \dfrac{1}{6a}\leqslant\dfrac{3}{2}$，$a\geqslant\dfrac{1}{9}$，$\therefore a>1.$

综上知 a 的取值范围是 $(\dfrac{1}{24},\dfrac{1}{12}]\cup(1,+\infty).$

14. 设 n 种颜色对应着一个 n 元集合 X，则每一点 A_i 的出线颜色便对应着 X 中的一个非空子集 X_i，由于 X 共有 2^n 个非空集合，故当 $k>2^n$ 时，必存在两点 A_i,A_j，其对应的子集相等. 即 $X_i=X_j(1\leqslant i\neq j\leqslant k).$

不妨设 $i<j$，则连线 A_iA_j 的颜色在 X_i 中，因而也在 X_j 中，这表明存在 $t>j$，使 A_jA_t 与 A_iA_j 有相同的颜色，于是对 A_j 而言，有一条入线颜色与一条出线颜色相同，与已知条件矛盾，因而 $k\leqslant 2^n.$

2002 年湖南省高中数学竞赛试题

一、

1. 由 $y=f^{-1}(-x)$，得 $f(y)=-x$，故 $y=-f(x)$ 是 $y=f^{-1}(-x)$ 的反函数，即 $-f(x)=f(-x)$，由此可

见 $y=f(x)$ 是奇函数. 故选 A.

2. $f(1)=a+b+c<0, f(-1)=a-b+c>0, a>0, -\dfrac{b}{2a}>1$.

从而 $b<0, 2a+b<0, 2a-b>0$. 又 $f(0)=c<0$, 故 $a-c>0$, 进而
$M-N=|a-b+c|+|2a+b|-|a+b+c|-|2a-b|=(a-b+c)+(a+b+c)-(2a+b)-(2a-b)=-2(a-c)<0, \therefore M<N$. 故选 C.

3. 由如下四图可推得 B 正确.

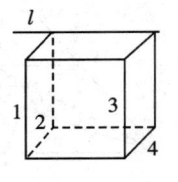

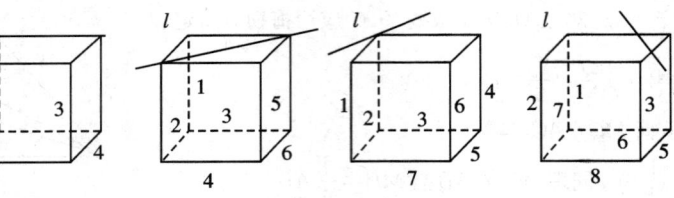

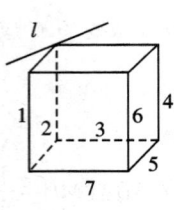

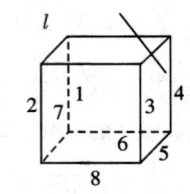

4. 等式左边 $=\sin A\cos A+\sin A\cos B+\cos A\sin B+\sin B\cos B=\dfrac{1}{2}(\sin 2A+\sin 2B)+\sin(A+B)=\sin(A+B)\cos(A-B)+\sin(A+B)$,

等式右边 $=2\sin[180°-(A+B)]=2\sin(A+B)$.

故有 $\sin(A+B)[\cos(A-B)-1]=0$.

而 $\sin(A+B)>0$, 故 $\cos(A-B)=1$, 故 $A=B$.

又取 $A=B=30°, C=120°$ 代入条件式, 知满足条件.

故 $\triangle ABC$ 是等腰三角形, 但不一定是直角三角形. 故选 A.

5. 由韦达定理, 知
$\begin{cases}\sin A+\sin B=-p>0,\\ \sin A\sin B=q>0.\end{cases}$ 即 $\begin{cases}\sin A+\cos A=-p>0,\\ \sin A\cos A=q>0.\end{cases}$

故 $\begin{cases}p^2-2q=1,\\ p^2-4q\geqslant 0,\\ p<0 \text{ 且 } q>0.\end{cases}$ 故 $0<q=\sin A\cos A=\dfrac{1}{2}\sin 2A\leqslant \dfrac{1}{2}, p=-\sqrt{1+2q}$. 即 D 正确.

6. 设椭圆另一个焦点为 $F(x,y)$, 由于 A、B 为椭圆上的点, 由椭圆定义知 $|AC|+|AF|=|BC|+|BF|$, 则 $|BF|-|AF|=|AC|-|BC|$, 由 $|AC|=15, |BC|=13$, 得 $|BF|-|AF|=2$, 故点 F 的轨迹为双曲线的一部分. 故选 D.

二、填空题

7. X 一定包含 $1,2,3$ 这三个元素, 而 $4,5,6$ 三个数可属于 X, 也可不属于 X, 每一个数有 2 种可能, 故所求的不同 X 共有 $2^3=8$ 个.

8. 必要性. 若 $f(x)=\dfrac{\sqrt{a^2-x^2}}{|x+a|-a}$ 为奇函数, 则 $a\neq 0$ (若不然, 则 $f(x)$ 的定义域为空集), 且由
$\dfrac{\sqrt{a^2-x^2}}{|-x+a|-a}=\dfrac{-\sqrt{a^2-x^2}}{|x+a|-a}$ 可得 $|x+a|+|x-a|=2a, \therefore a>0$.

充分性. 若 $a>0$, 则 $f(x)$ 的定义域为 $[-a,0)\cup(0,a]$, 这时 $f(x)=\dfrac{\sqrt{a^2-x^2}}{x}$, 显然 $f(-x)=-f(x), f(x)$ 为奇函数.

9. 在六块地上种甲种蔬菜的块数可以是 $0,1,2,3$ (最多只能为 3).

先把 $6-n(n=0,1,2,3)$ 块种上乙方蔬菜, 再用 n 块甲种蔬菜插到它们形成的含两端在内的空当中

去,得到选用 n 块种甲种蔬菜的方案 C_{6-n+1}^n 种. 令 $n=0,1,2,3$,得共有方案数为 $C_7^0+C_6^1+C_5^2+C_4^3=21$.

10. 由 $f(0)=f^3(0)$,知 $f(0)[1-f(0)][1+f(0)]=0$,因此,$f(0)=0$ 或 $f(0)=1$,或 $f(0)=-1$;由 $f(1)=f^3(1)$,同理 $f(1)=0$ 或 1 或 -1;由 $f(-1)=f^3(-1)$,同理 $f(-1)=0$ 或 1 或 -1. 但 $f(0),f(1),f(-1)$ 两两不等,故 $\{f(0),f(1),f(-1)\}=\{0,1,-1\}$,由此可见,$f(0)+f(1)+f(-1)=0$.

11. 设 $\omega=z-1$,且 $|\omega|=r$,则 $z=\omega+1$,故 $(\omega+1)(\bar{\omega}+1)-(\omega+1)-(\bar{\omega}+1)=3$. 由此得 $r^2=4$,$r=2$. 于是 $\omega=2(\cos\frac{\pi}{3}+i\sin\frac{\pi}{3})=1+\sqrt{3}i$,$\therefore z=2+\sqrt{3}i$.

12. 由 $10x-2xy-2y+1=0$,有 $x^2+6x+y^2-6y-2xy+9=x^2-4x+4+y^2-4y+4$. 即 $\sqrt{(x-2)^2+(y-2)^2}=|x-y+3|$,即 $\dfrac{\sqrt{(x-2)^2+(y-2)^2}}{\dfrac{|x-y+3|}{\sqrt{2}}}=\sqrt{2}$,故 $e=\sqrt{2}$.

三、

13.(Ⅰ)作 $BH\perp B_1F$,垂足为 H,连结 EH. 由正方体性质知 $EB\perp$ 面 BB_1F,则 BH 是 EH 在面 BB_1F 内的射影.

由三垂线定理可知,$EH\perp B_1F$,从而 $\angle EHB$ 是二面角 E-B_1F-B 的平面角.

在 Rt$\triangle EBH$ 中,由 $BB_1=2BF=a$,知 $BH=\dfrac{BF\cdot BB_1}{B_1F}=\dfrac{a}{\sqrt{5}}$,$\tan\angle EHB=\dfrac{EB}{BH}=\dfrac{\sqrt{5}}{2}$,故 $\angle EHB=\arctan\dfrac{\sqrt{5}}{2}$,即二面角 B-B_1F-E 的大小为 $\arctan\dfrac{\sqrt{5}}{2}$.

(Ⅱ)因 $B_1E=B_1F=DE=DF$,EF 为公共边,故 $\triangle DEF\cong\triangle B_1EF$,$S_{\triangle B_1EF}=S_{\triangle DEF}$.

设点 D 到面 B_1EF 的距离为 h,由 $V_{B_1\text{-}DEF}=V_{D\text{-}B_1EF}$,得 $\dfrac{1}{3}S_{\triangle DEF}\cdot BB_1=\dfrac{1}{3}S_{\triangle B_1EF}\cdot h$.

故 $h=BB_1=a$,即点 D 到平面 B_1EF 的距离为 a.

(Ⅲ)设 EF 与 BD 交于 G,连 B_1G.

因为 $EF\perp BD$,$EF\perp BB_1$,所以 $EF\perp$ 面 BB_1D_1D,面 $B_1EF\perp$ 面 BB_1D_1D. 在面 BD_1 内作 $BK\perp B_1G$ 于 K,延长后交 DD_1 于 M,由两平面垂直的性质定理知 $BM\perp$ 面 B_1EF,即在 DD_1 上存在适合条件的点 M.

在平面 BD_1 中,因 $\triangle B_1BG\sim\triangle BDM$,故 $\dfrac{B_1B}{BG}=\dfrac{BD}{DM}$,又 $BG=\dfrac{\sqrt{2}}{4}a$,$BD=\sqrt{2}a$,$BB_1=a$,故 $DM=\dfrac{a}{2}$,M 为 DD_1 的中点.

14.(Ⅰ)由条件得:$\alpha+\beta=\dfrac{t}{2}$,$\alpha\beta=-1$.

不妨设 $x_1<x_2$,则 $0>4(x_1-\alpha)(x_2-\beta)=4x_1x_2-4(\alpha x_2+\beta x_1)+4\alpha\beta=4x_1x_2-2(\alpha+\beta)(x_1+x_2)+4\alpha\beta+2(\alpha-\beta)(x_1-x_2)>4x_1x_2-2(\alpha+\beta)(x_1+x_2)+4\alpha\beta=4x_1x_2-t(x_1+x_2)-4$.

故 $4x_1x_2-t(x_1+x_2)-4<0$.

(Ⅱ)依题意,$\alpha=\dfrac{t-\sqrt{t^2+16}}{4}$,$\beta=\dfrac{t+\sqrt{t^2+16}}{4}$,所以 $f(\alpha)=\dfrac{-8}{\sqrt{t^2+16}-t}$,$f(\beta)=\dfrac{8}{\sqrt{t^2+16}+t}$,故 $f(\alpha)\cdot f(\beta)=-4<0$.

又任取 $x_1,x_2\in[\alpha,\beta]$,且 $x_1<x_2$,则 $f(x_1)-f(x_2)=\dfrac{[4+t(x_1+x_2)-4x_1x_2]}{(x_1^2+1)(x_2^2+1)}(x_1-x_2)$.

由(Ⅰ)知,$f(x_1)-f(x_2)<0$,即 $f(x_1)<f(x_2)$,$f(x)$ 在区间 $[\alpha,\beta]$ 上是增函数.

故 $f_{\max}=f(\beta)>0, f_{\min}=f(\alpha)<0$.

$g(t)=f(\beta)-f(\alpha)=|f(\beta)|+|f(\alpha)|\geq 2\sqrt{|f(\beta)|\cdot|f(\alpha)|}=2$.

当且仅当 $f(\beta)=-f(\alpha)=2$, 即 $\dfrac{8}{\sqrt{t^2+16}+t}=2$, 亦即 $t=0$ 时取等号.

故 $g(t)$ 的最小值为 2.

15. 由 $a_{n+2}-a_{n+1}=(n+3)a_{n+1}-(n+2)a_n-a_{n+1}=(n+2)(a_{n+1}-a_n)=(n+2)(n+1)\cdot(a_n-a_{n-1})$
$=\cdots=(n+2)\cdot(n+1)\cdot n\cdots 4\cdot 3\cdot(a_2-a_1)=(n+2)!$,

故 $a_n=a_1+(a_2-a_1)+(a_3-a_2)+\cdots+(a_n-a_{n-1})=1+2!+3!+\cdots+n!\ (n\geq 1)$.

由于 $a_1=1, a_2=3, a_3=9, a_4=33, a_5=153$, 此时 153 被 9 整除.

当 $m\geq 5$ 时, $a_n=a_5+\sum_{k=6}^{m}k!$, 而 $k\geq 6$ 时, $k!$ 被 9 整除, 于是当 $m\geq 5$ 时, a_n 被 9 整除. 故所求的 n 的最小值为 5.

16. J_1 输入 m, J_2 输入 n 时, 输出结果记为 $f(m,n)$, 设 $f(m,n)=k$, 则 $f(1,1)=1, f(m,n+1)=f(m,n)+2, f(m+1,1)=2f(m+1)$.

(Ⅰ) 因为 $f(1,n+1)=f(1,n)+2$, 故 $f(1,1), f(1,2), \cdots, f(1,n)\cdots$ 组成以 $f(1,1)$ 为首项, 2 为公差的等差数列.

所以, $f(1,n)=f(1,1)+2(n-1)=2n-1$.

(Ⅱ) 因为 $f(m+1,1)=2f(m,1)$, 故 $f(1,1), f(2,1), \cdots, f(m,1), \cdots$ 组成以 $f(1,1)$ 为首项, 2 为公比的等比数列.

所以, $f(m,1)=f(1,1)\cdot 2^{m-1}=2^{m-1}$.

(Ⅲ) 因为 $f(m,n+1)=f(m,n)+2$, 故 $f(m,1), f(m,2), \cdots, f(m,n)\cdots$ 组成以 $f(m,1)$ 为首项, 2 为公差的等差数列.

所以, $f(m,n)=f(m,1)+2(n-1)=2^{m-1}+2n-2, f(2002,9)=2^{2001}+16$.

17. (Ⅰ) 连 MT、MA、MB, 显然 M, T, A 三点共线, 且 $|MA|-|MT|=|AT|=2\cos\theta$.

又 $|MT|=|MB|$, 故 $|MA|-|MB|=2\cos\theta$, 其中 $AB=2\sin\theta$,

故点 M 的轨迹是以 A, B 为焦点, 实轴长为 $2\cos\theta$ 的双曲线靠近焦点 B 的一支.

(Ⅱ) 显然 $|MN|$ 的最小值 $f(\theta)$ 即为如图所示的 $|MT|$(N 和 T 重合).

$|MT|=|MA|-|AT|=\sin\theta+\cos\theta-2\cos\theta$
$=\sin\theta-\cos\theta$,

故 $f(\theta)=\sin\theta-\cos\theta=\sqrt{2}\sin(\theta-\dfrac{\pi}{4})$.

由 $\dfrac{\pi}{4}<\theta<\dfrac{\pi}{2}$, 知 $0<\theta-\dfrac{\pi}{4}<\dfrac{\pi}{4}$, 由此得 $0<f(\theta)<1$.

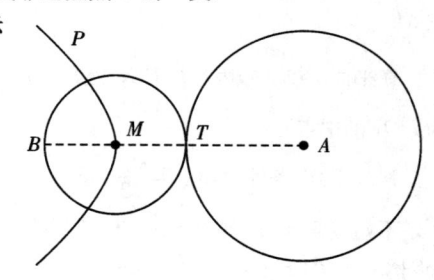

(Ⅲ) 设点 M 是轨迹 P 上的动点, 点 N 是 $\odot A$ 上的动点, 把 $|MN|$ 的最大值记为 $g(\theta)$, 求 $g(\theta)$ 的取值范围.

(第 17 题图)

18. 原不等式等价于 $(\dfrac{l^4}{a^4}-1)(\dfrac{l^4}{b^4}-1)(\dfrac{l^4}{b^4}-1)\geq 512$.

设 $x=\dfrac{a^2}{l^2}, y=\dfrac{b^2}{l^2}, z=\dfrac{c^2}{l^2}$, 则 $x+y+z=1$, 且原不等式可写成为

$(\dfrac{1}{x^2}-1)(\dfrac{1}{y^2}-1)(\dfrac{1}{z^2}-1)\geq 512$.

由 $\frac{1}{x^2}-1=\frac{(1-x)(1+x)}{x^2}=\frac{(y+z)(x+y+z+x)}{x^2}\geqslant\frac{2\sqrt{yz}(2x+2\sqrt{yz})}{x^2}\geqslant\frac{2\sqrt{yz}\cdot 4\sqrt{x\sqrt{yz}}}{x^2}=\frac{8\sqrt[4]{x^2y^3z^3}}{x^2}$,其中等号当且仅当 $x=y=z$ 时取得.

同理,有 $\frac{1}{y^2}-1\geqslant 8\frac{\sqrt[4]{x^3y^2z^3}}{y^2}$,$\frac{1}{z^2}-1\geqslant 8\frac{\sqrt[4]{x^3y^3z^2}}{z^2}$,以上三式相乘,即证原不等式成立.

2003 年湖南省高中数学夏令营试题

一、

1. ∵ $(2\sin A+3\cos B)^2+(\sin B+2\cos A)^2=19$,$\sin(A+B)=\frac{1}{2}$,

∴ $\sin C=\frac{1}{2}$,$\angle C=30°$ 或 $150°$.

若 $\angle C=150°$,则 $\angle A<30°$,这时 $2\sin A+3\cos B<2\cdot\frac{1}{2}+3=4$,矛盾. 故为 $30°$.

2. 以 1 为千位的偶数(0,2,4 为个位)有 $P_3^1 P_4^2=36$ 个;以 2 为千位的偶数(0,4 为个位)有 $P_2^1 P_4^2=24$ 个;以 3 为千位的偶数(0,2,4 为个位)有 $P_3^1 P_4^2=36$ 个;以 4 为千位,0 为百位的偶数(2 为个位)有 $P_3^1=3$ 个,以上的数共有 $36+24+36+3=99$ 个,其中最后一个即为所求的第 99 个偶数为 4052.

3. 由 $x^4+10x^3+30x^2+38x+21=(x+2)^4+2(x+1)^3+0(x+1)^2+0(x+1)+3$,知 $f[(10,30,38,21)]=(2,-6,6,1)$. 故为 $(2,0,0,3)$.

4. $f(x)=ax^2-2x+1=a(x-\frac{1}{a})^2+(1-\frac{1}{a})$.

易知 $N(a)=1-\frac{1}{a}$.

(i) 当 $1\leqslant\frac{1}{a}\leqslant 2$ 时,$M(a)=f(3)=9a-5$,

$g(a)=M(a)-N(a)=9a+\frac{1}{a}-6$.

易知 $g(a)$ 是 $[\frac{1}{2},1]$ 上的增函数,$[g(a)]_{\min}=g(\frac{1}{2})=\frac{1}{2}$.

(ii) 当 $2\leqslant\frac{1}{a}\leqslant 3$ 时,$M(a)=f(1)=a-1$,

$g(a)=M(a)-N(a)=a+\frac{1}{a}-2$.

易知 $g(a)$ 是 $[\frac{1}{3},\frac{1}{2}]$ 上的减函数,$[g(a)]_{\min}=g(\frac{1}{2})=\frac{1}{2}$.

综上可知,最小值为 $\frac{1}{2}$.

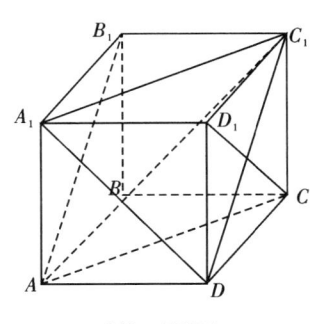

5. 如图,连 $A_1D,AD_1,DC_1,CD_1,C_1B,AB_1$.

由于 $D_1D\perp AD,D_1D\perp DC,AD\perp DC$,用余弦定理,易求得 $\triangle AD_1C$ 三内角均为锐角. 同理可证 $\triangle A_1DC$ 三内角也均为锐角.

因 $AB_1\parallel DC_1$,故 $\angle A_1DC_1$ 为 AB_1 与 A_1D 所成的角,即 $\angle A_1DC_1=\alpha$. 同理 $\angle D_1AC=\beta$,$\angle ACD_1=\gamma$,显然 $\triangle AD_1C\cong\triangle A_1DC_1$,故 $\angle AD_1C=$

(第 5 题图)

$\angle ADC_1 = \alpha$. 在 $\triangle AD_1C$ 中，$\angle AD_1C = \angle D_1AC + \angle D_1CA = 180°$，故 $\alpha + \beta + \gamma = 180°$.

6. 因点 $p(x,y)$ 在椭圆上，故 $y^2 = 4 - \frac{4}{9}x^2$，$|x| \leqslant 3$.

$|PM| = \sqrt{(x-a)^2 + y^2} = \sqrt{(x-a)^2 + 4 - \frac{9}{4}x^2} = \sqrt{\frac{9}{5}(x - \frac{9}{5}a)^2 + \frac{4(5-a)^2}{5}}$.

$\because a > 0$，

$\therefore$ 当 $x = \frac{9}{5}a$ 时，$|PM|_{\min} = \sqrt{\frac{4(5-a^2)}{5}} = 1$，

$\therefore a = \frac{\sqrt{15}}{2}$.

7. 由 $(a - \frac{b}{2})^2 = 1 - \frac{7}{4}b^2$，知 $a^2 + 2b^2 = ab + 1$.

由 $\frac{a^2 + 2b^2}{2\sqrt{2}} = \frac{|a|^2 + 2|b|^2}{2\sqrt{2}} \geqslant \frac{2\sqrt{2}|ab|}{2\sqrt{2}} = |ab|$，知

$-\frac{a^2 + 2b^2}{2\sqrt{2}} \leqslant ab \leqslant \frac{a^2 + 2b^2}{2\sqrt{2}}$，$-\frac{a^2 + 2b^2}{2\sqrt{2}} + 1 \leqslant ab + 1 \leqslant \frac{a^2 + 2b^2}{2\sqrt{2}} + 1$，

即 $-\frac{t}{2\sqrt{2}} + 1 \leqslant t \leqslant \frac{t}{2\sqrt{2}} + 1$.

由此解得 $\frac{2\sqrt{2}}{2\sqrt{2}+1} \leqslant t \leqslant \frac{2\sqrt{2}}{2\sqrt{2}-1}$，即 $\frac{8-2\sqrt{2}}{7} \leqslant t \leqslant \frac{8+2\sqrt{2}}{7}$，当且仅当 $a = \sqrt{2}b$ 与 $a = -\sqrt{2}b$ 时，两边的等号分别成立.

故 $t_{\max} + t_{\min} = \frac{8+2\sqrt{2}}{7} + \frac{8-2\sqrt{2}}{7} = \frac{16}{7}$.

8. 设相切两圆 $\odot O_n$，$\odot O_{n+1}$ 的半径为 R_n，R_{n+1}，易知 $\frac{R_{n+1}}{R_n} = \frac{1+\sin 30°}{1-\sin 30°} = 3$，则按从小到大排列，$\{R_n\}$ 是首项为 1，公比为 3 的等比数列. $R_{2003} = 3^{2002}$.

9. 先考虑甲、乙两城市代表，设甲市代表为 A_1, A_2, A_3，乙市代表为 B_1, B_2, B_3，它们之间可配成 9 对：$A_1B_1, A_1B_2, A_1B_3, A_2B_1, A_2B_2, A_2B_3, A_3B_1, A_3B_2, A_3B_3$. 由题设条件知小组数 k 不少于 9. 欲使小组数尽可能少，每小组人数应尽可能多（最多可 4 人），以下九组符合要求：(A_1, B_1, C_1, D_1)，(A_1, B_2, C_2, D_2)，(A_1, B_3, C_3, D_3)，(A_2, B_1, C_2, D_3)，(A_2, B_2, C_3, D_1)，(A_2, B_3, C_1, D_2)，(A_3, B_1, C_3, D_2)，(A_3, B_2, C_1, D_3)，(A_3, B_3, C_2, D_1). 即 n 的最小值为 9 组.

二、

10. 由 $f(x)$ 在 $(-\infty, 0) \cup (0, +\infty)$ 上为奇函数，且在 $(0, +\infty)$ 为增函数，$f(1) = 0$，易知 $f(-1) = -f(1) = 0$，$f(x)$ 在 $(-\infty, 0)$ 上是增函数，

所以由 $f(x) < 0$，得 $x < -1$ 或 $0 < x < 1$.

故 $N = \{m | f[g(\theta)] < 0\} = \{m | g(\theta) < -1$ 或 $0 < g(\theta) < 1\}$.

又 $M = \{m | g(\theta) < 0\}$，

故 $M \cap N = \{m | g(\theta) < -1\} = \{m | \sin^2\theta + m\cos\theta - 2m < -1\}$.

由 $\sin^2\theta + m\cos\theta - 2m < -1$，得 $(2-\cos\theta)m > \sin^2\theta + 1$，

所以 $m > \frac{2-\cos^2\theta}{2-\cos\theta} = \frac{4-\cos^2\theta-2}{2-\cos\theta} = 2 + \cos\theta - \frac{2}{2-\cos\theta} = 4 - [(2-\cos\theta) + \frac{2}{2-\cos\theta}]$.

而 $-[(2-\cos\theta) + \frac{2}{2-\cos\theta}] \leqslant -2\sqrt{2}$，当且仅当 $2-\cos\theta = \frac{2}{2-\cos\theta}$，即 $\cos\theta = 2-\sqrt{2}$ 时等号成立.

所以 $m > 4 - 2\sqrt{2}$.

即 $M \cap N = \{m | m > 4 - 2\sqrt{2}\}$.

11. 假设所述的不等式都成立，分别将每个不等式的两端平方，并将右端的项都移至左端，然后按平方差公式因式分解，得到：

$(x-y+z)(x+y-z)<0$,

$(y-z+x)(y+z-x)<0$,

$(z-x+y)(z+x-y)<0$,

将上述3个不等式相乘，有 $[(x-y+z)(x+y-z)(y+z-x)]^2 < 0$.

这是不可能的，故假设不成立，结论获证.

12. 设直线 MN 的斜率为 k, 则直线 MN 的方程为

$y - \dfrac{1}{4} = k(x - \dfrac{1}{2})$. ①

因为 A 点坐标为 $(1,1)$, 所以直线 OA 的方程为

$y = x$. ②

联立①②解得 $M(\dfrac{2k-1}{4(k-1)}, \dfrac{2k-1}{4(k-1)})$, $k \neq 1$.

因为直线 AB 的方程为 $x=1$, 所以 $N(1, \dfrac{2k+1}{4})$.

于是 $S_{\triangle AMN} = \dfrac{1}{2} \cdot AN \cdot h = \dfrac{1}{2}(1 - \dfrac{2k+1}{4})[1 - \dfrac{2k-1}{4(k-1)}] = \dfrac{1}{32} \cdot \dfrac{(3-2k)^2}{1-k}$

$= \dfrac{1}{32}[4(1-k) + \dfrac{1}{1-k} + 4]$.

因为 $k_{OP} = \dfrac{\frac{1}{4}-0}{\frac{1}{2}-1} = -\dfrac{1}{2}$, $k_{PB} = \dfrac{\frac{1}{4}-0}{\frac{1}{2}-1} = -\dfrac{1}{2}$, 所以 $-\dfrac{1}{2} \leq k \leq \dfrac{1}{2}$.

于是 $\dfrac{1}{2} \leq 1-k \leq \dfrac{3}{2}$, 此时 S 为增函数.

所以，当 $1-k = \dfrac{3}{2}$, 即 $k = -\dfrac{1}{2}$ 时, $S_{\max} = \dfrac{1}{3}$.

因此，当直线 MN 的斜率为 $-\dfrac{1}{2}$ 时，三角板 AMN 的面积最大.

13. 如图，连 CI, 以 CI 为一边在 $\triangle IBC$ 的内侧作等边 $\triangle ECI$, 连 BE, 易知 $\angle ECB = 40° = \angle ABC$, $\therefore CE \parallel BD$.

又 $CE = CI = BI = BD$, 即四边形 $DBEC$ 为平行四边形, $\therefore \angle BCD = \angle CBE$.

在 $\triangle IBE$ 中, 易知 $IB = IE$, 易知 $\angle BIE = 80°$, 或由 $\angle A + \angle ADI + \angle ACI = 220°$ 知 $\angle DIC = 140°$, 从而 $\angle BIE = 360° - (140° - 60° - 80°) = 80°$, 即 $\angle IBE = 50°$, 知 $\angle DCE = 70°$, 故 $\angle DCI = 10°$, 从而 $\angle BCD = 30°$.

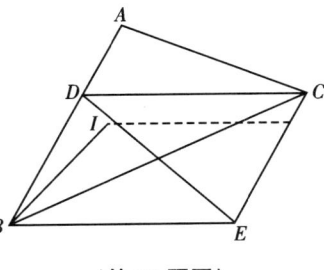

(第13题图)

2003年湖南省高中数学竞赛试题

一、

1. $f(x_1^2) + f(x_2^2) + \cdots + f(x_{2003}^2) = \log_a x_1^2 + \log_a x_2^2 + \cdots + \log_a x_{2003}^2 = 2(\log_a x_1 + \log_a x_2 + \cdots + \log_a x_{2003})$

$=2\log_a x_1 x_2 \cdots x_{2003}=2f(x_1 x_2 \cdots x_{2003})=16$. 故选 C.

2. 如图,过 O 分别作与 SA、SB、SC 平行的平面交 SA、SB、SC 于 D、E、F,从而构成以 SO 为对角线的长方体 $MFSE\text{-}ONDP$.

由题知　$\cos^2\alpha+\cos^2\beta+\cos^2\gamma=1$,

再由　$\sin^2\gamma=\cos^2\alpha+\cos^2\beta\geqslant 2\cos\alpha\cos\beta$,

　　　$\sin^2\alpha=\cos^2\beta+\cos^2\gamma\geqslant 2\cos\beta\cos\gamma$,

　　　$\sin^2\beta=\cos^2\alpha+\cos^2\gamma\geqslant 2\cos\alpha\cos\gamma$,

得　$\tan\alpha\tan\beta\tan\gamma\geqslant 2\sqrt{2}$. 故选 A.

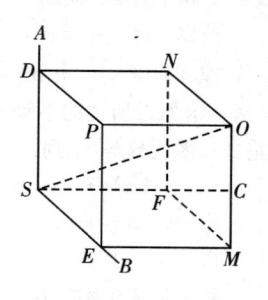

(第 2 题图)

3. 设需 t 小时,则 $\left(\dfrac{1}{2}+\dfrac{1}{4}+\cdots+\dfrac{1}{16}+\dfrac{1}{31}+\dfrac{1}{62}+\cdots+\dfrac{1}{496}\right)t=2$,

即 $\left[\dfrac{\dfrac{1}{2}\left(1-\dfrac{1}{16}\right)}{1-\dfrac{1}{2}}+\dfrac{\dfrac{1}{31}\left(1-\dfrac{1}{32}\right)}{1-\dfrac{1}{2}}\right]t=2$,由此解得 $t=2$,于是 9 个水管一齐开需 2 个小时. 故选 B.

4. 如图,F 为焦点,对应准线为 l,AB 为焦点弦,M 为 AB 的中点,A、M、B 在 l 上的射影分别为 G、N、H,设 e 为其离心率. 由圆锥曲线的定义可得:

$AF=e\cdot AG, BF=e\cdot BF$,所以 $AB=e(AG+BH)=2e\cdot MN$,即 $e=\dfrac{AB}{2MN}$.

由于以 AB 为直径的圆与 l 相离,

所以　$e=\dfrac{AB}{2MN}<1$,故选 B.

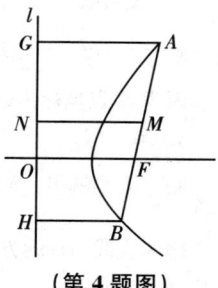

(第 4 题图)

5. 取到不同的球有四种情况:红红白黄黄、红红黄黄黄、红白白白黄、红白黄黄黄,不同取法数为 $C_3^1 C_5^2+C_5^1+C_3^2 C_5^1+C_3^1 C_5^3=110$. 故选 C.

6. 经观察可得这个自然数表的排列特点:①第一列的每一个数都是完全平方数,并且恰好等于它所在行数的平方,即第 n 行的第 1 个数为 n^2;②第一行第 n 个数为 $(n-1)^2+1$;③第 n 行中从第 1 个数至第 n 个数依次递减 1;④第 n 列中从第 1 个数至第 n 个数依次递增 1,故上起第 2002 行,左起第 2003 列的数,应是第 2003 列的第 2002 个数,即为 $[(2003-1)^2+1]+2001=2002^2+2002=2002\times 2003$. 故选 D.

二、

7. 构造函数 $f(t)=t^{2003}+2002t$,易知 $f(t)$ 是 $\mathbf{R}$ 上的奇函数,也是单调增函数. 由此可得 $f(x-1)=-f(y-2)$,即 $f(x-1)=f(2-y)$,故 $x-1=2-y,x+y=3$.

8. 因 x 为锐角,则 $\cos x\neq 0$,条件式两边同除以 $\cos x$ 得 $2\sin x\cdot\tan x+\tan x-2\sin x=3$,即 $(2\sin x+1)\cdot(\tan x-1)=2$. 考虑到函数 $f(x)=(2\sin x+1)(\tan x-1)$ 在 $\left(0,\dfrac{\pi}{2}\right)$ 内严格单调递增,且 $f(x)=2=f\left(\dfrac{\pi}{3}\right)$,故 $x=\dfrac{\pi}{3}$.

9. 若 $x\leqslant\dfrac{y}{x^2+y^2}$,则 $t=x, t^2=x^2\leqslant x\cdot\dfrac{y}{x^2+y^2}=\dfrac{xy}{x^2+y^2}\leqslant\dfrac{xy}{2xy}=\dfrac{1}{2}$,故 $t\leqslant\dfrac{\sqrt{2}}{2}$,当且仅当 $x=y=\dfrac{\sqrt{2}}{2}$ 时取"=";

若 $\dfrac{y}{x^2+y^2}\leqslant x$,则 $t=\dfrac{y}{x^2+y^2}, t^2=\left(\dfrac{y}{x^2+y^2}\right)^2\leqslant\dfrac{xy}{x^2+y^2}\leqslant\dfrac{1}{2}$. 故 $t\leqslant\dfrac{\sqrt{2}}{2}$,当且仅当 $x=y=\dfrac{\sqrt{2}}{2}$ 时取"=".

综上可知,当 $x=y=\dfrac{\sqrt{2}}{2}, t$ 的最大值为 $\dfrac{\sqrt{2}}{2}$.

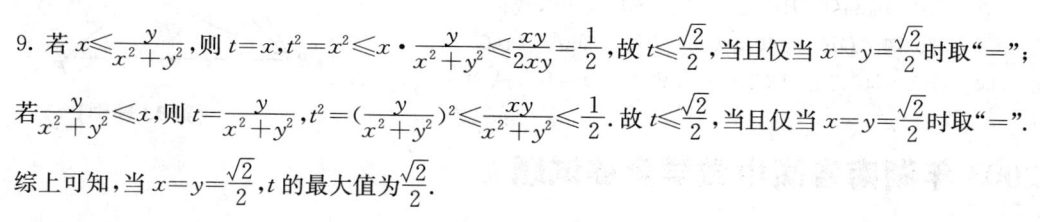

10. $P(x)=(x+x-1)^n=(2x-1)^n=\sum\limits_{k=0}^{n}C_n^k(2x)^k(-1)^{n-k}$,所以 $\sum\limits_{k=0}^{n}|a_k|=\sum\limits_{k=0}^{n}C_n^k(2x)^k=3^n$.

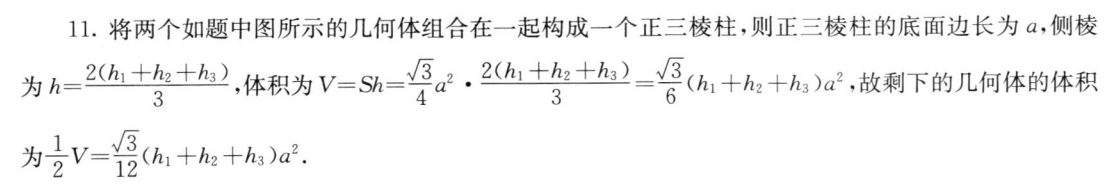

11. 将两个如题中图所示的几何体组合在一起构成一个正三棱柱,则正三棱柱的底面边长为a,侧棱为$h=\dfrac{2(h_1+h_2+h_3)}{3}$,体积为$V=Sh=\dfrac{\sqrt{3}}{4}a^2\cdot\dfrac{2(h_1+h_2+h_3)}{3}=\dfrac{\sqrt{3}}{6}(h_1+h_2+h_3)a^2$,故剩下的几何体的体积为$\dfrac{1}{2}V=\dfrac{\sqrt{3}}{12}(h_1+h_2+h_3)a^2$.

12. 易知$\dfrac{1}{n}\sum\limits_{k=1}^{n}x_n=\dfrac{a+b}{2}=\sqrt{ab}+\dfrac{(\sqrt{a}-\sqrt{b})^2}{2}>\sqrt{ab}+(\dfrac{\sqrt{a}-\sqrt{b}}{2})^2$,故①成立,②不成立.

又易知$\sqrt[n]{y_1 y_2 \cdots y_n}=\sqrt{ab}=(\dfrac{\sqrt{a}+\sqrt{b}}{2})^2-(\dfrac{\sqrt{a}-\sqrt{b}}{2})^2<\dfrac{a+b}{2}-(\dfrac{\sqrt{a}-\sqrt{b}}{2})^2$,故④成立,③不成立.

三、

13. 设$Q_n(x_n,y_n)$,则直线Q_nP_{n+1}的斜率$k=-\dfrac{1}{2\sqrt{x_n^3}}$,所以$Q_nP_{n+1}$的方程为

$y-y_n=-\dfrac{1}{2\sqrt{x_n^3}}(x-x_n)$,令$y=0$得 $x_{n+1}=x_n+2y_n\sqrt{x_n^3}$,因为$x_ny_n^2=1,x_{n+1}\cdot y_{n+1}^2=1$,所以$y_{n+1}=\dfrac{\sqrt{3}}{3}y_n$,且$y_1=1$,故$\{l_n\}$是以$1$为首项,公比为$\dfrac{\sqrt{3}}{3}$的等比数列. 所以 $l_{2003}=(\dfrac{\sqrt{3}}{3})^{2002}=\dfrac{1}{3^{1001}}$.

14. 考察函数$g(t)=\dfrac{t}{1+t^2}$,可知$g(t)$为奇函数. 由于当$t>0$时,$\dfrac{1}{t}+t$在$(0,1)$内递减,易知$g(t)=\dfrac{1}{t+\dfrac{1}{t}}$在$(0,1)$内递增,而对于$t_1,t_2\in(0,1)$且$t_1<t_2$时,有$(t_1-t_2)\cdot[g(t_1)-g(t_2)]\geq0$,所以对任意$x\in(0,1)$,有$(x-\dfrac{1}{3})\cdot(\dfrac{x}{1+x^2}-\dfrac{3}{10})\geq 0$,即

$\dfrac{3x^2-x}{1+x^2}\geq\dfrac{3}{10}(3x-1)$. 同理 $\dfrac{3y^2-y}{1+y^2}\geq\dfrac{3}{10}(3y-1),\dfrac{3z^2-z}{1+z^2}\geq\dfrac{3}{10}(3z-1)$. 以上三式相加,有$f(x,y,z)$

$=\dfrac{3x^2-x}{1+x^2}+\dfrac{3y^2-y}{1+y^2}+\dfrac{3z^2-z}{1+z^2}\geq\dfrac{3}{10}[3(x+y+z)-3]=0$. 当$x=y=z=\dfrac{1}{3}$时,$f(x,y,z)=0$,故所求最小值为$0$.

15. (1)由$AB\perp BC$,且$AB\perp CD$,知$AB\perp$面BCD,故平面$ABC\perp$平面BCD,平面$ABD\perp$平面BCD.

(2)作$CE\perp BD$,垂足为E,则$CE\perp$面ABD. 作$EF\perp AD$,垂足为F,连CF,则$CF\perp AD$,$\angle CFE$为二面角C-AD-B的平面角,即$\alpha=\angle CFE$. 在$Rt\triangle BCD$中,由$BD\cdot CE=BC\cdot CD$,知$CE=\dfrac{BC\cdot CD}{BD}=\dfrac{x}{\sqrt{1+x^2}}$,$DE=\sqrt{CD^2-CE^2}=\sqrt{\dfrac{x^4}{1+x^2}}$. 在$Rt\triangle ABD$中,$AD=\sqrt{AB^2+BD^2}=\sqrt{2+x^2}$. 易知$\triangle DFE\backsim\triangle DBA$,故$\dfrac{DE}{DA}=\dfrac{EF}{AB}$,$EF=\dfrac{DE\cdot AB}{DA}=\dfrac{x^2}{\sqrt{(1+x^2)(2+x^2)}}$. 在$Rt\triangle CEF$中,$CF=\sqrt{CE^2+EF^2}=\dfrac{\sqrt{2}x}{\sqrt{2+x^2}}$,

故$\sin\alpha=\dfrac{CE}{CF}=\dfrac{1}{\sqrt{2}}\sqrt{\dfrac{2+x^2}{1+x^2}}=\dfrac{1}{\sqrt{2}}\sqrt{1+\dfrac{1}{1+x^2}}$ $(x\in\mathbf{R}^+)$. 故$f(x)=\dfrac{1}{\sqrt{2}}\sqrt{1+\dfrac{1}{1+x^2}}$ $(x\in\mathbf{R}^+)$. 易求得$f(x)$的值或为$(\dfrac{\sqrt{2}}{2},1)$,故$\dfrac{\sqrt{2}}{2}<\sin\alpha<1$,又$\alpha\in[0,\dfrac{\pi}{2}]$,故$\alpha$的取值范围是$(\dfrac{\pi}{4},\dfrac{\pi}{2})$.

16. (1)令$x=-1,y=0$,得$f(-1)=f(-1)\cdot f(0),f(0)=1$. 故$a_1=f(0)=1$,当$x>0$时,$-x<0$,$f(0)=f(x)\cdot f(-x)=1$,进而得$0<f(x)<1$. 设$x_1,x_2\in\mathbf{R}$且$x_1<x_2$,则$x_2-x_1>0,f(x_2-x_1)<1$,$f(x_1)-f(x_2)=f(x_1)-f(x_1+x_2-x_1)=f(x_1)[1-f(x_2-x_1)]>0$. 即$f(x_1)>f(x_2)$,函数$y=f(x)$在

R 上是单调递减函数. 由 $f(a_{n+1})=\dfrac{1}{f(-2-a_n)}$, 得 $f(a_{n+1})\cdot f(-2-a_n)=1$. 故 $f(a_{n+1}-a_n-2)=f(0)$, $a_{n+1}-a_n-2=0$, $a_{n+1}-a_n=2(n\in\mathbf{N})$.

故 $\{a_n\}$ 是首项为 1, 公差为 2 的等差数列,

由此得 $a_n=2n-1$, $a_{2003}=4005$.

(2) 由 $(1+\dfrac{1}{a_1})(1+\dfrac{1}{a_2})\cdots(1+\dfrac{1}{a_n})\geqslant k\sqrt{2n+1}$ 恒成立,

知 $k\leqslant\dfrac{(1+\dfrac{1}{a_1})(1+\dfrac{1}{a_2})\cdots(1+\dfrac{1}{a_n})}{\sqrt{2n+1}}$ 恒成立.

设 $F(n)=\dfrac{(1+\dfrac{1}{a_1})(1+\dfrac{1}{a_2})\cdots(1+\dfrac{1}{a_n})}{\sqrt{2n+1}}$,

知 $F(n)>0$, 且 $F(n+1)=\dfrac{(1+\dfrac{1}{a_1})(1+\dfrac{1}{a_2})\cdots(1+\dfrac{1}{a_n})(1+\dfrac{1}{a_{n+1}})}{\sqrt{2n+3}}$,

又 $\dfrac{F(n+1)}{F(n)}=\dfrac{2(n+1)}{\sqrt{4(n+1)^2-1}}>1$, 即 $F(n+1)>F(n)$,

故 $F(n)$ 为关于 n 的单调增函数, $F(n)\geqslant F(1)=\dfrac{2}{3}\sqrt{3}$.

所以 $k\leqslant\dfrac{2}{3}\sqrt{3}$, 即 k 的最大值为 $\dfrac{2}{3}\sqrt{3}$.

17. (1) 设乙公司第 n 年的市场占有率为 b_n, 分析图形可得

$b_n=A+\dfrac{A}{2}+\dfrac{A}{4}+\cdots+\dfrac{A}{2^{n-1}}=(2-\dfrac{1}{2^{n-1}})A$.

(2) 依题意, 2015 年为第 20 年, 则 $a_{20}=\dfrac{A}{40}(20^2-20+40)=\dfrac{21}{2}A>10A$, $b_{20}=(2-\dfrac{1}{2^{19}})A<2A$. 所以, $\dfrac{b_{20}}{a_{20}}<\dfrac{2A}{10A}=20\%$, 即 $b_{20}<a_{20}20\%$, 可见, 2015 年会出现乙公司被甲公司兼并的局面.

18. 设如图为满足条件的直角三角形 OAB, 则直线 OM 的斜率为 $\tan\alpha=7$;

直线 OA 的斜率为 $\tan(\alpha-45°)=\dfrac{\tan\alpha-1}{1+\tan\alpha}=\dfrac{3}{4}$;

直线 OB 的斜率为 $-\dfrac{4}{3}$.

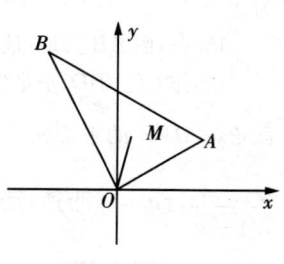

由此可设点 A 的坐标为 $A(4t,3t)$, 点 B 的坐标为 $B(-3s,4s)(s,t>0)$, 则 $t=4t-3t$, $s=-3s+4s$ 都是正整数.

设 $\triangle OAB$ 的内切圆半径为 r, 则

$r=\dfrac{\sqrt{2}}{2}\cdot OM=\dfrac{\sqrt{2}}{2}p\cdot\sqrt{1^2+7^2}=5p\cdot 96$.

(第 18 题图)

又 $OA=5t$, $OB=5s$, $AB=5\sqrt{t^2+s^2}$.

由 $OA+OB-AB=2r$, 得

$5\sqrt{t^2+s^2}=5t+5s-2\cdot 5p\cdot 96$,

即 $t^2+s^2=(t+s)^2-4p\cdot 96\cdot(t+s)+4p^2\cdot 96^2$,

整理得 $(t-192p)(s-192p)=2p^2\cdot 96^2=2^{11}\cdot 3^2\cdot p^2$.

由于 $5t>2r$, $5s>2r$, 故 $t-192p>0$, $s-192p>0$.

故所求三角形个数等于 $2^{11} \cdot 3^2 \cdot p^2$ 的正因数的个数,即

当 $p \neq 2, 3$ 时,共有 $(11+1)(2+1)(2+1)=108$ 个直角三角形符合题意;

当 $p=2$ 时,共有 $(13+1)(2+1)=42$ 个直角三角形符合题意;

当 $p=3$ 时,共有 $(11+1)(4+1)=60$ 个直角三角形符合题意.

2004 年湖南省高中数学夏令营试题

一、

1. 注意到柯西不等式,知 $a-b=\sqrt{\frac{1}{2}(x^2+y^2)}+\sqrt{xy}-(x+y) \leqslant \sqrt{2(\frac{x^2+y^2}{x}+xy)}-(x+y)=0$,因 $x \neq y$,故上式不能取等号,所以 $b>a$.

又 $a-c=(\sqrt{\frac{x^2+y^2}{2}}-\sqrt{xy})-(\frac{x+y}{2}-\frac{2}{\frac{1}{x}+\frac{1}{y}})=\frac{\frac{1}{2}(x-y)^2}{\sqrt{\frac{x^2+y^2}{2}}+\sqrt{xy}}-\frac{\frac{1}{2}(x-y)^2}{x+y}>0$,

故 $b>a>c$. 即 C 正确.

2. 由 $\theta \in (0, \frac{\pi}{2})$,知 $\theta>\sin\theta$,即 $\cos\theta>\sin(\cos\theta)$. 又 $\frac{\pi}{2}>\theta>\sin\theta>0$,在 $(0, \frac{\pi}{2})$ 内余弦函数为减函数,故有 $\sin(\cos\theta)<\cos(\sin\theta)$.

同理,当 $\theta \in (0, \frac{\pi}{2})$ 时,$\cos(\cos\theta)>\sin(\sin\theta)$.

又当 $\theta=0$ 时,$\sin(\cos\theta)=\sin 1$,$\cos(\sin\theta)=1$,故有

$\sin(\cos\theta)<\cos(\sin\theta)$. 当 $\theta=\frac{\pi}{2}$ 时,$\sin(\cos\theta)=\sin 0=0$.

$\cos(\sin\theta)=\cos 1>0$,同样有 $\sin(\cos\theta)<\cos(\sin\theta)$.

当 $\theta \in (\frac{\pi}{2}, \pi]$ 时,$\cos\theta \in [-1, 0]$,$\sin\theta \in [0, 1)$,$\sin(\cos\theta)<\cos(\sin\theta)$.

综上可知,当 $\theta \in [0, \pi]$ 时,$\sin(\cos\theta)<\cos(\sin\theta)$. 故选 D.

3. 作 $MP \perp AB$ 于 P,连 PN,则 $PN \perp AB$. 于是 $\angle MPN$ 是二面角 $ABCD-AB-ABEF$ 的平面角,$\angle MPN=120°$.

设 $AM=FN=x$,则 $MP=\frac{\sqrt{2}}{2}x$,$PN=\frac{\sqrt{2}a-x}{\sqrt{2}}$,$MN^2=MP^2+PN^2-2MP \cdot PN \cdot \cos 120°$

$=\frac{1}{2}(x^2-\sqrt{2}ax+2a^2)$.

依题意,$0 \leqslant x \leqslant \sqrt{2}a$,故当 $x=\frac{\sqrt{2}}{2}a$ 时,$(MN)_{\min}=\frac{\sqrt{3}}{2}a$;

当 $x=0$ 或 $\sqrt{2}a$ 时,$(MN)_{\max}=a$. 故 D 正确.

4. 平面内格点 $P(x_0, y_0)$ 到直线 $y=\frac{3}{4}x+\frac{2}{3}$ 的距离

$d=\frac{|9x_0-12y_0+8|}{\sqrt{9^2+12^2}}=\frac{|9x_0-12y_0+8|}{15}$,因 $9x_0-12y_0$ 被 3 整除,8 被 3 除余 2,所以 $|9x_0-12y_0+8| \geqslant$

2,即 $d \geqslant \frac{2}{15}$,当且仅当 $(x_0, y_0)=(-2, -1)$ 时等号成立,故 d 的最小值为 $\frac{2}{15}$. 故选 B.

5. 依题意,得 $f(1)=a^2+a-2=(a+2)(a-1)<0$,所以 $-2<a<1$. 故选 A.

6. 由 $1\leqslant m\leqslant 99, 1\leqslant n\leqslant 99$,可得
$(m+n)^2+3m+n<(m+n)^2+4(m+n)+4=(m+n+2)^2$.
又 $(m+n)^2+3m+n>(m+n)^2$,于是
$(m+n)^2<(m+n)^2+3m+n<(m+n+2)^2$.
若 $(m+n)^2+3m+n$ 是完全平方数,则必有 $(m+n)^2+3m+n=(m+n+1)^2$,化简即有 $m=n+1$,此时 $n=1,2,\cdots,98, m=2,3,\cdots,99$. 所以所求的有序整数对 (m,n) 共有 98 对:$(2,1),(3,2),\cdots,(99,98)$. 故选 A.

二、

7. 令 $f(x)=y-\dfrac{9}{4}=x^2-ax+\dfrac{3}{4}=(x-\dfrac{a}{2})^2+\dfrac{3-a^2}{4}$,原问题化为 $f(x)$ 在 $[a,a+1]$ 上的最小值恒为正时,求 a 的取值范围.

因为 $f(x)$ 在 $(-\infty,\dfrac{a}{2})$ 上单调递减,而在 $(\dfrac{a}{2},+\infty)$ 上单调递增,故:(1)当 $\dfrac{a}{2}\leqslant a$,即 $a\geqslant 0$ 时,$f(x)$ 在 $[a,a+1]$ 上的最小值为 $f(a)=\dfrac{3}{4}>0$,所以有 $a\geqslant 0$;(2)当 $a<\dfrac{a}{2}<a+1$,即 $-2<a<0$ 时,$f(x)$ 在 $[a,a+1]$ 上的最小值为 $f(\dfrac{a}{2})=\dfrac{3-a^2}{4}$,由 $\dfrac{3-a^2}{4}>0$,知 $-\sqrt{3}<a<\sqrt{3}$,所以 $-\sqrt{3}<a<0$;(3)当 $\dfrac{a}{2}\geqslant a+1$,即 $a\leqslant -2$ 时,$f(x)$ 在 $[a,a+1]$ 上的最小值为 $f(a+1)=a+\dfrac{7}{4}$,由 $a+\dfrac{7}{4}>0$,得 $a>-\dfrac{7}{4}$,这时 a 无解.

综上可知 a 的取值范围是 $(-\sqrt{3},+\infty)$.

8. 取 CD 中点 O,则 $|AO|=|BO|=\sqrt{|AC|^2-|CO|^2}=\sqrt{10-a^2}$. 在 $\triangle AOB$ 中,由余弦定理得
$\cos\angle AOB=\dfrac{|AO|^2+|BO|^2-|AB|^2}{2\cdot |AO|\cdot |BO|}=\dfrac{20-6a^2}{2(10-a^2)}=\dfrac{10-3a^2}{10-a^2}$. 因 为, $0<\angle AOB<\pi$,
$|\cos\angle AOB|=|\dfrac{10-3a^2}{10-a^2}|,1<a^2<5$,又 $a>0$,所以 $0<a<\sqrt{5}$.

9. 因 $x\geqslant 0$,令 $3-x>\sqrt{2x+5}$,解得 $0\leqslant x<4-2\sqrt{3}$,

所以 $f(x)*g(x)=\begin{cases}\sqrt{2x+5},0\leqslant x<4-2\sqrt{3},\\ 3-x,x\geqslant 4-2\sqrt{3}.\end{cases}$

因为 $3-x$ 在 $\mathbf{R}$ 上单调递减,故当 $x\geqslant 4-2\sqrt{3}$ 时,$f(x)*g(x)\in f(4-2\sqrt{3})*g(4-2\sqrt{3})=3-(4-2\sqrt{3})=2\sqrt{3}-1$;

当 $0\leqslant x\leqslant 4-2\sqrt{3}$ 时,$\sqrt{2x+5}$ 单调递增,故当 $x\in[0,4-2\sqrt{3}]$ 时,$f(x)*g(x)<\sqrt{2\cdot(4-2\sqrt{3})+5}=2\sqrt{3}-1$.

综上可知,$f(x)*g(x)$ 的最大值为 $2\sqrt{3}-1$.

10. 令 $Q(x)=P(x)-2004x$,则 $Q(1)=Q(2)=Q(3)=0$.
从而 $Q(x)=(x-1)(x-2)(x-3)(x-r)$,
于是,由 $P(x)=Q(x)+2004x$,可得
$\dfrac{1}{4}[P(11)+P(-7)]=\dfrac{1}{4}[Q(11)+2004\times 11+Q(-7)+2004\times(-7)]=\dfrac{1}{4}[Q(11)+Q(-7)]+2004$.
另一方面:$Q(11)+Q(-7)=10\cdot 9\cdot 8\cdot(11-r)+(-8)(-9)(-10)(-7-r)=10\cdot 9\cdot 8\cdot 18=12960$,
故 $\dfrac{1}{4}[P(11)+P(-7)]=3240+2004=5244$.

11. 令 $x_1=-\log_{2004}\frac{b}{a}, x_2=-\log_{2004}\frac{c}{b}, x_3=-\log_{2004}\frac{d}{c}$, 因为 $a>b>c>d>0$, 所以 $x_1>0, x_2>0$, $x_3>0$, 原式变形为 $\frac{1}{x_1}+\frac{1}{x_2}+\frac{1}{x_3} \leqslant m \cdot \frac{1}{x_1+x_2+x_3}$,

即 $m \geqslant (x_1+x_2+x_3)(\frac{1}{x_1}+\frac{1}{x_2}+\frac{1}{x_3}) \geqslant 9$.

当 $x_1=x_2=x_3$ 时, a, b, c, d 成等比数列等号才能成立, 故 m 的最小值为 9.

12. 集合 $\{0,1,2,\cdots,9\}$ 可选出 14 对数, 它们的差的绝对值为 3, 这些数对是 $(0,3), (3,0), (1,4), (4,1), (2,5), (5,2), (3,6), (6,3), (4,7), (7,4), (5,8), (8,5), (6,9), (9,6)$, 其中除 $(0,3)$ 外, 都可分别作为千位数和个位数, 共有 13 对有序数组, 其余中间两位数字从剩余 8 个数字中任取 2 个排列, 共有 $A_8^2=56$ 种方法, 所以共有 $13 A_8^2 = 728$ 个四位数.

三、

13. 由均值不等式和柯西不等式, 可得

$$\sqrt[4]{xyzw} \leqslant \frac{x+y+z+w}{4} \leqslant \frac{\sqrt{4(x^2+y^2+z^2+w^2)}}{4} = \frac{1}{2},$$

于是有 $xyzw \leqslant \frac{1}{16}, x+y+z+w \leqslant 2$.

以上两式相乘, 即得 $xyzw(x+y+z+w) \leqslant \frac{1}{8}$,

即 $x^2yzw+xy^2zw+xyz^2w+xyzw^2 \leqslant \frac{1}{8}$.

14. (1) 由 $a_7=\frac{16}{3}$ 及递推公式, 可得 $a_8=12, a_9=-8$,

$$a_n-2=\frac{3a_{n-1}+4}{7-a_{n-1}}-2=\frac{3(a_{n-1}-2)}{7-a_{n-1}}.$$

所以若 $a_{n-1}<2$, 则 $a_n<2$, 又 $a_9=-8$, 故当 $n \geqslant 9$ 时, $a_n<2$. 同法可证, 当 $n \leqslant 8$ 时, $a_n>2$.
综上所述, 满足条件的 m 存在, 且 $m=8$.

(2) $a_{10}=-\frac{4}{3}$, 易证当 $n \geqslant 10$ 时, $a_n \geqslant -\frac{4}{3}$.

$$a_{n-1}+a_{n+1}-2a_n = (\frac{7a_n-4}{a_n+3}-a_n)+(\frac{3a_n+4}{7-a_n}-a_n) = \frac{2(a_n-2)^3}{(7-a_n)(a_n+3)}.$$

当 $n \geqslant 10$ 时, $a_n-2<0, a_n+3>0, 7-a_n>0$, 所以 $\frac{a_{n-1}+a_{n+1}}{2}<a_n$.

15. 延长 DI_1, DI_2 分别交 AB, AC 于 K, L.
则由 D 为 BC 的中点, 知 $AD=BD=CD$, 从而 K 为 AB 的中点, L 为 AC 的中点. 从而 $AKDL$ 为矩形且 $S_{\triangle ABC}=2S_{矩形 AKDL}$.

要证 $S_{\triangle ABC}=2S_{\triangle AMN}$, 只须证 $S_{\triangle AMN}=S_{矩形 AKDL}$,

只须证 $S_{\triangle MI_1K}+S_{\triangle LI_2N}=S_{\triangle DI_1I_2}$,

即证 $\frac{S_{\triangle MI_1K}}{S_{\triangle DI_1I_2}}+\frac{S_{\triangle LI_2N}}{S_{\triangle DI_1I_2}}=1$.

易证: $Rt\triangle MKI_1 \sim Rt\triangle DI_1I_2 \sim Rt\triangle LI_2N$. 故只须证: $(\frac{KI_1}{I_1D})^2+(\frac{LI_2}{DI_2})^2=1$.

由角平分线定理: $\frac{KI_1}{I_1D}=\frac{BK}{BD}=\frac{BA}{BC}, \frac{LI_2}{DI_2}=\frac{CL}{CD}=\frac{CA}{CB}$, 两式平方相加即证.

2004年湖南省高中数学竞赛试题

一、

1. 由 $f(x)$、$g(x)$ 分别为奇函数、偶函数,知
$f(-x)=-f(x),g(-x)=g(x)$.
在 $f(x)-g(x)=x^2+9x+12$ 中用 $-x$ 代替 x,得
$f(-x)-g(-x)=x^2-9x+12$,
由此得 $f(x)+g(x)=-x^2+9x-12$. 故选 A.

2. 由函数图象可立即得出 D 正确.

3. 设 $y=x^2-1$,则原方程变为 $x+y=x\pi^y+y\pi^x$,即 $x(\pi^y-1)+y(\pi^x-1)=0$. ①
由于 $x<0$ 时,$\pi^x-1<0$;$x>0$ 时,$\pi^x-1>0$,即 x 与 π^x-1 同号. 同理 y 与 π^y-1 同号,故当 $xy\neq0$ 时,$x(\pi^x-1)\cdot y(\pi^y-1)>0$,即 $x(\pi^y-1)\cdot y(\pi^x-1)>0$.
故 $x(\pi^y-1)$ 和 $y(\pi^x-1)$ 同号. 所以由方程①,知 $x=0$ 或 $y=0$.
原方程的所有根为 $-1,0,1$,即 $A=\{-1,0,1\}$,其元素的平方和为 $(-1)^2+0^2+1^2=2$. 故选 C.

4. 满足条件的点在以 $(0,0)$ 为圆心,2 和 6 为半径的圆环内,其面积为 $36\pi-4\pi=32\pi$. 故选 B.

5. 设编号分别为 1、2、3 的盒子中球的个数依次为 x_1、x_2、x_3,则
$x_1+x_2+x_3=10$(其中 $x_1\geqslant1,x_2\geqslant2,x_3\geqslant3$).
记 $y_1=x_1,y_2=x_2-1,y_3=x_3-2$,则 $y_1+y_2+y_3=7$(其中 $y_1\geqslant1,y_2\geqslant1,y_3\geqslant1$).
问题就转化为求方程 $y_1+y_2+y_3=7$ 的正整数解的组数,易知其组数为 $C_6^2=15$. 故选 C.

6. 易知 $S_5,S_{10}-S_5,S_{15}-S_{10}$ 成等差数列,即
$2(S_{10}-S_5)=S_5+(S_{15}-S_{10})$,
即 $S_{15}=3(S_{10}-S_5)=3(36-28)=24$. 故选 C.

7. 曲线 C 即 $(x+1)^2+y^2=1(y\geqslant0)$,它表示圆心在 $(-1,0)$,半径为 1 的圆的上半部(含端点). l 是斜率为 -1,截距为 m 的直线.
由直线 l 与曲线 C 相交于两点,知 $\dfrac{|-1-m|}{\sqrt{2}}<1$,且 $m\geqslant0$.
由此解得 $0\leqslant m<\sqrt{2}-1$. 故选 C.

8. 设过 BD_1 的截面为平行四边形 BED_1E_1,则 $S=2S_{\triangle BD_1E_1}=h\cdot BD_1$,这里 h 为 E_1 到 BD_1 的距离. 易知 h 为异面直线 BD_1 与 B_1C_1 间的距离 h' 时最小. 此时 $h=h'=\dfrac{a}{\sqrt{2}}$(a 为正方体的棱长),从而 $S_{\min}=\dfrac{a}{\sqrt{2}}\cdot\sqrt{3}a=\dfrac{\sqrt{6}}{2}a^2$.
又 $S_{\max}=S_{\square BB_1D_1D}=\sqrt{2}a^2$,所以 $\dfrac{S_{\max}}{S_{\min}}=\dfrac{2\sqrt{3}}{3}$. 故选 C.

9. 由 $x=0.82^{0.5}>0.81^{0.5}=0.9$,$y=\sin1<\sin\dfrac{\pi}{3}=\dfrac{\sqrt{3}}{2}<0.9$,知 $y<x$.
由 $3^9>7^5$,可得 $9>5\log_37$,即 $0.9>\log_3\sqrt[5]{7}$,故 $x>z$.
又由 $3^7<7^4$,可得 $3^{\frac{7}{4}}<7,3^{1.75}<7$,进一步得 $3^{\sqrt{3}}<7,\sqrt{3}<\log_37,\dfrac{\sqrt{3}}{3}<\log_3\sqrt[3]{7}$,即 $y<z$.
综上可知 $y<z<x$. 故选 B.

10. 由二次方程有两个正根,知 $\begin{cases}\Delta\geqslant0,\\a-3>0,\\-b^2+9>0.\end{cases}$

460

由此解得 $\begin{cases} a=6, \\ b=1; \end{cases}$ 或 $\begin{cases} a=6, \\ b=2. \end{cases}$

故 $P = \dfrac{2}{36} = \dfrac{1}{18}$. 故选 A.

二、

11. 在 $\triangle PF_1F_2$ 中, 由中线长公式, 得
$|PF_1|^2 + |PF_2|^2 = 2|OP|^2 + 2|OF_2|^2$,
即 $(|PF_1| + |PF_2|)^2 = 2|OP|^2 + 2|OF_2|^2 + 2|PF_1| \cdot |PF_2|$, 由椭圆定义, 得
$|PF_1| \cdot |PF_2| + |OP|^2 = 2a^2 - |OF_2|^2 = 2a^2 - c^2 = a^2 + b^2 = 16 + 9 = 25$.

12. $\dfrac{1}{2}\sqrt{(|\vec{a}| \cdot |\vec{b}|)^2 - (\vec{a} \cdot \vec{b})^2}$.

由 $S_{\triangle ABC} = \dfrac{1}{2}|AB| \cdot |AC| \cdot \sin A = \dfrac{1}{2}|\vec{a}| \cdot |\vec{b}| \cdot \sin A$,

有 $S_{\triangle ABC}^2 = \dfrac{1}{4}|\vec{a}|^2 \cdot |\vec{b}|^2(1 - \cos^2 A) = \dfrac{1}{4}|\vec{a}|^2 \cdot |\vec{b}|^2 [1 - (\dfrac{\vec{a} \cdot \vec{b}}{|\vec{a}| \cdot |\vec{b}|})^2]$
$= \dfrac{1}{4}[(|\vec{a}| \cdot |\vec{b}|)^2 - (\vec{a} \cdot \vec{b})^2]$.

13. 由条件知, $1 - \dfrac{C_n^3}{C_{n+3}^3} = \dfrac{34}{35}$, 即 $C_{n+3}^3 = 35$, 由此解得 $n = 4$.

14. 可以证明, 在所给条件下没有任何两人所胜的场次相同, 从而, 10 个选手胜的场次取 10 个数: 0, 1, 2, ..., 9, 故恰胜两场的人数为 1 个.

若不然, 设存在 A 与 B 胜的场次相同, 不妨设 A 胜 B.

于是, 在败于 B 的选手中必存在 C, 使 C 胜 A; 否则, 凡败于 B 的也败于 A, A 就至少比 B 多胜一场(A 胜 B 的那一场), 与 A、B 胜的场次相同矛盾.

因此, 找到了三名选手 A、B、C, 使得 A 胜 B, B 胜 C, C 胜 A.

对于 A、B、C 可加进 2 名选手, 这 5 名选手中必有 1 人负于其余 4 人, 且不是 A、B、C 中任何 1 人, 记为 D.

同样, 对于 A、B、C 再加进 2 名选手(不含 D), 又可找到 1 人负于其余 4 人, 且不是 A、B、C、D, 记为 E.

这样, A、B、C、D、E 不同的 5 人中无任何一人胜其余 4 人, 与已知条件矛盾.

综上可知, 恰有两场获胜的人数为 1 人.

三、

15. (1) 若 $A = \varnothing$, 同 $A \subseteq B$ 显然成立.

若 $A \neq \varnothing$, 设 $t \in A$, 则 $f(t) = t$, $f(f(t)) = f(t) = t$, 即 $t \in B$, 从而 $A \subseteq B$.

(2) A 中元素是方程 $f(x) = x$, 即 $ax^2 - 1 = x$ 的实根.

由 $A \neq \varnothing$, 知 $a = 0$ 或 $\begin{cases} a \neq 0, \\ \Delta = 1 + 4a \geq 0. \end{cases}$

即 $a \geq -\dfrac{1}{4}$.

B 中元素是方程 $a(ax^2 - 1)^2 - 1 = x$, 即
$a^3x^4 - 2a^2x^2 - x + a - 1 = 0$ 的实根.

由 $A \subseteq B$, 知上方程左边含有一个因式 $ax^2 - x - 1$, 即方程可化为
$(ax^2 - x - 1)(a^2x^2 + ax - a + 1) = 0$.

因此,要 $A=B$,即要方程
$$a^2x^2+ax-a+1=0 \quad ①$$
要么没有实根,要么实根是方程
$$ax^2-x-1=0 \quad ②$$
的根.

若①没有实根,则 $\Delta_2=a^2-4a^2(1-a)<0$,由此解得 $a<\dfrac{3}{4}$.

若①有实根且①的实根是②的实根,则由②有 $a^2x^2=ax+a$,代入①有 $2ax+1=0$.

由此解得 $x=-\dfrac{1}{2a}$. 再代入②得 $\dfrac{1}{4a}+\dfrac{1}{2a}-1=0$,由此解得 $a=\dfrac{3}{4}$.

故 a 的取值范围是 $\left[-\dfrac{1}{4},\dfrac{3}{4}\right]$.

16. A、B、C、D 四个组每天生产上衣与裤子的数量比分别是:$\dfrac{8}{10}$,$\dfrac{9}{12}$,$\dfrac{7}{11}$,$\dfrac{6}{7}$,且

$$\dfrac{6}{7}>\dfrac{8}{10}>\dfrac{9}{12}>\dfrac{7}{11}. \quad ①$$

只能让每天生产上衣效率最高的组做上衣,生产裤子效率最高的组做裤子,才能使做的套数最多.

由①知 D 组做上衣效率最高,C 组做裤子效率最高. 于是,设 A 组做 x 天上衣,其余 $(7-x)$ 天做裤子;B 组做 y 天上衣,其余 $(7-y)$ 天做裤子;D 组做 7 天上衣,C 组做 7 天裤子.

四个组 7 天共生产上衣 $6\times7+8x+9y$(件);生产裤子 $11\times7+10(7-x)+12(7-y)$(条).

依题意,有 $42+8x+9y=77+10(7-x)+12(7-y)$,即 $y=9-\dfrac{6x}{7}$.

令 $\mu=42+8x+9y=42+8x+9\left(9-\dfrac{6}{7}x\right)=123+\dfrac{2}{7}x$.

因为 $0\leqslant x\leqslant 7$,所以,当 $x=7$ 时,此时 $y=3$,μ 取得最大值,即 $\mu_{\max}=125$.

因此,安排 A、D 组都做 7 天上衣,C 组做 7 天裤子,B 组做 3 天上衣、4 天裤子,这样做的套数最多,为 125 套.

17. 令 $a_0=1$,则有 $a_{k+1}=a_k+a_{k-1}$,且 $1=\dfrac{a_k}{a_{k+1}}+\dfrac{a_{k-1}}{a_{k+1}}$ $(k=1,2,\cdots)$.

于是 $n=\sum\limits_{k=1}^{n}\dfrac{a_k}{a_{k+1}}+\sum\limits_{k=1}^{n}\dfrac{a_{k-1}}{a_{k+1}}$.

由算术-几何平均值不等式,可得

$$1\geqslant\sqrt[n]{\dfrac{a_1}{a_2}\cdot\dfrac{a_2}{a_3}\cdot\cdots\cdot\dfrac{a_n}{a_{n+1}}}+\sqrt[n]{\dfrac{a_0}{a_2}\cdot\dfrac{a_1}{a_3}\cdot\cdots\cdot\dfrac{a_{n-1}}{a_{n+1}}}.$$

注意到 $a_0=a_1=1$,可知

$$1\geqslant\dfrac{1}{\sqrt[n]{a_{n+1}}}+\dfrac{1}{\sqrt[n]{a_n a_{n+1}}},\text{即}\sqrt[n]{a_{n+1}}\geqslant 1+\dfrac{1}{\sqrt[n]{a_n}}.$$

18.(1) 以 AB 所在直线为 x 轴,线段 AB 的中垂线为 y 轴建立直角坐标系,设 $|CA|+|CB|=2a(a>3)$ 为定值,所以 C 点的轨迹是以 A、B 为焦点的椭圆,所以焦点 $2c=AB=6$.

因为 $\cos C=\dfrac{|CB|^2+|CA|^2-6^2}{2|CB|\cdot|CA|}=\dfrac{(|CB|+|CA|)^2-2|CB|\cdot|CA|-36}{2|CB|\cdot|CA|}=\dfrac{2a^2-18}{|CB|\cdot|CA|}-1$,

又 $CB\cdot CA\leqslant\left(\dfrac{2a}{2}\right)^2=a^2$,所以 $\cos C\geqslant 1-\dfrac{18}{a^2}$. 由题意得 $1-\dfrac{18}{a^2}=\dfrac{7}{25}$,$a^2=25$. 此时 $|PA|=|PB|$,P 点坐标为 $P(0,\pm 4)$.

所以 C 点的轨迹方程为 $\frac{x^2}{25}+\frac{y^2}{16}=1(y\neq 0)$.

(2)不妨设 A 点坐标为 $A(-3,0), M(x_1,y_1), N(x_2,y_2)$. 当直线 MN 的倾斜角不为 $90°$ 时,设其方程为 $y=k(x+3)$. 代入椭圆方程化简,得 $(\frac{1}{25}+\frac{k^2}{16})x^2+\frac{3}{8}k^2x+(\frac{9k^2}{16}-1)=0$.

显然有 $\Delta\geq 0$,所以 $x_1+x_2=-\frac{150k^2}{16+25k^2}, x_1x_2=\frac{225k^2-400}{16+25k^2}$.

而由椭圆第二定义可得

$$|\overrightarrow{BM}|\cdot|\overrightarrow{BN}|=(5-\frac{3}{5}x_1)(5-\frac{3}{5}x_2)=25-3(x_1+x_2)+\frac{9}{25}x_1x_2$$

$$=25+\frac{450k^2}{16+25k^2}+\frac{81k^2-144}{16+25k^2}=25+\frac{531k^2-144}{16+25k^2}=25+\frac{531}{25}\cdot\frac{k^2-\frac{144}{531}}{k^2+\frac{16}{25}}.$$

只要考虑 $\frac{k^2-\frac{144}{531}}{k^2+\frac{16}{25}}$ 的最小值,即考虑 $1-\frac{\frac{16}{25}+\frac{144}{531}}{k^2+\frac{16}{25}}$ 取最小值,显然

当 $k=0$ 时,$|\overrightarrow{BM}|\cdot|\overrightarrow{BN}|$ 取最小值 16.

当直线 MN 的倾斜角为 $90°$ 时,$x_1=x_2=-3$,得 $|\overrightarrow{BM}|\cdot|\overrightarrow{BN}|=(\frac{34}{5})^2>16$.

但 $\frac{x^2}{25}+\frac{y^2}{16}=1(y\neq 0)$,故 $k\neq 0$,这样的 M,N 不存在,即 $|\overrightarrow{BM}|\cdot|\overrightarrow{BN}|$ 的最小值的集合为空集.

19. 由题意可得 $\sin^2\alpha+\sin^2\beta+\sin^2\gamma=1$,且 $\alpha、\beta、\gamma\in(0,\frac{\pi}{2})$,

所以 $\sin^2\alpha=1-\sin^2\beta-\sin^2\gamma=\frac{1}{2}(\cos 2\beta+\cos 2\gamma)=\cos(\beta+\gamma)\cos(\beta-\gamma)$.

因为 $\cos(\beta-\gamma)>\cos(\beta+\gamma)$,所以 $\sin^2\alpha>\cos^2(\alpha+\beta)=\sin^2[\frac{\pi}{2}-(\beta-\gamma)]$.

当 $\beta+\gamma\geq\frac{\pi}{2}$ 时,$\alpha+\beta+\gamma>\frac{\pi}{2}$;

当 $\beta+\gamma<\frac{\pi}{2}$ 时,$\alpha>\frac{\pi}{2}-(\beta+\gamma)$,同样有 $\alpha+\beta+\gamma>\frac{\pi}{2}$.

故 $\alpha+\beta+\gamma>\frac{\pi}{2}$.

另一方面,不妨设 $\alpha\geq\beta\geq\gamma$,则 $\sin\alpha\geq\frac{\sqrt{3}}{3},\sin\gamma\leq\frac{\sqrt{3}}{3}$.

令 $\sin\alpha_1=\frac{\sqrt{3}}{3},\sin\gamma_1=\sqrt{1-(\frac{\sqrt{3}}{3})^2-\sin^2\beta}$,

则 $\sin^2\alpha_1+\sin^2\beta+\sin^2\gamma_1=1$.

$\sin^2\beta=\cos(\alpha+\gamma)\cos(\alpha-\gamma)=\cos(\alpha_1+\gamma_1)\cos(\alpha_1-\gamma_1)$.

因为 $\alpha_1-\gamma_1\leq\alpha-\gamma$,所以 $\cos(\alpha_1-\gamma_1)\geq\cos(\alpha-\gamma)$,

所以 $\cos(\alpha+\gamma)\geq\cos(\alpha_1+\gamma_1)$,

所以 $\alpha+\gamma\leq\alpha_1+\gamma_1$.

如果运用调整法,只要 $\alpha、\beta、\gamma$ 不全相等,总可通过调整,使 $\alpha_1+\beta_1+\gamma_1$ 增大.

所以,当 $\alpha=\beta=\gamma=\arcsin\frac{\sqrt{3}}{3}$ 时,$\alpha+\beta+\gamma$ 取最大值 $3\arcsin\frac{\sqrt{3}}{3}$.

综上可知,$\frac{\pi}{2}<\alpha+\beta+\gamma\leqslant 3\arcsin\frac{\sqrt{3}}{3}$.

2005 年湖南省高中数学夏令营试题

一、

1. 令 $\sqrt{\log_2 x-1}=t$,则 $t\geqslant 0$,原不等式可变形为 $t-\frac{3}{2}(t^2+1)+2>0$.解得 $0\leqslant t<1$,故 $2\leqslant x<4$,故选 C.

2. 令 $\frac{x}{1+x}=t$,则 $x=\frac{t}{1-t}$,由题设有:$f(t)=\frac{1-t}{t}=\frac{1}{t}-1$,

则 $f(\cos^2\theta)=\frac{1}{\cos^2\theta}-1=\sec^2\theta-1=\tan^2\theta$. 故选 B.

3. 由函数 $y=f\left(x-\frac{3}{4}\right)$ 为奇函数,其图象关于原点 O 对称,将 $y=f\left(x-\frac{3}{4}\right)$ 的图象向左平移 $\frac{3}{4}$ 个单位,得到 $y=f(x)$ 的图象,可知 $y=f(x)$ 关于点 $\left(-\frac{3}{4},0\right)$ 对称,故甲正确. 由函数 $y=f\left(x-\frac{3}{4}\right)$ 为奇函数,得 $f\left(-x-\frac{3}{4}\right)=-f\left(x-\frac{3}{4}\right)$.

由 $x-\frac{3}{4}$ 替换上式中的 x,得 $f(-x)=-f\left(x-\frac{3}{2}\right)$.

又 $f\left(x-\frac{3}{2}+\frac{3}{2}\right)=-f\left(x-\frac{3}{2}\right)$,即 $f(x)=-f\left(x-\frac{3}{2}\right)$.

故 $f(-x)=f(x)$,$f(x)$ 为偶函数,其图象关于 y 轴对称,乙正确. 故选 A.

4. 先看各位上数字严格递增的情形:

数字 1 开头的三位数,第 2 位上数分别为 $2,3,4,5,6,7,8$ 的三位数的个数分别是 $7,6,5,4,3,2,1$,此类数的个数为 $7+6+5+4+3+2+1=28$(个).

同样,数字 2 开头的三位数的个数为 $6+5+4+3+2+1=21$(个).

数字 3 开头的三位数的个数为 $5+4+3+2+1=15$(个).

数字 4 开头的三位数的个数为 $4+3+2+1=10$(个).

数字 5 开头的三位数的个数为 $3+2+1=6$(个).

数字 6 开头的三位数的个数为 $2+1=3$(个).

数字 7 开头的三位数的个数为 1(个).

故各位上数字严格递增的数的个数为

$28+21+15+10+6+3+1=84$(个).

由于对称性,不包括 0 结尾的各位上数字严格递减顺序的数的个数也为 84 个.

以 0 结尾的各位上数字严格递减顺序的数有:

$980,970,\cdots,910;\quad 870,860,\cdots,810;$

$\cdots\qquad\qquad 210$

此类数的个数为 $8+7+6+5+4+3+2+1=36$(个).

综上可知,所有满足条件的数的个数为:

$84\times 2+36=204$(个). 故选 C.

5. 以"→"表示从直角坐标平面 xOy 到直角坐标平面 $\mu O'v$ 的和变换,且以 O',A',B',C' 表示 $O,A,B,$

C 的交点.

直接代入,可得:

$O(0,0) \to O'(0,0)$ $A(1,0) \to A'(1,0)$ $B(1,1) \to B'(0,2)$ $C(0,1) \to C'(-1,0)$

线段 $OA \to$ 线段 $O'A'$,线段 $AB \to$ 抛物线 $\mu = 1 - \dfrac{v^2}{4}$ 的一段 $A'B'$,线段 $BC \to$ 抛物线 $\mu = \dfrac{v^2}{4} - 1$ 的一段 $B'C'$,线段 $CO \to$ 线段 $C'O'$,故选 D.

6. 由于 $n^2 = (ad3c)_8$,设 $n = (de)_8$,则 $n^2 = (8d+e)^2 = 64d^2 + 8(2de) + e^2$.

因为 3 是 e^2 的 8 进制的第二个数(从右往左数,下同)与 $2de$ 的第一个数的和(8 进制意义下的和),而后者是一个偶数,从而 e^2 的 8 进制的第二个数字是奇数.

下面列出 8 进制下的这个平方表:

e	1	2	3	4	5	6	7
e^2	1	4	11	20	31	44	6

其中 e^2 的第二个数字仅当 e 为 3 或 5 时是奇数,那么无论哪种情况 e^2 的 8 进制的第一个数字是 1,即 $c = 1$,故选 B.

二、

7. 由题设有 $p^3 = 5p^2 - 7p + 12, q^3 = 5q^2 - 7q + 12, r^3 = 5r^2 - 7r + 12$,且 $p+q+r=5, pq+pr+qr=7$,则

$$\begin{aligned} p^3+q^3+r^3 &= 5(p^2+q^2+r^2) - 7(p+q+r) + 36 \\ &= 5[(p+q+r)^2 - 2(pq+qr+pr)] - 7(p+q+r) + 36 \\ &= 5(5^2-14) - 7 \times 5 + 36 \\ &= 56. \end{aligned}$$

8. 由已知有:$9\sin^2 A + 16\cos^2 B + 24\sin A \cos B = 36$,

$16\sin^2 B + 9\cos^2 A + 24\sin B \cos A = 1$.

将两式相加,得:$25 + 24(\sin A \cdot \cos B + \sin B \cdot \cos A) = 37$,

即 $\sin(A+B) = \dfrac{1}{2}$,

所以 $\sin C = \sin(A+B) = \dfrac{1}{2}$,$C = \dfrac{\pi}{6}$ 或 $\dfrac{5\pi}{6}$.

因为 $4\sin B = 1 - 3\cos A > 0$,

所以 $\cos A < \dfrac{1}{3} < \cos \dfrac{\pi}{6}$,所以 $A > \dfrac{\pi}{6}$,$C = \dfrac{5\pi}{6}$.

故 $C = \dfrac{\pi}{6}$.

9. 设甲、乙两人分别在第 x, y 天到达某地,$0 \le x \le 10, 0 \le y \le 10$,他们会面的重要条件是 $|x-y| \le 3$,则点 (x, y) 分布如图所示的正方形 $OABC$ 内,其基本事件 S_1 等位于两直线 $x-y=\pm 3$ 之间的阴影内.

故所求概率为 $P = \dfrac{100-(10-3)^2}{100} = \dfrac{51}{100}$.

10. 设银行在两个项目上的总投资量为 s,按题设条件,在 M, N 上的投资所得的年利润为 P_M, P_N 分别满足:

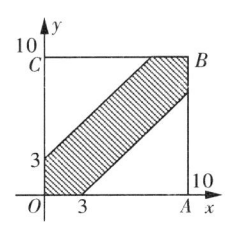

(第 9 题图)

$$\begin{cases} \dfrac{19}{100}\times\dfrac{40}{100}s \leqslant P_M \leqslant \dfrac{24}{100}\times\dfrac{40}{100}s, & \text{①} \\ \dfrac{29}{100}\times\dfrac{60}{100}s \leqslant P_N \leqslant \dfrac{34}{100}\times\dfrac{60}{100}s, & \text{②} \end{cases}$$

银行的年利润 P 满足 $\dfrac{10}{100}s \leqslant P \leqslant \dfrac{15}{100}s$. ③

这样,银行给储户回扣的部分所占的百分率为 $\dfrac{P_M+P_N-P}{s}\times 100\%$.

由 ①+②+③,得 $\dfrac{10}{s} \leqslant \dfrac{P_M+P_N-P}{s} \leqslant \dfrac{20}{100}$.

故银行给储户回扣率的最小值应为 10%.

三、

11. 连 BD, CD. 设 $\angle BAD=\alpha$, $\angle CAD=\beta$, $\triangle ABC$ 外接圆的半径为 R.

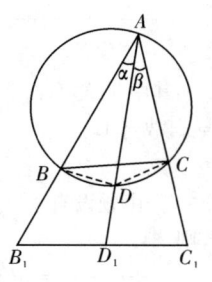

因 D_1 为 B_1C_1 的中点,知 $S_{\triangle AB_1D_1}=S_{\triangle AC_1D_1}=\dfrac{1}{2}S_{\triangle AB_1C_1}$. 在 $\triangle BCD$ 中,由正弦定理,有 $BD=2R\cdot\sin\alpha$, $CD=2R\cdot\sin\beta$, $BC=2R\cdot\sin(\alpha+\beta)$.

在圆内接四边形 $ABCD$ 中,由托勒密定理得 $AB\cdot CD+AC\cdot BD=AD\cdot BC$, 即 $AB\cdot 2R\cdot\sin\beta+AC\cdot 2R\cdot\sin\alpha=AD\cdot 2R\cdot\sin(\alpha+\beta)$.

两边同乘以 $\dfrac{1}{4R}\cdot AB_1\cdot AC_1\cdot AD_1$,得

$AB\cdot AB_1\cdot S_{\triangle AC_1D_1}+AC\cdot AC_1\cdot S_{\triangle AB_1D_1}=AD\cdot AD_1\cdot S_{\triangle AB_1C_1}$, 即
$AB\cdot AB_1+AC\cdot AC_1=2AD\cdot AD_1$.

(第 11 题图)

12. 显然必存在自然数 N,使 $10^N>2005$.

对每一个大于 N 的自然数 n,更有 $10^n>10^N>2005$,故 $\dfrac{10^n}{2005}>1$.

取 $\alpha_n=\left[\dfrac{10^n}{2005}\right]$(其 $[x]$ 表示 x 的整数部分),

从而 $\alpha_n \leqslant \dfrac{10^n}{2005}<\alpha_n+1$,

故 $\dfrac{10^n}{\alpha_n+1}<2005 \leqslant \dfrac{10^n}{\alpha_n}$.

由 α_n 的取法可知,对于自然数 n 而言, α_n 是唯一的.

13. 设至少经过 3 点的直线有 k 条,每条上的点数从多到少为 $a_1,a_2,\cdots,a_k(a_i \geqslant 3)$,则在连线中重合直线满足等式:

$(C_{a_1}^2-1)+(C_{a_2}^2-1)+\cdots+(C_{a_k}^2-1)=C_{11}^2-48=7$.

由 $C_{a_i}^2-1 \geqslant 3-1=2$,知 $k \leqslant 3$.

(1)当 $k=1$ 时, $C_{a_1}^2=8$,无整数解.

(2)当 $k=2$ 时, $\dfrac{a_1(a_1-1)}{2}+\dfrac{a_2(a_2-1)}{2}=9$.

即 $3\times 2+3\times 2 \leqslant a_1(a_1-1)+a_2(a_2-1)=18$.

得 $\begin{cases} a_1=4, \\ a_2=3. \end{cases}$

(3)当 $k=3$ 时,有 $a_1(a_1-1)+a_2(a_2-1)+a_3(a_3-1)=20$,

但 $a_1 \geqslant a_2 \geqslant a_3 \geqslant 3$,而 $3\times 2+3\times 2+3\times 2<4\times 3-3\times 2+3\times 2$,故无解.

由上可知,在两两连线中,有一条经过4点,另有一条经过3点.
故三角形的个数为 $C_{11}^3 - C_{a_1}^3 - C_{a_2}^3 = 165 - 4 - 1 = 160$.

2005 年湖南省高中数学竞赛试题

一、

1. 从原命题的等价命题的逆否命题来考虑即知 B 正确.

2. 因为 $f(x) = \sqrt{3}\sin\frac{\pi x}{n}$ 为奇函数,图象关于原点对称,所以,圆 $x^2 + y^2 = n^2$ 只要覆盖 $f(x)$ 的一个最值点即可. 令 $\frac{\pi x}{n} = \frac{\pi}{2}$,解得 $f(x)$ 距原点最近的一个最大点 $P(\frac{n}{2}, \sqrt{3})$. 由题意 $n^2 \geq (\frac{n}{2})^2 + (\sqrt{3})^2$,得正整数 n 的最小值为 2. 故选 B.

3. 由 $2a + 2c = 4b, a^2 = b^2 + c^2$,消去 b 得 $3a = 5c$. 故选 C.

4. 将 $x - 2$ 代替式中的 x,则有 $f(x) + f(x-4) = f(x-2)$.
于是,$f(x+2) = -f(x-4)$.
可得 $f(x+6) = -f(x)$,故 $f(x+12) = f(x)$. 故选 D.

5. $C_1 : y = f(2-x), C_2 : y = f(2-(x+1)) = f(1-x)$. 故选 B.

6. 当 $a = 1, b = 5$ 时,有 $(a + \frac{1}{a})(b + \frac{1}{b}) = 10.4$. 而 $(\frac{a+b}{2} + \frac{2}{a+b})^2 = \frac{100}{9} > 10.4$. 故选 B.

7. 令 $a = \tan\alpha, b = \tan\beta, c = \tan\gamma, \alpha + \beta + \gamma = \pi$. 故选 C.

8. 除第一辆车装 9 箱,其余 2004 辆车中每 4 辆装 34 箱,则 $\frac{2004}{4} \times 34 + 9 = 17043$ 箱. 故选 A.

9. 由 2、3、5 的最小公倍数为 30,而棱长为 2、3、5 的小长方体组成的棱长为 30 的正方体的一条对角线穿过的小长方体为 $[\frac{30}{2}] + [\frac{30}{3}] + [\frac{30}{5}] - [\frac{30}{2\times3}] - [\frac{30}{2\times5}] - [\frac{30}{3\times5}] + [\frac{30}{2\times3\times5}] = 22$ 个,所以,棱长为 90 的正方体的一条对角线穿过的小长方体的个数应为 $3 \times 22 = 66$. 故选 B.

10. 已知每名学生打开柜门的概率为 $\frac{1}{n}$,所以,打开柜门次数的平均数(即数学期望)为
$1 \times \frac{1}{n} + 2 \times \frac{1}{n} + \cdots + n \times \frac{1}{n} = \frac{n+1}{2}$. 故选 C.

二、

11. 利用换元法即得所求 $f(x^2 - 1) = x^4 + x^2 - 9$.

12. 可解得对称轴方程为 $y = 2x - 6$.
由 $\frac{n+8}{2} = (6+m) - 6, \frac{n-8}{m-6} = -\frac{1}{2}$ 得
$m = 7.6, n = 7.2$. 故 $m + n = 14.8$.

13. 可把正四面体变为正方体的内接正四面体,此时,正方体的棱长为 $\frac{\sqrt{2}a}{2}$,于是,球的半径为 $\frac{\sqrt{2}a}{4}$. 故体积为 $\frac{\sqrt{2}\pi a^3}{24}$.

14. 记 $Y = \{(1,11), (2,10), (3,9), (4,8), (5,7), 6\}$. 故满足条件的集合为 $2^6 - 1 = 63$ 个.

三、

15. 因为 $a_1 = \frac{1}{2}, a_{n+1} = a_n^2 + a_n, n \in \mathbb{N}$,所以,$a_{n+1} = a_n(a_n + 1)$,则

$$b_n = \frac{1}{1+a_n} = \frac{a_n^2}{a_n a_{n+1}} = \frac{a_{n+1}-a_n}{a_n a_{n+1}} = \frac{1}{a_n} - \frac{1}{a_{n+1}},$$

$$P_n = b_1 b_2 \cdots b_n = \frac{a_1}{a_2} \cdot \frac{a_2}{a_3} \cdot \cdots \cdot \frac{a_n}{a_{n+1}} = \frac{1}{2a_{n+1}},$$

$$S_n = b_1 + b_2 + \cdots + b_n$$
$$= \left(\frac{1}{a_1} - \frac{1}{a_2}\right) + \left(\frac{1}{a_2} - \frac{1}{a_3}\right) + \cdots + \left(\frac{1}{a_n} - \frac{1}{a_{n+1}}\right)$$
$$= 2 - \frac{1}{a_{n+1}}.$$

故 $2P_n + S_n = \frac{1}{a_{n+1}} + \left(2 - \frac{1}{a_{n+1}}\right) = 2.$

16. 连结 BE. 则 $S_{\triangle BDF} = z S_{\triangle BDE} = z(1-x) S_{\triangle ABE} = z(1-x) y S_{\triangle ABC} = z(1-x)y.$

由均值不等式得

$$z(1-x)y \leqslant \left[\frac{z+(1-x)+y}{3}\right]^3 = \frac{1}{8}.$$

当且仅当 $z = 1-x = y, y+z-x = \frac{1}{2}$，即 $x = y = z = \frac{1}{2}$ 时，等号成立.

所以，$\triangle BDF$ 面积的最大值为 $\frac{1}{8}$.

17. 过点 $P(3+2\sqrt{2}, 4)$ 作一圆与 x 轴、y 轴分别相切于点 A、B，且使点 P 在优弧 $\overset{\frown}{AB}$ 上，则圆的方程为 $(x-3)^2 + (y-3)^2 = 9$. 于是，过点 P 作圆的切线和 x 轴、y 轴分别交于点 M_1、N_1，圆为 $Rt\triangle OM_1 N_1$ 的内切圆. 故 $OM_1 + ON_1 - M_1 N_1 = 6$.

若过点 P 的直线 MN 不和圆相切，则作圆的平行于 MN 的切线和 x 轴、y 轴分别交于点 M_0、N_0. 从而，$OM_0 + ON_0 - M_0 N_0 = 6$.

由折线 $M_0 MNN_0$ 的长大于 $M_0 N_0$ 的长及切线长定理得

$$OM + ON - MN = (OM_0 - MM_0) + (ON_0 - NN_0) - MN$$
$$= (OM_0 + ON_0 - M_0 N_0) + [M_0 N_0 - (M_0 M + MN + NN_0)]$$
$$< OM_0 + ON_0 - M_0 N_0 = 6.$$

所以，$OM + ON - MN$ 的最大值为 6.

18. 由条件有 $\dfrac{b}{a+c} = \dfrac{c}{a+b} + \dfrac{a}{b+c}.$

令 $a+b = x, b+c = y, c+a = z$. 则

$$a = \frac{x+z-y}{2}, b = \frac{x+y-z}{2}, c = \frac{y+z-x}{2}.$$

从而，原条件可化为

$$\frac{x+y}{z} = \frac{y+z}{x} + \frac{z+x}{y} - 1 \geqslant \frac{z}{x} + \frac{z}{y} + 1 \geqslant \frac{4z}{x+y} + 1.$$

令 $\dfrac{x+y}{z} = t$，则 $t \geqslant \dfrac{4}{t} + 1.$

解得 $t \geqslant \dfrac{1+\sqrt{17}}{2}$（负值已舍去）.

故 $\dfrac{b}{a+c} = \dfrac{x+y-z}{2z} = \dfrac{t}{2} - \dfrac{1}{2} \geqslant \dfrac{\sqrt{17}-1}{4}.$

19. 由条件得在 B 站有 7 人下车，即 19 名旅客中有 7 个湖南人，在 E 站有 2 人下车，即在 D—E 途中

有 2 个湖南人，C—D 中至少有 2 个湖南人，在 D 站至少有 2 人下车，所以 C 站后车厢内至少有 9 人．又因为 $\frac{12-7}{2} > 2$，所以，B—C 途中至少有 3 个湖南人，因此，经过 C 站后车厢内至多有 9 人，故经过 C 站后车厢内有 9 人．

综上所述，AB 段有 7 个湖南人，12 个湖北人；B 站有 4 个湖南人、3 个湖北人下车，C 站有 1 个湖南人、2 个湖北人下车，D 站有 2 个湖北人下车，E 站有 2 个人下车．

2006 年湖南省高中数学夏令营试题

一、1. 由已知条件可得
$$|\vec{c} - t_1 \vec{a} - t_2 \vec{b}| = |\vec{c}|^2 - 6t_1 - 8t_2 + t_1^2 + t_2^2 = 169 + (t_1 - 3)^2 + (t_2 - 4)^2 - 25$$
$$= 144 + (t_1 - 3)^2 + (t_2 - 4)^2 \geq 144.$$
当 $t_1 = 3, t_2 = 4$ 时，$|\vec{c} - t_1 \vec{a} - t_2 \vec{b}|^2 = 144$．故选 C．

2. 当 α 在第一象限且 $\alpha \neq 2k\pi + \frac{\pi}{4}(k \in \mathbf{Z})$ 时，方程可以表示椭圆，当 $\alpha = 2k\pi + \frac{\pi}{4}(k \in \mathbf{Z})$ 时，方程表示圆；当 α 在第二、四象限时，方程可以表示双曲线；当 α 在第三象限时，无轨迹．故选 D．

3. 由题设知 $\frac{1-\cos A}{2} + \frac{1-\cos B}{2} + \frac{1-\cos C}{2} = \frac{1+\cos B}{2}$，有 $2\sin\frac{B}{2} = \cos\frac{A-C}{2}$，则 $2\sin B = \sin A + \sin C$，故 $a + c = 2b$，反之也成立．故选 C．

4. 此四式均为梅勒劳斯定理的直接结论，故选 D．

5. 用 $17-x$ 代入已知式中的 x，则有 $f(24-x) = f(17-x) + f(x)$，于是 $f(x+7) = f(24-x) = -f(x-24)$．又用 $x-7$ 代替上式中的 x，得 $f(x) = -f(x-31)$，再用 $x-31$ 代替上式中的 x，得 $f(x-31) = -f(x-62)$，故有 $f(x) = f(x-62)$，即 $f(x) = f(x+62)$，即 $f(x)$ 为周期函数，周期为 62．故选 D．

6. 先将"较大的"数减去 9 的倍数，使数字变小，便于计算，得数列：1, 4, -1, 1, -2, 1, 3, -2, 3, -2．设 S_n 为"新数列"的前 n 项和，则 $S_1 = 1, S_2 = 5, S_3 = 4, S_4 = 5, S_5 = 3, S_6 = 4, S_7 = 7, S_8 = 5, S_9 = 8, S_{10} = 6$．其中相等的有 $S_2 = S_4 = S_8 = 5, S_3 = S_6 = 4$，从而 $S_4 - S_2, S_8 - S_2, S_8 - S_4, S_6 - S_3$ 均能被 9 整除．故符合要求的数组共有 4 组．故选 C．

二、

7. $y = \cos 10\pi x$ 的周期为 $\frac{1}{5}$，在每个周期内，若 $|x^2 - x| < 1$，则 $y = x^2 - x$ 与 $y = \cos 10\pi x$ 的图象有 2 个交点，在区间 $[0, 1.6]$ 中，$\cos 10\pi x$ 有 8 个周期，得 16 个交点，在区间 $(1.6, \frac{1+\sqrt{5}}{2})$ 中，两曲线还有 1 个交点，因此共有 17 个．

8. 由题设得 $pqr = 6^6$，且 $q^2 = pr$，所以 $q = 36$，又 $q - p$ 为一完全平方数，所以 p 可取值为 11, 20, 27, 32，经检验，只有 $p = 27$ 符号题意，此时，$r = 48$．故 $p + q + r = 27 + 36 + 48 = 111$．

9. $\sin^6 x + \cos^6 x + 3\sin^2 x \cos^2 x = (\sin^2 x + \cos^2 x) \cdot (\sin^4 x - \sin^2 x \cos^2 x + \cos^4 x) + 3\sin^2 x \cos^2 x = (\sin^2 x + \cos^2 x)^2 = 1$．

10. 令 $x = 3$，得 $f(-\frac{1}{2}) = 3 \cdot f(3) + 2$；令 $x = -\frac{1}{2}$，有 $f(\frac{2}{3}) = -\frac{1}{2} f(-\frac{1}{2}) + 2$；令 $x = \frac{2}{3}$，有 $f(3) = \frac{2}{3} \cdot f(\frac{2}{3}) + 2 = \frac{2}{3}[-\frac{1}{2} f(-\frac{1}{2}) + 2] + 2 = -\frac{1}{3} f(-\frac{1}{2}) + \frac{10}{3} = -\frac{1}{3}[3 \cdot f(3) + 2] + \frac{10}{3} = -f(3) + \frac{8}{3}$，故 $f(3) = \frac{4}{3}$．

11. 由 $f(x)+1=\dfrac{\sin x}{\sin x}+\dfrac{\cos x}{\cos x}+\dfrac{\cos 2x}{\cos^2 x}+\dfrac{\cos 3x}{\cos^3 x}+\dfrac{\cos 4x}{\cos^4 x}+\dfrac{\cos 5x}{\cos^5 x}$

$=\dfrac{\sin 2x}{\sin x\cdot\cos x}+\dfrac{\cos 2x}{\cos^2 x}+\dfrac{\cos 3x}{\cos^3 x}+\dfrac{\cos 4x}{\cos^4 x}+\dfrac{\cos 5x}{\cos^5 x}=\dfrac{\sin 3x}{\sin x\cdot\cos^2 x}+\dfrac{\cos 3x}{\cos^3 x}+\dfrac{\cos 4x}{\cos^4 x}+\dfrac{\cos 5x}{\cos^5 x}$

$=\dfrac{\sin 4x}{\sin x\cdot\cos^3 x}+\dfrac{\cos 4x}{\cos^4 x}+\dfrac{\cos 5x}{\cos^5 x}=\dfrac{\sin 5x}{\sin x\cdot\cos^4 x}+\dfrac{\cos 5x}{\cos^5 x}=\dfrac{\sin 6x}{\sin x\cdot\cos^5 x}$

故 $f(\dfrac{\pi}{4})=\dfrac{\sin(6\times\dfrac{\pi}{4})}{\sin\dfrac{\pi}{4}\cdot\cos^5\dfrac{\pi}{4}}-1=7.$

12. 设 CD 是 $\angle ACB=90°$ 的平分线，点 D 在 AB 上，作出点 A 关于 CD 的对称点 A_1，AA_1 与 CD 的延长线交于点 E，则旋转体的体积等于 $\triangle ACD$ 绕 CD 旋转一周所得的体积，即

$V=\dfrac{1}{3}\pi\cdot AE^2\cdot(CE-DE)=\dfrac{\pi}{3}(4\sin 45°)^2\cdot CD=\dfrac{8\pi}{3}\times 4\times\dfrac{\sin A}{\sin(A+45°)}$

$=\dfrac{32}{3}\pi\cdot\dfrac{\dfrac{3}{5}}{\dfrac{3}{5}\times\dfrac{1}{\sqrt{2}}+\dfrac{4}{5}\times\dfrac{1}{\sqrt{2}}}=\dfrac{32\sqrt{2}}{7}\pi.$

三、

13. 作 $\angle EAD=\angle BCD$，$\angle EDA=\angle BDC$，连结 EB，则有 $\angle EAB=\angle DAB+\angle BCD=120°$，且 $\triangle BCD\sim\triangle EAD$. 故 $\dfrac{BC}{EA}=\dfrac{CD}{AD}$，即

$EA=\dfrac{BC\cdot DA}{CD},$ ①

$\dfrac{BD}{ED}=\dfrac{CD}{DA}.$ ②

又在 $\triangle BDE$ 与 $\triangle CDA$ 中，由②及 $\angle BDE=\angle BDA+\angle ADE=\angle BDA+\angle BDC=\angle CDA$，得 $\triangle BDE\sim\triangle CDA$，故 $\dfrac{EB}{AC}=\dfrac{BD}{CD}$，即 $EB=\dfrac{AC\cdot BD}{CD}.$ ③

在 $\triangle EAB$ 中，由余弦定理，$EB^2=EA^2+AB^2-2EA\cdot AB\cos\angle EAB=EA^2+AB^2-2EA\cdot AB\cos 120°=EA^2+AB^2+EA\cdot AB$

把①③代入，得

$(\dfrac{AC\cdot BD}{CD})^2=(\dfrac{BC\cdot DA}{CD})^2+AB^2+(\dfrac{BC\cdot DA}{CD})AB.$

两边乘以 CD^2 得 $(AC\cdot BD)^2=(AB\cdot CD)^2+(BC\cdot DA)^2+AB\cdot BC\cdot CD\cdot DA.$ 即证.

14. 令 $f(\dfrac{3}{2})=(\dfrac{3}{2}-a)(\dfrac{3}{2}-b)(\dfrac{3}{2}-c)$，则

$f(\dfrac{3}{2})=\dfrac{27}{8}-\dfrac{9}{4}(a+b+c)+\dfrac{3}{2}(ab+bc+ca)-abc=-\dfrac{27}{8}+\dfrac{3}{2}[(ab+bc+ca)-\dfrac{2}{3}abc].$

由于三角形任意两边之和大于第三边，所以 $0<a,b,c<\dfrac{3}{2}$，于是 $f(\dfrac{3}{2})>0.$

从而 $ab+bc+ca-\dfrac{2}{3}abc>\dfrac{9}{4}.$ 又 $f(\dfrac{3}{2})=(\dfrac{3}{2}-a)(\dfrac{3}{2}-b)(\dfrac{3}{2}-c)\leq[\dfrac{\dfrac{9}{2}-(a+b+c)}{3}]^3=\dfrac{27}{216},$

即 $-\dfrac{27}{8}+\dfrac{3}{2}[(ab+bc+ca)-\dfrac{2}{3}abc]\leq\dfrac{27}{216}$，从而 $ab+bc+ca-\dfrac{2}{3}abc\leq\dfrac{7}{3}.$

故 $\frac{9}{4} < ab+bc+ca-\frac{2}{3}abc \leq \frac{7}{3}$.

15. 由题设可得 $a_{n+1}^2 - 2ka_n a_{n+1} + a_n^2 - 1 = 0, a_{n+2}^2 - 2ka_{n+1}a_{n+2} + a_{n+1}^2 - 1 = 0$.

将上面两式相减,得 $a_{n+2}^2 - a_n^2 - 2ka_{n+1}a_{n+2} - 2ka_n a_{n+1} = 0$,即 $(a_{n+2} - a_n)(a_{n+2} + a_n - 2ka_{n+1}) = 0$.

由题设条件知,数列 $\{a_n\}$ 是严格递增的,所以 $a_{n+2} = 2ka_{n+1} - a_n$, ①

结合 $a_0 = 0, a_1 = 1$ 知数列 $\{a_n\}$ 的每一项都是正整数,因为数列 $\{a_n\}$ 的每一项都是正整数,由①可知 $2k | a_n + a_{n+2}$, ②

于是,由 $2k | a_0$ 及②式可得 $2k | a_{2n}, n = 0, 1, 2, \cdots$.

2006年湖南省高中数学竞赛试题(A卷)

一、

1. 由于 $x = 0 \notin A$,排除选项 A、B. 又 $x = -1, \sqrt{3}$ 满足题意,故选 C.

2. 令 $t = \frac{\sqrt{111}-1}{2}$,则 $2t^2 + 2t - 55 = 0$.

故 $f(t) = [(2t^2 + 2t - 55)(t^3 + t - 1) - 1]^{2006} = (-1)^{2006} = 1$. 故选 B.

3. 当四边形顶点与正方形顶点重合时,知 $t = 4$,排除选项 A、C;又取各边中点时,可得 $t = 2$,排除选项 D. 故选 B.

4. 由于二面角 C_1-AB-D 的平面角为 $45°$,所以,在这个二面角及它的"对顶"二面角内,不存在过点 P 且与面 $ABCD$ 和面 ABC_1D_1 均成 $30°$ 角的直线. 转而考虑它的补二面角,易知,过点 P 有且仅有 2 条直线与面 $ABCD$ 和面 ABC_1D_1 均成 $30°$ 角. 故满足条件的直线 l 有 2 条. 故选 B.

5. 因为 $BC = 4\sqrt{2}$,设椭圆的另一个焦点为 D. 以 DC 为 x 轴、DC 中点为原点建立直角坐标系. 设椭圆方程为 $\frac{x^2}{a^2} + \frac{y^2}{b^2} = 1 (a > b > 0)$. 所以,

$|AD| + |BD| + |AC| + |BC| = 4a$,

即 $8 + 4\sqrt{2} = 4a$. 解得 $a = 2 + \sqrt{2}$.

故 $|AD| = 2a - |AC| = 2\sqrt{2}$.

在 Rt$\triangle ADC$ 中,因 $|CD|^2 = 8 + 16 = 24, c^2 = 6, b^2 = a^2 - c^2 = 4\sqrt{2}$.

故方程 $\frac{x^2}{6+4\sqrt{2}} + \frac{y^2}{4\sqrt{2}} = 1$ 为所求. 故选 A.

6. **解法 1** 首先,注意到三角形的三个顶点不在正方形的同一边上. 任选正方形的三边,使三个顶点分别在其上,有 4 种方法.

其次,在选出的三条边上各选一点,有 7^3 种方法.

这类三角形共有 $4 \times 7^3 = 1372$ 个.

另外,若三角形有两个顶点在正方形的一条边上,第三个顶点在另一条边上,则先取一边使其上有三角形的两个顶点,有 4 种方法;再在这条边上任取两点有 21 种方法;然后在其余的 21 个分点中任取一点作为第三个顶点.

这类三角形共有 $4 \times 21 \times 21 = 1764$ 个.

综上,可得不同三角形的个数为

$1372 + 1764 = 3136$. 故选 C.

解法 2 $C_{28}^3 - 4C_7^3 = 3136$.

471

二、

7. 设 $S_k=a_1+a_2+\cdots+a_k$，易知 S_m、$S_{2m}-S_m$、$S_{3m}-S_{2m}$ 成等差数列．从而，$S_{3m}=810$．

又易知 $S_{2m}-S_m$、$S_{3m}-S_{2m}$、$S_{4m}-S_{3m}$ 成等差数列，则 $S_{4m}=3S_{3m}-3S_{2m}+S_m=1440$．

8. 设 $f(t)=t^3+\sin t$．则 $f(t)$ 在 $\left[-\dfrac{\pi}{2},\dfrac{\pi}{2}\right]$ 上是单调递增的．

由原方程组可得 $f(x)=f(-2y)=2a$，又 $x,-2y\in\left[-\dfrac{\pi}{2},\dfrac{\pi}{2}\right]$，所以，$x=-2y$，有 $x+2y=0$．

故 $\cos(x+2y)=1$．

9. 由题意知，n 个人入坐后，每两人中间至多有两把空椅子．若能让两人中间恰好有两把空椅子，则 n 最小．这样，若对已坐人的椅子进行编号，可得一等差数列：$1,4,7,\cdots,100$．

从而，$100=1+3(n-1)$，解得 $n=34$．

10. 设 BC 中点为 E，$AD=\dfrac{x}{2}$．

由中线公式得 $AE=\dfrac{\sqrt{57}}{2}$．

由勾股定理得 $120-15+57=2\sqrt{57}x$，解得 $x=\dfrac{81}{\sqrt{57}}$．

于是，$\dfrac{m}{n}=\dfrac{AD}{2AE}=\dfrac{x}{2\sqrt{57}}=\dfrac{27}{38}$．

故 $m+n=27+38=65$．

11. 设点 O 是正方体的中心，易得

$OQ=\dfrac{\sqrt{3}}{2}$，$OP=\dfrac{\sqrt{2}}{2}$．

由三角形不等式有 $PQ\geqslant OQ-OP=\dfrac{\sqrt{3}-\sqrt{2}}{2}$，等号当且仅当点 O、P、Q 三点共线时成立．

显然，当点 P 为线段 AB 的中点时，射线 OP 与矩形 ABC_1D_1 的外接圆的交点为点 Q 时，即 PQ 为 $\dfrac{\sqrt{3}-\sqrt{2}}{2}$ 时满足要求．

12. 由于骰子是均匀正方体，所以，抛掷后各点数出现的可能性是相等的．

设事件 A_n 为"第 n 次过关失败"，则对立事件 B_n 为"第 n 次过关成功"，第 n 次游戏中，基本事件总数为 6^n．

第 1 关：事件 A_1 所含基本事件数为 2（即出现点数 1 和 2 两种情况），所以，过此关的概率为

$P_{B_1}=1-P_{A_1}=1-\dfrac{2}{6}=\dfrac{2}{3}$．

第 2 关：事件 A_2 所含基本事件数为方程 $x+y=a$ 当 a 分别取 2、3、4 时的正整数解组数之和，即 6 个．所以，过此关的概率为

$P_{B_2}=1-P_{A_2}=1-\dfrac{6}{6^2}=\dfrac{5}{6}$．

第 3 关：事件 A_3 所含基本事件数为方程 $x+y+z=a$ 当 a 分别取 3、4、5、6、7、8 时的正整数解组数之和，即 56 个．所以，过此关的概率为

$P_{B_3}=1-P_{A_3}=1-\dfrac{56}{6^3}=\dfrac{20}{27}$．

故连过三关的概率为

$P_{B_1} \times P_{B_2} \times P_{B_3} = \dfrac{100}{243}$.

三、

13. 取 $(t,n)=(1,1),(2,2),(3,3)$. 容易验证,当 $t=1,2,3$ 时均不符合要求.

当 $t=4$ 时,若 $n=1$,所证不等式显然成立.

若 $n \geqslant 2$,有

$$4^4 n^n (n+1)^3 = n^{n-2}(2n)^2(2n+2)^3 \times 2^3$$
$$\leqslant \left[\dfrac{(n-2)n+2\times 2n+3(2n+2)+2^3}{n+4}\right]^{n+4}$$
$$=\left(\dfrac{n^2+8n+14}{n+4}\right)^{n+4} < \left(\dfrac{n^2+8n+16}{n+4}\right)^{n+4}$$
$$=(n+4)^{n+4}.$$

故所证不等式成立.

因此,$t=4$ 满足对任何正整数 n,所证不等式恒成立.

14. 在取定 y 的情况下,有

$$\dfrac{(1+2x)(3y+4x)}{x} = \dfrac{8x^2+(6y+4)x+3y}{x} = 8x+\dfrac{3y}{x}+6y+4$$
$$\geqslant 2\sqrt{24y}+6y+4=(\sqrt{6y}+2)^2,$$

当且仅当 $x=\sqrt{\dfrac{3y}{8}}$ 时,上式等号成立.

同理,$\dfrac{(4y+3z)(2z+1)}{z}=6z+\dfrac{4y}{z}+8y+3 \geqslant (\sqrt{8y}+\sqrt{3})^2$,

当且仅当 $z=\sqrt{\dfrac{2y}{3}}$ 时,上式等号成立.

故 $\dfrac{(1+2x)(3y+4x)(4y+3z)(2z+1)}{xyz} \geqslant \dfrac{(\sqrt{6y}+2)^2(\sqrt{8y}+\sqrt{3})^2}{y}$

$$=\left(\sqrt{48y}+\dfrac{2\sqrt{3}}{\sqrt{y}}+7\sqrt{2}\right)^2$$
$$\geqslant (2\sqrt{\sqrt{48}\times 2\sqrt{3}}+7\sqrt{2})^2$$
$$=194+112\sqrt{3},$$

当且仅当 $y=\dfrac{1}{2}$ 时,第二个不等式中等号成立.

因此,当 $x=\dfrac{\sqrt{3}}{4},y=\dfrac{1}{2},z=\dfrac{\sqrt{3}}{3}$ 时,$f(x,y,z)$ 取得最小值 $194+112\sqrt{3}$.

15. (1) 设 $P(x_1,y_1),Q(x_2,y_2)$. 则

$$k_1+k_2=\dfrac{y_1}{x_1+a}+\dfrac{y_1}{x_1-a}=\dfrac{2x_1 y_1}{x_1^2-a^2}=\dfrac{2b^2}{a^2}\cdot\dfrac{x_1}{y_1}. \quad ①$$

同理,$k_3+k_4=-\dfrac{2b^2}{a^2}\cdot\dfrac{x_2}{y_2}$. ②

设 O 为原点,则
$2\overrightarrow{OP}=\overrightarrow{AP}+\overrightarrow{BP}=\lambda(\overrightarrow{AQ}+\overrightarrow{BQ})=2\lambda\overrightarrow{OQ}$.

所以,$\overrightarrow{OP}=\lambda\overrightarrow{OQ}$.

故 $O、P、Q$ 三点共线.

于是，$\frac{x_1}{y_1}=\frac{x_2}{y_2}$.

由式①、②得 $k_1+k_2+k_3+k_4=0$.

(2)由点 Q 在椭圆上，有 $\frac{x_2^2}{a^2}+\frac{y_2^2}{b^2}=1$.

由 $\overrightarrow{OP}=\lambda\overrightarrow{OQ}$，得 $(x_1,y_1)=\lambda(x_2,y_2)$.

所以，$x_2=\frac{1}{\lambda}x_1, y_2=\frac{1}{\lambda}y_1$.

从而，$\frac{x_1^2}{a^2}+\frac{y_1^2}{b^2}=\lambda^2$. ③

又点 P 在双曲线上，有 $\frac{x_1^2}{a^2}-\frac{y_1^2}{b^2}=1$. ④

由式③、④得 $x_1^2=\frac{\lambda^2+1}{2}a^2, y_1^2=\frac{\lambda^2-1}{2}b^2$.

因为 $PF_2 \parallel QF_1$，所以，$|OF_2|=\lambda|OF_1|$.

故 $\lambda^2=\frac{a^2+b^2}{a^2-b^2}, \frac{x_1^2}{y_1^2}=\frac{(\lambda^2+1)a^2}{(\lambda^2-1)b^2}=\frac{a^4}{b^4}$.

由式①得 $(k_1+k_2)^2=\frac{4b^4}{a^4} \cdot \frac{x_1^2}{y_1^2}=4$.

同理，$(k_3+k_4)^2=4$.

另一方面，$k_1 k_2 = \frac{y_1}{x_1+a} \cdot \frac{y_1}{x_1-a} = \frac{b^2}{a^2}$.

类似地，$k_3 k_4 = -\frac{b^2}{a^2}$.

故 $k_1^2+k_2^2+k_3^2+k_4^2=(k_1+k_2)^2+(k_3+k_4)^2-2(k_1k_2+k_3k_4)=8$.

16. 设安排完第 k 号客房 A_k 后还剩下 a_k 位客人，则 $a_0=m, a_{n-1}=n$.

因为第 k 号客房 A_k 入住的客人数为 $k+\frac{a_{k-1}-k}{7}$，所以，$a_{k-1}-a_k=k+\frac{a_{k-1}-k}{7}$，即

$a_k=\frac{6}{7}(a_{k-1}-k)$.

变形得 $a_k+6k-36=\frac{6}{7}[a_{k-1}+6(k-1)-36]$.

这表明数列 $b_k=a_k+6k-36$ 是等比数列，公比为 $q=\frac{6}{7}$，其中，$b_0=a_0-36=m-36, b_{n-1}=a_{n-1}+6(n-1)-36=7n-42$.

代入通项公式得 $7n-42=(m-36)(\frac{6}{7})^{n-1}$，即 $m=36+\frac{7^n(n-6)}{6^{n-1}}$.

由于 m 为正整数，并且 7^n 与 6^{n-1} 互质，故 $6^{n-1} | (n-6)$.

但 $0 \le |\frac{n-6}{6^{n-1}}| < 1 (n>1)$，解得 $n=6$.

从而，$m=36$.

由此可知，客房 A_1 入住 $1+\frac{36-1}{7}=6$ 位客人；客房 A_2 入住 $2+\frac{30-2}{7}=6$ 位客人；客房 A_3 入住 $3+\frac{24-3}{7}=6$ 位客人；客房 A_4 入住 $4+\frac{18-4}{7}=6$ 位客人；客房 A_5 入住 $5+\frac{12-5}{7}=6$ 位客人；最后一间客房

入住了剩下的 6 位客人.

综上,共有客人 36 人,客房 6 间,每间客房均入住 6 位客人.

2006 年湖南省高中数学竞赛试题(B 卷)

一、

1. 因为 $y=f(x)$ 的图象过点 $(0,1)$,所以,$y=f(\frac{1}{3}x-2)$ 的图象过点 $(6,1)$,它的反函数图象过点 $(1,6)$.故选 A.

2. 因为 $\overrightarrow{AB}+\overrightarrow{BC}+\overrightarrow{AC}=2\overrightarrow{AC}$,又
$|\overrightarrow{AC}|=\sqrt{AB^2+BC^2}=\sqrt{13}$,所以,$|\overrightarrow{AB}+\overrightarrow{BC}+\overrightarrow{AC}|=2\sqrt{13}$.故选 D.

3. 结合 $\sin^2\alpha+\cos^2\alpha=1$,易得 $\cos\alpha=\frac{3}{5}$.故选 C.

4. 因为 $a_2+a_4+a_6+a_8+a_{10}=5a_6=80$,所以,$a_6=16$.
故 $a_7-\frac{1}{2}a_8=a_6+d-\frac{1}{2}(a_6+2d)=\frac{1}{2}a_6=8$.故选 C.

5. 原式 $=\frac{\cos 20°\cdot\cos 10°}{\sin 20°}\cdot\frac{\sqrt{3}\sin 20°-\cos 20°}{\cos 20°}$

$=\frac{\cos 10°\cdot 2\sin(20°-30°)}{\sin 20°}$

$=-\frac{2\cos 10°\cdot\sin 10°}{\sin 20°}=-1$.故选 C.

6. 由 $f(-2)=9$,知 $a^{-|-\frac{2}{9}|}=9$,解得 $a=3^{-9}$.则 $f(x)=3^{|x|}$.进而可以判断出 $f(-2)>f(-1)$.故选 A.

7. 若 $\angle BAC=90°$,则 $\overrightarrow{AB}\cdot\overrightarrow{AC}=2k+3=0$,解得 $k=1\pm\sqrt{3}$.
若 $\angle ABC=90°$,则 $\overrightarrow{CB}\cdot\overrightarrow{AB}=(\overrightarrow{AB}-\overrightarrow{AC})\cdot\overrightarrow{AB}=k^2-2k-2=0$,解得 $k=1\pm\sqrt{3}$.
若 $\angle ACB=90°$,则 $\overrightarrow{CB}\cdot\overrightarrow{AC}=(\overrightarrow{AB}-\overrightarrow{AC})\cdot\overrightarrow{AC}=2k-10=0$,解得 $k=5$.
故选 C.

8. 由已知得 $y=\frac{1}{x}$.所以,

$\frac{2}{2-x^2}+\frac{4}{4-y^2}=\frac{2}{2-x^2}+\frac{4}{4-\frac{1}{x^2}}=\frac{-4x^4+16x^2-2}{-4x^4+9x^2-2}=1+\frac{7x^2}{-4x^4+9x^2-2}$

$=1+\frac{7}{9-(4x^2+\frac{2}{x^2})}$.

因为 $4x^2+\frac{2}{x^2}\geq 4\sqrt{2}$,当且仅当 $4x^2=\frac{2}{x^2}$,即 $x=\frac{\sqrt[4]{8}}{2}$ 时,取等号,故当 $x=\frac{\sqrt[4]{8}}{2}$ 时,$\frac{2}{2-x^2}+\frac{4}{4-y^2}$ 取最小值 $\frac{16+4\sqrt{2}}{7}$.故选 C.

9. 如图.
$t=a^2+b^2+c^2+d^2$

$= x^2+(1-n)^2+n^2+(1-m)^2+m^2+(1-y)^2+y^2+(1-x)^2.$

因为 $0 \leqslant x < 1$，所以，
$x^2+(1-x)^2=1-2x(1-x) \leqslant 1,$
$x^2+(1-x)^2=\dfrac{1+(2x-1)^2}{2} \geqslant \dfrac{1}{2},$

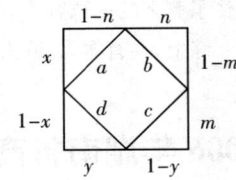

即 $\dfrac{1}{2} \leqslant x^2+(1-x)^2 \leqslant 1.$

同理，$\dfrac{1}{2} \leqslant y^2+(1-y)^2 \leqslant 1,\dfrac{1}{2} \leqslant m^2+(1-m)^2 \leqslant 1,\dfrac{1}{2} \leqslant n^2+(1-n)^2 \leqslant 1.$

因此，$2 \leqslant t \leqslant 4$，即 t 的取值范围是 $[2,4]$. 故选 B.

(第9题图)

10. 设两个工厂 2005 年元月份的产值为 a, 朝阳电器厂每月增加的产值为 d, 红星电器厂每月的产值为上一个月的 $q(q>1)$ 倍，则
$a+12d=aq^{12}.$

两个工厂 2005 年 7 月份的产值分别为 $a+6d$ 和 aq^6.

而 $a+6d=a+\dfrac{1}{2}(aq^{12}-a)=a\dfrac{q^{12}+1}{2}>aq^6$，故产值高的工厂是朝阳电器厂.

二、

11. 作图(略). 设 AB 的中点为 D. 由平行四边形法则得
$\vec{MA}+\vec{MB}=2\vec{MD}=-\vec{MC}.$

所以，$\vec{MA}+\vec{MB}+\vec{MC}=0.$

12. 由 $4[x]^2-36[x]+45<0$, 得 $\dfrac{3}{2}<[x]<\dfrac{15}{2}.$

故 $2 \leqslant [x] \leqslant 7$. 所以, $2 \leqslant x < 8.$

13. 当 n 为偶数时，有 $a_1+a_2=a_3+a_4=\cdots=a_{n-1}+a_n=1.$

故 $S_n=\dfrac{n}{2}.$

当 n 为奇数时，有 $a_1=2, a_2+a_3=a_4+a_5=\cdots=a_{n-1}+a_n=1.$

故 $S_n=2+\dfrac{n-1}{2}=\dfrac{n+3}{2}.$

则 $S_{2007}-2S_{2006}+S_{2005}=1005-2\times 1003+1004=3.$

14. 如图，设 BC 的中点为 E, $AD=\dfrac{x}{2}.$

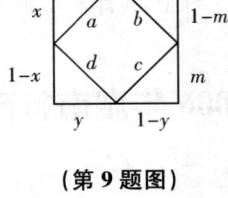

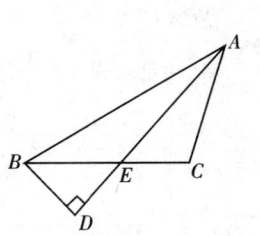

由中线公式得 $AE=\dfrac{\sqrt{57}}{2}.$

故 $(\sqrt{30})^2-(\dfrac{x}{2})^2=(\dfrac{\sqrt{15}}{2})^2-(\dfrac{x}{2}-\dfrac{\sqrt{57}}{2})^2.$

解得 $x=\dfrac{81}{\sqrt{57}}.$

因此, $\dfrac{m}{n}=\dfrac{S_{\triangle ADB}}{2S_{\triangle AEB}}=\dfrac{AD}{2AE}=\dfrac{27}{38}.$

所以, $m+n=27+38=65.$

(第14题图)

三、

15. 由已知得 $\sin A \cdot \dfrac{1+\cos C}{2}+\sin C \cdot \dfrac{1+\cos A}{2}=\dfrac{3}{2}\sin B.$

则 $\sin A + \sin C + \sin A \cdot \cos C + \cos A \cdot \sin C = 3\sin B$.

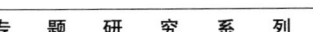

从而,$\sin A + \sin C + \sin(A+C) = 3\sin B$,即 $\sin A + \sin C = 2\sin B$.

故 $2\sin\dfrac{A+C}{2} \cdot \cos\dfrac{A-C}{2} = 4\sin\dfrac{B}{2} \cdot \cos\dfrac{B}{2}$.

所以,$\cos\dfrac{A-C}{2} = 2\sin\dfrac{B}{2}$,即 $\cos\dfrac{A-C}{2} - 2\sin\dfrac{B}{2} = 0$.

16.(1)当 $a=2$ 时,$f(x) = 2x + \dfrac{2}{x} + 4$.

因为 $f(x)$ 在 $[1, +\infty)$ 上是增函数,所以,$f(x)$ 在 $[1, +\infty)$ 上有最小值 $f(1) = 8$.

(2)在 $[1, +\infty)$ 上,$f(x) = \dfrac{2x^2 + 4x + a}{x} > 0$ 恒成立等价于 $2x^2 + 4x + a > 0$ 恒成立.

令 $g(x) = 2x^2 + 4x + a = 2(x+1)^2 + a - 2$,则 $g(x)$ 在 $[1, +\infty)$ 上是增函数.

当 $x=1$ 时,有最小值 $6+a$.

由 $f(x) > 0$ 恒成立,得 $6+a > 0$. 故 $a > -6$.

17.(1)因 $x \in \left[\dfrac{\pi}{2}, \dfrac{3\pi}{2}\right]$,所以,$-1 \leqslant \cos 2x \leqslant 1$.

又 $|\vec{a} + \vec{b}| = \sqrt{2 + 2\cos 2x}$,则 $0 \leqslant |\vec{a} + \vec{b}| \leqslant 2$.

(2)因为 $x \in \left[\dfrac{\pi}{2}, \dfrac{3\pi}{2}\right]$,所以,$-1 \leqslant \cos x \leqslant 0$.

又 $f(x) = \vec{a} \cdot \vec{b} - |\vec{a} + \vec{b}| = \cos 2x - \sqrt{2 + 2\cos 2x} = 2\cos^2 x - 1 - \sqrt{4\cos^2 x} = 2\cos^2 x + 2\cos x - 1$,所以,当 $\cos x = -\dfrac{1}{2}$,即 $x = \dfrac{2\pi}{3}$ 或 $x = \dfrac{4\pi}{3}$ 时,$f(x) = \vec{a} \cdot \vec{b} - |\vec{a} + \vec{b}|$ 取最小值 $-\dfrac{3}{2}$.

18.(1)由 $a_1 = S_1 = \dfrac{1}{4}(a_1 - 1)(a_1 + 3)$ 及 $a_n > 0$,得 $a_1 = 3$.

由 $S_n = \dfrac{1}{4}(a_n - 1)(a_n + 3)$,得

$S_{n-1} = \dfrac{1}{4}(a_{n-1} - 1)(a_{n-1} + 3)$.

故 $a_n = \dfrac{1}{4}[(a_n^2 - a_{n-1}^2) + 2(a_n - a_{n-1})]$.

整理得 $2(a_n + a_{n-1}) = (a_n + a_{n-1})(a_n - a_{n-1})$.

因为 $a_n + a_{n-1} > 0$,所以,$a_n - a_{n-1} = 2$.

则 $\{a_n\}$ 是以 3 为首项、2 为公差的等差数列.

故 $a_n = 2n + 1$.

(2)因为 $a_n = 2n + 1$,所以,

$S_n = n(n+2)$,$b_n = \dfrac{1}{S_n} = \dfrac{1}{2}\left(\dfrac{1}{n} - \dfrac{1}{n+2}\right)$,

$T_n = b_1 + b_2 + \cdots + b_n$

$= \dfrac{1}{2}\left[\left(1 - \dfrac{1}{3}\right) + \left(\dfrac{1}{2} - \dfrac{1}{4}\right) + \cdots + \left(\dfrac{1}{n} - \dfrac{1}{n+2}\right)\right]$

$= \dfrac{1}{2}\left(1 + \dfrac{1}{2} - \dfrac{1}{n+1} - \dfrac{1}{n+2}\right)$

$= \dfrac{3}{4} - \dfrac{2n+3}{2(n+1)(n+2)}$.

19.如图,设此人在岸上跑到点 A 后下水,在点 B 处追上小船. 设船速为 v,人追上船的时间为 t,人

在岸上追船的时间为 t 的 k 倍 $(0 \leqslant k<1)$，则人在水中游的时间为 $(1-k)t$.

故 $|OA|=4p_2t$，$|AB|=2(1-k)t$，$|OB|=vt$.

由余弦定理得

$4(1-k)^2t^2=(4kt)^2+(vt)^2-2\times 4kt\cdot vt\cdot\cos 15°$.

整理得 $12k^2-[2(\sqrt{6}+\sqrt{2})v-8]k+v^2-4=0$.

设 $f(k)=12k^2-[2(\sqrt{6}+\sqrt{2})v-8]k+v^2-4$.

易知 $f(1)=12-[2(\sqrt{6}+\sqrt{2})v-8]+v^2-4=[v-(\sqrt{6}+\sqrt{2})]^2+8-4\sqrt{3}>0$.

(1) 若 $f(0)\leqslant 0$，则必存在 $k_0\in[0,1)$，使得 $f(k_0)=0$.

此时，$f(0)=v^2-4\leqslant 0$，解得 $v\leqslant 2$.

(2) 若 $f(0)>0$，要使 $f(k)$ 在 $[0,1)$ 内有解，则

$\begin{cases}\Delta=[2(\sqrt{6}+\sqrt{2})v-8]^2-4\times 12(v^2-4)\geqslant 0,\\ \dfrac{2(\sqrt{6}+\sqrt{2})v-8}{2\times 12}\in(0,1).\end{cases}$

解得 $\begin{cases}v\geqslant 2(\sqrt{6}+\sqrt{2})\text{ 或 }v\leqslant 2\sqrt{2},\\ \sqrt{6}-\sqrt{2}<v<4(\sqrt{6}-\sqrt{2}).\end{cases}$

故 $2<v\leqslant 2\sqrt{2}$.

综上，当 $v\leqslant 2\sqrt{2}$ 时，人可以追上船.

因此，船速为 2.5 km/h 时，能追止小船，小船能被人追上的最大速度是 $2\sqrt{2}$ km/h.

2007 年湖南省高中数学夏令营试题

一、

1. 因为 $\lambda\in[0,1]$，先取特殊值 $\lambda=\dfrac{1}{2}$，则不等式变为 $f\left(\dfrac{x_1+x_2}{2}\right)\leqslant\dfrac{f(x_1)+f(x_2)}{2}$，其特征是：连接图中上两点 $P(x_1,y_1)$、$Q(x_2,y_2)$ 的线段中点 m 位于横坐标为 $\dfrac{x_1+x_2}{2}$ 的曲线 $y=f(x)$ 上的点 N 上方或其上，即函数是凹函数或线性函数，所以应是 $f_1(x)$ 和 $f_3(x)$. 故选 A.

2. 设此四面体的某一顶点 A，当 A 无限接近于对面时，有 $S=S_{对面}$，不妨设 $S=S_1$，则 $S_2+S_3+S_4\to S_1$，所以 $\sum\limits_{i=1}^{4}S_i=S_1+S_2+S_3+S_4\to 2S_1=2S$，即 $\lambda=2$，注意到各选择支中仅有 A 中 λ 的极限为 2，故选 A.

3. 举例说明，取 $x=3.1$，则 $[x]=3$，这时 $x-[x]=0.1>0$，$x-[x]=0.1<1$，再取 $x=-3.1$，则 $[x]=-4$，这时 $x-[x]=-3.1+4=0.9$，从而 A，B 都正确 C 不正确，而易知 $x-[x]$ 是周期函数，故选 C.

4. $\cos\alpha=\dfrac{\vec{a}\cdot\vec{b}}{|\vec{a}|\cdot|\vec{b}|}=\dfrac{-2\times 2+1\times 2}{\sqrt{5}\times\sqrt{8}}=-\dfrac{1}{\sqrt{10}}$，$\sin\alpha=\sqrt{1-\cos^2\alpha}=\dfrac{3}{\sqrt{10}}$，

$\cos\beta=\dfrac{\vec{a}\cdot\vec{c}}{|\vec{a}|\cdot|\vec{c}|}=\dfrac{-2\times 1-2\times 1}{\sqrt{5}\times\sqrt{5}}=-\dfrac{4}{5}$，$\sin\beta=\sqrt{1-\cos^2\beta}=\dfrac{3}{5}$，

$\cos(\alpha+\beta)=\cos\alpha\cos\beta-\sin\alpha\sin\beta=-\dfrac{1}{\sqrt{10}}\times\left(-\dfrac{4}{5}\right)-\dfrac{3}{\sqrt{10}}\times\dfrac{3}{5}=-\dfrac{1}{\sqrt{10}}=-\dfrac{\sqrt{10}}{10}$. 故选 C.

5. $(a_1+1)^2+(a_2+1)^2+\cdots+(a_{50}+1)^2=a_1^2+a_2^2+\cdots+a_{50}^2+2(a_1+a_2+\cdots+a_{50})+50=a_1^2+a_2^2+\cdots+a_{50}^2+2\times 9+50=107$，所以，$a_1^2+a_2^2+\cdots+a_{50}^2=39$. 又因为 $a_i\in\{-1,0,1\}$，故可知 $a_1,a_2,\cdots,a_{50}$ 中共有 11 个 0. 故选 B.

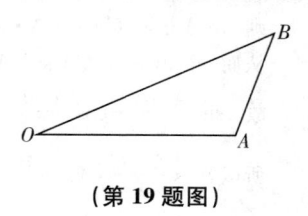

6. 首先进行估计，若擦去的数是 1，则其余各数的平均值为 $\frac{2+3+\cdots+n}{n-1}=\frac{n+2}{2}$；若擦去的数是最大数 n，则其余各数的平均值为 $\frac{1+2+\cdots+(n-1)}{n-1}=\frac{n}{2}$，于是 $\frac{n}{2} \leqslant 36\frac{2}{5} \leqslant \frac{n+2}{2}$，求得 $72 \leqslant n \leqslant 72$，而 $n-1$ 个正整数的平均数是 $36\frac{2}{5}$，故 $n-1$ 应为 5 的倍数，从而 $n-1=71$，于是，可设擦去的数为 x，则 $\frac{1+2+\cdots+71-x}{71-1}=36\frac{2}{5}$。解得 $x=8$。

二、

7. 由已知得 $n=-\frac{a}{b}m-\frac{2c}{b}$，所以 $m^2+n^2=m^2+(-\frac{a}{b}m-\frac{2c}{b})^2=(1+\frac{a^2}{b^2})m^2+\frac{4ac}{b^2}m+\frac{4c^2}{b^2}$。又因为 a,b,c 满足 $c^2=a^2+b^2$，所以 m^2+n^2 的最小值为 $\frac{4(1+\frac{a^2}{b^2})(\frac{4c^2}{b^2})-(\frac{4ac}{b^2})^2}{4(1+\frac{a^2}{b^2})}=2$。

8. 由题意可知 A,B 两点关于 x 轴对称，设 $A(\frac{y_1^2}{2},y_1),B(\frac{y_1^2}{2},-y_2)$，因为 $\overrightarrow{AF} \perp \overrightarrow{OB}=(\frac{y_1^2}{2},-y_1)$，所以 $\overrightarrow{AF} \perp \overrightarrow{OB}=(\frac{1}{2}-\frac{y_1^2}{2}) \cdot \frac{y_1^2}{2}+y_1^2=0$，解得 $y_1^2=5$，所以 AB 的直线方程为 $x=\frac{y_1^2}{2}=\frac{5}{2}$。

9. 注意到 $C_{n+1}^m=C_n^m+C_n^{m-1}$，以及 $n(n+1)=2C_{n+1}^2$，由 $2C_3^3=2C_2^2,2C_4^3=2(C_3^3+C_3^2),2C_5^3=2(C_4^3+C_4^2)$，$\cdots,2C_{n+2}^3=2(C_{n+1}^3+C_{n+1}^2)$。

以上诸式相加，得 $2C_{n+2}^3=2(C_2^2+C_3^2+\cdots+C_{n+1}^2)=1 \cdot 2+2 \cdot 3+\cdots+n(n+1)$。

又 $2 \cdot C_{n+2}^3=\frac{2(n+2)!}{3!(n-1)!}=\frac{1}{3}n(n+1)(n+2)$。

10. 由 $f(x)+1=\frac{\sin 2x}{\cos x \cdot \sin x}+\frac{\cos 2x}{\cos^2 x}+\cdots+\frac{\cos(2 \cdot 2007x)}{\cos^{2 \cdot 2007} x}=\frac{\sin 3x}{\cos^2 x \cdot \sin x}+\frac{\cos 3x}{\cos^3 x}+\cdots+\frac{\cos(2 \cdot 2007x)}{\cos^{2 \cdot 2007} x}=\cdots=\frac{\sin(2 \cdot 2007+1)x}{(\cos x)^{2 \cdot 2007} \sin x}$

故 $f(\frac{\pi}{4})=-2^{2007}-1$。

11. 连 AC,BH。由 $\angle ABE+\angle AHE=180°$，知 $A、B、E、H$ 共圆，则 $\angle EBH=\angle EAH=45°$，亦而 $\angle CBH=45°=\angle ABH$。从而 $\triangle CBH \cong \triangle ABH$，即有 $HC=HA$。而 $\triangle AHE$ 为等腰直角三角形，有 $EH=HA$，故 H 为 $\triangle AEC$ 的外心，从而 $\angle CHE=2\angle CAE$，而 $\angle BAC=\frac{1}{2}\angle EHF$。故 $\angle CHF=2\angle BAE=30°$。

12. 将 n 个数从左到右、由小到大排成一列，并在选定符合条件的三个数 a_1,a_2,a_3 中插入 3 块板，第一块板左边（含 a_1）的数的个数设为 x_1，第一块板右边至第二块板左边（含 a_2）的数的个数设为 x_2，第二块板右边至第三块板左边（含 a_3）的数的个数设为 x_3，第三块板右边的数的个数设为 x_4，则 $x_1+x_2+x_3+x_4=2007$，且 $x_1 \geqslant 1,x_2 \geqslant 3,x_3 \geqslant 3,x_4 \geqslant 0$。将 x_1 记为 y_1，x_2 减 2 后记为 y_2，x_3 减 2 后记为 y_3，x_4 加 1 后记为 y_4，则 $y_1+y_2+y_3+y_4=2004$，且 $y_1 \geqslant 1,y_2 \geqslant 1,y_3 \geqslant 1,y_4 \geqslant 1$。于是，原问题等价于求方程 $y_1+y_2+y_3+y_4=2004$ 的正整数解的组数，再次利用插板法可得结果为 C_{2003}^3。

三、

13. 设 $f(x)$ 的三个根为 α,β,γ，且 $0 \leqslant \alpha \leqslant \beta \leqslant \gamma$，则 $x-a=x+\alpha+\beta+\gamma,f(x)=(x-\alpha)(x-\beta)(x-\gamma)$。

(1)当 $0 \leqslant x \leqslant \alpha$ 时，有 $-f(x)=(\alpha-x)(\beta-x)(\gamma-x) \leqslant (\frac{\alpha+\beta+\gamma-3x}{3})^2 \leqslant \frac{1}{27}(x+\alpha+\beta+\gamma)^3=\frac{1}{27}(x-a)^2$，

所以, $f(x) \geqslant -\frac{1}{27}(x-a)^3$, 当 $x=0, \alpha=\beta=\gamma$ 时等号成立.

(2)当 $\alpha < x < \beta$ 或 $x > \gamma$ 时, $f(x) = (x-\alpha)(x-\beta)(x-\gamma) > 0 > -\frac{1}{27}(x-a)^3$.

(3)当 $\beta \leqslant x \leqslant \gamma$ 时, $-f(x) = (x-\alpha)(x-\beta)(\gamma-x) \leqslant (\frac{x+\gamma-\alpha-\beta}{3})^3 \leqslant \frac{1}{27}(x+\alpha+\beta+\gamma)^3 = \frac{1}{27}(x-a)^3$,

故 $f(x) \geqslant -\frac{1}{27}(x-a)^3$, 当 $\alpha=\beta=0, \gamma=2x$ 时等号成立.

综上所述, 使 $f(x) \geqslant \lambda(x-a)^3$ 恒成立的 λ 的最大值为 $-\frac{1}{27}$, 即 $\lambda \leqslant -\frac{1}{27}$.

14. 设 $A(r_1\cos\theta, r_1\sin\theta), B(-r_2\sin\theta, r_2\cos\theta)$. 将点 A、B 的坐标分别代入椭圆方程得
$$\frac{r_1^2\cos^2\theta}{9} + \frac{r_1^2\sin^2\theta}{4} = 1, \frac{r_2^2\sin^2\theta}{9} + \frac{r_2^2\cos^2\theta}{4} = 1.$$
则 $r_1^2 = \frac{36}{4\cos^2\theta + 9\sin^2\theta}$, $r_2^2 = \frac{36}{4\sin^2\theta + 9\cos^2\theta}$.

又因 $OA \perp OB$, 所以
$$S_{\triangle AOB} = \frac{1}{2}r_1 r_2 = \frac{18}{\sqrt{(4\cos^2\theta+9\sin^2\theta)(4\sin^2\theta+9\cos^2\theta)}}$$
$$= \frac{18}{\sqrt{97\sin^2\theta\cdot\cos^2\theta + 36(\sin^4\theta+\cos^4\theta)}}$$
$$= \frac{18}{\sqrt{36+25\sin^2\theta\cdot\cos^2\theta}} = \frac{18}{\sqrt{36+\frac{25}{4}\sin^2 2\theta}} \geqslant \frac{18}{\sqrt{36+\frac{25}{4}}} = \frac{36}{13}.$$

当且仅当 $|\sin 2\theta| = 1$, 即 $\theta = k\pi \pm \frac{\pi}{4}(k\in \mathbf{Z})$ 时, $S_{\triangle AOB}$ 取得最小值 $\frac{36}{13}$.

15. 连 FM, ME, GD, FD, 由 F, D 为切点, 有 $BD = BF$, 由 $\triangle BGF \backsim \triangle BFM$, $\triangle BGD \backsim \triangle BDM$,

有 $\frac{BF}{GF} = \frac{BM}{FM}, \frac{BD}{GD} = \frac{BM}{DM}$

从而 $\frac{DG}{FG} = \frac{\frac{BF}{GF}}{\frac{BD}{GD}} = \frac{\frac{BM}{FM}}{\frac{BM}{DM}} = \frac{DM}{FM}$.

又 F, G, D, M 四点共圆, 有 $\angle FGD = \angle FMA$.

于是 $AM = MD \Leftrightarrow \frac{DG}{FG} = \frac{AM}{FM} \Leftrightarrow \triangle DGF \backsim \triangle AMF \Leftrightarrow \angle FAM = \angle FDG \Leftrightarrow \angle BFG \Leftrightarrow FG \parallel AD$.

同理, $AM = MD \Leftrightarrow FH \parallel AD$. 故结论获证

2007 年湖南省高中数学竞赛试题

一、

1. 由 $x^2 - 3x + 2 = 0$ 得 $x = 1$ 或 $x = 2$, 即 $A = \{1, 2\}$, $B = \{y | y = x^2 - 2x + 3, x \in A\} = \{2, 3\}$, 所以 $A \otimes B = \{1, 3\}$. 故选 C.

2. $F(x)$ 的定义域为 $g(x) - 1 \neq 0$, 即 $x \neq 0$, 所以定义域关于原点对称.
$F(-x) = \frac{2f(-x)}{g(-x)-1} + f(-x) = \frac{-2f(x)}{\frac{1}{g(x)}-1} + f(-x) = \frac{-f(x)-f(x)g(x)}{1-g(x)} = F(x)$.

480

所以 $F(x)$ 为偶函数. 故选 B.

3. (必要性)取 $x=\dfrac{\pi}{4}$, 则 $\sin^3\dfrac{\pi}{4}+\cos^3\dfrac{\pi}{4}=2(\dfrac{\sqrt{2}}{2})^3=\dfrac{\sqrt{2}}{2}$.

(充分性)由三元平均值不等式,有

$\sqrt{2}\sin^3 x+\sqrt{2}\sin^3 x+\dfrac{1}{2}\geqslant 3\sin^2 x$, ①

$\sqrt{2}\cos^3 x+\sqrt{2}\cos^3 x+\dfrac{1}{2}\geqslant 3\cos^2 x$. ②

由①②两式相加,得

左边 $=2\sqrt{2}(\sin^3 x+\cos^3 x)+1=2\sqrt{2}\cdot\dfrac{\sqrt{2}}{2}+1=3$,

右边 $=3(\sin^2 x+\cos^2 x)=3$.

这说明①②两式同时取等号,有 $\sqrt{2}\sin^3 x=\dfrac{1}{2}$ 且 $\sqrt{2}\cos^3 x=\dfrac{1}{2}$,即 $\sin x=\dfrac{\sqrt{2}}{2}$ 且 $\cos x=\dfrac{\sqrt{2}}{2}$.

由 x 为锐角知 $x=\dfrac{\pi}{4}$. 故选 C.

4. 取 $(x_0,y_0)=(1,0)$, 显然 (x_0,y_0) 在 $y^2=4x$ 的内部. 由于 $(x_0,y_0)=(1,0)$ 对应的直线为 $x=-1$, 与抛物线 $y^2=4x$ 没有公共点, 因此可排除 A、B、C. 故选 D.

5. 设正多面体的面数共有 F, 总棱数 E, 总顶点数 V, 则 $V=2+E-F$, 总棱数 $E=\dfrac{3V}{2}=\dfrac{3}{2}(2+E-F)=3+\dfrac{3E}{2}-\dfrac{3F}{2}$, 所以 $-\dfrac{1}{2}E=3-\dfrac{3F}{2}$, 即有 $E-3F=-6$, 因此可能有以下几种:

$\begin{cases}E=6,\\ F=4;\end{cases}\begin{cases}E=12,\\ F=6;\end{cases}\begin{cases}E=30,\\ F=12;\end{cases}$ 所以只有 3 种. 故选 B.

6. 因为 $D_1C_1\perp$ 平面 BB_1C_1C, $C_1P\subset$ 平面 BB_1C_1C, 所以 $D_1C_1\perp C_1P$, 所以点 P 到直线 C_1D_1 的距离即为 C_1P 之长. 由题意可知, 在平面 BB_1C_1C 内, 点 P 到点 C_1 的距离与点 P 到直线 BC 的距离相等, 根据抛物线的定义可知, 动点 P 的所在的曲线是抛物线. 故选 D.

二、

7. 由①②③④知 C 在修指甲, 再由③的逆命题知 A 在听音乐; 而由④知 D 不看书, 则在梳头发, 故 B 在看书. 故: A 在听音乐; B 在看书; C 在修指甲; D 在梳头发.

8. 因为 $f(x)=2007\sin x+2008x^3$ 在 $x\in(-1,1)$ 上为奇函数且为增函数, 又 $f(1-a)+f(1-a^2)<0$, 可化为 $f(1-a)<f(a^2-1)$, 所以有

$\begin{cases}-1<1-a<1,\\ 1-a<a^2-1\\ -1<1-a^2<1.\end{cases}$

解不等式组, 得 $0<a<1$.

9. 因为 $a_1\cdot a_2\cdots\cdot a_k=\log_2 3\cdot\log_3 4\cdots\cdot\log_{k+1}(k+2)=\log_2(k+2)$, 所以 $k=2^n-2(n\in\mathbf{N}^*)$.

又 $2^{10}=1024<2007$, $2^{11}=2048>2007$,

所以 $M=(2^2-2)+(2^3-2)+\cdots+(2^{10}-2)=2^2(2^9-1)-2\times 9=2026$.

10. 由 $\sqrt{3}(\tan\alpha\cdot\tan\beta+m)+\tan\beta=0$, 得 $\tan\beta=\dfrac{-\sqrt{3}m}{\sqrt{3}\tan\alpha+1}$.

又 $\tan\alpha=\sqrt{3}(1+m)$, 所以 $\tan\beta=\dfrac{-\sqrt{3}m}{3m+4}$.

$$\tan(\alpha+\beta)=\frac{\tan\alpha+\tan\beta}{1-\tan\alpha\tan\beta}=\sqrt{3}.$$

又 $0<\alpha+\beta<\pi$，所以 $\alpha+\beta=\dfrac{\pi}{3}$.

11. 折叠后如图所示，取 EF 中点 M，则 $HG/\!/JM$，则 $\angle IJM$ 为所求．连 MI，则 $\triangle IJM$ 为正三角形，$\angle IJM=60°$．

12. 令 $Q(x)=P(x)-2007x$，则当 $k=1,2,3,4$ 时，$Q(k)=P(k)-2007k=0$．故知 $1,2,3,4$ 为 $Q(x)=0$ 的根．

因为 $Q(x)$ 为五次式，故可设
$Q(x)=(x-1)(x-2)(x-3)(x-4)(x-r)$，于是
$P(10)=Q(10)+2007\times10=9\times8\times7\times6(10-r)+2007\times10$，
$P(-5)=Q(-5)+2007(-5)=(-6)(-7)(-8)(-9)(-5-r)+2007\times(-5)$．

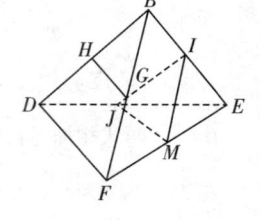

故 $P(10)-P(-5)=9\times8\times7\times6\times15+2007\times15=75465$．

三、

13. 先证充分性．

如图，由于 $\angle DPC=\angle DQC=90°$，所以 D,Q,P,C 四点共圆，进而 $\angle BCA+\angle PDQ=180°$，$\angle ACD=\angle QPD$．

同理，由 D,R,A,Q 四点共圆，得
$\angle CAD+\angle QRD=\angle BAC+\angle QDR=180°$．

在 $\triangle ABC$ 和 $\triangle ADC$ 中应用正弦定理，得
$\dfrac{BA}{BC}=\dfrac{\sin\angle BCA}{\sin\angle BAC}=\dfrac{\sin\angle PDQ}{\sin\angle QDR}$，
$\dfrac{DA}{DC}=\dfrac{\sin\angle ACD}{\sin\angle CAD}=\dfrac{\sin\angle QPD}{\sin\angle QRD}$，

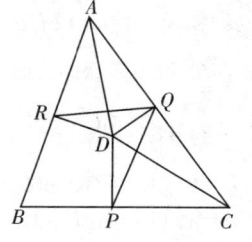

又 $PQ=QR$，所以 $\dfrac{BA}{BC}\cdot\dfrac{DC}{DA}=\dfrac{\sin\angle PDQ}{\sin\angle QPD}\cdot\dfrac{\sin\angle QRD}{\sin\angle QDR}=\dfrac{PQ}{QD}\cdot\dfrac{QD}{QR}=\dfrac{PQ}{QR}=1$.

于是 $\dfrac{BA}{BC}=\dfrac{DA}{DC}$.

再证必要性．

同上可得，$\dfrac{BA}{BC}\cdot\dfrac{DC}{DA}=\dfrac{\sin\angle PDQ}{\sin\angle QPD}\cdot\dfrac{\sin\angle QRD}{\sin\angle QDR}=\dfrac{PQ}{QD}\cdot\dfrac{QD}{QR}=\dfrac{PQ}{QR}$.

又 $\dfrac{BA}{BC}=\dfrac{DQ}{DC}$，所以 $\dfrac{BA}{BC}\cdot\dfrac{DC}{DA}=1$，即 $\dfrac{PQ}{QR}=1$，

所以，$PQ=QR$.

14. (1) 由条件，知 $a_1+a_2+\cdots+a_{n-1}+a_n=n(2n+1)$，
$a_1+a_2+\cdots+a_{n-1}=(n-1)(2n-1)$.

两式相减，得 $a_n=4n-1(n\geq2)$．又显然 $a_1=3$，所以 $a_n=4n-1(n\in\mathbf{N}^*)$.

$\dfrac{1}{a_1a_2}+\dfrac{1}{a_2a_3}+\cdots+\dfrac{1}{a_{2007}a_{2008}}$

$=\dfrac{1}{3\times7}+\dfrac{1}{7\times11}+\cdots+\dfrac{1}{(4\times2007-1)(4\times2008-1)}$

$=\dfrac{1}{4}[(\dfrac{1}{3}-\dfrac{1}{7})+(\dfrac{1}{7}-\dfrac{1}{11})+\cdots+(\dfrac{1}{4\times2007-1}-\dfrac{1}{4\times2008-1})]$

$$= \frac{1}{4}\left(\frac{1}{3} - \frac{1}{4 \times 2008 - 1}\right)$$
$$= \frac{2007}{24096} = \frac{669}{8032}.$$

(2) 令 $c_n = \frac{a_n}{2n+1} = \frac{4n-1}{2n+1} = 2 - \frac{3}{2n+1}$，则 $c_{n+1} = 2 - \frac{3}{2n+3}$，由于 $c_{n+1} - c_n = \frac{3}{2n+1} - \frac{3}{2n+3} > 0$ $(n \in \mathbf{N}^*)$，所以 $c_1 = 1$ 是数列 $\{c_n\}$ 中的最小项．由 $x \leqslant \lambda$ 时，对于一切自然数 n，都有 $f(x) \leqslant 0$，即 $-x^2 + 4x \leqslant \frac{a_n}{2n+1} = c_n$，所以，$-x^2 + 4x \leqslant c_1 = 1$，即 $x^2 - 4x + 1 \geqslant 0$．

解上述不等式，得 $x \geqslant 2 + \sqrt{3}$ 或 $x \leqslant 2 - \sqrt{3}$．

所以取 $\lambda = 2 - \sqrt{3}$ 符合题意，即最大的实数 $\lambda = 2 - \sqrt{3}$．

15. 若点 P 是长轴的端点，则取 x 轴上的射线，以该射线为角平分线，可作无数个椭圆的内接三角形，而且 $\angle P$ 的对边都互相平行于 y 轴；若点 P 不是长轴的端点，则可设点 P 的坐标为 $P(a\cos\theta, b\sin\theta)$，其中 $\sin\theta \neq 0$，过点 P 作射线平行于 y 轴，以该射线为角平分线作椭圆的内接三角形 PAB，又设 $\angle P$ 的对边 AB 所在的直线方程是 $y = mx + n$．

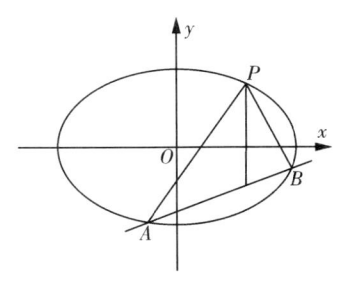

显然，如果存在一个 m 值，使得对于任意的 n 的值，都有 $k_{AP} + k_{BP} = 0$，即 $k_{AP} = -k_{BP}$，则命题就获得了证明．

将 $y = mx + n$ 代入 $\frac{x^2}{a^2} + \frac{y^2}{b^2} = 1$，并化简得
$(a^2 m^2 + b^2)x^2 + 2a^2 mnx + a^2 n^2 - a^2 b^2 = 0$．

设 $A(x_1, y_1)$、$B(x_2, y_2)$，则

$x_1 + x_2 = -\frac{2a^2 mn}{a^2 m^2 + b^2}$， ①

$x_1 x_2 = \frac{a^2 n^2 - a^2 b^2}{a^2 m^2 + b^2}$． ②

由 $k_{AP} + k_{BP} = 0$，得 $\frac{b\sin\theta - y_1}{a\cos\theta - x_1} + \frac{b\sin\theta - y_2}{a\cos\theta - x_2} = 0$，

即 $\frac{b\sin\theta - mx_1 - n}{a\cos\theta - x_1} + \frac{b\sin\theta - mx_2 - n}{a\cos\theta - x_2} = 0$．进一步化为

$(n - b\sin\theta - am\cos\theta)(x_1 + x_2) + 2mx_1 x_2 + 2ab\cos\theta - 2an\cos\theta = 0$．

将①②代入整理，得

$(abm\sin\theta - b^2\cos\theta)n - ab^2 m + a^2 bm\cos\theta\sin\theta + b^3 \cos\theta\sin\theta = 0$． ③

令 $abm\sin\theta - b^2\cos\theta = 0$，即 m 取定值 $\frac{b\cot\theta}{a}$ 时，③对任意的 n 恒成立，于是命题得证．

(第15题图)

16. 设 $y = \sqrt{x}\sin(x^2)$．当 $y = 0$ 时，方程的解为 $x = \sqrt{k\pi} \in [0, 20]$，$k \in \mathbf{Z}$，所以 $x = \sqrt{k\pi}(k = 0, 1, 2, \cdots, 127)$ 共 128 个根．

当 $\sqrt{x} \geqslant 2$ 时，$y = \sqrt{x}\sin(x^2)$ 的图象才有可能与 $y = 2$ 的图象相交，所以 $x \geqslant 4$．

又 $\sqrt{5\pi} < 4$，$\sqrt{6\pi} > 4$，当 $x \in [\sqrt{6\pi}, \sqrt{7\pi}]$ 时，$\sqrt{x}\sin(x^2) \geqslant 0$，函数 $y = \sqrt{x}\sin(x^2)$ 在 $[\sqrt{6\pi}, \sqrt{7\pi}]$ 上，其图象从 $(\sqrt{6\pi}, 0)$ 开始递增，再递减回到点 $(\sqrt{7\pi}, 0)$，且

$y_{\max} \geqslant \sqrt{\sqrt{6\pi + \frac{\pi}{2}} \cdot \sin[(\sqrt{6\pi + \frac{\pi}{2}})^2]} = \sqrt{\sqrt{6\pi + \frac{\pi}{2}}} > 2$，

故在区间$[\sqrt{8\pi},\sqrt{9\pi}]$,$[\sqrt{10\pi},\sqrt{11\pi}]$,$\cdots$,$[\sqrt{126\pi},\sqrt{127\pi}]$内,方程$\sqrt{x}\sin(x^2)-2=0$均有两个实根,故共有 122 个根.

综上所述,在区间$[0,20]$内,方程$\sqrt{x}\sin(x^2)-2=0$均有两个实根,故共有 122 个根.

2008 年湖南省高中数学夏令营试题

一、

1. A.   2. C.   3. B.   4. D.   5. C.   6. C.

二、

7. -5.   8. $\dfrac{n-1}{2}$.   9. $(1,2)$.   10. $90°$.   11. 1.   12. $\dfrac{24}{5}$.

三、

13. 设 c 为椭圆的焦半径,则 $\dfrac{c}{a}=\dfrac{4}{5}$,$\dfrac{a^2}{c}=\dfrac{25}{4}$.

于是有 $a=5,b=3$.

设 B 点坐标为 (s,t),P 点坐标为 (x,y).

于是有 $\overrightarrow{AB}=(s-6,t)$,$\overrightarrow{AP}=(x-6,y)$.

因为 $\overrightarrow{AB}\perp\overrightarrow{AP}$,所以有

$(s-6,t)(x-6,y)=(s-6)(x-6)+ty=0$.   ①

又因为 $\triangle ABP$ 为等腰直角三角形,所以有 $AB=AP$,即

$\sqrt{(s-6)^2+t^2}=\sqrt{(x-6)^2+y^2}$.   ②

由①$\Rightarrow s-6=-\dfrac{ty}{x-6}\Rightarrow(s-6)^2=\dfrac{t^2y^2}{(x-6)^2}$,代入②,得 $t^2=(x-6)^2$.

从而有 $y^2=(s-6)^2$,即 $s=6+y$(不合题意,舍去)或 $s=6-y$.

代入椭圆方程,即得动点 P 的轨迹方程 $\dfrac{(x-6)^2}{9}+\dfrac{(y-6)^2}{25}=1$.

注:本题可用参数方程或复数来解.

14. (1)令 $u=x_1x_2$,则由基本不等式,有 $0<u\leqslant\dfrac{k^2}{4}$.

(2) $\left(\dfrac{1}{x_1}-x_1\right)\left(\dfrac{1}{x_2}-x_2\right)=\dfrac{1}{x_1x_2}-\dfrac{x_1^2+x_2^2}{x_1x_2}+x_1x_2=x_1x_2-\dfrac{k^2-1}{x_1x_2}+2=u-\dfrac{k^2-1}{u}+2$.

记 $f(u)=u-\dfrac{k^2-1}{u}+2$.

当 $k\geqslant 1$ 时,函数 $f(u)$ 在 $\left(0,\dfrac{k^2}{4}\right]$ 上是增函数,则 $f(u)\leqslant f\left(\dfrac{k^2}{4}\right)=\left(\dfrac{k}{2}-\dfrac{2}{k}\right)^2$.

故要使 $f(u)\geqslant\left(\dfrac{k}{2}-\dfrac{2}{k}\right)^2$,则 $0<k<1$.

由 $f(u)=u+\dfrac{1-k^2}{u}+2$ 在 $(0,\sqrt{1-k^2}]$ 上递减,在 $[\sqrt{1-k^2},+\infty)$ 上递增,要使 $f(u)$ 在 $\left(0,\dfrac{k^2}{4}\right]$ 恒有 $f(u)\geqslant\left(\dfrac{k}{2}-\dfrac{2}{k}\right)^2=f\left(\dfrac{k^2}{4}\right)$,则必有 $\dfrac{k^2}{4}\leqslant\sqrt{1-k^2}$.

解得 $0<k\leqslant 2\sqrt{\sqrt{5}-2}$.

故所求 k 的取值范围为 $0<k\leqslant 2\sqrt{\sqrt{5}-2}$.

15. 如图,过 B 作 $BF \parallel AY$,交 YX 的延长线于 F.
由 $BF \parallel AY, AB \parallel XY$ 知四边形 $ABFY$ 为平行四边形.
由 E 为 BY 的中点,得 E 为 AF 的中点.
由 $AB=AC$,有 $\angle ABC=\angle ACB$.
于是 $\angle YXC=\angle ABC$. 从而 $YX=YC$.
连结 FD, DC, DA, DY. 则 $\angle FYD=\angle CYD$.
由 $AC=YF, DY=DC, \angle DCA=\angle DYF$
知 $\triangle ADC \cong \triangle FDY$.
故 $DA=DF$,而 E 为 AF 的中点,
则 $DE \perp AF$,即 $\angle AED=90°$.

16. (1) 定义 $a_0=0$.
当 $n \geqslant 1$ 时,$a_n^2 = a_{n-1}a_{n+1}+1$,$a_{n+1}^2 = a_n a_{n+2}+1$,
两式相减,整理得,$a_{n+1}(a_{n+1}+a_{n-1})=a_n(a_{n+2}+a_n)$,
即 $\dfrac{a_{n+2}+a_n}{a_{n+1}} = \dfrac{a_{n+1}+a_{n-1}}{a_n}$ ($\forall n \geqslant 1, a_n \neq 0$).

因此 $\dfrac{a_{n+2}+a_n}{a_{n+1}} = \dfrac{a_{n+1}+a_{n-1}}{a_n} = \dfrac{a_n+a_{n-2}}{a_{n-1}} = \cdots = \dfrac{a_2+a_0}{a_1} = 4$.

故 $a_{n+2} = 4a_{n+1} - a_n$ ($n \geqslant 1$).

由此二阶递推式及 $a_1=1, a_2=4$,容易得到数列 $\{a_n\}_{n \geqslant 1}$ 为整数列.

(2) 对 $n \geqslant 1, 0 = a_{n+1}(a_{n+1}-4a_n+a_{n-1}) = a_{n+1}^2 - 4a_{n+1}a_n + a_{n+1}a_{n-1} = a_{n+1}^2 - 4a_{n+1}a_n + a_n^2 - 1 = (a_{n+1}-a_n)^2 - (2a_n a_{n+1}+1)$.

因此 $2a_n a_{n+1} + 1 = (a_{n+1} - a_n)^2$.

故命题得证.

(第15题图)

2008年湖南省高中数学竞赛试题

一、

1. 集合 $A \otimes B$ 的元素:$z_1 = 2 \times 0 = 0, z_2 = 2 \times 8 = 16, z_3 = 0 \times 0 = 0, z_4 = 0 \times 8 = 0$,故集合 $A \otimes B$ 的所有元素之和为 16. 故选 A.

2. 设 $\{a_n\}$ 的公比为 q,则 $q^3 = \dfrac{a_5}{a_2} = \dfrac{\frac{1}{4}}{2} = \dfrac{1}{8}$,进而 $q = \dfrac{1}{2}$.

所以,数列 $\{a_n a_{n+1}\}$ 是以 $a_1 a_2 = 8$ 为首项,以 $q^2 = \dfrac{1}{4}$ 为公比的等比数列.

$a_1 a_2 + a_2 a_3 + \cdots + a_n a_{n+1} = \dfrac{8(1-\frac{1}{4^n})}{1-\frac{1}{4}} = \dfrac{32}{3}(1-4^{-n})$.

显然,$8 = a_1 a_2 \leqslant a_1 a_2 + a_2 a_3 + \cdots + a_n a_{n+1} < \dfrac{32}{3}$. 故选 C.

3. 5名志愿者随机进入3个不同的奥运场馆的方法数为 $3^5 = 243$ 种. 每个场馆至少有一名志愿者的情形可分两类考虑:第1类,一个场馆去3人,剩下两场馆各去1人,此类的方法数为 $C_5^3 \cdot C_2^1 \cdot A_2^2 = 60$ 种;第2类,一场馆去1人,剩下两场馆各去2人,此类的方法数为 $C_5^1 \cdot C_4^2 \cdot C_2^2 = 90$ 种. 故每个场馆至少有一名志愿者的概率为 $P = \dfrac{60+90}{243} = \dfrac{50}{81}$. 故选 D.

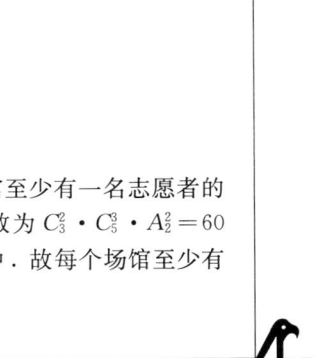

4. 设 $\overrightarrow{OA}=\vec{a},\overrightarrow{OB}=\vec{b}$，则 $x\vec{b}$ 表示与 $\overrightarrow{OB}$ 共线的任一向量，$|\vec{a}-x\vec{b}|$ 表示点 A 到直线 OB 上任一点 C 的距离 AC，而 $|\vec{a}-\vec{b}|$ 表示点 A 到 B 的距离．当 $\vec{b}\perp(\vec{a}-\vec{b})$ 时，$AB\perp OB$，由点与直线之间垂直距离最短知，$AC\geqslant AB$，即对一切 $x\in\mathbf{R}$，不等式 $|\vec{a}-x\vec{b}|\geqslant|\vec{a}-\vec{b}|$ 恒成立．反之，如果 $AC\geqslant AB$ 恒成立，则 $(AC)_{\min}\geqslant AB$，故 AB 必为点 A 到 OB 的垂直距离，$OB\perp AC$，即 $\vec{b}\perp(\vec{a}-\vec{b})$．故选 C．

5. 用 $x-2$ 代替 $f(x+2)+f(2-x)=4$ 中的 x，得 $f(x)+f(4-x)=4$．如果点 (x,y) 在 $y=f(x)$ 的图象上，则 $4-y=f(4-x)$，即点 (x,y) 关于点 $(2,2)$ 的对称点 $(4-x,4-y)$ 也在 $y=f(x)$ 的图象上．反之亦然，故①是真命题．用 $x-2$ 代替 $f(x+2)=f(2-x)$ 中的 x，得 $f(x)=f(4-x)$．如果点 (x,y) 在 $y=f(x)$ 的图象上，则 $y=f(4-x)$，即点 (x,y) 关于点 $x=2$ 的对称点 $(4-x,y)$ 也在 $y=f(x)$ 的图象上，故②是真命题．由②是真命题，可推知③也是真命题．故三个命题都是真命题，选 D．

6. 假设 AB、CD 相交于点 N，则 AB、CD 共面，所以 A,B,C,D 四点共圆，而过圆的弦 CD 的中点 N 的弦 AB 的长度显然有 $AB\geqslant CD$，所以②是错的．容易证明，当以 AB 为直径的圆面与以 CD 为直径的圆面平行且在球心两侧时，MN 最大为 5，故③对．当以 AB 为直径的圆面与以 CD 为直径的圆面平行且在球心同侧时，MN 最小为 1，故④对．①显然是对的，故选 A．

7. 因为 $2008°=5\times 360°+180°+28°$，所以
$a=\sin(-\sin 28°)=-\sin(\sin 28°)<0;b=\sin(-\cos 28°)=-\sin(\cos 28°)<0;$
$c=\cos(-\sin 28°)=\cos(\sin 28°)>0;d=\cos(-\cos 28°)=\cos(\cos 28°)>0.$
又 $\sin 28°<\cos 28°$，故 $b<a<d<c$．故选 B．

8. 由 $f(x)=x^3+3x^2+6x+14=(x+1)^3+3(x+1)+10$，令 $g(y)=y^3+3y$，则 $g(y)$ 为奇函数且单调递增．
而 $f(a)=(a+1)^3+3(a+1)+10=1,f(b)=(b+1)^3+3(b+1)+10=19$，
所以，$g(a+1)=-9,g(b+1)=9,g(-b-1)=-9$，从而 $g(a+1)=g(-b-1)$，即 $a+1=-b-1$，故 $a+b=-2$．故选 D．

二、

9. 由条件得 $|x-1|+|y-3|=|x-6|+|y-9|$，   ①
当 $y\geqslant 9$ 时，①化为 $|x-1|+6=|x-6|$，无解；
当 $y\leqslant 3$ 时，①化为 $|x-1|=6+|x-6|$，无解；
当 $3\leqslant y\leqslant 9$ 时，①化为
$2y-12=|x-6|-|x-1|$ ②
若 $x\leqslant 1$，则 $y=8.5$，线段长度为 1；若 $1\leqslant x\leqslant 6$，则 $x+y=9.5$，线段长度为 $5\sqrt{2}$；若 $x\geqslant 6$，则 $y=3.5$，线段长度为 4．综上可知，点 C 的轨迹构成的线段长度之和为 $1+5\sqrt{2}+4=5(\sqrt{2}+1)$．

10. P 优于 P'，即 P 位于 P' 的左上方，"不存在 Ω 中的其他点优于 Q"，即"点 Q 的左上方不存在 Ω 中的点"．故满足条件的点的集合为 $\{(x,y)|x^2+y^2=2008,x\leqslant 0$ 且 $y\geqslant 0\}$．

11. 由多项式乘法法则可知，可将问题转化为求方程
$s+t+r=150$ ①
的不超过 100 的自然数解的组数．显然，方程①的自然数解的组数为 C_{152}^2．
下面求方程①的超过 100 自然数解的组数．因其和为 150，故只能有一个数超过 100，不妨设 $s>100$．将方程①化为
$(s-101)+t+r=49.$
记 $s'=s-101$，则方程 $s'+t+r=49$ 的自然数解的组数为 C_{51}^2．
因此，x^{150} 的系数为 $C_{152}^2-C_3^1C_{51}^2=7651$．

12. 因为底面周长为 3，所以底面边长为 $\frac{1}{2}$，底面面积为 $S=\frac{3\sqrt{3}}{8}$．又因为体积为 $\frac{9}{8}$，所以高为 $\sqrt{3}$．该球的直

径为 $\sqrt{1^2+(\sqrt{3})^2}=2$,球的体积 $V=\dfrac{4}{3}\pi R^3=\dfrac{4}{3}\pi$.

13. 第一行染 2 个黑格有 C_4^2 种染法. 第一行染好后,有如下三种情况:
(1)第二行染的黑格均与第一行的黑格同列,这时其余行都只有一种染法;
(2)第二行染的黑格与第一行的黑格均不同列,这时第三行有 C_4^2 种染法,第四行的染法随之确定;
(3)第二行染的黑格恰有一个与第一行的黑格同列,这样的染法有 4 种,而在第一、第二这两行染好后,第三行染的黑格必然有 1 个与上面的黑格均不同列,这时第三行的染法有 2 种,第四行的染法随之确定.

因此,共有染法为 $6\times(1+6+4\times 2)=90$ 种.

14. 令 $f(k)=\left[\dfrac{k-1}{5}\right]-\left[\dfrac{k-2}{5}\right]$,则

$f(k+5)=\left[\dfrac{k+5-1}{5}\right]-\left[\dfrac{k+5-2}{5}\right]=\left[1+\dfrac{k-1}{5}\right]-\left[1+\dfrac{k-2}{5}\right]=\left[\dfrac{k-1}{5}\right]-\left[\dfrac{k-2}{5}\right]=f(k)$,

故 $f(k)$ 是周期为 5 的函数.

计算可知:$f(2)=0,f(3)=0,f(4)=0,f(5)=0,f(6)=1$. 所以,

$x_{2008}=x_{2007}+1-5f(2008);x_{2007}=x_{2006}+1-5f(2007),\cdots,x_2=x_1+1-5f(2)$.

以上各式叠加,得 $x_{2008}=x_1+2007-5[f(2)+f(3)+\cdots+f(2008)]$
$=x_1+2007-5\{401[f(2)+f(3)+\cdots+f(6)]+f(2)+f(3)\}$
$=x_1+2007-5\times 401=3$;

同理可得 $y_{2008}=402$.

所以,第 2008 棵树的种植点为 $(3,402)$.

三、

15. 由对称性,不妨设 $a\leqslant b$,令 $\dfrac{a}{b}=t$,则因 $\alpha\leqslant a\leqslant b\leqslant\beta$,可得

$\dfrac{\alpha}{\beta}\leqslant t=\dfrac{a}{b}\leqslant\dfrac{\beta}{\alpha}$.

设 $f(t)=t+\dfrac{1}{t}\left(\dfrac{\alpha}{\beta}\leqslant t\leqslant\dfrac{\beta}{\alpha}\right)$,则对 t 求导,得 $f'(t)=1-\dfrac{1}{t^2}$.

易知,当 $t\in\left[\dfrac{\alpha}{\beta},1\right)$ 时,$f'(t)<0,f(t)$ 单调递减;当 $t\in\left(1,\dfrac{\beta}{\alpha}\right]$ 时,$f'(t)>0,f(t)$ 单调递增.

故 $f(t)$ 在 $t=\dfrac{\alpha}{\beta}$ 或 $t=\dfrac{\beta}{\alpha}$ 处有最大值且 $f\left(\dfrac{\alpha}{\beta}\right)=\dfrac{\alpha}{\beta}+\dfrac{\beta}{\alpha}$ 及 $f\left(\dfrac{\beta}{\alpha}\right)=\dfrac{\beta}{\alpha}+\dfrac{\alpha}{\beta}$ 两者相等.

故 $f(t)$ 的最大值为 $\dfrac{\beta}{\alpha}+\dfrac{\alpha}{\beta}$,即 $f(t)=t+\dfrac{1}{t}\leqslant\dfrac{\beta}{\alpha}+\dfrac{\alpha}{\beta}$.

由 $\dfrac{a}{b}=t$,得 $\dfrac{b}{a}+\dfrac{a}{b}\leqslant\dfrac{\beta}{\alpha}+\dfrac{\alpha}{\beta}$,其中等号仅当 $a=\alpha,b=\beta$ 或 $a=\beta,b=\alpha$ 成立.

16. 如果某方以 3:1 或 3:0 获胜,则将未比的一局补上,并不影响比赛结果. 于是,问题转化为:求"乙在五局中至少赢三局的概率".

乙胜五局的概率为 $\left(\dfrac{1}{3}\right)^5$;

乙胜四局负一局的概率为 $C_5^1\left(\dfrac{1}{3}\right)^4\times\dfrac{2}{3}$;

乙胜三局负二局的概率为 $C_5^2\left(\dfrac{1}{3}\right)^3\times\left(\dfrac{2}{3}\right)^2$.

以上结果相加,得乙在五局中至少赢三局的概率为 $\dfrac{17}{81}$.

17.(1)因为 $f(x)=\ln(1+x)-x$,所以函数的定义域为 $(-1,+\infty)$.

又 $f'(x)=\dfrac{1}{1+x}-1=-\dfrac{x}{1+x}$.

当 $x\in[0,n]$ 时,$f'(x)<0$,即 $f(x)$ 在 $[0,n](n\in\mathbf{N}^*)$ 上是减函数,故

$b_n=f(n)=\ln(1+n)-n$,

$a_n=\ln(1+n)-b_n=\ln(1+n)-\ln(1+n)+n=n$.

因为 $\dfrac{(2k-1)(2k+1)}{(2k)^2}=\dfrac{4k^2-1}{4k^2}<1$,所以

$\left[\dfrac{1\cdot 3\cdot 5\cdot\cdots\cdot(2k-1)}{2\cdot 4\cdot\cdots\cdot(2k)}\right]^2=\dfrac{1\cdot 3}{2^2}\cdot\dfrac{3\cdot 5}{4^2}\cdot\dfrac{5\cdot 7}{6^2}\cdot\cdots\cdot\dfrac{(2k-1)(2k+1)}{(2k)^2}\cdot\dfrac{1}{2k+1}<\dfrac{1}{2k+1}$.

又容易证明 $\dfrac{1}{\sqrt{2k+1}}<\sqrt{2k+1}-\sqrt{2k-1}$,所以

$p_k=\dfrac{a_1a_3\cdot\cdots\cdot a_{2k+1}}{a_2a_4\cdot\cdots\cdot a_{2k}}=\dfrac{1\cdot 3\cdot 5\cdot\cdots\cdot(2k-1)}{2\cdot 4\cdot\cdots\cdot(2k)}<\dfrac{1}{\sqrt{2k+1}}<\sqrt{2k+1}-\sqrt{2k-1}(k\in\mathbf{N}^*)$,

$p_1+p_2+\cdots+p_n<(\sqrt{3}-1)+(\sqrt{5}-\sqrt{3})+\cdots+(\sqrt{2n+1}-\sqrt{2n-1})$

$=\sqrt{2n+1}-1=\sqrt{2a_n+1}-1$.

即 $p_1+p_2+\cdots+p_n<\sqrt{2a_n+1}-1$.

18.(1)设 $P(x_0,y_0)$、$M(x_1,y_1)$、$N(x_2,y_2)$,则椭圆过点 M、N 的切线方程分别为

$\dfrac{x_1x}{25}+\dfrac{y_1y}{9}=1,\dfrac{x_2x}{25}+\dfrac{y_2y}{9}=1$.

因为两切线都过点 P,则有

$\dfrac{x_1x_0}{25}+\dfrac{y_1y_0}{9}=1,\dfrac{x_2x_0}{25}+\dfrac{y_2y_0}{9}=1$.

这表明 M、N 均在直线 $\dfrac{x_0x}{25}+\dfrac{y_0y}{9}=1$ 上. ①

由两点决定一条直线知,式①就是直线 MN 的方程,其中 (x_0,y_0) 满足直线 l 的方程.

(1)当点 P 在直线 l 上运动时,可理解为 x_0 取遍一切实数,相应的 y_0 为

$y_0=\dfrac{5}{7}x_0-10$.

代入①消去 y_0 得 $\dfrac{x_0}{25}x+\dfrac{5x_0-70}{63}y-1=0$. ②

对一切 $x_0\in\mathbf{R}$ 恒成立.

变形可得 $x_0\left(\dfrac{x}{25}+\dfrac{5y}{63}\right)-\left(\dfrac{10y}{9}+1\right)=0$,

对一切 $x_0\in\mathbf{R}$ 恒成立. 故有 $\begin{cases}\dfrac{x}{25}+\dfrac{5y}{63}=0,\\ \dfrac{10y}{9}+1=0.\end{cases}$

由此解得直线 MN 恒过定点 $Q\left(\dfrac{25}{14},-\dfrac{9}{10}\right)$.

(2)当 $MN\parallel l$ 时,由式②知 $\dfrac{\frac{x_0}{25}}{5}=\dfrac{\frac{5x_0-70}{63}}{-7}=\dfrac{-1}{-70}$.

解得 $x_0=\dfrac{4375}{533}$.

代入②,得此时 MN 的方程为 $5x-7y-\dfrac{533}{35}=0$.

将此方程与椭圆方程联立,消去 y 得

$$\dfrac{533}{25}x^2-\dfrac{533}{7}x-\dfrac{128068}{1225}=0.$$

由此可得,此时 MN 截椭圆所得弦的中点横坐标恰好为点 $Q\left(\dfrac{25}{14},-\dfrac{9}{10}\right)$ 的横坐标,即

$$x=\dfrac{x_1+x_2}{2}=-\dfrac{-\dfrac{533}{7}}{2\times\dfrac{533}{25}}=\dfrac{25}{14}.$$

代入③式可得弦中点纵坐标恰好为点 $Q\left(\dfrac{25}{14},-\dfrac{9}{10}\right)$ 的纵坐标,即

$$y=\dfrac{5}{7}\times\dfrac{25}{14}-\dfrac{533}{7\times 35}=\dfrac{1}{49}\left(\dfrac{125}{2}-\dfrac{533}{2}\right)=-\dfrac{9}{10}.$$

这就是说,点 $Q\left(\dfrac{25}{14},-\dfrac{9}{10}\right)$ 平分线段 MN.

2009 年湖南省高中数学夏令营试题

一、

1. 4   2. 30   3. $d_{\min}=\dfrac{\sqrt{13}}{39}$ 4. $\left[2,2\dfrac{3}{4}\right]$ 5. 2   6. $\sqrt{2+\sqrt{2}}$ 7. $(4,8)$ 8. $\dfrac{1}{32}$ 9. $\dfrac{3}{4}$ 10. 13

二、

11. (1) 依题设,方程 $ax^2+x+1=0$ 有两个实数根,则

$\Delta=1-4a\geqslant 0$,解得 $a\leqslant\dfrac{1}{4}$.

由韦达定理,有 $\begin{cases}x_1+x_2=-\dfrac{1}{a}\\ x_1x_2=\dfrac{1}{a}\end{cases}$,从而 $(1+x_1)(1+x_2)=1+x_1+x_2+x_1x_2=1$.

又 $(1+x_1)(1+x_2)=2-\dfrac{1}{a}<0$.

故 $x_1<-1,x_2<-1$.

(2) 由 $\left|\lg\dfrac{x_1}{x_2}\right|\leqslant 1$ 得到 $\dfrac{1}{10}\leqslant\dfrac{x_1}{x_2}\leqslant 10$.

注意到 $\dfrac{x_1}{x_2}+\dfrac{x_2}{x_1}=\dfrac{x_1^2+x_2^2}{x_1x_2}=\dfrac{1}{a}-2$,得到 $\dfrac{x_1}{x_2}+\dfrac{x_2}{x_1}+2=\dfrac{1}{a}$.

由对勾函数 $y=t+\dfrac{1}{t}$ 在 $\left[\dfrac{1}{10},1\right]$ 上单调递减,在 $[1,10]$ 上单调递增,知

$4\leqslant\dfrac{x_1}{x_2}+\dfrac{x_2}{x_1}+2\leqslant\dfrac{121}{10}$.

从而 $\dfrac{10}{121}\leqslant a\leqslant\dfrac{1}{4}$,此即为所求实数 a 的取值范围.

12. 令 $x_1+x_2+x_3=x,x_4+x_5=y,x_6=z$,则 $x\geqslant 3,y\geqslant 2,z\geqslant 1$.

先考虑不定方程 $x+3y+5z=21$ 满足 $x\geqslant 3,y\geqslant 2,z\geqslant 1$ 的正整数解.

∵ $x\geqslant 3,y\geqslant 2,z\geqslant 1$,∴ $5z=21-x-3y\leqslant 12$,∴ $1\leqslant z\leqslant 2$.

当 $z=1$ 时, 有 $x+3y=16$, 此方程满足 $x\geqslant 3, y\geqslant 2$ 的正整数解为 $(x,y)=(10,2),(7,3),(4,4)$.

当 $z=2$ 时, 有 $x+3y=11$, 此方程满足 $x\geqslant 3, y\geqslant 2$ 的正整数解为 $(x,y)=(5,2)$.

所以不定方程 $x+3y+5z=21$ 满足 $x\geqslant 3, y\geqslant 2, z\geqslant 1$ 的正整数解为
$(x,y,z)=(10,2,1),(7,3,1),(4,4,1),(5,2,2)$.

又方程 $x_1+x_2+x_3=x(x\in \mathbf{N}, x\geqslant 3)$ 的正整数解的组数为 C_{x-1}^2, 方程 $x_4+x_5=y(y\in \mathbf{N}, x\geqslant 2)$ 的正整数解数的组数为 C_{y-1}^1, 故由分步计数原理知, 原不定方程的正整数解的组数为
$C_9^2 C_1^1 + C_6^2 C_2^1 + C_3^2 C_3^1 + C_4^2 C_1^1 = 36+30+9+6=81$.

13. 设 A、P 的坐标分别为 $A(x,y)$、$P(x_0,y_0)$, 则 $x_0>4$.

记 PA 交 x 轴于点 B.

由角平分线的性质, 得 $\dfrac{|BA|}{|AP|}=\dfrac{|BE|}{|PE|}=\dfrac{|BF|}{|PF|}=\dfrac{|BE|-|BF|}{|PE|-|PF|}=\dfrac{2c}{2a}=\dfrac{5}{4}$.

于是点 A 分有向线段 $\overrightarrow{BP}$ 所成的比为 $\lambda=\dfrac{5}{4}$, 则由定比分点公式, 得

$$\begin{cases} x=\dfrac{x_B+\lambda x_0}{1+\lambda}=\dfrac{4x_B+5x_0}{9}, \\ y=\dfrac{y_B+\lambda y_0}{1+\lambda}=\dfrac{5y_0}{9}. \end{cases} \quad (*)$$

由双曲线的焦半径公式, 得 $|PF|=ex_0-a=\dfrac{5}{4}x_0-4$.

而 $|BF|=x_B-5$, 则 $\dfrac{x_B-5}{\dfrac{5}{4}x_0-4}=\dfrac{5}{4}$, 即 $x_B=\dfrac{25}{15}x_0$.

从而由 $(*)$ 知 $\begin{cases} x_0=\dfrac{4}{5}x \\ y_0=\dfrac{9}{5}y \end{cases}$.

又由 $P(x_0,y_0)$ 在双曲线 $\dfrac{x^2}{16}-\dfrac{y^2}{9}=1$ 上, 则 $\dfrac{x_0^2}{16}-\dfrac{y_0^2}{9}=1$.

故 A 点的轨迹方程为 $\dfrac{x^2}{25}-\dfrac{9y^2}{25}=1$.

所以, 当 P 在双曲线的右支上时, 所求 A 点的轨迹方程为 $\dfrac{x^2}{25}-\dfrac{9y^2}{25}=1(x>5)$.

14. 如图, 设 BO_1 交 AC 于点 D, 则由外角平分线定理, 有
$\dfrac{O_1D}{O_1B}=\dfrac{AD}{AB}$. ①

直线 BID 截 $\triangle QCM$, 由梅氏定理, 有
$\dfrac{CB}{BM}\cdot\dfrac{MI}{IQ}\cdot\dfrac{QD}{DC}$. ②

由内角平分线定理, 有 $\dfrac{MI}{IQ}=\dfrac{CM}{CQ}$. ③

(第14题图)

注意到 $BM=CM$, 由②、③有 $\dfrac{QD}{CQ}=\dfrac{CD}{CB}$. ④

由内角平分线定理, 有 $\dfrac{CD}{CB}=\dfrac{AD}{AB}$. ⑤

由①、④、⑤有 $\dfrac{QD}{CQ}=\dfrac{Q_1D}{Q_1B}$.

故 $Q_1Q // BC$.

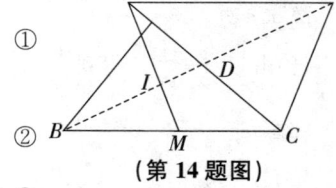

2009年湖南省高中数学竞赛试题

一、

1. C 因为 $i^1=i, i^2=-1, i^3=-i, i^4=1$，所以，满足 $z^n=1$ 的最小正整数 $n=4$.

2. C 因为 $f(x+1)$ 是奇函数，所以，$f(x+1)=-f(-x+1)$，
$f(x)=-f(-x+2)$. ①
同理，由 $f(x-1)$ 是奇函数得
$f(x)=-f(-x-2)$. ②
由式①、②得 $f(-x+2)=f(-x-2)$.
故 $f(x+2)=f(x-2), f(x+4)=f(x)$.
从而，$f(x)$ 是周期为 4 的函数.
又 $f(x-1)$ 是奇函数，则 $f(x+3)$ 是奇函数.

3. D 由 $\cos\dfrac{\pi x}{2}=\dfrac{1}{2}$，得 $x=\pm\dfrac{2}{3}$.
由函数 $y=\cos\dfrac{\pi x}{2}$ 的图象知，使 $\cos\dfrac{\pi x}{2}$ 的值介于 0 到 $\dfrac{1}{2}$ 之间的 x 落在 $\left[-1,-\dfrac{2}{3}\right]$ 和 $\left[\dfrac{2}{3},1\right]$ 之内.
于是，所求概率为 $P=\dfrac{2\times\dfrac{1}{3}}{2}=\dfrac{1}{3}$.

4. D 用 $1-x$ 代替条件等式中的 x 得 $f(x^2-3x+2)+2f(x^2+x)=9x^2-3x-6$.
由上式及原式消去 $f(x^2-3x+2)$ 得 $f(x^2+x)=3x^2+3x-4=3(x^2+x)-4$.
故 $f(50)=150-4=146$.

5. A 由已知得 $a_{n+1}+1=a_n+1+2\sqrt{1+a_n}+1=(\sqrt{a_n+1}+1)^2$.
又 $a_{n+1}>0$，则 $\sqrt{a_{n+1}+1}=\sqrt{a_n+1}+1$.
故数列 $\{\sqrt{a_n+1}\}$ 是首项为 1、公差为 1 的等差数列，即 $\sqrt{a_n+1}=n$.
于是，$a_n=n^2-1=(n-1)(n+1)$.
故 $a_{2009}=2008\times2010=4035080$.

6. D 由于 $\dfrac{\overrightarrow{AB}}{|\overrightarrow{AB}|}+\dfrac{\overrightarrow{AC}}{|\overrightarrow{AC}|}$ 所在直线穿过 $\triangle ABC$ 的内心，故由 $\left(\dfrac{\overrightarrow{AB}}{|\overrightarrow{AB}|}+\dfrac{\overrightarrow{AC}}{|\overrightarrow{AC}|}\right)\cdot\overrightarrow{BC}=0$，知 $|\overrightarrow{AB}|=|\overrightarrow{AC}|$.
又 $\dfrac{\overrightarrow{AB}}{|\overrightarrow{AB}|}\cdot\dfrac{\overrightarrow{AC}}{|\overrightarrow{AC}|}=\dfrac{1}{2}$，则 $\angle A=\dfrac{\pi}{3}$. 于是，$\triangle ABC$ 为等边三角形.

二、

7. 当 $n=1$ 时，$C_5^1+C_5^5=2^3-2$；
当 $n=2$ 时，$C_9^1+C_9^5+C_9^9=2^7+2^3$；
当 $n=3$ 时，$C_{13}^1+C_{13}^5+C_{13}^9+C_{13}^{13}=2^{11}-2^5$；
当 $n=4$ 时，$C_{17}^1+C_{17}^5+C_{17}^9+C_{17}^{13}+C_{17}^{17}=2^{15}+2^7$.
由此即可归纳出一般结论：$C_{4n+1}^1+C_{4n+1}^5+\cdots+C_{4n+1}^{4n+1}=2^{4n-1}+(-1)^n2^{2n-1}$.

8. 取 AB 的中点 E. 则 $DE/\!/AC, \angle ADE=90°, \angle DAE=\angle A-90°$.
设 $AC=b, AD=m$. 则 $\tan C=\dfrac{m}{b}, \tan(A-90°)=\dfrac{b}{2m}, -\cot A=\dfrac{b}{2m}$.
故 $\tan C-\cot A=\dfrac{m}{b}+\dfrac{b}{2m}\geqslant\sqrt{2}$.

491

当且仅当 $m=\frac{\sqrt{2}}{2}b$ 时，上式等号成立．

9. 令 $\underbrace{11\cdots1}_{n\text{个}}=a$．则 $10^n=\underbrace{99\cdots9}_{n\text{个}}+1=9a+1$，

$\underbrace{44\cdots4}_{2n\text{个}}=4a\cdot10^n+4a=4a(9a+2)$，$\underbrace{11\cdots1}_{n+1\text{个}}=10a+1$，$\underbrace{66\cdots6}_{n\text{个}}=6a$．

故原式$=\sqrt{4a(9a+2)+10a+1-6a}=\sqrt{(6a+1)^2}=6a+1=\underbrace{66\cdots67}_{n-1\text{个}}$．

10. 由已知得
$$\begin{cases} m>1,\\ 3-m>0,\\ \log_m(3-m)\times 1-m. \end{cases}$$
解得 $\frac{3}{2}\leqslant m<3$．

11. 易知 $a=2,c=\sqrt{4+b^2},e=\frac{\sqrt{4+b^2}}{2}$．

渐近线方程为 $\frac{x}{2}\pm\frac{y}{b}=0\Rightarrow bx\pm 2y=0$．

右焦点$(\sqrt{4+b^2},0)$到渐近线的距离为 $d=b$．

故 $b=\frac{\sqrt{4+b^2}}{2}\Rightarrow b=\frac{2\sqrt{3}}{3}\Rightarrow e=\frac{\sqrt{4+\frac{4}{3}}}{2}=\frac{2\sqrt{3}}{3}$．

12. 原方程可转化为

$|x-1|(|x-2|+|x+3|)=11$． ①

当 $x\leqslant -3$ 时，式①为 $2x^2-x-12=0$，它的两根都大于-3，此时无解；

当 $-3<x\leqslant 1$ 时，式①为 $-5x+5=11$，解得 $x=-\frac{6}{5}$，满足题意；

当 $1<x\leqslant 2$ 时，式①为 $5x-5=11$，解得 $x=\frac{16}{5}>2$，此时无解；

当 $x>2$ 时，式①为 $2x^2-x-12=0$，其中一个根 $x=\frac{1+\sqrt{97}}{4}$ 满足题意．

综上，方程的所有实根之和为 $-\frac{6}{5}+\frac{1+\sqrt{97}}{4}=\frac{-19+5\sqrt{97}}{20}$．

13. 取 $x=0$，得 $b_0=n$．

取 $x=1$，得 $2+2^2+\cdots+2^n=b_0+b_1+\cdots+b_n$，即 $2(2^n-1)=n+1013$．

由此解得 $n=9$．

14. 设正方体的棱长为 1，以 $\overrightarrow{DA}、\overrightarrow{DC}、\overrightarrow{DD'}$ 为基底建立空间直角坐标系，则 $B(1,1,0)$．故 $D'(0,0,1),M\left(\frac{1}{2},\frac{1}{2},0\right)、N\left(\frac{1}{2},0,\frac{1}{2}\right)$．

于是，$\overrightarrow{BD'}=(-1,-1,1),\overrightarrow{MN}=\left(0,-\frac{1}{2},\frac{1}{2}\right)$．

因 $\overrightarrow{BD'}\cdot\overrightarrow{MN}=1,|\overrightarrow{BD'}|=\sqrt{3},|\overrightarrow{MN}|=\frac{\sqrt{2}}{2}$，所以

$\cos\langle\overrightarrow{BD'},\overrightarrow{MN}\rangle=\frac{\overrightarrow{BD'}\cdot\overrightarrow{MN}}{|\overrightarrow{BD'}|\cdot|\overrightarrow{MN}|}=\frac{\sqrt{6}}{3}\Rightarrow\sin\langle\overrightarrow{BD'},\overrightarrow{MN}\rangle=\frac{\sqrt{3}}{3}$．

三、

15. 依定义得

$f(x) = x^2(1-x) + t(x+1) = -x^3 + x^2 + tx + t$.

则 $f'(x) = -3x^2 + 2x + t$.

若 $f(x)$ 在区间 $(-1,1)$ 上是单调增函数,则在 $(-1,1)$ 上 $f'(x) \geqslant 0$.

故 $-3x^2 + 2x + t \geqslant 0$ 在 $x \in (-1,1)$ 上恒成立,即 $t \geqslant 3x^2 - 2x$ 在 $x \in (-1,1)$ 上恒成立.

考虑函数 $g(x) = 3x^2 - 2x$.

由于 $g(x)$ 的图象是对称轴为 $x = \dfrac{1}{3}$、开口向上的抛物线,故要使 $t \geqslant 3x^2 - 2x$ 在 $x \in (-1,1)$ 上恒成立,即要 $t \geqslant g(-1) = 5$.

而当 $t \geqslant 5$ 时,在 $(-1,1)$ 上 $f'(x) \geqslant 0$,即 $f(x)$ 在区间 $(-1,1)$ 上单调增函数.

故 t 的取值范围 $t \geqslant 5$.

16. 由正弦定理得

$AC = 2R\sin(\alpha_4 + \alpha_1) = 2R\sin(\alpha_2 + \alpha_3)$, $BD = 2R\sin(\alpha_1 + \alpha_2) = 2R\sin(\alpha_3 + \alpha_4)$,

$AB = 2R\sin\alpha_3$, $BC = 2R\sin\alpha_2$, $CD = 2R\sin\alpha_1$, $DA = 2R\sin\alpha_4$.

故原不等式等价于

$AC^2 \cdot BD^2 \geqslant 4AB \cdot BC \cdot CD \cdot DA$.   ①

又由托勒密定理得 $AC \cdot BD = AB \cdot CD + BC \cdot AD$.

故 $AC \cdot BD \geqslant 2\sqrt{AB \cdot BC \cdot CD \cdot DA}$,即 $AC^2 \cdot BD^2 \geqslant 4AB \cdot BC \cdot CD \cdot DA$.

于是,式①获证,即原不等式获证.

17. 记 $S = a_1 + a_2 + \cdots + a_{n-1}$. 则欲证不等式可化归为

$n^2(S + a_0 + a_n)S \geqslant (n^2-1)(S + a_0)(S + a_n)$,

即 $(S + a_0)(S + a_n) \geqslant n^2 a_0 a_n$.   ①

由数列 $\{a_n\}$ 为对数性凸数列知 $\dfrac{a_0}{a_1} \leqslant \dfrac{a_1}{a_2} \leqslant \cdots \dfrac{a_{n-1}}{a_n}$,

即 $a_0 a_n \leqslant a_1 a_{n-1} \leqslant a_2 a_{n-2} \leqslant \cdots$.

故 $S = \sum\limits_{k=1}^{n-1} \dfrac{a_k + a_{n-k}}{2} \geqslant \sum\limits_{k=1}^{n-1} \sqrt{a_k a_{n-k}} \geqslant (n-1)\sqrt{a_0 a_n}$.

再由 $a_0 + a_n \geqslant 2\sqrt{a_0 a_n}$,得

$(S + a_0)(S + a_n) = S^2 + (a_0 + a_n)S + a_0 a_n \geqslant S^2 + 2\sqrt{a_0 a_n}S + (\sqrt{a_0 a_n})^2 = (S + \sqrt{a_0 a_n})^2 \geqslant n^2 a_0 a_n$.

故式①成立. 从而,原不等式成立.

18. 以直线 OB、OA 分别为 x 轴、y 轴建立直角坐标系. 则问题转化为:先求以点 $M(3,3)$ 为圆心、1 为半径的圆的切线被 x 轴的正半轴和 y 轴的正半轴所截线段 AB 长的最小值,再比较该最小值和 7 的大小关系. 设 $l_{AB} : \dfrac{x}{a} + \dfrac{y}{b} = 1$.

因为该直线与圆 $(x-3)^2 + (y-3)^2 = 1$ 相切,所以

$\left|\dfrac{3}{a} + \dfrac{3}{b} - 1\right| = \sqrt{\dfrac{1}{a^2} + \dfrac{1}{b^2}}$.   ①

由于原点 $(0,0)$ 与 $M(3,3)$ 在直线 $\dfrac{x}{a} + \dfrac{y}{b} = 1$ 的异侧,则 $\dfrac{3}{a} + \dfrac{3}{b} - 1 > 0$.

从而,式①可化为

$\sqrt{a^2 + b^2} = 3(a+b) - ab$.   ②

下面求 $AB = \sqrt{a^2 + b^2} \ (a > 0, b > 0)$ 的最小值.

设 $a=r\sin\theta, b=r\cos\theta (r>0, \theta\in[0,\frac{\pi}{2}])$.

代入式②得
$$r=\frac{3(\sin\theta+\cos\theta)-1}{\sin\theta\cdot\cos\theta}. \qquad ③$$

再设 $t=\sin\theta+\cos\theta$.

因为 $\theta\in[0,\frac{\pi}{2}]$，所以，$t\in(1,\sqrt{2}]$.

代入式③得 $r=\frac{6t-2}{t^2-1}=\frac{4}{t+1}+\frac{2}{t-1}\geq 6\sqrt{2}-2$.

当且仅当 $t=\sqrt{2}$，即 $\theta=\frac{\pi}{4}$ 时，上式等号成立.

这说明，能水平移过的宽为 1 m 的矩形的长至多为 $r_{\max}=6\sqrt{2}-2<6\times\frac{3}{2}-2=7$ (m).

故设备不能水平移进过道.

19. 第 p 次报数后剩下的 3 人中，前两人最初的位置显然是原来队伍中的第一和第二个位置.

设第三个人的最初位置是 a_{p+1}. 则第一次报数后他站在第 a_p 个位置，…，第 p 次报数后他站在第 a_1 个位置. 显然，$a_1=3$.

由 $a_{p+1}, a_p, \cdots$，都没有被淘汰知，这些数都不是 3 的倍数.

事实上，经过一次报数，由 a_{p+1} 到 a_p 的位置变动的数目 $a_{p+1}-a_p$ 就是由 1 到 a_{p+1} 这些数中所有 3 的倍数的个数，即 $\frac{1}{3}(a_{p+1}-r)(r=1$ 或 2).

所以，$a_{p+1}-a_p=\frac{1}{3}(a_{p+1}-r), a_{p+1}=\frac{1}{2}(a_p-r)(r=1$ 或 2).

又 a_{p+1}, a_p 都是正整数，则

当 a_p 为奇数时，$r=1$；当 a_p 为偶数时，$r=2$.

故 $a_{p+1}=\frac{1}{2}(3a_p-r)\leq 2009<a_{p+2}=\frac{1}{2}(3a_{p+1}-r')$, ①

其中，r, r' 取 1 或 2，具体取值如前所述.

由 $a_1=3$ 及式①，逐一计算 $a_i(i=2,3,\cdots,j)$，直至 $a_j>2009$ 为止得

$a_2=\frac{1}{2}(3\times 3-1)=4$,

$a_3=\frac{1}{2}(3\times 4-2)=5$,

……

$a_{18}=\frac{1}{2}(3\times 1067-1)=1600$,

$a_{19}=\frac{1}{2}(3\times 1600-2)=2399>2009$.

故最后剩下的三个人最初在队伍的第一、第二和第 1600 个位置.

2010 年湖南省高中数学夏令营试题

一、

1. $T=\pi$ 2. $(x-10)^2+y^2=9$ 3. $[-4,-2]$ 4. 0 5. $\frac{1}{2}$ 6. $[0,\frac{\pi}{2})\cup(\frac{2\pi}{3},\pi)$ 7. 1 8. $[0,2]$

9. 455 10. $\frac{1}{6}a^3$

二、

11. (1) 由题意知, 点 A 在以 BC 为直径的圆上, 且除去 B, C 两点,
即点 A 坐标满足方程: $x^2 + y^2 = 3(y \neq 0)$.

由 $\overrightarrow{AE} = (1 - \frac{\sqrt{3}}{3})\overrightarrow{AD}$ 知, $\begin{cases} x = x_1 \\ y_1 - y = (1 - \frac{\sqrt{3}}{3})y_1 \end{cases}$ 即 $\begin{cases} x = x_1 \\ y_1 = \sqrt{3}y \end{cases}$.

代入①式得 $x^2 + 3y^2 = 3(y \neq 0)$, 即 $\frac{x^2}{3} + y^2 = 1(y \neq 0)$,

∴ 曲线 C 的方程为 $\frac{x^2}{3} + y^2 = 1(y \neq 0)$.

(2) 由(1)知, 点 $G(0, 1)$, 假设直线存在, 可设 $l: y = \frac{\sqrt{3}}{3}x + b$, 设 $M(x_1, y_1), N(x_2, y_2)$.

得则由 $\begin{cases} y = \frac{\sqrt{3}}{3}x + b \\ x^2 + 3y^2 = 3 \end{cases}$ 得 $2x^2 + 2\sqrt{3}bx + 3b^2 - 3 = 0$.

∴ $x_1 + x_2 = -\sqrt{3}b$, $x_1 x_2 = \frac{3b^2 - 3}{2}$, $y_1 + y_2 = \frac{\sqrt{3}}{3}(x_1 + x_2) + 2b$, $y_1 y_2 = \frac{1}{2}(b^2 - 1)$,

∴ $x_1 - x_2 = \sqrt{6 - 3b^2}$, $k_{GM} = \frac{y_1 - 1}{x_1}$, $K_{GN} = \frac{y_2 - 1}{x_2}$,

则 $\tan \angle MGN = \frac{\frac{y_1 - 1}{x_1} - \frac{y_2 - 1}{x_2}}{1 + \frac{(y_1 - 1)(y_2 - 1)}{x_1 x_2}} = \frac{x_2 y_1 - y_2 x_1 - x_2 + x_1}{x_1 x_2 + (y_1 - 1)(y_2 - 1)}$

$= \frac{x_2(\frac{\sqrt{3}}{3}x_1 + b) - x_1(\frac{\sqrt{3}}{3}x_2 + b) - x_2 + x_1}{x_1 x_2 + y_1 y_2 - (y_1 + y_2) + 1} = \frac{(1-b)\sqrt{6 - 3b^2}}{2(b^2 - 1) + b(1 - b) + (b - 1)^2} = -\frac{\sqrt{6 - 3b^2}}{2b + 1} = -\sqrt{3}$,

则 $6 - 3b^2 = 3(2b + 1)^2$, 即 $2 - b^2 = 4b^2 + 4b + 1$, $5b^2 + 4b - 1 = 0$,

解得 $b = \frac{1}{5}$ 或 $b = -1$.

当 $b = -1$ 时, 向量 $\overrightarrow{GM}$ 与 $\overrightarrow{GN}$ 的夹角为 $60°$, 不合题意舍去;

当 $b = \frac{1}{5}$ 时, 向量 $\overrightarrow{GM}$ 与 $\overrightarrow{GN}$ 的夹角为 $120°$, 符合题意.

综上, 存在满足条件的直线 $y = \frac{\sqrt{3}}{3}x + \frac{1}{5}$.

12. 由均值不等式, 有 $(x_1 x_2 \cdots x_n)^{\frac{1}{2n}} = [(a - x_1)(a - x_2) \cdots (a - x_n)]^{\frac{1}{n}}$

$\leq \frac{\sum_{i=1}^{n}(a - x_i)}{n} = a - \frac{\sum_{i=1}^{n} x_i}{n} \leq a - (x_1 x_2 \cdots x_n)^{\frac{1}{n}}$.

记 $(x_1 x_2 \cdots x_n)^{\frac{1}{2n}} = y$, 则 $y \leq a - y^2$.

注意到 $y \geq 0$, 解得 $0 \leq y \leq \frac{\sqrt{4a + 1} - 1}{2}$. 故 $x_1 x_2 \cdots x_n$ 的最大值为 $(\frac{\sqrt{4a + 1} - 1}{2})^{2n}$.

13. 用反证法. 若存在 $k \in \mathbf{N}^*$, 使得 $(a - b)^2 + (ab + 1) = k^2$.
则 $k^2 = (a - b)^2 + (ab + 1)^2 = (a^2 + 1)(b^2 + 1)$.
设 $\gcd(a^2 + 1, b^2 + 1) = d$.
(1) 若 $d = 1$, 则存在 $r, s \in \mathbf{N}^*$, 使得 $a^2 + 1 = r^2, b^2 + 1 = s^2, rs = k$.

但 $1=r^2-a^2=(r+a)(r-a)\geqslant(r+a)>1$,矛盾!

(2)若 $d>1$,则 $d|(a^2+1)-(b^2+1)$,即 $d|(a+b)(a-b)$.

由条件,$1=(a-b,ab+1)=(a-b,ab+1+a(a-b))=(a-b,a^2+1)$,

从而 $(d,a-b)=1$.

同样,$1=(a+b,ab-1)=(a+b,ab-1-b(a+b))=(a+b,-b^2-1)$,

从而 $(d,a+b)=1$.

于是 $(d,(a+b)(a-b))=1$,矛盾.

故 $(a-b)^2+(ab+1)^2$ 不是一个完全平方数.

14. 延长 PD 交 AB 于点 N,连接 MN,交 BD 于 E.

由圆幂定理,$NA^2=ND \cdot NP=NB^2$,则 $NA=NB$. 从而 $MN \parallel AC$,有 $\angle BMN=\angle BCA$.

由弦切角定理,$\angle ABD=\angle BCA$.

于是 $\angle BMN=\angle ABD$.

从而 $\triangle NBE \backsim \triangle NMB$,有 $\dfrac{BN}{NE}=\dfrac{MN}{BN}$,即 $BN^2=NE \cdot NM=ND \cdot NP$.

于是 D,E,M,P 四点共圆.

有 $\angle DPM=\angle BEM=\angle BDC$.

即 $\angle DPM=\angle BDC$.

(第14题图)

2010年湖南省高中数学竞赛试题

一、

1. C 由 $f(x)$ 是 $\mathbf{R}$ 上周期为 5 的奇函数,则 $f(2010)-f(2009)=f(0)-f(-1)=f(0)+f(1)=8$.

2. B 注意到 $f(a)=\boldsymbol{a} \cdot \boldsymbol{b}x^2+(b^2-a^2)x-\boldsymbol{a} \cdot \boldsymbol{b}$,$\boldsymbol{a} \perp \boldsymbol{b} \Leftrightarrow \boldsymbol{a} \cdot \boldsymbol{b}=0$.

于是,$f(x)$ 为一次函数 $\Rightarrow \boldsymbol{a} \cdot \boldsymbol{b}=0$.

而 $\boldsymbol{a} \cdot \boldsymbol{b}=0$ 时,$f(x)$ 可能是常数函数,不一定为一次函数.

3. D 因为 $EH \parallel A_1D_1$,所以,$EH \parallel BC$,$EH \parallel$ 平面 BCC_1B_1,$FG=$ 面 $BCC_1B_1 \cap$ 面 $EFGH$.

因此,$EH \parallel FG$.

又易知四边形 $EFGH$ 是平行四边形,且 $A_1D_1 \perp EF$,则 $EH \perp EF$.

显然,Ω 为棱柱. 所以,Ω 不是棱台.

4. A 记第 n 个圆的半径为 r_n.

易知,$r_n=\dfrac{\sqrt{3}}{2}r_{n-1}$,圆面积 $a_n=\dfrac{3}{4}a_{n-1}$,$a_1=\pi r_1^2=\pi$.

则 $S_n=\dfrac{1-\left(\dfrac{3}{4}\right)^n}{1-\dfrac{3}{4}} \cdot \pi r_1^2=4\pi\left[1-\left(\dfrac{3}{4}\right)^n\right]$.

由 $|S_n-4\pi|=4\pi\left(\dfrac{3}{4}\right)^n<3\pi\left(\dfrac{3}{4}\right)^{99}$,得 $\left(\dfrac{3}{4}\right)^n<\left(\dfrac{3}{4}\right)^{100} \Rightarrow n>100$.

5. D 易求得 $E_1(2,1),E_2(2,-1)$. 则 $\overrightarrow{OP}=a\boldsymbol{e_1}+b\boldsymbol{e_2}=(2a+2b,a-b)$.

由点 P 在双曲线上得 $\dfrac{(2a+2b)^2}{4}-(a-b)^2=1$.

化简得 $4ab=1$. 故 $a^2+b^2 \geqslant 2ab=\dfrac{1}{2}$.

6. D 如图所示,共有四种不同的拼法.

(第6题图)

二、

7. 设点 P 的横坐标为 x. 则 $6\cos x=5\tan x$, 解得 $\sin x=\dfrac{2}{3}$.

由条件知 P_1P_2 的长度为 $\dfrac{2}{3}$.

8. 令 $g(x)=(x-a_1)(x-a_2)\cdots(x-a_{2010})$. 则 $f(x)=xg(x)$.

因为 $f'(x)=g(x)+xg'(x)$, 所以,

$f'(0)=g(0)=a_1+a_2\cdots a_{2010}=(a_1a_{2010})^{\frac{2010}{2}}=2^{2010}$.

故在点 $(0,0)$ 处的切线方程为 $y=2^{2010}x$.

9. 由图可知 $p=(n-m+1)(n-m+2)\cdots n=A_n^m$.

10. 设 $\int_0^1 f(x)\mathrm{d}x=S$.

若在面积为 1 的区域 $x\in[0,1]$、$y\in[0,1]$ 内任意均匀地取出 N 个点, 在积分区域内的点的个数为 N_1, 则 $\dfrac{S}{1}=\dfrac{N_1}{N}$. 所以, S 的近似值为 $\dfrac{N_1}{N}$.

11. 因为 $a_n=3^{n-2}C_n^2$, 所以, $\dfrac{3^n}{a_n}=3^2\times\dfrac{2}{n(n-1)}=\dfrac{8}{n(n-1)}$.

从而, $\sum_{n=2}^{18}\dfrac{3^n}{a_n}=18\sum_{n=2}^{18}\dfrac{1}{n(n-1)}=17$.

12. 注意到 $x(y-z)+y(z-x)=z(y-x)$.

所以, $1+q=q^2$. 解得 $q=\dfrac{1\pm\sqrt{5}}{2}$.

13. 注意到 $f(x)=2\sin x\left(\sin\dfrac{x}{2}+\cos\dfrac{x}{2}\right)^2+\cos 2x=\sin x(1+\sin x)+1-2\sin^2 x=1+\sin x$.

当 $\dfrac{\pi}{6}\leq x\leq\dfrac{2\pi}{3}$ 时, $|f(x)-m|<2$ 恒成立, 即 $f(x)-2<m<f(x)+2$ 恒成立.

则 $(f(x)-2)_{\max}<m<(f(x)+2)_{\min}$. 易求得 $(f(x))_{\max}=3$, $(f(x))_{\min}=2$.

因此, $1<m<4$.

14. 首先构造图 1. 易知其符合条件且恰有四个三个角形.

下面假设存在某种情况使三角形的个数不少于五个.

若仅有两条线段未连, 则这两条线段必无公共端点(如图 1), 否则存在四面体, 但仅有四个三角形, 矛盾.

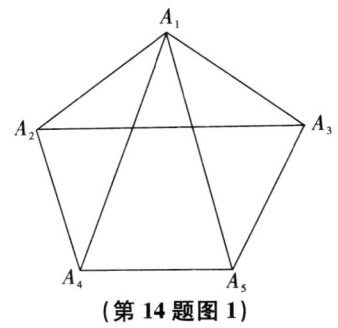

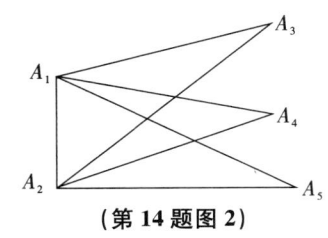

(第14题图1)   (第14题图2)

若至少有三条线段未连, 当有某条线段作为三个三角形的边时, 如图 2 仅有三个三角形; 当每条线段

至多作为两个三角形的边时,则至多有 $\left[\dfrac{(C_5^2-3)\times 2}{3}\right]=4$ 个三角形.

三、

15. 不等式可化为 $a(x-\ln x)\geqslant \dfrac{x^2}{2}-x$.

因为 $x\in[1,\mathrm{e}]$,所以,$x-\ln x>0$.

于是,不等式化为 $a\geqslant \dfrac{\dfrac{x^2}{2}-x}{x-\ln x}$.

设 $g(x)=\dfrac{\dfrac{x^2}{2}-x}{x-\ln x}(x\in[1,\mathrm{e}])$. 注意到 $g'(x)=\dfrac{(x-1)\left(\dfrac{x}{2}+1-\ln x\right)}{(x-\ln x)^2}>0$,

其中,$x\in[1,\mathrm{e}]$,且 $g(x)$ 在 $x=1$ 和 $x=\mathrm{e}$ 处连续,所以,$g(x)$ 在 $x\in[1,\mathrm{e}]$ 上为增函数.

故 $a\geqslant g(\mathrm{e})=\dfrac{\mathrm{e}^2-2\mathrm{e}}{2(\mathrm{e}-1)}$.

16. 易知,O_1、O_2 分别在线段 OP、OQ 上,且 $O_1M\perp MN$,$O_2N\perp MN$. 则
$MN^2=O_1O_2^2-(r_1-r_2)^2$. ①

在 $\triangle O_1OO_2$ 中,由余弦定理得
$O_1O_2^2=(R-r_1)^2+(R-r_2)^2-2(R-r_1)(R-r_2)\cos O=(r_1-r_2)^2+2(R-r_1)(R-r_2)(1-\cos O)$.

将上式代入式①得 $MN^2=2(R-r_1)(R-r_2)(1-\cos O)$.

又 $PQ^2=2R^2(1-\cos O)$,故 $\dfrac{MN^2}{PQ^2}=\dfrac{(R-r_1)(R-r_2)}{R^2}$ 为定值.

17. (1)设射线 OA 的参数方程为 $\begin{cases}x=t\cos\theta,\\ y=t\sin\theta\end{cases}(0\leqslant\theta\leqslant 2\pi,t>0)$.

设 $A(t_1\cos\theta,t_1\sin\theta)$,$B(t_2\cos\theta,t_2\sin\theta)$,$P(t_3\cos\theta,t_3\sin\theta)$.

将点 A 的坐标代入 C_1 的方程,整理得 $\dfrac{1}{t_1^2}=\dfrac{\cos^2\theta}{a^2}+\dfrac{\sin^2\theta}{b^2}$.

再将 $\sin\theta=\dfrac{y}{t_3}$,$\cos\theta=\dfrac{x}{t_3}$,代入上式化简得 $\dfrac{1}{t_1^2}=\dfrac{1}{t_3^2}\left(\dfrac{x^2}{a^2}+\dfrac{y^2}{b^2}\right)$.

同理,$\dfrac{1}{t_2^2}=\dfrac{1}{t_3^2}\left(\dfrac{x^2}{m^2}+\dfrac{y^2}{n^2}\right)$.

故 $|OA|$、$|OP|$、$|OB|$ 成等比数列

$\Leftrightarrow t_1t_2=t_3^2 \Leftrightarrow \dfrac{1}{t_1^2}\cdot\dfrac{1}{t_2^2}=\dfrac{1}{t_3^4}\Leftrightarrow \left(\dfrac{x^2}{a^2}+\dfrac{y^2}{b^2}\right)\left(\dfrac{x^2}{m^2}+\dfrac{y^2}{n^2}\right)=1$.

(2)设双曲线 C_1、C_2 的方程分别为 $\dfrac{x^2}{a^2}-\dfrac{y^2}{b^2}=1(a>0,b>0)$ 和 $\dfrac{x^2}{m^2}-\dfrac{y^2}{n^2}=1(m>0,n>0)$.

过原点 O 引射线分别与曲线 C_1、C_2 交于点 A、B,P 为线段 AB 上一点,则 $|OA|$、$|OP|$、$|OB|$ 成等比数列的充要条件是点 P 的轨迹方程为 $C_3:\left(\dfrac{x^2}{a^2}-\dfrac{x^2}{m^2}-\dfrac{y^2}{n^2}\right)=1$.

18. 可验证 $f(1)=1$,$f(2)=1$,$f(3)=2$.

设 $n\geqslant 4$. 则 $a_2=2$ 或 3.

对于 $a_2=2$,排列数为 $f(n-1)$. 这是因为通过删除第一项,且以后所有项都减 1,可以建立一一对应的数列.

对于 $a_2=3$,若有 $a_3=2$,则 $a_4=4$,这样排列数为 $f(n-3)$;若 $a_3\neq 2$,则 2 一定排在 4 的后面,由此得出所有奇数顺序排列的后面是所有偶数的倒序排列.

因此,$f(n)=f(n-1)+f(n-3)+1$.

设 $r(n)$ 是 $f(n)$ 除以 3 的余数. 则 $r(1)=r(2)=1$,$r(3)=2$.

当 $n \geq 4$ 时,$r(n) \equiv [r(n-1)+r(n-3)+1] \pmod 3$.

由此得 $\{r(n)\}$ 构成周期为 8 的数列:$1,1,2,1,0,0,2,0,\cdots$.

因为 $2010 \equiv 2 \pmod 8$,所以,$r(2010)=1$,

即 $f(2010)$ 被 3 除的余数为 1.

2011 年湖南省高中数学夏令营试题

一、

1. $\dfrac{1}{x}-n$ 2. 3 3. 714285 4. $(-\infty,-\dfrac{1}{3}) \cup (\dfrac{1}{6},+\infty)$ 5. 3 6. $(-\infty,\dfrac{1}{2}]$ 7. 3 8. $[\dfrac{3}{8},\dfrac{3}{4}]$

9. $[\sqrt{10},2\sqrt{10}]$ 10. $\dfrac{5}{24}$

11. 依题意,结合绝对值不等式,对 $\forall m,n \in \mathbf{N}^*,m>n$,有

$|a_m-a_n|=|a_m-a_{m-1}+a_{m-1}-a_{m-2}+\cdots+a_{n+1}-a_n|$

$\leq |a_m-a_{m-1}|+\cdots+|a_{n+1}-a_n| \leq m-n$.

从而 $|b_{n+1}-b_n|=\left|\dfrac{a_1+a_2+\cdots+a_{n+1}}{n+1}-\dfrac{a_1+a_2+\cdots+a_n}{n}\right|=\dfrac{|na_{n+1}-a_1-a_2-\cdots-a_n|}{n(n+1)}$

$=\dfrac{|a_{n+1}-a_1+a_{n+1}-a_2+\cdots+a_{n+1}-a_n|}{n(n+1)} \leq \dfrac{|a_{n+1}-a_1|+|a_{n+1}-a_2|+\cdots+|a_{n+1}-a_n|}{n(n+1)}$

$\leq \dfrac{n+(n-1)+\cdots+1}{n(n+1)}=\dfrac{1}{2}$.

12. (1) 联结 AI,IE,则 $\angle AIB=90°+\dfrac{1}{2}\angle C$,

从而 $\angle AIG=180°-\angle AIB=90°-\dfrac{1}{2}\angle C$.

又 $\angle AEG=\angle DEC=90°-\dfrac{\angle C}{2}=90°-\dfrac{1}{2}\angle C$,

故 A,I,E,G 四点共圆,即 $\angle AGI=\angle AEI=90°$,从而 $AG \perp BG$.

(2) 设直线 MG 交 AC 于 N',

在 Rt$\triangle AGB$ 中,M 为 AB 中点,则 $BM=MG$.

即 $\angle GBD=\angle ABG=\angle MGB$.

即有 $MG // BC$,从而 N' 为 AC 中点,即 N' 与 N 重合.

故直线 MN,BI,DE 交于一点 G.

13. 首先证明 $n \leq 6$.

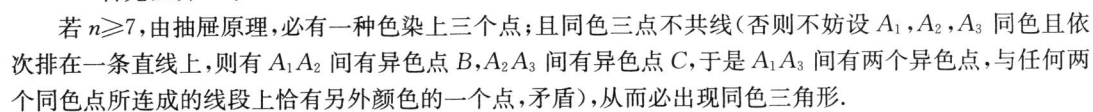

若 $n \geq 7$,由抽屉原理,必有一种色染上三个点;且同色三点不共线(否则不妨设 A_1,A_2,A_3 同色且依次排在一条直线上,则有 A_1A_2 间有异色点 B,A_2A_3 间有异色点 C,于是 A_1A_3 间有两个异色点,与任何两个同色点所连成的线段上恰有另外颜色的一个点,矛盾),从而必出现同色三角形.

考察同色三角形中面积最小的一个,如图所示(用○,□,* 代表三色1,2,3)三边中各有一个不为 1 色的点.

若这三个点均为 * 或 □,则其面积必小于上述三角形.

所以,这三点不同色,设有两个 2 色,1 个 3 色(如图所示).

若 A_1A_2 连线之间的点为 1 色,设为 T,则 $S_{\triangle PQT} < S_{\triangle PQR}$,矛盾!

所以,A_1A_2 之间的点必为 3 色.

考虑 T 与 A_3 之间的点 S.

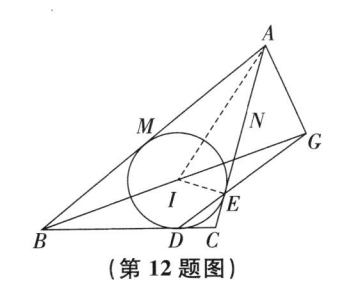

若 S 为 2 色,则 $S_{\triangle A_1A_2S}<S_{\triangle PQR}$. 若 S 为 3 色,则 $S_{\triangle PQS}<S_{\triangle PQR}$. 矛盾!

因此,$n\leqslant 6$.

当 $n=6$ 时,如图满足条件,得证.

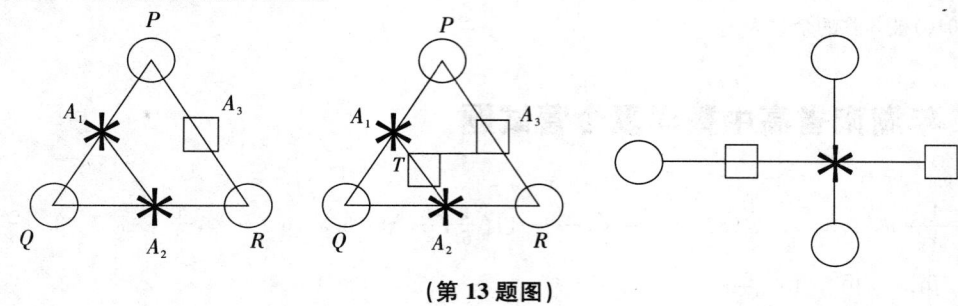

(第 13 题图)

2011 年湖南省高中数学竞赛试题

一、

1. 由题设知 $f'(x)=3x^2+2ax+1$,且 $x=-\dfrac{1}{3}$ 是函数 $f(x)$ 的极值点,即 $f'\left(-\dfrac{1}{3}\right)=-\dfrac{2}{3}a+\dfrac{4}{3}=0$. 解得 $a=2$.

2. 当集合 A 中没有元素,即 $A=\varnothing$ 时,集合 B 中有 4 个元素,有 1 种情形;当集合 A 中含有 $k(k=1,2,3,4)$ 个元素时,集合 B 中含有除这 k 个元素外的另外 $4-k$ 个元素,集合 A 中含有的元素集合 B 中可有可无,共有 $C_4^k\times 2^k$ 种情形.

综上,共有不同的对子的数目为 $1+\sum\limits_{k=1}^{4}C_4^k\times 2^k=81$.

3. 因为 $f(t)<0$,所以,$f(x)=x^2+x+m$ 的图象与 x 轴有两个交点 A、B. 设横坐标分别为 $x_1,x_2(x_1<x_2)$.

由条件得 $\begin{cases}x_1<t<x_2,\\ x_1+x_2=-1,\\ x_1x_2=m>0.\end{cases}$

故 $-1<x_1<t<x_2<0\Rightarrow t+1>0\Rightarrow f(t+1)>0$.

从而,函数 $y=f(x)$ 在区间 $(t,t+1)$ 中存在一个零点.

4. 由 $0<\dfrac{x_0^2}{2}+y_0^2\leqslant 1$,知点 $P(x_0,y_0)$ 在椭圆 C 的内部(含边界).

故 $2\leqslant|PF_1|+|PF_2|\leqslant 2\sqrt{2}$.

5. 因为 $(z_1-2)(1+\mathrm{i})=1-\mathrm{i}$,所以,$z_1=2-\mathrm{i}$.

设 $z_2=a+2\mathrm{i}(a\in\mathbf{R})$. 则 $z_1z_2=(2-\mathrm{i})(a+2\mathrm{i})=(2a+2)+(4-a)\mathrm{i}$.

因 z_1z_2 为实数,所以,$a=4$. 故 $z_2=4+2\mathrm{i}$.

6. 注意到,

$\dfrac{a_{n+1}+\lambda}{2^{n+1}}-\dfrac{a_n+\lambda}{2^n}=\dfrac{2a_n+2^n-1+\lambda}{2^{n+1}}-\dfrac{a_n+\lambda}{2^n}=\dfrac{2^n-1-\lambda}{2^{n+1}}$.

由 $\dfrac{2^n-1-\lambda}{a^{n+1}}$ 为常数知 $\lambda=-1$.

7. $f'(x)=1-\sin x-\sqrt{3}\cos x=1-2\sin\left(x+\dfrac{\pi}{3}\right)\in[-1,3]$.

8. 由条件知 $\vec{AB} \perp \vec{BC}$. 则
$\vec{AB} \cdot \vec{BC} + \vec{BC} \cdot \vec{CA} + \vec{CA} \cdot \vec{AB} = \vec{CA} \cdot (\vec{AB} + \vec{BC}) = -\vec{CA}^2 = -25$.

9. 取 BD 的中点 O. 易知, $\triangle ACO$ 是边长为 $2\sqrt{2}$ 的正三角形. 所以, $AC = 2\sqrt{2}$.
设 BC 的中点为 M.
在 $\triangle ABC$ 中,有 $AM = \sqrt{\frac{1}{2}(AC^2 + AB^2) - \frac{1}{4}BC^2} = 2\sqrt{2}$.

10. 因为 11 支筷子中必有一双筷子同色(不妨设为黄色),所以,黑色或白色的筷子至少有 3 支,其中必有一双同色,即同为黑色或白色. 故 11 支筷子保证成功. 但如只取 10 支筷子,就可能出现 8 支黄色、黑色和白色各 1 支的情形,不符合要求.

二、

11. 不能. 因为每条抛物线有一条对称轴,所以,至多有 2011 条对称轴.
在平面上任作一条不平行于每一条对称轴的直线 l. 于是,直线 l 和 2011 条抛物线至多相交得 2011×2 个交点,将直线 l 截成有限段,其中 2 条射线不在这些抛物线内部.
所以,抛物线不能盖住平面上的直线 l,当然不能盖住整个平面.

12. 易知, a_k 的表达式共有 $2k+1$ 项.
分别考虑其前 k 项的和与后 $k+1$ 项的和. 则
$\sum\limits_{i=k^2}^{k^2+k-1} \frac{1}{i} > \frac{k}{k^2+k} = \frac{1}{k+1}$, $\sum\limits_{i=k^2}^{k^2+k-1} \frac{1}{i} < \frac{k}{k^2} = \frac{1}{k}$,

则 $\frac{1}{k+1} < \sum\limits_{i=k^2}^{k^2+k-1} \frac{1}{i} < \frac{1}{k}$. ①

同理, $\frac{1}{k+1} < \sum\limits_{i=k^2+k}^{(k+1)^2-1} \frac{1}{i} < \frac{1}{k}$. ②

①+②得 $\frac{2}{k+1} < a_k < \frac{2}{k} \Rightarrow \frac{2}{a_k} < k+1 < \frac{2}{a_{k+1}}$.

取 $k = 2010$,得 $\frac{2}{a_{2010}} < 2011 < \frac{2}{a_{2011}}$.

13. (1) 构造函数 $f(x) = \ln(1+x) - \frac{2x}{x+2}$. 则 $f'(x) = \frac{x^2}{(x+1)(x+2)^2}$.
当 $x > 0$ 时, $f'(x) > 0$, $f(x)$ 在 $(0, +\infty)$ 上为增函数. 所以, $f(t) > f(0)$,即
$\ln(1+t) - \frac{2t}{t+2} > 0 \Rightarrow \left(1 + \frac{2}{t}\right)\ln(1+t) > 2$.

(2) 由条件知 $P = \frac{100 \times 99 \times \cdots \times 81}{100^{20}}$.

又 $99 \times 81 < 90^2$, $98 \times 82 < 90^2$, $\cdots$, $91 \times 89 < 90^2$,
故 $P < \left(\frac{9}{10}\right)^{19}$.

在(1)的结论中令 $t = \frac{1}{9}$. 得 $19\ln\frac{10}{9} > 2 \Rightarrow \left(\frac{10}{9}\right)^{19} > e^2$. 故 $P < \frac{1}{e^2}$.

14. 充分性. 若 $\angle BAX = \angle CAY$,设 $\angle BAX = \angle CAY = \alpha$.
则 $\frac{S_{\triangle ABX}}{S_{\triangle ACY}} = \frac{AB \cdot AX \sin \alpha}{AC \cdot AY \sin \alpha} = \frac{BX}{CY}$
$\Rightarrow \frac{AB \cdot AX}{AC \cdot AY} = \frac{BX}{CY}$. ①

同理, $\frac{AB \cdot AY}{AC \cdot AX} = \frac{BY}{CX}$. ②

①×②得

$\dfrac{AB^2}{AC^2} = \dfrac{BX \cdot BY}{CY \cdot CX} \Rightarrow AB^2 \cdot CY \cdot CX = AC^2 \cdot BX \cdot BY.$

必要性. 设 $\angle CAY = \beta, \angle XAY = \theta.$

则 $\dfrac{S_{\triangle ABX}}{S_{\triangle ACY}} = \dfrac{AB \cdot AX \sin\alpha}{AC \cdot AY \sin\beta} = \dfrac{BX}{CY},$ ③

$\dfrac{S_{\triangle ABX}}{S_{\triangle ACY}} = \dfrac{AB \cdot AX \sin(\alpha+\theta)}{AC \cdot AY \sin(\beta+\theta)} = \dfrac{BX}{CY},$ ④

③×④得

$\dfrac{AB^2}{AC^2} \cdot \dfrac{\sin\alpha \cdot \sin(\alpha+\theta)}{\sin\beta \cdot \sin(\beta+\theta)} = \dfrac{BX \cdot BY}{CY \cdot CX} = \dfrac{AB^2}{AC^2}$

$\Rightarrow \sin\alpha \cdot \sin(\alpha+\theta) = \sin\beta \cdot \sin(\beta+\theta) \Rightarrow \cos(2\alpha+\theta) = \cos(2\beta+\theta) \Rightarrow \sin(\alpha-\beta) \cdot \sin(\alpha+\beta+\theta) = 0.$

因为 $\alpha+\beta+\theta = \angle BAC \in (0,\pi),$ 所以, $\sin(\alpha-\beta) = 0 \Rightarrow \alpha = \beta \Rightarrow \angle BAX = \angle CAY.$

2012年湖南省高中数学夏令营试题

一、

1. $(1,2) \cup (-\infty, -1)$ 2. $\dfrac{3-\sqrt{5}}{2}$ 3. $\left[0, \dfrac{1}{4}\right]$ 4. -1 5. $\dfrac{3}{2}$ 6. $[1, +\infty)$ 7. $\dfrac{\sqrt{6}}{3}$ 8. $\dfrac{2}{15}$ 9. 18

10. 1000

二、

11. (1) 依题设 $A(2t, 0), B\left(0, \dfrac{4}{t}\right).$

于是 $S_{\triangle OAB} = \dfrac{1}{2} \cdot |OA| \cdot |OB| = \dfrac{1}{2} \cdot 2t \cdot \dfrac{4}{t} = 4$ 为定值.

(2) 注意到 $|OM| = |ON|,$ 则 $OP \perp MN,$ 于是 $k_{OP} \cdot k_{MN} = -1,$

$\dfrac{\frac{2}{t}}{t} = \dfrac{1}{2},$ 解得 $t = 2.$ 所以 $P(2, 1).$

故所求圆的标准方程为 $(x-2)^2 + (y-1)^2 = 5.$

12. (1) 由内心张角定理, $\angle AI_1C = 90° + \dfrac{1}{2}\angle AA_1C = 135°, \angle AI_2C$

$= 90° + \dfrac{1}{2}\angle AC_1C = 135°,$ 所以 $\angle AI_1C = \angle AI_2C.$

故 A, C, I_1, I_2 四点共圆;

(2) $\angle BXY = \angle BAI_1 + \angle AI_1X = \angle BAI_1 + \angle ACI_2 = \angle BAA_1 + \dfrac{1}{2}\angle A_1AC + \dfrac{1}{2}\angle ACC_1.$

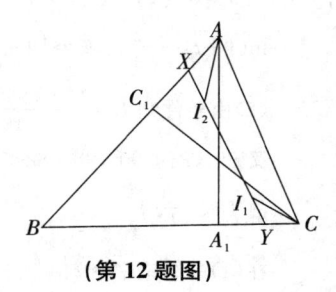

同理, $\angle BYX = \angle BCI_2 + CAI_1 = \angle BCC_1 + \dfrac{1}{2}\angle A_1AC + \dfrac{1}{2}\angle ACC_1.$

由 $\angle BAA_1 = \angle BCC_1,$ 有 $\angle BXY = \angle BYX.$

于是 $BX = BY.$

(第12题图)

13. 首先 $2^x - 3a > 0, a > 0,$ 且 $a \neq \dfrac{1}{2}.$

原不等式等价于 $\dfrac{\log_2\dfrac{2^x-3a}{a^2}+x-2}{1+\log_2 a}>0$.

(1)当 $1+\log_2 a>0$,即 $a>\dfrac{1}{2}$ 时,有

$\log_2\dfrac{2^x-3a}{a^2}+x-2>0$,整理有 $2^{2x}-3a\cdot 2^x-4a^2>0$.

解得 $2^x>4a,2^x<-a$(舍去).从而 $x>\log_2 4a$.

注意到当 $a>\dfrac{1}{2}$ 时,$\log_2 4a>1$.

故要使 2 是不等式 $\dfrac{x+\log_2(2^x-3a)}{1+\log_2 a}>2$ 的最小整数解,有 $\log_2 4a<2$,解得 $a<1$,于是 $\dfrac{1}{2}<a<1$.

(2)当 $1+\log_2 a<0$,即 $0<a<\dfrac{1}{2}$ 时,注意到 $4-3a>4-\dfrac{3}{2}>2$,有 $\dfrac{2+\log_2(2^2-3a)}{1+\log_2 a}<0$ 不合题设条件.

即 $0<a<\dfrac{1}{2}$ 不满足条件.

综上所述,a 的取值范围为 $\left(\dfrac{1}{2},1\right)$.

14.(1)定义 $a_0=0$. 当 $n\geqslant 1$ 时,$a_n^2=a_{n-1}a_{n+1}+(-1)^{n-1}$,$a_{n+1}^2=a_n a_{n+2}+(-1)^n$,

两式相加,整理得 $a_n(a_{n+2}-a_n)=a_{n+1}(a_{n+1}-a_{n-1})$,

即 $\dfrac{a_{n+2}-a_n}{a_{n+1}}=\dfrac{a_{n+1}-a_{n-1}}{a_n}$ ($\forall n\geqslant 1, a_n\neq 0$).

因此 $\dfrac{a_{n+2}-a_n}{a_{n+1}}=\dfrac{a_{n+1}-a_{n-1}}{a_n}=\dfrac{a_n-a_{n-2}}{a_{n-1}}=\cdots=\dfrac{a_2-a_0}{a_1}=2$.

故 $a_{n+2}=2a_{n+1}+a_n$. ($n\geqslant 1$)

由此二阶递推式及 $a_1=1,a_2=2$,容易得到数列 $\{a_n\}_{(n\geqslant 1)}$ 为整数列.

(2)对 j 用数学归纳法.

当 $j=1$ 时,由(1)知 $2a_m=a_{m+1}-a_{m-1}$,从而命题成立.

假设当 $j\leqslant k$ 时,命题成立.

于是 $2a_m\mid a_{m+k-1}+(-1)^{k-1}a_{m-k+1}$,$2a_m\mid a_{m+k}+(-1)^k a_{m-k}$.

从而 $2a_m\mid 2a_{m+k}+(-1)^k\cdot 2a_{m-k}=a_{m+k+1}-a_{m+k-1}+(-1)^k(a_{m-k+1}-a_{m-k-1})$,

即 $2a_m\mid a_{m+k+1}-a_{m+k-1}+(-1)^k\cdot a_{m-k+1}+(-1)^{k+1}a_{m-k-1}$.

于是 $2a_m\mid a_{m+k+1}+(-1)^{k+1}a_{m-k-1}$.

这说明命题对 $j=k+1$ 时也成立,则由归纳法原理知对任意 $1\leqslant j\leqslant m$,都有 $2a_m$ 整除 $a_{m+j}+(-1)^j a_{m-j}$.

2012 年湖南省高中数学竞赛试题

一、
1. C 由 $a>0\Rightarrow a+1>1$,则 $x^2<1+a\Leftrightarrow x^2\leqslant 1$,故 $-1\leqslant x\leqslant 1$.

2. D 由 $y=\sin|x|$ 不是周期函数,故选项 A 错;由于 $y=\cos|x|$ 是最小正周期为 2π 的周期函数,故选项 B 错;由于 $y=|\tan x|$ 在 $\left(0,\dfrac{\pi}{2}\right)$ 单调递增,故选项 C 错;

函数 $y=-\ln|\sin x|$ 符合题设要求.

3. B 依题意得 $a_{k+1}-a_k=1$ 或 $a_{k+1}-a_k=-1$.

若有 m 个 1,则有 $10-m$ 个 -1. 从而,$4=m-(10-m) \Rightarrow m=7$.
故所求数列的个数为 $C_{10}^7=120$.

4. A　令 $z=r(\cos\theta+\mathrm{i}\sin\theta)(\theta\in[0,2\pi])$. 则 $w=z+\dfrac{1}{z}=\left(r+\dfrac{1}{r}\right)\cos\theta+\mathrm{i}\left(r-\dfrac{1}{r}\right)\sin\theta$.

设 $w=x+\mathrm{i}y$. 于是,

$$\begin{cases}\dfrac{x}{r+\dfrac{1}{r}}=\cos\theta,\\ \dfrac{y}{r-\dfrac{1}{r}}=\sin\theta\end{cases}\Rightarrow\dfrac{x^2}{\left(r+\dfrac{1}{r}\right)^2}+\dfrac{y^2}{\left(r-\dfrac{1}{r}\right)^2}=1.$$

故焦距为 $2\sqrt{\left(r+\dfrac{1}{r}\right)^2-\left(r-\dfrac{1}{r}\right)^2}=4$.

5. B　因为圆的周长被直线平分,所以,圆心 $(-1,2)$ 在题设的直线上,即
$-a-2b+1=0\Rightarrow a+2b=1\Rightarrow ab=(1-2b)b=-2b^2+b=-2\left(b-\dfrac{1}{4}\right)^2+\dfrac{1}{8}\leqslant\dfrac{1}{8}$.

当且仅当 $b=\dfrac{1}{4}$ 时,上式等号成立. 故 $ab\in\left(-\infty,\dfrac{1}{8}\right]$.

6. B　如图,将四个小球的球心 O_1、O_2、O_3、O_4 联结起来构成一个四面体,设点 O_1 在底面 $O_2O_3O_4$ 上的射影为 H. 则大球的球心 O 在 O_1H 上,且

$O_2H=\dfrac{\sqrt{3}}{3}\times 2r,O_1H=\sqrt{(2r)^2-\left(\dfrac{2\sqrt{3}}{3}r\right)^2}=\dfrac{2\sqrt{6}}{3}r$.

故 $O_1O=\dfrac{3}{4}O_1H=\dfrac{\sqrt{6}}{2}r$. 由 $\dfrac{\sqrt{6}}{2}r+r=R\Rightarrow r=\dfrac{\sqrt{6}}{3+\sqrt{6}}R$.

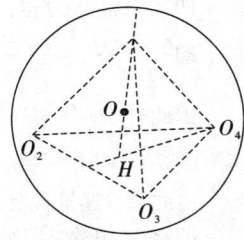

(第 6 题图)

二、

7. 不妨设 $x-1=x_1,y-2=y_1$. 则
$A=\left\{(x_1,y_1)\,\Big|\,x_1^2+y_1^2\leqslant\dfrac{4}{5}\right\}$,$B=\{(x_1,y_1)\mid|x_1|+2|y_1|\leqslant a\}$.

令 $x_1=t\cos\theta,y_1=t\sin\theta$,其中,$0\leqslant\theta\leqslant 2\pi,0\leqslant t\leqslant\dfrac{2}{\sqrt{5}}$.

则 $|x_1|+2|y_1|=t|\cos\theta|+2t|\sin\theta|\leqslant\sqrt{5}t\leqslant 2$. 由 $A\subseteq B$,知 $a\geqslant 2$.

8. 原方程可化为 $3\left[\left(\dfrac{4}{9}\right)^x\right]^2-5\left(\dfrac{4}{9}\right)^x+2=0$.

令 $\left(\dfrac{4}{9}\right)^x=t$. 则

$3t^2-5t+2=0\Rightarrow t_1=1,t_2=\dfrac{2}{3}\Rightarrow\left(\dfrac{4}{9}\right)^x=1$ 或 $\dfrac{2}{3}\Rightarrow x=0$ 或 $\dfrac{1}{2}$.

9. 当 $0<a<1$ 时,由条件得 $2+\mathrm{e}^{x-1}\geqslant\dfrac{1}{a}\Rightarrow a\geqslant\dfrac{1}{2+\mathrm{e}^{x-1}}$ 恒成立.

故 $\dfrac{1}{2}\leqslant a<1$.

当 $a>1$ 时,由条件得 $2+\mathrm{e}^{x-1}\leqslant\dfrac{1}{a}\Rightarrow a\leqslant\dfrac{1}{2+\mathrm{e}^{x-1}}$ 恒成立,但这是不可能的.

故实数 a 的取值范围是 $\left[\dfrac{1}{2},1\right)$.

10. 依题意得

$$\begin{cases}(\boldsymbol{a}+3\boldsymbol{b})\cdot(7\boldsymbol{a}-5\boldsymbol{b})=0,\\(\boldsymbol{a}-4\boldsymbol{b})\cdot(7\boldsymbol{a}-2\boldsymbol{b})=0\end{cases}\Rightarrow|\boldsymbol{a}^2|=|\boldsymbol{b}|^2=2\boldsymbol{a}\cdot\boldsymbol{b}\Rightarrow\cos\langle\boldsymbol{a},\boldsymbol{b}\rangle=\frac{\boldsymbol{a}\cdot\boldsymbol{b}}{|\boldsymbol{a}||\boldsymbol{b}|}=\frac{1}{2}\Rightarrow\langle\boldsymbol{a},\boldsymbol{b}\rangle=\frac{\pi}{3}.$$

11. 分别取 BD、BC 的中点 O、E，联结 AO、CO. 则 $\angle AOC=60°$. 从而，$AC=AO=CO=2\sqrt{2}$.

在 $\triangle ABC$ 中，由中线长公式得

$$AE^2=\frac{1}{2}(AB^2+AC^2)-\frac{1}{4}BC^2=8\Rightarrow AE=2\sqrt{2}.$$

12. 由条件，知必存在一点与其他任何一个的颜色均不相同，即必存在一种颜色只对某一个点染色. 先选一个点，再选一种颜色，此点与其余点颜色均不相同，有 $5\times3=15$ 种选法；另外四点染另外两种颜色，其中与第一个选取的点相邻的两点染两种不同的色，有 2 种方法；这三个点的染色确定后，剩下两点只有 1 种染色方法. 所以，符合题意的方法共有 $5\times3\times2=30$ 种. 从而，$P=\frac{30}{3^5}=\frac{10}{81}$.

三、

13.（1）抛物线的焦点为 $F\left(\frac{p}{2},0\right)$. 设直线方程为 $y=k\left(x-\frac{p}{2}\right)$，代入 $y^2=2px$，得

$$k^2x^2-(pk^2+2p)x+\frac{p^2k^2}{4}=0.$$

令 $A(x_1,y_1)$，$B(x_2,y_2)$. 则 $x_1+x_2=\frac{pk^2+2p}{k^2}$，$x_1x_2=\frac{p^2}{4}$.

故 $f(k)=|AB|=x_1+x_2+p=\frac{2p(k^2+1)}{k^2}$.

（2）不存在.

事实上，假设存在以 C 为直角顶点的等腰 $Rt\triangle ABC$.

不妨设直线 AB 的斜率 $k>0$，E 为 AB 的中点，l 为 AB 的中垂线. 则 C 是直线 l 和抛物线的两交点中横坐标较小的那个点，且

$$|CE|=|EB|=|EA|=\frac{1}{2}|AB|=\frac{1}{2}(|AF|+|BF|)=\frac{1}{2}(|AA_1|+|BB_1|)=|EE_1|,\qquad ①$$

其中，A_1、B_1、E_1 分别为由点 A、B、E 向准线 m 所作垂线的垂足.

由 l 的斜率为负，知 $x_C<x_E$，其中，x_C、x_E 分别是点 C、E 的横坐标，使 $|CC_1|<|EE_1|$.

故 $|CE|<|CF|=|CC_1|<|EE_1|$，与式①矛盾. 因此，不存在这样的点 C.

14. 设相切两个小圆与大圆的连心线之间的夹角为 θ. 则

$$\cos\theta=\frac{(R-r)^2+(R-r)^2-(2r)^2}{2(R-r)^2}.$$

又 $h=(R-r)-(R-r)\cos\theta=\frac{2r^2}{R-r}\Rightarrow R=r+\frac{2r^2}{h}$.

当 $r=100$，$h=40$ 时，$R=100+\frac{2\times100^2}{40}=600$.

15.（1）由 $g'(x)=f'(x)-2ax=(e^x-1)-2ax$ 在 $[0,+\infty)$ 上是增函数，知

$$[g'(x)]'=e^x-2a\geq0\Rightarrow a\leq\frac{1}{2}.$$

故 a 的最大值为 $\frac{1}{2}$.

（2）由（1）知 $g'(0)=0$，且当 $a=\frac{1}{2}$ 时，$g'(x)$ 在 $[0,+\infty)$ 上是增函数，故 $g'(x)\geq g'(0)=0$.

所以，$g(x)$ 在 $[0,+\infty)$ 上是增函数，且 $g(0)=0$，即 $f(x)\geq\frac{1}{2}x^2+1(x\in[0,+\infty))$.

在上式中令 $x=\frac{1}{2},\frac{1}{3},\cdots,\frac{1}{n+1}$，相加得

$$\sum_{k=2}^{n+1}f\left(\frac{1}{k}\right)\geqslant n+\frac{1}{2}\sum_{k=2}^{n+1}\frac{1}{k^2}>n+\frac{1}{2}\sum_{k=2}^{n+1}\frac{1}{k(k+1)}$$
$$=n+\frac{1}{2}\sum_{k=2}^{n+1}\left(\frac{1}{k}-\frac{1}{k+1}\right)=\frac{1}{2}\left(\frac{1}{2}-\frac{1}{n+2}\right)+n=n\left[1+\frac{1}{4(n+2)}\right].$$

16. (1) 由 $a_l>a_k>0$，公差 $d>0$，知 $\frac{a_{l+1}}{a_{k+1}}=\frac{a_l+d}{a_k+d}<\frac{a_l}{a_k}<\frac{a_l-d}{a_k-d}=\frac{a_{l-1}}{a_{k-1}}$.

(2) 由 $a_{2012k+2}>a_{2012k+1}>0$，公差 $d>0$，知

$$\frac{a_{2012k+2}}{a_{2012k+1}}=\frac{a_{2012k+1}+d}{a_{2012k}+d}<\frac{a_{2012k+1}}{a_{2012k}}<\frac{a_{2012k+1}-d}{a_{2012k}-d}=\frac{a_{2012k}}{a_{2012k-1}}.$$

又 $\prod_{n=1}^{2012}\left(\frac{a_{nk+2}}{a_{nk+1}}\right)^k>\prod_{n=1}^{2012}\prod_{m=1}^{k}\frac{a_{nk+m+1}}{a_{nk+m}}=\frac{a_{2013k+1}}{a_{k+1}}$,

$\prod_{n=1}^{2012}\left(\frac{a_{nk+2}}{a_{nk+1}}\right)^k<\prod_{n=1}^{2012}\prod_{m=1}^{k}\frac{a_{nk+m+2}}{a_{nk+m+1}}=\frac{a_{2012k+2}}{a_2}$,

故 $\sqrt[k]{\frac{a_{2013k+1}}{a_{k+1}}}<\prod_{n=1}^{2012}\frac{a_{nk+2}}{a_{nk+1}}<\sqrt[k]{\frac{a_{2012k+2}}{a_2}}$.

2013 年湖南省高中数学夏令营试题

一、

1. $a=\left(\frac{3}{4}\right)^x,b=\left(\frac{4}{3}\right)^{x-1},c=\left(\frac{3}{4}\right)^{1-x}$，又 $x>1$，则 $1-x<0$. 由指数函数 $y=\left(\frac{3}{4}\right)^x$ 为减函数，可得 $0<a<b$. 由对数函数 $y=\log_{\frac{3}{4}}x$ 为减函数，可得 $c=\log_{\frac{3}{4}}x<0$，故 $c<a<b$.

2. 因为 $f(bx)=b^2x^2+2bx+a=4x^2-4x+1$，所以 $b^2=4,2b=-4,a=1$ 三式同时成立，由此解得 $a=1,b=-2$，故 $f(ax+b)>0$ 可化为 $x^2-2x+1>0$，即 $x\neq 1$.

3. 由 $x\vec{a}+y\vec{b}+z\vec{c}=(1,1)$，得 $\begin{cases}-\frac{\sqrt{3}}{2}y+\frac{\sqrt{3}}{2}z=1,\\ x-\frac{y}{2}-\frac{z}{2}=1\end{cases}$，即 $\begin{cases}-\frac{\sqrt{3}}{2}(y-z)=1,\\ x-\frac{y+z}{2}=1\end{cases}$ 进一步变形，得 $\begin{cases}y-z=-\frac{3}{\sqrt{3}},\\ y+z=2(x-1).\end{cases}$

由于 $x^2+y^2+z^2=x^2+\frac{(y+z)^2+(y-z)^2}{2}=x^2+2(x-1)^2+\frac{2}{3}=3\left(x-\frac{2}{3}\right)^2+\frac{4}{3}$. 故最小值为 $\frac{4}{3}$.

4. 由题意，$a_n^2+\frac{S_n^2}{n^2}=[a_1+(n-1)d]^2+\frac{1}{n^2}\left[na_1+\frac{n(n-1)}{2}d\right]^2=2a_1^2+3(n-1)a_1d+\frac{5}{4}(n-1)^2d^2=\frac{1}{5}a_1^2+\left[\frac{3}{\sqrt{5}}a_1+\frac{\sqrt{5}}{2}(n-1)d\right]^2\geqslant\frac{1}{5}a_1^2$. 此不等式恒成立，故 λ 的最大值为 $\frac{1}{5}$，仅当 $\frac{3}{\sqrt{5}}a_1+\frac{\sqrt{5}}{2}(n-1)d=0$，即 $n=1-\frac{6a_1}{5d}$ 且 $\frac{6a_1}{5d}$ 为负整数时，λ 取最大值.

5. 易知三条直线相交于一点或其中两条直线平行时，平面被分成六个部分. 当3条直线相交于一点 $(2,2)$ 时，对应一个 k 值；当直线 $x+ky=0$ 与 $x-2y+2=0$ 或者 $x-2=0$ 平行，则对应两个 k 值. k 的可能的取值个数是 3 个.

6. 原题可简化为已知两条相交直线 a,b 成 $60°$ 角，求空间中过交点且与 a,b 均成 $45°$ 角的直线的条

数.由最小角定理可知答案为2个.

7. $\frac{57A_7^7}{A_9^9-1}$(提示:$A_9^9-2A_8^8+A_7^7=57A_7^7$.)

8. 由$\sin(x+20°)=\cos(x+10°)+\cos(x-10°)$,得$\sin x\cos20°+\cos x\sin20°=2\cos x\cos10°$,等式两边同时除以$\cos x$,得$\tan x=\sqrt{3}$.

9. 因为$3^1\equiv3(\mod7),3^2\equiv2(\mod7),3^3\equiv6(\mod7),3^4\equiv4(\mod7),3^5\equiv5(\mod7),3^6\equiv1(\mod7),3^7\equiv3(\mod7)$,所以$3^n$在模7的意义下周期为6.又由于$2013\equiv3(\mod6)$,从而$3^{2013}\equiv3^3\equiv6(\mod7)$.故答案为星期四.

二、

10. 由题设,在圆内接四边形$ABCD$中,$AB\cdot CD=BC\cdot DA$.连接DT、BT、AC.

由$CT\parallel DB$知四边形$DBTC$为等腰梯形,从而$CD=TB,DT=BC$.

由$AB\cdot CD=BC\cdot DA$,可知$AB\cdot BT=DT\cdot DA$.

注意到$\angle ABT$与$\angle TDA$互补,知

$\frac{1}{2}AB\cdot BT\sin\angle ABT=\frac{1}{2}DT\cdot DA\sin\angle TDA$,即$S_{\triangle ABT}=S_{\triangle ADT}$.

由此可知AT过DB的中点,故A、M、T三点共线.

(第10题图)

11.(1)因为$a_{n+1}=2a_n+1$,所以$a_{n+1}+1=2(a_n+1)=2^2(a_{n-1}+1)=\cdots=2^{n+1}$,即$a_n=2^n-1(n\in\mathbb{N}^*)$.

(2)因为$\frac{a_k}{a_{k+1}}=\frac{2^k-1}{a^{k+1}-1}=\frac{2^k-1}{2(2^k-\frac{1}{2})}=\frac{1}{2}-\frac{1}{2(2^{k+1}-1)}$

$=\frac{1}{2}-\frac{1}{3\times2^k+2^k-2}\geq\frac{1}{2}-\frac{1}{3}\cdot\frac{1}{2^k},k=1,2,\cdots,n$.

所以$\frac{a_1}{a_2}+\frac{a_2}{a_3}+\cdots+\frac{a_n}{a_{n+1}}\geq\frac{n}{2}-\frac{1}{3}\left(\frac{1}{2}+\frac{1}{2^2}+\cdots+\frac{1}{2^n}\right)=\frac{n}{2}-\frac{1}{3}\left(1-\frac{1}{2^n}\right)>\frac{n}{2}-\frac{1}{3}$.

又因为$\frac{a_k}{a_{k+1}}=\frac{2^k-1}{a^{k+1}-1}=\frac{2^k-1}{2(2^k-\frac{1}{2})}=\frac{1}{2}-\frac{1}{2(2^{k+1}-1)}<\frac{1}{2},k=1,2,\cdots,n$,

所以$\frac{a_1}{a_2}+\frac{a_2}{a_3}+\cdots+\frac{a_n}{a_{n+1}}<\frac{n}{2}$.

综上可知,$\frac{n}{2}-\frac{1}{3}<\frac{a_1}{a_2}+\frac{a_2}{a_3}+\cdots+\frac{a_n}{a_{n+1}}<\frac{n}{2}$.

12.(1)易知直线l的方程为$\frac{x_0x}{a^2}+\frac{y_0y}{b^2}=1$. ①

设过焦点$F(-c,0)$且垂直于l的直线方程为$\frac{y_0x}{b^2}-\frac{x_0y}{a^2}+F=0$,将$F(-c,0)$代入方程得

$F=-\frac{y_0c}{b^2}=0$, ②

故要求的方程为$\frac{y_0x}{b^2}-\frac{x_0y}{a^2}-\frac{y_0c}{b^2}=0$.

(2)先考察左焦点$F(-c,0)$在切线上的射影.

由①②联立解得$\begin{cases}x=\frac{1}{D}\left(\frac{x_0}{a^2}+\frac{y_0^2c}{b^4}\right),\\ y=\frac{1}{D}\left(\frac{y_0}{a^2}+\frac{x_0y_0c}{a^2b^2}\right).\end{cases}$ 其中$D=\frac{x_0^2}{a^4}+\frac{y_0^2}{b^4}$.

$$x^2+y^2 = \frac{1}{D^2}\left[\left(\frac{x_0}{a^2}+\frac{y_0 c}{b^4}\right)^2+\left(\frac{y_0}{b^2}-\frac{x_0 y_0 c}{a^2 b^2}\right)^2\right]$$

$$= \frac{1}{D^2}\left[\left(\frac{x_0^2}{a^2}+\frac{2x_0 y_0 c}{a^2 b^4}+\frac{y_0^4 c^2}{b^8}\right)^2+\left(\frac{y_0^2}{b^4}-\frac{2x_0 y_0^2 c}{a^2 b^4}+\frac{x_0^2 y_0^2 c^2}{a^4 b^4}\right)\right]$$

$$= \frac{1}{D^2}\left[\left(\frac{x_0^2}{a^4}+\frac{y_0^2}{b^4}\right)^2+\frac{y_0^2 c^2}{b^4}\left(\frac{y_0^2}{b^4}+\frac{x_0^2}{a^4}\right)\right]$$

$$= \frac{1}{D^2}\left[\frac{y_0^2}{b^4}+1\right] = \frac{1}{D}\left[\frac{y_0^2}{b^4}(a^2-b^2)+1\right] = \frac{1}{D}\left[\frac{a^2 y_0^2}{b^4}+\left(1-\frac{y_0^2}{b^2}\right)\right]. \quad ③$$

因为 $P(x_0,y_0)$ 为椭圆 $\frac{x^2}{a^2}+\frac{y^2}{b^2}=1(a>b>0)$ 上一点,所以 $\frac{x_0^2}{a^2}+\frac{y_0^2}{b^2}=1$,即 $1-\frac{y_0^2}{b^2}=\frac{x_0^2}{a^2}$. ④

将④代入③,得 $x^2+y^2 = \frac{1}{D}\left[\frac{a^2 y_0^2}{b^4}+\frac{x_0^2}{a^2}\right] = \frac{a^2}{D}\left(\frac{y_0^2}{b^4}+\frac{x_0^2}{a^4}\right) = a^2$.

对于右焦点 $F(c,0)$ 在切线上的射影,同理可证.

13. 对每一个黑球定义坐标 $B_i(x_i,y_i)(i=1,2,\cdots,2013)$,其中 x_i 表示其左侧(不含自己)的黑球数,y_i 表示其左侧(不含自己)的白球数。

由题意知,$x_i \in [0,2013], y_i \in [0,2013]$,且 x_i, y_i 均为非负整数.

再定义特征函数 $f(i)=y_i-x_i$.

易知 $f(1) \geq 0$,若 $f(1)=0$,则问题得证;

若 $f(1)>0$,考虑 $f(2014)$,因为对最后一个黑球,$f(2014)=y_{2014}-x_{2014}=y_{2014}-2013 \leq 0$.

若 $f(2014)=0$,则问题亦得证;若 $f(2014)<0$,注意到 $\{y_i\}$ 递增(非严格),$\{x_i\}$ 以1为差距递增,即 $x_{i+1}-x_i=1$.

$f(i+1)-f(i)=(y_{i+1}-x_{i+1})-(y_i-x_i)=(y_{i+1}-y_i)-(x_{i+1}-x_i)=(y_{i+1}-y_i)+1$.

因为 $(y_{i+1}-y_i)=0$ 或 1,所以有

$$f(i+1)-f(i)=\begin{cases} -1, y_{i+1}-y_i=0, \\ 0, y_{i+1}-y^i=1. \end{cases}$$

结合 $f(1)>0, f(2014)<0$ 可知,必有 i_0 满足 $f(i)=0$,即必有 $x_{i_0}=y_{i_0}$,得证.

2013 年湖南省高中数学竞赛试题

一、

1. A 由闭集的定义,知整数集 **Z**、有理数集 **Q**、实数集 **R** 均为闭集,但自然数集 **N** 不是闭集.

2. D 由 $x_1+y_1=\frac{a+b}{2}, x_2 y_2=\sqrt{ab}(0<a<b)$,则 $\frac{\sqrt{x_1 y_1}}{(x_2+y_2)^2} \leq \frac{\frac{x_1+y_1}{2}}{4x_2 y_2} = \frac{a+b}{16\sqrt{ab}}$.

3. B 由题意,知抛物线方程可换为 $y=x^2-\frac{1}{4}$,准线方程为 $y=-\frac{1}{2}$.

要使点 P 到 x 轴的距离最短,即点 A,B 到准线的距离之和最短,于是,当直线 AB 经过焦点(否则,$FA+FB>AB=4$,其中,F 为抛物线的焦点)时,点 A,B 到准线的距离之和为4,点 P 到准线、x 轴的距离分别为 $2, \frac{3}{2}$.

4. C 设 F 是边 PC 的中点. 是 EF 为 $\triangle PBC$ 的中位线,点 E 到平面 PCD 的距离等于点 B 的平面 PCD 的距离的一半. 而点 B 到平面 PCD 的距离等于点 A 到平面 PCD 的距离,即 $\triangle PAD$ 边 PD 上的高为 $\frac{\sqrt{2}}{2}$. 于是,点 E 到平面 PCD 的距离为 $\frac{\sqrt{2}}{2}$.

5. D 由题意得

$a^2 + \frac{1}{2}a \cdot b - 3b^2 = 12 \Rightarrow |a|^2 + \frac{1}{2}|a||b|\cos\theta - 3|b|^2 = 12 \Rightarrow 16 + \frac{1}{2} \times 4|b|\cos 45° - 3|b|^2 = 12.$

解得 $|b| = \sqrt{2}$. 从而，b 在 a 方向上的投影为 $|b|\cos 45° = 1$.

6. B 由题意，知不等式组所表示的平面区域为如图阴影部分.

$z = \frac{y+2}{x-1}$ 可看成是点 (x,y) 与点 $A(1,-2)$ 的两点连线的斜率. 易知，

$k_{AO} = -2, k_{AB} = 1.$

从而，z 的取值范围是 $(-\infty, -2] \cup [1, +\infty)$.

二、

7. 将 1~9 这九个数字往 A、B、C 三个集合中放. 先单独讨论数字 1.

当数字 1 出现一次、两次、三次时，放置方法分别有 C_3^1 种、C_3^2 种、C_3^3 种.

故放置数字 1 共有 $C_3^1 + C_3^2 + C_3^3 = 7$ 种方法.

同理，其他八个数的放置方法也均为 7 种.

从而，总共的三元有序组 (A, B, C) 的个数为 7^9 种.

8. 由题意知 $x^2 + x + 1 = 0$.

因为判别式 $\Delta = -3 < 0$，所以，x 为虚数.

又 $x^3 - 1 = (x-1)(x^2 + x + 1) = 0 \Rightarrow x^3 = 1.$

故 $x^{2013} + \frac{1}{x^{2013}} = (x^3)^{671} + \frac{1}{(x^3)^{671}} = 1 + 1 = 2.$

9. 由 $f(1) = 1, f\left(\frac{1}{2}\right) = \frac{2}{3}$，得 $a = b = 1 \Rightarrow f(x) = \frac{2x}{x+1}$.

由 $x_1 = \frac{1}{2}, x_2 = \frac{2}{3}, x_3 = \frac{4}{5}, x_4 = \frac{8}{9}$，可猜想 $x_n = \frac{2^{n-1}}{2^{n-1} + 1}$.

用数学归纳法证明（略）.

10. 由题意得 $f(x) = 2\sin\left(2x + \frac{\pi}{6}\right)$. 又 $f(x_i) = 2$，于是，

$2\sin\left(2x_i + \frac{\pi}{6}\right) = 1 \Rightarrow 2x_i + \frac{\pi}{6} = 2k\pi + \frac{\pi}{2} \Rightarrow x_i = k\pi + \frac{\pi}{6} (k \in \mathbf{Z}).$

因为 $0 < x_i < 10\pi$，所以，$k = 0, 1, \cdots, 9$.

故 $x_1 + x_2 + \cdots + x_{10} = (1 + 2 + \cdots + 9)\pi + 10 \times \frac{\pi}{6} = \frac{140\pi}{3}$.

11. 要不打扰其他尚在考试的同学，必须每次坐其两旁的同学先离开，每次有两种选择，于是，共有 2^5 种可能. 故所求概率为 $1 - \frac{2^5}{6!} = \frac{43}{45}$.

12. 分别设第一个素数为 $p = 3k, 3k+1, 3k+2 (k \in \mathbf{Z}^+)$ 进行讨论.

(1) 若 $p = 3k$，则数列为 $3k, 3k+8, 3k+16$. 由 p 为素数，故 $k = 1$. 所以，该数为 3,11,19.

(2) 若 $p = 3k+1$，则数列 $3k+1, 3k+9, 3k+17$. 但 $3k+9$ 不是素数，不符合要求.

(3) 若 $p = 3k+2$，则数列 $3k+2, 3k+10, 3k+18$. 但 $3k+18$ 不是素数，不符合要求.

从而，符合要求的数列只能是 3,11,19.

三、

13. $\angle AOB = \theta (0 < \theta < \pi)$.

因为 $OB = 1, OA = 2$，所以，$AB^2 = 1^2 + 2^2 - 2 \times 1 \times 2\cos\theta = 5 - 4\cos\theta$.

故 $S_{\text{四边形}OAMB} = \frac{1}{2} \times 1 \times 2\sin\theta + \frac{\sqrt{3}}{4}(5 - 4\cos\theta) = \sin\theta - \sqrt{3}\cos\theta + \frac{5\sqrt{3}}{4} = 2\sin\left(\theta - \frac{\pi}{3}\right) + \frac{5\sqrt{3}}{4}$.

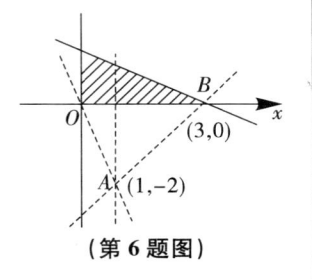

又 $0<\theta<\pi$,则当 $\theta=\dfrac{5\pi}{6}$ 时,$S_{\text{四边形}OAMB}$ 取得最大值 $2+\dfrac{5\sqrt{3}}{4}$.

从而,当 $\angle AOB=\dfrac{5\pi}{6}$ 时,四边形 $OAMB$ 的面积取最大值 $2+\dfrac{5\sqrt{3}}{4}$.

14.(1)由题设得 $f'(x)=a_n-a_{n+1}+a_{n+2}-a_{n+1}\sin x-a_{n+2}\cos x$.

又 $f'\left(\dfrac{\pi}{2}\right)=0$,则 $a_n-a_{n+1}+a_{n+2}-a_{n+1}=0$.

于是,$a_{n+1}-a_n=a_{n+2}-a_{n+1}$.

故 $\{a_n\}$ 为等差数列.

由 $a_1=2,a_2+a_4=8$,知该数列的公差为 $d=1$.

从而,数列 $\{a_n\}$ 的通项公式为 $a_n=2+1\times(n-1)=n+1$.

(2)注意到,

$b_n=2\left(a_n+\dfrac{1}{2^{a_n}}\right)=2\left(n+1+\dfrac{1}{2^{n+1}}\right)=2n+\dfrac{1}{2^n}+2$

$\Rightarrow b_1+b_2+\cdots+b_n=2n+n(n+1)+\dfrac{\dfrac{1}{2}\left[1-\left(\dfrac{1}{2}\right)^n\right]}{1-\dfrac{1}{2}}$

$=n^2+3n+1-\dfrac{1}{2^n}<n^2+3n+2=(n+1)(n+2)$.

取 $n=2012$,得 $b_1+b_2+\cdots+b_{2012}<2013\times 2104$.

15.(1)记 $H(x)=f(x)-g(x)=\ln(1+x)-\dfrac{x(1+\lambda x)}{1+x}$.

则 $H(0)=0,H'(x)=\dfrac{(1-2\lambda)x-\lambda x^2}{(1+x)^2}$.

(i)$\lambda<\dfrac{1}{2}$.

当 $0<x<\dfrac{1-2\lambda}{\lambda}$ 时,$H'(x)>0$.

于是,$H(x)>0$,即 $f(x)>g(x)$,与题设矛盾.

(ii)$\lambda\geqslant\dfrac{1}{2}$.

当 $x>0$ 时,$H'(x)<0$.

于是,$H(x)<0$,即 $f(x)<g(x)$,符合题意.

综上,λ 的取值范围是 $\left[\dfrac{1}{2},+\infty\right)$.

(2)$\lambda=\dfrac{1}{2}$.

由(1),知当 $x>0$ 时,$\dfrac{x(2+x)}{2+2x}>\ln(1+x)$.

取 $x=\dfrac{1}{k}$,则 $\dfrac{2k+1}{2k(k+1)}>\ln\dfrac{k+1}{k}$.

故 $a_{2n}-a_n+\dfrac{1}{4n}=\sum\limits_{k=n}^{2n-1}\left[\dfrac{1}{2k}+\dfrac{1}{2(k+1)}\right]=\sum\limits_{k=n}^{2n-1}\dfrac{2k+1}{2k(k+1)}>\sum\limits_{k=n}^{2n-1}\ln\dfrac{k+1}{k}=\ln 2n-\ln n=\ln 2$.

16.设 u,v 中对应项同时为 0 的共有 m 个,同时为 1 的共有 s 个.从而,在对应项中一项为 1、一项为 0 的共有 $n-m-s(n\geqslant m+s)$ 个.

故 $d(u,w)+d(v,w)=ws+(n-m-s)=d(u,v)+2s\geqslant d(u,v)$.

2014年湖南省高中数学夏令营试题

一、

1. B 因为 $3^{198}=(3^3)^{66}=(28-1)^{66}\equiv 1\pmod 7$,所以 3^{198} 天之后是星期二.

2. A 依题意有 3 个 A,2 个 I,2 个 M,2 个 T,从而所求概率为 $P=\dfrac{3!\times 2!\times 2!\times 2!}{13!}=\dfrac{48}{13!}$.

3. C $A=\left\{x\mid x\leqslant\dfrac{a}{5}\right\},B=\left\{x\mid x>\dfrac{b}{6}\right\}$,由 $A\cap B\cap\mathbf{N}=\{2,3,4\}$,所以 $1\leqslant\dfrac{b}{6}<2,4\leqslant\dfrac{a}{5}<5$,解得 $6\leqslant b<12,20\leqslant a<25$,故 (a,b) 的整数对有 $6\times 5=30$ 个.

4. C 方程 $\dfrac{|x|}{x+4}=kx^2$ 的根为 $f(x)=\dfrac{|x|}{x+4}$ 与 $g(x)=kx^2$ 图象交点的横坐标,由图象可知 $k>0$ 且 $x=0$ 为一个根,$x>0$ 时有一个根,从而 $x<0$ 时有两个根.又当 $x<0$ 时,方程化为 $\dfrac{-x}{x+4}=kx^2$,进一步得 $k=\dfrac{1}{-x(x+4)}>\dfrac{1}{4}$.

5. D 由 $f(x+2)=f(x)$ 知,$f(x)$ 是周期 $T=2$ 的函数,从而函数图象为如图所示,$0<\sin\dfrac{\pi}{6}<\cos\dfrac{\pi}{6}<1$,故有 $f\left(\sin\dfrac{\pi}{6}\right)>f\left(\cos\dfrac{\pi}{6}\right)$,A 错.

$0<\cos 1<\sin 1<1$,故有 $f(\sin 1)<f(\cos 1)$,B 错.

$\cos\dfrac{2\pi}{3}=-\dfrac{1}{2},\sin\dfrac{2\pi}{3}=\dfrac{\sqrt{3}}{2}$,

由图象可得 $f\left(\cos\dfrac{2\pi}{3}\right)>f\left(\sin\dfrac{2\pi}{3}\right)$,C 错.

$0<|\cos 2|<\sin 2<1$,从而 $f(\cos 2)>f(\sin 2)$.

(第5题图)

6. C 记数列为 $\{a_n\}$,则 $a_m a_{m+1}=q,a_1 a_{2m}=q,a_2 a_{2m-1}=q,\cdots,a_{m-1}a_{m+2}=q$,所以 $a_1 a_2\cdots a_{2m}=(a_1 a_{2m})(a_2 a_{2m-1})\cdots(a_m a_{m+1})=q^m$.

二、

7. 若 $x^2+y^2\leqslant 2$,则 $|x|\leqslant 1$ 且 $|y|\leqslant 1$.

8. 如图所示,取 BD 中点 O,BC 中点 E,连结 AO,CO,则 $AOC=60°$,从而 $AC=AO=CO=2\sqrt{2}$,在 $\triangle ABC$ 中,由中线长公式,知 $AE^2=\dfrac{1}{2}(AB^2+AC^2)-\dfrac{1}{4}BC^2=8$,所以 $AE=2\sqrt{2}$.

9. 由于 $f(p+q)=f(p)f(q)$,可知

原式 $=\dfrac{2f(2)}{f(1)}+\dfrac{2f(4)}{f(3)}+\dfrac{2f(6)}{f(5)}+\dfrac{2f(8)}{f(7)}=2\left(\dfrac{f(1)\cdot f(1)}{f(1)}+\dfrac{f(3)\cdot f(1)}{f(3)}\right.$

$\left.+\dfrac{f(5)\cdot f(1)}{f(5)}+\dfrac{f(7)\cdot f(1)}{f(7)}\right)=24.$

(第8题图)

10. 由柯西不等式,知 $(a+b+c)\left(\dfrac{1}{a}+\dfrac{1}{b+c}\right)\geqslant\left(\sqrt{a}\cdot\dfrac{1}{\sqrt{a}}+\sqrt{b+c}\cdot\dfrac{1}{\sqrt{b+c}}\right)^2=4$,

等号当且仅当 $a=b+c$ 时成立,又因为 $(a+b+c)\left(\dfrac{1}{a}+\dfrac{1}{b+c}\right)\geqslant k$,所以 $k_{\max}=4$.

11. 令 $\sin x-\cos x=t,t\in[-\sqrt{2},\sqrt{2}]$,则

$\sin^3 x-\cos^3 x=t\times\left(1+\dfrac{1-t^2}{2}\right)=t\cdot\dfrac{3-t^2}{2}=-1$,即 $t^3-3t-2=0$,

511

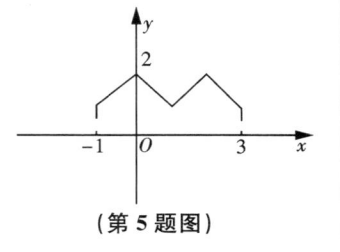

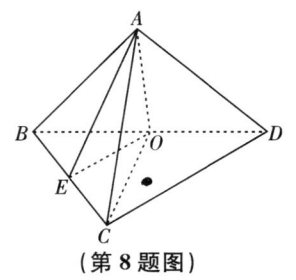

分解因式得$(t+1)(t^2-t-2)=0$,解得$t=-1$.故$\sin x-\cos x=-1$.

12. 设$z=r(\cos\varphi+i\sin\varphi),r\in\mathbf{R}$,
则$\bar{z}=r(\cos\varphi-i\sin\varphi)$,$\dfrac{1}{z}=\dfrac{1}{r}(\cos\varphi-i\sin\varphi)$,根据题意有
$(r+\dfrac{1}{r})\cos\varphi=\dfrac{5}{2}\cos\theta$,$(r+\dfrac{1}{r})\sin\varphi=\dfrac{5}{2}\sin\theta$,

解得$r=2$或$r=\dfrac{1}{2}$,$\cos\varphi=\cos\theta$,$\sin\varphi=\sin\theta$,而据z为模大于1的复数,所以$r=2$,
故$z=2(\cos\theta+i\sin\theta)$.

三、

13. (1) 因为$\dfrac{1}{2}$和3为不动点,所以$\dfrac{1}{2}$,3为方程$x^2+(a-b)x-c=0$的根,由根与系数的关系可得$a-b=-\dfrac{7}{2}$,$c=-\dfrac{3}{2}$.所以$(a-b)c=-\dfrac{7}{2}\times(-\dfrac{3}{2})=\dfrac{21}{4}$.

(2) 因为$f(1)=\dfrac{b+c}{1+a}=\dfrac{1}{2}$,联立(1)得到$a-b=-\dfrac{7}{2}$,$c=-\dfrac{3}{2}$,解得$a=-3$,$b=\dfrac{1}{2}$,

所以$f(x)=\dfrac{\dfrac{1}{2}x-\dfrac{3}{2}}{x-3}=\dfrac{1}{2}$.

14. 先证$\dfrac{1}{x(\sqrt{x^2+1}-\sqrt{x^2-1})}>\dfrac{\sqrt{2}}{2}$,其等价于$\dfrac{\sqrt{x^2+1}+\sqrt{x^2-1}}{2x}>\dfrac{\sqrt{2}}{2}$.

由于$x>1$,从而$(\dfrac{\sqrt{x^2+1}+\sqrt{x^2-1}}{2x})^2=\dfrac{2x^2+2\sqrt{x^4-1}}{4x^2}>\dfrac{1}{2}$,故在左边成立.

右边$=\dfrac{1}{x(\sqrt{x^2+1}-\sqrt{x^2-1})}<1$,等价于$\sqrt{x^4-1}<x^2$,故右边成立.

综上可知,原不等式成立.

15. 过A,G,F三点的圆交BD于另一点P,连接AP,FG.
因为BAG,BPF是过A,G,F三点圆的两条割线,由割线定理,得$AB\cdot BG=BP\cdot BF$.
在$\triangle APD$和$\triangle FEB$中,因为$\angle APB=\angle G=\angle CEF$,所以$\angle APD=\angle BEF$.
又因为$AD\parallel BC$,所以$\angle APD=\angle FBE$,所以$\triangle ADP\sim\triangle FBE$,
故$\dfrac{AD}{BF}=\dfrac{DP}{BE}$,即$AD\cdot BE=BF\cdot DP$.
所以$AD\cdot BE+AB\cdot BG=BF\cdot DP+BP\cdot BF=BF(DP-BP)=BF\cdot BD$.

2014年湖南省高中数学竞赛试题

一、C 因为$9=3^2-0^2$,所以$9\in M$;假设$10\in M$,则存在整数m,n使得$10=m^2-n^2=(m+n)(m-n)$,则因为将10分解为两个整数因子之积,必定为一个因子为奇数,另一个因子为偶数,而$(m+n)$与$(m-n)$同奇同偶,矛盾,所以$10\notin M$.

2. B 由q:$\begin{cases}0<m<1,\\2<n<3\end{cases}\Rightarrow p$:$\begin{cases}2<m+n<4,\\0<mn<3\end{cases}$,则$p$是$q$的必要条件;注意到当$\begin{cases}m=1,\\n=2\end{cases}$时,满足$p$:$\begin{cases}2<m+n<4,\\0<mn<3\end{cases}$,而不满足$q$:$\begin{cases}0<m<1,\\2<n<3\end{cases}$,则$p$不是$q$的充分条件.所以$p$是$q$的必要不充分条件,选B.

3. B 由$a_1>0,a_{2013}+a_{2014}>0,a_{2013}\cdot a_{2014}<0$,可知该数列中,从第$1$项到第$2013$项是正数,且从第

2014 项开始为负数. 显然所有的正项的和为 S_n 的最大值, 即当 $n=2013$ 时, S_n 取得最大值. 又 S_n 是关于 n 的缺常数项的二次函数, 且开口向下, 所以第 2013 项离对称轴最近, 故其对称轴介于 2013 到 2013.5 之间. 又因二次函数的图象与 x 轴的一个交点是 $(0,0)$, 则设另一个交点 $(x,0)$, x 应介于 4026 到 4027 之间 (如图), 所以使 $S_n>0$ 的最大自然数是 4026, 故选 B.

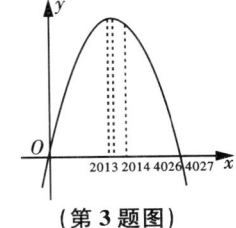

(第 3 题图)

4. C 设两向量所成的角为 θ, 则 $\cos\theta = \dfrac{(\frac{1-\sqrt{3}}{2}, \frac{1+\sqrt{3}}{2})\cdot(1,1)}{2} = \dfrac{1}{2}$, 又 $\theta\in[0°,180°]$, 所以 $\theta=60°$. 又 $\dfrac{1-\sqrt{3}}{2}<0$, $\dfrac{1+\sqrt{3}}{2}>0$, 所以 C 正确.

5. B 联结 NM 与 CB 的延长线交于 D, 连接 AD. 连结 MN 与 CC_1 的延长线交于 E, 依题意知 E 点也在 A、M、N、D 所确定的平面内. 设平面 AMN 交 A_1C_1 于 F. 令原三棱柱底面积为 S, 高为 h. 平面将原三棱柱分为上、下两个部分体积分别记为 V_1, V_2. 由于 M 是 BB_1 的中点, $\triangle B_1NM \cong \triangle BDM$, 故 $\dfrac{DB}{BC} = \dfrac{1}{2}$, 从而 $S_{\triangle ADC} = \dfrac{3}{2}S$, 同理, $\dfrac{EC_1}{C_1C} = \dfrac{1}{2}$. 又

$V_2 = V_{E-ADC} - V_{E-NC_1F} - V_{M-ADB} = \dfrac{1}{3}\times\dfrac{3}{2}S\times\dfrac{3}{2}h - \dfrac{1}{3}(\dfrac{3}{2}S\times\dfrac{1}{9})\times\dfrac{1}{2}h - \dfrac{1}{3}\times\dfrac{S}{2}\times\dfrac{1}{2}h = \dfrac{23}{36}Sh$, $V_1 = Sh - \dfrac{23}{36}Sh = \dfrac{13}{36}Sh$. 故较小部分的体积和原三棱柱的体积之比为 $\dfrac{V_1}{V} = \dfrac{13}{36}$.

(第 5 题图)

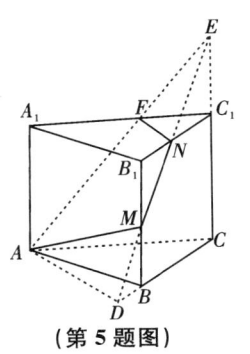

6. B 任取点 (x_0, y_0) 在双曲线 $x^2 - y^2 = 1$, 设其关于圆周 C 的对称点为 $(x_0 t, y_0 t)$, 则 $\sqrt{x^2+y^2}\cdot\sqrt{x_0^2 t^2 + y_0^2 t^2} = 1$, $|t| = \dfrac{1}{x_0^2 + y_0^2}$.

令 $\begin{cases} x = x_0 t, \\ y = y_0 t, \end{cases}$ 则 $x^2 = \dfrac{x_0^2}{(x_0^2+y_0^2)^2}$, $y^2 = \dfrac{y_0^2}{(x_0^2+y_0^2)^2}$, 故

$x^2 - y^2 = \dfrac{x_0^2 - y_0^2}{(x_0^2+y_0^2)^2} = \dfrac{1}{(x_0^2+y_0^2)^2}$, $x^2 + y^2 = \dfrac{x_0^2+y_0^2}{(x_0^2+y_0^2)^2} = \dfrac{1}{x_0^2+y_0^2}$, 两式联立可得 $x^2 - y^2 = (x^2+y^2)^2$, 即 P^* 的方程为 $x^2 - y^2 = (x^2+y^2)^2$.

二、

7. 令 $g(x) = x^2 - 53x + 196 = (x-4)(x-49)$, 从而当 $x<4$ 或 $x>49$ 时, $g(x)>0$; 当 $4\leq x\leq 49$ 时, $g(x)\leq 0$, 所以当 $x = 4, 5, \cdots, 49$ 时 $f(x) = g(x) + |g(x)| = g(x) - g(x) = 0$. 所以 $f(20) + f(14) = 0$.

8. 将 $\sin x - \cos x = \dfrac{\pi}{4}$ 两边平方, 得 $\sin x \cos x = \dfrac{16-\pi^2}{32}$,

$\tan x + \dfrac{1}{\tan x} = \dfrac{\sin x}{\cos x} + \dfrac{\cos x}{\sin x} = \dfrac{1}{\sin x \cos x} = \dfrac{32}{16-\pi^2}$, 即 $a=32$, $b=16$, $c=2$, 所以 $a+b+c=50$.

9. 不等式可化为 $|x|^3 - 2|x|^2 - 4|x| + 3 < 0$.

将不等式左边分解因式, 得 $(|x|-3)(|x|-\dfrac{\sqrt{5}-1}{2})(|x|+\dfrac{\sqrt{5}+1}{2}) < 0$, 注意到 $|x|+\dfrac{\sqrt{5}+1}{2}>0$, 所以不等式可进一步化为 $(|x|-3)(|x|-\dfrac{\sqrt{5}-1}{2})<0$, 由此解得 $\dfrac{\sqrt{5}-1}{2}<|x|<3$, 即 $-3<x<-\dfrac{\sqrt{5}-1}{2}$ 或 $\dfrac{\sqrt{5}-1}{2}<x<3$, 即该不等式的解集为 $(-3, -\dfrac{\sqrt{5}-1}{2})\cup(\dfrac{\sqrt{5}-1}{2}, 3)$.

10. 设满足条件的等差数列为 $\{a_n\}$, 公差为 d, 不妨令 $a_1 = 13$, $a_m = 25$, $a_n = 41$, $n>m>1$. 则 $d=$

513

$\frac{25-13}{m-1}=\frac{41-13}{n-1}$,$(m-1)d=12$,$(n-1)d=28$,易知 $2013=13+2000=13+(8\times12+68\times28)=13+8(m-1)d+68(n-1)d=13+(8m+68n-76)d$,故 2013 是数列 $\{a_n\}$ 中的第 $(8m+68n-75)$ 项.

11. 由题意知本题是一个古典概型,因为试验包含的所有事件是三位数,一共有 $999-99=900$ 个,满足条件的事件是 I 中含有因子 5 即 I 是 5 的倍数,其中 5 的倍数有 $C_9^1 \cdot C_{10}^1 \cdot C_2^1 = 180$ 个,所以概率 $P=\frac{180}{900}=\frac{1}{5}$.

12. 由题意知,$a \leqslant \frac{(x+y)^2}{x^2+y^2}$ 恒成立,令 $f(x,y)=\frac{(x+y)^2}{x^2+y^2}$,则 $a \leqslant [f(x,y)]_{min}$,而 $f(x,y)=1+\frac{2}{\frac{x}{y}+\frac{y}{x}}$,作出不等式表示的平面区域如图,考虑到 $\frac{y}{x}$ 表示过平面区域内的一点 (x,y) 和 $(0,0)$ 的直线的斜率,可得 $\frac{y}{x} \in [1,\frac{3}{2}]$,所以 $\frac{x}{y}+\frac{y}{x} \in [2,\frac{13}{6}]$,故可得 $f(x,y) \in [\frac{25}{13},2]$. 所求 a 的最大值为 $\frac{25}{13}$.

(第 12 题图)

三、

13. △ABC 的三边满足的关系为 $BC^2=AB \cdot AC$,证明如下:

如图所示,延长 AO 与 △BOC 的外接圆相交于点 D,连接 BD,CD,设 $\angle BAO=\angle CAO=\angle CBO=\angle ACO=\alpha$,

因为 $\angle ODC=\angle OBC=\angle CAO$,所以

△CAD 是等腰三角形,$AC=DC$.

又 $\angle CBD=\angle COD=\angle OAC+\angle OCA=2\alpha=\angle BAC$,

$\angle BCD=\angle BOD=\angle OAB+\angle ABO=\angle ABC$.

所以 △ABC∽△BCD,$\frac{AB}{BC}=\frac{BC}{CD}=\frac{CB}{AC}$,即 $BC^2=AB \cdot AC$.

(第 13 题图)

14. 根据三条规律,可知该函数为周期函数,且周期为 12.

由此可得,$T=\frac{2\pi}{\omega}=12$,则 $\omega=\frac{\pi}{6}$;

又因为在 8 月份人数最多,所以 $\frac{\pi}{6}\times8+\alpha=2k\pi$,$k\in\mathbf{Z}$,结合 $\alpha\in(\frac{\pi}{2},\pi)$,

得 $\alpha=\frac{2}{3}\pi$.

由规律②可知,

$[f(n)]_{max}=f(8)=100A+100k$,

$[f(n)]_{min}=f(2)=-100A+100k$.

由 $f(8)-f(2)=200A=400$,得 $A=2$.

又当 $n=2$ 时,$f(2)=200\cos(\frac{\pi}{6}\cdot2+\frac{2\pi}{3})+100k=100$,得 $k=3$.

综上可得,$f(n)=200\cos(\frac{\pi}{6}n+\frac{2\pi}{3})+300$ 符合条件.

(2) 由条件可知,$200\cos(\frac{\pi}{6}n+\frac{2\pi}{3})+300 \geqslant 400$,可得 $\cos(\frac{\pi}{6}n+\frac{2\pi}{3}) \geqslant \frac{1}{2}$,

解得 $12k-6 \leqslant n \leqslant 12k-2$,$k\in\mathbf{Z}$.

因为 $n\in[1,12]$,$n\in\mathbf{N}^*$,所以,当 $k=1$ 时,$6 \leqslant n \leqslant 10$,故 $n=6,7,8,9,10$,即一年中的 6,7,8,9,10 五个月是该地区的旅游"旺季".

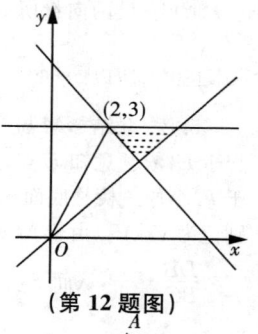

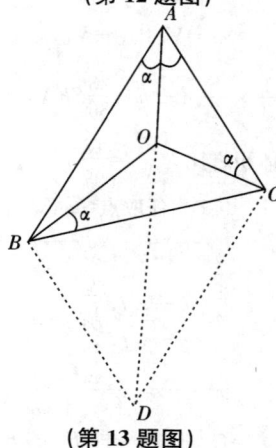

514

15. 不存在实数组 (a,b)，使得 x_1 和 x_2 皆为不动点. 证明如下：

因为 $f'(x)=3x^2+2ax+b$，由 $f(x)$ 有互异的两个极值点 x_1 和 x_2，可知 $\Delta=4a^2-12b>0$，即 $a^2>3b$.

由条件，知 x_1,x_2 是方程 $3x^2+2ax+b=0$ 的两个实根.

若存在实数组 (a,b)，使 x_1 和皆为 $f(x)$ 的不动点，则 x_1,x_2 是方程 $x^3+ax^2+(b-1)x+3=0$ 的两个实根.

所以，多项式 $3x^2+2ax+b$ 整除多项式 $x^3+ax^2+(b-1)x+3$. 但由欧几里得除法，可得

$x^3+ax^2+(b-1)x+3=(\frac{1}{3}x+\frac{a}{9})(3x^2+2ax+b)+(-\frac{2}{9}a^2+\frac{2}{3}b-1)x+(-\frac{1}{9}ab+3)$，其中 $-\frac{2}{9}a^2+\frac{2}{3}b-1=-\frac{2}{9}(a^2-3b)-1<0$，故多项式 $3x^2+2ax+b$ 不整除多项式 $x^3+ax^2+(b-1)x+3$.

所以，不存在实数组 (a,b)，使得 x_1 和 x_2 皆为不动点.

16. 因为递推式 $x_{n+2}=2x_{n+1}+x_n$ 的特征方程为 $x^2-2x-1=0$，解得 $x=1\pm\sqrt{2}$，所以可设 $x_n=\lambda_1(1+\sqrt{2})^n+\lambda_2(1-\sqrt{2})^n$. 由 $x_1=2,x_2=6$，得

$$\begin{cases}2=(1+\sqrt{2})\lambda_1+(1-\sqrt{2})\lambda_2, \\ 6=(1+\sqrt{2})^2\lambda_1+(1-\sqrt{2})^2\lambda_2.\end{cases}$$

由此解得 $\lambda_1=\lambda_2=1$，故 $x_n=(1+\sqrt{2})^n+(1-\sqrt{2})^n$.

同理，递推式的特征方程为 $y^2-y-2=0$，解得 $y_1=2,y_2=-1$，所以可设 $x_n=u_1 2^n+u_2(-1)^n$. 由 $y_1=3,y_2=9$，得

$$\begin{cases}3=2u_1-u_2, \\ 9=4u_1+u_2.\end{cases}$$

由此解得 $u_1=2,u_2=1$，故 $y_n=2^{n+1}+(-1)^n$.

$x_n-y_n=(1+\sqrt{2})^n+(1-\sqrt{2})^n-2^{n+1}-(-1)^n$.

注意到 $\dfrac{x_n-y_n}{(1+\sqrt{2})^n}=1+(\dfrac{1-\sqrt{2}}{1+\sqrt{2}})^n-2(\dfrac{2}{1+\sqrt{2}})^n-(\dfrac{-1}{1+\sqrt{2}})^n$，

令 $\left|\dfrac{1-\sqrt{2}}{1+\sqrt{2}}\right|^n=(\dfrac{\sqrt{2}-1}{1+\sqrt{2}})^n<\dfrac{1}{3}$，得 $n>\log_{\frac{\sqrt{2}-1}{1+\sqrt{2}}}\dfrac{1}{3}$；令 $2(\dfrac{2}{1+\sqrt{2}})^n<\dfrac{1}{3}$，得 $n>\log_{\frac{2}{1+\sqrt{2}}}\dfrac{1}{6}$；令 $\left|\dfrac{-1}{1+\sqrt{2}}\right|^n=(\dfrac{1}{1+\sqrt{2}})^n<\dfrac{1}{3}$，得 $n>\log_{\frac{1}{1+\sqrt{2}}}\dfrac{1}{3}$.

取 $n_0=\max(\left[\log_{\frac{\sqrt{2}-1}{1+\sqrt{2}}}\dfrac{1}{3}\right],\left[\log_{\frac{2}{1+\sqrt{2}}}\dfrac{1}{6}\right],\left[\log_{\frac{1}{1+\sqrt{2}}}\dfrac{1}{3}\right])$（这里，$[x]$ 表示不超过 x 的最大整数），则当 $n>n_0$ 时，$(\dfrac{1-\sqrt{2}}{1+\sqrt{2}})^n>-\dfrac{1}{3}$，$-2(\dfrac{2}{1+\sqrt{2}})^n>-\dfrac{1}{3}$，$-(\dfrac{-1}{1+\sqrt{2}})^n>-\dfrac{1}{3}$ 同时成立，即

$\dfrac{x_n-y_n}{(1+\sqrt{2})^n}=1+(\dfrac{1-\sqrt{2}}{1+\sqrt{2}})^n-2(\dfrac{2}{1+\sqrt{2}})^n-(\dfrac{-1}{1+\sqrt{2}})^n>1-\dfrac{1}{3}-\dfrac{1}{3}-\dfrac{1}{3}=0$.

由此得 $x_n>y_n$.

图书在版编目（CIP）数据

奥林匹克数学中的真题分析 / 张垚，沈文选，冷岗松编著. —修订本. —长沙：湖南师范大学出版社，2014.12
ISBN 978-7-5648-1994-1

Ⅰ.①奥… Ⅱ.①张… ②沈… ③冷… Ⅲ.①中学数学课—高中—教学参考资料 Ⅳ.①G634.603

中国版本图书馆 CIP 数据核字（2014）第 288711 号

奥林匹克数学中的真题分析

张　垚　沈文选　冷岗松　编著

◇策　　划：廖小刚　周基东
◇责任编辑：廖小刚　周基东
◇责任校对：施　游
◇出版发行：湖南师范大学出版社
　　　　　　地址/长沙市岳麓山　邮编/410081
　　　　　　电话/0731.88873071　88873070　传真/0731.88872636
　　　　　　网址/http://press.hunnu.edu.cn
◇经销：湖南省新华书店
◇印刷：长沙印通印刷有限公司
◇开本：787mm×1092mm　1/16
◇印张：32.75
◇字数：873 千字
◇版次：2015 年 1 月第 3 版　2025 年 3 月第 16 次印刷
◇书号：ISBN 978-7-5648-1994-1
◇定价：70.00 元